Prometeo americano

Kai Bird (Oregon, 1951) es escritor y columnista especializado en las bombas atómicas de Hiroshima y Nagasaki, y en las relaciones entre Estados Unidos y Oriente Próximo. Conocido por sus biografías sobre figuras de la política, ha recibido las becas Alicia Patterson de periodismo, Guggenheim y John D. & Catherine T. MacArthur para la investigación y la escritura.

Martin J. Sherwin (Nueva York, 1937-Washington D. C., 2021) fue un historiador especializado en el estudio historiográfico de las armas nucleares. Fue profesor de Historia inglesa y estadounidense en la Universidad de Tufts. Recibió el Premio Stuart L. Bernath y el American History Book Prize.

Los dos autores fueron galardonados en 2006 con el Premio Pulitzer por *Prometeo americano*, que también recibió el National Book Critics Circle Award y el Duff Cooper Prize.

Biblioteca

KAI BIRD Y MARTIN J. SHERWIN

Prometeo americano

El triunfo y la tragedia de J. Robert Oppenheimer

Traducción de
Raquel Marqués García

DEBOLS!LLO

Papel certificado por el Forest Stewardship Council®

MIXTO
Papel | Apoyando la
silvicultura responsable
FSC® C117695

Penguin
Random House
Grupo Editorial

Título original: *American Prometheus. The Triumph and Tragedy of J. Robert Oppenheimer*

Primera edición en Debolsillo: abril de 2025

© 2005, Kai Bird y Martin J. Sherwin
Esta edición está publicada por acuerdo con Alfred A. Knopf, un sello de Knopf
Doubleday Group, una división de Penguin Random House LLC
© 2023, 2025, Penguin Random House Grupo Editorial, S.A.U.
Travessera de Gràcia, 47-49. 08021 Barcelona
© 2023, Raquel Marqués García, por la traducción
Diseño de la cubierta: adaptación de la cubierta original de Stephanie Kloss /
Penguin Random House Grupo Editorial
Imagen de la cubierta: © Alfred Eisenstaedt / The LIFE Picture Collection / Shutterstock

Printed in Spain – Impreso en España

ISBN: 978-84-663-7605-1
Depósito legal: B-1.442-2025

Compuesto en M.I. Maquetación, S.L.
Impreso en Liberdúplex
Sant Llorenç d'Hortons (Barcelona)

P 3 7 6 0 5 1

A Susan Goldmark y Susan Sherwin,
y en memoria de Angus Cameron
y Jean Mayer

Índice

9

Los Prometeos modernos han vuelto a saquear el monte Olimpo y han dado al hombre los mismísimos rayos de Zeus.

Scientific Monthly, septiembre de 1945

Prometeo robó el fuego y se lo entregó a los hombres. Pero cuando Zeus se enteró, ordenó a Hefesto que clavara el cuerpo de Prometeo al monte Cáucaso. Allí pasó muchos años encadenado. Todos los días un águila caía sobre él y le devoraba los lóbulos del hígado, que volvían a crecerle durante la noche.

APOLODORO, *Biblioteca*, libro I, 7, s. II a. C.

Prefacio

La vida de Robert Oppenheimer —su carrera, su reputación, incluso la percepción de su propia valía— de repente se desbocó sin control cuatro días antes de la Navidad de 1953. «No puedo creerme lo que me está pasando», exclamó mientras miraba por la ventanilla del coche que lo llevaba a toda prisa a Georgetown, Washington D.C., a casa de su abogado. En pocas horas tenía que tomar una decisión crucial. ¿Dimitiría de su puesto de consejero del Gobierno? ¿O debía rebatir los cargos que se le imputaban en la carta que Lewis Strauss, presidente de la Comisión de Energía Atómica (CEA), le había entregado de sopetón aquella misma tarde? En ella lo informaban de que, tras volver a revisar su historial y sus filiaciones políticas, se lo declaraba una amenaza para la seguridad nacional, y enumeraban treinta y cuatro cargos que iban desde lo absurdo («consta que en 1940 usted figuraba como contribuyente de los Amigos del Pueblo Chino») hasta lo político («desde el otoño de 1949 en adelante mostró una fuerte oposición al desarrollo de la bomba de hidrógeno»).

Curiosamente, desde que se arrojaron las bombas atómicas en Hiroshima y Nagasaki, Oppenheimer albergaba la vaga sensación de que en su camino lo esperaba algo oscuro y ominoso. Unos años antes, a finales de la década de 1940, cuando se había convertido en una figura verdaderamente emblemática en la sociedad estadounidense como el científico y el consejero político más respetado y admirado de su generación —había incluso aparecido en la portada de las revistas *Time* y *Life*—, leyó el relato «La bestia en la jungla», de Henry James. Se quedó impresionado por esa narración obsesiva de egolatría atormentada en la que al protagonista lo persigue la premonición de que «algo raro y extraordinario, posiblemente prodigioso y terrible, le sucedería tarde o temprano». Fuera lo que fuera, estaba seguro de que lo «arrollaría».

A medida que crecía la marea anticomunista en los Estados Unidos de la posguerra, Oppenheimer cada vez tenía más claro que lo acechaba «una bestia en la jungla». Lo citaban ante los comités de investigación congresuales dedicados a la caza de rojos, el FBI tenía pinchados los teléfonos de su casa y de su despacho, la prensa publicaba historias difamatorias acerca de su pasado político y sus filiaciones; todo ello le producía la sensación de que iban a por él. Las actividades izquierdistas que había llevado a cabo en la década de 1930 en Berkeley, combinadas con la oposición que había mostrado en la posguerra ante los planes de las Fuerzas Aéreas, que pretendían lanzar bombas atómicas de forma masiva y estratégica —planes que él calificaba de genocidas—, enfurecieron a muchas figuras poderosas de Washington, entre los que se encontraban J. Edgar Hoover, el director del FBI, y Lewis Strauss.

Aquella noche, en Georgetown, en casa de Herbert y Anne Marks, Oppenheimer sopesó las alternativas que se le ofrecían. Herbert no solo era su abogado, sino también uno de sus mejores amigos, y su mujer, Anne Wilson Marks, había sido secretaria suya en Los Álamos. Esta se dio cuenta de que aquella noche Oppenheimer parecía encontrarse «en un estado anímico que rozaba la desesperación». No obstante, después de hablar largo y tendido, el físico concluyó, quizá tan resignado como convencido, que, por muy mal dadas que vinieran las cartas, no podía quedarse de brazos cruzados frente a aquellos cargos. De modo que, con ayuda de Herb, redactó una carta dirigida al «Querido Lewis» en la que señalaba que este lo incitaba a dimitir. «Me sugieres como solución posible y deseable que solicite la terminación de mi contrato como asesor de la comisión [de Energía Atómica], y así evitar que se consideren explícitamente los cargos». Oppenheimer dijo que ya había valorado seriamente esa posibilidad, y «[b]ajo las circunstancias presentes —continuaba—, llevar adelante esa acción significaría que acepto que no soy adecuado para servir a este Gobierno, al cual he servido durante doce años, y que convengo en ello. No puedo hacer eso. Si no valiera para la tarea, difícilmente podría haber servido a nuestro país como lo he intentado hacer, ni haber sido director de nuestro instituto de Princeton, ni haber hablado, como he hecho en más de una ocasión, en nombre de nuestra ciencia y nuestro país».

Al final de la velada, Robert estaba exhausto y abatido. Después de varias copas, se retiró arriba, al cuarto de invitados. Al cabo de unos minutos, Anne, Herbert y Kitty, la mujer de Robert, que lo había acompañado a Washington, oyeron un «golpe fortísimo». Corrieron escaleras arriba; la habitación estaba vacía, y el cuarto de baño, cerrado. «No podía abrir la puerta —dijo Anne—, y Robert no contestaba».

Se había caído al suelo de tal manera que bloqueaba la puerta. Poco a poco fueron abriéndola, empujando el cuerpo inconsciente. Cuando Robert volvió en sí, «solo balbuceaba», recordó Anne. Dijo que se había tomado una de las pastillas de Kitty para dormir. «No dejen que se duerma», les exhortó un médico por teléfono. Así que durante casi una hora, hasta que llegó el médico, le hicieron caminar y beber sorbitos de café.

La «bestia» de Robert se había abalanzado sobre él; acababa de comenzar el calvario que terminaría con su carrera en servicio del Gobierno y que también, paradójicamente, consolidaría su renombre y afianzaría su legado.

En el camino que recorrió desde Nueva York hasta Los Álamos (Nuevo México) —desde la oscuridad hasta la fama—, Robert fue partícipe de las grandes batallas y triunfos de la ciencia, la justicia social, la guerra y la Guerra Fría del siglo xx. En el viaje lo guiaron su extraordinaria inteligencia, sus padres, sus profesores de la Escuela por la Cultura Ética y sus vivencias de juventud. Empezó a desarrollarse en el ámbito profesional en la década de 1920 en Alemania, donde estudió física cuántica, una ciencia nueva que adoraba y de la que hacía proselitismo. En los años treinta, mientras contribuía a consolidar la Universidad de California (Berkeley) como el centro más destacado de Estados Unidos dedicado a esa materia de estudio, las consecuencias de la Gran Depresión en el país y el auge del fascismo en el extranjero lo empujaron a trabajar activamente con amigos —muchos de ellos, simpatizantes de izquierdas o comunistas— para conseguir justicia económica y racial. Aquellos años fueron de los mejores de su vida. El hecho de que una década después se sirvieran de ellos con tanta facilidad para silenciarlo es una muestra de cuán delicado es el equilibrio de los principios democráticos que profesamos y cuánta atención se requiere para custodiarlos.

El suplicio y la humillación que sufrió Oppenheimer en 1954 no fueron una excepción en la época de McCarthy, pero como acusado era único. Era el Prometeo de Estados Unidos, «el padre de la bomba atómica», el hombre que había liderado la empresa de arrebatar a la naturaleza el impresionante fuego del sol para dárselo a su país en tiempos de guerra. Después había hablado con sensatez acerca de sus peligros y con esperanza acerca de sus beneficios potenciales, y más tarde, rayando en la desesperación, había criticado las propuestas de guerra nuclear que defendían los militares y promovían los estrategas académicos: «¿Qué debemos pensar de una civilización que siempre ha considerado la ética como parte esencial de la vida humana [pero] que no ha sido capaz de hablar de la posibilidad de matar a casi todo el mundo salvo en términos prudentes y de teoría de juegos?».

A finales de la década de 1940, a medida que se deterioraban las relaciones entre Estados Unidos y la Unión Soviética, Oppenheimer se obstinó en plantear cuestiones problemáticas sobre armas nucleares, lo cual perturbó en gran medida a los dirigentes de seguridad nacional de Washington. El regreso de los republicanos a la Casa Blanca en 1953 colocó en posiciones de poder a los defensores de las represalias nucleares masivas, como Lewis Strauss. Y tanto este como sus aliados estaban decididos a silenciar al único hombre al que creían capaz de desafiar sus estrategias políticas.

Al atacar los principios políticos y los juicios profesionales de Oppenheimer —su vida y sus valores, en realidad—, sus críticos revelaron en 1954 muchos aspectos de su carácter: sus ambiciones y sus inseguridades, su genialidad y su ingenuidad, su determinación y sus temores, su estoicismo y su desconcierto. Mucho salió a la luz en las más de mil páginas, impresas con profusa letra pequeña, de la transcripción de la Junta de Audiencias para la Seguridad del Personal de la Comisión de Energía Atómica, «In the matter of J. Robert Oppenheimer»; y, sin embargo, esta revela que sus antagonistas pudieron perforar muy poco la armadura emocional que ese complejo hombre había forjado en torno a sí desde tierna edad. *Prometeo americano* explora la personalidad enigmática que se escondía tras esa armadura que lo acompañó desde su infancia, la cual transcurrió en el Upper West Side de Nueva York en los años del cambio de siglo, hasta su muerte, en 1967. Se trata de una biografía profundamente personal, documentada y escrita según la creencia de que el comportamiento público de una persona y sus decisiones (y, en el caso de Oppenheimer, quizá incluso su ciencia) se rigen por las experiencias íntimas de toda una vida.

Prometeo americano, para cuya preparación ha sido necesario un cuarto de siglo, se basa en varios miles de documentos recopilados a partir de archivos y compilaciones personales nacionales e internacionales. Se vale de la ingente colección de escritos del propio Oppenheimer que se encuentra en la Biblioteca del Congreso y de miles de páginas de los registros que el FBI acumuló durante más de veinticinco años de vigilancia. Pocos hombres han sufrido tal escrutinio de su vida pública. Los lectores «oirán» sus palabras, atrapadas por las grabadoras del FBI y transcritas después. Además, puesto que los documentos escritos solo cuentan una parte de la verdad de la vida de un hombre, hemos hablado con casi un centenar de los amigos, parientes y colegas más cercanos de Oppenheimer. Muchos de los entrevistados en las décadas de los setenta y ochenta no siguen vivos, pero las historias que contaron dejan un retrato lleno de matices de un hombre extraordinario que nos introdujo en la era nuclear y luchó, sin éxito —como hemos seguido luchando—, por encontrar una manera de eliminar el peligro de esa guerra.

La historia de Oppenheimer nos recuerda también que nuestra identidad como pueblo sigue conectada íntimamente con la cultura de lo nuclear. «No nos hemos quitado la bomba de la cabeza desde 1945 —ha observado E. L. Doctorow—. Primero fue el armamento; después, la diplomacia. Ahora es la economía. ¿Cómo podemos suponer que algo tan poderoso, tan monstruoso, no va a conformar después de cuarenta años nuestra identidad? El gran gólem que hemos construido contra nuestros enemigos es nuestra cultura, la cultura de la bomba: su lógica, su fe, su visión».[1] Oppenheimer trató con valentía de desviarnos de esa cultura de la bomba intentando frenar la amenaza nuclear que él mismo había contribuido a desencadenar. Su empeño más impresionante fue concebir un plan para el control internacional de la energía atómica, que se conoció como el Informe Acheson-Lilienthal (aunque en realidad fue Oppenheimer quien lo ideó y escribió en su mayor parte). Constituye un modelo singular en favor de la racionalidad en la era nuclear.

Sin embargo, las políticas de la Guerra Fría llevadas a cabo tanto en Estados Unidos como en otras naciones condenaron el plan. A lo largo del siguiente medio siglo, Estados Unidos y una larga lista de países apoyaron la bomba. Cuando terminó el enfrentamiento, el peligro de la aniquilación nuclear pareció pasar, pero, ironías del destino, probablemente la amenaza de la guerra y el terrorismo nucleares sea más inminente en el siglo XXI que en ningún momento del pasado.

En cuanto hijos del 11-S, vale la pena recordar que, en los albores de la era nuclear, el padre de la bomba atómica nos advirtió de que era un arma de terror indiscriminado que automáticamente había hecho a Estados Unidos más vulnerable a ataques caprichosos. Cuando le preguntaron en el Senado, en una audiencia a puerta cerrada en 1946, «si tres o cuatro hombres podrían colocar bombas [atómicas] en Nueva York y volar la ciudad entera», respondió sin rodeos: «Pues claro que podrían. Nueva York se puede destruir». A la siguiente pregunta de un senador espantado, «¿Qué instrumento usaría para detectar una bomba atómica que estuviera escondida en una ciudad?», Oppenheimer contestó, irónico:

«Un destornillador [para abrir hasta el último contenedor y maletín]». La única defensa ante el terrorismo nuclear es la eliminación de las armas nucleares.

Nadie hizo caso de las advertencias del físico, y al final acabaron por silenciarlo. Como aquel rebelde dios griego, Prometeo, que robó a Zeus el fuego y se lo entregó a la humanidad, Oppenheimer nos dio el fuego atómico. Pero cuando quiso controlarlo, cuando trató de hacernos conscientes de los terribles peligros que entrañaba, los poderes fácticos, como Zeus, reaccionaron con furia y lo castigaron. Como escribió Ward Evans, el miembro discrepante de la junta de la audiencia de la Comisión de Energía Atómica: negar a Oppenheimer las credenciales de seguridad era «una muesca en el escudo de nuestro país».

Prometeo americano

Prólogo

Princeton (New Jersey), 25 de febrero de 1967. Pese a la amenaza de mal tiempo y el frío crudo que helaba el noreste de Estados Unidos, seiscientos amigos y colegas —premios Nobel, políticos, generales, científicos, poetas, novelistas, compositores y conocidos de toda clase y condición— se reunieron para recordar la vida y llorar la muerte de J. Robert Oppenheimer. Para unos fue un amable profesor al que llamaban con cariño Oppie; para otros, un gran físico, el hombre que en 1945 se convirtió en el «padre» de la bomba atómica, héroe nacional y símbolo del científico al servicio del pueblo. Y todos recordaban con profunda amargura que, nueve años después, la Administración del presidente republicano Dwight D. Eisenhower lo declaró individuo peligroso para la seguridad nacional, haciendo de él la víctima más destacada de la cruzada anticomunista estadounidense. Así pues, todos acudieron con pesar en el corazón para recordar a un hombre brillante cuya extraordinaria vida estuvo marcada por el triunfo y por la tragedia.

Entre los premios Nobel se contaban físicos de renombre internacional como Isidor I. Rabi, Eugene Wigner, Julian Schwinger, Tsung-Dao Lee y Edwin McMillan.[1] La hija de Albert Einstein, Margot, hizo acto de presencia para honrar al hombre que había sido el jefe de su padre en el Instituto de Estudios Avanzados. Robert Serber, alumno de Oppenheimer en Berkeley en los años treinta, amigo íntimo suyo y extrabajador de Los Álamos, también estaba allí, así como el gran físico de Cornell Hans Bethe, el premio Nobel que descubrió el funcionamiento interno del Sol. Irva Denham Green, una vecina de la tranquila isla caribeña de Saint John, donde los Oppenheimer se habían construido una casita en la playa, que les sirvió como refugio después de la humillación pública de 1954, estaba sentada codo con codo entre dirigentes ilustres y poderosos de la política exterior del país: el abogado y eterno consejero presidencial John J. McCloy; el jefe militar del Proyecto Manhattan, el general Leslie R. Groves; el secretario de la Marina, Paul Nitze; el historiador, ganador del Premio Pulitzer, Arthur Schlesinger hijo, y el senador por New Jersey, Clifford Case. En representación de la Casa Blanca, el presidente Lyndon B. Johnson envió a su consejero científico, Donald F. Hornig, otro antiguo trabajador de Los Álamos que había estado con Oppenheimer cuando se llevó a cabo la Trinity, la prueba que se hizo el 16 de julio de 1945 de la primera bomba atómica. Repartidos entre los científicos y la élite de autoridades de Washington había literatos y hombres de cultura: el poeta Stephen Spender, el novelista John O'Hara, el compositor Nicolas Nabokov y el director del Ballet de la Ciudad de Nueva York, George Balanchine.

La viuda de Oppenheimer, Katherine (Kitty) Puening Oppenheimer, estaba sentada en la primera fila del Alexander Hall de la Universidad de Princeton, en lo que muchos recordarían como un funeral apagado y agridulce. La acompañaban su hija, Toni, de veintidós años, y su hijo, Peter, de veinticinco. El hermano menor de Robert, Frank Oppenheimer, cuya carrera como físico se fue al traste con la vorágine del macartismo, estaba al lado de Peter.

Llenaron el auditorio los acordes de los «Cánticos de Réquiem», de Ígor Stravinski, obra que Robert Oppenheimer había escuchado y admirado por primera vez en aquel mismo lugar el otoño anterior. Entonces, Hans Bethe, que conocía a nuestro protagonista desde hacía treinta años, pronunció el primero de tres elogios fúnebres. «Hizo más que nadie para engrandecer la física teórica de nuestro país. [...] Era un líder. [...] Pero no era dominante, nunca dictaba lo que debía hacerse. Extrajo lo mejor de nosotros, como un buen anfitrión de sus invitados».[2] En Los Álamos, donde dirigió a miles de personas en la supuesta carrera contra los alemanes para construir la bomba atómica, Oppenheimer había transformado una meseta virgen en un laboratorio y a un grupo variopinto de científicos en un equipo eficiente. Bethe y otros colaboradores de Los Álamos sabían que, sin Oppenheimer, el primer «artefacto» que habían construido en Nuevo México no habría podido terminarse a tiempo para su uso en la guerra.

Henry DeWolf Smyth, físico y vecino de Princeton, recitó el segundo elogio. En 1954, había sido el único de los cinco miembros de la Comisión de Energía Atómica que había votado a favor de que Oppenheimer recuperara las credenciales de seguridad. Como testigo de la secreta y arbitraria «audiencia de seguridad» que había soportado el físico, Smyth se había dado perfecta cuenta de la farsa que se había llevado a cabo: «Semejante injusticia nunca podrá enmendarse; semejante mancha nunca podrá borrarse de nuestra historia. [...] Sentimos un gran pesar porque el inmenso trabajo que hizo para este país se le pagara con tanta mezquindad».[3]

Por último le llegó el turno a George Kennan, diplomático y embajador experimentado, el padre de la política de contención que Estados Unidos implementó en la posguerra contra la Unión Soviética, amigo y colega de Oppenheimer desde hacía años en el Instituto de Estudios Avanzados. Nadie como él le había hecho pensar tanto en el sinnúmero de peligros de la era atómica. Nadie había sido un amigo mejor; había defendido su trabajo y le había conseguido un refugio en el instituto cuando sus discrepancias con la política estadounidense de la Guerra Fría hicieron de él un paria en Washington.

«Con nadie se ensañaron más cruelmente los dilemas que planteó la conquista reciente de un poder arrancado a la naturaleza y tan desproporcionado respecto a la fortaleza moral del ser humano —dijo Kennan—. Nadie vio con más claridad los peligros que esta creciente disparidad suponía para la humanidad. La inquietud que sentía nunca quebró su fe en el valor de la búsqueda de la verdad en todas sus formas, tanto científicas como humanistas. Tampoco hubo nadie que deseara con más pasión ser útil para evitar las catástrofes a las que el desarrollo de las armas de destrucción masiva amenazaba con conducir. Pensaba en el bien de la humanidad en general, pero fue en cuanto estadounidense y en la comunidad de esta nación, a la que pertenecía, donde se le ofrecieron las mayores oportunidades para perseguir esas aspiraciones.

»En los días oscuros de principios de los años cincuenta, cuando los problemas se le agolpaban por todas partes y se vio en el centro de la controversia, presionado, le señalé el hecho de que sería bienvenido en un centenar de centros académicos de cualquier parte del mundo y le pregunté si no había pensado irse a vivir a otro lugar. Me respondió con lágrimas en los ojos: "Joder, pero es que quiero a este país"».*[4]

---

* A Kennan le conmovió profundamente la reacción enfática de Oppenheimer. En 2003, en la fiesta celebrada con motivo de su centésimo cumpleaños, volvió a contar esta historia, pero esa vez fue en sus ojos donde aparecieron las lágrimas. *(N. de los A.)*

Robert Oppenheimer fue un enigma,[5] un físico teórico con las cualidades carismáticas de un gran líder y un esteta que alimentaba la ambigüedad. En las décadas transcurridas después de su muerte, su vida quedó envuelta en controversias, mitos y misterios. Para los científicos, como el doctor Hideki Yukawa, el primer japonés en ganar el Nobel, Oppenheimer fue «un símbolo de la tragedia del científico nuclear contemporáneo».[6] Para los liberales, fue el mártir más destacado de la caza de brujas macartista, un símbolo de la inquina carente de principios de la derecha. Para sus enemigos políticos, fue un comunista encubierto y un mentiroso demostrado.

En efecto, fue una figura inmensamente humana, de tanto talento como complejidad, brillante e ingenuo al tiempo, un defensor apasionado de la justicia social y un incansable consejero del Gobierno cuyo esfuerzo por poner freno a la desbocada carrera armamentista nuclear le granjeó poderosos enemigos burócratas. Como dijo su amigo Rabi: además de ser «muy inteligente, era muy tonto».[7]

El físico Freeman Dyson percibió contradicciones hondas y agudas en Robert Oppenheimer. Había dedicado su vida a la ciencia y al pensamiento racional. Y sin embargo, como señaló, la decisión de participar en la creación de un arma genocida fue «un pacto fáustico como ninguno. [...] Y desde luego que seguimos viviendo con él».[8] Y como Fausto, Robert Oppenheimer quiso después cambiar los términos del pacto, y lo silenciaron por ello. Había encabezado la empresa de desatar el poder del átomo, pero, cuando intentó advertir a sus compatriotas de los peligros que esto entrañaba y limitar la dependencia que tenía el país de las armas nucleares, el Gobierno cuestionó su lealtad y lo sometió a juicio. Sus amigos compararon la humillación pública que sufrió con el juicio de otro científico, Galileo Galilei, en 1633, por parte de una Iglesia de mentalidad medieval; otros vieron el feo espectro del antisemitismo en el episodio y recordaron el tormento que soportó el capitán Alfred Dreyfus, en Francia, en la década de 1890.

No obstante, ninguna comparación nos ayudará a entender a Robert Oppenheimer como hombre, los logros que obtuvo como científico y el papel único que desempeñó como arquitecto de la era nuclear. Esta es la historia de su vida.

PRIMERA PARTE

1

«Acogía las ideas nuevas como si fueran perfectamente hermosas»

Fui un niño empalagoso y repulsivo de tan bueno.

ROBERT OPPENHEIMER

En la primera década del siglo XX, la ciencia emprendió una segunda revolución en Estados Unidos. Un país que se desplazaba a caballo sufrió una súbita transformación gracias a un sinfín de invenciones como el motor de explosión o los vuelos tripulados. Esas innovaciones tecnológicas cambiaron de la noche a la mañana la vida de los hombres y las mujeres de a pie. Al mismo tiempo, un esotérico grupo de científicos estaba dando forma a una revolución aún más fundamental; los físicos teóricos del mundo entero empezaban a modificar la manera en que entendemos el espacio y el tiempo. En 1896, el físico francés Henri Becquerel descubrió la radiactividad. Max Planck, Marie Curie y Pierre Curie, entre otros, aportaron nuevos conocimientos de la naturaleza de los átomos. Y entonces, en 1905, Albert Einstein publicó su teoría especial de la relatividad. De pronto, el universo parecía distinto.

En todas partes del planeta se comenzó a celebrar a los científicos como una nueva suerte de héroes que prometían encaminarnos a un renacimiento de la racionalidad, la prosperidad y la meritocracia social. En Estados Unidos, los movimientos reformistas desafiaron el orden establecido. Theodore Roosevelt utilizó la Casa Blanca como tribuna desde la que defender que un buen gobierno aliado con la ciencia y la tecnología aplicada podía forjar una era progresista nueva e ilustrada.

En aquel mundo de promesas nació J. Robert Oppenheimer, el 22 de abril de 1904, en el seno de una familia de inmigrantes alemanes de primera y segunda generación que volcaron todo su afán en ser estadounidenses. Pese a ser de etnia y cultura judías, los Oppenheimer de Nueva York no pertenecían a ninguna sinagoga. Sin repudiar sus raíces, optaron por construir su identidad en el marco de una rama singular del judaísmo, la Sociedad por la Cultura Ética, que celebraba el racionalismo y una variante progresista del humanismo secular y, por otra parte, enfocaba de manera innovadora los dilemas a los que se enfrentaba todo individuo que inmigraba a Estados Unidos. Sin embargo, a Robert Oppenheimer le ahondaría la ambivalencia que sintió toda su vida respecto a su identidad judía.

Como apunta su nombre, la Cultura Ética no era una religión, sino un modo de vida que promovía la justicia social por encima de la vanagloria del individuo. No fue casual que el chico que sería conocido como el padre de la era atómica fuera educado en una cultura que valoraba la investigación independiente, la exploración empírica y el libre pensamiento; en fin, los valores de la ciencia. A pesar de ello, la ironía de la odisea de Robert Oppenheimer fue que una vida dedicada a la justicia social, a la racionalidad y a la ciencia se convirtió en un símbolo de la muerte de masas bajo una nube con forma de hongo.

El padre de Robert, Julius Oppenheimer, nació el 12 de mayo de 1871 en la ciudad alemana de Hanau, situada justo al este de Frankfurt; y su abuelo, Benjamin Pinhas Oppenheimer, había sido un campesino inculto, mercader de grano, que había crecido en una choza de «un pueblo alemán casi medieval», tal como relató más tarde Robert.[1] Julius tuvo dos hermanos y tres hermanas. En 1870, dos primos políticos de Benjamin emigraron a Nueva York. En pocos años, aquellos dos jóvenes, Sigmund y Solomon Rothfeld, se asociaron con otro pariente, J. H. Stern, para promover un pequeño negocio de importación de forros para trajes de caballero. La empresa prosperó gracias al auge del comercio de ropa confeccionada, que floreció en la ciudad. A finales de la década de 1880, los Rothfeld comunicaron a Benjamin Oppenheimer que había sitio para sus hijos en el negocio.

Julius llegó a Nueva York la primavera de 1888, unos años después que Emil, su hermano mayor. Era un joven alto, flaco y desgarbado, y lo pusieron a trabajar en el almacén, a ordenar rollos de tela. No aportaba valor monetario a la empresa ni hablaba una palabra de inglés, pero estaba decidido a reinventarse. Tenía buen ojo para los colores, y con el tiempo se ganó la fama de ser uno de los hombres de la ciudad más entendidos en tejidos. Emil y Julius sobrellevaron la recesión de 1893, y, al cambiar el siglo, el hermano menor era ya un socio de pleno derecho en la empresa de Rothfeld, Stern & Company. Vestía acorde al papel, siempre con camisa blanca de cuello alzado, corbata clásica y traje oscuro. Sus modales eran tan impecables como su ropa. Se decía de él que era un joven de lo más agradable. «Tienes una manera de ser que inspira la máxima confianza —escribió su futura esposa en 1903—, y además por los mejores y más elevados motivos».[2] A los treinta años hablaba bastante bien inglés y, aun habiendo sido totalmente autodidacta, había leído mucho sobre historia de Estados Unidos y de Europa. También era amante del arte y pasaba el tiempo libre que tenía los fines de semana deambulando por las numerosas galerías de arte neoyorquinas.

Debió de ser en una de aquellas ocasiones cuando le presentaron a una joven pintora, Ella Friedman, una muchacha de pelo castaño «exquisitamente hermosa», rasgos cincelados con delicadeza, «ojos expresivos de un azul grisáceo y pestañas negras y largas», y figura esbelta, pero también con una deformación congénita en la mano derecha.[3] Para esconderla siempre llevaba manga larga y guantes de gamuza; el que le cubría la mano deforme incorporaba una prótesis algo tosca con un resorte unido a un pulgar artificial.[4] Julius se enamoró de ella. Los Friedman, de procedencia bávara judía, se habían establecido en Baltimore en la década de 1840. Ella nació en 1869. Un amigo de la familia la describió una vez como «una mujer amable, exquisita, delgada, más bien alta, de ojos azules y gran sensibilidad, extremadamente educada; siempre estaba pensando en cómo hacer que la gente se sintiera cómoda y feliz».[5] En la veintena pasó un año en París estudiando a los primeros impresionistas. A su regreso dio clases de Arte en el Barnard College.[6] Cuando conoció a Julius, ya era una pintora bastante consumada y tenía sus propios alumnos y un estudio en una buhardilla de un edificio de viviendas de Nueva York.

Todo aquello no era lo habitual para una mujer de finales del siglo XIX, pero Ella era un personaje poderoso en muchos sentidos. En un primer encuentro, su actitud formal y elegante chocaba a algunas personas, que la tomaban por altiva y fría. La energía y la disciplina que aplicaba en el estudio y en casa parecían excesivas para una mujer que tenía la suerte de disfrutar de tantas comodidades materiales. Julius la adoraba, y ella le correspondía. Unos días antes de su boda, Ella escribió a su prometido: «Deseo tanto que puedas disfrutar de lo mejor de la vida en plenitud, y ¿me ayudarás a cuidarte? Cuidar a alguien a quien se ama de verdad es de una dulzura tan indescriptible que una vida entera no podría privarme de ella. Buenas noches, mi amor».[7]

Julius y Ella se casaron el 23 de marzo de 1903 y se mudaron a una casa de piedra de hastial alto sita en la calle Noventa y cuatro Oeste, n.º 250.

Un año después, en la primavera más fría que se recordaba, Ella, con treinta y cuatro años, dio a luz a un hijo tras un embarazo difícil. Julius ya había escogido el nombre de Robert para su primogénito, pero en el último momento, siguiendo la tradición familiar, decidió añadirle delante una inicial, la «J». En efecto, el certificado de nacimiento reza «Julius Robert Oppenheimer», lo cual demuestra que Julius quiso que su hijo se llamara como él.[8] Este dato no tendría ninguna importancia si no fuera porque llamar a un recién nacido con el nombre de un pariente vivo va en contra de la tradición judía europea. En cualquier caso, al niño siempre lo llamarían Robert, y, curiosamente, él a su vez siempre afirmaría que la primera inicial no significaba nada. Por lo visto, las tradiciones judías no tenían ninguna importancia en casa de los Oppenheimer.

Un tiempo después de la llegada de Robert, Julius y la familia se trasladaron a un amplio piso ubicado en la planta décima de la calle Riverside, 155, con vistas al río Hudson por la calle Ochenta y ocho Oeste.[9] La vivienda, que ocupaba la planta entera, estaba decorada de modo muy refinado con mobiliario selecto europeo. Con los años, los Oppenheimer reunieron una colección notable de pintura francesa posimpresionista y fauvista escogida por Ella.[10] Cuando Robert alcanzó la juventud, la colección incluía un cuadro del periodo azul de Pablo Picasso, de 1901, titulado *Madre e hijo*; un aguafuerte de Rembrandt, y obras de Édouard Vuillard, André Derain y Pierre-Auguste Renoir. Tres cuadros de Vincent Van Gogh —*Campo cerrado con sol naciente* (Saint-Rémy, 1889), *Primeros pasos (a modo de Millet)* (Saint-Rémy, 1889) y *Retrato de Adeline Ravoux* (Auvers-sur-Oise, 1890)— dominaban un salón empapelado en dorado. Más tarde adquirieron un dibujo de Paul Cézanne y un cuadro de Maurice de Vlaminck. Una cabeza esculpida por el artista francés Charles Despiau remataba aquella exquisita colección.*

Ella gobernaba la casa con normas muy severas. «Excelencia y decisión» era la muletilla que más oía el joven Robert. Con ellos vivían tres sirvientas, que mantenían el piso impoluto. Robert tuvo una niñera irlandesa católica llamada Nellie Connolly y, más tarde, una institutriz francesa que le enseñó algo de su lengua materna. El alemán no se hablaba en casa. «Mi madre no lo hablaba bien —recordaría Robert— [y] mi padre no creía que sirviera de nada».[11] El joven lo aprendería en el colegio.

---

* Los Oppenheimer gastaron una pequeña fortuna en esas obras de arte. En 1926, por ejemplo, Julius pagó 12.900 dólares por los *Primeros pasos (a modo de Millet)*, de Van Gogh.

Los fines de semana, la familia salía de excursión al campo en su Packard, conducido por un chófer con uniforme gris. Cuando Robert tenía once o doce años, Julius compró una estupenda casa de veraneo en Bay Shore (Long Island), donde aprendió a navegar. Al pie de la vivienda había un embarcadero en el que su padre tenía amarrado un yate velero de 44 pies, al que llamaron Lorelei, una lujosa embarcación equipada con todas las comodidades. «Aquella bahía era maravillosa —recordaría con afecto más tarde Frank, el hermano de Robert—. Tenía casi tres hectáreas, [...] un huerto enorme y muchísimas flores».[12] Como observó después un amigo de la familia: «Los padres tenían muy mimado a Robert. [...] Le daban todo lo que quería; podría decirse que se crio entre lujos».[13] A pesar de ello, ninguno de sus amigos de la infancia pensaba que fuese un consentido. «Era muy generoso con el dinero y las cosas materiales —recuerda Harold Cherniss—. No era para nada un niño malcriado».

En 1914, cuando estalló la Primera Guerra Mundial en Europa, Julius Oppenheimer era un hombre de negocios muy próspero; su patrimonio neto sin duda ascendía a más de varios cientos de miles de dólares (en la actualidad, sería multimillonario). Según los testimonios, el matrimonio Oppenheimer era de naturaleza amorosa, pero a los amigos de Robert les chocaba que los padres tuvieran personalidades tan distintas. «[Julius] era un judío alemán muy alegre —recordó Francis Fergusson, amigo íntimo de Robert—. Muy simpático. Me sorprendía que la madre de Robert se hubiera casado con él, porque era jovial y risueño. Pero ella lo quería mucho y lo trataba muy bien. Se querían mucho. Era un matrimonio maravilloso».[14]

Julius era buen conversador y extrovertido. Le gustaban el arte y la música, y consideraba la sinfonía «Heroica», de Beethoven, «una de las grandes obras maestras». Un amigo de la familia, el filósofo George Boas, recordaría años después que Julius «tenía la sensibilidad de sus dos hijos»; lo consideraba «uno de los hombres más buenos que he conocido nunca».[15] No obstante, algunas veces, para bochorno de sus hijos, Julius rompía a cantar en la mesa mientras cenaban. Y le encantaban los debates. En cambio, Ella estaba sentada en silencio y nunca participaba en las charlas.[16] «Era una persona muy delicada —observó otro amigo de Robert, el sobresaliente escritor Paul Horgan—, de emociones muy refrenadas, y siempre presidía la mesa y otras reuniones con gran tacto y gracia, pero [era] melancólica».[17]

Cuatro años después del nacimiento de Robert, Ella dio a luz a otro hijo, Lewis Frank Oppenheimer, pero murió víctima de estenosis pilórica, una obstrucción congénita de la válvula que hay entre el estómago y el intestino delgado.[18] Con aquella pena, Ella pareció tornarse físicamente más frágil. Y, como de pequeño Robert se ponía enfermo a menudo, se volvió sobreprotectora. Lo separaba de los otros niños por miedo a los gérmenes, no le dejaba comprar comida de los vendedores callejeros y, en lugar de llevarlo al barbero a cortarle el pelo, hacía ir a uno a su casa.

De naturaleza introspectiva y sin afición por el ejercicio físico, Robert pasó la primera infancia en la cómoda soledad del nido que su madre había creado en la calle Riverside. La relación entre ambos siempre fue intensa. Ella lo animaba a pintar —hacía paisajes—, pero el joven lo dejó estar cuando empezó la universidad.[19] Aunque veneraba a su madre, esta, a su manera calmada, podía ser muy exigente. «Era una mujer —recordaba un amigo de la familia— que nunca permitió que se dijera nada desagradable en la mesa».

Robert se dio cuenta enseguida de que su madre no veía con buenos ojos a la gente del mundo comercial de su marido. Obviamente, muchos colegas de profesión de Julius eran judíos de primera generación, y Ella dejó muy claro a su hijo que se sentía incómoda con sus «modales estridentes». Robert creció escindido, más que otros chicos, entre la normatividad estricta de su madre y el comportamiento sociable de su padre. En ocasiones se avergonzaba de la espontaneidad de este, y a su vez se sentía culpable de sentir vergüenza. «Julius expresaba con mucha claridad, a veces exorbitada, el orgullo que le despertaba su hijo, cosa que a este le molestaba profundamente», recordó un amigo de la infancia.[20] De adulto, Robert regaló a su amigo y antiguo profesor Herbert Smith un hermoso grabado de la escena del *Coriolano* de Shakespeare en la que el protagonista suelta la mano de su madre y la arroja al suelo. Smith estaba seguro de que con ello reconocía lo difícil que le había resultado separarse de su madre.

Cuando solo tenía cinco o seis años, Ella se empeñó en que tomara clases de piano. Robert, obediente, practicaba todos los días, pero lo odiaba. Más o menos un año después cayó enfermo, y su madre, como siempre, imaginó lo peor, tal vez un caso de parálisis infantil. Mientras lo cuidaba no dejaba de preguntarle cómo estaba, hasta que un día Robert levantó la vista de la cama y gruñó: «Igual que cuando tengo que hacer una clase de piano».[21] Ella cedió y las clases terminaron.

En 1909, cuando Robert tenía solo cinco años, Julius lo llevó consigo en el primero de cuatro viajes transatlánticos para ir a Alemania a ver al abuelo Benjamin. Repitieron el trayecto dos años después; el abuelo Benjamin tenía entonces setenta y cinco años y dejó una impresión indeleble en su nieto. «Era evidente —rememoró Robert— que uno de sus grandes placeres en la vida era leer, y eso que no debía de haber ido al colegio».[22] Una vez, mientras miraba como Robert jugaba con unos bloques de madera, Benjamin decidió regalarle una enciclopedia de arquitectura. También le dio una colección de minerales «perfectamente convencional» que consistía en una caja con unas dos docenas de muestras de rocas etiquetadas en alemán. «Desde aquel momento —relató Robert más adelante— me convertí, en un modo de lo más infantil, en un coleccionista entusiasta de piedras». De vuelta en Nueva York, convenció a su padre para que lo llevara a recoger más a los Palisades. Al cabo de poco, el piso de la calle Riverside estaba lleno de las piedras de Robert, que las etiquetaba pulcramente con su nombre científico. Julius lo animó en esa afición solitaria y lo abrumó con libros sobre la materia. Mucho tiempo después, Robert dijo que no le interesaban los orígenes geológicos de las rocas, sino que le fascinaban la estructura de los cristales y la luz polarizada.[23]

Desde los siete hasta los doce años, Robert tuvo tres pasiones solitarias que lo absorbían por completo: los minerales, leer y escribir poesía, y construir con bloques.[24] Después recordaría que ocupaba el tiempo con aquellas actividades «no porque me hicieran compañía ni porque tuvieran relación con el colegio, sino porque sí, sin más». A los doce años se sentaba frente a la máquina de escribir de la familia para cartearse con una serie de conocidos geólogos locales acerca de las formaciones rocosas que había observado en Central Park. Sin saber que era tan joven, uno de aquellos correspondientes propuso a Robert para que lo admitieran como miembro del Club Mineralógico de Nueva York, y poco después le llegó una carta en la que lo invitaban a dar una charla en su sede. Temblando ante la idea de tener que hablar delante de un público adulto, Robert suplicó a su padre que les explicara que habían invitado a un niño de doce años. Julius, muy divertido con la anécdota, animó a su hijo a que aceptara el honor. La noche fijada, Robert apareció en el club con sus padres, quienes lo presentaron con todo su orgullo como «J. Robert Oppenheimer». El atónito público de geólogos y coleccionistas aficionados de minerales estalló en carcajadas cuando Robert llegó al estrado. Tuvieron que poner una caja de madera para que se subiera a ella y el público pudiera ver algo más que la mata negra y encrespada de pelo que sobresalía por encima del atril. Tímido y torpe, Robert leyó de todos modos el texto que llevaba preparado y recibió un caluroso aplauso de los presentes.

Julius no tenía recelos en animarlo a que se dedicara a esas actividades adultas. Tanto él como su mujer sabían que tenían un «genio» en casa.

«Lo adoraban, se preocupaban por él y lo protegían —declaró la prima de Robert, Babette Oppenheimer—. Le dieron todas las oportunidades posibles para que se desarrollara según sus propias inclinaciones y a su propio ritmo». Un día, Julius regaló a Robert un microscopio de calidad profesional, que de inmediato se convirtió en el juguete favorito del niño. «Creo que mi padre era uno de los hombres más tolerantes y humanos que han existido —comentaría Robert muchos años después—. Para él, hacer algo por los demás era dejar que descubrieran qué querían». Robert no tenía dudas sobre qué quería hacer; desde una edad temprana vivió en un mundo de libros y ciencia. «Era un soñador —dijo Babette Oppenheimer—, y no le interesaban las riñas ni el barullo propios de los chicos de su edad. [...] Muchas veces se metían con él y lo ridiculizaban por no ser como los demás». Al ir creciendo, incluso su madre se preocupó en alguna ocasión por el «interés limitado» que mostraba Robert por los juegos y por los niños de su edad. «Sé que intentaba empujarme a que me pareciera más a los otros chicos, pero tuvo un éxito tibio».[25]

En 1912, cuando Robert tenía ocho años, Ella dio a luz a otro hijo, Frank Friedman Oppenheimer, y a partir de entonces dirigió muchas atenciones al recién nacido. En cierto momento, la madre de Ella se mudó al piso de la calle Riverside y vivió con la familia hasta que murió, cuando Frank estaba en la primera adolescencia.[26] Los ocho años que separaban a los dos hermanos dejaban poco espacio para la rivalidad fraternal. Con el tiempo, Robert pensó que no había sido solo un hermano mayor para Frank, sino también quizá «un padre, por la diferencia de edad». El hermano menor recibió en su infancia tantos cuidados, si no más, como el mayor. «Mis padres alimentaban cualquier cosa que nos apasionara», recordó Frank.[27] Cuando iba al instituto, este mostró interés por leer a Chaucer, y Julius no tardó en hacerse con una edición de 1721 de la obra del poeta. Cuando expresó su deseo de tocar la flauta, sus padres contrataron a uno de los flautistas más importantes de Estados Unidos, George Barrère, para que le diera clases particulares. Los dos hermanos estaban mimados en exceso, pero, en cuanto primogénito, solo Robert se volvió algo arrogante. «Devolví a mis padres la confianza que tenían en mí desarrollando un ego desagradable —confesó este más tarde—, el cual estoy seguro de que ofendió tanto a los niños como a los adultos que tuvieron la mala suerte de cruzarse conmigo».[28]

En septiembre de 1911, poco después de visitar por segunda vez al abuelo Benjamin, en Alemania, matricularon a Robert en una singular escuela privada: la de la Sociedad por la Cultura Ética, ubicada en la parte oeste de Central Park. Años atrás, su padre se había hecho miembro activo de ella, y a partir de 1907 formó parte de la junta directiva. El doctor Felix Adler, su líder y fundador, había oficiado el matrimonio entre Ella y Julius.[29] Siempre se dio por hecho que sus hijos recibirían la educación primaria y secundaria en el colegio de la sociedad, cuyo lema era «Hechos, no credos».[30] Fundada en 1876, la Sociedad por la Cultura Ética inculcaba a sus integrantes el compromiso con la acción social y el humanitarismo: «El hombre debe asumir la responsabilidad de dirigir su vida y su destino».[31] Aun siendo una rama del judaísmo reformista estadounidense, la Cultura Ética no era una religión y encajaba perfectamente con los judíos alemanes de clase media alta, muchos de los cuales, como los Oppenheimer, se esforzaban en asimilarse a la sociedad estadounidense. Felix Adler y su grupo de competentes profesores fomentaban aquel proceso y tendrían una influencia poderosa en la formación espiritual de Robert Oppenheimer, tanto en el aspecto emocional como intelectual.

La familia de Felix Adler había emigrado de Alemania a Nueva York en 1857, cuando este solo contaba seis años de edad.[32] Su padre, el rabino Samuel Adler, un líder del movimiento reformista judío en Alemania, encabezaba el templo de Emanu-El, la congregación reformista más grande de Estados Unidos. Felix podría haber sucedido a su padre sin mayor obstáculo, pero cuando era joven volvió a Alemania para cursar los estudios universitarios y entró en contacto con nociones nuevas y radicales sobre la universalidad de Dios y las responsabilidades sociales del hombre para con la sociedad. Leyó a Charles Darwin, a Karl Marx y a un buen número de filósofos alemanes, entre los cuales se hallaba Felix Wellhausen, quien rechazaba la creencia tradicional del origen divino de la Torá. Adler regresó al templo de Emanu-El en 1873 y pronunció un sermón acerca de lo que llamó «el judaísmo del futuro». Para sobrevivir en la era moderna, razonaba el joven Adler, el judaísmo debía renunciar a su «espíritu estrecho de exclusión». En lugar de tomar la identidad bíblica para definirse a sí mismos como «el pueblo elegido», los judíos deberían distinguirse por la preocupación social y por actuar en favor de las clases trabajadoras.

En tres años, Adler se llevó de la comunidad judía tradicional a unos cuatrocientos congregantes del templo de Emanu-El. Con la ayuda financiera de Joseph Seligman y otros empresarios ricos judíos de origen alemán, fundó un nuevo movimiento que llamó Cultura Ética. En las reuniones, que tenían lugar los domingos por la mañana, Adler daba una charla y sonaba el órgano, pero no se rezaba ni se oficiaba ninguna ceremonia religiosa. La sociedad empezó la andadura en 1910, cuando Robert tenía seis años, y se estableció en un bonito local de la calle Sesenta y cuatro Oeste, 2. Julius Oppenheimer asistió a las ceremonias de inauguración del edificio nuevo ese mismo año. El auditorio estaba revestido de madera de roble tallada a mano, tenía unas ventanas preciosas con vidrieras y un órgano Wicks en la galería. Oradores distinguidos como W. E. B. DuBois y Booker T. Washington, entre muchas otras personalidades públicas destacadas, fueron bienvenidos en aquel espléndido auditorio.

La Cultura Ética era una facción reformista judía.[33] Las semillas de este peculiar movimiento las plantó claramente una élite que quería reformar e integrar a los judíos de clase alta en la sociedad alemana del siglo XIX. Las ideas radicales de Adler sobre la identidad judía calaron en el sentir de los empresarios ricos judíos de Nueva York precisamente porque estos debían lidiar con un aumento de la marea antisemita en la sociedad estadounidense del siglo XIX. La discriminación organizada e institucional de los judíos era un fenómeno bastante reciente; desde la Revolución estadounidense, cuando deístas como Thomas Jefferson abogaban por la separación radical de la religión organizada y el Estado, los judíos habían vivido en un clima de tolerancia. Pero después de la quiebra financiera de 1873, la atmósfera de Nueva York empezó a cambiar. Luego, en el verano de 1877, la comunidad quedó escandalizada cuando a Joseph Seligman, el judío de origen alemán más rico e importante de Nueva York, se le negó groseramente la entrada en el Grand Union Hotel de Saratoga por su religión. A lo largo de los años siguientes, instituciones de élite, no solo hoteles, sino también clubes sociales y escuelas privadas de preparación para la universidad, de repente cerraron la puerta en las narices a los miembros judíos.

Así pues, a finales de la década de 1870, la Sociedad por la Cultura Ética de Felix Adler proporcionó al colectivo judío neoyorquino un medio para afrontar aquella intolerancia creciente en un momento oportuno. En el aspecto filosófico, la Cultura Ética era tan deísta y republicana como los principios revolucionarios de los Padres Fundadores. Si la revolución de 1776 había comportado cierta libertad a los judíos del país, entonces una respuesta acertada a la intolerancia cristiana nativista era volverse más estadounidense, más republicano, que los propios estadounidenses. Aquellos judíos darían un paso más en integrarse, pero lo darían, por decirlo de alguna manera, como judíos deístas. Según Adler, la idea de los judíos como nación era un anacronismo. En poco tiempo empezó a establecer las estructuras institucionales que facilitarían que sus adeptos pudieran llevar una vida como «judíos libres».[34]

Adler sostenía que la respuesta al antisemitismo consistía en difundir globalmente la cultura intelectual. Es interesante señalar que criticaba el sionismo porque se replegaba en la particularidad judía: «El sionismo es un ejemplo actual de la tendencia a la segregación».[35] Para Adler, el futuro de los judíos estaba en Estados Unidos, no en Palestina: «Contemplo fijamente, con resolución, los destellos de un nuevo día que brillan sobre las montañas de Allegheny y las Rocosas, y no el resplandor del ocaso, si bien dulce y hermoso, que cavila y languidece sobre los montes de Jerusalén».

Para hacer realidad su *Weltanschauung*, Adler fundó en 1880 una escuela gratuita para los hijos e hijas de los trabajadores, la Workingman's School. Además de las asignaturas habituales de aritmética, lectura e historia, quería que los estudiantes entraran en contacto con el arte, el teatro y la danza, y que desarrollaran una habilidad técnica que pudiera ser útil en una sociedad sometida a una industrialización veloz. Cada niño, creía Adler, tenía su talento particular. Aquellos que no eran buenos en matemáticas tal vez tuvieran «dotes artísticas extraordinarias para hacer cosas con las manos».[36] Para él, esta percepción era la «semilla ética, y lo que debe hacerse es cultivar esos distintos talentos». El objetivo era «un mundo mejor», y por eso la misión de la escuela era «educar a reformistas». A medida que fue evolucionando, se convirtió en un escaparate del movimiento reformista de pedagogía progresista, y el propio Adler cayó bajo la influencia del pedagogo y filósofo John Dewey y su escuela estadounidense del pragmatismo.

Aunque no era socialista, a Adler le impresionó la descripción que hace Marx en *El capital* de las dificultades de la clase trabajadora industrial. «Debo hacer míos los problemas que plantea el socialismo», escribió.[37] Se convenció de que las clases obreras merecían «una remuneración justa, trabajo continuado y dignidad social». El movimiento obrero, expuso más tarde, «es un movimiento ético, y yo estoy con él en cuerpo y alma». Los líderes sindicales compartían ese sentir; Samuel Gompers, cabeza de la nueva Federación Estadounidense del Trabajo, era miembro de la Sociedad por la Cultura Ética de Nueva York.

Paradójicamente, en 1890 la escuela acogió a tantos estudiantes que Adler se vio obligado a subvencionar el presupuesto de la Sociedad por la Cultura Ética accediendo a que algunos alumnos pagaran matrícula. En una época en que muchas escuelas privadas de élite cerraban las puertas a los judíos, montones de empresarios prósperos de la comunidad pedían que la Workingman's School admitiera a sus hijos. En 1895 ya contaba con un instituto y se le había cambiado el nombre por el de Escuela por la Cultura Ética. (Décadas después volvió a renombrarse como Escuela Fieldston). Cuando Robert Oppenheimer entró en ella, en 1911, solo el 10 por ciento de los estudiantes procedía de la clase trabajadora. Sin embargo, la escuela mantuvo una actitud liberal y de responsabilidad social. A aquellos hijos e hijas de los valedores relativamente prósperos de la Sociedad por la Cultura Ética se les inculcaba que los educaban para cambiar el mundo, que eran la vanguardia de un evangelio ético sumamente moderno. Robert era un estudiante estrella.

Por descontado, las simpatías políticas adultas de Oppenheimer pueden rastrearse con facilidad y llegan hasta la educación progresista que recibió en la notable escuela de Felix Adler. Durante los años de formación, en la infancia y en la escuela, estuvo rodeado de hombres y mujeres que se veían a sí mismos como catalizadores de un mundo mejor. En el periodo transcurrido desde principios de siglo hasta el término de la Primera Guerra Mundial, los integrantes de la Cultura Ética fueron agentes de cambio en asuntos con tanta carga política como las relaciones raciales, los derechos laborales, las libertades civiles y el medioambiente. Por ejemplo, en 1909, miembros prominentes de la Cultura Ética como el doctor Henry Moskowitz, John Lovejoy Elliott, Anna Garlin Spencer y William Salter ayudaron a fundar la Asociación Nacional para el Progreso de las Personas de Color. El doctor Moskowitz, de manera similar, desempeñó un papel importante en las huelgas de los trabajadores de la confección que tuvieron lugar entre 1910 y 1915. Otros integrantes de la Cultura Ética ayudaron a fundar la Oficina Nacional de las Libertades Civiles, la predecesora de la Unión Estadounidense por las Libertades Civiles. Aunque evitaban tratar cuestiones de lucha de clases, algunos adheridos a la sociedad eran pragmáticos radicales comprometidos con desempeñar papeles activos que provocaran cambios sociales. Creían que para conseguir un mundo mejor se necesitaba trabajo duro, persistencia y organización política. En 1921, el año en que Robert se graduó en el instituto de la Cultura Ética, Adler exhortó a los estudiantes a desarrollar «imaginación ética», a ver «las cosas no tal como son, sino tal como podrían ser».[*38]

---

* Décadas después, Daisy Newman, una compañera de clase de Robert, recordaba: «Cuando su idealismo lo metió en problemas, pensé que era una consecuencia lógica de la magnífica educación ética que habíamos recibido. Un pupilo fiel de Felix Adler y John Lovejoy Elliott se habría visto obligado a actuar según le dictara la conciencia, por muy

Robert era por completo consciente de la influencia que ejercía Adler no solo sobre él, sino también sobre su padre, y se permitía burlarse un poco de este. A los diecisiete años escribió un poema en ocasión del quincuagésimo cumpleaños de Julius en el que había un verso que decía: «Y después llegó a América y se tragó al doctor Adler como moralidad comprimida».[39]

Igual que les sucedió a muchos estadounidenses de procedencia alemana, la intervención de Estados Unidos en la Primera Guerra Mundial entristeció profundamente al doctor Adler y lo puso ante un dilema. A diferencia de otro miembro importante de la Sociedad por la Cultura Ética, Oswald Garrison Villard, redactor de la revista *The Nation*, Adler no era pacifista. Cuando un submarino alemán hundió el buque de pasajeros británico Lusitania, apoyó que se armaran las naves mercantes estadounidenses. A pesar de que se opuso a que Estados Unidos participara en el conflicto, Adler apremió a su congregación para que ofreciera «lealtad absoluta» al país cuando la Administración de Wilson declaró la guerra en abril de 1917.[40] Al mismo tiempo, sostenía que era incapaz de considerar Alemania como la única parte culpable. En cuanto crítico de la monarquía germana, al final de la guerra se alegró de la caída del régimen imperial y del derrumbamiento del Imperio austrohúngaro. Sin embargo, en cuanto anticolonialista acérrimo, condenó abiertamente la hipocresía de la paz de los victoriosos, que solo parecía fortalecer a los imperios inglés y francés. Por supuesto, sus detractores lo acusaron de simpatías proalemanas. Como miembro del consejo de la Sociedad por la Cultura Ética y como persona que admiraba muchísimo al doctor Adler, Julius Oppenheimer se vio igualmente ante el conflicto provocado por la guerra europea y su identidad como alemán y estadounidense. En cambio, no existen pruebas de qué sentía el joven Robert ante el conflicto. Su profesor de ética de la escuela, no obstante, fue John Lovejoy Elliott, quien siempre fue muy crítico ante la participación de Estados Unidos en la guerra.

Nacido en 1868 en el seno de una familia de abolicionistas y librepensadores de Illinois, Elliott se convirtió en una figura muy querida en el movimiento humanista progresista de Nueva York. Físicamente alto y de carácter afectuoso, fue quien llevó a la práctica los principios de la cultura ética de Adler. Construyó uno de los centros sociales que mejor funcionaban en Nueva York, el Hudson Guild, en el barrio de Chelsea, azotado por la pobreza. Miembro de la junta de la Unión Estadounidense

---

imprudente que fuera la elección». (Carta de Newman a Alice K. Smith, 17 de febrero de 1977, correspondencia de Smith, colección de Sherwin).

por las Libertades Civiles durante toda la vida, era valiente tanto en lo político como en lo personal. En 1938, cuando la Gestapo de Hitler arrestó en Viena a dos líderes de la Sociedad por la Cultura Ética austriaca, Elliott, con setenta años, fue a Berlín y pasó meses negociando con el cuerpo policial para que los liberaran. Tras pagar un soborno, hizo que los dos hombres se esfumaran de la Alemania nazi. A su muerte, en 1942, Roger Baldwin, de la Unión Estadounidense por las Libertades Civiles, lo alabó por ser «un santo ingenioso, [...] un hombre que quería tanto a las personas que hacía lo imposible por ellas».[41]

Fue la influencia de este «santo ingenioso» la que recibieron los hermanos Oppenheimer durante años, semanalmente, en las conversaciones de la clase de ética. Más tarde, cuando los dos hermanos aún eran jóvenes, Elliott escribió a su padre: «No sabía cuán cerca iba a estar de sus hijos. Igual que a usted, me hacen sentir contento y agradecido».[42] Enseñaba ética en un seminario de estilo socrático, donde los estudiantes debatían asuntos específicos sociales y políticos. «Educación en problemas de la vida» era una asignatura obligatoria para todos los estudiantes del instituto. Elliott solía plantearles un dilema personal moral, como preguntarles qué escogerían si tuvieran la posibilidad de elegir entre trabajar como maestros o un puesto mejor pagado en la fábrica de chicles Wrigley. En el tiempo en que Robert fue a la escuela, algunos temas debatidos fueron «la cuestión de los negros», la ética de la guerra y la paz, la desigualdad económica y la comprensión de las «relaciones sexuales».[43] El último año, Robert participó en un largo debate sobre el papel de «el Estado». En el plan de estudios constaban «los principios fundamentales de la ética política», en los que se incluía «la ética de la lealtad y la traición».[44] Era una educación extraordinaria en relaciones sociales y cuestiones mundanas, una educación que arraigó en lo más profundo de su espíritu y daría frutos abundantes en las décadas que siguieron.

«Fui un niño empalagoso y repulsivo de tan bueno —recordaría Robert—. Tuve una infancia que no me preparó para el hecho de que el mundo está lleno de crueldad y amargura». La vida protegida que llevaba en casa no le ofreció «ninguna manera normal ni sana de ser un cabrón».[45] Pero le había creado una fortaleza interior, un estoicismo físico incluso, de los que tal vez no se diera cuenta.

Deseoso de llevarlo al aire libre y con chicos de su edad, Julius apuntó a Robert, con catorce años, a unas colonias de verano. Para la mayoría de los que asistieron, el campamento Koenig fue un paraíso montañoso de diversión y camaradería. Para Robert fue un suplicio; todo en él lo convirtió en el blanco de las barbaridades con las que tanto disfrutan los adolescentes infligiendo a los tímidos, sensibles y diferentes. Enseguida empezaron a llamarlo «guapín» y se metían con él sin piedad. Pero él se negaba a defenderse. Evitaba los deportes y caminaba por los senderos recogiendo rocas. Hizo un amigo, quien después recordaría que aquel verano Robert estaba obsesionado con George Eliot. La gran obra de la novelista, *Middlemarch*, le despertaba muchísimo interés, quizá porque exploraba en detalle una cuestión que le parecía de lo más misteriosa: cómo se relacionaba la parte más íntima de la persona con la creación y la ruptura de las relaciones humanas.

Robert cometió el error de escribir a sus padres contándoles que estaba contento de haber ido de colonias porque los otros chicos le estaban enseñando cómo era la vida real, lo cual empujó a los Oppenheimer a visitarlo de inmediato. En consecuencia, el director de las colonias prohibió que circularan historias obscenas. Inevitablemente, acusaron a Robert de chivarse, y una noche lo llevaron a la nevera de las colonias, lo desnudaron y le pegaron. Como humillación final, le pintaron de verde los genitales y el trasero. Luego lo dejaron allí, sin ropa, encerrado en la nevera toda la noche. Su único amigo se refirió a este incidente como una «tortura».[46] Robert soportó aquella vil vejación en estoico silencio; no abandonó las colonias ni se quejó. «No sé cómo aguantó el resto de las semanas que quedaban —dijo su amigo—. Muchos chicos no habrían querido aguantar, ni habrían podido, pero Robert sí. Debió de vivir un infierno». Tal como solían descubrir sus amigos, el caparazón en apariencia frágil y delicado en realidad ocultaba un carácter estoico construido a base de orgullo obstinado y determinación, característica que iría emergiendo de vez en cuando a lo largo de su vida.

De vuelta en la escuela, los atentos profesores del instituto alimentaron la mente intelectual de Robert; el doctor Adler los había seleccionado a todos con esmero como modelos del movimiento de educación progresista. Cuando la profesora de matemáticas de Robert, Matilda Auerbach, advertía que este estaba aburrido e inquieto, lo mandaba a la biblioteca para que estudiara por su cuenta y después dejaba que explicara a sus compañeros lo que había aprendido. La profesora de griego y latín, Alberta Newton, recordaba que daba gusto enseñarle: «Acogía las ideas nuevas como si fueran perfectamente hermosas».[47] Leía a Platón y a Homero en griego, y a César, Virgilio y Horacio en latín.

Robert siempre destacó. Ya en tercero hacía experimentos de laboratorio, y con diez años, en quinto, estudiaba física y química. Mostraba tanto entusiasmo por aprender ciencias que el conservador del Museo Americano de Historia Natural aceptó darle clases. Como se había saltado varios cursos, todos lo veían como un niño precoz, a veces relamido. Una vez, cuando tenía nueve años, le oyeron decir a una prima suya, mayor que él: «Pregúntame algo en latín y te contestaré en griego».[48] Sus compañeros a veces lo encontraban distante. «A menudo nos ponían juntos —dijo un conocido de su infancia—, pero nunca nos hicimos amigos. Siempre andaba ensimismado con lo que fuera que hiciera o pensara».[49] Un compañero de clase lo recuerda sentado en el aula, taciturno, «igual que si le faltara comida o agua». Otros lo recuerdan «poco sociable. [...] En realidad no sabía cómo relacionarse con los demás niños».[50] A su pesar, Robert era consciente del precio que había que pagar por tener muchos más conocimientos que sus compañeros. «No tiene ninguna gracia —le dijo una vez a un amigo— ir pasando las páginas de un libro y decir: "Sí, sí, claro, eso ya lo sé"».[51] Jeanette Mirsky conoció a Robert bastante bien en su último año y lo consideraba un «amigo especial».[52] No lo tenía por tímido en el sentido habitual de la palabra; solo distante. Pensaba que en cierto modo era arrogante, pero la suya era una arrogancia que llevaba inherentes las semillas de su propia destrucción. Creía que todos los aspectos de su personalidad —desde sus andares, bruscos y espasmódicos, hasta pequeñas cosas como preparar el aliño para la ensalada— mostraban «una gran necesidad de proclamar su superioridad».

Durante los años de instituto, el tutor de Robert fue Herbert Winslow Smith, que se había incorporado al departamento de Lengua y Literatura Inglesa en 1917, después de haber obtenido el título de posgrado en Harvard. Hombre de gran inteligencia, Smith estaba muy avanzado en los cursos de doctorado cuando lo contrataron para dar clase. La experiencia inicial en la Escuela por la Cultura Ética le fascinó hasta el punto de que ya no volvió a Cambridge; desarrollaría el resto de su carrera allí y con el tiempo llegaría a ser su director. Fornido y atlético, era un profesor cálido y amable que siempre se las arreglaba para descubrir qué le interesaba más a cada estudiante y relacionarlo con el tema que estuvieran tratando. Después de clase solía estar rodeado de alumnos que se demoraban alrededor de su mesa para conversar un poco más con él. Pese a que la pasión primera de Robert era desde luego la ciencia, Smith le nutrió los intereses literarios; pensaba de él que tenía ya un «estilo espléndido en prosa».[53] Una vez, después de que Robert escribiera un divertido ensayo sobre el oxígeno, le dijo: «Creo que tu vocación es ser escritor científico». Smith se convertiría en su amigo y consejero. Era «muy muy amable con los alumnos —recordó Francis Fergusson—. Se hizo cargo de Robert, de mí y de otros. [...] Los ayudaba en sus problemas y les aconsejaba cómo proceder».[54]

El año decisivo de Robert fue tercero de instituto, cuando asistió al curso de física que impartía Augustus Klock. «Era un profesor maravilloso —dijo—. Disfruté tanto el primer año que me organicé para pasar el verano trabajando con él, preparando los instrumentos para el año siguiente, en el que aprendería química. Debíamos de pasar juntos cinco días por semana; de vez en cuando, como premio, salíamos de excursión a buscar minerales». Robert empezó a experimentar con electrolitos y conducción. «Me gustaba mucho la química. [...] Comparada con la física, empieza justo en el meollo de las cosas, y tardas muy poco en percibir la conexión entre lo que ves y una serie infinita de ideas que podrían existir en física, pero cuyo acceso desde esta es más difícil». Robert siempre sentiría gratitud hacia Klock por haberlo puesto en el camino de la ciencia. «Le encantaba la naturaleza contingente y abrupta del modo en que se descubren en realidad las cosas, y le encantaba despertar entusiasmo en los jóvenes».[55]

Cincuenta años después, los recuerdos que tenía Jane Didisheim de Robert eran particularmente vívidos. «Se ponía rojo enseguida. [Parecía] muy frágil, con las mejillas de color rosa intenso, muy tímido, y por supuesto muy brillante. La gente se daba cuenta enseguida de que era distinto de los demás, y superior. En lo que respectaba a los estudios, todo se le daba bien».[56]

El ambiente de protección que ofrecía la Escuela por la Cultura Ética era ideal para un polímata adolescente raro y atípico. Gracias a ella, Robert pudo brillar cuando y donde quiso, y lo resguardó de aquellos retos sociales a los que todavía no estaba preparado para enfrentarse. Esa misma burbuja de seguridad que le proporcionó la escuela puede ayudar a explicar su prolongada adolescencia. Pudo seguir siendo un niño y superar su inmadurez gradualmente, en lugar de ser arrancado de ella. A los dieciséis o diecisiete años solo tenía un amigo de verdad, Francis Fergusson, un chico becado de Nuevo México que fue compañero de clase suyo el último curso del instituto. Cuando se conocieron, en otoño de 1919, Robert se limitaba a haraganear. «Se dedicaba a perder el tiempo y buscar algo que lo mantuviera ocupado», recordaba Fergusson.[57] Además de las clases de historia, literatura inglesa, matemáticas y física, Robert se apuntó a griego, latín, francés y alemán. «Y seguía sacando sobresalientes en todo».[58] Se graduaría como el alumno con mejores notas de la clase.

Aparte de caminar y coleccionar rocas, la actividad física principal de Robert era navegar. Según dicen, era un marinero audaz y experto que llevaba el barco al límite. De niño había pulido sus habilidades en varias embarcaciones pequeñas, pero, cuando cumplió los dieciséis, Julius le compró un velero de 28 pies. Lo bautizó como Trimethy, nombre derivado del compuesto químico dióxido de trimetileno. Le encantaba navegar en tormentas de verano, arreciando el barco contra corriente por la bocana de la bahía de Fire Island y saliendo al Atlántico abierto. Su hermano, Frank, se acurrucaba en el puente de mando mientras Robert gritaba de alegría al viento, con la caña del timón entre las piernas, y viraba para meterse en la Gran Bahía Sur de Long Island. A sus padres no les casaba un comportamiento tan impetuoso con el tímido e introvertido Robert que conocían. Invariablemente, Ella se quedaba mirando por la ventana de la casa de Bay Shore buscando alguna pista del Trimethy en el horizonte. Más de una vez, Julius se vio obligado a salir a buscarlo en una lancha motora y traerlo de vuelta al puerto mientras le echaba la bronca por los riesgos en los que estaba poniendo no solo su vida, sino también la de otros. «Roberty, Roberty...», decía, meneando la cabeza.[59] Pero Robert no se apocaba; de hecho, nunca dejó de mostrar una confianza absoluta en su dominio del viento y el mar. Conocía plenamente sus capacidades y no veía por qué tenía que evitar una experiencia que era a todas luces una liberación emocional. Aun así, algunos amigos veían ese comportamiento que desplegaba en mares tempestuosos, si no insensato, sí como una muestra de su profunda arrogancia, o tal vez como una extensión no muy sorprendente de su resiliencia. Tenía una necesidad imperiosa de coquetear con el peligro.

Fergusson nunca olvidaría la primera vez que navegó con Robert. Los dos acababan de cumplir diecisiete años. «Era un día de primavera con mucho viento, hacía frío, la ventisca formaba olas pequeñas en la bahía y el aire estaba húmedo —relató este—. Me daba un poco de miedo porque no sabía si Robert sería capaz de navegar. Pero sí; ya era un marinero bastante experimentado. Su madre nos miraba desde la ventana del piso superior y seguro que sufría palpitaciones de todos los colores. Pero él la había convencido para que lo dejara salir. Sufría, pero se aguantó. Con el viento y las olas volvimos totalmente empapados. Me quedé muy impresionado».[60]

Robert se graduó en la Escuela por la Cultura Ética en la primavera de 1921, y aquel verano Julius y Ella se llevaron a sus hijos a Alemania.[61]

Robert se fue por su cuenta durante unas semanas a hacer una prospección en unas viejas minas cercanas a Joachimsthal, al noreste de Berlín. (Ironías del destino, veinte años más tarde, los alemanes empezaron a extraer uranio de aquel mismo lugar para su proyecto de bomba atómica). Después de acampar en condiciones difíciles, Robert regresó con una maleta llena de muestras de rocas y lo que resultó ser un caso de disentería casi mortal. Lo embarcaron de vuelta a casa en una camilla y pasó tanto tiempo enfermo en cama que tuvo que posponer la asistencia a Harvard aquel otoño. Sus padres lo obligaron a quedarse en casa para recuperarse de la disentería y de la consecuente colitis, la cual lo fastidiaría el resto de su vida, además agravada por un deseo obstinado de comer picante. No era buen paciente. Aquel invierno fue muy largo, enclaustrado en el piso de Nueva York, y a veces se portaba mal, encerrándose en su habitación y haciendo caso omiso de los cuidados de su madre.

En primavera de 1922, Julius consideró que el chico ya estaba bien y podía salir de casa, y pidió a Herbert Smith que se lo llevara aquel verano por el sudoeste. El profesor de la Escuela por la Cultura Ética había realizado un viaje similar con otro alumno el verano anterior, y Julius pensó que una aventura por el Oeste ayudaría a su hijo a curtirse. Smith aceptó, pero se quedó atónito cuando, en privado, Robert le hizo una extraña petición poco antes de partir: le preguntó si podía viajar con el nombre de Smith, como si fuera su hermano pequeño. El profesor se negó sin pensarlo y no pudo evitar juzgar que al muchacho le incomodaba ser identificado como judío. De manera similar, Francis Fergusson, su compañero de clase, opinaría más tarde que tal vez su amigo era consciente de «su condición de judío y su riqueza, de sus relaciones en el Este y [de que] iba a Nuevo México en parte para escapar de todo aquello».[62] Otra compañera, Jeanette Mirsky, también pensaba que Robert no se sentía a gusto siendo judío. «A todos nos pasaba lo mismo», aseguró esta.[63] No obstante, pocos años después, en Harvard, Robert parecía mucho más tranquilo con su procedencia, y le dijo a un amigo de ascendencia escocesa e irlandesa: «Bueno, ni tú ni yo llegamos aquí en el Mayflower».

Empezando por el sur, Robert y Smith viajaron hasta las mesetas de Nuevo México. En Albuquerque se quedaron en casa de Fergusson y su familia. Robert disfrutó de su compañía, y la visita sentó las bases de una amistad que duraría toda la vida. Su anfitrión le presentó a otro albuquerqueño de su edad, Paul Horgan, quien también era precoz y tendría después una carrera de éxito como escritor. Este, igual que Fergusson, también iría a Harvard. A Robert le cayó bien Horgan y se quedó hechizado por la belleza de su hermana, Rosemary, de pelo oscuro y ojos azules. Frank Oppenheimer dijo que su hermano le confesó más tarde que se había sentido muy atraído por Rosemary.[64]

Cuando fueron a estudiar a Cambridge, continuaron su amistad, y Horgan diría en broma que eran «una gran troika de polímatas».[65] No obstante, Nuevo México despertó en Robert actitudes e intereses nuevos. Horgan conservaba con especial viveza las primeras impresiones que le causó su amigo: «Combinaba un ingenio increíblemente agudo con alegría y vitalidad. [...] A la hora de relacionarse con los demás, tenía una cualidad afable gracias a la que se integraba por completo, donde y cuando quiera que fuera».

Desde Albuquerque, Smith se llevó a Robert y a sus dos amigos, Paul y Francis, hasta un rancho de turismo llamado Los Pinos, situado a cuarenta kilómetros al noreste de Santa Fe y dirigido por una mujer de veintiocho años, Katherine Chaves Page. Esta joven, simpática pero autoritaria, se convertiría en amiga de Robert para toda la vida. Sin embargo, primero hubo un encaprichamiento: él se sintió muy atraído por ella. Acababa de casarse; el año anterior había estado enferma de gravedad y, al parecer en el lecho de muerte, había contraído matrimonio con un hombre de ascendencia inglesa, Winthrop Page, un hombre de negocios asentado en Chicago de la edad de su padre. Pero Katherine no murió, y su marido raramente pasaba tiempo en la zona del río Pecos.[66]

Los Chaves eran una familia aristocrática de hidalgos de antiguo abolengo procedente del sudoeste de España. El padre de Katherine, don Amado Chaves, fue quien había construido cerca del pueblo de Cowles el hermoso rancho, desde el que se disfrutaba de una vista magnífica del Pecos, hacia el norte, y la cordillera nevada Sangre de Cristo. Katherine era la «princesa reinante» de aquellos dominios, y Robert descubrió, para su alegría, que él era su cortesano favorito.[67] Se hicieron, según Fergusson, «muy amigos. [...] Él le llevaba flores todo el tiempo y la colmaba de halagos cada vez que la veía».[68]

Aquel verano, Katherine enseñó a Robert a montar a caballo, quien no tardó en salir a explorar la naturaleza virgen circundante en excursiones que a veces duraban cinco o seis días. Smith estaba sorprendido ante la resistencia, la resolución y la capacidad de adaptación del chico. Pese a su persistente mala salud y su apariencia frágil, estaba claro que Robert gozaba del desafío físico que suponía cabalgar, igual que disfrutaba al rozar el peligro con su velero. Un día que volvían desde Colorado, Robert quiso tomar un sendero nevado que cruzaba las montañas por el puerto más alto. Smith estaba seguro de que por ahí podían acabar muertos por congelación, pero el joven se empeñó en ello. El profesor propuso que se lo jugaran a cara o cruz. «Gracias a Dios que gané —recordaría este—. No sé cómo habría salido de esa si hubiera perdido».[69] Pensó que aquella intrepidez rayaba en lo suicida. Smith sintió siempre, en su trato con él, que era un chico a quien la posibilidad de morir no «le impediría hacer algo que tuviera muchas ganas de hacer».

Smith conocía a Robert desde que este tenía catorce años. Siempre había sido delicado físicamente y, en cierto modo, también vulnerable en sentido emocional. Pero al verlo en aquellos montes escabrosos, acampando en condiciones espartanas, Smith empezó a dudar si la persistente colitis no sería psicosomática. Se le pasó por la cabeza que esos episodios le ocurrían invariablemente cuando oía comentarios despectivos sobre los judíos; pensaba que había desarrollado la costumbre de «barrer los hechos insoportables bajo la alfombra». Era un mecanismo psicológico, creía Smith, que «cuando llegaba a extremos peligrosos, le daba problemas».

El profesor estaba al tanto de las últimas teorías freudianas acerca del desarrollo infantil, y concluyó, a raíz de las apacibles conversaciones que mantenían alrededor de la hoguera, que Robert tenía considerables problemas edípicos. «Nunca le oí ni media palabra de crítica hacia [su] madre —recordaba—. A [su] padre sí lo criticaba bastante».[70]

De adulto, sin duda Robert querría a su padre, transigiría con él y, hasta que murió, realizaría lo imposible por que se sintiera a gusto. Le presentaría a sus amigos y le haría sitio en su vida. Sin embargo, Smith notaba que Robert, al ser un chico especialmente tímido y sensible, sentía una vergüenza profunda ante la simpatía a veces torpe de su padre. Una noche, en torno a la hoguera, el joven le contó el incidente de la nevera del campamento Koenig: estaba claro que lo había provocado su padre al reaccionar de forma exagerada ante la carta en la que Robert les contaba que en las colonias se hablaba de sexo.[71] Durante la adolescencia se volvió cada vez más consciente de cuál era la ocupación de su padre, la confección de trajes, cosa que consideraba un oficio tradicional judío. Tiempo después, Smith se acordaría de que en aquel viaje de 1922, mientras estaban haciéndose el equipaje, le pidió a Robert que le doblara una chaqueta para meterla en la maleta. «Me miró con acritud y me dijo: "Pues claro. Un hijo de sastre tendrá que saber doblar la ropa, ¿no?"».[72]

Dejando de lado esas salidas de tono, Smith pensó que Robert creció emocionalmente y ganó en carácter y confianza durante su estancia en el rancho de Los Pinos. Y consideraba que en buena parte se debió a Katherine Page. Su amistad fue importantísima para el muchacho. El

hecho de que tanto ella como sus aristocráticos amigos hidalgos aceptaran a aquel inseguro judío de Nueva York fue un punto de inflexión en
la vida íntima de Robert. Desde luego, se sabía aceptado en el seno indulgente de la comunidad de la Cultura Ética neoyorquina, pero en Los
Pinos encontró la aprobación de personas que le gustaban y que no pertenecían a su mundo. «Por primera vez en su vida —pensó Smith—,
[Robert] se sintió querido, admirado e importante».[73] Robert atesoró ese
sentimiento, y en los años venideros aprendería a cultivar las habilidades
sociales necesarias para invocar esa admiración a voluntad.

Un día, Katherine, él y unos cuantos amigos de Los Pinos cogieron
caballos de carga, partieron del pueblo de Frijoles, ubicado al oeste del
río Grande, cabalgaron hacia el sur y ascendieron la meseta Pajarito, que
alcanza una altitud de más de 3.000 metros. Cruzaron el Valle Grande,
un cañón que se encuentra dentro de la caldera de Jémez; esta es un crá-
ter volcánico semiesférico de casi veinte kilómetros de ancho. Después
tomaron rumbo noreste, cabalgaron seis kilómetros y medio, y llegaron
a otro cañón que toma su nombre del castellano, de los árboles que flan-
quean un arroyo que atraviesa el valle: Los Álamos. En aquel entonces,
el único núcleo de población que había a muchos kilómetros a la redonda era un austero colegio de chicos, el rancho escuela de Los Álamos.

El físico Emilio Segrè escribiría años más tarde, cuando visitó el lugar, que era «un territorio hermoso y salvaje».[74] Praderas de pasto rompían las extensiones de bosques espesos de pinos y enebros. El rancho
escuela se hallaba en la cima de una meseta de más de tres kilómetros de
largo limitada al norte y al sur por cañones muy profundos.[75] Cuando
Robert estuvo allí por primera vez, en 1922, la escuela solo contaba con
unos veinticinco chicos, casi todos hijos de fabricantes de coches de Detroit, nuevos ricos. Iban en pantalón corto todo el año y dormían en
porches acristalados sin calefacción. Cada uno era responsable de cuidar
un caballo, y hacían salidas frecuentes de varios días en que cabalgaban
hasta las cercanas montañas de Jémez. Robert se quedó admirado con el
lugar, tan extremamente distinto de su ambiente de la Cultura Ética, y a
lo largo de los años volvió repetidas veces a aquella desolada meseta.

Robert terminó aquel verano totalmente enamorado de la belleza
inhóspita del desierto y las montañas de Nuevo México. Cuando, unos
meses después, se enteró de que Smith estaba organizando un nuevo viaje a «territorio hopi», le escribió: «Pues claro que me das mucha envidia.
Te veo cabalgando montaña abajo, hacia el desierto, en esa hora en que
las tormentas de relámpagos y los atardeceres enjaezan el cielo. Te veo
en el Pecos [...] pasando la noche a la luz de la luna en el monte Grass».[76]

2

«Su prisión propia»

La idea de que iba por un camino despejado no era cierta.

ROBERT OPPENHEIMER

En septiembre de 1922, Robert Oppenheimer empezó a estudiar en Harvard. Aunque la universidad le concedía una beca, la rechazó «porque podía pasar muy bien sin el dinero».[1] En su lugar, le dieron un volumen de los escritos tempranos de Galileo. Le asignaron una habitación individual en Standish Hall, una residencia para estudiantes de primer año que daba al río Charles. A los diecinueve años, Robert era guapo pero peculiar. Todos sus rasgos eran extremos. La piel, blanca y fina, se le tensaba en los altos pómulos. Tenía los ojos de un azul extraordinariamente claro y brillante, que contrastaba con unas cejas negras y lustrosas.[2] Su pelo era hirsuto y rizado, y lo llevaba largo por arriba y corto por los lados, de modo que parecía aún más larguirucho que su casi metro ochenta de estatura. Era tan delgado —nunca pesó más de sesenta kilos— que daba la impresión de endeblez. La nariz recta, los labios finos y las orejas grandes, casi puntiagudas, acentuaban la sensación de delicadeza exagerada. Elaboraba las frases con una gramática refinada y se expresaba de modo florido, típicamente europeo, como le había enseñado su madre; y los gestos que al hablar hacía con las manos, finas y largas, parecían tortuosos. Su presencia era hipnótica y un poco extravagante.

Durante los tres años siguientes, que pasó en Harvard, su comportamiento no contribuyó a suavizar la impresión que daba de ser un joven estudioso, inmaduro y sin habilidades sociales. Si Nuevo México había abierto su personalidad, Cambridge lo devolvió a la introversión anterior. Allí floreció su intelecto, pero su sociabilidad hizo aguas; al menos, así se lo parecía a quienes lo conocían. Harvard era un bazar intelectual lleno de placeres para la mente, pero a Robert no le brindó la guía protectora ni el sustento devoto que le había proporcionado la Cultura Ética. Estaba solo, de modo que se replegó dentro de la seguridad que le proporcionaba su poderosa inteligencia. Parecía incapaz de no alardear de sus excentricidades. A menudo su dieta consistía en poco más que chocolate, cerveza y alcachofas. La comida no solía ser más que una tostada con crema de cacahuete y un chorro de sirope de chocolate. La mayoría de los compañeros de clase lo consideraban retraído. Por suerte, Francis Fergusson y Paul Horgan también estaban en Harvard aquel año, así que al menos tenía dos amigos de confianza. Hizo muy pocas amistades nuevas. Una de ellas fue Jeffries Wyman, un chico de la clase alta de Boston que empezaba un posgrado en Biología. «[A Robert] le resultaba muy difícil adaptarse socialmente —recordaba este—, y creo que lo pasaba mal a menudo. Supongo que se sentía solo y que no encajaba. [...] Éramos amigos, y él tenía otros, pero le faltaba algo [...] porque nuestra relación se basaba en gran medida, o debería decir totalmente, en lo intelectual».[3]

Introvertido y cultivado, Robert ya leía a autores tan oscuros como Chéjov y Katherine Mansfield. Su personaje shakespeariano favorito era Hamlet. Horgan evocaría años después que, «de muy joven, tenía accesos de melancolía y depresiones muy profundas. De cuando en cuando parecía quedarse emocionalmente incomunicado durante uno o dos días. Le pasó una o dos veces mientras yo estaba con él, y me agobié mucho, no tenía ni idea de por qué se ponía así».[4]

Algunas veces, su genio intelectual iba más allá de la mera ostentación. Wyman rememoró un día sofocante de primavera en que Oppenheimer entró en su habitación y le dijo: «Qué calor más insoportable. Llevo toda la tarde en la cama leyendo *La teoría dinámica de los gases*, de Jeans. No se puede hacer otra cosa con este bochorno».[5] (Cuarenta años después, Oppenheimer todavía conservaba un ejemplar desgastado y encostrado de sal de *Electricidad y magnetismo*, de James Hopwood Jeans).

En la primavera del primer año, Robert trabó amistad con Frederick Bernheim, un estudiante matriculado en el curso preparatorio de la carrera de Medicina que se había graduado en la Escuela por la Cultura Ética un año después que él. Compartían el interés por la ciencia y, como Fergusson estaba a punto de irse a Inglaterra con una beca Rhodes, Robert lo escogió como su nuevo mejor amigo. La mayoría de los chicos que se encontraban en edad universitaria solían tener muchos conocidos y pocos amigos íntimos; Robert, en cambio, solo tenía unas pocas amistades, pero eran sólidas.

En septiembre de 1923, al empezar segundo curso, Bernheim y él decidieron compartir una casa antigua, donde vivirían en habitaciones contiguas, en la calle Mount Auburn, 60, cerca de las oficinas de *The Harvard Crimson*. Robert decoró su habitación con una alfombra oriental, óleos y aguafuertes que se llevó de casa, y hacía el té con un samovar, un artilugio ruso a carbón. A Bernheim, más que fastidiarlo, las excentricidades de Robert lo divertían: «No era una persona que te hiciera sentir del todo a gusto porque siempre daba la impresión de estar muy enfrascado en sus pensamientos. Cuando compartimos casa, pasaba tardes encerrado en su habitación intentando hacer algo con la constante de Planck y cosas así. Me lo imaginaba convirtiéndose en una estrella de la física, y en cambio ahí estaba yo, rascando para sacarme la carrera».

Bernheim pensaba que Robert era un poco hipocondriaco. «Se metía en la cama con una esterilla eléctrica todas las noches, y una vez empezó a echar humo».[6] Entonces se despertó y corrió al baño con ella. Después volvió a la cama sin ser consciente de que la esterilla seguía ardiendo. Bernheim recordaba que tuvo que apagarla para que no se quemara la casa entera. Vivir con Robert era «un poco estresante —diría su amigo—, porque tenías que adaptarte más o menos a sus normas y a su humor. Desde luego, era dominante». Por complicado que fuera, Bernheim compartió casa con Robert durante los dos años que les quedaban en Harvard y le reconoció el mérito de haberlo motivado en su carrera posterior como investigador en medicina.

Solo otro estudiante de Harvard se pasaba por la casa de la calle Mount Auburn con regularidad. William Clouser Boyd conoció a Robert en clase de química y le cayó bien de inmediato. «Teníamos un montón de intereses en común aparte de la ciencia», recordaría.[7] Los dos escribían poesía, a veces en francés, y relatos cortos al estilo de Chéjov. Robert lo llamaba «Clowser», pronunciando mal adrede su segundo nombre. Este salía muchos fines de semana con él y Fred Bernheim al cabo Ann, situado a una hora en coche al noreste de Boston. Robert todavía no sabía conducir, así que iban en el Willys Overland de Bernheim y pasaban la noche en un hostal de Folly Cove, cerca de Gloucester, donde se comía muy bien. Boyd terminaría la carrera en Harvard en tres años y, como Robert, trabajó duro para conseguirlo. Obviamente, nuestro protagonista pasaba muchas horas estudiando en su habitación, pero Boyd recuerda que «se guardaba mucho de que lo pillaras estudiando». También creía que Robert le daba muchas vueltas en lo intelectual. «Tenía una mente muy rápida. Por ejemplo, cuando alguien planteaba un problema, él podía dar dos o tres respuestas erróneas y después la correcta, mientras que a mí no se me había ocurrido ni una».[8]

Lo único que Boyd y Oppenheimer no tenían en común era la música. «Me encantaba la música —referiría aquel—. En cambio, él iría a la ópera una vez al año, con Bernheim y conmigo normalmente, y se marchaba después del primer acto. No aguantaba más».[9] Herbert Smith también había advertido aquella peculiaridad, y una vez le dijo: «Eres el único físico que conozco al que no le gusta la música».

Al principio, Robert no estaba seguro de qué camino académico tomar. Asistió a unos cuantos cursos inconexos: de filosofía, literatura francesa, inglés, introducción al cálculo, historia y tres asignaturas de química (Análisis cualitativo, Análisis de gases y Química orgánica). Se planteó brevemente estudiar Arquitectura y, como también le había entusiasmado el griego que había aprendido en el instituto, pensó asimismo en especializarse en clásicas o incluso hacerse poeta o pintor. «La idea de que iba por un camino despejado no era cierta», recordaría.[10] Al fin, en pocos meses se decantó por su pasión primera, la química. Resuelto a graduarse en tres años, se matriculó en el máximo de asignaturas posibles, seis, y además cada semestre se las apañaba para asistir como oyente a dos o tres más. Sin apenas vida social, estudiaba horas y horas, aunque procuraba ocultarlo, porque para él era importante aparentar que su inteligencia brillaba sin que tuviera que esforzarse. Leyó las tres mil páginas del clásico de Gibbon, *Historia de la decadencia y caída del Imperio romano*. Asimismo, se empapó de literatura francesa y empezó a escribir poesía, ejemplos de la cual aparecieron en *Hound and Horn*, un periódico estudiantil. «Cuando estoy inspirado —escribió a Herbert Smith— compongo versos. Tal como has señalado con tanta agudeza, no están destinados a que nadie los someta a escrutinio, ni son adecuados para ello; además, imponer a los demás los excesos masturbatorios de uno es un crimen. Pero los meteré en un cajón un tiempo y, si quieres verlos, te los enviaré».[11] Aquel año se publicó *La tierra baldía*, de T. S. Eliot, y, cuando Robert lo leyó, se identificó de inmediato con el exiguo existencialismo del poeta. La poesía de Oppenheimer trataba la tristeza y la soledad. Al inicio de su estancia en Harvard escribió estos versos:

> *El amanecer inviste nuestra sustancia con deseo*
> *y la luz lenta nos traiciona, y a nuestra melancolía:*
> *cuando el azafrán celeste*
> *se desvanece y pierde el color,*
> *y el sol*
> *se vuelve estéril, y el fuego creciente*

nos incita a despertar,
de nuevo nos encontramos
cada uno en su prisión propia,
preparados, incapaces
de negociar
con otros hombres.[12]

La política cultural de Harvard a principios de los años veinte era rotundamente conservadora. Poco después de que llegara Robert, la universidad impuso una cuota para restringir el acceso a estudiantes judíos. (En 1922, la población estudiantil judía había alcanzado el 21 por ciento). En 1924, el *Harvard Crimson* publicó en primera plana que el antiguo rector de la universidad, Charles W. Eliot, había calificado públicamente de «lamentable» que cada vez más individuos «de raza judía» se casaran con cristianos. Según dijo, pocos de esos matrimonios mixtos salían bien y, como los biólogos habían determinado que los judíos son «dominantes», los hijos de dichos matrimonios «parecerán solo judíos».[13] Si bien Harvard admitía a unos pocos negros, el rector A. Lawrence Lowell se negó en redondo a que vivieran con blancos en la residencia de estudiantes de primero.

A Oppenheimer no le eran ajenos esos problemas. De hecho, a principios de aquel otoño de 1922 se unió al Club Estudiantil Liberal, fundado tres años antes como lugar de debate para que los estudiantes hablaran de política y asuntos de actualidad. Durante los primeros años, el club atrajo un público multitudinario y contaba con conferenciantes de la talla del periodista liberal Lincoln Steffens; Samuel Gompers, de la Federación Estadounidense del Trabajo, y el pacifista A. J. Muste. En marzo de 1923, el club se posicionó formalmente contra la política discriminatoria de admisiones de la universidad.[14] Aunque el club se había labrado fama de defender puntos de vista radicales, a Robert no le impresionó, y escribió a Smith acerca de «la pomposidad necia del Club Liberal».[15] En ese primer contacto con la política organizada se sintió «como un pez fuera del agua». No obstante, un día fue a comer a las dependencias del club, en la calle Winthrop, n.º 66, y le presentaron a un estudiante de último año, John Edsall, que lo convenció rápidamente para que le ayudara a publicar un nuevo periódico estudiantil. Echando mano del griego, propuso a Edsall que se llamara *The Gad-fly* («el tábano»); en la portada había una cita en griego en la que se describía a Sócrates como el tábano de los atenienses. El primer número de *The Gad-fly* salió en diciembre de 1922, y Robert figuraba en la mancheta como subeditor.

Recordaba haber escrito unos cuantos artículos, sin firmar. *The Gad-fly* no se consolidó en el campus y solo sobreviven cuatro números. De todos modos, la amistad entre Robert y Edsall sí perduró.

Hacia el final del primer año de carrera, Oppenheimer reconoció que se había equivocado al escoger Química como especialidad. «No puedo acordarme de cómo llegué a la conclusión de que lo que me gustaba de la química era algo muy cercano a la física —aseguró—. Es evidente que, si estás leyendo química física y empiezas a encontrarte con ideas de termodinámica y de mecánica estadística, quieres saber más. [...] Es un poco raro; nunca hice ningún curso elemental de física».[16] Aún matriculado en la especialidad de Química, en primavera formuló una petición al departamento de Física para que lo admitieran en los cursos del grado con el fin de poder asistir a clases avanzadas de esa especialidad. Para demostrar que tenía algunos conocimientos al respecto, elaboró una lista con quince libros que dijo haber leído. Años más tarde se enteró de que, cuando el comité de la facultad se reunió para considerar su petición, un profesor, George Washington Pierce, comentó en broma: «Obviamente, si [Oppenheimer] dice haber leído estos libros, es un mentiroso, pero se merecería el doctorado solo por conocer los títulos».[17]

Su profesor principal de física fue Percy Bridgman (1882-1961), quien más tarde ganaría el Nobel. «[...] me pareció un profesor maravilloso —dijo de él Oppenheimer—, porque nunca terminaba de aceptar las cosas tal como eran y siempre consideraba todos los detalles».[18] «Un estudiante muy inteligente —opinaría Bridgman más tarde de su alumno—. Sabía lo bastante para hacer preguntas». Pero, cuando este le encargó la tarea de hacer un experimento de laboratorio que requería elaborar una aleación de cobre y níquel en un horno casero, resultó que Oppenheimer «no distinguía un extremo del soldador del otro». Era tan torpe con el galvanómetro que había que cambiarle las delicadas suspensiones cada vez que lo usaba. Aun así, Robert perseveró, y Bridgman consideró los resultados lo bastante interesantes para publicarlos en una revista científica. El joven era precoz y, en ocasiones, también petulante y molesto. Bridgman lo invitó una tarde a su casa a tomar té. En cierto momento le mostró una fotografía del templo de Segesta, en Sicilia, construido, dijo, sobre el 400 a.C. Oppenheimer discrepó de inmediato: «Por los capiteles de las columnas diría que se construyó cincuenta años antes».[19]

Cuando el famoso físico danés Niels Bohr dio dos conferencias en Harvard en octubre de 1923, Robert estaba resuelto a ir a las dos.[20] El susodicho había ganado el Nobel el año anterior por «sus investigaciones de la estructura de los átomos y de la radiación que emana de ellos».

Oppenheimer diría más adelante que «sería difícil exagerar cuánto admiro a Bohr».[21] Ya en aquel entonces, cuando lo vio por primera vez, le causó un impacto profundo. El profesor Bridgman señalaría posteriormente que «todo el mundo que conocía a [Bohr] se llevaba la misma primera impresión: extraordinariamente agradable. Muy pocas veces he conocido a alguien con unos objetivos tan claros, una devoción tan sincera y que pareciera carecer tanto de malicia como él. [...] Ahora lo idolatran como a un dios científico en casi toda Europa».

Oppenheimer se aproximó al estudio de la física de forma ecléctica, incluso aleatoria. Se centró en los problemas abstractos más interesantes de este campo y se saltó lo básico y aburrido. Años después confesó sentirse inseguro por las lagunas de conocimiento que tenía. «Todavía hoy —dijo a un entrevistador en 1963— me entra el pánico cuando pienso en un anillo de humo o en vibraciones elásticas. No hay nada ahí, son como agujeros tapados por una capa fina de piel. De la misma manera, mi formación matemática era muy primitiva, incluso para la época. [...] Asistí a un curso de [J. E.] Littlewood sobre teoría de números. Estuvo bien, pero no era la mejor manera de aprender matemáticas si querías dedicarte profesionalmente a la física».[22]

Cuando Alfred North Whitehead, filósofo y matemático, llegó al campus, solo Robert y otro estudiante tuvieron el valor de apuntarse al curso que daba. En él analizaron con todo detalle los tres volúmenes de los *Principia mathematica*, escritos por Bertrand Russell y el propio profesor. «Me lo pasé en grande —recordaría Oppenheimer— leyendo los *Principia* con Whitehead, que ya los había olvidado, de modo que fue profesor y alumno a la vez».[23] Pese a esa experiencia, Oppenheimer siempre se consideró muy malo en matemáticas. «Nunca aprendí mucho. Probablemente aprendí bastante más gracias a un método al que no suele dársele demasiado crédito: estar con gente. [...] Debería haber estudiado más matemáticas. Creo que me habrían gustado, pero era impaciente y no les daba importancia».

Es cierto que había lagunas en su educación, pero en general Harvard le hizo bien, tal como reconoció ante su amigo Paul Horgan. En otoño de 1923, Robert le escribió una carta satírica en la que hablaba de sí mismo en tercera persona: «[Oppenheimer] ha crecido y se ha hecho todo un hombre, no tienes ni idea de cómo lo ha cambiado Harvard. Mucho me temo que estudiar tanto no ha sido bueno para su espíritu. Dice unas cosas tremendas. La otra noche, por ejemplo, estaba discutiendo con él y le pregunté: "Pero tú crees en Dios, ¿no?". Y me respondió:"Creo en la segunda ley de la termodinámica, en el principio de Hamilton, en Bertrand Russell y", esto no te lo vas a creer, "en Siegfried [sic] Freud"».[24]

A Horgan, Robert le parecía fascinante y cautivador. Pero él era brillante a su vez; en el transcurso de su larga vida escribió diecisiete novelas y veinte libros de historia, y ganó el Pulitzer dos veces. Siempre vería a Oppenheimer como un polímata raro e inestimable. «Hay muy pocos Leonardos y Oppenheimers —escribió Horgan en 1988—, pero su maravilloso amor por el conocimiento y el modo de transmitirlo, como individuos entendidos y como artífices de hitos históricos, nos ofrecen al menos un ideal según el cual juzgar y medirnos».[25]

Durante los años que pasó en Harvard, Robert mantuvo una correspondencia frecuente con Herbert Smith, su profesor de la Escuela por la Cultura Ética y su guía en Nuevo México. En invierno de 1923 trató de expresar con intrincada ironía cómo era su vida en la universidad: «Eres magnánimo y me preguntas qué hago —escribió Oppenheimer a Smith—. Aparte de las actividades expuestas en la repugnante nota de la semana pasada, trabajo y escribo un sinfín de tesis, notas, poemas, historias y tonterías; voy a la biblio[teca] de mate[mática]s y leo, y a la biblio[teca] de filo[sofía] y divido mi tiempo entre Minherr [Bertrand] Russell y la contemplación de una dama hermosa y encantadora que está escribiendo una tesis sobre Spinoza (qué ironía tan deliciosa, ¿no crees?); hago pócimas apestosas en tres laboratorios, escucho a [el profesor Louis] Allard contar curiosidades sobre Racine, sirvo el té y hablo como un erudito a unas cuantas almas perdidas, salgo el fin de semana a destilar energía de baja calidad en risas y cansancio, leo en griego, hago el ridículo, busco la correspondencia en mi mesa y deseo estar muerto. *Voilà*».[26]

Dejando de lado el humor negro, Robert seguía sufriendo episodios periódicos de depresión.[27] Algunos los causaban las visitas de su familia a Cambridge. Fergusson recuerda salir a comer con él y algunos parientes (no sus padres), y ver cómo su amigo palidecía literalmente del esfuerzo por ser educado. Después, Robert se llevaba a Fergusson a patear las calles, kilómetros y kilómetros, mientras hablaba sin cesar de algún problema de física en voz baja y monótona. Andar era su única terapia. Fred Bernheim recordaba haber caminado por la montaña una noche de invierno hasta las tres de la madrugada. En una de aquellas caminatas invernales, alguien retó a los chicos a tirarse al río. Robert y al menos uno de sus amigos se desnudaron y se arrojaron al agua helada.

Echando la vista atrás, todos sus amigos señalan que en aquellos años parecía estar luchando con demonios internos. «Siempre me sentía descontento conmigo mismo —diría Oppenheimer más tarde sobre aquel periodo de su vida—. Era muy poco sensible con los seres humanos y tenía muy poca humildad ante las realidades de este mundo».[28]

Bajo algunos problemas de Robert subyacía la insatisfacción del deseo sexual. A los veinte años no era el único, por supuesto. Muy pocos amigos suyos tenían una vida social que incluyese mujeres. Ninguno de ellos recuerda que Robert quedara con ninguna. Wyman diría que ambos estaban «demasiado enamorados» de la vida intelectual «para pensar en chicas. [...] Todos pasábamos por una serie de idilios amorosos [con ideas; ...] pero quizá nos faltaban ciertos tipos de idilios más mundanos que hacen la vida más fácil».[29] Sin duda, en el interior de Robert bullía un torbellino de deseos voluptuosos, como evidencian algunos poemas, claramente eróticos, que escribió durante aquel periodo:

> *Esta noche lleva una capa de piel de foca,*
> *diamantes negros destellan donde el agua le envuelve los muslos*
> *y centelleos malsanos conspiran para sorprender*
> *la palpitación que justifica el ansia con la violación.*[30]

En el invierno de 1923-1924 escribió lo que llamó «mi primer poema de amor» en honor de aquella «dama hermosa y encantadora que está escribiendo una tesis sobre Spinoza». Contemplaba a aquella mujer misteriosa de lejos en la biblioteca, pero al parecer nunca habló con ella.

> *No, sé que ha habido otros que han leído a Spinoza,*
> *incluso yo;*
> *otros que han cruzado sus blancos brazos*
> *sobre las ocres páginas;*
> *otros, demasiado puros para mirar, siquiera un segundo,*
> *más allá del sagrado esfínter de su erudición.*
> *Pero ¿qué me importa todo eso?*
> *Tienes que venir, digo, y ver las gaviotas,*
> *doradas bajo el sol tardío;*
> *tienes que venir y hablarme y explicarme por qué,*
> *en este mismo mundo, nubes pequeñas y blancas,*
> *como guata de algodón, si quieres, o lencería,*
> *ya he oído eso antes...*
> *Nubes pequeñas y blancas flotan con tal silencio*

por el cielo limpio,
y tú deberías sentarte, pálida, con un vestido negro que habría adornado
la conciencia ascética y adusta de un benedictino,
y leer a Spinoza, y que el viento arrastre las nubes,
y que yo me ahogue en un éxtasis de carencia...

Bueno, ¿y qué pasa si olvido,
si olvido a Spinoza y tu constancia,
si lo olvido todo hasta que solo me quede
apenas media esperanza y media pena
y los innumerables trechos de mar?[31]

Incapaz de entablar una relación, se mantenía distante, deseando, como dice el poema, que ella dé el primer paso: «Tienes que venir y hablarme». Siente «apenas media esperanza y media pena». Semejante mezcla de emociones poderosas no es, desde luego, extraña en un joven que aún no ha madurado, pero alguien debería haberle dicho que no era el único.

Una y otra vez, siempre que se sentía angustiado, Robert recurría a Smith, su antiguo profesor. A finales de invierno de 1924 le escribió presa de una gran «aflicción» debida a una crisis emocional. La carta no se ha conservado, pero tenemos la respuesta de Robert a aquella en que Smith lo consolaba. «Lo que más me ha aliviado, creo —le dijo—, es que has percibido en mi angustia cierta similitud con la que tú has sufrido; nunca se me habría ocurrido que nadie que se me aparece ahora en todos los aspectos tan impecable y tan envidiable pudiera, en modo alguno, encontrarse en una situación comparable a la mía. [...] En sentido abstracto, creo que es una lástima horrible que haya tanta gente buena que no conozco, que me pierda tantas alegrías. Pero tienes razón. Al menos para mí el deseo no es una necesidad; es una impertinencia».[32]

Después de concluir el primer año de Harvard, su padre le buscó un empleo de verano en un laboratorio de New Jersey. Pero se aburría. «El trabajo y la gente son lánguidos, están aburguesados y muertos —escribió a Francis Fergusson, quien se encontraba en el maravilloso Los Pinos—. Hay muy poco que hacer y nada que te sorprenda. [...] ¡Cómo te envidio! [...] Francis, me asfixias con angustia y desesperación; todo cuanto puedo hacer es integrar el "Amor vincit omnia" de Chaucer en la estructura de mis inmutabilidades fisicoquímicas».[33] Sus amigos estaban acostumbrados a ese lenguaje florido. «Siempre que empieza algo nuevo —observaría Francis más adelante— lo exagera». Paul Horgan también recordaba la «tendencia barroca de Robert a exagerar». En cualquier caso, dejó el trabajo del laboratorio y pasó el mes de agosto en Bay Shore, donde dedicó mucho tiempo a navegar con Horgan, quien había aceptado compartir las vacaciones con él.

En junio de 1925, después de solo tres años de estudios, Robert se graduó *summa cum laude* con el título de grado en Química. Entró en el cuadro de honor y fue uno de los treinta estudiantes elegidos para ser miembros de la Phi Beta Kappa.[34] Aquel año escribió a Herbert Smith en tono de broma: «Ni siquiera cuando esté en las últimas etapas de afasia senil diré que la educación, en sentido académico, fue secundaria cuando estuve en la universidad. Me trago de cinco a diez libracos científicos por semana y hago ver que investigo. Si al final tengo que conformarme con analizar pasta de dientes, no quiero saberlo antes de tiempo».[35]

Analizar pasta de dientes no era un futuro probable para un graduado en Harvard que aquel último año había cursado materias como «Química coloidal», «Historia de Inglaterra desde 1688 hasta el presente», «Introducción a la teoría de funciones potenciales y la ecuación de Laplace», «La teoría analítica del calor y los problemas de las vibraciones inelásticas» y «Teoría matemática de la electricidad y el magnetismo». Sin embargo, décadas después volvería la mirada a sus años de estudiante y confesaría: «Aunque me gustaba estudiar, toqué muchos palos e hice lo que me dio la gana. Creo que no me lo merecía, pero saqué excelentes en todas las asignaturas». Pensó que había adquirido «una familiaridad rápida, superficial e impaciente con algunos temas de física, con lagunas tremendas y muchas veces con una falta tremenda de práctica y disciplina».[36]

Robert y sus amigos William C. Boyd y Frederick Bernheim se saltaron la ceremonia de graduación y lo celebraron en privado, en una habitación de la residencia, con alcohol de laboratorio. «Boyd y yo nos pusimos como cubas —rememoró Bernheim—. Me parece que Robert solo se bebió un vaso y se fue a dormir».[37] Aquel fin de semana, Oppenheimer se llevó a Boyd a la casa de Bay Shore y navegaron en su querido Trimethy hasta Fire Island. «Nos quitamos la ropa —recordaba este— y paseamos por la playa. Nos quemamos bien». Robert podía haberse quedado en Harvard (le ofrecieron una beca), pero tenía ambiciones más elevadas. Se había graduado en la especialidad de Química, pero lo que lo motivaba era la física, y sabía que, en ese mundo, el Cambridge de Inglaterra estaba «más cerca del centro».[38] Con la esperanza de que lo tomara bajo su tutela el eminente físico neozelandés Ernest Rutherford, ensalzado como el hombre que, en 1911, desarrolló por primera vez un modelo del núcleo atómico, Robert convenció a su profesor de Física, Percy Bridgman, de que le escribiera una carta de recomendación. En ella, explicó con sinceridad que Oppenheimer poseía «un poder de asimilación prodigioso», pero que «flojeaba en la experimentación. Tiene una mente analítica más que física, y no se siente a gusto con las manipulaciones del laboratorio. [...] Me parece un poco arriesgado afirmar que Oppenheimer contribuirá jamás con alguna revelación de importancia, pero, si llega a hacerlo, creo que será un éxito muy insólito».

Bridgman concluía con comentarios, habituales en aquella época y lugar, acerca de la condición judía de su alumno: «Como sugiere su nombre, Oppenheimer es judío, pero carece por entero de las características típicas de su raza. Es un joven alto, bien parecido, con cierta timidez cautivadora en los modales, y no creo necesario que albergue usted ninguna duda en este sentido a la hora de considerar su solicitud».[39]

Con la esperanza de que la carta de Bridgman le facilitara la admisión en el laboratorio de Rutherford, Robert pasó el mes de agosto en su querido Nuevo México. Es significativo que llevara a sus padres consigo y les mostrara sus hectáreas de paraíso. Los Oppenheimer se alojaron unos días en el Bishop's Lodge, en las afueras de Santa Fe, y luego viajaron hacia el norte hasta el rancho de Katherine Page, Los Pinos. «A mis padres les gusta bastante el sitio —escribió Robert, con visible orgullo, a Herbert Smith— y han empezado a cabalgar un poco. Es curioso que disfruten de la poca importancia que se da a la cortesía en el lugar».

Con su hermano, Frank, que ya tenía trece años, y Paul Horgan, que había vuelto de Harvard para pasar el verano, hacían largas excursiones a caballo por las montañas. Horgan recuerda alquilar caballos en Santa Fe y cabalgar con Robert por la ruta del lago Peak, que cruza la sierra Sangre de Cristo y desciende hasta el pueblo de Cowles: «Llegamos a la bifurcación de la cima de la montaña en medio de una tormenta espantosa, [...] una lluvia torrencial, copiosa. Nos sentamos bajo los caballos, comimos naranjas y nos calamos. [...] Estaba mirando a Robert y de repente veo que se le pone el pelo de punta por la estática. Fascinante».[40] Cuando al fin llegaron a Los Pinos, por la noche, en las ventanas de Katy Page había luz. «Cómo lo agradecimos —dijo Horgan—. Nos dio la bienvenida y pasamos unos días maravillosos allí. Ella nos llamó desde entonces "mis esclavos". "Aquí vienen mis esclavos"».

Mientras la señora Oppenheimer pasaba el rato sentada a la sombra en el porche que rodeaba el rancho de Los Pinos, Page y sus «esclavos» salían a cabalgar todo el día por las montañas cercanas. En una de aquellas excursiones, Robert descubrió en las laderas orientales del Santa Fe

Baldy un lago pequeño que no aparecía en los mapas y le puso el nombre de lago Katherine.

Es probable que en una de aquellas largas salidas Robert fumara por primera vez. Page enseñó a los chicos a ir ligeros de equipaje, con solo lo mínimo. Una noche que pasaron en ruta, Robert se encontró con que se le había acabado la comida, y alguien le ofreció una pipa para aplacar las punzadas del hambre. A partir de entonces, el tabaco de pipa y los cigarrillos se convirtieron en una adicción de por vida.[41]

De vuelta en Nueva York, Robert abrió el correo y se encontró con que Ernest Rutherford había rechazado su solicitud. «Rutherford no me quiso —recordaría Oppenheimer—. No tenía en muy alta consideración a Bridgman, y mis acreditaciones eran bastante peculiares».[42] Sin embargo, al final, el neozelandés pasó la solicitud de Robert a J. J. Thomson, el célebre predecesor de Rutherford como director de los Laboratorios Cavendish. A sus sesenta y nueve años de edad, Thomson, que había ganado el Nobel de Física en 1906 por la detección del electrón, ya no estaba en activo como físico. En 1919 renunció a sus responsabilidades administrativas, y para 1925 pasaba esporádicamente por el laboratorio y tutorizaba solo al estudiante de turno. Con todo, Robert se alegró mucho cuando se enteró de que Thomson había aceptado supervisar sus estudios. Había escogido la física como su vocación, y estaba seguro de que el futuro de esta —y el suyo— se hallaban en Europa.

3

«Estoy pasándolo bastante mal»

No estoy bien, y tengo miedo de ir a verte ahora por
temor a que ocurra algo melodramático.

ROBERT OPPENHEIMER,
23 de enero de 1926

Harvard fue una experiencia agridulce para Robert. Creció intelectualmente, pero sus vivencias sociales lo dejaron en un estado emocional
tenso y exhausto. La rutina diaria de la vida de estudiante, tan estructu-
rada, le proporcionó un escudo; de nuevo fue la estrella de la clase. Después, esa protección desaparecería, y Robert padecería una serie de crisis
existenciales casi funestas que empezarían aquel otoño y se prolongarían
hasta la primavera de 1926.

A mediados de septiembre de 1925, Oppenheimer se embarcó rumbo a Inglaterra.[1] Francis Fergusson y él quedaron en encontrarse en el
pueblecito de Swanage, en Dorset, en el sudoeste de Inglaterra. Francis
había pasado el verano viajando por Europa con su madre y tenía ganas
de disfrutar de compañía masculina. Durante diez días caminaron por los
acantilados de la costa mientras se contaban sus últimas aventuras. Pese a
no haberse visto en dos años, habían mantenido el contacto mediante
correspondencia, así que no se habían distanciado.

«Cuando lo vi en la estación —escribiría Fergusson después— parecía haber ganado en confianza, en fortaleza y en integridad, [...] estaba
mucho menos cohibido delante de mi madre. Más tarde descubrí que
eso se debía a que casi se había enamorado de una atractiva gentil en
Nuevo México».[2] De todos modos, Fergusson notaba que Robert, a sus
veintiún años, «estaba muy confuso con respecto a su vida sexual».[3] Por
su parte, él le reveló «todas las cosas que me habían gustado y sobre las
que yo debía guardar silencio». Sin embargo, al mirar atrás, Fergusson

pensó que se había desahogado en exceso. «Fui cruel y estúpido —escribió— al explicarle con tanto detalle [esas cosas] a Robert. Al final consumé lo que Jean [una amiga] habría llamado una violación mental de primera».[4]

Fergusson llevaba ya dos años en Oxford con una beca Rhodes. Siempre había sido más maduro que Oppenheimer, que se quedó admirado por la naturalidad y el refinamiento social que había adquirido. Por un lado, Francis salía con una chica desde hacía unos tres años, una joven llamada Frances Keeley que Robert conocía de la Escuela por la Cultura Ética. Por otro lado, a este le impresionó la seguridad en sí mismo que mostró su amigo al abandonar los estudios de Biología por su pasión primera, la literatura y la poesía. Se movía en círculos elitistas e iba de visita a las casas de campo de familias inglesas de clase alta. Robert se descubrió envidioso del florecimiento de la mundanidad de su amigo. Se separaron, uno a Oxford y el otro a Cambridge, con la promesa de verse de nuevo en las vacaciones de Navidad.

La llegada de Robert a los Laboratorios Cavendish (Cambridge) coincidió con una época de euforia en el mundo de la física. A principios de los años veinte, algunos físicos europeos —Niels Bohr y Werner Heisenberg, entre otros— estaban forjando una teoría que llamaban física cuántica (o mecánica cuántica). En pocas palabras, esta es el estudio de las leyes que se aplican al comportamiento de los fenómenos en una escala muy pequeña, la de las moléculas y los átomos. La teoría cuántica no tardaría en reemplazar a la física clásica cuando se trataba de fenómenos subatómicos como, por ejemplo, el electrón que orbita alrededor del núcleo de un átomo de hidrógeno.[5]

Si bien fue un momento de auge para la física europea, Oppenheimer y muchos graduados en Física de Estados Unidos no estaban al corriente de ello. «Yo seguía siendo, en el mal sentido de la palabra, un estudiante —recordaría—. No supe nada de mecánica cuántica hasta que llegué a Europa. No supe nada del espín del electrón hasta que llegué a Europa. No creo que en la primavera de 1925 se supiera nada de todo aquello en Estados Unidos; al menos yo no sabía nada».[6]

Robert se instaló en un piso deprimente al que más tarde llamaría un «miserable agujero». Comía y cenaba en la universidad y pasaba los días en un rincón del laboratorio de J. J. Thomson, ubicado en el sótano, haciendo unas películas finas de berilio que se usaban para estudiar los electrones. Era un proceso laborioso que requería la evaporación del berilio sobre colodión, y después había que retirar este derivado con mucho cuidado. Torpe e incapaz de hacer aquel meticuloso trabajo, Robert no tardó en esquivar el laboratorio. En su lugar, pasaba el tiempo asistiendo a seminarios y leyendo revistas de física. De todos modos, aunque su trabajo de laboratorio fuera «más bien una farsa», le proporcionó la oportunidad de conocer a físicos como Rutherford, Chadwick y C. F. Powell. «Conocí a [Patrick M. S.] Blackett; me pareció una persona muy agradable», evocaría Oppenheimer décadas más tarde.[7] El profesor, que ganaría el Premio Nobel de Física en 1948, fue enseguida mentor de Robert. Era un inglés alto y elegante de ideología política francamente socialista, y se había graduado en Física en Cambridge solo tres años antes.

En noviembre de 1925, Robert escribió a Fergusson: «El sitio es muy enriquecedor y está lleno de tesoros jugosos, y, aunque sea totalmente incapaz de disfrutar de ellos, tengo la oportunidad de ver a mucha gente; entre ella, y algunos son buenos. En efecto, aquí hay unos cuantos físicos buenos, me refiero a los jóvenes. [...] Me han llevado a toda clase de sitios: a una reunión de matemáticas avanzadas del Trinity, a otra pacifista secreta, a un club sionista y a varias asociaciones científicas bastante mustias. Pero todas las personas válidas a las que he visto están metidas en ciencias. [...] —Entonces abandona la chulería y confiesa—: Estoy pasándolo bastante mal. El trabajo de laboratorio es aburridísimo, y se me da tan mal que me resulta imposible sentir que aprendo algo, [...] las clases son horribles».[8]

Las dificultades que padecía en el laboratorio se vieron agravadas por el deterioro de su estado emocional. Un día se descubrió con la mirada perdida en una pizarra negra y una tiza en la mano murmurando: «La cuestión es, la cuestión es, la cuestión es...».[9] Jeffries Wyman, su amigo de Harvard, que también estaba en Cambridge aquel año, distinguió signos de angustia en Robert. Un día entró en su habitación y lo encontró tumbado en el suelo, gimiendo y rodando de lado a lado. En otro relato de aquel incidente, Wyman reveló que Oppenheimer le había confesado que «se sentía tan desgraciado en Cambridge, tan infeliz, que a veces se echaba en el suelo y rodaba de lado a lado, eso me dijo».[10] En otra ocasión, Rutherford lo vio desplomarse como un saco en el laboratorio.[11]

Tampoco lo ayudaba el hecho de que algunos de sus amigos más cercanos estuvieran encaminándose tan pronto hacia la vida familiar.[12] Su compañero de habitación de Harvard, Fred Bernheim, también se encontraba en Cambridge y había conocido a una mujer que no tardaría en ser su esposa. Robert advertía que su amistad con él, como preveía, estaba apagándose. «Con Fred las cosas se han complicado tremendamen-

65

te —explicó Oppenheimer a Fergusson—, y hubo una noche horrible, hace dos semanas, en la Luna. No lo he visto desde entonces, y me sonrojo cuando pienso en él. Y una confesión dostoyevskiana por su parte».[13] Robert exigía mucho a sus amigos, a veces demasiado. «En cierto sentido —recordaría Bernheim— fue un alivio. [...] Su intensidad y su ímpetu siempre me provocaron cierta incomodidad».[14] En su presencia se sentía como exhausto de energía. Robert, obstinado, intentó revivir la amistad, pero Bernheim al final le dijo que iba a casarse y que «no podíamos recuperar lo que tuvimos en Harvard». Más que ofendido, Oppenheimer estaba perplejo ante el hecho de que alguien a quien había conocido tan bien decidiera dejar de orbitar en torno a él. Igual de sorprendido se quedó al enterarse de que Jane Didisheim, una compañera de la Escuela por la Cultura Ética, ya se hubiera casado. Robert siempre le había tenido cariño, y al parecer le desconcertó mucho que una mujer de su misma edad pudiera estar casada tan temprano (con un francés) y embarazada.[15]

Hacia el final de aquel semestre, en otoño, Fergusson concluyó que Robert sufría «una depresión de primera».[16] Sus padres también sospecharon que su hijo estaba en crisis. Según su amigo, «se le agudizó la depresión y se le hizo explícita a causa de la lucha que mantenía respecto a su madre». Julius y Ella insistieron en cruzar el Atlántico cuanto antes para estar con su atribulado hijo. «Robert quería que su madre estuviera con él —escribió Fergusson en su diario—, pero sentía que debía disuadirla de que viniera. [...] Por eso, cuando se subió al tren que llevaba a Southampton, donde se encontraría con ella, estalló como un demente».

Fergusson fue testigo únicamente de algunos acontecimientos extraordinarios que sucedieron aquel invierno, aunque es evidente que muchos detalles solo podía conocerlos por boca de Robert. Y es muy posible —de hecho, es casi seguro— que, al narrar sus experiencias, este dejara que su vívida imaginación coloreara las historias. El «Relato de las aventuras de Robert Oppenheimer en Europa» de Fergusson está datado simplemente en febrero de 1926, y el contexto apunta a que se escribió justo entonces. En cualquier caso, Fergusson no reveló las confidencias de su amigo hasta muchos años después de que este muriera.

Según el relato, en el tren ocurrió un incidente que indicaba que Robert estaba perdiendo el timón de sus emociones. «Iba en un vagón de tercera clase con un hombre y una mujer que estaban en actitud muy cariñosa [suponemos que besándose y acariciándose]. Intentaba leer termodinámica, pero no podía concentrarse. Cuando el hombre salió, [Robert] besó a la mujer. Ella no pareció sorprenderse mucho. [...] Pero a él de repente le ahogó el remordimiento, cayó de rodillas, con los pies hacia fuera, y entre mucho llanto le suplicó que lo perdonara». Recogió sus cosas deprisa y huyó del compartimento. «Sus pensamientos eran tan amargos que, al salir de la estación, cuando bajaban las escaleras y vio a la mujer delante de él, le dio el arrebato de arrojarle la maleta a la cabeza. Por suerte, falló».[17] Suponiendo que Fergusson refiere con fidelidad la historia que le contó Robert, parece evidente que este se encontraba atrapado en una fantasía. Quiso besar a la mujer. ¿La besó? ¿O no? No está claro qué ocurrió en el compartimento del tren, pero lo que dijo que había sucedido a la salida de la estación no debe de ser cierto, si bien Robert necesitaba comunicarle a Fergusson que sí. Tenía problemas; estaba perdiendo el dominio de sí mismo, y el relato fantástico era una expresión de su angustia.

En aquel estado de agitación, Robert reanudó el trayecto hasta el puerto, donde debía recibir a sus padres. La primera persona que vio en la rampa de desembarco no fue a su madre ni a su padre, sino a Inez Pollak, una compañera de clase de la Escuela por la Cultura Ética. Robert e Inez se habían carteado mientras ella estudiaba en Vassar y se habían visto alguna vez en Nueva York durante las vacaciones. Décadas después, en una entrevista, Fergusson dijo que creía que Ella «se aseguró de que los acompañara [a Inglaterra] una joven con la que [Robert] se había visto en Nueva York, y trató de juntarlos, pero no salió bien».[18]

En el «diario», Fergusson escribe que el primer impulso de Robert al ver a Inez en la rampa fue el de dar la vuelta y salir corriendo. «Pero habría sido difícil decir —escribió su amigo— quién de los dos estaba más horrorizado, si ella o él». Por su parte, al parecer, Inez veía en el futuro físico una escapatoria de la vida que llevaba en Nueva York, pues su madre se había vuelto insoportable con ella. La de Robert había accedido a llevarla con ellos a Inglaterra porque pensaba que ayudaría a su hijo a librarse de la depresión. Sin embargo, según Fergusson, al mismo tiempo, Ella veía a Inez «ridículamente indigna» de él, y en cuanto vio que Robert mostraba un interés real hacia ella, se lo llevó aparte y le habló de «lo tedioso que le resultaba a Inez haber ido hasta allí».

En cualquier caso, la muchacha acompañó a los Oppenheimer a Cambridge. Robert estaba ocupado con la física, pero por las tardes empezó a llevarse a Inez a dar largas caminatas por la ciudad. Según Fergusson, su amigo llevó a cabo los pasos propios del cortejo. Hizo «una imitación muy buena, sobre todo retórica, del enamorado. Ella le correspondió del mismo modo».[19] Durante un tiempo estuvieron comprometidos, al menos de manera informal. Y entonces una noche fueron a la habitación de Inez y se metieron en la cama juntos. «Allí estaban tumbados, temblando de frío, temerosos de hacer nada. Inez se puso a llorar. Y Robert se puso a llorar». Al cabo de un rato llamaron a la puerta y oyeron la voz de la señora Oppenheimer que decía: «Déjame entrar, Inez, ¿por qué no me dejas pasar? Sé que Robert está ahí». Al final, Ella se marchó indignada, resoplando y dando zapatazos, y Robert salió, desgraciado y totalmente humillado.[20]

Inez Pollak partió casi de inmediato a Italia, llevando consigo un ejemplar de *Los demonios*, de Dostoyevski, que le había regalado Robert. Lógicamente, el fracaso de aquella relación sumió a este aún más en la melancolía. Justo antes de las vacaciones de Navidad escribió una carta triste y nostálgica a Herbert Smith. Se disculpaba por su silencio y se explicaba: «En realidad he estado ocupado en la complicadísima empresa de prepararme para mi carrera. [...] Y no he escrito simplemente porque me han faltado la convicción y la seguridad tranquilizadoras y necesarias para redactar una carta adecuada y espléndida». Refiriéndose a Francis, escribió: «Ha cambiado mucho. *Exempli gratia*, es feliz. [...] Conoce a todo Oxford; va a tomar el té con lady Ottoline Morrell, la suma sacerdotisa de la sociedad civilizada y la madrina de [T. S.] Eliot y Berty [Bertrand Russell]».[21]

Para inquietud de sus amigos y su familia, el estado emocional de Robert siguió empeorando. Parecía extrañamente inseguro de sí mismo y estaba todo el día de mal humor. Entre otras quejas, hablaba de la problemática relación que mantenía con su tutor, Patrick Blackett.[22] A Robert le gustaba Blackett y buscaba su aprobación con afán, pero este, que era un físico práctico y experimental, insistía en que su alumno hiciera más trabajo del que no se le daba bien: el de laboratorio. Es probable que Blackett no le diera demasiada importancia, pero, en el estado de agitación en que se encontraba Oppenheimer, la relación se convirtió en una fuente de ansiedad intensa.

Avanzado el otoño de 1925, Robert cometió una estupidez tal que parecía pensada para demostrar que su angustia emocional estaba desbordándolo. Consumido por una sensación de incompetencia y envidia intensa, «envenenó» una manzana con sustancias químicas del laboratorio y la dejó en la mesa de Blackett. Jeffries Wyman dijo más tarde: «Tanto si era una manzana imaginaria como una manzana real, lo que fuera, aquello fue un acto provocado por la envidia».[23] Por suerte, Blackett no se comió la manzana, pero el incidente acabó llegando a oídos de las altas esferas de la universidad. Tal como Robert confesó a Fergusson dos meses después: «Había envenenado o algo así al jefe del laboratorio. Parecía increíble, pero eso fue lo que dijo. Y había puesto cianuro o algo parecido no sé dónde. Y, por suerte, el profesor lo descubrió. Pues claro que lo pagará caro en Cambridge».[24] Si el supuesto «veneno» era potencialmente letal, lo que hizo Robert se habría considerado intento de asesinato. Pero no parece probable teniendo en cuenta lo que ocurrió después. Lo más seguro es que este contaminara la manzana con algo que solo hubiera hecho enfermar a Blackett; de todos modos, seguía siendo un asunto grave y un motivo de peso para la expulsión.

Los padres de Robert seguían de visita en Cambridge, así que las autoridades de la universidad los informaron de inmediato de lo ocurrido. Julius Oppenheimer, desesperado, instó a la universidad que no presentara cargos criminales, y lo consiguió. Tras prolongadas negociaciones, se acordó que Robert quedara sometido a un periodo de prueba y visitara con regularidad a un prominente psiquiatra de la calle Harley, en Londres. Como señalaría Herbert Smith, su antiguo mentor de la Escuela por la Cultura Ética: «Lo dejaron quedarse en Cambridge un tiempo solo a condición de que asistiera a sesiones periódicas con un psiquiatra».[25]

Robert se desplazaba a Londres para ir a las sesiones programadas, pero no fue una buena experiencia. Un psicoanalista freudiano le diagnosticó demencia precoz, una etiqueta ahora obsoleta para designar síntomas asociados con la esquizofrenia. Concluyó que Oppenheimer era un caso perdido y que «continuar con el análisis le haría más mal que bien».[26]

Un día, Fergusson quedó con Oppenheimer justo después de una sesión con el psiquiatra. «Parecía un loco. [...] Lo vi en la esquina, esperándome, con el sombrero torcido a un lado de la cabeza, con una pinta extrañísima. [...] Estaba ahí plantado, como si estuviera a punto de escapar o de hacer alguna barbaridad».[27] Los dos amigos echaron a andar a un paso más que ligero; Robert, a su manera peculiar, con los pies muy abiertos hacia fuera. «Le pregunté cómo había ido. Dijo que el tipo era idiota y que no lo seguía, y que él sabía más de sus problemas que el propio médico, cosa que probablemente era cierta». Fergusson no conocía el incidente de la «manzana envenenada» en aquel entonces, por lo que no entendía qué había provocado las visitas al psiquiatra. Y, aunque veía que Robert sufría una angustia considerable, confiaba en que tendría «la capacidad de recomponerse, identificar su problema y lidiar con él».

Sin embargo, la crisis no había finalizado. Un día de las Navidades, Robert se encontró caminando solo por la costa de la Bretaña, cerca del pueblo de Cancale, donde sus padres lo habían llevado de vacaciones. Era un día lluvioso y gris de invierno, y años después Oppenheimer diría que de repente se dio cuenta de una cosa: «Estuve a punto de suicidarme. El problema era crónico».[28]

Poco después del Año Nuevo de 1926, Fergusson hizo por verse con Oppenheimer en París, adonde lo habían llevado sus padres para que pasara allí el resto de las seis semanas de las vacaciones de invierno. En uno de sus largos paseos por las calles de la ciudad, Robert al fin se abrió a su amigo y le contó qué había provocado las visitas al psiquiatra londinense. En aquel momento pensaba que la directiva de Cambridge ni siquiera le permitiría volver al campus. «Mi reacción fue de consternación —recordó Fergusson—. Pero entonces, cuando se explicó, creí que más o menos lo había superado y que tenía problemas con su padre».[29] Robert reconoció que sus padres estaban muy preocupados y que intentaban ayudarlo, pero «sin ningún éxito».

Robert dormía muy poco y, según Fergusson, «empezó a estar muy raro».[30] Una mañana encerró a su madre en su habitación del hotel y se marchó. Ella se enfadó mucho. Después del incidente, se empeñó en que fuera a ver a un psicoanalista francés. Tras unas cuantas sesiones, el médico declaró que Robert sufría una «crise morale» asociada con frustración sexual. Le prescribió «une femme» y «un tratamiento con afrodisiacos». Años más tarde, Fergusson observaría respecto a aquella época que «[Robert] estaba muy perdido en lo que se refería a su vida sexual».

Al cabo de poco, la crisis emocional de Robert tomó otro giro violento. Un día, Fergusson estaba en su habitación del hotel con él y notó que este se encontraba «en uno de esos talantes ambiguos». Quizá para distraerlo de su tristeza, le mostró unos poemas escritos por su novia, Frances Keeley, y le contó que le había propuesto matrimonio y que ella había aceptado. Robert se quedó estupefacto ante la noticia y explotó. «Me incliné para coger un libro —recordó Fergusson— y él me saltó encima por detrás con una correa y me la puso alrededor del cuello. Me asusté. Supongo que hicimos ruido. Al final conseguí soltarme y él cayó al suelo, llorando».[31]

La reacción de Robert pudo deberse simplemente a que la relación amorosa de Fergusson le despertaba celos. Ya había perdido a un amigo, Fred Bernheim, por una mujer; tal vez la idea de perder a otro en las mismas circunstancias lo desbordaba en aquellos momentos. Fergusson se daba cuenta de «las miradas furiosas y teatrales que Robert no dejaba de lanzarle [a Frances Keeley]. ¡Qué fácil le resultaba representar el papel de amante violento! Por experiencia, ¡qué bien conozco ese sentimiento!».[32]

A pesar del incidente de la estrangulación, Fergusson no dio la espalda a Oppenheimer. De hecho, quizá hasta se sintió un poco culpable, ya que con anterioridad había recibido una carta nada menos que de Herbert Smith, quien conocía los puntos débiles de Robert muy bien:

«Por cierto, creo que deberías poner en práctica tu talento a la hora de contarle tus aventuras con mucho tacto y no con espléndida prodigalidad. Es probable que los [dos] años de ventaja que le llevas y lo bien que te has adaptado socialmente lo sumen en la desesperación. *Y en lugar de agarrarte por el cuello —igual que, si no recuerdo mal, estuviste a punto de hacer con George no sé qué* [...] *cuando te dejó tan impresionado* [la cursiva es nuestra]—, temo que meramente deje de sentir que su vida vale la pena».[33] La carta de Smith plantea la cuestión de si Fergusson, aspirante a escritor, no mezcló el comportamiento de Oppenheimer con su propia experiencia con el tal George. No obstante, Robert se disculparía de tal manera que la historia que cuenta aquel resulta perfectamente creíble.

Fergusson entendía que su amigo tenía una vena «neurótica», pero también creía ver que estaba superándola. «Él sabía que yo sabía que era algo pasajero. [...] Creo que me habría preocupado más si no me hubiera dado cuenta de lo deprisa que estaba cambiando. [...] Lo apreciaba mucho». Su amistad duró toda la vida. De todos modos, durante unos meses después del ataque, Fergusson consideró prudente mantenerse en guardia. Se marchó del hotel y dudó cuando Robert lo apremió para que fuera a visitarlo a Cambridge aquella primavera. Sin duda, Robert estaba igual de perplejo que Francis ante su propio comportamiento. Unas semanas después del incidente, le escribió: «Te merecerías no que te escriba una carta, sino que peregrinara a Oxford vestido con un cilicio, ayunando, rezando y soportando la nieve. Pero me quedaré con mi remordimiento y mi gratitud, y con la vergüenza que siento por haberme comportado de forma tan inapropiada contigo, hasta que pueda hacer algo bastante menos inútil por ti. No comprendo tu templanza ni tu indulgencia, pero debes saber que no las olvidaré».*[34] En todo aquel revuelo, Robert se había convertido en algo así como su propio psicoanalista, y trataba de enfrentarse de manera consciente a su fragilidad emocional. En una carta a Fergusson, de fecha 23 de enero de 1926, aventuraba que su estado mental tenía que ver con el *«terrible hecho de la excelencia.* [...] Es ese hecho, ahora, combinado con mi incapacidad de soldar un cable de cobre con otro, lo que está volviéndome loco. —Después confesaba—: No estoy bien, y tengo miedo de ir a verte ahora por temor a que ocurra algo melodramático».[35]

Superando sus escrúpulos, Fergusson al fin accedió a ir a Cambridge a principios de primavera. «Me alojó en la habitación contigua a la

---

* Y no las olvidó. Décadas más tarde, Oppenheimer le consiguió un puesto en el Instituto de Estudios Avanzados de Princeton.

suya, y recuerdo pensar que lo mejor era asegurarme de que no apareciera en plena noche, así que puse una silla contra la puerta. Pero no sucedió nada».³⁶ En aquella época, Robert parecía estar mejorando. Cuando Fergusson sacó brevemente el tema, este «dijo que no había por qué preocuparse, que lo había superado». En efecto, había estado visitando a otro psicoanalista —el tercero en cuatro meses— en Cambridge. Había leído mucho sobre esta práctica y, según su amigo John Edsall, «se lo tomaba muy en serio». Creía también que el psicoanalista nuevo, un tal doctor M., era «más sabio y prudente» que los otros médicos a los que había ido en Londres y en París.

Por lo visto, Robert siguió asistiendo a la consulta de ese psicoanalista durante la primavera de 1926, pero, con el tiempo, la relación se rompió. Un día de junio, Robert se pasó por el alojamiento de John Edsall y le dijo que «[el doctor] M. ha decidido que no tiene sentido seguir con la terapia».³⁷

Tiempo después, Herbert Smith se encontró con uno de sus amigos psiquiatras de Nueva York que conocía el caso. Este declaró que Robert «montó un espectáculo indignante al psiquiatra de Cambridge. [...] El problema es que el psiquiatra debe estar más capacitado que la persona sometida a análisis. No tienen a nadie».³⁸

A mediados de marzo de 1926, Robert dejó Cambridge para tomarse unas pequeñas vacaciones. Tres amigos suyos, Jeffries Wyman, Frederick Bernheim y John Edsall, lo habían convencido para que fuera con ellos a Córcega. Pasaron diez días allí, recorriendo la isla en bicicleta.³⁹ Dormían en pensiones modestas de pueblecitos o acampaban al aire libre. Los montes escarpados y las altas mesetas pobladas de bosques poco densos bien pudieron recordar a Robert la belleza escabrosa de Nuevo México. «El paisaje era soberbio —recordaría Bernheim—; la comunicación verbal con los oriundos, desastrosa, y las pulgas locales se ponían las botas todas las noches».⁴⁰ En ocasiones, Robert se sumía en uno de sus oscuros estados de ánimo y a veces decía sentirse deprimido. Los meses anteriores había estado leyendo mucha literatura francesa y rusa, y, mientras caminaban por los montes, le gustaba comparar con Edsall las virtudes de Tolstói y Dostoyevski. Una noche, después de que un aguacero súbito los dejara empapados, los jóvenes buscaron refugio en un hostal cercano. Mientras tendían la ropa cerca del fuego y se arropaban con mantas, Edsall insistía en que «Tolstói es el escritor que más me gusta». «No, no, Dostoyevski es superior —respondió Oppenheimer—. Llega hasta el alma y el tormento del hombre».

Luego, cuando la conversación viró hacia el futuro de cada uno, Robert comentó: «El tipo de persona a la que más admiraría sería aquella que fuera capaz de hacer bien un montón de cosas, pero que mantuviera el semblante surcado de lágrimas».[41] Si bien Oppenheimer parecía cargar con pensamientos existenciales muy intensos, sus compañeros de viaje tenían la clara impresión de que se iba descargando mientras recorrían la isla. En relación con el paisaje espectacular y la sabrosa comida y vinos franceses, escribió a su hermano, Frank: «Es un sitio maravilloso, de mil virtudes, desde el vino hasta los glaciares, desde las langostas hasta los bergantines».[42]

Wyman pensaba que Robert «atravesó una crisis emocional muy profunda» en Córcega. Y entonces ocurrió una cosa extraña: «Un día —recordaría décadas más tarde—, cuando las vacaciones casi tocaban a su fin, nos alojábamos en una sencilla pensión los tres, Edsall, Oppenheimer y yo, y estábamos cenando». El camarero se acercó a Robert y le dijo cuándo partía el siguiente barco para Francia. Sorprendidos, Edsall y Wyman le preguntaron por qué quería marcharse antes de lo previsto. «No soy capaz de hablar de ello —respondió Robert—, pero tengo que irme». Al cabo de un rato, después de beber un poco más de vino, se ablandó y dijo: «Bueno, igual sí que puedo contaros por qué tengo que marcharme. He hecho una cosa horrible. He dejado una manzana envenenada en la mesa de Blackett, y tengo que volver para ver qué ha pasado». Edsall y Wyman se quedaron de piedra. «Nunca llegué a saber —diría el segundo— si era cierto o una fantasía».[43] Robert no se extendió, pero les mencionó que lo habían diagnosticado con demencia precoz. Sin saber que el incidente de la manzana envenenada había ocurrido en realidad el otoño anterior, Wyman y Edsall supusieron que su amigo, en un ataque de «envidia», le había hecho algo a Blackett aquella primavera, justo antes de embarcarse a Córcega. Era evidente que algo había ocurrido, pero, como dijo Edsall posteriormente, «[Robert] habló de ello de una forma tan realista que Jeffries y yo creímos que debió haber sufrido una especie de alucinación».[44]

A lo largo de los años, la veracidad de la historia de la manzana envenenada fue enturbiándose debido a explicaciones dispares. En la entrevista que Martin Sherwin hizo a Fergusson en 1979, este dejó claro que el incidente ocurrió a finales de otoño de 1925 y no en primavera de 1926: «Todo aquello sucedió en el primer semestre [de Robert] y justo antes de que nos viéramos en Londres, cuando estaba yendo al psiquiatra».[45] Cuando Sherwin le preguntó si se creía de veras la historia de la manzana envenenada, Fergusson contestó: «Sí, sí que me la creo. Su

73

padre tuvo que untar a los directivos de Cambridge por el intento de asesinato». En una conversación con Alice Kimball Smith mantenida en 1976, este mencionó «la época en que [Robert] intentó envenenar a uno de los que estaban con él. [...] Me lo contó en aquel momento, o un poco después, en París. Siempre he dado por hecho que sería cierto. Pero no lo sé. Hacía cosas muy raras en aquellos tiempos». A Alice Smith, Fergusson le parecía una fuente fiable. Tal como apuntó después de entrevistarlo: «No finge acordarse de nada de que no se acuerde».

La prolongada adolescencia de Oppenheimer por fin estaba llegando a su término. En algún momento de su breve estancia en Córcega le ocurrió algo semejante a un despertar. Fuera lo que fuera, se tomó muchas molestias para asegurarse de que siguiera siendo un misterio exquisito. Pudo haber sido un amor efímero, pero lo más probable es que no. Años después respondería al autor Nuel Pharr Davis: «El psiquiatra fue un preludio de lo que empezó a ocurrirme en Córcega. Pregunta usted si voy a contarle la historia entera o si tendrá que desenterrarla. La conocen unas pocas personas, y no se la revelarán. No puede desenterrarla. Todo cuanto debe saber es que no fue una simple aventura amorosa, no fue en absoluto una aventura amorosa, sino amor».[46] Aquel hallazgo tuvo para Oppenheimer algo de místico y trascendental: «Desde entonces, la única distancia que reconocí fue la geográfica, pero no era una distancia real para mí». Fue, dijo a Davis, «un gran acontecimiento en mi vida, una parte importante y duradera de ella, y más ahora, más aún cuando miro atrás, cuando mi vida está llegando a su fin».

Así pues, ¿qué ocurrió en realidad en Córcega?[47] Probablemente nada. Oppenheimer respondió a propósito a la pregunta de Davis sobre Córcega con un enigma que de seguro frustraría a sus biógrafos. Lo llamó «amor», con recato, y no una «mera» aventura amorosa. Es obvio que, para él, la diferencia era importante. En compañía de sus amigos no tuvo ocasión para mantener una aventura real. Pero leyó un libro que parece haber dado lugar a una epifanía.

La obra era *En busca del tiempo perdido*, de Marcel Proust, un texto místico y existencialista que habló directamente al alma atormentada de Oppenheimer. Tal como le dijo más tarde a su amigo de Berkeley Haakon Chevalier, leerlo por las noches a la luz de la linterna durante su andadura por Córcega fue una de las experiencias más significativas de su vida.[48] Lo arrancó de la depresión. La obra de Proust es un clásico de la introspección, y dejó en nuestro protagonista una impresión honda y permanente. Más de diez años después de haberla leído, Oppenheimer dejó atónito a Chevalier al citar de memoria un pasaje del primer volumen que habla sobre la crueldad:

> Tal vez si hubiese sabido discernir en sí misma, como en todo el mundo, esa indiferencia a los sufrimientos que causamos y que, sean cuales fueren sus otras denominaciones, es la forma terrible y permanente de la crueldad, no habría pensado que el mal fuera un estado tan poco común, tan extraordinario, tan exótico y que procurara tanto descanso a quienes emigraban a él.

El joven Robert, en Córcega, sin duda memorizó esas palabras precisamente porque percibió en sí mismo cierta indiferencia hacia el sufrimiento que causaba a los demás. Fue una verdad dolorosa. Uno solo puede especular acerca de la vida interior de una persona, pero quizá ver impreso un reflejo de sus propios pensamientos, oscuros y gravados de culpabilidad, lo aligeró de su carga psicológica. Tuvo que ser reconfortante saber que no estaba solo, que aquel peso era parte de la condición humana. Podía dejar de despreciarse a sí mismo; podía amar. Y tal vez fue también tranquilizador, en particular por su condición de intelectual, poder decirse a sí mismo que había sido un libro, y no un psiquiatra, el que lo había ayudado a salir del pozo de la depresión.

Oppenheimer regresó a Cambridge con una actitud más ligera e indulgente ante la vida. «Me sentí más amable y tolerante —recordaría—. Pude relacionarme con los demás».[49] En junio de 1926 decidió poner fin a las sesiones con el psiquiatra de Cambridge. Otro hecho que le levantó los ánimos aquella primavera fue dejar el «agujero miserable» donde vivía y mudarse a un barrio «menos miserable» situado en la ribera del Cam, a medio camino de Grantchester, un pueblo pintoresco que quedaba a kilómetro y medio al sur de Cambridge.

Puesto que despreciaba el trabajo de laboratorio y se revelaba a las claras incapaz como físico experimental, sabiamente dirigió su atención a las abstracciones de la física teórica. Incluso durante la larga depresión invernal había sido capaz de leer lo bastante para saber que aquel campo estaba en plena ebullición. Un día, en un seminario de Cavendish, Robert vio como James Chadwick, el descubridor del neutrón, abría un ejemplar del *Physical Review* por el nuevo artículo de Robert A. Millikan y bromeaba: «Otro cacareo. ¿Tendremos algún día un huevo?».[50]

En algún momento de principios de 1926, tras leer un artículo del joven físico alemán Werner Heisenberg, Robert se dio cuenta de que se estaba cociendo una visión enteramente nueva sobre el comportamiento de los electrones. Más o menos al mismo tiempo, un físico austriaco, Erwin Schrödinger, publicó una teoría nueva y radical de la estructura del átomo, en la que proponía que era más preciso decir que los electrones se comportaban como una onda que se curva cerca del núcleo. Igual que Heisenberg, elaboró una descripción matemática de su átomo fluido y lo llamó mecánica cuántica. Después de haber leído ambos artículos, Oppenheimer sospechó que debía haber una conexión entre la mecánica ondulatoria de Schrödinger y la mecánica matricial de Heisenberg. Eran, en realidad, dos versiones de la misma teoría. Ahí sí que había un huevo y no otro cacareo más.

La mecánica cuántica se convirtió en el tema candente del club Kapitsa, un grupo informal de debate en materias de física bautizado así en honor de su fundador, Piotr Kapitsa, un joven físico ruso. «De manera rudimentaria —recordó Oppenheimer— empecé a interesarme mucho por el tema».[51] Aquella primavera conoció también a otro joven físico, Paul Dirac, que obtendría el doctorado en Cambridge en el mes de mayo. Ya entonces, este había hecho investigaciones punteras en mecánica cuántica. Robert fue muy comedido cuando dijo del trabajo de Dirac que «no era fácil de entender [y que él] tampoco se preocupaba por hacerse entender. Pensé que era totalmente grandioso». En cambio, la primera impresión que le causó su futuro amigo quizá no fue tan favorable. Le dijo a Jeffries Wyman que «no creía que [Dirac] llegara a ser alguien».[52] El susodicho era un joven muy excéntrico y era conocido por su dedicación absoluta a la ciencia. Años después, cuando Oppenheimer ofreció unos cuantos libros a Dirac, que ya era su amigo, este los rechazó con educación y declaró que «leer libros interfiere con el pensamiento».[53]

Fue también en aquella etapa cuando Robert conoció al gran físico danés Niels Bohr, a cuyas clases había asistido en Harvard. Él sí constituía un modelo en perfecta sintonía con su sensibilidad; era diecinueve años mayor que él y había nacido, como Oppenheimer, en una familia de clase alta, pródiga en libros, música y erudición. El padre de Bohr era profesor de Fisiología, y su madre procedía de una familia judía de banqueros. Se sacó el doctorado en Física en la universidad de Copenhague en 1911. Al cabo de dos años llegó a un descubrimiento teórico clave en mecánica cuántica al postular los «saltos cuánticos» en el momento orbital de un electrón que gira alrededor del núcleo del átomo. En 1922 ganó el Premio Nobel por ese modelo teórico de la estructura atómica.

Alto y atlético, cálido y amable, con un sentido del humor teñido de ironía, Bohr era admirado por todos. Siempre hablaba con discreción, casi en susurros. «Pocas veces en la vida —escribió Einstein a Bohr la primavera de 1920— un ser humano me ha causado tanta alegría por su mera presencia como usted». Al alemán le cautivaba la manera que tenía Bohr de «expresar sus opiniones como quien siempre va tanteando y nunca como quien [se cree] en posesión de la verdad absoluta». Oppenheimer llegó a calificar a Bohr como «su Dios».[54]

«En aquel momento me olvidé del berilio y de las películas, y decidí probar a aprender el oficio de físico teórico. Era del todo consciente de que nos encontrábamos en una época singular, de que se avecinaban cosas trascendentales».[55] Aquella primavera, mientras mejoraba su salud mental, trabajó a un ritmo constante en lo que sería su primer artículo importante en física teórica, un estudio sobre el problema de la «colisión» o del «espectro continuo». Se esforzó mucho. Un día entró en el despacho de Ernest Rutherford y vio a Bohr sentado en una silla. El neozelandés se levantó y los presentó. El famoso físico danés le preguntó, muy educado: «¿Cómo va?». Robert respondió con brusquedad: «Tengo problemas». Bohr dijo: «Los problemas ¿son físicos o matemáticos?». Cuando Robert contestó: «No lo sé», el danés repuso: «Eso no es bueno».[56]

Bohr recordaba el encuentro con nitidez. Oppenheimer le había parecido inusitadamente juvenil, y, después de que saliera del despacho, Rutherford le había comentado que tenía grandes expectativas puestas en aquel joven.[57]

Al pasar los años, Robert reflexionó sobre lo que le había dicho Bohr, «Los problemas ¿son matemáticos o físicos?», y consideró que era una gran pregunta. «Pensé que iluminaba de manera muy conveniente hasta qué punto me embrollaba en cuestiones formales y no tomaba distancia para observar qué tenían que ver realmente con la física del problema». Más adelante se daría cuenta de que algunos físicos dependen casi en exclusiva del lenguaje matemático para describir la realidad de la naturaleza; las descripciones verbales son «solo concesiones a la inteligibilidad, son solo pedagógicas. Creo que esto puede aplicarse en buena medida a [Paul] Dirac; creo que su ingenio nunca es en principio verbal, sino algebraico». En cambio, observó que un físico como Bohr «veía las matemáticas como Dirac ve las palabras, esto es, como un modo de hacerse inteligible a los demás. [...] Así que el espectro es muy amplio. [En Cambridge] me dediqué solo a aprender, pero no aprendí mucho».[58] Tanto por temperamento como por aptitudes, Robert era más un físico verbal, al estilo de Bohr.

Más tarde, aquella misma primavera, Cambridge organizó un viaje de una semana a la Universidad de Leiden para los estudiantes estadounidenses de Física. Oppenheimer se apuntó y conoció a varios colegas alemanes. «Fue maravilloso —evocaría—, y me di cuenta de que las costumbres inglesas habían exacerbado algunos de los problemas que sufrí aquel invierno».[59] Al regresar a Cambridge, conoció a otro físico alemán, Max Born, el director del Instituto de Física Teórica de la Universidad de Gotinga. Este se sentía intrigado por aquel estadounidense de veintidós años, en parte porque se afanaba en algunos de los mismos problemas que Heisenberg y Schrödinger planteaban en sus artículos recientes. «Oppenheimer me pareció desde el principio un hombre de mucho talento», diría Born.[60] A finales de primavera aceptó la invitación de Born para estudiar en Gotinga.

El año de Cambridge fue desastroso para Robert; por muy poco no lo expulsaron a causa del incidente de la manzana envenenada, por primera vez en su vida se vio incapaz de destacar intelectualmente, y sus amigos más cercanos habían presenciado más de un episodio de su inestabilidad emocional. Pero superó la depresión de aquel invierno y estaba listo para explorar un campo de estudio nuevo por completo. «Cuando llegué a Cambridge —dijo Robert—, me encontré ante el problema de abordar una cuestión a la que nadie sabía dar respuesta, y yo no estaba dispuesto a enfrentarme a él. Cuando me marché, no sabía cómo enfrentarme a él demasiado bien, pero entendí que aquel era mi trabajo; ese fue el cambio que tuvo lugar aquel año».

Robert recordaría más tarde que aún «dudaba mucho de mí mismo en todos los aspectos, pero tenía claro que me dedicaría a la física teórica si podía. [...] Sentí un gran alivio al librarme de la responsabilidad de meterme otra vez en un laboratorio. No había hecho las cosas bien; no había sido de provecho para nadie y tampoco me había divertido, y ahí delante tenía algo que simplemente me apetecía probar».[61]

4

«El trabajo me resulta duro, gracias a Dios, y casi placentero»

> Te gustaría Gotinga, creo. [...] La ciencia está mucho mejor que en Cambridge y, en general, probablemente sea la mejor que pueda encontrarse. [...] El trabajo me resulta duro, gracias a Dios, y casi placentero.
>
> ROBERT OPPENHEIMER a Francis Fergusson,
> 14 de noviembre de 1926

A finales del verano de 1926, Robert —mucho más animado y bastante más maduro que un año atrás— atravesó en tren la Baja Sajonia hasta Gotinga, una pequeña ciudad medieval que presume de conservar el Ayuntamiento y varias iglesias del siglo XIV. En la esquina de Barfüsser Strasse y Jüden Strasse (la calle de los Descalzos y la calle de los Judíos), en el Junkernschänke, de cuatrocientos años de antigüedad, se podía cenar un *Wiener Schnitzel* sentado bajo un grabado de acero de Otto von Bismarck y rodeado por tres alturas de vidrieras. Pintorescas casas construidas parcialmente en madera poblaban las calles estrechas y serpenteantes de la ciudad. Emplazada en la ribera del canal del Leine, la atracción principal de Gotinga era la Universidad Georgia Augusta, fundada en la década de 1730 por un príncipe alemán. La tradición dictaba que los graduados debían meterse en una fuente que hay frente al antiguo Ayuntamiento y besar a la «muchacha del ganso», una doncella de bronce erigida en medio de ella.

Si Cambridge podía vanagloriarse de ser el centro europeo de la física experimental, Gotinga era sin duda el centro de la física teórica. Los físicos alemanes de la época tenían en tan poca estima a sus homólogos estadounidenses que solía pasar más de un año sin que nadie leyera los ejemplares de la *Physical Review*, la revista mensual de investigación de la Sociedad Estadounidense de Física, antes de que el bibliotecario de la universidad los colocara en la estantería.[1]

Oppenheimer tuvo la suerte de llegar a Gotinga poco antes de que finalizara una extraordinaria revolución en física teórica: el descubrimiento de los cuantos (fotones), por Max Planck; el espectacular logro de Einstein, la teoría de la relatividad especial; la descripción del átomo de hidrógeno ofrecida por Niels Bohr; la formulación de la mecánica matricial, por Werner Heisenberg, y la teoría de la mecánica ondulatoria de Erwin Schrödinger.[2] Aquel periodo, realmente innovador, empezó a decaer con el artículo de Born de 1926 acerca de la probabilidad y la causalidad, y se cerró en 1927 con el principio de incertidumbre de Heisenberg y la formulación del principio de complementariedad de Bohr. Cuando Robert se marchó de Gotinga, ya estaban establecidas las bases para una física posnewtoniana.

En cuanto presidente del departamento de Física, el profesor Max Born alimentó el trabajo de Heisenberg, Eugene Wigner, Wolfgang Pauli y Enrico Fermi. Y fue él quien, en 1924, acuñó el término «mecánica cuántica» y también quien propuso que el azar determina el resultado de las interacciones en el mundo cuántico. En 1954 se le concedería el Premio Nobel de Física. Según sus estudiantes, no era frecuente encontrar a un profesor tan cálido y paciente como el pacifista y judío Born. Era el mentor ideal para un estudiante joven con un temperamento tan delicado como el de Robert.[3]

Oppenheimer se encontraría durante aquel curso en compañía de una serie de científicos extraordinarios. James Franck, compañero de estudios, era un físico experimental que había ganado el Premio Nobel el año anterior. El químico alemán Otto Hahn contribuiría al descubrimiento de la fisión nuclear al cabo de unos pocos años. Otro físico alemán, Ernst Pascual Jordan, colaboraba con Born y Heisenberg en la formulación de la versión de mecánica matricial de la teoría cuántica. El joven inglés Paul Dirac, que Robert había conocido en Cambridge, trabajaba en la temprana teoría cuántica de campos, y en 1933 compartiría el Premio Nobel con Erwin Schrödinger. El matemático John von Neumann, nacido en Hungría, estaría más tarde a las órdenes de Oppenheimer en el Proyecto Manhattan. George Eugene Uhlenbeck era un holandés nacido en Indonesia que a finales de 1925, junto con Samuel Abraham Goudsmit, introdujo el concepto del espín del electrón. Robert no tardó en llamar la atención de aquellos hombres. La primavera anterior había conocido a Uhlenbeck, durante la semana que estuvo en la

Universidad de Leiden. «Nos caímos bien enseguida», recordaría el holandés. Oppenheimer estaba tan inmerso en la física que a Uhlenbeck le pareció «como si nos conociéramos de toda la vida».[4]

Robert encontró alojamiento en una villa cuyo propietario era un médico de Gotinga que había perdido la licencia para ejercer por mala praxis. En tiempos adinerada, la familia Cario poseía una villa enorme de granito con un jardín vallado de varias hectáreas cerca del centro de la ciudad, pero no tenía ni un céntimo. La inflación que sufrió Alemania en la posguerra les consumió la fortuna, y se vieron obligados a aceptar huéspedes. Robert, que dominaba el alemán, rápidamente captó la atmósfera política de la República de Weimar, que se debilitaba por momentos. Tiempo después conjeturó que los Cario «tenían la típica amargura de la que se nutría el movimiento nazi».[5] Aquel otoño escribió a su hermano que todo el mundo parecía preocuparse «por intentar hacer de Alemania un país sensato y competente en la práctica. La neurosis está muy mal vista. Igual que los judíos, los prusianos y los franceses».

Fuera de las puertas de la universidad, Robert veía que eran malos tiempos para muchos alemanes. «Aunque esta sociedad [universitaria] fue muy generosa, cálida y solícita conmigo, se había abandonado a un talante muy abatido y muy alemán».[6] Muchos alemanes le parecieron «amargados, hoscos, [...] enfadados y cargados de todos esos elementos que más tarde desembocarían en un gran desastre. Lo noté mucho». Hizo un amigo alemán, un miembro de la pudiente editorial Ullstein, que tenía coche. Robert y él salían a menudo a conducir por el campo. A Oppenheimer le chocó el hecho de que su amigo «aparcara en una cochera a las afueras de Gotinga porque pensaba que era peligroso que lo vieran conduciéndolo».

Para los expatriados estadounidenses, y sobre todo para Robert, la vida era muy distinta. En primer lugar, porque nunca le faltaba el dinero. A sus veintidós años, vestía de un modo informal, con trajes arrugados de espiguilla hechos de la mejor lana inglesa. Sus compañeros de estudios advirtieron que, en lugar de empacar sus efectos en bolsas de tela, como ellos, Oppenheimer las guardaba en maletas caras y relucientes de piel de cerdo. Y cuando iban al Zum Schwarzen Bären (el bar Oso Negro), en pie desde el siglo XV, a beber *frisches Bier* o a tomar un café al Cron & Kon Lanz, era Robert quien pagaba muchas veces la cuenta. Estaba muy cambiado: se sentía seguro de sí mismo y estaba entusiasmado y centrado. Las posesiones materiales no eran importantes para él, pero la admiración de los demás era algo que buscaba todos los días. Para ello emplearía su ingenio, su erudición y sus elegantes pertenencias con el fin de atraer a las personas que quería que formasen parte de su círculo de admiradores. «Por decirlo de alguna manera —declaró Uhlenbeck—, saltaba a la vista que era un foco para los estudiantes jóvenes, [...] era una especie de oráculo. Sabía mucho. Era muy complicado de entender, pero muy rápido». Para Uhlenbeck era sorprendente que un hombre tan joven tuviera ya «todo un grupo de admiradores» revoloteando a su alrededor.[7]

En Gotinga, al contrario que en Cambridge, Oppenheimer disfrutaba de una agradable camaradería con sus compañeros de estudios. «Formaba parte de una pequeña comunidad de personas con algunos intereses y gustos en común y con muchos en el ámbito de la física».[8] En Harvard y en Cambridge, su actividad intelectual había consistido en incursiones solitarias en los libros; en Gotinga, por primera vez, se dio cuenta de que podía aprender de otras personas: «Ocurrió algo muy importante para mí, más que para la mayor parte de la gente, esto es: empecé a conversar. Gradualmente, supongo, los demás comenzaron a darme un sentido y, puede que aún más gradualmente, un gusto por la física, cosa que quizá no habría adquirido si hubiera estado encerrado en una habitación».

En la villa de la familia Cario también se alojaba Karl T. Compton, de treinta y nueve años, profesor de Física en la Universidad de Princeton. Este, futuro presidente del Instituto de Tecnología de Massachusetts (MIT), se sintió cohibido ante la extraordinaria versatilidad de Oppenheimer. Era capaz de mantener una conversación con él cuando se trataba de ciencias, pero se perdía cuando empezaba a hablar de literatura, filosofía o incluso política. Sin duda pensando en Compton, Robert escribió a su hermano que la mayoría de los expatriados estadounidenses que había en Gotinga eran «profesores en Princeton, California o algún sitio del estilo, casados, respetables. Casi todos son buenos en física, pero son ignorantes y cerrados. Envidian la competencia intelectual y el orden alemanes, y quieren llevar la física a Estados Unidos».[9]

En resumen: Robert floreció en Gotinga. Aquel otoño escribió entusiasmado a Francis Fergusson: «Te gustaría Gotinga, creo. Como Cambridge, es casi exclusivamente científica, y los filósofos que hay aquí están muy interesados en las paradojas y las trampas epistemológicas. La ciencia está mucho mejor que en Cambridge y, en general, es probable que sea la mejor que pueda encontrarse. Se trabaja muy duro aquí; combinan una hipocresía metafísica totalmente inexpugnable con las fuertes costumbres de los fabricantes de papel de pared. El resultado es que lo que se hace aquí adolece de una falta endemoniada (¿?) de verosimilitud y es muy competente. [...] El trabajo me resulta duro, gracias a Dios, y casi placentero».[10]

Casi todo el tiempo se mantenía emocionalmente estable, pero sufría recaídas momentáneas. Un día, Paul Dirac lo vio desmayarse y desplomarse al suelo, igual que le había sucedido el año anterior en el laboratorio de Rutherford.[11] «Todavía no estaba del todo bien —recordaría Oppenheimer décadas después— y padecí varios ataques a lo largo del año, pero eran más aislados y cada vez interferían menos con mi trabajo».[12] Otro estudiante de Física, Thorfin Hogness, y su mujer, Phoebe, también residieron aquel curso en la mansión de los Cario, y a veces el comportamiento de Oppenheimer les resultaba extraño. Phoebe lo veía a menudo tumbado en la cama sin hacer nada. Después, a aquellos periodos de hibernación los seguían invariablemente episodios de charla incesante. Ella lo consideraba «muy neurótico».[13] En alguna ocasión hubo quien vio a Robert intentar sobreponerse a accesos de tartamudeo.[14]

Poco a poco, mientras le retornaba la confianza en sí mismo, advirtió que su fama lo había precedido. Una de las últimas cosas que había hecho antes de dejar Cambridge fue presentar dos artículos a la Sociedad Filosófica de Cambridge, titulados «Sobre la teoría cuántica de bandas de vibración y rotación» y «Sobre la teoría cuántica del problema de los dos cuerpos». El primero trataba de los niveles energéticos moleculares y el segundo investigaba las transiciones a estados continuos en átomos hidrogenoides. Ambos artículos representaron avances modestos pero importantes en la teoría cuántica, y a Oppenheimer le complació saber que la Sociedad Filosófica de Cambridge los había publicado coincidiendo con su llegada a Gotinga.

Robert respondió al reconocimiento que le otorgaron las publicaciones participando en los debates de los seminarios con tanto entusiasmo y entrega que solía molestar a los compañeros de clase. «Era un hombre con mucho talento —escribió después el profesor Max Born— y era consciente de su superioridad de un modo bochornoso e inoportuno». En el seminario sobre mecánica cuántica, Robert tenía la costumbre de interrumpir a quien estuviera hablando, incluido Born; salía a la pizarra con la tiza en ristre y decía en su alemán con acento norteamericano: «Esto puede hacerse mucho mejor de la siguiente manera». Otros estudiantes se quejaban de las interrupciones, pero él hacía caso omiso de los intentos educados y tibios que hacía su profesor con vistas a cambiar su comportamiento. Un día, Maria Göppert —futura ganadora del Nobel— presentó a Born una petición escrita en grueso papel de pergamino firmada por ella y muchos asistentes al seminario: a menos que se refrenara al «niño prodigio», el resto de los estudiantes boicotearía las clases. Reticente a enfrentarse a Oppenheimer, Born decidió dejar el documento en su mesa, en un lugar donde aquel no pudiera evitar verlo cuando fuera a debatir sus teorías. «Para asegurarme de que lo leería —escribió más tarde—, hice que me llamaran para salir del despacho durante unos minutos. Funcionó. Cuando volví, lo encontré pálido y menos locuaz que de costumbre». A partir de entonces, las interrupciones cesaron por completo.[15]

De todos modos, no fue que se amansara, en absoluto. Robert era incluso capaz de turbar a los profesores con su violenta franqueza. Born era un físico teórico brillante, pero a veces cometía pequeños errores en los largos cálculos, por lo que solía pedir a algún estudiante ya graduado que los comprobara. Recordaba que, en una ocasión, le dio una serie de cálculos a Oppenheimer. Este regresó al cabo de unos días y le dijo: «No he podido encontrar ningún error. ¿De verdad lo hizo usted solo?».[16] Los alumnos de Born conocían aquella tendencia suya a cometer errores de cálculo, pero, como escribió él mismo posteriormente, «Oppenheimer era el único tan franco y grosero para decirlo sin bromear. No me ofendía; en realidad aumentaba la consideración en la que tenía su excepcional personalidad».

Born empezó pronto a colaborar con Oppenheimer, quien, en una carta a uno de sus profesores de Harvard, Edwin Kemble, escribió un auténtico compendio del trabajo que realizaban: «Por lo visto, casi todos los teóricos se dedican a la mecánica cuántica. El profesor Born va a publicar un artículo sobre el teorema adiabático, y Heisenberg, sobre *Schwankungen* [fluctuaciones]. Quizá la idea más importante sea una de [Wolfgang] Pauli, que propone que las habituales ecuaciones ψ [psi] de Schrödinger son solo casos especiales, y solo en casos especiales (en los espectroscópicos) proporcionan la información física que buscamos. [...] Llevo un tiempo trabajando en la teoría cuántica de los fenómenos aperiódicos. [...] Otra cuestión en la que trabajamos el profesor Born y yo es la ley de la deflexión de, por ejemplo, una partícula α por un núcleo. No hemos avanzado mucho en esto, pero creo que pronto tendremos algo. Desde luego, cuando se complete, la teoría no será tan simple como la antigua, basada en la dinámica corpuscular».[17] El profesor Kemble se quedó impresionado; después de menos de tres meses en Gotinga, su exalumno parecía rebosar pasión por desentrañar los misterios de la mecánica cuántica.

En febrero de 1927, Robert se sentía tan seguro de su dominio de la nueva mecánica cuántica que escribió a su profesor de Física de Harvard, Percy Bridgman, para exponerle sus matices más complejos:

En la teoría cuántica clásica, un electrón que se encuentre en una de las dos regiones de potencial bajo, separadas por una región de potencial alto, no puede cruzar esta y pasar a la otra sin recibir la energía suficiente para despejar el «obstáculo». En la teoría actual, eso ya no es así: el electrón pasará una parte del tiempo en una región y otra parte en la otra. [...] No obstante, hay un punto en que la mecánica nueva propone un cambio: los electrones, que son «libres» en el sentido antes expuesto, no lo son en cuanto portadores de energía térmica equipartida. Con el fin de explicar la ley de Wiedemann-Franz, debería adoptarse la idea, que es debida al profesor Bohr, o eso creo, de que cuando un electrón salta de un átomo a otro, los dos átomos pueden intercambiar momento.

Muy cordialmente,

J. R. OPPENHEIMER[18]

Seguramente Bridgman también quedó impresionado por el dominio que su exalumno poseía sobre la nueva teoría. Pero la falta de tacto de Robert despertaba recelos en otros. Podía pasar de ser encantador y considerado a ser cortante, sin transición. Cuando se sentaba a la mesa para comer, era educado y formal en extremo. Parecía incapaz de soportar banalidades. «El problema es que Oppie es tan rápido en lo intelectual —se quejaba un compañero de clase, Edward U. Condon— que deja al interlocutor en una posición inferior. Y, maldita sea, siempre tiene razón, o al menos bastante parte de razón».[19]

Condon acababa de obtener el doctorado en Berkeley, en 1926, y trataba de sacar adelante a su esposa y a su bebé con una exigua beca posdoctoral. Le molestaba que Oppenheimer gastara dinero con tanta despreocupación en comida y ropa buena y pareciera desentenderse alegremente de las responsabilidades familiares de su amigo. Un día, Robert lo invitó a él y a su mujer, Emilie, a dar una vuelta, pero ella le dijo que tenía que quedarse con el bebé. El matrimonio se quedó atónito cuando Oppenheimer replicó: «Bueno, pues te dejamos con tus tareas de campesina».[20] Aun así, pese a los ocasionales comentarios mordaces, Robert solía mostrar sentido del humor. Una vez vio a la hija, de dos años, de Karl Compton fingir que leía un librito rojo, que justamente trataba del control de natalidad; luego miró a la señora Compton, que estaba en una fase muy avanzada del embarazo, y bromeó: «Demasiado tarde».[21]

Paul Dirac fue a Gotinga a pasar el semestre de invierno de 1927 y también alquiló una habitación en la villa de los Cario. Robert disfrutaba de cualquier contacto que tuviera con él. «El momento más increíble de mi vida —dijo una vez Oppenheimer— fue cuando Dirac llegó y me dio las pruebas de su artículo sobre la teoría cuántica de la radiación».[22] Al joven físico inglés, en cambio, le parecía chocante que su amigo estuviera tan empeñado en cultivar su versatilidad intelectual. «Me han dicho que escribes poesía además de trabajar en física —le dijo—. ¿Cómo puedes hacer las dos cosas? En física intentamos explicar cosas a la gente de manera que entiendan lo que nadie sabía antes. En poesía pasa justo lo contrario».[23] Halagado, Robert rio. Sabía que para Dirac la vida era física y nada más; por otro lado, sus intereses personales eran excesivamente católicos.[24]

A Robert le seguía gustando la literatura francesa, y en Gotinga encontró tiempo para leer la obra teatral *La jeune fille Violaine*, de Paul Claudel; las colecciones de relatos de F. Scott Fitzgerald, *Lo más sensato* y *Sueños de invierno*; la pieza *Ivánov*, de Antón Chéjov, y las obras de Johann Hölderlin y Stefan Zweig.[25] Cuando descubrió que dos amigos leían regularmente a Dante en el idioma original, Robert desapareció de las cafeterías de Gotinga durante un mes y volvió con suficiente dominio del italiano para leer las obras del poeta en voz alta. A Dirac no le impresionaba y refunfuñaba: «¿Por qué pierdes el tiempo con esa bazofia? Creo también que dedicas demasiado tiempo a la música y a esa colección de pinturas que tienes». Pero Robert vivía a gusto en mundos que iban más allá de la comprensión de Dirac, y los apremios con que lo espoleaba este, en sus largos paseos por la ciudad, para que dejara de perseguir lo irracional meramente le divertían.

Pero en Gotinga no todo era física y poesía. Robert se sintió atraído por Charlotte Riefenstahl, una estudiante alemana de Física y una de las chicas más hermosas del campus. Se habían conocido en una salida de un par de días a Hamburgo. En el andén de la estación, ella miró los equipajes y los ojos se le fueron a la única maleta que no era de cartón barato ni de cuero desgastado.

«Qué cosa más bonita —le comentó al profesor Franck, señalando la bolsa de reluciente piel de cerdo—. ¿De quién es?».

«¿De quién va a ser? De Oppenheimer», respondió él, encogiéndose de hombros.

En el viaje de regreso a Gotinga, Riefenstahl pidió que le señalaran quién era Oppenheimer, y cuando se sentó a su lado vio que estaba leyendo una novela de André Gide, el coetáneo escritor francés cuyas obras pivotan en torno a la responsabilidad moral que tiene el individuo hacia los asuntos mundanos. Para sorpresa de Robert, descubrió que aquella joven tan guapa había leído a Gide y podía dialogar con entendimiento sobre su obra. Al llegar a Gotinga, Charlotte mencionó de pasada cuánto le gustaba su maleta de piel. Robert aceptó el cumplido, pero pareció desconcertarse por el hecho de que alguien se hubiera molestado en admirar su equipaje.

Cuando Riefenstahl le contó más tarde aquella conversación a un compañero de clase, este predijo que Robert no tardaría en querer regalarle la maleta. Todo el mundo sabía que, entre sus muchas excentricidades, se sentía obligado a regalar sus posesiones a quien le gustaran. Oppenheimer se prendó de Charlotte y la cortejó como mejor pudo, a su modo rígido y excesivamente educado.

A lo mismo se dedicaba otro compañero de clase, Friedrich Georg Houtermans, un joven físico que se había hecho un nombre gracias a un artículo sobre la producción de energía en las estrellas. Como Oppenheimer, Fritz (o Fizzl para algunos amigos) había ido a Gotinga respaldado por el dinero de su familia. Era hijo de un banquero holandés, y su madre era alemana y medio judía, un dato que Houtermans no tenía ningún miedo de proclamar. Desdeñoso con la autoridad y armado con un ingenio peligroso, se lo pasaba bien diciendo a sus amigos gentiles: «Cuando vuestros antepasados aún vivían en los árboles, ¡los míos ya estaban falsificando cheques!».[26] En Viena, de adolescente, lo habían expulsado del *Gymnasium* (el instituto) por leer en público el *Manifiesto comunista* el primero de mayo. Oppenheimer y él tenían la misma edad, y los dos obtendrían el doctorado en 1927. También compartían la pasión por la literatura. Y por Charlotte. El destino dispuso que tiempo después ambos trabajaran en el desarrollo de la bomba atómica, pero Houtermans en Alemania.[27]

Los físicos habían ido improvisando la teoría cuántica durante casi un cuarto de siglo, pero de repente, entre 1925 y 1927, una serie de hallazgos asombrosos hizo posible la construcción de una teoría radical y coherente. Los descubrimientos se sucedían con tanta velocidad que era complicado mantenerse al día con la literatura publicada. «Las ideas nuevas surgían tan deprisa en aquel periodo —recordaba Edward Condon— que uno se llevaba una impresión totalmente equivocada del ritmo normal al que progresaba la física teórica. Aquel año sufrimos de indigestión intelectual la mayor parte del tiempo, y era de lo más desalentador».[28] En la carrera, extremadamente competitiva, por publicar nuevos descubrimientos, se escribieron más artículos sobre teoría cuántica en Gotinga que en Copenhague, Cavendish o cualquier sitio del mundo. El propio Oppenheimer publicó siete artículos allí, un rendimiento extraordinario para un graduado de veintitrés años. Wolfgang Pauli empezó a referirse a la mecánica cuántica como *Knabenphysik*, «física de chicos», porque los autores de muchos de aquellos artículos eran muy jóvenes. En 1926, Heisenberg y Dirac solo tenían veinticuatro años; Pauli, veintiséis, y Jordan, veintitrés.

La nueva física era, desde luego, muy controvertida. Cuando Max Born envió una copia a Albert Einstein del artículo de Heisenberg de 1925, acerca de la mecánica matricial —una densa descripción matemática de los fenómenos cuánticos—, explicó al gran hombre, un poco a la defensiva, que «parece muy místico, pero sin duda es correcto y sutil». Después de leerlo aquel otoño, Einstein escribió a Paul Ehrenfest que «Heisenberg ha puesto un huevo cuántico gigantesco. En Gotinga creen en él. (Yo no)».[29] Lo más curioso es que el autor de la teoría de la relatividad siempre consideraría la *Knabenphysik* incompleta, cuando no profundamente imperfecta. Las dudas de Einstein solo hicieron que intensificarse cuando, en 1927, Heisenberg publicó el artículo sobre el papel central de la incertidumbre en el mundo cuántico. En él decía que es imposible determinar en un instante dado la posición precisa de una entidad *y a la vez* su momento preciso: «No podemos conocer, por cuestiones de principio, el presente con todo detalle». Born estaba de acuerdo y sostenía que el resultado de cualquier experimento cuántico depende del azar. En 1927, Einstein le escribió: «Tengo una voz interior que me dice que la teoría no es perfecta. Da muchas soluciones, pero no nos acerca más a los secretos del Creador. En cualquier caso, estoy convencido de que Él no juega a los dados».[30]

Era obvio que la física cuántica era una ciencia de jóvenes. A su vez, estos veían a Einstein y su obstinada negativa a abrazar la nueva física como un signo de que su tiempo ya había pasado. Muchos años después, Oppenheimer visitaría al alemán en Princeton y no le impresionaría lo más mínimo; escribiría a su hermano con arrogante irreverencia que «Einstein está totalmente chiflado».[31] Pero, a finales de la década de 1920, los jóvenes de Gotinga (y los del Copenhague de Bohr) aún tenían esperanzas de que este aceptara la visión cuántica.

El primer artículo que escribió Oppenheimer en Gotinga demostraba que la teoría cuántica posibilitaba medir las frecuencias y las intensidades de banda del espectro molecular. Se había obsesionado con lo que llamaba el «milagro» de la mecánica cuántica precisamente porque explicaba muchos aspectos de los fenómenos observables de «un modo armonioso, congruente e inteligible».[32] Born estaba tan impresionado con el trabajo de Oppenheimer acerca de la aplicación de la teoría cuántica a las transiciones al espectro continuo que en febrero de 1927 escribió a S. W. Stratton, el presidente del MIT: «Tenemos aquí a varios estadounidenses. [...] Hay uno excelente: el señor Oppenheimer».[33] Sus compañeros lo consideraban tan brillante que lo equiparaban a Dirac y a Jordan: «Hay tres jóvenes genios teóricos aquí —declaró un estudiante norteamericano—, cada uno menos inteligible para mí que los otros dos».[34]

Robert adoptó la costumbre de trabajar por la noche y dormir buena parte del día.[35] El clima húmedo de Gotinga y los edificios con mala calefacción causaron estragos en su delicada constitución. Sufría de tos crónica, que los amigos atribuían bien a sus resfriados frecuentes, bien a que fumaba un cigarrillo tras otro.[36] Por lo demás, el día a día allí era bucólico y agradable. Como observó tiempo después Hans Bethe a propósito de aquella edad de oro de la física teórica, «la vida en los centros del desarrollo de la teoría cuántica, Copenhague y Gotinga, era idílica y pausada, y eso que se sacaba muchísimo trabajo adelante».[37]

Oppenheimer buscaba invariablemente a jóvenes de reputaciones ascendentes. Hubo otros que no pudieron evitar sentirse despreciados. «[Él] y Born se hicieron muy amigos y se veían mucho —dijo Condon años más tarde, molesto—, tanto que este no veía apenas a los otros estudiantes de Física teórica que habían ido hasta allí para trabajar con él».

Heisenberg pasó por Gotinga aquel año, y Robert hizo por conocer al joven físico más brillante de Alemania. Solo tres años mayor que él, era elocuente, encantador y firme al debatir con sus pares. Los dos hombres tenían un intelecto original y lo sabían. Hijo de un profesor de griego, Heisenberg estudió con Wolfgang Pauli en la Universidad de Múnich y después hizo trabajo posdoctoral con Bohr y Born. Como Oppenheimer, tenía una intuición que lo llevaba a la raíz de los problemas. Era un joven carismático y extraño cuyo brillante intelecto llamaba la atención. Por lo visto, Robert lo admiraba y respetaba su trabajo. No podía saber entonces que en el futuro serían rivales en la sombra. Llegaría el día, en tiempos de guerra, en que se vería reflexionando sobre la lealtad de Heisenberg hacia Alemania y preguntándose si sería capaz de construir una bomba atómica para Adolf Hitler. Pero en 1927 aún se basaba en los descubrimientos de Heisenberg para estudiar mecánica cuántica.

Aquella primavera, incitado por un comentario de este, Robert se interesó en el empleo de la nueva teoría cuántica para explicar, tal como lo expresó, «por qué las moléculas eran moléculas». A bote pronto, encontró una solución simple a la cuestión. Cuando le enseñó los apuntes al profesor Born, este se quedó asombrado y muy complacido. Acordaron escribir un artículo en común, y Robert le prometió que en París, donde estaría por vacaciones de Pascua, compondría los apuntes para redactar un primer borrador. Pero Born se «horrorizó» al recibir de la capital francesa un escueto artículo de cuatro o cinco páginas. «A mi criterio, estaba bastante bien —recordaría Oppenheimer—. Era muy sutil y me parecía que contenía todo lo necesario». Al final, Born lo alargó hasta una treintena de páginas, rellenándolo, a juicio de Robert, con teoremas innecesarios u obvios. «No me gustaba, pero evidentemente no me era posible protestarle a un autor experimentado». Para Oppenheimer, la idea nueva y central lo era todo; el contexto y la ornamentación académica eran paja que estorbaba su agudo sentido estético.

«Sobre la teoría cuántica de las moléculas» se publicó aquel mismo año. Ese artículo a dos manos, que contenía la «aproximación de Born-Oppenheimer» —en realidad, era solo la «aproximación Oppenheimer»—, todavía se considera un logro significativo del empleo de la mecánica cuántica para comprender el comportamiento de las moléculas. Oppenheimer observó que los electrones de las moléculas, más ligeros, se desplazan a una velocidad muy superior a la del núcleo, más pesado. Al integrar los movimientos de los electrones, de frecuencia más alta, Born y él pudieron calcular en efecto el fenómeno «mecánico-ondulatorio» de las vibraciones nucleares. El artículo sentó las bases para los progresos que tendrían lugar más de siete décadas después en física de altas energías.

Aquella primavera, Robert presentó la tesis doctoral, que se desarrollaba en torno a un cálculo complicado del efecto fotoeléctrico en el hidrógeno y los rayos X. Born recomendó que se aceptara «con honores». La única pega que le encontró fue que era «difícil de leer». No obstante, indicó que el joven había escrito «un artículo complicado y que lo hizo muy bien». Años más tarde, Hans Bethe, otro premio Nobel, observó que «[e]n 1926, Oppenheimer tuvo que desarrollar todos los métodos él mismo, incluida la normalización de las funciones de onda del espectro continuo. Por supuesto, más adelante se perfeccionaron los cálculos, pero obtuvo correctamente el coeficiente de absorción en el borde K y la dependencia de la frecuencia en su entorno. —Bethe concluía—: Aun hoy es un cálculo complicado y está más allá del alcance de la mayoría de los manuales de mecánica cuántica».[38] Un año después, en un campo afín, Oppenheimer publicó el primer artículo que describía el efecto túnel de la mecánica cuántica, por el que algunas partículas literalmente atraviesan un obstáculo como si pasaran por un túnel. Ambos artículos constituyeron logros espectaculares.

El 11 de mayo de 1927, Robert se sentaba para realizar la defensa de su tesis y, horas después, salía con notas excelentes. Uno de los examinadores, el físico James Franck, le dijo después a un colega: «He salido de allí justo a tiempo. [Oppenheimer] estaba empezando a hacerme preguntas a mí». En el último momento, la dirección de la universidad descubrió para su indignación que el examinando no se había registrado formalmente como estudiante, y amenazaron con retenerle el título. Al fin obtuvo el doctorado, pero solo después de que Born intercediera y engañara al Ministerio de Educación de Prusia diciendo que «circunstancias económicas hacen imposible que Herr Oppenheimer permanezca en Gotinga al finalizar el semestre de verano».

En junio dio la casualidad de que el profesor Edwin Kemble se hallaba de visita en la ciudad, y escribió enseguida a un colega: «Oppenheimer está resultando ser aún más brillante de lo que creíamos cuando lo teníamos en Harvard. Está sacando trabajo nuevo muy deprisa y lo hace tan bien como cualquiera de los muchos físicos matemáticos jóvenes que hay aquí». El profesor añadía, curiosamente, que «[p]or desgracia, Born me ha dicho que tiene las mismas dificultades para escribir con claridad que ya observamos en Harvard». Hacía tiempo que Oppenheimer se expresaba muy bien por escrito, pero también era cierto que sus artículos sobre física solían ser breves hasta el punto de resultar someros. Kemble estimaba que su dominio del lenguaje era excelente, pero que parecía «dos personas distintas» cuando hablaba de física y cuando hablaba de cualquier otro tema.

Born se quedó muy abatido al ver marchar a Oppenheimer. «Tú bien puedes irte, pero yo no —le dijo—. Me dejas muchos deberes». Como regalo de despedida, Robert entregó a su mentor una valiosa edición de la *Mécanique Analytique*, texto clásico de Lagrange. Al cabo de varias décadas, mucho después de que Born tuviera que huir de Alemania, escribió a Oppenheimer: «Este [libro] ha sobrevivido todo tipo de turbulencias: la revolución, la guerra, la emigración y el retorno, y estoy contento de que siga en mi biblioteca, porque representa muy bien tu actitud hacia la ciencia, que entiendes como una parte del desarrollo general intelectual en el curso de la historia humana». Para entonces, hacía tiempo que Oppenheimer había eclipsado a Born en notoriedad, aunque no en logros científicos.

Gotinga fue el escenario del primer triunfo real de nuestro protagonista en cuanto joven que se convierte en adulto. Llegar a ser científico, tal como señalaría al cabo del tiempo, es «como escalar una montaña por un túnel: no sabes si aparecerás en lo alto del valle, ni siquiera si aparecerás en algún sitio». Y así era, en particular para un científico joven que se encuentra en el apogeo de la revolución cuántica. Más testigo que partícipe de aquel acontecimiento, demostró no obstante poseer el intelecto en bruto y la motivación para hacer de la física el trabajo de su vida. En apenas nueve, meses combinó el éxito académico real con la renovación de su personalidad y de la percepción de su propia valía. Había superado las profundas dificultades emocionales que solo un año antes habían llegado a amenazar su supervivencia gracias a sus grandes logros y la confianza que emanó de ellos. Y, en aquel momento, el mundo lo llamaba.

5

«Soy Oppenheimer»

Dios sabe que no soy la persona más simple del mundo,
pero, al lado de Oppenheimer, soy muy muy simple.

I. I. Rabi

A finales del curso de Gotinga, Oppenheimer mostraba signos inequívocos de añoranza. En los comentarios que hacía acerca de Alemania sonaba como un chovinista estadounidense; no había nada allí que pudiera compararse a los paisajes desérticos de Nuevo México. «Es un exagerado —se quejaba un estudiante holandés—. Según él, parece que hasta las flores huelen mejor en Estados Unidos».[1] La víspera antes de partir organizó una fiesta en su habitación; entre otros muchos, Charlotte Riefenstahl, la encantadora joven de pelo oscuro, asistió para despedirlo. Robert se empeñó en regalarle la maleta de piel que tanto le había gustado el día en que se conocieron. Ella la conservó durante treinta años y la llamaba «la Oppenheimer».

Después de una rápida escapada a Leiden con Paul Dirac, Robert se embarcó en Liverpool rumbo a Nueva York a mediados de julio de 1927. Se sintió muy bien al estar de nuevo en casa. No solo había sobrevivido, sino que además había triunfado y volvía con un doctorado que le había costado un buen esfuerzo obtener. Entre los físicos teóricos se sabía que el joven Oppenheimer poseía conocimientos de primera mano acerca de los últimos logros europeos en mecánica cuántica. Apenas dos años después de haberse graduado en Harvard, Robert ya era una estrella en alza en su campo.

La primavera anterior lo habían animado a acogerse a una beca posdoctoral de la Fundación Rockefeller concedida por el Consejo Nacional de Investigación y dirigida a científicos jóvenes prometedores. La había aceptado, y decidió pasar el semestre de otoño en Harvard antes de mudarse a Pasadena (California), donde le habían ofrecido un puesto como profesor en el Instituto Tecnológico de California (Caltech), un centro puntero en investigación científica. Así pues, cuando llegó a la calle Riverside y deshizo las maletas en casa, ya sabía que su futuro inmediato estaba resuelto. Mientras tanto, tenía seis semanas para volver a disfrutar de su hermano, Frank, que ya tenía quince años, y pasar tiempo con sus padres.

Para disgusto de Robert, Julius y Ella habían decidido vender la casa de Bay Shore el invierno anterior. Pero el Trimethy, su barco, seguía amarrado temporalmente allí, así que, como tantas otras veces, se llevó a Frank a navegar a lo loco por la costa de Long Island. En agosto se reunieron con sus padres en Nantucket para pasar unas cortas vacaciones. «Mi hermano y yo —recordaba Frank— pasábamos casi todo el día pintando las dunas y las colinas verdes al óleo sobre lienzo».[2] Adoraba a su hermano. A diferencia de Robert, a él se le daban bien las actividades manuales y le encantaba entretenerse con artilugios, desmontando y volviendo a montar motores eléctricos y relojes. Iba a la Escuela por la Cultura Ética y también empezaba a decantarse por la física. Cuando Robert se marchó a Harvard, le dejó el microscopio a Frank, y este lo usó para observar su propio semen. «No había oído hablar nunca del esperma —aseguró este—, y fue un descubrimiento realmente maravilloso».[3]

A finales de aquel verano, Robert se alegró al enterarse de que Charlotte Riefenstahl había aceptado un puesto como profesora en la Universidad Vassar. Cuando, en septiembre, arribó al puerto de Nueva York, él estaba en el muelle esperándola. Con ella viajaban otros dos alumnos estrella de Gotinga, Samuel Goudsmit y George Uhlenbeck, este último con su reciente esposa, Else. Oppenheimer sabía que los dos hombres eran físicos excelentes; juntos habían descubierto la existencia del espín del electrón en 1925. Robert les hizo de anfitrión en Nueva York y no escatimó en gastos.

«Recibimos un trato de lujo —recordaría Goudsmit—, pero en realidad fue por Charlotte. Robert vino a buscarnos en una increíble limusina con chófer y nos llevó al centro, a un hotel que había escogido en Greenwich Village».[4] Durante las siguientes semanas acompañó a Charlotte por todo Nueva York y la paseó por todos sus sitios favoritos, desde las galerías de arte más importantes hasta los restaurantes más caros que pudo encontrar. «¿De verdad el Ritz es el único hotel que conoces?», protestaría Charlotte.[5] Y, para mostrar que sus intenciones eran serias, la llevó al espacioso piso de la calle Riverside para presentarla a sus padres. Sin embargo, aunque ella admiraba a Robert y se sentía halagada por sus atenciones, notaba que era inaccesible emocionalmente.[6] Robert esquivó todos los intentos que hizo Charlotte para que hablara de su pasado. La casa de los Oppenheimer le pareció opresiva y sobreprotectora, y la pareja empezó a distanciarse. El trabajo de profesora en Vassar mantenía a la joven alejada de Nueva York, y la beca de la que disfrutaba Oppenheimer requería su presencia en Harvard. Al cabo del tiempo, Charlotte regresó a Alemania y en 1931 se casó con Fritz Houtermans, el que había sido compañero de clase de Robert.

Aquel otoño, en Harvard, Robert retomó su amistad con William Boyd, que estaba allí terminando el doctorado en Bioquímica. En confidencia, le contó los problemas que había tenido durante el año de Cambridge. Boyd no se sorprendió; siempre lo había considerado un joven rígido en el aspecto emocional, pero que podía arreglárselas solo. Robert seguía sintiendo pasión por la poesía, y, cuando le enseñó a Boyd un poema que había escrito, este lo animó a que lo enviara a la revista literaria de Harvard, *Hound and Horn*. Apareció en el número de junio de 1928:

CRUCE

Era de noche cuando llegamos al río,
la luna estaba baja sobre el desierto
que habíamos perdido en las montañas, olvidado,
entre el frío y el sudor
y las cordilleras que confinan el cielo.
Y cuando volvimos a encontrarlo,
en los montes secos, abajo, en el río,
medio muerto, teníamos en contra
los vientos abrasadores.

Había dos palmeras en el embarcadero;
las yucas florecían; había
una luz en la ribera lejana, y tamarices.
Esperamos largo rato, en silencio.
Entonces oímos el chirrido de los remos
y después, me acuerdo,
el barquero nos llamó.
No miramos atrás, a las montañas.

J. R. OPPENHEIMER[7]

Nuevo México lo llamaba. Echaba desesperadamente de menos la «luna baja sobre el desierto» y las crudas sensaciones físicas —«el frío y el sudor»— que lo hicieron sentir tan vivo los dos veranos anteriores. No era factible dedicarse a la física de vanguardia estando en Nuevo México, pero había aceptado el puesto en el Caltech, de Pasadena, al menos en parte porque estaba cerca del desierto que amaba. Asimismo, quería escapar de Harvard y aquella «prisión propia» donde había estado encerrado tanto tiempo.[8] Si se había recuperado de la crisis del año anterior fue parcialmente porque reconoció que debía volver a empezar de cero. Córcega, Proust y Gotinga le habían preparado el terreno; quedarse en Harvard habría sido dar un paso atrás. De modo que poco después de las Navidades de 1927 hizo las maletas y se marchó a Pasadena.

Se sintió a gusto en California. Tras solo unos meses escribió a Frank: «Me ha costado encontrar tiempo para trabajar, ya que Pasadena es un sitio agradable con cientos de personas agradables que no dejan de proponerte cosas agradables que hacer. Estoy indeciso entre presentarme para el puesto de profesor titular en la Universidad de California o irme al extranjero».[9]

Pese a sus obligaciones como profesor en el Caltech y los entretenimientos que le ofrecía Pasadena, Oppenheimer publicó seis artículos en 1928, todos relacionados con distintos aspectos de la teoría cuántica. Su productividad fue aún más notable si se tiene en cuenta que, avanzada la primavera, el médico le dijo que su persistente tos podía ser un síntoma de tuberculosis. En junio, tras asistir a un seminario sobre física teórica en Ann Arbor (Míchigan), Robert fue en busca del aire seco de montaña de Nuevo México. Previamente, en primavera, había escrito a su hermano, que ya tenía casi dieciséis años, y le propuso «hacer un viaje por el desierto un par de semanas» en verano.

Robert había empezado a tomar un interés casi paternal en ayudar a Frank a navegar por los dificultosos bajíos de la adolescencia, un viaje complicado, como tan bien sabía. En marzo, en respuesta a la confesión que le había hecho este de que un miembro del sexo opuesto lo había distraído de los estudios, Robert le escribió una carta llena de consejos que rayaban en el autoanálisis. Afirmaba que «el cometido [de las jóvenes] es hacer que pierdas el tiempo con ellas; tu cometido es no acercarte a ellas». Evidentemente, echando mano de su propia y problemática experiencia, el hermano mayor declaró que salir con alguien «era importante solo para la gente que tiene tiempo que perder. Para ti y para mí no lo es». Su conclusión fue: «No te preocupes por las chicas, y no las

cortejes a menos que sea necesario: NO LO HAGAS COMO UNA OBLI-
GACIÓN. Intenta descubrir, observándote a ti mismo, qué quieres de
verdad. Si lo apruebas, ve a por ello; si no lo apruebas, olvídalo».[10] Robert
reconocía que estaba siendo dogmático, pero dijo que esperaba que sus
palabras le sirvieran de algo «como fruto y resultado de mis esfuerzos
eróticos. Tú eres muy joven, pero mucho más maduro de lo que yo era».

Robert tenía razón: el joven Frank era mucho más maduro que él a su
edad. Tenía los mismos ojos azules como el hielo y la espesa mata de pelo
negro. Había heredado de los Oppenheimer la altura y la delgadez; no
tardaría mucho en medir más de metro ochenta y pesar solo unos sesenta
kilos. En muchos aspectos exhibía los mismos dones intelectuales que su
hermano, pero no daba la impresión de cargar con su intensa energía neurótica. Mientras que a veces Robert parecía tener obsesiones maniacas,
Frank era una presencia tranquilizadora y siempre afable. Como adolescente, había conocido a su hermano de lejos, sobre todo por las cartas, y
en vacaciones, cuando habían ido a navegar juntos. Fue en el viaje a Nuevo México —sin sus padres— cuando Frank intimó con él como adulto.

Cuando los dos hermanos llegaron a Los Pinos, se alojaron en el
rancho de Katherine Page. Pese a la tos persistente que sufría, Robert se
empeñó en organizar una serie de excursiones largas a caballo por los
montes circundantes. Se las arreglarían con un poco de mantequilla de
cacahuete, alcachofas en conserva, salchichas de Viena, *Kirschwasser* y
whisky. Mientras cabalgaban, Frank escucharía a Robert hablar con fervor sobre física y literatura.[11] Por las noches, este sacaría un ejemplar viejo de Baudelaire y leería en voz alta a la luz de la hoguera. Aquel verano
de 1928, Robert también estaba leyendo la novela de e. e. cummings *La
habitación enorme*, de 1922, un relato en el que el autor narra su experiencia en un campo de prisioneros francés durante cuatro meses durante la
guerra. Le gustaba la idea planteada por cummings de que un hombre
despojado de todas sus posesiones puede, no obstante, encontrar libertad
personal en el más espartano de los entornos. Esta historia adquiriría un
significado nuevo para él después de 1954.

Frank Oppenheimer se daba cuenta de que las pasiones de su hermano eran siempre volátiles. Robert parecía dividir el mundo en personas que merecían su tiempo y personas que no. «Para el primer grupo
—dijo aquel— era maravilloso. [...] Mi hermano quería que todo y todos fueran especiales, y contagiaba su entusiasmo a esas personas, a las
que hacía sentir especiales. [...] Desde el momento en que consideraba a

alguien digno de su atención o amistad, lo llamaba o le escribía a menudo, le hacía pequeños favores, regalos. No podía ser aburrido. Era capaz de levantar entusiasmo incluso por una marca de cigarrillos, haciendo de ellos algo especial. Los atardeceres en su compañía eran siempre los mejores».[12] Frank advirtió que a su hermano podía gustarle todo tipo de gente, fueran famosos o no, y que tenía una manera propia de convertir a esas personas en héroes: «Si alguien lo impresionaba con su sabiduría, talento, habilidad, honradez o dedicación, se convertía, al menos durante un tiempo, en un héroe para sí mismo, para él y para los amigos».

Un día de aquel mes de julio, Katherine Page se llevó a los hermanos Oppenheimer a dar un paseo de un kilómetro y medio ladera arriba en las montañas de Los Pinos. Después de cabalgar por un paso que alcanzaba los tres mil metros, fueron a dar a un prado en lo alto del monte Grass, cubierto por completo de trébol y flores alpinas azules y moradas. El pueblo de Ponderosa y los pinos blancos enmarcaban una vista magnífica de las montañas Sangre de Cristo y el río Pecos. En medio del prado, a una altitud de dos mil novecientos metros, había una cabaña construida con troncos y mortero de adobe. Una chimenea de barro ocupaba toda una pared, y una estrecha escalera de madera conducía al piso de arriba, donde había dos habitaciones pequeñas. La cocina tenía fregadero y estufa de leña, pero no agua corriente, y el único baño que había era un cobertizo ventoso construido al final del porche.[13]

«¿Te gusta?», le preguntó Katherine.

Cuando Robert asintió, ella le explicó que la cabaña, las sesenta y dos hectáreas de pastos y un riachuelo estaban en alquiler.

«Hot dog!», exclamó Robert.*[14]

«¡No, perro caliente!»,** bromeó Katherine, traduciendo al castellano lo que acababa de decir este.

El invierno siguiente, Robert y Frank convencieron a su padre para que lo arrendara por cuatro años. Lo llamaron Perro Caliente. Estuvieron alquilándolo hasta 1947, cuando Oppenheimer lo compró por diez mil dólares. El rancho sería su refugio en los años venideros.

Tras pasar dos semanas en Nuevo México, los hermanos partieron a principios de otoño de 1928 para reunirse con sus padres en el lujoso hotel Broadmoor, en Colorado Springs. Robert y Frank tomaron unas cuantas clases rudimentarias de conducción y se compraron un Chrysler descapotable de seis cilindros de segunda mano. El plan era ir a Pasadena

---

* *Hot dog* es una expresión para decir «genial» o similares. *(N. de la T.)*
** En castellano en el original. *(N. de la T.)*

en coche. «Tuvimos algunos contratiempos —dijo el menor de los dos, quedándose bastante corto—, pero al final llegamos».[15] En las afueras de Cortez (Colorado), con Frank al volante, el coche patinó en grava suelta y acabó aterrizando del revés en una torrentera. La luna del parabrisas se rompió y la capota quedó destrozada. Robert se fracturó el brazo y dos huesos de la muñeca derecha.[16] Los remolcaron hasta Cortez y consiguieron poner el coche de nuevo en marcha, pero la noche siguiente, no se sabe cómo, Frank se subió a una losa de piedra. Incapaces de moverse, pasaron la noche tumbados en el suelo del desierto, «bebiendo de una botella de licor [...] y chupando unos limones que llevábamos».[17]

Cuando al fin llegaron a Pasadena, Robert fue directo al laboratorio Bridge del Caltech. Con un brazo en un llamativo cabestrillo rojo, entró, desaliñado y sin afeitar, y se presentó: «Soy Oppenheimer».[18]

«Ah, ¿usted es Oppenheimer?», le respondió Charles Christian Lauritsen, que impartía física y pensó que «parecía más un vagabundo que un profesor de universidad». «Entonces puede serme de ayuda. ¿Por qué estoy sacando resultados incorrectos de este maldito generador de tensión en cascada?».

Oppenheimer solo había regresado a Pasadena para hacer las maletas y prepararse para volver a Europa. A principios de la primavera anterior, la de 1928, había recibido ofertas de trabajo de diez universidades norteamericanas, incluida Harvard, y dos del extranjero. Todas le ofrecían puestos atractivos y buen sueldo. Robert se decidió por un doble empleo en el departamento de Física de la Universidad de California (Berkeley) y en el Caltech. Tenía pensado dar clase un semestre en cada una. Escogió la primera precisamente porque en su programa de física no había ninguna asignatura de teoría. En aquel sentido, Berkeley era «un desierto», y por ello pensó «que sería bonito empezar algo nuevo».[19]

Su intención no era «empezar algo» de inmediato, puesto que, al mismo tiempo, pidió una beca (que recibió enseguida) para volver a Europa un año más. Se notaba aún en la necesidad de completar conocimientos, sobre todo en matemáticas, cosa que podría conseguir con un año adicional de posdoctorado. Quería estudiar con Paul Ehrenfest, un físico muy admirado de la Universidad de Leiden (Países Bajos). Cuando embarcó hacia allí, su plan era pasar un semestre con él y después ir a Copenhague, donde esperaba conocer a Niels Bohr.

Resultó que Ehrenfest estaba decaído y distraído; sufría uno de sus accesos recurrentes de depresión.[20] «Creo que no le desperté mucho interés —rememoró Oppenheimer—. Tengo un recuerdo de silencio y pesadumbre». En retrospectiva, Robert juzgó que perdió el tiempo en

Leiden y que fue culpa suya. Ehrenfest insistía en la simplicidad y la claridad, características que Robert aún no había hecho suyas. «Es probable que todavía sintiera fascinación hacia el formalismo y la complejidad —dijo—, de modo que la mayor parte de lo que me mantenía atascado u ocupado no era del gusto de Ehrenfest. Y yo no apreciaba lo valioso que habría sido tener perfectamente ordenadas ciertas cosas que sí eran de su gusto». Este pensaba de Robert que respondía demasiado rápido a las preguntas, y, a veces, detrás de aquella rapidez se escondían errores.

De hecho, a Ehrenfest le resultó emocionalmente agotador trabajar con él. «Oppenheimer está ahora contigo —escribió Max Born a su colega de Leiden—. Me gustaría saber qué opinas de él. El hecho de que yo nunca haya sufrido tanto con nadie como con él no influirá en tu parecer. Sin duda es muy inteligente, pero carece por completo de disciplina mental. De cara afuera es muy modesto, pero en su interior es muy arrogante».[21] La respuesta de Ehrenfest se ha perdido, pero la siguiente carta de Born es de lo más significativa: «Lo que me cuentas de Oppenheimer me resulta muy valioso. Sé que es un joven magnífico y decente, pero qué le vamos a hacer si a uno le ataca los nervios».

Solo seis semanas después de llegar, Robert asombró a sus pares al dar una clase en neerlandés, otro idioma que había aprendido por sí mismo.[22] Sus amigos holandeses estaban tan impresionados por aquella exposición tan enérgica que empezaron a llamarlo «Opje» —una abreviación afectuosa de su apellido—, y él conservaría el apodo de por vida.[23] La facilidad con que aprendió el nuevo idioma pudo deberse a la ayuda de una mujer. Según el físico Abraham Pais, Oppenheimer tuvo una aventura con una joven holandesa llamada Suus (Susan).

El amorío debió de ser breve, porque Robert decidió enseguida dejar Leiden. Aunque tenía pensado ir a Copenhague, Ehrenfest lo convenció de que le iría mejor estudiar con Wolfgang Pauli en Suiza y escribió a este: «En aras del desarrollo de sus enormes talentos científicos, ¡ahora mismo Oppenheimer necesita que lo metan con cariño en vereda! Se merece el mejor trato, [...] pues es un chico especialmente encantador».[24] Por lo general, Ehrenfest enviaba a sus alumnos a Bohr, pero en aquel caso estaba seguro, tal como recuerda Oppenheimer, de «que Bohr, con su grandeza y falta de claridad, no era la medicina que me hacía falta, sino que necesitaba a un físico profesional en cálculo, y Pauli era perfecto para mí. Creo que empleó la expresión *herausprügeln* [dar una paliza]. [...] Estaba claro que me mandaba allí para que me arreglaran».[25]

Por otra parte, Robert pensó que el aire montañoso de Suiza le iría bien. No había hecho ningún caso a las repetidas reconvenciones que le hacía Ehrenfest sobre los perjuicios del tabaco, pero la persistente tos indicaba que quizá aún arrastraba algo de tuberculosis.[26] Cuando sus amigos, preocupados, le decían que descansara, Oppenheimer se encogía de hombros y contestaba que, antes que cuidarse la tos, «prefería vivir mientras estuviera vivo».[27]

De camino a Zúrich, se detuvo en Leipzig para asistir a una charla de Werner Heisenberg sobre ferromagnetismo. Como ya se ha dicho, Robert había conocido el año anterior, en Gotinga, al futuro director del programa de la bomba atómica alemana; si bien no se forjó una gran amistad, en ambos surgió un respeto mutuo, aunque con reservas. Tras llegar a Zúrich, Wolfgang Pauli le habló del trabajo que había hecho con Heisenberg. En aquel entonces, Robert estaba muy interesado en lo que llamaba «el problema del electrón y la teoría de la relatividad». En primavera casi colaboró con Pauli y Heisenberg en un estudio. «Primero pensamos que debíamos publicar el artículo los tres juntos. Luego Pauli pensó que podría publicarlo conmigo, y después pareció mejor hacer algunas referencias a él en el artículo de ambos y que el mío se publicara por separado. Pero dijo: "Has montado un lío tremendo con los espectros continuos y tienes la obligación de poner orden. Además, si lo ordenas, les harás un favor a los astrónomos". Y así fue como me metí en aquello».[28] El artículo de Robert se publicó al año siguiente con el título «Notas sobre la teoría de la interacción del campo y la materia».

Oppenheimer apreciaba mucho a Pauli. «Era tan buen físico —bromeaba— que las cosas se rompían o estallaban cuando entraba en un laboratorio».[29] Solo cuatro años mayor que él, el precoz austriaco se ganó una reputación en 1920, un año antes de obtener el doctorado en la Universidad de Múnich, cuando publicó un artículo de doscientas páginas acerca de las teorías de la relatividad especial y general. El propio Einstein alabó el ensayo por la claridad de su exposición. Después de estudiar con Max Born y Niels Bohr, Pauli dio clases primero en Hamburgo y luego, en 1928, en la Escuela Politécnica Federal de Zúrich. Para entonces ya había publicado lo que se conocería como el «principio de exclusión de Pauli», que explicaba por qué cada «orbital» de un átomo solo pueden ocuparlo dos electrones al mismo tiempo.

Pauli era un joven belicoso de ingenio agudo. Como Oppenheimer, estaba siempre preparado para saltar y cuestionar agresivamente al conferenciante si percibía el menor defecto en un argumento. A menudo criticaba a otros físicos diciendo que «ni siquiera están equivocados». Y una vez dijo de otro universitario que era «tan joven y ya tan desconocido».[30]

El austriaco valoraba de Oppenheimer su capacidad para distinguir la esencia de los problemas, pero le frustraba la poca atención que ponía en los detalles. «Sus ideas siempre son interesantes —dijo Pauli—, pero sus cálculos siempre son erróneos».[31] Después de escuchar una clase de Robert y oírle hacer pausas para buscar las palabras y murmurar bajito «nim-nim-nim», empezó a llamarlo «el nim-nim-nim».[32] No obstante, a Pauli le fascinaba aquel complejo joven estadounidense. «Su fuerza —escribió a Ehrenfest al cabo de poco tiempo— radica en que tiene muchas buenas ideas, y mucha imaginación. Su flaqueza es que se conforma demasiado deprisa con afirmaciones sin base sólida; que no se contesta a sus propias preguntas, que suelen ser bastante interesantes, por falta de perseverancia y minuciosidad. [...] Por desgracia, tiene una particularidad muy mala: me ve como una autoridad en la que cree incondicionalmente y considera todo lo que digo como verdad última y definitiva. [...] No sé cómo quitarle esa costumbre».[33]

Isidor I. Rabi fue otro estudiante que pasó mucho tiempo con Robert aquella primavera. Se conocieron en Leipzig y viajaron juntos hasta Zúrich. «Nos caímos muy bien —recordó—. Fuimos amigos hasta su último día. Me gustaban cosas de él que disgustaban a otros».[34] Rabi era seis años mayor que Robert y también había crecido en la ciudad de Nueva York, pero su infancia había sido muy distinta a la vida dorada de la que Robert había disfrutado en la calle Riverside. Su padre había sido obrero, y la familia, de pocos recursos, vivía en un piso de dos habitaciones en el Lower East Side. A diferencia de Oppenheimer, Rabi creció sin ninguna ambigüedad relativa a su identidad; eran judíos ortodoxos y Dios era parte de su vida diaria. «Incluso en conversaciones informales —rememoraba Rabi—, Dios hacía acto de presencia, no en cada párrafo, sino más bien en cada frase».[35] Al crecer, la religión quedó atrás: «Esa fue la iglesia a la que fallé», bromeó.

Sin embargo, Rabi no se sentía incómodo con su condición de judío. Incluso en la Alemania de aquellos años de antisemitismo enconado, siempre se presentaba como judío austriaco precisamente porque sabía que el estereotipo de judío austriaco era el más detestado. En cambio, Robert nunca revelaba su identidad judía. Décadas más tarde, Rabi creía saber por qué: «Oppenheimer era judío, pero deseaba no serlo y trataba de aparentar que no lo era. [...] La tradición judía, aunque no la conozcas en detalle, es tan fuerte que corres peligro si renuncias a ella. No quiere decir que tengas que ser ortodoxo, ni siquiera practicante, pero, si has nacido en ella y le das la espalda, vas a tener problemas. Así que el pobre Robert, experto en sánscrito y en literatura francesa... [Aquí su voz se apagó y dio lugar a un silencio pensativo]».

Rabi conjeturó más tarde que Robert «nunca llegó a tener una personalidad íntegra. Pasa algunas veces, a muchas personas, pero quizá más a menudo a judíos brillantes, debido a su situación. Poseen aptitudes increíbles en todos los aspectos y se les hace difícil escoger. Él lo quería todo. Me recordaba mucho a un amigo de mi infancia, que ahora es abogado, del que alguien dijo: "Le gustaría ser el presidente de los Caballeros de Colón y de los B'nai B'rith [hijos de la alianza]". Dios sabe que no soy la persona más simple del mundo, pero, al lado de Oppenheimer, soy muy muy simple».[36]

Rabi quería a Robert, pero no se mordía la lengua si tenía que decir a los amigos, solo para provocar: «¿Oppenheimer? Un niño mimado, un judío rico y malcriado de Nueva York».[37] Creía conocer a los de su condición. «Era un judío de la Alemania Oriental, y lo que les pasó es que empezaron a valorar la cultura alemana por encima de la propia. Es fácil ver por qué, con todos aquellos inmigrantes judíos polacos y su culto, tan burdo». Lo curioso, pensaba Rabi, era que muchos de aquellos judíos alemanes integrados al final no fueron capaces de renunciar a su identidad. Las puertas se les abrían, pero muchos se negaban a pasar por ellas. «Creo que en la Biblia —dijo Rabi— se dice que Dios se queja de que son un pueblo muy obstinado». A sus ojos, Oppenheimer albergaba un conflicto similar, pero tal vez la diferencia residía en que no era consciente de su obstinación. «No sé si se veía a sí mismo como judío —recordó Rabi muchos años después—. Creo que tenía fantasías en las que se veía como no judío. Me acuerdo de una vez en que le comenté cuánto me desconcertaba la religión cristiana, con esa combinación de sangre y delicadeza. Me contestó que a él era lo que le atraía».

Rabi nunca le manifestó a Oppenheimer lo que opinaba de su ambivalencia: «Pensaba que no valía la pena decirle estas cosas. [...] No puedes cambiar a nadie; eso sale de dentro». Él simplemente creía conocer a su amigo mejor de lo que se conocía él. «De Oppenheimer pueden decirse muchas cosas, pero desde luego no era el típico blanco protestante de clase alta».[38]

A pesar de sus diferencias, entre ambos se fraguó un vínculo estrecho. «Nunca estuve en la misma clase que él —dijo Rabi más adelante—. Nunca me topé con nadie que fuera más inteligente que él».[39] En cualquier caso, la inteligencia de Rabi nunca se puso en cuestión. En solo unos pocos años, los experimentos con haces moleculares que llevó a cabo en un laboratorio de la Universidad de Columbia producirían resultados sustanciales aplicables en un amplio abanico de campos tanto físicos como químicos. Igual que Oppenheimer, no tenía manos de físico experimental; era torpe, por lo que a menudo dejaba que otros manejaran el equipo. Pero tenía una capacidad insólita de plantear experimentos que generaban resultados. Y tal vez eso se explicara por el hecho de que, durante la etapa que estuvo en Zúrich, adquirió sólidos conocimientos de teoría, a diferencia de la mayoría de los físicos experimentales. «Rabi era un gran experimentador —recordó Wendell Furry, un alumno de Oppenheimer— y no era ninguna birria de teórico».[40] En el selecto mundo de la física, se acabaría considerando a Rabi como un pensador profundo y a Oppenheimer como un gran sintetizador. Juntos eran formidables.

Su amistad fue más allá de la física. Compartían el interés por la filosofía, la religión y el arte. «Teníamos una especie de lazo de parentesco», dijo Rabi.[41] Se trataba de ese tipo raro de amistad que se forja en la juventud y sobrevive largas separaciones. «La retomas justo donde la habías dejado». Robert tenía en especial estima la sinceridad de Rabi. «Su manera de ser no me provocaba rechazo, por decirlo así —rememoró este—. Nunca lo halagué, siempre fui sincero con él». Siempre lo encontró «estimulante, muy estimulante». A lo largo de los años, y sobre todo en los tiempos en que mucha gente se sentía intimidada por Robert, Rabi era tal vez el único que podía decirle, con su forma directa de hablar, cuándo estaba siendo estúpido. Poco antes de que su vida llegara a su fin, Rabi confesó: «Oppenheimer significaba mucho para mí. Lo echo de menos».

Él sabía que, en Zúrich, su amigo estaba trabajando muy duro en la difícil tarea de calcular la opacidad de la superficie de las estrellas respecto a su radiación interior, pero escondía sus esfuerzos bajo un calculado «aire de despreocupación». De hecho, entre amigos evitaba hablar de física y solo se animaba cuando la conversación se desviaba a Estados Unidos. El joven físico suizo Felix Bloch pasó un día por el piso donde vivía Robert en Zúrich y le gustó mucho la preciosa manta navaja que cubría el sofá, lo cual llevó a Robert a embarcarse en un discurso largo y entusiasmado sobre las virtudes de Norteamérica. «Era imposible malinterpretar el intenso amor que sentía por su país —comentó Bloch—. Su apego era obvio». Robert también era capaz de hablar largo y tendido de literatura, «sobre todo de los clásicos hindúes y de los escritores occidentales más esotéricos». Pauli le decía a Rabi en broma que Oppenheimer «parecía tomarse la física como un pasatiempo y el psicoanálisis como vocación».[42]

A sus amigos, Robert les parecía físicamente frágil y mentalmente fuerte. No paraba de fumar y se mordía nervioso las uñas. «La época que pasé con Pauli —recordaría más tarde— fue muy muy buena. Pero me puse enfermo y tuve que marcharme un tiempo. Me dijeron que no tocara la física».[43] Después de un descanso de seis semanas, el aparente caso de tuberculosis leve remitió. Oppenheimer volvió a Zúrich y reanudó su ritmo frenético.

Cuando Robert dejó Zúrich, en junio de 1929, para regresar a Estados Unidos, se había consolidado una reputación internacional por su trabajo en física teórica.[44] Entre 1926 y 1929 publicó dieciséis artículos, un número extraordinario para un científico. Mientras que entre 1925 y 1926 era demasiado joven para participar en el primer florecimiento de la física cuántica, bajo la supervisión de Wolfgang Pauli se sumó claramente a la segunda ola. Fue el primer físico que dominó la naturaleza de las funciones de onda del espectro continuo. Su contribución más original, según la opinión del físico Robert Serber, fue la teoría de la emisión por efecto de campo, una aproximación que le permitió estudiar la emisión de electrones en metales inducida por un campo muy intenso. En aquellos años tempranos también consiguió progresos en el cálculo del coeficiente de absorción de los rayos X y la dispersión elástica e inelástica de electrones.

Y todo esto ¿qué suponía, en sentido práctico, para la humanidad? Aunque para el ciudadano medio la física cuántica —tanto antes como ahora— sea ininteligible y suene extraña, es cierto que explica nuestro mundo material. Como observó el físico Richard Feynman, «[la mecánica cuántica] describe el mundo natural como algo absurdo desde el punto de vista del sentido común. Pero es coherente con la experimentación, así que espero que puedan aceptar la naturaleza tal como es: absurda».[45] La mecánica cuántica parece estudiar lo que no existe y que, no obstante, se demuestra verdadero. Funciona. En las décadas que siguieron, la física cuántica abriría las puertas a un gran número de invenciones prácticas que definen la era digital actual; entre ellas se cuentan los ordenadores personales, la energía nuclear, la ingeniería genética y la tecnología láser (que nos proporciona productos de consumo como el CD y el lector de código de barras que se usa en los supermercados). Si bien el joven Oppenheimer amaba la mecánica cuántica por la mera belleza de sus abstracciones, era una teoría que no tardaría en revolucionar la manera en que los seres humanos se relacionan con el mundo.

6

«Oppie»

Creo que el mundo en el que viviremos los próximos
treinta años será un lugar bastante desasosegado y atormentado; creo que no habrá espacio que permita ser
parte de él y no serlo.

ROBERT OPPENHEIMER,
10 de agosto de 1931

El tiempo que Robert pasó en Zúrich fue productivo y estimulante, pero,
como siempre con la llegada del verano, anhelaba la alegría y la calma
tonificante que le proporcionaba Perro Caliente. Había incorporado a
su vida una especie de rutina: trabajo intelectual intenso, a veces hasta el
punto del agotamiento, seguido de una estancia renovadora de un mes
o más en Nuevo México, donde cabalgaba por las montañas Sangre de
Cristo.

En la primavera de 1929, Robert escribió a su hermano, que ya tenía
dieciséis años, una carta en la que lo animaba a llevar a sus padres al Oeste
el mes de junio. Propuso además que, después de dejar instalados a Julius
y Ella en un buen hotel de Santa Fe, invitase a algún amigo al rancho situado en lo alto de Los Pinos y se dedicara a «ventilar la casa, conseguir
caballos, aprender a cocinar, hacer habitable la hacienda en la medida en
que puedas y visitar los alrededores».[1] Robert se reuniría con ellos a mi-
tades de julio.

Frank no necesitó más alicientes. En junio llegó a Los Pinos con dos
amigos de la Escuela por la Cultura Ética, Ian Martin y Roger Lewis.[2]
Este último se convertiría en un huésped habitual de Perro Caliente.
Frank encontró un catálogo de Sears, Roebuck & Co. y adquirió de todo
por correo: camas, muebles, una cocina, cazuelas y sartenes, sábanas y alfombras. «Lo compré todo a lo loco —recordaba—. Las cosas llegaron

muy poco antes que mi hermano. El señor Windsor lo subió todo a Perro Caliente con un caballo y un carro».[3] Robert llegó con ocho litros
de whisky de contrabando, una cantidad ingente de mantequilla de cacahuete, y una saca de salchichas de Viena y chocolate. Katherine Page
le prestó un caballo de silla que se llamaba Crisis. Fiel a su nombre, Crisis era un enorme semental medio castrado que nadie salvo Robert era
capaz de montar.

Las tres semanas siguientes, él y los chicos pasaron los días caminando y cabalgando por las montañas. Tras un día especialmente agotador a
caballo, Robert escribió a un amigo con tono melancólico: «Mis dos grandes amores son la física y Nuevo México. Qué lástima que no puedan
combinarse».[4] Por las noches se sentaba a la luz de un farol de gas a leer
sus libros de física y preparar las clases. En una salida que duró ocho días
enteros llegaron a caballo hasta Colorado y volvieron, en total más de
trescientos kilómetros.[5] Cuando no pudieron sobrevivir solo a base de mantequilla de cacahuete, Robert les introdujo el *nasi goreng*, un plato indo-
holandés exageradamente picante que Else Uhlenbeck le había enseñado
a cocinar en los Países Bajos. Eran los años de la Ley Seca, pero él siempre tenía a mano buenas reservas de whisky. «Cuando estábamos arriba
[de las montañas], nos emborrachábamos —rememoró Frank— y hacíamos tonterías. [...] Todo lo que hacía mi hermano tenía algo de singular.
Si se metía en el bosque a mear, volvía con una flor. No para disimular
que había ido a mear, sino solo para hacer especial cada momento, supongo».[6] Si recogía fresas salvajes, las servía con Cointreau.

Los hermanos Oppenheimer pasaban horas hablando mientras cabalgaban. «Diría que hacíamos más de mil quinientos kilómetros a caballo
cada verano —recordó Frank—. Nos levantábamos muy temprano, en-
sillábamos un caballo, a veces uno de carga, y echábamos a cabalgar. Solíamos tener pensado ir a algún sitio donde no hubiéramos estado, para
llegar al cual normalmente no había camino. Conocíamos bien las montañas, los Pecos superiores, el territorio entero de la cordillera. [...] Estaba todo lleno de flores preciosas. El sitio era exuberante».[7]

Durante una cabalgada memorable en la que remontaron el Valle
Grande los atacaron tábanos, que pican como abejas. «Pusimos a los caballos al galope valle arriba (unos tres kilómetros) adelantándonos mutuamente, ahora uno, ahora el otro, para pasarnos la bienvenida petaca, y
aminorando la marcha lo justo para echar un trago».[8]

Robert abrumaba con regalos a su hermano —le compró un elegante reloj de pulsera al final de aquel verano y un descapotable Packard
de segunda mano dos años después—, pero también dedicaba tiempo a

instruirlo en materias como el amor, la música, el arte y la física, así como en su propia filosofía de vida: «El motivo por el que una mala filosofía conduce a un infierno es que lo que crees y quieres y atesoras y alimentas en tiempos de acopio determina lo que harás en caso de apuro, y solo se necesita un error para engendrar un pecado».[9] Las épocas que pasaron juntos en Perro Caliente constituyeron una parte intensa de la educación de Frank. Cuando, más adelante aquel mismo verano, este escribió a su hermano una carta en la que describía el encuentro con un burro, Robert respondió: «Tus relatos del burro son tremendamente divertidos, tanto que se los mostré a un par de amigos. —Después pasaba a criticar la prosa de Frank—: Por ejemplo, lo que decías sobre Truchas y Ojo Caliente [lugares de Nuevo México] por las noches era mucho más convincente y sincero, y a fin de cuentas comunicaba más emociones que los fragmentos de prosa florida sobre atardeceres varios del pasado».[10]

A mediados de agosto, presa de sentimientos encontrados, Robert hizo las maletas y se fue a Berkeley, donde se instaló en una habitación sin apenas muebles del Club de la Facultad. Frank se quedó en Nuevo México hasta principios de septiembre, cuando su hermano le escribió que ya echaba de menos «los tiempos felices de Perro Caliente». De todos modos, estaba ocupado en preparar las clases y conocer a sus colegas. «Los estudios universitarios de aquí no parecen gran cosa —escribió a Frank—; de lo contrario, te sugeriría que vinieras aquí el año que viene. Es un lugar bonito y la gente es agradable. Creo que me quedaré con la habitación del Club de la Facultad. [...] Mañana hay una fogata y he prometido cocinar *nasi goreng*».[11] Sus amigos de Berkeley no tardarían en bautizar dicho plato exótico como «nasty gory» [mejunje asqueroso] y tratarían de evitarlo como fuera posible.

La Universidad de California, emplazada en Berkeley, había contratado a Oppenheimer para que introdujera la nueva física a los graduados. A nadie se le había ocurrido, y menos a él, que diera clases a estudiantes de carrera. Se zambulló de pleno en el primer curso que impartió, mecánica cuántica para graduados, y trató de explicar el principio de incertidumbre de Heisenberg, la ecuación de Schrödinger, la síntesis de Dirac, la teoría de campos y las últimas propuestas de Pauli sobre electrodinámica cuántica. «Intuía bastante bien cómo funcionaba la mecánica cuántica no relativista, entendía bastante bien de qué iba», recordaría tiempo después.[12] Empezó con la dualidad onda-partícula: la noción de que las entidades cuánticas pueden comportarse bien como ondas, bien como partículas, según las condiciones del experimento. «Lo que hacía era simplemente presentar la paradoja de la manera más escueta e irrefutable posible». Al principio, la mayoría de los estudiantes no entendía gran parte de las clases. Cuando le decían que iba demasiado rápido, de mala gana ralentizaba el ritmo y enseguida se quejaba al jefe del departamento de que «voy tan despacio que no llego a ninguna parte».[13]

En cualquier caso, sus clases siempre tenían algo de teatral, si bien durante los dos primeros años sonaba más como un liturgista que como un profesor de Física. Tenía la tendencia a hablar en murmullos suaves, casi inaudibles, y aún bajaba más la voz cuando quería subrayar algún punto. Al principio, además, tartamudeaba bastante. Aunque daba las clases sin apuntes, siempre engalanaba las explicaciones con citas de científicos famosos y el poeta de turno. «Fui un profesor muy difícil», diría después.[14] Su amigo Linus Pauling, entonces profesor adjunto de química teórica en el Caltech, le dio un desafortunado consejo en 1928: «Si quieres dar una clase o un seminario, decide de qué vas a hablar, busca un tema de reflexión que vaya en consonancia con tu charla y esté más o menos relacionado con ella e interrúmpete de cuando en cuando para referirte brevemente a él». Años más tarde, Oppenheimer comentaría: «Ya ven lo horrible que debía de ser».

Forzaba el lenguaje e inventaba complicados juegos de palabras. En su discurso no dejaba frases a medias. Tenía la capacidad extraordinaria de formar oraciones completas gramaticalmente correctas, sin notas, haciendo pausas de vez en cuando, como si cambiara de párrafo, en las que tartamudeaba aquel curioso murmullo rítmico que sonaba «nim-nim-nim». El incesante tamborileo de su voz solo se veía interrumpido por las caladas que daba al cigarrillo. Cada tanto se volvía hacia la pizarra y escribía una ecuación. «Siempre estábamos esperando que escribiera en la pizarra con él [con el cigarrillo] y se fumara la tiza, pero creo que no pasó nunca», recordaría un estudiante graduado, James Brady. Un día, mientras los alumnos salían del aula, Robert vio a un amigo del Caltech, el profesor Richard Tolman, sentado al fondo. Cuando le preguntó qué le había parecido la clase, este contestó: «Bueno, Robert, ha sido muy bonito, pero no he entendido ni una puñetera palabra».[15]

Con el tiempo, Robert se convirtió en un profesor capaz y carismático, pero, durante los primeros años de Berkeley, los principios básicos de la comunicación parecían serle totalmente ajenos. «La manera escribía en la pizarra era imperdonable», dijo Leo Nedelsky, uno de sus primeros alumnos graduados.[16] En una ocasión le preguntaron por cierta ecuación de la pizarra, y contestó: «No, esa no; la que está debajo».

Los alumnos, perplejos, le señalaron que no había ninguna ecuación debajo, y Robert respondió: «No más abajo, sino por debajo. He escrito encima de ella».

Glenn Seaborg, quien más tarde sería presidente de la Comisión de Energía Atómica de Estados Unidos, se quejaba de que el profesor Oppenheimer tenía «la tendencia a responder las preguntas antes de que hubieras terminado de formularlas».[17] Interrumpía con frecuencia a ponentes invitados con comentarios del tipo: «¡Oh, venga ya! Eso ya lo sabemos. Vamos al grano». Se negaba a soportar a los necios —y también a los físicos normales— y sin dudarlo imponía a los demás sus estándares, que eran extremadamente altos. Durante aquellos primeros años en Berkeley, había quien pensaba que «achantaba» a los estudiantes con su sarcasmo. «Podía llegar a ser [...] muy cruel en sus comentarios», recordaría un colega suyo.[18] No obstante, a medida que maduró como profesor, se volvió más tolerante con los alumnos. «Siempre era muy amable y considerado con cualquiera que estuviera por debajo de él —diría después Harold Cherniss—. Pero no lo era, en absoluto, con personas que podían considerarse sus iguales intelectuales. Y eso, como es lógico, molestaba a la gente, la hacía enfadar y le creaba enemigos».

Wendell Furry, que estudió en Berkeley desde 1932 hasta 1934, se quejaba de que Oppenheimer se expresaba «de forma oscura y muy rápida, con destellos intuitivos que no podíamos seguir». Pero, aun así, recordaba este, «[e]logiaba todos nuestros esfuerzos, incluso cuando no lo hacíamos muy bien».[19] Un día, al terminar una clase particularmente difícil, Oppenheimer bromeó: «Puedo ser más claro, pero no puedo hacerlo más simple».

Pese a la dificultad de los cursos, o quizá debido a ella, muchos estudiantes se matriculaban en ellos más de una vez. Hubo una alumna, una chica rusa recordada solo como la señorita Kacharova, que realizó la asignatura tres veces, y cuando quiso apuntarse una cuarta, Oppenheimer no la aceptó. «Se puso en huelga de hambre —recordó Robert Serber— y se salió con la suya».[20] Para quienes conseguían llegar al final, Oppenheimer tenía muchas maneras de recompensar el duro trabajo que habían hecho. «Aprendíamos de él mediante conversaciones y contacto personal —dijo Leo Nedelsky—. Cuando acudías a él con una pregunta, pasaba horas, a veces hasta medianoche, analizando contigo todas las posibilidades». Invitaba a un buen número de sus doctorandos a colaborar en artículos y se aseguraba de que figuraran como coautores. «Es habitual que un científico famoso tenga un montón de estudiantes haciéndole el trabajo sucio —dijo un compañero de profesión—. Pero Opje ayuda a la gente a solucionar los problemas y luego les otorga el mérito».[21] Animaba a los alumnos a que lo llamaran Opje, el apodo holandés que le habían puesto en Leiden. Empezó a firmar las cartas con él. Poco a poco, los estudiantes de Berkeley anglicanizaron «Opje» en «Oppie».

Con el tiempo, Oppenheimer desarrolló un estilo de enseñanza único, abierto, en el que animaba a los alumnos a interactuar entre sí. En lugar de tener un horario de despacho y atender a los estudiantes uno tras otro, pedía a los ocho o diez graduados y a una media docena de becarios posdoctorales que se reunieran en su despacho, la sala 219 del edificio LeConte Hall. Cada uno se sentaba a un pupitre mientras Oppenheimer recorría la clase a pasos lentos. Él no tenía escritorio; había una mesa en medio de la sala llena de pilas altas de papeles. Una pizarra atestada de fórmulas dominaba una pared. Un poco antes de la hora señalada, los chicos (y de vez en cuando alguna chica) se repartían por la sala y esperaban a Oppie, sentándose en el borde de las mesas o apoyados en la pared de manera informal. Cuando llegaba, se centraba en el problema particular de investigación de cada alumno, uno por uno, y pedía colaboración al resto. «A Oppenheimer le interesaba todo —recordó Serber—; introducía un tema detrás de otro, que coexistían con los demás. En una misma tarde podíamos hablar de electrodinámica, radiación cósmica y física nuclear».[22] Al atender los problemas de física que aún no se habían resuelto, Oppenheimer transmitía a los alumnos una sensación constante de encontrarse en el filo de lo desconocido.

Pronto se hizo evidente que Oppie era una especie de flautista de Hamelín de la física teórica. Por todo el país corrió la voz de que si uno quería introducirse en aquel campo tenía que ir a Berkeley. «No me puse a crear escuela —diría Robert tiempo después—. No me puse a buscar alumnos. En realidad empecé como divulgador de la teoría que amaba y sobre la que seguía aprendiendo; no se comprendía bien, pero era muy rica».[23] En 1934, tres de los cinco estudiantes a quienes el Consejo Nacional de Investigación concedió una beca en Física escogieron estudiar con Oppenheimer.[24] Pero no solo acudían allí por él, sino también por un físico experimental llamado Ernest Orlando Lawrence.

Este tenía todo lo que le faltaba a Oppenheimer. Criado en Dakota del Sur y formado en la universidad homónima, así como en las de Minnesota, Chicago y Yale, Lawrence era un joven con una confianza enorme en sus capacidades. Era de ascendencia noruega y luterana, y poseía el típico desparpajo estadounidense. Se pagó la universidad vendiendo cazos y sartenes de aluminio a sus vecinos granjeros. De carácter extrovertido, utilizaría su facilidad natural en el arte de vender para promocionarse la carrera académica. Algunos amigos pensaban de él que en cierto grado era un advenedizo, pero, a diferencia de Robert, no sufría ni pizca de angustia existencial ni era introspectivo. A principios de la década de 1930, Lawrence era el mejor físico experimental de su generación.

Cuando Oppenheimer llegó a Berkeley en otoño de 1929, Lawrence, de veintiocho años, se alojaba en una habitación del Club de la Facultad. Los dos aniñados físicos enseguida se hicieron amigos. Hablaban casi todos los días y salían por las tardes. Algunos fines de semana iban a montar a caballo. Robert, por supuesto, cabalgaba en una silla del Oeste, pero Ernest prefería apartarse de su pasado granjero y usaba pantalones de montar y silla inglesa. Robert admiraba a su nuevo amigo por su «increíble energía y amor por la vida».[25] Lo consideraba como un hombre capaz de «trabajar todo el día, salir corriendo para jugar al tenis y trabajar la mitad de la noche». Sin embargo, también veía que los intereses de Ernest eran «principalmente dinámicos [e] instrumentales», mientras que los suyos eran «justo lo contrario».

Incluso después de casarse, Lawrence siguió invitando con frecuencia a Oppie a cenar, y este acudía invariablemente con orquídeas para Molly, la mujer de Ernest.[26] Cuando tuvieron a su segundo hijo, Ernest quiso llamarlo Robert. Su esposa accedió, pero con los años acabó viendo a Oppenheimer como un hombre falso cuyo intrincado artificio traslucía un carácter algo frívolo. Durante la primera época del matrimonio, Molly no se interpuso entre los dos amigos, pero más tarde, cuando cambiaron las circunstancias, Molly haría que Ernest viera a Oppie bajo una luz distinta.

Lawrence era un inventor y se le daba muy bien recaudar fondos con los que llevar a cabo sus ambiciones. Unos meses antes de conocer a Oppenheimer, había concebido el proyecto de construir una máquina capaz de penetrar el núcleo del átomo, hasta entonces inaccesible, que era, decía en broma, «como una mosca dentro de una catedral». El núcleo no solo era diminuto y esquivo; además, estaba protegido por una película llamada la barrera de Coulomb. Los físicos estimaban que se necesitaría un haz de iones de hidrógeno propulsado con la potencia de quizá un millón de voltios para atravesarla. Generar semejantes niveles de energía parecía imposible en 1929, pero Lawrence ideó un modo de salvar lo imposible. Propuso que podía construirse una máquina que empleara un potencial relativamente bajo, de veinticinco mil voltios, para acelerar los protones de un lado a otro en un campo eléctrico alterno. Mediante tubos de vacío y un electroimán, el campo eléctrico puede acelerar los iones, que adquieren velocidades cada vez más altas siguiendo una trayectoria en espiral. No sabía de qué tamaño debía ser un acelerador para que fuera capaz de penetrar en el núcleo de un átomo, pero estaba convencido de que con un imán y una cámara circular lo bastante grandes podría superar el millón de voltios.

A principios de 1931, Lawrence había construido su primer acelerador de partículas, una máquina tosca con una cámara pequeña, de once centímetros, dentro de la cual generó protones de ochenta mil voltios.[27] Un año después tenía una máquina de veintiocho centímetros que producía protones de un millón de voltios. Lawrence soñaba con construir aceleradores aún más grandes, máquinas que pesaran cientos de toneladas y costaran miles de dólares. Acuñó un nombre para su invento, el «ciclotrón», y convenció al rector de la Universidad de California, Robert Gordon Sproul, para que le cediera un viejo edificio de madera contiguo al LeConte Hall, el del departamento de Física, situado en un extremo del hermoso campus de Berkeley. Lawrence lo llamó el Laboratorio de Radiación de Berkeley. Físicos teóricos de todo el mundo enseguida se dieron cuenta de que lo que este había construido en el «Rad Lab» les permitiría explorar las entrañas del átomo. Lawrence ganó el Premio Nobel de Física en 1939.

Con su implacable empeño en conseguir ciclotrones cada vez más grandes y poderosos, Lawrence encarnaba la tendencia a hacer el tipo de «gran ciencia» que se asocia con el auge del mundo empresarial estadounidense de principios del siglo XX. En 1890 solo existían cuatro laboratorios industriales en el país; cuarenta años después había casi mil. Y en casi todos ellos reinaba la cultura de la tecnología, no de la ciencia. Con el tiempo, físicos teóricos como Oppenheimer, consagrados a la ciencia pura, considerada «menor», se sentirían ajenos a esa cultura de los grandes laboratorios que a menudo se destinaban a la «ciencia militar». Ya en la década de 1930, algunos físicos jóvenes no soportaban el ambiente. Robert Wilson, alumno tanto de Oppenheimer como de Lawrence, decidió dejar Berkeley e ir a Princeton tras llegar a la conclusión de que la ciencia asociada con aquellas grandes máquinas era «una actividad que encarnaba lo peor de la investigación en equipo».[28]

Construir ciclotrones con imanes de ochenta toneladas requería grandes sumas de dinero, pero Lawrence era experto en conseguir apoyo financiero de miembros de la junta directiva de Berkeley como el empresario petrolero Edwin Pauley, el banquero William H. Crocker y John Francis Neylan, un hombre muy poderoso que además era el abogado principal de William Randolph Hearst.[29] En 1932, el rector Sproul apadrinó a Lawrence para que lo aceptaran en el Bohemian Club de San Francisco, una hermandad elitista para los políticos y hombres de negocios más influyentes de California. Sus socios nunca habrían dado la bienvenida a Robert Oppenheimer; era judío y nada materialista. Pero Lawrence, un granjero del Medio Oeste, se coló con facilidad en aquella sociedad de élite. (Tiempo después, Neylan metió a Lawrence en el aún más exclusivo Pacific Union Club). Poco a poco, a medida que iba aceptando el dinero de aquellos hombres poderosos, fue descubriendo que también compartía sus ideas políticas conservadoras y su oposición al New Deal.

En cambio, Oppenheimer tenía una actitud más de *laissez-faire* respecto al papel que debía desempeñar el dinero en sus investigaciones. Cuando un alumno le escribió pidiéndole ayuda para recaudar fondos destinados a cierto proyecto, Oppie le respondió medio en broma que dicha investigación, «como el matrimonio y la poesía, no debería alentarse y debería tener lugar solo a pesar de ese desaliento».[30]

El 14 de febrero de 1930, Oppenheimer terminó de escribir un artículo clave, «Sobre la teoría de electrones y protones». Partiendo de la ecuación del electrón de Paul Dirac, enunció que debía existir una contraparte del electrón cargada positivamente y que debía tener la misma masa que su homólogo. No podía ser un protón, tal como había sugerido Dirac. Oppenheimer predijo la existencia de un «antielectrón: el positrón». Contra todo pronóstico, su colega no se había dado cuenta de que su propia ecuación ya lo predecía y de buen grado concedió a Oppenheimer el mérito de esa idea, lo cual empujó al propio Dirac a plantear que quizá existiera «una nueva clase de partícula, desconocida para la física experimental, que tenga la misma masa que el electrón y carga opuesta». Lo que estaba enunciando un poco a tientas era la existencia de la antimateria, y propuso llamar a esa esquiva partícula «antielectrón».

Al inicio, Dirac no estaba muy convencido de su propia hipótesis. Wolfgang Pauli e incluso Niels Bohr la rechazaban de plano. «Pauli pensaba que era absurda —diría más adelante Oppenheimer—. Bohr no solo pensaba que era absurda, sino que además se mostraba totalmente escéptico ante ella».[31] Hizo falta alguien como nuestro protagonista para empujar a Dirac a predecir la existencia de la antimateria; tal era la predilección de Oppenheimer por lo mejor del pensamiento original. En 1932, el físico experimental Carl Anderson demostró la existencia del positrón, la contraparte de antimateria del electrón cargada positivamente. Anderson llegó a este descubrimiento dos años después de que los cálculos de Oppenheimer indicaran su existencia en la teoría.[32] Un año más tarde, Dirac ganó el Premio Nobel.

Físicos de todo el mundo competían por resolver los mismos problemas, y la lucha por ser el primero era feroz. En aquella carrera, Oppenheimer se reveló un diletante productivo. Trabajaba con un número reducido de alumnos, pero se las arreglaba para pasar de un problema crítico a otro y publicar un ensayo breve sobre algún tema en concreto, uno o dos meses antes que el resto de competidores. «Era increíble —recordaba un colega de Berkeley— cómo Oppenheimer y su grupo obtenían resultados de ciertos problemas más o menos al mismo tiempo que la competición».[33] El resultado quizá no fuera elegante o particularmente preciso en todos los detalles; debían llegar otros y pulir el trabajo, pero él siempre captaba la esencia de la cuestión. «Oppie era muy bueno en ver el componente físico, hacer los cálculos a toda prisa y tener en cuenta todos los factores principales. [...] Lo de terminar con un resultado elegante, como haría Dirac, no era el estilo de Oppie». Trabajaba «deprisa y sin cuidado, a la manera estadounidense de construir máquinas».

En 1932, Ralph Fowler, un exprofesor de Oppenheimer de Cambridge (Inglaterra), visitó Berkeley y tuvo la ocasión de observar a su antiguo alumno. Por las noches, Oppie le pedía que jugaran a su complicada versión particular de la pulga saltarina durante horas sin fin. Meses después, cuando Harvard trataba de reclutarlo, Fowler escribió que «su trabajo es propenso a estar lleno de errores debido a la falta de cuidado, pero es de una originalidad extraordinaria, y él influía de un modo muy estimulante en la escuela teórica, tal como tuve la dilatada oportunidad de observar el pasado otoño».[34] Robert Serber estaba de acuerdo: «Su física era buena, pero la aritmética, horrible».[35]

Oppie no tenía la paciencia para dedicarse a un problema durante mucho tiempo.[36] Como consecuencia, a menudo era él quien abría la puerta por la que pasarían otros y realizarían descubrimientos más importantes. En 1930 escribió lo que llegaría a ser un artículo muy conocido sobre la naturaleza infinita de las líneas espectrales empleando solo la teoría. La división de la línea en el espectro del hidrógeno indicaba una pequeña diferencia en los niveles de energía de dos estados posibles del átomo de hidrógeno. Dirac había defendido que ambos debían tener justamente la misma energía. En su artículo, Oppenheimer discrepaba, pero sus resultados no eran concluyentes. Años más tarde, sin embargo, un físico experimental, Willis E. Lamb hijo, doctorando suyo, resolvió el problema. El llamado «efecto Lamb» atribuía correctamente la diferencia entre los dos niveles de energía al proceso de interacción, por el que las partículas cargadas interactúan con campos electromagnéticos. Lamb obtuvo el Premio Nobel en 1955, en parte por la medición precisa de dicho efecto, un paso fundamental en el desarrollo de la electrodinámica cuántica. En aquellos años, Oppenheimer escribió artículos importantes, incluso cruciales, sobre radiación cósmica, rayos gamma, electrodinámica y cascadas de electrones y positrones. En el campo de la física nuclear, Melba Phillips y él calcularon el rendimiento de protones en reacciones con deuterones. Esta, hija de granjeros de Indiana, nacida en 1907, fue la primera doctoranda de Oppenheimer. Los cálculos que realizaron sobre rendimientos de protones se difundieron ampliamente como «el proceso de Oppenheimer-Phillips». «Era un hombre de ideas —recordaría ella—. No contribuyó a la física con grandes descubrimientos, pero mira todas esas preciosas ideas que resolvía con sus alumnos».[37]

Los físicos actuales están de acuerdo en que el trabajo más espléndido y original que llevó a cabo Oppenheimer fue el de las estrellas de neutrones, a finales de la década de 1930, un fenómeno que los astrónomos no pudieron observar hasta 1967. El interés por la astrofísica se lo despertó su amistad con Richard Tolman, quien le presentó a los expertos que trabajaban en el Observatorio del Monte Wilson (Pasadena).[38] Oppenheimer escribió un artículo en 1938 con Robert Serber titulado «La estabilidad nuclear de las estrellas de neutrones», que exploraba ciertas propiedades de unas estrellas muy comprimidas llamadas «enanas blancas».[39] Meses después colaboró con otro alumno, George Volkoff, en un artículo titulado «Sobre los núcleos masivos de neutrones». Empleando reglas de cálculo para realizar operaciones muy complejas, Oppenheimer y Volkoff propusieron que la masa de esas estrellas de neutrones tenía un máximo, que ahora se conoce como el «límite de Oppenheimer-Volkoff». Si superaban ese límite, se volverían inestables.

Al cabo de nueve meses, el 1 de septiembre de 1939, Oppenheimer y otro colaborador (otro estudiante, Hartland Snyder) publicaron un artículo titulado «Sobre la contracción gravitacional continua». La fecha, desde luego, es mucho más conocida históricamente por la invasión de Polonia por parte de Hitler y el inicio de la Segunda Guerra Mundial. Pero, a su discreta manera, esa publicación fue trascendental. El físico e historiador de la ciencia Jeremy Bernstein la califica como «uno de los artículos más importantes de la física del siglo XX».[40] En aquel momento recabó poca atención. Solo décadas después la comunidad científica entendería que en 1939 Oppenheimer y Snyder habían abierto la puerta a la física del siglo XXI.

El artículo comenzaba preguntando qué le ocurriría a una estrella gigante que empieza a consumirse a sí misma tras haber agotado todo su combustible. Sus cálculos indicaban que una estrella que tuviera un núcleo superior a cierta masa —ahora se cree que sería como dos o tres veces la masa del Sol—, en lugar de colapsarse y convertirse en una enana blanca, seguiría contrayéndose indefinidamente a causa de la fuerza de su propia gravedad. Apoyándose en la teoría de la relatividad general de Einstein, defendieron que una estrella de ese tipo se comprimiría dando lugar a una «singularidad» tal que ni siquiera las ondas de luz podrían escapar a la fuerza de su gravedad absoluta. Vista de lejos, esa estrella desaparecería literalmente, aislándose a sí misma del resto del universo. «Solo persiste su campo gravitacional», escribieron Oppenheimer y Snyder; es decir, aunque ellos no usaron este término, se convertiría en un agujero negro. Era una idea sugestiva pero extraña; el artículo pasó inadvertido y los complejos cálculos se consideraron una mera curiosidad matemática durante muchos años.

Solo desde principios de la década de 1970, cuando la tecnología de la observación astronómica alcanzó a la teoría, los astrónomos han detectado muchos agujeros negros. En esa época, los ordenadores y los avances técnicos en radiotelescopios colocaron la teoría de los agujeros negros en el centro de la astrofísica. «El trabajo de Oppenheimer con Snyder es, en retrospectiva, notablemente completo, una descripción matemática del colapso de los agujeros negros muy precisa —observó Kip Thorne, físico teórico del Caltech—. En aquella época, a la gente le costó entender el artículo porque lo que revelaban las matemáticas era muy distinto a la imagen mental que tenemos sobre cómo deberían comportarse las cosas en el universo».[41]

En cualquier caso, como era típico en él, Oppenheimer nunca dedicó tiempo a desarrollar algo tan elegante como la teoría del fenómeno; dejó esa tarea a quienes llegarían décadas después.[42] Y la pregunta sigue ahí: ¿por qué? Parece que su personalidad y su temperamento desempeñaron un papel determinante. Robert veía los defectos de cualquier idea de inmediato, casi en el momento en que la concebía. Mientras que otros físicos —Edward Teller nos viene a la mente enseguida— promovían sus nuevas ideas con valentía y optimismo pese a tener defectos, las rigurosas facultades críticas de Oppenheimer hacían de él una persona profundamente escéptica. «Oppie era pesimista respecto a todas las ideas», recordó Serber.[43] Su inteligencia lo boicoteaba, le negaba la convicción y la obstinación a veces necesarias para perseguir y desarrollar teorías originales. En su lugar, el escepticismo lo empujaba a ocuparse del siguiente problema.* Después de dar el salto creativo inicial, en aquel caso hacia los agujeros negros, Oppenheimer pasó enseguida a otra cuestión nueva, la teoría de los mesones.[44]

Años después, amigos y compañeros de Robert pertenecientes al mundo de la física, que en general coincidían en que era brillante, reflexionarían sobre por qué nunca ganó el Premio Nobel. «El conocimiento que tenía de la física era profundo —recordaría Leo Nedelsky—. Quizá solo Pauli sabía más física que él y de forma más profunda».[45] Aun así, ganar el Nobel, como tantas cosas en la vida, es cuestión de dedicación, de estrategia, de capacidades, de escoger el momento adecuado y, por supuesto, de suerte. Robert estaba decidido a hacer física de vanguardia y abordar los problemas que le interesaban, y ciertamente también poseía las capacidades para ello, pero carecía de estrategia y no sabía escoger el momento adecuado. Por último, el Premio Nobel es un galardón que se otorga a científicos que consiguen alguna cosa en concreto. La genialidad de Robert, por el contrario, radicaba en su capacidad de sintetizar el campo de estudio entero. «Oppenheimer era una persona muy imaginativa —recordó Edwin Uehling, un alumno de posdoctorado que estudió con él de 1934 a 1936—. Su conocimiento de la física era amplísimo. No estoy seguro de que deba decirse que su trabajo no estaba a la altura del Premio Nobel; más bien no conducía al tipo de resultado que ese comité consideraba fascinante».[46]

«El trabajo está bien —escribió Oppenheimer a su hermano en otoño de 1932—. No por los frutos, sino por lo que hacemos. [...] Hemos organizado un seminario sobre física atómica, aparte de los habituales, para tratar de poner orden en el caos».[47] Aunque Oppenheimer era un teórico que se sabía incompetente en el laboratorio, no se alejó de experimentadores como Lawrence. A diferencia de muchos teóricos europeos, valoraba el beneficio potencial que se derivaba de la colaboración estrecha con quienes sometían a prueba la nueva física.[48] Ya en el instituto, sus profesores habían advertido el don que tenía para explicar tecnicismos en lenguaje llano. En cuanto teórico que entendía el trabajo que hacían los experimentadores en el laboratorio, poseía la rara cualidad de ser capaz de sintetizar una enorme cantidad de información sobre campos de investigación alejados entre sí. Una persona con capacidad de síntesis y

---

* Más de veinte años después, otro físico, John Wheeler, preguntó a Oppenheimer por el trabajo que hizo sobre las consumidas estrellas de neutrones, pero en aquel momento no manifestó ningún interés en lo que estaba convirtiéndose rápidamente en el tema candente de la física.

de expresarse con claridad era exactamente la que se necesitaba para construir una escuela de física de primera categoría. Algunos expertos creen que Oppenheimer poseía el conocimiento y los recursos para publicar una biblia exhaustiva sobre física cuántica. En 1935, en efecto, tenía a mano el material para escribir un libro semejante. Las clases de introducción a la mecánica cuántica eran tan populares en el campus que su secretaria, la señorita Rebecca Young, tenía mimeografiados los apuntes que usaba Robert y los vendía a los estudiantes. Los ingresos iban para el fondo del departamento de Física y se destinaban a gastos menores. «Si Oppenheimer hubiera ido un paso más allá y hubiera compilado sus apuntes y sus artículos —aseguraba un compañero—, de ello habría salido uno de los mejores manuales de física cuántica que se hubieran escrito nunca».[49]

Robert apenas tenía tiempo para diversiones. «Necesito la física más que a los amigos», confesó a Frank en otoño de 1929.[50] Iba a montar a caballo una vez por semana a los montes que dominaban la bahía de San Francisco. «Y, de vez en cuando —escribió a su hermano—, saco el Chrysler y meto el miedo en el cuerpo a algún amigo cogiendo las curvas a ciento diez. El coche llega a los ciento veinte sin un temblor. Soy y seré un conductor infame». Un día, haciendo una temeraria carrera con el tren de la costa, cerca de Los Ángeles, estrelló el coche. Él salió ileso, pero por un momento pensó que la copiloto, una joven llamada Natalie Raymond, había muerto. En realidad solo se quedó inconsciente. Cuando Julius se enteró de lo ocurrido, regaló a Natalie un dibujo de Cézanne y una pequeña pintura de Vlaminck.[51]

Raymond era una mujer hermosa que no llegaba a los treinta años. Conoció a Oppenheimer en una fiesta en Pasadena. «Natalie era intrépida, aventurera, en cierto grado igual que Robert —escribió un amigo de ambos—. Puede que fuera eso lo que tenían en común. Él era más maduro (¿de veras?); Natalie, menos».[52] Robert la llamaba Nat, y se vieron mucho a principios de la década de 1930. Frank Oppenheimer la describió como «una auténtica dama», y Robert escribió a su hermano después de estar con ella en una fiesta de fin de año: «Nat ha aprendido a vestirse. Lleva elegantes vestidos de noche en dorado, azul y negro, y pendientes largos y delicados, y le gustan las orquídeas, y hasta tiene un sombrero. De las vicisitudes y tormentos de la fortuna que han obrado este cambio en ella no debo decir nada». Tras pasar una velada con ella en el Radio City Music Hall escuchando un concierto de Bach «increíblemente maravilloso», escribió a Frank: «Los últimos días han estado impregnados de Nat y de sus siempre nuevas y conmovedoras desgracias». Llegó incluso a pasar parte del verano de 1934 con Robert y otros en Perro Caliente. Pero la relación terminó cuando ella se mudó a Nueva York para trabajar como editora independiente de libros.

Nat no fue la única mujer en la vida de Oppenheimer. En la primavera de 1928 conoció a Helen Campbell en una fiesta en Pasadena. Aunque estaba comprometida con un profesor de Física de Berkeley, Samuel K. Allison, la joven se sintió fuertemente atraída por Robert. La llevó a cenar y salieron a pasear varias veces. Cuando él regresó a Berkeley en 1929, reanudaron la amistad. Entonces Helen ya era una mujer casada y observaba divertida cómo «a las esposas jóvenes se les caía la baba por Robert, encandiladas por su conversación, por las flores que les regalaba, etcétera». Se daba cuenta de que «tenía debilidad por las mujeres y que no debía tomarse muy en serio la atención que le prodigaba [a ella]». Pensaba que «le gustaba hablar con mujeres un poco insatisfechas y parecía especialmente sensible al lesbianismo».[53] Tenía mucho carisma.

«Todo el mundo quiere agradar a las mujeres en cierta medida —escribió Robert a su hermano en 1929—, y ese deseo no es por completo, aunque sí en buena parte, una manifestación de vanidad. Pero uno no puede pretender agradarles, de igual modo que no puede pretender tener buen gusto, saber expresarse bien o ser feliz, pues estas cosas no son objetivos específicos que se aprendan a conseguir; son descripciones de la idoneidad de la vida de uno. Tratar de ser feliz es tratar de construir una máquina sin más especificaciones de que debe funcionar sin hacer ruido».[54]

Cuando Frank le escribió quejándose de sus problemas con «les jeunes filles Newyorkaises», Robert contestó: «Diría que te has equivocado al dejar que esas criaturas te causen preocupaciones. [...] No deberías relacionarte con ellas a menos que sea para ti un placer genuino, y deberías tener trato solamente con aquellas que no solo te gustan, sino a las que también les gustas y que te hacen sentir cómodo. Ellas tienen siempre la responsabilidad de dar pie a conversación: si no aceptan esa responsabilidad, no hay nada que puedas hacer para que el trato sea agradable».[55] Era obvio que las relaciones con el sexo opuesto seguían siendo materia de negociaciones incómodas para Robert, no digamos ya para su hermano, de diecisiete años.

Muchos amigos veían a Oppenheimer como un irritante manojo de contradicciones. En 1929, Harold F. Cherniss estaba sacándose el doctorado en el departamento de Griego Clásico de Berkeley cuando lo conoció. Este acababa de casarse con una amiga de la infancia de Robert, Ruth Meyer, quien también había estudiado en la Escuela por la Cultura Ética. Oppenheimer de inmediato fascinó a Cherniss: «La mera apariencia física, la voz y los modales hacían que la gente se enamorara de él, hombres o mujeres. Casi todo el mundo». Pero confesó que «cuanto más tiempo hacía que lo conocía, cuanto más íntimamente lo conocía, menos sabía de él». Cherniss era un observador sagaz y sintió una especie de desconexión en Robert. Ahí estaba un hombre, pensó, «de mucha agudeza intelectual». La gente consideraba que era complicado solo porque tenía intereses muy variados y sabía mucho. Pero en el aspecto emocional «quería ser una persona simple, en el buen sentido de la palabra». Robert «deseaba mucho tener amigos», dijo Cherniss. Sin embargo, y pese a su inmenso encanto personal, «no sabía cómo hacerlos».[56]

7

«Los chicos nim-nim»

> Dime qué tiene que ver la política con la verdad, la bondad y la belleza.
>
> ROBERT OPPENHEIMER

En primavera de 1930, Julius y Ella Oppenheimer fueron a ver a su hijo a Pasadena. La crisis del mercado de valores del otoño anterior había sumido a la nación en una profunda depresión económica, pero, por suerte, Julius había decidido jubilarse en 1928.[1] Había vendido su participación de Rothfeld, Stern & Co., así como el piso de la calle Riverside y la casa de veraneo de Bay Shore; el matrimonio se había mudado a un piso más pequeño en Park Avenue. La fortuna de la familia estaba intacta. Robert enseguida presentó a sus padres a sus amigos más cercanos, Richard y Ruth Tolman, y disfrutaron con ellos de lo que Julius calificó de cena «exquisita», además de varios tés; más tarde, Ruth los llevó a Los Ángeles a un concierto de Chaikovski. Tras observar que «el Chrysler reconstruido [de Robert] emitía todo tipo de quejidos», su padre decidió comprarle uno nuevo pese a las «serias protestas» de su hijo. «Ahora que ya lo tiene —escribió posteriormente Julius a Frank—, tu hermano está encantado con él; además, conduce a la mitad de velocidad que antes, así que esperemos que no ocurran más accidentes».[2] Robert llamó al coche nuevo Gamaliel, el nombre hebreo de varios destacados rabinos antiguos. En la adolescencia había tratado de esconder su ascendencia judía; un signo del desarrollo de su confianza y madurez era que se sentía cómodo manifestándola.

Más o menos en esa época, Frank escribió a Robert quejándose de que el hermano que conocía había «desaparecido por completo». En la carta de respuesta, este protestó diciendo que era imposible. No obstante, se daba cuenta de que Frank, ocho años menor, debió haber madurado bastante durante los dos años que había pasado en Europa. «Con el fin de reconocerme te bastará saber que mido un metro ochenta; tengo el pelo negro, los ojos azules y, en el presente, un labio partido, y respondo al nombre de Robert».

Acto seguido se dispuso a contestar una pregunta planteada por Frank: «¿Hasta qué punto es de sabios transigir con los estados de ánimo?». La respuesta de su hermano indica que seguía sintiendo una honda fascinación por lo psicológico: «[...] mi propia convicción es que uno debería servirse de los estados de ánimo, pero no dejarse perder por ellos. Así pues, uno debería servirse de las épocas alegres para hacer las cosas que desee hacer que requieran alegría; de los estados serenos de ánimo, para trabajar en lo que uno quiera, y de los estados bajos, para hacerse la vida imposible a uno mismo».[3]

En mayor medida que gran parte de los profesores, Oppenheimer integraba a sus alumnos en su vida social. «Lo hacíamos todo juntos», diría Edwin Uehling.[4] Muchos domingos por la mañana, Robert se pasaba por el piso de los Uehling a desayunar y a escuchar un programa de la Sinfónica de Nueva York. Los lunes por la tarde, Lawrence y él conducían un coloquio sobre física abierto a todos los graduados de Berkeley y Stanford. Lo llamaron el «Club de las revistas de los lunes por la tarde» en parte porque el centro del debate solía ser algún artículo reciente publicado en las revistas *Nature* o *Physical Review*.

Durante un breve periodo estuvo saliendo con Melba Phillips, su doctoranda. Una noche fueron con el coche al pico Grizzly, en los montes de Berkeley, desde donde se disfrutaba de una bonita panorámica de la bahía de San Francisco. Después de tapar a Phillips con una manta, Oppenheimer le dijo: «Vuelvo enseguida. Voy a dar un paseo». Al cabo de poco volvió, se asomó a la ventanilla del coche y le dijo: «Melba, creo que bajaré andando hasta casa. ¿Quieres bajar tú el coche?». Pero ella se había quedado medio dormida y no lo oyó. Cuando despertó, esperó pacientemente a que Oppie regresara, pero al final, al cabo de dos horas de no tener señales de él, paró a un policía que pasaba por allí y le dijo: «Mi acompañante ha ido a dar un paseo hace horas y no ha vuelto». Temiendo lo peor, la policía peinó los arbustos buscando el cadáver de Oppenheimer. Al final, Phillips regresó a casa en el coche de Oppie y la policía fue a su habitación del Club de la Facultad, de donde lo sacaron de la cama. Él, soñoliento, se disculpó y les explicó que se había olvidado por completo de la señorita Phillips: «Es que soy una persona muy errática... Me puse a andar y andar, y llegué a casa y me fui a la cama. Lo siento muchísimo». Un periodista de sucesos se enteró de la historia, y al día siguiente salió una noticia en el *San Francisco Chronicle* cuyo titular era «Profesor olvidadizo aparca a la chica y se va a casa». Era la primera aparición de Oppenheimer en la prensa. Periódicos de todo el mundo recogieron la historia. Frank la leyó por casualidad en un periódico de Cambridge (Inglaterra). Obviamente, aquello abochornó tanto a Oppie como a Melba, y, un poco a la defensiva, él contó a los amigos que le había dicho que se iba caminando a casa, pero que ella debió de quedarse dormida y no lo oyó.[5]

En 1934, Oppenheimer se mudó al bajo de una casita en la calle Shasta, 2665, una de las calles zigzagueantes y empinadas de los montes de Berkeley.[6] Muchas veces invitaba a estudiantes a una simple cena de «huevos al estilo Oppie», invariablemente acompañados con chiles mexicanos y vino tinto para beber. De cuando en cuando sometía a los invitados a su potente martini, agitado con mucha ceremonia y servido en vasos helados, cuyo borde a veces mojaba con zumo de lima y miel. Hiciera frío o calor, siempre tenía las ventanas abiertas de par en par, con lo cual en invierno los invitados se apretaban alrededor de la gran chimenea que dominaba el salón, cuyas paredes de madera oscura estaban cubiertas con tapices indios de Nuevo México. Su padre le había dado una litografía pequeña de Picasso, que colgaba de la pared. Si la gente se cansaba de hablar de física, la conversación quizá viraba al arte o la literatura, o Robert proponía una película. La pequeña casa de secuoya tenía vistas a San Francisco y al puente Golden Gate. Oppie la llamaba «el puerto más hermoso del mundo».[7] Desde la calle de arriba, por detrás, una arboleda de eucaliptus, pinos y acacias ocultaba la casa casi por entero. Le contó a su hermano que solía dormir en el porche «bajo el Yaqui y las estrellas, y me imagino que estoy en el porche de Perro Caliente».

En aquellos años, Oppie se vestía para ir a trabajar siempre con traje gris, camisa vaquera azul y zapatos ramplones negros de punta redonda, gastados pero lustrosos. Sin embargo, cuando no estaba en la universidad, cambiaba el uniforme académico por una camisa basta y vaqueros gastados azules sujetos por un ancho cinturón de cuero con una hebilla plateada mexicana. Tenía los dedos largos y huesudos manchados del intenso amarillo de la nicotina.[8]

Bien a propósito, bien sin darse cuenta, algunos alumnos de Oppie empezaron a imitar sus peculiaridades y extravagancias. Los acabaron llamando los «chicos nim-nim» porque emulaban su característico murmullo. Casi todos aquellos físicos en ciernes comenzaron a fumar un

Chesterfield detrás de otro, la marca que compraba Oppie, y, como él, ofrecían fuego con el mechero cada vez que alguien sacaba un cigarrillo. «Le copiaban los gestos, los ademanes, la entonación», recordaba Robert Serber.[9] Isidor Rabi observó que «[Oppenheimer] era como una araña que extendía una red de contactos a su alrededor. Una vez que estuve en Berkeley dije a un par de sus alumnos: "Ya veo que vais vestidos como vuestro genio". Al día siguiente, Oppenheimer ya se había enterado de lo que había dicho».[10] Era un culto o una reverencia que molestaba a algunos. «Se suponía que no debía gustarnos Chaikovski —declaró Edwin Uehling— porque a Oppenheimer nunca le había gustado».[11]

Recordaba constantemente a los alumnos que, a diferencia de otros físicos, leía libros que no eran de su campo. «Leía mucha poesía francesa —rememoró Harold Cherniss—. Leía casi todo lo que salía [novelas y poesía]».[12] Este lo vio leyendo a los poetas griegos clásicos y también a escritores contemporáneos como Ernest Hemingway. De este escritor le gustaba en particular *Fiesta. El sol también sale*.

Ni siquiera durante la Gran Depresión le faltó nunca el dinero. Por una parte, en octubre de 1931, cuando lo ascendieron a profesor titular, cobraba un salario anual de tres mil dólares, y su padre seguía facilitándole fondos. Aunque este no obtuvo el dinero suficiente de la venta de la empresa para crear la fundación independiente que deseaba, sí había bastante para constituir un fondo fiduciario, y «así Robert nunca se verá obligado a dejar de investigar».[13]

Como su padre, Oppie era de natural generoso, y nunca dudó en compartir con sus alumnos el buen gusto en comida y vino. En Berkeley, después de conducir un seminario impartido a última hora de la tarde, solía invitar a la clase entera a cenar en el Jack's Restaurant, uno de los locales donde mejor se comía de San Francisco. Hasta 1933 estuvo vigente la Ley Seca, pero él, según comentó un viejo amigo suyo, «conocía los mejores restaurantes y bares clandestinos de la ciudad».[14] En aquel tiempo todavía había que coger el transbordador para ir de Berkeley a San Francisco, y muchas veces (después de 1933), mientras esperaban en la terminal, se tomaban una copa rápida en alguno de los bares que bordeaban el muelle. Una vez que llegaban al Jack's, en la calle Sacramento, n.º 615, Oppie escogía el vino y orientaba a los alumnos en la elección de platos. Siempre pagaba la cuenta.[15] «El mundo de la buena comida y el buen vino y la vida refinada era una experiencia que a algunos nos quedaba muy lejos —dijo un alumno—. Oppenheimer nos introdujo en una manera de vivir muy distinta a la nuestra. [...] Se nos pegó algo de sus gustos».[16] Más o menos una vez por semana, Oppie se dejaba caer por la casa de Leo Nedelsky, donde varios alumnos suyos vivían en habitaciones alquiladas, J. Franklin Carlson y Melba Phillips entre ellos. Casi cada día a las diez de la noche solía servirse té y pasteles, y todos se ponían a jugar a la pulga saltarina y hablaban de todo lo habido y por haber. La mayoría se marchaban a medianoche, pero a veces la conversación se alargaba hasta las dos o las tres de la madrugada.[17]

Una noche de finales del semestre de primavera de 1932, Oppie comentó que Frank Carlson, que sufría de accesos puntuales de depresión, necesitaba ayuda para terminar la tesis: «[H]a hecho un trabajo —dijo Oppenheimer—, y ahora hay que ponerlo por escrito».[18] Como respuesta, los otros estudiantes se ofrecieron para ayudar y formaron una especie de cadena: «Frank [Carlson] la escribió —recordó Phillips—, Leo [Nedelsky] la revisó [...] y yo la corregí y escribí las ecuaciones de toda la tesis». Carlson aprobó en junio y fue ayudante de investigación de Oppenheimer durante el año académico de 1932-1933.

En abril, cuando terminaba el semestre, los alumnos de Oppie lo seguían hasta el Caltech (Pasadena), a seiscientos kilómetros al sur, donde daba clases el semestre de primavera.[19] Dejaban las habitaciones que tenían alquiladas en Berkeley sin pensarlo dos veces y se mudaban a Pasadena, donde muchas casas particulares tenían casitas de invitados en el jardín que se alquilaban por veinticinco dólares al mes. Incluso después, en verano, algunos iban unas semanas más a la Universidad de Míchigan, en Ann Arbor, donde Oppie impartía el seminario estival de física.

En el verano de 1931, Wolfgang Pauli, su antiguo profesor de Zúrich, se presentó allí. En cierta ocasión, este empezó a interrumpir la exposición de Oppie hasta que otro físico eminente, H. A. Kramers, gritó: «¡Cállate, Pauli, y déjanos escuchar lo que Oppenheimer tiene que decir! Ya nos dirás al final lo equivocado que está».[20] Aquel comentario guasón y mordaz solo hizo que aumentar el aura de genialidad desenfadada que rodeaba a nuestro protagonista.

Ella Oppenheimer cayó enferma en el verano de 1931. Le diagnosticaron leucemia.[21] El 6 de octubre de ese mismo año, Julius envió un telegrama a Robert: «Madre enferma de gravedad. No se espera que viva».[22] Este corrió a casa y veló a su madre junto a la cama. La encontró «muy mal, apenas hay esperanzas». Escribió a Ernest Lawrence: «He podido hablar un poco con ella; está triste y cansada, pero no desesperada. Es increíblemente dulce». Diez días después informaba de que se aproximaba el fin: «Ha caído en coma; la muerte está muy cerca. No podemos evitar sentirnos algo agradecidos por el hecho de que dejará de sufrir. [...] Lo último que me dijo fue: "Sí, California"».

Los últimos días, Herbert Smith acudió a la casa de los Oppenheimer para consolar a su antiguo alumno. Tras horas de conversación inconsistente, Robert levantó la mirada y dijo: «Soy el hombre más solo del mundo».[23] Ella murió el 17 de octubre de 1931 a la edad de sesenta y dos años. Su hijo tenía veintisiete. Un amigo de la familia le dijo para consolarlo: «Ya sabes que tu madre te quería mucho». Robert respondió en un murmullo quedo: «Sí, ya lo sé. Quizá me quería demasiado».

Un desolado Julius siguió viviendo en Nueva York, pero no tardó en ir con regularidad a California a visitar a su hijo. La relación entre ambos se estrechó. Los alumnos y los colegas de Robert se quedaron impresionados por la manera en que hizo sitio a su padre en su vida. El invierno de 1932 compartieron una casita en Pasadena, donde Robert daba clase aquel semestre. Comía con él todos los días y una noche por semana lo llevaba a cenar a un club de élite del Caltech. Robert designaba esas cenas con la palabra alemana «Stammtisch» (una mesa reservada para clientes habituales); en ellas, un ponente elegido exponía un tema y después seguía un animado debate. Julius estaba encantado de verse incluido en aquellas distracciones, y escribió a Frank: «Me lo paso muy bien. [...] Estoy conociendo a muchos amigos de Robert y, aun así, creo que todavía no he interferido en sus actividades. Siempre está ocupado y ha hablado en un par de ocasiones con Einstein».[24] Dos veces por semana, Julius jugaba al bridge con Ruth Uehling, y se hicieron amigos. «No había nadie que hiciera sentir más importante a una mujer que él —recordaría ella tiempo después—. Estaba tremendamente orgulloso de su hijo. [...] No podía entender cómo había sido capaz de engendrarlo». También hablaba con pasión del mundo del arte, y, cuando Ruth fue a visitarlo a Nueva York el verano de 1936, le mostró orgulloso su colección de pintura. «Me hizo sentar todo el día frente al precioso Van Gogh del sol deslumbrante para que observara cómo iba cambiando con la luz», recordó esta.[25]

Entre otros amigos, Robert presentó a su padre a Arthur W. Ryder, profesor de sánscrito en Berkeley, republicano partidario de Hoover e iconoclasta de lengua afilada. Estaba «fascinado» por el joven físico, y este, por su parte, lo consideraba el intelectual por antonomasia. Su padre opinó lo mismo: «Es una persona excepcional, una combinación maravillosa de austeridad tras la cual trasluce un alma extraordinariamente bondadosa».[26] Tiempo después, Robert otorgaría el mérito a Ryder por haberle procurado un renovado «interés por el lugar de la ética». Era un académico, dijo, que «sentía y pensaba y hablaba como un estoico». Lo veía como una de aquellas personas insólitas que poseen «un sentimiento trágico de la vida, en el sentido de que atribuyen a las acciones humanas el rotundo papel de establecer la diferencia entre salvación y condena. Ryder sabía que el hombre podía cometer errores irreparables y, frente a este hecho, todos los demás eran secundarios».

Robert se sintió cautivado tanto por Ryder como por la lengua antigua que constituía su vocación. No pasó mucho tiempo hasta que este empezara a darle clases particulares los jueves por la tarde. «Estoy aprendiendo sánscrito —escribió Robert a Frank—; disfruto mucho, y también disfruto otra vez del delicioso lujo de ser alumno». Mientras que muchos de sus amigos veían aquella nueva obsesión como algo pintoresco, a Harold Cherniss, que era quien los había presentado, no le sorprendía en absoluto. «Le gustaban las cosas difíciles —dijo—. Y, como casi todo le resultaba fácil, lo que de verdad le llamaba la atención era esencialmente lo difícil». Además, a Oppie «le seducía lo místico, lo críptico».[27]

Gracias a la facilidad que tenía para los idiomas, Robert no tardó en empezar a leer el Bhagavad Guitá. «Es muy fácil, y es una maravilla», escribió a Frank.[28] Dijo a sus amigos que aquel antiguo texto hindú —«La canción del Señor»— era «el canto filosófico más hermoso que existe en ninguna lengua conocida». Ryder le dio un ejemplar con cubierta rosa que terminó en el estante más cercano a su escritorio. Luego él mismo empezó a regalar a sus amigos ejemplares de este libro.

Robert estaba tan embelesado por el estudio del sánscrito que cuando, en otoño de 1933, su padre le compró otro Chrysler, lo bautizó Garuda, por el enorme dios pájaro de la mitología hindú que transporta a Vishnu por el cielo.[29] El Guitá, que constituye el núcleo del texto épico del Mahabhárata, se narra en forma de diálogo entre el dios encarnado Krishna y el héroe humano, el príncipe Aryuna. Este, que está a punto de conducir a sus tropas a una batalla mortal, no quiere embarcarse en una guerra contra amigos y familiares. Krishna le dice, en esencia, que debe cumplir su destino como guerrero, y pelear y matar.*

Desde que sufriera aquella crisis emocional en 1926, Robert había tratado de alcanzar cierto equilibrio interno. La disciplina y el trabajo habían sido siempre sus principios rectores, pero en aquellos momentos

---

* Obviamente, a Oppenheimer le impresionó ese texto épico, tan antiguo y existencial. Sin embargo, cuando su viejo amigo de Zúrich Isidor Rabi pasó por Berkeley y se enteró de que Oppie estaba estudiando sánscrito, pensó: «¿Y por qué no el Talmud?». (Rabi, entrevista con Sherwin, 12 de marzo de 1982).

elevó conscientemente esas cualidades e hizo de ellas su filosofía de vida. En la primavera de 1932 escribió a su hermano una larga carta en la que le explicaba el motivo. Argüía que el hecho de que la disciplina «sea buena para el alma es más fundamental que ninguna razón dada en favor de su bondad. Creo que mediante la disciplina, aunque no solo con ella, podemos alcanzar la serenidad y liberarnos en cierta medida, pequeña pero preciosa, de los accidentes de la encarnación [...] y de ese desapego que preserva el mundo al que renuncia. Creo que mediante la disciplina aprendemos a conservar lo que es esencial para nuestra felicidad en circunstancias cada vez más adversas, así como a abandonar de forma sencilla lo que de otro modo nos habría parecido indispensable». Y solo mediante la disciplina es posible «ver el mundo sin la vulgar distorsión del deseo personal, y, al verlo así, aceptar con más facilidad nuestras carencias terrenales y los terrores terrenales que conllevan».

Como muchos intelectuales occidentales embelesados por las filosofías orientales, Oppenheimer el científico encontró consuelo en aquel misticismo.[30] Además, sabía que no era el único; algunos de los poetas a los que más admiraba, como W. B. Yeats y T. S. Eliot, se habían sumergido en el Mahabhárata. «Por tanto —concluía la carta a su hermano, de veinte años—, creo que todas las cosas que evocan disciplina (el estudio, y nuestros deberes hacia el hombre y la mancomunidad, y la guerra, y las dificultades personales, y hasta la necesidad de subsistencia) deberían aceptarse con gratitud profunda, puesto que solo mediante ellas lograremos desapegarnos de todo, y solo así podremos conocer la paz».[31]

A sus veintiocho años, Oppenheimer ya parecía buscar un desapego de lo terrenal; deseaba, en otras palabras, ocuparse del mundo físico en cuanto científico y, no obstante, distanciarse de él. No buscaba escapar al más puro reino espiritual. No buscaba una religión. Lo que buscaba era paz interior. El Guitá parecía proporcionar precisamente la filosofía adecuada para un intelectual con una sensibilidad aguda hacia los asuntos del hombre y los placeres de los sentidos. Uno de sus textos sánscritos predilectos era el Meghaduta, un poema que explora la geografía del amor, desde el regazo de mujeres desnudas hasta las elevadas montañas del Himalaya. «Leo el Meghaduta con Ryder —escribió a Frank— con deleite, algo de sosiego y como hechizado».[32] Otro de sus fragmentos favoritos del Guitá, el Satakatrayam, contiene estos versos fatalistas:

> Vencer a los enemigos con las armas,
> dominar las ciencias
> y las artes variadas.

Puedes hacer todo eso, pero la fuerza del karma,
ella sola, impide ser lo que no está destinado a ser
y compele a ser lo que debe ser.[33]

A diferencia de los Upanishads, el Guitá celebra la vida de acción y responsabilidad hacia el mundo. Así pues, era compatible con las enseñanzas de la Cultura Ética, si bien existían también importantes diferencias con esta. Las nociones del Guitá como el karma, el destino y las obligaciones terrenales parecían estar en desacuerdo con el humanitarismo de la Sociedad por la Cultura Ética. El doctor Adler no tenía en buena consideración enseñar «leyes históricas» inexorables; al contrario: la Cultura Ética subrayaba el papel de la voluntad del individuo humano. El trabajo social de John Lovejoy Elliott con los guetos de inmigrantes del Bajo Manhattan no tenía nada de fatalista. Quizá la atracción que sintió Oppenheimer hacia el fatalismo del Guitá fuera fruto, al menos en parte, de una rebelión tardía contra lo que le habían enseñado de pequeño. Eso pensaba Isidor Rabi. Su mujer, Helen Newmark, había sido compañera de clase de Robert en la Escuela por la Cultura Ética, y Rabi recordaría más adelante: «Por las conversaciones que tuve con él, me da la impresión de que no recordaba con cariño la escuela. Una dosis demasiado alta de cultura ética puede amargar al intelectual incipiente, que preferiría aproximarse de manera más profunda a las relaciones humanas y al lugar del hombre en el universo».[34]

Rabi sospechaba que el legado de la Cultura Ética tal vez fuera para Robert un lastre que lo inmovilizaba. Es imposible conocer por completo los efectos de las acciones del individuo, y a veces hasta las buenas intenciones desembocan en consecuencias horribles. Robert tenía un gran sentido ético, si bien también ambición y una inteligencia curiosa y dilatada. Como muchos intelectuales que eran conscientes de las complejidades de la vida, puede que se sintiera algunas veces paralizado hasta el punto de la inacción. Con el tiempo, Oppenheimer reflexionaría justamente sobre ese dilema: «Como debemos hacer todos, puedo tomar una decisión y actuar, o puedo pensar en los motivos que me llevan a ella, y en mis peculiaridades, y en mis virtudes y en mis defectos, y tratar de averiguar por qué hago lo que hago. Las dos tienen su lugar en la vida, pero está claro que la una excluye a la otra».[35] En la Escuela por la Cultura Ética, Felix Adler se sometía a sí mismo a «un análisis y una evaluación constantes regidos por los mismos altísimos estándares y objetivos que aplicaba a los demás». Sin embargo, a medida que se acercaba a la treintena, Oppenheimer se sentía cada vez más incómodo con aquella implacable introspección. Tal como ha propuesto el historiador James Hijiya, el Guitá ofrecía una respuesta a aquel dilema psicológico: celebra el trabajo, el deber y la disciplina, y no te preocupes mucho por las consecuencias. Oppenheimer tenía muy presentes las consecuencias de sus acciones, pero, como Aryuna, también se sentía llamado por el deber. De modo que el deber (y la ambición) se antepusieron a las dudas, si bien estas siguieron presentes en forma de consciencia perpetua de la falibilidad humana.

En junio de 1934, Oppenheimer volvió a la Universidad de Míchigan para impartir el curso de Física de la escuela de verano, en el que expuso su último análisis de la ecuación de Dirac.[36] Robert Serber, entonces un joven becado posdoctoral, quedó tan impresionado por la clase que decidió cambiar de inmediato Princeton por Berkeley para llevar a cabo su investigación. Una o dos semanas después de que llegara a California, Oppie lo invitó a ir al cine a ver *Al caer la noche*, una película de suspense con Robert Montgomery. Fue el inicio de una amistad que duraría toda la vida.

Serber, hijo de un abogado de Filadelfia con buenas conexiones políticas, creció en un ambiente indiscutiblemente de izquierdas. Tanto su madre como su padre, ruso de nacimiento, eran judíos. La madre murió cuando Serber tenía doce años, y no mucho tiempo después el padre volvió a casarse. Su nueva mujer era Frances Leof, muralista y ceramista que más tarde, según los archivos del FBI, se incorporaría al Partido Comunista. Robert Serber pasó de inmediato a formar parte de la extensa familia de los Leof, cuyo centro era la casa del tío de su madrastra, un médico de Filadelfia con mucho carisma llamado Morris V. Leof y su mujer, Jenny. La casa de los Leof funcionaba como un salón político y artístico. Entre los asiduos se contaban el dramaturgo Clifford Odets, el periodista de izquierdas I. F. Stone y la poeta Jean Roisman, que más tarde se casaría con Leonard Boudin, abogado defensor liberal de izquierdas. El joven Robert Serber no tardó en prendarse de los encantos de Charlotte Leof, la menor de las dos hijas de Morris y Jenny. En 1933, poco después de que ella se graduara en la Universidad de Pennsylvania, se casaron en una ceremonia civil. Charlotte tomó sus ideas políticas del radicalismo de su padre, y durante la década de 1930 fue una ferviente activista en favor de una serie variada de causas de izquierdas.[37] No tiene nada de sorprendente, dadas todas esas relaciones familiares, que la inclinación política de Serber fuera claramente izquierdista, bien que el FBI concluyó años después que «no se conoce evidencia definitiva de que Robert Serber perteneciera al Partido Comunista».[38]

En Berkeley estudió Física teórica con Oppenheimer, y en el transcurso de varios años publicó una docena de artículos, siete de ellos en coautoría con su mentor. Todos ellos trataban de temas como las partículas de los rayos cósmicos, la desintegración de protones de alta energía, los fotoefectos nucleares a niveles de energía elevada y los núcleos atómicos estelares. Oppie dijo a Lawrence que Serber era «uno de los pocos teóricos de primera línea con los que había trabajado».[39]

Se hicieron amigos íntimos. En el verano de 1935, Oppie invitó a Serber y a su mujer a Nuevo México. Este, por desgracia, no estaba en absoluto preparado para las condiciones de Perro Caliente. Cuando llegaron, después de conducir horas y horas por carreteras sin asfaltar, se encontraron con que Frank Oppenheimer, Melba Phillips y Ed McMillan ya estaban allí. Oppie los recibió sin mucho entusiasmo y les propuso que, ya que la cabaña estaba llena, cogieran dos caballos y fueran a Taos, a unos ciento treinta kilómetros al norte. Eso equivalía a tres días de cabalgada pasando por el paso de Jicoria, situado a tres mil ochocientos metros de altitud. ¡Serber nunca había montado a caballo! El matrimonio siguió las instrucciones de Oppie: ensillaron dos caballos y cogieron solo una muda de calcetines y ropa interior, un cepillo de dientes, una caja de galletas Graham de chocolate, medio litro de whisky y un saco de avena para los caballos. Tres días después, con todos los músculos doloridos y la piel de las piernas en carne viva por pasar tantas horas en la silla, los Serber llegaron a su destino. Pasaron una noche en una posada de Ranchos de Taos y volvieron a la cabaña de Oppenheimer. Charlotte se cayó dos veces en el camino de vuelta y llegó con la chaqueta manchada de sangre.

La vida en Perro Caliente era dura. A dos mil setecientos metros de altitud, muchos visitantes respiraban con dificultad. «Los primeros días —escribiría más tarde Serber— cualquier tarea física te dejaba sin aliento».[40] Habían pasado cinco años desde que los hermanos Oppenheimer alquilaran el rancho, y la cabaña seguía con pocos muebles, sillas sencillas de madera, un sofá frente a la chimenea y una alfombra navaja en el suelo. Frank había llevado hasta la cabaña una tubería desde un manantial que pasaba por encima de ella, así que tenían agua corriente. Pero nada más. Serber enseguida se dio cuenta de que, para Oppie, el rancho no era más que un sitio donde dormir entre excursiones largas y extenuantes a caballo por naturaleza virgen. Relata que una vez estaban de ruta nocturna con su anfitrión, en plena tormenta, cuando llegaron a una bifurcación en el camino. Este dijo: «Por ahí son once kilómetros hasta casa, pero por este es solo un poquito más largo ¡y mucho más bonito!».

Pese a los rigores, entre 1935 y 1941, los Serber pasaron parte de los veranos en Perro Caliente. Oppenheimer recibía a mucha otra gente en el rancho. Una vez se encontró con el físico alemán Hans Bethe, que hacía senderismo por la región, y lo convenció para que se pasara por el rancho. Otros colegas, como Ernest Lawrence, George Placzek, Walter Elsasser y Victor Weisskopf, se alojaron unos días allí. Todos los invitados se sorprendían ante lo bien que soportaba aquellas condiciones espartanas su en apariencia frágil amigo.

En algunas ocasiones, las excursiones de Robert rozaron la catástrofe. Una vez se llevó a tres amigos (George y Else Uhlenbeck, y Roger Lewis) a pasar la noche en una tienda de campaña al lago Katherine, al pie de la vertiente oriental del pico de Santa Fe Baldy. El lugar era muy elevado, y los tres hombres empezaron a tener de improviso síntomas de mal de altura. Pasaron una noche helada en sacos de dormir y, al levantarse por la mañana, descubrieron que dos caballos habían escapado. A pesar de todo, Robert convenció a los hombres para subir al pico North Truchas, cuya cima está a 3.970 metros, la más alta de la cordillera sur Sangre de Cristo. Escalaron la cumbre en medio de una tormenta y tuvieron que volver caminando, empapados, hasta Los Pinos, donde Katherine Page les sirvió unos vasos de una bebida bien fuerte. La mañana siguiente reaparecieron los dos caballos que los habían abandonado, y Else se rio al ver a Oppenheimer, en pijama rosa, corriendo detrás de ellos para meterlos en el corral.[41]

Más o menos hasta 1934, Oppenheimer mostró poco interés por la actualidad y la política. No era tanto ignorante como indiferente, y desde luego no era ningún activista político. Sin embargo, más tarde, en una época en que deseó recalcar su ingenuidad política, se labró la leyenda de que era ajeno a ella y a las cuestiones prácticas: afirmaba no tener radio ni teléfono, ni leer nunca periódicos ni revistas. Y le gustaba contar la historia de que se enteró del crac financiero del 29 de octubre de 1929 meses después. Decía no haber votado nunca hasta las elecciones presidenciales de 1936. «A muchos de mis amigos —declaró en 1954—, mi indiferencia hacia los asuntos actuales les parecía extraña, y a menudo me regañaban por vivir demasiado inmerso en el mundo intelectual. Me interesaba el hombre y su experiencia; me interesaba profundamente mi ciencia, pero no comprendía las relaciones del hombre con la sociedad».[42] Años después, Robert Serber observaría que aquel autorretrato que se fabricaba Oppenheimer de «persona poco mundana, poco sensible y replegada en sí misma que no sabía qué sucedía en el mundo, todo eso era justamente lo opuesto de cómo era en realidad».[43]

En Berkeley, Oppenheimer se rodeaba de amigos y colegas que sí mostraban especial interés por la política y las cuestiones sociales. A partir del otoño de 1931, cuando se mudó al bajo de la calle Shasta, 2665, su casera fue Mary Ellen Washburn, una mujer alta y dominante que llevaba vestidos largos y coloridos de batik y a la que le encantaba socializar. Su marido, John Washburn, era contable y puede que diera clases de economía en la universidad. Su casa fue desde siempre uno de los centros de reunión de los intelectuales de Berkeley, y, como la casera, muchas de aquellas personas simpatizaban con la izquierda política. El FBI concluiría años después que Mary Ellen era «un miembro activo del Partido Comunista del condado de Alameda».[44]

Un joven profesor de literatura francesa llamado Haakon Chevalier asistía a las fiestas organizadas por los Washburn desde la década de 1920.[45] Los Serber también acudían a ellas, así como una hermosa joven estudiante de Medicina, Jean Tatlock. No tenía nada de extraño que Oppie, un soltero que vivía en el piso de abajo, se pasara por allí también. Siempre se mostraba amable y solía cautivar a todo el mundo. Sin embargo, una noche, mientras disertaba largo y tendido sobre cierto poema, los invitados oyeron farfullar a John Washburn, que ya iba bastante beodo: «Desde la tragedia griega no se oía una pomposidad más consumada que la de Robert Oppenheimer».[46]

«No adoptábamos abiertamente ninguna postura política», recordaba Melba Phillips.[47] Oppie le comentó una vez a Leo Nedelsky: «Conozco a tres personas interesadas en política. Dime, ¿qué tiene que ver la política con la verdad, la bondad y la belleza?».[48] Sin embargo, a partir de enero de 1933, cuando Adolf Hitler ascendió al poder, la política empezó a colarse en la vida de Oppenheimer. En abril de aquel año, en Alemania empezaron a despedir sumariamente de sus empleos a profesores judíos. Un año después, en la primavera de 1934, Robert recibió una circular en la que se solicitaban fondos para ayudar a los físicos alemanes a emigrar de la Alemania nazi. De inmediato decidió destinar para aquel propósito el 3 por ciento de su salario (unos cien dólares anuales) durante dos años.[49] Curiosamente, uno de los refugiados que quizá recibiera ayuda de esos fondos fue su antiguo profesor de Gotinga, el doctor James Franck. Cuando Hitler llegó al poder, aquel, que había ganado dos Cruces de Hierro en la Primera Guerra Mundial, fue uno de los pocos físicos judíos a quienes permitieron conservar el trabajo, pero al cabo de un año lo obligaron a exiliarse por negarse a despedir a otros judíos. En 1935 estaba dando clase de física en la Universidad Johns Hopkins (Baltimore). De manera similar, Max Born también se vio forzado a dejar Gotinga en 1933 y terminó de profesor en Inglaterra.[50] Las noticias que llegaban de Alemania eran de cierto lúgubres. Pero en 1934 era difícil no estar al tanto de la agitación política que tenía lugar en el propio Berkeley. Durante casi cinco años de recesión, millones de ciudadanos de a pie se habían empobrecido. A principios de aquel año, la lucha laboral se volvió violenta. Tres mil recolectores de lechuga de Valle Imperial se pusieron en huelga a finales de enero. La policía actuó en favor de los patronos y detuvo a cientos de trabajadores. La huelga se disolvió en muy poco tiempo y los salarios cayeron de 20 céntimos la hora a 15. Entonces, el 9 de mayo de 1934, más de doce mil estibadores levantaron piquetes en numerosos puertos de toda la Costa Oeste. A finales de junio, la huelga de los muelles casi había asfixiado la economía de California, Oregón y Washington. Las autoridades intentaron abrir el puerto de San Francisco a principios de julio; la policía arrojó bombas de gas lacrimógeno a miles de estibadores, y estalló la revuelta. Tras cuatro días de escaramuzas, varios policías dispararon a la multitud; tres hombres resultaron heridos y dos murieron. El 5 de julio de 1934 pasó a conocerse como el «jueves sangriento». Aquel mismo día, el gobernador, que era republicano, ordenó a la Guardia Nacional de California que tomara el control de las calles.

Once días más tarde, el 16 de julio, los sindicatos de San Francisco convocaron una huelga general, y la ciudad quedó paralizada durante cuatro días. Al fin intervinieron mediadores federales, y el 30 de julio terminó la huelga más larga de la historia de la Costa Oeste. Los estibadores volvieron al trabajo sin haber conseguido casi ninguna de las demandas salariales que pedían, pero quedó claro que los sindicatos habían logrado una gran victoria política: la huelga había cosechado la simpatía popular por los problemas de los estibadores y fortalecido el movimiento sindical. Un síntoma de que la atmósfera política se había inclinado significativamente a la izquierda fue cuando, el 28 de agosto de 1934, el escritor radical Upton Sinclair dejó estupefacta a la clase dirigente de California al ganar la candidatura gubernamental demócrata. Perdió las elecciones generales —en parte por la campaña de difamación y alarmismo que llevaron a cabo los republicanos—, pero la política de California ya no volvería a ser la misma.[51]

Esos acontecimientos tan sonoros no podían pasar inadvertidos a Oppenheimer ni a sus alumnos. Berkeley estaba dividida entre quienes criticaban la huelga y quienes la defendían. Cuando los estibadores la iniciaron, el 9 de mayo de 1934, un conservador de la facultad de Física, Leonard Loeb, reclutó a jugadores de fútbol americano de la Universidad de California para que hicieran de esquiroles en el muelle. De forma significativa, Oppenheimer invitó a algunos alumnos, entre los que se encontraban Melba Phillips y Bob Serber, a acompañarlo a un mitin que organizaban los estibadores en un auditorio enorme de San Francisco. «Estábamos sentados arriba, en un palco —recordó Serber—, y al final se nos contagió el entusiasmo de los huelguistas y acabamos gritando con ellos:"¡Huelga! ¡Huelga! ¡Huelga!"».[52] Después, Oppie fue al piso de una amiga, Estelle Caen, donde le presentaron a Harry Bridges, el carismático líder del sindicato de estibadores.

En otoño de 1935, Frank Oppenheimer volvió tras haber estado dos años estudiando en los Laboratorios Cavendish (Inglaterra) y aceptó una beca de matrícula para completar los estudios de posgrado en el Caltech. Un amigo de Robert, Charles Lauritsen, asumió la tarea de supervisar la tesis de Frank. De inmediato, este se sumergió en la investigación de la espectroscopía de rayos beta, tema que había estudiado en Cavendish. «Estaba muy bien ser un estudiante recién graduado y tener claro qué querías hacer», recordó Frank.[53]

Robert seguía dividiendo su tiempo entre Berkeley y el Caltech, y pasando el final de cada primavera en Pasadena, donde se alojaba en casa de sus amigos Richard y Ruth Tolman. Estos se habían construido una casa encalada de estilo español cerca del campus, con un jardín exuberante y una casita de invitados de una habitación, que Robert ocupaba cuando iba a la ciudad. Había conocido a los Tolman en la primavera de 1929, y aquel verano habían ido a visitarlo al rancho de Nuevo México. Robert calificaría más tarde su amistad con ellos como «muy íntima».[54] Admiraba de Tolman «su sabiduría y la amplitud de sus intereses, su conocimiento de la física y de todo en general». Y también admiraba a la mujer de este, Ruth, «tan inteligente y encantadora», que era entonces psicóloga clínica y aún no había completado la formación de grado. Para Oppenheimer, los Tolman eran «una isla deliciosa en el horror de California del Sur».[55] Por las noches, el matrimonio solía organizar cenas informales a las que asistían Frank y amigos de Robert como Linus Pauling, Charlie Lauritsen, Robert y Charlotte Serber, y Edwin y Ruth Uehling. Frank y Ruth muchas veces tocaban la flauta.

En 1936, Oppenheimer insistió mucho para que Serber obtuviera un puesto en el departamento de Física como su ayudante de investigación. El jefe, Raymond Birge, accedió con mucha reticencia a emplear a Serber con un sueldo de mil doscientos dólares anuales. Los dos años siguientes, Oppie intentó repetidamente que su amigo consiguiera un puesto fijo como profesor asociado, pero Birge no cedió; escribió a un colega suyo que «un judío en el departamento es suficiente».[56]

Oppenheimer ignoraba que el director hubiera hecho aquel comentario, pero no desconocía aquel sentir. En efecto, en la alta sociedad estadounidense, el antisemitismo alcanzó cotas elevadas en las décadas de 1920 y 1930. Muchas universidades imitaron las medidas que tomó Harvard a principios de los años veinte e impusieron cuotas restrictivas al número de estudiantes judíos. En bufetes de abogados y clubes sociales de ciudades importantes como Nueva York, Washington D.C. y San Francisco se aplicaba la segregación tanto por raza como por religión. En ese aspecto, el poder californiano no era distinto del de la Costa Este. De todos modos, aunque Oppenheimer no pudiera aspirar a formar parte de las altas esferas estatales como su amigo Ernest Lawrence, estaba bien donde estaba. «Yo decidí con quién relacionarme», recordó. Y era un ambiente en el que se sentía «contento» de estar.

Seguramente fue así, pues durante la década de 1930 no volvió a Europa; ni siquiera, aparte de pasar las vacaciones de verano en Nuevo México y asistir al seminario estival de Ann Arbor, salió de California. Harvard le ofreció el doble de sueldo si se mudaba a la Costa Este, pero rechazó la oferta. En dos ocasiones a lo largo de 1934, el recién creado Instituto de Estudios Avanzados de Princeton le echó el anzuelo para llevárselo de Berkeley, pero Oppenheimer lo tenía claro: «No sería de ninguna utilidad en un lugar como ese». Y escribió a su hermano: «He rehusado esas tentaciones; he tenido en mejor estima mis tareas actuales, en las que me es un poco menos difícil creer que soy útil y en las que el buen vino californiano sirve de consuelo a la dureza de la física y al escaso poder de la mente humana». Creía que «no [había] madurado, quizá solo un poco». Su trabajo teórico florecía, en parte porque las clases solo le ocupaban cinco horas semanales, lo cual le dejaba «mucho tiempo para la física y para muchas otras cosas».[57] Y conoció a una mujer que le cambiaría la vida.

SEGUNDA PARTE

8

«En 1936 empezaron a cambiar mis intereses»

Jean fue el gran amor de Robert. La quiso muchísimo.
La adoraba.

ROBERT SERBER

Jean Tatlock tenía solo veintidós años cuando conoció a Robert, en la primavera de 1936. Los presentaron en una fiesta celebrada por la casera de este, Mary Ellen Washburn, en la casa de la calle Shasta. Jean estaba terminando el primer curso de la Escuela de Medicina de la Universidad de Stanford, que entonces se encontraba en San Francisco. En otoño, recordaba Oppenheimer, «empecé a cortejarla, y nos fuimos conociendo».[1]

Jean era una joven esbelta de pelo grueso, oscuro y rizado; ojos azul parduzco con pestañas negras y tupidas, y labios naturalmente rojos; había a quien le parecía «una antigua princesa irlandesa».[2] Medía un metro setenta de estatura y nunca llegó a pesar más de cincuenta y ocho kilos.[3] Tenía solo una pequeña imperfección física, un párpado «vago» que se le cerraba ligeramente, consecuencia de un accidente sufrido en la infancia.[4] Sin embargo, incluso aquel defecto apenas perceptible aumentaba su encanto. Su belleza cautivó a Robert, pero también su tímida melancolía. «Jean se guardaba para sí su desespero», escribió más tarde una amiga, Edith A. Jenkins.[5]

Robert sabía que era la hija de un eminente académico de Berkeley especialista en Chaucer, el profesor John S. P. Tatlock, uno de los pocos profesores de la facultad que no pertenecía al departamento de Física y con el que eran algo más que meros conocidos. A veces comían juntos en el Club de la Facultad y, con frecuencia, Tatlock se quedaba deslumbrado por los conocimientos de literatura inglesa que exhibía aquel joven profesor de Física.[6] Oppenheimer conoció después a Jean y se dio cuenta enseguida de que había absorbido la sensibilidad literaria de su padre. Prefería los versos oscuros y lúgubres de Gerard Manley Hopkins. Le encantaban también los poemas de John Donne, una pasión que contagió a Robert, quien, años después, recurrió al soneto de este poeta «Golpea mi corazón, Dios tripersonal» para inspirarse a la hora de poner el nombre en clave de Trinity a la primera prueba de la bomba atómica.[7]

Jean tenía un descapotable que solía conducir con la capota bajada, cantando *Twelfth Night* con su hermosa voz de contralto.[8] Era una mujer de espíritu libre con una mente ávida y poética; en una sala llena y sin importar las circunstancias, era una persona que siempre quedaba grabada en el recuerdo de todos. Una compañera de clase de la Universidad Vassar aludió a ella como «la chica más prometedora que he conocido, la única de las que veía en la universidad que ya entonces parecía tocada por la gracia».[9] Jean nació en Ann Arbor (Míchigan) el 21 de febrero de 1914; junto con su hermano, Hugh, mayor que ella, crecieron en Cambridge (Massachusetts) y más tarde en Berkeley. Su padre había ejercido en Harvard durante casi toda su carrera, pero después de retirarse empezó a dar clase en Berkeley. A la edad de diez años, Jean comenzó a pasar los veranos en un rancho para turistas de Colorado. Una amiga de la infancia y también de la universidad, Priscilla Robertson, le escribiría una carta después de su muerte: «Tuviste una madre sabia que te calmaba y nunca quiso doblegarte, y aun así te protegió de los peligros de tu apasionada adolescencia».

Antes de empezar la universidad en Vassar, en 1931, sus padres le concedieron viajar por Europa durante un año. Se alojó en casa de una amiga de su madre, en Suiza, que era una admiradora incondicional de Carl Jung y la introdujo en la cerrada comunidad de psicoanalistas que pivotaban alrededor del antiguo amigo y rival de Freud. La escuela junguiana, con su énfasis en la idea de una psique humana colectiva, impactó con fuerza a la joven Tatlock, que se marchó de Suiza con un hondo interés por la psicología.

En Vassar estudió Literatura inglesa y escribió para el *Literary Review* de la universidad. Como hija de un académico de esta misma especialidad, había pasado buena parte de la infancia escuchando a sus padres recitar las obras de Shakespeare y Chaucer. De adolescente estuvo dos semanas en Stratford-upon-Avon, donde asistió a una representación de Shakespeare cada noche. Tanto su inteligencia como su deslumbrante hermosura intimidaban a sus compañeras; pareció siempre más madura que lo que correspondía a su edad, pues «había adquirido, tanto por naturaleza como por sus experiencias, una profundidad que muchas chicas no alcanzan hasta después de graduarse».[10]

También fue lo que más tarde se llamó, irónicamente, una «antifascista prematura», una oponente temprana de Mussolini y Hitler. Cuando un profesor le dio *Artists in Uniform*, de Max Eastman, con la esperanza de que le sirviera como antídoto realista a su aturullada admiración por el comunismo ruso, Jean confió a una amiga: «No querría seguir viviendo si no creyera que en Rusia todo es mejor».[11]

Pasó el curso de 1933-1934 en Berkeley, en la Universidad de California, estudiando las asignaturas preparatorias para Medicina antes de graduarse en Vassar, en 1935. Una amiga escribió tiempo después a Tatlock: «Fue aquella conciencia social añadida al contacto temprano que tuviste con Jung lo que te hizo querer ser médica».[12] Mientras estuvo en Berkeley, encontró también tiempo para escribir noticias y opiniones para el *Western Worker*, la publicación del Partido Comunista de la costa del Pacífico. Jean estaba inscrita en este, pagaba su cuota y asistía a dos reuniones por semana. Un año antes de conocer a Robert, escribió a Priscilla Robertson: «Me doy cuenta de que, si algo soy, es roja hasta la médula». Las historias de injusticia social y desigualdad con las que se topaba le encendían con facilidad la rabia y la pasión. Su indignación aumentó al investigar casos para el *Western Worker*, como el juicio de tres niños detenidos por vender ejemplares de ese mismo periódico en las calles de San Francisco o el juicio de veinticinco trabajadores de una serrería acusados de organizar una revuelta en Eureka (California).

Sin embargo, como tantos comunistas estadounidenses, Jean no era muy buena ideóloga. «Me resulta imposible ser una comunista ferviente —escribió a Robertson—, lo cual significa respirar, hablar y actuar como tal, todos los días y todas las noches».[13] Por otra parte, aspiraba a ser psicoanalista freudiana en un tiempo en que el Partido Comunista declaraba irreconciliables a Freud y a Marx. Tal cisma intelectual no parecía incomodarla, pero quizá sí tuvo bastante que ver con su ardor intermitente por el partido. (De adolescente se había rebelado contra el dogma religioso que le habían inculcado en la Iglesia episcopal; le contó a una amiga que todos los días se frotaba la frente para borrar el sitio donde le había caído el agua del bautismo. Odiaba cualquier tipo de «cháchara» religiosa). A diferencia de muchos camaradas del partido, Jean conservaba «un respeto por la santidad y el sentido del alma del individuo»,[14] al tiempo que se exasperaba con aquellos amigos que compartían la inclinación por la psicología pero despreciaban el activismo político: «Su interés [el de ellos] por el psicoanálisis equivale a no creer en otras formas positivas de acción social». Para ella, la teoría psicológica era como la cirugía: «Un método terapéutico para tratar desórdenes específicos».

Jean Tatlock, en suma, era una mujer compleja que sin duda despertaría el interés de un físico que sentía una atracción profunda hacia lo psicológico. Según un amigo de los dos, ella «estaba a la altura de Robert en todos los sentidos. Tenían mucho en común».[15]

Jean y Oppie empezaron a salir aquel otoño, y todo el mundo vio enseguida que se trataba de una relación muy intensa. «A todas nos daba un poco de envidia —escribiría más tarde Edith Arnstein Jenkins, amiga íntima de Jean—. Por mi parte, ya lo admiraba [a Oppenheimer] desde lejos. Su precocidad e inteligencia ya eran leyenda, y caminaba con sus andares espasmódicos, con los pies hacia fuera; un Pan judío de ojos azules y pelo alborotado a lo Einstein. Y cuando por fin lo conocimos, en las fiestas del bando republicano español, conocimos la intensidad con que te miraban esos ojos; la atención con que escuchaba, como muy pocos saben escuchar, que subrayaba con "¡Sí! ¡Sí! ¡Sí!"; la manera en que paseaba cuando se sumergía en sus pensamientos, de modo que todos los apóstoles-físicos que lo rodeaban caminaban con su mismo andar espasmódico, con los pies hacia fuera, y subrayaban su atención con "¡Sí! ¡Sí! ¡Sí!"».[16]

Jean Tatlock era muy consciente de las excentricidades de Oppenheimer. Quizá porque sentía la vida hasta el tuétano podía empatizar con un hombre cuyas pasiones eran tan extrañas. «No olvides —le dijo a una amiga— que a los siete años daba charlas a círculos doctos, que nunca tuvo una infancia y que es muy distinto al resto de nosotros».[17] Igual que él, Jean era indiscutiblemente introspectiva. Ya había decidido, tal como hemos dicho, ser psicoanalista y psiquiatra.

Oppenheimer había salido con muchas mujeres antes de conocer a Tatlock. Sus alumnos habían sido testigos de ello: «Por lo menos media docena», recordaba Bob Serber.[18] Pero las cosas fueron muy distintas con ella. Robert se la guardaba para sí y pocas veces la llevaba con su círculo de colegas del departamento de Física. Los amigos solo los veían juntos en las ocasionales fiestas que celebraba Mary Ellen Washburn. Serber recordaba a Tatlock como «muy guapa y serena en las reuniones sociales» y se dio cuenta de que en lo político era innegablemente «de izquierdas, mucho más que el resto de nosotros». Y, aunque era a las claras «una chica muy inteligente», también advirtió que tenía un lado oscuro. «No sé si sufría trastorno maniaco depresivo o algo así, pero caía en unas depresiones terribles». Y cuando ella estaba mal, Oppie también. «Algunos días estaba muy triste —diría Serber— porque tenía problemas con Jean».

A pesar de todo, la relación sobrellevó aquellos episodios durante más de tres años. «Jean fue el gran amor de Robert —diría un amigo más tarde—. La quiso muchísimo. La adoraba».[19] Por ello tal vez fuera una consecuencia natural que su activismo y su conciencia social despertaran en él el sentido de responsabilidad social que tantas veces se había debatido en la Escuela por la Cultura Ética. Enseguida empezó a involucrarse en numerosas causas del Frente Popular.

«Hacia finales de 1936 —relataría Oppenheimer a sus interrogadores en 1954— empezaron a cambiar mis intereses. [...] Hacía tiempo que sentía una ira feroz por el trato que se daba a los judíos en Alemania. Tenía familiares allí [una tía y varios primos], y más adelante los ayudaría a salir del país y traerlos aquí. Veía los efectos que la Depresión causaba en mis alumnos. Les costaba mucho encontrar trabajo, y, cuando lo encontraban, este dejaba mucho que desear. Observándolos empecé a entender hasta qué punto los hechos políticos y económicos afectan la vida de las personas. Comencé a sentir la necesidad de participar de forma más activa en la comunidad».[20]

Hubo una época en que se interesó en particular por los problemas de los trabajadores migrantes agrícolas. Avram Yedidia, vecino de un alumno de Oppenheimer, fue empleado en la Administración de Asistencia Estatal de California en los años 1937 y 1938, época en la que se conocieron. «Mostraba un profundo interés por las dificultades de los desempleados —recordaba Yedidia— y nos bombardeaba con preguntas sobre el trabajo de los migrantes que llegaban a nuestra zona procedentes de una Oklahoma y una Arkansas arrasadas por las tormentas de polvo. [...] La percepción que teníamos entonces, y que creo que compartía Oppenheimer, era que nuestro trabajo era vital y, en el lenguaje actual, "relevante", mientras que el suyo era esotérico y remoto».[21]

La Gran Depresión provocó que muchos estadounidenses reconsideraran su postura política, y en ningún lugar eso se dio tanto como en California. En 1930, tres de cada cuatro votantes constaban como republicanos; ocho años después, los demócratas los superaban en una proporción de dos a uno. En 1934, el polémico escritor Upton Sinclair casi consiguió el gobierno gracias a su radical programa para terminar con la pobreza en California. Aquel año, *The Nation* escribió en el editorial: «Si ha habido algún lugar donde ha podido estallar una revolución ha sido en California. En ninguna otra parte ha estado tan extendida y ha sido tan amarga la lucha entre el trabajo y el capital, ni las bajas han sido tan numerosas; en ninguna otra parte ha existido una negación más flagrante de las libertades individuales de las que es garante la Declaración de

Derechos de 1791». Otro reformista, Culbert L. Olson, demócrata, fue elegido gobernador en 1938 con el apoyo manifiesto del Partido Comunista; su campaña se llevó a cabo bajo el eslogan de un «frente unido contra el fascismo».[22]

Si bien la izquierda política en su conjunto predominó durante un breve lapso en California, el Partido Comunista regional seguía estando compuesto por una minoría muy pequeña incluso en los varios campus de la Universidad de California. En el condado de Alameda, donde se halla Berkeley, este decía contar con quinientos o seiscientos miembros, entre los cuales había un centenar de estibadores de los astilleros de Oakland. Dentro de la sede nacional, los comunistas californianos se consideraban una voz moderada. El partido californiano pasó de tener solo dos mil quinientos miembros en 1936 a más de seis mil en 1938, momento en el que en la sede nacional constaban aproximadamente setenta y cinco mil miembros; de todos modos, muchos de aquellos recién reclutados duraron menos de un año. En total, en la década de 1930, unos doscientos cincuenta mil estadounidenses estuvieron afiliados al Partido Comunista de Estados Unidos al menos durante un periodo corto.

Muchos demócratas defensores del New Deal no veían ningún estigma asociado a quienes se relacionaban con el Partido Comunista y sus numerosas actividades culturales y educativas. De hecho, el Frente Popular ostentaba cierto caché en algunos círculos. Muchos intelectuales que nunca fueron miembros del partido asistían de buen grado a congresos de escritores auspiciados por este o se prestaban voluntarios para dar clase a trabajadores en un Centro para la Educación del Pueblo. Por ello, no era particularmente insólito para un joven académico de Berkeley como Oppenheimer saborear por esa vía un pedacito de la vida intelectual y política de la California de la Gran Depresión. «Me gustaba la nueva noción de compañerismo —testificaría más adelante—, y en aquel tiempo me parecía que formaba parte de la vida de mi tiempo y de mi país».[23]

Fue Tatlock la que le «abrió las puertas» del mundo de la política.[24] Los amigos de ella se convirtieron en amigos de él. Entre ellos figuraban integrantes del Partido Comunista como Kenneth May (estudiante de posgrado de Berkeley), John Pitman (periodista del *People's World*), Aubrey Grossman (abogado), Rudy Lambert y Edith Arnstein. Una de las mejores amigas de Tatlock era Hannah Peters, una médica nacida en Alemania a quien había conocido en la Escuela de Medicina de la Universidad de Stanford. Peters, quien no tardó en convertirse en la doctora de Oppenheimer, estaba casada con Bernard Peters (anteriormente Pietrkowski), un refugiado de la Alemania nazi.

Nacido en Posen en 1910, Bernard estudió Ingeniería eléctrica en Múnich hasta que Hitler ascendió al poder, en 1933. Aunque después negara haber sido miembro del Partido Comunista, asistió a varios mítines comunistas como espectador, y en una ocasión estuvo presente en una manifestación antinazi en la que dos personas salieron heridas. No tardaron en detenerlo y recluirlo en Dachau, uno de los primeros campos de concentración nazis. Después de tres meses terroríficos, lo trasladaron a una cárcel de Múnich, y luego, sin explicación alguna, lo liberaron.[25] (En otra versión de la historia, Peters se las ingenió para escapar de la cárcel). Pasó varios meses viajando de noche en bicicleta por el sur de Alemania y cruzó los Alpes hasta Italia. Allí se reunió con su novia, Hannah Lilien, nacida en Berlín, de veintidós años, que había huido a Padua para estudiar Medicina. En abril de 1934, la pareja emigró a Estados Unidos. Se casaron en Nueva York el 20 de noviembre de ese mismo año y, después de que Hannah obtuviera el título, en 1937, en la Escuela Médica de Long Island (Nueva York), se mudaron a la zona de la bahía de San Francisco. En la Escuela de Medicina de Stanford, Hannah trabajó durante un tiempo en proyectos de investigación con el doctor Thomas Addis, amigo y mentor de Jean Tatlock. Cuando Oppenheimer conoció a los Peters, a través de Jean, Bernard trabajaba como estibador.

En 1934, este había escrito un relato de unas tres mil palabras sobre los horrores de que había sido testigo en Dachau. Describía con todos sus nauseabundos detalles la tortura y ejecución sumaria de prisioneros. Uno de ellos, refirió, «murió en mis brazos unas horas después de la paliza. Tenía toda la piel de la espalda desgarrada y los músculos le colgaban en jirones».[26] No cabe duda de que, al llegar a la Costa Oeste, Peters compartió aquel gráfico relato de las atrocidades nazis con sus amigos. Tanto si Oppenheimer las leyó como si meramente le oyó hablar de ellas, aquellas historias de seguro le afectaron en lo más profundo. La extraordinaria vida de aquel tenía el color de lo genuino y lo tangible. Otro alumno graduado de Oppie, Philip Morrison, siempre pensó que Peters era «un poco diferente de la mayoría de nosotros, más maduro, marcado con una seriedad e intensidad peculiares. [...] Su experiencia iba mucho más allá que la nuestra. [...] Había visto y sentido la oscura barbarie que cubría la Alemania nazi [y] había trabajado con los estibadores de la bahía de San Francisco».[27]

Cuando Peters mostró interés por la física, Oppie lo animó a que se inscribiera en un curso sobre la materia en Berkeley.[28] Resultó ser un estudiante muy capaz y, pese a que no tenía el título, Robert lo metió en el programa para graduados en Física. Peters pasó a ser la persona que tomaba apuntes en el curso de mecánica cuántica de Oppenheimer y desarrolló su tesis bajo su supervisión. Como era de esperar, Oppie y Jean Tatlock se veían mucho con Hannah y Bernard Peters. Aunque la pareja siempre sostuvo que nunca se adhirió al Partido Comunista, su ideología era claramente de izquierdas. Hacia 1940, Hannah tuvo un consultorio privado en un barrio pobre del centro de Oakland, y esa experiencia «le fortaleció la convicción que había ido creciendo con los años de que una atención médica adecuada solo puede proporcionarse con una cobertura médica inclusiva que goce del apoyo federal».[29] También defendía la integración racial en el ejercicio de su profesión y acogía a pacientes negros en una época en que muy pocos médicos blancos lo hacían. Ambas particularidades sirvieron para etiquetarla de radical, y el FBI concluyó que pertenecía al Partido Comunista.[30]

Todos esos nuevos amigos arrastraron a Oppenheimer a su mundo de activismo político. No obstante, sería incorrecto afirmar que Tatlock y su círculo fueron los únicos responsables de su despertar político. En algún momento de 1935, Julius le prestó un ejemplar de *Soviet Communism: A New Civilization?*, una descripción optimista del Estado soviético escrita por los conocidos socialistas británicos Sidney y Beatrice Webb; lo que se relataba en él sobre el experimento soviético lo impresionó favorablemente.[31]

Se decía que, en el verano de 1936, Oppenheimer cogió los tres volúmenes de la edición alemana de *El capital* y los portó consigo en el tren que lo llevaría a Nueva York, viaje que duraba tres días. Según sus amigos, cuando llegó a la ciudad había leído los tres volúmenes de cabo a rabo. En realidad, el primer contacto con Marx lo había tenido unos años antes, seguramente en la primavera de 1932. Su amigo Harold Cherniss recordaba que Oppie lo visitó en Ithaca (Nueva York) aquella primavera y se jactó de haber leído *El capital*. Cherniss se limitó a reír; no lo tenía por una persona con intereses políticos, pero sí sabía que leía mucho. «Supongo que alguien le diría: "¿No lo conoces? ¿No lo has leído?". ¡Y se agenció el libro de marras y lo leyó!».[32]

Todavía tendrían que presentarlos, pero Haakon Chevalier conocía a nuestro protagonista por su reputación, y no precisamente la relacionada con el trabajo en física. En julio de 1937, Chevalier apuntó en su diario un comentario que hizo un amigo de ambos: Oppenheimer había comprado y leído las obras completas de Lenin. Este, impresionado, dijo que, si era así, el físico «era una persona más leída que muchos miembros del partido».[33] Aunque Chevalier se consideraba un marxista relativamente versado, nunca se había sumergido en *El capital*.

Haakon Chevalier, pese a haber nacido en Lakewood (New Jersey), en 1901, podía pasar perfectamente por un expatriado.[34] Su padre era francés y su madre había nacido en Noruega. Hoke (así lo llamaban sus amigos) pasó parte de la infancia en París y en Oslo, por lo que hablaba con fluidez el francés y el noruego. Sus padres lo llevaron de vuelta a Estados Unidos en 1913, y terminó la educación secundaria en Santa Barbara (California). Fue a la universidad en Stanford y en Berkeley, y en 1920 interrumpió los estudios para pasar once meses como marinero en un barco mercante que navegaba entre San Francisco y Ciudad del Cabo. Después de aquella aventura, Chevalier regresó a Berkeley y se doctoró en Lenguas románicas en 1929 con la especialidad en Literatura francesa.

Con su metro ochenta y cinco de estatura, los ojos azules y el pelo castaño ondulado, el joven Hoke tenía cierto aire caballeroso. En 1922 se casó con Ruth Walsworth Bosley, pero se divorció de ella en 1930 aduciendo abandono del hogar. Al cabo de un año se casó con Barbara Ethel Lansburgh, de veinticuatro años, alumna suya de Berkeley. Esta, rubia y de ojos verdes, procedía de una familia acaudalada y poseía una casa impresionante de secuoya en la costa, en Stinson Beach, a treinta kilómetros al norte de San Francisco. «Era un profesor muy carismático —recordaría su hija, Suzanne Chevalier-Skolnikoff—. Eso fue lo que la atrajo de él».[35]

En 1932, Chevalier publicó su primer libro, una biografía de Anatole France. El mismo año empezó a escribir reseñas de libros y ensayos para las revistas *New Republic* y *Nation*, de tendencia izquierdista. A mediados de la década de 1930 ya se había convertido en un habitual del campus de Berkeley: daba clase de literatura francesa y abría su intrincada casa de secuoya, sita en la calle Chabot de Oakland, a un ecléctico tropel de estudiantes, artistas, activistas políticos y escritores invitados como Edmund Wilson, Lillian Hellman y Lincoln Steffens. Solía quedarse de fiesta hasta entrada la noche, y por las mañanas llegaba tarde tan a menudo que el departamento acabó por prohibirle que impartiera clases matinales.[36]

Chevalier era un intelectual ambicioso y políticamente activo. Se afilió a la Unión Estadounidense por las Libertades Civiles, el sindicato de profesores, la Asociación Interprofesional y el sindicato de consumidores. Se hizo amigo y simpatizante de Caroline Decker, líder de los Trabajadores Agrícolas y de Conservas de California, un sindicato radical que representaba a los campesinos y granjeros mexicano-estadounidenses. En la primavera de 1935, el campus de Berkeley se movilizó para protestar por la expulsión de un estudiante que había ofendido a las autoridades universitarias por propugnar su afiliación comunista. La reunión convocada al respecto se deshizo con la irrupción del equipo de fútbol, instigado por el entrenador. Según un relato, solo un miembro de la facultad —Haakon Chevalier— «ofreció refugio y apoyo moral a los estudiantes rastreados [*sic*] y aterrorizados».[37]

Chevalier visitó Francia en 1933, y allí consiguió conocer a destacadas figuras literarias de izquierdas como André Gide, André Malraux y Henri Barbusse. Volvió a California convencido de que estaba destinado a «presenciar la transición de una sociedad basada en la búsqueda del beneficio y la explotación del hombre por el hombre a una sociedad basada en la producción para el uso y en la cooperación humana».[38]

En 1934 ya había traducido la aclamada novela de André Malraux sobre el levantamiento chino de 1927, *La condición humana* y *El tiempo del desprecio*, ambas inspiradas por lo que Chevalier creía «la nueva visión del hombre».[39]

Como para tantos izquierdistas, el estallido de la guerra civil española supuso un punto de inflexión para Chevalier. En julio de 1936, facciones derechistas del ejército español se rebelaron contra el Gobierno de Madrid, de izquierdas y elegido democráticamente. Liderados por el general Francisco Franco, los rebeldes fascistas contaban con derrocar la República en pocas semanas, pero la resistencia popular fue tenaz, y se desencadenó una brutal guerra civil. Estados Unidos y las democracias europeas, que sospechaban que el Gobierno español estaba bajo la influencia comunista, apoyados por la Iglesia católica, declararon un embargo armamentístico a ambas facciones, lo cual dio una ventaja notable a los fascistas, ya que recibían generosas ayudas de la Alemania de Hitler y la Italia de Mussolini. Solo la Unión Soviética socorrió al asediado Gobierno republicano. Además, voluntarios procedentes de todas partes del mundo, casi todos comunistas pero también de otras simpatías de izquierdas, se unieron a las Brigadas Internacionales para defender la República. Desde 1936 hasta 1939, la contienda fue un tema de conversación polémico en los círculos liberales de todas partes. En esos años, unos dos mil ochocientos estadounidenses marcharon como voluntarios a luchar contra los fascistas y se unieron a la brigada Abraham Lincoln, respaldada por el comunismo.[40]

En la primavera de 1937, Malraux hizo un viaje por California, y Chevalier lo acompañó. Recién herido en la guerra civil española, el novelista promocionaba sus libros y captaba fondos para la Agencia Médica, un grupo que enviaba ayuda médica a la República española. Para Chevalier, Malraux personificaba el intelectual serio que además estaba comprometido políticamente.

Todo indica que en 1937 Chevalier estaba vinculado al Partido Comunista. Sus memorias, publicadas en 1965 con el título de *Oppenheimer: The Story of a Friendship*, describen de un modo bastante explícito cuál era su actitud política en la década de 1930. Pero incluso en el momento en que las escribió, once años después del auge del macartismo, consideró prudente ser vago en torno a la cuestión fundamental de si pertenecía al Partido Comunista o no. Los últimos años de la década de 1930, escribió, fueron «tiempos de inocencia. [...] Nos alentaba una cándida fe en la eficiencia de la razón y la persuasión, en la ejecución de los procesos democráticos y en el triunfo último de la justicia». Según relató, hombres de mentalidad similar, como Oppenheimer, creían que en el resto del mundo la República española triunfaría sobre los vientos de la Europa fascista y que, en Estados Unidos, las reformas del New Deal estaban abriendo camino a un nuevo pacto social basado en la igualdad de raza y clase. Muchos intelectuales albergaban tales esperanzas, y algunos también se unieron al Partido Comunista.

En la época en la que lo conoció Oppenheimer, Chevalier era un intelectual marxista comprometido, probable miembro del partido y presumiblemente un consejero respetado aunque informal de los cabecillas de la sede de este en San Francisco. Desde hacía años sabía quién era Oppenheimer, lo veía en el Club de la Facultad y en otros lugares del campus. Le habían llegado rumores de que aquel físico joven y brillante «tenía ganas de hacer algo más que limitarse a leer sobre los problemas que devastaban el mundo. Quería hacer algo».[41]

Por fin presentaron a Chevalier y a Oppenheimer en una de las primeras reuniones del recién creado sindicato de profesores. Chevalier precisaría más tarde que aquel primer encuentro tuvo lugar en otoño de 1937. Pero si se conocieron en aquella reunión, cosa que ambos afirmarían al cabo del tiempo, ello situaría la ocasión dos años antes, en otoño de 1935, que fue cuando el Sector 349 del sindicato de profesores, una filial de la Federación Estadounidense del Trabajo, se abrió para admitir profesores universitarios. «Un grupo de gente de la facultad hablamos sobre ello —testificaría Oppenheimer más adelante—, y nos juntamos, y comimos en el Club de la Facultad o algún sitio de estos, y dijimos que sí».[42] Él fue elegido secretario de actas. Chevalier, más tarde, sería el presidente del Sector 349, el cual en pocos meses sumó un centenar de miembros, cuarenta de los cuales eran profesores o docentes de apoyo de la universidad.

Ni Oppenheimer ni Chevalier recordaban con exactitud las circunstancias de su primer encuentro; solo que se cayeron bien de inmediato.

El segundo dijo haber tenido «una sensación alucinatoria [...] de que lo conocía desde siempre». Se quedó deslumbrado por su inteligencia y fascinado por su «naturalidad y sencillez». Aquel día, según Chevalier, acordaron crear un grupo de debate de entre seis y diez personas que se reunirían una vez a la semana o cada dos para hablar de política. Dichos encuentros se celebrarían con regularidad desde el otoño de 1937 hasta finales del otoño de 1942. Durante aquellos años, Chevalier consideró a Oppenheimer como «mi amigo más íntimo e incondicional». La amistad surgió como producto del compromiso político de ambos, pero, tal como explicó aquel al cabo del tiempo, «nuestra relación, no obstante, ni siquiera al principio fue puramente ideológica, sino que rebosaba de connotaciones personales, de calidez, curiosidad, reciprocidad, de un intercambio intelectual que pronto devino en afecto». Chevalier enseguida empezó a llamar a su nuevo amigo por su apodo, Oppie, y este a su vez se encontró acudiendo con frecuencia a casa de Chevalier para cenar. De vez en cuando iban al cine o a un concierto. «Beber tenía para él una función social que requería cierto ritual», escribió Chevalier en sus memorias. Oppie hacía «los mejores martinis del mundo», que se bebían invariablemente con su brindis personal: «Por la confusión de nuestros enemigos». Estaba muy claro, pensaba Chevalier, quiénes eran sus enemigos.[43]

Para Jean Tatlock, lo importante eran las causas y no el partido ni su ideología. «Me habló de su afiliación al Partido Comunista —testificaría Oppenheimer—. A veces se inscribía, a veces se daba de baja; nunca parecía ofrecerle lo que andaba buscando. No creo que sus intereses fueran realmente políticos. Tenía un profundo sentido religioso. Amaba este país y a su gente y sus vidas». En otoño de 1936, la causa que le acaparaba toda la atención era la situación de la España republicana.

Fue la naturaleza apasionada de Tatlock la que empujó a Oppenheimer a pasar de la teoría a la práctica. Una vez le comentó que siempre se pondría del lado de los desamparados, pero que tendría que conformarse con quedarse en la periferia de las peleas políticas. «Oh, por amor de Dios —protestó Jean—, no te conformes con nada».[44] Ambos empezaron a organizar colectas en beneficio de una serie de grupos de ayuda para España. En invierno de 1937-1938, Jean le presentó al doctor Thomas Addis, presidente de la Campaña por los Refugiados Españoles y distinguido profesor de Medicina en la Universidad de Stanford. Él había animado a Tatlock a que estudiara en la Escuela de Medicina de esa misma universidad; era tanto un amigo como un mentor. Resultó ser también amigo de Haakon Chevalier, Linus Pauling (compañero de Oppie en el Caltech), Louise Bransten y muchas otras personas que formaban parte del círculo de conocidos de Berkeley de Oppenheimer. Addis enseguida se convirtió en «un buen amigo» suyo.[45]

Tom Addis era una persona extraordinariamente cultivada. Era escocés; nació en 1881 y creció en Edimburgo, en el seno de una familia calvinista muy estricta. (Cuando empezó a ejercer, todavía llevaba una Biblia pequeña en el bolsillo).[46] Se tituló en Medicina en la Universidad de Edimburgo en 1905 y disfrutó de una beca Carnegie, con la que realizó investigación posdoctoral en Berlín y en Heidelberg. Fue el primer investigador médico que demostró que el plasma normal puede usarse para tratar la hemofilia. En 1911 lo hicieron jefe del Laboratorio Clínico de la Escuela de Medicina de la Universidad de Stanford (San Francisco). Allí empezó una carrera larga e ilustre como investigador médico y fue pionero en el tratamiento de patologías renales. Escribió dos libros sobre nefritis y más de ciento treinta artículos científicos, y llegó a ser el mejor especialista de Estados Unidos en la materia. En 1944 fue elegido miembro de la prestigiosa Academia Nacional de las Ciencias.[47]

Además de labrarse una reputación como investigador médico, siempre fue activista político.[48] En 1914, cuando estalló la guerra en Europa, Addis violó las leyes de neutralidad estadounidenses y recaudó fondos para destinarlos a los británicos. Fue imputado en 1915, pero en 1917 el presidente Woodrow Wilson lo perdonó oficialmente. El año siguiente adquirió la ciudadanía estadounidense. Pese a proceder de un entorno privilegiado (su tío, sir Charles Addis, fue director del Banco de Inglaterra), sentía una profunda aversión por el dinero. En California se lo conocía por defender los derechos civiles de los negros, judíos y sindicalistas; firmó un sinfín de peticiones y prestó su nombre a otras tantas entidades cívicas. Era amigo del líder sindical de los estibadores, el radical Harry Bridges.[49]

En 1935, Addis asistió al Congreso Internacional de Fisiología celebrado en Leningrado.[50] Regresó de la Unión Soviética con relatos encendidos sobre el progreso que había conseguido el Estado socialista en salud pública. En particular, lo impresionó que los médicos soviéticos hubieran experimentado con cadáveres humanos para practicar trasplantes de riñón en una fecha tan temprana como 1933. A partir de entonces abogó con todas sus fuerzas por la creación de una cobertura médica nacional, cosa que al final desembocó en su expulsión de la Asociación Médica Estadounidense. Sus colegas de Stanford veían la admiración que profesaba al sistema soviético como un «acto de fe», una rareza tolerable en un científico respetado.[51] Pauling opinaba que era «un gran hombre, poco habitual: una combinación de científico y clínico».[52] Para otros se trataba de un genio. «No era uno de esos que tienen la necesidad interior de ir a lo seguro, de parecer sensato y racional —recordaría el doctor Horace Grey, colega suyo—. Era un explorador, una mente abierta y liberal, un inconformista sin ser rebelde».

A finales de la década de 1930, el FBI declaraba que Addis era uno de los principales reclutadores de trabajadores no manuales para el Partido Comunista. Con el tiempo, el propio Oppenheimer pensaría de él que, si no era comunista, «estaba muy cerca de serlo».[53] «Tom Addis consideraba una afrenta personal cualquier injusticia u opresión que ocurriera a la vuelta de la esquina —escribió un colega médico de Stanford—, o en la ciudad, o en Sudáfrica, o en Europa, o en Java, o en cualquier lugar habitado por seres humanos, y su nombre, que casi siempre encabezaba las relaciones alfabéticas, saltaba a la vista en las listas de valedores de docenas de organizaciones que luchaban por la democracia y contra el fascismo».[54]

Durante unos doce años, Addis ejerció de vicepresidente o de presidente del Comité Estadounidense para la Ayuda a España de manera intermitente, y fue en cuanto tal que se acercó a Oppenheimer para pedirle contribución financiera. En 1940, Addis afirmaba que el comité había sido «decisivo» a la hora de rescatar miles de refugiados, incluidos muchos judíos europeos, de los campos de concentración franceses.[55] Oppenheimer, que ya simpatizaba con la causa de la República española, se vio conquistado e impresionado por la mezcla exquisita de compromiso pragmático y rigor intelectual de que hacía gala Addis. Era un erudito, igual que él, una persona de intereses amplios cuyos conocimientos de poesía, música, economía y ciencia «impregnaban su trabajo. [...] No existían separaciones entre todas esas cosas».[56]

Un día, Oppenheimer recibió una llamada telefónica de Addis en la que lo invitaba a su laboratorio de Stanford. Se reunieron en privado y este le dijo: «Estás dando todo este dinero [para la causa de la República española] a través de organizaciones benéficas. Si quieres que de verdad sirva de algo, deja que vaya por canales comunistas [...] y así será de auténtica ayuda».[57] A partir de entonces, Oppenheimer entregó con regularidad dinero en efectivo al doctor Addis, habitualmente en el laboratorio o en casa de este. «[Addis] dejó muy claro que ese dinero [...] iba directo a los esfuerzos de la guerra». Al cabo de un tiempo, sin embargo, Addis indicó que sería más conveniente dar aquellas contribuciones regulares a Isaac «Pop» Folkoff, integrante del Partido Comunista de San Francisco desde hacía largo tiempo. Oppenheimer abonaba en efectivo porque pensaba que no debía de ser del todo legal dar dinero para comprar equipo militar, a diferencia de darlo para asistencia médica. Las cantidades anuales que aportó en beneficio de España a través del Partido Comunista alcanzaron los mil dólares, una suma considerable en los años treinta.[58] Después de la victoria fascista, en 1939, Addis y luego Folkoff solicitaban dinero para otras causas, como, por ejemplo, los esfuerzos del partido por coordinar a los trabajadores migrantes en agricultura y ganadería de California. Al parecer, la última contribución de Robert fue en abril de 1942.[59]

Cuando Oppenheimer conoció a Folkoff, antiguo trabajador textil casi octogenario con parálisis en una mano, este encabezaba el comité de finanzas del Partido Comunista en el Área de la Bahía. «Era un izquierdista veterano y respetado —recordaría Steve Nelson, comisario político de la brigada Abraham Lincoln que llegó a presidente de la sede del partido de San Francisco en 1940—. No pretendo denigrarlo, pero no era un trabajador serio y se interesó por la filosofía. Se volvió bastante experto en la doctrina marxista. Tenía una especie de prestigio y dignidad y credibilidad. Se veía con profesionales cercanos al movimiento y recolectaba dinero de ellos».[60] Nelson confirmó que Folkoff recibió dinero tanto de Robert como de Frank Oppenheimer.

Cuando a nuestro protagonista le preguntaron, en 1954, por aquellas donaciones al Partido Comunista, explicó: «Dudo que se me pasara por la cabeza que las contribuciones pudieran destinarse a otros propósitos que no fueran los que yo pensaba, o que tales propósitos fueran perversos. En aquel entonces yo no veía peligrosos a los comunistas, y algunos de sus objetivos me parecían deseables».[61]

El Partido Comunista solía abanderar causas progresistas como la abolición de la segregación racial, la mejora de las condiciones laborales para los trabajadores agrícolas migrantes y la lucha contra el fascismo en la guerra civil española. Oppenheimer fue haciéndose cada vez más activo en relación con algunas de esas causas. A principios de 1938 se suscribió a *People's World*, el nuevo periódico de la sede del partido de la Costa Oeste. Lo leía con puntualidad y, como aclaró más tarde, le suscitaba interés «la formulación de los problemas».[62] A finales de enero de aquel año, su nombre encontró un hueco en el periódico: publicaron que Oppenheimer, Haakon Chevalier y otros profesores de Berkeley habían recaudado mil quinientos dólares para comprar una ambulancia y enviarla a la República española.[63]

Aquella primavera, Oppenheimer y otros ciento noventa y siete académicos de la costa pacífica firmaron una petición en que solicitaban al presidente Roosevelt que levantara el embargo de armamento a la República española.[64] Unos meses después, Robert se sumó al Consejo Occidental del sindicato de consumidores. En enero de 1939 lo escogieron miembro del comité ejecutivo de la sección californiana de la Unión Estadounidense por las Libertades Civiles. En 1940 figuraba como contribuyente de los Amigos del Pueblo Chino y se incorporó a la comisión ejecutiva nacional del Comité Estadounidense por la Democracia y la Libertad Intelectual, un grupo que divulgaba las dificultades por las que pasaban los intelectuales alemanes. Salvo a la Unión Estadounidense por las Libertades Civiles, el Comité de Actividades Antiestadounidenses etiquetó a todas esas organizaciones de «tapaderas comunistas» en 1942 y en 1944.

Oppenheimer se mostró particularmente activo en el Sector 349 del sindicato de profesores del Este de la Bahía. «Fueron tiempos de muchas tensiones en la facultad —recordaría Chevalier—. Los pocos de nosotros que éramos más o menos de izquierdas nos dábamos perfecta cuenta de que los mayores nos miraban con malos ojos».[65] En las reuniones del consejo de la facultad, los conservadores «siempre ganaban». La mayoría de los académicos de Berkeley se negaban a tener relación alguna con los sindicatos. Entre las excepciones se encontraba Edward Tolman, profesor de Psicología de Jean Tatlock y hermano de un amigo que Oppenheimer tenía en el Caltech, Richard Tolman. Durante cuatro años, Robert trabajó duro para aumentar el número de miembros del sindicato. Según Chevalier, era raro que se perdiera una reunión y se podía contar con él hasta para la tarea más insignificante. Se acordaba de una ocasión en que se quedaron hasta las dos de la madrugada preparando las cartas que debían enviar por correo a los varios cientos de afiliados al sindicato, un cometido tedioso para una causa mal vista. Una noche, Oppenheimer figuró como ponente destacado de un acto celebrado en el auditorio del instituto de Oakland. Se había hecho mucha propaganda, y el sindicato de profesores esperaba que cientos de maestros procedentes de escuelas públicas se reunieran allí para escuchar a Oppenheimer disertar sobre lo que prometía la causa del sindicato. Asistieron menos de una docena de personas. Aun así, se levantó y soltó el discurso sindical en aquella característica voz suya tan baja que apenas se lo oía.[66]

Había quien pensaba que las acciones políticas de Oppenheimer estaban movidas siempre por motivos personales. «De una manera u otra, uno siempre sabía que se sentía culpable por sus dones, por su riqueza heredada, por la distancia que lo separaba de los demás», observó Edith Arnstein, amiga de Tatlock y miembro del partido.[67] Ya al inicio de la década de 1930, cuando todavía no se dedicaba activamente a la política,

Oppenheimer estaba siempre al tanto de lo que ocurría en Alemania. Solo un año después de que Hitler tomara el poder, ya aportaba sumas generosas de dinero para ayudar a los físicos judíos alemanes a escapar del nazismo del país, hombres que conocía y admiraba. También hablaba a menudo, angustiado, de las dificultades en las que se encontraban los familiares que tenía en Alemania. En otoño de 1937, Hedwig Oppenheimer Stern —una tía de Robert, la hermana más joven de Julius— y su hijo Alfred Stern, junto con la familia de este, llegaron a Nueva York como refugiados de la Alemania nazi. Robert los ayudó en los asuntos legales y les pagó los gastos, y no tardó en convencerlos para que fueran a vivir a Berkeley. Su generosidad hacia los Stern no fue pasajera; siempre los consideró su familia. Décadas después, cuando murió Hedwig, su hijo escribió a Oppenheimer: «Mientras pudo pensar y sentir, siempre estuvo de tu lado».[68]

Aquel otoño, Robert conoció a otro refugiado europeo, el doctor Siegfried Bernfeld, un muy respetado discípulo vienés de Sigmund Freud. Huyendo de la propagación del nazismo, este había ido primero a Londres, donde otro freudiano, el doctor Ernest Jones, le había aconsejado: «Váyase al oeste, no se quede aquí». En septiembre de 1937, Bernfeld se instaló en San Francisco, una ciudad en la que sabía que entonces solo había un psicoanalista ejerciendo su profesión. Su mujer, Suzanne, también lo era. El padre de ella había sido un destacado marchante de arte de Berlín que contribuyó a la introducción para el público alemán de artistas como Cézanne o Picasso. Cuando llegaron a San Francisco, el matrimonio vendió una de las últimas pinturas que les quedaban de su antaño impresionante colección para pagar los gastos cotidianos. El doctor Bernfeld, profesor elocuente e idealista apasionado, era uno de aquel puñado de freudianos que trataban de integrar el psicoanálisis con el marxismo.[69] De joven, en Austria, había sido activista político, primero como sionista y luego como socialista. Alto y enjuto, llevaba un sombrero *porkpie*, de fieltro, ala corta y copa plana y baja. Oppenheimer quedó tan impresionado por él que al poco tiempo empezó a llevar un sombrero como el suyo.

Al cabo de unas semanas de haber aterrizado en San Francisco, el doctor Bernfeld organizó un grupo abierto para los principales intelectuales de la ciudad en el que debatieran regularmente sobre psicoanálisis. Además de a Oppenheimer, invitó al doctor Edward Tolman, al doctor Ernest Hilgard, a los doctores Donald y Jean Macfarlane (amigos de Frank Oppenheimer), a Erik Erikson (psicoanalista nacido en Alemania y formado por Anna Freud), al doctor en pediatría Ernst Wolff (que sería el jefe de Jean Tatlock en la clínica infantil del hospital Mount Zion), al doctor Stephen Pepper (profesor de Filosofía en Berkeley) y al renombrado antropólogo Robert Lowie para que fueran participantes habituales de aquel grupo de estudio interdisciplinar. Se reunían en la casa de alguno de ellos, bebían buen vino, fumaban cigarrillos y hablaban de asuntos psicoanalíticos como «el miedo a la castración» y «la psicología de la guerra».[70]

Oppenheimer, como es obvio, tenía recuerdos de juventud muy amargos de sus relaciones con psiquiatras, pero sin duda era parte de la atracción que sentía por la materia. El trabajo de Erikson sobre el problema de «la formación de la identidad» en adultos jóvenes debió de interesarle en particular. Una adolescencia prolongada, aducía este, acompañada de «alteraciones malignas crónicas» era a veces síntoma de que el individuo tenía dificultades para librarse de ciertos fragmentos de su personalidad que consideraba indeseables. Al buscar la «integridad», y sin embargo sintiendo la amenaza de la pérdida de la identidad, algunos adultos jóvenes experimentan una rabia tal que atacan a otras personas con actos destructivos arbitrarios. El comportamiento y los problemas que había manifestado Oppenheimer en 1925 y 1926 se correspondían con aquella hipótesis en maneras significativas. Se había sumergido en la física teórica y se había forjado una identidad robusta, pero las cicatrices permanecían. Como ha observado el físico e historiador de la ciencia Gerald Holton, «persistía cierto daño psicológico, no obstante; en concreto, una vulnerabilidad que recorría su personalidad como una falla geológica susceptible de emerger a la superficie en el siguiente terremoto».[71]

Algunas veces, Bernfeld hablaba sobre casos concretos que veía en terapia. Como su mentor, Freud, disertaba sin consultar apuntes, fumando un cigarrillo tras otro. «Bernfeld fue uno de los oradores más elocuentes que he oído nunca —recordaba otro psicoanalista, el doctor Nathan Adler—. Me sentaba en el borde de la silla escuchando no solo lo que decía, sino cómo lo decía. Era una experiencia estética».[72] A Oppenheimer, el único físico del grupo, se lo recordaba como una persona «con un interés intenso» en el psicoanálisis. En todo caso, la curiosidad que sentía Robert por lo psicológico complementaba su interés por la física. Recordemos la queja que Pauli expresó a Isidor Rabi en Zúrich: Oppenheimer «parecía tomarse la física como un pasatiempo y el psicoanálisis como vocación».[73] Lo metafísico seguía teniendo prioridad para él.[74] Así, entre 1938 y 1941 sacó tiempo para asistir a los seminarios de Bernfeld, un grupo de estudio que en 1942 dio lugar a la constitución del Instituto y Sociedad Psicoanalítica de San Francisco.

La intensa relación, a menudo veleidosa, con Jean Tatlock, instigaba a Oppenheimer a explorar el ámbito de lo psicológico; al fin y al cabo, ella estaba estudiando para ser psiquiatra. Aunque no participaba en el grupo mensual de Bernfeld, Jean conocía a algunas de aquellas personas, y más adelante este doctor la sometería a análisis como parte de su formación. Introspectiva y de temperamento cambiante, la joven compartía la obsesión de Robert por el inconsciente. Por otra parte, no es raro que este, en cuanto activista político, quisiera estudiar psicoanálisis de la mano de un marxista freudiano como el doctor Bernfeld.

Entre sus amigos más antiguos hubo quien no aceptó bien aquel súbito activismo político, en particular Ernest Lawrence, que se compadecía con facilidad de las penurias que sufrían los parientes perseguidos de Robert, pero que desde una óptica más personal pensaba que lo que sucedía en Europa no era de la incumbencia de su país. Les dijo tanto a Robert como a Frank, su hermano, por separado: «Eres demasiado buen físico para meterte en política y en causas».[75] Esas cosas, opinaba, era mejor dejarlas a los expertos. Un día, Lawrence entró en el Laboratorio de Radiación y vio que Oppie había escrito en la pizarra: «Cóctel en beneficio de los republicanos españoles en el Brode's, todo el laboratorio está invitado». Irritado, Lawrence miró la pizarra con fiereza y lo borró. Las actividades políticas de Oppie le resultaban un incordio.

9

«Lo recorté y lo envié»

> Nosotros [Chevalier y Oppenheimer] éramos miem-
> bros [del Partido Comunista] y no lo éramos. Según
> como se mire.
>
> HAAKON CHEVALIER

El 20 de septiembre de 1937, Julius Oppenheimer murió de un ataque al corazón a los sesenta y siete años. Robert sabía que su padre ya no estaba fuerte, pero su repentina muerte le resultó un golpe muy duro. Desde que Ella falleciese, casi seis años atrás, en 1931, Julius había trabado una relación íntima y cariñosa con sus hijos. Los visitaba con frecuencia, y muchas veces se dio el caso de que los amigos de Robert se hicieron amigos de su padre.

Su fortuna había mermado un poco tras ocho años de recesión; aun así, en el momento de su muerte, el capital, dividido a partes iguales entre Robert y Frank, ascendía a la cantidad todavía considerable de 392.602 dólares.[1] La renta anual que producía la herencia daba como media unos diez mil dólares a cada hermano en adición a su sueldo. Pero, como para recalcar que sentía cierta ambivalencia hacia su riqueza, Robert redactó de inmediato un testamento en el que dejaba todo su capital a la Universidad de California, para que lo destinara a becas para graduados.[2]

Los hermanos Oppenheimer siempre habían estado muy unidos. Robert estableció relaciones muy estrechas con algunas personas, pero ninguna fue tan profunda ni duradera como la que forjó con su hermano. La correspondencia que mantuvieron en la década de 1930 refleja una intensidad emocional poco corriente entre hermanos, y menos teniendo en cuenta que se llevaban ocho años. Las cartas de Robert a menudo suenan más como las de un padre que como las de un hermano mayor. A veces escribía a Frank con lo que a este debía de parecerle una superioridad exasperante. Era obvio que este quería emular a su obstinado hermano, y toleraba con paciencia todo lo que dijera o hiciera. Solo pasados los años reconocería que la «arrogancia adolescente [...] le duró a mi hermano un poco más de la cuenta».[3]

Se parecían y no se parecían. Frank Oppenheimer caía bien a todo el mundo. Era como Oppie, pero sin mordacidad, estaba dotado de mucha de su agudeza y nada de su aspereza. «Frank es una persona tierna y amorosa», dijo la física Leona Marshall Libby, amiga de los dos hermanos.[4] Lo llamaba «función delta», un recurso matemático que usan los físicos en el que delta equivale a cero siempre que no sea un determinado punto en el espacio o en el tiempo, en que se vuelve infinita: si se quería contar con él, siempre tenía una reserva infinita de buena voluntad y alegría. Años después, el propio Robert diría de su hermano: «Como persona, es mucho mejor que yo».[5]

Hubo un tiempo en que Robert intentó disuadir a Frank de que se dedicara a la física. Cuando tenía solo trece años y estaba decidido a seguir los pasos de su hermano, este le escribió: «No creo que vayas a disfrutar mucho leyendo sobre relatividad si antes no has estudiado un poco de geometría, un poco de mecánica, un poco de electrodinámica. Pero si quieres probar, el libro de Eddington es el mejor para empezar. [...] Y un último consejo: intenta entender de verdad, hasta que te quedes contento, con rigor y honestidad, las pocas cosas que más te interesen, porque será solo cuando hayas aprendido a hacerlo así, cuando te des cuenta de lo duro y lo satisfactorio que es, tanto que apreciarás plenamente las cosas más espectaculares, como la relatividad y la biología mecanicista. Si crees que me equivoco, por favor, no dudes en decírmelo. Hablo solo por mi modesta experiencia».[6]

Para cuando llegó a la Universidad Johns Hopkins (Baltimore), Frank estaba determinado a demostrar que estaba hecho de la misma pasta que su hermano. Igual que él, era polímata; amaba la música y, a diferencia de él, tocaba un instrumento, la flauta, magníficamente bien. En Hopkins formaba parte de un cuarteto. Sin embargo, estaba entregado a la física.[7] Cuando cursaba segundo, Frank y Robert se encontraron en Nueva Orleans para asistir a la reunión anual de la Sociedad Estadounidense de Física. Robert escribiría después a Ernest Lawrence que «pasamos unas buenas vacaciones juntos, y creo que la vocación de Frank por la física ya está decidida».[8] Tras codearse con un buen número de físicos, todos rebosantes de entusiasmo por su trabajo, Robert observó que «es imposible no sentir por ellos una enorme simpatía y respeto, y una gran atracción por su trabajo». El segundo día del congreso, llevó a Frank a una sesión conjunta de bioquímica y psicología, y, aunque fue «muy alborotada y divertida», «no alimentaba mucho la fe en ninguna de las dos ciencias».

Sin embargo, al cabo de unos meses, Robert advirtió a Frank de que no se decantara por la física sin haber explorado antes otras alternativas. Creía que podría despertársele el apetito intelectual con algún curso en biología. Si bien le dijo que «sé de buena mano y sin duda alguna que la física posee una belleza incomparable a la de ninguna otra ciencia, así como rigor, austeridad y profundidad», lo animó a que hiciera algún curso avanzado en fisiología: «Desde luego, la genética requiere de una técnica rigurosa y una teoría constructiva y complicada. [...] Por supuesto, y con mi más absoluta bendición, aprende física, todo lo que hay sobre ella, de manera que la entiendas y puedas ponerla en práctica y contemplarla, y si quisieras, enseñarla. Pero no proyectes todavía "hacerla": decidir que tu vocación es la investigación física. Para llegar ahí, debes conocer más sobre las otras ciencias y muchísimo más sobre física».[9]

Frank hizo caso omiso de ese consejo fraternal. Después de obtener el grado en Física en solo tres años, pasó en Inglaterra de 1933 a 1935 estudiando en los Laboratorios Cavendish, bajo la orientación de algunos físicos que habían dado clase a su hermano, y conoció a amigos suyos como Paul Dirac y Max Born. Por aquel entonces, Robert ya había aceptado del todo la elección de su hermano: «Ya sabes qué contento me puse cuando decidiste ir a Cambridge», le escribió en 1933.[10] Pero tenía ganas de verlo. A principios de 1934 le dijo: «Pocas veces te he echado tanto de menos como últimamente. [...] Supongo que Cambridge ha sido bueno para ti y que ahora llevas la física muy dentro, la física y las evidentes maravillas de la vida que comporta. Imagino que has trabajado muy duro, has cogido práctica en el laboratorio y has aprendido matemáticas de primera mano, y por fin has encontrado en todo ello, así como en la austeridad natural de la vida de Cambridge, un campo adecuado para tu implacable necesidad de disciplina y orden».[11] Aunque a veces Robert sonara paternalista en su papel de hermano mayor, las cartas a Frank dejan claro que era igual de dependiente de aquel estrecho vínculo fraternal que él.

A diferencia de él, Frank destacaba en física experimental. Le gustaba ensuciarse las manos en el laboratorio, le encantaba hurgar en las entrañas de las máquinas, y una vez le construyó a su hermano un fonógrafo a medida.[12] Como señaló Robert, Frank era capaz de «reducir situaciones específicas y bastante complicadas a su *Fragestellung* [la cuestión original], central e irreductible».[13] Tras estudiar dos años en Inglaterra y unos meses en Italia —donde vivió el fascismo de Mussolini y aprendió a detestarlo—, solicitó cursar el doctorado en Física experimental en varias universidades. No tenía claro si ir o no al Caltech, pero Robert «hizo algo» y de repente el instituto le ofreció una beca de matrícula basada en sus méritos; de ese modo se tomó la decisión.[14]

En el laboratorio trabajó bajo la supervisión de Charlie Lauritsen, amigo de Robert desde hacía tiempo, experimentando con un espectrógrafo de rayos beta.[15] Mientras que Robert tardó solo dos años en sacarse el doctorado, Frank se lo tomó con calma y lo completó en cuatro.[16] En parte se debió a que el trabajo experimental solía requerir más tiempo que la física teórica, pero además porque él escogió, por temperamento y gustos, llenar su vida con algo más que la física. Disfrutaba de la música y era tan buen flautista que su hermano y muchos amigos pensaban que podría haberse dedicado profesionalmente a ello. De su madre había heredado sensibilidad artística; le encantaba pintar y leer mucha poesía. En contraste con los diligentes y correctísimos modales europeos de su hermano, los amigos veían a Frank más descuidado al vestirse y más «bohemio» en sus formas.

El primer año de estar en el Caltech, Frank conoció a Jacquenette (Jackie) Quann, una chica francocanadiense de veinticuatro años que estudiaba Economía en Berkeley. Se conocieron allí en la primavera de 1936, cuando Robert lo llevó a ver a una amiga, Wenonah Nedelsky, y Jackie resultó estar allí haciendo de canguro. Trabajaba como camarera para pagarse los gastos. Llana y franca, tenía los pies en la tierra y rechazaba toda pretenciosidad. «Jackie se enorgullecía de ser de clase trabajadora —dijo Bob Serber— y no le gustaban los intelectuales».[17] Quería ser trabajadora social. Llevaba el pelo con un corte simple tipo paje y nunca se molestaba en ponerse pintalabios ni nada de maquillaje. No era la clase de chica que Robert habría escogido para su hermano. Pero aquella misma primavera, él, Frank, Jackie y Wenonah (recién separada de su marido, Leo) salieron juntos dos o tres veces. En junio, Frank invitó a Jackie a que fuera aquel verano a Perro Caliente. Llegaron en una *pickup* Ford nuevecita de setecientos cincuenta dólares, regalo de Robert.[18]

Cuando al final de aquel verano Frank comentó a su hermano que quería casarse con ella, este intentó desanimarlo. No se llevaba bien con Jackie. Ella recordaba que «siempre estaba diciendo cosas como "Claro, es que eres mucho mayor que Frank" (soy solo ocho meses mayor) y que Frank no estaba preparado todavía».

En aquella ocasión, sin embargo, Frank no hizo caso del consejo de su hermano y se casó con Jackie el 15 de septiembre de 1936. «Fue un acto de emancipación y rebelión por su parte —escribió Robert— que iba en contra de su dependencia hacia mí».[19] Este siguió menospreciando a Jackie y se refería a ella como «la camarera con la que se ha casado mi hermano», pero, por otro lado, no dejó de «organizarles la vida» a los dos. «Los tres nos veíamos mucho en Pasadena, en Berkeley y en Perro Caliente —recordaría Frank—, y entre mi hermano y yo había un flujo constante de ideas, planes y amigos».[20]

Jackie siempre fue una agitadora política. «Te volvía loco con sus diatribas políticas», recordaba un familiar.[21] Mientras estudiaba en Berkeley, se unió a la Liga de Jóvenes Comunistas y después trabajó para el periódico del Partido Comunista durante un año en Los Ángeles.[22] A Frank le parecía bien su ideología. «Ya en el instituto había tenido contacto con aspectos ligeramente de izquierdas —recordaba—. Me acuerdo de una vez que fuimos con unos amigos a un concierto en el Carnegie Hall que no tenía director de orquesta. Era una especie de movimiento "abajo los jefes"».

Igual que Robert, Frank era producto de la Escuela por la Cultura Ética, donde había aprendido a debatir cuestiones morales y éticas. A los dieciséis años había trabajado, junto con algunos amigos del mismo centro, en la campaña presidencial de 1928 de Al Smith. En Johns Hopkins, muchos compañeros se encontraban a la izquierda del Partido Demócrata, pero en aquel entonces a Frank no le gustaban las discusiones políticas eternas y retóricas. «Le decía a la gente que, a menos que quisiera pasar a la acción, no quería hablar de esos temas», dijo.[23] Recordaba haberse quedado «consternado» en 1935 por lo que escuchó en una reunión del Partido Comunista en Cambridge (Inglaterra). «Me sonó todo muy vacío», rememoró. Sin embargo, en un viaje que hizo a Alemania, enseguida detectó la amenaza fascista: «La sociedad entera parecía corrupta». Los parientes de su padre le habían contado «algunas cosas horribles» que estaban sucediendo en la Alemania de Hitler, y él se decantó por apoyar a cualquier grupo que estuviera decidido a «hacer algo al respecto».

Al regresar a California aquel otoño, se quedó profundamente impactado por las condiciones deplorables en las que vivían los negros y los jornaleros del campo.[24] La Gran Depresión se estaba cobrando un altísimo peaje en millones de personas. Otro estudiante de posgrado de Física del Caltech, William «Willie» Fowler, decía que había decidido ser físico para no tener que preocuparse de las personas, y que estaba enfadado porque la Gran Depresión lo obligaba a hacer justo lo que no quería. Frank pensaba lo mismo. Empezó a leer sobre historia del trabajo y, con el tiempo, buena parte de Marx, Engels y Lenin.

Un día de principios de 1937, Jackie y Frank vieron un cupón de inscripción al Partido Comunista en el periódico comunista local, el *People's World*. «Lo recorté y lo envié —recordaría él—. La verdad es que no nos escondíamos mucho; no nos escondíamos en absoluto».[25] Pasaron meses antes de que el partido les respondiera. Como muchos profesionales, pidieron a Frank que se inscribiera con un alias, y tomó el nombre de Frank Folsom. «Cuando me hice miembro del Partido Comunista —testificaría más adelante—, me pidieron que escribiera mi nombre y aun otro por motivos que entonces no entendía y hoy sigo sin entender. Me pareció absurdo. Nunca he usado otro nombre que no sea el mío. Así que, por parecerme tan absurdo, anoté el nombre de una cárcel californiana [Folsom]». El número de afiliado que le dieron, en 1937, fue el 56.385. Una vez se dejó olvidado el carnet del partido, de color verde, en el bolsillo de la camisa antes de enviarla a la lavandería, y se lo devolvieron pulcramente metido en un sobre.

En 1935 no era raro en absoluto que los estadounidenses preocupados por la justicia social, entre los cuales había muchos liberales partidarios del New Deal de Franklin Roosevelt, se identificaran con el movimiento comunista. Numerosos obreros, además de escritores, periodistas y profesores, apoyaban los aspectos más radicales del New Deal. Y, aunque muchos intelectuales no llegaran a unirse al Partido Comunista, tenían el corazón con los movimientos populares que prometían un mundo justo imbuido de una cultura del igualitarismo.

La postura comunista de Frank tenía hondas raíces estadounidenses. Como explicaría al cabo del tiempo: «Los intelectuales que se vieron atraídos por la izquierda a causa del horror, las injusticias y los temores de los años treinta se identificaban, en distintos grados, con el historial de protestas en Estados Unidos. [...] John Brown, Susan B. Anthony, Clarence Darrow, Jack London, e incluso con movimientos como el abolicionista, la Federación Estadounidense del Trabajo inicial y los Trabajadores Industriales del Mundo».[26]

En un principio, el Partido Comunista asignó a Frank y a Jackie a lo que se llamaba una «unidad callejera» en Pasadena. Muchos camaradas eran vecinos del barrio, bastantes de ellos negros pobres y sin trabajo. El número de miembros de aquella célula del partido fluctuaba entre diez y treinta. Celebraban reuniones regulares y abiertas a las que asistían tanto comunistas como integrantes de organizaciones varias relacionadas con el New Deal, como la Alianza de Trabajadores, una asociación de obreros desempleados. Se hablaba mucho y se hacía poco, cosa que frustraba a Frank. «Intentamos eliminar la segregación en la piscina municipal —dijo—. Solo dejaban entrar a negros los miércoles por la tarde, y luego, el jueves por la mañana, vaciaban la piscina».[27] Pese a sus esfuerzos, la piscina siguió con la segregación.

Un poco después, Frank aceptó organizar una célula del partido en el Caltech. Jackie se quedó con la unidad callejera un tiempo, pero acabó incorporándose al grupo del Caltech. Juntos reclutaron unos diez miembros; entre ellos se contaban sus compañeros graduados Frank K. Malina, Sidney Weinbaum y Hsue-Shen Tsien. A diferencia de la unidad callejera de Pasadena, la del Caltech «era esencialmente un grupo secreto».[28] Frank fue el único miembro que no escondió su afiliación política. Casi todos los demás, dijo, «temían perder el trabajo».

Frank entendía que su pertenencia al Partido Comunista ofendiese a ciertas personas. «Me acuerdo de un amigo de mi padre, un señor mayor, que dijo que no enviaría a su hijo a una universidad donde yo diera clase».[29] El físico de Stanford Felix Bloch intentó convencerlo en una ocasión de que dejara el partido, pero Frank no le hizo ningún caso.[30] En cambio, a la mayoría de sus amigos les daba lo mismo. Ser del partido era solo un aspecto más de su vida. En aquella época, Frank estaba volcado en sus estudios de espectroscopía de rayos beta en el Caltech. Igual que su hermano, se encontraba a las puertas de una carrera prometedora. No obstante, tanto su ideología como su pertenencia al Partido Comunista eran un libro abierto y una actividad extracurricular. Ernest Lawrence se encontró un día a Frank, a quien apreciaba mucho, y le preguntó por qué perdía tanto tiempo con «causas».[31] No lo entendía; él se veía a sí mismo como un hombre de ciencia que estaba por encima de la política, aunque pasara mucho tiempo congraciándose con los hombres de negocios y los financieros de la junta que dirigía las políticas de la Universidad de California. A su manera, Lawrence era un animal político igual que Frank; simplemente profesaba sus lealtades a otras «causas».

Los martes por la noche, Frank y Jackie abrían su casa para acoger las reuniones del Partido Comunista. Según un informante del FBI «fidedigno y confidencial», estuvieron albergando esas reuniones hasta junio de 1941 aproximadamente. Robert asistió al menos a una; después afirmaría que fue la única vez que participó en una reunión del Partido Comunista «identificable» como tal. Se habló del problema, aún pendiente, de la segregación racial en la piscina municipal de Pasadena. Robert testificaría más tarde que la reunión le había «causado una impresión bastante patética».[32]

Como su hermano, Frank era activista en el sindicato de profesores del Este de la Bahía, en el sindicato de consumidores y en la causa de los jornaleros migrantes agrícolas de California. Una noche ofreció un recital de flauta en un auditorio de Pasadena con Ruth Tolman al piano; los ingresos se destinaron a la República española. «Pasábamos mucho tiempo en reuniones, reuniones políticas —relataría Frank al cabo del tiempo—. Había muchos problemas».[33] «Hablaba con frecuencia de casos de opresión económica con los que parecía indignado», dijo un compañero suyo de Stanford al FBI.[34] Otro confidente afirmó que Frank «mostraba continuamente una gran admiración por la Unión Soviética y por su política, tanto interior como exterior». En alguna ocasión llegó a ponerse agresivo. Atacó a un colega (que más tarde informó de la conversación al FBI) llamándole «burgués empedernido sin simpatías por el proletariado».

Robert después restaría importancia a los vínculos comunistas de su hermano. Era miembro del partido, pero hacía muchas otras cosas: «Le apasionaba la música. Tenía un montón de amigos que no eran en absoluto comunistas. [...] Pasaba los veranos en el rancho. No pudo haber trabajado para el comunismo con demasiado ahínco durante aquellos años», concluyó.[35]

Poco después de unirse al Partido Comunista, Frank cogió el coche y fue a Berkeley. Pasó la noche con su hermano y se lo contó. «Me sentó bastante mal», testificaría Robert en 1954 sin explicar por qué exactamente no aprobaba que este hubiera dado aquel paso.[36] Pertenecer al partido, sin duda, tenía sus riesgos, si bien en 1937 apenas había un estigma asociado a ello entre los liberales de Berkeley. «Ser del Partido Comunista no se consideraba, tal vez de forma irreflexiva, un gran delito de Estado ni un motivo de deshonor o de vergüenza», testificó Robert. De todos modos, estaba claro que la intendencia de la Universidad de California no veía con buenos ojos a los afiliados a dicho partido, y Frank se encontraba en los inicios de labrarse una carrera académica. Además, a diferencia de Robert, no era profesor titular. Quizá a nuestro protagonista no le gustó la decisión de Frank porque pensaba que contraer semejante compromiso era una testarudez y una inconsciencia, o porque su radical esposa lo influía demasiado. Aunque Robert había experimentado su propio despertar político, no se sentía tentado de unirse al Partido Comunista por cuestión de principios. Frank, en cambio, tenía una clara necesidad emocional de comprometerse formalmente. Los dos hermanos tal vez compartían las mismas motivaciones políticas, pero el menor de ambos demostraba ser mucho más impulsivo. Seguía idealizando en buena medida a Robert, pero con su matrimonio y su actitud política intentaba reivindicar su identidad y salir de la sombra de este.

En 1943, un compañero de Frank de la Universidad de Stanford, en la que estuvo dos años, dijo a un agente del FBI que, «en su opinión, Frank Oppenheimer había seguido las indicaciones y dictados de su hermano, J. Robert Oppenheimer, en todas sus actitudes y afiliaciones políticas».[37] Esta fuente anónima se equivocaba en buena parte: Frank se había inscrito en el partido por su cuenta, desoyendo el consejo de su hermano. El informante tenía razón en una cosa: dijo al FBI que creía que ambos eran «básicamente leales al país». A ojos de sus amigos (y a los del FBI), los hermanos tenían una relación muy estrecha. Lo que hiciera Frank siempre afectaría la imagen de Robert. Y, por mucho que quisiera organizarle la vida a su hermano, este nunca sería del todo capaz de protegerlo del fulgor de su propia fama.

Comparado con su cándido hermano, Robert era un enigma. Todos sus amigos sabían cuáles eran sus simpatías políticas, pero la naturaleza precisa de su relación con el Partido Comunista sigue siendo vaga y velada hasta hoy. Más adelante describiría a su amigo Haakon Chevalier como «un socialista de salón. Tenía un sinfín de conexiones con todo tipo de organizaciones tapadera; le interesaban los escritores de izquierdas, [...] daba sus opiniones de manera muy abierta». Esta descripción podría haberse aplicado al propio Oppenheimer.

Sin lugar a dudas, Robert estaba rodeado de parientes, amigos y colegas que en un momento u otro pertenecieron al Partido Comunista. Como izquierdista y simpatizante del New Deal, donó considerables sumas de dinero a causas defendidas por el partido, pero siempre sostuvo que nunca tuvo el carnet de afiliado. Al contrario, dijo que sus lazos con él fueron «muy breves y muy intensos».[38] Se refería al periodo de la guerra civil española, bien que después siguió participando en reuniones donde miembros del Partido Comunista que pagaban su cuota debatían sobre asuntos de actualidad. Aquellas reuniones, alentadas por la propia formación, estaban pensadas justamente para granjearse a intelectuales independientes como Oppenheimer y difuminar los límites de la identidad del partido. Pero, como nunca fue un miembro oficial con carnet, pudo siempre decidir en qué términos quería definir su relación con él. Durante algún tiempo bien pudo haberse considerado a sí mismo un camarada no afiliado. No hay duda de que en años posteriores minimizó la importancia de sus vínculos con el partido. Dicho sin rodeos: cualquier intento de afirmar que Robert Oppenheimer fue miembro del Partido Comunista es un ejercicio inútil, como comprobó el FBI, para su frustración, a lo largo de muchos años.

De hecho, sus nexos con comunistas eran una extensión natural y socialmente consustancial de sus simpatías y sus circunstancias. Como profesor de la Universidad de California a finales de la década de 1930, vivía en un entorno de fuerte carga política. En los círculos en los que se movía, a muchos de sus amigos que pertenecían de forma oficial al Partido Comunista les dejaba la impresión inequívoca de ser uno de ellos. Al fin y al cabo, Robert quería gustar y desde luego creía en los propósitos de justicia social que apoyaba y por los que trabajaba la formación. Sus amigos podían pensar lo que quisieran. No es de extrañar que algunos integrantes del partido pensaran que era un camarada. Por tanto, cuando el FBI pinchó teléfonos para espiar las conversaciones de personas que hablaban de Oppenheimer, de vez en cuando oían a afiliados mencionarlo como si fuera uno de los suyos. Y, a su vez, existen también escuchas del FBI en las que adscritos al partido se quejaban de su desinterés y la poca confianza que les suscitaba. Es más, no existe ninguna prueba de que se sometiera nunca a la disciplina de esta organización. Dada su fuerte afinidad personal con buena parte de su programa, si no con casi todo, nunca adecuó los aspectos con los que no estaba de acuerdo para que encajaran en la línea del partido. En este sentido, es significativo que expresara recelos acerca de la naturaleza totalitaria del régimen soviético. Admiraba abiertamente a Franklin Roosevelt y defendía el New Deal. Y, al tiempo que pertenecía a varias organizaciones del Frente Popular dominadas por el Partido Comunista, también era un acérrimo defensor de las libertades civiles y un integrante destacado de la Unión Estadounidense por las Libertades Civiles. En suma, era el típico progresista que simpatizaba con el New Deal y que admiraba al Partido Comunista por la oposición que presentaba al fascismo en Europa y por abanderar los derechos de los trabajadores en su país. No tiene nada de sorprendente ni de revelador que trabajara con miembros del partido en favor de esos objetivos.

Todas estas ambigüedades se agravan por el hecho de que, durante los años del Frente Popular, la propia estructura organizativa del Partido Comunista, en especial en California, contribuía a difuminar la frontera entre la afiliación informal y la pertenencia efectiva a él. Como expresó Jessica Mitford en sus irreverentes memorias, donde cuenta sus experiencias en la sede del partido de San Francisco, «en aquellos días, [...] el partido era una mezcla rara entre apertura y secretismo».[39] La «célula» integrada por entre tres y cinco miembros, con sus connotaciones conspiratorias, se había sustituido por «filiales» o «clubes», «una nomenclatura considerada más acorde a la tradición política estadounidense». Cientos de personas podían pertenecer a esos clubes, en los que los asuntos del partido se trataban de forma bastante abierta e informal; todo el mundo era bienvenido, y la gente, incluidos muchas veces informantes del FBI, asistía todas las semanas a reuniones en salones alquilados sin que nadie estuviera demasiado pendiente de si habían pagado la cuota o no. Por otro lado, Mitford cuenta que a su marido y ella los asignaron «primero al Southside Club, una de las pocas filiales "cerradas" o secretas, reservadas a trabajadores del Gobierno, doctores, abogados y otros profesionales cuya carrera podía correr peligro si mostraban de forma abierta su pertenencia al partido».

Muchos intelectuales de centro izquierda, prosindicalistas o antifascistas de las postrimerías de la década de 1930 nunca se afiliaron al Partido Comunista; muchos de los que se unieron a él prefirieron esconderlo incluso si, como Oppenheimer, eran activistas políticos en favor de las causas defendidas por la formación. Tantos eran los miembros secretos que el líder del partido, Earl Browder, se quejó en junio de 1936 de que había muchísimas figuras prominentes de la sociedad estadounidense que ocultaban su pertenencia a este. «¿Cómo vamos a disipar el Temor Rojo entre los rojos? —preguntó—. Algunos camaradas esconden como si fuera un secreto vergonzoso sus opiniones y afiliación comunistas; suplican como locos al partido que se mantenga lo más alejado posible de su trabajo».[40]

Años más tarde, Haakon Chevalier mantuvo que Oppenheimer fue uno de aquellos miembros secretos del Partido Comunista. Sin embargo, cuando se le preguntó con más detalle sobre la unidad a la que supuestamente pertenecía, Chevalier describió una inocua reunión de amigos más parecida al «grupo de debate» del que dio cuenta en sus memorias de 1965 que aquella especie de «unidad cerrada» y formal descrita por Mitford. «Nosotros, él, la empezamos —dijo Chevalier a Martin Sherwin, refiriéndose a Oppenheimer—. Era una unidad cerrada no oficial. No hay rastro de ella. [...] Nadie sabía de su existencia salvo una persona. No sé quién era, pero estaba en la cúpula del partido de San Francisco». Aquel grupo «no oficial» que conocía solo «una persona» estaba compuesto al principio por seis o siete integrantes, aunque en algún momento hasta doce participaron en los debates. «Hablábamos de cosas que sucedían en nuestro entorno, y en el estado, y en el país, y en el mundo», recordó Chevalier.[41]

Es su versión de esta historia la que figura en los archivos del FBI. El primer expediente que abrió esta agencia a Oppenheimer fue en marzo de 1941, cuando su nombre les llamó la atención por casualidad el diciembre anterior. Llevaban casi un año escuchando las conversaciones de William Schneiderman, el secretario del Partido Comunista de California, e Isaac (Pop) Folkoff, el tesorero.[42] Ningún tribunal ni el fiscal general habían autorizado que se intervinieran las conversaciones y, por tanto, eran ilegales. Pero, en diciembre de 1940, un agente del FBI que operaba en San Francisco oyó que Folkoff mencionaba que se celebraría una reunión en casa de Chevalier a las tres de la tarde con los «importantes», y enviaron a otro agente para que anotase la matrícula de los coches aparcados frente a la casa del susodicho.[43] Uno de ellos era el Chrysler descapotable de Oppenheimer. En la primavera de 1941, el FBI lo identificó como un profesor del que sabían «por otras fuentes que simpatizaba con el comunismo». Y descubrió que constaba en el comité ejecutivo de la Unión Estadounidense por las Libertades Civiles, a la que consideraba «una tapadera del Partido Comunista». Por supuesto, abrieron un expediente de investigación a Oppenheimer que, con el tiempo, llegaría a las siete mil páginas. Aquel mismo mes pusieron su nombre en una lista de «personas susceptibles de ser retenidas bajo custodia a la espera de investigación en caso de emergencia nacional».[44]

Otro documento del FBI que cita los documentos de investigación de «T-2, otra agencia gubernamental», afirma que Oppenheimer era miembro de un «sector profesional» del Partido Comunista.[45] Uno de esos documentos de la «T-2» que se encontraban en su expediente incluía un extracto de dos páginas de un informe más largo, carente de especificación, donde se listaban los miembros de varias filiales del Partido Comunista. Aparecían nombres y direcciones de la «filial de Estibadores», la «filial de Marineros» y la «sección de Profesionales». En esta última había nueve miembros: Helen Pell, el doctor Thomas Addis, J. Robert Oppenheimer, Haakon Chevalier, Alexander Kaun, Aubrey Grossman, Herbert Resner, George R. Andersen y I. Richard Gladstein. Robert, desde luego, conocía a unos cuantos (Pell, Addis, Chevalier y Kaun), y es igual de cierto que al menos algunos pertenecían realmente al Partido Comunista. Pero es imposible evaluar la credibilidad de ese documento sin fechar.

Según Chevalier, que habló con Martin Sherwin sin prisa y con todo detalle, todos los adscritos a esa supuesta unidad cerrada pagaban la cuota al partido excepto Oppenheimer. «[Él] pagaba la suya por separado —conjeturó Chevalier— porque probablemente daba mucho más de lo que se suponía que debía pagar». O, como decía siempre Robert, hacía contribuciones a las causas, pero nunca pagó una cuota. «Aun así, el resto de nosotros pagábamos a un miembro que no escondía su afiliación [al partido] —continuó Chevalier—. Se supone que no debería decirlo, pero era Philip Morrison». Por otra parte, explicó este, la unidad no recibía «órdenes» del partido y funcionaba simplemente como un grupo de académicos que se juntaban para intercambiar ideas acerca de política y asuntos internacionales. Morrison, por supuesto, hace tiempo que reconoció que se unió a la Liga de Jóvenes Comunistas en 1938 y al Partido Comunista en sí en 1939 o 1940.[46] Cuando le preguntaron sobre las declaraciones de Chevalier, negó rotundamente haber estado en la misma unidad que Oppenheimer. Al ser estudiante, señaló, nunca podrían haberle asignado a una unidad de profesores de la facultad.[47]

Cuando Sherwin preguntó a Chevalier, en 1982, «por qué quiso convertirse en miembro del Partido Comunista y no quedarse meramente en un grupo de gente de izquierdas», este respondió: «No lo sé. Pagábamos la cuota». Sherwin perseveró: «¿Recibían órdenes del partido?». Chevalier dijo: «No. En cierto sentido no éramos [miembros normales del partido]». En aquella época, explicó, personas como Oppenheimer y él podían perfectamente verse a sí mismos como intelectuales con un compromiso político, pero libres de la disciplina del Partido Comunista. Los integrantes de ese grupo donaban dinero para las causas del partido, daban discursos en actos auspiciados por este y esbozaban artículos y octavillas para sus publicaciones. Y, sin embargo, Chevalier afirmó: «Éramos y no éramos [miembros del partido]. Según como se mire». Al insistirle más para que aclarara esa ambigüedad, Chevalier repuso: «Era una especie de existencia borrosa. Existía, pero no estaba identificada, y eso influía porque teníamos nuestra propia visión de ciertas cosas que sucedían y que se transmitían al centro, y nos consultaban sobre algunas cuestiones. [...] Por lo visto pasaba lo mismo en muchos lugares de Estados Unidos; había unidades cerradas de profesionales o gente que no quería que los identificaran por nada del mundo».[48]

Steve Nelson, un carismático líder de la sede del partido de San Francisco y amigo de Robert entre 1940 y 1943, corrobora el carácter ambiguo de la relación de este con el Partido Comunista tal como la describe Chevalier. Nelson lo veía en reuniones sociales, pero además su trabajo era ser un enlace entre el partido y la comunidad universitaria. «Me relacionaba en sociedad con un grupo —explicó Nelson en una entrevista en 1981— en el que había personas que eran del partido y personas que no lo eran, y se debatía con libertad sobre lo que nos esperaba. [...] En ese grupo se hablaba de cuestiones de política internacional. El talante general, también el de Oppenheimer, era que sería una tragedia que Estados Unidos, Inglaterra y Francia no formaran una alianza contra Italia; sería una tragedia. No me acuerdo si quien se expresó así fue Chevalier, Bob [Oppenheimer] u otra persona, pero ese era el tono general de la reunión».

Nelson confirmó la declaración de Chevalier acerca del ambiguo asunto de si Oppenheimer pertenecía al Partido Comunista o no: «No sé si podría demostrarlo o negarlo, así que lo dejaré en suspenso, en que era un simpatizante cercano. Eso sí lo sé, porque hablamos varias veces sobre políticas de izquierdas. [...] Pero no quiere decir que fuera miembro del partido. Creo que era muy amigo de unas cuantas personas del campus que sí lo eran».[49]

Steve Nelson abandonó el Partido Comunista en 1957. En 1981 publicó unas memorias en las que comentaba brevemente su relación con Oppenheimer. Cuando enseñó el manuscrito a un camarada de California que todavía pertenecía al partido, un comunista viejo, este pensó que había sido «demasiado bueno» con el físico; debía haberlo criticado por haber negado su afiliación al partido. «Mi opinión personal sobre Oppenheimer —apuntó Nelson— es que tenía un vínculo con la izquierda. Que uno tuviera el carnet del partido o no era lo de menos. Estaba comprometido con las causas izquierdistas, y eso era suficiente para asesinarlo políticamente».[50]

Todos los integrantes de aquella supuesta unidad cerrada del Partido Comunista están muertos, pero hubo uno que dejó unas memorias inéditas. Gordon Griffiths (1915-2001) se unió a la sede de Berkeley en junio de 1936, justo antes de partir a Oxford. Cuando regresó, en verano de 1939, renovó discretamente su afiliación, pero, como a su mujer le había decepcionado el partido, pidió que lo destinaran a actividades poco llamativas. Al cabo de un tiempo le asignaron la tarea de «hacer de enlace con el grupo de docentes de la Universidad de California».[51] Griffiths se dedicó a ello desde el otoño de 1940 hasta la primavera de 1942. En sus memorias escribe que, de los varios centenares de profesores de Berkeley, solo tres eran miembros de ese «grupo de docentes comunistas»: Arthur Brodeur (una autoridad en sagas islandesas y *Beowulf*, del departamento de Literatura Inglesa), Haakon Chevalier y Robert Oppenheimer.

Griffiths asegura saber que este último siempre negó haber pertenecido al Partido Comunista. Y observa que quienes lo defendían siempre justificaron sus simpatías comunistas con que era políticamente ingenuo. «Hubo liberales de buenas intenciones que gastaron mucha energía en ello porque pensaban que era la única forma de excusarlo. Puede que en aquel tiempo, con el auge del macartismo, lo fuera. [...]

Pero ha llegado la hora de poner las cosas claras y formular la cuestión tal como debió formularse: no si fue o no miembro del Partido Comunista, sino si pertenecer a él debería en sí mismo constituir un impedimento para ejercer en una posición de responsabilidad».

Las memorias de Griffiths añaden unos pocos matices a la descripción que hizo Chevalier de lo que llamaba la unidad cerrada. Es comprensible que este creyera sin lugar a dudas que el mero hecho de que Oppenheimer asistiera a aquellas reuniones hacía de él un comunista. Cuenta que el grupo se reunía con regularidad, dos veces al mes, en casa de Chevalier o en la del propio Robert. Griffiths solía llevar información del partido para repartir a los presentes y cobraba la cuota a Brodeur y a Chevalier, *pero no a Oppenheimer.* «Se me dio a entender que Robert, en cuanto hombre de fortuna abultada, hacía sus contribuciones a través de canales especiales. Nadie llevaba el carnet del partido. Si el pago de la cuota era la única prueba de la pertenencia a él, no podría testificar que Oppenheimer estuviera inscrito en él, pero puedo decir sin reservas que los tres se consideraban comunistas».

El grupo de profesores, recuerda Griffiths, en realidad no hacía nada «que no hubiera hecho un grupo de liberales o demócratas». Se animaban mutuamente a invertir su energía en buenas causas como el sindicato de profesores o la situación de los refugiados de la guerra civil española. «Nunca se habló de los apasionantes avances en física teórica, secretos o no, y mucho menos se insinuó nada de pasar información a los rusos. En suma, no había nada subversivo ni traicionero en nuestras actividades. [...] En las reuniones nos dedicábamos sobre todo a comentar y a interpretar los hechos que tenían lugar en el escenario mundial y nacional. En ellas, Oppenheimer era siempre el que ofrecía las explicaciones más completas y profundas a la luz de sus conocimientos de teoría marxista. Describir el lazo que tenía con las causas izquierdistas como producto de su ingenuidad política, como tantos han hecho, es absurdo y minimiza la estatura intelectual de un hombre que veía con mucha más perspicacia que los demás las implicaciones de lo que sucedía en lo político».

Kenneth O. May, el miembro del Partido Comunista de Berkeley que asignó aquel grupo a Griffiths, dijo después al FBI que Haakon Chevalier y otros profesores de la Universidad de California asistían a las reuniones, pero que «no consideraba a las personas que participaban en ellas como integrantes de ningún grupo del Partido Comunista».[52]

Ken May había sido estudiante de posgrado del departamento de Matemáticas de Berkeley, y conocía a Oppenheimer.[53] Se unió al Partido

Comunista en 1936; estuvo cinco semanas en Rusia en 1937 y después dos semanas más en 1939. Regresó enamorado del modelo político y económico soviético. En las elecciones locales de Berkeley de 1940, May dio un discurso ante la junta educativa en el que defendía el derecho de los candidatos locales del Partido Comunista de celebrar una reunión que tratara de la escuela pública. Después de que la prensa local recogiera el discurso, su padre, un politólogo conservador de la Universidad de Berkeley, lo desheredó públicamente, y la universidad le retiró el puesto de profesor adjunto. El año siguiente, mientras todavía era estudiante de posgrado del departamento de Matemáticas, May hizo campaña como comunista para conseguir un escaño en el consejo municipal de Berkeley. Cuando conoció a Oppenheimer, su adherencia al Partido Comunista no era ningún secreto. May era amigo de Jean Tatlock, y probablemente presentaran a los dos hombres en una reunión del sindicato de profesores en algún momento de 1939.

Años más tarde, después de haber dejado el partido, May dijo al FBI que había estado en casa de Oppenheimer varias veces para hablar de política, y recordaba haberlo visto en «reuniones informales [...] que se celebraban con el objetivo de debatir cuestiones teóricas sobre el socialismo». Añadió que no consideraba a Oppenheimer como alguien del partido ni que estuviera «bajo su disciplina»; era un intelectual independiente, y, tal como declaró May al FBI, «el Partido Comunista tendía a desconfiar de los intelectuales como grupo a la hora de gestionar asuntos, pero, al mismo tiempo, deseaba influir en sus ideas y obtener su prestigio y apoyo a objetivos comunistas. Por ese motivo, May se habría mantenido en contacto con el sujeto [Oppenheimer] y otros profesionales; habría hablado de comunismo con ellos y les habría proporcionado información sobre el partido».

May explicó a los agentes del FBI que Oppenheimer era una persona dispuesta en buena medida a «estar de acuerdo con las aspiraciones y los objetivos del Partido Comunista en cualquier momento si ya había decidido previamente que valían la pena. En cambio, no aprobaba los objetivos con los que no estaba de acuerdo». May señaló que «el sujeto se relacionaba abiertamente con quien le apetecía, fuera comunista o no».[54]

El FBI nunca llegaría a resolver la cuestión de si Robert se afilió al Partido Comunista o no, lo que equivale a decir que había escasos indicios de que lo hubiese hecho. Muchas pruebas que constan en los archivos de la agencia sobre este asunto son circunstanciales y contradictorias. Unos pocos informantes del FBI afirmaban que Oppenheimer era comunista, mientras que la mayoría de ellos esbozaron el mero retrato de un simpatizante. Y otros negaban con vehemencia que hubiese pertenecido jamás al partido. La agencia tenía solo sus propias sospechas y las conjeturas de otros. Solo él, Oppenheimer, lo sabía, y siempre mantuvo que nunca fue miembro del Partido Comunista.

10

«Cada vez con más y más certeza»

Fue una semana decisiva de su vida, y así me lo dijo. [...]
Aquel fin de semana, Oppenheimer empezó a alejarse
del Partido Comunista.

VICTOR WEISSKOPF

El 24 de agosto de 1939, la Unión Soviética dejó atónito al mundo al anunciar que el día anterior había firmado un pacto de no agresión con la Alemania nazi. Al cabo de una semana empezó la Segunda Guerra Mundial, cuando Alemania y la Unión Soviética invadieron Polonia al mismo tiempo. Oppenheimer escribió a su colega físico Willie Fowler comentando aquellos momentos cruciales: «Sé que Charlie [Lauritsen] dirá sobre el pacto nazi-soviético un melancólico "ya te lo dije", pero no voy a apostar nada todavía en ningún aspecto de esta olla de grillos, excepto quizá que los alemanes están muy interesados en Polonia. Es de locos».[1]

No hubo asunto del que se hablara con más exaltación en los círculos intelectuales de izquierdas que el pacto de no agresión entre nazis y soviéticos de agosto de 1939.[2] Muchos comunistas estadounidenses abandonaron el partido. Como dijo Chevalier con bastante diplomacia: el pacto nazi-soviético «confundió y molestó a mucha gente». Con todo, él siguió fiel al partido y defendió el pacto como una decisión estratégica necesaria. En agosto de 1939 firmó una carta abierta junto con otras cuatrocientas personas que salió publicada en el número de septiembre del mismo año de *Soviet Russia Today*, en la que se atacaba «la increíble calumnia de que la Unión Soviética y los Estados totalitarios son básicamente lo mismo».[3] El nombre de Oppenheimer no apareció en la carta. Según Chevalier, fue en otoño de 1939 cuando «Opje demostró ser un analista impresionante y certero. [...] Opje presentaba los hechos y los argumentos de una manera tan lúcida y simple que apaciguaba las dudas y convencía».[4] Chevalier afirmó que, en un momento en que los comunistas pasaron de golpe a ser mal vistos incluso entre los intelectuales californianos, Oppenheimer explicó con paciencia que el pacto nazi-soviético no era tanto una alianza, sino un tratado por necesidad ocasionado por las concesiones que Occidente hizo a Hitler en el Tratado de Múnich.[5]

Chevalier se alarmó mucho ante la oleada de histeria provocada por la guerra, que parecía convertir «a los viejos liberales en reaccionarios y a los pacifistas en belicistas». Una noche, pasadas las doce, cuando volvía a casa de una reunión de la Liga de Escritores Estadounidenses, pasó por casa de Robert, que estaba aún despierto, preparando una clase de física. Le ofreció algo de beber, y Chevalier le dijo que necesitaba su ayuda para publicar una octavilla antibélica auspiciada por el partido. Para complacer a su amigo, Robert se sentó y leyó el texto; al terminar, se levantó y dijo: «No está bien». Indicó a Hoke que se sentara a la máquina de escribir y se puso a dictarle un contenido nuevo. Al cabo de una hora, este se marchó con «un texto totalmente nuevo».[6]

Robert no pertenecía a la Liga de Escritores Estadounidenses, por lo que redactó la octavilla simplemente para hacerle un favor a su amigo.[7] En la nueva versión se defendía con fervor que Estados Unidos quedase al margen de la guerra europea. Puede que también ayudara a escribir o redactar otras dos octavillas en febrero y en abril de 1940, respectivamente. Ambas se titulaban *Informe a nuestros colegas* e iban firmadas por el «Comité de Facultades de la Universidad, Partido Comunista de California». Su propósito era explicar las consecuencias de la guerra europea. Se enviaron más de mil copias a personas de varias universidades de la Costa Oeste.

Chevalier declaró que Oppenheimer no solo redactó los informes, sino que también pagó la impresión y la distribución. Como es natural, el hallazgo de esos documentos, junto con tal afirmación, ha hecho que se incorporen a la controversia sobre la pertenencia de Robert al Partido Comunista.*[8] Gordon Griffiths corrobora que este se implicó en la producción de esas octavillas, tal como dijo Chevalier. «Estaban impresos en papel bond, muy caro, sin duda pagado por Oppie. Él no fue su único autor, pero se sentía especialmente orgulloso de ellos. [...] En esas cartas no había argot y tenían un estilo elegante, convincente e intelectual».[9]

---

* Phil Morrison recordó haber ayudado a Oppenheimer a enviar por correo una octavilla que había escrito y en la que analizaba el ataque soviético a Finlandia, ocurrido en otoño de 1939. La octavilla no se ha encontrado.

«El estallido de la guerra en Europa —rezaba la octavilla con fecha del 20 de febrero de 1940— ha cambiado profundamente el curso del desarrollo político de nuestro país. Durante este último mes han ocurrido cosas extrañas en torno al New Deal. Hemos visto cómo lo han atacado y hemos visto cómo lo han abandonado cada vez con más y más certeza. Crece la desilusión de los liberales respecto al movimiento por un frente democrático, y hostigar a los rojos ha pasado a ser un deporte nacional. Los reaccionarios se movilizan».[10]

En una entrevista, Chevalier se mostró convencido de que el lenguaje que se usa ahí es inequívocamente el de Oppenheimer. «Se reconoce el estilo. Tiene ciertos giros y usa ciertas palabras. "Cada vez con más y más certeza". Eso es muy característico de él. No es normal encontrar la palabra "certeza" en ese contexto».[11] La alegación de Chevalier no tiene suficiente fundamento para que se identifique a Oppenheimer como el autor de la octavilla, pero sí apunta a que habría colaborado en redactarla. Es cierto que «cada vez con más y más certeza» suena a Oppenheimer, pero hay mucho en la octavilla que no.

Pero ¿qué proponen esos «informes»? Sobre todo defienden el New Deal y sus programas sociales locales:

> Se ataca al Partido Comunista porque apoya la política soviética. Pero, aunque se aniquilara totalmente el partido, no se podría revertir esa política: solo se silenciarían algunas voces, algunas de las voces más claras, que se oponen a una guerra entre Estados Unidos y Rusia. Lo que puede hacer directamente el ataque, su razón de ser, es perturbar las fuerzas democráticas, destruir los sindicatos en general y el Congreso de Organizaciones Industriales en particular, facilitar la supresión de ayudas, forzar el abandono del gran programa de paz, seguridad y trabajo que es la base del movimiento para encaminarse a un frente democrático.

El 6 de abril de 1940, el Comité de Facultades de la Universidad del Partido Comunista de California publicó una nueva entrega de *Informes a nuestros colegas*. Igual que el primero, no mencionaba la autoría, pero Chevalier sostenía que Oppenheimer era uno de los escritores anónimos.

> La prueba elemental para saber si una sociedad es buena es su capacidad de mantener vivos a sus miembros. Debe posibilitar que se alimenten y debe protegerlos de muertes violentas. Hoy, el desempleo y la guerra constituye [*sic*] una amenaza tan grave al bienestar y la seguridad de los miembros de nuestra sociedad que muchos se preguntan si esta será

capaz de cumplir con sus obligaciones más esenciales. Los comunistas exigen mucho más a la sociedad: piden que haya para todos los hombres las oportunidades, la disciplina y la libertad que caracterizaron las grandes culturas del pasado. Sin embargo, sabemos que hoy, gracias al conocimiento y al poder que nos pertenecen, una cultura que desatienda las necesidades elementales, una cultura que se base en la negación de las oportunidades, en la indiferencia ante las necesidades humanas, no puede ser justa ni productiva.[12]

Como en el número de febrero, el informe se centra en asuntos locales. Examina la precaria situación de los millones de desempleados del país y critica la decisión que tomaron California y los demócratas de recortar el presupuesto para las ayudas sociales. «La supresión de las ayudas y el incremento simultáneo del presupuesto de armamento no están conectados solo por consideraciones aritméticas. El abandono del programa de reforma social por parte de Roosevelt; el ataque al movimiento sindical, cuando antes se lo había apoyado, y la preparación para la guerra son hechos relacionados y paralelos». Desde 1933 hasta 1939, señala la octavilla, la Administración de Roosevelt «siguió una política de reforma social». Pero desde agosto de 1939 «no se ha propuesto ni una sola medida nueva de progreso, [...] y ni siquiera se han defendido las medidas pasadas ante el ataque de los reaccionarios». Mientras que antes la Administración de Roosevelt había transmitido su «repulsa» ante las excentricidades del Comité de Actividades Antiestadounidenses, que se encontraba bajo la presidencia de Martin Dies, en la actualidad estaba «consintiendo» a esos reaccionarios. Mientras que antes había defendido los sindicatos, las libertades civiles y a los desempleados, en la actualidad atacaba a líderes sindicales como John L. Lewis e invertía dinero en armamento.

El propio Roosevelt, a quien las octavillas habían considerado «bastante progresista», se había convertido en «reaccionario» e incluso en «belicista», transformación que tuvo lugar a causa de la guerra europea.[13] «Existe la idea generalizada, y probable, de que, cuando termine la guerra, Europa será socialista y el Imperio británico desaparecerá. Creemos que Roosevelt está asumiendo el papel de preservador del viejo orden en Europa y que planea, si fuera necesario, usar la riqueza y las vidas de este país para conseguirlo».

Si Oppenheimer hubiera tenido algo que ver con esta segunda octavilla, el estilo racional lo habría abandonado.[14] ¿Es posible que pensara realmente que Roosevelt era un belicista? La única referencia al presidente que hizo en su correspondencia de aquel periodo indica que estaba decepcionado con él, pero apenas dispuesto a censurarlo.*Y si tuvo algo que ver con la redacción de las octavillas, lo que revelaban sus palabras era que estaba primariamente preocupado por el impacto que tendría en la política nacional un mundo que se hallaba al borde de un enorme desastre.

A finales de la década de 1930, Oppenheimer era un profesor titular con bastante proyección pública. Daba discursos políticos y firmaba peticiones populares. Su nombre aparecía de vez en cuando en los periódicos locales. En aquella época, San Francisco era una ciudad fuertemente polarizada; las huelgas de los estibadores, en particular, habían fomentado el extremismo político tanto de derechas como de izquierdas. Y, cuando los conservadores empezaron a contraatacar, Oppenheimer notó las consecuencias, o las posibles consecuencias, de sus actividades políticas en la reputación de la universidad. De hecho, en la primavera de 1941 confesó a Willie Fowler, su colega del Caltech, que «igual me quedo sin trabajo [...] porque la semana que viene van a investigar a la Universidad de California por radicalismo, y la cosa es que los miembros del comité no son ningunos caballeros y no les caigo bien».[15]

«La Universidad de California era un objetivo evidente —observaría el graduado Martin D. Kamen—. Y Oppenheimer era una figura destacada porque hablaba con franqueza y actuaba. De vez en cuando se alarmaba por algo que ocurría y entonces tenía que guardar las uñas y se callaba. Pero cuando algo lo provocaba [...] se volvía activo. No era coherente».[16]

En contra de las opiniones de Chevalier sobre las simpatías comunistas que mostraba Oppenheimer en 1940, otros amigos lo vieron desilusionarse con la Unión Soviética. En 1938, los periódicos estadounidenses informaban con puntualidad de la ola de terror político orquestada por Stalin contra miles de supuestos traidores pertenecientes al Partido

---

* Más de un año después de que se publicara la octavilla de abril de 1940, Oppenheimer escribió a sus amigos Ed y Ruth Uehling: «Mis ideas no pueden ser, *im Kleinem*, más lúgubres, por lo que respecta a lo que ocurrirá tanto en nuestro entorno y en nuestro país como en el resto del mundo. Creo que iremos a la guerra, que la facción de Roosevelt ganará a la de Lindbergh. No creo ni que nos acerquemos a los nazis. Últimamente pienso que los de Hearst-Lindbergh echarán a los "humanitarios" de la Administración. Creo que las cosas pintan mal para largo, y lo único que me alegra de por aquí son la fuerza, la resistencia y el crecimiento político de los sindicatos».

Comunista soviético. «Leía sobre las purgas, pero no con todo detalle —escribiría Robert en 1954—, y nunca conseguí verlas de forma que el sistema soviético quedara libre de culpa». Mientras que su amigo Chevalier firmó alegremente una declaración publicada el 28 de abril de 1938 en el *Daily Worker* en la que se alababan los veredictos de los juicios celebrados en Moscú contra los «traidores» trotskistas y bujarinistas, Oppenheimer nunca defendió las fatales purgas de Stalin.[17]

En el verano de 1938, dos físicos que habían pasado unos meses en la Unión Soviética, George Placzek y Victor Weisskopf, visitaron a Oppie en su rancho de Nuevo México. Durante una semana mantuvieron varias conversaciones largas sobre lo que estaba sucediendo allí. «Rusia no es lo que imaginas», le dijeron a un Oppenheimer inicialmente «escéptico». Le contaron el caso de Alex Weissberg, un ingeniero austriaco comunista al que arrestaron de repente solo por relacionarse con Placzek y Weisskopf. «Fue una experiencia terrorífica —refirió este último—. Llamamos a nuestros amigos y dijeron que no nos conocían».[18] Añadió: «Es peor de lo que puedas imaginar. Es un cenagal».[19] Oppie fue haciéndoles preguntas que mostraban lo mucho que lo inquietaban sus relatos.

Dieciséis años después, en 1954, Oppenheimer declaró a sus interrogadores: «Lo que me contaron parecía tan sólido, tan alejado del fanatismo, tan verdadero, que me produjo una impresión muy profunda, y Rusia se presentaba, aun vista desde su limitada experiencia, como un país de purgas y terror, de gestión perversa y absurda, cuyo pueblo llevaba sufriendo mucho tiempo».[20]

De todos modos, no parecía haber razón para que las noticias de los abusos perpetrados por Stalin alteraran sus principios o le hicieran renunciar a sus simpatías por la izquierda estadounidense. Estaba claro que Oppie «seguía creyendo en gran medida en el comunismo», recordaba Weisskopf.[21] Confiaba en él. «Me tenía en verdad mucho aprecio —dijo este—, cosa que me conmovía profundamente».[22] Robert sabía que su amigo, socialdemócrata austriaco, no decía esas cosas por tenerle antipatía a la izquierda. «Estábamos muy convencidos, los dos, de que el socialismo era lo deseable».

En cualquier caso, Weisskopf pensó que era la primera vez que Oppenheimer se mostraba realmente afectado. «Sé que aquellas conversaciones le influyeron mucho —dijo—. Fue una semana decisiva de su vida, y así me lo dijo. [...] Aquel fin de semana, Oppenheimer empezó a alejarse del Partido Comunista».[23] Weisskopf sostuvo que su amigo «veía muy claro el peligro que suponía Hitler. [...] Y en 1939 estaba ya muy lejos del grupo comunista».

Poco después de estar con Weisskopf y Placzek, Oppenheimer expresó su preocupación a Edith Arnstein, la amiga de Jean Tatlock: «Opje me dijo que acudía a mí porque sabía que mis lealtades políticas no vacilarían, y necesitaba hablar con alguien». Le contó que Weisskopf le había explicado que habían arrestado a varios físicos soviéticos. Le costaba creérselo, pero tampoco podía desechar la información así como así. «Estaba triste e inquieto —escribiría Arnstein más tarde—, y creo que ahora sé cómo se sentía, pero entonces lo juzgué crédulo y lo desprecié».[24]

Aquel otoño, algunos amigos notaron que no manifestaba sus opiniones políticas con tanta locuacidad, bien que en privado metía a los más íntimos en discusiones políticas. «Opje está bien y te manda recuerdos —escribió Felix Bloch a I. I. Rabi en noviembre de 1938—. [S]inceramente, no creo que lo cansases, pero al menos no ensalza a Rusia en voz muy alta, lo que ya es una mejora».[25]

Fueran cuales fuesen sus relaciones con integrantes del Partido Comunista, Oppenheimer siempre había visto con muy buenos ojos a Franklin Roosevelt y el New Deal. Sus amigos lo consideraban un partidario fervoroso del presidente. Ernest Lawrence recuerda que Oppie estuvo incordiándolo sin parar los días previos a las elecciones presidenciales de 1940. No podía creer que su amigo no lo tuviera claro. Una noche salió en defensa de la campaña de Roosevelt para una tercera legislatura con tanta exaltación que al final Lawrence le prometió votarlo.[26]

Las opiniones políticas de Oppenheimer continuaron evolucionando, sobre todo debido a las desastrosas noticias de la guerra. A finales de primavera y principio del verano de 1940 estuvo visiblemente abatido por la caída de Francia. En verano vio a Hans Bethe en un congreso de la Sociedad Estadounidense de Física celebrado en Seattle. Este sospechaba cuál era la tendencia política de Oppenheimer, pero se quedó de piedra cuando una noche su colega ofreció «un discurso precioso y elocuente» sobre cómo la caída de París amenazaba a la civilización occidental en conjunto. «Debemos defender los valores occidentales ante los nazis —recordaba que dijo Oppenheimer—. Y a causa del pacto de Mólotov-Ribbentrop no queremos tener nada que ver con los comunistas».[27] Años después, Bethe diría al físico e historiador Jeremy Bernstein: «Creo que simpatizaba con la izquierda radical sobre todo por motivos humanitarios. El pacto entre Hitler y Stalin desconcertó a mucha gente de tendencias comunistas y provocó que se mantuvieran totalmente al margen de la guerra contra los nazis hasta que, en 1941, estos invadieron Rusia.

Pero a Oppenheimer le afectó tanto la caída de Francia [un año antes de dicha invasión] que apartó al resto de sus pensamientos».[28]

El 22 de junio de 1941, los Chevalier y Oppenheimer estaban en el coche de vuelta de un pícnic playero cuando oyeron en la radio que los nazis habían entrado en la Unión Soviética. Aquella noche, todo el mundo se quedó despierto hasta tarde escuchando los últimos boletines e intentando entender qué había sucedido. Chevalier recordaba que Oppie dijo que Hitler había metido la pata hasta el fondo; al volverse contra la Unión Soviética, razonó, este había «destruido de un solo golpe la peligrosa ficción, muy extendida en los círculos liberales y políticos, de que el fascismo y el comunismo no eran más que dos versiones de la misma filosofía totalitarista». Después de aquello, los comunistas de todas partes serían bienvenidos en cuanto aliados de las democracias occidentales, cosa que ambos hombres creían que debería haber ocurrido hacía tiempo.

Tras el ataque japonés a Pearl Harbor, el 7 de diciembre de 1941, Estados Unidos se encontró de súbito metido en la guerra. «En nuestro grupito de Berkeley se reflejaban inevitablemente los cambios de talante del país», recordaba Chevalier. Dijo que el grupo «siguió reuniéndose de forma irregular», y Oppenheimer iba muy pocas veces con la excusa de sus numerosos viajes. «Cuando nos veíamos —escribió Chevalier—, nuestra conversación se reducía a comentar el progreso de la guerra y lo que pasaba en nuestro frente».[29]

Chevalier siempre mantuvo que Oppenheimer, el hombre al que consideraba su mejor amigo, compartía sus opiniones políticas de izquierdas hasta el momento en que este dejó Berkeley, en primavera de 1943: «[C]ompartíamos el ideal de una sociedad socialista. [...] Nunca dudó, nunca se debilitó su postura. Era firme como una roca». Pero Chevalier estaba seguro de que Oppenheimer no era un doctrinario. «No era una persona ciega, no era un partidista estrecho de miras, no se adhería a ninguna ideología de forma automática».[30]

La descripción que hace Chevalier de Oppenheimer presenta esencialmente a un intelectual de izquierdas no sometido a la disciplina del Partido Comunista. Pero con los años, cuando empezó a escribir sobre su amistad con Oppie, insinuó que había algo más. En 1948 escribió un esbozo de una novela en la que el protagonista, un brillante físico que trabaja en la construcción de una bomba atómica, es también el líder real de una unidad cerrada del Partido Comunista. En 1950 dejó a medias el manuscrito porque no encontraba quien se lo publicase. Pero en 1954, después de la audiencia de seguridad de Oppenheimer, volvió a la novela, y en 1959 la publicó G. P. Putnam's Sons con el farragoso título de *El hombre que quiso ser Dios.*

En ella, el personaje de Oppenheimer, de nombre Sebastian Bloch, decide unirse al Partido Comunista, pero, para su sorpresa, el líder local de la formación no le permite ser un miembro formal. «Sebastian se reuniría con la unidad regularmente y actuaría en todos los sentidos como si fuera un miembro auténtico, y el resto de los miembros así lo considerarían. Pero no pagaría la cuota; tendría sus arreglos monetarios con el partido al margen de la unidad».[31] En otro momento de la novela, Chevalier describe las reuniones semanales del grupo como «seminarios informales similares a los que profesores y alumnos del campus impartían constantemente sobre todo tipo de materias». Los integrantes de la unidad discuten sobre «ideas y teorías», circunstancias locales, la «actividad de este o aquel miembro del sindicato de profesores» y el apoyo que debía darse a campañas sindicalistas, huelgas, individuos o grupos sometidos a ataques contra las libertades civiles». En respuesta a la invasión de Finlandia por parte de la Unión Soviética, ocurrida en noviembre de 1939, Chevalier hace que el *alter ego* de Oppenheimer proponga a la unidad del partido que publique ensayos que expliquen la situación internacional «en un lenguaje atractivo para las mentes cultivadas y críticas». El personaje que lo encarna paga la impresión y los gastos de envío, además de redactar los escritos casi en su totalidad. «Era su criatura —escribe el novelista—. Durante los meses siguientes aparecieron varios de aquellos *Informes a la facultad*».[32]

Esa novela en clave mal disfrazada no se vendió bien, y a Chevalier no le gustaron las reseñas. El crítico de la revista *Time*, por ejemplo, pensaba que «el tono subyacente de la novela hace pensar en un antiguo adorador que pisotea al ídolo caído».[33] Pero el autor no podía dejar que el asunto quedase así. En verano de 1964 escribió a Oppenheimer para decirle que casi había terminado de escribir unas memorias sobre su amistad. Le explicó que había intentado «contar la historia esencial en la novela. Pero a los lectores estadounidenses no les gustó la mezcla de realidad y ficción, y ahora tengo claro que, para que se sepa la verdad, tengo que contar la historia tal como fue. [...] Una parte importante de la historia se refiere a nuestra pertenencia, la tuya y la mía, a la unidad del Partido Comunista desde 1938 hasta 1942. Me gustaría tratar esto con la perspectiva adecuada y contar los hechos tal como los recuerdo. Como este es uno de los aspectos de tu vida de los que, en mi opinión, menos deberías avergonzarte y como tu compromiso, atestiguado entre otras cosas por tus *Informes a nuestros colegas*, que todavía hoy impresionan al leerlos, fue profundo y genuino, considero que sería una omisión grave no darles la preeminencia que les corresponde». Acto seguido, Chevalier le preguntaba si tendría alguna objeción al relato de esa historia.

Dos semanas después, Oppenheimer le respondió con una escueta nota:

> En tu carta me preguntas si tengo alguna objeción. Claro que la tengo. Lo que dices de ti me sorprende. Sobre lo que dices de mí, hay una cosa que desde luego no es cierta. Nunca he sido miembro del Partido Comunista; por tanto, nunca he sido miembro de ninguna unidad del Partido Comunista. Yo, como es obvio, lo he sabido siempre. Pensaba que tú también lo sabías. Así lo he dicho oficialmente una vez tras otra. Lo dije en público cuando respondí a lo que dijo Crouch en 1950. Lo dije en las audiencias de la CEA hace diez años.
>
> Cordialmente,
>
> ROBERT OPPENHEIMER[34]

Chevalier, sensatamente, dedujo que la negativa de Oppenheimer significaba también que lo advertía de que podía vérselas con una demanda por difamación si escribía que había pertenecido al Partido Comunista. De modo que el año siguiente publicó *Oppenheimer: The Story of a Friendship* sin la mención directa del hecho. En su lugar, la supuesta unidad cerrada del Partido Comunista se describe en el libro meramente como un «grupo de debate».[35]

Chevalier dijo a Oppenheimer que había sentido la necesidad de escribir ese libro porque «la historia, si bien remilgada, necesita de la verdad como su servidora». En este caso, no obstante, la «verdad» depende de la percepción de cada uno. ¿Eran todos los participantes del «grupo de debate» de Berkeley también miembros del Partido Comunista? Al parecer, Chevalier creía que sí; Oppenheimer insistió en que, al menos él, no. Aportaría dinero para causas específicas mediante el Partido Comunista: la República española, los jornaleros agrícolas, los derechos civiles y la protección del consumidor. Asistiría a reuniones, ofrecería consejo e incluso ayudaría a los intelectuales afiliados a escribir informes. Pero no tuvo carnet del partido, no pagaba cuotas, era totalmente independiente de la disciplina de la formación comunista. Sus amigos podían tener motivos para pensar que era un camarada, pero él tenía claro que no lo era.

John Earl Haynes y Harvey Klehr, dos historiadores del comunismo estadounidense, han escrito que «ser comunista era formar parte de un mundo mental rígido y aislado firmemente de influencias externas».[36] Es obvio que esta definición no describe a Robert Oppenheimer en ningún momento. Leía a Marx, pero también el Bhagavad Guitá, a Ernest Hemingway y a Sigmund Freud, y, en aquella época, leer a este último era motivo de expulsión del Partido Comunista. En resumen, Oppenheimer nunca formó parte de aquel curioso contrato social que se esperaba de los miembros del partido.[37]

Probablemente, en la década de 1930 Robert estuvo más cerca del partido de lo que reconocería, o recordaría, años después, pero no estaba ni mucho menos tan cerca como le parecía a su amigo Haakon, lo cual no es sorprendente ni engañoso. Las llamadas «unidades secretas» del Partido Comunista —la afiliación que se alega que mantuvo Oppenheimer— eran organizaciones sin listas formales ni reglas fijas y con muy poca, o ninguna, imposición de disciplina, tal como Chevalier expuso a Martin Sherwin. Por motivos organizativos obvios, el partido prefería ver a los asociados con unidades secretas como individuos con un compromiso personal significativo. Por otro lado, cada miembro «comprometido» podía poner los límites que quisiera a su compromiso, el cual podía cambiar con el tiempo, incluso en periodos muy cortos, como ocurría, por ejemplo, en el caso de Jean Tatlock.

Chevalier pareció siempre comprometido con el partido, y, en aquellos días en que Robert y él fueron tan amigos, no es de extrañar que lo considerara igual que él en este sentido. Quizá durante un tiempo lo estuvo, pero no sabemos ni podemos saber hasta qué punto se involucró. Lo que sí podemos decir con seguridad es que el periodo en que mantuvo un grado muy alto de compromiso fue breve y no perduró.

La conclusión de todo esto es que Robert siempre quiso ser y siempre fue libre para pensar por sí mismo y tomar sus propias decisiones políticas. Para entender los compromisos es necesario ponerlos en perspectiva, y no hacerlo fue la característica más dañina del periodo de McCarthy. La acción política más relevante de Robert Oppenheimer fue que, en la década de 1930, trabajó por la justicia económica y social estadounidense, y para lograrlo escogió alinearse con la izquierda.

11

«Voy a casarme con una amiga tuya, Steve»

Su carrera estaba fomentando la de Robert...

ROBERT SERBER

A finales de 1939, la relación, a menudo tormentosa, que Oppenheimer tenía con Jean Tatlock se rompió. Robert la amaba y deseaba casarse con ella a pesar de los problemas que sufría. «Estuvimos dos veces tan cerca de casarnos que nos considerábamos prometidos», recordaría al cabo del tiempo.[1] Sin embargo, muchas veces sacaba lo peor de ella. Su vieja costumbre de cubrir a sus amigos con regalos molestaba a Jean, que no quería ese tipo de atenciones. «No más flores, por favor, Robert», le dijo un día.[2] Pero, como siempre, el siguiente día que fue a buscarla a casa de una amiga, iba armado con el habitual ramo de gardenias. Cuando Jean vio las flores, las tiró al suelo y le dijo a su amiga: «Dile que se vaya, dile que no estoy». Bob Serber apunta que la joven pasaba fases en las que desaparecía durante semanas, a veces meses, y luego se burlaba de Robert sin piedad, contándole con quién había estado y qué habían hecho. Parecía empeñada en hacerle daño, quizá porque sabía que la quería mucho».[3]

Al final fue Jean la que rompió definitivamente. Tenía una voluntad tan fuerte como la de Robert. Confusa y muy alterada, rechazó su última propuesta de matrimonio. En aquel entonces llevaba tres años en la Escuela de Medicina. No había muchas mujeres que fueran médicas en la década de 1930. Su resolución de hacer carrera como psiquiatra sorprendió a algunos amigos suyos, que lo atribuían a su valentía e ímpetu, y a la vez veían cierta lógica en ello. Desde sus intereses políticos hasta los psicológicos, a Jean siempre la había empujado el deseo de ayudar a los demás en un sentido práctico y realista. Ser psiquiatra iba acorde con su temperamento e inteligencia. En junio de 1941 obtuvo el título en la Escuela de Medicina de la Universidad de Stanford. Pasó el curso de 1941-1942 de prácticas en el hospital psiquiátrico St. Elizabeth (Washington D.C.), y al año siguiente trabajó como médica residente en el hospital Mount Zion de San Francisco.

A Robert, despechado, lo vieron salir con unas cuantas «jovencitas, la mayoría muy atractivas».[4] Entre otras, tuvo una relación con la cuñada de Haakon Chevalier, Ann Hoffman, y Estelle Caen, la hermana del columnista del *San Francisco Chronicle* Herbert Caen. Bob Serber recordaba una media docena de chicas, incluida una expatriada británica llamada Sandra Dyer-Bennett.[5] Rompió unos cuantos corazones. Con todo, cuando Tatlock estaba triste y lo llamaba por teléfono, él iba a verla, hablaban, y ella salía un poco de su depresión. Siguieron siendo amigos íntimos y amantes ocasionales.

Y entonces, en agosto de 1939, en Pasadena, fue a una fiesta en el jardín de Charles Lauritsen, y en el transcurso de la tarde le presentaron a una mujer de veintinueve años, casada, llamada Kitty Harrison. Bob Serber presenció el encuentro y vio como ella quedaba inmediatamente fascinada por él. «Me enamoré de Robert aquel día —escribiría más tarde—. Pero esperaba que no se me notara». Poco después, nuestro protagonista sorprendió a sus amigos al aparecer en una fiesta, en San Francisco, sin previo aviso y con Kitty Harrison del brazo. Aquella noche, ella llevaba un ramillete de espectaculares orquídeas. Todo el mundo se sintió bastante incómodo, porque la anfitriona de la fiesta era Estelle Caen, la amante más reciente de Robert. Chevalier lo calificó de «una ocasión no del todo feliz». Algunos amigos de Oppenheimer, a quienes les gustaba Tatlock y suponían que se reconciliarían, trataron con frialdad a la nueva conquista. Les parecía demasiado coqueta y manipuladora. Años después, Robert recordaría que «nuestros amigos estaban muy preocupados». Pero, cuando quedó claro que Kitty no era una aventura pasajera, los amigos se resignaron. «Oh, vamos a afrontarlo —dijo una mujer—. Puede ser un escándalo, pero al menos Kitty lo ha humanizado».[6]

Menuda y morena, Katherine «Kitty» Puening Harrison era tan atractiva como Tatlock, pero de carácter completamente opuesto. Las orquídeas que llevaba la noche que conoció a los amigos de Oppie no eran casuales; cultivaba esas llamativas flores en su piso y las lucía como declaración de intenciones. Nadie vería jamás en la vivaz Kitty ni rastro de melancolía. La vida le había asestado unos cuantos golpes, pero ella siempre había reaccionado tomando decisiones rápidas para seguir adelante. Si Jean parecía una princesa irlandesa, Puening a veces decía ser de veras de la realeza, pero de origen alemán. «Por parte de madre, Kitty era pariente de todas las cabezas coronadas de Europa —recordaría Robert Serber—. Cuando era niña, en verano iba a visitar a su tío, rey de los belgas».[7] Kitty nació el 8 de agosto de 1910 en Recklinghausen, una ciudad pequeña de Renania del Norte-Westfalia (Alemania). Llegó a Estados Unidos a los dos años, cuando sus padres, Franz Puening, de treinta y un años, y Kaethe Vissering Puening, de treinta, emigraron a Pittsburgh (Pennsylvania). Franz Puening, formado como ingeniero metalúrgico, consiguió un trabajo de ingeniero en una empresa del metal.[8]

Kitty fue hija única y disfrutó de una infancia privilegiada. Creció en Aspinwall, un barrio pudiente de Pittsburgh. Al cabo del tiempo contó a sus amigos que su padre era «el príncipe de un principado pequeño de Westfalia» y su madre estaba emparentada con la reina Victoria.[9] Su abuelo Bodewin Vissering fue arrendatario de tierras reales en Hanover y miembro elegido del consejo municipal de la ciudad. Los ancestros de su abuela Johanna Blonay fueron, desde las Cruzadas del siglo XI, vasallos reales de la Casa de Saboya, una de las dinastías europeas pervivientes más antiguas. Los Blonay fueron administradores y consejeros de la corte en varios principados de Saboya esparcidos por Italia, Suiza y Francia, y vivieron en un magnífico castillo ubicado al sur del lago Lemán.[10]

Kaethe Vissering era hermosa e imponente. Estuvo prometida con un primo suyo durante un periodo breve, Wilhelm Keitel, quien más tarde sería mariscal de campo de Hitler y, en 1946, juzgado y condenado a la horca en Núremberg como criminal de guerra.[11] La madre de Kitty quería llevar a la pequeña a Europa para que conociera a sus parientes «de sangre azul», pero su padre le hizo prometer que no le hablaría nunca de su ascendencia aristócrata. De todos modos, de joven, Kitty mencionaba de vez en cuando que procedía de la nobleza. Amigos de la familia recuerdan que recibía cartas de sus parientes alemanes dirigidas a «Su alteza Katherine».[12]

Como inmigrantes alemanes, los Puening pasaron algún que otro mal rato en Pittsburgh durante la Primera Guerra Mundial. Al ser Franz Puening un extranjero enemigo, las autoridades locales lo sometieron a vigilancia, e incluso Kitty tuvo problemas con los niños del vecindario. La lengua materna de esta no fue el inglés, y de mayor seguía hablando un precioso alto alemán. Cuando llegó a la adolescencia empezó a llevarse mal con su madre, a quien juzgaba «déspota». Kitty era una chica arrojada y vital a quien le traían sin cuidado las convenciones sociales. «Hacía unas locuras increíbles en el instituto», comentó Pat Sherr, una amiga que la conoció después.[13]

Kitty empezó lo que sería una borrascosa carrera universitaria. Se inscribió en la Universidad de Pittsburgh, pero antes de un año se marchó a Alemania y a Francia. A lo largo de los años siguientes estudió en la Universidad de Múnich, en la Sorbona y en la de Grenoble. Pasó la mayor parte del tiempo, no obstante, en los cafés de París, saliendo con músicos. «Me dediqué muy poco a estudiar», recordaría.[14] El día después de la Navidad de 1932 se casó impulsivamente con un joven de aquellos, un músico nacido en Boston llamado Frank Ramseyer. Unos meses después, Kitty encontró su diario, escrito en espejo, y descubrió que era drogadicto y homosexual.[15] Regresó a Estados Unidos y se matriculó en la Universidad de Wisconsin para estudiar Biología. El 20 de diciembre de 1933, un tribunal estatal le concedió la anulación del matrimonio y confiscó el testimonio prestado aduciendo obscenidad.

Diez días después, una amiga, Selma Baker, la invitó a una fiesta de fin de año en Pittsburgh. Esta le dijo que había conocido a un comunista y le preguntó si le gustaría conocerlo. «El consenso general era que ninguna de nosotras había conocido nunca a un comunista de carne y hueso —recordó Kitty— y que sería interesante ver a uno».[16] Aquella noche conoció a Joe Dallet, de veintiséis años, hijo de un rico hombre de negocios de Long Island. «Joe tenía tres años más que yo —relató Kitty—. Me enamoré de él en aquella fiesta y nunca dejé de amarlo». En menos de seis semanas dejó Wisconsin para casarse con Dallet e irse a vivir con él a Youngstown (Ohio).

«Era un hijo de puta guapísimo —recordó un amigo—. Era muy atractivo y ya está».[17] Dallet era un joven alto y delgado con una mata de pelo moreno y rizado, y parecía capaz de casi cualquier cosa. Nació en 1907; hablaba con fluidez francés, tocaba el piano clásico con soltura y conocía el materialismo dialéctico. Sus padres eran estadounidenses de primera generación de origen judío alemán, y, para cuando Joe alcanzó la adolescencia, su padre había hecho una pequeña fortuna con el comercio de seda. Tanto él como sus hermanas pertenecían a una sinagoga de la comunidad judía de clase media de Woodmere (Long Island), pero, al cumplir los trece años, no quiso celebrar el *bar mitzvá*. Estuvo yendo a un colegio privado antes de empezar en la Universidad de Dartmouth, en otoño de 1923. Ya entonces era de ideología política radical y ponía todas sus fuerzas en luchar con beligerancia por lo que él llamaba «ideales proletarios». Sus compañeros de Dartmouth lo veían como un excéntrico, «un inadaptado total en la universidad». Después de suspender casi todas las asignaturas, a mitad de segundo año abandonó los estudios y empezó a trabajar en una empresa de seguros de Nueva York. Le fue bien, pero de todos modos un buen día, indignado, dejó el empleo y empezó una nueva vida como jornalero. Al parecer, lo que precipitó aquella transformación fue la ejecución, en agosto de 1927, de los anarquistas nacidos en Italia Nicola Sacco y Bartolomeo Vanzetti. «No sabría decir qué habría sido de mi vida —escribió a su hermana— si no hubieran achicharrado en la silla eléctrica a un par de "espaguetis" en el estado de Massachusetts el 22 de agosto de 1927».[18]

Decidido a «sofocar las pruebas de su protegida vida anterior»,[19] Dallet trabajó primero como asistente social y luego como estibador y minero del carbón. Después de unirse al Partido Comunista, en 1929, escribió a su familia, que estaba preocupada: «Ahora debéis entender que estoy haciendo aquello en lo que creo, lo que quiero hacer, lo que mejor hago y lo que más disfruto haciendo. [...] Debéis comprender que soy feliz de verdad». Vivió unos meses en Chicago, donde, después de dar un discurso delante de miles de personas, la desgraciadamente famosa Brigada Roja de la policía municipal le pegó una paliza.

En 1932, Dallet era coordinador sindical en Youngstown (Ohio), donde estuvo en la primera línea de la agresiva campaña del Congreso de Organizaciones Industriales para meter en el redil de los sindicatos a los trabajadores del metal.[20] Reaccionó con valentía en los enfrentamientos, a menudo violentos, con los sicarios de la metalurgia. En varias ocasiones, la policía local lo metió en la cárcel para evitar que hablara en las asambleas. En cierto momento se presentó como candidato a presidente en la lista del Partido Comunista. A Kitty, pese a ser su mujer, solo le permitieron unirse a la Liga de Jóvenes Comunistas después de demostrar su compromiso vendiendo el *Daily Worker* en la calle y repartiendo folletos a los trabajadores siderúrgicos. «Llevaba bambas cuando repartía los folletos del Partido Comunista a las puertas de las fábricas —recordaría— para poder echar a correr cuando llegara la policía».

La cuota que Kitty pagaba al partido era de diez centavos por semana. La pareja vivía en una casa de huéspedes destartalada por cinco dólares al mes e, increíblemente, sobrevivía gracias a que recibían unos cheques de ayuda del Gobierno de 12,50 dólares cada dos semanas. Al final del pasillo vivieron un tiempo otros dos incondicionales de la formación, John Gates y Arvo Kusta Halberg, quien más tarde se cambiaría el nombre por el de Gus Hall y acabaría siendo presidente del Partido Comunista de Estados Unidos. «En la casa había cocina —contó Kitty—, pero los fogones tenían una fuga y era imposible preparar nada. Nuestra dieta consistía en dos comidas al día, que tomábamos en un restaurante inmundo».[21] En el verano de 1935 trabajó para el partido como «agente literaria», tarea que consistía en animar a los miembros a comprar y leer a los marxistas clásicos.

Kitty aguantó hasta 1936, cuando le dijo a Joe que no podía seguir viviendo en aquellas condiciones. La vida entera de su marido era el partido. Aunque ella no había abandonado sus ideas políticas, empezaron a discutir. Según un amigo común, Steve Nelson, Joe era «un poco dogmático respecto a la reticencia de Kitty a abrazar la lealtad hacia el partido con el mismo fervor que él».[22] A ojos de su marido, ella actuaba como una joven «intelectual de clase media que no terminaba de entender la actitud de la clase trabajadora». Kitty se ofendió por su displicencia. Después de vivir dos años y medio en la miseria, le dijo que tenían que separarse. «La pobreza me deprimía cada vez más», recordaba.[23] Al fin, en junio de 1936 se fue a Londres, donde su padre tenía el encargo de construir un horno industrial. Estuvo un tiempo sin tener noticias de Dallet, hasta que un día descubrió que su madre había estado interceptando las cartas. Deseosa de reconciliarse, se alegró cuando se enteró de que este iba a Europa.

A principios de 1937, Dallet decidió unirse a una brigada comunista para luchar en la guerra civil española en favor de la República y contra los fascistas. Su viejo amigo Steve Nelson y él embarcaron en el transoceánico Queen Mary en marzo de aquel mismo año. Joe, aún claramente enamorado, le dijo a Nelson que tenía la esperanza de que Kitty y él arreglaran pronto las cosas.

Ella los esperaba en el muelle del puerto de Cherburgo (Francia). Pasaron una semana en París, con Nelson de carabina. «Parecía el violinista de la pareja —recordó este—. Kitty me dio muy buena impresión; era una chica muy mona, no muy alta, bajita, rubia [sic] y muy simpática».[24] Había salido de Londres con dinero suficiente para que se alojaran los tres en un hotel decente y comieran en restaurantes buenos. Nelson recordaba degustar exóticos quesos franceses y beber vino después de comer mientras escuchaba a Kitty trazar estrategias para ir con Joe a los campos de batalla españoles, pues se moría de ganas de ello. El problema era que el Partido Comunista dictaba que las esposas no podían acompañar a los maridos a España. «Joe montaba unos escándalos de aúpa —contó Nelson sobre aquellas comidas—. Decía:"Es pura burocracia; ella podría hacer muchísimo trabajo, podría conducir una ambulancia". Kitty estaba resuelta a ir». Pero todos sus esfuerzos para que hicieran una excepción con ellos fueron en vano; al terminar la semana, Nelson y Dallet partieron a España, y Kitty se quedó en París. El último día, los llevó a comprar camisas de franela, guantes y calcetines de lana. Kitty volvió a Londres y esperó que le saliera una oportunidad para reunirse con su marido. Se escribían con frecuencia, y ella cogió la costumbre de enviarle una foto suya todas las semanas.

De camino a España, las autoridades francesas detuvieron a Dallet y a Nelson. Tras un juicio celebrado en abril, cumplieron una condena de veinte días en prisión y luego los soltaron. Cuando, a finales de abril, Dallet consiguió por fin pasar a España, escribió a Kitty: «Te adoro y cuento los días para llegar a A. [Albacete] y leer tu carta». En julio seguía relatándole sus experiencias en crónicas optimistas y encendidas: «Es un país interesante de la hostia, una guerra interesante de la hostia y un trabajo interesante de la hostia, el más interesante de todos los trabajos interesantes de la hostia que he tenido, dar una paliza de la hostia a los fascistas».[25]

A Kitty le había caído de veras bien el amigo de su marido y se tomó la molestia de escribir a su mujer, Margaret, a quien todavía no conocía, para contarle cómo había ido la semana que pasaron en París. «Nos lo hemos pasado bien estos pocos días —relató—. Supongo que no han sido la mejor preparación para el duro viaje que les espera, pero nos hemos divertido». También le refirió que habían asistido a una concentración espléndida, multitudinaria, de treinta mil personas en protesta por la posición de neutralidad estricta que había tomado Occidente ante la guerra civil española. «Como no entendíamos los discursos, la parte más emocionante para nosotros fue el viaje en metro hasta llegar allí. Cientos de líderes comunistas jóvenes pararon el metro hasta que subieron todos, cantando «La Internacional» y gritando eslóganes antifascistas. Todo el mundo se unió a ellos y, cuando llegamos a Granelle (la estación del mitin), parecía que todo París estaba cantando «La Internacional» a pleno pulmón. Supongo que soy de las que se emocionan con facilidad (aunque lo dudo), pero me sentí como si de repente fuera tres veces más alta, se me saltaban las lágrimas y quería gritar con todas mis fuerzas». Kitty firmaba con «Saludos de camarada, Kitty Dallet».[26]

En España, enseguida nombraron a Joe Dallet «comisario político» del batallón McKenzie-Papineau, de mil quinientos hombres, una unidad mayoritariamente canadiense que había absorbido muchos voluntarios estadounidenses de la brigada Abraham Lincoln. Joe y sus hombres empezaron el entrenamiento militar aquel verano. «Joder, ¡qué sensación de poder tienes cuando estás en la trinchera detrás de una ametralladora! —escribió a Kitty—. Ya sabes que siempre me han gustado las películas de gánsteres solo por el ruido de las ametralladoras. Puedes imaginarte lo feliz que estoy al tener por fin una en las manos».[27]

La guerra no le estaba yendo bien a la causa republicana. Los fascistas, abastecidos por Alemania e Italia con aviones y artillería, superaban en hombres y en armas a Dallet y su batallón. Y, como este no tardó en descubrir, la izquierda española se debilitaba aún más a causa de una política sectaria feroz, a veces mortal. En la carta a Kitty del 12 de mayo de 1937, Dallet escribía fatídicamente que sus superiores comunistas españoles habían prometido «una limpieza» de los anarquistas que hubiera en las tropas. En otoño, él mismo supervisó «juicios» a desertores, y es muy posible que ejecutaran a unos cuantos. Las tropas de Dallet empezaron a aborrecerlo; según un amigo suyo, era un sentimiento «muy cercano al odio».[28] Algunos lo veían como un fanático ideológico. Un informe de la Comintern del 9 de octubre de 1937 decía: «Un porcentaje de los hombres declaran abiertamente que no están satisfechos con Joe, y se habla de retirarle el cargo».[29]

Cuatro días después participó en la contienda por primera vez; encabezó su batallón en una ofensiva en el pueblo de Fuentes de Ebro, tomado por los fascistas. Unos días antes, un amigo lo había encontrado sentado en una cabaña, solo, de noche, a la suave luz de una lámpara de queroseno. Dallet le confesó que se sentía solo y que sabía que todos lo detestaban. Le dijo que iba a demostrarles que no era uno de esos comisarios políticos que «se quedan a salvo detrás de la barrera»; probaría su valentía siendo el primero en lanzarse desde detrás del parapeto. Cuando el amigo le objetó que igual era una manera un poco estúpida de liderar un batallón, él se mostró inflexible.

El día de la batalla, Dallet mantuvo su palabra. Fue el primero en salir de la trinchera y no había avanzado más que unos metros hacia las líneas fascistas cuando el fuego de una ametralladora le hirió en la ingle. El informe posterior del comandante del batallón de ametralladoras decía: «El ataque empezó a las 13.40 horas. Joe Dallet, comisario de batallón, salió con la Compañía Primera por el flanco izquierdo, donde el fuego era más intenso. Guiaba el avance cuando cayó mortalmente herido. Se comportó como un héroe hasta el final; rechazó que los hombres de primeros auxilios se acercaran a la posición, tan expuesta, donde se encontraba».[30] Con dolores terribles, trató de arrastrarse hacia las trincheras cuando una segunda ráfaga de ametralladoras lo mató. Tenía solo treinta años.

Steve Nelson, quien también había resultado herido en agosto, se enteró de la muerte de Dallet poco después, mientras estaba de visita en París. Antes de morir, este había enviado una carta a Kitty en la que la informaba de que Nelson pasaría por la capital francesa, así que ella fue a su encuentro desde Londres. Tenía pensado ir de París a España. Previendo que tenía que darle la horrible noticia, Nelson quedó con ella en el vestíbulo de su hotel. «Se quedó destrozada —recordaría este—. Se derrumbó literalmente y se sujetó a mí. En cierto sentido, yo estaba ocupando el lugar de Joe. Me abrazó y lloró, y yo no pude mantener la compostura».[31] Cuando Kitty gritó, desesperada: «¿Qué voy a hacer ahora?», Nelson, sin pensarlo dos veces, la invitó a que se fuera a vivir con él y su esposa, Margaret, a Nueva York. Ella aceptó, pero antes Nelson tuvo que disuadirla de ir a España, donde pensaba que podría presentarse voluntaria para trabajar en un hospital.

Kitty volvió a Estados Unidos convertida en la viuda de veintisiete años de un héroe de guerra del Partido Comunista. La sede nacional de la formación se aseguró de que su sacrificio se recordara. El líder del partido, Earl Browder, escribió que Dallet se había unido a aquellos que se habían entregado «completamente a la tarea de detener el fascismo».[32] Dallet fue uno de los pocos comunistas genuinos de la Liga Ivy y se convirtió en un mártir de la clase trabajadora. Con el permiso de Kitty, el partido publicó, en 1938, *Letters from Spain*, una compilación de las cartas que Joe le escribió.

Kitty pasó un par de meses en el apretado piso de los Nelson, en la ciudad de Nueva York. Vio a algunos amigos de Joe, todos pertenecientes al partido. Al cabo del tiempo, declararía a los investigadores del Gobierno que había llegado a conocer a personajes destacados del Partido Comunista como Earl Browder, John Gates, Gus Hall, John Steuben y John Williamson.[33] Pero dijo también que había dejado de pertenecer al partido cuando se marchó de Youngstown, en junio de 1936, y había dejado de pagar la cuota. «Parecía encontrarse en un estado muy alterado —recordaría Margaret Nelson—. Tuve la impresión de que estaba bajo un estrés emocional muy intenso».[34] Otros amigos testificaron que Kitty estuvo largo tiempo muy afectada por la muerte de Dallet.

Y entonces, a principios de 1938, fue a Filadelfia a visitar a una amiga y decidió quedarse allí. Se matriculó en la Universidad de Pennsylvania para el semestre de primavera. Estudió química, matemáticas y biología, y pareció preparada, por fin, para obtener el título universitario. En algún momento de la primavera o el verano, se encontró con un médico británico, Richard Stewart Harrison, al que conocía de la adolescencia. Era alto y atractivo, de penetrantes ojos azules; se había formado en Medicina en Inglaterra y estaba terminando unas prácticas que le permitirían ejercer en Estados Unidos. Más mayor y apolítico, Harrison parecía ofrecer a Kitty lo que necesitaba desesperadamente en aquel momento: estabilidad. Tomando otra de sus impulsivas decisiones, se casaron el 23 de noviembre de 1938. Más tarde diría que el matrimonio fue «un fracaso singular desde el principio». Le confesó a una amiga que era «una relación imposible» y que «estaba dispuesta a abandonarlo mucho antes de cuando lo abandonó realmente».[35] Harrison se marchó al cabo de poco a Pasadena, pues ya tenía acordado hacer la residencia allí. Kitty se quedó en Filadelfia y, en junio de 1939, obtuvo la licenciatura en Humanidades *cum laude* y en botánica. Dos semanas después convino en ir a California con Harrison y mantener la imagen de un matrimonio estable porque, según dijo, «estaba convencido de que un divorcio arruinaría la carrera de un médico joven en ciernes».

A sus veintinueve años, Kitty al fin parecía dispuesta a tomar las riendas de su vida. Pese a estar aparentemente encerrada en un matrimonio sin perspectivas, estaba resuelta a seguir con su carrera. Lo que más le interesaba era la botánica, y aquel verano le concedieron una beca de investigación para empezar los estudios de posgrado en el campus de Los Ángeles de la Universidad de California.[36] Su ambición era sacarse el doctorado y quizá ser profesora de botánica.

En agosto de 1939, Kitty y su marido fueron a la fiesta en el jardín de Pasadena donde conoció a Oppenheimer. En otoño empezó los estudios de posgrado en Los Ángeles, pero no olvidó al joven alto de ojos azules tan claros. En algún momento de los meses siguientes volvieron a encontrarse y empezaron a salir; aunque Kitty seguía casada, no hacían ningún esfuerzo por esconderse. Se los veía con frecuencia en el Chrysler descapotable de Robert. «Subía en el coche [cerca de mi despacho] con una chica muy mona —rememoraría el doctor Louis Hempelman, un médico que daba clase en Berkeley—. Era muy guapa. Menuda, delgada como un palillo, igual que él. Se daban un beso largo y se iban cada cual por su lado. Robert siempre llevaba el sombrero *porkpie*».[37]

En primavera de 1940, Robert, con bastante descaro, invitó al doctor Richard Harrison y a Kitty a pasar unos días en Perro Caliente aquel verano. En último momento, tal como el propio doctor relató al FBI, decidió no ir, pero animó a Kitty a que fuera de todas formas. Por casualidad, Oppie también había invitado al rancho a Bob y Charlotte Serber los mismos días. El matrimonio salió de Urbana (Illinois), donde Bob había estado dando clase, y, cuando llegaron a Berkeley, Oppie les dijo que había invitado a los Harrison, pero que Richard no podía ir. «Puede que Kitty venga sola —prosiguió—. Podríais llevarla con vosotros. Lo dejo a tu elección. Pero si la llevas, la cosa quizá tenga consecuencias graves». En efecto, la joven fue con los Serber de muy buen grado y se quedó dos meses enteros en el rancho.

Un día o dos después de que llegaran, Kitty y Robert (ella siempre lo llamaba así) fueron a caballo a Los Pinos, al rancho de Katherine Page.[38] Pasaron allí la noche y regresaron por la mañana. Su anfitriona, la mujer de quien el joven Robert se había prendado el verano de 1922, los alcanzó unas horas después y con cara pícara le dio a Kitty su camisón, el cual había encontrado bajo la almohada de Robert.

Al terminar el verano, este telefoneó al doctor Harrison para decirle que su mujer estaba embarazada. Los dos hombres acordaron que lo mejor sería que se divorciaran para que Robert pudiera casarse con ella. Fue todo muy civilizado. Harrison declaró al FBI que «los Oppenheimer y él seguían llevándose bien y que se daba cuenta de que todos ellos tenían concepciones modernas con respecto al sexo».[39]

Aunque Bob Serber fue testigo del apasionado romance de aquel verano de 1940, se quedó atónito cuando, en octubre, Oppie le comunicó que se casaba.[40] En un primer momento no supo si le dijo que la futura novia sería Jean o Kitty. Podría haber sido cualquiera de las dos. Robert se había ido con la esposa de otro, y algunos amigos se escandalizaron de veras. No era un mujeriego, pero sí del tipo al que le atraían mucho las mujeres que se sentían atraídas por él. Kitty había sido irresistible.

Una noche del otoño de 1940 dio la casualidad de que Robert compartió tribuna con Steve Nelson en un acto celebrado en Berkeley con el fin de recaudar fondos para los refugiados de la guerra civil española. Recién llegado a San Francisco, Nelson no había oído hablar de Oppenheimer, que era el orador invitado. En su discurso dijo que la victoria fascista en España había conducido directamente al estallido de la guerra en toda Europa y que aquellos como Nelson que habían luchado en España habían combatido en una acción dilatoria.

Después, Oppenheimer se acercó a Nelson y, con una sonrisa de oreja a oreja, le dijo: «Voy a casarme con una amiga tuya, Steve». A este no se le ocurría quién podía ser, de modo que Robert le aclaró: «Voy a casarme con Kitty».

«¡Kitty Dallet!», exclamó Nelson. Había perdido el contacto con ella desde que se marchó de su piso de Nueva York. «Está ahí detrás, sentada en la sala», dijo Oppenheimer, y le indicó que se acercara. Los dos viejos amigos se abrazaron y quedaron en verse. Poco después, los Nelson fueron a casa de los Oppenheimer a hacer un pícnic.[41] Aquel otoño, Kitty se fue a Reno (Nevada), para realizar la obligada residencia de seis semanas, y allí, el 1 de noviembre de 1940, obtuvo el divorcio. Aquel mismo día se casó con Robert en la ciudad de Virginia (Nevada). Un conserje y un empleado del juzgado firmaron el certificado de matrimonio como testigos. Cuando los recién casados regresaron a Berkeley, Kitty ya llevaba un vestido premamá.[42]

A finales de noviembre, Margaret Nelson telefoneó a Kitty para anunciarle que acababa de dar a luz a una niña y que le habían puesto Josie en memoria de Joe.[43] De inmediato, ella invitó a los Nelson a visitarlos y los alojó en la habitación de invitados de su nueva casa.[44] A lo largo de los dos años siguientes, el matrimonio fue a casa de los Oppenheimer muchas veces, si bien la frecuencia de las visitas fue disminuyendo con el tiempo. Sus hijos jugarían juntos más adelante. «Veía también a Robert en Berkeley de vez en cuando —escribió Nelson en sus memorias— porque yo era el responsable de organizar clases y debates con gente de la universidad». También se reunían a solas. Una escucha del FBI, por ejemplo, atestigua que Oppenheimer se vio con Nelson el domingo 5 de octubre de 1941, al parecer para entregarle un cheque de cien dólares, donación destinada a los jornaleros del campo que estaban en huelga.[45] La relación, no obstante, fue mucho más allá de las transacciones políticas. Cuando Josie cumplió dos años, en noviembre de 1942, Oppenheimer dio una sorpresa a Margaret al presentarse en su puerta con un regalo para la niña. Esta se quedó «de piedra» ante aquel acto de amabilidad típico de Robert, y se emocionó. «Con toda su brillantez —pensó—, también tiene rasgos profundamente humanos».[46]

Aun con el embarazo, Kitty continuó con los estudios de Biología y siempre decía a sus amigos que seguía queriendo hacer carrera profesional como botánica. «A Kitty le entusiasmaba la idea de volver a la escuela —declaró Maggie Nelson—. Aquello la absorbía mucho». Pero, a pesar del interés de ambos por la ciencia, Kitty y Robert eran polos opuestos en cuestión de temperamento. «Él era amable, tranquilo —recordó una amiga que los conocía a los dos—. Ella era estridente, asertiva, agresiva. Pero eso es lo que suele hacer que funcionen los matrimonios, los opuestos».[47]

A la mayoría de los parientes de Robert no les gustó Kitty. Jackie Oppenheimer, muy franca, siempre pensó que era «una zorra» y le molestaba la manera en que, según ella, apartó a su cuñado de sus amigos. Décadas después descargaría todo su resentimiento: «No podía soportar compartir a Robert con nadie —recordaría Jackie—. Era una intrigante. Si quería algo, siempre acababa consiguiéndolo. [...] Era una farsante. Todas sus convicciones políticas eran de pega, todas sus ideas eran de prestado. La verdad es que es una de las pocas personas realmente malvadas que he conocido en la vida».[48]

Es cierto que Kitty tenía la lengua afilada y con facilidad se ponía a malas con algunos amigos de Robert, pero también había quien pensaba que era «muy lista». Chevalier consideraba que su inteligencia era más intuitiva que profunda o sagaz. Y, como recordaba su amigo Bob Serber, «todo el mundo decía que Kitty era comunista». Sin embargo, también era cierto que tuvo una influencia estabilizadora en la vida de Oppenheimer. «Su carrera estaba fomentando la de Robert —dijo Serber—, la cual desde entonces influyó en ella de forma aplastante y controladora».

Poco después de la apresurada boda, Oppie y Kitty alquilaron una casa enorme en Kenilworth Court, 10, situada al norte del campus. Robert vendió el viejo Chrysler descapotable y obsequió a la novia con un Cadillac nuevo al que bautizaron como Bombsight («visor de bombardero»).[49] Kitty lo convenció de que vistiera con un estilo un poco más adecuado a su posición social, así que empezó a llevar por primera vez chaquetas de tweed y trajes más caros, pero conservó el sombrero *porkpie*. «Me sentía un poco asfixiado», confesaría después acerca de la vida de casado.[50] Kitty era una cocinera excelente, y en aquel entonces invitaban con frecuencia a amigos cercanos como los Serber, los Chevalier y otros colegas de Berkeley. El mueble bar siempre estaba bien abastecido. Maggie Nelson recordaba una noche en que tuvieron una conversación y Kitty reveló que «gastaban más en alcohol que en comida».[51]

Una noche de principios de 1941 fue a cenar a su casa John Edsall, el antiguo amigo de Robert de los años de Harvard y Cambridge, y que era entonces profesor de Química. Hacía diez años que no se veían y el cambio que había sufrido Oppie le sorprendió mucho. El chico introspectivo que conoció en Cambridge y en Córcega había pasado a ser una figura de carácter dominante. «Noté que era obviamente una persona más fuerte —recordó Edsall—, que había superado las crisis internas que sufrió en aquellos años de juventud y en gran medida había alcanzado una resolución interna respecto a ellas. Noté en él confianza y autoridad, aunque todavía persistía algo de tensión y [una] falta de paz interior en algunos aspectos. [...] Era capaz de ver y comprender con la intuición cosas que la mayoría de la gente solo podría seguir muy despacio y dudando, si es que podían. No solo en el campo de la física, sino en otros también».[52]

En aquel entonces, Robert estaba a punto de ser padre. Su hijo nació el 12 de mayo de 1941 en Pasadena, donde él impartía el programa del semestre de primavera en el Caltech. Bautizaron al niño con el nombre de Peter, pero Robert, con picardía, lo apodó «Pronto». Kitty decía en broma a algunos amigos que la criatura, de tres kilos seiscientos, era prematura.⁵³ El embarazo había sido difícil, y aquella primavera Robert había enfermado de mononucleosis infecciosa. En junio, no obstante, ya gozaban los dos de buena salud e invitaron a los Chevalier a casa. Estos llegaron a mediados de junio y estuvieron una semana con ellos poniéndose al día. Hacía poco que Haakon había trabado amistad con el surrealista Salvador Dalí y pasaron los días en el jardín de la casa trabajando en una traducción del libro del pintor *La vida secreta de Salvador Dalí*.

Unas semanas más tarde, Oppie y Kitty pidieron a los Chevalier un favor enorme. Robert les explicó que su mujer necesitaba con urgencia un descanso. ¿Les importaría a los Chevalier quedarse con Peter, que tenía dos meses, junto con su niñera alemana, mientras ellos dos se escapaban un mes a Perro Caliente? Haakon tomó la petición como la confirmación de lo que ya sentía: que Robert era su amigo más cercano y más íntimo. «Profundamente halagados», los Chevalier accedieron sin tardanza y se quedaron con Peter no un mes, sino dos, hasta que Kitty y Robert volvieron para empezar el semestre de otoño.⁵⁴ Aquel convenio, bastante insólito, sin embargo, quizá tuvo consecuencias a largo plazo en la relación entre madre e hijo. Kitty nunca llegó a desarrollar un vínculo con Peter. Incluso al cabo de un año, los amigos se dieron cuenta de que siempre era Robert quien los llevaba a la habitación del niño y lo enseñaba con evidente orgullo y placer. «A Kitty no parecía interesarle mucho el niño», diría una amiga.⁵⁵

Robert se sintió revitalizado nada más llegar a Perro Caliente. Durante la primera semana, Kitty y él sacaron fuerzas para clavar tejas nuevas en el tejado de la cabaña. Hicieron excursiones largas a caballo por las montañas. Un día, ella mostró su valor al poner su montura a medio galope en un prado y ponerse de pie en la silla. Robert se llevó una alegría cuando, a finales de julio, se encontró con su amigo Hans Bethe, el físico de Cornell que conoció en Gotinga, y lo convenció para que fuera a visitarlos al rancho. Por desgracia, a Robert lo pateó un caballo cuando intentaba meterlo en el corral para que Bethe montara en él, y tuvieron que llevarlo al hospital de Santa Fe para hacerle radiografías. En muchos sentidos, fue una visita memorable.⁵⁶

A la vuelta, los Oppenheimer recuperaron a su hijo y se mudaron a una casa recién comprada en la calle Eagle Hill, 1, en las colinas que se alzan detrás de Berkeley.⁵⁷ Aquel mismo verano, Robert había visto la casa a toda prisa y de inmediato había accedido a pagar el precio que pedían, 22.500 dólares, más 5.300 por dos terrenos adyacentes. Se trataba de una villa de estilo español, de una planta, con paredes encaladas y tejado de color rojo, situada en una loma rodeada en tres de sus lados por un cañón boscoso muy empinado.[58] Se disfrutaba de una vista impresionante del atardecer sobre el puente Golden Gate. El salón, amplísimo, tenía el suelo de secuoya, techos de más de tres metros y medio de altura con vigas y ventanas en tres paredes. En la gigantesca chimenea de piedra había un grabado de un león feroz. Unas librerías, que iban del suelo al techo, remataban los dos extremos del salón. Por unas puertas acristaladas se accedía al maravilloso jardín, bordeado por encinos siempreverdes. La cocina estaba bien equipada y había un apartamento separado para invitados encima del garaje. La casa tenía algunos muebles, y Barbara Chevalier ayudó a Kitty con la decoración. A todo el mundo le parecía una construcción preciosa y bien diseñada. Fue el hogar de Oppenheimer durante casi diez años.

12

«Empujábamos el New Deal hacia la izquierda»

> Ya estaba harto de la causa española, y en el mundo había más crisis y más urgentes.
>
> ROBERT OPPENHEIMER

El domingo 29 de enero de 1939, Luis W. Álvarez, un físico joven y prometedor que trabajaba con Ernest Lawrence, estaba sentado en el sillón del barbero leyendo el *San Francisco Chronicle*. De repente, se fijó en un artículo de una agencia de noticias que decía que dos químicos alemanes, Otto Hahn y Fritz Strassmann, habían demostrado que el núcleo de uranio podía dividirse en dos partes o más. Habían conseguido la fisión bombardeando neutrones sobre uranio, uno de los elementos más pesados. Atónito ante aquel descubrimiento, Álvarez «interrumpió al barbero en medio de un tijeretazo y salió corriendo hacia el Laboratorio de Radiación para comunicar la noticia». Tras contárselo a Oppenheimer, este respondió: «Es imposible». Fue a la pizarra y se puso a demostrar matemáticamente que la fisión nuclear no podía tener lugar. Alguien debía haber cometido un error.

Sin embargo, al día siguiente, Álvarez repitió el experimento en su laboratorio y consiguió el mismo resultado. «Le dije a Robert que viniera a ver los pequeños pulsos de partículas alfa que tenían lugar de forma natural en el osciloscopio y los elevadísimos pulsos de la fisión nuclear, veinticinco veces más grandes. En menos de quince minutos no solo se convenció de que la reacción era auténtica, sino que también conjeturó que en el proceso se evaporarían neutrones extra, los cuales podían emplearse para dividir más átomos de uranio y así generar energía o fabricar una bomba. Era increíble ver lo rápido que trabajaba su mente».[1]

Oppie escribió a Willie Fowler, su colega del Caltech, unos días después: «Lo del U es increíble. Primero lo leímos en los periódicos, telegrafiamos para que nos dieran más datos, y desde entonces hemos recibido un montón de informes. [...] Aún hay muchos puntos oscuros: ¿dónde están las beta, de alta energía y corta vida, que uno debería esperar? [...] En cuántas maneras se desintegra el U, ¿por azar, como cabría suponer, o solo en ciertos modos? [...] Creo que es apasionante, no en la forma extraña de los positrones y los mesones, sino en forma honesta y práctica».[2] Estaban ante un descubrimiento fundamental y apenas podía contener el entusiasmo. Al tiempo veía también las implicaciones fatales que conllevaba. «Así que no creo nada improbable que diez cm [centímetros] cúbicos de deuteruro de uranio (habría que tener algo que ralentizara los neutrones sin capturarlos) produzcan una explosión brutal», escribió a su amigo George Uhlenbeck.[3]

Por casualidad, aquella misma semana, un estudiante de posgrado llamado Joseph Weinberg llegó a la sala 219 de LeConte Hall y llamó a la puerta. El profesor de Física de Wisconsin Gregory Breit había echado a la calle en pleno curso a aquel arrogante y testarudo, y le había dicho que Berkeley era uno de los pocos sitios del mundo donde «podrían aceptar a una persona tan loca como tú». Donde tenía que estar era con Oppenheimer, le dijo Breit, haciendo oídos sordos a sus quejas de que los únicos artículos del *Physical Review* que no era capaz de entender eran los de él.

«Al otro lado de la puerta se oía muchísimo alboroto —recordaría Weinberg—, así que llamé muy fuerte, y la puerta se abrió de golpe, salió una persona rodeada de una nube enorme de humo y un montón de ruido, y volvió a cerrar».

«¿Qué demonios quiere?», preguntó el hombre a Weinberg.

«Estoy buscando al profesor Oppenheimer», respondió el joven.

«Pues ya lo ha encontrado».

Del otro lado de la puerta llegaban voces de hombres que gritaban y discutían muy nerviosos.

«Qué hace aquí?», le preguntó Oppenheimer. Weinberg le dijo que acababa de llegar de Wisconsin. «¿Y qué hacía allí?».

«Trabajaba con el profesor Gregory Breit», contestó.

«Eso es mentira —le espetó Oppenheimer—. Esta es su primera mentira».

«¿Perdón?».

«Si usted está aquí —le explicó él— es porque trabajaba al margen de Breit, trabajaba a pesar de Breit».

«Sería una manera de decirlo más precisa», concedió Weinberg.

«Muy bien, ¡enhorabuena! —dijo Oppenheimer—. Pase y únase a la locura».

Robert le presentó a Ernest Lawrence, a Linus Pauling y a otros estudiantes de posgrado: Hartland Snyder, Philip Morrison y Sydney M. Dancoff. Weinberg se quedó boquiabierto al conocer a todas aquellas lumbreras de la física. «Eran todo nombres de primera fila, no me lo podía creer», recordó.[4] Después salió a comer con Morrison y Dancoff, y, sentados a una mesa del restaurante de la asociación de estudiantes, el Heartland, hablaron sobre el significado de un telegrama enviado por Niels Bohr sobre el descubrimiento de la fisión nuclear. Uno cogió una servilleta y se puso a dibujar una bomba basada en el concepto de reacción en cadena. «Diseñamos una bomba basándonos en los datos», dijo Weinberg. Phil Morrison realizó unos cálculos preliminares y llegó a la conclusión de que no funcionaría, que la reacción en cadena moriría antes de que el artefacto llegara a explotar. «El caso es que entonces no sabíamos que el uranio podía depurarse y aislarse en concentraciones mucho más altas que desde luego podían conducir a la fisión». Morrison recordaba que menos de una semana después entró en el despacho de Oppie y vio en la pizarra «un dibujo, muy mal hecho, horroroso, de una bomba».[5]

Al día siguiente, Oppenheimer se sentó con Weinberg para definir su línea de estudio. «Así que crees que vas a ser físico —lo picó—. ¿Qué has hecho?». Aturullado, Weinberg respondió: «¿Se refiere a últimamente?». Oppenheimer se echó hacia atrás y soltó una carcajada atronadora. No esperaba que un recién graduado hubiera hecho nada original. Pero el joven le dijo que había trabajado en un problema teórico, y, cuando se lo explicó, Oppenheimer lo interrumpió: «Todo esto lo tienes por escrito, ¿no?». No era así, pero Weinberg se apresuró a prometerle que lo tendría listo al día siguiente por la mañana. «Me miró y me dijo con frialdad —recordó este—: "¿Qué tal a las 8.30 de la mañana?"». Víctima de su propia arrogancia, Weinberg pasó el resto de la jornada y toda la noche escribiendo el artículo. Oppenheimer se lo devolvió al cabo de un día con una palabra impronunciable garabateada en la guarda: «Snoessigenheellollig».

«Lo miré —relató Weinberg— y me dijo: "Supongo que sabes lo que significa"». El joven sabía que la palabra era neerlandés coloquial, pero su conocimiento solo le daba para deducir que era un comentario favorable. Oppie sonrió y le aclaró que, traducida a lo bruto, significaba «genial».

«Pero ¿por qué lo ha escrito en holandés?», le preguntó Weinberg.

«Eso no te lo puedo decir, no me atrevo a decírtelo», respondió Oppie. Se giró, salió de la sala y cerró la puerta tras de sí. Pero al cabo de un momento la puerta se abrió de nuevo, y Oppenheimer asomó la cabeza y le dijo: «La verdad es que no debería decírtelo, pero creo que te lo mereces. Es porque el artículo me ha recordado a [Paul] Ehrenfest».

Weinberg se quedó perplejo. Conocía la reputación de Ehrenfest para intuir lo que quería decir Oppie. «Fue el único cumplido que me hizo nunca. [...] Adoraba a Ehrenfest, [que] tenía la virtud de hacer que las cosas aparecieran con toda su claridad, su agudeza y su carga de significado en los términos más simples».[6] Aquella misma semana, Oppenheimer halagó a Weinberg haciendo que presentara aquel artículo en lugar de prepararse un seminario. Pero después, como para compensar el halago, le dijo en tono de burla que lo que había presentado eran «cosas de niños», que había una «manera adulta de enfrentarse a este tipo de problemas», y le insinuó que debía ponerse con ello de inmediato. Weinberg, obediente, pasó los tres siguientes meses trabajando para obtener un cálculo muy elaborado. Al final tuvo que reconocer que no había podido encontrar ni rastro de la relación empírica que había predicho a partir de su simplista argumento inicial. «Ahora has aprendido una lección —repuso Oppenheimer—. A veces el método elaborado y aprendido, el método adulto, no es tan bueno como el método infantil, simple y naíf».

Weinberg era un discípulo devoto de Bohr ya antes de entrar en Berkeley. Como muchos físicos, le atrajo la disciplina sobre todo porque prometía abrir la puerta a la comprensión de ideas filosóficas fundamentales. «Yo quería divertirme trasteando con las leyes de la naturaleza», dijo Weinberg. De hecho, pasó un periodo en el que pensó en dejar la física, pero continuó solo porque un amigo lo animó a leer el clásico de Niels Bohr *La teoría atómica y la descripción de la naturaleza*. «Leí a Bohr y me reconcilié con la física. Me restituyó a mi estado original». En las manos del danés, la teoría cuántica se convertía en una celebración jubilosa de la vida. El día en que Weinberg llegó a Berkeley, le comentó a Phil Morrison de pasada que aquel libro era uno de los pocos que había creído que valía la pena llevar consigo. Phil se echó a reír porque en Berkeley, en el reducido círculo de los fieles de Oppenheimer, el librito de Bohr se consideraba la Biblia. Weinberg se dio cuenta con alegría de que allí «Bohr era Dios, y Oppie, su profeta».[7]

Cuando un estudiante se quedaba atascado y no podía terminar un artículo, no era raro que Oppie lo rematara por él. Una noche de 1939, cuando aún vivía en la calle Shasta, invitó a Joe Weinberg y Hartland Snyder a su casa. Los dos jóvenes habían colaborado en un artículo, pero no se veían capaces de llegar a una conclusión satisfactoria. «Nos sirvió el habitual y obligatorio vaso de whisky —recordaba Weinberg— y puso música para mantenerme ocupado. Hartland vagaba por ahí mirando libros, y Oppie se sentó frente a la máquina de escribir. Media hora después había conseguido dar forma al último párrafo. Un párrafo precioso».[8] El artículo, «Estados estacionarios de los campos escalares y vectoriales», se publicó en el *Physical Review* en 1940.

Las clases de Oppenheimer iban acompañadas sin falta por un montón de fórmulas escritas en la pizarra. Pero, como muchos teóricos, no sentía ningún respeto por ellas. Weinberg, a quien el maestro ya consideraba uno de sus alumnos más brillantes, observó que las fórmulas matemáticas eran como asideros puntuales para un escalador; en cierto modo, cada uno dicta la posición del siguiente. «Llevar un registro de ellos —dijo Weinberg— es llevar un registro de una ruta de escalada concreta. Te da muy poca información sobre la forma que tiene la roca». Para él y para otros, «estar en un curso de Oppie era como recibir relámpagos cinco o diez veces la hora, tan breves que podías perdértelos. Si solo estabas pendiente de las fórmulas de la pizarra, era fácil que se te pasaran por alto. Muchas veces los relámpagos eran ideas filosóficas básicas que colocaban la física en un contexto humano».

Oppenheimer era de la opinión de que no podía esperarse de nadie que aprendiera mecánica cuántica solo con libros; la pugna verbal inherente al proceso explicativo es lo que abre la puerta de la comprensión. Nunca impartía dos clases iguales. «Era muy consciente de quién iba a su clase», recordaría Weinberg.[9] Era capaz de observar las caras de los alumnos y cambiar de golpe de perspectiva porque había intuido cuáles eran sus dificultades concretas respecto al tema tratado. Una vez dedicó una clase entera a cierto problema que sabía que despertaría el interés de un alumno en concreto. Al terminar, el estudiante en cuestión corrió a él y le pidió permiso para abordar el problema. Oppenheimer respondió: «Estupendo, es por esto que he dado la clase».

No hacía exámenes finales, pero sí mandaba muchos deberes.[10] Planteaba las clases en forma de discurso no socrático «a toda velocidad», según recordaba Ed Geurjoy, estudiante de posgrado desde 1938 hasta 1942. Los alumnos tenían la libertad de interrumpirlo para preguntar. «Lo normal era que contestara con paciencia —dijo Geurjoy—, a menos que la pregunta fuera manifiestamente idiota, en cuyo caso lo más probable era que la respuesta fuese bastante cáustica».

Oppenheimer era brusco con algunos estudiantes, pero trataba a los sensibles con suavidad. Un día, Weinberg estaba en el despacho de este y empezó a rebuscar entre los papeles que había apilados en una mesa de caballetes colocada en el centro del habitáculo. Cogió uno y se puso a leer el primer párrafo, sin advertir la mirada irritada de Oppie. «Es una propuesta excelente —exclamó Weinberg—. Me encantaría trabajar en ella». Para su sorpresa, Oppenheimer repuso, seco: «Deja eso, déjalo donde estaba». Cuando Weinberg le preguntó qué había hecho mal, él contestó: «Eso no estaba ahí para ti».

Al cabo de unas semanas, Weinberg se enteró de que otro estudiante que se las veía y se las deseaba para encontrar un tema para su tesis había empezado a trabajar en la propuesta que había leído él aquel día. «[El estudiante] era muy amable y educado —recordó Weinberg—. Pero, a diferencia de algunos de nosotros a los que nos gustaba el tipo de retos que nos arrojaba Oppie como si fueran descargas, él se quedaba perplejo, sin saber qué hacer e incómodo. Nadie tenía el valor de decirle: "Mira, te estás metiendo en honduras"». Pero, con el tiempo, Weinberg se dio cuenta de que Oppie había dejado ahí ese problema exclusivamente para aquel estudiante. Se veía claro que se trataba de un problema fácil, «pero era perfecto para él —dijo este—, y le sirvió para sacarse el doctorado. Le habría resultado muy difícil sacárselo con Oppie si él lo hubiese tratado igual que a mí, a Phil Morrison o a Sid Dancoff». En cambio, sostenía Weinberg años después, Robert alimentó a aquel estudiante igual que un padre habría tratado a un niño que está aprendiendo a caminar. «Esperó a que él descubriera aquel tema por casualidad, a su ritmo, que lo escogiera y que manifestara interés por él, que llegara a él por sí mismo. [...] Necesitaba un trato especial, y como hay Dios que Oppie se lo iba a dar. El gesto reflejaba una buena dosis de amor, compasión y comprensión humana». Aquel estudiante, señaló Weinberg, se labró una carrera eminente en física aplicada.[11]

Weinberg enseguida pasó a ser un miembro devoto del círculo más estrecho de Oppenheimer. «Él sabía que yo lo adoraba —dijo—, igual que todos los demás». Philip Morrison, Giovanni Rossi Lomanitz, David Bohm y Max Friedman fueron otros estudiantes de posgrado que tuvieron a Oppenheimer como su mentor y modelo durante aquellos años. Eran jóvenes poco convencionales que, en palabras de Morrison, se enorgullecían de ser «intelectuales atrevidos y conscientes de sí mismos».[12] Todos estudiaban física teórica y todos eran activistas en una u otra causa del Frente Popular. Algunos, como Philip Morrison y David Bohm, han reconocido haber pertenecido al Partido Comunista. Otros se quedaron meramente en los márgenes. Es probable que Joe Weinberg formara parte del partido al menos un lapso breve.[13]

Morrison, nacido en 1915 en Pittsburgh, creció no muy lejos de donde vivió Kitty Oppenheimer de pequeña.[14] Estudió en la escuela pública y obtuvo la licenciatura en Física en el Instituto Carnegie de Tecnología en 1936. En otoño de aquel año se marchó a Berkeley a estudiar Física teórica con Oppenheimer. De niño pasó la polio, así que iba con un aparato ortopédico en una pierna. A causa de la enfermedad, debió guardar cama durante mucho tiempo, convaleciente, y aprendió a leer muy deprisa, cinco páginas por minuto. Como estudiante de posgrado impresionó a todo el mundo con su amplitud de conocimientos, que abarcaba un sinfín de temas, desde historia militar hasta física. En 1936 se unió al Partido Comunista. Del mismo modo que no escondía su ideología política, izquierdista, tampoco proclamaba a los cuatro vientos su afiliación. Dale Corson, el compañero de despacho que tuvo en Berkeley los años finales de la década de 1930, no sabía que era miembro del partido.

«Todos estábamos próximos al comunismo en aquella época», recordó Bohm.[15] En realidad, él no le tuvo mucha simpatía al Partido Comunista hasta 1940-1941, cuando cayó Francia y le pareció que los únicos que tenían la voluntad de resistirse a los nazis eran los comunistas. Ciertamente, muchos europeos parecían preferir los nazis a los rusos. «Y sentí —dijo Bohm— que en Estados Unidos también se daba esa tendencia. Yo pensaba que los nazis eran una amenaza total a la civilización. [...] Parecía que los rusos eran los únicos que los combatían de verdad. A partir de entonces empecé a escuchar lo que decían con mejor disposición».

Avanzado el otoño de 1942, los periódicos iban cuajados de relatos sobre la batalla de Stalingrado; hubo un tiempo en que pareció que el resultado final de la guerra dependía de los sacrificios que realizaba el pueblo ruso. Weinberg diría más adelante que sus amigos y él sufrían todos los días junto con los rusos. «Nadie puede sentirse igual que nosotros entonces —recordó—. Ni siquiera cuando vimos la farsa que se llevaba a cabo en la Unión Soviética, los juicios de Moscú, no les dimos la espalda».[16]

En noviembre de 1942, justo cuando los rusos iniciaron una ofensiva para echar a los nazis de los alrededores de Stalingrado, Bohm empezó a asistir con regularidad a las reuniones de la unidad de Berkeley del Partido Comunista. Solían ser unas quince personas. Al cabo de un tiempo, las reuniones comenzaron a parecerle «interminables» y que los planes que proponía el grupo en ellas para «agitar el campus» no valían gran cosa. «Tenía la impresión de que eran muy poco eficaces».[17] Poco a poco dejó de asistir, pero siguió siendo un intelectual marxista apasionado y entusiasta, y leía textos marxistas con sus amigos más cercanos de entonces, Weinberg, Lomanitz y Bernard Peters.

Phil Morrison recordaba que a las reuniones de su unidad «iba mucha gente que no era comunista. Sería muy difícil decir quién era comunista».[18] Solían ser como las charlas informales en las que participaban en la universidad; se debatía, relataba Morrison, «todo lo que había bajo el sol». Al ser un estudiante sin apenas dinero, el Partido Comunista le aplicaba una cuota de solo veinticinco centavos al mes. Siguió afiliado tras el pacto nazi-soviético, pero, como muchos camaradas estadounidenses, se alejó de él poco después de Pearl Harbor. Entonces daba clase en la Universidad de Illinois, y la pequeña unidad a la que pertenecía decidió que la prioridad debía ser prestar ayuda civil a la guerra, lo cual no dejaba tiempo para «debates políticos».

David Hawkins llegó a Berkeley en 1936 para estudiar Filosofía. Casi de inmediato empezó a relacionarse con unos cuantos alumnos de Oppenheimer, entre los que se encontraban Phil Morrison, David Bohm y Joe Weinberg. Hawkins coincidió con nuestro protagonista un día en una reunión del sindicato de profesores; hablaron sobre las dificultades que padecen los profesores adjuntos, mal pagados, y Hawkins recordaba haberse quedado impresionado con lo elocuente y lo comprensivo que se mostró Oppenheimer. «Era muy persuasivo, muy convincente, elegante en el lenguaje, capaz de escuchar lo que decían los demás e incorporarlo en su discurso. Me causó la impresión de ser un buen político, en el sentido de que, en una conversación entre varias personas, podía sintetizar lo que habían dicho y, como consecuencia, ellas mismas se daban cuenta de que estaban de acuerdo entre sí. Un talento extraordinario».[19]

Hawkins conoció a Frank Oppenheimer en Stanford y, como él, se unió al Partido Comunista a finales de 1937. Igual que los hermanos Oppenheimer y muchos otros académicos, lo enfurecía la existencia de un extendido sistema de vigilancia parapolicial en las granjas industriales californianas. Aun así, Hawkins no se dedicaba a actividades políticas toda la jornada; no conoció a ningún miembro del partido que trabajara para este a tiempo completo, como hizo Steve Nelson hasta 1940. Como muchos académicos, creyó necesario ocultar su afiliación. «Nos manteníamos en secreto —relató—; habríamos perdido el trabajo. Podías ser de izquierdas, podías participar en ciertas actividades, pero no podías decir: "Soy miembro del Partido Comunista"».[20] Tampoco pensaba en la revolución. «La centralización de una sociedad tecnológica —explicó más adelante— hacía muy difícil pensar en levantar barricadas en la calle. [...] Éramos conscientes de ser un componente de izquierdas del New

Deal. Empujábamos el New Deal hacia la izquierda. Esa era nuestra misión en la vida».[21] Es una descripción acertada de sus objetivos políticos y también de los de Robert Oppenheimer.

En 1941, como miembro joven del departamento de Filosofía de la facultad, Hawkins era un activista en las políticas locales del campus. Participó en los mismos grupos de estudio que Weinberg, Morrison y otros que se reunían en casas particulares de la zona de Berkeley. «Estábamos todos muy interesados en el materialismo histórico y en teoría histórica —recordó Hawkins—. Phil me impresionó mucho y nos hicimos amigos».

Algunas reuniones tenían lugar en casa de Oppenheimer. Cuando, años después, le preguntaron a Hawkins si creía que este había sido miembro del partido, respondió: «No, que yo sepa. Pero, de nuevo, diría que no habría tenido mucha importancia. En cierto sentido, no es una pregunta relevante. Se identificaba claramente con muchas actividades de la izquierda».[22]

Martin D. Kamen fue otro acólito de Oppenheimer.[23] Formado en Química, escribió la tesis doctoral en Chicago, que trataba de física nuclear. En pocos años, otro químico, Sam Ruben, y él emplearían el ciclotrón de Lawrence para descubrir el isótopo radiactivo del carbono-14. A principios de 1937 fue a Berkeley, acompañando a su novia, y allí Ernest Lawrence lo contrató por mil dólares anuales para que trabajara en el Rad Lab. «Era como La Meca», recordaba Kamen sobre Berkeley.[24] Oppenheimer se enteró enseguida de que era muy buen músico (tocaba el violín con Frank, su hermano) y le gustaba conversar con él de literatura y música. «Creo que se quedó deslumbrado conmigo —dijo Kamen—, porque era capaz de hablar con él de otras cosas que no fueran física». Pasaron mucho tiempo juntos desde 1937 hasta que estalló la guerra.

Como todos los que entraban en el círculo del carismático Oppenheimer, Kamen lo admiraba. «Todo el mundo lo miraba con una especie de afecto porque estaba un poco chiflado —contó este—. Era muy brillante, pero en cierto sentido superficial. Tenía la mirada de un aficionado».[25] A veces, Kamen pensaba que sus excentricidades eran en realidad actuaciones premeditadas. Recordó la vez en que fueron juntos a una fiesta de Nochevieja en casa de Estelle Caen. En el coche, Oppie dijo saber en qué calle vivía la joven, pero no se acordaba del número, solo de que era un múltiplo de siete. «Así que recorrimos la calle de arriba abajo y por fin encontramos el número 3.528, múltiplo de siete, vale. Lo pienso ahora y a veces me pregunto si no le tomaba un poco el pelo a todo el mundo. [...] Sentía la necesidad imperiosa solo de embaucarte».[26] Kamen no era activista de izquierdas y, desde luego, nunca fue comunista, pero acompañaba a Oppie en el circuito berkeleyano de fiestas de cóctel. Asistió a varios actos de recaudación del Comité Colectivo de Refugiados Antifascistas y de Ayuda a la Guerra Rusa. Oppenheimer también lo enredó para organizar un sindicato, que no prosperó, en el Laboratorio de Radiación. Todo empezó con una pelea que estalló en las elecciones del sindicato de la fábrica de Shell Development, situada en la ciudad cercana de Emeryville. La empresa contaba con muchos trabajadores de oficina, ingenieros y químicos doctorados, muchos por Berkeley. La Federación de Arquitectos, Ingenieros, Químicos y Técnicos (FAECT-CIO), que era el sindicato auspiciado por el Congreso de Organizaciones Industriales, lanzó una campaña de sindicalización en la fábrica. En respuesta, los directivos de Shell animaron a los empleados a que se unieran a un sindicato de la empresa. En cierto momento, un químico de la fábrica llamado David Adelson le pidió a Oppenheimer que, por ser un hombre de prestigio, apoyara la campaña de la FAECT. Él pertenecía a una unidad profesional del Partido Comunista del condado de Alameda (California) y pensó que Oppenheimer se solidarizaría con ellos. No se equivocó. Una noche, en Berkeley, este dio un discurso, respaldado por el sindicato, en casa de un exalumno de posgrado, Herve Voge, que trabajaba en la Shell. Más de quince personas asistieron al acto y escucharon con respeto a Oppenheimer hablar de la probabilidad de que Estados Unidos entrara en la guerra. «Cuando habló él, todo el mundo escuchó», recordó Voge.[27]

En otoño de 1941, Oppenheimer accedió a celebrar una reunión del sindicato en su casa, en la calle Eagle Hill, e invitó a Martin Kamen, entre otros. «No me hacía ninguna gracia —refirió este—, pero dije que sí, que iría»; no le parecía bien la idea de reclutar para un sindicato tan controvertido como la FAECT a gente del Laboratorio de Radiación, puesto que en esencia trabajaban para el ejército de Estados Unidos y habían firmado cláusulas de confidencialidad. De todos modos, asistió a la reunión y escuchó el discurso sindical de Oppenheimer. Había quince personas, entre las cuales se encontraban Ernest Hilgard, el amigo psicólogo de Robert; Joel Hildebrand, del departamento de Química de Berkeley, y un joven ingeniero químico británico, George C. Eltenton, empleado en Shell Development.[28] «Nos sentamos en círculo en el salón de Oppenheimer —recordó Kamen—. Todos decían: "Sí, está muy bien, es maravilloso"». Cuando a este le llegó el turno de hablar, dijo: «Un momento. ¿Alguien ha informado a Ernest Lawrence de esta reunión? Estamos trabajando en el Laboratorio de Radiación y no tenemos autonomía en este aspecto. Necesitamos el permiso de Lawrence». Oppenheimer no había tenido eso en cuenta, y a Kamen le pareció que sus palabras lo turbaron. Las dos horas de reunión terminaron sin el apoyo unánime que Oppenheimer había esperado. Al cabo de un par de días se encontró con Kamen y le dijo: «Ay, no lo sé. Igual no hice lo correcto. —Y le explicó—: Fui a ver a Lawrence y se enfadó muchísimo». Este, cuyas ideas políticas fueron tendiendo con los años hacia el conservadurismo, se encolerizó porque un sindicato apoyado por los comunistas pretendía organizar a la gente de su laboratorio. Cuando le preguntó quién estaba detrás de aquello, Oppenheimer no dijo más que: «No puedo decírtelo. Tendrían que venir ellos mismos a decírtelo». Lawrence estaba muy disgustado no solo porque se oponía de plano a que sus físicos y químicos se unieran a un sindicato, sino también porque el incidente revelaba que su amigo seguía perdiendo su precioso tiempo en políticas de izquierdas. Ya había reprendido a Oppenheimer numerosas veces por sus «vagabundeos izquierdosos», pero este le argumentó, con su elocuencia habitual, que los científicos tienen la responsabilidad de ayudar a los «desamparados» de la sociedad.[29]

No es de extrañar que Lawrence se enfadara. Aquel otoño estuvo intentando, sin éxito, involucrar a Oppenheimer en el proyecto de la bomba. «Si por lo menos dejara de mezclarse en esas tonterías —se quejaba a Kamen—, podríamos meterlo en el proyecto, pero es imposible que el ejército lo acepte».[30]

Oppenheimer se alejó del sindicato en otoño de 1941, pero la idea de organizar a los científicos del Laboratorio de Radiación no murió. Poco más de un año después, a principios de 1943, Rossi Lomanitz, Irving David Fox, David Bohm, Bernard Peters y Max Friedman, todos alumnos suyos, se unieron al sindicato (la Sección 25 de la FAECT). Las motivaciones por las que habitualmente la gente se unía a un sindicato brillaban por su ausencia. Por ejemplo, Lomanitz ganaba ciento cincuenta dólares al mes en el Laboratorio de Radiación, más del doble de su salario anterior. Nadie tenía quejas respecto a las condiciones laborales; todos estaban dispuestos a echar allí las horas que pudieran. «Montar aquello parecía un poco teatrero —recordaba Lomanitz—. Fue como un acto de juventud. [...] Era una razón absurda para constituir un sindicato».[31]

Lomanitz y Weinberg convencieron a Friedman para que fuera el coordinador del grupo del Laboratorio de Radiación. «Fue solo un cargo; nunca hice nada», recordó. Pero en principio crear un sindicato le pareció buena idea. «En parte nos daba miedo para qué podría usarse la bomba atómica. Eso, por un lado. Por otro, pensábamos que los científicos no debían estar [trabajando en el proyecto de la bomba] sin tener voz ni voto en lo que concernía a ese proyecto».[32]

El sindicato llamó de inmediato la atención del Servicio de Inteligencia del ejército, que tenía bajo vigilancia al Laboratorio de Radiación, y en agosto de 1943 avisaron al Departamento de Guerra que algunas de aquellas personas eran «comunistas activos». Salió el nombre de Joe Weinberg. Un informe adjunto de Inteligencia declaraba que la Sección 25 de la FAECT era «una organización conocida por estar dominada y controlada por miembros o simpatizantes del Partido Comunista».[33] El secretario de Guerra, Henry L. Stimson, intervino y escribió una nota al presidente: «A menos que se desbarate de inmediato, creo que la situación es muy alarmante». Al poco, la Administración de Roosevelt pidió formalmente al CIO que abandonara la campaña sindicalista del laboratorio de Berkeley.

En cualquier caso, en 1943, hacía tiempo que Oppenheimer había dado la espalda al sindicalismo. No lo hizo porque hubiera cambiado de opinión política, sino porque se dio cuenta de que, a no ser que siguiera el consejo de Lawrence, no le permitirían trabajar en un proyecto que creía necesario para derrotar a la Alemania nazi. En otoño de 1941, en una discusión sobre las actividades sindicales de Oppie, Lawrence le dijo que James B. Conant, el rector de la Universidad de Harvard, le había amonestado por haber hablado de cálculos de la fisión nuclear con él, pues Robert no formaba parte oficialmente del proyecto de la bomba.

La verdad era que Oppenheimer había estado colaborando con Lawrence desde principios de 1941, cuando este comenzó a usar el ciclotrón para desarrollar un proceso electromagnético que separase el isótopo del uranio 235 (U-235), el cual quizá fuera necesario para generar una explosión nuclear. Oppenheimer, igual que muchos científicos del país, sabía que el presidente Roosevelt había autorizado la creación de un Comité del Uranio en octubre de 1939 con el fin de coordinar la investigación sobre la fisión. En junio de 1941, muchos físicos empezaron a temer que la comunidad científica alemana hubiera avanzado mucho más en la investigación de la fisión nuclear. Aquel otoño, Lawrence, preocupado porque el proyecto de la bomba estaba estancado en la práctica, escribió a Compton y le pidió con insistencia que se incluyera a Oppenheimer en una reunión secreta prevista para el 21 de octubre de 1941 en el laboratorio de la General Electric de Schenectady (Nueva York). «Oppenheimer tiene ideas nuevas e importantes», escribió.[34] Sabiendo que el nombre de su colega se asociaba con numerosos aspectos de la política radical, Lawrence añadió una nota tranquilizadora para Compton: «Tengo muchísima confianza en Oppenheimer».

Nuestro protagonista asistió a la reunión del 21 de octubre en Schenectady, y los cálculos que hizo para determinar la cantidad de U-235 necesaria para construir una bomba eficaz fueron parte esencial del informe final que se envió a Washington. Cien kilogramos, calculó, bastarían para producir una reacción en cadena. La reunión, en la que estuvieron presentes Conant, Compton, Lawrence y unos cuantos más, afectó hondamente a Oppenheimer. Desanimado por las noticias de la guerra (los nazis avanzaban sobre Moscú), tenía muchas ganas de ayudar a Estados Unidos a prepararse para la guerra inminente. Envidiaba a aquellos colegas que se habían marchado para trabajar en el radar, «pero no fue hasta que tuve el primer contacto con el proyecto inicial de la energía atómica —testificaría después— que empecé a atisbar en qué sentido yo podía ser de utilidad directa».[35]

Al cabo de un mes, Oppenheimer escribió una nota a Lawrence en la que le aseguraba que sus actividades sindicales habían finalizado: «Ya no habría más dificultades en el futuro con [el sindicato]. [...] No he hablado con todos los implicados, pero todos aquellos a quienes se lo he dicho están de acuerdo con nosotros, así que ya puedes olvidarte del asunto».[36]

Pero, aunque hubieran cesado sus actividades sindicales, aquel otoño no pudo resistirse a posicionarse públicamente respecto a una cuestión de libertades civiles.[37] Un político de Nueva York, el senador estatal F. R. Coudert hijo, aprovechaba su posición como copresidente del Comité Legislativo Conjunto de Nueva York para la Investigación del Sistema Educativo Público para orquestar a lo largo y ancho del país una caza de brujas muy publicitada contra supuestos elementos subversivos de las universidades públicas de la ciudad de Nueva York. En septiembre de 1941, solamente el City College había despedido a veintiocho personas, algunas de las cuales eran miembros de la filial del sindicato de profesores de Nueva York, el mismo sindicato al que Oppenheimer pertenecía en Berkeley. El Comité Estadounidense por la Democracia y la Libertad Intelectual, al que también estaba adscrito, publicó un comunicado en el que condenaba los despidos. Como respuesta, el senador Coudert acusó al comité de tener lazos con los comunistas, y un editorial de *The New York Times* apoyó las medidas de este.

En aquel berenjenal político se metió Oppenheimer armado con una potente protesta. Su carta del 13 de octubre de 1941 subía gradualmente de tono, primero educado, luego ingenioso, irónico y, al fin, tajante y sarcástico. En ella recordaba al senador que la Declaración de Derechos de 1791 garantizaba no solo el derecho de abrigar cualquier creencia, por radical que fuera, sino también el derecho de expresarla tanto verbalmente como por escrito «de forma anónima». Las actividades, rezaba la carta, de los «profesores comunistas o simpatizantes del comunismo consistían justo en reunirse, hablar de sus puntos de vista y publicarlos (a menudo de forma anónima), es decir, en ocuparse en prácticas específicamente protegidas por la Declaración de Derechos». La conclusión era desafiante: observaba que «han sido sus propias palabras, con sus equívocos mojigatos y su acoso a los rojos, las que me han hecho creer que esas historias, mezcla de adulación, intimidación y arrogancia por parte del comité del que es usted presidente, son realmente ciertas».[38]

A finales de la década de 1930, Robert Oppenheimer se hallaba en el vórtice de los acontecimientos, justo donde quería estar. Kamen apuntó: «Sucediera lo que sucediese, acudías a él y le explicabas qué pasaba, y él pensaba sobre ello y terminaba dando una explicación. Era el explicador oficial». Y entonces, al empezar 1941, Robert se dio cuenta de que, por algún motivo, lo estaban excluyendo del meollo. «De repente —dijo Kamen—, la gente deja de hablarle. Está fuera. Está pasando algo muy gordo, pero no sabe qué es. Y poco a poco se va frustrando, y Lawrence está muy preocupado porque cree que, al fin y al cabo, Oppenheimer puede imaginarse perfectamente qué está pasando, de modo que no tiene sentido que lo mantengan alejado con medidas de seguridad. Mejor incluirlo. Y me imagino que eso fue lo que pasó. Dijeron: será más fácil controlarlo si está dentro del proyecto que no fuera».[39]

La noche del sábado 6 de diciembre de 1941, Oppenheimer asistió a una colecta de fondos para los veteranos de la guerra civil española. Más adelante testificaría que al día siguiente, después de enterarse del ataque sorpresa a Pearl Harbor por parte de los japoneses, decidió «que ya estaba harto de la causa española y que en el mundo había más crisis y más urgentes».[40]

13

«El coordinador de Ruptura Rápida»

> Comprobé de primera mano la increíble potencia inte-
> lectual de Oppenheimer, que era el líder incuestionable
> del grupo. [...] La experiencia intelectual fue inolvidable.
>
> HANS BETHE

Las contribuciones, constantes y a menudo brillantes, que hacía Oppenheimer en las reuniones a las que lo invitaban para tratar la «cuestión del
uranio» eran impresionantes. Cada vez se volvía más imprescindible. Dejando al margen su ideología política, era el recluta perfecto para aquel
equipo científico. Comprendía los problemas en profundidad, había per-
feccionado sus habilidades interpersonales, y su entusiasmo por las dificultades inmediatas era contagioso. En menos de quince años, Oppenheimer se había transformado a sí mismo mediante el trabajo y la vida
social; había pasado de ser un científico prodigio de carácter difícil a un
líder intelectual carismático y refinado. A quienes trabajaban con él no
les costó mucho darse cuenta de que, si querían que los problemas asociados a la construcción de una bomba atómica se resolvieran con pron-
titud, era preciso que Oppie tuviera un papel importante en el proceso.

Oppenheimer y muchos otros físicos del país sabían, ya desde febrero
de 1939, que construir una bomba atómica era factible. No obstante, despertar el interés del Gobierno por ella llevaría tiempo. Un mes antes de
que estallara la guerra en Europa (el 1 de septiembre de 1939), Leó Szilárd había convencido a Albert Einstein para que firmara una carta (escrita por él mismo) dirigida al presidente Franklin Roosevelt. En ella
se le advertía de «que puede construirse un nuevo tipo de bombas de
potencia extraordinaria».[1] Señalaba que «una sola bomba de ese tipo, trans-
portada en barco y haciéndola estallar en el puerto, podría destruir el
puerto entero y parte del territorio circundante». También insinuaba,

fatídicamente, que los alemanes tal vez estuvieran ya trabajando en esa clase de arma: «Creo que Alemania ha interrumpido la venta del uranio procedente de las minas checoslovacas que ha capturado».

Tras recibir la carta de Einstein, el presidente Roosevelt creó el Comité del Uranio, específico para el caso, encabezado por el físico Lyman C. Briggs.[2] Durante los dos años siguientes no sucedió apenas nada. Sin embargo, al otro lado del Atlántico, dos físicos alemanes refugiados en Gran Bretaña, Otto Frisch y Rudolf Peierls, persuadieron al Gobierno británico de que elaborar un programa para la construcción de una bomba atómica era un asunto de máxima urgencia. En primavera de 1941, un grupo británico de alto secreto con el nombre en clave de Comité MAUD presentó un informe sobre «El uso del uranio en una bomba». En él se mostraba que era viable fabricar una bomba de plutonio o uranio tan pequeña que podría trasladarse en aviones ya existentes y que era posible construirla antes de dos años. Más o menos al mismo tiempo, en junio de 1941, la Administración de Roosevelt creó la Agencia de Investigación y Desarrollo Científico para enrolar la ciencia en propósitos militares. El presidente de la agencia era Vannevar Bush, ingeniero y profesor del MIT, que por entonces era presidente del Instituto Carnegie (Washington D.C.). Al principio, este le dijo a Roosevelt que la posibilidad de construir una bomba atómica era «muy remota», pero después de leer el informe del MAUD cambió de parecer. Si bien el asunto seguía siendo «altamente abstruso», escribió al presidente el 16 de julio de 1941: «Una cosa es cierta: si esa bomba llegara a estallar, sería miles de veces más potente que los explosivos existentes, y su empleo sería decisivo».

De súbito arrancó la acción. El informe que Bush presentó a Roosevelt en julio convenció a este de que sustituyera el Comité del Uranio de Briggs por un grupo de peso que asesorase directamente a la Casa Blanca. El nombre en clave del grupo fue el Comité S-1 y lo integraban Bush; James Conant, de Harvard; Henry Stimson, el secretario de Guerra; George C. Marshall, el jefe de Estado Mayor, y el vicepresidente Henry Wallace. Esos hombres creían estar en una carrera contra los alemanes, una carrera que claramente podía determinar el resultado de la guerra. Conant tomó el cargo de presidente del S-1 y, junto con Bush, empezó a coordinar los poderosos recursos del Gobierno para reclutar a científicos de todo el país que trabajaran en el proyecto.

Robert se puso eufórico al enterarse, en enero de 1942, de que quizá lo pondrían al cargo de la investigación en neutrones rápidos de Berkeley, trabajo que consideraba crucial para el proyecto. Oppenheimer «será un valor formidable en todos los sentidos —aseguró Lawrence a Conant—.

Posee una combinación de comprensión aguda de los aspectos teóricos del programa en su conjunto con un sólido sentido común, cosa que a veces parece escasear en ciertas directrices».[3] Así pues, en mayo lo nombraron oficialmente director de la investigación en neutrones rápidos del S-1 con el curioso nombre de coordinador de Ruptura Rápida. Casi de inmediato empezó a organizar un seminario estival de alto secreto con los físicos más eminentes en el cual se delinearía un boceto de la bomba atómica. Hans Bethe fue el primero de la lista de invitados. Este, de treinta y seis años y nacido en Alemania, había huido de Europa en 1935 y se había instalado en la Universidad de Cornell, donde era profesor de Física desde 1937. Oppenheimer tenía tanto interés en que Bethe asistiera al seminario que enroló al veterano físico teórico John H. Van Vleck para que lo ayudara a reclutarlo. Le confió a este último que «la cuestión esencial es despertar el interés de Bethe, que le quede muy clara la magnitud del trabajo que tenemos por delante».[4] En aquel tiempo, Bethe trabajaba en las aplicaciones militares del radar, un proyecto que consideraba mucho más práctico que lo relacionado con la física nuclear. De todas formas, al final lo convencieron para que pasara el verano en Berkeley. También incorporaron a Edward Teller, un físico nacido en Hungría que daba clase en la Universidad George Washington (Washington D.C.). Asimismo, contaron con Felix Bloch, de la Universidad de Stanford, y con Emil Konopinski, de la Universidad de Indiana, ambos físicos suizos y amigos de Oppenheimer. Este también invitó a Robert Serber y a otros exalumnos. Llamó a aquel grupo extraordinario de físicos sus «luminarias».

Poco después de su nombramiento como coordinador de Ruptura Rápida, pidió a Serber que fuera su ayudante, y, a principios de mayo de 1942, Charlotte y él se instalaron Eagle Hill, 1, en la habitación que había encima del garaje de Oppie. Consideraba a Serber como uno de sus mejores amigos. Desde 1938, cuando este se trasladó a la Universidad de Illinois (Urbana), se habían carteado casi todos los domingos.* Durante los meses que siguieron, Serber fue la sombra de Oppie, su asistente y quien tomaba notas de todo. «Estábamos juntos casi todo el tiempo —recordaría este—. Solo podía hablar con dos personas: con Kitty y conmigo».[5]

Para el seminario estival de 1942 se reunieron en la sala situada en la esquina noroeste de la tercera y última planta del LeConte Hall, encima del despacho de Oppenheimer, que estaba en la primera planta. Las dos salas contaban con cristaleras que se abrían a un balcón cuyos límites

---

* Cuando a Serber le asaltaron los problemas para conservar sus credenciales de seguridad, creyó conveniente destruir esa correspondencia.

cubrieron, por motivos de seguridad, con una red de alambre grueso. Oppenheimer tenía la única copia de la llave de la sala. Un día, este, Joe Weinberg y otros físicos estaban sentados a la mesa de la sala de la última planta cuando de repente se hizo una pausa en la conversación y Oppie dijo: «Ay, Dios, mirad», y señaló la luz del sol que entraba por la cristalera y proyectaba una sombra sobre los papeles de la mesa con la forma nítida de la red. «Por un instante —dijo Weinberg— nos vimos la sombra de la red dibujada en el cuerpo». Fue escalofriante, pensó este: estaban atrapados en una jaula simbólica.[6]

Con el transcurso de las semanas, las luminarias de Oppie empezaron a apreciar sus virtudes como motivador y comunicador del estado de la cuestión. «En cuanto presidente —escribiría Edward Teller más adelante—, Oppenheimer tenía un estilo refinado, seguro e informal. No sé dónde aprendió a tratar con las personas. Los que lo conocíamos bien estábamos de veras sorprendidos».[7] Bethe convino: «Captaba los problemas en el acto. Solía entender cada uno en su conjunto después de escuchar solo una frase. De hecho, una de las dificultades con que se topaba al relacionarse con los demás era que esperaba de ellos que tuvieran esa misma capacidad».

Empezaron las deliberaciones estudiando una explosión anterior no natural: la detonación de un barco cargado de munición ocurrida en Halifax (Nueva Escocia) en 1917. En aquel trágico accidente, unas cinco mil toneladas de TNT diezmaron aproximadamente cuatro kilómetros cuadrados de la ciudad y mataron a unas cuatro mil personas. No tardaron en estimar que un arma nuclear podría muy bien causar una explosión dos o tres veces mayor que la de Halifax.

Después, Oppenheimer dirigió la atención de sus colegas a desarrollar el diseño básico de un dispositivo de fisión nuclear que fuera lo bastante pequeño para que el ejército fuera capaz de transportarlo. En poco tiempo concluyeron que una reacción en cadena probablemente pudiera conseguirse con un núcleo de uranio emplazado dentro de una esfera de metal de solo veinte centímetros de diámetro. Otras especificaciones del diseño requirieron cálculos de extrema precisión. «Pasábamos el tiempo inventando artimañas —recordaba Bethe—, buscando cálculos posibles, y descartando las artimañas porque los cálculos no encajaban. Comprobé de primera mano la increíble potencia intelectual de Oppenheimer, que era el líder incuestionable del grupo. [...] La experiencia intelectual fue inolvidable».[8]

Pese a que Oppie concluyó enseguida que no había grandes vacíos teóricos por llenar respecto al diseño de un reactor de neutrones rápidos, los cálculos acerca de la cantidad real de material fisionable necesario eran por fuerza vagos, por el simple motivo de que carecían de datos experimentales sólidos.[9] No obstante, lo que sabían apuntaba a que esta cantidad para un arma podría ser perfectamente el doble de lo que habían indicado al presidente cuatro meses antes. La discrepancia implicaba que los materiales fisionables no podían depurarse en cantidades pequeñas en un laboratorio normal, sino que debían manipularse en una planta industrial de grandes dimensiones. La bomba saldría carísima.

De vez en cuando, Robert perdía la esperanza de resolver tantos imponderables. Temía tanto no ganar la carrera contra los alemanes que descartaba con impaciencia los procesos de investigación que conllevaran demasiado tiempo. Cuando un científico propuso un método laborioso para medir la dispersión de los neutrones rápidos, Oppenheimer replicó que «nos iría mejor si contáramos con una manera rápida y cualitativa de examinar la dispersión. [...] El método de Ladenburg es tan tedioso e incierto que para cuando encuentre una solución igual ya habremos perdido la guerra».[10]

En julio aparcaron temporalmente las deliberaciones, puesto que Edward Teller expuso al grupo unos cálculos que había realizado acerca de la viabilidad de una bomba de hidrógeno o «bomba H». Este había llegado a Berkeley aquel verano con la convicción de que una bomba de fisión nuclear era totalmente factible. Pero, aburrido de las conversaciones al respecto, se había ocupado con cálculos que abordaban otra cuestión, sugerida por Enrico Fermi un día del año anterior en que se vieron para comer. Este había observado que un arma de fisión nuclear podría usarse para prender cierta cantidad de deuterio (un tipo de hidrógeno más pesado), de modo que se produciría una explosión mucho más potente, de fusión, una bomba H. Aquel julio, Teller dejó asombrado al grupo de Oppenheimer al mostrarles unos cálculos que indicaban que solo doce kilos de hidrógeno pesado en estado líquido, prendido por un arma nuclear, podían provocar una explosión equivalente a un millón de toneladas de TNT. Magnitudes de aquella escala, argumentó Teller, aumentaban las posibilidades de que incluso una bomba de fisión hiciera arder accidentalmente la atmósfera, compuesta de nitrógeno en el 78 por ciento. «No me creí ni una palabra», dijo Bethe más tarde.[11] Pero Oppenheimer consideró prudente coger un tren que lo llevara al Este e informar en persona a Compton acerca de la bomba H y los apocalípticos cálculos de Teller. Lo localizó en un lago al norte de Míchigan, en su casita de veraneo.

«Nunca olvidaré aquella mañana —escribió Compton después con tono muy teatral—. Fui a buscar a Oppenheimer a la estación de tren y lo llevé a una playa del tranquilo lago. Allí escuché su historia. [...] ¿Había de veras alguna posibilidad de que una bomba atómica provocara la explosión del nitrógeno de la atmósfera o el hidrógeno del mar? [...] Era mejor aceptar la esclavitud nazi que correr el riesgo de bajar el telón final a la humanidad».[12]

De todos modos, Bethe estuvo haciendo cálculos que convencieron a Teller y a Oppenheimer de la posibilidad, cercana a cero, de que la atmósfera ardiera.[13] Este último pasó el resto del verano escribiendo el informe del grupo. A finales de agosto de 1942, Conant empezó a leerlo y anotó una serie de comentarios para sí mismo titulados «Estado de la bomba». Según Oppenheimer y sus compañeros, un artefacto atómico explotaría «con ciento cincuenta veces más energía que la que se calculó previamente», pero necesitaría una masa crítica de material fisionable seis veces mayor que la estimada con anterioridad.[14] Construir una bomba atómica era por completo factible, pero requeriría servirse de ingentes recursos técnicos, científicos e industriales.

Antes de que finalizara el seminario estival, Oppenheimer invitó a los Teller a cenar a su casa de Eagle Hill. El húngaro recordaba vívidamente que su anfitrión dijo con convicción absoluta que «solo una bomba atómica podía librar a Europa de Hitler».[15]

En septiembre de 1942, el Gobierno ya consideraba a Oppenheimer el candidato más obvio para dirigir un laboratorio de armas secretas destinado al desarrollo de una bomba atómica. Bush y Conant lo veían como el hombre ideal para aquella tarea; todo lo que había hecho en verano había reafirmado la confianza que tenían en él. Sin embargo, había un problema: el ejército todavía se negaba a otorgarle credenciales de seguridad.

Oppenheimer era consciente de que sus numerosos amigos comunistas representaban un problema. «Estoy cortando todos mis lazos con el comunismo —le dijo a Compton en una conversación telefónica—, porque de lo contrario el Gobierno tendrá dificultades para contar con mis servicios. No quiero que nada interfiera con mi utilidad para la nación».[16] Aun así, en agosto de 1942 comunicaron a Compton que el Departamento de Guerra «había rechazado a O.».[17] Su expediente de seguridad contenía numerosos informes sobre supuestos vínculos «cuestionables» y «comunistas». El propio Oppenheimer había rellenado un cuestionario de seguridad a principios de 1942 en el que proporcionó un listado de las muchas organizaciones a las que se había unido, incluidas algunas que el FBI consideraba tapaderas comunistas.

Pese a todo aquello, Conant y Bush presionaron al Departamento de Guerra para que aprobara las credenciales de Oppenheimer y otros científicos de ideología izquierdista. En septiembre llevaron a Robert al Bohemian Grove. En aquel paraje maravilloso, entre secuoyas gigantescas, este asistió a su primera reunión del secretísimo Comité S-1.[18] A principios de octubre, Bush dijo a Harvey Bundy, el ayudante ejecutivo de Stimson, el secretario de Guerra, que, aunque Oppenheimer era «definitivamente de izquierdas», había «contribuido de modo sustancial» al proyecto y debían acreditarlo para que pudiera seguir trabajando.[19]

Para entonces, Bush y Conant habían adoptado medidas para involucrar a los militares en el proyecto. El primero presentó el caso al general Brehon B. Somervell, el oficial que estaba al cargo de la logística del ejército. Este, que ya conocía el proyecto S-1, dijo a Bush que ya habían escogido a un hombre para que lo supervisara y le diera prioridad. El 17 de septiembre de 1942, Somervell se encontró con un oficial del ejército de cuarenta y seis años, el coronel Leslie R. Groves, en un pasillo, a la salida de una sala de audiencias del Congreso. Groves había sido el hombre clave del Cuerpo de Ingenieros del Ejército en la construcción del Pentágono, recién terminado, y después de eso quería que lo enviaran en misión de combate al extranjero. Pero Somervell le dijo que ni pensarlo, que se quedaba en Washington.

«No quiero quedarme en Washington», dijo Groves simple y llanamente.

«Si hace bien su trabajo —repuso Somervell—, ganaremos la guerra».

«Ah, eso», replicó Groves, que estaba al corriente del S-1.[20] No se inmutó. Estaba manejando proyectos de construcción del ejército con presupuestos mucho más elevados que aquel de cien millones. Pero Somervell lo tenía claro, y Groves debía aceptar su destino, el cual incluía un ascenso al rango de general.

Leslie Groves estaba habituado a hacer que otros cumplieran sus órdenes, una capacidad que compartía con Oppenheimer. Por lo demás, los dos hombres estaban en las antípodas. De un metro ochenta de estatura y más de ciento diez kilos de peso, el militar se había abierto camino por la vida a empujones. Brusco y franco, no tenía tiempo para las sutilezas de la diplomacia. «Ah, sí —dijo una vez Oppenheimer—. ¡Groves es un cabrón, pero va de cara!».[21] Era autoritario por temperamento y por formación. De ideas políticas conservadoras, apenas disimulaba su desprecio por el New Deal.

Era hijo de un capellán presbiteriano del ejército. Estudió Ingeniería en la Universidad de Washington (Seattle) y después en el Instituto de Tecnología de Massachusetts. Se graduó en cuarto puesto de su promoción de West Point. Los hombres que tenía a su cargo admiraban de mala gana su capacidad de hacer que se llevaran a cabo las tareas. «El general Groves es el mayor hijo de puta para el que he trabajado —escribió el coronel Kenneth D. Nichols, su asistente durante la guerra—. Es muy exigente. Es muy crítico. Siempre manda él y nunca te felicita. Es áspero y sarcástico. Desprecia cualquier canal de organización habitual. Es muy inteligente. Tiene coraje para tomar decisiones difíciles en el momento preciso. Es el hombre más vanaglorioso que conozco. [...] Odiaba su coraje, igual que todo el mundo, pero teníamos nuestra forma de entendernos».[22]

El 18 de septiembre de 1942, Groves tomó formalmente el cargo del proyecto de la bomba, cuyo nombre oficial era Distrito de Ingeniería Manhattan, pero al que solían referirse como Proyecto Manhattan. Aquel mismo día ordenó encargar mil doscientas toneladas de mena de uranio de alta pureza. Al día siguiente compró un emplazamiento en Oak Ridge (Tennessee), donde procesarían el uranio. Avanzado el mes, se embarcó en un viaje por el país para visitar todos los laboratorios que experimentaran con la separación del isótopo de uranio. El 8 de octubre de 1942 conoció a Oppenheimer en Berkeley, en una comida organizada por el rector de la universidad. Poco después, Robert Serber vio que Groves, acompañado del coronel Nichols, entraba en el despacho de Oppenheimer. Se quitó la chaqueta del uniforme, se la dio a su asistente y le dijo: «Tenga, busque una lavandería para lavarla». Serber se quedó atónito ante aquella manera de tratar a un coronel, como si fuera el chico de los recados. «Así era Groves», dijo.[23]

Oppenheimer comprendió que el general custodiaba las puertas del Proyecto Manhattan, por lo que desplegó todo su encanto y brillantez. Aunque fue una actuación irresistible, a Groves le impresionó más su «ambición desmesurada», rasgo que pensó que haría de él un aliado fiable y quizá incluso dócil. También le despertó la curiosidad su propuesta de ubicar el nuevo laboratorio en alguna zona rural, aislada, y no en una gran ciudad, idea que encajaba muy bien con las preocupaciones de Groves por la seguridad. Pero, más que nada, le gustó él. «Es un genio —diría más adelante el general a un periodista—. Un genio de verdad. Lawrence es brillante, pero no es un genio, solo es un hombre que trabaja bien y duro. Pero Oppenheimer sabe de todo. Puede hablarte de cualquier tema que saques. Bueno, no tanto. Creo que hay unas cuantas cosas de las que no sabe. No sabe nada de deportes».[24]

Robert fue el primer científico, de los que Groves conoció en aquel viaje, que entendía que construir una bomba atómica pasaba por buscar soluciones prácticas a una serie de problemas que afectaban a varios ámbitos. Señaló que los diversos grupos que investigaban la fisión de neutrones rápidos en Princeton, Chicago y Berkeley a menudo hacían el mismo trabajo sin saberlo. Esos científicos debían colaborar en un único centro. Aquella idea también agradó al ingeniero que Groves llevaba dentro, y se encontró conviniendo con Oppenheimer cuando este sugirió la idea de crear un laboratorio base dedicado a ese propósito y en el que, como testificó después, «pudiéramos empezar a ocuparnos de problemas químicos, metalúrgicos, ingenieros y armamentísticos que hasta el momento no habían recibido atención».[25]

Una semana después de aquella primera reunión, Groves convocó a Oppenheimer en Chicago. Este cogió un avión, y se encontraron en el Twentieth Century Limited, un tren de lujo con destino a Nueva York.[26] En él continuaron con la conversación. Ya entonces, Groves tenía en mente a Oppenheimer como candidato a la dirección del laboratorio central propuesto. No obstante, le encontraba tres pegas. Una, que no tenía el Premio Nobel, y el general pensaba que eso podría dificultar su autoridad ante tantos de sus colegas que habían ganado el prestigioso galardón. Dos, carecía de experiencia administrativa. Tres, «[en su pasado político] había muchas cosas que no nos gustaban en absoluto».[27]

«No estaba tan claro que Oppenheimer fuera a ser el director —observó Hans Bethe—. Al fin y al cabo, no tenía experiencia en dirigir a un grupo tan grande».[28] Nadie a quien Groves mencionó la idea de nombrarlo director mostró el menor entusiasmo. «Ningún científico de la época me apoyaba, solo encontraba oposición por su parte», escribió más adelante.[29] Por ejemplo, porque Oppenheimer era un teórico, y construir una bomba atómica en aquel momento requería de las cualidades de un físico experimental y un ingeniero. Por mucho que lo admirara, Lawrence, entre otros, se sorprendió al enterarse de que Groves lo había escogido.[30] Otro gran amigo y, admirador, I. I. Rabi, simplemente no lo veía plausible: «Era un tipo muy poco pragmático. Iba por ahí con zapatos rayados y un sombrero raro, y sobre todo, no sabía nada de equipamiento». Un científico de Berkeley señaló: «No podría dirigir ni un puesto de hamburguesas».[31]

Cuando Groves propuso el nombre de Oppenheimer al Comité de la Policía Militar, de nuevo se topó con una notable oposición. «Después de mucho hablar, pedí a cada miembro que me diera el nombre de alguien que fuera una opción mejor. En pocas semanas quedó claro que no íbamos a encontrar a tal persona». A finales de octubre, el cargo fue para Oppenheimer. Después de la guerra, Rabi, a quien no le gustaba Groves, observó a regañadientes que el nombramiento «fue una ocurrencia genial por parte del general Groves, a quien no solía considerarse un genio. [...] Me quedé boquiabierto».[32]

Lo siguiente que hizo Oppenheimer después de asumir el cargo fue explicar la nueva misión a unas pocas figuras cruciales de la comunidad científica. El 19 de octubre de 1942 escribió a Bethe: «Ya es hora de que te explique algunas de mis metas y acciones. Esta vez he venido al Este para entender bien cuál será nuestro futuro. Por lo visto, es de muchísima importancia, y no tengo libertad para contar todo lo que pasa. Vamos a tener un laboratorio con propósitos militares, probablemente en un lugar remoto y habilitado, espero, en pocos meses. Los problemas esenciales tienen que ver con la razonable toma de precauciones con el fin de mantener el secreto y, no obstante, conseguir que la situación sea tan efectiva, flexible y atractiva que podamos llevar a cabo el trabajo».[33]

En otoño de 1942, en Berkeley era más o menos un secreto a voces que Oppenheimer y sus alumnos estaban explorando la viabilidad de un arma nueva y poderosa relacionada con lo atómico. El físico hablaba a veces del trabajo incluso con conocidos ocasionales. John McTernan, un abogado de la Junta Nacional de Relaciones Laborales y amigo de Jean Tatlock, se encontró con él en una fiesta; recordaba vívidamente la ocasión: «Hablaba muy deprisa, explicando el trabajo que hacía con respecto a un artefacto explosivo. No entendí ni una palabra de lo que dijo. [...] Luego, la siguiente vez que me lo encontré, me dejó claro que ya no tenía libertad para hablar de ello».[34] Casi todo el mundo que tuviera amigos en el departamento de Física habría oído conjeturas sobre el trabajo que se hacía allí. David Bohm pensaba que «mucha gente sabía lo que pasaba en Berkeley. [...] No hacía falta ser muy listo para encajar las piezas del puzzle».[35]

Betty Goldstein, una joven graduada en Psicología, llegó al campus recién salida de la Universidad Smith en otoño de 1942 y entabló amistad con algunos alumnos de posgrado de Oppenheimer. La futura Betty Friedan empezó a salir con David Bohm, que estaba escribiendo su tesis doctoral en Física bajo la supervisión de Oppie. Aquel, que décadas después sería un físico y un filósofo de la ciencia conocido en todo el mundo, se enamoró de Betty y la presentó a sus amigos, Rossi Lomanitz, Joe Weinberg y Max Friedman. Salían juntos los fines de semana y a veces se veían en lo que Friedan calificó de «distintos grupos de estudio radicales».[36]

«Todos trabajaban en un proyecto misterioso del que no podían hablar —recordó Friedan— porque estaba relacionado con la guerra».[37]

A finales de 1942, cuando Oppenheimer empezó a reclutar a algunos alumnos suyos, todo el mundo tenía claro que se iba a construir un arma muy grande. «Muchos pensábamos —dijo Lomanitz—: "Dios mío, en qué va a terminar esto de traer [al mundo] un arma como esa; puede reventar el mundo entero". Algunos se lo comentamos a Oppenheimer, y su respuesta era básicamente: "¿Y si los nazis la construyen antes?"».[38]

Steve Nelson, cuyo trabajo era servir de enlace entre el Partido Comunista y la comunidad universitaria de Berkeley, también oyó rumores sobre un arma nueva. Algunos hasta llegaron a publicarse en los periódicos locales, los cuales citaron las palabras de un congresista que se jactaba de la investigación en armamento realizada en Berkeley. Rossi Lomanitz oyó a Steve Nelson decir en un discurso público que «se está desarrollando una gran arma aquí. Pero yo os digo que las guerras de los pueblos no se ganan con armas grandes». Acto seguido, este argumentó que la guerra se ganaría si se abría un segundo frente en Europa. Los soviéticos estaban luchando contra cuatro quintos de los ejércitos nazis y necesitaban socorro desesperadamente. «Tendrá que ser el pueblo estadounidense quien haga ese sacrificio; es así como se ganará esta guerra».[39]

Lomanitz conocía a Nelson de otras asambleas públicas organizadas por el Partido Comunista y, tal como dijo, «lo respetaba mucho».[40] Lo veía como un héroe de la República española, un sindicalista veterano y un crítico valiente de la segregación racial. Según sus propias palabras, Lomanitz, si bien sentía una gran simpatía por el partido en muchos sentidos, nunca perteneció formalmente a él. «Asistí a algunas reuniones del Partido Comunista —dijo— porque en aquella época eran mucho más abiertas. No había mucha diferencia. [...] Ni siquiera hoy soy capaz de decir quién era miembro oficial o qué se necesitaba para serlo. No era tan conspiratorio».

En sus memorias, Nelson describe la relación que tenía con alumnos de Oppenheimer como Lomanitz, Weinberg y otros: «Era el responsable de trabajar con gente de la universidad con el fin de que impartieran clases y condujeran debates. Había unos cuantos alumnos de Oppenheimer muy activos que hacían el posgrado en Física. La relación con ellos se regía más por sus términos que por los nuestros. Vivían en un ambiente intelectual y cultural más selecto, pero eran simpáticos y nada pretenciosos».[41]

A principios de la primavera de 1943, el FBI instaló un micrófono en casa de Nelson.[42] La madrugada del 30 de marzo de ese mismo año, algunos agentes oyeron a un hombre que identificaron solo como «Joe» hablar de su trabajo en el Laboratorio de Radiación. Este llegó a casa de Nelson a las 1.30 horas de la madrugada con una prisa obvia por hablar con él. La conversación fue en susurros. Nelson empezó diciendo que estaba buscando a un «camarada que fuera completamente de fiar». El tal Joe afirmó que él era ese hombre y pasó a explicarle que «iban a trasladar ciertas secciones del proyecto a algún lugar remoto, a cientos de kilómetros», donde pudiera experimentarse con explosiones secretas.

La conversación viró al asunto del «profesor». Nelson observó que «ahora está muy preocupado y le hacemos sentir incómodo».

Joe le dio la razón y dijo que el profesor (la transcripción deja bien claro que se trata de Oppenheimer) lo había «mantenido fuera del proyecto porque tiene miedo de dos cosas. La primera, que mi presencia allí atraerá mucha atención. [...] Es una excusa. La otra es que teme que yo vaya haciendo propaganda, [...] cosa rara viniendo de él. Pero ha cambiado un poco».

Nelson: «Ya lo sé».

Joe: «No te creerías el cambio que ha pegado».

Nelson le contó que «antes era muy amigo suyo, no solo por el partido, sino en sentido personal». La mujer de Oppenheimer, dijo, estuvo casada con su mejor amigo (el de Nelson), que murió en España. Luego repuso que siempre había intentado tener a Oppenheimer «al día en política, pero no es tan sensato como quiere hacer creer a la gente. [...] No sé, seguramente a vosotros os impresiona porque es muy brillante en su campo, cosa de la que no dudo. Pero, en otros aspectos, un par de veces tuvo que reconocer que no estaba a la altura, como cuando quiso explicar Marx, ¿sabes?, o cuando quiso enseñar Lenin. Ya me entiendes. No es marxista, y punto».

Joe: «Sí, es curioso. Le molesta bastante que yo no tenga divergencias».

Ambos se rieron de eso.

Nelson observó entonces que «a Oppenheimer le gustaría estar en el buen camino, pero creo que ha dejado de lado las relaciones que tenía con nosotros, fueran las que fueran. [...] Ahora solo tiene ojos para una cosa, ese proyecto, y ese proyecto lo va a distanciar de sus amigos».

Es obvio que Nelson estaba molesto ante la actitud de su antiguo amigo. Sabía que no le interesaba el dinero («No —intervino Joe—, es rico»), pero tenía la impresión de que lo que espoleaba sus acciones era la ambición. «Quiere hacerse un nombre, no hay duda».

Joe discrepó: «No, no tiene por qué ser eso, Steve. Es famoso a nivel internacional».

Nelson: «Bueno, también te digo, con pena, que su mujer lo está influyendo para mal».

Joe: «Eso ya lo sospechábamos todos...».

Tras dejar claro que Oppenheimer no iba a mostrarse comunicativo en referencia al proyecto, Nelson se centró en Joe e intentó convencerlo para que revelase información al respecto que pudiera beneficiar a los soviéticos.

La transcripción del FBI, de veintisiete páginas y basada en un micrófono ilegal, registra cómo Joe habla con cautela, incluso con nerviosismo, de ciertos detalles que podrían haber sido útiles para el aliado de Estados Unidos en la guerra. En susurros, Nelson le preguntó cuánto tardaría en estar lista el arma. Joe aventuró que llevaría al menos un año depurar material suficiente para usarlo en una prueba experimental. «Oppie, por ejemplo —afirmó—, cree que podría llevar hasta un año y medio». «Esto por lo que respecta al material. No sé si lo conseguirá, pero creo que se hace a diario». En ese momento, el agente del FBI o el oficial de Contraespionaje del ejército que analizó la transcripción escribe: «Dicho de tal forma que indica que Oppenheimer era extremadamente cauteloso en no compartir esa información con Steve».

Si la transcripción apunta a que Joe pasaba información a Nelson, también muestra que Oppenheimer era consciente del secretismo del proyecto, y su antiguo amigo dedujo que había dejado de cooperar y se había vuelto muy cauteloso.*

---

* Los pocos documentos disponibles de los archivos soviéticos apuntan a que el NKVD sabía que Oppenheimer trabajaba en el Enormoz (su nombre en clave para el Proyecto Manhattan). Pensaban que sería un simpatizante solidario o incluso un miembro secreto del Partido Comunista de Estados Unidos, y por eso se quedaron defraudados al ver que parecía tan inaccesible.

De todos modos, la idea de que podrían haberlo reclutado como espía es simplemente inverosímil. No existen pruebas creíbles que lo asocien con el espionaje. Dos documentos de la época soviética mencionan su nombre. Una nota escrita el 2 de octubre de 1944 en Moscú por el jefe adjunto de Vsévolod Merkúlov, del NKVD, y dirigida a su jefe, Lavrenti Beria, parece indicar que Oppenheimer era una fuente de información acerca del «estado del trabajo de la cuestión del uranio y su desarrollo en el extranjero». Merkúlov afirma: «En 1942, uno de los líderes del trabajo científico con uranio en Estados Unidos, el profesor Oppenheimer, miembro no registrado en la lista de oficiales del Partido Comunista del camarada Browder, nos informó del inicio del trabajo. Ante la petición del camarada Jéifets, [...] brindó cooperación para acceder a la investigación de varias fuentes comprobadas, entre ellas, un pariente del camarada Browder» (véase Jerrold L. y Liona P. Schecter,

Al cabo de poco, el teniente coronel Boris T. Pash, de la división G-2 del Servicio de Inteligencia del ejército en San Francisco, recibió la transcripción de la conversación entre Nelson y el entonces aún desconocido Joe hecha por el FBI. Pash, jefe de Contraespionaje del Cuerpo Noveno del ejército de la Costa Oeste, se quedó desconcertado. Había pasado buena parte de su vida cazando a comunistas. Nació en San Francisco y de joven, durante la Primera Guerra Mundial, acompañó a Moscú a su padre, un obispo de la Iglesia ortodoxa rusa. Cuando los bolcheviques se hicieron con el poder, Pash se unió al Ejército Blanco, contrarrevolucionario, y luchó en la guerra civil librada entre 1918 y 1920. Volvió a Estados Unidos tras casarse con una aristócrata rusa. En los años veinte y treinta, mientras trabajaba como entrenador de fútbol americano en un instituto, pasó los veranos como oficial de Inteligencia del ejército en la reserva. Después de que Estados Unidos se involucrara en la Segunda Guerra Mundial, ayudó a confinar a los habitantes de origen japonés de

---

Sacred Secrets: How Soviet Intelligence Operations Changed American History, Washington D. C., Brassey, 2002). Sin embargo, no hay pruebas que apoyen ninguna de estas afirmaciones, ni pruebas de que Grigori Jéifets, el agente del NKVD emplazado en San Francisco, conociera a Oppenheimer. Si se examina más de cerca, enseguida queda claro que Merkúlov formuló esa afirmación solo para hinchar el historial de su agente en California y salvarle la vida. En verano de 1944 reclamaron de improviso a Jéifets para que volviera a Moscú «por inactividad». Acusado de ser agente doble, este entendió que su vida corría peligro. Al esgrimir el alegato de que había hecho de Oppenheimer una fuente de información acerca del proyecto estadounidense de la bomba, Jéifets salvó su posición y su vida.

Por otro lado, otro documento soviético contradice directamente la nota de Merkúlov de octubre de 1944. Un antiguo agente del KGB, Alexander Vassíliev, tomó notas de los archivos soviéticos e informa que en febrero de aquel mismo año Merkúlov recibió un mensaje en el que se describía a Oppenheimer. «Según los datos que tenemos, los "vecinos" (los servicios de Inteligencia militares soviéticos o GRU) han estado trabajándose [a Oppenheimer] desde junio de 1942. En el caso de que lo recluten, es necesario que nos los entreguen. Si no lo reclutan, debemos conseguir mediante los "vecinos" toda la información sobre [Oppenheimer] y empezar a trabajarlo activamente por medio de los canales que tenemos. [...] Su hermano, "Ray" [Frank Oppenheimer], también profesor de la Universidad de California y miembro de la organización de compatriotas, pero políticamente más cercano a nosotros que [Robert Oppenheimer]».

Este documento demuestra que a principios de 1944 el NKVD no había reclutado a Robert Oppenheimer como fuente, agente ni espía de ningún tipo. Y, por supuesto, ese mismo año, Oppenheimer vivía detrás del alambre de púas que cercaba Los Álamos, por lo que era casi imposible que nadie lo reclutara, pues se encontraba veinticuatro horas al día bajo la vigilancia de Groves y el Servicio de Contraespionaje del ejército.

la Costa Oeste y después le asignaron la dirección del Servicio de Contraespionaje del Proyecto Manhattan. Tenía poca paciencia con la burocracia; se consideraba un hombre de acción. Mientras que sus admiradores lo describían como «astuto y hábil», otros lo veían como un «ruso loco».[43] Para Pash, la Unión Soviética era el enemigo mortal de Estados Unidos, y no un mero aliado temporal durante la guerra.

Pash enseguida llegó a la conclusión de que la transcripción entre Nelson y Joe no solo era una prueba de espionaje, sino que también confirmaba que sus sospechas sobre Oppenheimer estaban bien fundamentadas.[44] Al día siguiente voló a Washington y puso en conocimiento de Groves la transcripción. Puesto que la escucha era ilegal, las autoridades no podían presentar cargos contra él ni contra el misterioso Joe, pero sí emplear la información para rastrear de principio a fin las actividades de Nelson y los contactos que tenía dentro del Laboratorio de Radiación. Al poco, el teniente coronel Pash recibió autorización para investigar si el laboratorio de Berkeley era objeto de espionaje.

Transcurridos los años, Pash testificó que sus colegas y él «sabían» que el tal Joe había facilitado a Steve Nelson información técnica y «calendarios» relacionados con el proyecto de la bomba. Pash inició la investigación centrándose en Lomanitz, solo porque sabía que pertenecía al Partido Comunista. Lo siguieron, y un día de junio de 1943 lo vieron en el Sather Gate de la Universidad de California con unos amigos. Estaban posando, abrazados entre sí por los hombros, para un fotógrafo que ofrecía sus servicios a los estudiantes del campus. Después de que les sacara la foto y Lomanitz y sus amigos se marcharan, un agente del Gobierno se acercó al fotógrafo y le compró el negativo. Enseguida identificaron a los amigos de Lomanitz como Joe Weinberg, David Bohm y Max Friedman, todos ellos alumnos de Oppie. Desde aquel momento los etiquetaron de subversivos.

El teniente coronel Pash testificó que sus investigadores «determinaron en primer lugar que esos cuatro hombres que he mencionado iban juntos con frecuencia». Sin divulgar «técnicas de investigación ni procedimientos operativos», Pash explicó que «teníamos a un hombre sin identificar y teníamos esa fotografía. Como resultado del estudio determinamos, con toda seguridad, que Joe era Joseph Weinberg».[45] También afirmó que tenía «información suficiente» para señalar que este y Bohm eran miembros del Partido Comunista.

Pash estaba convencido de haber dado con un círculo complejo de astutos agentes soviéticos y consideró que debían emplearse todos los medios necesarios para hacer confesar a los sospechosos. En julio de 1943, la oficina de San Francisco del FBI informó que Pash quería secuestrar a Lomanitz, Weinberg, Bohm y Friedman, llevarlos mar adentro en un barco e interrogarlos «al estilo ruso». El FBI objetó que la información obtenida de aquella forma no podría esgrimirse en un juicio, «pero por lo visto Pash no tenía la intención de que quedara nadie para someterlo a juicio después del interrogatorio». Eso pasaba de castaño oscuro para el FBI: «Se ejerció presión para disuadir la ejecución de aquella actividad particular».[46]

En cualquier caso, Pash reforzó la vigilancia de Steve Nelson. El FBI había colocado un micrófono en su despacho antes de pinchar su casa, y las conversaciones registradas indicaban que había recopilado minuciosamente información sobre el Laboratorio de Radiación de Berkeley a partir de unos cuantos físicos jóvenes de quienes sabía que eran simpatizantes de la guerra comunista. En una fecha tan temprana como octubre de 1942, una escucha del FBI registró una conversación entre Nelson y Lloyd Lehmann, un coordinador de la Liga de Jóvenes Comunistas que también trabajaba en el Laboratorio de Radiación: «Lehmann comunicó a Nelson que estaban desarrollando un arma muy importante y que él estaba metido en el proyecto como investigador. Entonces, Nelson le preguntó a Lehmann si Opp. [Oppenheimer] sabía que era de la Liga de Jóvenes Comunistas y añadió que Opp. estaba "demasiado nervioso". Nelson prosiguió diciendo que Opp. colaboró con el partido, pero que en aquel momento no lo hacía, y además afirmó que el motivo por el que el Gobierno lo había dejado en paz era su competencia en el campo científico». Después de observar que Oppenheimer trabajó para el «comité de profesores» (se refería al sindicato de profesores) y el Comité para la Ayuda a España, Nelson comentó con sorna que «no puede esconder su pasado».[47]

En la primavera de 1943, David Bohm se rompía la cabeza para dar forma a su tesis de investigación sobre las colisiones de protones y deuterones, cuando le dijeron de improviso que ese trabajo era confidencial. Como carecía de las credenciales de seguridad necesarias, le quitaron todos los cálculos que tenía y le comunicaron que se le prohibía poner por escrito su propia investigación. Recurrió a Oppenheimer, quien escribió una carta en la que confirmaba que su alumno cumplía con los requisitos para escribir una tesis. Gracias a ella, Bohm recibió su título de doctor en junio de 1943 por Berkeley. Pese a que el propio Oppenheimer solicitó que trasladaran a Bohm a Los Álamos, los oficiales de seguridad del ejército rechazaron de plano concederle credenciales. A Robert, incrédulo, le dijeron que, como Bohm aún tenía familiares en Alemania, no podían otorgarle el permiso para trabajos especiales. Era mentira; en realidad, a Bohm le cerraron el acceso a Los Álamos por su relación con Weinberg. Pasó los años de la guerra trabajando en el Laboratorio de Radiación, donde estudió el comportamiento del plasma.[48]

Aunque le impidieron trabajar en el Proyecto Manhattan, Bohm continuó su carrera como físico. Lomanitz y otros no tuvieron tanta suerte. Poco después de que Ernest Lawrence lo nombrara intermediario entre el Laboratorio de Radiación y la planta del Proyecto Manhattan, ubicada en Oak Ridge, Lomanitz recibió una notificación de reclutamiento militar. Tanto Lawrence como Oppenheimer intercedieron por él, pero no sirvió de nada. Lomanitz pasó los años que quedaban de guerra en varios campos nacionales del ejército.

A Max Friedman lo despidieron del Laboratorio de Radiación.[49] Estuvo un periodo enseñando física en la Universidad de Wyoming y después, ya casi al término de la guerra, Phil Morrison le consiguió un trabajo en el Laboratorio Metalúrgico de Chicago. Sin embargo, al cabo de seis meses, los agentes de seguridad lo encontraron y fue despedido. Después de la guerra, cuando su nombre apareció en las investigaciones del Comité de Actividades Antiestadounidenses relacionadas con el espionaje en torno a la bomba atómica, el único lugar donde pudo conseguir trabajo fue en la Universidad de Puerto Rico. Como a Lomanitz, a Friedman lo asociaron con el establecimiento del sindicato en el Laboratorio de Radiación y la Sección 25 de la FAECT. Los agentes de Inteligencia del ejército equipararon aquellas actividades con tendencias subversivas y concluyeron sin más que debían librarse de Lomanitz y de Friedman.[50]

Por lo que respecta a Weinberg, lo sometieron a vigilancia intensiva y, como no apareció ninguna prueba que lo conectara con el espionaje, lo reclutaron también en el ejército y lo enviaron a un puesto militar de Alaska.[51]

Antes de partir a Los Álamos, Oppenheimer llamó por teléfono a Steve Nelson y le propuso quedar para comer en un restaurante de la avenida principal de Berkeley. «Estaba nervioso, muy intranquilo», escribiría Nelson.[52] Frente a un tazón de café, Robert le dijo: «Solo quería despedirme de ti, [...] y espero que volvamos a vernos cuando termine la guerra». Le explicó que no podía decirle adónde iba, pero que tenía que ver con la guerra. Nelson se limitó a preguntar si Kitty iba con él, y luego pasaron a charlar sobre las últimas novedades del conflicto. Antes de separarse, Robert comentó que fue una pena que los republicanos españoles no hubieran aguantado un poco más, «y así podríamos haber enterrado a Franco y a Hitler en la misma tumba». Nelson redactó sus memorias tiempo después y apuntó que aquella fue la última vez que vio a Oppenheimer, «pues, en cualquier caso, el vínculo de Robert con el partido había sido a lo sumo precario».

14

«El caso Chevalier»

Hablé con Chevalier y Chevalier habló con Oppenheimer, y este dijo que no quería saber nada del asunto.

GEORGE ELTENTON

Un pequeño suceso puede alterar la vida entera de una persona, y a Robert Oppenheimer le ocurrió un incidente tal en el invierno de 1942-1943
en su cocina de la calle Eagle Hill. No fue más que una breve conversación con un amigo, pero lo que se dijo y la manera en que Oppie escogió
enfrentarse al asunto afectaron a lo que le quedaba de vida de tal modo
que uno no puede evitar compararlo con las tragedias griegas o con Shakespeare. Lo que ocurrió acabó conociéndose como «el caso Chevalier»
y con el tiempo adquirió características de la película *Rashōmon* (1951),
de Akira Kurosawa, en la que los relatos de un acontecimiento varían
según la perspectiva de cada persona involucrada.

Sabiendo que partirían de Berkeley en breve, los Oppenheimer invitaron a los Chevalier a su casa para una cena tranquila. Consideraban a
Haakon y Barbara amigos íntimos, y querían despedirse de ellos de forma
especial. Cuando llegaron, Oppie fue a la cocina a preparar una bandeja de
martinis. Hoke lo acompañó y le contó la conversación reciente que había
tenido con un conocido de ambos, George C. Eltenton, un físico nacido
en Gran Bretaña, formado en Cambridge y empleado en la Shell Oil.

Nunca se sabrá qué dijo exactamente cada uno; ninguno anotó en
su momento la conversación. En aquel entonces tampoco pensaban que
se tratara de algo crucial, aunque el asunto giraba en torno a una propuesta indignante. Eltenton, le contó Chevalier, le había pedido que preguntara a su amigo Oppenheimer si podía pasarle información sobre su
trabajo científico a un conocido suyo, un diplomático del consulado soviético de San Francisco.

Según constatan las tres partes (Chevalier, Oppenheimer y Eltenton), Oppie, enfadado, respondió a su invitado que aquello era «traición» y que no debería mezclarse en las intrigas de Eltenton. No le afectó el argumento de este último, extendido en los círculos izquierdistas de Berkeley, de que los soviéticos, aliados de Estados Unidos, estaban luchando por la supervivencia mientras los reaccionarios de Washington saboteaban la ayuda que los soviéticos merecían recibir.

Chevalier siempre sostuvo que se limitó a alertar a Oppie de la propuesta de Eltenton y no a hacer de mediador. En cualquier caso, esa fue la interpretación que dio Oppie de lo que le dijo su invitado. Nuestro protagonista lo consideró como una vía muerta que enterró, por lo que pudo obviarlo en aquel momento y catalogarlo como una manifestación más de la preocupación exagerada que sentía Hoke por la supervivencia soviética. ¿Debería haber informado a las autoridades de inmediato? En caso afirmativo, su vida habría sido muy distinta. Pero en aquel tiempo no podría haberlo hecho sin comprometer a su mejor amigo, a quien consideraba, en el peor de los casos, un idealista demasiado entusiasta.

Con los martinis preparados y la conversación finalizada, los dos amigos se reunieron con las mujeres.

En sus memorias, *The Story of a Friendship*, Chevalier cuenta que Oppenheimer y él hablaron muy poco sobre la propuesta de Eltenton. Insiste en que no le pidió información, sino que meramente le transmitió el hecho de que aquel había planteado una vía para compartir información con los científicos soviéticos. Pensó que era importante que Oppie lo supiera. «Se alteró visiblemente —escribió Chevalier—; intercambiamos un comentario o dos, y nada más».[1] Regresaron con sus martinis al salón, donde estaban las mujeres. Chevalier recordaba que Kitty acababa de comprarse una edición de principios del siglo xix de un libro francés sobre micología con ilustraciones de orquídeas —su flor favorita— dibujadas y pintadas a mano. Mientras se tomaban el martini, las dos parejas examinaron con atención el hermoso libro antes de sentarse a cenar. Después, Chevalier desechó el asunto de su cabeza.

En 1954, en la audiencia de seguridad, Oppenheimer testificó que Chevalier había ido con él a la cocina y había dicho algo como: «El otro día vi a George Eltenton».[2] Luego había añadido que el susodicho tenía una «manera de pasar información técnica a los científicos soviéticos». Oppenheimer prosiguió: «Creo que le dije [a Chevalier]: "Pero eso es traición", pero no estoy seguro. Algo respondí, de todos modos. "Es una cosa muy grave". Chevalier dijo, o expresó, estar totalmente de acuerdo. Ahí terminó la cosa. Fue una conversación muy corta».

Tras la muerte de Robert, Kitty aportó una nueva versión de la historia. Mientras estaba en Londres de visita a Verna Hobson (su amiga y antigua secretaria de Oppie), dijo que «en el instante en que Chevalier entró en casa, ella se dio cuenta de que pasaba algo». Decidió no dejar solos a los dos hombres, y al final, cuando su invitado vio que no podría llevarse aparte a Robert, refirió la conversación sobre Eltenton delante de ella. Kitty dijo que fue ella quien replicó: «¡Pero eso sería traición!».[3] Según esta versión, Oppenheimer estaba tan resuelto a no mezclar a Kitty en el asunto que hizo suyas sus palabras y siempre dijo que Chevalier y él estuvieron solos en la cocina cuando hablaron de Eltenton. Por otra parte, Chevalier siempre mantuvo que Kitty no entró en la cocina en ningún momento mientras estuvieron hablando de la propuesta. Y en el recuerdo de Barbara Chevalier del incidente, Kitty no aparece.

Décadas después, Barbara, ya una exesposa resentida, escribió un «diario» que proporciona un punto de vista algo distinto. «Yo no estaba en la cocina cuando Haakon habló con Oppie, desde luego, pero sabía qué iba a decirle. También sé que él estaba totalmente a favor de averiguar qué hacía Robert y comunicárselo a Eltenton. Creo que Haakon creía que Oppie estaría de acuerdo en cooperar con los rusos. Lo sé porque antes habíamos tenido una pelea muy fuerte por culpa del tema».[4]

Cuando Barbara escribió lo anterior, unos cuarenta años más tarde, tenía a su exmarido en muy baja estima. Pensaba que era estúpido, «un hombre de miras limitadas, ideas fijas y costumbres inmutables». Poco después de hablar con Eltenton, Haakon dijo a Barbara: «Los rusos quieren información». Según lo recordaba, Barbara intentó quitarle de la cabeza la idea de ir a Oppenheimer con la propuesta. «Nunca se le ocurrió pensar en lo sumamente absurdo de la situación —escribió en sus memorias inéditas, en 1983—. Que aquel ingenuo profesor de literatura francesa contemporánea fuera el mediador entre los rusos y lo que hacía Oppie».

Oppenheimer conocía a Eltenton solo de las reuniones sindicales celebradas en favor de la Federación de Arquitectos, Ingenieros, Químicos y Técnicos. Eltenton había asistido a una reunión de aquellas en casa de Oppenheimer. En total se habrían visto cuatro o cinco veces.[5]

Eltenton, delgado y de rasgos nórdicos, y su mujer, Dorothea (Dolly), eran ingleses. Si bien ella era prima hermana del aristócrata inglés

sir Hartley Shawcross, la ideología política de los Eltenton era decidida-
mente de izquierdas. A mediados de la década de 1930, George estuvo
trabajando en Leningrado para una empresa británica, de modo que vieron el experimento soviético en primera fila.[6]

Chevalier conoció a Dolly Eltenton en 1938, cuando esta apareció
en la oficina de San Francisco de la Liga de Escritores Estadounidenses
y ofreció sus servicios como secretaria.[7] La mujer, cuyas ideas políticas
eran en todo caso más radicales que las de su marido, trabajaba como
secretaria en el Instituto Ruso de Estados Unidos, en San Francisco, una
organización prosoviética. Al mudarse a Berkeley, la pareja acabo gravi-
tando de manera natural en la órbita del circuito social izquierdista. Chevalier los había visto en muchas fiestas de recaudación de fondos a las
que también había asistido Oppenheimer.

Así pues, cuando Eltenton telefoneó un día a Chevalier para decirle que quería hablar con él, este cogió el coche para ir a casa de aquel,
en la avenida Cragmont, 986, de Berkeley, un día o dos después. Eltenton,
muy serio, habló de la guerra y de su todavía incierto resultado. Los soviéticos, señaló, estaban llevándose la peor parte de la acometida nazi
(cuatro quintos de la Wehrmacht luchaban en el frente oriental), y mucho
dependía de la eficacia de la ayuda que los estadounidenses brindaran a
sus aliados rusos, en forma de armas y tecnología punta. Era muy importante que existiera una colaboración estrecha entre los científicos soviéticos y los estadounidenses.

Eltenton dijo que fue Peter Ivánov quien lo abordó; creía que era
un secretario del Consulado General Soviético de San Francisco. (En
realidad, era un agente de la Inteligencia soviética). Ivánov comentó que
«el Gobierno soviético, en muchos aspectos, sentía que no estaba obte-
niendo la cooperación científica y técnica que creía merecer». Luego le
preguntó a Eltenton si sabía algo de lo que sucedía «en El Monte», refiriéndose al laboratorio de Berkeley.

En 1946, el FBI interrogó a Eltenton acerca del incidente Chevalier.
Este reconstruyó la conversación que tuvo con Ivánov de la siguiente
manera: «Le dije [a Ivánov] que yo, personalmente, sabía muy poco de lo
que ocurría allí, a lo que me preguntó si conocía al profesor E. O. Lawrence, al doctor J. R. Oppenheimer o a otra persona de cuyo nombre no me
acuerdo». (Más tarde creyó que el tercer científico mencionado era Luis
Álvarez). Respondió que solo conocía a Oppenheimer, pero no tanto
como para hablar del tema con él. Ivánov insistió preguntándole si no
conocía a nadie que pudiera planteárselo a Oppenheimer. «Después de
darle vueltas, le dije que el único conocido mutuo que me venía a la ca-

beza era Haakon Chevalier. Me preguntó si estaría dispuesto a sacar el tema con [Chevalier]. Después de asegurarme de que el señor Ivánov estaba genuinamente convencido de que no existía ningún canal autorizado por el cual pudiera obtenerse aquella información, y después de convencerme a mí mismo de que la naturaleza de la situación era tan crítica que no tendría mala conciencia si hablaba con Haakon Chevalier, acepté ponerme en contacto con él».[8]

Según Eltenton, Chevalier y él convinieron, «con reticencia considerable», que era necesario hablar con Oppenheimer. Eltenton le aseguró que, si Oppenheimer tenía información útil, Ivánov «la transmitiría por canales seguros». De su relato se deduce que ambos sabían claramente qué se planteaban hacer. «El señor Ivánov mencionó el tema de la remuneración, pero no se estableció ninguna suma, ya que yo no quería aceptar ningún pago por lo que hacía».

Eltenton contó al FBI en 1946 que, al cabo de unos días, Chevalier le comunicó que había visto a Oppenheimer, pero que «no había posibilidad alguna de obtener información por su parte y que, además, no lo aprobaba». Después, Ivánov pasó por casa de Eltenton, quien a su vez le dijo que Oppenheimer no iba a cooperar. Ahí finalizó el asunto, aunque un poco más tarde Ivánov preguntó a Eltenton si tenía información sobre un medicamento nuevo llamado penicilina. El referido no tenía ni idea de qué era aquello, pero más tarde avisó a Ivánov de que aparecía un artículo al respecto en la revista *Nature*.

El rigor del relato de Eltenton lo confirmó otro interrogado por el FBI. Al tiempo que unos agentes inquirían a Eltenton, otros cogieron a Chevalier y le formularon preguntas similares. A medida que se desarrollaban los interrogatorios, los dos equipos de agentes se coordinaban las preguntas por teléfono, confrontaban los recuerdos de uno y de otro y comprobaban si había incongruencias. Al final no hubo más que diferencias menores en las declaraciones. Chevalier adujo que, si la memoria no le fallaba, no mencionó el nombre de Eltenton a Oppenheimer (aunque en sus memorias sí dijo habérselo mencionado). Tampoco dijo a los interrogadores que Eltenton había nombrado a Lawrence y a Álvarez: «Quiero hacer constar que, según sé y recuerdo, no hablé con nadie más que con Oppenheimer para solicitarle información relacionada con el trabajo realizado en el Laboratorio de Radiación. Puedo haber mencionado a otras personas, de paso, que habría sido deseable obtener esa información. Estoy seguro de que nunca hice ninguna propuesta específica más en este sentido». Dijo que Oppenheimer había «despachado el asunto sin discutir».

En otras palabras, los dos confesaron haber hablado de pasar información científica a los soviéticos, pero ambos confirmaron que Oppenheimer había rechazado la idea sin pensarlo dos veces.

Con el paso de los años, hay historiadores que han conjeturado que Eltenton fue un agente soviético que trabajó como reclutador durante la guerra. En 1947, cuando empezaron a filtrarse los detalles del interrogatorio que le hizo el FBI, marchó a Inglaterra y se negó a hablar del incidente en lo que le quedaba de vida.[9] ¿Fue realmente Eltenton un espía soviético? En efecto, nadie puede poner en duda que propuso pasar información científica sobre un proyecto bélico a los soviéticos. Sin embargo, un estudio más detallado del comportamiento que tuvo en los años 1942 y 1943 indica que era más bien un idealista despistado que un agente soviético.

Durante nueve años (de 1938 a 1947), Eltenton compartió coche todos los días con un vecino, Herve Voge, para ir a trabajar a la planta que tenía la Shell en Emeryville, situada a doce kilómetros de Berkeley. Voge, que una vez asistió a una clase de Oppenheimer, era un químico físico empleado en la misma empresa. Otros cuatro hombres compartieron coche con ellos en 1943: Hugh Harvey, un inglés de ideas políticas moderadas; Lee Thurston Carlton, de tendencia política izquierdista; Harold Luck, y Daniel Luten. Llamaban a sus trayectos en coche el «club de viaje de los señuelos» porque Luten siempre colaba algún señuelo en los animados debates. Voge rememoró con nitidez aquellas conversaciones del «club de viaje»: «Me acuerdo muy bien; todo el mundo sabía que estaban pasando cosas importantes en el Laboratorio de Radiación de Berkeley, era obvio. Mucha gente iba para allá y había mucho cotilleo».

Un día, en el coche, Eltenton se indignó a causa de las noticias de la guerra y dijo: «Me gustaría que Rusia ganara la guerra, y no los nazis, y me gustaría hacer algo, lo que fuera, por ayudarlos». Voge sostiene que este añadió: «Voy a intentar hablar con Chevalier o con Oppenheimer para decirles que estaría encantado de poder transmitir cualquier información a los rusos que les resultara útil».[10]

Voge pensó que las ideas políticas de Eltenton, que declaraba abiertamente, eran en el mejor de los casos simplistas e inmaduras; en el peor, el tipo era «un ingenuo pescado por el consulado ruso». Eltenton hablaba con naturalidad de sus amigos del consulado soviético de San Francisco y se jactaba de que podía hacer llegar aquella información a Rusia a través de sus contactos. (De hecho, agentes del FBI lo vieron reunirse varias veces con Ivánov en 1942). Voge recordaba que Eltenton sacó el tema más de una vez: «Siempre decía: "Estamos luchando en el mismo bando que los rusos; ¿por qué no los ayudamos?"». Cuando sus compañeros de coche le plantearon si eso «no era la típica cosa que debería ir por canales oficiales», Eltenton repuso: «Bueno, haré lo que pueda».

Al cabo de unas semanas comentó a Voge y los demás: «Hablé con Chevalier y Chevalier habló con Oppenheimer, y este dijo que no quería saber nada del asunto». Eltenton parecía defraudado, y Voge estaba convencido de que ahí terminó su pequeña maquinación.

Esta historia, que Voge refirió a Martin Sherwin en 1983, viene reforzada por lo que declaró al FBI a finales de los años cuarenta. Después de la guerra, Voge casi perdió el trabajo a causa de su relación con Eltenton; cuando la agencia le ofreció limpiarle el nombre si colaboraba con ellos como informante, él se negó. Sin embargo, el FBI lo convenció para que firmara una declaración referente a Eltenton, que en parte decía: «George y Dolly Eltenton son personas sospechosas reconocidas. Vivieron en la Unión Soviética y simpatizaban abiertamente con el régimen. Al parecer, George realizó esfuerzos sin ocultarse para ayudar a los rusos durante la Segunda Guerra Mundial». En la descripción de las conversaciones que tenían con Eltenton en el «club de viaje de los señuelos», Voge escribió: «Nunca fuimos capaces de convencer a George de los males del comunismo, ni tampoco él nos convirtió a ninguno a su ideología».[11]

Años después, en 1954, cuando el nombre de Eltenton salió en las audiencias de Oppenheimer, Voge pensó que el Gobierno estaba muy equivocado con respecto a Eltenton: «Si hubiera sido un espía de verdad, no habría hablado de una forma tan sincera. Habría querido aparentar ser una persona muy distinta».[12]

TERCERA PARTE

15

«Se volvió muy patriótico»

Cuando estaba con él, yo crecía como persona. [...] Lo
imitaba en todo, simplemente lo idolatraba.

Robert Wilson

Robert empezaba una nueva vida. En cuanto director de un laboratorio
armamentístico que comprendería las diversas ramas del Proyecto Manhattan, las cuales se llevarían a cabo en lugares remotos y debían amalga-
marse rápidamente en un arma atómica efectiva, tendría que concebir
nuevas aptitudes que aún no poseía, lidiar con problemas que nunca había imaginado, adquirir hábitos de trabajo muy alejados de su estilo anterior de vida, y adaptarse a actitudes y comportamientos (como los pro-
tocolos de seguridad) que lo alteraban emocionalmente y eran ajenos a
su experiencia. No es exagerado decir que, para conseguir el éxito, a sus
treinta y nueve años, Robert Oppenheimer tuvo que rehacer una parte
significativa de su personalidad, si no de su intelecto, y además en poco
tiempo. Todos los aspectos del nuevo trabajo eran prioritarios. Muy pocas cosas, incluida su propia transformación, lograron alcanzar la meta de
aquel programa imposible; no obstante, sirve como medida de su compromiso y voluntad el hecho de que estuviera muy cerca de conseguirlo.

Robert había considerado muchas veces combinar su pasión por la
física con la salvaje atracción que le despertaban las altas y desérticas
montañas de Nuevo México. Por fin se le presentaba la oportunidad. El
16 de noviembre de 1942, Edwin McMillan, otro físico de Berkeley, y él
acompañaron a un oficial del ejército, el mayor John H. Dudley, a Jémez
Springs, un cañón profundo situado a sesenta y cinco kilómetros al noroeste de Santa Fe. Tras haber inspeccionado docenas de parajes del sudoeste de Estados Unidos, Dudley había decidido al fin que Jémez Springs
era el sitio adecuado para instalar el nuevo laboratorio de armas. Oppen-

heimer lo recordaba de sus excursiones a caballo como «un lugar precioso y satisfactorio en todos los sentidos».[1]

Sin embargo, cuando los tres llegaron a Jémez Springs, tanto McMillan como nuestro protagonista objetaron a Dudley que el sinuoso pasillo de tierra que constituía el fondo del cañón era demasiado estrecho y limitado para la ciudad que imaginaban construir. Oppenheimer se quejó de que no se veían las magníficas montañas y de que los cañones eran tan verticales que sería imposible cercarlo. «Estábamos discutiendo cuando apareció el general Groves», recordó McMillan. El militar echó un mero vistazo al terreno y dijo: «Esto no sirve». Se volvió a Oppenheimer y le preguntó si había algo más por los alrededores que pudiera ser apto para el proyecto. «Oppie propuso Los Álamos como si se le acabara de ocurrir».[2]

«Al subir por el cañón —le explicó Oppenheimer—, se sale a la planicie superior de la mesa. Allí hay una escuela de chicos que podría constituir una base adecuada». De mala gana, los hombres volvieron a los coches y condujeron cincuenta kilómetros hacia el noroeste por una mesa volcánica llamada la meseta del Pajarito. Ya era tarde avanzada cuando llegaron al rancho escuela de Los Álamos.[3] A través de una neblina de nieve fina, Oppenheimer, McMillan y Groves vieron a un grupo de escolares que corrían en pantalón corto por un campo de recreo. Los tres mil doscientos metros cuadrados de la escuela comprendían la «Casa Grande», el edificio principal; el Fuller Lodge, una preciosa mansión construida en 1928 con ochocientos troncos de pino ponderosa; una residencia rústica, y otras edificaciones más pequeñas. Detrás de la mansión había un estanque en el que los chicos patinaban en invierno y navegaban en canoa en verano. La escuela se encontraba a casi dos mil doscientos metros, justo en el límite forestal. Al oeste, las montañas de Jémez, coronadas de nieve, se alzaban hasta los tres mil trescientos cincuenta metros. Desde el amplio porche de Fuller Lodge, la vista cubría, hacia el este, una distancia de hasta sesenta y cinco kilómetros, el valle del río Grande y la amada cordillera de Oppenheimer, Sangre de Cristo, que alcanzaba casi los cuatro mil metros de altura. Por lo visto, Groves contempló el lugar y anunció de repente: «Aquí sí».[4]

En un par de días, el ejército inició el papeleo para comprar la escuela, y al cabo de cuatro, después de una rápida escapada a Washington D. C., Oppenheimer volvió con McMillan y Ernest Lawrence para inspeccionar lo que se designó como «Zona Y».[5] Calzado con botas de vaquero, Oppie enseñó a Lawrence las instalaciones. Por cuestiones de seguridad, se presentaron allí con nombres falsos, pero un estudiante de Los

Álamos, Sterling Colgate, reconoció a los científicos. «De golpe nos dimos cuenta de que la guerra había llegado hasta allí —recordó—. Aparecieron aquellos dos personajes, el señor Smith y el señor Jones, uno con un sombrero *porkpie* y el otro con sombrero normal, y se pasearon por ahí como si fueran los dueños del lugar».[6] Colgate, que estaba en último curso de la secundaria, había estudiado física y había visto fotos de Oppenheimer y Lawrence en un libro de texto. Al poco, una flota de excavadoras y equipos de obreros invadió la escuela.[7] Evidentemente, Robert conocía bien Los Álamos; Perro Caliente estaba a sesenta y cinco kilómetros de allí, atravesando la meseta. Su hermano y él habían explorado las montañas de Jémez a caballo muchos veranos.

Oppenheimer consiguió lo que deseaba: una vista magnífica de las montañas Sangre de Cristo. Y el general Groves consiguió un lugar tan aislado que solo llegaba hasta él una serpenteante pista sin asfaltar y una línea de teléfono. A lo largo de los tres meses siguientes, los equipos de construcción levantaron barracones baratos techados con tejas u hojalata, así como edificaciones semejantes para albergar laboratorios rudimentarios de química y física. Todo se pintó de color verde militar.

Oppenheimer parecía ajeno al caos total en que se convirtió Los Álamos, aunque años después confesaría: «Tengo la culpa de haber destrozado un lugar precioso».[8] Centrado en reclutar a los científicos que necesitaba para el proyecto, no tuvo tiempo para realizar las tareas administrativas asociadas a la construcción de una ciudad pequeña. John Manley, un físico experimental que nuestro protagonista había escogido como uno de sus ayudantes, tenía graves reparos respecto al lugar. Acababa de llegar de Chicago, donde el 2 de diciembre de 1942 el físico Enrico Fermi, emigrado de Italia, había dirigido el equipo que logró producir la primera reacción nuclear en cadena controlada del mundo. Chicago era una gran ciudad y contaba con una universidad excelente, bibliotecas de primer orden y grupos numerosos y experimentados de operarios, sopladores de vidrio, ingenieros y otros técnicos. En Los Álamos no había nada. «Lo que intentábamos hacer —escribió Manley— era construir un laboratorio nuevo en un paraje agreste de Nuevo México sin equipamiento inicial, excepto la biblioteca de Horatio Alger* (o lo que fuera que leyeran aquellos chavales del rancho escuela) y los pertrechos que se llevaban cuando salían a caballo, nada de lo cual nos ayudaba mucho a conseguir aceleradores con los que producir neutrones». Manley

---

* Escritor estadounidense de literatura infantil que gozó de un enorme éxito de ventas a finales del siglo XIX. (*N. de la T.*)

pensaba que, si Oppenheimer hubiera sido físico experimental, habría sabido que «el 90 por ciento de la física experimental es en realidad fontanería» y nunca habría consentido que se construyera un laboratorio en semejante escenario.[9]

La logística fue terriblemente complicada. Oppenheimer y el grupo inicial de científicos tenían previsto llegar a Los Álamos a mediados de marzo de 1943. Para entonces, según aseguró Robert a Hans Bethe, ya estaría en funcionamiento una comunidad conducida por un ingeniero municipal.[10] Habría alojamientos para solteros y casas para familias de una, dos y tres habitaciones. Las viviendas estarían amuebladas y tendrían electricidad, aunque no se instalarían teléfonos por motivos de seguridad. La cocina de las casas estaría provista con estufa de leña y calentador de agua. Habría chimenea y nevera. Contarían con personal auxiliar para las ocasiones en que se necesitara realizar tareas domésticas pesadas. Tendrían un colegio para los niños, biblioteca, lavandería, hospital y servicio de recogida de basura. Una tienda del ejército haría de colmado y de oficina de compras por correo. Habría un encargado de organizar de forma regular pases de películas y excursiones por las montañas cercanas. Y Oppie prometió que habría una cantina para tomar cerveza, Coca-Cola y comidas ligeras, un buen comedor para solteros y una cafetería «elegante» para que las parejas casadas pudieran salir a cenar.

Para los laboratorios pidieron dos generadores de Van de Graaff a Míchigan, un ciclotrón a Harvard y una máquina de Cockcroft-Walton a la Universidad de Illinois. Todos eran imprescindibles. Los generadores de Van de Graaff se emplearían para calcular medidas físicas básicas. La máquina de Cockcroft-Walton, el primer acelerador de partículas, se utilizaría para realizar experimentos en que ciertos elementos se transmutaban artificialmente en otros.

La construcción de Los Álamos, el reclutamiento de científicos y la adquisición del equipamiento necesario para crear el primer laboratorio de armas nucleares del mundo requería de un administrador meticuloso y paciente. A principios de 1943, Oppenheimer no era ni lo uno ni lo otro. Nunca había supervisado nada más grande que sus seminarios de posgrado. En 1938 fue el responsable de quince estudiantes de posgrado; en Los Álamos dirigía el trabajo de cientos, que pronto serían miles, de científicos y técnicos. Por su parte, sus compañeros no creían que tuviera el temperamento idóneo para el puesto. «Era algo excéntrico, casi un excéntrico absoluto, cuando lo conocí, antes de 1940 —recordó Robert

Wilson, entonces un joven físico experimental que estudiaba con Ernest Lawrence—. No habrías dicho de él que pudiera ser administrador de nada».[11] En una fecha tan tardía como diciembre de 1942, James Conant escribió a Groves para decirle que Vannevar Bush y él «no estaban seguros de haber encontrado al hombre adecuado para ser el líder».[12]

Incluso John Manley tenía serias dudas respecto a trabajar como ayudante de Oppie. «Me cohibía un poco la erudición que ostentaba —recordaría— y el poco interés que le despertaban los asuntos mundanos».[13] A Manley le preocupaba en especial la organización del laboratorio. «Estuve no sé cuántos meses dando la lata a Oppie para que me hiciera un organigrama: quién sería responsable de esto y quién de lo otro». Este no hizo el menor caso de las súplicas hasta un día de marzo de 1943 en que Manley subió hasta el último piso del LeConte Hall y abrió la puerta del despacho de su jefe. Cuando este levantó la vista y lo vio ahí de pie, supo exactamente qué quería. Cogió un papel, lo tiró en la mesa y dijo: «Aquí tienes tu dichoso organigrama». En él concibió cuatro divisiones generales del laboratorio: física experimental, física teórica, química y metalurgia, y, por último, artillería. Dentro de cada división se crearían grupos de trabajo cuyos jefes informarían a los responsables de división, y estos, a Oppenheimer. Era un comienzo.

A principios de 1943, Oppie envió a Robert Wilson, entonces de veintiocho años, a Harvard para que organizara de forma segura el envío del ciclotrón a Los Álamos. El 4 de marzo, el joven físico llegó a Nuevo México para inspeccionar el edificio que alojaría el aparato. Se encontró con un caos total; no parecía haber ni plazos, ni planificación, ni responsables. Wilson se quejó a Manley, y ambos resolvieron que debían hablar con Oppenheimer. Se reunieron en Berkeley, y fue un desastre: Robert se enfadó y los insultó. Wilson y Manley se marcharon atónitos y dudando de que estuviera a la altura del desafío.[14]

De procedencia cuáquera, Wilson era pacifista cuando estalló la guerra europea: «Por eso me supuso un cambio tan profundo aceptar que trabajaría en aquel horrible proyecto».[15] Pero, igual que a todos sus conocidos de Los Álamos, lo que le daba más miedo a Wilson era que los nazis ganasen la guerra con un arma nuclear. Mientras que en su fuero interno aún conservaba la esperanza de que algún día se demostrara la imposibilidad de construir una bomba atómica, otra parte de él tenía muchas ganas de sacarla adelante si es que se podía. De carácter trabajador y serio, al principio le molestaba la conducta arrogante de Oppenheimer. «No me caía bien —diría más adelante—. Era un sabelotodo y no le gustaba tener que aguantar a los tontos. Quizá yo era uno de esos tontos».

Al poco tiempo, por muy desconectado que pareciera estar de sus responsabilidades antes de mudarse a Los Álamos, Oppenheimer no tardó en mostrar su capacidad de adaptación. Transcurridos unos meses viviendo allí, Wilson se quedó sorprendido al ver a su jefe metamorfosearse en un administrador carismático y eficiente. Aquel excéntrico físico teórico e intelectual de izquierdas con el pelo largo estaba convirtiéndose en un líder de primera línea y muy organizado. «Tenía estilo y clase —dijo Wilson—. Era muy listo. Y todos los defectos que le habíamos visto los corrigió en pocos meses, y, por supuesto, sabía mucho más que nosotros sobre procedimientos administrativos. Los recelos que teníamos, bueno, se suavizaron enseguida».[16] En verano de 1943, Wilson se dio cuenta de que «cuando estaba con él, yo crecía como persona. [...] Lo imitaba en todo, simplemente lo idolatraba. [...] Cambié por completo».[17]

De todos modos, en aquellas etapas iniciales de planificación, Oppenheimer mostraba muchas veces una ingenuidad increíble.[18] En el organigrama que entregó a Manley, se había colocado a sí mismo como director del laboratorio y responsable de la división teórica. Enseguida quedó claro a sus compañeros, y al final también para él mismo, que le faltaba tiempo para desempeñar los dos trabajos, así que nombró a Hans Bethe para que encabezara la división teórica. Por otro lado, dijo al general Groves que creía necesitar solo unos pocos científicos. El mayor Dudley afirma que, cuando estuvieron inspeccionando el lugar, Oppenheimer comentó que seis científicos y unos cuantos ingenieros y técnicos podrían ejecutar el trabajo. Si bien es probable que se trate de una exageración, la cuestión está clara: al principio, Oppie subestimó muchísimo la magnitud del proyecto. El contrato inicial de la construcción presupuestaba trescientos mil dólares. Solo en un año se gastaron siete millones y medio.

Cuando Los Álamos abrió, en marzo de 1943, un centenar de científicos, ingenieros y personal de apoyo se congregaron en la nueva comunidad.[19] En seis meses llegaron a ser mil personas las que vivían en la mesa, y un año después, tres mil quinientas. En verano de 1945, el puesto periférico ubicado en plena naturaleza que imaginaba Oppenheimer había crecido hasta formar una pequeña ciudad de más de cuatro mil civiles y dos mil militares. Vivían repartidos en trescientos bloques de pisos, cincuenta y dos residencias y unas doscientas caravanas. Solo el «área técnica» comprendía treinta y siete edificaciones, entre las que se contaban una planta de depuración de plutonio, una fundición, una biblioteca, un auditorio y docenas de laboratorios, almacenes y despachos.

Para consternación de casi todos sus colegas, Oppenheimer había aceptado en un principio la sugerencia del general Groves de que todos los científicos del nuevo laboratorio debían hacerse oficiales del ejército de alto rango. A mediados de enero de 1943, nuestro protagonista visitó el Presidio, una base militar de San Francisco, para obtener la categoría de teniente coronel. Realizó la prueba física del ejército, pero no la superó. Los médicos dijeron que, con sus cincuenta y ocho kilos, Oppenheimer estaba cinco kilos por debajo del peso mínimo y doce por debajo del peso ideal para un hombre de su edad y estatura. Observaron que sufría de «tos crónica» desde 1927, momento en que una radiografía de tórax había mostrado una tuberculosis. También refirió que padecía de una «distensión sacrolumbar»: cada diez días o así, dijo, sentía un dolor moderado que le bajaba por la pierna izquierda. Por todos esos motivos, los médicos del ejército lo juzgaron «incapacitado permanentemente para el servicio activo». Pero Groves había dicho a los médicos que Oppenheimer debía estar autorizado para trabajar, por lo que le pidieron que firmara un documento en el que aseguraba reconocer la existencia de «los defectos físicos arriba mencionados» y solicitaba que, aun así, le concedieran estar en activo por tiempo indefinido.[20]

Después del examen físico, Oppenheimer se hizo confeccionar un uniforme. Los motivos que lo empujaron a ello eran complejos. Quizá vestir de coronel era un signo visible e importante de aceptación para un hombre consciente de su ascendencia judía. Por otra parte, llevar uniforme militar era lo más patriótico que podía hacerse en 1942. Hombres y mujeres de todo el país lo vestían a modo de ritual simbólico y primordial para defender la tribu, el país, y el uniforme era una manifestación visible de ese compromiso. Oppie estaba muy empapado de tradicionalismo estadounidense. «Se quedaba mirando al infinito —recordaba Robert Wilson— y me decía que esta guerra era distinta de todas las que se habían librado antes; era una guerra por los principios de la libertad. [...] Estaba convencido de que exigía un esfuerzo de toda la población para derrocar a los nazis y acabar con el fascismo, y hablaba de ejército popular y de guerra popular. [...] Qué poco había cambiado el lenguaje. Es el mismo lenguaje [político], pero ahora tiene un tono patriótico, mientras que antes era solo radicalismo».[21]

Al poco de empezar la ruta por el país con el fin de reclutar físicos para Los Álamos, Oppenheimer descubrió que sus colegas rechazaban de plano la idea de trabajar bajo disciplina militar. Para febrero de 1943, su amigo Isidor Rabi y otros físicos lo habían convencido de que el «laboratorio debía desmilitarizarse». Este era uno de los pocos amigos que podía decirle cuándo se estaba portando como un imbécil. «[Oppie] pensaba que estaría muy bien eso de ir con uniforme porque estábamos en guerra; que nos acercaría más al pueblo estadounidense, bobadas así. Sé que quería de veras ganar la guerra, pero así no se podía hacer una bomba». Además de ser «muy sabio, era muy tonto».[22]

A finales de mes, Groves aceptó llegar a un acuerdo: mientras durara el trabajo experimental de laboratorio, los científicos seguirían siendo civiles, pero cuando llegara el momento de probar el arma, todo el mundo tendría que ir de uniforme.[23] Se construiría una valla alrededor de Los Álamos y se lo declararía puesto militar, pero dentro del área técnica del laboratorio, los científicos informarían a Oppenheimer en cuanto «director científico». El ejército controlaría el acceso a la comunidad, pero no el flujo de información entre los científicos; eso sería responsabilidad de Oppenheimer. Hans Bethe escribió a Oppie para felicitarle por las negociaciones que había cerrado con el ejército: «Creo que has conseguido el título en Alta Diplomacia».[24]

Rabi desempeñó un papel decisivo en ese y en otros asuntos organizativos. «Sin Rabi —dijo más tarde Bethe—, todo habría sido un desastre, porque Oppie no quería que las cosas estuvieran organizadas. Rabi y [Lee] Dubridge [entonces el jefe del Laboratorio de Radiación del MIT] fueron a ver a Oppie y le dijeron: "Tiene que haber organización. Hay que organizar el laboratorio en divisiones y las divisiones, en grupos. De lo contrario, no saldrá nada de todo esto". Y Oppie, bueno, todo era muy nuevo para él. Rabi hizo que se volviera más pragmático. Lo convenció para que no se pusiera el uniforme».[25]

Una de las decepciones más grandes de Oppenheimer fue no conseguir que Isidor Rabi se trasladara a Los Álamos. Deseaba tanto que su amigo estuviera a bordo que le ofreció ser director adjunto del laboratorio, pero no sirvió de nada. Rabi abrigaba dudas fundamentales respecto a la idea de construir una bomba. «Yo estaba muy en contra de los bombardeos desde 1931, cuando vi unas fotos de un barrio de Shanghái bombardeado por los japoneses. Tiras una bomba y cae encima de justos y pecadores. No hay escapatoria. Los sensatos no pueden escapar de ella, ni tampoco los honrados. […] Durante la guerra contra Alemania, es verdad que nosotros [los del Laboratorio de Radiación] ayudamos a desarrollar dispositivos para los bombardeos, […] pero se trataba de un enemigo real y un asunto muy grave. En cambio, una bomba atómica llevaba la moral un paso más allá; no me gustaba entonces y sigue sin gustarme ahora. Creo que es horrible».[26] Rabi era de la opinión de que la guerra se ganaría gracias a una tecnología mucho menos exótica: el radar. «Reflexioné y rechacé el trabajo —añadió—. Le dije: "Me tomo muy en serio esta guerra. Podríamos perderla por falta de desarrollo en materia de radares"».[27]

Rabi dio a Oppenheimer otro motivo para no colaborar, menos práctico pero más profundo. Le dijo que no quería que «la culminación de tres siglos de física» fuera un arma de destrucción masiva. Fue una declaración extraordinaria, y Rabi sabía que un hombre con las inclinaciones filosóficas de Oppenheimer no la pasaría por alto. No obstante, mientras que el polaco ya se planteaba las consecuencias morales de la bomba atómica, su amigo, sumergido en la vorágine de la guerra, por una vez no tuvo paciencia para meditaciones metafísicas y descartó de un plumazo aquella objeción. «Pienso que si creyera, como tú, que este proyecto será "la culminación de tres siglos de física" —escribió a Rabi—, tendría que cambiar de postura. Para mí significa, ante todo, desarrollar en tiempos de guerra un arma militar de cierta relevancia. No creo que tengamos otra opción con los nazis».[28] Solo una cosa importaba a Oppenheimer: construir el arma antes de que lo hicieran los nazis.

Aunque Rabi se negó a ir a Los Álamos, nuestro protagonista lo convenció para que asistiera al primer coloquio y después para que fuera uno de los poquísimos asesores externos del proyecto. Como dijo Hans Bethe, Rabi se convirtió en «el consejero paternal de Oppie». «Nunca estuve en nómina en Los Álamos —contó el polaco—. Me negué. Quería tener mis propias líneas de comunicación libres. No fui miembro de ninguno de esos comités importantes suyos ni nada del estilo; simplemente aconsejaba a Oppenheimer».[29]

Es más, Rabi fue clave para persuadir a Hans Bethe y a muchos otros para que fueran a Los Álamos. También instó a Oppenheimer para que designase a Bethe responsable de la división teórica, que llamaba «el centro neurálgico del proyecto».[30] Robert confiaba en el criterio de Rabi sobre esas cuestiones y llevaba a término sin dilación lo que él proponía.

Cuando Rabi le advirtió que se estaba «hundiendo la moral» del grupo de físicos que trabajaban en Princeton, Oppenheimer decidió llevarse a Los Álamos al equipo entero, veinte científicos. La decisión resultó ser muy afortunada, no solo porque en el equipo de Princeton figuraba Robert Wilson, sino también un físico de veinticuatro años brillante, alegre y pícaro llamado Richard Feynman. Oppenheimer reconoció de inmediato la genialidad de este y supo que lo quería en Los Álamos. En aquel momento, la mujer de Feynman, Arline, estaba luchando contra la tuberculosis, y él dejó claro que no iría a ningún sitio sin ella. Pensó que la cuestión quedaba zanjada, pero un día de principios de invierno de 1943 recibió una llamada telefónica de larga distancia desde Chicago. Era Oppenheimer. Le dijo que había encontrado un sanatorio de tuberculosos para Arline en Albuquerque. Le aseguró que podría trabajar en Los Álamos y visitar a Arline los fines de semana. El gesto conmovió a Feynman y aceptó ir.[31]

Oppenheimer no cejó en la búsqueda de hombres para que trabajaran en la meseta («El Monte», como lo apodaron enseguida). Había empezado en otoño de 1942, antes de que hubieran escogido Los Álamos como «Zona Y». «Ahora deberíamos emprender —escribió a Manley— una política para reclutar a cualquiera, sin escrúpulos, de quien podamos echar mano».[32] Entre sus objetivos tempranos estaba Robert Bacher, un gerente del MIT y físico experimental. Solo tras meses de insistirle sin tregua, el susodicho accedió por fin a trasladarse a Los Álamos en junio de 1943 y dirigir la división de física experimental. Antes de aquella primavera, Oppenheimer le había expresado por carta que su cualificación lo hacía «casi único, y por eso he estado persiguiéndole con tanta diligencia todos estos meses».[33] Confiaba plenamente, le decía, «en su equilibrio y juicio, cualidades que esta tempestuosa iniciativa valora muy en especial». Bacher fue, pero avisó de que dimitiría si lo obligaban a ponerse el uniforme del ejército.

El 16 de marzo de 1943, Oppie y Kitty subieron a un tren con destino a Santa Fe, una tranquila ciudad de veinte mil habitantes. Se alojaron en La Fonda, el mejor hotel del lugar, donde Oppenheimer pasó unos días contratando gente para poner en marcha una oficina en la ciudad que hiciera de enlace con el laboratorio. Un día, Dorothy Scarritt McKibbin, de cuarenta y cinco años, graduada en la Universidad Smith, entró en el vestíbulo de La Fonda y esperó a que la entrevistaran para un trabajo del que no le habían explicado nada. «Vi a un hombre que caminaba como de puntillas con gabardina y un sombrero *porkpie*», dijo McKibbin.[34] Oppenheimer se presentó como «el señor Bradley» y le preguntó por su experiencia. La mujer había enviudado doce años atrás y había ido a Nuevo México para curarse de un caso leve de tuberculosis. Como Robert, se había enamorado de la árida belleza del lugar. En 1943, McKibbin conocía a todo el mundo a quien debía conocerse de la sociedad de Santa Fe, por ejemplo, a artistas y escritores como Peggy Pond Church, el acuarelista Cady Wells y el arquitecto John Gaw Meem. Era también amiga de la bailarina y coreógrafa Martha Graham, que pasó en Nuevo México los últimos veranos de la década de 1930. Oppenheimer advirtió que aquella mujer, refinada, segura de sí misma y con buenos contactos, no se dejaría avasallar con facilidad y que conocía Santa Fe y sus alrededores mejor que él. La contrató para que dirigiera una oficina discreta en la avenida East Palace, 109, en el centro de la ciudad.

La elegancia natural y los encantadores modales de Robert cautivaron de inmediato a McKibbin. «Sabía que cualquier cosa con la que Oppenheimer tuviera relación estaría viva —recordaba—, y tomé la decisión. Pensaba que estar en contacto con esa persona, fuera quien fuera, ¡sería simplemente maravilloso! Nunca había conocido a nadie con un magnetismo tan raudo e intenso como el suyo. No sabía a qué se dedicaba. Pensaba que si cavaba zanjas para construir una carretera, yo estaría encantada de hacerlo también. […] Tenía claro que quería aliarme y estar vinculada con una persona con aquella vitalidad y fuerza resplandeciente. Era para mí».

McKibbin, sin tener ni idea de lo que hacía Oppenheimer, pasó a ser «la guardiana de Los Álamos».[35] En una oficina anónima dio la bienvenida a cientos de científicos y a sus familias que tenían como destino El Monte. Hubo días que atendió un centenar de llamadas telefónicas y expidió docenas de pases. Acabaría conociendo a todos y todo acerca de la nueva comunidad, pero le llevó un año enterarse de que estaban construyendo una bomba atómica. Oppenheimer y ella serían amigos durante el resto de sus vidas. Robert la llamaba por su apodo, Dink, y no tardó en confiar en su buen juicio y en su capacidad de llevar a cabo las tareas.

A sus treinta y nueve años, Oppenheimer no parecía haber envejecido desde los últimos veinte. Seguía llevando el pelo largo, muy negro y tan encrespado que casi se le quedaba en punta. «Tenía los ojos más azules que he visto nunca —dijo McKibbin—, de un azul muy claro».[36] Le recordaban el frío color azul pálido de las gencianas, una flor salvaje que crece en las laderas de la sierra Sangre de Cristo. Eran hipnóticos, muy grandes, redondos y guardados por pestañas largas y espesas cejas negras. «Siempre miraba a la persona con la que hablaba; siempre daba todo lo que podía a la persona con la que hablaba». Seguía hablando muy bajito, y aunque era capaz de disertar con erudición sobre casi cualquier cosa, a veces conservaba la inocencia encantadora de un niño. «Cuando algo le sorprendía —recordó McKibbin—, decía "hala". Era una maravilla oírselo decir». La colección de admiradores de Robert crecía exponencialmente en Los Álamos.

A final de mes, Robert, Kitty y Peter se trasladaron a El Monte y se acomodaron en su nuevo hogar: una casa rústica de una planta construida en 1929 con troncos y piedra para la artista May Connell, hermana del director del rancho escuela y supervisora de los chicos inscritos allí. La «cabaña del profesorado n.° 2» se encontraba al final de la «fila de las bañeras», nombre de una lógica aplastante, ya que aquella y otras cinco casas de troncos levantadas en los tiempos del rancho escuela eran las únicas que tenían bañera. La calle era tranquila, sin asfaltar, y se hallaba en el centro de la nueva comunidad. La casa de los Oppenheimer estaba parcialmente protegida por arbustos y presumía de contar con un jardincito. Con dos habitaciones diminutas y un despacho, era una vivienda modesta en comparación con la de la calle Eagle Hill. Como los profesores del rancho escuela habían comido siempre en el comedor general, la casa carecía de cocina, un defecto pronto subsanado ante la insistencia de Kitty. El salón era acogedor, de techo alto, con una chimenea de piedra y un enorme ventanal que daba al jardín. Sería su hogar hasta finales de 1945.

Aquella primavera de 1943 pilló desprevenidos a casi todos los nuevos residentes, que se encontraron en una especie de pesadilla.[37] Con el deshielo, todo se llenó de barro y la gente iba con los zapatos llenos de pegotes. Había días en que los neumáticos de los coches se hundían en el lodo como si anduvieran sobre arenas movedizas. En abril ya contaban con treinta científicos. A casi todos los recién llegados los alojaron en barracones de contrachapado y tejado de hojalata. Como única concesión a la estética, Oppenheimer convenció a los ingenieros militares de que dispusieran las edificaciones de modo que siguieran la curvatura natural del suelo.

A Hans Bethe se le cayó el alma a los pies ante el panorama. «Me quedé atónito —dijo—. Por el aislamiento y por las construcciones, tan chapuceras. […] La gente estaba siempre temiendo que se declarara un incendio y el proyecto entero se convirtiera en cenizas». Por otra parte, Bethe tuvo que reconocer que el lugar era «increíblemente hermoso. […] Detrás, las montañas; delante, el desierto; y más montañas a un lado. Estábamos a finales del invierno, y en abril aún había nieve en las cumbres; era una maravilla contemplar el paisaje. Pero estábamos muy lejos de todo, muy lejos de los demás. Aprendimos a vivir con ello».[38]

La belleza del entorno compensaba en parte la fealdad utilitaria del asentamiento. «Mirábamos afuera de la ciudad, cercada por una valla metálica —escribió Bernice Brode, la mujer del físico Robert Brode—, y veíamos el ir y venir de las estaciones: los chopos, que se volvían de oro en otoño, recortados contra el color oscuro de los árboles perennes;

los montones de nieve que se formaban con las nevascas en invierno; el verde claro de los brotes, en primavera, y el viento árido del desierto que silbaba entre los pinos, en verano. Seguramente fue fruto de una genialidad construir nuestra extraña ciudad en lo alto de la mesa, aunque mucha gente ha dicho con sensatez que Los Álamos era una ciudad que nunca debió haber existido».[39] Cuando Oppenheimer fue a la Universidad de Chicago para reclutar científicos, habló de la belleza de la mesa, y oyeron al urbanita Leó Szilárd exclamar: «Nadie puede pensar bien en un sitio como ese. Quien vaya allá se volverá loco».[40]

Todo el mundo tuvo que cambiar sus costumbres.[41] En Berkeley, Oppenheimer se había negado a programar ninguna clase antes de las once de la mañana, para poder así salir por las noches hasta tarde. En Los Álamos, no hubo día en que a las siete y media de la mañana no estuviera de camino al área técnica. Esta zona, conocida solo como la «T», estaba rodeada por una valla metálica de casi tres metros de altura y coronada con dos líneas de alambre de púas. La policía militar que vigilaba la entrada se fijaba en la placa de color que llevaba cada persona. La placa blanca indicaba que el portador era físico u otro científico, quienes tenían la libertad de moverse por toda la T. Oppenheimer se despistaba a veces y olvidaba que había guardias armados apostados por todas partes, y eso que se veían bien. Un día llegó a la entrada de Los Álamos en coche y pasó como un rayo sin aminorar la velocidad. Los policías militares se quedaron estupefactos, lo avisaron a gritos y entonces dispararon a las ruedas. Oppenheimer se detuvo, dio marcha atrás, murmuró una disculpa y siguió la marcha.[42] Preocupado, como es comprensible, por la seguridad del físico, el general Groves le escribió en julio de 1943 pidiéndole que se abstuviera de coger el coche a no ser que fuera para unos pocos kilómetros, y, por si acaso, «absténgase de subir a un avión».[43]

Como todos, Oppenheimer trabajaba seis días por semana y tenía el domingo libre. Los días laborables solía ponerse ropa informal, volviendo a su estilo de Nuevo México, con vaqueros o pantalones caqui y camisa de trabajo azul sin corbata. Sus colegas lo imitaron. «No recuerdo haber visto un par de zapatos relucientes en horas de trabajo», escribió Bernice Brode.[44] Cuando Oppie se encaminaba a la T, muchas veces sus colegas lo seguían y escuchaban en silencio sus murmullos matutinos. «Ahí va la gallina con los polluelos», observó un residente de Los Álamos. «El sombrero chato, la pipa y una extraña expresión en los ojos le daba cierta aura —recordó una joven de veintitrés años perteneciente al Cuerpo de Mujeres del Ejército que trabajaba en la centralita—. Nunca necesitó presumir ni gritar. [...] Podría haber solicitado máxima prioridad para sus llamadas, pero nunca lo hizo. No tenía por qué ser tan amable como era».[45]

Su informalidad estudiada se ganó la simpatía de muchos que, en otras circunstancias, podrían haberse sentido intimidados en su presencia. Ed Doty, un joven técnico del Destacamento de Ingenieros Especiales del Ejército, contó en una carta dirigida a sus padres después de la guerra que «varias veces el doctor Oppenheimer llamaba por una cosa o por otra, [...] y siempre, cuando cogía yo el teléfono y saludaba "Doty", la voz del otro lado decía "Soy Oppy"».[46] Su informalidad generaba un contraste agudo con los modales del general Groves, quien «exigía atención, exigía respeto».[47] Oppie, por el contrario, obtenía atención y respeto de forma espontánea.

Desde el principio, Oppenheimer y Groves acordaron que los sueldos debían equipararse con el que cada cual hubiera tenido en el trabajo anterior, lo que dio como resultado pronunciadas disparidades: un joven que hubiera trabajado en el sector privado cobraría mucho más que un mucho más experimentado profesor titular. Para compensar aquella desigualdad, Oppenheimer decretó que los alquileres se pagarían en proporción al salario. Cuando el joven físico Harold Agnew se le encaró pidiéndole que explicara por qué un fontanero podía ganar tres veces más que un graduado universitario, este respondió que los fontaneros no tenían ni idea de lo importante que era el laboratorio para el desarrollo de la guerra, mientras que los científicos sí, y eso, aclaró Oppenheimer, justificaba la diferencia de sueldos.[48] Los científicos al menos no trabajaban por dinero. Él mismo llevaba seis meses en Los Álamos cuando su secretaria le recordó un día que aún no había recibido ningún cheque salarial.[49]

Todo el mundo echaba muchas horas. El laboratorio estaba abierto día y noche, y Oppenheimer animaba a que cada uno se hiciera su propio horario. Prohibió que se instalasen relojes, y no fue hasta octubre de 1944 que se colocó una alarma, cuando un experto en eficiencia del general Groves se quejó de la laxitud de las jornadas laborales. «El trabajo era muy exigente», recordó Bethe, el responsable de la división teórica. Pensaba que, en sentido científico, la tarea era «mucho más fácil que muchas otras cosas que he hecho en otros momentos», pero las fechas límite eran muy estresantes. «Tenía la sensación, y se me reflejaba en los sueños, de que debía empujar un carro muy pesado ladera arriba», relató Bethe.[50] Los científicos solían trabajar con recursos limitados y apenas fechas límite; en Los Álamos, en cambio, tuvieron que adaptarse a un mundo de recursos ilimitados y fechas límite muy estrictas.[51]

Bethe trabajaba en las oficinas de Oppenheimer, el edificio T («T» de teórico), una construcción verde militar de dos plantas que se convirtió enseguida en el centro espiritual de El Monte. A su lado estaba Dick Feynman, que era tan sociable como serio Bethe. «Para mí —recordó este— fue como si Feynman se hubiese materializado de repente desde Princeton. Yo no había oído hablar de él, pero Oppenheimer sí. Desde el principio fue muy vivaz, pero no empezó a insultarme hasta al cabo de dos meses».[52] A Bethe, de treinta y siete años, le gustaba tener a alguien que estuviera deseoso de discutir con él, y a Feynman, de veinticinco años, le encantaba discutir. Cuando los dos estaban juntos, todo el edificio oía a Feynman gritar: «¡No, no, estás chalado!» o «¡Vaya locura!». Entonces, con voz tranquila, Bethe le explicaba por qué tenía razón. Feynman se calmaba durante unos minutos y luego volvía a estallar: «¡Es imposible, estás como una cabra!».[53] Los compañeros pusieron el mote de Mosquito a Feynman y Acorazado a Bethe.

«El Oppenheimer de Los Álamos —dijo Bethe— era muy distinto del Oppenheimer que yo conocía. Por ejemplo, antes de la guerra, Robert era algo dubitativo e inseguro. En Los Álamos era un ejecutivo resuelto». A Bethe le costaba explicar la transformación. El «científico puro» que conoció en Berkeley estaba totalmente enfocado en explorar los «secretos más hondos de la naturaleza». Nunca le había interesado lo más mínimo nada parecido a una empresa industrial, y en Los Álamos dirigía una. «La situación era distinta, la actitud era distinta —dijo Bethe—, y se reinventó del todo para encajar en el nuevo papel».[54]

Daba órdenes muy pocas veces; en lugar de eso, comunicaba sus deseos, como recordaba el físico Eugene Wigner, «de forma muy fácil y natural, solo con los ojos, las manos y una pipa medio encendida».[55] Bethe se acordaba de que Oppie «nunca dictaminaba lo que debía hacerse. Sacaba lo mejor de cada uno de nosotros, como hace un buen anfitrión con los invitados».[56] Robert Wilson tenía una impresión parecida: «En su presencia, yo me volvía más inteligente, más franco, más intenso, más lúcido, más poético. Yo siempre había leído despacio, pero, si él me daba una carta, yo le echaba un vistazo y se la devolvía preparado para examinar los matices con todo detalle». Asimismo, reconoció que, visto en retrospectiva, existía cierto grado de «autoengaño» en lo que sentía. «Después, cuando se marchaba, era difícil reconstruir o recordar las frases brillantes que se habían dicho. Pero no importaba, el tono estaba establecido. Yo ya sabría cómo inventar lo que hubiera que hacer».[57]

La complexión de Oppenheimer, débil y ascética, subrayaba su autoridad carismática. «El poder de su personalidad es muy fuerte a causa de su fragilidad física —observó John Mason Brown años después—. Cuando habla, parece crecer, pues la grandeza de su pensamiento se afirma a sí misma de tal manera que hace olvidar la pequeñez de su cuerpo».[58]

En la resolución de problemas de física teórica siempre había tenido la virtud de anticiparse a la siguiente cuestión que debía tratarse, pero en Los Álamos sorprendió a sus colegas con la comprensión, que parecía instantánea, de cualquier aspecto de ingeniería. «Leía un artículo… Se lo vi hacer muchas veces —recordó Lee Dubridge—, y, bueno, eran quince o veinte páginas mecanografiadas, y decía:"Bien, vamos a ver qué hay aquí y luego hablamos de ello". Entonces pasaba las hojas en cinco minutos y daba el parte a los presentes exactamente de los puntos importantes. […] Tenía una capacidad extraordinaria de absorberlo todo con una rapidez increíble. […] Creo que en el laboratorio no había nada importante que Oppie no entendiera por completo o no supiera de qué trataba».[59] Además, cuando no estaban todos de acuerdo, Oppenheimer tenía la habilidad de evitar discusiones. David Hawkins, el estudiante de Filosofía de Berkeley que trabajaba como su ayudante personal, observó en muchas ocasiones a su jefe en acción: «Escuchabas con paciencia el comienzo de una discusión, y al final Oppenheimer hacía tal síntesis que desaparecían las desavenencias. Era como un truco de magia que le granjeó el respeto de todas aquellas personas, algunas con un currículum científico superior al suyo».[60]

Oppenheimer, además, podía activar (y desactivar) su encanto personal, cosa que le era muy útil. Quienes lo conocían de Berkeley sabían que tenía el don de atraer a los demás a su órbita. Y quienes lo conocieron entonces, en Nuevo México, como Dorothy McKibbin, se mostraban invariablemente deseosos de complacerlo. «Te hacía hacer lo imposible», recordó esta.[61] Un día la llamaron para que subiera de Santa Fe a El Monte y le preguntaron si querría ayudar a aliviar los problemas que tenían de alojamiento tomando el mando de un hotel que había a quince kilómetros carretera arriba y convirtiéndolo en una vivienda para cien empleados. McKibbin se resistió. «Bueno —protestó—, nunca he llevado un hotel». En aquel momento se abrió la puerta del despacho de Oppenheimer, este asomó la cabeza y dijo: «Dorothy, me gustaría que aceptaras». Escondió de nuevo la cabeza y cerró la puerta. McKibbin dijo: «De acuerdo».

«Creo que no tenía reparos en utilizar a la gente —opinaba John Manley—. Si veía que alguien le resultaba útil, para él era natural utilizarlo». Además, este pensaba que muchas personas, él incluido, disfrutaban siendo utilizadas por Robert, porque lo hacía muy bien. «Creo que él se daba cuenta de que la otra persona sabía qué estaba pasando; era como un ballet en el que cada uno sabe qué tiene que hacer y qué papel desempeña, y no había trampa ni cartón en ello».[62]

Escuchaba a los demás y a menudo aceptaba consejos. Cuando Hans Bethe le transmitió que todo el mundo se beneficiaría de un debate semanal abierto, Oppenheimer estuvo de acuerdo de inmediato. Groves se enteró e intentó impedirlo, pero él arguyó que un intercambio de ideas entre los científicos, de «placa blanca», era esencial. «El trasfondo de nuestro trabajo es tan complicado —escribió Oppie a Enrico Fermi— y la información ha estado siempre tan compartimentada que parece que podemos ganar mucho con un coloquio distendido y minucioso».[63]

El primero de aquellos coloquios se convocó el 15 de abril de 1943 en la biblioteca, entonces vacía, de la escuela. De pie frente a una pizarra pequeña, Oppenheimer pronunció unas pocas y superficiales palabras de bienvenida y presentó a su exalumno Bob Serber. Aclaró que este informaría a los científicos presentes, no más de cuarenta, sobre la cuestión que les ocupaba. El tímido y torpe Serber pasó a tomar el protagonismo y habló apoyándose en apuntes con su tartamudeo habitual. «La seguridad era pésima —escribió este más tarde—. Se oían los martillazos de los carpinteros que trabajaban al final del pasillo y de repente apareció una pierna en el techo de aglomerado, presumiblemente de algún electricista que trabajaba arriba».[64] Al cabo de unos minutos, Oppenheimer envió a John Manley a que le dijera a Serber que dejara de usar la palabra «bomba» y la sustituyera por algo más neutral, como «artefacto».

«El objetivo del proyecto —dijo Serber— es fabricar un arma militar en forma de una bomba en la que la energía se libere gracias a una reacción en cadena de neutrones rápidos en un material, o más, de los que se sabe que muestran fisión nuclear».[65] Sintetizando lo que el equipo había aprendido en las sesiones de verano de Berkeley, Serber anunció que, según los cálculos, una bomba atómica podría producir una explosión equivalente a veinte mil toneladas de TNT. Un «artefacto» de esas características, no obstante, necesitaría uranio altamente enriquecido, con lo que su interior, que sería del tamaño aproximado de un melón cantalupo, pesaría unos quince kilos. Otra opción sería construir un arma con plutonio, un elemento aún más pesado, obtenido mediante un proceso de captura de neutrones empleando uranio-238 (U-238). Una bomba de plutonio necesitaría mucha menos masa crítica, con lo que su interior quizá pesaría solo cinco kilos y no sería más grande que una naranja. Fuera de uranio o de plutonio, habría que envolver el interior en una capa protectora gruesa de uranio normal del tamaño de una pelota de baloncesto. El peso resultante de cada dispositivo sería aproximadamente de una tonelada, de modo que podría transportarse en avión.*

La mayoría de los científicos que escuchaban a Serber ya conocían las posibilidades teóricas inherentes a la nueva física, pero la compartimentación había dejado a muchos desinformados con respecto a los detalles. Pocos eran conscientes de la cantidad de cuestiones básicas que se habían respondido ya, al menos en líneas generales. Los obstáculos que presentaba la construcción de un arma militar práctica eran considerables, pero no irresolubles. Ciertas partes de la física relacionada con la fabricación de una bomba atómica seguían siendo inciertas, pero los imponderables reales se hallaban en el campo de la ingeniería y del diseño de la artillería.[66] Producir cantidades suficientes de uranio-235 (U-235) o de plutonio precisaría de recursos industriales enormes. Y, aunque pudiera obtenerse material suficiente para crear una bomba atómica, nadie estaba del todo seguro de cómo diseñar una que detonara correctamente. De todos modos, una persona como Bethe, que había sido tan escéptico, entendía que «en el momento en que se consiguiera plutonio, era casi seguro que podría fabricarse también una bomba nuclear», como dijo más tarde.[67] Así pues, lo nuevo para la audiencia de Serber fue saber que tenían una misión con la que podían contribuir enormemente al desarrollo de la guerra. Aquel simple hecho les levantó la moral. La primera charla de Serber logró lo que quería Oppenheimer: imbuirlos del sentido de tener una misión y hacer que se dieran cuenta de que poseían los medios para cambiar la historia. Pero ¿serían capaces de resolver los problemas técnicos antes que los alemanes? ¿Serían realmente capaces de ayudar a ganar la guerra?

Las dos semanas siguientes, Serber dio cuatro charlas más, de una hora de duración, para estimular el tipo de diálogo creativo que quería Oppenheimer. Entre muchos temas, Serber explicó en pocas palabras cuál era la mecánica de lo que llamó «disparar»: el problema era cómo juntar las masas críticas del uranio o del plutonio para que se iniciara una reacción en cadena. Serber habló largo y tendido del método más obvio, el de tipo cañón, en el que la criticalidad se lograría disparando una bala de uranio contra una masa de U-235, lo cual provocaría una explosión. Pero también señaló que «las piezas podrían montarse en un anillo como en el dibujo [adjunto]. Si el material explosivo se distribuyera alrededor de este y se le disparara, las piezas estallarían hacia dentro y formarían una

* Little Boy, la primera bomba atómica de combate del mundo, pesaba cuatro mil cuatrocientos kilos, y se lanzó sobre Hiroshima desde un bombardero B-29 llamado Enola Gay.

esfera».[68] La idea de hacer implosionar material fisible la había sugerido Richard Tolman, antiguo amigo de Oppenheimer, en el verano de 1942, y Serber y él habían redactado un texto sobre la materia para este. Tolman escribió posteriormente dos notas más sobre la implosión. En marzo de 1943, Vannevar Bush y James Conant apremiaron a Oppenheimer para que explorara el diseño de implosión. Por lo visto, este respondió: «Serber está en ello». Pese a que la propuesta de Tolman no contemplaba la idea de comprimir material sólido para incrementar su densidad, el concepto estaba lo bastante bien formulado para justificar su presencia en las notas que Serber redactó para la charla, aun solo como comentario al margen. De todas formas, aquello despertó el interés de otro físico, Seth Neddermeyer, que solicitó permiso a Oppenheimer para investigar el potencial de la idea. Al cabo de poco tiempo, Neddermeyer y un equipo modesto de científicos estuvieron haciendo pruebas de implosión en un cañón cercano a Los Álamos.

Las charlas de Serber serían longevas. Ed Condon, a partir de los apuntes de aquel, las mecanografió todas en un compendio de veinticuatro páginas. De ahí pasó a cuadernillo mimeografiado titulado *Los Álamos Primer*, que entregaban a los científicos recién llegados. Entre otros, Enrico Fermi asistió a algunas charlas de Serber y luego comentó a Oppenheimer: «Creo que lo que quiere tu gente es hacer una bomba».[69] A este le llamó la atención el tono de sorpresa con que lo dijo Fermi. El italiano acababa de llegar de Chicago, donde la atmósfera que reinaba entre los científicos era curiosamente apática en comparación con la euforia que percibía a menudo en los integrantes del laboratorio de Oppie. Todo el mundo, ya estuviera en Chicago, en Los Álamos o donde fuera, albergaba la idea cruda de que, si una bomba atómica podía existir, tal vez los alemanes estuvieran ganando la carrera por construirla. Sin embargo, mientras que en Chicago a la mayoría de los científicos avezados les preocupaba e incluso les deprimía la idea, en Los Álamos, bajo el carismático liderazgo de Oppenheimer, ser conscientes de ella parecía incentivar a los hombres para seguir adelante con el trabajo.

Fermi se llevó aparte a Oppenheimer un día y le sugirió otra manera de matar a una cantidad ingente de alemanes. Quizá, dijo, los productos radiactivos de la fisión podrían usarse para envenenar las reservas de comida del país. Al parecer, Oppenheimer tomó la propuesta en serio y le dijo a Fermi que no la mencionara a nadie más. Se la transmitió al general Groves y más tarde la comentó con Edward Teller, quien por lo visto le informó de que separar estroncio-90 de un reactor nuclear en cadena era factible. No obstante, en mayo de 1943, Oppenheimer recomendó que se retrasara la puesta en práctica de la sugerencia por un motivo macabro: «A ese respecto —escribió a Fermi—, creo que no deberíamos llevar a cabo el plan a menos que podamos envenenar una cantidad de comida tal que matara a medio millón de personas, ya que sin duda el número real de afectados será mucho menor que esa cifra a causa de la falta de uniformidad en la distribución».[70] La idea se abandonó, pero solo porque no encontraron ningún modo eficaz de envenenar a un número muy grande de población enemiga.

La guerra empujó a algunos hombres de carácter apacible a considerar lo que antes era impensable. A finales de octubre de 1942, Oppenheimer recibió una carta con el sello de «Confidencial» de su amigo y colega Victor Weisskopf, en la que le informaba de una noticia alarmante que acababa de conocer por medio de Wolfgang Pauli, entonces residente en Princeton. Este le había comunicado que su antiguo colega alemán, el físico ganador del Nobel Werner Heisenberg, acababa de ser nombrado director del Instituto Kaiser Wilhelm, un centro de investigación nuclear sito en Berlín. Además, Pauli se había enterado de que Heisenberg tenía programado dar una clase en Suiza. Weisskopf comentó también que había hablado de la noticia con Hans Bethe, y a ambos les pareció que debía hacerse algo de inmediato: «Creo que en esta situación lo mejor, con mucho, sería planificar el secuestro de Heisenberg en Suiza. Eso sería lo que harían los alemanes si, por ejemplo, Bethe o tú aparecierais en Suiza». Weisskopf incluso se presentó voluntario para la tarea.

Oppenheimer le respondió al momento y le agradeció su «interesante» carta. Dijo que ya estaba al corriente de la visita que Heisenberg tenía prevista a Suiza y que había tratado el asunto con las «autoridades competentes» de Washington. «No creo que vuelvas a oír hablar de esto, pero quería darte las gracias y asegurarte que está recibiendo la atención que merece».[71] Las «autoridades competentes» con las que había hablado Oppenheimer eran Vannevar Bush y Leslie Groves, a quienes pasó también la carta de Weisskopf. Sin embargo, nuestro protagonista no apoyó la propuesta; incluso si el secuestro de Heisenberg tenía éxito, el hecho pondría en alerta a los nazis acerca de la elevada prioridad que daban los aliados a la investigación nuclear. Por otra parte, Oppenheimer no pudo resistirse a decir a Bush que «el viaje de Heisenberg a Suiza podría ofrecernos una oportunidad única».

Mucho después, Groves consideró en serio la posibilidad de secuestrar o asesinar a Heisenberg: en diciembre de 1944 envió a Suiza a Moe Berg, exjugador de béisbol y agente de la Oficina de Servicios Estratégicos, para que siguiera al físico alemán, pero al final decidió no intentar asesinarlo.[72]

16

«Demasiado secretismo»

… esta política nos pone en la posición de intentar llevar a cabo un trabajo extremadamente difícil con las manos atadas a la espalda.

Dr. EDWARD CONDON a Oppenheimer

La primera crisis administrativa real que vivió Oppenheimer como director de Los Álamos tuvo lugar al empezar la primera primavera. Con la aprobación del general Groves, Oppenheimer había nombrado director adjunto a Edward U. Condon, antiguo compañero de clase de Gotinga, cuyo trabajo consistía en aliviarlo de parte de las cargas administrativas y hacer de enlace con la comandancia militar de Los Álamos. Dos años mayor que Oppenheimer, Condon era tanto un físico brillante como un gestor de laboratorio experimentado. Tras obtener el doctorado en 1926 en Berkeley, había realizado trabajo de investigación en Gotinga y Múnich. Después estuvo diez años enseñando en varias universidades, Princeton entre ellas, y publicó el primer libro de texto en lengua inglesa sobre mecánica cuántica. En 1937 dejó Princeton para incorporarse como director adjunto de investigación a la Westinghouse Electric, un centro de estudio en materia industrial destacado. A lo largo de los años siguientes supervisó la investigación de la empresa en física nuclear y radar de microondas. En el otoño de 1940 estaba trabajando a jornada completa en proyectos relacionados con la guerra, en especial el radar, en el Laboratorio de Radiación del MIT. En suma, Condon estaba bastante mejor cualificado que Oppenheimer, al menos en lo que a experiencia se refiere, para liderar el nuevo laboratorio de Los Álamos.

Condon no estuvo tan activo en política en la década de 1930 como Oppenheimer y desde luego no estaba afiliado al Partido Comunista. Se tenía por un «liberal» del New Deal, un demócrata fiel que votó a Franklin

Roosevelt.[1] De familia cuáquera, una vez le dijo a un amigo: «Me apunto a cualquier organización que parezca tener objetivos nobles. No pregunto si hay comunistas».[2] Era un idealista con la noción de libertades civiles muy bien asentada, creía que la ciencia de provecho no podía llegar sin el intercambio libre de ideas, y defendía con vigor que se mantuviera un contacto regular entre los físicos de Los Álamos y los de otros laboratorios del país.[3] Inevitablemente, enseguida se granjeó la ira del general Groves, quien no hacía más que recibir informes por infracciones de seguridad de parte de los militares de Los Álamos. «La compartimentación del conocimiento, para mí —sostenía este—, era el quid de la seguridad».[4]

A finales de abril de 1943, Groves se enfureció al enterarse de que Oppenheimer había ido a la Universidad de Chicago para hablar sobre el programa de producción de plutonio con el físico Arthur Compton, el director del Laboratorio Metalúrgico (Met Lab) del Proyecto Manhattan. El general Groves culpó a Condon por aquella infracción ostensible de la seguridad. Hecho una furia, se presentó en Los Álamos y entró en el despacho de Oppenheimer, donde estaban los dos físicos. Condon plantó cara al general, pero se quedó perplejo al advertir que su colega no lo respaldaba. Antes de una semana, Condon decidió presentar su dimisión. Su intención había sido permanecer durante todo el proyecto, pero solo aguantó seis semanas.

«Lo que más me molesta es la política de seguridad, tan sumamente estricta —escribió a Oppenheimer en la carta de dimisión—. No me siento cualificado para poner en cuestión la sensatez de esta política, ya que ignoro por completo el alcance del espionaje enemigo y las actividades de sabotaje. Solo quiero decir que, personalmente, encuentro la extrema preocupación para con la seguridad deprimente y enfermiza, en especial la cuestión de censurar el correo y las llamadas telefónicas». Condon explicaba que estaba «tan sorprendido que no di crédito a mis oídos cuando el general Groves se puso a reprendernos. [...] Tengo la intensa sensación de que esta política nos pone en la posición de intentar llevar a cabo un trabajo extremadamente difícil con las manos atadas a la espalda». Si de veras Oppenheimer y él no podían reunirse con un hombre como Compton sin violar la seguridad, entonces «yo diría que la posición científica del proyecto carece de esperanza».[5]

Condon llegó a la conclusión de que podría contribuir mejor a la guerra si regresaba a Westinghouse y trabajaba en la tecnología del radar. Se marchó entre triste y desconcertado por la aparente falta de voluntad de oponerse a Groves que exhibía Oppie. Condon no sabía que a este todavía no le habían concedido las credenciales de seguridad. La burocracia militar aún quería impedirle el acceso, y sabía que no podía enfrentarse a Groves por asuntos de seguridad si deseaba conservar el puesto. Oppenheimer había invertido mucho en su relación con el general. El otoño anterior se habían tomado mutuamente la medida, y cada uno, con arrogancia, había calculado que podía dominar la relación. Groves creía que el carismático físico era esencial para el éxito del proyecto, a pesar de arrastrar un pasado político de izquierdas; pero precisamente gracias a ello también pensó que podría tenerlo controlado. Los cálculos de Robert eran igual de fríos. Sabía que conservaría el trabajo solo si Groves seguía considerándolo de lejos el mejor director disponible. Era consciente de que el general tenía cierto poder sobre él debido a sus relaciones comunistas, pero pensaba que, si demostraba una competencia inigualable, le permitiría dirigir el laboratorio como considerara conveniente. Oppenheimer no discrepaba de Condon; también estaba convencido de que las regulaciones de seguridad eran agobiantes y podían asfixiar a los científicos. Pero confiaba en que, con el tiempo, él prevalecería. Al fin y al cabo, Groves necesitaba las aptitudes de Oppenheimer tanto como Oppenheimer necesitaba la aprobación de Groves.

En retrospectiva, eran el equipo perfecto para liderar la carrera de construir un arma nuclear contra los alemanes. Mientras que Robert generaba el consenso con su carismática autoridad, Groves la aplicaba mediante la intimidación. «Su manera de llevar adelante los proyectos —opinaba George Kistiakowsky, químico de Harvard— en esencia consistía en meter miedo a sus subordinados hasta que lo obedecieran ciegamente».[6] Robert Serber pensaba que para Groves era «una cuestión de principios ser tan desagradable como pudiera con sus subordinados».[7] La secretaria de Oppie, Priscilla Green Duffield, siempre se acordaría de cómo el general pasaba al lado de su mesa y, sin decir ni hola, soltaba una grosería del tipo: «Tiene la cara sucia». Con aquel comportamiento tan impertinente se ganó la mayoría de las quejas de los trabajadores de El Monte, lo cual evitó en cierta medida que Oppenheimer fuera el blanco de las críticas. Sin embargo, Groves no se comportaba así con él, cosa que indicaba el grado de importancia que este ejercía en la relación.

Robert hacía lo que fuera necesario para agradar a Groves. Se convirtió en lo que este quería, un gestor hábil y eficiente. En Berkeley tenía la mesa de trabajo atiborrada de pilas de papeles de dos palmos de altura. El doctor Louis Hempelmann, el médico de Berkeley que fue a Los Álamos y pasó a ser buen amigo de los Oppenheimer, se fijó en que allí Robert «tenía la mesa limpia. Nunca había ni un papel sobre ella». Nuestro protagonista se sometió también a una transformación física: se rapó

el pelo, largo y rizado. «Llevaba el pelo tan corto —comentó Hempelmann— que casi ni lo reconocí».[8]

En realidad, cuando Condon abandonó Los Álamos, la política de
compartimentación de Groves estaba derrumbándose. Puede que Oppenheimer evitara enfrentarse a él por aquella cuestión, pero la política fue
derivando en una farsa. A medida que avanzaba el trabajo, aumentó la
importancia de que todos los científicos de placa blanca tuvieran libertad
para debatir ideas y problemas entre sí. Incluso Edward Teller entendió
que la compartimentación era un obstáculo para la eficiencia. A principios de marzo de 1943 le contó a Oppenheimer que le había escrito una
carta oficial en la que le hablaba de «mi preocupación de siempre: demasiado secretismo». Pero le confió que «no lo hice para molestarte, sino
para ofrecerte la posibilidad de usar mi declaración en algún momento
que te beneficiara».[9] Groves enseguida comprendió con qué se las estaba
viendo. Por mucho que lo intentara, no lograba que colaborasen ni los
científicos más responsables y experimentados. En una ocasión en que
Ernest Lawrence visitó Los Álamos para dar una charla a un grupo reducido de científicos, Groves se lo llevó aparte y le expuso con todo detalle lo que no le estaba permitido contar a su audiencia. Para su consternación, momentos después oyó decir a Lawrence, que estaba en la
pizarra: «Ya sé que el general Groves no quiere que diga esto, pero…».[10]
Oficialmente nada cambió, pero en la práctica la compartimentación se
volvió cada vez más laxa entre los científicos.

Groves solía culpar a Condon y la influencia que este ejercía sobre
Oppenheimer del fracaso de su política. «[Condon] hizo muchísimo daño
a Los Álamos en la fase inicial —testificaría el general en 1954—. No sé
decir de quién fue originalmente la culpa de minar la compartimentación, si del doctor Oppenheimer o del doctor Condon». Una cosa era,
pensaba Groves, que los veinte o treinta mejores científicos hablaran con
libertad entre sí, pero, cuando cientos de personas obviaron la política de
compartimentación, esta se volvió un chiste.

Con el tiempo, Groves acabó reconociendo que en Los Álamos la
metodología científica se impuso sobre las normas de la seguridad militar. «Puede que yo dominara la situación en general —testificó—, pero
había muchas cosas que no se hacían como yo quería. Por eso, si digo que
el doctor Oppenheimer no siempre cumplía con rigor la normativa de seguridad, creo que es justo decir que no era peor que cualquier otro de mis
científicos líderes».[11]

En mayo de 1943, Oppenheimer presidió una reunión en la que se
decidió celebrar un coloquio general cada dos martes por la noche.[12]

Convenció a Teller para que los coordinara. Cuando Groves dijo que le «inquietaba» el alcance de aquellos debates, Oppie le respondió con firmeza que él ya se había «comprometido» a celebrarlos. Su única concesión fue que se permitiera asistir solo a los científicos. Se mantuvo inflexible ante la necesidad de que su gente pudiese intercambiar información con sus análogos de otros emplazamientos del Proyecto Manhattan. Por ejemplo, en junio insistió en que se permitiera a Enrico Fermi, del Laboratorio Metalúrgico (Chicago), visitar Los Álamos. Le dijo a Groves que el viaje de su colega era de la «mayor importancia» y que, si se cancelaba, él no se hacía responsable de ello.[13] El general cedió y Fermi pudo visitar Los Álamos.

A finales del verano de 1943, Oppenheimer expuso sus opiniones sobre seguridad a un oficial de seguridad del Proyecto Manhattan: «Lo que yo pienso sobre el dichoso asunto, desde luego, es que la información [básica] con la que trabajamos seguramente la conozcan todos los gobiernos que se molesten en averiguarla. La información acerca de lo que estamos haciendo probablemente no valga nada por lo complicada que es».[14] El peligro, dijo, no estaba en que los datos técnicos sobre la bomba se filtraran a otros países. El verdadero secreto era «la intensidad con la que trabajamos» y la magnitud de la «inversión internacional que comporta». Si otros gobiernos se enteraran de la cantidad de recursos que Estados Unidos estaba volcando en el proyecto de la bomba, podrían querer llevar a cabo el suyo propio. Oppenheimer ni siquiera creía que conocer ese dato «tuviera ningún impacto en Rusia», pero «sí podría tenerlo, y muy fuerte, en Alemania, y yo estoy tan convencido de eso como [...] todo el mundo».

Mientras los oficiales de seguridad de Groves distraían a Oppenheimer con sus exigencias, algunos de los protegidos más jóvenes del físico se quejaban de que el ejército, con su torpe gestión del Proyecto Manhattan, estaba perdiendo un tiempo precioso. Cuando Los Álamos abrió, en marzo de 1943, habían pasado cuatro años desde que se descubriera la fisión nuclear, y casi todos los físicos involucrados en el proyecto asumían que sus colegas alemanes llevaban al menos dos años de ventaja. Presas de un sentimiento desesperado de urgencia, se enfurecían ante las precauciones de seguridad del ejército, la lentitud de la burocracia y cualquier factor que pareciera causar retrasos. Aquel verano, Phil Morrison escribió una carta desde el Laboratorio Metalúrgico al «Querido Opje» que decía: «La energía con que se trabajaba el invierno pasado parece haberse casi desvanecido. Las relaciones entre nuestra gente y la del contratista son horribles. [...] El resultado es intolerable e incompatible con el éxito rápido».[15] Una docena de los científicos más jóvenes del laboratorio de Chicago se alarmaron tanto que firmaron una carta dirigida al presidente Roosevelt en la que exponían que, según su «juicio, se está perdiendo tiempo en este proyecto. La dirección del ejército es convencional y rutinaria». La rapidez era fundamental. Además, el ejército no consultaba a «los pocos líderes científicos, que son los únicos competentes en este campo nuevo. La vida de nuestra nación está en peligro por culpa de semejante política».

Tres semanas después, el 21 de agosto de 1943, Hans Bethe y Edward Teller escribieron a Oppenheimer acerca de la frustración que les causaba el ritmo del proyecto. «Informes recientes, procedentes tanto de los periódicos como del Servicio Secreto, dan indicios de que los alemanes podrían estar en posesión de un arma nueva y poderosa que esperan tener lista entre noviembre y enero».[16] El arma nueva, advertían, era probablemente «Tube Alloys», el nombre en clave británico para la bomba atómica. «No es necesario —escribían— describir las potenciales consecuencias que tendrían lugar si ese resultara ser el caso». Luego se lamentaban de que las empresas privadas responsables de la producción de uranio enriquecido demoraban el programa. La solución, aducían, era «poner a disposición fondos oportunos y asequibles para el programa adicional y directamente para los científicos que tengan más experiencia en las diversas fases del problema».

Oppenheimer compartía esos recelos. También estaba preocupado por si iban por detrás de los alemanes, así que trabajó con más ahínco y encareció a su gente a hacer lo mismo.

Con su título de director científico, la autoridad que Oppenheimer ejercía en Los Álamos era casi absoluta.[17] Si bien en teoría compartía el poder con la comandancia del puesto militar, Oppie informaba directamente al general Groves. El primer comandante del destacamento, el teniente coronel John M. Harmon, persistía en discutir con los científicos y, en consecuencia, lo cesaron en abril de 1943, cuando llevaba solo cuatro meses allí. Su sucesor, el teniente coronel Whitney Ashbridge, entendió que su trabajo consistía en minimizar las fricciones y tener contentos a los científicos. Este, que por casualidad era un exalumno del rancho escuela de Los Álamos, estuvo allí hasta el otoño de 1944, cuando, saturado de trabajo y exhausto, sufrió un infarto leve. Lo sustituyó el coronel Gerald R. Tyler. Así pues, Oppenheimer trabajó con tres coroneles distintos.

La seguridad siempre fue un dolor de muelas.[18] En cierto momento, el ejército apostó policía militar armada frente a la casa de Oppenheimer, en la «fila de las bañeras». Los agentes pedían el pase a todo el mundo, incluso a Kitty, antes de permitirles entrar. Con frecuencia, ella olvidaba cogerlo al salir de casa y cuando no la dejaban volver a entrar montaba un numerito. De todas formas, la presencia de la policía no le iba del todo mal: siempre dispuesta a aprovechar la oportunidad, de vez en cuando les pedía que hicieran de canguro a Peter. Cuando el sargento que estaba al mando del servicio se dio cuenta de lo que ocurría, retiró a sus agentes.

Como parte del acuerdo entre el general Groves y Oppenheimer, este aceptó designar un comité de tres hombres que fueran los responsables de la seguridad interna. Nombró a sus ayudantes, David Hawkins y John Manley, y a un químico, Joe Kennedy. Ellos se encargaban de la seguridad dentro del laboratorio (la sección T), que estaba cercado por dentro con una segunda valla de púas y al cual no podían acceder los soldados ni la policía militar. El comité interno de seguridad se ocupaba de asuntos tan prosaicos como comprobar que los científicos hubieran cerrado con llave los archivadores antes de salir del despacho. Si pescaban a alguno que hubiera dejado un documento secreto en la mesa durante la noche, este debía hacer una ronda por el laboratorio la noche siguiente para ver si pescaba a algún otro. Un día, Serber vio que Hawkins y Emilio Segrè estaban peleándose. «Emilio, te dejaste un papel confidencial anoche —decía el primero— y esta noche te toca hacer guardia». A lo que el segundo replicaba: «En ese papel estaba todo mal. Como mucho, habría confundido al enemigo».[19]

Oppenheimer se esforzaba constantemente en proteger a los suyos del sistema de seguridad de El Monte. Serber y él tuvieron muchas conversaciones acerca de cómo «salvar» a ciertas personas del despido. «Si las cosas se hubieran hecho como ellos querían —dijo Serber refiriéndose a la división de seguridad—, esto se habría quedado vacío».[20] De hecho, en octubre de 1943, los investigadores de seguridad del ejército recomendaron que se expulsara a Robert y Charlotte Serber de Los Álamos. El FBI, exagerando como siempre, acusó al matrimonio de estar «completamente imbuidos de creencias comunistas, y todas sus amistades eran radicales conocidos».

Si bien las opiniones de Robert Serber eran desde luego de izquierdas, nunca había sido tan activo en política como su mujer. En los últimos años de la década de 1930, Charlotte había volcado su energía en proyectos como recaudar fondos para los republicanos españoles. Pero, claro, el propio Oppenheimer había sido mucho más activo políticamente que ella. Según los registros documentales, no está claro por qué no prevaleció el criterio del ejército, pero es probable que Oppie avalara personalmente la lealtad de los Serber. Un día, el capitán Peer de Silva, el jefe de seguridad, puso en cuestión el pasado político de Bob en una conversación con nuestro protagonista, pero este lo desechó como carente de importancia: «Oppenheimer dijo saber que Serber había participado en actividades comunistas anteriormente y que, de hecho, el propio Serber se lo había comunicado». Oppenheimer aclaró que, antes de ir a Los Álamos, le había dicho que debía abandonar todas sus actividades políticas. «Serber me prometió que así lo haría; por tanto, le creo».[21] De Silva, escéptico, pensó que aquello era una prueba de la ingenuidad de Oppenheimer o de algo peor.

Como muchas mujeres casadas de El Monte, Charlotte Serber trabajaba en el área técnica. A pesar de que el expediente de seguridad que el G-2 tenía sobre el matrimonio mencionaba el pasado izquierdista de la familia de Charlotte, esta ostentaba el puesto de bibliotecaria científica y por ello era, literalmente, la custodia de los secretos más importantes de El Monte. Oppenheimer confiaba en ella sin la menor reserva. Vestida de manera informal, con vaqueros o pantalones anchos, Charlotte presidía la biblioteca como lugar de concurrencia social y «el centro de todos los cotilleos».[22]

Oppenheimer llamó un día a Charlotte a su despacho y le explicó que en Santa Fe estaban empezando a correr rumores sobre las instalaciones secretas de El Monte. Le había propuesto a Groves que tal vez fuera útil que ellos mismos iniciaran otros rumores como maniobra de distracción. «Por lo tanto —declaró Oppie—, para Santa Fe, estamos haciendo un cohete eléctrico». Luego le dijo que quería que Bob y ella, junto con otra pareja, se dejaran caer por los bares de Santa Fe. «Hablad. Hablad demasiado —les pidió—. Hablad como si estuvierais medio borrachos. […] Me da igual cómo os lo montéis, pero decid que estamos construyendo un cohete eléctrico».[23] Acompañados por John Manley y Priscilla Greene, Bob y Charlotte bajaron al poco a Santa Fe e hicieron un intento de propagar el rumor. Sin embargo, a nadie le interesó, y el G-2 nunca pescó ninguna conversación sobre cohetes eléctricos.

Richard Feynman, bromista incorregible, lidiaba a su modo con las regulaciones de seguridad. Los censores se quejaron de que su mujer, Arline, que se encontraba en un sanatorio de tuberculosos en Albuquerque, le enviaba cartas cifradas, y solicitaron a Feynman la clave para interpretarlas. Este se justificó diciendo que no la tenía; era un juego entre su mujer y él para que practicara la descodificación. Otra vez que sacó de sus casillas al personal de seguridad fue cuando pasó una divertida noche descifrando las combinaciones de las cerraduras de los archivadores de todo el laboratorio. En otra ocasión vio que había un agujero en la valla que rodeaba Los Álamos; salió por el acceso principal, saludó al guardia, se metió por el agujero y volvió a salir por el acceso principal. Lo repitió varias veces. Por poco lo arrestan. Sus payasadas pasaron a formar parte del acervo popular de Los Álamos.[24]

Las relaciones entre el ejército y los científicos y sus familias siempre fueron delicadas. El general Groves estableció el tono. Con sus hombres, en privado, solía llamar a los civiles de Los Álamos «los niños». Dio la siguiente orden a un comandante: «Intente complacer a estos caprichosos. No deje que las condiciones de vida, los problemas familiares o cualquier otra cosa los distraigan del trabajo».[25] La mayoría de los civiles dejaron claro que Groves les parecía «desagradable», y a su vez él dejó claro que le importaba un rábano lo que pensaran estos.

Oppenheimer se llevaba bien con Groves, pero la mayoría de los oficiales de Contrainteligencia del ejército le parecían obtusos y maleducados. Un día, el capitán De Silva se coló en la reunión que convocaba el director los viernes por la tarde, a la que asistían todos los jefes de grupo, y soltó: «Tengo una queja». De Silva relató que un científico había entrado en su despacho para hablar y, sin pedir permiso, se había sentado en la esquina de la mesa. «No me gustó», dijo el capitán, airado. Para diversión de los presentes en la sala, Oppenheimer repuso: «En este laboratorio, capitán, todos pueden sentarse en la mesa de todos».[26]

El capitán De Silva, el único graduado de West Point que residía en Los Álamos, era incapaz de reírse de sí mismo. «Sospechaba de todo el mundo», recordó David Hawkins.[27] El hecho de que Oppenheimer hubiese colocado en el comité de seguridad del laboratorio a su ayudante, un antiguo miembro del Partido Comunista, solo hizo que aumentar la suspicacia de De Silva. A Oppie le gustaba Hawkins y tenía en alta estima sus competencias. También sabía que era un estadounidense leal y que su ideología izquierdista, como la suya propia, respondía más al reformismo que a la revolución.

Ciertas medidas de seguridad resultaban profundamente molestas a todos. Cuando Edward Teller dijo a Oppenheimer que su gente se quejaba de que les abriesen el correo, este replicó con amargura: «¿De qué se lamentan? Yo no puedo hablar ni con mi propio hermano». Le irritaba la idea de que estuvieran vigilándolo. «Protestaba todo el tiempo porque le escuchaban las conversaciones telefónicas», recordaba Robert Wilson.[28] En aquel momento, a este le pareció que estaba «un poco paranoico», y no fue hasta mucho más tarde que se dio cuenta de que Oppie había estado bajo una vigilancia casi total.

Ya antes de que Los Álamos abriera, el Cuerpo de Contrainteligencia del ejército (CIC, por sus siglas en inglés) ordenó a J. Edgar Hoover que el FBI suspendiera la vigilancia de Oppenheimer. El 22 de marzo de 1943, este acató la orden, pero dictó a los agentes que tenía en San Francisco que continuaran observando a los individuos del Partido Comunista que pudieran haber estado relacionados con él. Aquel mismo día, el ejército informó al FBI que lo había sometido a vigilancia técnica y física las veinticuatro horas, y antes de que él llegara a Los Álamos, ya habían colocado a una gran cantidad de oficiales del CIC en puestos encubiertos. A un agente de aquellos, Andrew Walker, lo destinaron como su chófer particular y guardaespaldas; y al cabo del tiempo confirmaría que los oficiales del CIC le habían intervenido el correo y el teléfono de su casa, y que habían colocado micrófonos en su despacho.[29]

Mientras tanto, Oppenheimer se volvía muy consciente de la seguridad. De profesor universitario despistado pasó a prenderse las notas confidenciales con un alfiler dentro del bolsillo trasero para no perderlas. Incluso trató de apaciguar a los oficiales de seguridad del ejército regalándoles su valioso tiempo y satisfaciendo casi todo lo que le pedían. Sin embargo, la presión de la tarea, la sensación de estar bajo vigilancia constante, el temor al fracaso, entre muchas más cosas, empezaron a pasarle factura. En cierto momento del verano de 1943, Oppenheimer confesó a Robert Bacher que estaba planteándose abandonar. Se sentía acosado por la investigación en torno a su pasado. Además, le dijo, el estrés del trabajo era demasiado elevado. Después de escucharlo recitar la lista de sus defectos, Bacher se limitó a responderle: «No hay nadie más que pueda hacer esto».[30]

Así que Oppie perseveró. Pero una vez, en junio de 1943, hizo una cosa que debería haber previsto que despertaría la desconfianza de los agentes del CIC. Pese a haberse casado con Kitty, Robert se había seguido viendo con Jean Tatlock un par de veces al año entre 1939 y 1943. Más tarde explicaría que «habíamos tenido una relación muy intensa y nuestros sentimientos aún eran profundos cuando nos veíamos».[31] Jean y él se habían visto por Año Nuevo en 1941 y, de vez en cuando, se habían encontrado en fiestas que se organizaban en Berkeley. Sin embargo, Oppie también había ido a visitarla a su piso y al despacho que ocupaba en el hospital infantil donde trabajaba como psiquiatra. Una vez fue a verla a casa de su padre, que estaba muy cerca de la calle Eagle Hill, donde él vivía. Y en otra ocasión se tomaron unas copas en el Top of the Mark, un restaurante fino desde el que se disfrutaba de una de las mejores vistas de San Francisco.

Puede que Oppenheimer retomara la relación amorosa con Jean aquellos años, o puede que no. Lo único que sabemos es que siguió viéndola y que los lazos emocionales que los unían no se habían roto. Poco después de que Robert se casara con Kitty, en 1940, Jean estaba en San Francisco, en el piso de su amiga Edith Arnstein, entonces ya casada. Jean miraba por la ventana con la recién nacida de esta en los brazos, Margaret Ludmilla, y Edith le preguntó si se arrepentía de haber rechazado la propuesta de matrimonio de Oppie. Ella contesto que sí y que probablemente se habría casado con él «si no hubiera estado hecha un lío».[32]

Cuando Oppenheimer se marchó de Berkeley, en la primavera de 1943, Jean era la doctora Jean Tatlock, una mujer a las puertas de una carrera gratificante en medicina. Era psiquiatra infantil en el hospital Mount Zion, donde la mayoría de sus pacientes eran niños con trastornos mentales.[33] Al parecer, había encontrado una carrera que se avenía a su carácter e inteligencia.

Jean había dicho a Oppie que «tenía un gran deseo» de verlo antes de que Kitty y él se marcharan en primavera a Los Álamos. Pero, no se sabe por qué, él se negó. No pudo ser por cuestiones de seguridad, ya que decidió despedirse de Steve Nelson. Quizá a Kitty no le pareció bien. Por el motivo que fuera, partió a Los Álamos sin decir adiós a Jean y se sintió culpable por ello. Se escribieron cartas, pero ella dijo a sus amigas que le parecían desconcertantes. Le suplicó en varias cartas desesperadas que volviera.[34] Robert sabía que iba a terapia psicológica con su buen amigo el doctor Siegfried Bernfeld, el discípulo de Freud y el líder del grupo de estudio al que había asistido con regularidad durante varios años, así que sabía que Jean aprendía psicoanálisis con el doctor Bernfeld y también que «era profundamente infeliz».[35]

De modo que, cuando se le presentó la oportunidad de volver a Berkeley, en junio de 1943, Oppie llamó a Jean y salieron a cenar. Los agentes del Servicio de Inteligencia militar no lo perdieron de vista ni un segundo y después informaron al FBI: «El 14 de junio de 1943, Oppenheimer viajó en Key Railway desde Berkeley hasta San Francisco, [...] donde se encontró con Jean Tatlock, que le dio un beso». Echaron a andar, cogidos del brazo, hasta el coche de esta, un Plymouth descapotable verde de 1935; ella condujo hasta el Xochimilco Café, un bar barato con pista de baile donde beber algo y cenar. Tomaron unas copas mientras cenaban y hacia las 22.50 horas cogieron el coche para ir hasta el piso de

Jean, situado en la última planta del número 1405 de la calle Montgomery de San Francisco. A las 23.30 horas se apagaron las luces y no se vio a Oppenheimer hasta las 8.30 horas de la mañana siguiente, cuando Jean Tatlock y él salieron juntos del edificio. El informe del FBI observaba que «la relación entre Oppenheimer y Tatlock parece muy afectuosa e íntima».

Por la noche, los agentes vieron a los dos encontrarse en la oficina de la United Airlines del centro de San Francisco: «Tatlock llegó a pie y Oppenheimer corrió a su encuentro. Se saludaron muy cariñosamente y caminaron hasta el coche de ella. De ahí fueron a cenar al Kit Carson's Grill». Después, Jean lo llevó al aeropuerto, donde tomó un vuelo a Nuevo México.[36] Oppie no volvió a verla nunca más. Once años después le preguntaron los interrogadores: «¿Descubrió por qué tenía necesidad de verlo?». Él contestó: «Porque todavía estaba enamorada de mí».[37]

Los informes acerca del encuentro de Oppenheimer y Tatlock, una conocida miembro del Partido Comunista, llegaron hasta Washington. No se tardó en describirla como un posible conducto por el que pasar secretos sobre la bomba atómica al Servicio de Inteligencia soviético. El 27 de agosto de 1943, en una nota que justificaba la intervención del teléfono de Tatlock, el FBI adujo que el propio Oppenheimer «podría usarla a ella como intermediaria o usar su teléfono para realizar llamadas importantes relacionadas con la Comintern».[38]

El 1 de septiembre de 1943, el director del FBI, J. Edgar Hoover, escribió al fiscal general que, en relación con la investigación de la agencia sobre agentes de espionaje de la Comintern, «se ha determinado que Jean Tatlock [...] es la amante de un individuo que posee información secreta crucial relacionada con la empresa bélica de nuestro país». Hoover afirmó que Tatlock servía de «contacto entre miembros de la Comintern del área de San Francisco y consta que no solo se encuentra en posición de poder solicitar información secreta al hombre con quien se asocia, sino que también está en posición de poder pasar información a agentes espías de la Comintern». El director recomendó intervenir su teléfono «con el fin de determinar las identidades de agentes espías de la Comintern» y, a finales de aquel verano, el FBI o el Servicio de Inteligencia del ejército le pinchó el teléfono.[39]

El 29 de junio de 1943, dos semanas después de que Oppenheimer y Tatlock pasaran la noche juntos, el coronel Boris Pash, jefe del Cuerpo de Contrainteligencia de la Costa Oeste, escribió una nota al Pentágono en la que aconsejaba que se le negaran las credenciales de seguridad a Oppenheimer y se lo despidiera. Pash declaró tener información según la cual el susodicho «podría seguir en contacto con el Partido Comunista». Todas las pruebas eran circunstanciales. Alegó la visita de Oppenheimer a Tatlock y una llamada de teléfono que hizo a David Hawkins, «un miembro del partido que tiene contactos tanto con Bernadette Doyle como con Steve Nelson».[40]

Pash creía que, aunque Oppenheimer no estuviera dispuesto a transmitir información científica directamente al partido, «tal vez facilite que esa información esté disponible para sus otros contactos, quienes, a su vez, quizá pasen» datos sobre el Proyecto Manhattan a la Unión Soviética.[41] Por supuesto, Pash barajaba que Tatlock fuese la intermediaria.[42] Debía de saber también, por sus colegas del FBI, que ella seguía políticamente activa en proyectos del Partido Comunista en una fecha tan tardía como agosto de 1943.

En la mente de Pash, Tatlock era una sospechosa principal de espionaje, y deseaba que la intervención de su teléfono lo demostrase. Por si fuera poco, el coronel pretendía usar la relación de Oppenheimer con Tatlock como arma contra él. A finales de junio ordenó sus pensamientos al respecto en una larga nota dirigida al nuevo ayudante de seguridad de Groves, el teniente coronel John Lansdale, un abogado joven y listo de treinta y un años procedente de Cleveland. Pash le dijo que, si no era posible despedir de inmediato a Oppenheimer, deberían llamarlo desde Washington y amenazarlo en persona con la «Ley de Espionaje y todas sus ramificaciones». Deberían comunicarle que el Servicio de Inteligencia militar lo sabía todo de sus afiliaciones al Partido Comunista y que el Gobierno no toleraría filtraciones de ningún tipo a sus amigos del partido. Igual que el general Groves, Pash pensaba que la ambición y el orgullo de Oppenheimer podrían ser útiles para mantenerlo a raya: «La opinión de esta oficina —escribió el coronel— es que las inclinaciones personales del sujeto serían proteger su propio futuro y reputación, así como el alto grado de honor que ganaría si lograra el éxito en su presente tarea, y, en consecuencia, creemos que invertiría todos sus esfuerzos en cooperar con el Gobierno en cualquier plan del que estuviera al cargo».[43]

Sin embargo, Lansdale ya conocía a Oppenheimer y, a diferencia de Pash, le gustaba y confiaba en él. También comprendía que, aunque era un hombre clave del proyecto, sus relaciones políticas eran problemáticas. Poco después de recibir las recomendaciones de Pash, Lansdale escribió a Groves una nota concisa de dos páginas en la que compendiaba las pruebas. Hizo una lista de todos los grupos «tapadera» (tal como los definía el FBI) con los que Oppie se había relacionado a lo largo de los años, desde la Unión Estadounidense por las Libertades Civiles hasta el Comité Estadounidense por la Democracia y la Libertad Intelectual.

Mencionó los contactos y amistades que el sospechoso tenía con comunistas declarados o dudosos como William Schneiderman, Steve Nelson, la doctora Hannah L. Peters (identificada por Lansdale como la «organizadora de la Filial de Doctores, uno de los sectores profesionales del Partido Comunista, condado de Alameda, California»), Isaac Folkoff y amigos personales como Jean Tatlock, «con quien supuestamente Oppenheimer mantiene una relación ilícita», y Haakon Chevalier, «de quien se cree que es miembro del Partido Comunista». Lo más perjudicial fue que Lansdale indicó que existía «un informe proporcionado por una fuente muy fidedigna [es decir, un teléfono pinchado]» en el que la ayudante de Steve Nelson, Bernadette Doyle, «refiere que J. R. Oppenheimer y su hermano, Frank, constan en el registro del Partido Comunista como miembros».

A pesar de todo aquello, Lansdale no recomendó despedir al director de Los Álamos, sino que aconsejó a Groves en julio de 1943: «Debería decir a Oppenheimer, en esencia, que sabemos que el Partido Comunista [...] intenta conseguir información» sobre el Proyecto Manhattan. «Dígale —escribió Lansdale— que sabemos quiénes son algunos de los traidores que participan en esa actividad». Otros, proseguía, continuaban ocultos, y por eso el ejército iba a echar metódicamente del proyecto a todos los individuos que parecieran seguidores de la línea del Partido Comunista. No habría despidos en masa, sino investigaciones cuidadosas basadas en pruebas sustanciales. Con ese fin, Lansdale quería utilizar a Oppenheimer: «Tendríamos que decirle que hemos dudado en confiarle este asunto [...] por el consabido interés que siente hacia el Partido Comunista y por sus contactos y amistades que pertenecen a él».[44] El teniente coronel parecía pensar que abordar a Oppenheimer de esa manera lo animaría a dar nombres. En suma, Lansdale decía a Groves que, si quería que el físico siguiera siendo el director científico, tendría que presionarlo para que se convirtiera en informante.

A lo largo de los meses, en realidad años, en que Oppenheimer estuvo empleado por el Gobierno, sufrió diversos tipos de acoso, variantes de la estrategia de Pash y Lansdale. En Los Álamos le asignaron ayudantes que en realidad eran «agentes del Cuerpo de Contrainteligencia con formación especial que no solo ejercerán de guardaespaldas, sino también de infiltrados para esta agencia».[45] Su chófer y guardaespaldas, Andrew Walker, era un agente del CIC que informaba directamente al coronel Pash; se le registraba el correo, se le intervino el teléfono, se le pusieron

micrófonos en el despacho. Incluso después de la guerra estuvo sometido a una estrecha vigilancia física y electrónica. Varios comités del Congreso y el FBI airearon una y otra vez sus antiguas relaciones y le repitieron hasta la saciedad que él mismo era sospechoso de pertenecer al
Partido Comunista.

17

«Oppenheimer dice la verdad»

Estaría perfectamente dispuesto a que me pegaran un
tiro si hubiera hecho algo malo.

ROBERT OPPENHEIMER al teniente coronel Boris Pash

El general Groves aprobó las recomendaciones del teniente coronel Lansdale. Mantendrían a Oppenheimer como director científico del proyecto, pero él se encargaría de meterlo en la red del sistema de seguridad.
Como era de esperar, Pash se opuso con virulencia a aquella sutil estrategia, pero el 20 de julio de 1943 Groves dio la orden a la división de
seguridad del Proyecto Manhattan de que expidieran a Oppenheimer las
credenciales de seguridad. Aquello debía realizarse «con independencia
de la información que tienen acerca del señor Oppenheimer. Es absolutamente esencial para el proyecto».[1] Pash no fue el único oficial que rabió
ante aquella decisión. Cuando el ayudante de Groves, el teniente coronel
Kenneth Nichols, comunicó a Oppenheimer que se le tramitaban las
credenciales, le advirtió: «En un futuro, por favor, absténgase de ver a sus
cuestionables amigos y recuerde que, en cuanto ponga un pie fuera de
Los Álamos, le estaremos vigilando».[2] Nichols sentía una profunda desconfianza hacia él, no solo porque se hubiera relacionado con comunistas,
sino porque pensaba que ponía en peligro la seguridad de Los Álamos al
reclutar a «gente cuestionable». Cuanto más lo conocía, más lo detestaba.
El hecho de que Groves no compartiera aquel parecer y estuviera empezando a confiar de veras en el director irritaba a Nichols e incrementaba la animosidad que sentía hacia él.

Si no se podía eliminar a Oppenheimer, había otros más vulnerables que él: por ejemplo, Rossi Lomanitz, protegido suyo. El 27 de julio
de 1943, Ernest Lawrence llamó a aquel joven de veintiún años a su despacho y le dijo que ascendía a jefe de grupo en el Laboratorio de Ra-

diación. Tres días después, sin embargo, como consecuencia de un informe de investigación de Pash, Lomanitz recibió una carta urgente de su centro de reclutamiento en la que se lo convocaba para un reconocimiento médico al día siguiente. De inmediato llamó a Los Álamos y le contó a Oppenheimer lo ocurrido. Este envió un telegrama aquella misma tarde al Pentágono en el que decía que «se está cometiendo error muy grave. Lomanitz ahora único hombre de Berkeley que puede asumir esa responsabilidad». Pese a la intervención de Oppie, en breve reclutaron a Lomanitz en el ejército.

Al cabo de unos días, Lansdale se dejó caer por el despacho de Oppenheimer y tuvieron una larga conversación. El teniente coronel le advirtió que no hiciera más intentos de ayudar a Lomanitz y adujo que el joven había revelado «indiscreciones que no podían pasarse por alto ni consentirse».[3] Según confió a Oppenheimer, incluso después de incorporarse al Laboratorio de Radiación, Lomanitz había seguido con sus actividades políticas. «Eso sí que me irrita», protestó Robert. Dijo a Lansdale que Lomanitz le había prometido que, si se embarcaba en el proyecto de la bomba, suspendería esas actividades.

Después hablaron del Partido Comunista. Lansdale declaró que, en cuanto oficial de Inteligencia militar, no le interesaban las creencias políticas de los individuos. Su única preocupación era evitar que se transmitiera información clasificada a personas no autorizadas. Para su sorpresa, Oppenheimer se mostró vivamente en desacuerdo y dijo que no quería a ningún miembro del Partido Comunista trabajando para él en el proyecto. Según el documento que redactó Lansdale sobre la conversación, Oppie explicó que «uno siempre sufre problemas de lealtades». La disciplina del Partido Comunista «era muy rígida y no era compatible con la lealtad total hacia el proyecto». Dejó claro que se refería solo a quienes eran miembros del partido en aquel momento. Los antiguos miembros eran otra historia; conocía a varios que estaban trabajando en Los Álamos.

Antes de que Lansdale pudiera preguntarle los nombres de aquellos exmiembros, la conversación se vio interrumpida por alguien que entró en el despacho. Después, el teniente coronel tuvo la clara impresión de que Oppenheimer «intentaba insinuar que había pertenecido al partido y que había cortado los lazos definitivamente al empezar a trabajar» en el proyecto.[4] La sensación general que se llevó fue que el físico «parecía sincero en todo», que era «extremadamente sutil en sus alusiones», pero también que estaba «impaciente» por aclarar su posición. En los meses que estaban por llegar, los dos tendrían algún que otro desencuentro en materia de seguridad, pero Lansdale siempre confiaría en la lealtad y el compromiso de Oppenheimer respecto a Estados Unidos.

Por su parte, Robert se quedó intranquilo por la conversación. El hecho de que hubieran retirado a Lomanitz del Laboratorio de Radiación pese a su intercesión era preocupante. Sin conocer las «indiscreciones» concretas que habían suscitado aquella decisión, conjeturó que la causa era la organización de un sindicato en nombre de la FAECT. Recordó que George Eltenton, el ingeniero de la Shell que había propuesto a Chevalier que pidiera a Oppenheimer información del proyecto, también había sido activista en dicha organización. La conversación que había mantenido en la cocina con Chevalier unos seis meses atrás sobre la estratagema de Eltenton, que él había considerado ridícula, de repente adquiría importancia. La charla entre Oppenheimer y Lansdale provocó que el primero tomara una decisión: debía exponer a las autoridades las actividades del ingeniero.

El general Groves diría más adelante al FBI que Oppenheimer le mencionó el nombre de Eltenton por primera vez entre principios y mediados de agosto.[5] Pero el físico no dio por zanjado el asunto. El 25 de agosto de 1943, en una visita que realizó a Berkeley con motivo del proyecto, Robert fue al despacho del teniente Lyall Johnson, el oficial de seguridad militar del Laboratorio de Radiación. Después de hablar brevemente sobre Lomanitz, Oppenheimer le dijo que había un hombre en la ciudad que trabajaba en la Shell Developement Corporation y era activista de la FAECT. Se llamaba Eltenton, y deberían vigilarlo. Confió asimismo a Johnson que era posible que el susodicho hubiera tratado de obtener información acerca del trabajo que se hacía en el Laboratorio de Radiación. Oppenheimer se marchó sin decir mucho más. El teniente Johnson llamó de inmediato a su superior, el coronel Pash, el cual le ordenó que requiriese a Oppenheimer al día siguiente para hacerle una entrevista. Por la noche colocaron un micrófono en la base del teléfono de la mesa de Johnson y lo conectaron a una grabadora que se encontraba en la sala contigua.

Al día siguiente, Oppenheimer se presentó para lo que sería un interrogatorio funesto. Entró en el despacho de Johnson y se sobresaltó cuando le presentaron a Pash, a quien no conocía personalmente, pero cuya fama lo precedía. Al sentarse los tres a la mesa, quedó claro que sería el propio Pash quien conduciría la entrevista.

El coronel empezó con lisonjas descaradas: «Es un verdadero placer. [...] El general Groves, más o menos, o eso creo, me ha adjudicado cierta responsabilidad, y es como tener un niño al que no ves pero crías por control remoto. No pretendo robarle mucho tiempo».

«Ningún problema —respondió Oppenheimer—. El tiempo que considere necesario».

Cuando Pash empezó a preguntarle por la conversación que había mantenido el día anterior con el teniente Johnson, Oppenheimer lo interrumpió y se puso a hablar del tema que esperaba abordar: el de Rossi Lomanitz. Dijo que no sabía si debía hablar con el joven, pero quería trasladarle que había sido indiscreto.

Pash lo interrumpió y declaró que tenía asuntos más serios por tratar. ¿Había «otros grupos» interesados en el Laboratorio de Radiación? «Oh, creo que sí —contestó Oppenheimer—, pero no lo sé de primera mano. —De todos modos, prosiguió—: Creo que sí hay un hombre, cuyo nombre no había oído nunca, que conocía al cónsul soviético, que indicó de forma indirecta, por medio de intermediarios relacionados con el proyecto, estar en posición de transmitir información que se le pudiera proporcionar, sin peligro de filtraciones, escándalos ni nada del estilo». Después señaló que estaba preocupado por si algunas personas que se movían en los mismos círculos caían en posibles «indiscreciones». Tras revelar que era un «hecho» que alguien del consulado soviético intentaba recabar información sobre las actividades del Laboratorio de Radiación, Oppenheimer se zambulló de pleno y, sin que Pash lo cortara, expuso su opinión personal: «Para decirlo con toda franqueza, me parecería bien la idea de que el comandante en jefe comunicara a los rusos que estamos trabajando en este asunto; al menos lo veo justificado. Pero no me gusta la idea de resolverlo de forma ilegítima. Creo que no haría daño a nadie tenerlo en cuenta».

Pash, un hombre educado para odiar a los bolcheviques, respondió con toda su calma: «¿Podría ser más específico y decirme exactamente qué información tiene usted? Seguro que entiende que esa fase [la transmisión de información secreta] me resulta casi tan interesante como a usted el proyecto en su conjunto».

«Bueno, tengo que decir —repuso Oppenheimer— que siempre pidieron información a otras personas, las cuales se sentían incómodas por ello y algunas veces acudían a mí para hablar al respecto».[6]

Oppenheimer había empleado el plural, y se enredó explicando que se había pedido información a más de una persona. No se había preparado para la entrevista. En realidad, esperaba que le pidieran que se explayara sobre la conversación que habían tenido el teniente Johnson y él sobre Lomanitz. Pero no: de repente se había encontrado frente a Pash, y la línea que seguía el interrogatorio estaba poniéndole nervioso; quizá estaba hablando demasiado.

No se acordaba del todo bien de la conversación que había mantenido con Chevalier en la cocina medio año atrás. Puede que él le hubiera mencionado que Eltenton (como este declararía más adelante al FBI) había propuesto abordar a tres científicos: a Lawrence y a Álvarez, además de a sí mismo.[7] No obstante, quizá tenía en mente otras conversaciones relacionadas con la idea de que los soviéticos deberían tener acceso a la tecnología de las nuevas armas. ¿Y por qué no? Muchos amigos, alumnos y colegas suyos estaban permanentemente preocupados por la posible victoria fascista en Europa. Y entendían, de forma acertada, que solo el ejército soviético sería capaz de evitar semejante calamidad. Muchos físicos que trabajaban en el Laboratorio de Radiación no se habían alistado en el ejército solo porque alguien (en algún caso el propio Oppenheimer) los hubiera convencido de que el proyecto que llevaban entre manos era especial y contribuiría de forma material al desarrollo de la guerra. Esos hombres se planteaban con frecuencia si el Gobierno hacía todo cuanto podía para ayudar a los que se llevaban la peor parte del embate fascista. Es seguro que Oppenheimer había oído a muchos colegas y estudiantes verbalizar el deseo de ayudar a los asediados rusos en un tiempo en que, a fin de cuentas, la prensa estadounidense los enaltecía como héroes aliados.

De modo que el director de Los Álamos intentó explicar a Pash que las personas que querían hablar con él de ayudar a los soviéticos mostraban una actitud «más desconcertada que cooperativa». Compartían el deseo de apoyar al aliado, pero los inquietaba la idea de pasarle información, como lo expresó Oppenheimer, «de forma ilegítima». Luego le comentó lo mismo que ya había dicho a Groves y al teniente Johnson: que deberían vigilar a George Eltenton, un trabajador de la Shell Development Corporation. «Es probable que le hayan pedido que haga lo que pueda para conseguir información», añadió Oppenheimer, y también que el ingeniero había hablado con un amigo suyo que conocía a otra persona metida en el proyecto.

Cuando Pash lo apremió a que dijera quién era ese amigo, Oppenheimer se negó a ello con educación, arguyendo que los individuos eran totalmente inocentes. «Le diré una cosa —prosiguió el físico—. Conozco dos o tres casos, y creo que dos de ellos estaban conmigo en Los Álamos; son hombres con los que tengo una relación muy estrecha». A esos dos individuos de El Monte les solicitaron ayuda por separado y con una semana de diferencia. El tercero, un empleado del Laboratorio de Radiación, ya no estaba en Los Álamos o lo iban a transferir al «Lugar X» (las instalaciones del Proyecto Manhattan situadas en Oak Ridge, en Tennessee). Eltenton no fue quien se dirigió a ellos, sino otra persona de la cual Oppenheimer rehusó dar el nombre porque, dijo, «creo que sería un error». Aclaró que su «más sincera opinión» era que el hombre era por completo inocente. Conjeturó que este se habría encontrado con Eltenton en una fiesta, quien le habría dicho: «¿Podrías ayudarme? Es un asunto muy serio, porque sabemos que allí trabajan en algo importante y pensamos que nuestros aliados deberían conocerlo. Igual tú podrías averiguar si a alguno de los que trabajan en eso le gustaría ayudarnos».

Aparte de identificar a aquel «tercer hombre» como un profesor de Berkeley, Oppenheimer se negó en redondo a decir nada más y repetía que «creo que le he dicho de dónde partió la iniciativa [de Eltenton] y que lo demás fue puramente accidental». Oppie dio el nombre de Eltenton porque lo consideraba «peligroso para el país». No mencionaría a continuación a su amigo Hoke, pues lo creía inocente. «El intermediario entre Eltenton y el proyecto pensó que era mala idea —dijo Oppenheimer a Pash—, pero me confió que así estaban las cosas. No creo que lo apoyara. De hecho, sé que no lo apoyó».

Si bien no pronunció el nombre de Chevalier ni ninguno otro, salvo el de Eltenton, Oppenheimer habló con libertad y bastante detalle acerca de cómo fueron las peticiones de ayuda a sus amigos. Para situar los acontecimientos en un contexto benigno, le dijo a Pash: «Déjeme que le ponga en situación. La situación era…, bueno, ya sabe lo difíciles que son las relaciones entre ambos países, y hay muchas personas que no sienten simpatía por Rusia, por eso la información, mucha de nuestra información confidencial, como el radar y cosas así, no les llega; y ellos están allí, luchando por su vida, y les gustaría tener alguna idea de lo que está pasando, y eso solo es para compensar, en otras palabras, los defectos de nuestra comunicación oficial. Así fue como lo presentaron».

«Ah, ya veo», respondió Pash.

«Por supuesto —reconoció Oppenheimer a toda prisa—, la realidad es que, como es una comunicación que no debe tener lugar, es traición». Pero el espíritu con el que pedían ayuda no tenía nada de traición, prosiguió Oppie. Asistir a los aliados soviéticos era «más o menos una política del Gobierno». A los hombres implicados simplemente se les solicitaba que compensaran los «defectos» de la comunicación oficial con los rusos. Oppenheimer incluso explicó con todo detalle cómo se les transmitiría la información. Tal como le contaron los amigos a quienes el contacto de Eltenton pidió información, se organizaría una entrevista con este. Les dijeron que «el tal Eltenton […] tenía buenos contactos con un hombre de la embajada [soviética], asociada con el consulado, que era muy de fiar (eso decía) y que tenía mucha experiencia en trabajar con microfilms o lo que fuera».[8]

«Información confidencial». «Traición». «Microfilms». Oppenheimer había usado esas palabras y de seguro había alarmado a Pash, quien ya de entrada estaba convencido de que el físico era, si no un agente comunista curtido, un elemento de riesgo para la seguridad nacional. El coronel nunca llegaría a entender al hombre que estaba sentado delante de él. Aunque ambos vivían en ciudades cercanas, provenían de mundos distintos. El antiguo entrenador de fútbol americano de instituto y oficial de Inteligencia debió de quedarse atónito al oír a su interlocutor hablar con tanta seguridad de actividades traicioneras y, acto seguido, explicar con toda tranquilidad por qué no podía, por cuestión de principios, mencionar el nombre de personas que sabía que eran inocentes.

En algunos aspectos, Oppenheimer había cambiado mucho desde aquella conversación que tuvo con Chevalier seis meses atrás. Los Álamos lo había transformado; era el director del laboratorio de la bomba, el gerente científico sobre cuyos hombros descansaba el éxito último del proyecto. Pero, en otros aspectos, seguía siendo aquel profesor de Física brillante y seguro de sí mismo que todos los días mostraba tener opiniones fundamentadas sobre un abanico amplísimo de temas. Comprendía que Pash solo estaba haciendo su trabajo, pero confiaba en que deduciría por sí mismo quién constituía un riesgo para la seguridad (Eltenton) y quién no (Chevalier). Incluso le expuso que creía que «asociarse con el movimiento comunista no es compatible con participar en un proyecto bélico secreto; las dos lealtades no pueden casar [entre sí]».[9] Además, le dijo, «creo que hay muchas personas brillantes y reflexivas que han visto algo en el movimiento comunista, y quizá ese sea su lugar, quizá sea bueno para el país. Espero que nada de ello tenga que ver con el proyecto bélico».[10]

Tal como había dicho a Lansdale unas semanas antes, la disciplina del partido sometía a sus miembros a la presión del conflicto de lealtades. Como ejemplo puso a Lomanitz, de quien todavía se sentía «responsable». Dijo que este «pudo haber sido indiscreto en círculos [del Partido Comunista] que ocasionarían problemas». No dudaba de que había gente que pedía información a Lomanitz y que «si se enteraban de algo, sentían la obligación de transmitirlo a otras instancias». Por ello, las cosas se simplificarían para todos si se decidiera mantener a los comunistas al margen de los proyectos bélicos secretos.

Visto con distancia, es increíble que Oppenheimer tratara una y otra vez de convencer a Pash de que casi todos los implicados en esos círculos eran inocentes de buenas intenciones. «Estoy casi seguro de que ninguno de los chicos de los que hemos hablado, excepto posiblemente el ruso, que debe de estar cumpliendo sus obligaciones hacia su país... Pero los demás no sentían que hacían nada malo, sino que consideraban dar el paso, que verían como totalmente acorde con la política de este Gobierno, de compensar el hecho de que hubiera un par de tipos en el Departamento de Estado que bloquearan la comunicación con los rusos». Señaló que el Estado compartía cierta información con los británicos, y había mucha gente que pensaba que no había tanta diferencia entre eso y compartir información similar con los soviéticos. «Si pasara algo parecido con, por ejemplo, los nazis, las cosas ya tendrían otro color», dijo a Pash.

Desde la perspectiva del coronel, todo eso era indignante y además no venía al caso. Eltenton y al menos otro individuo (el miembro sin nombre de la facultad) trataban de conseguir información sobre el Proyecto Manhattan, y eso era espionaje. De todos modos, Pash escuchó con paciencia el discurso que le soltó Oppenheimer sobre seguridad, según la veía él, y después recondujo la conversación a Eltenton y el intermediario sin nombre. Luego aclaró que tal vez le sería necesario volver a hablar con Oppenheimer y presionarlo para que le dijera más nombres. Este explicó de nuevo que solo quería «actuar con sensatez» y «trazar la frontera» entre quienes tomaban la iniciativa, como Eltenton, y quienes reaccionaban negativamente a dichas propuestas.

Siguieron dando vueltas al asunto un rato más. Pash empleó un poco de ironía y dijo: «No es que quiera insistir (ja, ja), pero...».

«Usted insiste —lo interrumpió Oppenheimer—, y esa es su obligación».

Hacia el final del interrogatorio, el físico regresó a sus preocupaciones sobre el sindicato de la FAECT: lo principal que Pash debía saber era que había «ciertas cosas que valía la pena vigilar». Sugirió incluso que «no haría daño a nadie infiltrar a un hombre en el sindicato de la FAECT para ver qué pasa allí y de qué puede enterarse». Pash recogió la sugerencia de inmediato y le preguntó si conocía a alguien del sindicato que estuviera dispuesto a hacer de informante. Él contestó que no, que solo había oído que «un chico que se llama [David] Fox es el presidente».[11]

Después dejó claro a Pash que, como director de Los Álamos, estaba seguro de que «todo está en orden al cien por cien, [...] creo que es así. —Y añadió para enfatizar—: Estaría perfectamente dispuesto a que me pegaran un tiro si hubiera hecho algo malo».

Cuando el coronel comentó que quizá hiciera una visita a Los Álamos, Oppenheimer bromeó: «Mi máxima es "que Dios te bendiga"».[12] Se levantó para marcharse, y la grabadora registró las palabras de Pash: «Que tenga mucha suerte». A lo que Robert respondió: «Muchas gracias». Fue una actuación estrafalaria y, en último término, desastrosa. Oppenheimer había hecho sonar las alarmas del espionaje, había señalado a Eltenton como culpable, había mentado a un intermediario «inocente» sin identificarlo y había indicado que este se había puesto en contacto con otros científicos igualmente inocentes. Como estaba del todo seguro de sus juicios, no era preciso dar nombres a Pash.

Recordemos que la conversación se grabó y se transcribió sin que Oppenheimer lo supiera y pasó a formar parte de su expediente de seguridad. Como más tarde afirmaría que lo que había contado de las peticiones de información (en plural; no quedó claro si habían sido dos o tres) era impreciso —un cuento chino que ni él mismo se explicaba de dónde lo había sacado—, nunca pudo demostrar si había mentido a Pash o si le había dicho la verdad y mintió después. Fue como si se tragara una bomba de relojería sin enterarse, una bomba que explotaría diez años después.

Después del encuentro entre Oppenheimer y Pash, Lansdale y Groves se dieron cuenta de que tenían entre manos un problema grave. El 12 de septiembre de 1943, Lansdale y Robert tuvieron otra larga y franca conversación. Tras leer la transcripción del interrogatorio anterior, el teniente coronel estaba resuelto a llegar al fondo de la supuesta cuestión del espionaje. También grabó la conversación a escondidas.

Lansdale empezó con un intento obvio de halagar a Oppenheimer. «Me gustaría decir una cosa sin que suene a halago: [...] probablemente sea usted el hombre más inteligente que he conocido».[13] Luego le confesó que no había sido del todo sincero con él en conversaciones anteriores, pero que en esa quería ser «totalmente franco». Le dijo que «sabemos desde febrero que varias personas han estado pasando información sobre este proyecto al Gobierno soviético». Afirmó que los rusos conocían la escala del proyecto; tenían datos sobre las instalaciones de Los Álamos, Chicago y Oak Ridge, y poseían una idea general de los plazos del proyecto.

Oppenheimer pareció sorprenderse de verdad. «Tengo que decir que no lo sabía —le dijo a Lansdale—. Sí sabía que una vez [en singular] se intentó obtener información, pero fue antes, no sé, no puedo acordarme de la fecha, y mire que lo he intentado».

La conversación viró hacia el papel del Partido Comunista. Ambos habían oído que su política era que quien estuviese trabajando en asuntos bélicos secretos debía darse de baja. Robert comentó, por iniciativa propia, que su hermano había cortado los lazos con el partido. Añadió que hacía un año y medio, cuando empezaron a trabajar en el proyecto, le había dicho a la mujer de Frank, Jackie, que debía dejar de verse con miembros del Partido Comunista. «Si lo han hecho así de veras, yo no lo sé». Confesó que seguía preocupado respecto a los amigos de su hermano, que eran «muy de izquierdas, y creo que no siempre es necesario convocar una reunión de una unidad para ser un buen contacto».

Lansdale entonces le expuso su punto de vista sobre el problema de la seguridad. «Sabe igual que yo —le dijo a Oppenheimer— lo difícil que es demostrar que alguien es comunista». Además, el objetivo de todos era construir el «artefacto», y Lansdale apostilló que las opiniones políticas de cada cual en realidad importaban muy poco, siempre y cuando estuviera contribuyendo al proyecto. Al fin y al cabo, todos se ponían en peligro para llevar a cabo aquel trabajo, y «no queremos protegerlo [el proyecto] con la vida». Sin embargo, si creían que alguien estaba involucrado en espionaje, debían tomar una decisión: si llevarlo a juicio o simplemente echarlo del proyecto.

En aquel momento, Lansdale sacó el tema de Eltenton y lo que Oppenheimer había dicho a Pash sobre él. El físico repitió que no creía correcto dar el nombre del individuo que le había solicitado información. Y el teniente coronel le recordó que había hablado de «tres personas relacionadas con el proyecto» a las que habían pedido información sobre él y que las tres habían dicho a ese intermediario, «en esencia, que se fuera a la porra». Oppenheimer lo corroboró. Así que Lansdale le preguntó cómo podía estar seguro de que Eltenton no había abordado a otros científicos. «No lo sé —respondió el físico—. No puedo saberlo». Entendía por qué era importante para Lansdale averiguar a través de qué canal se había producido aquel acercamiento inicial, pero sentía de todos modos que no estaba bien involucrar a los demás.

«No estoy seguro de que deba dar los nombres de más personas por el hecho de que no parecen ser culpables de nada. […] No es gente que vaya a perder el tiempo con eso en ningún sentido. Es decir, me da la sensación de que es algo muy anómalo y nada sistemático». Por lo tanto, sentía «justificado» no mencionar el nombre del intermediario «por sentido del deber».

Lansdale cambió el rumbo de la conversación y preguntó a Oppenheimer quiénes eran los individuos de Berkeley que trabajaban en el proyecto de los que pensaba que eran miembros del Partido Comunista o lo habían sido. Este dio algunos nombres. Dijo que en su última visita se había enterado de que Rossi Lomanitz y Joe Weinberg estaban afiliados al partido. Creía que una secretaria llamada Jane Muir también lo estaba. En Los Álamos, prosiguió, sabía que Charlotte Serber había sido miembro del partido en el pasado. Por lo que respectaba a su buen amigo Bob Serber, dijo: «Puede ser, pero no lo sé».

«¿Y qué hay de Dave Hawkins?», preguntó Lansdale.

«No creo que lo fuera, diría que no».

«Y usted —inquirió Lansdale— ¿ha sido alguna vez miembro del Partido Comunista?».

«No».

«Seguramente ha estado metido usted en todas las organizaciones tapadera de la Costa», repuso Lansdale.*

«Casi casi», respondió Oppenheimer, informal.

«¿Se ha considerado en algún momento un simpatizante?».

«Creo que sí —contestó nuestro protagonista—. La relación que tuve con esos asuntos fue muy breve y muy intensa».

Poco después, Lansdale le pidió que explicara por qué se había embarcado en una relación tan intensa con el Partido Comunista durante un lapso relativamente corto y no se había afiliado a él. Él señaló que mucha gente de la que habían estado hablando era miembro por «un sentido muy profundo del bien y del mal». Algunos, dijo, «son muy fervorosos»; sentían un compromiso semejante al religioso.

«Pero no lo entiendo —objetó Lansdale—. Es peculiar. No se adhieren a unos ideales constantes. [...] Pueden adherirse al marxismo, pero varían con los giros y vueltas de una línea ideológica que está al servicio de la política exterior de otro país».

Oppenheimer convino: «Esa convicción no solo lo hace hilarante. [...] Lo veo del todo impensable[.] Que yo me afiliara al Partido Comunista. [Está bastante claro que lo que quiere decir es que consideraba «impensable» hacerse miembro del Partido Comunista]. Durante la época en que estuve en contacto con la organización había muchas ideas en las que creía con fervor, en reformas y objetivos del partido».

Lansdale: «¿Puedo preguntar qué periodo fue ese?».

Oppenheimer: «Cuando la guerra civil española, hasta el pacto [nazi-soviético]».

* En la audiencia de seguridad de 1954, estas palabras se atribuyeron a Oppenheimer.

Lansdale: «Hasta el pacto. ¿Fue entonces cuando podríamos decir que rompió la relación?».

Oppenheimer: «*Nunca rompí ninguna relación. Nunca hubo ninguna que romper.* Poco a poco desaparecí de las organizaciones, una tras otra» [cursiva añadida].

Cuando Lansdale le pidió nombres de nuevo, Oppenheimer repuso: «Me parecería un golpe bajo implicar a alguien cuando me apostaría una mano a que no tuvo nada que ver».

Lansdale terminó la entrevista con un suspiro y dijo: «Bien, señor».[14]

Dos días después, el 14 de septiembre de 1943, Groves y Lansdale mantuvieron otra conversación con Oppenheimer sobre Eltenton. Iban en tren desde Cheyenne a Chicago, y Lansdale redactó un recordatorio de la conversación. Groves sacó el tema, pero Robert dijo que solo nombraría al intermediario si se lo ordenaban. Un mes después volvió a negarse a dar el nombre. Curiosamente, Groves lo aceptó. Lo atribuyó a «la típica actitud de colegial estadounidense que considera que está mal chivarse de un amigo». Presionado por el FBI, que pedía más información sobre el asunto, Lansdale le comunicó que tanto Groves como él «creemos que Oppenheimer dice la verdad».[15]

Casi ningún subordinado de Groves compartía la confianza que este tenía en Oppenheimer. A principios de septiembre de 1943, el general habló con otro oficial de seguridad del Proyecto Manhattan, James Murray. Este, irritado por que al final se le hubieran concedido las credenciales de seguridad a Oppenheimer, planteó a Groves una situación hipotética: supongamos que se descubre que veinte individuos de Los Álamos son comunistas sin lugar a dudas y que se presenta la prueba ante él. ¿Cómo reaccionaría? Groves contestó que el doctor Oppenheimer diría que los científicos son liberales y que no había nada de qué alarmarse. Entonces, el general le contó una historia a Murray. Unos meses atrás, dijo, le pidieron a Oppenheimer que firmara un documento de confidencialidad en el que, entre otras cosas, se comprometía a «ser siempre leal a Estados Unidos». Este lo firmó, pero tachó aquellas palabras y escribió: «Doy como aval mi reputación como científico». Si bien un voto de «lealtad» le parecía personalmente de mal gusto, comprometía su total honestidad como científico. Fue una acción arrogante, pero destinada a dejar claro a Groves que el altar frente al cual se arrodillaba Oppenheimer era la ciencia y que se comprometía incondicionalmente a llevar el proyecto al éxito.

Acto seguido, Groves dijo a Murray que creía que Oppenheimer se tomaría cualquier actividad subversiva que ocurriera en Los Álamos como una traición personal. «En otras palabras —aclaró el general—, no es una cuestión de seguridad nacional, sino más bien de que pueda haber alguien trabajando en contra de OPP [Oppenheimer] y le impida cosechar la reputación que obtendría tras el desarrollo completo del proyecto».[16] A ojos de Groves, las ambiciones personales de Oppenheimer garantizaban su lealtad. Según las notas que apuntó Murray de la conversación, el general explicó que «la mujer de Oppenheimer lo acucia a conseguir la fama; esta considera que hasta ahora [Ernest] Lawrence se ha llevado el protagonismo y la gloria en este proyecto, y a ella le gustaría que el doctor OPP recibiera los mismos honores porque cree que se los merece más, [...] esta es la gran oportunidad del doctor para hacerse un nombre en la historia mundial». Por ello, Groves concluyó que «creemos que seguirá siendo leal a Estados Unidos».

La ambición desmedida era un rasgo que Groves respetaba y en el que confiaba, y también que compartía con Oppie, pues ambos tenían el mismo objetivo elevado: construir aquella arma primordial que aplastaría al fascismo y ganaría la guerra.

Groves se tenía por buen juez del carácter humano y creía haber encontrado en Oppenheimer un hombre de integridad inquebrantable. Por otra parte, sabía que la investigación llevada por el FBI y el ejército sobre el caso Eltenton no llegaría a ningún puerto mientras no consiguieran más nombres. Así pues, a principios de diciembre de 1943, Groves le ordenó que dijera quién era el intermediario que le había transmitido la propuesta de Eltenton. Oppenheimer, que se había comprometido a decir la verdad si se lo ordenaban, mencionó a Chevalier con reticencia y subrayando que su amigo era inofensivo e inocente de espionaje. Juntando lo que Oppenheimer había dicho a Pash el 26 de agosto con aquella información nueva, el coronel Lansdale escribió al FBI el 13 de diciembre: «El profesor J. R. Oppenheimer declaró que tres miembros del proyecto DSM [denominación temprana del proyecto de la bomba] le comunicaron que un profesor no identificado de la Universidad de California les había propuesto participar en espionaje». Cuando le ordenaron nombrar al profesor, decía Lansdale, Oppenheimer identificó a Chevalier como el intermediario. El escrito no mencionaba más nombres, ya fuera porque el director seguía negándose a identificar a los tres hombres abordados por Chevalier, ya fuera (más probablemente) porque Groves le pidió solo el nombre del intermediario. El FBI se exasperó tanto que dos meses después, el 25 de febrero de 1944, presionó al general para que le sonsacara a Oppenheimer los nombres de los «otros científicos». Por lo visto, Groves ni siquiera se molestó en contestar a esa solicitud, puesto que el FBI nunca encontró una respuesta a ella en los archivos.

Sin embargo, a la manera de *Rashōmon*, existe otra versión de esta historia. El 5 de marzo de 1944, el agente del FBI William Harvey escribió un memorándum a modo de resumen titulado «Cinrad». «En marzo de 1944* —decía—, el general Leslie R. Groves deliberó con Oppenheimer. [...] Oppenheimer al fin declaró que Chevalier solo había abordado a una persona, a su hermano, Frank Oppenheimer». En esta versión, se supone que Chevalier se dirigió a Frank, y no a Robert, en otoño de 1941. Según el informe, Frank informó de inmediato a su hermano, quien llamó a Chevalier y «le dijo de todo».[17]

Si Frank estaba implicado, la historia, desde luego, toma un cariz muy distinto. Pero ese relato no es solo problemático, sino ciertamente incorrecto. ¿Por qué Chevalier iba a acudir a Frank, a quien casi no conocía, en lugar de a Robert, su mejor amigo? Además, parece algo absurdo que alguien pidiera información a Frank en otoño de 1941 sobre un proyecto que no arrancaría hasta el verano de 1942, como pronto. Y tanto Chevalier como Eltenton, cuando el FBI les hizo las entrevistas simultáneas, confirmaron que la conversación mantenida en la cocina de la calle Eagle Hill fue entre Robert Oppenheimer y Chevalier, y que tuvo lugar en el invierno de 1942-1943. Por otro lado, el documento de Harvey, del 5 de marzo, es el único escrito de la época que menciona a Frank Oppenheimer y, tras buscar en los archivos, el FBI concluyó que «la fuente original de la historia que implica a Frank Oppenheimer no se ha localizado en los archivos del FBI».[18] De todos modos, como el informe de Harvey pasó a formar parte del expediente de Robert que tenía la agencia, esa parte de la historia cobró una sólida vida propia.**

---

* Probablemente, la fecha que da Harvey sea incorrecta.

** Con los años, historiadores tan reflexivos como Richard Rhodes, Gregg Herken, y Richard G. Hewlett y Jack M. Holl han sugerido que Frank Oppenheimer desempeñó algún papel en la estratagema de Eltenton.

18

«Suicidio, motivo desconocido»

Estoy asqueada de todo...

JEAN TATLOCK, enero de 1944

El teniente coronel Boris Pash pasó dos frustrantes meses del otoño de 1943 tratando de averiguar quién había hablado con Oppenheimer sobre pasar información al consulado soviético. En vano, sus agentes y él entrevistaron repetidamente a varios estudiantes y profesores de Berkeley. Pash llevó a cabo una investigación perseverante, obstinada y tan hostil a Oppenheimer que al final Groves concluyó que Pash estaba malgastando el tiempo y los recursos del ejército en averiguaciones que no iban a ningún lado. Eso fue lo que empujó a Groves, a principios de diciembre de 1943, a ordenar a Oppenheimer que diera el nombre del contacto, Chevalier. Por otra parte, decidió que las virtudes de Pash podrían ser de más utilidad en otro lugar; en noviembre lo nombraron comandante militar de una misión secreta, de nombre en clave Alsos, cuyo objetivo era determinar en qué fase se hallaba el proyecto de la bomba nazi capturando científicos alemanes. Lo transfirieron a Londres, donde pasó seis meses preparando a un equipo de alto secreto formado por científicos y soldados para que siguieran a las tropas aliadas por Europa. De todos modos, después de la partida de Pash, sus amigos de la oficina del FBI de San Francisco siguieron espiando las conversaciones telefónicas del piso de Jean Tatlock, ubicado en Telegraph Hill. Pasaron los meses y no descubrieron nada que confirmara sus sospechas de que la joven psiquiatra fuera el canal a través del cual Oppenheimer (ni nadie) pasara información a los soviéticos, pero nadie del cuartel general del FBI, en Washington, les dijo que abandonaran la vigilancia.

A principios de 1944, justo después del periodo vacacional, Tatlock se encontraba sumida en uno de sus estados oscuros. El lunes 3 de enero, fue a casa de su padre, en Berkeley, y él la describió después como «abatida». Antes de marcharse, Jean le prometió que lo llamaría la noche siguiente. Como el martes por la noche no telefoneó, John Tatlock la llamó a ella, pero· no contestó. El miércoles por la mañana volvió a intentarlo y después fue al piso de Telegraph Hill. Llegó allí a la una del mediodía y llamó al timbre. Tras no obtener respuesta, el profesor Tatlock, de sesenta y siete años, trepó por una ventana.

Dentro de casa encontró el cadáver de Jean «tumbado sobre un montón de almohadas en un extremo de la bañera y la cabeza sumergida en esta, que estaba medio llena».[1] No se sabe por qué el profesor Tatlock no llamó a la policía. Cogió a su hija y la dejó en el sofá del salón. En la mesa del comedor encontró una nota de suicidio sin firmar, garabateada a lápiz en el reverso de un sobre. En parte decía: «Estoy asqueada de todo. [...] A quienes me han querido y me han ayudado, les mando todo mi amor y valor. He querido vivir y dar, y no sé por qué me he quedado paralizada. He intentado con todas mis fuerzas comprender y no he podido. [...] Creo que habría sido una carga toda mi vida; al menos puedo liberar a este mundo en lucha del lastre de un alma paralizada».[2] Después las palabras se convertían en una línea serrada e ilegible.

Aturdido, Tatlock empezó a rebuscar por el piso. Al fin encontró una pila de cartas personales y algunas fotografías. Lo que leyera en ellas lo impulsó a encender la chimenea. Con su hija muerta tumbada en el sofá, a su lado, quemó metódicamente las cartas y unas cuantas fotografías. Pasaron las horas. La primera llamada que realizó fue a una funeraria. Desde allí avisaron a la policía. Cuando llegó, a las cinco y media de la tarde, acompañada por el ayudante del forense de la ciudad, aún ardían papeles en la chimenea. Tatlock dijo a los agentes que las cartas y las fotos eran de su hija. Habían pasado cuatro horas y media desde que descubriera el cuerpo.

El comportamiento del profesor Tatlock fue, como mínimo, inhabitual. Es cierto que los parientes que se topan con el suicidio de un ser querido muchas veces actúan de forma extraña. No obstante, el hecho de que registrara meticulosamente el piso apunta a que tal vez sabía qué buscaba. Es evidente que lo que vio en las cartas de Jean lo empujó a destruirlas. Y no era por asuntos políticos: Tatlock simpatizaba con muchas de las causas políticas de su hija.[3] El motivo tuvo que ser, por fuerza, algo personal.

El informe del forense declaraba que la muerte había ocurrido al menos doce horas antes. Jean falleció la noche del martes 4 de enero de 1944. En su estómago encontraron «comida semisólida ingerida bastante recientemente» y una cantidad indeterminada de fármacos. En el piso encontraron una botella de somníferos con la etiqueta «Nembutal-C, de Abbott», en la que aún había dos pastillas. Hallaron también un sobre en el que ponía «Codeína 1/2 gr» y en el que quedaban solo rastros del polvo blanco, así como una caja de hojalata con la etiqueta «Clorhidrato de racefedrina, de Upjohn, 3/8 gr», que todavía contenía once cápsulas. El departamento de Toxicología del forense llevó a cabo un análisis del estómago y encontró «un derivado del ácido barbitúrico, un derivado del ácido salicílico y un leve rastro de hidrato de cloral (no corroborado)». La causa real de la muerte fue «un edema agudo de pulmón por congestión pulmonar».[4] Jean se había ahogado en la bañera.

En una investigación oficial con fecha de febrero de 1944, un jurado dictaminó que la muerte de Jean Tatlock fue «[s]uicidio, motivo desconocido».[5] Los periódicos publicaron que en su piso se encontró una factura de 732,50 dólares de su psicoanalista, el doctor Siegfried Bernfeld, una prueba de que había «puesto sus problemas en manos de un psicólogo». En realidad, en cuanto psiquiatra en prácticas, Jean debía someterse a análisis y pagarlo de su bolsillo. Si los recurrentes episodios de depresión maniaca que sufría la empujaron al suicidio, es algo muy triste. Por lo que se sabe, sus amigos pensaban que había alcanzado una fase de estabilidad en su vida. Sus logros fueron considerables. Sus colegas del hospital Mount Zion, el centro más importante del norte de California en cuanto a formación de psiquiatras analistas, consideraban que había conseguido un «éxito espectacular» y se quedaron muy conmocionados con la noticia del suicidio.

Cuando Priscilla Robertson, amiga de la infancia de Jean, se enteró de lo ocurrido, escribió una carta póstuma en la que trataba de entender qué había pasado. No creía que un «desamor» la hubiera incitado al suicidio: «Porque nunca pasaste hambre de afecto; tu hambre insaciable era de creatividad. Y anhelabas la perfección para tu ser, no por orgullo, sino para disponer de un buen instrumento con que servir al mundo. Cuando descubriste que tu formación médica, ya terminada, no te daba todo el poder para hacer el bien que habías esperado, cuando te viste enredada en las mezquinas rutinas de las costumbres del hospital y en los desastres que la guerra causaba a la vida de tus pacientes, vidas cuya reparación quedaba muy lejos del poder de un médico, entonces te decidiste, en el último momento, por el psicoanálisis». Robertson especuló que tal vez fue aquella experiencia, «que siempre comporta una desesperación introspectiva por el camino», la que despertó dolores «tan profundos que no se pueden aliviar».[6]

Robertson y muchos otros amigos no sabían que Tatlock lidiaba con problemas relativos a su orientación sexual. Jackie Oppenheimer declaró más tarde que Jean le había dicho que en el psicoanálisis habían salido a la luz tendencias homosexuales latentes.[7] En aquella época, los analistas freudianos veían la homosexualidad como una condición patológica que debía superarse.

Un tiempo después de la muerte de Jean, una amiga suya, Edith Arnstein Jenkins, fue a dar un paseo con Mason Roberson, un redactor de *People's World*. Este había conocido muy bien a Jean y dijo que le había confesado que era lesbiana; le dijo también que, con el fin de superar la atracción que sentía por las mujeres, «se había acostado con todos los "verracos" con que se había topado».[8] Eso le trajo a Jenkins el recuerdo de una vez que había entrado en la casa de la calle Shasta una mañana de fin de semana y había visto a Mary Ellen Washburn y a Jean Tatlock «incorporarse en la cama doble de Mary Ellen, fumando mientras leían el periódico». Al cabo del tiempo, Jenkins escribió en sus memorias, comentando su percepción de que las dos mujeres mantenían una relación lésbica, que «Jean parecía necesitar a Mary Ellen» y que esta había dicho: «Cuando conocí a Jean, me disgustaron sus [grandes] pechos y sus anchos tobillos».[9]

Mary Ellen Washburn tenía un motivo especial para estar desolada cuando se enteró de la muerte de Jean: le confesó a una amiga que esta la había llamado la víspera y le había pedido que fuera a verla. Le había dicho que estaba «muy triste». Mary Ellen, a la que no le fue posible acudir, después se quedó comprensiblemente abrumada por la culpa y el remordimiento.[10]

Que alguien se quite la vida deja a los vivos con una invariable sensación de imponderabilidad e incomprensión. El suicidio de Jean Tatlock representó para Oppenheimer una gran pérdida. Había puesto mucho de sí mismo en la relación con aquella joven. Había querido casarse con ella, e, incluso tras contraer matrimonio con Kitty, siguió siendo un amigo fiel cuando lo necesitó y un amante ocasional. Había pasado muchas horas paseando y hablando con ella para aliviarle la tristeza. Y de repente se había marchado. Él había fallado.

El día siguiente de que se descubriera el suicidio, Washburn envió un telegrama a Los Álamos para los Serber.[11] Cuando Bob fue a transmitirle la noticia a Oppenheimer, se dio cuenta de que este ya lo sabía. «Estaba muy apenado», recordó.[12] Después, Oppie salió de casa y se fue a dar uno de sus largos y solitarios paseos por los altos pinares que rodeaban Los Álamos. Dado todo lo que sabía sobre los estados psicológicos por los que Jean había pasado a lo largo de los años, Oppenheimer debió de sentir una oleada de emociones encontradas y dolorosas. Aparte de pena, ira, frustración y una profunda tristeza, seguramente sintió remordimiento e incluso culpa. Porque, si Jean se había convertido en «un alma paralizada», la presencia constante de Oppenheimer en su vida debió de haber contribuido de algún modo a esa parálisis.

Por sentimientos de amor y compasión, nuestro físico había pasado a ser una figura clave en la estructura de apoyo psicológico de Jean, pero había desaparecido de golpe misteriosamente. Intentó mantener el contacto, pero a partir de junio de 1943 le dejaron bien claro que no podía continuar su relación con Jean sin poner en riesgo el trabajo de Los Álamos. Estaba atrapado por las circunstancias. Debía cumplir sus obligaciones con su mujer e hijo, a los que amaba, y tenía responsabilidades para con sus colegas de Los Álamos. Desde este punto de vista, había actuado con sensatez. Pero, a ojos de Jean, tal vez pareció que la ambición desbancara al amor. En este sentido, Jean Tatlock podría considerarse la primera víctima de Oppenheimer y de su cargo en Los Álamos.

El suicidio de Tatlock apareció en la primera página de todos los periódicos de San Francisco. Aquella mañana, la oficina del FBI de la ciudad envió un telegrama a J. Edgar Hoover en el que le resumía lo que se había publicado en los periódicos. El telegrama finalizaba con «Esta oficina no emprenderá ninguna acción directa por la posibilidad de generar publicidad desfavorable. Se realizarán indagaciones directas con discreción según transcurra el tiempo y se informará a la agencia».[13]

En los años que han pasado desde entonces, una serie de historiadores y periodistas han especulado acerca del suicidio de Tatlock.[14] Según el forense, la joven había ingerido una comida completa poco antes de su muerte. Si tenía la intención de drogarse y ahogarse, en cuanto médico debía saber que la comida sin digerir ralentiza la metabolización de los medicamentos en el organismo. El informe de la autopsia no contiene ninguna prueba de que los barbitúricos hubieran alcanzado el hígado ni otros órganos vitales. Tampoco indica si había tomado una cantidad de estos tan alta que le causara la muerte. Por el contrario, tal como se ha dicho antes, la autopsia determinó que la causa de la muerte fue la asfixia al ahogarse. Todos estos datos son sospechosos de por sí, pero la información más inquietante que figura en el informe de la autopsia es el hecho de que el forense encontrara «un leve rastro de hidrato de cloral» en el organismo. Si se administra con alcohol, este compuesto es el ingrediente activo de lo que comúnmente se llamaba un «Mickey Finn»: una droga para hacer perder la consciencia. En suma, varios investigadores han conjeturado que podrían habérselo echado en la bebida y luego haberla ahogado por la fuerza en la bañera.

El informe del forense indica que no se le encontró alcohol en la sangre. (Lo que sí se observó fue cierto daño en el páncreas, lo cual señalaba que Tatlock bebía mucho). Médicos que han estudiado suicidios (y han leído el informe de esta autopsia) dicen que es posible que se ahogara a sí misma. En este escenario, la joven pudo haber ingerido una última comida con algunos barbitúricos para adormecerse, y luego se habría arrodillado con la cabeza encima de la bañera y tomado el hidrato de cloral para perder la consciencia. Si la dosis de este último era alta, habría metido la cabeza en el agua de la bañera para no volverla a sacar. Habría muerto, por tanto, por asfixia. Su «autopsia psicológica» encaja en el perfil de un individuo perfectamente funcional que sufría de «depresión retardada». Como psiquiatra que trabajaba en un hospital, Jean tenía fácil acceso a sedantes potentes, incluido el hidrato de cloral. Por otra parte, un médico al que se le mostraron los informes sobre Tatlock, dijo: «Si eres listo y quieres matar a alguien, esa es la mejor manera de hacerlo».[15]

Algunos investigadores, además del doctor Hugh Tatlock, hermano de Jean, no han dejado de cuestionar la extraña naturaleza de esta muerte.[16] Empezaron a sospechar que no se había suicidado en 1975, cuando se hicieron públicas las audiencias realizadas por el Comité Church del Senado de Estados Unidos, acerca de los asesinatos confabulados y perpetrados por la CIA. Uno de los testigos estrella fue ni más ni menos que el indómito Boris Pash, quien no solo había ordenado que pincharan el teléfono de Jean, sino que también había propuesto interrogar a Weinberg, Lomanitz, Bohm y Friedman «a la manera rusa» y luego deshacerse de los cuerpos echándolos al mar.[17]

Desde 1949 hasta 1952, Pash fue el jefe del Program Branch 7 de la CIA, una unidad especial de operaciones integrada en la Oficina de Coordinación de Políticas (OPC), la agencia clandestina original de la CIA. El superior de Pash, el director de planificación de operaciones para la OPC, dijo a los investigadores del Senado que la unidad que llevaba el coronel, el Program Branch 7, fue responsable de asesinatos y secuestros, así como de otras «operaciones especiales». Pash negó que le hubieran delegado la responsabilidad de cometer asesinatos, pero reconoció que era «comprensible» que otros miembros de la CIA «tuvieran la impresión de que mi unidad asumiera semejante tarea».[18] El exoficial de la CIA E. Howard Hunt hijo dijo a *The New York Times* el 26 de diciembre de 1975 que a mediados de la década de los cincuenta sus superiores le habían informado de que Boris T. Pash estaba al cargo de una unidad de operaciones especiales responsable del «asesinato de sospechosos de ser agentes dobles y oficiales similares de rango bajo».

Pese a que la CIA afirmaba no tener registros relacionados con asesinatos, el personal de investigación del Comité del Senado concluyó que a la unidad de Pash sí se le habían asignado «responsabilidades de asesinatos y secuestros». Está documentado, por ejemplo, que mientras trabajó en la división de Servicios Técnicos de la CIA, a principios de la década de 1960, Pash estuvo implicado en el intento de elaborar puros envenenados para Fidel Castro.

Es evidente que el coronel Boris Pash, un veterano antibolchevique reconvertido en agente de Contrainteligencia, reunía todos los requisitos para ser un asesino en una novela de espías ambientada en la Guerra Fría.[19] Sin embargo, a pesar de su colorido currículum, nadie ha encontrado pruebas que lo relacionen con la muerte de Tatlock. Es más, en enero de 1944 lo habían transferido a Londres. La nota de suicidio que dejó Jean indica que murió por su propia mano —«un alma paralizada»—, y eso fue lo que Oppenheimer siempre creyó.

19

«¿Te gustaría adoptarla?»

Aquí, en Los Álamos, he encontrado el espíritu de Atenas, de Platón, de la república ideal.

JAMES TUCK

Los Álamos era una anomalía. No había casi nadie que superara los cincuenta años; la media de edad era de veinticinco. «No teníamos inválidos, ni familia política, ni desempleados, ni ricos ociosos, ni pobres», escribió Bernice Brode en sus memorias.[1] En los carnets de conducir figuraban números, ningún nombre; la dirección era meramente «apartado de correos 1663». Rodeado de alambre de púas, el interior de Los Álamos estaba transformándose en una comunidad independiente de científicos, auspiciada y protegida por el ejército de Estados Unidos. Ruth Marshak recordaba llegar a Los Álamos y sentir «como si cerráramos una puerta gigante a nuestra espalda. El mundo que yo conocía, los amigos y la familia, dejaría de ser real para mí».[2]

Aquel primer invierno de 1943-1944, la nieve llegó pronto y se quedó hasta tarde. «Solo los más viejos de Pueblo —escribió un paisano de toda la vida— recuerdan tantas semanas de nieve cubriendo el suelo».[3] Algunas mañanas la temperatura descendía bastante por debajo de los cero grados y una densa niebla cubría el valle de debajo. Sin embargo, la severidad del invierno no hacía más que aumentar la belleza natural de la mesa y conectar a aquellos urbanitas desplazados con aquel paisaje nuevo, extraño y místico. Hubo quien esquió hasta mayo. Cuando por fin se fundió la nieve, las tierras altas, empapadas, florecieron con lirios mariposa de color lavanda y otras flores silvestres. En primavera y verano, al caer la tarde, casi a diario llegaban negras tormentas por las montañas y durante una o dos horas refrescaban la tierra. Bandadas de carracas, juncos y rascadores se posaban en las renacidas ramas verdes de los álamos.

«Aprendimos a observar la nieve en la Sangre y a buscar ciervos en el cañón del Agua», escribió Phil Morrison más adelante con un lirismo que reflejaba el apego emocional a la tierra que compartían muchos residentes. «Descubrimos que en las mesas y en el valle existía una cultura antigua y extraña; eran nuestros vecinos, los indios pueblo, y las cuevas del cañón de Otowi nos recordaban que otros hombres habían buscado agua en la tierra seca».[4]

Los Álamos era un campamento militar, pero contaba con muchas características de un centro vacacional de montaña. Justo antes de llegar, Robert Wilson había terminado de leer *La montaña mágica*, de Thomas Mann, y a veces se sentía como si lo hubieran transportado a aquel dominio fantástico.[5] Fue una «época dorada», dijo el físico inglés James Tuck: «Aquí, en Los Álamos, he encontrado el espíritu de Atenas, de Platón, de la república ideal».[6] Era «una isla en el cielo» o, como algunos recién llegados la llamaron, «Shangri-La».[7]

En muy pocos meses, los residentes de Los Álamos forjaron un sentido de comunidad, y muchas esposas atribuyeron el mérito a Oppenheimer. En los inicios, en un guiño a la democracia participativa, nombró un consejo municipal, que más tarde se convirtió en un órgano electo; aunque no tenía poder formal, se reunía regularmente y ayudaba a Oppie a mantenerse en contacto con las necesidades de la comunidad. En él podían airearse las quejas mundanas como la calidad de la comida del colmado militar, las condiciones de las viviendas y los tíquets de aparcamiento. Al término de 1943, Los Álamos contaba con una estación de radio de baja potencia que emitía noticias, anuncios de la comunidad y música, parte de esta última procedente de la amplísima colección personal de música clásica que poseía Oppenheimer. Con pequeños detalles, mostraba que comprendía y valoraba los sacrificios que todos hacían. Pese a la falta de intimidad, las condiciones espartanas y los cortes recurrentes de agua, leche y hasta electricidad, contagiaba a los demás su peculiar entusiasmo bromista. «En tu casa estáis todos un poco locos —le dijo un día Oppie a Bernice Brode—. Deberíais llevaros la mar de bien».[8] (Los Brode vivían en el piso de encima de Cyril y Alice Kimball Smith y de Edward y Mici Teller). Cuando el grupo de teatro local llevó a escena *Arsénico por compasión*, la comedia de Joseph Kesselring, el público se quedó asombrado y encantado al ver cómo dejaban a Oppenheimer, todo empolvado de harina blanca y tieso como un muerto, en el suelo junto al resto de las víctimas.[9] Y cuando, en otoño de 1943, murió súbitamente una joven, la esposa de un jefe de grupo, a causa de una misteriosa parálisis (la comunidad temió que fuera un caso de contagio de polio), Oppenheimer fue el primero en ir a ver al marido doliente.

En casa, Oppie era quien cocinaba. Todavía era aficionado a platos exóticos y picantes como el *nasi goreng*, pero una de sus recetas clásicas era filete con espárragos verdes y patatas, precedida de un gin sour o un martini. El 22 de abril de 1943, para su trigésimo noveno cumpleaños, fue el anfitrión de la primera gran fiesta de El Monte. Atiborró a los invitados con martinis sequísimos y comida deliciosa, aunque la comida era lo que menos se consumía. «El alcohol te pega más fuerte a dos mil quinientos metros —recordó el doctor Louis Hempelmann—, así que todo el mundo, hasta los más serios, como Rabi, pilló una buena cogorza. Todos bailaron».[10] Oppie bailó el foxtrot en estilo clásico, como solía, con el brazo tieso y alargado hacia delante. Rabi divirtió a todos cuando sacó el peine y lo tocó como una armónica.

Kitty se negó a hacer el papel social de la esposa del director. «Kitty era una chica que solo se vestía con tejanos y camisas de Brooks Brothers», recordó una amiga de Los Álamos.[11] Al principio estuvo empleada a media jornada como técnico de laboratorio bajo la supervisión del doctor Hempelmann, cuyo trabajo consistía en estudiar los riesgos que la radiación comportaba para la salud. «Era muy mandona», recordó este.[12] Muy de vez en cuando invitaba a antiguos amigos de Berkeley a cenar a su casa y raramente organizaba fiestas. Quienes sí las montaban eran los vecinos de al lado, Deke y Martha Parsons, a los que les gustaba tener a gente en casa. Oppie animaba a todos a trabajar duro y divertirse a tope. «Los sábados íbamos de guateque y los domingos de excursión —escribió Bernice Brode—; el resto de los días trabajábamos».

Los sábados por la noche el edificio principal solía estar concurrido de gente con ganas de bailar country: los hombres iban con tejanos, botas de vaquero y camisas coloridas; las mujeres, con vestidos largos abultados por enaguas. Como era de esperar, los solteros de la residencia montaban las fiestas más alborotadas, alimentadas con un mejunje mitad alcohol de laboratorio y mitad zumo de pomelo mezclados en bidones galvanizados de siete litros y enfriados con trozos de humeante hielo seco. Un científico joven, Mike Michnoviicz, a veces tocaba el acordeón mientras el resto bailaba.

Algunos físicos ofrecían esporádicamente recitales de piano y violín los sábados por la noche. Oppenheimer se ponía elegante para esas ocasiones, con un traje de tweed. Era siempre el centro de atención. «En una sala amplia —recordaba Dorothy McKibbin—, el grupo más grande de gente revoloteaba alrededor de lo que, si podías abrirte paso y verlo, era Oppenheimer. Era el alma de la fiesta, y las mujeres lo adoraban».[13] Una vez se propuso una fiesta temática: «Ven vestido como tu deseo reprimido». Oppie fue con su traje de siempre, pero con una servilleta colgada del antebrazo, como si quisiera decir que solo deseaba ser camarero. Obviamente fue una pose pensada para reflejar una humildad estudiada; no se trataba de ningún anhelo real de ser una persona anónima. Como director científico del proyecto más importante de la guerra, Oppenheimer ya estaba viviendo su «deseo reprimido».

Los domingos, muchos salían a las montañas cercanas a hacer excursiones o pícnics, o bien alquilaban los caballos que había en los antiguos establos del rancho escuela.[14] Oppenheimer tenía el suyo propio, Chico, un hermoso alazán de catorce años, y cabalgaba habitualmente por la ruta que iba desde la parte este de la ciudad hacia el oeste, a los senderos de montaña. Oppie sabía poner a Chico en «trasiego» (un trote en el que cada pezuña pisa a un tiempo distinto) por los senderos más agrestes. Agitaba el sombrero *porkpie* marrón y saludaba a todo aquel con quien se cruzaba. Kitty también era una «jinete muy buena, montaba al estilo europeo». Al principio cabalgaba a Dixie, un trotador americano de categoría que antaño había corrido en las carreras de Albuquerque; luego lo cambió por un pura sangre. Un guardaespaldas armado siempre los acompañaba.

La resistencia que exhibía Oppenheimer encima de un caballo o caminando por las montañas sorprendía invariablemente a sus compañeros. «Parecía tan frágil —recordó el doctor Hempelmann—. Estaba siempre flaquísimo, pero era fuerte como un roble».[15] En verano de 1944, ambos cabalgaron hasta el rancho de Perro Caliente cruzando las montañas Sangre de Cristo. «Por poco me mata —contaba Hempelmann—. Él iba en su caballo, al paso de trasiego, la mar de cómodo, y mi caballo tenía que ir a un trote forzado para seguirle el ritmo. Creo que el primer día debimos de cabalgar cincuenta o cincuenta y cinco kilómetros, y yo acabé medio muerto». Aunque enfermaba muy raramente, Oppie sufría de la tos del fumador, consecuencia del hábito de fumar cuatro o cinco paquetes diarios. «Creo que solo cogía la pipa —dijo una de sus secretarias— como interludio entre un cigarrillo y otro».[16] Le daban ataques de tos incontrolables y prolongados, y se ponía morado a veces, cuando se empeñaba en seguir hablando mientras tosía. Igual que preparaba los martinis con su propia ceremonia, también fumaba con un estilo singular. Lo normal es sacudir la ceniza del cigarrillo con unos golpecitos del dedo índice, pero él tenía la curiosa costumbre de hacerlo con la punta del dedo meñique, la cual se le había encallecido tanto que parecía chamuscada.[17]

Poco a poco, en la mesa, la vida fue haciéndose más confortable, si bien apenas lujosa.[18] Los soldados cortaban leña y la almacenaban, lista para usarla en la cocina y en la chimenea de las viviendas. El ejército también recogía la basura y calentaba las calderas con carbón, y todos los días mandaba un autobús a recoger a las indias pueblo de la cercana población de San Ildefonso que trabajaban como limpiadoras. Con los pies envueltos en botas de piel de ciervo, mantos coloridos y un montón de joyas de turquesas y plata, las pueblo no tardaron en ser figuras familiares en la ciudad. A primera hora de la mañana, después de pasar por la oficina del servicio de limpieza del ejército, situada al lado de la torre del agua, se las veía andando por las calles sin asfaltar, cada una hacia la vivienda que le habían asignado para cumplir media jornada; por ello, los residentes empezaron a llamarlas sus «medios días». La idea, apoyada por Oppenheimer y ejecutada por el ejército, era que, gracias a aquel servicio doméstico, las esposas de los científicos del proyecto pudiesen trabajar como secretarias, ayudantes de laboratorio, maestras de escuela o «técnicas de máquinas computadoras» en el área técnica. A su vez, así se facilitaría que el ejército mantuviera la población de Los Álamos al mínimo y se levantaría la moral de tantas mujeres inteligentes y enérgicas. El servicio de limpieza se asignaba en función de las necesidades, de la importancia del trabajo de cada mujer, de las horas que debiera invertir esta en el trabajo, del número de niños que tuviera, e incluso a veces por enfermedad. No siempre perfecto, ese asomo de socialismo militar favoreció en gran medida la vida de la población y ayudó a convertir el aislado laboratorio en una comunidad plenamente trabajadora y eficaz.

Los Álamos siempre tuvo un porcentaje inusitadamente alto de solteros y solteras. Por supuesto, el ejército tenía poco éxito en mantener la separación de sexos. Robert Wilson, el jefe de grupo más joven del laboratorio, era el presidente del consejo municipal cuando la policía militar ordenó la clausura de una residencia de mujeres y el despido de las inquilinas. Un grupo de jóvenes llorosas, apoyadas por cierto grupo de solteros, apareció en el consejo para apelar contra la decisión. Wilson recordaría lo ocurrido: «Por lo visto, las chicas habían organizado un floreciente negocio dedicado a la satisfacción de las necesidades básicas de nuestros jóvenes a cambio de dinero. Todo era muy comprensible para el ejército hasta que la enfermedad asomó su fea cabeza, por eso intervinieron».[19] El consejo municipal acabó decidiendo que la cantidad de muchachas que se dedicaban a aquella actividad era pequeña; se tomaron medidas sanitarias, y la residencia siguió abierta.

Cada pocas semanas, a los habitantes de El Monte se les permitía pasar una tarde de compras en Santa Fe. Algunos aprovechaban para ir a La Fonda a tomarse algo. Oppenheimer solía pasar la noche en casa de Dorothy McKibbin, una preciosa vivienda de adobe y de paredes anchas en el histórico Camino de Santa Fe. En 1936, esta se había gastado diez mil dólares en construir un rancho de estilo clásico español en un terreno de seis mil metros cuadrados ubicado en la parte sur de Santa Fe. Con sus puertas talladas al estilo español y el porche que la rodeaba, la casa parecía llevar allí décadas. Dorothy la llenó de muebles antiguos locales y alfombras navajas. Como era la «guardiana» del proyecto, le correspondía el distintivo de seguridad «Q» (el grado más alto), y por ello Oppenheimer usaba a menudo su casa cuando tenía que celebrar reuniones delicadas en Santa Fe. A McKibbin le encantaba hacer de «mamá pato» en esas ocasiones, pero también atesoraba las muchas noches tranquilas que pasó a solas con el físico, cocinando su plato favorito, filete con espárragos, mientras él preparaba «los mejores martinis que hayas probado nunca».[20] Para Robert, la casa de McKibbin era un refugio donde descansar de la vigilancia constante con la que convivía en El Monte. «Dorothy amaba a Oppenheimer —diría David Hawkins tiempo después—. Era su ojito derecho, y ella lo era de él».[21]

Mientras que la mayoría de los cónyuges se adaptó bastante bien al clima riguroso, el aislamiento y la rutina del lugar, Kitty se sentía cada vez más atrapada. Deseaba con todas sus fuerzas lo que Los Álamos podía dar a su marido, pero era una mujer inteligente con ambición de ser botánica y se vio frustrada en lo profesional. Después de pasar un año haciendo hemogramas para el doctor Hempelmann, lo dejó. También se sentía socialmente aislada. Si estaba de buen humor, podía ser muy simpática y cálida tanto con sus amigos como con desconocidos. Sin embargo, la gente percibía que tenía un lado brusco. Con frecuencia parecía estar tensa e infeliz. Cuando estaba con alguien podía mantener conversaciones intrascendentes, pero, como dijo una amiga, «lo que quería era tener conversaciones trascendentes».[22] Joseph Rotblat, un joven físico polaco, la veía de vez en cuando en fiestas o en su casa a la hora de cenar. «Parecía muy distante —dijo—, una persona altiva».[23]

La secretaria de Oppenheimer, Priscilla Greene Duffield, se encontraba en el lugar ideal para observarla. «Era una persona muy intensa, muy inteligente, muy vital», recordaría. Pero también pensaba que era «de trato muy difícil».[24] Pat Sherr, vecina suya y esposa de otro físico, se sentía agobiada por su personalidad fulgurante. «Hacia fuera era muy alegre y desprendía algo de calidez —recordó esta—. Más tarde me di cuenta de que en realidad no era calidez genuina por la gente, sino algo que respondía en parte a su tremenda necesidad de atención y de afecto».

Igual que Robert, Kitty tendía a llenar de regalos a los demás. El día en que Sherr se quejó del hornillo de queroseno que había en su vivienda, Kitty le dio uno eléctrico viejo. «Me regalaba cosas, me inundaba», dijo Sherr.[25] Para otras mujeres, sus modales bruscos rayaban en lo insultante; también para muchos hombres, y eso que al parecer Kitty prefería la compañía masculina. «Es una de las pocas personas de las que he oído a hombres, y hombres muy agradables, decir que era un mal bicho», recordó Duffield, aunque también tenía claro que su jefe confiaba en Kitty y le pedía consejo sobre toda clase de cuestiones. «Para él, su opinión tenía tanto peso como la de cualquier otra persona a la que decidiera preguntar», dijo.[26] Kitty nunca vacilaba en interrumpir a su marido, pero a él «nunca pareció importarle», observó un amigo cercano.[27]

A principios de 1945, Priscilla Greene Duffield tuvo un hijo, y Oppenheimer se vio en la necesidad de contratar a otra secretaria. Groves le propuso varias con experiencia, pero él las rechazó a todas, hasta que un día le dijo que quería a Anne T. Wilson, una guapa muchacha de veinte años, rubia de ojos azules, a quien conoció en el despacho que tenía Groves en Washington. «[Oppenheimer] se paró en mi mesa, que estaba justo frente a la puerta del despacho del general, y nos pusimos a hablar —relató Wilson al respecto—. Me quedé de piedra; tenía delante de mí a aquel personaje legendario, y parte de su leyenda era que todas las mujeres se quedaban anonadadas en sus narices».[28]

Halagada, Wilson se trasladó a Los Álamos. No obstante, antes de partir, John Lansdale, el jefe de Contrainteligencia de Groves, le hizo una oferta: le pagaría doscientos dólares al mes si le enviaba nada más que una carta mensual en la que le refiriera lo que viera en el despacho de Oppenheimer. Turbada, se negó de plano. «Le dije —relató—: "Lansdale, me gustaría que hiciera usted como si nunca me hubiera pedido semejante cosa"». Groves le había dicho que, una vez en Los Álamos, debía ser leal a Oppenheimer. Después de la guerra se enteró, y probablemente no se sorprendió, de que el general había ordenado que la vigilaran cuando saliera de Los Álamos: Groves creía que, tras trabajar en el despacho de Oppenheimer, Wilson sabía demasiado como para que la dejaran campar a sus anchas.

Al llegar a Los Álamos, la joven se encontró con que Oppenheimer estaba en la cama con varicela y a cuarenta de fiebre. «Nuestro delgado y ascético director —escribió la esposa de otro físico— parecía el retrato de un santo del siglo xv, con los ojos febriles que parecían saltársele de la cara, llena de manchas rojas y cubierta de una barba larga y descuidada».[29] Poco después de que se recuperara, los Oppenheimer invitaron a Wilson a casa para tomar algo. El anfitrión sirvió uno, y después otro, de sus famosos martinis, y, como todavía no se había aclimatado a las alturas, a la joven secretaria la potente pócima se le subió enseguida a la cabeza. Wilson recuerda que tuvieron que acompañarla a su habitación, que estaba en el alojamiento de las enfermeras.

Anne Wilson estaba fascinada por su carismático nuevo jefe y lo admiraba profundamente, pero, a sus veinte años, en 1945, no se sintió atraída por un hombre casado que le doblaba la edad. De todos modos, Anne era una joven hermosa, inteligente y desenvuelta, y la gente de El Monte empezó a rumorear acerca de la nueva secretaria del director. Unas semanas después de llegar, esta empezó a recibir una única rosa en un jarrón, cada tres días, enviada desde una floristería de Santa Fe. Las misteriosas flores no llevaban tarjeta. «Estaba atónita, así que empecé a preguntar por ahí a mi manera infantil: "Tengo un admirador secreto. ¿Quién me envía estas flores tan bonitas?". Nunca lo supe. Al final, alguien me dijo: "Solo hay una persona capaz de eso, y es Robert". Buf, dije que era absurdo».

Como ocurriría en cualquier ciudad pequeña, comenzaron a circular rumores de que Oppenheimer tenía un lío con Wilson. Ella lo negó siempre: «Tengo que decir que era demasiado joven para mirarlo de ese modo. Debía de pensar que un hombre de cuarenta años era un viejo».[30] Inevitablemente, Kitty se enteró de los rumores, y un día se plantó delante de Wilson y le preguntó sin rodeos si estaba interesada en Robert. Ella no dio crédito a sus oídos. «Fue imposible malinterpretar mi reacción», recordó Wilson.

En los años que siguieron, Anne Wilson se casó, Kitty se calmó, y ambas mujeres trabaron una amistad duradera. Si a Robert realmente le gustaba su nueva secretaria, aquella rosa roja solitaria y anónima fue un gesto sutil nada impropio de él. No era de los que iniciaban la conquista. Como observó Wilson, las mujeres «gravitaban» en torno a él. «Desde luego que era un ligón —dijo esta—. Ya me di cuenta, y oí muchas historias al respecto».[31] Al mismo tiempo, sin embargo, era lastimosamente tímido e incluso cándido. «Era muy comprensivo —afirmó Wilson—. Creo que ese era el secreto de la atracción que las mujeres sentían por él. Era casi como si les leyera la mente. Muchas me lo decían. En Los Álamos, las que estaban embarazadas decían: "El único que me entendería sería Robert". Tenía una capacidad de identificarse con la gente casi santa». Y aunque se sintiera atraído por otras mujeres, era fiel a su matrimonio. «Tenían una relación muy estrecha —dijo Hempelmann de Kitty y Robert—. Él iba a casa por las noches siempre que podía. Creo que ella se sentía orgullosa de él, pero creo que le habría gustado estar más en el meollo de lo que ocurría».[32]

En la red de seguridad que envolvía a Robert estaba incluida, por supuesto, su mujer. No pasó mucho tiempo hasta que Lansdale la interrogara amablemente. Entrevistador hábil y empático, el coronel advirtió enseguida que Kitty podía brindarle apreciaciones cruciales acerca de su marido. «La señora Oppenheimer no tenía buenos antecedentes —testificó Lansdale más adelante—; por ello aprovechaba siempre que podía para hablar con ella».[33] Cuando Kitty le puso un martini, él observó que no era de las que sirven el té. «De la señora Oppenheimer me impresionó su fortaleza y la solidez de sus convicciones. Me impresionó por ser una persona que podía haber sido comunista, y vi que realmente lo era. Hay que ser muy fuerte para ser comunista de verdad». A pesar de ello, a lo largo de sus vagas conversaciones, Lansdale se dio cuenta de que su lealtad última se la profesaba a su marido. También notó que representaba su papel con educación, pero en realidad «me odiaba y odiaba todo aquello que yo significaba».

El disperso interrogatorio se convirtió en una danza. «Como decimos en nuestro oficio —diría Lansdale al cabo del tiempo—, ella intentaba manipularme igual que yo intentaba manipularla a ella. […] Vi que haría lo que fuera por aquello en lo que creía. La estrategia que asumí fue mostrarle que yo era una persona imparcial que quería evaluar a Oppenheimer y su situación con honestidad. Por eso nuestras charlas se alargaron tanto en el tiempo.

»Estaba seguro de que había sido comunista, pero no tanto de que hubieran cambiado mucho sus juicios generales. […] No le importaba cuánto supiera yo de lo que hizo antes de conocer a Oppenheimer ni mi opinión sobre ello. Poco a poco empecé a ver que ningún aspecto de su pasado ni de sus otros maridos significaban nada en comparación con él. Me convencí de que el vínculo que tenía con él era más fuerte que el comunismo, que el futuro de él le importaba más que el comunismo. Quiso venderme la idea de que él era su vida, y yo la compré».[34] Al cabo, Lansdale trasladó sus conclusiones a Groves: «El doctor Oppenheimer era lo más importante de su vida, [...] su fuerza de voluntad era una influencia muy poderosa para mantenerlo apartado de lo que nosotros llamaríamos relaciones peligrosas».[35]

Tras el alambre de púas, Kitty se sentía a veces como si viviera bajo la lente de un microscopio. La tienda del ejército solía tener comida y enseres que podían conseguirse fuera solamente con cartilla de racionamiento, el cine programaba dos películas a la semana a solo quince céntimos la entrada y los servicios médicos eran gratuitos. Hubo tantas parejas que tuvieron hijos (se registraron unos ochenta nacimientos el primer año y unos diez más al cabo de un mes) que bautizaron al pequeño hospital, que contaba solo con siete habitaciones, con las siglas RFD, por «Rural Free Delivery».[*][36] Cuando el general Groves se quejó de la cantidad de bebés que había, Oppenheimer le dijo con sorna que en las obligaciones de un director científico no figuraba el control de natalidad. Pero los Oppenheimer no fueron ajenos a la oleada de nacimientos. Kitty volvía a estar embarazada. El 7 de diciembre de 1944 dio a luz a una niña en los barracones del hospital de Los Álamos, a la que llamaron Katherine pero apodaron Tyke.[37] Sobre la cuna pusieron un cartelito que decía «Oppenheimer», y durante unos días la gente hacía cola para echar un vistazo a la niña del jefe.

Al cabo de cuatro meses, Kitty anunció que «tenía que ir a ver a sus padres». Ya fuera por depresión posparto, exceso de martinis en su casa o la situación de su matrimonio, Kitty estaba al borde del colapso emocional. «Empezó a desmoronarse y a beber mucho», recordó Pat Sherr.[38] Los Oppenheimer tenían también problemas con su hijo, de dos años. Como todos los niños, Peter era un poco difícil. Y, según Sherr, Kitty «no tenía ni pizca de paciencia con él». Esta, psicóloga de formación, opinaba que la madre «carecía de toda comprensión intuitiva hacia los niños». Kitty siempre fue de carácter voluble. Jackie Oppenheimer, su

---

* El Rural Free Delivery fue un servicio postal público implantado a finales del siglo XIX para repartir el correo gratuitamente a las poblaciones rurales. Se enviaban todo tipo de paquetes, incluidos bebés y niños. (N. de la T.)

cuñada, señaló de ella que «se largaba unos cuantos días a Albuquerque, incluso a la Costa Oeste, e iba de compras, y dejaba a los niños con la criada. —Después volvía con un regalo enorme para Peter—. Debía de sentirse muy culpable y muy desgraciada, la pobre».[39]

En abril de 1945, Kitty se marchó a Pittsburgh y se llevó consigo a Peter, pero dejó a su niña, de cuatro meses, en manos de su amiga Pat Sherr, quien había sufrido un aborto hacía poco. El pediatra de Los Álamos, el doctor Henry Barnett, dijo que sería bueno para Sherr cuidar de un bebé. Así pues, trasladaron a Tyke (o Toni, como la llamaron después) a casa de esta. Kitty y Peter estuvieron fuera tres meses y medio, hasta julio de 1945. Robert, por su parte, trabajaba muchas horas y solo iba dos veces por semana a ver a su hija.

La presión que llevaba soportando hacía ya dos intensísimos años empezó a pasarle factura. Físicamente era obvio: no paraba de toser y adelgazó tanto que llegó a pesar cincuenta y dos kilos, con uno setenta y siete de estatura; estaba en los huesos. Nunca perdió la energía, pero parecía ir desapareciendo literalmente poco a poco cada día. La factura psicológica fue, si acaso, más grave, pero menos visible. Había pasado la vida enfrentándose a sus dificultades mentales y lidiando con ellas; aun así, el nacimiento de Tyke y la marcha de Kitty lo dejaron más vulnerable que de costumbre.

«Fue todo muy raro —recordó Sherr—. Venía a casa, se sentaba y hablábamos, pero no pedía ver al bebé. Para el caso, podría haber estado en la otra punta del mundo; no preguntó nunca por ella.

»Un día por fin le dije: "¿No te gustaría ver a tu hija? Está creciendo muy bien". Y él contestó: "Sí, sí"».

Pasaron dos meses, y en una de las visitas a Sherr, Robert le dijo: «Parece que te has encariñado mucho con Tyke». Esta le contestó sin florituras: «Bueno, me gustan los niños, y, cuando te haces cargo de un bebé, ya sea tuyo o de otro, se vuelve parte de tu vida».

Sherr se quedó atónita cuando Oppenheimer le preguntó entonces: «¿Te gustaría adoptarla?».

«Pues claro que no —respondió—. Tiene un padre y una madre perfectamente normales». Quiso saber por qué le hacía semejante pregunta y Oppenheimer contestó: «Porque soy incapaz de quererla».

Para consolarlo, Sherr le dijo que sentirse así era normal para un padre al que han separado de su hijo, y que con el tiempo crearía un «vínculo» con ella.

«No, yo no soy de los que crean vínculos», respondió Oppenheimer. Ella le preguntó si lo había hablado con Kitty, y él contestó: «No, no, no. Quería tantearte a ti primero porque pienso que es importante que esta niña tenga un hogar donde la quieran. Y tú se lo has dado».

La conversación incomodó y alteró a Sherr. Le llamó la atención que, por peregrina que fuera, la sugerencia nació de un sentimiento genuino. «Me pareció que era un hombre con una gran conciencia moral por ser capaz de decirme eso. [...] Ahí estaba: era consciente de lo que sentía, y al mismo tiempo se sentía culpable por ello, y quería darle a su hija un trato justo como fuera, pues creía que no podía dárselo él».[40]

En julio de 1945, Kitty volvió a Los Álamos e inundó a Sherr con regalos, tal como era su costumbre. Encontró el recinto en un estado de mucha tensión. Los hombres trabajaban más horas y las esposas se sentían más aisladas que nunca. Kitty empezó a invitar a casa a grupos reducidos de mujeres para tomar cócteles en horario diurno. Jackie Oppenheimer, que estuvo de visita en Los Álamos en 1945, recordaba una de aquellas ocasiones. «Se sabía que no nos llevábamos muy bien —dijo—, pero ella se empeñaba en que nos vieran juntas. Una vez me invitó a un cóctel; eran las cuatro de la tarde. Cuando llegué, ahí estaban Kitty y cuatro o cinco mujeres más, compañeras de copas, y allí estuvimos, sentadas, sin mucho de qué hablar, bebiendo. Fue horrible y no volví a ir».[41]

En aquel tiempo, Pat Sherr no pensaba que Kitty fuese alcohólica. «Bebía un poco —diría—. Llegaban las cuatro de la tarde, se tomaba su copa y seguía con sus cosas. No acababa arrastrando las palabras».[42] La bebida se convertiría en un problema más adelante, pero, según otro amigo cercano, el doctor Hempelmann, «no bebía más que cualquiera de Los Álamos».[43] El alcohol fluía libre allí, y, a medida que pasaban los meses, había personas que se sentían asfixiadas por el aislamiento. «Al principio, todos nos lo pasábamos muy bien —recordó Hempelmann—, pero con el tiempo las cosas se crisparon y la gente empezó a cansarse, a ponerse nerviosa e irritable, y ya no era tan divertido. Lo hacíamos todo juntos. Tus compañeros de ocio eran tus compañeros de trabajo. Un amigo te decía de salir a cenar, y tú no tenías nada más que hacer, pero no te apetecía. Lo iba a saber: pasaba por delante de tu casa y veía que tu coche estaba ahí. Todos lo sabían todo de todos».

Además de las excursiones periódicas que se hacían a Santa Fe por las tardes, una de las pocas escapadas permitidas era ir a cenar a la casa de adobe de la señorita Edith Warner, en Otowi —«el lugar donde el agua suena»—,[44] junto al río Grande, a unos treinta kilómetros de Los Álamos por una carretera serpenteante. Oppie conoció a la señorita Warner en una salida a caballo que hizo con Frank y Jackie desde el cañón de Frijoles. Se les escapó un caballo, Robert fue tras él para cogerlo y terminó en la «tetería» de la señorita Warner. «Tomamos té y pastel de chocolate, y hablamos —escribiría Oppenheimer al cabo del tiempo—. Aquel primer encuentro fue inolvidable para mí».[45] Con pantalones tejanos azules y botas de vaquero con espuelas, Robert parecía, pensó su anfitriona, «el protagonista flaco y nervudo de una película del Oeste».[46]

La señorita Warner, hija de un pastor protestante de Filadelfia, llegó a la meseta Pajarito en 1922, después de sufrir un colapso nervioso a los treinta años. Junto con su compañero, un nativo de edad avanzada, Atilano Montoya (conocido en el pueblo como Tilano), atendía en su casa lo que ella llamaba una tetería para turistas. Llevaba una vida sencilla en extremo.[47]

Una noche, poco después de mudarse a Los Álamos, Robert llevó al general Groves a tomar el té a la casa del puente Otowi. Tras la clausura del rancho escuela y las restricciones de gas practicadas a causa de la guerra, había poco turismo. Mientras tomaban el té, Edith confesó con delicadeza que no sabía cómo llegar a fin de mes. El general Groves le ofreció que se encargara del servicio de cocina de El Monte. Era mucho trabajo, pero se pagaba bien. Edith dijo que lo pensaría. Cuando se marcharon, Robert fue con Groves al coche, pero volvió a la casa y llamó a la puerta. Con el sombrero en la mano y el rostro iluminado por la luz de la luna, le dijo: «No lo coja». Se dio la vuelta con brusquedad y fue al coche.[48]

Unos días después, Oppenheimer volvió a casa de la señorita Warner y le propuso que atendiera tres cenas modestas por semana para grupos de no más de diez personas. Al ofrecer a los científicos una pequeña distracción de la vida en El Monte, le explicó Oppie, contribuiría de veras al desarrollo de la guerra. El general Groves ya había aprobado la idea, y Edith la acogió como caída del cielo.

«En el mes de abril —escribió la señorita Warner a finales de aquel año—, los X empezaron a bajar de Los Álamos una vez a la semana para cenar, y otros los fueron siguiendo».[49] Después de pasar el día cocinando, la anfitriona, ataviada con un vestido abotonado y mocasines indios, presidía una mesa de madera, larga y tallada a mano, que ocupaba el centro del comedor, de paredes encaladas de adobe y vigas bajas labradas a mano. La señorita Warner, de cincuenta y un años, servía a los «científicos hambrientos» raciones generosas de cocina casera. Comían ragú de cordero

319

a la luz de las velas, colocadas en platos y cuencos de cerámica negra tradicionales indios y torneados por la ceramista local, María Martínez. Después de cenar, los invitados se acurrucaban un ratito frente a la chimenea para calentarse antes de emprender la larga subida de vuelta. Por aquellas noches entre adobe y velas, la señorita Warner cobraba la cantidad simbólica de dos dólares por cabeza. Lo único que sabía era que aquellas personas misteriosas trabajaban «en un proyecto muy secreto. [...] En Santa Fe dicen que es una base de submarinos, ¡una idea como cualquier otra!».

Cenar en la tetería se convirtió en un placer tan buscado que grupos de cinco parejas tenían reserva para el mismo día todas las semanas. Oppenheimer se aseguró de que Kitty y él tuvieran preferencia en el calendario de Edith, pero enseguida los Parsons, los Wilson, los Bethe, los Serber y otros se volvieron clientes habituales, mientras que muchas otras parejas rivalizaban por alcanzar el prestigio de conseguir una invitación. Cosa extraña, la tranquila y callada señorita Warner tenía una relación especial con la vivaz y sarcástica esposa de Oppenheimer. «Kitty y yo nos entendíamos —diría más adelante Warner—. Me era muy cercana, y yo a ella».[50]

Un día de principios de 1944, Oppie llevó a casa de la señorita Warner al ganador del Nobel Niels Bohr y se lo presentó como «el señor Nicholas Baker», el sobrenombre que tomó ante la sugerencia de Oppenheimer.[51] Todos llamaban al amable y modesto danés «tío Nick». Conversaba con la señorita Warner en voz baja, casi en murmullos, tartamudeando y con frases a medias, pero esta tampoco era muy habladora. Años después, Bohr atestiguó aquella insólita amistad con una carta que envió a la hermana de la señorita Warner «con gratitud por la amistad de su hermana».[52] Esta veía a Bohr y a Oppenheimer como seres casi místicos: «[Bohr] posee una gran calma interior, un manantial sosegado e inagotable. [...] Robert tiene lo mismo».

Por supuesto, Bohr no fue la única personalidad memorable que se sentó a la mesa de la señorita Warner. James Conant (presidente del S-1 o Sección 1 de la Agencia de Investigación y Desarrollo Científico), Arthur Compton (premio Nobel y director del Laboratorio Metalúrgico de la Universidad de Chicago) y otro premio Nobel, Enrico Fermi, pasaron por la casa del puente Otowi, pero la única fotografía enmarcada que la señorita Warner tenía en la cómoda, en Filadelfia, era la de Oppenheimer.[53] Phil Morrison podría haber hablado por boca de este cuando, a finales de 1945, escribió a la señorita Warner una larga carta de agradecimiento por las muchas veladas pasadas en su compañía: «No fue pequeña la parte de la vida que acabamos llevando allí, señorita Warner, la que representó usted. Las noches que pasamos en su casa, junto al río, a la mesa puesta con tanta pulcritud, frente a la chimenea alimentada con tanto esmero, nos proporcionaron un poco de su confianza, nos hizo sentirnos parte de algo, nos sacó de las temporales casas verdes y de las carreteras apisonadas. No la olvidaremos. […] Me alegra mucho saber que al pie de los cañones hay una casa donde el espíritu de Bohr se comprende tan bien».[54]

20

«Bohr era Dios y Oppie su profeta»

> No necesitaban mi ayuda para construir la bomba ató-
> mica.
>
> NIELS BOHR

La «carrera» para construir la bomba atómica había comenzado de forma más o menos desordenada.[1] A unos cuantos científicos, casi todos emigrados europeos, les invadió el pánico en 1939 ante la posibilidad de que sus antiguos colegas alemanes tomaran la delantera en destinar el descubrimiento de la fisión nuclear a fines militares. Advirtieron de ese peligro al Gobierno estadounidense, y este auspició congresos y pequeños proyectos de investigación nuclear. Comisiones de científicos llevaron a cabo estudios y escribieron informes. No fue hasta la primavera de 1941, más de dos años después de que se descubriera, en Alemania, la fisión nuclear, que Otto Frisch y Rudolph Peierls, dos físicos alemanes emigrados que trabajaban en Gran Bretaña, concibieron cómo podría producirse una bomba atómica en poco tiempo para emplearla en la guerra. Desde aquel momento, todas las personas relacionadas con este proyecto, desarrollado por Estados Unidos, Gran Bretaña y Canadá, pusieron todo su empeño en ganar esa carrera mortal. Las reflexiones sobre qué consecuencias posbélicas comportaría un mundo armado atómicamente permanecieron latentes hasta diciembre de 1943, cuando Niels Bohr llegó a Los Álamos.

Oppenheimer no podía estar más complacido por tenerlo a su lado. A este físico danés de cincuenta y siete años lo sacaron a escondidas de Copenhague en una lancha motora la noche del 29 de septiembre de 1943. Tras llegar sano y salvo a la costa sueca, lo llevaron a Estocolmo, donde agentes alemanes planeaban su asesinato. El 5 de octubre, Gran Bretaña envió a varios pilotos para que lo rescataran; lo metieron en la bodega de armas de un bombardero de madera contrachapada, un Mosquito, sin distintivos. Cuando el avión ascendió hasta una altitud de seis mil metros, el piloto dio instrucciones a Bohr para que se pusiera la máscara de oxígeno, integrada en el casco de cuero que llevaba puesto, pero este no lo oyó (dijo después que tenía la cabeza muy grande y el casco le iba pequeño) y se desmayó por la falta de oxígeno. Sobrevivió al viaje y, tras aterrizar en Escocia, comentó que había echado una siesta muy agradable.

En la pista de aterrizaje lo esperaba su amigo y colega James Chadwick, quien lo llevó a Londres y lo informó del proyecto británico-estadounidense de la bomba. Bohr ya sabía desde 1939 que el descubrimiento de la fisión nuclear hacía factible la construcción de una bomba atómica, pero creía que la ingeniería necesaria para obtener el U-235 requería una inversión industrial enorme y, por tanto, irrealizable. Sin embargo, Chadwick le contó que los estadounidenses estaban volcando enormes recursos industriales precisamente en ese propósito. «A Bohr —escribiría Oppenheimer más tarde— le parecía imposible de creer».[2]

Al cabo de una semana de estar en Londres llegó su hijo, Aage (pronunciado «Awa»), un físico prometedor de veintiún años que con el tiempo cosecharía su propio Premio Nobel. Durante las siete semanas siguientes, detallaron a padre e hijo el desarrollo de Tube Alloys, el nombre en clave británico del proyecto de la bomba. Bohr aceptó asesorar a los británicos, quienes a su vez aceptaron trasladarlo a Estados Unidos. A principios de diciembre, su hijo y él se embarcaron hacia Nueva York. Al general Groves no le hacía gracia la idea de que Bohr participara en el proyecto, pero, dado el prestigio que tenía el danés en el mundo de la física, le concedió permiso a regañadientes para que visitara la misteriosa «Zona Y» del desierto de Nuevo México.

El descontento de Groves se había disparado con los informes de Inteligencia, que apuntaban a que Bohr era imprevisible.[3] El 9 de octubre de 1943, *The New York Times* publicó que el físico danés había llegado a Londres cargado con «planes para una invención relacionada con explosiones atómicas». Groves se enfureció, pero no podía hacer nada más que tratar de contener a Bohr, lo cual se reveló tarea inútil: era indomable. Cuando aún estaba en Dinamarca, un buen día fue al palacio, llamó a la puerta y pidió hablar con el rey. Hizo más o menos lo mismo en Washington D. C., donde fue a ver a lord Halifax, el embajador británico, y a Felix Frankfurter, el juez del Tribunal Supremo, persona muy cercana al presidente Roosevelt. El mensaje que transmitió a aquellos hombres fue muy claro: era ya seguro que se construiría la bomba atómica, pero aún estaban a tiempo de considerar qué ocurriría después de su materialización. El temor más profundo de Bohr era que la invención desencadenara una carrera mortal en el desarrollo de armas nucleares entre Occidente y la Unión Soviética. Para evitarlo, insistía, era imprescindible que pusieran a los rusos al corriente de la existencia del proyecto de la bomba y que les garantizaran que no suponía ninguna amenaza para ellos.[4] Semejantes ideas, obviamente, horrorizaron a Groves. Estaba desesperado por llevarse a Bohr a Los Álamos, donde el locuaz físico estaría aislado. Para asegurarse de que este llegaba allí sin contravenir el sistema de seguridad, el propio general lo acompañó a él y a su hijo en el tren desde Chicago. Richard Tolman, perteneciente al Caltech y asesor científico de Groves, también fue con ellos. Ambos hombres hacían turnos para vigilar al danés y no dejarlo salir del compartimento. Después de pasar una hora con él, sin embargo, Tolman salió agotado y le dijo a Groves: «General, ya no lo aguanto más. Me rindo, pero usted es del ejército, así que le toca hacerlo a usted».[5]

De este modo, Groves escuchó el característico «murmullo susurrado» de Bohr,[6] y de vez en cuando lo interrumpía e intentaba explicarle la importancia de la compartimentación. Fue un esfuerzo condenado al fracaso. El físico poseía unas nociones amplias sobre el Proyecto Manhattan y una preocupación infinita por las consecuencias sociales e internacionales que comportaba la ciencia. Por si todo ello fuera poco, hacía más de dos años, en septiembre de 1941, Bohr se había visto con su antiguo alumno Werner Heisenberg, el físico alemán encargado del programa de la bomba atómica alemana. Groves interrogó a Bohr acerca de lo que sabía al respecto, pero desde luego no quería que hablara a nadie más de ello. «Creo que estuve doce horas seguidas diciéndole lo que no debía decir».

Llegaron a Los Álamos la noche del 30 de diciembre de 1943, y acto seguido acudieron a una pequeña recepción en honor de Bohr presidida por Oppenheimer. Groves se lamentaría más tarde de que «a los cinco minutos después de llegar, ya estaba diciendo todo lo que me prometió que no diría».[7] La primera pregunta que hizo Bohr a Oppenheimer fue: «¿De verdad es tan grande?».[8] En otras palabras, ¿el arma nueva sería tan poderosa que haría inconcebibles las guerras futuras? Nuestro protagonista enseguida entendió la importancia de la cuestión. Llevaba más de un año invirtiendo todas sus energías en los detalles administrativos relacionados con la organización y el funcionamiento del laboratorio, pero, a lo largo de los días y semanas siguientes, Bohr obligó al cerebro de Oppie a pensar en las consecuencias de la bomba en el contexto de la posguerra. «Por eso vine a Estados Unidos —diría más tarde—. No necesitaban mi ayuda para construir la bomba atómica».[9]

Aquella noche, Bohr le contó a Oppenheimer que Heisenberg estaba trabajando con mucho afán en un reactor de uranio que generaría una desmedida reacción en cadena y, por lo tanto, crearía una explosión inmensa. El director convocó una reunión al día siguiente, el último día de 1943, para hablar de las preocupaciones del danés. Además de este y Aage, asistieron a ella algunas de las mejores mentes de Los Álamos, como Edward Teller, Richard Tolman, Robert Serber, Robert Bacher, Victor Weisskopf y Hans Bethe. Bohr intentó trasladarles la extraordinaria naturaleza del encuentro que tuvo con Heisenberg en septiembre de 1941.

Bohr relató cómo su brillante protegido recibió un permiso especial del régimen alemán para asistir a un congreso en Copenhague, ya ocupada por aquel. Heisenberg no era nazi, pero sí un patriota que escogió quedarse en su país. Sin lugar a dudas, era el físico más prominente de Alemania; si los nazis habían concebido un proyecto de bomba atómica, Heisenberg era el candidato más obvio para dirigirlo. Al llegar a Copenhague, buscó a Bohr, y lo que se dijeron los dos amigos siempre ha sido un enigma. Al cabo del tiempo, Heisenberg declaró que le había mencionado con cautela el problema del uranio y le insinuó que un arma de fisión nuclear era bastante factible en principio, pero que «necesitaría un esfuerzo técnico inmenso, el cual esperemos que sea imposible lograr en esta guerra».[10] Lo que quería decir, según afirmó más adelante, era que algunos físicos alemanes y él mismo tenían la intención de convencer al régimen nazi de que no sería posible construir semejante arma a tiempo para usarla en esta guerra, pero, preocupado por la vigilancia a la que estaban sometidos y temiendo por su propia vida, no podía decirlo explícitamente.

Si ese era el mensaje de Heisenberg, Bohr no lo captó. Todo lo que oyó fue que el físico más importante de Alemania estaba diciéndole que en realidad sí era posible construir un arma de fisión y que, si se desarrollaba, sería decisiva para la presente guerra. Asustado y enfadado, Bohr puso punto final a la conversación.

Al cabo del tiempo, él mismo confesó que no estaba del todo seguro de lo que Heisenberg había querido decir. Años después escribiría numerosos borradores, como era su costumbre, de una carta para este, que nunca llegó a enviar. En todas las versiones queda bastante claro que Heisenberg había alarmado a Bohr con la mera mención de las armas nucleares. En un borrador, por ejemplo, escribió:

> Por otro lado, recuerdo con claridad la impresión que me produjo, al principio de la conversación, que me dijeras a bocajarro que estabas seguro de que la guerra, si duraba mucho, acabarían decidiéndola las armas atómicas. Yo no contesté, pero, quizá porque lo interpretaste como

señal de duda, explicaste cómo en los años precedentes te habías dedicado casi en exclusiva a la cuestión y estabas bastante seguro de que podía llevarse a cabo. Aun así, no diste ninguna pista sobre si los científicos alemanes estaban invirtiendo esfuerzos en impedirlo.[11]

Lo que dijeron o dejaron de decir Bohr y Heisenberg sigue siendo fuente de acaloradas controversias. El propio Oppenheimer escribió, críptico, al cabo del tiempo: «Bohr tenía la impresión de que ellos [Heisenberg y su colega Carl Friedrich von Weizsäcker] habían ido no tanto para contarle lo que sabían como para averiguar si él sabía algo que ellos desconocieran. Creo que quedaron en tablas».[12]

Hay una cosa clara, de todos modos: Bohr salió de la reunión con un enorme temor de que los alemanes pusieran punto final a la guerra con un arma atómica. En Nuevo México trasladó ese miedo a Oppenheimer y a su equipo de científicos. No solo les reveló que Heisenberg había confirmado la existencia de un proyecto alemán para la bomba atómica, sino que también les mostró un esbozo, supuestamente dibujado por su antiguo alumno, de lo que dijo ser un arma. Sin embargo, al primer vistazo, todo el mundo vio que el esbozo no era el de una bomba, sino el de un reactor de uranio.[13] «Dios mío —dijo Bethe—, los alemanes quieren arrojar un reactor en Londres».[14] Si bien era inquietante saber que los alemanes estaban en efecto trabajando en el proyecto de una bomba, era un alivio ver que parecían perseguir un diseño casi impracticable. Tras debatir el asunto, incluso Bohr se convenció de que semejante «bomba» no estallaría. Al día siguiente, Oppenheimer escribió a Groves para explicarle que un montón de uranio explosivo sería más bien «un arma militar bastante inútil».[15]

Oppenheimer comentó una vez que «es fácil, tal como nos ha mostrado la historia, que ni siquiera los más sabios supieran de qué hablaba Bohr».[16] Como el danés, nuestro protagonista nunca era simple ni directo. En El Monte, a veces parecían imitarse el uno al otro. «Fue maravilloso tener a Bohr en Los Álamos —escribiría Oppenheimer más adelante—. Se interesó muy vivamente por la tecnología. Pero su función real, creo, para todos nosotros, no era técnica». No, «su misión secreta», como relató este, fue adelantar una cuestión política: la transparencia en la ciencia y en las relaciones internacionales, la única esperanza de prevenir una competición posbélica de armamento nuclear. Oppenheimer estaba preparado para escuchar ese mensaje. Durante casi dos años se había ocupado de obligaciones administrativas complejas. Con el transcurso de los meses, poco a poco fue siendo menos un físico teórico y más un gerente científico. Esa transformación debió de resultarle asfixiante en lo intelectual. Por eso, cuando Bohr se presentó en El Monte y habló en términos filosóficos profundos sobre las implicaciones que conllevaría aquel proyecto para la humanidad, Oppenheimer se sintió rejuvenecer. Aseguró a Groves que la presencia de Bohr había levantado en buena medida la moral. Hasta entonces, escribió más adelante, el trabajo «parecía con frecuencia muy macabro». En poco tiempo, Bohr «hizo renacer la esperanza en la empresa cuando muchos albergaban recelos», habló con desprecio de Hitler y subrayó el papel que los científicos podían desempeñar para vencerlo. «Todos quisimos creer en la esperanza que abrigaba él mismo: que el resultado sería bueno, que la objetividad y la cooperación de las ciencias serían de gran ayuda».[17]

Victor Weisskopf recuerda que Bohr le dijo: «Esta bomba será una cosa horrible, pero puede ser también la "Gran Esperanza"».[18] Al inicio de aquella primavera, el físico danés intentó plasmar sus preocupaciones en papel y redactó un esbozo tras otro de un memorándum que compartiría después con Oppenheimer. El 2 de abril de 1944, el borrador ya contenía varios puntos básicos. Dejando de lado cómo resultaran al final las cosas, razonaba Bohr, «ya es evidente que nos vemos frente a uno de los triunfos más grandes de la ciencia y la tecnología, destinado a influir profundamente en el futuro de la humanidad».[19] A muy corto plazo, «está construyéndose un arma de poder incomparable que cambiará por completo las condiciones futuras del arte de la guerra». Esa era la parte buena. La mala era igual de clara y, además, profética: «A menos que no se llegue a tiempo a un acuerdo sobre el control del uso de los nuevos materiales activos, las ventajas temporales, por grandes que sean, pueden verse menoscabadas por una amenaza perpetua para la seguridad humana».

Para Bohr, la bomba atómica era ya un hecho, y controlar aquella amenaza universal requería «un nuevo acercamiento al problema de las relaciones internacionales». En la era atómica, que estaba por llegar, la humanidad no estaría a salvo a no ser que se desterrara el secretismo. El «mundo franco» que imaginaba Bohr no era un sueño utópico; un mundo así ya existía en las comunidades científicas internacionales. En un sentido muy pragmático, creía que los laboratorios de Copenhague, de Cavendish y de todas partes constituían modelos fácticos para ese mundo nuevo. El control internacional de la energía atómica solo era posible en un mundo franco basado en los valores de la ciencia. Bohr consideraba que la cultura comunitaria de investigación científica era la que generaba el progreso, la racionalidad y hasta la paz. «El conocimiento es, en sí mismo, la base de la civilización —escribió—, [pero] ensanchar las fronteras de nuestro conocimiento impone una responsabilidad mayor a los individuos y a las naciones a causa de las posibilidades que abre para dar forma a las condiciones de la vida humana». Proseguía diciendo que, en el mundo de la posguerra, todas las naciones deberían sentirse seguras y no temer que enemigos potenciales acumularan armas atómicas. Eso solo sería posible en un mundo franco en el que inspectores internacionales tuvieran libre acceso a los complejos militares e industriales, así como a información completa de los nuevos descubrimientos científicos.

Para finalizar, Bohr concluía que un nuevo régimen de gestión internacional de tal envergadura podría inaugurarse después de la guerra solo si se invitaba de inmediato a la Unión Soviética a participar en los planes posbélicos de energía atómica, antes de que la bomba fuera una realidad y antes de que terminara el conflicto.[20] Bohr creía que podía prevenirse la competición posbélica de armas nucleares si se informaba a Stalin de la existencia del Proyecto Manhattan y se le aseguraba que no representaba ningún peligro para la Unión Soviética. Un acuerdo temprano, establecido entre los aliados, que regulara el control internacional de la energía atómica después de la guerra era la única forma posible de que existiera un mundo armado atómicamente. Oppenheimer estaba de acuerdo; de hecho, el agosto anterior escandalizó a los oficiales de seguridad cuando dijo al coronel Pash que «le parecía bien» la idea del presidente de informar a los rusos sobre el proyecto de la bomba.

Era fácil percibir el efecto que el físico danés tenía en Oppenheimer. «Había conocido a Bohr hacía muchos años y tenían una relación personal bastante estrecha», dijo Weisskopf. «Bohr era el único que hablaba de verdad de esas cuestiones políticas y éticas con Oppenheimer, y es probable que esa fuera la época [a principios de 1944] en que empezó a pensar en serio sobre el asunto».[21] Una tarde de aquel invierno, Oppie y David Hawkins acompañaban a Bohr a la residencia de invitados, en Fuller Lodge, cuando este se empeñó, medio jugando, en comprobar el grosor del hielo de Ashley Pond. El habitualmente intrépido Oppenheimer se volvió a Hawkins y exclamó: «Dios mío, ¿y si se resbala? ¿Y si se cae al agua? ¿Qué vamos a hacer entonces todos nosotros?».[22]

Al día siguiente, Oppenheimer llamó a Hawkins a su despacho, sacó una carpeta del archivador de seguridad y le dejó leer una carta que Bohr había escrito a Franklin Roosevelt. Era evidente que Oppie consideraba el preciado documento de gran valor. Según Hawkins, «la conclusión era que Roosevelt lo había entendido perfectamente. Y eso era una gran fuente de alegría y optimismo. [...] Es interesante. Todos vivimos con esa ilusión el resto del tiempo que pasamos en Los Álamos: que Roosevelt lo había entendido».[23]

Hacía tiempo que Bohr había transformado su particular interpretación «copenhaguesa» de la física cuántica en una visión filosófica del mundo que llamaba «complementariedad».[24] Constantemente intentaba aplicar sus ideas de la naturaleza física del mundo a las relaciones humanas. Como escribió más adelante el historiador de la ciencia Jeremy Bernstein, «Bohr no se contentaba con circunscribir la idea de la complementariedad a la física. La veía en todas partes: en el instinto y la razón, en el libre albedrío, en el amor y la justicia, en todo».[25] Era lógico que la viera también en el trabajo que se hacía en Los Álamos. El proyecto estaba repleto de contradicciones. Construían un arma de destrucción masiva que terminaría con el fascismo y pondría punto final a todas las guerras, pero también podía acabar con toda la civilización. Naturalmente, para Oppenheimer fue un consuelo que Bohr le dijera que las contradicciones de la vida formaban parte de un todo y eran, por tanto, complementarias.

Robert lo admiraba de tal manera que en los años que siguieron asumió la tarea de traducirlo al resto de la humanidad. No muchos entendían qué quería decir Bohr con «mundo franco». Y los que sí lo entendían a veces se alarmaban ante la osadía de la propuesta. A principios de la primavera de 1944, este recibió, con muchísimo retraso, una carta de un antiguo estudiante, el físico ruso Piotr Kapitsa. Le escribía desde Moscú y lo invitaba con afecto a instalarse allí, «donde se hará todo para darle a usted y a su familia un refugio, y donde todos contamos ahora con las condiciones necesarias para llevar a cabo el trabajo científico». Luego pasaba a transmitirle saludos de un buen número de físicos rusos a quienes Bohr conocía, sugiriendo en general que estarían todos encantados de que se uniera a ellos en dicho «trabajo científico».[26] El danés lo vio como una oportunidad magnífica y esperó realmente que Roosevelt y Churchill lo autorizaran a aceptar la invitación de Kapitsa. Como explicó Oppenheimer después a sus colegas, Bohr deseaba «proponer a los dirigentes de Rusia, que eran entonces nuestros aliados, mediante esos científicos, que Estados Unidos y el Reino Unido "intercambiaran" el conocimiento en materia atómica por un mundo franco, [...] que propusiéramos a los rusos compartir el conocimiento en materia atómica con ellos si estuvieran de acuerdo en abrir Rusia y hacer de ella un país abierto y parte de un mundo abierto».[27]

Para Bohr, el secretismo era un peligro.[28] Conociendo a Kapitsa y a otros científicos rusos, los consideró perfectamente capaces de prever las consecuencias militares de la fisión nuclear. De hecho, por la carta de Kapitsa supuso que los soviéticos ya sabían algo del programa de la bomba británico-estadounidense y que albergarían sospechas peligrosas si llegaban a la conclusión de que el arma nueva se desarrollaba al margen de ellos. Hubo físicos de Los Álamos que estuvieron de acuerdo con él. Robert Wilson recordaba haber «chinchado» a Oppenheimer con la pregunta de por qué había científicos británicos trabajando en El Monte y no había ninguno ruso. «Me pareció que, con el tiempo —dijo Wilson—, solo conduciría al resentimiento».[29] Para cuando terminó la guerra, quedó claro que Oppenheimer era de la misma opinión que Wilson, pero mientras duró se mantuvo prudente, pues sabía que estaba bajo vigilancia constante. Evitaba que lo arrastraran a conversaciones sobre ese tema: o no daba ninguna respuesta o murmuraba que no era incumbencia de los científicos decidir semejantes cosas. «No lo sé —dijo Wilson después—. Quizá pensó que lo estaba poniendo a prueba».

Como era de esperar, los generales y los políticos para los que trabajaban los científicos no compartían la actitud de Bohr. Por ejemplo, el general Groves nunca vio a los rusos como aliados. En 1954 dijo a la junta de la audiencia de la Comisión de Energía Atómica que, «después de transcurridas dos semanas desde que asumí el cargo de este proyecto, en ningún momento me creí que Rusia fuera algo más que nuestro enemigo, y para mí el proyecto se desarrollaba partiendo de esa base. No me sumé a la actitud general del país, que consideraba a Rusia un aliado valiente».[30] Winston Churchill opinaba más o menos lo mismo de los soviéticos y se indignó al enterarse por la Inteligencia británica de la correspondencia entre Bohr y Kapitsa. «¿Cómo se ha metido [Bohr] en esto? —exclamó Churchill a su consejero científico, lord Cherwell—. Me parece que Bohr debería estar encerrado o al menos habría que hacerle ver que está a las puertas del delito mortal».[31]

Pese a entrevistarse en persona con Roosevelt y Churchill, en la primavera y el verano de 1944, Bohr no consiguió convencer a ninguno de los dos de que el monopolio de Gran Bretaña y Estados Unidos en cuestiones atómicas era corto de miras. Al cabo del tiempo, Groves dijo a Oppenheimer que pensaba que Bohr «resultaba a veces muy molesto para los que trataban con él, quizá por su enorme capacidad mental».[32] Paradójicamente, a medida que menguaba la influencia que el danés ejercía sobre aquellos líderes políticos, su envergadura entre los físicos de Los Álamos crecía y alcanzaba cotas nuevas. Otra vez, Bohr era Dios y Oppie su profeta.

Bohr llegó a Los Álamos en diciembre de 1943 alterado por lo que le había dicho Heisenberg sobre la posibilidad de que los alemanes construyeran una bomba. En primavera se marchó de allí, persuadido por los informes de Inteligencia, que indicaban que probablemente los alemanes no tenían un programa viable para construirla: «[...] por lo filtrado respecto a las actividades de los científicos alemanes, es casi seguro que las potencias del Eje no han conseguido progresos sustanciales».[33] Si Bohr estaba convencido, también Oppenheimer debió de darse cuenta de que, con toda probabilidad, los físicos alemanes habían quedado muy por detrás en la carrera por construir la bomba. Según David Hawkins, el general Groves dijo a Oppie a finales de 1943 que una fuente alemana había asegurado recientemente que el país había abandonado el programa inicial de la bomba. Aun así, opinaba que era muy difícil dar valor a esa fuente; podría estar pasando información falsa. Oppenheimer se limitó a encogerse de hombros. Hawkins recordaba haber pensado que era demasiado tarde: los hombres de Los Álamos «estaban resueltos a construir una bomba al margen del progreso alemán».[34]

21

«El impacto del artefacto en la civilización»

> En ese momento vi a Oppenheimer como un hombre
> angélico, sincero y honesto que no podía hacer el mal.
> [...] Creía en él.
>
> ROBERT WILSON

Todo el mundo sentía la presencia de Oppenheimer. Daba vueltas por El Monte en un jeep del ejército o en su Buick, grande y negro, y se dejaba caer sin avisar en uno u otro de los despachos diseminados por el laboratorio. Solía sentarse al fondo, empalmando un cigarrillo tras otro y escuchando en silencio lo que se estuviera hablando. Su mera presencia parecía incitar a las personas a esforzarse más. Vicki Weisskopf se maravillaba ante el hecho de que Oppie parecía estar físicamente presente casi cada vez que se lograba un nuevo avance en el proyecto. «Estaba en el laboratorio o en la sala de seminarios cuando se medía un efecto nuevo, cuando se concebía una idea nueva. No era que contribuyese con muchas ideas o sugerencias; a veces sí, pero la influencia principal nacía de su presencia, continua e intensa, que nos despertaba a todos una sensación de implicación directa».[1] Hans Bethe recordaba el día en que Oppie se pasó por una reunión sobre metalurgia y escuchó un debate inconcluso sobre qué tipo de contenedor refractario debería usarse para fundir plutonio. Después de atender a los argumentos, se sumó al coloquio. No propuso exactamente la solución, pero, cuando se marchó, todos tenían claro cuál era.[2]

En cambio, el general Groves siempre interrumpía, a veces de forma cómica. Un día en que Oppie estaba enseñándole un laboratorio, apoyó su considerable peso en una manguera de goma, de tres que había, que llevaba agua caliente a un recipiente. MacAllister Hull relató el incidente al historiador Charles Thorpe: «[La manguera de goma] salta de la pared y suelta por la sala un chorro de agua con una temperatura justo por debajo del punto de ebullición. Si ha visto alguna foto de Groves, entenderá dónde cayó el chorro». Oppenheimer miró al general, empapado, y dijo con ironía: «Bueno, esto viene a demostrar la incompresibilidad del agua».[3]

Las intervenciones de Oppenheimer a veces resultaron por completo esenciales para el éxito del proyecto. Era consciente de que el único gran impedimento para construir un arma efectiva en un lapso corto de tiempo era la poca provisión de material fisionable, por lo cual no dejó de buscar maneras de acelerar su producción. A comienzos de 1943, Groves y su comité ejecutivo del S-1 optaron por la difusión gaseosa y las tecnologías electromagnéticas para obtener el uranio enriquecido fisionable destinado al laboratorio de la bomba de Los Álamos. En aquella fecha se había rechazado por inviable otro procedimiento posible, uno basado en la difusión térmica líquida. Sin embargo, en la primavera de 1944, Oppenheimer leyó unos informes antiguos sobre ella y llegó a la conclusión de que se había cometido un error al descartarla; pensó que constituiría un medio más barato para aportar uranio parcialmente enriquecido al proceso electromagnético. Así pues, en abril de aquel año, escribió a Groves para exponerle que se podría utilizar una planta de difusión térmica líquida como medida temporal; el uranio que produciría allí, aunque poco enriquecido, podría alimentar la planta de difusión electromagnética y acelerar la obtención de material fisionable. Tenía la esperanza, escribió, de que «la producción de la planta [electromagnética] Y-12 pudiera incrementarse en el 30 o el 40 por ciento, y ser de mejor calidad, muchos meses antes que la fecha prevista para la producción [por difusión gaseosa] con el K-25».[4]

Groves pospuso la recomendación de Oppie durante un mes y al fin se decidió a explorarla. Se construyó una planta a toda prisa, y en la primavera de 1945 ya producía la cantidad de uranio parcialmente enriquecido necesario para que a finales de julio se tuviera suficiente material fisionable destinado a construir una bomba.

Oppenheimer siempre había depositado la confianza en el método de la pistola de uranio, en el que se dispara una «bala» de material fisionable a un blanco también de material fisionable, de forma que se provoca la «criticidad» y una explosión nuclear. Pero en la primavera de 1944 se encontró de improviso frente a una crisis que amenazaba con desbaratar todos los esfuerzos invertidos en diseñar una bomba de plutonio. Aunque Oppenheimer había autorizado a Seth Neddermeyer a que condujera experimentos explosivos destinados a crear una bomba de implosión (una esfera no muy densa de material fisionable que podía comprimirse instantáneamente para que alcanzara la criticidad), siempre había tenido la esperanza de que construir una «pistola» simple resultaría factible para la bomba de plutonio. En julio de 1944, sin embargo, a raíz de las pruebas realizadas con las primeras provisiones de este material, quedó claro que ese tipo de arma no podía detonarse con el modelo del «cañón de pistola». De hecho, de haberse intentado, sin duda se habría provocado una predetonación catastrófica dentro de la «pistola» de plutonio.[5]

Una solución podría haber sido depurar aún más el material para intentar obtener un elemento más estable. «Podríamos haber separado los isótopos malos de plutonio de los buenos —explicó John Manley—, pero entonces habríamos tenido que repetir todo lo que habíamos hecho para obtener el isótopo de uranio (con todas esas enormes plantas), y no había tiempo. La alternativa era mandar a paseo el descubrimiento entero de la reacción en cadena que producía plutonio y toda la inversión en forma de tiempo y esfuerzo de la planta de Hanford [Washington], a menos que alguien descubriera una manera de meter el material de plutonio en un arma que explotase».[6]

El 17 de julio de 1944, Oppenheimer convocó a una reunión en Chicago a Groves, Conant, Fermi y otros para resolver el problema. Conant propuso que el objetivo fuera simplemente construir una bomba de implosión de baja potencia basada en una mezcla de uranio y plutonio. Un arma de ese tipo habría generado apenas una explosión equivalente a unas cuantas toneladas de TNT. Solo después de que saliera bien la prueba con ella, dijo Conant, el laboratorio tendría la confianza suficiente para abordar un arma más grande.

Oppenheimer rechazó la idea porque habría conllevado un retraso inadmisible. Pese a haberse mostrado escéptico en cuanto al diseño de implosión, que mencionó Serber en primer lugar, el director del complejo volcó todo su poder de persuasión en defender que se lo jugaran todo a la carta de la bomba de implosión de plutonio. Era una apuesta audaz y brillante. Desde la primavera de 1943, cuando Seth Neddermeyer se ofreció a experimentar con aquella posibilidad, no se habían logrado grandes avances. Pero en otoño de aquel mismo año, Oppenheimer llevó a Los Álamos a John von Neumann, matemático de Princeton, quien calculó que la implosión era posible, al menos en teoría. Y Robert estaba dispuesto a apostar por ella.

Al día siguiente, 18 de julio, Oppenheimer resumió sus conclusiones para presentárselas a Groves: «Hemos investigado brevemente la viabilidad de una separación electromagnética. [...] Nuestra opinión es que ese método en principio es posible, pero el desarrollo necesario que implica no es compatible en absoluto con los plazos programados. [...] A la luz de los hechos mencionados, parece razonable interrumpir el esfuerzo intensivo que se está realizando para conseguir un plutonio más puro y concentrar la atención en métodos de construcción que no requieran un entorno bajo en neutrones para que sean exitosos. Actualmente, el método al que debe asignarse prioridad absoluta es el de implosión».[7]

David Hawkins, ayudante de Oppenheimer, explicaría al cabo del tiempo: «La implosión era la única esperanza real que teníamos [para fabricar una bomba de plutonio], pero, según las pruebas, no era muy buena». Neddermeyer y sus hombres de la división de artillería no progresaban gran cosa con el modelo de implosión. A este, tímido y retraído, le gustaba trabajar solo y de forma metódica. Más tarde reconocería que Oppenheimer «perdió la paciencia conmigo en la primavera de 1944. [...] Creo que se enfadó porque parecía que yo no estaba tratando la investigación con la urgencia que merecía la guerra, sino como si fuera una situación normal».[8] Neddermeyer fue también uno de los pocos hombres de El Monte que parecía inmune a los encantos de Robert. Este, frustrado, empezó a perder los nervios, cosa inhabitual en él. «Oppenheimer me machacaba —recordó Neddermeyer—. Mucha gente lo miraba como si fuera una fuente de sabiduría e inspiración. Yo lo respetaba como científico, pero no lo miraba de esa manera. [...] Podía cortarte de malos modos y pisarte hasta tu total humillación. Y yo, por mi parte, era capaz de irritarlo».[9] Avivada por ese conflicto de personalidades, la crisis en torno al diseño de implosión llegó a su punto crítico a finales del verano, cuando Oppenheimer anunció una reorganización general del laboratorio.

A comienzos de 1944, el director convenció a un experto en explosivos de Harvard, George «Kisty» Kistiakowsky, para que se trasladara a Los Álamos. Este era testarudo y de ideas férreas; los encontronazos con su supuesto superior, el capitán «Deke» Parsons, eran inevitables y frecuentes. Tampoco se llevaba bien con Neddermeyer, a quien consideraba demasiado lánguido en el trato. A principios de junio de 1944, Kistiakowsky presentó a Oppenheimer un escrito en el que amenazaba con dimitir. En respuesta, este llamó de inmediato a Neddermeyer y le dijo que Kistiakowsky lo reemplazaba. Enfadado y dolido, Neddermeyer se marchó. Aunque siguió sintiendo un «rencor persistente», al final lo convencieron para que se quedara en Los Álamos como consultor técnico superior. Oppenheimer había actuado con contundencia y había anunciado el cambio sin consultar antes con el capitán. «Parsons se enfureció —recordó Kistiakowsky—. Pensaba que lo había ignorado y estaba indignado. Entiendo muy bien cómo se sentía, pero yo era un civil, y Oppie también, y yo no tenía por qué pedir su aprobación».[10]

Los Oppenheimer.
Julius Oppenheimer
(*arriba a la izquierda*)
partió de Alemania
y llegó a Nueva
York en 1888.
En 1903 se casó con
Ella Friedman (*arriba
a la derecha*), una pintora
alemana–estadounidense
nacida en Baltimore.
Robert (*derecha*), nacido
en 1904, está sentado en
el regazo de su padre.

De pequeño, a Robert (*sentado a la derecha con un amigo*) le encantaban los bloques de construcción y recoger muestras de rocas.

Ella y Robert.

«Fui un niño empalagoso y repulsivo de tan bueno —diría Oppenheimer al cabo del tiempo—. Tuve una infancia que no me preparó para el hecho de que el mundo está lleno de crueldad y amargura».

Oppenheimer (*derecha*), a caballo en Central Park.

Robert y su hermano menor, Frank.

Robert asistió a la Escuela
por la Cultura Ética, donde
le enseñaron a desarrollar la
«imaginación ética» para ver
«las cosas no tal como son,
sino tal como podrían ser».

Oppenheimer estudió en la Universidad de Gotinga, donde obtuvo el doctorado en Física cuántica bajo la tutela de Max Born (*derecha*). Allí trabó amistad con físicos como Paul Dirac (*centro a la derecha*) y el alemán Hendrik Kramers (*abajo a la izquierda*). Después estudió un tiempo corto en Zúrich con I. I. Rabi, H. M. Mott-Smith y Wolfgang Pauli (*abajo a la derecha, navegando con Robert en el lago de Zúrich*).

El profesor Oppenheimer (*arriba a la izquierda*), en 1929, en el Caltech, donde aceptó un trabajo doble con la Universidad de California (Berkeley) y donde enseguida pasó a ser un apóstol de la nueva física cuántica. «Necesito la física más que a los amigos», confesó Robert.

Oppenheimer (*arriba a la derecha*), entre los físicos William A. Fowler y Luis Álvarez. «Empecé como divulgador de la teoría que amaba y sobre la que seguía aprendiendo; no se comprendía bien, pero era muy rica». Robert Serber (*abajo a la derecha*) fue alumno suyo y después un amigo para toda la vida.

«Mis dos grandes amores son la física y Nuevo México —escribió Oppenheimer—. Qué lástima que no puedan combinarse». Nuestro protagonista pasó los veranos en Perro Caliente, su rancho de sesenta y dos hectáreas (*arriba*), desde donde se veía la cordillera Sangre de Cristo. Robert y su caballo, Crisis (*derecha*), salían a hacer excursiones largas con Frank, su hermano, y otros amigos, entre los cuales se hallaba el físico de Berkeley Ernest Lawrence (*abajo*).

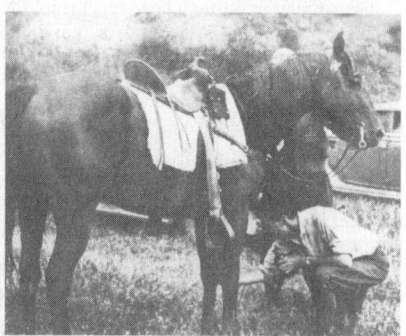

Oppenheimer con el físico italiano
Enrico Fermi y Ernest Lawrence.

Joe Weinberg, Rossi Lomanitz,
David Bohm y Max Friedman
eran algunos acólitos de Oppie en
Berkeley. «Le copiaban los gestos,
los ademanes, la entonación»,
recordaba Bob Serber.

En el mundo de la física cuántica,
dijo Weinberg, «Niels Bohr
(*izquierda*) era Dios y Oppie
su profeta».

Jean Tatlock fue la novia de Oppie durante cuatro años y miembro del Partido Comunista, aunque con reservas. «Me resulta imposible ser una comunista ferviente», escribió.

El mentor de Tatlock en la Escuela de Medicina de Stanford fue el doctor Thomas Addis (*arriba a la derecha*). Este convenció a Oppenheimer para que donara dinero a la causa española a través del Partido Comunista.

En 1941, Oppenheimer figuraba en una lista del FBI de radicales sospechosos susceptibles de ser detenidos en caso de emergencia nacional.

Federal Bureau of Investigation
United States Department of Justice

San Francisco, California
March 28, 1941

Director
Federal Bureau of Investigation
Washington, D. C.

Re: J. ROBERT OPPENHEIMER,
with alias;
INTERNAL SECURITY (C)

Dear Sir:

The above individual was included in a list recently furnished to the Bureau by this office of persons to be considered for custodial detention pending investigation in the event of a national emergency.

The Bureau recently furnished this office with custodial detention cards on certain individuals. From an examination of these cards, it is noted that there has been no such card made up on this individual. Therefore, a card should be made on him based on the information contained in the report of Special Agent R. B. HOOD, dated March 28, 1941, at San Francisco, California.

Very truly yours,

N. J. L. PIEPER
Special Agent in charge

100-3132

6 APR 4 1941
U.S. DEPARTMENT OF JUSTICE

En 1943, Haakon Chevalier (*arriba a la izquierda*), profesor de literatura francesa en Berkeley, le contó a Oppie una estratagema que propuso George Eltenton (*arriba a la derecha*) para transmitir información científica a los soviéticos con el fin de ayudarlos en la guerra. Al cabo del tiempo, Oppenheimer le contaría el asunto al coronel Boris Pash (*izquierda*), oficial de Contrainteligencia del ejército.

Abajo, Martin Sherwin con Chevalier después de entrevistarlo en París en 1982.

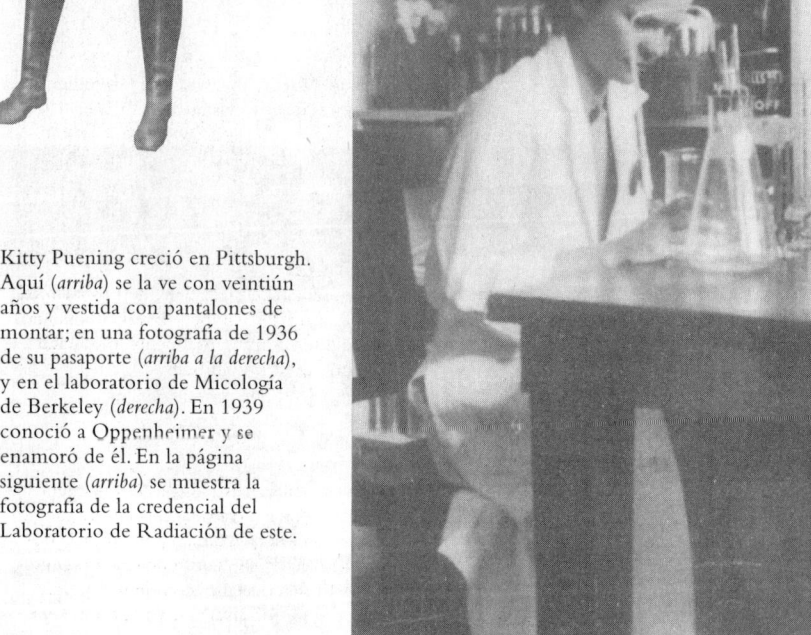

Kitty Puening creció en Pittsburgh.
Aquí (*arriba*) se la ve con veintiún
años y vestida con pantalones de
montar; en una fotografía de 1936
de su pasaporte (*arriba a la derecha*),
y en el laboratorio de Micología
de Berkeley (*derecha*). En 1939
conoció a Oppenheimer y se
enamoró de él. En la página
siguiente (*arriba*) se muestra la
fotografía de la credencial del
Laboratorio de Radiación de este.

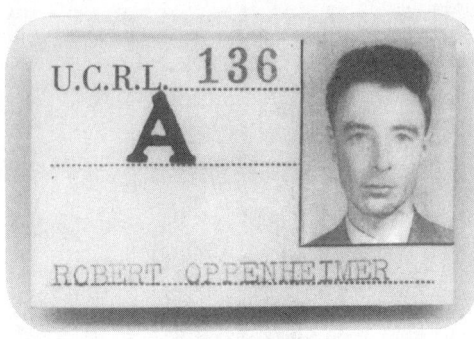

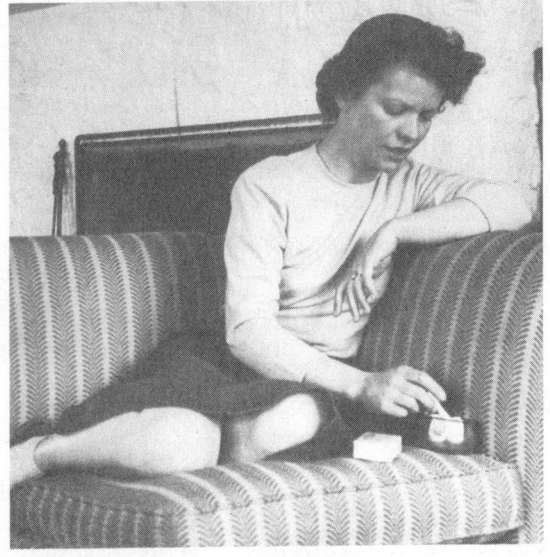

Kitty, sentada en la cabaña de Los Álamos, era de carácter voluble. «Era una persona muy intensa, muy inteligente, muy vital, [...] de trato muy difícil».

Kitty se sentía frustrada profesionalmente en Los Álamos. Trabajó en la clínica médica realizando hemogramas, pero al cabo de un año lo dejó. Cuando estaba con gente hablaba de cosas intrascendentes, pero, como dijo una amiga, «lo que quería era tener conversaciones trascendentes».

Peter Oppenheimer
nació en mayo
de 1941. Arriba,
con Robert dándole
de comer; abajo,
riendo con Kitty.

«[Robert] era el alma de la fiesta, y las mujeres lo adoraban», dijo Dorothy McKibbin.

Oppenheimer recibe en la cabaña de Los Álamos a McKibbin (*a su derecha*) y a Victor Weisskopf (*arrodillado*).

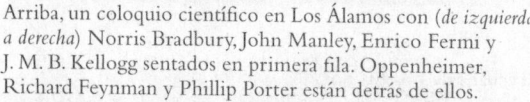

Arriba, un coloquio científico en Los Álamos con (*de izquierda a derecha*) Norris Bradbury, John Manley, Enrico Fermi y J. M. B. Kellogg sentados en primera fila. Oppenheimer, Richard Feynman y Phillip Porter están detrás de ellos.

Abajo, Hans Bethe, responsable de la división teórica.

Robert llevó a su hermano, Frank (*centro*, examinando un calutrón Alfa), a Los Álamos en 1945 para que trabajara en la prueba de la primera bomba atómica, la Trinity.

El general Leslie Groves (*derecha*, con el secretario de Guerra Henry L. Stimson) escogió a Oppenheimer para que dirigiera el proyecto de la bomba en Los Álamos.

Oppenheimer echa café durante un viaje por el sur de Nuevo México, a finales de 1944, buscando un lugar para realizar la explosión de la Trinity.

Con su sombrero *porkpie*, Oppenheimer está junto al «artefacto», en la cima de la torre de la Trinity, horas antes de la prueba. Abajo, la explosión de la Trinity.

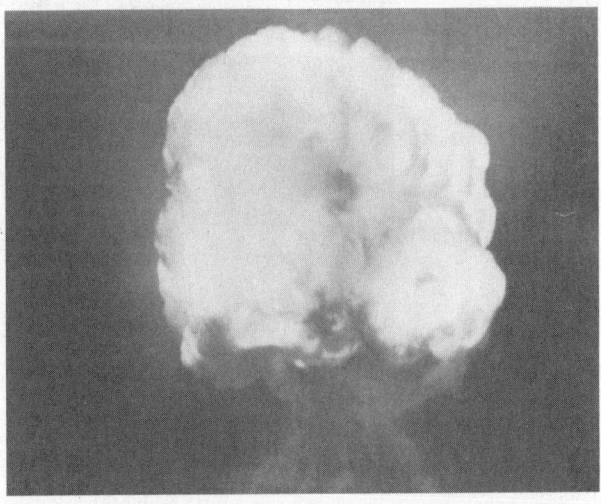

Hiroshima después de la bomba. Más del 95 por ciento de unas doscientas veinticinco mil personas que murieron en Hiroshima y Nagasaki eran civiles, la mayoría mujeres y niños. Al menos la mitad de las víctimas fallecieron a causa de la radiación en los meses que siguieron a la explosión. Yosuke Yamahata tomó esta fotografía de una madre y su hijo (*derecha*) menos de veinticuatro horas después del bombardeo de Nagasaki.

Parsons se molestó por lo que consideró una pérdida de mando sobre su división, la de Artillería, y en septiembre envió a Oppie un mensaje en el que proponía atribuirse poderes de decisión generales sobre todos los aspectos del proyecto de la bomba de implosión. Oppenheimer se negó con amabilidad pero con firmeza: «La autoridad que parece solicitarme es algo que no puedo delegar en usted porque no la poseo. De hecho, aunque lo parezca por el protocolo, yo no tengo la autoridad para tomar decisiones que los científicos cualificados del laboratorio deban ejecutar sin que las entiendan ni las aprueben». Como militar, el capitán naval Parsons quería esa autoridad para desactivar los debates que mantenían los científicos. «Ha señalado —le escribió Oppenheimer— que teme que, por la posición que ostenta usted en el laboratorio, se vea obligado a participar en conversaciones y debates dilatados cuyo fin sea el de llegar a un acuerdo del que dependería el progreso del trabajo. No existe nada que yo pueda poner por escrito que elimine esa obligación». Los científicos debían ser libres para hablar, y Oppenheimer arbitraría los debates solo con el objetivo de alcanzar una especie de consenso democrático. «No estoy diciendo que el laboratorio deba constituirse de esta manera —le dijo a Parsons—. Es que está constituido de esta manera».[11]

En medio de toda esa crisis relacionada con el diseño de la bomba de plutonio, Isidor Rabi realizó una de sus visitas periódicas a Los Álamos. Posteriormente, describió una sombría sesión a la que asistieron varios científicos eminentes vinculados con el proyecto en la que se habló de la prisa que tenían por descubrir cómo hacer funcionar la bomba de plutonio. La conversación enseguida se desvió hacia el enemigo: «¿Quiénes eran los científicos alemanes? Los conocíamos a todos —relató Rabi—. ¿Qué estaban haciendo? Volvimos a repasarlo todo otra vez, nos fijamos en la evolución de nuestro propio progreso y tratamos de discernir en qué puntos podían haber sido más listos que nosotros, en qué puntos podían haber comprendido mejor y haber evitado tal o cual error. […] Al final concluimos que podían haber llegado exactamente al mismo lugar en el que estábamos nosotros, o tal vez más lejos. Nos pusimos muy solemnes. No sabíamos qué tenía el enemigo. Nadie quería perder ni un solo día, ni una sola semana. Y, desde luego, un mes habría sido un desastre».[12] Philip Morrison describió la actitud general en pocas palabras a mediados de 1944: «La única manera en que podíamos perder la guerra era si fracasábamos en nuestro trabajo».[13]

A pesar de la reorganización, a finales de 1944 el grupo de Kistiakowsky todavía no había logrado fabricar explosivos de carga hueca (llamados lentes), que dispararían simétricamente y con precisión una esfera de plutonio no muy densa y del tamaño de un pomelo contra una esfera del tamaño de una pelota de golf. Sin dichos lentes no parecía viable construir una bomba de implosión. El capitán Parsons era tan pesimista al respecto que fue a ver a Oppenheimer y le propuso que abandonaran los lentes y trataran de provocar una implosión sin ellos. En enero de 1945, Parsons y Kistiakowsky discutieron vivamente sobre el asunto en presencia tanto de Groves como de Oppenheimer. Kistiakowsky sostenía que sin los lentes no podía generarse la implosión y prometió que sus hombres no tardarían en fabricarlos. Oppenheimer lo apoyó, tomando así una decisión crucial para el éxito de la bomba de plutonio.[14] A lo largo de los meses siguientes, Kistiakowsky y su equipo lograron perfeccionar el diseño de implosión. En mayo de 1945, Oppenheimer estaba bastante convencido de que el artefacto de plutonio funcionaría.

Construir una bomba requería más de ingeniería que de física teórica. No obstante, al director se le daba muy bien guiar a sus científicos para que superaran los escollos relativos a la técnica y la ingeniería, igual que en Berkeley había sabido estimular a los alumnos para que alcanzaran nuevos conocimientos. «Lo habríamos conseguido sin él —diría Hans Bethe al cabo del tiempo—, pero, desde luego, nos habría costado más esfuerzo y más tiempo, y nos habría faltado entusiasmo. Fue una experiencia inolvidable para todos los miembros del equipo. Había más laboratorios de alto rendimiento dedicados a fines bélicos. [...] Pero en ninguno percibí tanto espíritu de grupo, tantas ganas de recordar aquellos días, tanto sentimiento de que aquella fue la mejor época de nuestra vida. Si esto fue así en Los Álamos, fue sobre todo gracias a Oppenheimer. Era un líder».[15]

En febrero de 1944 llegó a Los Álamos un equipo de científicos británicos liderados por el alemán Rudolf E. Peierls. Oppenheimer había conocido a aquel físico teórico brillante y modesto en 1929, cuando ambos estudiaban con Wolfgang Pauli. Peierls emigró de Alemania a Inglaterra a principios de la década de 1930. Una década después, Otto R. Frisch y él escribieron el trascendental artículo «Sobre la construcción de una bomba H», que persuadió a los gobiernos británico y estadounidense de que era factible fabricar un arma nuclear.[16] A lo largo de los años siguientes, Peierls trabajó en todas las vertientes de Tube Alloys. Primero en 1942 y después en septiembre de 1943, el primer ministro Winston Churchill lo envió a Estados Unidos para ayudar a sus científicos a trabajar más deprisa en la bomba. Peierls fue a Berkeley a visitar a Oppenheimer y se quedó «muy impresionado con su dominio de la materia. [...] Fue la primera persona que conocí en aquel viaje que había pensado sobre el arma en sí y sobre las consecuencias que tendría en el campo de la física».[17]

El doctor Peierls estuvo solo dos días y medio en su primera visita a Los Álamos, pero Oppenheimer comunicó a Groves que los dos habían coincidido en que el equipo británico podía contribuir sustancialmente al estudio de la hidrodinámica de la implosión. Al cabo de un mes, Peierls regresó a Los Álamos y se quedó allí hasta el final de la guerra. Admiraba la claridad y la rapidez con las que Oppenheimer entendía a los demás, pero sobre todo cómo «plantaba cara al general Groves».[18]

Cuando Peierls y su equipo se instalaron en Los Álamos, en la primavera de 1944, Oppenheimer decidió darle la función que en teoría desempeñaba Edward Teller. El voluble físico húngaro debía estar trabajando en un complicado conjunto de cálculos necesarios para la bomba de implosión, pero no llegaba a nada; obsesionado con los retos teóricos que presentaba una «bomba H» termonuclear, perdió todo interés por la bomba de fisión. Después de que Oppenheimer decidiera, en junio de 1943, que las exigencias de la guerra dictaban menor prioridad para la bomba H, Teller se volvió cada vez menos cooperativo. Parecía ajeno a la responsabilidad de contribuir al esfuerzo bélico. Siempre locuaz, no dejaba de hablar de la bomba de hidrógeno. Tampoco podía contener el resentimiento que le provocaba tener que trabajar a las órdenes de Bethe. «No me gustaba tenerlo como jefe», recordaría el húngaro.[19] Seguramente, las críticas de Bethe avivaron su rencor. Todas las mañanas, Teller tenía una idea nueva sobre cómo construir una bomba H, y todas las noches, Bethe demostraba que era absurda.[20] Tras un encuentro particularmente complicado con Teller, Oppenheimer dijo a Charles Critchfield con ironía: «Que Dios nos guarde de los enemigos fuera y de los húngaros dentro».[21]

Como era de esperar, Oppenheimer estaba cada vez más molesto con el comportamiento de Teller. Un día de aquella primavera, este salió de una reunión de jefes de equipo y se negó a realizar ciertos cálculos que necesitaba Bethe para trabajar en la bomba de implosión. Muy enfadado, este se quejó a Oppenheimer. «Básicamente, Teller se puso en huelga», relataría Bethe.[22] Cuando el director pidió explicaciones a Teller, al final este solicitó que se le relevase de toda responsabilidad en el trabajo de la bomba de fisión. Oppenheimer aceptó y escribió al general Groves que le gustaría sustituir a Teller por Peierls: «Esos cálculos se encontraban, en origen, bajo la supervisión de Teller, quien, a juicio de Bethe y del mío propio, no es del todo adecuado para llevar esa responsabilidad. Bethe dice que necesita tener a alguien a su cargo que lleve el programa de la implosión».

Teller se sintió menospreciado e hizo saber que estaba considerando irse de Los Álamos. A nadie le habría sorprendido que Oppenheimer lo hubiera dejado marchar. Todos lo veían como un divo; Bob Serber dijo de él que era «un desastre para cualquier organización». Sin embargo, en lugar de echarlo, Oppie le dio lo que quería: libertad para investigar la viabilidad de una bomba termonuclear. Incluso accedió a concederle una hora semanal de su precioso tiempo simplemente para hablar de lo que a Teller se le pasara por la cabeza.

Ese extraordinario gesto tampoco contentó a Teller, quien pensaba de su director que se había convertido en un «político». Los colegas de este no entendían por qué se tomaba tantas molestias con el húngaro. Peierls opinaba que estaba «un poco loco; puede apoyar una idea durante un tiempo y que luego resulte absurda».[23] Oppenheimer no tenía paciencia para los tontos, pero era consciente de que Teller no era tonto; lo toleraba porque a la larga tal vez aportaría algo al proyecto. Aquel verano organizó una recepción para el enviado especial de Churchill, lord Cherwell (Frederic A. Lindemann), y se dio cuenta después de que sin querer había olvidado incluir en la lista de invitados a Rudolf Peierls. Al día siguiente le pidió disculpas y bromeó: «Podría haber sido peor; podría haber sido Teller».[24]

En diciembre de 1944, Oppenheimer apremió a Rabi para que visitara de nuevo Los Álamos. «Querido Rab —escribió—: Hace ya un tiempo que nos preguntamos cuándo podrás volver. Las crisis son tan continuadas que es difícil decir, desde nuestro punto de vista, qué momento sería mejor o peor que otro».[25] A Rabi acababan de concederle el Premio Nobel en Física en reconocimiento a «su método de resonancia para registrar las propiedades magnéticas de los núcleos atómicos». Oppie lo felicitó: «Está muy bien que le den el premio a un hombre que ya haya salido de la adolescencia, en lugar de uno que entra en ella».

Empantanado en el trabajo administrativo, Oppenheimer sacaba tiempo para redactar cartas personales de vez en cuando. En la primavera de 1944 escribió a una familia de inmigrados alemanes cuya huida de Europa había facilitado, la familia Meyers, una madre y sus cuatro hijas. No las conocía de nada, pero en 1940 les dio cierta suma de dinero para que pagaran los gastos del viaje a Estados Unidos. Cuatro años después, las Meyers se lo devolvieron y le comunicaron con orgullo que ya eran ciudadanas estadounidenses. En su respuesta, Oppenheimer les dijo que entendía aquel «orgullo» y les agradeció el dinero: «Espero que no les haya sido problemático».[26] Después se ofreció a volver a dárselo si lo necesitaban en algún momento. (Años más tarde, una de las hijas escribió con gratitud: «[E]n 1940, usted nos trajo hasta aquí y gracias a ello salvamos la vida»). El rescate de las Meyers de la epidemia nazi era importante para Oppenheimer en varios aspectos. En primer lugar, constituía una extensión sin controversias políticas de su activismo antifascista, y eso le hacía sentir bien. En segundo lugar, aun siendo un acto menor de generosidad, era un recordatorio profundo y positivo de por qué tenía tanta prisa en construir un arma tan terrible.

Y vaya si se daba prisa. El desasosiego era parte de su carácter; al menos así lo veía Freeman Dyson, un joven físico que lo conoció y lo admiró después de la guerra. Este, no obstante, veía este aspecto como el defecto trágico de Oppenheimer: «El desasosiego lo condujo a su logro supremo, la consumación de la misión de Los Álamos, pero sin darle un respiro para descansar ni reflexionar».

«Solo hubo un hombre que reflexionó —escribió Dyson—, y fue Joseph Rotblat, de Liverpool».[27] Rotblat era un físico polaco que quedó varado en Inglaterra al estallar la guerra. James Chadwick lo reclutó en el proyecto británico de la bomba, y a principios de 1944 fue a parar a Los Álamos. Una noche de marzo de aquel mismo año, Rotblat experimentó una «impresión desagradable». El general Groves fue a cenar a casa de los Chadwick y, sentados a la mesa, en cierto punto de la charla general, dijo: «Supongo que se da cuenta de que el propósito principal de este proyecto es someter a los rusos».[28] Rotblat se quedó perplejo. No era que se hubiera hecho ilusiones respecto a Stalin; a fin de cuentas, había invadido su amado país. Pero miles de rusos morían todos los días en el frente oriental, y Rotblat se sintió traicionado. «Hasta aquel momento, yo pensaba que nuestra tarea era evitar la victoria nazi —escribió más tarde—, y resulta que me entero de que el arma que estábamos construyendo iba dirigida a la gente que hacía sacrificios sin cuento para conseguir aquel mismo objetivo».[29] A finales de 1944, seis meses después de que los aliados desembarcaran en las playas de Normandía, estaba claro que la guerra que se libraba en Europa pronto llegaría a su fin. Rotblat no le encontraba sentido a seguir trabajando en un arma que ya no sería necesaria para vencer a los alemanes.* Después de decir adiós a Oppenheimer en una fiesta de despedida, dejó Los Álamos el 8 de diciembre de 1944.

---

* En 1995, Joseph Rotblat ganó el Premio Nobel de la Paz por sus esfuerzos en el desarme nuclear.

En otoño de 1944, los soviéticos recibieron el primero de los muchos informes de Inteligencia procedentes de Los Álamos. Hubo espías que se escaparon a la Contrainteligencia del ejército, entre ellos Klaus Fuchs, un físico alemán nacionalizado británico, y Ted Hall, un joven precoz y brillante de diecinueve años licenciado en Física por Harvard. Este último llegó a Los Álamos a finales de enero de 1944, y el primero, en agosto, como integrante del equipo británico liderado por Rudolf Peierls.

Fuchs nació en 1911 y creció en una familia cuáquera alemana. Era estudioso e idealista, y en 1931 se afilió al Partido Socialista alemán, mientras estudiaba en la Universidad de Leipzig. Ese mismo año, su madre se suicidó. En 1932, asustado ante la creciente fuerza política nazi, Fuchs rompió con los socialistas y se unió al Partido Comunista, pues ofrecía una resistencia más activa contra Hitler. En julio de 1933 abandonó la Alemania del Führer y pasó a ser un refugiado político en Inglaterra. Durante los años siguientes, el régimen nazi devastó a su familia. Su hermano escapó a Suiza, pero dejó atrás a su mujer y a su hijo, que murieron más tarde en un campo de concentración. Enviaron a la cárcel a su padre por «agitador antigubernamental», y en 1936 su hermana Elizabeth se quitó la vida, después de que detuvieran a su marido y lo enviaran a un campo de concentración.[30] A Fuchs le sobraban motivos para odiar a los nazis.

En 1937, tras obtener en Bristol el doctorado en Física, Klaus recibió una beca de posgrado para trabajar con Max Born, el antiguo profesor de Oppenheimer que por entonces daba clase en Edimburgo. Cuando empezó la guerra, lo llevaron por la fuerza a Canadá por ser extranjero enemigo; el profesor Born ayudó a que lo liberaran asegurando que era «uno de los dos o tres físicos teóricos más inteligentes de la nueva generación».[31] Lo liberaron junto con miles de refugiados antinazis a finales de 1940, y recibió permiso para volver a trabajar en Inglaterra. Pese a que el Ministerio del Interior británico conocía a la perfección su pasado comunista, en primavera de 1941 ya estaba trabajando con Peierls y otros científicos del país en el proyecto de altísimo secreto Tube Alloys. Adquirió la ciudadanía británica en 1942; para entonces ya estaba pasando do información sobre el proyecto de la bomba a los soviéticos.

Fuchs llegó a Los Álamos, y ni Oppenheimer ni nadie abrigaba la menor sospecha de que fuera un espía soviético. Cuando lo detuvieron, en 1950, Oppie dijo al FBI que pensaba que el joven era un demócrata cristiano y en absoluto un «fanático político». Bethe lo consideraba uno de los mejores de su grupo. «Si era un espía —declaró este al FBI—, representó su papel de maravilla. Trabajaba de día y de noche. Estaba soltero y no tenía nada mejor que hacer, y contribuyó muchísimo al éxito del proyecto de Los Álamos».[32] Después de llegar allí, Fuchs estuvo un año pasando por escrito información detallada a los soviéticos sobre los problemas y las virtudes del diseño de la bomba de implosión en comparación con el método de la pistola. No tenía ni idea de que los soviéticos corroboraban esa información gracias a otro residente de Los Álamos.

En septiembre de 1944, Ted Hall trabajaba en las pruebas de calibrado necesarias en el diseño de la bomba de implosión. Oppenheimer comprobó que aquel muchacho era uno de los mejores técnicos jóvenes de El Monte cuando llegó el momento de realizar una prueba de implosión.[33] Aquel otoño, el brillantísimo Hall estaba al borde de un precipicio intelectual. Su modo de ver la vida era socialista, admiraba a la Unión Soviética, pero no era todavía un comunista formal, ni tampoco estaba a disgusto o descontento con su trabajo ni con su situación. Nadie lo reclutó. Pero había pasado todo aquel año escuchando a científicos «veteranos» (que tenían alrededor de treinta años) hablando del miedo que tenían a que se desencadenara una carrera armamentística después de la guerra. En una ocasión se sentó a cenar en el Fuller Lodge a la misma mesa que Niels Bohr y lo escuchó expresar sus puntos de vista sobre el «mundo franco». Hall llegó a la conclusión de que, si Estados Unidos tenía el monopolio nuclear, podría estallar otra guerra, y en octubre de 1944 se decidió a actuar: «Me pareció que el monopolio estadounidense era peligroso y debía evitarse. No era el único científico que pensaba así».[34]

Durante un permiso de catorce días, Hall salió de Los Álamos y tomó un tren que lo llevó a la ciudad de Nueva York. Allí simplemente entró en una oficina de comercio soviética y le entregó al funcionario un informe manuscrito sobre Los Álamos. En él describía el propósito del laboratorio y daba una lista de los nombres de los científicos principales que trabajaban en el proyecto de la bomba. A lo largo de los meses siguientes, Hall pasó a los soviéticos mucha información adicional, incluso datos cruciales sobre la investigación de la bomba de implosión. Hall era el espía perfecto: independiente, sabía qué necesitaban conocer los rusos sobre el proyecto de la bomba atómica, y no necesitaba nada ni esperaba nada a cambio. Su único objetivo era «salvar el mundo» de una guerra nuclear que veía inevitable si Estados Unidos salía de aquel conflicto con el monopolio en materia atómica.[35]

Nada sabía Oppenheimer de las actividades de espionaje de Hall. En cambio, sí sabía que un grupo de unos veinte científicos, algunos jefes de equipo, habían empezado a verse de modo informal una vez al mes para hablar sobre la guerra, la política y el futuro. «Las reuniones eran por las noches —recordó Rotblat—, normalmente en casa de alguien, por ejemplo, de los Teller, alguien que tuviera habitaciones más o menos grandes. La gente se juntaba para hablar del futuro de Europa, del futuro del mundo».[36] Entre otros temas, se habló de la exclusión de científicos soviéticos del proyecto. Según Rotblat, Oppenheimer fue al menos a una de aquellas reuniones, y dijo después de él: «Siempre pensé que éramos almas gemelas, en el sentido de que veíamos los problemas desde la misma perspectiva humanitaria».

A finales de 1944, unos cuantos científicos de Los Álamos empezaron a hacer públicos los crecientes escrúpulos éticos que les despertaba el desarrollo ininterrumpido del «artefacto». Robert Wilson, entonces ya jefe de la división de física experimental del laboratorio, tenía «conversaciones bastante largas con Oppie sobre cómo podría emplearse».[37] Aún había nieve en el suelo cuando Wilson acudió a su director para proponerle que se celebrara una reunión formal con el fin de hablar del asunto con más detenimiento. «Intentó quitarme la idea de la cabeza —recordaría después— diciéndome que me metería en problemas con el G-2, los de seguridad».

Pese al respeto, incluso reverencia, que sentía por Oppie, Wilson tuvo a menos ese argumento. Se dijo: «Muy bien, ¿y qué? Es decir, si eres un buen pacifista, está claro que no vas a preocuparte de que te metan en la cárcel o lo que sea que te hagan (que te reduzcan el sueldo u horrores parecidos)».[38] Así pues, Wilson dijo a Oppenheimer que no lo había disuadido al menos de convocar un debate abierto sobre un asunto que era de tan obvia importancia. Colgó carteles por todo el laboratorio en los que anunciaba una reunión pública para hablar de «El impacto del artefacto en la civilización». Escogió ese título porque antes, en Princeton, «justo antes de que nos fuéramos de allí, hubo muchas charlas hipócritas en torno al "impacto" de otra cosa acompañadas de debates eruditos de todo tipo».

Para su sorpresa, Oppie se presentó a la reunión y escuchó el debate. Wilson pensaría después que habían acudido unas veinte personas, entre ellas algunos físicos veteranos como Vicki Weisskopf. La reunión se celebró en el mismo edificio que cobijaba el ciclotrón. «Me acuerdo de que hacía mucho frío en el edificio —dijo Wilson—. [...] Tuvimos un debate muy intenso sobre por qué continuábamos haciendo una bomba después de que hubiéramos ganado [virtualmente] la guerra».[39]

No debió de ser la única ocasión en que se debatieran la moralidad y la política de la bomba atómica. Un joven físico que trabajaba en las técnicas de implosión, Louis Rosen, recordaba una charla que se dio en el antiguo teatro a plena luz del día, abarrotado de gente. Oppenheimer era el ponente y, según Rosen, el tema era «si el país está haciendo lo correcto al emplear esta arma en seres humanos de carne y hueso».[40] Por lo visto, nuestro protagonista argumentó que, en cuanto científicos, no tenían más derecho que el resto de los ciudadanos de decidir cuál debía ser el destino del artefacto. «Era muy elocuente y persuasivo», dijo Rosen. El químico Joseph O. Hirschfelder recordaba otro debate similar que se celebró en la pequeña capilla de madera de Los Álamos una fría noche de domingo de principios de 1945, en medio de una tormenta. En esa ocasión, Oppenheimer defendió con su labia habitual que, aunque estaban todos destinados a vivir con miedo perpetuo, quizá la bomba terminara también con todas las guerras.[41] Esa esperanza, por decirlo con palabras de Bohr, convenció a muchos de los científicos allí reunidos.

No se conservan registros oficiales de aquellos delicados debates, así que solo quedan los recuerdos. El relato de Robert Wilson es el más vívido, y quienes lo conocían siempre lo tuvieron por un hombre de integridad excepcional. Al cabo del tiempo, Victor Weisskopf recordaría haber mantenido conversaciones políticas sobre la bomba en varias ocasiones con Willy Higginbotham, Robert Wilson, Hans Bethe, David Hawkins, Phil Morrison y William Woodward, entre otros. Weisskopf rememoró que el esperado fin de la guerra europea «nos hacía pensar más en cómo sería el futuro del mundo de la posguerra».[42] Al principio quedaban en casa de alguien y se planteaban cuestiones como «¿Qué hará esta arma terrible a este mundo? ¿Estamos haciendo las cosas bien o mal? ¿Deberíamos dejar de preocuparnos acerca del modo en que se utilizará?». Poco a poco, esos encuentros informales se convirtieron en coloquios formales. «Intentábamos convocar las reuniones en alguna sala de conferencias —contó Weisskopf—, pero nos topábamos con obstáculos. Oppenheimer estaba en contra. Decía que no era de nuestra incumbencia, que era política y que no deberíamos ocuparnos de ella». Weisskopf recordaba una reunión celebrada en marzo de 1945 a la que asistieron cuarenta científicos en la que se debatió el papel de «la bomba atómica en la política internacional». De nuevo, Oppenheimer trató de disuadir a la gente de que asistieran. «Pensaba que no deberíamos meternos en las cuestiones sobre el empleo de la bomba». Pero, al contrario que en el recuerdo de Wilson, Weisskopf escribiría después que «nunca se me pasó por la cabeza marcharme».[43]

Wilson creía que, si Oppenheimer no se hubiera presentado a la reunión, habría perjudicado a su imagen. «Bueno, eres el director, un poco como un general. A veces tienes que ir por delante de las tropas y a veces tienes que estar en la retaguardia. En cualquier caso, vino y expuso argumentos tan persuasivos que me convenció».[44] Wilson quería que lo convenciera. Desde el momento en que quedó claro que no emplearían el artefacto con los alemanes, muchos de los asistentes, igual que él, quedaron con más dudas que respuestas. «Creía que estábamos luchando contra los nazis —dijo Wilson—, no contra los japoneses en particular». Nadie pensaba que los japoneses tuvieran un programa de bomba.

Cuando Oppenheimer tomó la palabra y empezó a hablar con su suave voz, todos escucharon en un silencio absoluto.[45] Wilson lo recordó «dominando» el debate. Su argumento principal se apoyaba en la idea de «transparencia» de Niels Bohr. La guerra, razonaba, no debería terminar sin que el mundo supiera de la existencia de esa arma nueva y primordial. Lo peor que podía pasar era que el artefacto siguiera siendo un secreto militar. Si ocurría así, era casi seguro que la próxima guerra se libraría con armamento atómico. Tenían que seguir adelante, explicó, hasta que el artefacto pudiera probarse.[46] Señaló que la nueva Organización de las Naciones Unidas tenía previsto celebrar su reunión inaugural en abril de 1945, y era importante que los delegados empezaran a deliberar sobre el mundo de la posguerra sabiendo que la humanidad había creado armas de destrucción masiva.

«Pensé que era un argumento muy bueno», dijo Wilson.[47] Desde hacía un tiempo, Bohr y el propio Oppenheimer hablaban de cómo el artefacto cambiaría el mundo. Los científicos sabían que el arma obligaría a redefinir por completo la noción de soberanía nacional. Tenían fe en Franklin Roosevelt y creían que estaba impulsando las Naciones Unidas precisamente para lidiar con ese problema. Como dijo Wilson: «Existirían zonas donde no habría soberanía; esta recaería en las Naciones Unidas. Sería el final de la guerra tal como la conocíamos, y se hizo esa promesa. Por ese motivo seguí en el proyecto».

Oppenheimer se impuso, y nadie se sorprendió de ello, al exponer el argumento de que la guerra no podía terminar sin que el mundo conociera el terrible secreto de Los Álamos. Fue un momento definitorio para todos. A los demás científicos, la lógica (la de Bohr) les resultaba particularmente convincente, pero también el hombre carismático que tenían delante. Wilson recordó aquel entonces: «En ese momento vi a Oppenheimer como un hombre angélico, sincero y honesto que no podía hacer el mal. […] Creía en él».[48]

22

«Ahora somos todos unos hijos de puta»

> Bueno, Roosevelt fue un gran arquitecto; esperemos
> que Truman sea un buen carpintero.
>
> ROBERT OPPENHEIMER

La tarde del jueves 12 de abril de 1945, exactamente dos años después de que se inaugurara el laboratorio, de súbito se extendió la noticia de la muerte de Franklin Roosevelt. El trabajo se suspendió. Oppenheimer convocó a todo el mundo a que acudiera donde la bandera para emitir un anuncio formal, y después programó un servicio funerario para el domingo. «La mañana del domingo, El Monte amaneció casi sepultado por la nieve —escribiría más adelante Phil Morrison—. La nevada nocturna había cubierto las toscas superficies de la ciudad, había silenciado el trajín y había unificado el paisaje con una tenue blancura sobre la que resplandecía el sol, arrojando sombras azul oscuro tras las tapias. No era color para el luto, pero fue como el reconocimiento de una necesidad, un gesto de consuelo. Todos fuimos a la sala, donde Opje habló muy bajito dos o tres minutos con todo su corazón y con el nuestro».[1]

Oppenheimer había redactado un encomio de tres breves párrafos. «Hemos vivido años de gran maldad y de gran terror», dijo. Y durante ese tiempo, Franklin Roosevelt fue, «en un sentido primigenio e incorrupto, nuestro líder». Típico de él fue acudir al Bhagavad Guitá: «El hombre es una criatura cuya sustancia es la fe. Lo que sea su fe, será él». Roosevelt había animado a millones de personas del mundo entero a tener fe en que los horribles sacrificios de la guerra dieran como resultado «un mundo más adecuado para la humanidad». Por ese motivo, concluyó Oppenheimer, «deberíamos volcarnos en la esperanza de que sus buenas obras no terminen con su muerte».[2]

El director de Los Álamos todavía alimentaba la esperanza de que Roosevelt y sus hombres hubieran aprendido de Bohr que el arma nueva y formidable que estaban construyendo requeriría una transparencia genuina y radical. «Bueno —dijo a David Hawkins después—, Roosevelt fue un gran arquitecto; esperemos que Truman sea un buen carpintero».[3]

Cuando Harry Truman se trasladó a la Casa Blanca, la guerra europea casi estaba ganada, pero en el Pacífico estaba alcanzando sus cotas más sangrientas. La noche del 9 al 10 de marzo de 1945, trescientos treinta y cuatro aviones B-29 lanzaron toneladas de gasolina gelatinosa (napalm) y explosivos en Tokio. Se estima que la tormenta de fuego resultante mató a unas cien mil personas y calcinó completamente cuarenta y un kilómetros cuadrados de la ciudad.[4] Los ataques aéreos prosiguieron, y en julio de 1945 habían arrasado todas las grandes ciudades japonesas, menos cinco, matando cientos de miles de civiles. Fue una guerra total, una ofensiva cuya finalidad era la destrucción de una nación, no solo de los objetivos militares. Los ataques con bombas incendiarias no eran ningún secreto. Los estadounidenses de a pie leían sobre ellos en los periódicos. Quienes reflexionaban al respecto veían que el bombardeo estratégico de ciudades suscitaba profundas cuestiones éticas. «Recuerdo que el señor Stimson [el secretario de Guerra] me dijo —comentó más adelante Oppenheimer— que le parecía espantoso que no hubiera protestas por los ataques aéreos que estábamos dirigiendo a Japón, los cuales, sobre todo en el caso de Tokio, estaban matando a tantísima gente. No dijo que debieran interrumpirlos, pero pensaba que un país en el que nadie los cuestionara tenía un problema muy grave».[5]

Hitler se suicidó el 30 de abril de 1945, y ocho días después Alemania se rindió. Lo primero que pensó Emilio Segrè al enterarse de las noticias fue: «Hemos llegado tarde».[6] Como casi toda la gente de Los Álamos, el físico creía que derrotar a Hitler era la única justificación para trabajar en el artefacto. «En el momento en que la bomba no pudo usarse contra los nazis, empezaron a surgir las dudas —escribió en sus memorias—. Aunque no aparezcan en los informes oficiales, se hablaba de ellas en muchas conversaciones personales».

Leó Szilárd, el físico itinerante del Laboratorio Metalúrgico, de la Universidad de Chicago, estaba muy nervioso. Sabía que quedaba poco tiempo. Pronto estarían listas las bombas atómicas, e intuía que las lanzarían en ciudades japonesas. Había sido el primero en apremiar a Roosevelt para que emprendiera un programa de fabricación de armas atómicas, pero en aquel momento intentaba repetidamente evitar su uso. Primero escribió una carta al presidente —precedida de otra carta de Einstein— en la que le advertía que «nuestra "prueba" de la bomba atómica precipitará» una carrera armamentística contra los soviéticos. Roosevelt murió antes de que Szilárd pudiera hablar con él, pero consiguió una cita con el presidente nuevo, Harry Truman, para el 25 de mayo. Mientras tanto, decidió escribir a Oppenheimer para prevenirlo de que «si resultara inevitable una carrera por la producción de bombas atómicas, no puede esperarse que las perspectivas de este país sean buenas». Ante la ausencia de una política clara para evitar semejante situación, Szilárd escribió: «Dudo que sea sensato arrojar bombas atómicas contra Japón y mostrar así nuestras cartas». Había escuchado a los partidarios de usar las bombas, pero sus argumentos no eran «lo bastante fuertes para despejar mis dudas». Oppie no le respondió.[7]

El 25 de mayo, Szilárd y dos colegas suyos (Walter Bartky, de la Universidad de Chicago, y Harold Urey, de la Universidad de Columbia) se presentaron en la Casa Blanca, donde les dijeron que Truman los enviaba a hablar con James F. Byrnes, a quien en breve nombrarían secretario de Estado. Obedientes, fueron hasta casa de Byrnes, que estaba en Spartanburg (Carolina del Sur), para celebrar una reunión que resultó, por decirlo suavemente, improductiva. Cuando Szilárd le explicó que arrojar bombas atómicas contra Japón comportaba el riesgo de que la Unión Soviética se convirtiera en una potencia nuclear, Byrnes le interrumpió: «El general Groves me ha dicho que no hay uranio en Rusia». No, le contradijo Szilárd, en Rusia hay mucho uranio.[8]

Entonces Byrnes dijo que emplear la bomba atómica contra Japón contribuiría a que Rusia retirara sus tropas de Europa del Este cuando terminara la guerra. Szilárd se quedó «estupefacto ante la creencia de que gracias a la bomba Rusia sería más manejable». «Bueno —repuso Byrnes—, usted es húngaro; no querrá que Rusia se quede en Hungría indefinidamente». Este comentario no hizo más que encender a Szilárd, que escribió al cabo del tiempo: «A esas alturas yo estaba preocupado por [...] la posibilidad de que provocáramos una carrera armamentística entre Estados Unidos y Rusia que terminara con la destrucción de ambos países. Llegados a ese punto, no estaba dispuesto a preocuparme por lo que le pasara a Hungría». Szilárd salió de la reunión muy sombrío. «Pocas veces me he sentido tan abatido como cuando salimos de casa de Byrnes y anduvimos hasta la estación».

De regreso a Washington, Szilárd realizó otro intento de frenar el uso de la bomba. El 30 de mayo, al enterarse de que Oppenheimer estaba en la ciudad para reunirse con Stimson, el secretario de Guerra, telefoneó a la oficina del general Groves y se citó para ver a Oppenheimer aquella misma mañana. Este pensaba de Szilárd que era un metomentodo, pero decidió que debía saber lo que tuviera que decir.

«La bomba atómica es una mierda», dijo Oppenheimer después de escuchar los argumentos de Szilárd.

«¿Qué quiere decir?», preguntó este.

«A ver —respondió nuestro protagonista—, es un arma sin importancia militar. Provocará una explosión muy grande, enorme, pero no es un arma útil en una guerra». Le dijo también que, si se usaba la bomba, creía fundamental que se informara a los rusos de ello con antelación. Szilárd objetó que limitarse a comunicarle a Stalin que existía esa nueva arma no evitaría que se desatara una carrera después de la guerra.

«A ver —insistió Oppenheimer—, ¿no cree que, si les explicamos lo que pretendemos hacer y después tiramos la bomba en Japón, los rusos lo entenderán?».

«Lo entenderán demasiado bien», repuso Szilárd.

De nuevo, salió desalentado de la reunión al ver que aquel intento, el tercero para truncar el uso de la bomba, había fracasado. Durante las siguientes semanas trabajó febrilmente en crear un documento público que mostrara que al menos una minoría de los científicos relacionados con el Proyecto Manhattan se oponían al empleo de la bomba contra objetivos civiles.

El día siguiente, 31 de mayo, Oppenheimer asistió a una reunión trascendental del llamado Comité Provisional, un grupo creado *ad hoc* por Stimson y compuesto por funcionarios gubernamentales para que le aconsejaran sobre el futuro de las políticas en materia atómica. El comité estaba compuesto por el propio secretario de Guerra, el vicesecretario de la Marina Ralph A. Bard, el doctor Vannevar Bush, James F. Byrnes, William L. Clayton, el doctor Karl T. Compton, el doctor James B. Conant y George L. Harrison, ayudante de Stimson. En la reunión había un panel de cuatro científicos invitados como asesores del comité: Oppenheimer, Enrico Fermi, Arthur Compton y Ernest Lawrence. Asistieron también aquel día el general George C. Marshall, el general Groves y dos ayudantes de Stimson, Harvey H. Bundy y Arthur Page.

El secretario de Guerra dictó el orden del día, en el cual no figuraba decidir si se emplearía la bomba contra Japón o no; aquello era más o menos un fin inevitable. Como si hubiera querido subrayar ese punto,

Stimson empezó la reunión con una explicación general de cuáles eran sus responsabilidades en asuntos militares para con el presidente. A nadie se le escapó que las decisiones que se tomaran respecto al uso militar de la bomba serían dominio exclusivo de la Casa Blanca y que los científicos que habían trabajado en ella durante los dos años anteriores no tendrían voz ni voto al respecto. No obstante, Stimson era inteligente y había escuchado con mucha atención todas las conversaciones relativas a las consecuencias que podían suponer las armas nucleares. Oppenheimer y los demás científicos se quedaron más tranquilos cuando le oyeron decir que ni él ni los demás miembros del Comité Provisional consideraban la bomba «meramente como un arma nueva, sino como un cambio revolucionario en la relación del hombre con el universo». La bomba atómica podía convertirse en «un Frankenstein que nos devorara» o podía asegurar la paz global. Su importancia, en cualquier caso, «iba mucho más allá de las necesidades de la presente guerra».[9]

Stimson derivó rápidamente la charla hacia el desarrollo futuro de armas atómicas. Oppenheimer indicó que antes de tres años sería posible construir una bomba que tuviera la potencia de entre diez millones y cien millones de toneladas de TNT. Lawrence intervino con la recomendación de que «deberían acumularse reservas considerables de bombas y material»; debía invertirse más dinero en la expansión de plantas nucleares si Washington quería que el país «siguiera a la cabeza». Al principio, las actas oficiales de la reunión recogen que Stimson declara que todos estaban de acuerdo con la propuesta de Lawrence de hacer acopio tanto de armas como de plantas industriales, pero después empiezan a reflejar la aparente ambivalencia de Oppenheimer; señaló que el Proyecto Manhattan simplemente había «recogido los frutos de la investigación previa». Apremió con firmeza a Stimson para que permitiera que la mayoría de los científicos regresaran a sus universidades y laboratorios de investigación una vez terminada la guerra con el objetivo de «evitar la esterilidad» del trabajo realizado durante el conflicto.

A diferencia de Lawrence, Oppenheimer no quería que el Proyecto Manhattan siguiera dominando la investigación científica después de la guerra. Habló con su característica voz baja, y sus palabras persuadieron a muchos de los reunidos. Vannevar Bush interrumpió para decir que «estaba de acuerdo con el doctor Oppenheimer en que deberían retener solo a un núcleo del personal actual y que deberían dejar marchar a cuantos fuera posible para que investigaran en forma más amplia y libre». Compton y Fermi, pero no Lawrence, intervinieron para dar su aprobación. Si bien no había explicitado la cuestión, Oppenheimer había delimitado un argumento para reorientar el trabajo de los laboratorios armamentísticos después de la guerra.

Cuando Stimson preguntó por el potencial no militar del proyecto, Robert volvió a dominar el debate. Declaró que hasta entonces su «preocupación inmediata había sido acortar la guerra», pero había que entender que los «conocimientos fundamentales» de la física atómica estaban «tan extendidos por el mundo» que, a su criterio, lo más inteligente que podía hacer Estados Unidos era ofrecer un «intercambio libre de información» sobre el desarrollo de los usos del átomo en tiempos de paz. Haciéndose eco de su conversación con Szilárd del día anterior, dijo: «Si nos ofreciéramos a intercambiar información antes de lanzar la bomba en la práctica, se fortalecería en gran medida nuestra posición moral».

Stimson aprovechó ese comentario para discutir las perspectivas de «una política de moderación». Mencionó la posibilidad de que se estableciera una organización internacional para garantizar la «completa libertad científica». Tal vez un «cuerpo de control internacional» con derecho de inspección podría vigilar el uso de la bomba en el mundo posbélico. Mientras que los científicos asentían, el general Marshall, que hasta el momento había guardado silencio, de pronto previno que no debería ponerse mucha fe en la eficacia de los mecanismos de inspección. Por supuesto, Rusia era la «preocupación principal».

La talla del general Marshall era tal que muy pocos hombres objetaban sus juicios. Sin embargo, Oppenheimer tenía sus propios objetivos (los de Bohr). Sosegado pero con contundencia, atrajo al venerado general hacia su punto de vista. ¿Quién sabía, reconoció, qué hacían los rusos en el campo de las armas nucleares? De todos modos, «expresó la esperanza de que la fraternidad de intereses de los científicos ayudara a solucionar el problema». Y observó que «Rusia siempre había mostrado buena disposición hacia la ciencia». Quizá, sugirió, deberíamos entablar conversaciones con ellos a modo de prueba y explicar lo que habíamos desarrollado «sin darles detalles acerca de nuestro esfuerzo de producción».

«Podríamos decir que se ha invertido un gran esfuerzo nacional en este proyecto —dijo Oppenheimer— y podríamos expresar nuestros deseos de cooperar con ellos en este ámbito». Finalizó puntualizando que tenía «la fuerte convicción de que no deberíamos prejuzgar la actitud de los rusos en este asunto».[10]

De improviso, el comentario de Oppenheimer provocó que Marshall entrara en una defensa detallada de los rusos. Las relaciones entre Moscú y Washington, dijo, se habían caracterizado por una larga historia de acusaciones y contraacusaciones, pero «se demostró que la mayoría de las acusaciones eran infundadas». Sobre la cuestión de la bomba atómica, Marshall dijo que estaba «seguro de que no debemos tener miedo de que los rusos, en el caso de que conocieran el programa, compartieran esa información con los japoneses». Lejos de pretender mantener la bomba en secreto para los rusos, el general «sacó a colación la cuestión de si sería deseable invitar a dos prominentes científicos rusos para presenciar la prueba».

Oppenheimer debió de sentirse bien al escuchar al militar más importante del país decir esas palabras. Y debió de desalentarse de inmediato cuando oyó a James Byrnes, el representante personal de Truman en el Comité Provisional, protestar vivamente: si sucediera algo así, temía que Stalin pidiera participar en el proyecto de la bomba atómica. A pesar de las secas y frías actas, un lector atento puede captar que había surgido un conflicto. Vannevar Bush señaló que los británicos ni siquiera «tienen los cianotipos de nuestras plantas», y era evidente que a los rusos se les podía contar mucho sobre el proyecto sin darles los diseños de ingeniería de la bomba. De hecho, Oppenheimer y el resto de los científicos de la sala entendían que era imposible que esa información permaneciera secreta durante mucho más tiempo. No se podía evitar que los científicos descubrieran pronto la física de la bomba.

Sin embargo, Byrnes ya había empezado a concebir el artefacto como un arma diplomática estadounidense. Pisoteó los argumentos de Oppenheimer y Marshall, y apoyó a Lawrence subrayando que tenían que «seguir adelante lo más rápido posible en producción e investigación [en materia atómica] para asegurarnos de continuar en cabeza y, al mismo tiempo, hacer todo lo que podamos para mejorar las relaciones políticas con Rusia». Las actas recogen que, «en general, todos los presentes están de acuerdo» con la contribución de Byrnes. De todos modos, Oppenheimer, y seguramente muchos otros de los asistentes, comprendían que no podían bregar para «mantenerse en cabeza» en materia de armas nucleares sin inducir a los rusos a meterse en una carrera armamentística contra Estados Unidos. Arthur Compton corrió un velo sobre esa contradicción insalvable al recalcar la importancia de mantener la superioridad estadounidense mediante la «libertad de investigación» al tiempo que se buscaba un «entendimiento cooperativo» con Rusia. Tras llegar a esa ambigua conclusión, a la una y cuarto el comité suspendió durante una hora la sesión para ir a comer.

Mientras comían, salió la cuestión del uso de la bomba contra Japón. No se tomaron notas, pero, cuando se reanudó la sesión, el debate siguió enfocado en las repercusiones del arma inminente. Stimson, siempre atento a las consecuencias políticas que acarreaba cualquier decisión, varió el orden del día para que pudieran seguir hablando de ello. Se comentó que una bomba atómica no tendría más alcance que algunos de los bombardeos masivos lanzados contra Japón aquella primavera. Oppenheimer pareció estar de acuerdo, pero añadió que «el efecto visual de una bomba atómica será tremendo. Irá acompañado de una luminiscencia que alcanzará entre tres mil y seis mil metros de altura. La radiación de neutrones que liberará la explosión será peligrosa para la vida en un radio de al menos un kilómetro a la redonda».

Se consideraron «varios tipos de objetivos y los efectos que producirían», y luego el secretario Stimson resumió lo que parecía ser de acuerdo general: «[...] que no podíamos advertir a los japoneses; que no podíamos centrarnos en un área civil; pero que el objetivo debería ser dejar una profunda impresión psicológica en tantos habitantes como sea posible». Stimson dijo estar de acuerdo con la propuesta de James Conant: «Que el objetivo más deseable sería una fábrica importante de armas en la que trabajara un gran número de personas y que estuviera rodeada de las viviendas de esos empleados». De este modo, con tan delicados eufemismos, el presidente de la Universidad de Harvard designó a los civiles como blanco de la primera bomba atómica del mundo.

Oppenheimer no mostró desacuerdo con la elección del blanco. Es más, al parecer inició una conversación sobre si podrían lanzarse varios de esos ataques similares a la vez. Pensaba que un bombardeo atómico múltiple «sería factible». El general Groves vetó la idea y se quejó de que el programa había estado «plagado, desde los inicios, de la presencia de ciertos científicos de prudencia dudosa y lealtad cuestionable»; estaba pensando en Leó Szilárd, pues acababa de enterarse de que había intentado ver a Truman para persuadirlo de que no empleara la bomba. Después de los comentarios de Groves, las actas recogen que «se convino» en, después de arrojar la bomba, tomar medidas para apartar del programa a los científicos que habían trabajado en él. Por lo visto, Oppenheimer dio su consentimiento, al menos callando, a que se realizara esa purga.

Por último, alguien (seguramente algún científico) preguntó qué podían contar a sus colegas sobre las deliberaciones del Comité Provisional. Se acordó que los cuatro científicos presentes «se sintieran libres de explicar» que se habían reunido con un comité presidido por el secretario de Guerra y habían recibido «libertad total para exponer sus puntos de vista en todos los aspectos de la materia».[11] Tras eso, la reunión se suspendió a las cuatro y cuarto de la tarde.

Oppenheimer desempeñó un papel ambiguo en aquel debate crucial. Presentó con vehemencia la idea de Bohr de que los rusos no tardarían en enterarse de la existencia del arma nueva e inminente. Incluso había llegado a convencer al general Marshall al respecto, hasta que Byrnes desbarató la idea. Por otro lado, es evidente que creyó prudente guardar silencio cuando el general Groves expuso su intención de despedir a científicos disidentes como Szilárd. Tampoco ofreció alternativas a la definición eufemística de blanco «militar» propuesto por Conant (y mucho menos la criticó): «Que el objetivo más deseable sería una fábrica principal de armas en la que trabajara un gran número de personas y que estuviera rodeada de las viviendas de esos empleados». Si bien defendió algunas ideas de Bohr sobre la transparencia, al final no consiguió nada y lo aceptó todo. No se informaría adecuadamente a los soviéticos sobre el Proyecto Manhattan, y la bomba se arrojaría en una ciudad japonesa sin avisar.

Mientras tanto, un grupo de científicos de Chicago, aguijados por Szilárd, organizaron un comité informal para hablar de las repercusiones sociales y políticas de la bomba. A principios de junio de 1945, varios de sus miembros redactaron un documento de doce páginas que se conoció después como el Informe Franck en honor a su presidente, el ganador del Nobel James Franck. La conclusión del informe era que un ataque nuclear sorpresa contra Japón era desaconsejable desde todos los puntos de vista: «Será muy difícil convencer al mundo de que una nación capaz de construir y arrojar sin previo aviso un arma tan indiscriminada como el misil balístico [alemán], y un millón de veces más destructiva que este, sea digna de credibilidad cuando proclame su voluntad de que un acuerdo internacional abola dichas armas».[12] Los firmantes recomendaban que se llevara a cabo una prueba del artefacto ante representantes de las Naciones Unidas, quizá en un lugar desértico o en una isla deshabitada. Enviaron a Franck con el informe a Washington D. C., donde le dijeron que Stimson no estaba en la ciudad, cosa que era falsa. Truman nunca leyó el Informe Franck, pues el ejército lo confiscó y lo clasificó.

A diferencia de los científicos de Chicago, los de Los Álamos trabajaban febrilmente para probar el modelo de la bomba de implosión de plutonio tan pronto como fuera posible, lo cual les dejaba muy poco tiempo para pensar en cómo debía emplearse el artefacto en Japón o si debía emplearse en absoluto. No obstante, sentían que podían confiar en Oppenheimer. Como observó Eugene Rabinowitch, biofísico del

Laboratorio Metalúrgico y uno de los siete firmantes del Informe Franck, entre los científicos de Los Álamos reinaba «la sensación de que podíamos confiar en que Oppenheimer haría lo correcto».[13]

Un día, Oppie llamó a Robert Wilson a su despacho para pedirle su opinión. Le explicó que era asesor del Comité Provisional, órgano que debía aconsejar a Stimson cómo debería usarse la bomba. «Me dio tiempo para pensar en ello. [...] Así que volví después y le dije que creía que no debía usarse y que había que advertir a los japoneses de alguna manera». Wilson le señaló que en pocas semanas probarían la bomba. ¿Por qué no invitaban a los japoneses a que enviaran una delegación de observadores para presenciarla?

«"Bueno —repuso Oppenheimer—, ¿y si no explota?"».

«Entonces lo miré con frialdad —recordó Wilson— y le dije: "Bueno, podríamos matarlos a todos"». Pacifista como era, se arrepintió de inmediato de haber dicho «una cosa tan sanguinaria».[14]

Wilson se sintió halagado por que Oppenheimer le hubiera consultado, pero le decepcionó el hecho de que su opinión no hiciese mella en su posición. «Para empezar, no tendría que haber hablado conmigo de eso —dijo Wilson—. Pero estaba claro que quería la opinión de otra persona, y yo le caía bien y lo apreciaba mucho».

Oppenheimer habló también con Phil Morrison, su antiguo alumno y amigo íntimo en Los Álamos desde que lo trasladaron desde el Laboratorio Metalúrgico (Chicago). Este recuerda haber asistido en la primavera de 1945 a una reunión del Comité de Objetivos, creado por Groves. En realidad, fueron dos las reuniones, y se celebraron en el despacho de Oppenheimer los días 10 y 11 de mayo. Las actas oficiales registran el acuerdo de los participantes respecto a que el objetivo de la bomba debería hallarse «en un área urbana extensa de más de cinco kilómetros de diámetro».[15] Llegaron incluso a plantear como blanco el palacio del emperador, situado en el centro de Tokio. Morrison, que estaba allí en calidad de técnico, recuerda defender que se avisara a los japoneses de alguna manera, si una demostración se consideraba poco práctica: «Pensé que con repartir folletos ya habría sido suficiente». Pero, cuando lo propuso, un desconocido oficial del ejército descartó de inmediato la idea: «Si los avisamos, nos seguirán y nos derribarán —dijo el oficial con desdén—. Es muy fácil para usted decirlo y muy difícil para mí aceptarlo». Y Morrison no obtuvo apoyo de Oppenheimer.

«La cuestión es —recordó mucho después— que me hicieron pasar un mal rato. Mi opinión no se tenía en cuenta para nada. [...] Salí con el convencimiento de que teníamos muy poca influencia en lo que iba a ocurrir». David Hawkins, que también estuvo en la reunión, corrobora este recuerdo. «Morrison dio voz a las preocupaciones de muchos de nosotros —escribió Hawkins—. Propuso que se avisara a los japoneses [...] para darles la oportunidad de evacuar. El oficial que estaba sentado enfrente de él (no sabía su nombre, o no me acuerdo) expresó su oposición a la propuesta con vehemencia, diciendo algo como: "Nos echarán encima todo lo que tengan, y yo estaré en ese avión"».[16]

A mediados de junio, Oppenheimer citó a los miembros de la comisión científica (Lawrence, Arthur Compton, Enrico Fermi y él) a una reunión en Los Álamos para hablar de cuáles serían las recomendaciones finales que transmitirían al Comité Provisional. Compton les resumió el Informe Franck y hablaron con libertad sobre él. De especial interés fue la sugerencia de que se hiciera una demostración, no letal pero efectista, del poder de la bomba atómica. La opinión de Oppenheimer fue ambivalente: «Puse de manifiesto mis recelos y los argumentos [...] contrarios a lanzar [la bomba], [...] pero no los apoyé», declararía más adelante.[17]

El 16 de junio de 1945, Robert firmó un breve escrito que sintetizaba las recomendaciones de la comisión científica «sobre el empleo inmediato de las armas nucleares». Estaba dirigido al secretario Stimson y tenía un tono dubitativo. En primer lugar, los miembros del panel recomendaban que, antes de emplear la bomba, Washington debería informar a Gran Bretaña, Rusia, Francia y China de la existencia de armas nucleares y «estar abiertos a sugerencias de cómo podríamos cooperar para que esta tecnología contribuya a mejorar las relaciones internacionales». En segundo lugar, el panel informaba de que no existía unanimidad en la comunidad científica respecto al uso inicial de estas armas. Entre quienes estaban construyéndola, algunos proponían que se hiciera una demostración del artefacto como alternativa. «Quienes abogan por una exhibición puramente técnica desearían que se prohibiera el uso de armas nucleares y temen que, si las empleamos ahora, nuestra posición en futuras negociaciones salga perjudicada». Oppenheimer seguramente percibía que la mayoría de sus colegas de Los Álamos y del Laboratorio Metalúrgico de Chicago preferían que se hiciera dicha demostración, pero se posicionó del lado de quienes «subrayaban la oportunidad de salvar vidas estadounidenses mediante la intervención militar inmediata».

¿Por qué? Aunque no lo parezca, su razonamiento era igual de bohriano que el de quienes estaban a favor de la demostración. Se había convencido de que el uso militar de la bomba en esa guerra sería capaz de poner punto final a todos los conflictos armados. Explicó que algunos colegas creían realmente que lanzar la bomba entonces «mejoraría las expectativas internacionales en el sentido de que habrá más preocupación por prevenir las guerras que por eliminar esta arma en concreto. Nos encontramos más cercanos a esta última perspectiva; no podemos proponer una demostración técnica que favorezca el fin de la guerra; no vemos ninguna alternativa aceptable al uso directo militar».

Tras ofrecer una aprobación tan clara e inequívoca del «uso militar», el panel no fue capaz de llegar a ninguna conclusión acerca de cómo definir el término. Tal como Compton dijo más tarde a Groves: «No existía acuerdo entre los miembros del panel para enunciar cómo debería llevarse a cabo ese uso ni bajo qué condiciones».[18] Oppenheimer concluía el escrito con un curioso descargo de responsabilidades: «[E]s evidente que nosotros, en cuanto científicos, no tenemos derechos de propiedad, [...] no nos atribuimos competencias especiales para resolver los problemas políticos, sociales y militares que se presentan a causa del advenimiento de la energía nuclear». Era una conclusión extraña, y Oppenheimer la abandonaría pronto.

Había muchas cosas que no sabía. Como aclararía al cabo del tiempo, «no teníamos ni idea de cuál era la situación militar en Japón. No sabíamos si podían hacer que se rindieran por otras vías o si la invasión era de veras inevitable. Pero, en el fondo, teníamos la vaga idea de que la invasión era inevitable porque así nos lo habían dicho».[19] Entre otras cosas, desconocía que, en Washington, el Servicio de Inteligencia del ejército había interceptado y descodificado mensajes procedentes de Japón en los que el Gobierno comprendía que la guerra estaba perdida y tanteaba rendirse en términos aceptables.

Por ejemplo, el 28 de mayo, el vicesecretario de Guerra, John J. Mc-Cloy, instó a Stimson que recomendara que la idea de «rendición incondicional» se incluyera en los términos planteados por Estados Unidos a Japón.[20] Basándose en los telegramas interceptados a este último (llamados «Magic» en clave), McCloy y muchos oficiales de alto rango vieron que importantes miembros del Gobierno de Tokio buscaban un modo de concluir la guerra y estaban dispuestos a aceptar en buena medida las condiciones de Washington. El mismo día, el secretario de Estado en funciones, Joseph C. Grew, sostuvo una larga reunión con el presidente Truman y le dijo exactamente lo mismo. Aparte de otros objetivos, el Gobierno japonés exigía una condición categórica; como dijo Allen Dulles, entonces un agente de la Oficina de Servicios Estratégicos en Suiza, a McCloy: «Querían conservar al emperador y la constitución, pues temían que la rendición militar supusiera el derrumbamiento del orden y la disciplina».[21]

El 18 de junio, el jefe de Estado Mayor, el almirante William D. Leahy, escribió en su diario: «En el momento presente, mi opinión es que puede negociarse la rendición de Japón en términos que ellos acepten».[22] El mismo día, McCloy dijo al presidente Truman que creía que la situación militar enemiga era tan desesperada que suscitaba «la cuestión de si necesitamos la ayuda de Rusia para derrotar a Japón».[23] También le dijo que, antes de que se decidiera definitivamente qué hacer, si invadir el archipiélago o si emplear la bomba atómica, deberían tomarse medidas políticas que aseguraran la rendición total de Japón. Habría que asegurarles, dijo, que «se les permitiría conservar al emperador y la forma de gobierno que ellos escogieran». Además, «también deberíamos decir a los japoneses que tenemos un arma terriblemente destructiva que nos veríamos obligados a emplear en el caso de que no se rindieran».

Según McCloy, Truman pareció receptivo a esas ideas.[24] La superioridad militar estadounidense era tal que, el 17 de julio, el vicesecretario de Guerra escribió en su diario: «Si ahora les transmitiéramos el aviso, sería de gran impacto para ellos. Es probable que consiguiéramos lo que estamos buscando: la conclusión victoriosa de la guerra».[25]

Según el general Dwight D. Eisenhower, cuando le informaron de la existencia de la bomba, en julio, en la Conferencia de Potsdam, le dijo a Stimson que pensaba que no hacía falta emplearla en un ataque porque «los japoneses estaban dispuestos a rendirse y no era necesario lanzarles un embate con aquella barbaridad».[26] Por fin, el propio presidente Truman pareció pensar que los japoneses estaban ya muy cerca de capitular. El 18 de julio de 1945 mencionó en su diario personal la reciente interceptación de un cable en el que el emperador se dirigía al enviado japonés en Moscú como «un telegrama del emperador japonés donde pide la paz».[27] En él decía: «El único obstáculo para la paz es la rendición incondicional». Truman había sonsacado a Stalin la promesa de que la Unión Soviética declararía la guerra a Japón el 15 de agosto, hecho que muchos estrategas militares y él mismo consideraban decisivo. «[Stalin] se meterá en la guerra con los japoneses el 15 de agosto —escribió Truman en su diario el 17 de julio—. Y entonces, adiós a los japos».

Truman y sus hombres sabían que la invasión del archipiélago japonés no estaba prevista hasta el 1 de noviembre de 1945, como pronto. Y casi todos los consejeros del presidente creían que el conflicto habría terminado antes de esa fecha; lo más seguro que con el impacto que produciría la declaración de guerra de la Unión Soviética, o tal vez, como imaginaban Grew, McCloy, Leahy y muchos otros, con la propuesta que se haría a los japoneses: una clarificación de los términos de rendición en la que se especificara que podían conservar al emperador. Pero Truman y su consejero más cercano, el secretario de Estado, James F. Byrnes, habían decidido que la llegada de la bomba atómica les ofrecía otra alternativa. Como más adelante explicó este: «Siempre tuve en mente que era importante terminar la guerra antes de que se metieran los rusos».[28]

A menos que se clarificaran los términos de rendición (cosa a la que se oponía Byrnes por motivos de política nacional), la guerra solo podía terminar antes del 15 de agosto mediante el uso del arma nueva. El 18 de julio, Truman anotó en su diario: «Creo que los japoneses se derrumbarán antes de que entre Rusia».[29] Por último, el 3 de agosto, Walter Brown, ayudante especial del secretario Byrnes, escribió en su diario: «El presidente, Leahy y JFB [Byrnes] están de acuerdo con los japoneses en buscar la paz. (Leahy tenía otro informe procedente del Pacífico). El presidente tiene miedo de que la pidan a través de Rusia y no de otro país como Suecia».[30]

Aislado en Los Álamos, Oppenheimer ignoraba por completo los mensajes «Magic» interceptados por el Servicio de Inteligencia, ignoraba el debate candente que se mantenía en Washington sobre los términos de rendición, e ignoraba que el presidente y el secretario de Estado tenían la esperanza de que, gracias a la bomba atómica, pudieran concluir la guerra sin clarificar los términos de rendición incondicional y sin la intervención soviética.[31]

Es imposible saber cuál habría sido la reacción de Oppenheimer si hubiera sabido que la víspera del bombardeo de Hiroshima el presidente sabía sin duda alguna que los japoneses «buscaban la paz» y que el empleo militar de las bombas atómicas en ciudades era más una opción que una necesidad para terminar la guerra en agosto. Lo que sí sabemos es que, después de la guerra, Oppie llegó a la conclusión de que la información que tenía era confusa, y ser consciente de ello le sirvió como recordatorio de por vida de que, en adelante, era su obligación mostrarse escéptico ante lo que le dijeran los funcionarios del Gobierno.

Dos semanas después de que Oppenheimer escribiera, el 16 de junio, el informe que resumía las opiniones de la comisión científica, Edward Teller fue a verlo con una copia de una petición que circulaba por las instalaciones del Proyecto Manhattan. En ella, redactada por Leó Szilárd, se instaba al presidente Truman a que no empleara armas nucleares en Japón sin que hubiera una declaración pública de los términos de rendición: «[...] en esta guerra, Estados Unidos no recurrirá a las bombas atómicas a menos que los términos que se impongan a Japón se hayan hecho públicos en todos sus detalles y que Japón, aun conociendo dichos términos, rechace rendirse».[32] Durante las semanas siguientes, la petición de Szilárd consiguió las firmas de ciento cincuenta y cinco científicos del Proyecto Manhattan. Una contrapropuesta reunió solo dos firmas. En otra votación realizada por el ejército el 12 de julio de 1945, entre ciento cincuenta científicos participantes en el proyecto, el 72 por ciento estaban a favor de que se hiciera una demostración del poder de la bomba y en contra de su empleo militar sin previo aviso. Aun así, Oppenheimer se enfadó mucho cuando Teller le enseñó la petición de Szilárd. Según Teller, aquel se puso a menospreciar a este y a su séquito: «¿Qué sabrán de la psicología de los japoneses? ¿Cómo pueden determinar la manera de acabar la guerra?». Esos asuntos era mejor dejarlos en manos de hombres como Stimson y el general Marshall. «La conversación fue corta —escribió Teller en sus memorias—. Se puso a hablar muy mal de mis amigos, y me agobiaron su impaciencia y su vehemencia. Pero enseguida acepté su decisión».

Teller asegura en sus memorias que, en 1945, pensó que lanzar la bomba sin una demostración previa ni un aviso «sería de conveniencia dudosa y de una moralidad deplorable».[33] Sin embargo, la respuesta que le dio a Szilárd, con fecha del 2 de julio de 1945, muestra que llegó a la conclusión contraria. «No me convencen del todo tus objeciones [al empleo militar inmediato del arma]», escribió. El artefacto era desde luego un arma «terrible», pero Teller pensó que la única esperanza de la humanidad era «convencer a todo el mundo de que la próxima guerra sería fatal. Para ese propósito puede que la mejor opción sea el uso real en combate». En ningún momento insinuó que creyera necesarias una demostración práctica ni un aviso. «Por que la casualidad haya querido que construyéramos esa cosa horrible —escribió Teller a Szilárd— no deberíamos atribuirnos la responsabilidad de tener voz en cómo debería usarse».

Ese, por supuesto, era uno de los argumentos que Oppenheimer había adelantado en el escrito del 16 de junio dirigido a Stimson. Estaba convencido de que no era necesario que la comunidad científica hiciera nada más.[34] Dijo a Ralph Lapp y Edward Creutz, dos físicos de Los Álamos que habían accedido a hacer circular la petición de Szilárd, que, «como se ha ofrecido a la gente de aquí la oportunidad de expresar, por medio de él, sus opiniones sobre los asuntos tratados, el método propuesto [la petición] era un poco redundante y quizá insuficiente». Oppie podía ser persuasivo. Creutz explicó a Szilárd con tono de disculpa: «Por la manera tan franca y tan poco autoritaria [con que Oppenheimer] trató la situación, me gustaría atenerme a sus recomendaciones». Nuestro protagonista no expediría la petición a Washington, sino que la enviaría por los canales normales, del ejército, y llegaría demasiado tarde.[35]

Oppie habló a Groves de la petición de Szilárd, y lo hizo en tono de desprecio: «La nota incluida [del húngaro a Creutz] es un incidente más de los acontecimientos que sé que ha seguido usted con interés».[36] El coronel Nichols, ayudante de Groves, llamó al general aquel mismo día, y en la conversación que tuvieron sobre la petición, «Nichols preguntó por qué no nos librábamos del león [Szilárd] y el general dijo que en ese momento no podían». Groves intuía que despedir o arrestar a Szilárd causaría una revuelta entre los científicos, pero, como a Oppenheimer también le molestaban las acciones de este, tenía la confianza en que el problema se contendría satisfactoriamente hasta que la bomba estuviera lista.

El verano de 1945 fue más caluroso y seco que de costumbre en El Monte. Oppenheimer apremió a los del área técnica a trabajar más horas; todo el mundo parecía estar al límite. Incluso la señorita Warner, aislada en el valle como estaba, advirtió un cambio: «Había tensión y actividad frenética en El Monte. [...] En la meseta, las explosiones parecían aumentar y luego cesar».[37] Notó que había mucho más tráfico en la carretera que iba hacia el sur, hacia Alamogordo.

El general Groves se había opuesto al principio a la idea de realizar una prueba de la bomba de implosión argumentando que el plutonio era tan escaso que no debería malgastarse ni un gramo. Oppenheimer lo convenció de que una prueba a escala real era imprescindible por «lo insuficiente de nuestro conocimiento».[38] Si no lo hacían, le dijo a Groves, «habrá que hacer la planificación del uso del artefacto en territorio enemigo sustancialmente a ciegas».[39]

Más de un año antes, en la primavera de 1944, Oppenheimer había pasado tres días y tres noches dando tumbos por los valles, áridos y secos, del sur de Nuevo México en una camioneta todoterreno del ejército en busca de un trozo de tierra lo bastante aislado donde probar con seguridad la bomba. Lo acompañaba Kenneth Bainbridge, un físico experimental de Harvard, y varios oficiales del ejército, entre los que se encontraba el oficial de seguridad de Los Álamos, el capitán Peer de Silva. Por las noches dormían en la plataforma abierta de la camioneta para evitar las serpientes de cascabel. De Silva recordaba tiempo después a

Oppenheimer, tumbado en el saco de dormir, contemplando las estrellas y evocando los días de estudiante en Gotinga. Era aquella una rara ocasión en que podía saborear el espartano desierto que tanto amaba. Tras varias excursiones, Bainbridge por fin escogió un páramo situado a casi cien kilómetros al noroeste de Alamogordo. Los españoles habían llamado a la zona la Jornada del Muerto.

El ejército cercó un área de veintiocho por treinta y ocho kilómetros, expropió a unos cuantos granjeros y los desalojó, y empezó a construir un laboratorio de campo y búnkeres reforzados desde los que observar la primera explosión de la bomba atómica.[40] Oppenheimer llamó al lugar de la prueba «Trinity», aunque años después no sabía muy bien por qué escogió ese nombre. Recordaba vagamente tener en la cabeza el poema de John Donne que empieza: «Golpea mi corazón, Dios trino».[41] Sin embargo, esto sugiere también que pudo haberlo sacado del Bhagavad Guitá; al fin y al cabo, el hinduismo tiene su trinidad en Brahma, el creador; Vishnu, el protector, y Shiva, el destructor.

Todo el mundo estaba cansado de trabajar tantas horas. Groves quería rapidez, no perfección. A Phil Morrison le comunicaron que se había establecido «una misteriosa fecha final, alrededor del 10 de agosto, en la que los que trabajábamos en la parte técnica debíamos tener lista la bomba a costa de lo que fuera, ya fuesen riesgos, dinero o políticas del desarrollo». (Se esperaba que Stalin se metiera en la guerra del Pacífico como muy tarde el 15 de agosto). Oppenheimer recordó: «Propuse al general Groves unos cambios en el diseño de la bomba que habrían resultado en un empleo más eficaz del material. [...] Los rechazó porque ponían en peligro la disponibilidad temporal de la bomba». El calendario de Groves se regía por la reunión prevista en Potsdam con Stalin y Churchill para mediados de julio. Oppenheimer testificó en la audiencia de seguridad: «Creo que nos encontrábamos bajo una presión increíble para terminarla antes del encuentro en Potsdam, y Groves y yo pasamos dos días discutiendo».[42] El general quería poner en las manos de Truman una bomba probada y eficaz antes de que terminara esa reunión. La primavera anterior, Oppenheimer había propuesto la fecha del 4 de julio, pero no se tardó mucho en ver que no era realista. A finales de junio, después de que Groves lo presionara más, el director de Los Álamos dijo a su gente que la fecha límite era el lunes 16 de julio.[43]

Este había delegado en Ken Bainbridge la supervisión de los preparativos de la Trinity, pero también envió a su hermano como su ayudante administrativo principal. Para su alegría, Frank llegó a Los Álamos a finales de mayo; había dejado en Berkeley a Jackie, a su hija, de cinco años, Judith, y a su hijo, de tres, Michael.[44] Frank había pasado los primeros años de la guerra trabajando con Lawrence en el Laboratorio de Radiación. El FBI y el Servicio de Inteligencia del ejército no le quitaban el ojo de encima, pero parecía haber seguido el consejo de Lawrence y haber abandonado toda actividad política.[45]

Frank acampó en el lugar de la Trinity a finales de mayo de 1945. Las condiciones eran espartanas, por decirlo con suavidad. Los hombres dormían en tiendas y trabajaban a temperaturas de 37 grados. A medida que se acercaba la fecha límite, Frank consideró prudente prepararse para el desastre. «Estuvimos varios días buscando rutas de escape por el desierto —recordó— y dibujando mapas pequeños para que se pudiese evacuar a todo el mundo».[46]

La noche del 11 de julio de 1945, Robert Oppenheimer fue a su casa y se despidió de Kitty. Le dijo que si la prueba salía bien, le enviaría un mensaje con las palabras: «Puedes cambiar las sábanas».[47] Ella, para atraerle la suerte, le dio un trébol de cuatro hojas del jardín.

Dos días antes de la prueba, Oppenheimer se registró en el hotel Hilton de Albuquerque. Con él estaban Vannevar Bush, James Conant y otros oficiales del S-1 que habían llegado en avión desde Washington para presenciar la exhibición. «Estaba histérico», recordó el químico Joseph O. Hirschfelder. Como si no estuvieran todos ya bastante nerviosos, una prueba de última hora de los explosivos de implosión (sin el núcleo de plutonio) acababa de indicar que la bomba tenía todos los números de no estallar. Todos empezaron a preguntar a Kistiakowsky. «Oppenheimer estaba tan angustiado —dijo este— que le aposté el sueldo de un mes por diez dólares a que la implosión funcionaría».[48] Aquella noche, con ánimo de suavizar la tensión, Oppie recitó a Bush una estrofa del Guitá que había traducido del sánscrito:

> En la batalla, en el bosque, en el precipicio de las montañas,
> en el oscuro y vasto mar, en medio de jabalinas y flechas,
> en el sueño, en la confusión, en las profundidades de la vergüenza,
> las buenas acciones que ha hecho un hombre lo amparan.[49]

Aquella noche, Robert durmió solo cuatro horas; el general Thomas Farrell, el segundo de Groves, que intentaba dormir en un catre en la habitación contigua, estuvo media noche oyendo su desagradable tos. Oppie se levantó aquel domingo, 15 de julio, exhausto y agobiado por las noticias del día anterior. Pero, mientras desayunaba en el comedor del campamento base, recibió una llamada de Bethe, quien le dijo que la simulación de la implosión había fallado solo porque se habían fundido unos circuitos del cableado. No había motivo, le aseguró, por el que el modelo de Kistiakowsky del artefacto real no tuviera que funcionar. Aliviado, Oppenheimer volvió la atención al tiempo. El cielo matutino estaba despejado, pero el meteorólogo, Jack Hubbard, le dijo que se estaba levantando viento en la zona. Groves habló por teléfono desde California con Oppenheimer antes de tomar el avión para asistir a la prueba, y este le advirtió: «El tiempo está caprichoso».[50]

Al caer la tarde, mientras se acumulaban nubes de tormenta, Oppie fue hasta la torre para echar un último vistazo al artefacto. Subió solo e inspeccionó su criatura, un feo globo de metal tachonado con detonadores. Todo parecía en orden, así que, después de contemplar el paisaje, bajó, se metió en el coche y volvió al rancho McDonald, donde los últimos hombres que habían montado el artefacto estaban recogiendo el equipo. Estaba fraguándose una buena tormenta. Tras llegar al campamento base, Oppie se encontró con Cyril Smith, un jefe metalúrgico, y se pusieron a hablar. Casi todo el tiempo fue Robert quien charló distraídamente sobre la familia y la vida en El Monte, pero, en cierto punto, la conversación se volvió filosófica; escudriñó el oscuro horizonte y murmuró: «Es curioso cómo las montañas siempre inspiran nuestro trabajo».[51] Smith lo tomó como un momento de calma, literalmente, antes de la tempestad.

Para aligerar la tensión, unos cuantos científicos organizaron una timba en la que apostaban un dólar al tamaño de la explosión.[52] Propio de él, Teller apostó fuerte, y puso su dólar en cuarenta y cinco mil toneladas de TNT. Oppenheimer fue cauto y apostó por tres mil modestas toneladas. Rabi jugó a veinte mil toneladas. Fermi, por su parte, asustó a algunos guardias del ejército al montar otra apuesta a si la bomba incendiaría la atmósfera o no.

Aquella noche, los pocos científicos que lograron conciliar el sueño se despertaron por un ruido extraordinario. Como recordaba Frank Oppenheimer: «Todas las ranas de la zona se habían juntado en una charca cerca del campamento, y copularon y croaron toda la noche».[53] Oppenheimer estuvo en el comedor del campamento base bebiendo café, liándose un cigarrillo tras otro y fumándolos muy nervioso hasta la colilla. En cierto momento sacó un libro de Baudelaire y estuvo leyendo poesía en silencio. La tormenta ya apedreaba el tejado de hojalata con un fuerte chaparrón. Los relámpagos atravesaban el negro del cielo, y Fermi, temeroso de que el viento de la tormenta los empapara con lluvia radiactiva, sugirió que se pospusiera la prueba. «Podría ser catastrófico», advirtió a Oppenheimer.[54]

Por su parte, el meteorólogo jefe de Oppie, Hubbard, le aseguró que la tormenta habría pasado antes del amanecer, pero recomendó retrasar la hora de la detonación, de las cuatro a las cinco de la mañana. Un inquieto Groves paseaba por el comedor. Le disgustaba Hubbard, pensaba de él que estaba «obviamente confundido y muy nervioso», hasta el punto de haberse llevado su propio meteorólogo, uno de las Fuerzas Armadas.[55] No se fiaba de las previsiones de Hubbard y se oponía a toda posposición. Hubo un momento en que se llevó aparte a Oppenheimer y le recitó una lista de todos los motivos por los que la prueba debía realizarse. Ambos sabían que todos estaban tan cansados que, en caso de demora, la prueba se retrasaría dos o tres días. Preocupado por si científicos más cautos convencían a Oppie de aplazarla, Groves se lo llevó al centro de control de South Shelter, a diez mil yardas, es decir, a unos nueve kilómetros de la Trinity.[56]

A las dos y media de la madrugada, vientos de cincuenta kilómetros por hora y un temporal de aúpa barrían por entero el lugar. De todos modos, Jack Hubbard y su pequeño equipo de meteorólogos predecían que despejaría al amanecer. Oppenheimer y Groves, a nueve kilómetros de allí, caminaban por fuera del búnker, mirando al cielo cada pocos minutos y tratando de adivinar cambios en el tiempo. Sobre las tres de la madrugada, se metieron en el búnker y hablaron. Ninguno de los dos era capaz de asumir un retraso. «Si lo aplazamos —dijo Oppenheimer—, no podré volver a poner en marcha a la gente».[57] Groves estaba aún más emperrado en que la prueba se realizase según lo planeado. Al fin, anunciaron su decisión: programarían el estallido para las cinco y media de la mañana con la esperanza de que todo saliera bien. Una hora más tarde, el cielo empezó a aclararse y el viento amainó. A las cinco y diez minutos, la voz de Sam Allison, un físico de Chicago, tronó por un altavoz situado fuera del centro de control: «Faltan veinte minutos para la hora cero».

Richard Feynman estaba a treinta y dos kilómetros de la Trinity. Le dieron unas gafas de sol, pero pensó que no vería nada si se las ponía, así que se montó en la cabina de un camión orientado hacia Alamogordo. La luna del vehículo le protegería los ojos de los dañinos rayos ultravioleta y podría ver el resplandor. Aun así, se agachó en un movimiento reflejo cuando el horizonte se iluminó con un fulgor intensísimo. Cuando volvió a mirar, vio una lucecita blanca que se volvía amarilla y luego naranja: «Una gran bola naranja, con el centro muy brillante, se convierte en una bola naranja que empieza a ascender y se hincha un poco y se pone negra por el borde, y entonces ves que es una bola grande de humo con relámpagos dentro del fuego que desprende, el calor».[58] Un minuto y medio después de la explosión, Feynman oyó un violento estallido seguido del retumbar de un trueno creado por el hombre.

James Conant esperaba un relámpago relativamente rápido, pero la luz blanca llenó el cielo de tal manera que pensó que «algo había salido mal» y que «el mundo entero estaba ardiendo».[59]

Bob Serber se encontraba también a treinta y dos kilómetros, tirado boca abajo con un trozo de cristal de soldador en los ojos. «Claro —escribiría después—, justo en aquel momento se me cansó el brazo y bajé el cristal, y la bomba explotó. Me quedé totalmente ciego por la luz». Cuando recuperó la vista, medio minuto después, vio una columna violeta y brillante que se alzaba entre seis mil y nueve mil metros. «Estaba a treinta y dos kilómetros y sentí el calor en la cara».[60]

Joe Hirschfelder, el químico que debía medir la lluvia radiactiva generada por la explosión, describió después aquel momento: «De repente, la noche se volvió día y todo estaba muy brillante, el frío se volvió calor, la bola de fuego poco a poco pasó del blanco al amarillo y luego al rojo mientras aumentaba de tamaño y ascendía en el cielo. Después de cinco segundos volvió la oscuridad, pero el cielo y el aire estaban saturados de un brillo violeta, como si estuviéramos rodeados de una aurora boreal. [...] Allí estábamos, asombrados, mientras la onda expansiva levantaba trozos de tierra del suelo del desierto y nos dejaba atrás rápidamente».[61]

Frank Oppenheimer estaba al lado de su hermano en el momento del estallido.[62] Aun tumbado en el suelo, «la luz del primer resplandor salió del suelo y nos atravesó los párpados. Al mirar hacia arriba, se veía la bola de fuego y, casi de inmediato, la fantasmal nube en el aire. Brillaba mucho y era violeta». Frank pensó: «Igual viene flotando hacia aquí y nos traga a todos». No había esperado que el calor generado fuera tan intenso. Momentos después, el estruendo de la explosión fue rebotando entre las montañas lejanas. «Pero creo que lo que daba más miedo —contaba Frank— era la resplandeciente nube violeta, negra por el polvo radiactivo, suspendida allí, y que no sabías si se escaparía hacia arriba o se dirigiría hacia donde estabas».[63]

Robert estaba echado boca abajo justo en el exterior del búnker de control, situado a nueve kilómetros al sur de la zona cero. Cuando la cuenta atrás anunció que faltaban dos minutos, murmuró: «Señor, estas cosas son muy duras para el alma».[64] Un general del ejército lo observó de cerca mientras sonaba la cuenta atrás: «El doctor Oppenheimer [...] fue poniéndose más tenso a medida que corrían los segundos. Apenas respiraba. [...] Los últimos segundos miró directamente hacia delante y, cuando se oyó el "¡Ya!" y apareció aquel estallido increíble de luz, seguido enseguida por el profundo rugido del estampido, la cara se le distendió en una expresión de alivio inmenso».[65]

No sabemos, obviamente, qué le pasaría por la cabeza en aquel momento crucial. Su hermano recordaba: «Creo que solo dijimos: "Ha explotado"».[66]

Después, Rabi vio a Robert desde lejos. Algo en su manera de andar, el porte despreocupado de quien está al mando de su destino, le puso la piel de gallina: «Nunca olvidaré cómo caminaba, nunca olvidaré el modo en que salió del coche. [...] Estaba en su apogeo, [...] caminaba como dándose aires. Lo había conseguido».[67]

Aquella misma mañana, William L. Laurence, el periodista de *The New York Times* escogido por Groves para cubrir el acontecimiento, se acercó a Oppenheimer para recoger sus comentarios. Según consta, este describió sus emociones en términos muy normales. El efecto del estallido, dijo a Laurence, fue «espantoso» y «no del todo optimista». Hizo una pausa y luego añadió: «Muchos chicos que aún no han crecido le deberán la vida a esto».[68]

Al cabo del tiempo, Oppenheimer diría que, al contemplar la nube fantasmal en forma de hongo que se elevaba hacia el cielo sobre la zona cero, recordó unos versos del Guitá. En un documental de la NBC para televisión de 1965, rememoró: «Sabíamos que el mundo dejaría de ser el mismo. Había quien reía y había quien lloraba. La mayoría guardaban silencio. Recordé un verso de las escrituras hindúes, el Bhagavad Guitá. Vishnu trata de convencer al príncipe de que debería cumplir con su obligación y, para impresionarlo, toma la forma de un ser de muchos brazos y dice: "Ahora he devenido muerte, el destructor de mundos". Supongo que todos, cada uno a su manera, pensamos algo así».[69] Abraham Pais, amigo de Robert, comentó una vez que la cita sonó como una de sus «exageraciones sacerdotales».*[70]

---

* Laurence, el periodista de *The New York Times*, diría más tarde que nunca olvidaría el «demoledor impacto» de las palabras de Oppenheimer. Curiosamente, sin embargo, en los artículos del *Times* de 1945 no figura ninguna cita del Guitá, ni tampoco en su libro de 1947, *Dawn over Zero: The Story of the Atomic Bomb*. (Hijiya, «The Gita of J. Robert Oppen-

Al margen de lo que le pasara a Oppenheimer por la cabeza, lo que sí es cierto es que quienes lo rodeaban estaban obviamente eufóricos. Laurence los describió en un mensaje: «El gran estallido llegó unos cien segundos después del gran relámpago, el primer llanto de un mundo recién nacido. Revivió a las figuras silenciosas e inmóviles, les dio voz. Un fuerte grito llenó el aire. Los grupitos que hasta entonces habían estado enraizados en el suelo como plantas del desierto rompieron a bailar».[71] El baile duró apenas unos segundos y luego todos empezaron a estrecharse la mano, relató Laurence, «se palmeaban la espalda unos a otros y reían como niños felices». Kistiakowsky, al que la onda había tirado al suelo, abrazó a Oppenheimer y le reclamó los diez dólares con alegría. Oppie sacó la cartera, que estaba vacía, y le dijo que tendría que esperar.[72] (Después, de regreso en Los Álamos, celebró una ceremonia en la que hizo entrega a Kistiakowsky de un billete de diez dólares con su autógrafo).

Cuando Oppenheimer salía del centro de control, se volvió para darle la mano a Ken Bainbridge, quien lo miró a los ojos y murmuró: «Ahora somos todos unos hijos de puta».[73] En el campamento base se tomó un coñac con su hermano y el general Farrell. Entonces, según un historiador, llamó por teléfono a Los Álamos y pidió a su secretaria que le diera un recado a Kitty: «Dile que puede cambiar las sábanas».[74]

---

heimer», *Proceedings of the American Philosophical Society*, vol. 144, n.º 2, junio de 2000, pp. 123-124). Sí aparece en un artículo de *Time* de 1948, y la usó en el libro *Men and Atoms*, de 1959. No obstante, Laurence pudo haberla sacado de la historia de Robert Jungk, *Brighter Than a Thousand Suns*, de 1958.

CUARTA PARTE

23

«Esa pobre gentecilla»

Lanzar una piedra por desesperación.

ROBERT OPPENHEIMER

Al volver a Los Álamos, todo el mundo parecía estar de fiesta. Con su habitual entusiasmo, Richard Feynman estaba sentado en el capó de un jeep tocando los bongos. «Pero había uno, me acuerdo, Bob Wilson, que estaba sentado todo mustio», escribiría Feynman más adelante.

«¿Por qué estás triste?», le preguntó.

«Lo que hemos hecho es horrible», contestó Wilson.

«Pero fuiste tú quien lo empezó —dijo Feynman, pues recordaba que fue él quien lo reclutó de Princeton para ir a Los Álamos—. Tú nos metiste en esto».

Sin contar a Wilson, lo que se esperaba era que reinase la euforia. Todo el mundo que estaba en Los Álamos había ido por un buen motivo. Habían trabajado duro para cumplir una tarea muy difícil. Se sentían gratificados por el esfuerzo, y el impresionante logro de Alamogordo les infundió una abrumadora sensación de júbilo. En la vorágine, hasta una persona con una mente tan inquieta como Feynman se sentía exultante. No obstante, más tarde diría de aquel momento: «Dejas de pensar. Simplemente, no piensas». Bob Wilson le pareció a Feynman «la única persona que en aquel momento aún pensaba en ello».

Sin embargo, se equivocaba. Oppenheimer también lo hacía. Tras la Trinity, empezó a cambiarle el humor. La presión de las largas horas pasadas en el laboratorio se aligeró para todos. Sabían que, después de la prueba, el artefacto había pasado a ser un arma, y las armas las controlaba el ejército. Anne Wilson, la secretaria de Oppenheimer, recordaba una serie de reuniones con oficiales de las Fuerzas Aéreas en las que «[s]eleccionaban objetivos». Oppie conocía los nombres de las ciudades japonesas que figuraban en la lista de posibles blancos, y ese conocimiento lo devolvía a la cruda realidad. «Robert estuvo muy callado y pensativo durante aquellas dos semanas —recordaba Wilson—, en parte porque sabía qué iba a ocurrir y en parte porque sabía qué significaba».

Un día, muy poco después de la Trinity, Oppenheimer asustó a Wilson con un comentario triste, incluso lúgubre. «Empezaba a derrumbarse —afirmó este—. Yo no conocía a nadie más que estuviera como estaba él. Iba andando desde su casa hasta el área técnica, y yo salía de la residencia de enfermeras, y en algún momento nos cruzábamos. Una mañana iba fumando en pipa y dijo: "Esa pobre gentecilla, esa pobre gentecilla", refiriéndose a los japoneses».[1] Lo decía con resignación. Y con un conocimiento terrible de causa.

Aquella misma semana, no obstante, Oppenheimer estuvo trabajando duro para asegurarse de que la bomba explotase encima de «esa pobre gentecilla». La noche del 23 de julio de 1945 se reunió con el general Thomas Farrell y su ayudante, el teniente coronel John F. Moynahan, dos oficiales veteranos designados para supervisar el bombardeo sobre Hiroshima desde la isla de Tinian. Era una noche clara, fresca y estrellada. Oppenheimer caminaba de un lado a otro de su despacho, empalmando un cigarrillo tras otro, nervioso, pues quería estar seguro de que entendían bien sus instrucciones para que la bomba cayera en el objetivo. El teniente coronel Moynahan, antiguo periodista, publicó un relato vívido de la noche en un escrito breve: «"Que no lancen la bomba a través de las nubes o si está nublado", [dijo Oppenheimer]. Era enfático, estaba tenso; los nervios hablaban por él. "Tienen que ver el objetivo. Que no lo lancen según el radar, hay que ver físicamente el objetivo". Pasos largos, pies hacia fuera, otro cigarrillo. "Claro que no pasa nada si comprueban el lanzamiento con el radar, pero hay que arrojarla visualmente". Más pasos. "Si la lanzan de noche, debe haber luna, sería lo mejor. Sobre todo, no deben lanzarla si llueve o hay niebla. [...] Que no la detonen a mucha altura. El número fijado está bien. Que no la tiren desde muy arriba; si no, el daño que causará en el objetivo será menor"».[2]

Las bombas atómicas, que Oppenheimer había hecho realidad, iban a usarse. Pero se dijo a sí mismo que las emplearían de forma que no se desencadenara una carrera armamentística posbélica con los soviéticos. Poco después de la prueba Trinity, había sentido un alivio profundo al oír a Vannevar Bush decir que el Comité Provisional había aceptado por unanimidad la recomendación de que se informara claramente a los rusos de la bomba y de su uso inminente contra Japón. Dio por supuesto que en aquel momento estarían teniendo lugar conversaciones igual de francas en Potsdam, donde el presidente Truman estaba reunido con Churchill y Stalin. Más adelante, sin embargo, se quedó horrorizado al enterarse de lo que había ocurrido realmente en aquel congreso entre las tres grandes potencias. En lugar de mantener una conversación abierta y sincera acerca de la naturaleza de la bomba, Truman, evasivo, se limitó a referirse crípticamente a ella: «El 24 de julio —escribió este en sus memorias— mencioné de pasada a Stalin que teníamos un arma nueva de una potencia destructiva extraordinaria. El líder ruso no mostró interés especial. Todo lo que dijo fue que se alegraba de oírlo y que esperaba que hiciéramos "un buen uso de ella contra los japoneses"». Eso estaba muy lejos de lo que Oppenheimer esperaba. Como escribió tiempo después la historiadora Alice Kimball Smith: «Lo que sucedió en realidad en Potsdam fue una auténtica farsa».[3]

El 6 de agosto de 1945, exactamente a las 8.14 horas, un bombardero B-29, el Enola Gay, llamado así en honor a la madre del piloto, Paul Tibbets, arrojó sobre Hiroshima la bomba de uranio de tipo pistola, que aún no había sido probada. John Manley se encontraba aquel día en Washington y esperaba nervioso las noticias. Oppenheimer lo había enviado allí con una tarea: informarle del bombardeo. Después de un retraso de cinco horas en la comunicación desde el avión, Manley por fin recibió un teletipo del capitán Parsons (el oficial «de armas» del Enola Gay) que decía que «los efectos visibles han sido más grandes que los de la prueba de Nuevo México». Justo cuando Manley estaba a punto de llamar a Oppenheimer a Los Álamos, Groves se lo impidió. Nadie podía transmitir información alguna sobre el bombardeo atómico hasta que el presidente en persona lo anunciara. Frustrado, Manley se fue a dar un paseo nocturno por el parque Lafayette, frente a la Casa Blanca. La mañana siguiente le dijeron que Truman haría un comunicado a las once en punto. Manley no consiguió hablar por teléfono con Oppie hasta que el mensaje del presidente se estaba emitiendo por radio a todo el país. A pesar de que habían acordado emplear un código preestablecido para transmitir la noticia por teléfono, las primeras palabras que Oppenheimer soltó a Manley fueron: «¿Para qué demonios crees que te he enviado a Washington?».[4]

Aquel mismo día, a las dos de la tarde, el general Groves llamó a Oppenheimer por teléfono desde Washington. Tenía ganas de felicitarlo. «Estoy orgulloso de usted y de toda su gente», le dijo Groves.

«¿Ha ido bien?», preguntó Oppie.

«Por lo visto ha pegado una explosión tremenda».

«Todo el mundo está más o menos contento —repuso el físico—, y le transmito mi enhorabuena más calurosa. Ha sido un camino muy largo».

«Sí —dijo Groves—, ha sido un camino muy largo, y creo que una de las cosas más inteligentes que he hecho nunca ha sido seleccionar al director de Los Álamos».

«Bueno —replicó Oppenheimer, inseguro—, tengo mis dudas, general Groves».

«Bueno —contestó el militar—, ya sabe que nunca he convenido con esas dudas».[5]

Algo más tarde, la noticia se anunció en Los Álamos por megafonía: «Atención, por favor. Atención, por favor. Una de nuestras unidades se ha lanzado con éxito sobre Japón».[6] En aquel momento, Frank Oppenheimer estaba en el pasillo, frente a la puerta del despacho de su hermano. Su primera reacción fue: «Gracias a Dios, ha estallado». Pero al cabo de un instante, recordó, «de repente a uno le asalta el horror de toda la gente que había muerto».

Un soldado, Ed Doty, escribió una carta a sus padres donde se describía la escena: «Las últimas veinticuatro horas han sido muy emocionantes. Todos estaban histéricos; la gente estaba exaltada en un grado que nunca había visto a tan gran escala. [...] Todos salían a los pasillos del edificio y caminaban como la muchedumbre en Times Square en Año Nuevo. Todos buscaban una radio».[7] Esa noche muchos se reunieron en un auditorio. Un físico joven, Sam Cohen, recuerda que el público vitoreaba y pateaba el suelo mientras aguardaba a que Oppenheimer hiciera su aparición. La gente esperaba que saliera al escenario desde los bastidores, como era su costumbre, pero decidió hacer una entrada más espectacular: desde el fondo de la sala, recorriendo el pasillo central. Cuando subió al escenario, cuenta Cohen, se agarró las manos y las levantó por encima de la cabeza, doblando y alargando los brazos, como el ganador de un combate de boxeo. Recuerda a Oppie diciendo a la encendida multitud que era «demasiado pronto para determinar cuáles podrían haber sido los resultados del bombardeo, pero estaba seguro de que a los japoneses no les había gustado nada». La gente lo ovacionó y luego rugió cuando dijo que estaba «orgulloso» de lo que habían conseguido. Según el relato de Cohen, «lo único que [Oppenheimer] lamentaba era que no hubiesen desarrollado la bomba a tiempo para usarla contra los alemanes. Esas palabras por poco hicieron reventar el techo».[8]

Fue como si le hubieran pedido que representara un papel en el escenario, un papel para el que no era la persona adecuada. Los científicos no son conquistadores. Pero era humano y debió de sentir la emoción del éxito; metafóricamente, había ganado el premio gordo y lo exhibía en lo alto. Además, el público esperaba que apareciera eufórico y triunfante. En cualquier caso, fue un momento efímero.

Para algunos de los que solo vieron la luz cegadora y sintieron el viento de la onda expansiva de la explosión de Alamogordo, la información procedente del Pacífico era un poco decepcionante, casi como si la Trinity les hubiera despojado de su capacidad de asombro. Otros recibieron la noticia como un baño de realidad. Phil Morrison se enteró estando en Tinian, donde había ayudado a preparar la bomba y subirla al Enola Gay. «Aquella noche, los que éramos de Los Álamos montamos una fiesta —recordaría Morrison—. Estábamos en guerra y habíamos conseguido una victoria, y teníamos derecho a celebrarla. Pero me acuerdo de estar sentado [...] en el borde de un catre [...] preguntándome cómo sería estar en el otro lado, qué estaría pasando en Hiroshima aquella noche».[9]

Posteriormente, Alice Kimball Smith insistiría en que «desde luego, [en Los Álamos] nadie celebró lo de Hiroshima». Pero después reconoció que «unas pocas personas» trataron de organizar una fiesta en la residencia masculina; resultó un «fracaso memorable. La gente o bien no se acercó a ella, o bien se marchó con prisas». Es cierto que Smith se refería solo a los científicos, quienes al parecer mostraron una reacción diferente, indiscutiblemente taciturna, a la de los militares. Doty escribió en la carta a su casa: «Había fiestas por todas partes. Me invitaron a tres, pero solo fui a una. [...] Duró hasta las tres». Refiere que la gente estaba «contenta, muy contenta. Escuchábamos la radio y bailábamos y volvíamos a escuchar la radio, [...] y nos reíamos de cualquier cosa que se decía».[10] Oppenheimer asistió a una fiesta, pero al marcharse vio a un pobre físico vomitando en unos arbustos. La imagen le hizo darse cuenta de que habían empezado a sufrirse las consecuencias.

Robert Wilson estaba horrorizado ante la noticia de Hiroshima. Nunca había querido que se usase el arma y creía haber tenido motivos para pensar que no se utilizaría. En enero, Oppenheimer lo había convencido para que siguiera trabajando, pero solo con el fin de que la bomba se probase, nada más. Sabía que este había participado en las deliberaciones del Comité Provisional y entendía que no había estado en la posición de hacerle promesas firmes; era decisión de los generales; de Stimson, el secretario de Guerra, y, en último término, del presidente. De todos modos, sintió que se había abusado de su confianza. «Me sentí traicionado —escribió Wilson en 1958— cuando la bomba estalló sobre Japón sin avisar a los japoneses ni hacerles una demostración pacífica de su poder».[11]

La mujer de Wilson, Jane, se hallaba en San Francisco cuando se enteró de lo de Hiroshima. Regresó a Los Álamos a toda prisa y saludó a su marido con sonrisas de enhorabuena, pero afirmó haberlo encontrado «muy triste». Y después, al cabo de tres días, otra bomba arrasó Nagasaki. «La gente iba por ahí dando golpes a las tapas de los contenedores de basura y cosas así —relató Jane Wilson—, pero él no iba con ellos, estaba taciturno y apenado». Bob Wilson dijo: «Recuerdo estar enfermo, [...] simplemente enfermo, [...] hasta el punto de pensar que estaría..., bueno, que iba a vomitar».[12]

Wilson no era el único que se sentía así. «Con el transcurso de los días —escribió Alice Kimball Smith, la esposa de Cyril Smith, metalúrgico de Los Álamos— crecía la repugnancia y, con ella (incluso para los que creían que el fin de la guerra justificaba el bombardeo), una profunda comprensión de la realidad del mal». Después de Hiroshima, muchas personas de El Monte sintieron, comprensiblemente, al menos un momento de euforia. Pero después de la noticia de Nagasaki, como observó Charlotte Serber, en el laboratorio se impuso una sensación palpable de pesadumbre. Corrió la voz de que «Oppie dice que la bomba atómica es un arma tan terrible que es imposible que haya más guerras».[13] Un informante del FBI comunicó el 9 de agosto que el físico era «un manojo de nervios».[14]

El 8 de agosto de 1945, como había prometido Stalin a Roosevelt en la Conferencia de Yalta y como había confirmado a Truman en Potsdam, la Unión Soviética declaró la guerra a Japón. Fue un acontecimiento devastador para los consejeros militaristas del emperador japonés, ya que creían que la Unión Soviética los ayudaría a obtener unos términos de rendición menos severos que la cláusula «tácita de rendición incondicional» estadounidense.[15] Al cabo de dos días (uno después de que Nagasaki apareciera arrasada por la bomba de plutonio), el Gobierno japonés envió una propuesta de rendición con una única condición: que se conservara la posición del emperador. Al día siguiente, los aliados convinieron cambiar los términos de la rendición incondicional: la autoridad del emperador para reinar estaría sujeta al «comandante supremo de las potencias aliadas». El 14 de agosto, Radio Tokio anunció que el Gobierno había aceptado esa puntualización y, por tanto, la rendición. Había terminado la guerra, y durante semanas periodistas e historiadores debatieron si habría acabado en términos similares y más o menos en las mismas fechas sin las bombas.

El fin de semana siguiente al bombardeo de Nagasaki, Ernest Lawrence llegó a Los Álamos. Encontró a Oppenheimer agotado, de mal humor y consumido por escrúpulos relacionados con lo que había pasado. Los dos amigos discutieron con motivo de las bombas. Lawrence le recordó que él había defendido que se hiciera una prueba y que Oppie lo había impedido; por su parte, Oppie hirió a Lawrence con un comentario mordaz acerca de que lo único que le preocupaba eran los ricos y los poderosos. Este intentó consolarlo diciéndole que, precisamente porque la bomba era tan terrible, no volvería a usarse jamás.[16]

Apenas aliviado, Oppie pasó gran parte del fin de semana redactando un informe final de parte de la comisión científica para el secretario Stimson. Las conclusiones eran pesimistas: «Es nuestra firme opinión que no se encontrarán contramedidas militares de eficacia adecuada para prevenir que se lancen armas nucleares».[17] En el futuro, esos artefactos, ya enormemente destructivos, serían más grandes y más letales. Solo tres días después de la victoria de Estados Unidos, Oppenheimer le decía a Stimson y al presidente que la nación no tenía ninguna defensa ante esas armas nuevas: «No solo no somos capaces de esbozar un programa que asegure a la nación una hegemonía en el campo de las armas nucleares durante las próximas décadas, sino que somos igualmente incapaces de garantizar que dicha hegemonía, si se consiguiera, pueda protegernos de la destrucción más terrible. [...] Creemos que la seguridad de esta nación, en contraposición a la capacidad de infligir daño a una potencia enemiga, no puede descansar por entero, ni primariamente, en su destreza científica o tecnológica. Solo puede basarse en imposibilitar guerras futuras».

Aquella semana llevó en persona la carta a Washington D. C., donde se reunió con Vannevar Bush y George Harrison, ayudante de Stimson en el Departamento de Guerra. «Fue un mal momento —contó a Lawrence a finales de agosto—, demasiado pronto para ver las cosas con claridad». Había intentado explicar que los científicos sentían que todo trabajo que se hiciera en el futuro con la bomba atómica sería fútil. Insinuó que deberían ilegalizarla, «igual que hicieron con los gases tóxicos después de la última guerra», pero no encontró apoyo entre la gente de Washington. «Por lo que decían, tuve la impresión, bastante clara, de que las cosas habían ido muy mal en Potsdam y que se había avanzado poco o nada en involucrar a los rusos para que se sumaran a colaborar o a controlar las armas».

De hecho, dudaba de que se hubiera efectuado ningún intento serio en esa dirección. Antes de dejar Washington, advirtió con pesar que el presidente había declarado el secreto de sumario para toda divulgación ulterior sobre la bomba atómica, y Byrnes, el secretario de Estado, después de leer la carta que Oppie envió a Truman, comunicó que en la situación internacional presente «no había alternativa a seguir con el programa MED [Distrito de Ingeniería Manhattan] a toda máquina».[18] Oppie volvió a Nuevo México más abatido que cuando se marchó.

Unos días después, Robert y Kitty fueron a Perro Caliente, a su cabaña cercana a Los Pinos, y pasaron una semana tratando de poner en orden las consecuencias de los últimos e intensos dos años. Era la primera vez en tres años que pasaban tiempo juntos ellos dos solos. Robert aprovechó para ponerse al día con su correspondencia personal; respondió a cartas de antiguos amigos, muchos de los cuales acababan de enterarse por la prensa a qué se había dedicado durante la guerra. También escribió a su antiguo profesor Herbert Smith: «Entenderás que esta empresa no se ha llevado sin recelos; hoy nos pesan, cuando el futuro, que contiene tantos elementos de grandes promesas, solo está a un tiro de piedra de la desesperación». De modo semejante escribió a su antiguo compañero de habitación de Harvard, Frederick Bernheim: «Ahora estamos en el rancho, buscando cordura con anhelo pero sin optimismo. [...] Parece que nos esperan grandes dolores de cabeza».[19]

El 7 de agosto, Haakon Chevalier le escribió una nota de felicitación: «Querido Opje: Probablemente hoy seas el hombre más famoso del mundo».[20] Oppie le respondió el 27 de agosto con una carta de tres páginas de su puño y letra. Chevalier diría posteriormente que rebosaba del «afecto y la confianza informal que siempre existieron entre nosotros». Respecto a la bomba, Oppie le dijo: «Había que hacerlo, Haakon. Había que llevarlo a buen puerto, a un puerto franco y público, en un momento en que el mundo entero ansiaba la paz como nunca antes, la gente se había encomendado como nunca antes a la tecnología como forma de vida y pensamiento, y a la idea de que nadie es una isla». Sin embargo, en modo alguno se sentía cómodo con esa justificación. «Las circunstancias están cargadas de duda, y son mucho mucho más difíciles de lo que deberían ser si tuviéramos el poder de rehacer el mundo para que fuera como lo imaginamos».[21]

Hacía tiempo que Oppenheimer había decidido dejar el trabajo de director científico. Para finales de agosto sabía que tenía trabajo en las universidades de Harvard, Princeton y Columbia, pero en su fuero interno quería volver a California. «Me siento parte de aquello, y supongo que siempre me sentiré así», escribió a su amigo James Conant, el rector de Harvard.[22] Sus viejos amigos del Caltech, Dick Tolman y Charlie Lauritsen, lo animaban a trabajar a tiempo completo en Pasadena. Increíblemente, el Caltech retrasó una oferta formal cuando el presidente, Robert Millikan, puso objeciones.[23] Escribió a Tolman que Oppenheimer no era un buen profesor, que sus contribuciones originales a la física teórica probablemente ya habían quedado atrás y que tal vez el Caltech ya tenía a bastantes judíos en la facultad. Pero Tolman y otros convencieron a Millikan para que cambiase de opinión, y el 31 de agosto ofrecieron un puesto a Oppenheimer.

También lo habían invitado a volver a Berkeley, donde se sentía realmente en casa. Sin embargo, dudó. Le dijo a Lawrence que «había tenido problemas» con el rector, Robert G. Sproul, y con Monroe Deutsch, el decano. Además, la relación entre Oppie y el director del departamento de Física, Raymond Birge, era tan tensa que Oppie le comentó a Lawrence que pensaba que debían destituir a Birge. Lawrence, molesto por lo que consideró un alarde insolente de arrogancia, le replicó que, si ese era su parecer, quizá no debería regresar a Berkeley.

Oppenheimer envió a Lawrence una nota explicativa: «Tengo sentimientos encontrados y tristes sobre nuestras discusiones acerca de Berkeley». Le recordó «cuánto he estado siempre del lado de los desfavorecidos, a diferencia de ti. Es una parte de mí que no creo que vaya a cambiar, porque no me avergüenzo de ella». No había decidido qué hacer, pero «las reacciones tan violentas y tan negativas» de Lawrence lo hacían vacilar.[24]

Mientras el nombre de Oppenheimer se iba haciendo famoso en todo el planeta, el hombre que se definía como «del lado de los desfavorecidos» se hundía en una depresión. Cuando volvieron a Los Álamos, Kitty le contó a su amiga Jean Bacher: «No puedes imaginar lo horrible que ha sido para mí. Robert está totalmente destrozado». A esta le impresionó el estado de nervios en que se encontraba Kitty. «Estaba asustada por lo que pasaría, [dada] la atroz reacción que tuvo [Robert]».

La barbaridad de lo que había sucedido en Hiroshima y Nagasaki le afectó profundamente. «Kitty no solía hablar de sus sentimientos —dijo Bacher—, y lo único que indicó fue que no sabía cómo iba a soportarlo». Robert también había compartido su angustia con otras personas. Jane Didisheim, una compañera de clase de la Escuela por la Cultura Ética, contó que Oppie le escribió una carta al poco de terminar la guerra «que muestra con mucha claridad y tristeza la decepción y el dolor que sentía».[25]

En El Monte, muchos respondieron con emociones similares, sobre todo después de que, en octubre, Bob Serber y Phil Morrison volvieran de Hiroshima y Nagasaki con el primer grupo de observación compuesto por científicos. Hasta entonces, la gente se juntaba a veces en casas e intentaba entender qué había pasado. «Pero Phil fue el único que me lo hizo entender —recordaba Jean Bacher—. Tiene una lengua de mago y una gran fuerza descriptiva. Me dejó deshecha. Me fui a casa y no pude dormir; estuve toda la noche temblando, fue una sacudida muy intensa».[26]

Morrison aterrizó en Hiroshima treinta y un días después de que el Enola Gay soltara su carga mortal. «Prácticamente todo el mundo que estaba en la calle a un kilómetro y medio a la redonda quedó quemada de gravedad en un instante por el calor de la bomba —dijo—. El ardiente relámpago abrasó de golpe y en un modo extraño. [Los japoneses] nos contaron de personas que llevaban ropa a rayas y que la piel se les quemó a rayas. [...] Muchos se consideraban afortunados, ya que emergieron de su casa en ruinas con heridas leves. Pero murieron igualmente. Murieron días o semanas después a causa de la radiación emitida en el momento de la explosión».[27]

Serber relató que se dio cuenta de que, en Nagasaki, el lado de los postes de teléfono orientados a la explosión estaba abrasado. Siguió la línea de postes quemados durante tres kilómetros a partir de la zona cero y «[l]legué a un lugar donde vi un caballo pastando —contó—. Por un lado tenía el pelo todo quemado; por el otro estaba perfectamente normal». Cuando comentó en tono liviano que el caballo parecía estar «pastando la mar de contento», Oppenheimer «me echó la bronca por dar la imagen de que la bomba fue un arma benévola».[28]

Morrison ofreció una sesión informativa oficial en Los Álamos sobre lo que había visto en Japón y también sintetizó sus impresiones para una radio local de Albuquerque: «Volando bajo, dimos vueltas sobre Hiroshima y no nos podíamos creer lo que veíamos. Ahí abajo solo había suelo llano, quemado y rojo, donde antes había existido una ciudad. [...] Pero no era que hubieran pasado cientos de aviones sobre la población durante una larga noche. En el tiempo que tarda la bala de un fusil en cruzar la ciudad, un bombardero y una bomba habían convertido un lugar de trescientos mil habitantes en una pira funeraria. Aquello era lo nuevo».[29]

La señorita Edith Warner se enteró de la noticia de Hiroshima a través de Kitty, que fue un día a comprarle verdura. «Así se entendían muchas cosas», observó aquella al cabo del tiempo.[30] Más de un físico se sintió empujado a ir a la casa del puente Otowi y justificarse ante la amable señorita Warner. El propio Morrison le escribió sobre la esperanza que tenía de que «personas inteligentes y de buena voluntad del mundo entero puedan comprender y compartir nuestra crisis». Tras haber contribuido a fabricar el arma, Morrison y muchos otros que pensaban como él creían que lo único sensato que cabía hacer era establecer un control internacional sobre todo lo relacionado con lo nuclear. «Los científicos saben —escribió la señorita Warner con tono de aprobación en su carta de Navidad de 1945— que no pueden volver a los laboratorios y dejar la energía atómica en manos de las fuerzas armadas o de los hombres de Estado».

Oppenheimer sabía que, en un sentido fundamental, el Proyecto Manhattan había conseguido exactamente lo que Rabi había temido: que un arma de destrucción masiva fuera «la culminación de tres siglos de física». Y al ser así, pensó Robert, el proyecto había empobrecido la física, no solo en un sentido metafórico, por lo que no tardó en denigrarla en cuanto logro científico. «Cogimos ese árbol, que estaba cargado de fruta madura —dijo Oppenheimer a un comité del Senado a finales de 1945—, lo sacudimos con fuerza y nos cayeron el radar y las bombas atómicas. El espíritu general [de la guerra] fue el de explotar lo conocido de forma frenética y bastante despiadada». La guerra «causó un efecto notable en la física —explicó—. Prácticamente detuvo su curso». No tardó en convencerse de que durante la guerra «posiblemente fuimos testigos de un cese total de la actividad profesional genuina en el campo de la física, incluso en la parte formativa, mayor que en cualquier otro país».[31] Pero el conflicto también había puesto la atención en la ciencia. Victor Weisskopf escribió más adelante: «La guerra hizo obvio, mediante el argumento más cruel, que la ciencia es para todos de la mayor y más directa importancia, cosa que cambió el carácter de la física».[32]

El mediodía del viernes 21 de septiembre, Oppenheimer fue a despedirse de Henry Stimson. Era el último día en que ejercía de secretario de Guerra y también su cumpleaños; cumplía setenta y ocho. Oppenheimer sabía que estaba previsto que Stimson diera un discurso de despedida en la Casa Blanca aquella tarde, en el que defendería, «con mucha demora», pensó Oppenheimer, «la transparencia en lo relativo al átomo».[33] Según el diario de Stimson, le diría sin tapujos al presidente Truman que «deberíamos acercarnos a Rusia de inmediato ofreciéndoles compartir la bomba en un adecuado *quid pro quo*».

A Robert le gustaba sinceramente aquel anciano y confiaba en él. Le dio pena verlo marchar en el delicadísimo momento por el que pasaba el recién nacido debate sobre qué hacer con la bomba atómica en la época de la posguerra. En esa ocasión, una vez más, Oppenheimer le informó de ciertos aspectos técnicos del arma. Luego Stimson le pidió que lo acompañara al barbero del Pentágono a cortarse el pelo, escaso y gris. Cuando llegó la hora de irse, Stimson se levantó del sillón del barbero, estrechó la mano a Oppenheimer y le dijo: «Ahora está en sus manos».[34]

24

«Siento que tengo las manos manchadas de sangre»

> Si las bombas atómicas se añaden como armas nuevas a
> los arsenales de un mundo en guerra o a los arsenales de
> naciones que se preparan para la guerra, entonces llega-
> rá el día en que la humanidad maldiga los nombres de
> Los Álamos e Hiroshima.
>
> ROBERT OPPENHEIMER,
> 16 de octubre de 1945

Robert Oppenheimer ya era famoso. Millones de estadounidenses conocían su nombre. Su rostro, de rasgos cincelados, aparecía en las portadas de las revistas y periódicos de todo el país. Sus éxitos habían pasado
a ser un sinónimo de los éxitos de la ciencia en su conjunto. «Nos quitamos el sombrero ante los investigadores», rezaba un editorial del *Milwaukee Journal*. Nunca más, decía el *St. Louis Post-Dispatch*, «debería negarse a los exploradores científicos estadounidenses nada que necesiten
para sus aventuras». Debemos admirar sus «gloriosos logros», opinaba
el *Scientific Monthly*. «Los Prometeos modernos han vuelto a saquear el
monte Olimpo y han dado al hombre los mismísimos rayos de Zeus». La
revista *Life* comentaba que los físicos ahora parecen llevar «la capa de
Superman».[1]

Oppenheimer se sentía a gusto con la adulación. Era como si hubiera pasado aquellos dos años y medio en El Monte preparándose para ese
nuevo papel. Se había convertido en un científico estadista y en un ico-
no. Incluso sus gestos, la pipa y el eterno sombrero *porkpie* no tardaron
en reconocerse en el mundo entero.

Empezó enseguida a hacer públicas sus reflexiones. «Hemos creado
una cosa, un arma de lo más terrible —dijo a la audiencia de la Sociedad
Filosófica Estadounidense—, que ha alterado de golpe y profundamente

la naturaleza del mundo, [...] una cosa malvada, según los valores del mundo en el que crecimos. Y con ello [...] hemos vuelto a despertar la cuestión de si la ciencia es buena para el hombre». El «padre» de la bomba atómica dijo que, por definición, era un arma de terror y agresión. Y que era barata. La combinación de ambas características se revelaría algún día letal para civilizaciones enteras. «Incluso solo con lo que sabemos hoy en día, las armas nucleares son baratas —explicó—; [...] si algún pueblo desea armamento nuclear, no tendrá que hacer un gran esfuerzo económico para obtenerlo. En Hiroshima se estableció la pauta del uso de las armas nucleares». Aquella bomba, señaló, se lanzó «contra un enemigo esencialmente derrotado. [...] Es un arma de ataque, y los factores de sorpresa y terror son tan intrínsecos a ella como lo son los núcleos fisionables».[2]

Algunos amigos suyos se quedaron sorprendidos ante su capacidad de hablar, a menudo improvisando, con tanta elocuencia y aplomo. Harold Cherniss estuvo presente un día en que participó en una reunión de estudiantes de la Universidad de Berkeley. Miles de jóvenes se hacinaron en el gimnasio masculino para escuchar al famoso científico. Cherniss, sin embargo, estaba inquieto porque «pensaba que no sabía hablar en público». Después de que el rector Sproul presentara a Oppenheimer, este se levantó y habló sin apuntes durante tres cuartos de hora. Cherniss se quedó boquiabierto ante el poder que ejercía sobre el público: «Desde el momento en que empezó a hablar hasta el final, no se oyó ni un susurro en la sala. Esa era la especie de magia que ejercía». En realidad, Cherniss pensó que tal vez hablar tan bien no le reportaría nada bueno. «La capacidad de hablar en público como la que tenía él es venenosa, es muy peligrosa para la persona que la posee».[3] Puede llevarle a creer que su labia es una coraza política segura.

A lo largo del otoño, Oppenheimer estuvo con un pie en Los Álamos y otro en Washington tratando de utilizar su repentina fama para influir en los pesos pesados del Gobierno. Hablaba en nombre de casi todos los científicos civiles de Los Álamos, unos quinientos de los cuales se congregaron el 30 de agosto de 1945 en la sala de actos y fundaron un nuevo organismo, la Asociación de Científicos de Los Álamos (ALAS, por sus siglas en inglés). En pocos días, Hans Bethe, Edward Teller, Frank Oppenheimer, Robert Christy y otros redactaron un contundente documento sobre los peligros de la carrera armamentística, la imposibilidad de defenderse ante las bombas atómicas en guerras futuras y la necesidad de un control internacional. Pidieron a Oppenheimer que escribiera el prólogo de «El documento», como pasó a conocerse, para el Departamento de Guerra. Todos esperaban que llegara a la prensa en breve. El 9 de septiembre, Oppenheimer envió «El documento» al ayudante de Stimson, George Harrison.[4] En la carta de presentación indicaba que había pasado por las manos de más de trescientos científicos y solo tres habían rehusado firmarlo. Señaló también que, pese a que él no había participado en la redacción, «El documento» reflejaba plenamente sus opiniones personales y esperaba que el Departamento de Guerra aprobase su publicación. De inmediato, Harrison llamó a Oppie y le dijo que Stimson quería más copias para ponerlas en circulación dentro del Gobierno, pero añadió que el Departamento de Guerra no deseaba publicarlo, al menos todavía.

Descontentos por la postergación, los científicos de la ALAS presionaron a Oppenheimer para que interviniera. Este reconoció que también estaba disgustado, pero agregó que la Administración debía tener un buen motivo para actuar así y pidió paciencia a sus amigos. El 18 de septiembre voló a Washington, y dos días después los telefoneó para comunicarles que «la situación tenía muy buena pinta».[5] «El documento» circulaba, y él creía que la Administración de Truman deseaba hacer lo correcto. Sin embargo, a finales de mes, el Gobierno lo clasificó. Por si fuera poco, los científicos de la ALAS se quedaron estupefactos al enterarse de que su emisario, en quien habían puesto toda su confianza, había cambiado de bando y apoyaba la decisión de soterrarlo. A muchos colegas les parecía que, cuanto más tiempo pasaba Oppie en Washington, más sumiso se volvía.

Oppenheimer se defendió diciendo que su cambio de opinión se basaba en un buen motivo: la Administración estaba a punto de proponer una legislación en materia de energía nuclear. Aclaró a los científicos de Los Álamos que era muy deseable que se debatiera públicamente la cuestión reflejada en el «famoso escrito», pero que debían esperar, como gesto de cortesía, hasta que el presidente Truman manifestara al Congreso su propio parecer sobre la energía nuclear. La petición de Oppenheimer se discutió con fervor en Los Álamos, pero el líder de la ALAS, William «Willy» Higinbotham, declaró que «la supresión del documento es cuestión de conveniencia política, cuyas razones no estamos en posición de conocer ni evaluar».[6] La ALAS, no obstante, tenía «un representante que sabe qué está ocurriendo y conoce personalmente a las personas involucradas en ello: Oppie». Por unanimidad se propuso que «Willy le diga a Oppie que lo apoyamos plenamente».

De hecho, Oppenheimer hacía lo que podía para transmitir la honda preocupación que sentían sus compañeros científicos por el futuro.

A finales de septiembre expuso al vicesecretario de Estado, Dean Acheson, que la mayoría de los científicos del Proyecto Manhattan no estaban dispuestos a seguir trabajando en armamento, «no meramente en una bomba H, sino en cualquier bomba».[7] Después de Hiroshima y el fin de la guerra, dijo, trabajar en aquel campo iba «en contra de los dictados del corazón y del espíritu» de los científicos. Él era un científico, replicó con desdén a un periodista, no «un fabricante de armamento».[8] Pero no todos los científicos pensaban igual; Edward Teller seguía cantando las virtudes de la bomba H a quien tuviera la paciencia de escucharlo. Cuando le pidió a Oppenheimer que insistiera para que se continuara investigando en ella, este lo cortó en seco: «Ni quiero ni puedo hacerlo».[9] Teller nunca olvidó aquella reacción, ni la perdonó.

Cuando el presidente Truman emitió su parecer al Congreso, el 3 de octubre de 1945, al principio muchos científicos lo acogieron como tranquilizador. Redactado por Herbert Marks, un abogado joven que trabajaba para Acheson, el informe solicitaba al Congreso que formara una comisión para la energía nuclear que tuviera el poder de regular la industria en su totalidad. Oppenheimer había ayudado a Marks a escribir el informe, pero eso no lo sabían ni siquiera en Washington.[10] Obviamente, reflejaba el desvelo que sentía Oppie tanto por los peligros como por los beneficios potenciales que entrañaba la energía nuclear. Esta, proclamó Truman, «constituye una fuerza nueva y tan revolucionaria que no puede contemplarse en el marco de las ideas antiguas». El tiempo era esencial. «La esperanza de la civilización —advirtió el presidente— radica en acuerdos internacionales orientados, si es posible, a la renuncia de utilizar y desarrollar la bomba atómica».[11] Oppenheimer pensó que había logrado el compromiso del presidente para abolir las armas nucleares.

Tal vez Oppie consiguió dar forma al mensaje principal, pero no tuvo ningún influjo en la legislación, introducida al día siguiente, del senador Edwin C. Johnson, de Colorado, y el diputado Andrew J. May, de Kentucky. La propuesta May-Johnson encarnaba una política que contrastaba abruptamente con el tono del discurso del presidente. Muchos científicos la interpretaron como una victoria para los militares, por ejemplo, porque proponía penas duras de cárcel y multas sustanciosas para quienquiera que violase la seguridad. Los colegas de Oppenheimer no eran capaces de entender por qué este anunció que apoyaba la legislación May-Johnson. El 7 de octubre regresó a Los Álamos y pidió a los miembros del comité ejecutivo de la ALAS que secundaran también la propuesta. Como muestra de su poder de persuasión, todavía extraordinario, lo consiguió. El razonamiento era simple: era una cuestión de tiempo. Una propuesta que formulara cuanto antes una legislación para supervisar las cuestiones nacionales de energía nuclear allanaría el camino de la siguiente etapa: un acuerdo internacional que prohibiera las armas nucleares. Oppie había pasado a ser una persona muy vinculada al Gobierno, un defensor cooperativo y entregado de la Administración, guiado por la esperanza y sustentado por la ingenuidad.

Sin embargo, los científicos se alarmaron al leer la letra pequeña. La propuesta May-Johnson planteaba centralizar todo el poder relacionado con la energía nuclear en manos de una comisión de nueve miembros elegidos por el presidente, en la que se permitiría la participación de militares. Los científicos se enfrentarían a penas de hasta diez años de prisión por la más mínima infracción de la seguridad. En cambio, a Oppenheimer, como en 1943, cuando en principio apoyó la idea de enrolar a los científicos de Los Álamos en el ejército, los detalles y las consecuencias que inquietaban a sus colegas no le preocupaban. Basándose en la experiencia vivida durante el conflicto bélico, estaba convencido de poder trabajar con Groves y el Departamento de Guerra. Otros no lo tenían tan claro. Leó Szilárd se encolerizó y juró trabajar para derribar la propuesta.[12] Un físico de Chicago, Herbert L. Anderson, escribió a un colega de Los Álamos para confesarle que se le había quebrado la confianza que tenía en Oppenheimer, Lawrence y Fermi. «Creo que han engañado a esos valiosos hombres, que no les han dado la oportunidad de ver esa propuesta».[13] De hecho, antes de que Lawrence y Fermi leyeran los pormenores de la propuesta May-Johnson, Oppenheimer los convenció para que la respaldaran. Ambos retiraron su apoyo enseguida.

En el testimonio que presentó al Senado el 17 de octubre de 1945, Oppenheimer confesó que había escrito su alegato «bastante antes» de leer la legislación: «De la propuesta de Johnson no sé mucho. [...] Se puede hacer casi cualquier cosa amparándose en ella».[14] Lo único que sabía era que hombres buenos como Henry Stimson, James Conant y Vannevar Bush habían contribuido a redactar la legislación, y «si a ellos les parece bien la filosofía de esta propuesta», estupendo, para él ya era suficiente. Todo era cuestión de buscar a nueve hombres buenos en quienes se pudiera confiar para ejecutar «con sensatez» los poderes propuestos de la comisión. Cuando le preguntaron si le parecía sensato permitir que en ella hubiera militares, respondió: «Creo que no es cuestión de qué uniforme lleve un hombre, sino de cómo sea este. No se me ocurre ningún administrador en quien tenga más confianza que el general [George C.] Marshall».

Szilárd, que observaba tras la barrera, calificó el testimonio de Oppenheimer de «obra maestra. […] Expuso las cosas de tal manera que los congresistas presentes pensaron que estaba a favor de la propuesta y los físicos presentes pensaron que estaba en contra de ella».[15] Un periódico de
izquierdas de Nueva York, el *PM*, publicó que Oppenheimer había lanzado una «falange oblicua» contra la propuesta.[16]

Frank Oppenheimer discutió con su hermano. Frank era muy activo en la ALAS y creía que era el momento de salir a la palestra y tratar
de ilustrar a los ciudadanos sobre la necesidad de los controles internacionales. «Dijo que no había tiempo para eso —recordaba Frank—; había
estado en el meollo de Washington y veía que todo se movía. Quería
cambiar las cosas desde dentro».[17] Puede que Robert estuviera calculan-
do una jugada en la que pudiera emplear su prestigio y sus contactos para
convencer a la Administración de Truman de que diera un paso cuántico
hacia el establecimiento de controles internacionales, y que en realidad
le diera igual si se hacía bajo régimen civil o militar. O quizá simplemente no fue capaz de presionar en favor de una política que llevara a la Administración a considerarlo un foráneo y, además, «problemático». Quería tener el papel protagonista en el primer acto de la era atómica.

Todo aquello fue demasiado para Robert Wilson; reescribió «El documento» de la ALAS que habían ocultado y lo mandó a *The New York Times*,
que lo publicó sin tardanza en primera página. «Enviarlo fue una violación grave de la seguridad —escribiría posteriormente Wilson—. Para
mí fue una declaración de independencia frente a nuestros líderes de Los
Álamos, lo cual no implicaba que no siguiera admirándolos y apreciàn-
dolos. Pero la lección que pronto aprendimos fue que los mejores y los
más brillantes, si se encuentran en una posición de poder, con frecuencia
se ven constreñidos por otros factores, y no tenemos que confiar en ellos
necesariamente».[18]

A medida que aumentaba la oposición a la propuesta May-Johnson
por parte de científicos ajenos a Los Álamos, los miembros de la ALAS
comenzaron a reconsiderar la situación. Victor Weisskopf dijo a sus colegas del comité ejecutivo de la asociación que «[deberían] estudiar las
sugerencias de Oppie de forma más crítica».[19] Antes de que acabara el
mes, la ALAS rompió con Oppenheimer y empezó a movilizarse contra
la legislación.[20] Enviaron a Willy Higinbotham a Washington D. C., con
instrucciones de organizar una campaña contra la propuesta. Szilárd y
otros científicos testificaron contra la legislación, y aquella extraordina-

ria presión pronto ocupó las portadas de periódicos y revistas de todo el país. Fue una revuelta, y triunfó.

Para sorpresa de muchos en Washington, los científicos, con su enérgica presión, derribaron la propuesta May-Johnson. En su lugar, Brien McMahon, un senador primerizo de Connecticut, presentó una propuesta nueva en la que se planteaba dar el control de las políticas en energía nuclear a la Comisión de Energía Atómica, la CEA, compuesta exclusivamente por civiles. De todos modos, cuando el presidente Truman firmó la Ley de la Energía Atómica, el 1 de agosto de 1946, estaba tan modificada que muchos integrantes del movimiento de «científicos nucleares» se preguntaron si la suya no habría sido una victoria pírrica. Por ejemplo, la ley comprendía cláusulas que sujetaban a los científicos que trabajaban en el campo de la física nuclear a un régimen de seguridad mucho más draconiano que ninguno de Los Álamos. Así las cosas, muchos colegas de Oppenheimer, incluido su hermano, se quedaron perplejos ante el apoyo inicial que este prestó a la propuesta May-Johnson, pero no se lo retrajeron durante mucho tiempo. La ambivalencia que había mostrado respecto al asunto estaba justificada. Si bien no había logrado cuestionar los planes del Pentágono, sí había entendido que el problema verdaderamente importante era conseguir controles internacionales efectivos contra la producción de bombas atómicas.

En medio de todo ese debate congresual, Oppenheimer dimitió formalmente como director de Los Álamos. El 16 de octubre de 1945, en una entrega de premios para celebrar la ocasión, miles de personas, prácticamente toda la población de El Monte, concurrieron a despedirse de su líder, que entonces contaba con cuarenta y un años. Dorothy McKibbin lo saludó justo antes de que subiera a la tarima para dar el discurso de despedida. Oppie no llevaba nada preparado, y McKibbin advirtió que «tenía los ojos vidriosos, como cuando estaba inmerso en sus pensamientos. Después me di cuenta de que, en aquel breve momento, Robert se estaba preparando el discurso de agradecimiento».[21] Al cabo de unos minutos, sentado en la tarima bajo el abrasador sol de Nuevo México, Oppenheimer se levantó para aceptar un rollo de papel de manos del general Groves: era un diploma de reconocimiento. En voz baja y sosegada, expresó que abrigaba la esperanza de que, en los años venideros, todas las personas que habían trabajado en el laboratorio pudieran echar la vista atrás y sentirse orgullosas de sus logros. No obstante, añadió una nota circunspecta: «Hoy debemos atemperar este orgullo con una profunda preocupación. Si las bombas atómicas se suman, en calidad de armas nuevas, a los arsenales de un mundo en guerra o a los arsenales de naciones que se preparan para la guerra, entonces llegará el momento en que la humanidad maldiga los nombres de Los Álamos e Hiroshima».

Prosiguió: «Los pueblos de este mundo deben unirse; si no, perecerán. Esta guerra, que ha hecho estragos en tantos lugares de la tierra, ha escrito esas palabras. La bomba atómica las ha deletreado para que las comprendan todos los hombres. Otros las pronunciaron, en otros tiempos, de otras guerras y de otras armas. Pero no prevalecieron. Hay quien sostiene, extraviado por un falso sentido de la historia, que hoy no prevalecerán. No debemos creerlo. Estamos comprometidos por nuestro trabajo, nos comprometemos por un mundo unido, ante este peligro común, por la ley y por la humanidad».[22]

Estas palabras indujeron a muchos miembros de El Monte a pensar que, pese a su extraño apoyo a la propuesta May-Johnson, seguía siendo uno de ellos. «Aquel día fue uno más —escribió un residente de Los Álamos—. Nos habló a nosotros y para nosotros».[23]

Aquella mañana estaba también, sentado en la tarima, Robert G. Sproul, rector de la Universidad de California (Berkeley). Asombrado ante el lenguaje crudo que utilizaba Oppenheimer, aún se desasosegó más con las palabras que intercambiaron en privado entre discurso y discurso. Había acudido allí con la intención de ganarse al físico para que volviera a Berkeley. Sabía que la actitud de este hacia la universidad era tibia. El 29 de septiembre, Oppenheimer le escribió que no había decidido cuál sería su futuro. Varias instituciones le habían ofrecido puestos permanentes en facultades con salarios que doblaban o triplicaban lo que cobraba en Berkeley. Y, aun habiendo pasado tantos años allí, Oppie dijo que percibía «cierta falta de confianza por parte de la universidad, por lo que inevitablemente debió ver como indiscreciones de mi pasado». Con «indiscreciones» se refería al enojo que sintió Sproul respecto a las actividades políticas en favor del sindicato de profesores. No estaría bien, escribió al rector, volver a Berkeley si la universidad y el departamento de Física en realidad no le querían. Y «a mí me parecería mal volver a cobrar un sueldo tan desproporcionado en comparación con los de otras instituciones».[24]

Sproul, rígido y conservador, siempre había considerado problemático a Oppenheimer, y había dudado cuando Ernest Lawrence le sugirió que le ofreciera doblarle el sueldo; le argumentó que «lo que paguemos al profesor Oppenheimer en realidad no nos pesará, porque el Gobierno pondrá cantidades tan grandes de dinero a nuestra disposición si él está aquí que su sueldo será una insignificancia».[25] A regañadientes, Sproul aceptó. Sin embargo, sentados los dos en la tarima tratando el asunto, Oppenheimer rechazó la oferta, que justificó repitiendo en esencia lo que le había dicho en la carta: era consciente de que sus colegas del departamento de Física y también el propio Sproul no ardían en deseos de tenerlo de vuelta por «su temperamento difícil y su mal criterio». Después le soltó de sopetón que había decidido ir al Caltech, pero aun así le pidió una ampliación formal de la excedencia de la que disfrutaba, con el fin de dejarse la puerta abierta para volver a Berkeley en una fecha más tardía. Comprensiblemente irritado por el tono de la conversación, Sproul se sintió no obstante obligado a aceptar la petición.

El comportamiento de Oppenheimer sugiere que no estaba seguro de qué paso debía dar a corto plazo, pero lo que sí sabía era que tenía que ser significativo. En parte quería revivir los buenos tiempos que había pasado en Berkeley, pero, por otra parte, cada vez más cómodo con la relevancia que estaba adquiriendo en la posguerra, se sentía atraído por nuevas ambiciones. Resolvió el dilema temporalmente al rechazar las ofertas de Harvard y Columbia en favor de la del Caltech. Así podría quedarse en California y al tiempo dejar abierta la opción de regresar a Berkeley. Mientras tanto, pasaría muchos días agotadores yendo y viniendo a Washington D. C. en aviones de hélice.

En efecto, el 18 de octubre, el día anterior a la entrega de premios de Los Álamos, Oppenheimer se encontraba en Washington con motivo de una convención en el hotel Statler. En presencia de media docena de senadores, remarcó con contundencia los peligros que la bomba atómica entrañaba para el país. También estaba allí Henry A. Wallace, el que había sido vicepresidente durante la tercera legislatura de Roosevelt (1941-1945) y que entonces era secretario de Comercio de Truman. Oppenheimer aprovechó la oportunidad para acercarse a él y decirle que le gustaría mucho hablar con él en privado. Wallace lo invitó a dar un paseo la mañana siguiente.

Mientras caminaba con el antiguo vicepresidente por el centro de Washington en dirección al Departamento de Comercio, Oppie le reveló las inquietudes más profundas que albergaba respecto a la bomba. A grandes trazos, le resumió los peligros inherentes a las políticas de la Administración. Wallace escribió después en su diario: «Nunca he visto a un hombre que estuviera tan extremamente nervioso como Oppenheimer. Parecía sentir que la destrucción de la especie humana por entero era inminente». Oppie se quejó con amargura de que el secretario de Estado, Byrnes, «creía que podríamos usar la bomba como una pistola para conseguir lo que queramos en diplomacia internacional», e insistió en que eso no funcionaría. «Dice que los rusos son un pueblo orgulloso y tienen buenos físicos y recursos abundantes. Aunque tengan que rebajar su nivel de vida, volcarán todo lo que tienen en construir montones de bombas atómicas en el menor tiempo posible. Cree que la mala gestión del encuentro de Potsdam ha abierto el camino para la futura matanza de decenas, tal vez centenares, de millones de inocentes».

Oppenheimer reconoció ante Wallace que ya la primavera anterior, bastante antes de la prueba Trinity, muchos de sus científicos estaban «enormemente preocupados» por si se desencadenaba una guerra contra Rusia. Pensó que la Administración de Roosevelt había trazado un plan para comunicar a los soviéticos la existencia de la bomba, pero sospechaba que no se les había dicho nada porque los británicos habían presentado objeciones. En cualquier caso, opinaba que Stimson tenía una visión general del asunto «propia de un estadista» y comentó con aprobación el informe del 11 de septiembre que escribió este al presidente Truman, el cual, afirmó, había «defendido ofrecer a Rusia [...] conocimientos técnicos e información científica». En ese punto, Wallace lo interrumpió para decir que la opinión que Stimson tenía sobre este asunto nunca se había presentado en una reunión de gabinete. Obviamente incómodo al enterarse de esto, Oppenheimer dijo que sus científicos de Nuevo México estaban desanimados por completo: «Ahora solo pueden pensar en las consecuencias sociales y económicas de la bomba».

En cierto momento, Oppie preguntó a Wallace si creía que podría servir de algo hablar con el presidente, y este lo animó a solicitar una cita con él a través del nuevo secretario de Guerra, Robert P. Patterson. Tras ello, se despidieron. Wallace escribió después en su diario: «La culpabilidad que sienten los científicos que hicieron la bomba atómica es una de las cosas más sorprendentes que he visto en la vida».[26]

Al cabo de seis días, el 25 de octubre de 1945, a las diez y media de la mañana, condujeron a Oppenheimer al despacho oval. El presidente Truman tenía una curiosidad natural por conocer al famoso físico, de quien sabía, por la fama que lo precedía, que era una figura elocuente y carismática. Después de que el secretario Patterson, la única otra persona que había en la sala, hiciera las presentaciones, los tres tomaron asiento. Según se cuenta, Truman abrió la conversación preguntando a Oppenheimer cuál había sido su papel en la aceptación de la propuesta May-Johnson por parte del Congreso, la cual daba al ejército el control permanente de la energía nuclear. «Lo primero que se debe hacer es definir el problema nacional —sentenció Truman— y, luego, el internacional».[27]

Oppenheimer dejó que se asentara un silencio largo e incómodo, y después afirmó, vacilante: «Puede que fuera mejor definir primero el problema internacional». Quería decir, evidentemente, que lo primero debía ser detener la proliferación de esas armas estableciendo controles internacionales sobre la tecnología atómica en su conjunto. En un determinado momento de la conversación, Truman le pidió de improviso que intentara prever cuándo desarrollarían los rusos su propia bomba atómica. Oppie contestó que no lo sabía, pero Truman dijo con seguridad que sí conocía la respuesta: «Nunca».

Para Oppenheimer, esa tontería era prueba de las limitaciones del presidente. La «incomprensión que mostró lo dejó pasmado», recordó Willie Higinbotham.[28] Con sus tentativas, su oscuridad y su pesimismo, Oppenheimer irritaba a Truman, un hombre que compensaba sus inseguridades con exhibiciones calculadas de resolución. Al fin, tras percibir que el presidente no entendía la extrema urgencia de su mensaje, Oppenheimer se retorció las manos, nervioso, y soltó uno de esos comentarios desafortunados que solía hacer cuando se encontraba bajo presión. «Señor presidente —murmuró—, siento que tengo las manos manchadas de sangre».

Esas palabras enfurecieron a Truman. Luego relató a David Lilienthal: «Le contesté que era yo quien tenía sangre en las manos y que eso era mi problema». No obstante, con los años, el demócrata adornó la historia. Según una versión, respondió: «No pasa nada, en la colada todo se limpia». Según otra versión, se sacó el pañuelo del bolsillo de la pechera y se lo ofreció a Oppenheimer diciendo: «Tome, ¿quiere limpiárselas?».

Un silencio incómodo se impuso tras ese intercambio. Después Truman se levantó en señal de que la reunión había concluido. Se dieron la mano y, por lo visto, el presidente le dijo: «No se preocupe, ya lo solucionaremos, y usted nos ayudará».

Después se le oyó mascullar: «Las manos manchadas de sangre, qué valor, no tiene ni la mitad de sangre que tengo yo en las mías. Uno no va por ahí lloriqueando». Más tarde contó a Dean Acheson: «No quiero ver a ese hijo de puta en este despacho nunca más». Incluso en mayo de 1946, con el encuentro todavía vívido en la cabeza, escribió al joven abogado y describió a Oppenheimer como un «científico llorica» que había ido a su «despacho hacía cinco o seis meses y se pasó el rato retorciéndose las manos y diciéndome que las tenía manchadas de sangre porque había descubierto la energía atómica».[29]

En aquella importante ocasión, la compostura y los poderes de persuasión de un Oppenheimer habitualmente encantador y dueño de sí lo habían abandonado. La costumbre de confiar en la espontaneidad le daba buenos resultados cuando estaba tranquilo, pero de vez en cuando, al hallarse bajo presión, decía cosas de las que se arrepentía y que le perjudicaban gravemente. En aquella ocasión había tenido la oportunidad de impresionar al único hombre que poseía el poder de ayudarlo a volver a meter en la botella al genio nuclear, pero fracasó por completo en sacar beneficio de la situación. Como observó Harold Cherniss, su locuacidad superficial era un peligro, una hoja mortal de doble filo. Muchas veces fue un instrumento de persuasión, pero también podía emplearse para socavar el duro trabajo de investigación y preparación. Era un tipo de arrogancia intelectual que lo llevaba periódicamente a comportarse de forma estúpida o equivocada, una especie de talón de Aquiles que le traería consecuencias desastrosas. En efecto, al final, él mismo serviría a sus enemigos la oportunidad de acabar con él.

Es curioso que aquella no fuera ni la primera ni la última vez que Oppenheimer generaba hostilidad en una persona de autoridad superior a la suya. Mostró muchas veces a lo largo de su vida la mayor consideración; podía ser paciente, amable y atento con sus alumnos (a menos que le formularan preguntas manifiestamente estúpidas). Sin embargo, con quienes ostentaban el poder fue impaciente y franco, a menudo hasta el punto de resultar maleducado. En aquella ocasión, la malinterpretación y la ignorancia que reveló Truman respecto a las consecuencias de las armas nucleares empujaron a Oppenheimer a hacer un comentario que lo pondría en contra de aquel, cosa de la que debería haber sido consciente.

Las interacciones entre Truman y los científicos nunca fueron de mucho nivel. A muchos les dio la impresión de que era un hombre corto de miras que estaba en una posición muy por encima de sus posibilidades. «No tenía imaginación», dijo Isidor Rabi.[30] Y los científicos no eran los únicos que lo pensaban. Incluso un abogado avezado de Wall Street como John J. McCloy, que sirvió a Truman durante un periodo breve como vicesecretario de Guerra, anotó en su diario que el presidente era «simple, propenso a tomar decisiones deprisa y con firmeza, quizá demasiado deprisa; un estadounidense genuino». No fue un gran presidente, «no era nada distinguido, […] no tenía nada de Lincoln, sino que era un hombre instintivo, vulgar y campechano».[31] Hombres tan distintos entre sí como eran McCloy, Rabi y Oppenheimer pensaban que los impulsos de Truman, en particular en el campo de la diplomacia nuclear, no eran mesurados ni sensatos, y por desgracia no estaban a la altura para enfrentarse al reto que planteaban la nación y el mundo en ese momento.

En El Monte, nadie veía a Oppenheimer como un «científico llorica».
La noche, húmeda y fría, del 2 de noviembre de 1945, el exdirector volvió allí y de nuevo la sala de actos se llenó hasta el límite de su capacidad para escuchar a Oppie hablar de lo que llamaba «el apuro en el que nos encontramos».[32] Empezó con la siguiente confesión: «No sé mucho de la práctica política», pero no importaba, porque debían enfrentarse a cuestiones que apelaban directamente a la comunidad científica. Lo que ha ocurrido, dijo, nos ha obligado «a reconsiderar las relaciones entre la ciencia y el sentido común».

Habló durante una hora, casi siempre improvisando, y el público estaba hechizado; años después, la gente seguía diciendo: «Recuerdo el discurso de Oppie...».[33] Se acordaban de aquella noche en parte porque explicó muy bien el embrollo de emociones que sentían todos respecto a la bomba. Lo que habían hecho no era más que una «necesidad orgánica». Si eras científico, afirmó «crees que está bien descubrir cómo funciona el mundo, [...] que es bueno entregar a la humanidad en su conjunto el mayor poder posible para dominar el mundo y ocuparse de él según sus puntos de vista y sus valores». Además, existía la «impresión de que probablemente no hubiera un lugar en el mundo donde el desarrollo de las armas nucleares tuviera mayores posibilidades de alcanzar una solución razonable y menores posibilidades de acabar en desastre que en Estados Unidos». De todas maneras, en cuanto científicos, les dijo Oppenheimer, no podían eludir la responsabilidad por la «grave crisis». Aseguró que mucha gente «tratará de escabullirse de esto»; se justificarán diciendo que «solo es un arma más». Pero los científicos sabían la verdad. «Creo que nos toca aceptar el hecho como una crisis muy grave, darnos cuenta de que estas armas nucleares que hemos empezado a construir son terribles, que implican cambios, que no constituyen solo una ligera modificación».

«Para mí es evidente que las guerras han cambiado. Me resulta evidente que si estas primeras bombas (la que se arrojó sobre Nagasaki) pueden destruir veinticinco kilómetros cuadrados, entonces estamos frente a algo muy serio. Me resulta evidente que saldrán muy baratas a quien quiera fabricarlas». Como efecto de ese cambio cuantitativo, la naturaleza de la guerra en sí había cambiado: quienes tendrían ventaja serían los atacantes y no los defensores. Pero, si la guerra ya no podía tolerarse, entonces se necesitaban cambios muy «radicales» en las relaciones entre países, «no solo en espíritu, no solo en legislación, sino también en concepciones y sentimientos». Lo único que deseaba «inculcar», dijo, era «el enorme cambio de espíritu que supone».

La crisis requería una transformación histórica de actitudes y comportamiento en las relaciones internacionales, y él buscaba una guía en las experiencias de la ciencia moderna. Creyó tener lo que llamaba una «solución provisional». En primer lugar, las potencias deberían crear una «comisión conjunta para la energía atómica», dotada de poderes que «no estuvieran sujetos a la evaluación de los cabezas de Estado», con el objetivo de aplicar la energía nuclear con fines pacíficos. En segundo lugar, debería establecerse un engranaje sólido para obligar el intercambio de conocimientos entre los científicos, «de modo que nos aseguremos de que la fraternidad científica se fortalezca». En último lugar, «yo sugeriría que no se fabricasen más bombas». No sabía si estas eran buenas propuestas, pero por algo había que comenzar. «Sé que muchos amigos míos aquí presentes son del mismo parecer. Diría que sobre todo Bohr».[34]

Aunque el danés y la mayoría de los científicos daban su aprobación, todo el mundo sabía que eran una minoría distintiva en el conjunto de la nación. En comentarios posteriores, Oppie reconoció que «le preocupaban» numerosas «declaraciones oficiales» caracterizadas por una «nota insistente en la responsabilidad unilateral a la hora de tratar con armas nucleares». Aquella misma semana, con motivo del día de la Marina, el presidente Truman había dado un discurso belicoso en Central Park (Nueva York) que pareció deleitarse en el poder militar de Estados Unidos. Había dicho que el país ejercería la «custodia sagrada» de la bomba atómica en nombre del resto del mundo y que «no daremos nuestra aprobación a ningún compromiso con el mal».[35] Oppenheimer confesó que le disgustaba el tono triunfalista de Truman: «Si encaramos el problema diciendo: "Sabemos qué es correcto y nos gustaría usar la bomba atómica para convencerte de que estés de acuerdo con nosotros", estaremos en una posición muy débil y no nos saldremos con la nuestra, […] nos tocará intentar prevenir un desastre con la fuerza de las armas». Oppie dijo que no iba a discutir los motivos ni los objetivos del presidente, pero «somos ciento cuarenta millones de habitantes, y hay dos mil millones de personas que viven en la Tierra». Por muy seguros que estén los estadounidenses de que prevalecerán sus perspectivas y sus ideas, la absoluta «negación de las perspectivas y las ideas de otras personas no pueden constituir la base de ningún acuerdo».

Aquella noche, nadie salió de la sala de actos indiferente. Oppie les había hablado en términos cercanos y había dado voz a muchas de sus dudas, miedos y esperanzas. Sus palabras calarían durante décadas.

El mundo que había descrito era tan sutil y complejo como el mundo cuántico de los átomos. Había empezado hablando con humildad, pero, como los mejores políticos, había expresado una verdad simple que penetraba en lo más profundo del problema. El mundo había cambiado; los estadounidenses se comportarían unilateralmente por su cuenta y riesgo.

Unos días después, Robert, Kitty y los dos niños, Peter y Toni, cogieron el Cadillac familiar y se fueron a Pasadena. Para Kitty supuso un alivio considerable dejar atrás Los Álamos. Pero también para Robert. En su querido Nuevo México había conseguido algo único en los anales de la ciencia. Había transformado el mundo, él mismo se había transformado. Sin embargo, no podía sacudirse de encima una sensación de ambivalencia inquietante.

Poco después de llegar al Caltech, Robert recibió una carta de la ocupante de la pequeña casa del puente Otowi. Edith Warner encabezó la misiva con «Querido señor Opp.».[36] Le habían pasado una copia de su discurso de despedida, y escribió: «Parecía que estuviera caminando por mi cocina, hablando medio para usted y medio para mí. Y de ahí me vino la convicción de lo que ya he sentido muchas veces: que tiene, en menor grado, aquella cualidad que emana del señor Baker [el nombre con que se había presentado Niels Bohr]. En estos últimos meses me ha parecido que es un poder tan poco conocido como la energía nuclear. [...] Pienso en ustedes dos con esperanza, mientras desde el cañón llega la canción del río y las miserias del mundo alcanzan incluso este apacible lugar».

25

«Nueva York se puede destruir»

> La física y la enseñanza de la física, que son mi vida, me
> resultan ahora irrelevantes.
>
> ROBERT OPPENHEIMER

Oppenheimer era ya una voz influyente en Washington, y precisamente por esa influencia atrajo la mirada atenta de J. Edgar Hoover, el director del FBI. En otoño, este puso en circulación información detractora sobre los vínculos del físico con los comunistas. El 15 de noviembre de 1945, Hoover envió a la Casa Blanca y al secretario de Estado un resumen de tres páginas del expediente que el FBI tenía de Oppenheimer. Asimismo, les informó que, mediante escuchas, habían oído a afiliados al Partido Comunista de San Francisco referirse a Oppenheimer como un miembro «registrado y habitual» de la formación. «Desde que se empleó la bomba atómica —escribió Hoover—, individuos comunistas de California que conocían a Oppenheimer antes de que se lo designara para dirigir el proyecto han expresado interés en retomar el contacto».[1]

La información de Hoover era problemática. Era cierto que, gracias a los teléfonos pinchados, el FBI había oído que algunos comunistas californianos se referían a Oppenheimer como miembro del partido. Y no era de extrañar, pues muchos creían, desde antes de la guerra, que Robert mantenía el mismo grado de compromiso que ellos, y, por supuesto, quienes lo conocían de entonces querían poder decir que el famoso físico de la bomba atómica era de los suyos. De ese modo, solo cuatro días después del ataque a Hiroshima, una escucha del FBI registró a un coordinador del Partido Comunista, David Adelson, que decía: «Está muy bien que Oppenheimer esté ganándose toda esa reputación, ¿verdad?».[2] A lo que otro activista del partido, Paul Pinsky, contestó: «Sí, ¿decimos que es miembro?». Adelson se rio y dijo: «Oppenheimer fue quien me dio el empujón. ¿Te acuerdas de aquella sesión?». Pinsky respondió que sí y Adelson prosiguió: «En cuanto le quiten a la Gestapo de encima, voy a pillarlo y le voy a dar la lata. Ahora está muy arriba y no hay quien le toque, pero tiene que destaparse y expresar algunas ideas».

Es evidente que Adelson y Pinsky creían a Oppenheimer afín a su agenda política. Pero ¿era un camarada? Incluso el FBI reconoce que la pregunta de Pinsky —«¿Decimos que es miembro?»— «parece arrojar alguna sombra de duda con respecto a la afiliación real del sujeto [Oppenheimer] al partido».[3]

Otro incidente similar ocurrió el 1 de noviembre de 1945, cuando el FBI escuchó una conversación entre miembros del comité ejecutivo del club de North Oakland, una rama del Partido Comunista del condado de Alameda. Una integrante del partido, Katrina Sandow, afirmó que Oppenheimer pertenecía a él. Otro afiliado, Jack Manley, presumió de que Steve Nelson y él «conocían bien a Oppenheimer», a quien llamó «uno de los nuestros».[4] Luego dijo que la Unión Soviética tenía sus propias reservas de uranio, gigantescas, por lo que era «una tontería» pensar que Estados Unidos podía tener el monopolio del arma nueva, y declaró que Oppenheimer había «hablado con nosotros de eso con mucho detalle» dos o tres años antes. También afirmó conocer a otros científicos del Laboratorio de Radiación que trabajaban en una bomba aún más potente que la que arrojaron en Japón. Añadió, con candidez, que pretendía conseguir «un esquema simplificado del artefacto y darlo a la prensa local para que lo publique [...] con el fin de que la gente lo entienda».

La Casa Blanca y el Departamento de Estado no hicieron nada con las escuchas de Hoover, pero este siguió ordenando a sus agentes que continuaran con ellas. A finales de 1945, el FBI había puesto micrófonos en casa de Frank Oppenheimer, que vivía en las afueras de Berkeley. En la fiesta de Año Nuevo de 1946, los micrófonos del FBI registraron a Oppie, que había ido a ver a su hermano, hablando con Pinsky y Adelson. Estos intentaron convencerlo para que diera un discurso sobre la bomba atómica en un mitin que estaban organizando, pero Oppie se negó con educación (en cambio, Frank sí accedió a darlo). Adelson y Pinsky no se sorprendieron. Habían hablado sobre Oppenheimer con otro afiliado, Barney Young, quien dijo que el partido había intentado ponerse en contacto con el físico, pero que él «no había hecho nada para mantener la relación».[5] Steve Nelson, el antiguo amigo de Oppie y líder del Partido Comunista de Oakland, había tratado varias veces de retomar la amistad, pero Oppie no había respondido.

Steve Nelson no volvió a ver a Oppenheimer. Otros funcionarios del partido quizá lo consideraban como alguien que estuvo en algún momento en la periferia de este. De todas formas, hasta Haakon Chevalier sabía que el físico nunca se había sometido a la disciplina del partido. Siempre había acabado tomando un «camino individualista», lo cual ponía difícil a cualquiera, salvo al propio Oppenheimer, saber exactamente cuál había sido su relación con el Partido Comunista y qué significaba para él. El FBI nunca fue capaz de demostrar que Oppenheimer hubiera sido miembro de él. En cualquier caso, a lo largo de los ocho años siguientes, Hoover y sus agentes generarían unas mil páginas anuales de notas, informes de vigilancia y transcripciones de escuchas sobre él, todo ello orientado a desacreditar a ese pensador «individualista». El 8 de mayo de 1946 le instalaron un micrófono en el teléfono de su casa, en la calle Eagle Hill.[6]

Hoover en persona dirigió la investigación, y no tuvo muchos escrúpulos. A principios de marzo de 1946, el FBI utilizó a un sacerdote católico para tratar de hacer de la antigua secretaria de Oppie en Los Álamos, Anne Wilson, una informante. El padre John O'Brian, un cura de Baltimore, decía haber conocido a la joven cuando era pequeña, «una niña católica», y pensó que podría captarla para que cooperase con el FBI «con el objetivo de revelar información relacionada con los contactos y las actividades de Oppenheimer, en particular respecto a la posibilidad de que divulgue secretos de la bomba atómica». Hoover accedió a hacer el intento, pero garabateó en la nota del trámite: «De acuerdo si el sacerdote mantiene la boca cerrada».[7]

El padre O'Brian solicitó entonces «información desfavorable sobre Oppenheimer que pudiera usarse para "arengar" a la chica». El agente del FBI responsable de él le explicó que no era una estrategia segura, al menos hasta que hubieran tanteado a Wilson. El padre se reunió con ella la noche del 26 de marzo de 1946 y a la mañana siguiente telefoneó al FBI para decir que «ha sido imposible convencer a la chica para que coopere; se basa en sus convicciones religiosas y su patriotismo». Leal y vehemente, Wilson afirmó que tenía «una fe absoluta en la integridad de Oppenheimer». Se negó a proporcionarle ninguna información, y eso que aquel sacerdote alto, rubio y guapo había sido profesor suyo en el instituto y un amigo de la familia. «Se mostró resentida ante el hecho de que agencias de seguridad» estuvieran observando a Oppenheimer. Wilson dijo que este le había contado que el FBI lo tenía bajo vigilancia, cosa que a ella le pareció indignante.

A Oppie, la vigilancia lo irritaba. Un día, en Berkeley, estaba hablando con su antiguo alumno Joe Weinberg cuando de repente señaló una placa de latón que había en la pared y preguntó: «¿Qué coño es eso?».

El joven trató de explicarle que la universidad había arrancado el antiguo sistema de comunicación interna y había tapado el agujero de la pared con aquella pieza de latón. Pero Oppie lo interrumpió y dijo: «Eso es y ha sido siempre un micrófono oculto». Salió de la sala pisando con fuerza y cerró de un portazo.[8]

Desde luego, Oppenheimer no era el único objetivo de Hoover. En la primavera de 1946, el jefe del FBI estaba investigando numerosos altos cargos de la Administración de Truman y divulgando acusaciones estrafalarias. Basándose en los llamados «informantes fidedignos», cuestionó la lealtad de muchos numerarios relacionados con las políticas de la energía nuclear como John J. McCloy, Herbert Marks, Edward U. Condon e incluso Dean Acheson.[9]

Las investigaciones de Oppenheimer y de otros miembros de la Administración de Truman llevadas a cabo en 1946 fueron el preludio a las políticas anticomunistas, esto es, acusar a algún oponente político de «comunista», «partidario del comunismo» o «simpatizante» para silenciarlo o destruirlo. En realidad no era una táctica nueva: esas acusaciones se revelaron fatales en el ámbito del Gobierno a finales de la década de 1930. Con el distanciamiento cada vez mayor entre Estados Unidos y la Unión Soviética, era fácil dirigir la atención a la necesidad de proteger nuestros «secretos nucleares», y de esa necesidad emergió la justificación de someter a vigilancia intensiva a todo aquel que estuviera relacionado con dicha investigación. Hoover sospechaba de cualquiera que se desviara de las posiciones más conservadoras en asuntos nucleares, y no había nadie que trabajara en las políticas de la energía nuclear que le pareciera más sospechoso que Robert.

Una tarde de la helada semana de Navidad de 1945, Oppenheimer fue a ver a Isidor Rabi a su piso, situado en la calle Riverside de Nueva York. Contemplaron el atardecer desde la ventana del salón y vieron témpanos de hielo bañados en una luz amarilla rosada que flotaban río Hudson abajo. Después, los dos viejos amigos se sentaron en la oscuridad creciente, fumando en pipa, y hablaron de los peligros de una carrera de armas nucleares. Rabi diría posteriormente que a él «se le ocurrió» la idea del control internacional y que Oppie luego «la vendió». Oppie, por supuesto, ya llevaba pensando en ello desde las conversaciones que mantuvo con Bohr en Los Álamos. Quizá la charla que tuvieron Rabi y él aquella tarde le inspiró a depurar las ideas y concretarlas en un plan. «Pensé que había que tener en cuenta dos cosas —evocó este—: [la bomba] debía estar bajo control internacional, porque, si solo estaba bajo control nacional, la rivalidad sería inevitable; [en segundo lugar,] creíamos en la energía nuclear, en que el progreso de la era de la industrialización dependería de ella».[10] Así pues, Rabi y Oppenheimer propusieron fundar una autoridad atómica internacional que tendría un peso real, porque controlaría tanto la bomba como los usos pacíficos de la energía nuclear. Quienes quisieran aprovecharse de esta se enfrentarían al castigo seguro del cierre de las plantas nucleares si los pillaban fabricando armas atómicas.

Cuatro semanas después, a finales de enero de 1946, Oppenheimer se animó al enterarse de que las negociaciones iniciadas unos meses antes habían dado como resultado un acuerdo entre la Unión Soviética, Estados Unidos y otros países para fundar la Comisión de Energía Atómica de las Naciones Unidas.[11] En consecuencia, el presidente Truman designó un comité especial para que redactase una propuesta concreta de control internacional de las armas nucleares. Dean Acheson sería su presidente, y entre sus miembros se contaban figuras tan prominentes de la política internacional como John J. McCloy, el antiguo vicesecretario de Guerra; Vannevar Bush; James Conant, y el general Leslie Groves. Cuando Acheson se quejó a su secretario personal, Herbert Marks, de que no tenía ni idea de energía nuclear, este le propuso que creara una junta de asesores. Marks, un abogado joven, brillante y sociable, había trabajado para David Lilienthal, el presidente de la Autoridad del Valle de Tennessee, y pensó que él podría ayudar a idear una estrategia coherente. Este, un liberal partidario del New Deal, no era científico, pero sí un director con experiencia que había trabajado con cientos de ingenieros y técnicos, y aportaría seriedad a las deliberaciones. De inmediato accedió a presidir la junta de asesores. Se designaron otros cuatro hombres para trabajar con él: Chester I. Barnard, presidente de la New Jersey Bell Telephone Company; el doctor Charles A. Thomas, vicepresidente de la Monsanto Chemical Company; Harry A. Winne, vicepresidente de la General Electric Company, y Oppenheimer.

Este último estaba encantado con el curso de los acontecimientos. Por fin le había llegado la oportunidad que tanto había esperado para encargarse de los graves problemas asociados con el control de la bomba atómica. El comité de Acheson y la junta de asesores empezaron a reunirse de forma intermitente aquel invierno con el objetivo de esbozar un plan preliminar. Al ser el único físico, Oppenheimer dominaba las conversaciones e impresionaba a aquellos hombres resueltos con su claridad y su punto de vista. Necesitaba unanimidad y estaba decidido a conseguirla. Desde el primer momento embelesó a Lilienthal.

Se conocieron en el hotel donde Oppenheimer se alojaba en Washington, el Shoreham. «Iba y venía por la habitación —anotó Lilienthal en su diario—, soltando sonidos extraños, "ugh", entre frases o palabras, mirando al suelo; una actitud un poco rara. Muy elocuente. [...] Me fui de allí sintiendo que me había caído bien, me había impresionado mucho su mente brillante, pero me había puesto nervioso el caudal de palabras». Más adelante, habiendo pasado más tiempo juntos, Lilienthal hablaría con entusiasmo de él: «Vale la pena vivir solo por ver que la humanidad ha sido capaz de producir un ser humano como él».[12]

El general Groves ya había visto a Oppie ejercer su encanto sobre la gente, pero en aquella ocasión pensó que se superaba: «Todo el mundo caía de rodillas ante él. Lilienthal estaba tan embobado que hasta le preguntaba qué corbata ponerse por la mañana».[13] Jack McCloy estaba casi igual de hechizado. Conocía a Oppie de los años de la guerra y seguía teniéndolo por un hombre de amplia cultura, con una «mente casi musicalmente delicada», un intelectual de «enorme encanto».[14]

«Todos los integrantes, creo —escribiría Acheson en sus memorias—, coincidíamos en que la mente más estimulante y creativa que había entre nosotros era la de Robert Oppenheimer. Además, para ese proyecto tenía una actitud muy constructiva y acomodadiza. Robert podía ser belicoso, cortante y a veces pedante, pero no tuvimos ninguno de esos problemas».[15]

Acheson lo admiraba por su rápido ingenio, la claridad de su visión y hasta su lengua afilada. Recién iniciadas las deliberaciones, el joven abogado, que vivía en Georgetown, lo invitó a su casa. Después de tomar unos cócteles y cenar, Robert se plantó al lado de una pizarra pequeña, cogió una tiza y dio una clase a su anfitrión y a McCloy sobre los intríngulis del átomo. Como soporte explicativo, dibujó unos muñequitos de palo que representaban electrones, neutrones y protones, se perseguían entre sí y en general se comportaban de maneras impredecibles. «Parecía aturullado por nuestras preguntas locas —escribió Acheson posteriormente—. Al final dejó la tiza, entre desesperado y simpático, y dijo: "¡No hay nada que hacer! ¡Parece que los dos creéis de verdad que los neutrones y los electrones son hombrecitos!"».[16]

A principios de marzo de 1946, la junta de asesores tenía un borrador de unas treinta y cuatro mil palabras escrito por Oppenheimer y revisado por Marks y Lilienthal. En un periodo de diez días, a mediados de marzo, celebraron cuatro sesiones que duraron todo el día, en Washington D. C., concretamente en Dumbarton Oaks, una mansión señorial de Georgetown que albergaba obras de arte bizantinas. De las paredes, que serían casi de tres alturas, colgaban tapices magníficos; un rayo de luz bañaba el rincón donde se encontraba *La visitación*, de El Greco. Dentro de una urna de cristal había un gato bizantino esculpido en ébano. Hacia el término de las deliberaciones, Acheson, Oppenheimer y los demás leían en voz alta, por turnos, las secciones del borrador del informe. Cuando finalizaron, el abogado levantó la cabeza, se quitó las gafas de ver de cerca y sentenció: «Es un documento brillante y profundo».[17]

Oppenheimer había convencido a sus compañeros del comité para que apoyaran un plan impactante y de gran alcance. Tomar medidas a medias tintas, había argumentado, no era suficiente. Un simple pacto internacional que prohibiera las armas nucleares no bastaba, a menos que pudiera asegurarse que se respetara en todos los lugares del mundo. Tampoco era suficiente contar con un sistema de inspección internacional; se precisarían más de trescientos inspectores solo para supervisar una planta de difusión gaseosa de Oak Ridge. Por otra parte, ¿qué debería hacer un sistema de inspección con los países que afirmaran estar explotando la energía nuclear para aplicaciones pacíficas? Como explicó Oppenheimer, a los inspectores les sería muy difícil detectar posibles desviaciones de uranio enriquecido o plutonio procedente de las plantas nucleares civiles que fuese destinado a propósitos militares. La explotación pacífica de la energía nuclear estaba intrínsecamente enlazada con la capacidad tecnológica de construir bombas.

Tras definir la problemática, Oppenheimer volvió al internacionalismo de la ciencia moderna para buscar una solución. Propuso la creación de una agencia internacional que monopolizara todos los aspectos de la energía nuclear y distribuyera los beneficios como incentivo para cada país. Esa agencia controlaría esta tecnología y la desarrollaría estrictamente para fines civiles. Oppenheimer creía que, a largo plazo, «sin un gobierno mundial no puede haber paz permanente, y sin paz habrá conflictos nucleares».[18] La existencia de un gobierno mundial obviamente no era una perspectiva cercana; por ello, Oppenheimer sostenía que, en el campo de la energía nuclear, todos los países deberían aceptar una «renuncia parcial» de su soberanía. Amparada por este plan, la Autoridad para el Desarrollo Atómico propuesta tendría la propiedad soberana de todas las minas de uranio, las plantas de energía nuclear y los laboratorios. No se permitiría construir bombas a ninguna nación, pero los científicos de todas partes estarían autorizados a explotar el estudio de los átomos con objetivos pacíficos. A principios de abril dio una charla en la que exponía el concepto: «Lo que aquí se propone es una renuncia parcial, la justa y necesaria, para que pueda crearse una Autoridad para el Desarrollo

Atómico y que esta ejercite sus funciones de avance, explotación y control, proteja al mundo del uso de armas nucleares y lo provea de los beneficios de la energía nuclear».

La transparencia total imposibilitaría que ninguna nación dispusiera de los enormes recursos materiales, técnicos e industriales necesarios para construir un arma atómica a escondidas. Oppenheimer entendía que ya no se podía deshacer lo hecho: el arma existía y el secreto estaba a la vista de todos. Pero se podía edificar un sistema tan transparente que el mundo civilizado fuera al menos capaz de detectar si un régimen corrupto se ponía a construir un arma semejante.

En cierto sentido, su visión política nublaba su perspectiva científica. Sugirió también que se podían desnaturalizar o contaminar para siempre los materiales fisionables y así impedir que se usasen para fabricar bombas. Sin embargo, como se vio más adelante, el proceso de desnaturalizar uranio y plutonio puede revertirse. «Oppenheimer metió la pata después —dijo Rabi— al plantear que el uranio podía contaminarse, o desnaturalizarse, lo cual era una locura. [...] Fue una pifia tan grande que ni siquiera le eché la bronca por ello».[19]

La sensación de apremio que todos compartían se reflejó en que apoyaron el proyecto hombres de negocios como Charles Thomas, de Monsanto, y John McCloy, abogado republicano de Wall Street. Herbert Marks observaría más tarde: «Solo algo tan drástico como la bomba atómica podía haber empujado a Thomas a proponer que se internacionalizaran las minas. No olvidemos que es el vicepresidente de una empresa de ciento veinte millones de dólares».[20]

En poco tiempo, enviaron el informe de Oppenheimer —que se conocería como el informe Acheson-Lilienthal— a la Casa Blanca.[21] Oppie estaba satisfecho; seguro que el presidente por fin entendería la urgencia por tener el átomo bajo control.

Sin embargo, su entusiasmo se enfrió. El secretario de Estado, Byrnes, dijo que el informe le había causado una «impresión favorable», pero en realidad estaba perplejo ante lo mucho que pretendían abarcar las recomendaciones que se hacían en él.[22] Al día siguiente persuadió a Truman para que designara a Bernard Baruch, financiero de Wall Street y socio de Byrnes de toda la vida, para que «tradujera» las propuestas de la Administración a las Naciones Unidas. Acheson estaba consternado. Lilienthal escribió en su diario: «Cuando leí la noticia anoche me puse malo. [...] Necesitamos a un hombre joven, vital; no a alguien vanidoso de quien los rusos piensen que está ahí solo para ponerlos en una situación de desventaja, a quien en el fondo no le importa la cooperación internacional. Baruch no tiene ninguna de esas cualidades».[23] Cuando Oppen-heimer se enteró de esa decisión, le dijo a Willie Higinbotham, amigo suyo de Los Álamos y entonces presidente de la recién creada Federación de Científicos Nucleares: «Estamos perdidos».[24]

Baruch expresó en privado «grandes reservas» respecto a las reco-mendaciones del informe Acheson-Lilienthal. Pidió consejo a dos ban-queros conservadores, Ferdinand Eberstadt y John Hancock (socio prin-cipal de Lehman Brothers), y a Fred Searls hijo, ingeniero de minas y amigo íntimo suyo. Casualmente, tanto Baruch como el secretario de Estado, Byrnes, eran miembros de la junta e inversores de la Newmont Mining Corporation, una gran empresa con participaciones sustanciosas en minas de uranio cuyo director ejecutivo era Searls. Como era lógico, se alarmaron ante la idea de que la Autoridad para el Desarrollo Atómi-co internacional cogiera el mando de minas de propiedad privada. Nin-guno de ellos se tomó en serio la internacionalización de la emergente industria nuclear. Y, por lo que respectaba a las armas nucleares, Baruch pensaba que la bomba estadounidense era el «arma ganadora».[25]

El prestigio de Oppenheimer era tan dominante que Baruch, cuando se disponía a mutilar el informe Acheson-Lilienthal, intentó reclutar a Robert como asesor científico. A principios de abril de 1946 se reunieron en Nueva York para hablar de la posibilidad de trabajar juntos. Desde el punto de vista de Oppie, el encuentro fue un desastre total. Ante la pre-sión de Baruch, al final tuvo que reconocer que su plan no era exacta-mente compatible con el sistema de gobierno soviético. Sin embargo, insistió en que la postura estadounidense «debería ser brindarles una pro-puesta honorable y averiguar de ese modo si tienen la voluntad de coo-perar». Baruch y sus consejeros argumentaron que había que modificar las proposiciones del informe en varios aspectos básicos: las Naciones Unidas debían autorizar a Estados Unidos a mantener unas reservas de armas nu-cleares con finalidad disuasoria; la Autoridad para el Desarrollo Atómico propuesta no debería controlar las minas de uranio, y, por último, tampo-co debería tener derecho a veto respecto al desarrollo de la energía nuclear. El intercambio llevó a Oppenheimer a concluir que Baruch pensaba que su tarea era preparar «al pueblo estadounidense para el rechazo de Rusia».

Al final, Baruch acompañó a Oppenheimer al ascensor y trató de tranquilizarlo: «No se preocupe por mis asesores. Hancock es bastante de derechas, pero [con un guiño] lo vigilo de cerca. Searls es más listo que el hambre, aunque ve rojos debajo de todas las piedras».[26]

Ni que decir tiene, el encuentro con Baruch no fue tranquilizador. Oppenheimer se marchó convencido de que el anciano era tonto. Le dijo a Rabi que «despreciaba a Baruch».[27] Poco después comunicó a este que había decidido no ser su asesor científico. Rabi pensó que era un error. «Hizo una cosa difícil de perdonar: se negó a estar en plantilla. Y entonces cogieron al pobre Richard Tolman en su lugar». Este, con problemas de salud, carecía de la fortaleza y el carácter para enfrentarse a una persona como Baruch. Con respecto a Oppenheimer, el financiero le dijo a Lilienthal: «Qué pena por el joven [Oppenheimer]. Promete mucho. Pero no va a cooperar. Se arrepentirá de su actitud».[28]

Baruch tenía razón; Oppenheimer no estaba seguro de haber tomado una buena decisión.[29] Solo horas después de rechazar el trabajo, telefoneó a Jim Conant y le confió que pensaba que había sido idiota. ¿Debía cambiar de opinión? Conant le indicó que era demasiado tarde, que Baruch había perdido la confianza en él.

En las semanas que siguieron, Oppenheimer, Acheson y Lilienthal hicieron lo que pudieron para mantener vivo el plan, presionando a la burocracia y a los medios de comunicación. Como respuesta, Baruch se quejó a Acheson de que le daba «vergüenza» que lo estuvieran socavando. Con la esperanza de poder aún influir en él, el joven abogado propuso una reunión conjunta en la Casa Blair, situada en la avenida de Pennsylvania, la tarde del viernes 17 de mayo de 1946.

Pero, mientras Acheson trabajaba para contener al genio atómico, otros trabajaban para contener, si no destruir, a Oppenheimer. Aquella semana, J. Edgar Hoover espoleaba a sus agentes para que incrementasen la vigilancia sobre él. Aun sin tener la menor prueba, Hoover planteó la posibilidad de que el físico quisiese huir a la Unión Soviética. Había decidido que era adepto ruso y dedujo que «sería mucho más útil allí como consejero en la construcción de plantas nucleares que como mero informante en Estados Unidos». Dio órdenes a sus agentes de «seguir de cerca las actividades de Oppenheimer y a sus contactos».[30]

Una semana antes de la reunión, Oppie llamó a Kitty por teléfono y le contó que el encuentro sería «un intento de acorralar al tipo [a Baruch]. […] No es una situación muy afortunada». Después añadió: «No quiero nada de ellos, y, si puedo influir en su conciencia [la de Baruch], es la mejor postura que puedo adoptar. Hacer otra cosa no vale la pena». Kitty le dijo que sacara en claro «qué quiere el tipo». Oppie estuvo de acuerdo y entonces, al oír el clic de la operadora que metía y sacaba la clavija, le preguntó a Kitty: «¿Sigues ahí? ¿Quién nos está escuchando?». Kitty respondió: «El FBI, cariño». Oppie repitió: «¿Que están...? ¿El FBI? —Y luego bromeó—: El FBI debe de haber colgado». Kitty se rio y continuaron con la conversación.[31]

Kitty no se equivocaba. Dos días antes, el FBI había pinchado la casa de Berkeley de los Oppenheimer (y Hoover envió una transcripción de esa conversación a Byrnes, el secretario de Estado, «por si fuera de interés para usted y el presidente»).[32] También ordenó a sus agentes que siguieran al físico en los viajes que hacía por el país.

Se ignora si los comentarios despreciativos de Oppenheimer llegaron a Baruch, pero la reunión en la Casa Blair no fue bien. Baruch dejó claro que él y los suyos no abrazaban la idea de que un organismo internacional tuviera la propiedad de las minas de uranio. Después la conversación se desbordó por completo con la cuestión de las «sanciones». ¿Por qué, preguntó Baruch, no se contemplaba un castigo para quien violara el acuerdo? ¿Qué ocurriría si se descubría que un país estaba construyendo armas nucleares? Baruch opinaba que deberían tener una reserva de armamento nuclear y usarla automáticamente contra el país que infringiera el acuerdo. Lo llamó «castigo condigno». Herb Marks repuso que tal disposición era totalmente contradictoria al espíritu del plan Acheson-Lilienthal. Además, señaló, a una nación desleal le llevaría al menos un año fabricar armas nucleares, con lo cual la comunidad internacional tendría tiempo de reaccionar. El propio Acheson intentó explicar con sensatez que habían considerado esa situación y concluido que «si una potencia importante violaba el tratado o quería una prueba de fuerza, no importaba qué palabras ni qué disposiciones se hubieran establecido en el tratado: era obvio que la organización internacional se habría derrumbado».[33]

De todos modos, Baruch mantuvo que una ley sin castigo no servía para nada.[34] Desestimando la opinión de la mayoría de los científicos, decidió que los soviéticos no serían capaces de construir armas nucleares en al menos veinte años. Así pues, razonó, no había ningún motivo urgente para que Estados Unidos renunciase al monopolio. En consecuencia, el plan que pretendía presentar a las Naciones Unidas enmendaría sustancialmente las propuestas del informe Acheson-Lilienthal (en realidad, alteraría su esencia): los soviéticos deberían deponer su derecho a veto en el Consejo de Seguridad frente a toda acción realizada por la nueva autoridad nuclear; la nación que violara el acuerdo se vería inmediatamente sujeta a un ataque con armas nucleares; y, antes de que se diera acceso a los soviéticos a los secretos relativos al uso pacífico de la energía nuclear, estos tendrían que someterse a una inspección de sus fuentes de uranio.

Acheson y McCloy se opusieron enérgicamente a que se diera tanto énfasis tan pronto en las disposiciones punitivas. Esto, sumado al hecho de que Baruch tenía la clara intención de reservar el monopolio de las armas nucleares para Estados Unidos al menos durante unos años, condenaba el plan al fracaso. Los soviéticos nunca aceptarían semejantes condiciones, en especial en una época en que Estados Unidos seguía construyendo y probando armas nucleares. Lo que Baruch proponía no era el establecimiento de un control cooperativo de la energía nuclear, sino un pacto pensado para prolongar el monopolio estadounidense. McCloy, enfurecido, sostenía que no existía la condición de seguridad absoluta y que sería «presuntuoso» presentar unas disposiciones punitivas tan severas y automáticas. Al día siguiente, el juez Felix Frankfurter escribió a Mc-Cloy: «Me han dicho que fue una auténtica batalla campal, y que estabas tan enfadado con los caballeros del otro bando que echabas chispas».[35]

Mientras que el republicano John McCloy simplemente se enfadó, Oppenheimer pasó de la ira a la aflicción. Escribió a Lilienthal después de que todo acabara para decirle que todavía «sentía un gran pesar».[36] De nuevo, hizo gala de su perspicacia política al predecir con éxito cómo se desarrollaría el proceso: «La actitud estadounidense será tomarse mucho tiempo y no meter prisa al asunto; entonces enviarán un informe [al Consejo de Seguridad], Rusia ejercerá su derecho a veto y se negará a seguir adelante. Nosotros lo interpretaremos como muestra de sus intenciones bélicas, lo cual encajará perfectamente en los planes de ese número creciente de personas que quieren poner el país en pie de guerra, primero psicológicamente y luego en la práctica. El ejército dirigirá la investigación nacional; se acosará a los rojos; se tildará a todas las organizaciones sindicales, la primera el CIO, de comunistas y, por tanto, de traidoras, etc.».[37] Mientras hablaba, iba y venía como solía, nervioso. Lilienthal anotó en su diario que hablaba «con un tono de veras desgarrador».

Oppie le dijo a Lilienthal que había hablado en San Francisco con un científico bielorruso, un asesor técnico del representante soviético en las Naciones Unidas, Andréi Gromiko, que le había subrayado que el planteamiento de Baruch tenía su razón de ser en preservar el monopolio nuclear estadounidense. «La propuesta de Estados Unidos —había dicho— está pensada para que este país mantenga sus plantas y sus bombas de forma casi indefinida (treinta años, cincuenta, el tiempo que consideremos necesario), al tiempo que quiere que la Autoridad para el Desarrollo Atómico tome el control inmediato del uranio de Rusia y, por tanto, de su capacidad de producir materiales».[38]

El 11 de junio de 1946, el FBI escuchó una conversación entre Oppenheimer y Lilienthal sobre las propuestas que Baruch había hecho para los «castigos condignos».

«Me traen de cabeza», le dijo a Lilienthal.

«Sí, son cosa mala —respondió este—. Incluso si lo consideramos a corto plazo, le quitarán...».

«Le quitarán toda la gracia —le interrumpió Oppenheimer—. Pero no lo ven y no lo verán nunca. No han vivido en el mundo correcto».

«Han vivido en un mundo irreal —convino Lilienthal—, que está poblado por números, estadísticas y bonos, y yo no los entiendo y ellos no nos entienden».[39]

Dos días antes, Oppenheimer había presentado el caso a la opinión pública redactando un largo artículo para *The New York Times Magazine* en el que exponía el plan de creación de una Autoridad para el Desarrollo Atómico en lenguaje llano.

Propone que *en el campo de la energía nuclear* se establezca un gobierno mundial. Que *en ese campo* se renuncie a la soberanía. Que en ese campo no exista derecho de veto legal. Que en ese campo exista una ley internacional. ¿Cómo puede conseguirse esto en un mundo de naciones soberanas? Hay solo dos maneras en que sea posible. Una es la conquista. Eso destruye la soberanía. La otra es la renuncia parcial de esa soberanía. Lo que se propone aquí es esa renuncia parcial, justa y necesaria, para que se funde una autoridad para el desarrollo atómico; para que ejerza las funciones de avance, explotación y control; para que viva y crezca, y para que proteja al mundo del uso de las armas nucleares y lo provea de los beneficios de la energía nuclear.[40]

A principios de verano, Oppenheimer se encontró con su antiguo alumno Joe Weinberg, que seguía dando clase de física en Berkeley. Cuando este le preguntó: «¿Qué hacemos si el intento de poner un control internacional fracasa?», Oppie señaló la ventana y contestó: «Bueno, podemos disfrutar de las vistas... mientras duren».[41]

El 14 de junio de 1946, Baruch presentó el plan a las Naciones Unidas, proclamando teatralmente y en lenguaje bíblico que ofrecía al mundo la posibilidad de escoger entre «los vivos y los muertos».[42] Como predijeron Oppenheimer y todos los relacionados con el plan original Acheson-Lilienthal, la Unión Soviética rechazó la propuesta de Baruch de inmediato. Los diplomáticos de Moscú plantearon en su lugar un tratado simple para prohibir la producción y el uso de armas nucleares. Oppenheimer dijo a Kitty al día siguiente en una conversación telefónica que esa propuesta «no estaba tan mal». A nadie podían sorprender las objeciones que los soviéticos presentaron contra las disposiciones de veto de Baruch; aun así, Oppie dijo a su mujer que este no hacía más que lamentarse a gritos de lo decepcionado que estaba, «sabiendo que era una farsa estúpida».[43]

En cualquier caso, como había previsto Oppie, la Administración de Truman rechazó la respuesta soviética sin pensarlo dos veces. Las negociaciones continuaron de forma ocasional durante muchos meses, sin resultados. Se había perdido una oportunidad temprana para prevenir de buena voluntad una carrera armamentística desbocada entre las dos mayores potencias. Habría que pasar por los horrores de la crisis de los misiles cubana, en 1962, y el gran crecimiento soviético que siguió a ella antes de que la Administración estadounidense propusiera, en la década de 1970, un acuerdo serio y aceptable, pero para entonces ya se habrían fabricado decenas de miles de cabezas nucleares. Oppenheimer y muchos colegas suyos culparon siempre a Baruch por haber perdido esa oportunidad. Acheson, disgustado, señaló posteriormente: «La pelota estaba en manos de Baruch y la tiró fuera del campo. […] Lo echó todo a perder».[44] Rabi fue igual de terminante: «Lo que ha ocurrido es simplemente una locura».

Con el pasar de los años, los críticos de las propuestas que lanzó Oppenheimer en 1946 para establecer un control internacional lo han acusado de ingenuidad política, con el argumento de que Stalin no habría aceptado jamás que inspeccionaran el país. El propio Oppenheimer era consciente de ello. «No puedo decir —escribiría años después—, y creo que nadie puede, si acciones tempranas parecidas propuestas por Bohr habrían cambiado el curso de la historia. Nada en el comportamiento de Stalin me ofrece la menor esperanza de que pudiera haber sido así. Pero Bohr entendía que ese acto habría servido para crear un cambio en la situación; nunca dijo, excepto una vez en broma, "otro acuerdo experimental", pero ese es el modelo que tenía en mente. Creo que si hubiéramos actuado en consonancia con sus ideas, de forma inteligente, clara y prudente respecto a ellas, podríamos habernos librado de la sensación de omnipotencia que sentimos, bastante mezquina, y de nuestros delirios sobre los beneficios del secretismo, y podríamos haber conducido a la sociedad hacia una visión más sana de un futuro por el que valiera la pena vivir».[45]

Aquel verano, más adelante, Lilienthal fue a ver a Oppenheimer a su habitación del hotel, en Washington, y hablaron hasta altas horas sobre lo que había sucedido. «Es realmente una figura trágica —escribió Lilienthal en su diario—, con todo su atractivo y su lucidez. Cuando lo dejé parecía muy triste: "Estoy dispuesto a ir adonde sea y hacer lo que sea [dijo Oppie], pero carezco por completo de ideas. Y ahora la física y la enseñanza de la física, que son mi vida, me parecen irrelevantes". Fue esa última frase la que me encogió el corazón».[46] La desazón de Oppenheimer era real y profunda. Se sentía personalmente responsable de las consecuencias del trabajo llevado a cabo en Los Álamos. Todos los días, los titulares de los periódicos le ofrecían pruebas de que el mundo podía encontrarse de nuevo de camino a la guerra. «Todos los estadounidenses saben que, si estalla otro conflicto —escribió en el *Bulletin of the Atomic Scientists* el 1 de junio de 1946—, se emplearán armas nucleares». Según explicaba, eso significaba que la tarea más inmediata era eliminar la guerra en sí. «Lo sabemos porque, en la última guerra, las dos naciones de las que nos gusta pensar que son las más ilustradas y humanas del mundo, Gran Bretaña y Estados Unidos, emplearon armas nucleares contra un enemigo que estaba fundamentalmente derrotado».[47]

Ya había hecho esa observación en una charla que dio un poco antes en Los Álamos, pero publicarla en 1946 era una confesión extraordinaria. Menos de un año después de los acontecimientos de agosto de 1945, el hombre que había dado las instrucciones a los bombarderos de cómo lanzar las bombas atómicas en el centro de dos ciudades japonesas llegó a la conclusión de que había apoyado el uso de armas nucleares contra «un enemigo que estaba fundamentalmente derrotado». Esa verdad le pesaba muchísimo.

Una guerra internacional no era su única preocupación; también le inquietaba el terrorismo nuclear. En una audiencia del Senado a puerta cerrada le preguntaron «si tres o cuatro hombres podrían colocar bombas atómicas en Nueva York y volar la ciudad entera». Oppenheimer respondió: «Por supuesto que sí; Nueva York se puede destruir». Entonces, un senador, sobresaltado, le preguntó: «¿Qué instrumento emplearía para detectar una bomba atómica que estuviera escondida en una ciudad?», y Oppenheimer contestó con ironía: «Un destornillador [para abrir todos los contenedores y maletas]».[48] No existía defensa posible contra el terrorismo nuclear, y creía que nunca la habría.

Como dijo más tarde en una audiencia de funcionarios del ejército y de Servicios Exteriores, un control internacional de la bomba es «el único modo en que este país podría tener un nivel de seguridad comparable al que tenía en los años previos a la guerra. Es el único modo en que podremos coexistir con malos gobiernos, con nuevos descubrimientos, con gobiernos irresponsables como los que probablemente surgirán en los próximos cien años, sin vivir con el miedo casi constante de que se usen esas armas por sorpresa».[49]

Treinta y cuatro segundos después de las nueve de la mañana del 1 de julio de 1946, la cuarta bomba atómica del mundo explotó sobre la laguna de Bikini, un atolón perteneciente a las islas Marshall, ubicadas en el océano Pacífico. Una flota de naves abandonadas de la Marina de todos los tamaños y formas se hundió o se vio expuesta a la radiación mortal. Presenciaron la demostración un gran número de congresistas, periodistas y diplomáticos de muchos países, incluida la Unión Soviética. Oppenheimer fue uno de los numerosos científicos invitados a ver el espectáculo, pero brillaba por su ausencia.[50]

Dos meses antes, con su frustración en aumento, Oppenheimer decidió que no asistiría a las pruebas de Bikini. El 3 de mayo de 1946 escribió al presidente, en principio para explicarle la decisión, pero su intención verdadera era poner en cuestión la postura de Truman. Empezó señalando sus «recelos», que afirmó compartir, «no de forma unánime pero sí amplia», con otros científicos. Después, con lógica aplastante, abominó de la mera idea de realizar pruebas. Si el propósito de estas era, como se había manifestado, determinar la efectividad de las armas nucleares en batallas navales, la respuesta era muy simple: «Si una bomba atómica estalla cerca de un barco, incluso de uno muy grande, este se hundirá». Solo sería necesario determinar lo cerca que debía estallar de él, lo que podía conocerse con cálculos matemáticos. El coste de las pruebas, tal como estaban planteadas, llegaría fácilmente a los cien millones de dólares. «Por menos del 1 por ciento de esta cifra —aducía Oppenheimer— podría obtenerse información más útil».

De la misma forma, si con las pruebas se pretendía obtener datos científicos sobre los efectos de la radiación en el equipamiento naval, los alimentos y los animales, dicha información podía conseguirse de modo más barato y preciso «con métodos simples de laboratorio». Los partidarios de las pruebas, decía Oppenheimer, argumentaban que «debemos estar preparados para la posibilidad de una guerra nuclear». Si ese era el auténtico objetivo que se escondía tras ellas, entonces seguro que todo el mundo entendía que «la indiscutible eficacia de las armas nucleares radica en su poder de bombardear ciudades». En comparación con eso, «la especificación detallada del poder de destrucción de las armas nucleares sobre las embarcaciones sería trivial». Por último, y esa era sin duda la objeción más virulenta de Oppenheimer, ponía en cuestión «lo adecuado de realizar una prueba puramente militar con armas nucleares en un momento en que nuestros planes para eliminarlas de los armamentos nacionales están en ciernes». (Las pruebas de Bikini se llevaron a cabo casi al mismo tiempo en que Baruch presentaba su propuesta a las Naciones Unidas).

Oppenheimer concluyó diciendo que podría haber permanecido en la comisión gubernamental para presenciar las pruebas de Bikini, pero quizá entonces el presidente pensaría que «no sería en absoluto deseable por mi parte entregar, después de que finalicen las pruebas, un informe» crítico del ejercicio en conjunto. Dadas las circunstancias, escribió, tal vez podría servir al presidente en otro cometido mejor.

Si Oppenheimer creía que la carta iba a inducir a Truman a posponer o cancelar las pruebas de Bikini, estaba muy equivocado. En lugar de centrarse en el núcleo de la discrepancia que le planteaba el físico, el presidente recordó el primer encuentro que tuvo con él. La carta lo ofendió y se la reenvió al secretario de Estado en funciones, Dean Acheson, con una nota escueta en la que se refería a Oppie como «ese científico llorica» que dijo en su día tener las manos manchadas de sangre. «Creo que en esta carta se ha construido una coartada».[51] Truman la malinterpretó. La carta era en realidad una declaración de independencia personal, y con ella, de nuevo, se distanció más del presidente de Estados Unidos.

26

«Oppie sufrió un sarpullido y ahora es inmune»

[Oppenheimer] se cree Dios.

PHILIP MORRISON

Oppenheimer se puso a dar clases de física en el Caltech, pero no se sentía implicado. «Di un curso, es verdad —diría más adelante—, pero no sé cómo lo di. [...] Enseñar ya no tenía encanto después del gran cambio que había supuesto la guerra. [...] Siempre me estaban llamando, y me distraía porque pensaba en otras cosas».[1] De hecho, Kitty y él no llegaron a instalarse en Pasadena. Ella se quedó en la casa de la calle Eagle Hill, en Berkeley, y Robert se desplazaba al trabajo desde allí y se instalaba una o dos veces por semana en la casita de invitados de la casa con jardín de sus amigos Richard y Ruth Tolman. Pero las llamadas de teléfono de Washington no cesaban, y la situación resultó incómoda con el transcurso de los meses. A finales de la primavera de 1946, en plena itinerancia con las negociaciones entre Washington, Nueva York y Los Álamos, anunció su intención de volver a su puesto de profesor en Berkeley el siguiente otoño.

A pesar del hondo abatimiento que sentían después del fiasco moral e intelectual del «plan Baruch», Oppenheimer y Lilienthal siguieron trabajando juntos. El 23 de octubre, el FBI los escuchó hablando sobre a quién deberían escoger para formar parte de la Comisión de Energía Atómica, creada a raíz de la aprobación de la Ley McMahon el 1 de agosto. Oppenheimer dijo a su nuevo amigo: «Te debo una confesión. No he creído prudente hacértela hasta esta noche, y es que, en el mundo tan lúgubre en el que vivo desde la última vez que te vi, no he sido un hombre sin esperanza. No puedo expresarte, Dave, cuánto admiro lo que haces y cuánto ha cambiado mi visión del mundo gracias a ti».[2]

Lilienthal se lo agradeció y comentó: «Creo que todavía podemos sacar algo de este maldito asunto».

Aquel otoño, Truman nombró a Lilienthal presidente de la Comisión de Energía Atómica y, tal como le requirió el Congreso, creó un Comité Consultor General (GAC, por sus siglas en inglés) para que aconsejara a los miembros de la CEA. Aunque a Truman no le gustara Oppenheimer, era difícil dejar fuera de un comité como aquel al «padre de la bomba atómica». Así pues, siguiendo las recomendaciones de varios consejeros, Truman lo incluyó junto con I. I. Rabi, Glenn Seaborg, Enrico Fermi, James Conant, Cyril S. Smith, Hartley Rowe (un asesor de Los Álamos), Hood Worthington (de la empresa DuPont) y Lee DuBridge, a quien acababan de escoger presidente del Caltech. Truman dejó que ellos mismos decidieran quién debía ser su representante. Cuando una noticia de prensa apuntó, equivocadamente, que Conant presidiría el comité, Kitty, enfadada, preguntó a Robert por qué no lo habían nombrado a él para la tarea. Este le aseguró que «el asunto no tenía importancia».[3] De hecho, DuBridge y Rabi maniobraban entre bastidores y con discreción en favor de Oppenheimer. Cuando el GAC celebró su primera reunión formal, a principios de enero de 1947, el asunto estaba decidido. Oppie se retrasó por culpa de una tormenta de nieve y al llegar se enteró de que lo habían escogido presidente por unanimidad.

En aquel entonces, Oppie estaba decepcionado tanto con la postura estadounidense como con la soviética; ninguno de los dos países parecía dispuesto a hacer lo necesario para evitar una carrera armamentística nuclear. Como consecuencia de su creciente desesperación y sus nuevas responsabilidades, empezó a cambiar de opiniones. Aquel mes de enero, recibió la visita de Hans Bethe en Berkeley y le confesó a lo largo de varias conversaciones que había «abandonado toda esperanza de que los rusos se plegaran a un plan». La actitud soviética resultaba inflexible. La propuesta que presentaron para prohibir la bomba parecía pensada para «privarnos de inmediato de la única arma que detendría a los rusos de invadir Europa occidental».[4] Bethe estaba de acuerdo con él.

Avanzada la primavera, Oppenheimer utilizó su influencia como presidente del GAC para endurecer la posición estadounidense en las negociaciones. En marzo de 1947 voló a Washington, donde Acheson le ofreció un avance de la que pronto se anunciaría como Doctrina Truman. «Quería que fuese claro —testificaría Oppenheimer más tarde— respecto a que estábamos entrando en una relación de enemistad con los soviéticos y que tuviéramos eso en mente cuando habláramos de asuntos nucleares».[5] Oppenheimer actuó siguiendo esa recomendación casi al instante. Poco después se reunió con Frederick Osborn, el sucesor de Bernard Baruch en las negociaciones sobre energía nuclear de las Naciones Unidas. Para su sorpresa, Oppenheimer le dijo que Estados Unidos debería retirarse de las conversaciones de las Naciones Unidas. Los soviéticos, afirmó, nunca llegarían a un consenso factible.[6]

La actitud de Oppenheimer respecto a la Unión Soviética seguía la trayectoria general de la Guerra Fría, que empezaba a fraguarse. Ya durante la guerra, por su cuenta, había comenzado a abandonar su entusiasmo internacionalista de izquierdas. Por otra parte, el discurso que dio Stalin el 1 de febrero de 1946 lo dejó intranquilo. Como muchos observadores occidentales, Oppenheimer lo interpretó como un reflejo de los temores soviéticos de «que los rodearan, y de ahí la necesidad de seguir en guardia y rearmarse».[7] Además, estaba desalentado por lo que se iba enterando sobre el espionaje soviético llevado a cabo durante la guerra. Según un informante del FBI, identificado como T-1, un directivo del campus de Berkeley, Oppenheimer recibió en Washington cierta información de 1946 y regresó «muy abatido». «T-1 comunicó que un funcionario desconocido del Gobierno había contado a Oppenheimer "la cruda realidad" de la conspiración comunista, y en consecuencia se había desilusionado profundamente con ese movimiento».[8]

La información que recibió Oppenheimer estaba relacionada con el escándalo de un espía canadiense. La deserción de Igor Guzenko, un funcionario de cifrado soviético, llevó a la detención de Alan Nunn May, un físico británico que trabajaba en Montreal y que había sido espía soviético. Esa prueba de «traición» por parte de un colega científico afectó genuinamente a Oppenheimer, y aquel mismo año, cuando el FBI lo entrevistó con motivo del caso Chevalier, «comentó el hecho de que, con frecuencia, los comunistas que viven fuera de la Unión Soviética pueden verse involucrados en situaciones en las que actuarían, a sabiendas o no, como espías del Estado». No podía «conciliar la traición que perpetraban [los soviéticos] en las relaciones internacionales con los propósitos elevados y los objetivos democráticos que los comunistas estadounidenses les atribuyen».[9]

El fracaso del plan Baruch había empeorado las cosas. El sueño del control internacional tendría que esperar a que cambiaran las circunstancias geopolíticas. Oppenheimer se dio cuenta de que era improbable que las diferencias ideológicas entre Estados Unidos y la Unión Soviética se reconciliaran a corto plazo. «Está claro —dijo en una audiencia de funcionarios del ejército y de Servicios Exteriores celebrada en septiembre de 1947— que, incluso para Estados Unidos, este tipo de propuestas [los controles internacionales] implican una renuncia muy real. Entre otras cosas, implican una renuncia más o menos permanente a toda esperanza de que el país viva más o menos aislado del resto del mundo».[10]

Sabía que los diplomáticos de muchos otros países estaban «sinceramente atónitos» ante lo que abarcaban sus propuestas de control internacional, pues estas conllevaban sacrificios radicales y al menos una renuncia parcial de la soberanía. Sin embargo, entendía que los sacrificios
que se le requerían a la Unión Soviética eran de otro orden de magnitud.
En uno de sus perspicaces análisis, comentó: «Eso se debe a que la pauta
propuesta para el control [internacional] plantea un conflicto enorme a
los modelos presentes del poder estatal ruso. El puntal ideológico de ese
poder, esto es, la creencia en la inevitabilidad del conflicto entre Rusia
y el mundo capitalista, se derrumbaría a causa de una cooperación tan
intensa o tan íntima como requirieran nuestras propuestas para el control
de la energía nuclear. Así pues, lo que estamos pidiendo a los rusos es
una renuncia de muchísimo alcance y una revocación de las bases del
poder estatal».

Sabía que era muy difícil que los soviéticos «dieran semejante paso»,[11]
pero no había perdido la esperanza de que en un futuro lejano se consiguieran controles internacionales. Mientras tanto, había entendido a regañadientes que Estados Unidos debía armarse, lo cual lo llevaba a la
conclusión, con considerable pesar, de que la tarea principal de la Comisión de Energía Atómica sería «producir armas nucleares y buenas armas nucleares y muchas armas nucleares». Después de haber predicado
en 1946 la necesidad del control internacional y la transparencia, en 1947
empezaba a aceptar la idea de adoptar una postura defensiva apuntalada
por un gran número de armas nucleares.

A juzgar por las apariencias, Oppenheimer era un miembro bien posi-
cionado de la clase dirigente estadounidense.[12] Sus credenciales comprendían la presidencia del Comité Consultor General de la CEA, el codiciado permiso de seguridad «Q» (secretos atómicos), la presidencia de la
Sociedad Estadounidense de Física y la membresía de la Junta de Supervisores de la Universidad de Harvard. Como supervisor de esta última, se
codeaba con hombres tan influyentes como el poeta Archibald MacLeish,
el juez Charles Wyzanski hijo y Joseph Alsop. Un día cálido y soleado de
principios de junio de 1947, Harvard le otorgó un diploma de honor. En
la ceremonia de graduación de aquel año escuchó a su amigo el general
George C. Marshall desvelar el plan de la Administración de Truman
consistente en volcar miles de millones de dólares en un programa para
la recuperación económica europea, lo que no tardaría en conocerse
como Plan Marshall.

Oppenheimer y MacLeish se hicieron amigos. El poeta tomó la costumbre de enviarle sonetos, y se escribían con frecuencia. Compartían valores liberales similares, valores con los que habían llegado a la conclusión de que estaban tan amenazados por la izquierda comunista como por la derecha radical. En agosto de 1949, MacLeish publicó un ensayo sorprendentemente amargo en el *Atlantic Monthly*, «The Conquest of America», en el que criticaba que el país se había sumido durante la posguerra en una atmósfera de distopía, de utopía viciada. Pese a ser la nación más poderosa del planeta, los estadounidenses parecían poseídos por una compulsión demente de definirse a sí mismos en función de la amenaza soviética. En ese sentido, concluía MacLeish con ironía, los soviéticos habían «conquistado» el país al dictar el comportamiento de los estadounidenses. «Si los rusos hacían algo, nosotros hacíamos lo contrario», escribió.[13] Criticaba con dureza la tiranía soviética, pero se lamentaba del hecho de que tantos estadounidenses estuvieran dispuestos a sacrificar sus libertades civiles en nombre del anticomunismo.

MacLeish preguntó a Oppenheimer qué opinaba del ensayo. La respuesta que le dio revela la evolución de sus ideas políticas. La descripción que hacía el poeta del «estado actual de las cosas» le pareció magistral. Sin embargo, lo inquietaba la prescripción que ofrecía: un llamamiento a «una nueva declaración de la revolución del individuo». Esa exhortación al ya familiar individualismo jeffersoniano parecía estar fuera de lugar y sonaba algo anticuada. «El hombre es un fin y un medio», le escribió Oppenheimer, y le recordó «el papel profundo que la cultura y la sociedad desempeñan en la mismísima definición de los valores humanos, la salvación y la liberación humanas». Por lo tanto, «creo que lo que se necesita es algo mucho más sutil que la emancipación del individuo de la sociedad; como los pasados ciento cincuenta años han ido mostrando con más agudeza, requiere la dependencia básica del hombre hacia sus semejantes».

Después, Robert le refirió el paseo por la nieve, a medianoche, que compartió con Niels Bohr aquel mismo año, en que este le expuso su filosofía de la transparencia y la complementariedad. El danés, pensaba Oppenheimer, aporta «esa nueva visión de las relaciones del individuo y la sociedad sin la cual no podemos ofrecer una respuesta eficaz ni a los comunistas ni a los anticuarios ni a nuestras propias confusiones».[14] MacLeish recibió de buen grado la respuesta de Robert: «Ha sido extraordinariamente amable de tu parte escribirme una carta tan larga. La cuestión que planteas es, desde luego, lo central de todo este asunto».

Algunos de sus amigos izquierdistas no supieron cómo tomarse la transformación que había sufrido Oppenheimer, pero quienes siempre lo habían visto como un demócrata del frente popular no tenían motivos para creer que sus principios políticos hubiesen cambiado. Más bien era la situación general lo que había cambiado: con la victoria conseguida sobre el fascismo (excepto en la España de Franco) y el final de la depresión, el Partido Comunista ya no era el imán que fue para los intelectuales políticamente activos. Para sus amigos liberales y no comunistas como Robert Wilson, Hans Bethe e I. I. Rabi, Oppie era el mismo y tenía las mismas motivaciones.

La transformación de Frank Oppenheimer fue mucho menos abrupta.[15] Había dejado de ser comunista, pero no creía que los rusos supusieran una amenaza real para Estados Unidos. En torno a este punto fue donde los hermanos tuvieron algunas de sus discusiones políticas más serias. Robert le decía que creía que «los rusos estaban dispuestos a marchar si se les daba la oportunidad» y se posicionaba a favor de la línea dura que mantenía Truman contra ellos. Cuando Frank se lo cuestionaba, su hermano «decía que sabía cosas que no podía contar, pero que lo habían convencido de que no se podía esperar de los rusos que cooperaran».[16]

Cuando Oppenheimer y Haakon Chevalier volvieron a verse por primera vez después de la guerra, este último notó también cambios en la actitud del primero. Un día de mayo de 1946, Oppie y Kitty fueron de visita a la nueva casa de los Chevalier, en Stinson Beach, frente al mar. Oppie dejó claro que sus simpatías políticas se habían desplazado, al menos a ojos de Haakon, «bastante hacia la derecha». Recordó quedarse sorprendido ante algunas cosas «muy poco halagadoras» que Oppie tenía que decir sobre el Partido Comunista de Estados Unidos y de la Unión Soviética. «Haakon —le dijo Oppie—, Haakon, créeme, lo digo en serio, tengo motivos reales para creerlo, y no puedo decirte por qué, pero te aseguro que tengo motivos reales para haber cambiado de opinión sobre Rusia. No son lo que crees que son. No sigas confiando, teniendo fe ciega, en las políticas de la URSS».[17]

Por otra parte, a Chevalier le siguieron llegando noticias sobre su amigo que confirmaban sus observaciones. Una noche, en Nueva York, se encontró a Phil Morrison en la calle, y hablaron sobre todo lo que había ocurrido desde el estallido de la guerra. Chevalier lo tenía por un antiguo camarada, y sabía también que había sido un amigo muy cercano de Oppie antes de la guerra, así como uno de los físicos clave que lo habían acompañado a Los Álamos.

«¿Qué hay de Opje?», le preguntó Chevalier.

«Ya casi no nos vemos —respondió Morrison—. Ya no hablamos el mismo idioma. [...] Se mueve en otros círculos». Entonces le contó que un día Oppenheimer y él estaban hablando y este todo el tiempo mencionaba a un tal George. Al final, Morrison le interrumpió para preguntarle quién era ese George. «Entenderás —le dijo a Chevalier— que el general [George C.] Marshall para mí es el general Marshall o el secretario de Estado, no George. Por poner un ejemplo». Morrison dijo que Oppenheimer había cambiado y que «se cree Dios».[18]

Chevalier había sufrido muchas decepciones desde la última vez que vio a Oppenheimer, en la primavera de 1943. Sus esfuerzos por conseguir un trabajo relacionado con la guerra se vieron extinguidos en enero de 1944, cuando el Gobierno le denegó una credencial de seguridad para acceder a un empleo en la Oficina de Información de Guerra. Un amigo que trabajaba allí dijo que su expediente del FBI contenía alegaciones «inverosímiles» y que «está claro que alguien te la tiene jurada».[19] Perplejo ante esta noticia, Chevalier se quedó en Nueva York y estuvo trabajando de forma ocasional como traductor y escritor para revistas. En la primavera de 1945 volvió a su puesto de profesor en Berkeley, pero, poco después de que finalizara la guerra, el Departamento de Guerra lo contrató como intérprete en el tribunal de los juicios de Núremberg. Voló a Europa en octubre de aquel mismo año y no regresó a California hasta mayo de 1946. Se encontró con que Berkeley le había negado la permanencia. Desolado por este golpe a su carrera académica, decidió dedicar todo su tiempo a escribir una novela que tenía contratada con el editor Alfred A. Knopf.

El 26 de junio de 1946, unas seis semanas después de haberse visto con Oppie, Chevalier estaba en casa trabajando en su novela cuando dos agentes del FBI llamaron a la puerta e insistieron en que los acompañara a la oficina, ubicada en el centro de San Francisco.[20] El mismo día de verano, más o menos a la misma hora, otros agentes del FBI se presentaron en casa de George Eltenton y le pidieron que los acompañara a la oficina que tenía la agencia en Oakland. Interrogaron a los dos hombres al mismo tiempo durante unas seis horas. A ambos les quedó claro que los agentes buscaban información sobre las conversaciones que habían mantenido sobre Oppenheimer a principios del invierno de 1943.

Ninguno de ellos sabía que estaban interrogando también al otro, pero ambos contaron una historia muy parecida. Eltenton reconoció que a finales de 1942, cuando Rusia apenas podía contener los embates de los nazis, Peter Ivanov, del consulado soviético, se puso en contacto con él y le preguntó si conocía a los profesores Ernest Lawrence y Robert

Oppenheimer, y a otro individuo de cuyo nombre no se acordaba bien, pero que le sonaba que se llamaba Álvarez. Eltenton le respondió que solo conocía a Oppenheimer, y no muy bien, pero le dijo que tenía un amigo que sí era íntimo de él. El ruso le pidió si sería posible que su amigo le preguntara al físico si estaría dispuesto a compartir información con científicos soviéticos. Eltenton contó que le había trasladado la pregunta a Chevalier y que le comentó que su amigo ruso le había prometido que la información «se transmitiría por canales seguros que contaban con reproducción fotográfica».[21] Al final, Eltenton confirmó al FBI que, unos días después, Chevalier «se pasó por mi casa para decirme que sería totalmente imposible conseguir información y que el doctor Oppenheimer no lo aprobaba». Eltenton negó haber solicitado información a nadie más.

Chevalier corroboró al FBI en líneas generales la declaración de Eltenton. Sin embargo, para su sorpresa, los agentes le preguntaron repetidamente si había tenido contacto con otros tres científicos. Él negó haber hablado con nadie más que con Oppenheimer. Tras casi ocho horas de interrogatorio, Chevalier aceptó firmar, de mala gana, una declaración jurada que decía: «Quiero hacer constar que, según sé y recuerdo, no hablé con nadie más que con Oppenheimer para solicitar información relacionada con el trabajo realizado en el Laboratorio de Radiación». Pero después puso atención en matizar esa afirmación categórica: «Puedo haber mencionado a otras personas, de paso, que habría sido deseable obtener esa información. Estoy seguro de que nunca hice ninguna propuesta específica más en este sentido».[22] Posteriormente escribió en sus memorias que se quedó sin saber cómo se había enterado el FBI de las conversaciones con Eltenton y Oppenheimer. Tampoco entendía por qué creían que se había puesto en contacto con tres científicos.

Poco después, en julio o en agosto de 1946, Chevalier y Eltenton coincidieron en una merienda en casa de un amigo común de Berkeley.[23] Era la primera vez que se veían desde 1943. Chevalier le contó que el FBI había ido a buscarlo en junio. Tras intercambiar impresiones, se dieron cuenta de que los habían interrogado el mismo día. ¿Cómo se había enterado el FBI de aquella conversación?

Al cabo de unas semanas, Oppenheimer invitó a los Chevalier a un cóctel en su casa. Llegaron pronto, como les pidió, para que pudieran pasar un rato juntos antes de que aparecieran el resto de los invitados. Según relata Haakon en sus memorias, cuando mencionó el reciente encuentro con el FBI, «a Opje se le ensombreció la cara de repente».[24]

«Vamos afuera», le dijo Robert. Hoke lo interpretó como una señal de que su amigo pensaba que había micrófonos en la casa. Fueron hasta un rincón enmaderado del patio trasero y, mientras caminaban, Chevalier le contó con detalles el interrogatorio. «Opje estaba visiblemente alterado —escribió en 1965—. Me hizo un sinfín de preguntas». Cuando le contó que había referido al FBI de muy mala gana la conversación que mantuvo con Eltenton, Oppenheimer lo tranquilizó y le aseguró que había hecho lo correcto. «Entenderás que yo tuve que contarles esa conversación», le dijo.

«Sí —contestó Chevalier, aunque se preguntó si de veras había sido necesario—. Pero ¿de dónde sale eso de que supuestamente hablé con tres científicos e intenté conseguir información secreta de varias formas?».

Según las memorias de Chevalier, Oppenheimer no dio respuesta a esa pregunta crucial.

Allí, en su jardín de la calle Eagle Hill, Oppie trató de reconstruir lo que había contado a Pash en 1943 y se fue poniendo cada vez más nervioso. A Chevalier le pareció que «estaba muy agitado y tenso».

Al cabo de un poco, Kitty lo avisó: «Cariño, están llegando los invitados, puedes ir entrando». Oppie le respondió con sequedad que iría enseguida. Pero siguió yendo y viniendo por el rincón, y le pidió a Chevalier que volviera a relatarle la historia. Los minutos pasaban y Kitty volvió a salir para decirle que tenía que entrar ya. Oppie le contestó cortante, y ella insistió. «Entonces, para mi consternación —escribió Chevalier—, Opje estalló de muy malas maneras, insultando a Kitty y diciéndole que se ocupara de sus puñeteros asuntos y que se fuera […] a la mierda».[25]

Chevalier nunca había visto a su amigo comportarse de forma tan destemplada. Sin embargo, no quería terminar la conversación con él. «Estaba muy preocupado por algo —escribió—, pero no dio ninguna pista acerca de qué era».

Poco después de aquella peliaguda conversación, el 5 de septiembre de 1946, unos agentes del FBI fueron a ver a Oppenheimer a su despacho de Berkeley. No le sorprendió que quisieran interrogarlo sobre la conversación que tuvo con Chevalier en 1943. Con su cortesía habitual, les explicó que su colega le había contado la estratagema de Eltenton y que él la había rechazado de plano. Recordaba haber dicho a Chevalier que «semejante cosa era traición o casi traición».[26] Negó que este hubiera estado intentando conseguir información sobre el proyecto de la bomba. Tras preguntarle con más insistencia, «Oppenheimer dijo que, dado el tiempo que había pasado desde el incidente, sus recuerdos sobre cuáles fueron las palabras exactas que utilizaron Chevalier y él en la conversación eran vagos, y cualquier intento por su parte de reconstruir la discusión sería pura conjetura, pero recordaba con seguridad haber dicho la palabra "traición" o "traidor" a Chevalier».

Cuando los agentes persistieron en saber más acerca de los otros tres científicos relacionados con el Proyecto Manhattan, Oppenheimer les dijo que se había «inventado» esa parte de la historia para proteger la identidad de Chevalier. «Oppenheimer declaró que, cuando informó previamente al Distrito de Ingeniería Manhattan sobre este asunto, trató de proteger la identidad de Chevalier y para ello "se inventó una historia totalmente falsa" que más tarde describió como "un cuento chino algo complicado", la cual, a saber, consistía en que había tres individuos no identificados con quienes se había establecido contacto por cuenta de Eltenton para conseguir información».

¿Por qué dijo Oppenheimer algo así? ¿Por qué reconoció haber mentido en 1943? Una explicación obvia es que esta versión de la historia era la verdadera. Cuando Pash lo sondeó en 1943, le entró pánico y embelleció el relato con tres científicos ficticios para exagerar la importancia de estos y desviar la atención de sí mismo. Otra explicación es que Oppenheimer pensaba que Chevalier había hablado con otros tres científicos y que con la conversación que tuvieron en el jardín se enterara de que no había sido así. Al fin y al cabo, Eltenton había mencionado a Oppenheimer, Lawrence y quizá Álvarez como objetivos potenciales, de modo que era perfectamente plausible que Chevalier se los hubiera mencionado a su vez a Oppenheimer en la conversación que mantuvieron en la cocina. Una tercera posibilidad es que en 1943 hubiera contado una historia cercana a la verdad y después se sintiera obligado a cambiarla para proteger tanto a Chevalier como a los científicos no identificados. En la audiencia para la autorización de las credenciales de seguridad realizada en 1954, los enemigos de Oppenheimer defenderían que este era el caso, pero es la menos verosímil de las explicaciones. Hacía mucho tiempo que había informado sobre Chevalier, y Lawrence y Álvarez casi no necesitaban su protección. La única persona que la necesitaba era Robert, y confesar al FBI en 1946 que había mentido a Inteligencia militar en 1943 no era la mejor manera de protegerse, a menos que fuese la pura verdad. Todas estas explicaciones, y otras, se traerían a colación de nuevo y se cuestionarían ocho años después, en la audiencia de seguridad a la que sometieron a Robert. Las contradicciones que había entre las dos historias serían devastadoras.

A finales de 1946, Lewis Strauss, uno de los miembros nombrados por Truman para formar parte de la Comisión de Energía Atómica, voló a San Francisco. En el aeropuerto lo recibieron Oppenheimer y Ernest Lawrence. Antes de empezar a discutir los asuntos de la CEA, Strauss se llevó aparte a Oppie y le comentó que había otra cosa de la que debía hablar con él. Solo se habían visto en una ocasión, hacia finales de la guerra. Strauss, caminando por el asfalto de un lado a otro, le explicó que era miembro de la junta directiva del Instituto de Estudios Avanzados de Princeton, en New Jersey. En aquel momento presidía el comité de la junta destinado a buscar un nuevo director para el instituto. El nombre de Oppenheimer figuraba el primero de una lista de cinco candidatos, y los miembros de la junta, dijo Strauss, lo habían autorizado para ofrecerle el puesto a él. Oppenheimer mostró cierto interés, pero dijo que necesitaría tiempo para pensarlo.[27]

Alrededor de un mes más tarde, a finales de enero de 1947, Oppenheimer voló a Washington. Durante un largo desayuno estuvo escuchando a Strauss venderle el puesto. Aquel mismo día, Oppenheimer dijo a Kitty por teléfono que no se había decidido, pero que la propuesta le daba «buena impresión». Strauss, le contó, «tenía muy buenas ideas» sobre lo que Oppenheimer podía hacer en el instituto, aunque no eran muy realistas. Oppie señaló que allí «no había ningún científico que tratara ningún asunto científico», pero que podría «cambiar todo eso rápidamente».[28]

El instituto era conocido por ser el hogar y el refugio intelectual de Albert Einstein. Strauss le había pedido con insistencia que le describiera cómo debía ser el hombre ideal para el puesto de dirección, y Einstein le había dicho: «Ah, eso sí se lo puedo decir. Tendría que buscar a un hombre muy tranquilo que no molestara a la gente que intenta pensar».[29] Por su parte, Oppenheimer no siempre había considerado el instituto como un lugar de estudios serios. Después de visitarlo por primera vez, en 1934, había escrito a su hermano con sorna: «Princeton es una casa de locos: las luminarias solipsistas brillan en su propia desolación, desamparadas».[30] Sin embargo, después lo vio con otros ojos. «Para hacer un buen trabajo aquí habría que dedicarle reflexión e interés —dijo a Kitty—, pero eso se me da bastante bien». Le aseguró que, si se mudaban a Princeton, podían mantener la casa de Eagle Hill para pasar los veranos en Berkeley. Además, estaba cansado de tanto viajar a Washington. «Me es imposible vivir como he vivido este invierno: en aviones».[31] Solo aquel año había tomado quince vuelos transcontinentales entre Washington y California.

Todavía dudoso, Oppenheimer pidió opinión a uno de sus nuevos amigos de Washington, el juez Felix Frankfurter, quien había sido también miembro de la junta directiva del instituto. Este lo desanimó: «No tendrás tiempo para tu trabajo creativo. ¿Por qué no vas a Harvard?». Oppie se encrespó ante la sugerencia y repuso que sabía muy bien por qué no iba a Harvard, así que Frankfurter lo envió a hablar con otro amigo que conocía bien Princeton. Este individuo opinaba del instituto que «era un sitio un poco raro, pero, si uno tenía claro qué hacer en él, estaba bien».[32]

Oppenheimer tenía ganas de aceptar el nuevo reto. Apelaba a sus aptitudes administrativas, le prometía dejarle bastante tiempo para seguir con sus responsabilidades gubernamentales extracurriculares, y la ubicación era perfecta: se encontraba a cortos trayectos de tren tanto de Washington como de Nueva York. No obstante, se tomó su tiempo para meditarlo, hasta que por fin, según una declaración, los Oppenheimer oyeron un día en las noticias de la radio que Robert había sido nombrado director del Instituto de Estudios Avanzados. «Bueno —le dijo a Kitty—, supongo que esto zanja el asunto».[33]

El *New York Herald Tribune* aplaudió el nombramiento y lo calificó de «increíblemente perfecto» en el editorial: «Es el doctor J. Robert Oppenheimer, pero sus amigos lo llaman "Oppy"». Los redactores del periódico no escatimaron en halagos y lo describían como un «hombre extraordinario», un «científico entre científicos», un «hombre práctico» con «un toque de ingenio».[34] John F. Fulton, otro representante del instituto, fue a comer a casa de Robert y Kitty y después apuntó sus impresiones sobre el nuevo director en su diario: «Físicamente es delgado y de rasgos bastante marcados, tiene una mirada penetrante e imperturbable y una rapidez y chispa en las réplicas que le da mucha fuerza, y despertaría respeto de inmediato en cualquier empresa. Solo tiene cuarenta y tres años, y, pese a su dedicación a la física nuclear, se ha mantenido al día con el griego y el latín, ha leído mucho sobre historia general y colecciona pintura. En conjunto, es una combinación excepcional de ciencias y humanidades».[35]

Lewis Strauss, en cambio, estaba molesto con Oppenheimer por haberse tomado tanto tiempo para decidirse.[36] Él era un millonario «hecho a sí mismo»; empezó a ganarse la vida como vendedor de calzado ambulante y tenía los estudios de secundaria. En 1917, con apenas veintiún años, consiguió trabajo como ayudante de Herbert Hoover, ingeniero y político en ascenso con fama de republicano conservador «progresista» (afín a las ideas de Theodore Roosevelt). En aquel entonces, Hoover llevaba los programas de ayuda alimentaria para los refugiados de la destrozada Europa, impulsados por el presidente Woodrow Wilson. Strauss colaboró con otros protegidos de Hoover como Harvey Bundy, un abogado joven y brillante de la clase alta de Boston, y se sirvió del trabajo de ayuda alimentaria como trampolín a Wall Street. Después de la guerra, Hoover lo ayudó a conseguir un codiciado puesto en la empresa de inversiones bancarias Kuhn, Loeb & Co., que operaba en Nueva York. Trabajador y obsequioso, al cabo de poco se casó con Alice Hanauer, la hija de un socio de Kuhn, Loeb & Co. En 1929 ya era un socio de pleno derecho y ganaba más de un millón de dólares anuales. Sobrevivió al crac de aquel año relativamente ileso. Durante la década de 1930 se convirtió en un enemigo feroz del New Deal, pero nueve meses antes de Pearl Harbor convenció a la Administración de Roosevelt para que le dieran un puesto en la Oficina de Artillería del Departamento de la Marina. Más adelante se colocó como ayudante especial del secretario de la Marina, James Forrestal, y al finalizar la guerra obtuvo el rango honorífico de contraalmirante. Llegado 1945, había usado sus contactos de Wall Street y Washington para hacerse con una posición de poder en la clase dirigente de los Estados Unidos de la posguerra. A lo largo de los veinte años posteriores ejercería una influencia maligna sobre la vida de Oppenheimer.

La primera impresión que le causó el empresario a Oppie está registrada en una escucha del FBI: «Con respecto a Strauss, lo conozco poco. […] No es muy culto, pero no pondrá obstáculos». Lilienthal dijo a Oppie que pensaba que Strauss era «un hombre de mente activa, definitivamente conservador, no muy malo en apariencia».[37] Ambos pareceres subestimaban a aquel empresario de ambición patológica, tenaz y muy quisquilloso, una combinación que lo convertía en un oponente particularmente peligroso en la guerra burocrática. Un compañero suyo de la CEA afirmó de él: «Si no estás de acuerdo con Lewis en lo que sea, en primer lugar presupone que eres tonto. Y, si sigues sin estar de acuerdo con él, llega a la conclusión de que eres un traidor».[38] La revista *Fortune* lo describió en una ocasión como un hombre «de cara solemne», cuyos críticos lo consideraban «de piel fina, arrogante en lo intelectual y duro en la batalla». Durante años fue presidente del templo Emanu-El, en Manhattan; casualidades de la vida, la misma sinagoga reformista que Felix Adler abandonó en 1876 para fundar la Sociedad por la Cultura Ética. Orgulloso tanto de su ascendencia judía como de la sureña, siempre pronunciaba su apellido «Stravs» a propósito. Convencido de su absoluta superioridad moral, recordaba todos los desaires infligidos contra su persona y los anotaba con meticulosidad en una lista infinita, cada uno titulado «memorándum para el archivo». Era, como escribieron los hermanos Alsop, un hombre con una «necesidad desesperada de perdonar la vida a los demás».

A Kitty le pareció muy bien la decisión que había tomado su marido de mudarse todos al Este. Una escucha del FBI la registró diciéndole a un vendedor que «no estarían fuera mucho tiempo, solo unos quince o veinte años».[39] Oppie le anunció que su nueva casa de Princeton, Olden Manor, tenía diez habitaciones, cinco baños y un «jardín muy agradable».[40] Como era de esperar, sus compañeros de Berkeley se llevaron una decepción al enterarse. El jefe del departamento de Física calificó su partida como «el golpe más duro que ha sufrido jamás el departamento».[41] Ernest Lawrence se irritó porque se enteró de la deserción de Oppie por las noticias de la radio. Por otro lado, sus amigos de la Costa Este estaban encantados. Isidor Rabi le escribió: «Estoy muy contento de que vengas. [...] Para ti significa una ruptura radical con el pasado y es el mejor momento de la vida para hacerla».[42] Su amiga y antigua casera, Mary Ellen Washburn, le organizó una fiesta de despedida.[43]

Oppie dejaba atrás a muchos amigos, pero también a una amante. Siempre había tenido en gran estima su amistad con la doctora Ruth Tolman. Durante la guerra trabajó codo con codo con el marido de esta, Richard, que había sido el asesor científico del general Groves en Washington. Fue aquel quien lo convenció en gran parte para que retomara el puesto de profesor en el Caltech al terminar la guerra. Oppenheimer consideraba a los Tolman como amigos íntimos. Los conoció en Pasadena en la primavera de 1928 y siempre los había admirado. «Era una persona muy respetada, y con razón —comentó Oppenheimer de Richard Tolman años después—. Su sabiduría y su amplitud de intereses, tanto por la física como por todo en general; su cortesía; su mujer, tan inteligente y encantadora; todo ello constituía una isla deliciosa en el sur de California. [...] Fraguamos una amistad que fue muy estrecha».[44] En 1954, Oppie testificó que Richard Tolman fue «un amigo mío muy íntimo y querido».[45] Frank Oppenheimer señalaría al cabo del tiempo: «Robert quería mucho a los Tolman, sobre todo a Ruth».[46]

Durante la guerra o quizá poco después de regresar de Los Álamos, Oppie y Ruth Tolman empezaron una aventura. Ella era psicóloga clínica y tenía casi once años más que Robert, pero era elegante y atractiva. Un amigo suyo, el psicólogo Jerome Bruner, la describió como «la confidente perfecta, una mujer inteligente. [...] Daba a todo lo que tocaba un sentido personal». Ruth nació en Indiana y se graduó en la Universidad de California en 1917. Se casó con Richard Chase Tolman en 1924 y siguió con sus estudios de Psicología. Su marido, doce años mayor que ella, era entonces un físico químico y matemático distinguido. Nunca tuvieron hijos, pero los amigos pensaban que «estaban hechos el uno para el otro».[47] Ruth había despertado el interés por la psicología en Richard, sobre todo por las consecuencias de la ciencia en la sociedad.

Oppenheimer compartía con Ruth la fascinación por la psiquiatría. Para el doctorado, ella estudió las diferencias psicológicas entre dos grupos de criminales adultos. A finales de la década de 1930 trabajó como investigadora psicológica para el Departamento de Libertad Condicional del condado de Los Ángeles. Durante la guerra estuvo de psicóloga clínica en la Oficina de Servicios Estratégicos.[48] Y en 1946 empezó a trabajar de lo mismo, pero en la Administración de Veteranos.

La doctora Ruth Tolman era una mujer de carrera y estaba dotada de una inteligencia formidable. También, según dicen, era una observadora cálida, amable y sagaz de la condición humana. Al parecer, conoció aspectos del carácter de Oppie que no eran visibles para otros: «¿Te acuerdas de que siempre hemos sido, los dos, unos desgraciados cuando hemos tenido que mirar más allá de la próxima semana?».[49]

Cuando, en verano de 1947, Oppenheimer se preparaba para mudarse a Princeton, escribió a Ruth una carta desde Los Pinos, donde estaba de vacaciones, en la que se quejaba de que estaba «hecho polvo» y «muerto de miedo» ante el futuro. Ella contestó: «Tengo el corazón lleno de muchas cosas que querría decir. Como tú, estoy agradecida de poder escribir. Como tú, todavía no puedo aceptar del todo el hecho de que no habrá más visitas mensuales una vez que hayan pasado las irregularidades del verano. De Richard casi no he podido sacar noticias sobre ti, si bien tengo la impresión de que sigues cansado». Lo invitaba a que la visitara en Detroit, adonde iba a ir a un congreso, y si no, en Pasadena: «Ven a casa cuando puedas, Robert. La casita de invitados siempre será toda tuya».[50]

No se conservan más que unas pocas cartas que Oppenheimer escribió a Ruth; la mayoría se destruyeron tras la muerte de ella. Las cartas de amor entre ambos transmiten una intimidad y una ternura profundas. «Pienso en la semana maravillosa que has pasado aquí —escribió en una carta sin fecha— con el corazón rebosante de agradecimiento, cariño. Ha sido inolvidable. Daría lo que fuera solo por otro día más. Mientras tanto, ya sabes el amor y la ternura que te mando».[51] En otra ocasión le escribió sobre los planes de pasar juntos un fin de semana; prometió ir a buscarlo al aeropuerto y esperaba «ir a pasar el día al mar». Le dijo que hacía poco que había conducido por «la franja larga de playa donde juegan los correlimos y las gaviotas. Oh, Robert, Robert. Te veré pronto. Tú y yo sabemos cómo será».[52] Tras esa salida al mar, Oppenheimer escribió: «Ruth, corazón mío, [...] escribo para celebrar el fantástico día que pasamos juntos y que significó tanto para mí. Sabía que te encontraría llena de valor y sabiduría, pero una cosa es saberlo y otra estar tan cerca. [...] Fue maravilloso verte». Firmaba la carta: «Mi amor, Ruth, para siempre».[53]

Kitty, por supuesto, sabía de la larga amistad de Robert con los Tolman, y que en sus visitas mensuales a Pasadena para ir a dar clase al Caltech se quedaba en su casita de invitados. Oppenheimer muchas veces salía con los Tolman, y a veces con los Bacher, a su restaurante mexicano favorito, y Kitty lo llamaba desde Berkeley con frecuencia. «Creo que Kitty sentía muchísimos celos de cualquiera que se relacionara con Robert», recordó Jean Bacher.[54] En cualquier caso, si ella era de naturaleza posesiva, no existen indicios de que se enterara de ninguna aventura.

Entonces, un sábado por la noche de mediados de agosto de 1948, Richard Tolman sufrió un repentino ataque al corazón en una fiesta que celebraron Ruth y él en su casa. Llamaron al exmarido de Kitty, el doctor Stewart Harrison, y este consiguió que llevaran a Richard a un hospital en treinta minutos. Tres semanas después, murió. Ruth estaba destrozada; había amado a su marido durante veinticuatro años. Sin embargo, algunos amigos se valieron de la tragedia para difamar a Robert. Ernest Lawrence, cuya actitud hacia él era ya de hostilidad manifiesta, conjeturó que el ataque al corazón lo había causado el descubrimiento del lío de su mujer. Y más adelante le diría a Lewis Strauss que «el doctor Oppenheimer se ganó su desaprobación [la de Lawrence] hace bastantes años, cuando sedujo a la mujer del profesor Tolman, que impartía clase en el Caltech». También afirmó que «era una aventura muy evidente que duró mucho tiempo, tanto que el doctor Tolman también lo vio y murió porque se le rompió el corazón».[55]

Ruth y Robert siguieron viéndose tras la muerte de Richard. Cuatro años más tarde, ella le escribió después de un encuentro: «Siempre recordaré las dos sillas mágicas en el muelle, con el agua y las luces, y los aviones que bajaban en picado. Supongo que te diste cuenta de lo que no me atreví a mencionar: que era el aniversario, el cuarto, de la muerte de Richard, y los recuerdos de aquellos días horribles de agosto de 1948, y también de otros, anteriores y preciosos, me asfixiaban. Me sentí muy agradecida de poder estar contigo esa noche».[56] En otra carta sin fechar, Ruth escribió: «Querido Robert: Los preciados momentos que pasé contigo la semana pasada y la anterior no dejan de pasarme por la mente, una y otra vez, haciendo que me sienta agradecida, pero también anhelante, deseando más. Doy las gracias por ellos, cariño, y, como ya sabías, los ansiaba también». Proseguía proponiendo una fecha para su siguiente encuentro: «¿Qué te parecería si te dijera que tienes que ver a alguien de la UCLA y pasáramos el día juntos, [y] volviéramos por la noche para hacer una fiesta? [...] Vamos a pensarlo». Era obvio que Ruth y Robert se querían, pero ninguno de los dos pretendía que la relación destruyera su matrimonio. A lo largo de los años, Ruth mantuvo un trato amigable con Kitty y los hijos que tenía con Oppenheimer. Era simplemente una de las amigas más antiguas de la familia, y la confidente especial de Robert.

Antes de aceptar el puesto de Princeton, Oppenheimer advirtió a Strauss de que había «información desfavorable sobre mí».[57] Al principio, este no prestó atención al aviso, pero el FBI, como ordenaba la recién aprobada Ley McMahon, estaba revisando las credenciales de seguridad de todos los empleados de la Comisión de Energía Atómica, y todos sus integrantes estaban obligados a leer el expediente de Oppenheimer. Como afirmó un ayudante de J. Edgar Hoover, de ese modo el FBI tuvo la oportunidad de «emprender una investigación abierta y extensa sobre Oppenheimer, ya que no tenemos por qué ser discretos ni cautos». Se le pusieron agentes para seguirlo y se entrevistaron a más de una veintena de conocidos suyos, entre los que se hallaban Robert Sproul y Ernest Lawrence. Todos respondieron con lealtad. Sproul dijo a un agente que Oppenheimer le había contado que «se avergonzaba» de su pasado izquierdista. Lawrence relató que «Oppie sufrió un sarpullido y ahora es inmune».[58]

Pese a los testimonios que hablaron en favor de la rectitud de Oppenheimer, el FBI comunicó a Strauss y a otros miembros de la CEA que el asunto de las credenciales de seguridad del físico en absoluto iba a ser rutinario. A finales de febrero de 1947, Hoover envió a la Casa Blanca un resumen de doce páginas del expediente de Oppenheimer en el que subrayaba las relaciones que había tenido con comunistas. El sábado 8 de marzo de 1947 se envió ese informe también a la CEA, y al poco Strauss llamó a su despacho al consejero general de la comisión, Joseph Volpe. Este vio que el empresario estaba «visiblemente alterado» por lo que había leído. Ambos estudiaron el expediente hasta que al fin Strauss le preguntó a Volpe: «Joe, ¿qué opinas?».[59]

«Bueno —respondió este—, si se publicara todo lo que sale en este expediente y se dijera que es del consejero civil más importante de la

Comisión de Energía Atómica, se armaría un lío tremendo. Su pasado es horrible. Pero tu responsabilidad es determinar si este hombre es un riesgo para la seguridad ahora y, salvo por el incidente de Chevalier, no veo nada en el expediente que indique que pueda serlo».

El lunes siguiente, los miembros de la CEA se reunieron para discutir el problema. Todos se daban cuenta de que retener las credenciales a Oppenheimer tendría graves consecuencias políticas. James Conant y Vannevar Bush dijeron a la comisión que las acusaciones del FBI se habían contemplado y desestimado hacía años. Aun así, sabían que, si la CEA deseaba aprobar las credenciales de Oppenheimer, la agencia debía estar de acuerdo. El 25 de marzo, Lilienthal fue a ver al jefe del FBI, Hoover. Este todavía tenía recelos porque Oppenheimer no había informado de su conversación con Chevalier en un tiempo oportuno. De todas formas, convino de mala gana en que el físico «quizá en algún momento estuvo rozando el comunismo, pero los indicios [señalaban] que ya llevaba un tiempo alejándose de dicha posición».[60] Cuando supo que los propios oficiales de seguridad de la CEA no consideraban que las pruebas tuvieran la fuerza suficiente para negarle las credenciales a Oppenheimer, Hoover dijo que no llevaría el asunto más lejos. De hecho, consideraba conveniente que el estatus de seguridad de Robert fuera responsabilidad burocrática de la CEA, para que así el FBI quedara libre para proseguir con su investigación. Hoover advirtió que, en cualquier caso, otro asunto muy distinto era Frank Oppenheimer; el FBI, afirmó, no aprobaría una renovación de sus credenciales de seguridad.

Tras ese episodio, Strauss comunicó a Oppenheimer que había examinado su expediente del FBI «con mucha atención» y no había visto nada en él que impidiera su nombramiento como director del Instituto de Estudios Avanzados.[61] La emisión de las credenciales formales por parte de los comisionados de la CEA llevó más tiempo, como era lógico; no fue hasta el 11 de agosto de 1947 que se votó oficialmente que se concediera a Oppenheimer una credencial «Q», de alto secreto. La votación fue unánime; incluso Strauss, el miembro más conservador, votó a su favor.

Oppenheimer había sobrevivido a su primer escrutinio de la posguerra, pero tenía muchos motivos para creer que seguía siendo un hombre marcado. Hoover no soltó el caso, pese a haber dicho a Lilienthal que lo dejaría. En abril de 1947, un mes después de que los comisionados de la CEA hubieran decidido otorgar las credenciales a Oppenheimer, Hoover les envió información nueva que «corroboraba específicamente el hecho de que los hermanos Oppenheimer donaron cantidades sustanciales de dinero al Partido Comunista de San Francisco en una fecha tan tardía como 1942».[62] La información procedía del asalto que hizo el FBI a la sede del partido de San Francisco, de donde sacaron copias de los registros financieros del partido.

Con el fin de mantener vivo el caso, Hoover ordenó a sus agentes que indagaran en busca de todo tipo de material desfavorable. En otoño de 1947, por ejemplo, la oficina del FBI de San Francisco envió a él y al subdirector, D. M. Ladd, un informe confidencial que contenía material obsceno sobre las supuestas actividades sexuales de Oppenheimer y algunos amigos suyos. Notificaron a Hoover que un «individuo muy fiable», sin nombre y que trabajaba en la Universidad de California se ofrecía a ser un «informante confidencial de esta oficina» de forma regular. Esa fuente no identificada habría conocido a bastantes amigos que Oppenheimer tenía en Berkeley desde 1927. También describía a una amiga suya, una mujer casada, como «un individuo muy activo sexualmente» con gustos bohemios, y afirmaba que «era bien sabido en el campus que [este matrimonio] realizaba intercambio de parejas con otro miembro de la facultad y su esposa». Como si esto no fuera bastante indecente, informaron a Hoover de que, entre sus muchos amoríos, dicha mujer había asistido a una fiesta de la facultad en 1935, se había emborrachado y había desaparecido con un estudiante de Matemáticas, Harvey Hall. Casi como posdata, la fuente del FBI afirmaba que, cuando ocurrió ese episodio de seducción, Hall vivía con Robert Oppenheimer. Y dijo también que «todo el mundo sabía» que antes de que el físico se casara, en 1940, «había tenido tendencias homosexuales» y que «mantenía una relación con Hall».[63]

En realidad, Oppenheimer no compartió vivienda con Hall en ningún momento, y no existe ningún indicio de que interrumpiera su activa vida heterosexual para tener una relación con un hombre. La propia fuente del FBI calificaba esas correrías sexuales, probablemente con bastante acierto, de «cotilleos». Sin embargo, eso no impidió que Hoover permitiera que el chisme sobre la supuesta «aventura» de Oppenheimer con Hall se incorporara a algunos de los muchos resúmenes del expediente que tenía el FBI sobre él, resúmenes que acabaron leyendo Strauss y muchos otros responsables políticos de alto rango de Washington. Mientras que semejante material despertaba sin duda la curiosidad de muchos funcionarios, también indujo a otros a pensar que la información que les llegaba sobre Oppenheimer no era en absoluto fiable. A Lilienthal le pareció revelador, por ejemplo, que una fuente anónima se describiera como un niño de doce años.[64] Llegó a la conclusión de que muchas historias que dañaban a Oppenheimer eran poco más que chismorreos maliciosos originados antes de la guerra por personas que ni siquiera lo conocían.

Aquella fue una evaluación certera de muchos de los datos desfavorables que aparecían en el expediente del FBI sobre Oppenheimer, pero no tuvo en cuenta el efecto pernicioso que todo aquel cúmulo de información no evaluada podía tener sobre posibles destinatarios que no sintieran por él una simpatía especial.

27

«Un hotel intelectual»

> En un sentido tan crudo que ni la vulgaridad, ni el hu-
> mor, ni la exageración pueden eliminar, los físicos han
> conocido el pecado, y ese es un conocimiento que no
> pueden perder.
>
> ROBERT OPPENHEIMER

Los Oppenheimer llegaron a Princeton a mediados de julio de 1947, en un verano particularmente caluroso y húmedo.[1] El nuevo puesto de trabajo, como director electo del instituto que era el santuario de Albert Einstein desde hacía casi quince años, proporcionaría a Oppenheimer una plataforma de prestigio y acceso fácil al número creciente de comités relacionados con políticas nucleares de los que formaba parte en Washington. El instituto le pagaba el generoso salario de veinte mil dólares al año más el alojamiento en la casa del director, Olden Manor, en el que iban incluidos una cocinera que vivía allí y un encargado de mantenimiento que se ocupaba de la casa y de los extensos jardines. El trabajo le dejaba mucho tiempo para viajar adonde y cuando quisiera. No asumiría formalmente sus responsabilidades hasta octubre y no presidiría su primera reunión de la facultad hasta diciembre. Kitty, él y sus dos hijos —Peter, de seis años, y Toni, de tres— dispondrían de unos meses para adaptarse sin prisas al nuevo entorno. Robert tenía solo cuarenta y tres años.

Kitty enseguida se enamoró de Olden Manor, una laberíntica mansión colonial blanca de tres pisos, rodeada de algo más de cien hectáreas de bosque y frondosos prados verdes. Detrás de la casa había un establo y un corral. Robert y Kitty compraron dos caballos, a los que llamaron Topper y Step-up.

Había partes de Olden Manor que databan de 1696, cuando los Olden, una de las primeras familias colonizadoras de Princeton, empezaron a cultivar en el lugar. El ala oeste de la casa se había construido en 1720 y

439

sirvió de hospital de campaña para las tropas del general Washington en la batalla de Princeton, a principios de 1777. Varias generaciones de los Olden habían ido añadiendo elementos a la construcción, y a finales del siglo XIX tenía dieciocho habitaciones. La familia ocupó la propiedad hasta la década de 1930, cuando la vendió al instituto.

La mansión estaba pintada de blanco reluciente por dentro y por fuera, y era luminosa y amplia. Un alto pasillo central la atravesaba entera e iba desde la puerta principal hasta una puerta trasera en forma de arco que se abría a una terraza de pizarra. Por el elegante comedor se accedía a la cocina, típica de una casa de campo, enorme y con forma de L. En el salón, el sol entraba por ocho ventanas. Al otro lado del pasillo había uno más pequeño, llamado la sala de música. De ella, bajando un escalón, se pasaba a una biblioteca presidida por una fabulosa chimenea de ladrillo. Los Oppenheimer, al mudarse, encontraron que en casi todas las habitaciones había estanterías. Robert hizo quitar la mayoría de ellas y dejó solo una pared de la biblioteca forrada de estantes desde el suelo hasta el techo.[2] El pavimento de toda la casa, un entarimado de roble claro, crujía con suavidad. En la primera planta había un sinfín de recovecos curiosos, armarios ocultos y una escalera trasera que llevaba a la cocina. Gracias a un panel de timbres numerados, se podía llamar a la cocinera o a la sirvienta desde casi todas las habitaciones de la casa.

Al poco de instalarse, Robert mandó construir un espacioso invernadero en la parte trasera, al lado del ala de la cocina.[3] Fue el regalo que hizo a Kitty por su cumpleaños, y esta lo llenó de docenas de variedades de orquídeas. La casa estaba rodeada de hectáreas de jardines, entre ellos un parterre de flores cultivado con esmero y confinado entre cuatro paredes de roca que eran los cimientos de un antiguo granero. A Kitty, especialista en botánica, le encantaban los jardines, y con los años llegó a ser lo que una amiga llamaría «una artista de la antigua magia de la jardinería».[4]

«Cuando nos mudamos —relataría Oppenheimer a un periodista al cabo del tiempo—, creí que nunca me acostumbraría a vivir en una casa tan grande, pero después de todo este tiempo ya la hemos hecho un poco nuestra, y me gusta mucho».[5] Robert enmarcó uno de los mejores cuadros de su padre, el *Campo cerrado con sol naciente*, de Vincent Van Gogh (Saint-Rémy, 1889), y lo colgó en el salón, sobre la elegante chimenea blanca.[6] Colocaron un Derain en el comedor y un Vuillard en la sala de música.[7] La casa estaba amueblada con acierto y nunca tuvo un aspecto desordenado ni deslucido. Kitty lo mantenía todo pulcro. El estudio de Oppie, austero y con las paredes blancas y sin cuadros, le recordó a un amigo la casa de Los Álamos.[8]

Desde la terraza trasera de Olden Manor se veían, en dirección sur y a campo abierto, los terrenos y el edificio del instituto, que no estaba a más de medio kilómetro, Fuld Hall, de ladrillo rojo, cuatro plantas, dos alas y una imponente aguja como de iglesia. Se construyó en 1939 y costó quinientos veinte mil dólares; albergaba oficinas modestas para un gran número de académicos, una biblioteca revestida de madera y una refinada sala común con sofás de cuero marrón. En la tercera planta, la última, había una cafetería y una sala de juntas. En 1947, Einstein ocupaba un despacho esquinero, la sala 225, del primer piso; Niels Bohr y Paul Dirac trabajaron en despachos contiguos del segundo piso. El de Oppenheimer, la sala 113, estaba en la planta baja y ofrecía vistas a bosques y prados.[9] Su predecesor, Frank Aydelotte, especialista en literatura isabelina, tenía colgadas en las paredes láminas enmarcadas con escenas nostálgicas de Oxford. Oppie las retiró y puso en su lugar una pizarra que ocupaba la pared entera.[10] Heredó dos secretarias, la señora Eleanor Leary, que había trabajado con el juez Felix Frankfurter, y la señora Katharine Russell, una veinteañera muy eficiente. Justo fuera del despacho había una «caja fuerte gigantesca», custodiada por dos guardias armados las veinticuatro horas del día, que contenía documentos clasificados necesarios para su trabajo como presidente del Comité Consultor General de la CEA.[11]

Quienes iban de visita a Fuld Hall veían a un hombre «ardiente de poder».[12] El teléfono sonaba, y su secretaria llamaba a la puerta y anunciaba: «Doctor Oppenheimer, el general [George C.] Marshall al teléfono». Sus colegas veían que dichas llamadas lo «electrizaban». Disfrutaba de verdad del papel que le había asignado la historia y se esforzaba por interpretarlo bien. Mientras que muchos académicos permanentes iban con americana (a Einstein le gustaban los jerséis arrugados), Oppenheimer solía vestir caros trajes de lana inglesa hechos a medida en Langrocks, el sastre local de la flor y nata de Princeton. (Aunque también podía presentarse en una fiesta con una chaqueta «que parecía roída por ratones»).[13] Muchos académicos se movían por Princeton en bicicleta; en cambio, Oppie conducía un despampanante Cadillac azul descapotable.[14] Anteriormente, había llevado el pelo largo y greñudo, pero después lo llevaba «corto como un monje, rapado».[15] A sus cuarenta y tres años parecía delicado, incluso frágil; sin embargo, estaba bastante fuerte y tenía mucha energía. «Era muy delgado, nervioso, siempre tenso —recordó Freeman Dyson—. No paraba quieto, no podía estar sentado ni cinco minutos; daba la impresión de sentirse muy incómodo. Fumaba todo el tiempo».[16]

En Princeton se respiraba un aire completamente distinto que en Berkeley y San Francisco —ciudades liberales, bohemias y menos tradicionalistas—, y desde luego no tenía nada que ver con el estilo de vida y los paisajes de Los Álamos. En 1947, Princeton, una ciudad residencial de veinticinco mil habitantes, tenía un solo semáforo, en la esquina entre las calles Nassau y Witherspoon, y carecía de transporte público, con la excepción del «Dinky», un tranvía que hasta hoy transporta diariamente cientos de trabajadores a la estación de tren de Princeton Junction. Desde esta, banqueros, abogados y corredores de bolsa vestidos con traje de raya diplomática llenaban los trenes que los llevarían a Manhattan en cincuenta minutos. A diferencia de la mayoría de las ciudades pequeñas estadounidenses, Princeton tenía una historia augusta y se sabía elitista. Aunque, como observó una vez un habitante que ya llevaba tiempo allí, era «una ciudad con carácter pero sin alma».[17]

Robert aspiraba a convertir el instituto en un centro internacional estimulante para estudios interdisciplinarios. Louis Bamberger y su hermana, Julie Carrie Fuld, lo fundaron en 1930 con una donación inicial de cinco millones de dólares. Estos habían vendido el negocio familiar, unos grandes almacenes, a R. H. Macy & Co. en 1929, justo antes de la caída del mercado de valores, por la cuantiosa suma de once millones de dólares en efectivo. A Bamberger le apasionaba la idea de construir una institución de aprendizaje superior, y contrató a Abraham Flexner, educador y administrador de fundaciones, como director general. Este le prometió que el instituto no sería ni una universidad donde se daban clases ni una escuela de investigación: «Se podría imaginar como algo entre las dos: una universidad pequeña en la que se impartan clases en medida limitada y se investigue en medida generosa». Flexner dijo a los Bamberger que le gustaría tomar como modelos refugios intelectuales europeos como el All Souls College de Oxford, el Collège de France de París o Gotinga, el *alma mater* alemana de Oppenheimer. Sería, afirmó, «un paraíso para los académicos».

En 1933, Flexner labró la reputación del instituto al contratar a Einstein por un salario anual de quince mil dólares.[18] Otros académicos recibían una paga similarmente espléndida. El director quería a los mejores y deseaba también asegurarse de que ninguno se sintiera tentado de complementar el salario «escribiendo manuales innecesarios o realizando otros trabajos rutinarios».[19] No habría «obligaciones, solo oportunidades». A lo largo de la década de 1930, Flexner reclutó a mentes brillantes, casi todos matemáticos, como John von Neumann, Kurt Gödel, Hermann Weyl, Deane Montgomery, Boris Podolsky, Oswald Veblen, James Alexander y Nathan Rosen. Flexner creía en la «utilidad del conocimiento inútil». Pero, en la década de 1940, el instituto se estaba labrando la fama de mimar a mentes brillantes que nunca llegarían a desarrollar todo su potencial. Un científico lo describió como «ese lugar magnífico donde florece la ciencia pero nunca da frutos».

Oppenheimer estaba resuelto a cambiar todo aquello. En su campo esperaba hacer del instituto lo mismo que había hecho de Berkeley la década anterior: convertirlo en un centro de primer orden de física teórica. Sabía que la guerra había suspendido todo trabajo genuino y original, pero las cosas cambiaban deprisa. «En la actualidad —dijo en una audiencia del MIT en otoño de 1947—, casi dos años después del fin de las hostilidades, la física prospera».[20]

A principios de abril de 1947, Abraham Pais, un físico joven y brillante que disfrutaba de una beca temporal allí, recibió una llamada de teléfono desde Berkeley. «Soy Robert Oppenheimer —anunció el interlocutor a un asombrado Pais—. Acabo de aceptar la dirección del Instituto de Estudios Avanzados y tengo puestas grandes esperanzas en que estará usted allí el año que viene para que podamos empezar a construir el edificio de la física teórica».[21] Halagado, Pais dejó de inmediato de lado la idea que tenía de ir a Dinamarca para estudiar con Bohr y aceptó. Trabajaría en el instituto durante dieciséis años y sería un hombre de confianza de Oppenheimer durante largo tiempo.

Pais tuvo enseguida la ocasión de ver a Oppenheimer en acción. En junio de 1947, veintitrés físicos teóricos de entre los mejores del país se reunieron durante tres días en el Ram's Head Inn, un resort exclusivo de Shelter Island, lugar situado en la punta oriental de Long Island. Oppenheimer había organizado el congreso. Entre otros, acudieron Hans Bethe, I. I. Rabi, Richard Feynman, Victor Weisskopf, Edward Teller, George Uhlenbeck, Julian Schwinger, David Bohm, Robert Marshak, Willis Lamb y Hendrik Kramers para debatir sobre «las bases de la mecánica cuántica». Con el fin de la guerra, los físicos teóricos al fin pudieron dedicar toda su atención a las cuestiones de fundamento. Un doctorando de Oppenheimer, Willis Lamb, pronunció la primera de las muchas y admirables ponencias del congreso, en la que expuso lo que pronto se conocería como «efecto Lamb» y sería un concepto clave para la nueva teoría de la electrodinámica cuántica. (Lamb ganó el Premio Nobel en 1955 por el trabajo en ese campo). De manera similar, Rabi dio una charla que puso los cimientos para la resonancia magnética nuclear.

Si bien Karl Darrow, secretario de la Sociedad de Física, presidía oficialmente el encuentro, Oppenheimer lo dominaba. «A medida que avanzaba el congreso —apuntó aquel en su diario—, la preeminencia de Oppenheimer fue haciéndose más evidente: el análisis (a menudo cáustico) de casi todos los argumentos, ese inglés magnífico que nunca ensombrecían las dudas o la búsqueda de la palabra adecuada (jamás había oído "catarsis" usada en un discurso de [física] o la inteligente palabra "mesonífero", que seguramente sea invención suya), la ironía, los comentarios recurrentes acerca de que había ideas (también suyas) evidentemente erróneas y el respeto con el que todos lo escuchaban». En modo parecido, Pais se quedó impresionado por su «estilo hierático» al hablar en público. «Era como si quisiera iniciar a los presentes en los misterios divinos de la naturaleza».

El tercer y último día, Oppenheimer condujo un debate sobre el comportamiento paradójico de los mesones, un tema que había explorado con Robert Serber antes de la guerra. Pais recordaría después la actuación «magistral» de Oppenheimer, que interrumpía en los momentos precisos con preguntas que encauzaban la discusión, la recapitulaban o estimulaban a todos a pensar en posibles soluciones. «Yo estaba sentado al lado de Marshak en ese debate —escribió más adelante Pais— y todavía me acuerdo de cómo se puso todo rojo de repente. Se levantó y dijo: "Puede que haya dos tipos de mesones. Uno se produce en cantidades copiosas; luego se desintegra y se convierte en el otro tipo, que puede interactuar solo de forma débil".[22] De esa manera, según Pais, Oppenheimer ayudó a Marshak a concebir la novedosa hipótesis de los dos mesones, un descubrimiento que procuró al físico inglés Cecil F. Powell el Premio Nobel en 1950. El congreso de Shelter Island ayudó también a Feynman y Schwinger a desarrollar la «teoría de la renormalización», una manera nueva y elegante de calcular las interacciones que tiene un electrón con su propio campo electromagnético o con otro.[23] De nuevo, Oppenheimer no fue quien realizó todos aquellos descubrimientos, pero muchos lo vieron como quien los propició en gran medida.

Aun así, no todos aplaudieron la actuación de Oppie. David Bohm recordaba haber pensado que era demasiado locuaz. «Hablaba con mucha soltura —dijo—, pero no había gran cosa detrás de lo que decía, no había mucho que respaldara tanto hablar». Bohm pensó que su mentor estaba perdiendo el sentido intuitivo, tal vez solo porque llevaba muchos años sin hacer nada sustancioso en física. «[Oppenheimer] no comprendía lo que yo hacía en física —recordó Bohm—. Yo quería cuestionar los fundamentos, y él creía que debíamos trabajar empleando la teoría del momento, explotarla y averiguar sus consecuencias». Al principio de conocerlo, Bohm lo había tenido en muy alta estima, pero con el tiempo se descubrió conviniendo con Milton Plesset, otro amigo que había trabajado con su maestro. Este opinaba que era «incapaz de generar algo original de verdad, pero es muy bueno entendiendo las ideas de los demás y viendo lo que implican».

Cuando dejaron Shelter Island, Oppenheimer alquiló un hidroavión para que lo llevara a Boston, donde iban a darle un título honorario en Harvard. Victor Weisskopf y otros que debían regresar a Cambridge aceptaron la invitación de ir con él en el avión. A medio camino se metieron en una tormenta y el piloto aterrizó en una base naval de New London (Connecticut), cuyo aeródromo tenía prohibido albergar aviones civiles. Cuando ya estaban en el suelo acercándose a la terminal, el piloto vio a un capitán de la Marina que le gritaba muy enfadado. Oppie le indicó: «Yo me encargo».[24] Bajó del avión y dijo: «Soy Oppenheimer». El oficial ahogó un grito y preguntó: «¿Es el Oppenheimer?». Sin inmutarse, Oppie respondió: «Soy un Oppenheimer». Abrumado por estar en presencia del famoso físico, el oficial se desvivió por servir a él y sus amigos té y galletas, y luego los envió a Boston en un autobús de la Marina.

El físico más conocido de Estados Unidos no se dedicaba mucho a la física, y eso que había convencido a la junta del instituto de que lo nombraran director y «profesor de Física», un cargo sin precedentes en esta institución.[25] En otoño de 1946, Oppie había sacado tiempo para escribir un artículo sobre la dispersión de electrones junto con Hans Bethe que se publicó en el *Physical Review*. Aquel año lo nominaron para el Premio Nobel, pero el comité, obviamente, tenía sus dudas en entregar el galardón a alguien cuyo nombre estaba tan ligado a Hiroshima y Nagasaki. A lo largo de los cuatro años siguientes, publicó tres artículos breves sobre física y uno sobre biofísica. Después de 1950 ya no volvió a publicar ningún artículo científico. «No tenía *Sitzfleisch* —dijo Murray Gell-Mann, físico invitado al instituto en 1951—. Perseverancia. Los alemanes lo llaman *Sitzfleisch*, «carne sentada», cuando te sientas en la silla. Por lo que sé, nunca escribió ningún artículo extenso ni realizó ningún cálculo largo, nada de ese estilo. No tenía paciencia; su trabajo consistía en pequeñas intuiciones, aunque bastante brillantes. Inspiró a otros en su trabajo y su influencia fue fantástica».[26]

Oppenheimer había supervisado a miles de personas y gestionado millones de dólares en Los Álamos; en cambio, el instituto contaba solo con cien empleados y un presupuesto de 825.000 dólares. En El Monte había dependido por entero del Gobierno federal; por el contrario, la junta del instituto prohibía explícitamente que el director solicitara dinero público. Era un lugar de independencia singular.[27] No tenía ninguna relación oficial con su vecina, la Universidad de Princeton. En 1948, unos ciento ochenta académicos estaban inscritos en una de las dos «escuelas», matemáticas o estudios históricos. El instituto no albergaba laboratorios, ciclotrones ni ningún aparato más complejo que una pizarra. No se impartían cursos ni había estudiantes, solo académicos. La mayoría eran matemáticos, algunos eran físicos, y había unos pocos economistas y especialistas en humanidades. De hecho, las matemáticas tenían tanto peso allí que hubo quien pensó que la llegada de Oppenheimer era un signo de que la junta había decidido que a partir de entonces el instituto se consagraría únicamente a las matemáticas y la física.

En efecto, a juzgar por las primeras personas que escogió Oppenheimer para que formaran parte del instituto, pareció que su prioridad era convertirlo en un centro destacado en física teórica. Llevó consigo a cinco físicos investigadores de Berkeley para que trabajaran temporalmente allí. Después de persuadir a Pais para que se quedara, incorporó a otro joven y prometedor físico inglés, Freeman Dyson, como miembro permanente. Invitó a Niels Bohr, Paul Dirac, Wolfgang Pauli, Hideki Yukawa, George Uhlenbeck, George Placzek, Sinitiro Tomonaga y otros físicos jóvenes para que de vez en cuando pasaran allí veranos o años sabáticos. En 1949 reclutó a Chen Ning Yang, un sobresaliente físico de veintisiete años que en 1957 ganaría el Nobel junto con T. D. Lee, otro físico nacido en China que Oppenheimer atrajo al instituto. «Este sitio es irreal —escribió Pais en su diario en febrero de 1948—. Bohr entra en mi despacho para hablar. Miro por la ventana y veo a Einstein, que se va a casa caminando con su ayudante. Dos despachos más allá está Dirac. Abajo está Oppenheimer».[28] En ninguna otra parte hubo tal concentración de prodigio científico..., excepto en Los Álamos, por supuesto.

En junio de 1946, bastante antes de que Oppenheimer llegara al instituto, Johnny von Neumann empezó a construir un ordenador de alta velocidad en la sala de calderas que había en el sótano de Fuld Hall. Nunca hubo nada tan empírico en el instituto. Ni nada tan caro. La junta entregó cien mil dólares a Von Neumann para que arrancara el proyecto. Después, alejándose de la política del instituto, le dieron permiso para obtener fondos adicionales de la Radio Corporation of America, el ejército, la Oficina de Investigación Naval y la Comisión de Energía Atómica. En 1947 se construyó un pequeño edificio de ladrillo a unos cientos de metros de Fuld Hall para dar cobijo al ordenador que Von Neumann tenía en mente.

La idea de construir una máquina era objeto de controversia entre los académicos que creían que su trabajo consistía en pensar. «Nunca habíamos necesitado nada para hacer nuestros cálculos», se quejó un matemático, Deane Montgomery.[29] El propio Oppenheimer tenía opiniones encontradas sobre el ordenador. Como muchos otros, creía que el instituto no debía convertirse en un laboratorio subvencionado con el dinero del sector de defensa nacional. Sin embargo, aquello era otra cosa. Von Neumann estaba construyendo una máquina que revolucionaría la investigación. Por ello apoyó el proyecto. El matemático aceptó no patentar la máquina, la cual enseguida llegó a ser el modelo de una generación de ordenadores comerciales.

Oppenheimer y Von Neumann presentaron el ordenador en público en junio de 1952. En aquel entonces era el cerebro electrónico más rápido del mundo, y su mera existencia disparó la revolución computacional de finales del siglo xx.[30] No obstante, cuando ordenadores mejores y más rápidos sobrepasaron a aquel, los miembros permanentes del instituto se reunieron en el salón de Oppenheimer y votaron clausurar por completo el proyecto del ordenador. También aprobaron la propuesta de que jamás volviera a haber en el instituto un artilugio semejante.

En 1948, Oppenheimer contrató a Harold F. Cherniss, amigo suyo de Berkeley, especialista en Clásicas y el mayor experto del país en Platón y Aristóteles. Aquel mismo año convenció a la junta de que le asignaran un «fondo del director», de ciento veinte mil dólares, para que, a su arbitrio personal, invitara a académicos durante periodos cortos. Con aquel dinero discrecional llevó al instituto a Francis Fergusson, su amigo de juventud, quien dedicó ese tiempo a escribir el libro *The Idea of a Theatre*. Ruth Tolman lo instigó a crear un comité asesor de estudios psicológicos; y, una o dos veces al año, la doctora iba al instituto con su cuñado, Edward Tolman, así como con George Miller, Paul Meehl, Ernest Hilgard y Jerome Bruner. (Ed Tolman y Hilgard habían participado en el grupo de estudio de Siegfried Bernfeld, que se estuvo reuniendo una vez al mes en San Francisco entre 1938 y 1942). Esos eminentes psicólogos se juntaban en el despacho de Oppenheimer y le informaban sobre las «cuestiones profundas» de su campo y «lo mantenían al día». Al cabo de poco tiempo, Oppie ofreció estancias temporales a Miller, Bruner y David Levy, un destacado psicólogo infantil. A Oppenheimer le encantaba conversar sobre psicología. A Bruner le pareció «brillante, de intereses amplios, irrespetuoso a más no poder, listo para hablar de cualquier tema en cualquier sitio, extraordinariamente encantador. [...] Hablábamos sobre casi todo, pero la psicología y la filosofía de la física eran irresistibles».[31]

No tardaron en formar parte del instituto más humanistas como el arqueólogo Homer Thompson, el poeta T. S. Eliot, el historiador Arnold Toynbee, el filósofo social Isaiah Berlin y, más tarde, el diplomático e historiador George F. Kennan.[32] Oppenheimer siempre había admirado *La tierra baldía*, de Eliot, y se entusiasmó cuando este aceptó la invitación de pasar un semestre allí en 1948. Sin embargo, la idea no funcionó. A los matemáticos no les sentó bien que hubiera un poeta en residencia, y algunos despreciaban a Eliot, incluso después de que le dieran el Nobel en Literatura aquel año. Él, por su parte, era reservado y pasaba más tiempo en la universidad que en el instituto. Oppenheimer se decepcionó. «Invité a Eliot —le dijo a Freeman Dyson— con la esperanza de que escribiera otra obra maestra, y todo lo que hizo fue trabajar en *The Cocktail Party*, lo peor que escribió en su vida».[33]

En cualquier caso, Oppenheimer estaba muy convencido de que era esencial que el instituto acogiera tanto ciencias como humanidades.[34] En las charlas que dio sobre él, subrayó siempre que la ciencia necesita las humanidades para entender mejor su propio carácter y sus consecuencias. Solo unos pocos matemáticos residentes estaban de acuerdo con él, y el apoyo de estos fue crucial. A Johnny von Neumann le interesaba casi igual la historia de la antigua Roma que su propio campo. Otros compartían el interés de Oppenheimer por la poesía. Esperaba hacer del instituto un refugio para científicos, estudiosos sociales y humanistas que estuvieran interesados en una comprensión multidisciplinar de la condición humana en su conjunto. Era una oportunidad irresistible, una ocasión para unir los dos mundos, ciencias y humanidades, que lo había entusiasmado ya de joven. En ese sentido, Princeton era la antítesis, y tal vez también un antídoto psicológico, de Los Álamos.

Todo lo que El Monte tuvo de espartano, Princeton lo tenía de idílico y cómodo. En particular para los miembros que pasaron allí toda la vida, era como un cielo platónico. «El objetivo de este lugar —dijo una vez Oppenheimer— es hacer desaparecer las excusas para no llevar a cabo las cosas, para no trabajar bien».[35] A los foráneos les parecía a veces un asilo pastoral para excéntricos declarados. Kurt Gödel, el famoso lógico, vivía recluido allí, pues sufría de una angustiosa paranoia. Su único amigo era Einstein, y los dos salían a pasear juntos a menudo. Víctima de episodios de depresión paranoica severa (estaba convencido de que le envenenaban la comida, por lo que padecía de malnutrición crónica), pasó años tratando de resolver el problema del continuo, una cuestión matemática relacionada con los infinitos. Nunca encontró la respuesta. Trabajó también, incitado por Einstein, en la relatividad general, y en 1949 publicó un artículo que describía un «universo rotatorio» en el que era teóricamente posible «viajar a cualquier región del pasado, del presente y del futuro, y regresar».[36] Casi todo el tiempo que pasó en el instituto —décadas— fue una figura solitaria, fantasmal, vestida con un abrigo de invierno negro y ajado, que pasaba notas taquigráficas en alemán a un sinfín de libretas.

Dirac era también un tipo extraño. Cuando era pequeño, su padre le dijo que solo hablase en francés con él, pensando que así el niño aprendería con rapidez otro idioma. «Como vi que no podía expresarme en francés —explicó Dirac—, era mejor quedarme callado que hablar en inglés. Y entonces dejé de hablar».[37] Se ponía unas botas altas de caucho y salía a los bosques cercanos a abrir caminos a hachazos. Con ese ejercicio se recreaba, y con los años pasó a ser algo así como un pasatiempo aun estando en el instituto. Era también de mente literal hasta la exasperación. Un día, un periodista llamó para preguntarle sobre una charla que debía dar en Nueva York. Hacía tiempo que Oppenheimer había decidido que los académicos no tuvieran teléfono en el despacho para que no se distrajeran, de modo que Dirac tuvo que atender la llamada en uno del pasillo. Cuando el periodista le pidió una copia de la charla, Dirac dejó el auricular y fue al despacho de Jeremy Bernstein a pedirle consejo: tenía miedo, dijo, de que lo citaran erróneamente. Abraham Pais, que por casualidad se encontraba allí también, le sugirió que escribiera al principio de la charla «No publicar en ninguna forma». Dirac rumió sobre aquel simple consejo unos minutos en silencio, y al fin preguntó: «¿"En ninguna forma" no es redundante en esta frase?».[38]

Von Neumann era asimismo peculiar.[39] Al igual que Oppenheimer, hablaba varias lenguas y sus intereses eran muy amplios. También le gustaba montar fiestas y quedarse despierto hasta las tantas de la madrugada. Y, como Edward Teller, tenía mucha rabia a los soviéticos. En una fiesta, cuando la conversación viró a la Guerra Fría, entonces incipiente, Von Neumann dijo llanamente que la cosa era obvia: Estados Unidos debería iniciar una guerra preventiva y aniquilar a la Unión Soviética y su arsenal de armas nucleares. «Creo que el conflicto entre Estados Unidos y la Unión Soviética —escribió a Lewis Strauss en 1951— llevará con seguridad a una colisión armada "total" y que, por tanto, es imperativo llegar a la máxima tasa de armamento».[40] Oppenheimer se quedaba horrorizado ante tales opiniones, pero no dejó que las consideraciones políticas influyeran en las decisiones que tomara respecto al profesorado permanente.

La variedad de intereses de Oppenheimer no dejó de sorprender a académicos de todas las disciplinas. Una vez, un gestor de la Commonwealth Fund, Lansing V. Hammond, le pidió consejo acerca de unos sesenta jóvenes británicos que solicitaban becas para estudiar en diversas universidades estadounidenses temas que iban desde las letras hasta las ciencias puras. Hammond, que era especialista en literatura inglesa, esperaba que Oppenheimer lo orientara con los candidatos que se dedicaban a las matemáticas y a la física. Hicieron pasar a Hammond al despacho de Oppenheimer, que lo sorprendió en cuanto entró al decirle: «Se sacó usted el doctorado en Yale, especialidad en literatura inglesa del siglo XVIII, la era de Johnson. ¿Quién fue su tutor, Tinker o Pottle?». En diez minutos, Hammond obtuvo toda la información que necesitaba para enviar a los solicitantes del campo de la física a las universidades idóneas estadounidenses. Cuando se levantó para marcharse, pensando que ya le había robado bastante tiempo al ocupado director, Oppenheimer le dijo: «Si tiene unos minutos más, me gustaría echar un vistazo a otros solicitantes de otros campos». Durante una hora, el físico habló largo y tendido sobre las virtudes y los defectos de varias universidades del país. «Hum... Música indígena norteamericana, Roy Harris es ideal para él. [...] Psicología social... Sugiero que estudie en Vanderbilt; hay menos gente, tendrá más oportunidades de acceder a lo que busca. [...] Su campo, literatura inglesa del XVIII; Yale es una opción obvia, pero no descarte a Bate, de Harvard». Hammond ni siquiera había oído hablar de Bate. Se marchó abrumado. «Ni antes ni después —escribió más adelante— he hablado con un hombre como aquel».[41]

La relación de Oppenheimer con el miembro más famoso del instituto siempre fue incierta: «Éramos colegas cercanos —escribió más tarde sobre Einstein— y algo así como amigos».[42] Lo consideraba un santo patrón viviente de la física, no un científico en activo. (Algunas personas del instituto sospechaban que Oppenheimer fue la fuente de una frase que salió en la revista *Time*: «Einstein es un hito, no un faro»).[43] El alemán albergaba la misma ambivalencia respecto a Oppenheimer. Cuando, en 1945, se propuso a este como candidato para obtener un puesto permanente de profesor en el instituto, Einstein y el matemático Hermann Weyl escribieron un informe a la facultad en el que recomendaban al físico teórico Wolfgang Pauli en su lugar.[44] En aquel momento, Einstein conocía bien a Pauli, pero a Oppenheimer solo de pasada. Curiosamente, en 1934, Weyl había intentado incorporar a Oppie al instituto, pero este se había negado con tenacidad diciendo que «no podría ser de ninguna utilidad en un sitio como ese».[45] Después, simplemente, su categoría como físico no llegaba a la altura de la de Pauli: «En efecto, Oppenheimer no ha aportado ninguna contribución a la física que sea de naturaleza tan fundamental como las de Pauli, con el principio de exclusión o el análisis del espín del electrón».[46] Einstein y Weyl concedían que Oppenheimer «ha fundado la escuela más grande del país en física teórica». Pero, después de observar que sus alumnos lo alababan de forma unánime como profesor, advertían: «Puede que sea algo dominante y [que] sus alumnos tiendan a ser versiones de él en miniatura». Siguiendo esa recomendación, el instituto ofreció en 1945 el puesto a Pauli, pero este lo rechazó.

Con el tiempo, Einstein, si bien a regañadientes, fue tomando respeto al nuevo director, a quien describió como «un hombre de capacidades poco comunes y educación polifacética».[47] Lo que admiraba de Oppenheimer era su persona, no su física, aunque nunca lo contaría entre sus amigos más allegados, «tal vez, en parte, porque nuestras opiniones científicas son diametralmente opuestas». En los años treinta, Oppenheimer había dicho de Einstein que estaba «totalmente chiflado» por negarse con obstinación a aceptar la teoría cuántica.[48] Todos los físicos jóvenes que Oppenheimer llevó a Princeton estaban por completo de acuerdo con la visión de Bohr y no les interesaban las cuestiones que Einstein proponía para desafiar la perspectiva cuántica del mundo. No comprendían por qué aquel gran hombre trabajaba sin descanso para desarrollar una «teoría de campos unificada» que sustituyera lo que él consideraba incoherencias de la teoría cuántica. Era una tarea solitaria, pero él estaba contento de defender «al buen Dios contra la proposición de que continuamente está jugando a los dados», esto es, mantener la concisa crítica del principio de incertidumbre de Heisenberg, uno de los fundamentos de la física cuántica.[49] Y le daba igual que la mayoría de los colegas de Princeton lo vieran «como un hereje y un reaccionario que, por así decirlo, ha sobrevivido a sí mismo».[50]

Oppenheimer admiraba profundamente la «extraordinaria originalidad» del hombre que había formulado la teoría de la relatividad general, «esa unión singular de geometría y gravitación», pero consideraba que «había introducido elementos profundos de la tradición en aquel trabajo singular», y creía con firmeza que esa «tradición» lo había confundido con el paso del tiempo. Para «pena» de Oppenheimer, Einstein dedicó los años que estuvo en Princeton a probar que la teoría cuántica era defectuosa mediante incoherencias significativas. «Nadie podría haber sido más ingenioso al concebir ejemplos inesperados y brillantes —escribió—, pero resultó que las incoherencias no estaban ahí, y con frecuencia se podían resolver recurriendo a su propio trabajo». Lo que molestaba a Einstein de la teoría cuántica era el·concepto de indeterminación, aunque, curiosamente, hubiera sido su trabajo sobre la relatividad el que inspirara a Bohr ciertas ideas. Oppenheimer veía ese hecho muy irónico: «Luchó contra Bohr con nobleza y furia, y luchó contra la teoría de la que era padre pero que odiaba. No ha sido la primera vez que algo así ha ocurrido en ciencia».[51]

Esas disputas no impedían que Oppenheimer disfrutase de la compañía de Einstein. Una noche de principios de 1948 lo invitó a él y a David Lilienthal a Olden Manor. Este se sentó al lado del alemán y «lo observó escuchar (serio y atento, a veces con una risita y arrugas alrededor de los ojos) cómo Robert Oppenheimer describía los neutrinos como "esas criaturas" y la belleza de la física».[52] A Robert le seguía gustando ofrecer regalos suntuosos. Sabía que Einstein adoraba la música clásica y también que su radio no captaba la señal de Nueva York de los programas de conciertos que se celebraban en el Carnegie Hall, de modo que hizo instalar una antena en el tejado de la modesta casa del alemán, en la calle Mercer, número 112, a escondidas de él. Y, para su cumpleaños, Robert se presentó en su puerta con una radio nueva y le propuso que escucharan un concierto. Einstein se quedó encantado.[53]

En 1949, Bohr fue de visita a Princeton y accedió a colaborar con un ensayo para un libro que celebraría el trabajo de Einstein con ocasión de su septuagésimo cumpleaños. Los dos disfrutaron de su compañía mutua, pero, como Oppenheimer, Bohr no entendía por qué el alemán consideraba tan demoniaca la teoría cuántica. Cuando le enseñaron el manuscrito del *Festschrift*,* Einstein observó que en los ensayos incluidos en él había tanto críticas como halagos. «Para mí, esto no es un libro de aniversario —dijo—, sino una refutación».[54] El día de su cumpleaños, el 14 de marzo, doscientos cincuenta académicos eminentes se reunieron en un auditorio de Princeton para escuchar a Oppenheimer, I. I. Rabi, Eugene Wigner y Hermann Weyl cantar las alabanzas de Einstein. Por muy en desacuerdo que estuvieran con él, el aire estaba cargado de expectación cuando entró en la sala. Tras un momento de silencio repentino, todo el mundo se levantó para aplaudir al hombre que sabían que era el mayor físico del siglo xx.

---

* En el campo académico, libro que se hace en honor de una persona respetada mientras aún vive. (*N. de la T.*)

Como físicos, Oppenheimer y Einstein discrepaban. Pero, como humanistas, eran aliados. En un momento histórico en que la profesión científica se vendía al por mayor a una red de seguridad nacional, dominada por la Guerra Fría, integrada por laboratorios armamentísticos y universidades cada vez más dependientes de contratos militares, Oppenheimer escogió otro camino. Aunque estuvo «presente» en la militarización de la ciencia, se había alejado de Los Álamos, y Einstein lo respetaba por el hecho de que intentase usar sus influencias para echar el freno a la carrera armamentística. Al mismo tiempo, veía que usaba su prestigio con cautela. Einstein se quedó perplejo cuando, en primavera de 1947, Oppenheimer rechazó la invitación que le hizo para hablar en una cena pública del recién creado Comité de Emergencia de Científicos Nucleares. Se justificó diciendo que no se sentía «preparado en ese momento para hablar en público de energía nuclear, [ya que no tenía] ninguna confianza en que los resultados condujeran al camino que todos deseamos».[55]

Einstein era incapaz de entender por qué Oppenheimer se preocupaba tanto por mantener el contacto con los dirigentes de Washington. Él no jugaba a eso. Nunca se le habría ocurrido solicitar credenciales de seguridad al Gobierno y, de manera instintiva, le disgustaba hablar con políticos, generales y figuras de autoridad. Como observó Oppenheimer, «no tenía una conversación propicia y natural con los estadistas y los poderosos».[56] Mientras que él disfrutaba de su fama y de la oportunidad de mezclarse con los potentados, Einstein siempre se sintió incómodo con la adulación. Una noche de marzo de 1950, cuando cumplió setenta y un años, Oppenheimer lo acompañó a casa, a la calle Mercer. «Sabes —comentó el alemán—, cuando se le da a un hombre la ocasión de hacer algo notable, después la vida es un poco rara».[57] Mucho más que cualquiera, Oppenheimer entendió exactamente a qué se refería.

Igual que en Los Álamos, Oppie tenía un poder de persuasión fuera de lo común. Pais recordaba haberse encontrado con un académico veterano que salía de su despacho. «Acaba de pasarme una cosa rarísima —le dijo el profesor—. He ido a ver a Oppenheimer para hablar de cierto asunto del que yo tenía opiniones muy sólidas. Y cuando he salido me he dado cuenta de que he estado de acuerdo con el punto de vista opuesto».[58]

Oppenheimer trató de ejercer ese carisma en la junta directiva del instituto, pero obtuvo resultados diversos. A finales de la década de 1940, las dos facciones de la junta, los liberales y los conservadores, solían quedar en tablas. Lewis Strauss, el vicepresidente, dominaba las reuniones, y algunos miembros tendían a deferir en él, en parte porque era el único integrante que poseía una riqueza sustanciosa. Al mismo tiempo, a otros miembros más liberales les repelía su archiconservadurismo. Uno se quejó de que a la junta no le hacía falta «un pensamiento hooveriano republicano del siglo pasado».[59] Oppenheimer conocía muy poco a Strauss antes de ir a Princeton, pero sabía muy bien cuáles eran sus ideas políticas y, discreto pero claro, hizo saber que no le agradaría que Strauss ascendiera a presidente de la junta.

Al principio, la relación personal entre Oppenheimer y Strauss era correcta y cordial, pero sería en esos primeros años cuando se plantaron las semillas de su terrible enemistad. Las veces que Strauss iba a Princeton de visita, Robert lo invitaba a Olden Manor con frecuencia; después de una de aquellas cenas, Strauss envió a Robert y a Kitty una caja de un vino excelente. A pesar de ello, todo el mundo tenía claro que los dos hombres estaban ávidos de poder y deseosos de ejercerlo en el otro. Abraham Pais contó que un día estaba fuera del edificio de Fuld Hall cuando aterrizó un helicóptero en el carísimo césped que separaba el instituto de Olden Manor. Strauss bajó de él. «Me impresionó mucho su presencia —escribió más tarde Pais—, educado, astuto, y mi reacción instintiva fue la de "cuidado con lo que hay detrás del comportamiento de este tipo"».[60]

Oppenheimer enseguida se dio cuenta de que Strauss aspiraba a ser una especie de «codirector». En 1948 este le dijo que se estaba planteando comprar la casa de un antiguo miembro de la facultad que estaba en los terrenos del instituto. Como clarísima respuesta, Oppenheimer se lo impidió: hizo que la fundación comprara la casa enseguida y se la alquilara a otro académico. Al parecer, Strauss captó el mensaje. Como refiere la crónica oficial inédita del instituto: «El episodio marca el fin aparente, de momento, de las esperanzas que tenía el señor Strauss de ayudar a gobernar el instituto a corto plazo».[61] También instauró una tensión y una desconfianza mutua entre ambos que se extendían más allá de la institución. Pese a ese revés, Strauss ejerció su influencia en ella a través de la estrecha alianza que mantenía con Herbert Maas, el presidente de la junta, y con el profesor de Matemáticas Oswald Veblen, el único miembro de la facultad que estaba también en la junta.

A Strauss le molestaba que a veces Oppenheimer tomara decisiones políticas delicadas sin buscar antes la aprobación de la junta. A finales de 1950, vetó temporalmente el contrato de un medievalista, el profesor Ernst H. Kantorowicz, porque se había negado a firmar un juramento de lealtad de la Junta de Dirección de California. Strauss cedió solo cuando quedó claro que el único voto de disensión era el suyo. Cuando el Congreso aprobó la ley en la que se exigía que los científicos con una beca de la CEA tuvieran credenciales de seguridad autorizadas por el FBI, Oppenheimer envió una carta furibunda a la comisión: el instituto, escribió, no aceptaría dichas becas, puesto que las investigaciones de seguridad requeridas violaban sus «tradiciones». No fue hasta al cabo de un mes que Oppenheimer informó a la junta de lo que había hecho. Según las actas de la reunión, algunos expresaron el temor de que con ello el instituto entrara en una «controversia política», específicamente con el FBI.[62] Comunicaron a Oppenheimer que, en el futuro, debía consultar a la junta antes de tomar semejantes decisiones.

En la primavera de 1948, Oppie concedió una entrevista a un periodista de *The New York Times* en la que hablaba con libertad sobre su visión del instituto. Dijo que esperaba invitar a muchos más académicos, incluso personas no académicas pero con experiencia en negocios o política, para que residieran allí durante periodos cortos, un semestre o un año. «Oppenheimer planea tener menos miembros vitalicios», decía el *Times*, y después el periodista daba una descripción superficial del trabajo del físico: «Imaginen que tienen a su disposición unos fondos basados en una dotación de veintiún millones de dólares. [...] Imaginen que pueden emplear esos fondos para invitar, como convidados a sueldo, a los mejores académicos, científicos y artistas del mundo: su poeta preferido, el autor de un libro que le ha interesado mucho, el físico europeo con el que le gustaría rumiar acerca de ciertas especulaciones sobre la naturaleza del universo. Ese es exactamente el escenario del que disfruta Oppenheimer. Puede satisfacer todos sus intereses y su curiosidad».[63]

Ni que decir tiene que algunos miembros vitalicios del instituto se crisparon ante esas palabras. A otros les ofendió la idea de que el director gobernara el organismo según sus caprichos intelectuales. Oppenheimer cometió aun otra indiscreción en 1948, cuando dijo en broma a la revista *Time* que, pese a que el instituto era un lugar para que los hombres pudieran «pensar sentados», lo único seguro era que se sentaban. Afirmó también que el instituto tenía «algo del resplandor de un monasterio medieval», y sin querer hirió la sensibilidad de los profesores permanentes al comentar que lo mejor de él era que servía de «hotel intelectual».[64] *Time* lo describió como «un lugar donde los pensadores transitorios podían descansar, recuperarse y recargarse antes de seguir su camino». En consecuencia, los profesores dijeron a Oppenheimer que eran «de la firme opinión» que esa publicidad era «indeseable».[65]

Los planes de más peso que Oppenheimer tenía para el instituto a menudo encontraban resistencia, sobre todo por parte de los matemáticos, quienes al principio habían pensado que los favorecería con puestos de trabajo y una dotación aún mayor del presupuesto. Se peleaban por motivos a veces insignificantes. «El instituto es un paraíso interesante —observó Verna Hobson, la perspicaz secretaria de Oppenheimer—. Pero en una sociedad ideal, cuando eliminas las fricciones cotidianas, las que se crean en lugar de esas son mucho más crueles».[66] Sobre todo discutían por las reuniones. Una vez en que Oppenheimer presidía una reunión, Oswald Veblen entró en la sala y se empeñó en quedarse a escuchar la conversación. Oppie le indicó que se marchara, y cuando Veblen se negó, se llevó la reunión a otra sala. «Se peleaban como críos», recordó Hobson.

Era frecuente que Veblen diera problemas a Oppenheimer. Como miembro de la junta, siempre había tenido mucho poder en el instituto. Numerosos matemáticos, en realidad, pensaban que nombrarían director a Veblen, y en su lugar, como dijo un profesor, «nos han metido al advenedizo de Oppenheimer». Von Neumann se había opuesto vivamente a que esto ocurriera: «La lucidez de Oppenheimer es indiscutible —escribió a Strauss—, [pero tengo] mis dudas acerca de si es prudente hacerlo director».[67] Von Neumann y otros matemáticos estaban a favor de «sustituir el cargo de director por un comité de profesores con presidencia rotatoria de un año o dos». En lugar de eso les ofrecieron justo lo que no querían: un director muy obstinado que tenía una agenda apretada y complicada.

Oppie dio muestra de la misma paciencia y energía allí que las que habían caracterizado su liderazgo en Los Álamos. Sin embargo, según Dyson, las relaciones con los matemáticos eran «desastrosas».[68] La facultad de Matemáticas siempre había sido de primera categoría, y Oppenheimer hizo esfuerzos por no inmiscuirse nunca en sus actividades. De hecho, durante el primer año como director, supervisó un aumento del 60 por ciento en la cantidad de personas que se incorporaron a ella.[69] Pero, en lugar de corresponderle, los matemáticos se oponían por sistema a muchos puestos de trabajo que asignaba en otros campos. Frustrado y resentido, Oppenheimer llamó una vez a Deane Montgomery, un matemático de treinta y ocho años, «el hijo de puta más arrogante y testarudo que he conocido nunca».[70]

Las tensiones tenían raíces profundas y desembocaban en estallidos irracionales. «[Oppenheimer] estaba decidido a humillar a los matemáticos —dijo André Weil (1906-1998), el gran matemático francés, que pasó décadas en el instituto—. Era una persona totalmente frustrada y se divertía haciendo que los demás se pelearan entre sí. Se lo vi hacer. Le encantaba que en el instituto se pelearan unos con otros. Estaba frustrado más que nada porque quería ser Niels Bohr o Albert Einstein, y sabía que no lo era».[71] Weil era la típica persona con el ego inflado con que Oppenheimer tenía que tratar allí. Aquellos no eran los jóvenes a los que había liderado en Los Álamos solo con la fuerza de su personalidad. Weil era arrogante, acerbo y exigente. Le cogió un gusto casi malicioso a intimidar a los demás, y se enfurecía porque no lo lograba con Oppenheimer.

Las políticas académicas pueden ser muy mezquinas, pero Oppenheimer se topó con varias paradojas propias de aquella institución.[72] Por la naturaleza de su disciplina, los matemáticos hacen invariablemente su mejor trabajo intuitivo cuando tienen entre veinte y treinta y pocos años, mientras que los historiadores y otros científicos sociales suelen necesitar años de preparación y estudios antes de ser capaces de pergeñar un auténtico trabajo creativo. Así, el instituto distinguía y reclutaba a matemáticos jóvenes y brillantes, pero rara vez escogía a historiadores que no fueran ya eruditos. Y, mientras que los primeros podían leer el trabajo de los segundos y formarse una opinión de él, estos no podían hacer lo mismo con los posibles candidatos a la facultad de Matemáticas. Y ahí residía la paradoja más irritante: como es natural, los matemáticos pasaban deprisa su mejor época y no tenían la obligación de dar clase, por lo que cuando llegaban a mediana edad muchos tendían a dedicarse a otros asuntos. Si no estaban entretenidos, hacían inevitablemente una controversia de cada nombramiento. Al contrario que ellos, el resto de los académicos, al ser más mayores y entrar en su máximo periodo productivo, no tenían interés ni tiempo para las intrigas. Para desgracia de los matemáticos, se encontraron con un director que, aun siendo físico, estaba resuelto a equilibrar la cultura científica del instituto con las humanidades y las ciencias sociales. Consternados, vieron como incorporaba a psicólogos, críticos literarios y hasta poetas.

De vez en cuando, Oppenheimer, agotado de tanta intriga territorial, descargaba su frustración en los más cercanos. Cuando pilló a Freeman Dyson cotilleando con poca discreción sobre la contratación inminente de un físico, lo convocó de inmediato a su despacho. «Me dejó totalmente chafado —recordaba—. Vi su cara más feroz. Fue horrible. Me sentí muy rastrero; me convenció de que había traicionado toda la confianza que había tenido siempre en mí. [...] Así era él. Quería que las cosas se hicieran siempre a su manera. El instituto era su pequeño imperio».[73]

La aspereza que tan pocas veces mostró Oppenheimer en Los Álamos aparecería de vez en cuando en Princeton con una agresividad que sobresaltaba hasta a sus amigos más cercanos. Es cierto que casi todo el tiempo Robert encandilaba a la gente con su ingenio y la amabilidad de sus modales, pero a veces era incapaz de contener la ferocidad de su arrogancia. Abraham Pais recordó varias ocasiones en que Oppenheimer soltó comentarios mordaces e innecesarios a académicos jóvenes, que luego entraban en su despacho sollozando.[74]

Raro era el profesor que repeliese las intervenciones de Oppenheimer, pero Res Jost, un matemático suizo, lo consiguió, y de manera memorable. Jost estaba dando un seminario cuando Oppenheimer lo interrumpió para preguntar si podía explicar con más detalle cierto punto. Jost levantó la vista y respondió: «Sí», y siguió con su exposición. Oppenheimer volvió a interrumpir y preguntó: «Me refería a que si puede explicar esto y aquello». Jost dijo: «No». Oppie le preguntó por qué y el suizo le respondió: «Porque no va a entender la explicación y me hará más preguntas y me hará perder toda la hora». Robert permaneció en silencio el resto de la charla.[75]

Incansable, brillante y frío en lo emocional, Oppenheimer parecía un enigma a los que lo observaban de cerca. Pais, que lo veía casi a diario en el instituto, lo tenía por una persona extraordinariamente reservada «que no mostraba sus sentimientos». Era muy raro que se abriera para revelar la intensidad de sus emociones. Una noche, Pais fue al Princeton Garden Theatre a ver *La gran ilusión*, de Jean Renoir, un clásico antibelicista que habla de camaradería, clases sociales y traición entre los soldados de la Primera Guerra Mundial. Cuando encendieron las luces, Pais vio a Robert y a Kitty en la última fila, y se dio cuenta de que este había llorado.

En otra ocasión, en 1949, Pais invitó a Robert y a Kitty a una fiesta que dio en su pequeño piso, situado en la calle Dickinson. En un momento dado, se le ocurrió sacar la guitarra y propuso que se sentaran todos en el suelo y cantaran canciones populares. Robert obedeció, pero Pais vio que lo hizo con un «aire de superioridad que indicaba a las claras que pensaba que era una situación absurda para él».[76] Sin embargo, cuando el grupo ya llevaba unas cuantas canciones, Pais lo miró y se conmovió «al ver que la altivez había desaparecido y parecía un hombre con sentimientos, ávido de simple camaradería».

El ritmo de vida en Fuld Hall era sereno y civilizado. El té se servía todas las tardes entre las tres y las cuatro en la sala común, que estaba en la planta baja. «La hora del té es cuando nos explicamos lo que no entendemos», afirmó una vez Oppenheimer.[77] Dos veces a la semana, en ocasiones hasta tres, Oppie oficiaba un seminario muy animado que solía ser sobre física, pero podía tratar cualquier otro campo. «La mejor manera de enviar información es empaquetarla en una persona», dijo.[78] Idealmente, el intercambio de ideas requería un poco de pirotecnia. «Los físicos jóvenes —observó el doctor Walter W. Stewart, un economista del instituto— son sin duda el grupo más ruidoso, alborotado, activo y despierto intelectualmente que tenemos aquí. [...] Hace unos días uno salía un poco alocado de un seminario y le pregunté: "¿Qué tal ha ido?". Me contestó: "Maravilloso. ¡Todo lo que aprendimos la semana pasada sobre física no es verdad!"».[79]

En alguna ocasión, no obstante, los oradores invitados se ponían nerviosos cuando recibían lo que acabó llamándose «el trato Oppenheimer». Dyson describió la experiencia en una carta que envió a sus padres, que estaban en Inglaterra: «He estado observando con bastante atención el comportamiento que tiene [Oppenheimer] en los seminarios. Si alguien dice, en beneficio del resto de los asistentes, cosas que él ya sabe, no puede evitar meter prisa al que habla para que siga explicando; si alguien dice algo que no sabe o con lo que no está inmediatamente de acuerdo, antes de que termine de explicarlo lo interrumpe con críticas agudas y a veces demoledoras. [...] No para de moverse en todo el tiempo, nervioso, no para de fumar, y creo que no tiene ningún dominio sobre su impaciencia».[80] A otros les ponía nerviosos otro tic que tenía: se mordía la punta del pulgar, entrechocando los dientes frontales una y otra vez.

Un día del otoño de 1950, Oppenheimer programó una charla en la que Harold W. Lewis presentaría un resumen de un artículo que había escrito junto con S. A. Wouthuysen y el propio Oppenheimer sobre la producción múltiple de los mesones y que salió publicado en el *Physical Review*. El artículo se basaba en una de las últimas investigaciones que realizó Oppie antes de ser director del instituto, y naturalmente tenía muchas ganas de hablar a fondo de su trabajo. Pero los físicos allí reunidos empezaron a discutir sobre el *Kugelblitz* o «rayo globular», un fenómeno sin explicación por el cual se han observado a veces rayos en forma de bola. Mientras hablaban de qué podría explicar tales sucesos, Oppenheimer empezó a rabiar hasta que al final se levantó y salió del aula ofendido y diciendo: «¡Bolas de fuego, bolas de fuego!».[81]

Dyson recordaba que, cuando dio una charla en la que elogiaba el trabajo reciente de Dick Feynman sobre electrodinámica cuántica, Oppenheimer «se me echó encima como una tonelada de ladrillos».[82]

Después, no obstante, se disculpó por su comportamiento. En aquel entonces, Oppenheimer pensaba que la propuesta de Feynman, hecha con más intuición que cálculos matemáticos, era esencialmente errónea, y no pensaba escuchar a Dyson defenderla. Solo después de que Hans Bethe fuera desde Cornell para dar una charla en apoyo de las teorías de Feynman, se dignó reconsiderar su opinión. Cuando Dyson dio la siguiente conferencia, Oppenheimer permaneció en un atípico silencio, y después Dyson encontró en el buzón una nota brevísima: «*Nolo contendere*. R. O.».

A Dyson se le despertaban emociones encontradas en presencia de Oppenheimer. Bethe le había dicho que debería estudiar con Oppie porque era «mucho más profundo».[83] Sin embargo, le decepcionó como físico. Ya no parecía tener tiempo para hacer el trabajo pesado, los cálculos, lo necesario para ser físico teórico. «Puede que fuera más profundo —recordó Dyson—, pero ¡seguía sin saber qué estaba pasando!». Y a menudo se quedaba perplejo ante él como hombre, con esa extraña combinación de distanciamiento filosófico y ambición desbocada. Pensaba que era una persona cuya peor tentación era «conquistar al diablo y luego salvar a la humanidad».[84]

Dyson veía a Oppie como «pretencioso». A veces simplemente era incapaz de entender sus sentencias délficas, cosa que le recordaba que «la incomprensibilidad puede confundirse con la profundidad».[85] A pesar de todo, Dyson se sentía atraído hacia él.

A principios de 1948, la revista *Time* sacó un artículo corto sobre un ensayo que Oppenheimer había publicado hacía poco en *Technology Review*. «La semana pasada, [el doctor J. Robert Oppenheimer] reconoció con franqueza que la ciencia alberga un sentimiento de culpa», rezaba el artículo, y citaba al exdirector del laboratorio de Los Álamos: «En un sentido tan crudo que ni la vulgaridad, ni el humor, ni la exageración pueden eliminar, los físicos han conocido el pecado, y ese es un conocimiento que no pueden perder».[86]

Seguro que Oppenheimer sabía que aquel comentario, y más viniendo de él, generaría controversia. Incluso Isidor Rabi, amigo cercano suyo, pensó que había escogido muy mal las palabras: «Son bobadas; nunca habíamos hablado de esa manera. Él sentía que había pecado…, bueno, no sabía quién era». Ante el episodio, Rabi afirmó de su amigo que «estaba lleno de demasiadas humanidades».[87] Lo conocía tan bien que no se enfadó con él, pues sabía que tenía «la debilidad de hacer que las cosas suenen místicas». Percy Bridgman, el antiguo profesor de Oppenheimer de Harvard, dijo a un periodista: «Los científicos no son responsables de lo que existe en la naturaleza. [...] Si hay alguien que debería sentir que ha pecado, ese es Dios. Él puso todo lo que existe aquí».[88]

Oppenheimer no era, por supuesto, el único científico que se sentía de esa manera. Aquel año, Patrick M. S. Blackett, su antiguo profesor de Cambridge (el de la «manzana envenenada»), publicó *Military and Political Consequences of Atomic Energy*, la primera crítica en toda regla a la decisión de lanzar la bomba en Japón. En agosto de 1945, decía Blackett, los japoneses estaban virtualmente derrotados, y las armas atómicas se habían usado en realidad para prevenir que en la posguerra los soviéticos ocupasen Japón. «Uno puede imaginar —escribió Blackett— la prisa con la que llevaron por el Pacífico las dos bombas, las únicas existentes, para lanzarlas en Hiroshima y Nagasaki en el momento preciso, el justo para asegurarse de que el Gobierno japonés se rindiese únicamente ante las fuerzas estadounidenses». El lanzamiento de las bombas no fue «tanto el último acto militar de la Segunda Guerra Mundial como la primera gran operación de la guerra diplomática y fría que se desarrolla ahora contra Rusia».

Blackett apuntaba que muchos estadounidenses eran conscientes de que la diplomacia nuclear había sido fundamental, y esto había provocado un «intenso conflicto interno psicológico para muchos ingleses y estadounidenses que sabían, o sospechaban, cuál era la realidad. El conflicto fue intenso en particular para los propios científicos nucleares, que sentían, con razón, una responsabilidad profunda al ver que su brillante trabajo se empleaba de esa manera». Blackett describía, cómo no, el tormento interior de su antiguo alumno. Citaba incluso el discurso que este dio el 1 de junio de 1946 en el MIT, en el que dijo sin rodeos que Estados Unidos había «empleado las armas nucleares contra un enemigo que estaba esencialmente derrotado».[89]

El libro de Blackett levantó revuelo cuando se publicó, el año siguiente, en Estados Unidos. Rabi lo atacó desde las páginas del *Atlantic Monthly*: «Los lamentos por Hiroshima no encuentran eco en Japón». Defendía que la ciudad fue un «objetivo legítimo».[90] Sin embargo, de forma significativa, Oppenheimer nunca criticó la tesis de Blackett, y aquel mismo año lo felicitó calurosamente cuando ganó el Nobel de Física. Es más, cuando Blackett publicó otro libro, también crítico con la decisión de Estados Unidos de usar la bomba, *Atomic Weapons and East-West Relations*, Oppenheimer le escribió para decirle que, aunque creía que algunos puntos no eran «del todo correctos», estaba de acuerdo con la «tesis general».

Aquella primavera, una revista mensual nueva, *Physics Today*, sacó en la portada del número inaugural una fotografía en blanco y negro del sombrero de Oppie colgado de una tubería de metal; no se necesitaba el pie de foto para identificar al propietario del famoso *chapeau*.[91] Después de Einstein, Oppenheimer era sin duda el científico más conocido del país, además en una época en que de repente pasó a considerarse a los científicos como dechados de sabiduría. Tanto dentro del Gobierno como fuera de él se buscaba su consejo con avidez, y su influencia parecía a veces ubicua. Oppie «[q]uería estar a buenas con los generales de Washington —señaló Dyson— y ser el salvador de la humanidad al mismo tiempo».[92]

28

«No podía entender por qué lo hizo»

> Me dijo que su valor se derrumbó. [...] Le suele pasar
> cuando las cosas le sobrepasan, a veces hace cosas irra-
> cionales.
>
> DAVID BOHM

En otoño de 1948, Robert volvió a Europa; hacía diecinueve años desde la
última vez, cuando era una joven promesa de la física de quien se esperaba
un gran trabajo. Regresó seguramente como el físico más famoso de su generación, el fundador de la escuela más prominente de física teórica de
Estados Unidos, y como el «padre de la bomba atómica». Su itinerario lo
llevó a París, Copenhague, Londres y Bruselas, y en todas esas ciudades dio
charlas o participó en congresos de física. De joven había alcanzado la mayoría de edad intelectual estudiando en Gotinga, Zúrich y Leiden, por lo
que estaba muy ilusionado con el viaje. Sin embargo, a finales de septiembre escribió a su hermano que se sentía algo decepcionado ante lo que estaba encontrando. «El *Europa reise* —dijo a Frank— es, como antes, un
tiempo para inventariar. [...] Los congresos de física han estado bien, pero
en todas partes (Copenhague, Inglaterra, París e incluso aquí [en Bruselas]
oyes la misma frase: "Bueno, estamos un poco descolgados...".». Robert
concluyó, casi con tristeza, que «sobre todo estoy seguro de que será en
Estados Unidos donde se decidirá en qué clase de mundo vamos a vivir».[1]

Acto seguido, Robert trató el tema prioritario de la carta: acuciar a
Frank para que buscara «la ayuda, la fuerza y el consejo de un buen abogado». La cámara de representantes del Comité de Actividades Antiestadounidenses había convocado audiencias aquel verano, y Robert estaba
preocupado por su hermano, y tal vez por sí mismo. «Ha sido duro
—escribió a Frank— desde que dejamos de seguir en detalle todo lo que
pasa con el comité de [J. Parnell] Thomas. [...] Hasta la historia de Hiss
me pareció un mal presagio».

En agosto, un redactor de la revista *Time*, antiguo comunista, llamado Whittaker Chambers testificó ante dicha cámara que Alger Hiss, un abogado partidario del New Deal que fue un alto funcionario del Departamento de Estado, había sido miembro de una célula comunista secreta que operaba en Washington. Las acusaciones que Chambers hizo contra Hiss enseguida se convirtieron en el plato fuerte del caso republicano en el que los partidarios del New Deal habían dejado que los comunistas se infiltraran por completo en el aparato de la política exterior estadounidense. Hiss demandó a Chambers por calumnias en septiembre de 1948, pero a finales de año lo imputaron por perjurio.

Oppenheimer tenía razón al pensar que el caso Hiss era un «mal presagio». Si el Comité de Actividades Antiestadounidenses podía tumbar a una persona de la talla de Hiss, ¿qué le pasaría a su hermano? Todo el mundo sabía que Frank estaba afiliado al Partido Comunista. Robert se enteró de que el *Washington Times-Herald* había publicado en marzo de 1947 una noticia en la que acusaba a Frank de haber sido miembro del partido. Este cometió la tontería de negarlo. Sin ser explícito, Robert observó que su hermano había «pensado mucho sobre ello en los últimos años». Fue en ese contexto que le aconsejó amablemente que se buscara un abogado, y no solo uno bueno: necesitaba a alguien que se supiera «mover en Washington, el Congreso [...] y, sobre todo, la prensa. ¿Has pensado en Herb Marks, quien podría tener esas características?». Robert esperaba que no pillaran a Frank en las cazas de brujas que estaba llevando a cabo el comité, pero era imprescindible que estuviera preparado.

Frank tenía entonces treinta y seis años y se encontraba a las puertas de una carrera gratificante. Primero en la Universidad de Rochester y después en la de Minnesota, realizaba un puntero trabajo experimental en física de partículas. En 1949 tenía la fama entre sus colegas de ser uno de los físicos experimentales más importantes del país en el estudio de partículas de alta energía (rayos cósmicos) en altitudes elevadas. Aquel mismo año se había embarcado hacia el Caribe en un portaaviones de la Marina, el USS Saipan, desde donde su equipo y él habían lanzado una serie de globos de helio que llevaban una cápsula diseñada para la ocasión, equipada con una cámara de niebla y un montón de placas fotográficas con emulsión nuclear. Ideadas para ascender a alturas muy elevadas, estas registraron el rastro de los núcleos pesados; los datos obtenidos apuntaban a que el origen de los rayos cósmicos podía remontarse a las explosiones de estrellas. Cuando volvían a descender, había que recuperar las cápsulas, y Frank tuvo que caminar por la jungla de Sierra Maestra (Cuba) buscando una; la encontró en la copa de una caoba. Otra desapareció en el mar, y Frank escribió con tono melodramático que se le había «partido completamente» el alma.[2] En efecto, le encantaban esas aventuras y disfrutaba mucho de su trabajo. Había seguido los pasos de su hermano hasta 1945, pero después resolvió escoger su propio camino como físico experimental de vanguardia.

Preocupado como estaba por Frank, Robert, al parecer, creyó que su fama neutralizaría su propio pasado izquierdista. En noviembre de 1948 apareció en la portada de *Time* acompañado por un perfil halagüeño de su vida y su carrera. Los redactores de la revista dijeron a millones de estadounidenses que Oppenheimer, uno de los padres fundadores de la era atómica, era un «auténtico héroe contemporáneo».[3] Cuando lo entrevistaron los periodistas de *Time*, no trató de esconder su pasado radical. Explicó sin reparos que, hasta 1936, había sido «una de las personas menos interesadas en política del mundo», pero que ver a físicos jóvenes desempleados «desmoronarse» y enterarse de que sus propios familiares, que estaban en Alemania, tenían que huir del régimen nazi le había abierto los ojos. «De repente, me di cuenta de que la política era parte de la vida. Pasé a ser muy de izquierdas, me apunté al sindicato de profesores, y tenía un montón de amigos comunistas. Es lo que la gente suele hacer en la universidad o terminando la educación secundaria. Al comité de Thomas [el Comité de Actividades Antiestadounidenses] esto no le gusta, pero no me avergüenzo; me da más vergüenza haberlo hecho tan tarde. Muchas cosas en las que creía entonces ahora parecen absurdas, pero fue una parte esencial de convertirse en un hombre completo. Si no hubiera sido por esa educación, tardía pero indispensable, no podría haber hecho el trabajo de Los Álamos».[4]

Poco después de que se publicara la entrevista de *Time*, Herb Marks, buen amigo de Oppie y antiguo abogado, le escribió para felicitarlo por lo que consideraba que había sido un artículo «bastante bueno».[5] Sobre lo que seguramente era una alusión a los comentarios citados sobre su pasado de izquierdas, Marks señaló: «Ese toque "pre-juicio" ha sido soberbio». Robert respondió: «Lo único que me gustó fue el único punto prudente que has mencionado, en el que vi una oportunidad solicitada hace mucho pero ofrecida hace poco». La mujer de Herb, Anne Wilson, la antigua secretaria de Oppie, estaba preocupada por si lo dicho en *Time* atraía la crítica. El propio Oppenheimer no sabía qué pensar de ello. «La primera semana o así me hizo sufrir muchísimo —escribió a Herb—, pero salí del bucle pensando con sorna que seguramente me beneficiaría».

Puede que Oppenheimer tuviera la esperanza de haberse inmunizado contra los investigadores del Congreso, pero en primavera de 1949 el Comité de Actividades Antiestadounidenses emprendió una investigación a gran escala sobre espionaje en materia atómica en el Laboratorio de Radiación de Berkeley. No solo Frank, sino también el propio Robert, eran objetivos potenciales. Cuatro exalumnos suyos —David Bohm, Rossi Lomanitz, Max Friedman y Joseph Weinberg— recibieron una citación para testificar. Los investigadores del comité sabían que la conversación que mantuvieron Weinberg y Steve Nelson en 1943 sobre la bomba atómica estaba registrada en una escucha, pero, pese a que esa prueba parecía implicar al primero en dicho espionaje, también sabían que una escucha carente de una orden judicial no se aceptaría en un juicio. El 26 de abril de 1949, el comité preparó un careo entre Weinberg y Steve Nelson. El primero declaró con rotundidad no haber visto nunca al segundo. Los abogados del comité sabían que estaba cometiendo perjurio, pero demostrarlo sería difícil. Esperaban poder llevarlo a juicio gracias a los testimonios de Bohm, Friedman y Lomanitz.

Bohm no estaba seguro de si debía testificar, ni si, en caso afirmativo, estaba dispuesto a hacerlo sobre sus amigos. Einstein le aconsejó que se negara a ello, aunque tuviera que ir a la cárcel. «Igual tienes que estar un tiempo encerrado», le dijo.[6] Bohm no quería acogerse a la Quinta Enmienda; la lógica le dictaba que ser miembro del Partido Comunista no era ilegal y, por tanto, no tenía culpa de nada. Su primer impulso fue acceder a testificar sobre sus actividades políticas, pero negarse a hablar sobre otros. Sabiendo que Lomanitz había recibido una citación similar, Bohm se puso en contacto con él, que en aquella época daba clase en Nashville. Lomanitz lo había pasado mal desde la guerra; cada vez que encontraba un trabajo decente, el FBI comunicaba al empleador que era comunista, y lo despedían. No parecía esperarle un futuro muy optimista, pero se animó a ir a ver a Bohm a Princeton.

Al poco de encontrarse, los dos amigos iban por la calle Nassau cuando Oppenheimer salió de una barbería. Este llevaba años sin ver a Lomanitz, pero habían mantenido el contacto. En otoño de 1945 le había escrito: «Querido Rossi: Me alegré al recibir tu carta, tan larga pero tan melancólica. Cuando vuelvas a Estados Unidos y tengas tiempo, ven a verme. […] Es mala época, y sobre todo para ti, pero resiste, no durará para siempre. Te mando mis mejores y más cálidos deseos, Opje».[7] Después de intercambiar saludos, Bohm y Lomanitz explicaron a Oppie el aprieto en el que se hallaban. Según Lomanitz, Oppenheimer se puso muy nervioso y gritó de repente: «Oh, Dios mío, todo está perdido. Hay uno del FBI en el Comité de Actividades Antiestadounidenses».[8] A Lomanitz le pareció un poco «paranoico».

Oppenheimer, en cualquier caso, tenía buenos motivos para preocuparse.[9] A él también le había llegado una citación para testificar ante el comité y resultó que sabía que un miembro de este, el congresista de Illinois Harold Velde, era en efecto un antiguo agente del FBI y había trabajado en Berkeley durante la guerra investigando el Laboratorio de Radiación.

Al cabo del tiempo, Oppenheimer describiría el encuentro con sus exalumnos como una breve conversación de dos minutos. Dijo que simplemente les había aconsejado que «dijeran la verdad», y ellos habían contestado: «No vamos a mentir».[10] Al final, Bohm testificó ante el Comité de Actividades Antiestadounidenses en mayo y, de nuevo, en junio de 1949. Siguiendo la recomendación de su consejero, Clifford Durr, el legendario abogado de las libertades civiles, Bohm se negó a cooperar citando la primera y la quinta enmiendas. Por el momento, la Universidad de Princeton, donde daba clase, emitió un comunicado en el que lo apoyaba.

El 7 de junio de 1949 le llegó el turno a Oppenheimer de presentarse ante el Comité de Actividades Antiestadounidenses en una sesión secreta, a puerta cerrada. Lo interrogarían seis congresistas, entre los que se encontraba Richard M. Nixon (como representante de California). Supuestamente, Oppie compareció ante el comité en su papel de presidente del Comité Consultor General de la CEA, pero aquellos congresistas severos no estaban ahí para interrogarlo sobre políticas de las armas nucleares; deseaban obtener información sobre espías en materia atómica. Oppenheimer se sentía inquieto, pero no quería parecer que estaba a la defensiva, así que decidió no llevar abogado. En su lugar, hizo que lo acompañara Joseph Volpe y lo presentó como el consejero general de la CEA. Durante dos horas, Oppenheimer se mostró abierto y cooperativo.

Lo primero que dijo el consejo del Comité de Actividades Antiestadounidenses fue que no tenían la intención de violentarlo, pero la primera pregunta fue: «¿Estaba usted al tanto, o no lo estaba, de que ciertos científicos del Laboratorio de Radiación formaban parte de una célula comunista?». Oppenheimer negó saber absolutamente nada al respecto. Luego le pidieron que hablara de las actividades políticas y las opiniones de sus exalumnos. Negó haber sabido antes de la guerra que Weinberg era comunista. «Estuvo en Berkeley después del conflicto —se sentía Oppenheimer—, y las opiniones que expresaba entonces no seguían para nada la línea comunista».

El consejo le preguntó entonces acerca de otro exalumno, el doctor Bernard Peters. La respuesta que dio refleja su eterna ingenuidad. Por lo visto, supuso que lo testificado en una sesión secreta no se haría público. ¿Era cierto, preguntó el consejo, que Oppenheimer había dicho a los oficiales de seguridad del Proyecto Manhattan que Peters era «peligroso y bastante rojo»?[11] El físico reconoció haber dicho tal cosa al capitán Peer de Silva, su oficial de seguridad de Los Álamos. Le pidieron que se explicara, y Oppenheimer contó que Peters había pertenecido al Partido Comunista alemán y que había tomado parte en luchas callejeras contra los nazis. Por ello lo habían enviado a un campo de concentración, del cual había escapado milagrosamente con una «estratagema». Contó también que, cuando Peters había llegado a California, «denunció con vehemencia» al Partido Comunista por «no poner bastante esfuerzo en derrumbar el Gobierno [estadounidense] con la fuerza y la violencia». Cuando le preguntaron cómo sabía que Peters había sido miembro del Partido Comunista alemán, Oppenheimer contestó: «Entre otras cosas, porque me lo dijo él».

A Oppenheimer parecía preocuparle Peters. Justo un mes antes, en mayo, cuando asistió a un congreso de la Sociedad Estadounidense de Física, su amigo Samuel Goudsmit se había interesado por él. Como consejero de la CEA, Goudsmit de vez en cuando revisaba casos de seguridad y Peters le había preguntado hacía poco por qué estaba teniendo problemas, de modo que Goudsmit consultó su expediente de seguridad y leyó la declaración que hizo Oppenheimer en 1943 a De Silva, en la que le había dicho que Peters era «peligroso». Cuando le preguntó si seguía pensando lo mismo de él, se quedó asombrado con la respuesta que le dio: «Míralo. ¿No ves que no es de fiar?».[12]

El consejo le inquirió sobre otros colegas suyos. Ante la pregunta de si su amigo Haakon Chevalier era comunista, Oppenheimer respondió que «era un ejemplo excelente de comunista de salón», pero que no sabía si era o no miembro del partido. Respecto al caso Chevalier, repitió la misma historia que había contado al FBI en 1946: que su amigo, confuso e incómodo, le había explicado la idea de Eltenton de «comunicar información al Gobierno soviético» y que él le había dicho a gritos y «en términos violentos que no se confundiera y que no se metiera en eso». Chevalier no sabía nada, dijo Oppenheimer, de la bomba atómica hasta que explotó en Hiroshima. El comité no le preguntó explícitamente si había acudido a los otros tres científicos (la versión de la historia que había contado a Pash en 1943), pero Oppenheimer negó que nadie más le hubiera pedido información en materia atómica.

En referencia a otro exalumno, Rossi Lomanitz, Oppenheimer confirmó brevemente que lo habían despedido del Laboratorio de Radiación y lo habían llamado a filas por culpa de una «indiscreción increíble». También corroboró que Joe Weinberg era amigo de Lomanitz y que otro estudiante de Física, el doctor Irving David Fox, se implicó en organizar un sindicato en el Laboratorio de Radiación. Después le preguntaron por Kenneth May, y contestó que era «un comunista declarado».

Oppenheimer se esforzaba al máximo por complacer. Allí donde podía dar nombres, los daba. Pero, cuando le preguntaron por su hermano y la afiliación de este al partido, contestó: «Señor presidente, responderé a las preguntas que me formula. Le pido que no me urja con estas preguntas sobre mi hermano. Si de verdad son importantes para ustedes, hablen con él. Si lo exigen, les responderé, pero les suplico que no me hagan estas preguntas».

En signo de extraordinaria deferencia, el consejo del Comité de Actividades Antiestadounidenses retiró la pregunta. Antes de aplazar la sesión, el congresista Nixon dijo que estaba «tremendamente impresionado» con Oppenheimer y «muy contento de tenerlo en la posición que ostenta en nuestro programa».[13] Joe Volpe se quedó boquiabierto ante la fría actuación de Oppenheimer: «Robert parecía haber decidido que tenía que encandilar a esos congresistas».[14] Al terminar, los seis legisladores del comité bajaron para estrechar la mano del famoso científico. Tal vez no sea de extrañar que siguiera pensando que su renombre era un escudo protector.

Oppenheimer salió ileso de las audiencias, pero sus exalumnos no tuvieron tanta suerte. Al día siguiente de la testificación, Bernard Peters pasó veinte minutos casi someros ante el comité. Negó haber sido miembro del Partido Comunista, ni en Alemania ni en Estados Unidos; negó que su esposa, la doctora Hannah Peters, hubiera pertenecido nunca al partido, y negó también conocer a Steve Nelson.[15]

Peters se marchó preguntándose qué habría dicho Oppenheimer al comité el día anterior, así que de regreso a Rochester se detuvo en Princeton para ver a su mentor. Oppie bromeó diciéndole que «Dios guio sus preguntas para que yo no dijera nada malo».[16] Sin embargo, al cabo de una semana, el testimonio que este hizo a puerta cerrada se filtró al *Rochester Times-Union*. El escandaloso titular rezaba: «El doctor Oppenheimer calificó una vez a Peters de "bastante rojo"».[17] Los compañeros del susodicho en la Universidad de Rochester leyeron que había escapado de Dachau gracias a una «estratagema» y que había criticado en su momento al Partido Comunista de Estados Unidos por no dedicar recursos a la revolución armada.

Peters se dio cuenta de inmediato de que su trabajo peligraba.[18] El año anterior se había filtrado un testimonio similar hecho ante el Comité de Actividades Antiestadounidenses, y cuando el *Rochester Times-Union* publicó un artículo titulado «Un científico de la UR podría vérselas con los sondeadores de espías», Peters había denunciado al periódico por difamación. Ganó una resolución extrajudicial de un dólar. Por culpa de aquella historia, entendió que se hallaba en riesgo si revivían las alegaciones. Negó de inmediato lo que había dicho su mentor declarando al *Rochester Times-Union*: «Nunca he dicho al doctor Oppenheimer ni a nadie que hubiese sido miembro del Partido Comunista porque no lo he sido, pero sí dije que admiraba profundamente la animosa lucha que libraban contra los nazis [...] y también que admiraba a los héroes que murieron en el campo de concentración de Dachau». Peters reconoció que sus opiniones políticas no eran, incluso en el presente, «ortodoxas» y puso como ejemplos su fuerte oposición a la discriminación racial y su creencia en los «beneficios del socialismo».[19] Pero no era comunista.

El mismo día, Peters escribió a Oppenheimer una carta en la que incluía el recorte del periódico y le preguntó si era verdad que había dicho todo aquello al comité. «Es cierto que defendí la "acción directa" contra las dictaduras fascistas. Pero ¿sabes de alguna ocasión en que defendiera dicha acción en un país donde la mayoría de las personas apoyaban a un Gobierno escogido libremente por ellos?». También le preguntó: «¿De dónde te has sacado esa historia tan teatral de las luchas callejeras en las que participé? Ojalá hubiera sido así».[20] Peters estaba tan enfadado que le preguntó a su abogado si tenía suficiente base «para denunciar a Robert por difamación».[21]

Cinco días más tarde, el 20 de junio, Oppenheimer telefoneó al abogado de su exalumno, Sol Linowitz, y le pasó un mensaje a Hannah Peters: quería que Bernard supiera que estaba «muy afectado» por el asunto del periódico e insistió en que se había tergiversado lo que contó al comité.[22] Dijo que quería hablar urgentemente con él.

Muy poco después, Frank Oppenheimer, Hans Bethe y Victor Weisskopf se pusieron en contacto con Robert y le expresaron el doloroso asombro ante el hecho de que hubiera atacado a un amigo de esa manera. Weisskopf y Bethe le escribieron que no podían entender cómo había dicho semejantes cosas de Peters, como lo expresó el primero, y lo instaban a que pusiera «las cosas claras» e hiciera lo que estuviera «en su mano para evitar que lo despidieran».[23] Bethe le dijo que lo recordaba «hablando de los Peters en términos muy amistosos, y ellos, desde luego, te han considerado su amigo. ¿Cómo has podido presentar la huida de Dachau como una prueba de su inclinación hacia la "acción directa" en lugar de una medida de defensa propia contra un peligro mortal?».[24]

Edward Condon, amigo de Oppie de los días de Gotinga y subdirector de Los Álamos un breve tiempo, estaba furioso y no tenía «palabras para describir su estupefacción».[25] Como director de la Oficina Nacional de Estándares, de vez en cuando le tocaba ser objeto de ataques procedentes de la derecha de Capitol Hill. El 23 de junio de 1949 escribió a Emilie, su esposa: «Estoy convencido de que Robert Oppenheimer está perdiendo la cabeza. [...] Si de veras se está desequilibrando, las consecuencias pueden ser muy complicadas; hay que tener en cuenta todo lo que ha hecho, por ejemplo, como autor del informe Acheson-Lilienthal acerca del control internacional de la energía nuclear. [...] Si se desmorona, será desde luego una gran tragedia. Lo único que espero es que no arrastre a muchos con él. Peters dice que la declaración de Oppie sobre él es un cúmulo de mentiras garrafales en asuntos en los que debería conocer la verdad».

Condon contó a su mujer que había oído de gente de Princeton que «Oppie ha pasado un periodo de tensión muy aguda las últimas semanas. [...] Parece encontrarse en un estado de mucha presión porque teme que lo ataquen a él. Está claro que es consciente de su larga lista de actividades izquierdistas, como se deduce de todo lo que está destapando sobre la gente de Berkeley. [...] Al parecer intenta comprar la inmunidad personal ante los ataques haciéndose informante».[26]

Condon, desesperanzado, escribió entonces una carta feroz a Oppie: «He perdido muchas horas de sueño intentando entender cómo has podido hablar así sobre un hombre al que conoces desde hace tanto tiempo y de quien sabes muy bien lo buen físico y lo buen ciudadano que es. Uno siente la tentación de pensar que eres tan ingenuo que piensas que puedes comprar tu inmunidad volviéndote un informante. Espero que no sea así. Sabes perfectamente que, cuando esta gente decida meterse en tu expediente y lo haga público, las "revelaciones" que han salido a la luz parecerán muy poca cosa».[27]

Al cabo de unos días, Frank Oppenheimer llevó a Peters a ver a su hermano, que estaba de visita en Berkeley. Peters describió después el encuentro en una carta a Weisskopf: «La charla con Robert fue deprimente. Primero no quería contarme si la historia del periódico era verdad o no». Cuando le insistió para que le dijera la verdad, Oppie confirmó que lo que habían publicado era su testimonio. «Dijo que había sido un error tremendo», escribió Peters. Oppie trató de explicar que no estuvo preparado para contestar a esas preguntas y no fue hasta aquel momento, al ver sus palabras impresas, que se daba cuenta de que lo que había dicho era muy perjudicial. Frente a la pregunta de su exalumno de por qué le había mentido cuando había ido a verlo a Princeton, Oppenheimer «se puso muy rojo» y respondió que no tenía explicación. Peters insistió en que lo había entendido mal: confirmó que era cierto que había asistido a mítines comunistas al aire libre en Alemania, pero juró que nunca se había unido al partido.[28]

Oppie aceptó escribir una carta al editor del periódico de Rochester en la que corregía el testimonio que prestó al Comité de Actividades Antiestadounidenses. En ella, publicada el 6 de julio de 1949, Oppenheimer explicaba que el doctor Peters acababa de comunicarle «una negativa elocuente» respecto a que hubiera sido nunca miembro del Partido Comunista ni que hubiera defendido el uso de la violencia para derrocar el Gobierno de Estados Unidos. «Yo creo estas afirmaciones», dijo Oppenheimer. Prosiguió con una defensa vivaz de la libertad de expresión. «Las opiniones políticas, por muy radicales que sean o por muy libremente que se expresen, no descalifican a un científico en su desempeño de una eminente carrera».[29]

Peters consideró la carta «un artículo poco afortunado y muy ambiguo»;[30] aun así, le sirvió para conservar el trabajo en la Universidad de Rochester.[31] De todos modos, enseguida se dio cuenta de que, si no le permitían acceder a investigaciones clasificadas y proyectos de investigación del Gobierno, no tenía ningún futuro en Estados Unidos. A finales de 1949 expresó su deseo de ir a India, pero el Departamento de Estado se negó a expedirle el pasaporte. Al año siguiente cedió, y Peters aceptó un puesto de profesor en el Instituto Tata de Investigación Fundamental de Bombay. En 1955, después de que el departamento se negara a renovarle el pasaporte, adquirió la nacionalidad alemana. En 1959, Hannah y él se trasladaron a Copenhague, al instituto de Niels Bohr, donde pasó el resto de su carrera.

En comparación con Bohm y Lomanitz, Peters lo tuvo fácil. Más de un año después del incidente de este, acusaron a los dos de desacato al Congreso. Bohm fue arrestado el 4 de diciembre de 1950 (salió bajo una fianza de mil quinientos dólares), y Princeton lo suspendió de todas sus obligaciones como profesor e incluso le prohibió pisar el campus. Al cabo de seis meses, lo juzgaron y lo absolvieron, pero en junio, cuando su contrato de profesor venció, Princeton no se lo renovó.

El destino de Lomanitz fue aún peor.[32] Después de testificar ante el Comité de Actividades Antiestadounidenses, lo despidieron de la Universidad de Fisk; pasó dos años trabajando de jornalero, alquitranando tejados, cargando sacos de arpillera y podando árboles. En junio de 1951 lo juzgaron por desacato al Congreso. Incluso después de que lo absolvieran, el único trabajo que encontró fue el de reparar vías de tren por 1,35 dólares la hora. No consiguió un puesto de profesor hasta 1959. Es sorprendente que nunca pareciera albergar resentimiento hacia Oppenheimer; no lo culpaba por lo que le hicieron el FBI y la cultura política de esos tiempos. Lo que sí sintió siempre fue decepción; en su momento había visto a Oppie «casi como un dios». No creía que hubiese actuado con «malicia», pero años después diría que «le entristecían personalmente las debilidades del hombre».[33]

Aunque fuera poco lo que Oppenheimer pudo haber hecho por sus exalumnos, a veces se comportaba como si estuviera muy asustado de que lo asociaran con ellos en cualquier forma. Su compañía representaba un lazo con su pasado político y, por tanto, una amenaza a su futuro político. Estaba claramente aterrado. Después de que Bohm perdiera el empleo de Princeton, Einstein sugirió que lo incorporaran en el Instituto de Estudios Avanzados para que trabajara de ayudante suyo. Todavía le interesaba revisar la teoría cuántica, y hubo quien lo oyó decir: «Si alguien puede hacer eso, es Bohm».[34] Oppenheimer vetó la propuesta; Bohm sería un lastre político para el instituto. Según dicen, parece que dio a Eleanor Leary la instrucción de que lo mantuviesen alejado de él, y ella, en consecuencia, dijo al personal del instituto: «David Bohm no debe ver al doctor Oppenheimer. No debe verlo».

Por cuestiones de conveniencia, Oppie tenía motivos para distanciarse de Bohm. Por otra parte, cuando a este le salió una oportunidad de dar clase en Brasil, Oppenheimer escribió una carta de recomendación muy enfática. Bohm pasó el resto de su carrera en el extranjero, primero en Brasil, luego en Israel y, por último, en Inglaterra. Años atrás había admirado profundamente a Oppenheimer, y, aunque con el tiempo ese sentimiento fue cayendo en la ambivalencia, nunca le hizo responsable de su exilio. «Creo que fue lo más justo que pudo conmigo», repuso al respecto.[35]

Bohm sabía que Oppenheimer se encontraba bajo mucha presión. Poco después de que el testimonio sobre Peters saliera en el periódico, Bohm tuvo una conversación franca con su mentor. Le preguntó por qué había dicho esas cosas sobre su amigo. «Me dijo —recordó— que su valor se derrumbó en aquel momento. Que aquello fue demasiado para él. […] No recuerdo sus palabras exactas, pero eso era lo que quiso decir.

Le suele pasar cuando la situación le sobrepasa, a veces hace cosas irracionales. Dijo que no podía entender por qué lo hizo».[36] En efecto, no era la primera vez que le pasaba —le ocurrió cuando conversó con Pash en 1943 y cuando se reunió con Truman en 1945—, y volvería a pasarle en la audiencia de seguridad de 1954. Como Bernard Peters señaló a Weisskopf: «[Oppenheimer] se moría de miedo con las audiencias, pero eso no lo explica. [...] Fue una experiencia bastante triste ver a un hombre al que tenía en muy alta estima caer en semejante estado de desesperación moral».[37]

Solo seis días después de prestar testimonio ante el Comité de Actividades Antiestadounidenses, a principios de junio de 1949, Oppenheimer volvió a Capitol Hill para testificar ante el Comité Conjunto de Energía Atómica en una sesión pública. El tema que debían tratar era la exportación de radioisótopos destinados a investigación en laboratorios extranjeros. Tras un debate disputado de cuatro contra uno, la comisión de la CEA aprobó la exportación. Lewis Strauss, el único comisionado que disintió, estaba convencido de que la exportación era peligrosa porque, creía, los radioisótopos podían malversarse y utilizarse en energía nuclear con fines militares. Poco antes, con la intención de revocar la decisión de la CEA, Strauss había hablado públicamente contra dicha exportación en una audiencia ante el comité conjunto.

Oppenheimer ya estaba al corriente de las preocupaciones de Strauss cuando entró en la sala Caucus, del edificio de oficinas del Senado, y no las compartía, por lo que dejó claro que las consideraba absurdas. «Nadie puede obligarme a decir —declaró— que no pueden emplearse esos isótopos para la energía nuclear. Pero también se puede usar una pala, y de hecho se usa. Se puede usar una botella de cerveza, y de hecho se usa». Ante eso, el público soltó una risilla. Un periodista joven, Philip Stern, estaba en la sala de audiencias aquel día. No sabía quién era el objetivo de ese sarcasmo, pero «parecía claro que Oppenheimer estaba dejando en ridículo a alguien».[38]

Joe Volpe sí sabía a quién estaba dejando en ridículo. Se encontraba sentado al lado de Oppenheimer en la mesa de los testigos, se volvió para mirar a Lewis Strauss y no se sorprendió al ver que la cara se le ponía más roja que un tomate de ira. Aún más risas cosechó lo siguiente que dijo Oppenheimer: «Personalmente, la importancia que tienen para mí los isótopos, en sentido general, es mucho menor que la de los aparatos electrónicos y mucho mayor que, por ejemplo, la de las vitaminas; están en un punto intermedio».

Después, Oppenheimer le preguntó a Volpe sin darle importancia: «Bueno, Joe, ¿qué tal lo he hecho?». El abogado respondió, inquieto: «Muy bien, Robert. Demasiado bien». Puede que Oppie no hubiera tenido la intención de humillar a Strauss en un asunto que consideraba como un desacuerdo político menor. No obstante, el desprecio le salía con facilidad, con demasiada facilidad, según pensaban muchos amigos suyos; era parte habitual en sus clases. «Robert era capaz de hacer que hombres hechos y derechos se sintieran como colegiales», dijo un amigo. «Podía hacer sentir a los gigantes como cucarachas». Pero Strauss no era un estudiante, sino un hombre poderoso, susceptible y vengativo al que habían humillado con facilidad. Aquel día salió de la sala de audiencias muy furioso. «Me acuerdo perfectamente —dijo Gordon Dean, otro comisionado de la CEA— de la tremenda cara de Lewis». Años después, David Lilienthal recordaba con claridad que «tenía una mirada de odio que no se ve muy a menudo por ahí».[39]

La relación entre Oppenheimer y Strauss había ido de mal en peor a ritmo constante desde principios de 1948, cuando el primero dejó claro que no se dejaría avasallar por los intentos del segundo de inmiscuirse en la dirección del Instituto de Estudios Avanzados. Antes de esa audiencia ya habían capeado algún que otro desacuerdo relacionado con la CEA, pero, en aquella ocasión, Oppenheimer acababa de ganarse a un enemigo peligroso que tenía poder e influencia en todos los campos de la vida profesional del físico.

Después del choque de declaraciones ofrecidas al comité conjunto, un consejero del instituto, el doctor John F. Fulton, dijo que esperaba que Strauss dimitiera de la junta directiva. «No creo que Robert Oppenheimer se sienta cómodo como director del Instituto de Estudios Avanzados —escribió Fulton a otro miembro de la junta— mientras el señor Strauss siga con nosotros».[40] Pero Strauss tenía aliados que recientemente habían organizado las cosas para que lo eligieran presidente de la junta directiva del Instituto, y dejó claro que no tenía ninguna intención de dimitir solo por haber tenido la «audacia [...] de diferir con el doctor Oppenheimer en un asunto científico».[41] Strauss estaba enfadado y seguiría enfadado hasta que hubiera saldado las cuentas.

Al día siguiente, el 14 de junio de 1949, Frank Oppenheimer se presentó como testigo ante el Comité de Actividades Antiestadounidenses. Dos años antes había negado a un periodista haber pertenecido nunca al Partido Comunista. No tenía pensado mentir acerca de su pertenencia a este, pero un periodista del *Washington Times-Herald* lo había llamado a altas horas de una noche y le había explicado que su periódico iba a sacar cierto artículo al día siguiente. Le leyó el texto por teléfono y le pidió su opinión. «El artículo estaba lleno de un montón de alegaciones falsas —dijo Frank—. La afiliación al Partido Comunista, antes de la guerra, era lo único cierto del escrito. Me pidieron que me pronunciara y simplemente sentencié que todo lo que se decía era falso. Fue una idiotez por mi parte. No debería haber dicho nada».[42] Cuando el artículo salió publicado, las autoridades de la Universidad de Minnesota lo apremiaron para que lo constatara por escrito. Por temor a perder el trabajo, Frank pidió a un abogado que le redactara una declaración en la que juraba no haber sido nunca miembro del partido.

Sin embargo, tras hablarlo con Jackie, Frank decidió que tenía que decir la verdad. Aquella mañana testificó bajo juramento que su mujer y él habían pertenecido al Partido Comunista unos tres años y medio, desde principios de 1937 hasta finales de 1940 o principios de 1941. Reconoció que durante ese tiempo había tomado el alias de «Frank Folsom». Por recomendación de su asesor, Clifford Durr, se negó a declarar sobre las opiniones políticas de otras personas. «No puedo hablar por mis amigos», afirmó.[43] Una y otra vez, el consejo del Comité de Actividades Antiestadounidenses y varios congresistas lo presionaron para que diera nombres. Cuando el congresista Velde (el exagente del FBI) le pidió repetidamente que volviera a exponer los motivos que tenía para no responder a esas preguntas, Frank dijo que no hablaría de las afiliaciones políticas de sus amigos «porque las personas a las que he conocido a lo largo de la vida han sido de ideas respetables y de buenas intenciones. No sé de ningún momento en que hayan pensado, discutido y dicho nada hostil respecto de los propósitos de la Constitución ni de las leyes de Estados Unidos». En acusado contraste con su hermano, Frank se mantuvo firme; no daría nombres.

A Jackie y a él, la experiencia les resultó surrealista. Ella conservaba su justa ira; sentada en la antesala del comité esperando a testificar, miró por la ventana y se sobresaltó por el contraste que había entre los edificios gubernamentales de Capitol Hill, de mármol y rodeados por jardines impecables, y las filas de casas ruinosas habitadas por la población negra de la ciudad, donde los niños iban descalzos y vestidos con harapos. «Todos parecían raquíticos, y muchos, malnutridos. Todo lo que tenían para jugar eran cachivaches que encontraban por la calle. Yo estaba allí sentada, leyendo, escuchando y mirando por la ventana, y pasaba de estar preocupada por lo que quisiera hacer conmigo el comité a estar cada vez más furiosa por que me hubieran hecho ir allí para que algún tipo me preguntara a mí si era antiestadounidense».[44]

Después, Frank declaró a la prensa que se habían unido al partido en 1937 «en busca de respuestas a los problemas de desempleo y necesidad que tenía el país más rico y más productivo del mundo».

Sin embargo, en 1940 habían abandonado el partido, desilusionados. No sabía nada, dijo, de espionaje en materia atómica, ni en Los Álamos ni en el Laboratorio de Radiación de Berkeley: «No tengo conocimiento de que se hiciera ninguna actividad comunista, nadie me pidió nunca información ni yo di ninguna, y trabajé mucho y creo haber hecho una contribución valiosa».[45] Apenas una hora después, Frank se enteró por los periodistas de que la Universidad de Minnesota había aceptado su dimisión como profesor asociado de Física. Había mentido dos años antes y, desde el punto de vista de la universidad, aquello era suficiente para apartarlo de la vida académica. En un lapso de solamente tres meses le concederían un puesto de profesor permanente, pero mantuvo una última reunión con el rector en la que quedó claro que estaba acabado. Frank salió del despacho de este con lágrimas en los ojos.

Estaba destrozado. Todo el peso de lo que había sucedido cayó sobre él cuando intentó volver a Berkeley. Pensó con ingenuidad que Lawrence lo acogería, y se quedó descompuesto cuando le dio la espalda.

Querido Lawrence:

¿Qué está pasando? Hace tres años me abrazabas y me deseabas lo mejor. Me dijiste que volviera para trabajar contigo cuando quisiera. Ahora me dices que ya no soy bienvenido. ¿Quién ha cambiado, tú o yo? ¿He traicionado a mi país o a tu laboratorio? Claro que no. No he hecho nada. [...] No coincides con mis opiniones políticas, pero siempre ha sido así, [...] por eso creo que te estás volviendo loco hasta el punto de no tolerar a nadie que no esté de acuerdo contigo. [...] Estoy muy descolocado y dolorido por lo que has hecho.

Cordialmente,

FRANK[46]

Un año atrás, Frank y Jackie se habían comprado un rancho de ganado de unas trescientas veinte hectáreas cerca de Pagosa Springs, en lo alto de las montañas de Colorado, con intención de pasar en él las vacaciones de verano. En otoño de 1949, para sorpresa de muchos amigos, se retiraron a aquel espartano exilio interno. «Nadie me ofrece trabajo —escribió Frank a Bernard Peters—, así que hemos decidido pasar aquí el invierno. Madre mía, es precioso esto. Pienso que, solo si has estado aquí, la estancia tiene sentido».[47] El rancho se encontraba a una altitud de casi dos mil quinientos metros, y los inviernos eran insoportablemente fríos. «Jackie se sentaba en la cabaña con unos prismáticos —recordó Philip Morrison— y observaba a las vacas, que estaban a punto de parir en la nieve. Tenían que salir corriendo a atender a los terneros para que no se congelaran».[48]

Durante los diez años siguientes, el simpático y brillante hermano menor de Robert Oppenheimer sobrevivió como pudo trabajando como ranchero. Estaban a treinta kilómetros de la localidad más cercana. Como para recordarles su condición, periódicamente aparecían por allí agentes del FBI para interrogar a los vecinos, y de vez en cuando pasaban por el rancho para pedir a Frank que les hablara de otras personas que pertenecieron al Partido Comunista. Una vez, un agente le dijo explícitamente: «¿No le gustaría poder trabajar en una universidad? En caso de que sí, tendrá que cooperar con nosotros».[49] Frank siempre se negaba. En 1950 escribió: «Por fin, después de todos estos años, me he dado cuenta de que el FBI no quiere investigarme, sino que quiere envenenar la atmósfera en la que vivo. Quiere castigarme por ser de izquierdas volviendo en mi contra a mis amigos, mis vecinos y mis colegas, y haciendo que sospechen de mí».[50]

Robert iba de visita al rancho casi todos los veranos. Mientras que Frank había aceptado la situación, Oppie se exasperaba ante la idea de que su hermano estuviera llevando aquella vida. «Me sentía como un ranchero de verdad —dijo Frank—, y lo era. Pero él no se creía que pudiera ser ranchero y quería a toda costa que regresara al mundo académico, aunque no podía hacer nada por arreglarlo».[51] El año siguiente, Frank recibió tímidas ofertas para trabajar como profesor de Física en Brasil, México, India e Inglaterra, pero el Departamento de Estado le negó categóricamente la expedición del pasaporte.[52] En Estados Unidos no le ofrecían trabajo; lo habían metido en la lista negra. Al cabo de unos años se vio obligado a vender un Van Gogh, *Primeros pasos (a modo de Millet)*, por cuarenta mil dólares.[53]

Indignado por el destino de su hermano, Robert habló con Felix Frankfurter, juez de la Corte Suprema; con Grenville Clark, supervisor de Harvard, y con otros juristas sobre qué podría conseguir el instituto si se organizaba una crítica intelectual de los programas de lealtad y de seguridad de la Administración de Truman que apoyaban el trato que estaban recibiendo Frank y sus exalumnos. Dijo a Clark que pensaba que la orden presidencial sobre lealtad, los procedimientos de acreditación de seguridad de la CEA y las pesquisas del Comité de Actividades Antiestadounidenses «provocan dificultades injustificadas en muchos casos individuales y dan lugar a la abrogación de la libertad de investigación, opinión y expresión».[54] Acto seguido invitó al instituto al doctor Max Radin, antiguo amigo suyo y decano de la Escuela de Derecho de Berkeley, durante el curso 1949-1950, para que escribiera un ensayo sobre la controversia del juramento de lealtad de California.

Durante todos esos años, Oppenheimer estaba convencido de que le habían pinchado los teléfonos. Un día de 1948, el físico Ralph Lapp, un compañero de Los Álamos, fue a verlo a su despacho de Princeton para hablar del trabajo educacional que este desempeñaba sobre asuntos de control de armas. Lapp se asustó cuando Oppenheimer se levantó de repente y se lo llevó afuera murmurando: «Hasta las paredes oyen».[55] Sabía que estaba bajo vigilancia. «Siempre tenía presente que lo estaban siguiendo», recordaría el doctor Louis Hempelmann, médico de Los Álamos, amigo suyo y visitante habitual de Olden Manor. «Daba la sensación de que creía que le seguían el rastro».[56]

En Los Álamos ya habían puesto micrófonos en los teléfonos, y el FBI tuvo pinchada la casa de Berkeley en 1946 y 1947. Cuando se mudó a Princeton, la delegación que tenía el FBI en Newark (New Jersey) recibió órdenes de vigilar sus movimientos, pero se tomó la decisión de no autorizar la instalación de dispositivos electrónicos para ello. No obstante, se haría el máximo esfuerzo «para conseguir fuentes discretas y confidenciales cercanas a Oppenheimer». En 1949 tenían reclutado al menos a un informante secreto, una mujer que lo conocía de la universidad y de la vida social.[57] En primavera de aquel mismo año, la oficina de Newark informó a J. Edgar Hoover de que «no se ha obtenido ni revelado información adicional con respecto al doctor Oppenheimer que indique que no es leal».[58] Años después, Oppie diría con sarcasmo que «el Gobierno ha gastado más dinero en pincharme el teléfono que lo que me pagaron en total en Los Álamos».

29

«Estoy segura de que por eso ella le tiraba cosas»

> La relación familiar era horrible. Pero nunca lo habrías
> sabido por Robert.
>
> PRISCILLA DUFFIELD

Mientras Frank y Jackie peleaban por hacer de su hacienda un rancho de ganado productivo, Robert presidía su feudo intelectual de Princeton. El cargo de director no le absorbía toda su energía; pasaba más o menos una tercera parte del tiempo ocupado con el instituto, un tercio con la física u otras actividades intelectuales, y un tercio viajando, dando charlas y asistiendo a reuniones secretas en Washington.[1] Un día, su amigo Harold Cherniss lo regañó: «Ha llegado el momento, Robert, de que dejes la vida política y vuelvas a la física». Robert se quedó pensativo, sopesando el consejo, y Cherniss le preguntó: «¿Es acaso peor el remedio que la enfermedad?». Robert respondió al fin: «Sí».[2]

Algunas veces le resultaba un alivio estar de viaje, lejos de Princeton y lejos de su esposa. Los lectores de *Life*, *Time* y otras revistas populares debían de pensar que la vida familiar de Robert era idílica. Las fotografías mostraban a un padre fumando en pipa y leyendo un libro a sus dos hijos mientras su hermosa mujer miraba la escena de perfil y Buddy, el pastor alemán, yacía a sus pies. «Es muy cariñoso —escribió un periodista para el artículo de portada de la revista *Life*, que trataba sobre Oppenheimer— con su mujer y sus hijos (que están bien alimentados y lo quieren mucho), así como atento y cortés con todo el mundo».[3] *Life* decía que el físico llegaba a casa cada día a las seis y media de la tarde para jugar con sus hijos, y que todos los domingos llevaban a Peter y a Toni a cazar tréboles de cuatro hojas. «La señora Oppenheimer, que es también de pensamiento franco, evita que los niños ensucien la casa haciendo que se coman todos los tréboles de cuatro hojas allí donde los encuentran».[4]

481

Sin embargo, quienes conocían a los Oppenheimer se daban perfecta cuenta de que vivir en Olden Manor era difícil. «La relación familiar era horrible —dijo Priscilla Duffield, la antigua secretaria de Los Álamos y después vecina de Princeton—. Pero nunca lo habrías sabido por Robert».[5]

La vida privada de Oppenheimer era dolorosa y compleja. Oppie se apoyaba en Kitty para muchas cosas. «Era la confidente y consejera principal de Robert —explicó Verna Hobson—. Él se lo contaba todo. [...] Se apoyaba muchísimo en ella». Se llevaba a casa trabajo del instituto y muchas veces ella participaba en la toma de decisiones. «Ella lo quería mucho y él la quería mucho», sostenía Hobson. Pero tanto Verna como otros amigos cercanos de Princeton sabían que Kitty tenía una energía implacable que agotaba a cualquiera que estuviera cerca: «Era una persona muy rara; toda esa furia, dolor, inteligencia e ingenio. Parecía tener siempre urticaria. Estaba tensa todo el tiempo».

Hobson tuvo la oportunidad de tratarse con Robert y a Kitty como pocos. Su marido, Wilder Hobson, y ella conocieron a los Oppenheimer en la cena de fin de año de 1952 organizada por un amigo común, el novelista John O'Hara. Poco después, Hobson empezó a trabajar para Robert y se quedó en el puesto durante trece años. «Era una persona muy exigente en el trabajo, y Kitty exigía también mucho de las secretarias de Robert, así que era como trabajar para dos jefes muy exigentes que te metían en su vida privada y esperaban de ti que estuvieras en su casa la mitad del tiempo».[6]

Kitty, criatura de costumbres, presidía los lunes por la tarde una reunión de mujeres en Olden Manor, donde cotilleaban y algunas bebían toda la tarde. Ella lo llamaba su «club». La esposa de un físico de Princeton las describió como «una bandada de pájaros con las alas rotas. [...] Kitty se rodeaba de un grupo de mujeres dañadas, todas en cierto grado alcohólicas».[7] Kitty le había pegado fuerte al martini en Los Álamos, pero en Princeton algunas veces terminaba dando escenas espantosas. Hobson, que bebía con moderación, recordaba: «Se emborrachaba a veces hasta caer al suelo y decir cosas sin sentido. Alguna vez llegó a desmayarse. Pero otras muchas veces la vi recobrar la compostura cuando nadie habría dicho que sería capaz de ello».[8]

Pat Sherr, amiga de Kitty de Los Álamos, la que había cuidado a Toni de bebé durante tres meses, era una compañera de borracheras habitual. El matrimonio se había mudado a Princeton en 1946. Poco después de que los Oppenheimer se instalaran en Olden Manor, Kitty tomó la costumbre de pasar por casa de Pat dos o tres veces por semana. Era evidente que se sentía sola. «Llegaba a eso de las once de la mañana —recordó Sherr— y no se iba hasta las cuatro de la tarde», después de haberse bebido una buena cantidad de su whisky. Un día, Pat le dijo que no podía permitirse comprar tanto alcohol, y ella respondió: «Oh, qué idiota soy. Me traeré una botella y me la reservas para mí».[9]

Las amistades de Kitty eran intensas y efímeras. Cogía a alguien por banda y le descubría el alma en un torrente de intimidades. Sherr presenció ese comportamiento muchas veces; le contaba a su nueva amiga absolutamente todo de sí misma, incluida su vida sexual. «Es que necesitaba hablar de esas cosas todo el tiempo», recordó Sherr.[10] Podía ser buena amiga, pero lo era deliberadamente; era inevitable que más tarde o más temprano se volviera en contra de la amiga y la denigrara en público. «Kitty tenía una especie de necesidad de hacer daño a los demás», dijo Hobson.

Kitty siempre había sido propensa a sufrir percances, y la bebida contribuyó a que se sucedieran una serie de ellos. En Princeton tenía de forma regular accidentes leves de coche. Casi todas las noches se quedaba dormida en la cama mientras fumaba. Las sábanas estaban llenas de agujeros de quemaduras. Una noche se despertó de golpe; la habitación estaba en llamas, y apagó el fuego con un extintor que Robert o ella habían colocado sabiamente en el dormitorio. Suena extraño, pero Oppie casi nunca intervenía; la reacción que tenía ante el comportamiento autodestructivo de su esposa era de resignación estoica. «Sabía cómo era su mujer —observó Frank Oppenheimer—, pero no estaba dispuesto a reconocerlo, puede que, como siempre, porque no contemplaba los fracasos».[11]

En cierta ocasión, Abraham Pais estaba en el despacho de Oppenheimer hablando con él cuando vieron a Kitty, claramente achispada, caminando por la hierba que separaba Olden Manor del instituto. Cuando se acercaba a la puerta del despacho, Robert le dijo a Pais: «No te vayas».[12] Era en momentos como aquel en que, escribió más adelante este, «me daba pena». Pese a ello, no entendía por qué toleraba a una mujer como aquella. «Al margen de la bebida —escribió Pais—, Kitty me pareció la mujer más despreciable que he conocido por lo cruel que era».

Hobson veía más allá de los defectos de Kitty y entendía por qué Robert la quería. Él la aceptaba tal como era y sabía que en realidad nunca cambiaría. Una vez le confió a su secretaria que antes de ir a Princeton había consultado a un psiquiatra sobre Kitty. En un acto de reconocimiento extraordinario, dijo que le habían aconsejado que la llevara a un centro, al menos de forma temporal. Pero no podía hacer tal cosa, así que se convirtió en el «médico, enfermero y psiquiatra» de su mujer. Manifestó a Hobson que había tomado esa decisión «con los ojos bien abiertos y que aceptaba las consecuencias que conllevara».[13]

Freeman Dyson observó algo parecido: «A Robert le gustaba Kitty tal como era, y no habría siquiera intentado cambiar la forma en que vivía, del mismo modo que ella tampoco habría intentado cambiar la de él. [...] Diría que Oppenheimer era totalmente dependiente de ella, era la roca a la que se aferraba. Creo que haberla tratado como un caso clínico e intentar reorganizarle la vida habría sido impropio de él y también de ella».[14] Otro amigo de Princeton, el periodista Robert Strunsky, estaba de acuerdo: «No había nadie que pudiera serle más leal que él. Más que nada, quería protegerla. [...] Se molestaba si alguien la criticaba».[15]

Robert debía saber que tanto beber era síntoma de dolor profundo, un dolor que sabía que estaría ahí siempre. Nunca intentó que lo dejara, como tampoco sacrificó su propio ritual de tomarse una copa por las noches. Preparaba el martini fuerte y se lo bebía con placer. A diferencia de Kitty, lo tomaba despacio, con calma. Pais, que consideraba la hora del cóctel como una «costumbre bárbara», pensaba que, en cualquier caso, Robert «siempre aguantaba bien el alcohol».[16] Aun así, el hecho de que Oppie bebiera como si nada al lado de su esposa, claramente alcohólica, no pasó inadvertido. «Preparaba unos martinis deliciosos y helados —dijo Sherr—. Oppie emborrachaba a la gente a sabiendas». Mezclaba la ginebra con una gotita de vermut y lo servía en copas de tallo largo que sacaba de la nevera. Un miembro de la facultad bautizó Olden Manor como «Bourbon Manor».

Había a quien le parecía extraña la pasividad que exhibía Robert ante el alcoholismo de Kitty. Hiciera lo que hiciese, tanto a sí misma como a él, su marido estaría allí para ella toda la vida. Otro amigo de Los Álamos, el doctor Louis Hempelmann, admiraba la devoción con que trataba a Kitty. Él y su mujer, Elinor, visitaban a los Oppenheimer dos o tres veces al año y creían conocer bien a la familia. Robert nunca le pidió su opinión profesional con respecto a ella, pero sí le contó con calma y realismo cuál era la situación. «Era un santo —recordó Hempelmann—. Siempre era comprensivo y nunca parecía enfadarse con ella. Estuvo siempre a su lado. Fue un marido maravilloso».[17]

Hubo una ocasión en la que Robert se vio obligado a intervenir.[18] Kitty no solo bebía; tenía insomnio, así que también tomaba pastillas para dormir. Una noche ingirió una sobredosis por accidente, y Oppie tuvo que llevarla al hospital de Princeton a toda prisa. Después de aquel incidente, Robert le pidió a su secretaria que le comprara una caja con llave.

A partir de entonces, dijo, Kitty debería pedirle a él las pastillas. Ese acuerdo duró un tiempo, pero al final acabó en agua de borrajas. Años después, Robert Serber sostendría que Kitty «nunca bebió en exceso en comparación con una persona normal». Pensaba que su comportamiento se explicaba por una condición médica crónica: «Kitty padecía pancreatitis [...] y tenía que tomar sedantes muy fuertes que la hacían parecer que estaba ebria. Lo vi muchas veces estando en su casa». Ante una reunión social, Kitty hacía de tripas corazón; Serber relató que «recuperaba la compostura en el último momento y se tomaba un Demerol para aguantar toda la noche, y por eso parecía estar bebida. Pero no era así para nada».[19]

El origen de la infelicidad de Kitty estaba dentro de sí misma, pero la presión de interpretar el papel de «esposa del director» no ayudaba. En las recepciones formales, cuando se requería de ella que hiciera de anfitriona y saludara a una larga fila de personas, pedía muchas veces a Pat Sherr que se pusiera a su lado. Cuando esta le preguntó el motivo, Kitty respondió: «Te necesito a mi lado porque, cuando empiece a derrumbarme, tú me sostendrás». Sherr se daba cuenta de que su amiga era una persona «muy nerviosa y sin confianza en sí misma». Kitty a veces intimidaba a quienes no la conocían, y otras veces se mostraba muy animada, pero todo eran actuaciones. Sherr creía que, cuando se veía obligada a desempeñar un papel, «entraba en pánico».[20]

A Kitty, una mujer de espíritu libre y de carácter inconstante, le resultó imposible encajar en la alta sociedad de Princeton, rígida y provinciana. Un compañero de Abraham Pais dijo al respecto en una ocasión: «Si estás soltero, te vuelves loco. Si estás casado, tu mujer se vuelve loca».[21] Princeton volvió loca a Kitty.

Los Oppenheimer no hacían ningún esfuerzo por adaptarse a la sociedad de Princeton. «La gente les dejaba tarjetas [de visita], pero nunca devolvían la visita —recordaba Mildred Goldberger—. Jamás dieron importancia a la parte de Princeton que, según nuestra experiencia, era la mejor».[22] A los Goldberger, de hecho, no les gustaban nada los Oppenheimer. Mildred pensaba de Kitty, literalmente, que era «mala» y que estaba llena de «malicia general».[23] Su marido, el físico Marvin Goldberger, que más tarde sería presidente del Caltech, veía a Robert como «una persona increíblemente arrogante y de compañía desagradable. Era muy cáustico y paternalista. [...] Kitty era insoportable».

Kitty era como una tigresa enjaulada en Princeton. La gente ya había aprendido por experiencia que, si los Oppenheimer te invitaban a cenar a su casa, no contaras con comer nada sustancial. La calidad de la cena dependía directamente del humor que tuviera Kitty. Robert recibía a los invitados con una jarra de su potente martini. «Te sentabas en la cocina —recordó Jackie Oppenheimer—, cotilleabas y bebías, sin nada de comer. Entonces, a las diez o así, Kitty echaba unos huevos con chili en la sartén y, después de todo lo que habías bebido, tenías que conformarte con eso».[24] Aquel matrimonio no parecía tener hambre nunca. Una noche de verano invitaron a Pais a cenar. Tras los martinis de rigor, Kitty sirvió una vichyssoise; estaba muy rica, y tanto ella como Robert «se entregaron a un intercambio de extravagantes impresiones sobre su soberbia calidad». Pais pensó: «Bien, ahora vamos a ver qué cenamos», pero no llegó nada más a la mesa, y después de un lapso de cortesía, el hambriento invitado se excusó con educación y se fue al centro de Princeton a comprarse dos hamburguesas.[25]

Para la infeliz Kitty, el matrimonio lo era todo. Era absolutamente dependiente de Robert. Ponía todo su empeño en representar el papel de una buena ama de casa, «estar a su entera disposición, haciendo que todo estuviera perfecto para él».[26] Una noche, mientras daban una fiesta, Oppenheimer estaba en un rincón del salón hablando con un grupo de gente, cuando de repente Kitty soltó de improviso: «Te quiero». Claramente incómodo, su marido se limitó a asentir con la cabeza. «Era obvio —dijo Sherr— que Robert no era lo que se dice feliz, no se le caía la baba por ella. Pero Kitty hacía esas cosas, así, sin más».

Sherr conocía a los Oppenheimer desde el periodo de Los Álamos, y durante los primeros años que pasaron en Princeton seguramente fue la mejor amiga de Kitty. Esta, por lo visto, le confió intimidades sobre su matrimonio. «Lo adoraba —recordaba—. De eso no había duda». Pero, según el punto de vista de Sherr, Robert no sentía lo mismo por ella. «Estoy segura de que no se habría casado con ella si no se hubiera quedado embarazada. [...] No creo que la correspondiera, ni creo que fuera capaz de corresponder a nadie en general». En cambio, Verna Hobson siempre pensó que quería a su esposa. «Creo que se apoyaba en ella muchísimo —explicó—. No siempre la escuchaba, pero respetaba su capacidad política e intelectual». Hobson tendía a ver el matrimonio a través de los ojos de Robert. Tanto Sherr como ella reconocieron que su problema pudo deberse al choque de temperamentos. Kitty era de pasiones extremas, mientras que Robert podía ser asombrosamente indiferente. Kitty necesitaba expresar sus emociones y su ira, pero Robert no las acogía, sino que se limitaba a dejar que el vacío las absorbiera. «Estoy segura de que por eso ella le tiraba cosas», dijo Hobson.[27]

Kitty contó a Sherr que se había acostado con muchos hombres, pero nunca había sido infiel a Robert.[28] No podía decirse lo mismo de él, evidentemente. Era probable que no supiera nada de la aventura que tenía con Ruth Tolman, pero de todos modos sentía muchísimos celos de otras personas a las que él profesaba cariño. Otra amiga de Los Álamos, Jean Bacher, pensaba que Kitty tenía celos de cualquiera que se relacionara con su marido.[29] Hobson cuenta que el propio Robert le dijo una vez que parte del problema de Kitty era que «tenía unos celos tremendos y no soportaba que él fuera objeto de halagos o acusaciones porque estaba en el punto de mira. [...] Lo envidiaba».[30]

Otra cosa que contó Kitty a Sherr era que «Oppie no tenía sentido de la diversión ni del juego». Según decía, era muy quisquilloso. Sin duda tenía razón en juzgarlo desapegado y frío hasta la exasperación; era introspectivo con respecto a su vida emocional. Eran polos opuestos, pero eso había sido siempre el germen de su atracción mutua. Aunque el matrimonio estaba muy lejos de ser una relación sana, después de diez años y dos hijos, habían desarrollado un lazo de dependencia mutua.

Al poco de que llegaran a Princeton, invitaron a Sherr a Olden Manor a una comida en el jardín. Cuando terminaron, una niñera llevó a Toni, de tres años, que se había despertado de la siesta. Sherr no había visto a la niña —el bebé que un día Robert le ofreció en adopción— desde aquellos tres meses que pasó con ella en Los Álamos. «Era una niña monísima —recordaba—. Tenía los pómulos altos de Kitty y los ojos y el pelo muy oscuros, y también tenía algo de Oppie». Toni se acercó corriendo a Robert y se le subió al regazo. «Le puso la cabeza en el pecho y él la envolvió entre sus brazos. Y me miró y asintió con la cabeza». Con lágrimas en los ojos, Sherr entendió qué quiso decir. «Era un mensaje entre él y yo, de que yo tenía razón: la quería mucho».[31]

De todas formas, no parecía sobrarles mucha energía para cumplir con sus obligaciones parentales. «Creo que ser hijo de Robert y Kitty Oppenheimer —explicó Robert Strunsky, vecino de Princeton— es tener uno de los mayores hándicaps del mundo».[32] «En apariencia —dijo Sherr—, Robert era muy cariñoso con los niños. Nunca le vi perder los nervios».[33] Pero con los años cambió radicalmente la opinión que tenía de él. Observó que Peter, con seis años, era muy callado y tímido, y, para ayudarlo a relacionarse con los demás, aconsejó a Kitty que lo llevara a un psiquiatra infantil. Sin embargo, después de hablarlo con Robert, esta repuso que él no creía conveniente mandar a su hijo a un psiquiatra, una experiencia por la que él mismo había pasado y detestado. Sherr se enfadó; pensaba que la actitud de Robert era la de un padre que «no podía tener un hijo que necesitase ayuda». Al final concluyó de Oppenheimer que «no le gustaba como ser humano. [...] Cuantas más cosas veía de él, menos me gustaba, porque terminé pensando que era un padre horrible».[34]

Pero esta es una visión demasiado severa. Tanto Robert como Kitty intentaron conectar con su hijo. Un día, cuando Peter tenía seis o siete años, su madre lo ayudó a montar un juguete eléctrico, un tablero cuadrado con luces, timbres, fusibles e interruptores. El pequeño lo llamó la «maquinita», y dos años después aún le gustaba jugar con él. Una noche de 1949, David Lilienthal fue de visita a la casa. Kitty estaba sentada en el suelo con Peter, arreglando con paciencia la maquinita. Después de casi una hora, ella se levantó para preparar la cena, y Robert, «con una actitud muy paternal y muy cariñosa hacia Peter, se acercó a él y se sentó en el suelo, donde Kitty había estado componiendo el lío de cables». Cuando este se sentó, con el cigarrillo colgándole del labio, y se puso a jugar, Peter corrió a la cocina y le preguntó a Kitty en voz bastante alta: «Mamá, ¿papá puede jugar con la maquinita?». Todos se rieron ante la idea de que quien había dirigido la construcción del artefacto definitivo podría no estar capacitado para jugar con el juguete eléctrico de su hijo.[35]

Aun teniendo momentos de calidez familiar como aquel, quizá Robert estaba demasiado ocupado para ser un padre atento. Freeman Dyson le preguntó un día si no era difícil para Peter y Toni tener una «figura tan problemática como padre». Robert le respondió con su frivolidad habitual: «Oh, no pasa nada. No tienen imaginación». Con el tiempo, Dyson observó que su amigo era capaz de «pasar de forma rápida e impredecible de la calidez a la frialdad con quienes estaban cerca de él».[36] Para los niños era difícil. «A una persona ajena como yo —señalaría Pais más adelante—, la familia de Oppenheimer me parecía el infierno en la tierra. Lo peor de todo era que los dos niños sufrían inevitablemente».[37]

Al margen de la maquinita y otras pequeñas satisfacciones, Kitty y Peter nunca llegaron a forjar un lazo sólido, y se peleaban mucho. Robert pensaba que el problema era de su mujer. «Él creía —explicó Hobson— que, en el enamoramiento tan apasionado e impetuoso, Peter había llegado demasiado pronto, y Kitty estaba resentida con él por eso».[38] Cuando tenía unos once años, Peter engordó, y ella no paraba de agobiarlo con el tema del peso. Nunca hubo mucha comida en la casa, pero entonces Kitty puso a Peter a una dieta muy estricta. Madre e hijo se peleaban de continuo. «Hacía la vida imposible a Peter, no paraba de machacarlo», dijo Hobson. Sherr opinaba lo mismo: «Kitty no tenía la menor paciencia con él, ni tenía tampoco ni pizca de intuición con los niños».[39] Robert adoptaba una actitud pasiva y, si lo acuciaban, se ponía siempre de parte

de Kitty. «[Robert] era muy amoroso —recordaría el doctor Hempelmann—. No castigaba a los niños. Kitty se encargaba de esas cosas».[40]

Según cuenta la gente, Peter era un niño normal y revoltoso.[41] De
muy pequeño, como muchos críos, había sido escandaloso, activo y, en
general, difícil de llevar. Sin embargo, Kitty interpretó que su comportamiento era anormal. Una vez dijo a Bob Serber que su relación con
Peter fue buena hasta los siete años, cuando cambió de repente y nunca
supo por qué. Al niño se le daba bien montar cosas; como su tío Frank,
era capaz de hacer maravillas con las manos, desmontar objetos y volver-
los a montar. No obstante, nunca destacó en el colegio, cosa que a Kitty
le parecía intolerable. «Peter era un niño con muchísima sensibilidad
—explicó Harold Cherniss— y lo pasó muy mal en la escuela. [... Pero
eso] no tenía nada que ver con sus aptitudes». Como reacción ante el
atosigamiento de Kitty, Peter se encerró en sí mismo. Serber recordaba
que, cuando tenía cinco o seis años, «parecía anhelar mucho el cariño».
Después, de adolescente, era solo muy serio. «Entrabas en la cocina de la
casa —dijo Serber—, y Peter era como una sombra [...] intentando pasar
inadvertido. Así era Peter».[42]

Kitty trataba a su hija de forma muy distinta. «El vínculo con Toni
—recordó Hobson— era profundo y parecía estar hecho solo de amor
y admiración. [...] Solo quería el bien y la felicidad para Toni, y con Peter era horrible». De niña, Toni siempre aparentaba serenidad y fortaleza.
«Desde que tenía seis o siete años —observó Hobson—, la familia se
apoyaba en ella y esperaba que fuera sensata y firme y que los animara a
todos. [...] Toni era de quien nunca tenías que preocuparte».[43]

A finales de 1951, a Toni le diagnosticaron poliomielitis leve y aconsejaron a los padres que se la llevaran a un sitio cálido y húmedo. Aquellas Navidades alquilaron un queche de veintidós metros, el Comanche,
y pasaron dos semanas navegando por Saint Croix, en las islas Vírgenes
estadounidenses. El capitán y propietario de la embarcación era Ted Dale,
un hombre simpático y sociable que enseguida se ganó el afecto de Robert. Dale llevó el barco hasta la isla de Saint John, una pequeña joya de
límpidas playas blancas y aguas turquesa. Fondearon en Trunk Bay, alcanzaron la costa y exploraron la zona. Robert, entusiasmado, escribió una
carta a Ruth Tolman donde describía Saint John. Ella contestó: «Así, las
aguas templadas, los peces brillantes, los suaves vientos alisios, todo habrá
sido bienvenido y regenerador».[44] Saint John dejó una huella profunda
en los Oppenheimer. Toni se recuperó de la polio; años después regresaría a aquel paraíso maravilloso y haría de él su hogar permanente.

Por un lado, Kitty algunas veces hacía insufrible la vida familiar; por otro, Robert seguía adelante gracias a su desinterés y desapego. Él había escogido conscientemente mantener el matrimonio, y, para ser justos, Kitty era más que capaz de dominar su comportamiento si quería. Tenía una . voluntad de hierro, ebria o serena. Un día en que los Dyson sufrieron una crisis repentina en casa, Kitty fue corriendo, en tejanos y con las manos aún sucias de haber estado en el jardín. «Para nosotros fue sólida como una fortaleza, igual que lo era con Robert —comentó Freeman Dyson—. En muchos sentidos era la más fuerte de los dos, y en cierto modo la más firme. Nunca te daba la sensación de que fuera la que necesitaba ayuda. Es verdad que se emborrachaba de vez en cuando, pero nunca la vi como una persona con un alcoholismo incontrolable».[45]

Por otra parte, si bien Kitty tenía enemigos, también contaba con amigos. «Siempre nos lo pasamos muy bien con vosotros y nos encanta ir a vuestra casa», escribió Elinor Hempelmann después de una de sus frecuentes visitas.[46] Cuando «Deke» y Martha Parsons, amigos de Los Álamos, iban a Olden Manor, Kitty solía organizar pícnics en los que comían huevos, caviar y quesos con pan de centeno, todo acompañado de champán. Parsons, un conservador que había hecho carrera en la Marina (en aquel entonces era almirante), atesoraba las conversaciones filosóficas y digresivas que mantenía con los Oppenheimer. «Querido Oppy —le escribió tras una visita que les hicieron en septiembre de 1950—: Como siempre, el fin de semana que hemos pasado con vosotros ha sido el gran acontecimiento de la temporada. Los pequeños asuntos y hasta los problemas mundiales casi parecen poder resolverse en esa atmósfera».[47]

Kitty era ofensiva si así lo deseaba, pero también podía ser encantadora y muy capaz. Tenía un sentido del humor pícaro. Una noche, al despedir a sus invitados, se quedó mirando la gran panza de Charley Taft y expresó: «Estoy muy contenta de que no te parezcas a tu hermano [el senador Robert Taft, muy delgado]». Robert levantó las manos y la reconvino: «¡Kitty!». A lo que ella prosiguió, para risa de los presentes: «Le dije lo mismo a Allen Dulles».[48] Igual que Robert, Kitty era siempre capaz de actuar. Así, si se daban episodios de histrionismo, Kitty colaboraba en preparar el escenario para ofrecer buenas actuaciones en las que Robert y ella representaban a la pareja intelectual refinada.

«Fue en otra comida —escribió Ursula Niebuhr, esposa del doctor Reinhold Niebuhr, que estuvo en el instituto un año—; aquella fue en casa de los Oppenheimer. Era un día precioso de primavera, y Kitty tenía montones de narcisos por toda la casa». George Kennan y su mujer también fueron sus invitados. «Robert fue de lo más encantador y hospitalario». Después de comer, todos pasaron al nivel inferior del salón para tomar el café. En el curso de la conversación, Robert descubrió que Kennan no conocía a George Herbert, el poeta del siglo XVII, uno de los preferidos de Oppie. Este sacó una preciosa edición antigua del poeta de la librería y se puso a leer en voz alta, con «aquella voz tan agradable», un poema titulado «La polea», cuyo tema es la inquietud del hombre, un rasgo que sabía que en él era un defecto.

> *Cuando al principio, al hombre Dios hizo*
> *teniendo de bendiciones gracioso espectro...*

El poema termina con estos versos:

> *Sin embargo, que se quede él con el descanso,*
> *pero consérvelos con reposo quejoso:*
> *sea rico y cansado, que al menos,*
> *si la bondad no lo lleva, pero la fatiga*
> *puede arrojarlo a mi pecho.*[49]

30

«En ningún momento dejó ver qué opinaba»

> El monopolio atómico que tenemos es como una tarta
> helada que se funde al sol.
>
> ROBERT OPPENHEIMER,
> *Time*, 8 de noviembre de 1948

El 29 de agosto de 1949, la Unión Soviética detonó en secreto una bomba atómica en un aislado lugar de pruebas de Kazajistán. Nueve días después, un avión B-29 estadounidense de detección y reconocimiento atmosférico que sobrevolaba el Pacífico norte captó señales radiactivas en un papel de filtro diseñado específicamente para detectar explosiones de ese tipo. El 9 de septiembre, la noticia se transmitió a oficiales de alto rango de la Administración de Truman. Nadie quería creerlo, y hasta el presidente se mostró escéptico. Para zanjar la cuestión, se acordó que un grupo de expertos analizara las pruebas. Fue significativo que el Departamento de Defensa escogiera a Vannevar Bush como presidente de aquel grupo. Cuando lo llamaron, comentó que sería más lógico que el doctor Oppenheimer dirigiera un comité tan técnico, pero un general de las Fuerzas Armadas le dijo que lo preferían a él.[1]

Bush aceptó, pero se aseguró de que Oppenheimer estuviera en el grupo. Recién llegado de Perro Caliente, recibió la llamada de Bush en la que le daba la noticia. El panel de expertos se reunió durante cinco horas la mañana del 19 de septiembre. Bush presidía, pero Oppenheimer dirigió muchas preguntas, y a la hora de comer todos convenían ya en que los indicios eran aplastantes: «Joe-1» era la prueba de una bomba atómica, sin lugar a dudas, y además era una copia casi exacta de la bomba de plutonio del Proyecto Manhattan.

Al día siguiente, Lilienthal comunicó al presidente Truman las conclusiones a las que había llegado el grupo de detección y le rogó que hiciera unas declaraciones públicas de inmediato. Luego anotó en su diario: «He expuesto todos los argumentos que conozco, pero no he conseguido casi nada».[2] Truman se opuso y contó que ni siquiera estaba seguro de que los soviéticos tuvieran una bomba de verdad, que dejaría reposar la información durante unos días y que lo pensaría. Cuando Oppenheimer se enteró de eso, no se lo podía creer, y se enfadó: se estaba perdiendo la oportunidad, contó a Lilienthal, de tomar la iniciativa.

Por fin, tres días después, un aún dubitativo Truman anunció de mala gana que se había producido una explosión atómica en la Unión Soviética; omitió a sabiendas la palabra «bomba». Edward Teller se quedó estupefacto y llamó a Oppenheimer para preguntarle: «¿Y ahora qué hacemos?». Este le respondió, lacónico: «Tranquilo».[3]

«La Operación Joe no es más que la consumación de lo que era de esperar», declaró Oppenheimer, calmado, a un periodista de la revista *Life* en otoño.[4] Siempre había pensado que el monopolio estadounidense no duraría mucho. Un año antes había dicho a la revista *Time*: «El monopolio nuclear que tenemos es como una tarta helada que se funde al sol».[5] Esperaba que la existencia de una bomba atómica soviética empujaría a Truman a cambiar de dirección y renovaría los esfuerzos que se realizaron en 1946 para internacionalizar el control de la tecnología nuclear en su conjunto. Sin embargo, también temía que la Administración reaccionara de forma desmedida; había oído hablar de guerra preventiva en ciertos círculos.[6] David Lilienthal encontró a su amigo «histérico y tenso» de los nervios. Oppenheimer le dijo: «No la podemos pifiar esta vez; podría ser el fin de la miasma del secretismo».[7]

Oppie creía que la obsesión que tenía la Administración de Truman con el secretismo era tanto irracional como contraproducente. Lilienthal y él habían intentado todo el año empujar al presidente y a sus consejeros hacia una mayor transparencia en los asuntos atómicos. Y ahora que los soviéticos tenían una bomba, razonaban, mantener un secretismo excesivo no tenía ningún sentido. En una reunión del Comité Consultor General de la CEA, Oppenheimer expresó la esperanza de que el logro soviético incitara a Estados Unidos a adoptar una «política de seguridad más racional».[8]

Mientras él prevenía del peligro de las reacciones drásticas, los ideólogos de Capitol Hill empezaron a considerar medidas para contrarrestar el logro soviético. En pocos días, Truman respaldó la propuesta del Estado Mayor Conjunto de incrementar la producción de armas nucleares. Las reservas que poseía Estados Unidos en junio de 1948 eran de unas cincuenta bombas, que aumentarían en poco tiempo a unas trescientas, cifra de junio de 1950.[9] Y aquello no era más que el comienzo. Lewis Strauss, comisionado de la CEA, puso en circulación un escrito en el que argumentaba que la superioridad militar estadounidense sobre la Unión Soviética disminuiría sin poder evitarse; tomando prestado el lenguaje de la física, sugería que Estados Unidos solo podría recuperar la ventaja absoluta gracias a un «salto cuántico» en tecnología.[10] La nación necesitaba un programa de choque para desarrollar la bomba H, un arma termonuclear.

Truman ni siquiera había sido consciente de que existiera la posibilidad de fabricar una bomba H hasta octubre de 1949, pero, una vez informado de ello, se le despertó la curiosidad.[11] Oppenheimer siempre había sido escéptico respecto a esto. «No estoy seguro de que esa cosa lamentable funcione —escribió a Conant— ni de que consiga llegar a un objetivo sin que tire de ella una carreta de bueyes»; se refería a que sería tan grande que no podría llevarse en avión.[12] Presa de una preocupación intensa por las implicaciones éticas que planteaba un arma miles de veces más destructiva que una bomba atómica, tenía la esperanza de que la bomba H se revelara técnicamente inviable. La segunda (de fusión) era más terrible que la primera (de fisión), y seguramente precipitaría una escalada en la carrera de armas nucleares. La física de la fusión imitaba las reacciones que se producen en el interior del sol, lo que quería decir que las explosiones de fusión no tenían límites físicos.[13] Se podía aumentar la explosión simplemente añadiendo más hidrógeno pesado. Armado con bombas H, un avión podría matar a millones de personas en cuestión de minutos. Era demasiado grande para dirigirla contra ningún objetivo militar conocido; era un arma de asesinato masivo e indiscriminado. La posibilidad de que tal artefacto existiera horrorizaba a Oppenheimer tanto como encendía las fantasías de unos cuantos generales de las Fuerzas Aéreas, que eran sus defensores en el Congreso, y de los científicos que apoyaban a Edward Teller, cuya ambición era construir una.

Ya en septiembre de 1945, Oppenheimer había escrito un informe secreto en nombre de un panel asesor científico especial compuesto por Arthur Compton, Ernest Lawrence, Enrico Fermi y él mismo. En él aconsejaba que «no se invirtieran esfuerzos [para construir una bomba H] en el presente momento».[14] Era obvio que la posibilidad de desarrollar semejante arma «no debía olvidarse», pero no era imperativa. Oficialmente, Oppie no presentó inconvenientes éticos. No obstante, Compton —en nombre de Oppenheimer, Lawrence, Fermi y el suyo propio— escribió a Henry Wallace y le explicó: «Creemos que el desarrollo [de la bomba H] no debe llevarse a cabo *principalmente porque deberíamos preferir perder una guerra a ganarla a expensas del enorme desastre humano que ocasionaría la decisión de usarla* [la cursiva es nuestra]».

Las cosas cambiaron mucho a lo largo de los años siguientes. Las relaciones con la Unión Soviética se deterioraron, las armas nucleares se presentaron como el ancla de la incipiente política de contención que practicaba Estados Unidos, cuyo arsenal nuclear llegó a ser de más de cien bombas, y otras más grandes estaban en preparación. La cuestión candente era obvia: ¿qué efecto tendría esa nueva arma gigante, si se construyera, en la seguridad nacional estadounidense?

El 9 de octubre de 1949, Oppenheimer fue a Cambridge (Massachusetts) para asistir a una reunión de la Junta de Supervisores de Harvard, para la que lo habían seleccionado la primavera anterior. Se alojó en casa de Conant, rector de Harvard, sita en la calle Quincy, donde tuvieron una «conversación larga y complicada que no tenía, por desgracia, nada que ver con Harvard». Ambos sabían que tendrían que luchar en contra de la recomendación a favor de construir la bomba H que se presentaría en la reunión del Comité Consultor General aquel mismo mes. De modo que, como es natural, descargaron sus preocupaciones, y seguramente fue en esa ocasión cuando Conant dijo a Oppenheimer que la bomba de hidrógeno se construiría «por encima de mi cadáver».[15] El rector estaba indignado por que un país civilizado llegase siquiera a contemplar el uso de semejante arma abominable y asesina. No la veía más que como una máquina genocida.

El mismo mes de octubre, el día 21, después de que le informaran del estado de la investigación termonuclear, Oppie se sentó a escribir una carta larga al «tío Jim». Reconocía que, cuando habían hablado por última vez, «me inclinaba a pensar que la bomba H también podría ser relevante». Todavía creía que, en el aspecto técnico, «no es tan distinta de lo que era cuando hablamos de ella por primera vez, hace más de siete años: un arma de diseño, coste, portabilidad y valor militar desconocidos». Lo único que había cambiado en aquellos siete años era la opinión pública. Señaló que «sus dos experimentados partidarios han estado trabajando en ella: Ernest Lawrence y Edward Teller. Hace tiempo que este acaricia el proyecto, y Ernest está convencido de que debemos aprender de la Operación Joe [la explosión atómica soviética], que los rusos no tardarán en conseguir la bomba H y que más nos vale fabricarla nosotros primero».

Oppenheimer y el resto de los miembros del GAC pensaban que los problemas técnicos asociados con la construcción de la bomba H eran todavía monumentales. Por su parte, Conant y él también estaban muy preocupados por sus implicaciones políticas. «Lo que me inquieta —escribió Oppenheimer a Conant— es que esa cosa parece haber prendido en la imaginación tanto de los congresistas como de los militares como la respuesta al problema planteado por el progreso ruso [en armas atómicas]. Sería una estupidez oponerse a estudiar el arma. Siempre hemos sabido que debía fabricarse, y debe hacerse. [...] Pero tomarla como si fuera la manera de salvar el país y la paz me parece una idea llena de peligros».[16]

Después de observar que el Estado Mayor Conjunto ya se decantaba por pedirle al presidente un programa de choque para la bomba H, Oppie estaba intranquilo porque «la opinión general de los físicos capacitados para el trabajo muestra también signos de cambio».[17] Incluso Hans Bethe, escribió, estaba pensando en volver a Los Álamos para trabajar en la bomba H a tiempo completo.

En realidad, Bethe estaba indeciso. Aquella tarde llegaba a Princeton junto con Edward Teller, que ya se encontraba de viaje por el país reclutando físicos para regresar a Los Álamos. Según decía, Bethe ya le había confirmado que iría. Este lo negó; sostenía que fue a Princeton para pedir consejo a Oppie. Sin embargo, encontró a este «igual de indeciso e igual de preocupado sobre lo que debía hacerse. No obtuve de él el consejo que esperaba recibir».[18]

Si bien Oppie reveló muy poco de lo que pensaba realmente sobre la bomba H, sí contó a Bethe y a Teller que Conant no aprobaba el programa de choque. Como Teller había llegado a Princeton convencido de que Oppie se opondría a fabricar el arma, se marchó de allí encantado porque este no se había pronunciado al respecto. También albergó la esperanza de que Bethe fuera a Los Álamos con él.

Aquel fin de semana, Bethe habló de la bomba H con su amigo Victor Weisskopf. Este opinaba que un conflicto que se librara con armas nucleares sería suicida. «No nos quedó más que estar de acuerdo —dijo Bethe— en que después de una guerra como esa, incluso si la ganáramos, el mundo no sería [...] como el que nos gustaría preservar. Perderíamos aquello por lo que luchamos. Fue una conversación muy larga y muy difícil para los dos». Unos días después, Bethe telefoneó a Teller para comunicarle su decisión. «Se quedó decepcionado —recordó—. Yo, aliviado».[19] El papel de Weisskopf en el viraje de Bethe fue crucial, pero Teller estaba convencido de que se debió a la influencia de Oppenheimer.

Mientras tanto, Oppenheimer mantenía por su parte otras conversaciones difíciles y daba vueltas al asunto pese a sus reparos científicos, políticos y morales. Aceptando su responsabilidad como presidente del GAC, realizó un esfuerzo consciente para refrenar sus impulsos y sus inclinaciones, y se dispuso a escuchar. Conant, sin embargo, no se refrenó en absoluto. Tras recibir la carta de Oppenheimer del 21 de octubre, su reacción fue tajante. Seguramente en una conversación telefónica, le dijo que, si la bomba H llegaba al Comité Consultor General, «se opondría a ella por ser una locura».[20]

A las dos de la tarde del viernes 28 de octubre de 1949, Oppenheimer convocó la decimoctava reunión (desde enero de 1947) del Comité Consultor General en la sala de actos de la CEA, ubicada en la avenida de la Constitución.[21] Durante tres días, Isidor Rabi, Enrico Fermi, James Conant, Oliver Buckley (presidente de los Laboratorios Bell Telephone), Lee DuBridge, Hartley Rowe (un director de la empresa United Fruit) y Cyril Smith escucharían a expertos como George Kennan y el general Omar Bradley y debatirían con detalle las virtudes de la bomba H. Lewis Strauss, Gordon Dean y David Lilienthal, comisionados de la CEA, asistieron también a algunas de aquellas sesiones. Todos los presentes entendían que la Administración de Truman debía aparentar estar haciendo algo muy riguroso y concreto en respuesta al logro soviético. Lilienthal anotó en su diario el día anterior que Ernest Lawrence y otros partidarios de la bomba H «solo pueden describirse como babeando ante la perspectiva y "sedientos de sangre"».[22] Esos hombres, escribió, creen que «no hay nada que pensar al respecto». Justo antes de convocar oficialmente la reunión, Oppenheimer sacó una carta que había recibido del químico Glenn Seaborg, el único miembro ausente del GAC. En 1954, los críticos de Oppenheimer aludieron a que no compartía la opinión de Seaborg, pero otro miembro, Cyril Smith, recordaba que Oppie enseñó las cartas a todos antes de que empezara la reunión. Seaborg se inclinaba, aunque con mucha reticencia, hacia el parecer de que el país debía desarrollar la bomba H. «Pese a que condeno las perspectivas de que nuestro país invierta esfuerzos titánicos en esto —escribió—, debo confesar que he sido incapaz de llegar a la conclusión de que no debamos hacerlo. [...] Debería escuchar unos cuantos buenos argumentos antes de poder reunir el valor suficiente para recomendar no poner en práctica un programa tal».[23]

Oppenheimer decidió no expresar su parecer hasta que hubieran hablado todos. «En ningún momento dejó ver qué opinaba —recordaría DuBridge—. Estábamos sentados a una mesa y fuimos hablando por turnos hacia la derecha; todos dimos nuestro parecer y todos los pareceres fueron negativos».[24] Lilienthal oyó murmurar a Conant, «que estaba casi translúcido, de color gris»: «Ya construimos un Frankenstein», como diciendo que era una locura construir otro.[25] Rabi recordaría más adelante que «Oppenheimer estuvo remedando a Conant» a lo largo de las conversaciones del fin de semana.[26] Según Dean, «se debatieron extensamente las consecuencias morales». Lilienthal apuntó en su diario el sábado por la noche que Conant disertó «rotundamente en contra [de la bomba H] basándose en argumentos morales».[27] Cuando Buckley apuntó que no había diferencia moral entre una bomba atómica y una bomba H, escribió Lilienthal, «Conant discrepó: hay grados de moralidad». Y cuando Strauss indicó que la decisión final se tomaría en Washington y, no por votación popular, el rector de Harvard respondió: «Pero el dictamen dependerá de la visión moral que tenga el país en cuestión». Incluso preguntó: «¿Podría desclasificarse esto, es decir, el hecho de que se está deliberando sobre esto?».

Rabi observó, profético, que sin duda Washington decidiría seguir adelante con el proyecto y que la única cuestión que quedaba por resolver era «quién estaría dispuesto a participar en él».[28] En la sesión del sábado, que duró todo el día, Fermi sugirió al principio que «uno debe explorarlo y hacerlo», pero que estudiar la viabilidad de la bomba H «no soslaya la pregunta de si debería usarse».[29] Lilienthal lo tenía claro: un arma termonuclear «no promoverá la defensa común y podrá causarnos daño al hacer que la perspectiva de tomar el otro rumbo, hacia la paz, sea todavía peor de lo que es ahora».

El domingo a primera hora emergió un consenso general entre los ocho miembros presentes del GAC: se opondrían al programa de choque para desarrollar la bomba H por razones científicas, técnicas y morales. Rabi y Fermi matizaron su oposición al arma, a la que llamaron «una cosa malvada se mire por donde se mire», con la propuesta de que Estados Unidos «invite a todas las naciones del mundo a unirse a nosotros con el compromiso solemne» de no construir semejante arma. Oppenheimer se sintió tentado a firmar la propuesta de Rabi y Fermi, pero al final la mayoría del comité y él aconsejaron no llevar a cabo un programa acelerado para construirla argumentando que un arma como esa no era ni necesaria para disuadir ni beneficiosa para la seguridad estadounidense.

Mientras que Oppenheimer ofreció también datos pragmáticos sobre «si la bomba H será más barata o más cara que la bomba de fisión», el informe del comité manifestaba a las claras que las políticas sobre armas nucleares debían dejar de decidirse en un vacío moral. Convencidos de que, a causa de las dificultades que plantearía el trabajo científico y técnico, las posibilidades de que se construyera la bomba H eran, en el mejor de los casos, de un 50 por ciento, lo primero que dejaron claro fue por qué un programa de choque para fabricarla socavaría la seguridad del país.

Limitar el asunto a consideraciones técnicas y políticas era, según el punto de vista del comité, no solo una falta de responsabilidad, sino también una negligencia del deber. Al fin y al cabo, eran la élite de veteranos del Proyecto Manhattan, los hombres que habían volcado los conocimientos científicos necesarios para crear la bomba atómica. Y habían emprendido aquella tarea con patriotismo y entusiasmo, como imitación de la actitud de un gobierno resuelto a utilizar el arma en la guerra. Oppenheimer había contribuido a contener a los científicos, como Leó Szilárd y Robert Wilson, que habían presentado objeciones morales a usarla contra Japón. Esos argumentos, no obstante, se habían dado en el contexto de una guerra total, en un tiempo en que la bomba atómica era algo completamente nuevo y los participantes no tenían experiencia en políticas de Estado.

En cambio, en 1949, las circunstancias eran muy distintas. Estados Unidos no estaba en guerra, la carrera de armas nucleares había tomado una dirección nueva y peligrosa tras el éxito de la Unión Soviética, y los miembros del GAC eran los científicos atómicos más informados y experimentados del país. Todos estaban de acuerdo en que no se podía discutir, en un vacío de políticas militares, el empleo de las armas que tuvieran la capacidad de aniquilar la vida en la tierra. Las consideraciones morales eran tan importantes como las estimaciones técnicas.

«El uso de la bomba H ocasionará la muerte de innumerables vidas humanas —escribió Oppenheimer—. No es un arma que pueda usarse exclusivamente para destruir instalaciones concretas que tengan un propósito militar o semimilitar. Emplearla, por tanto, lleva las políticas de exterminación de poblaciones civiles mucho más lejos que la bomba atómica».[30]

Oppenheimer temía que la bomba H fuera simplemente demasiado grande; en otras palabras, los objetivos militares lícitos a los que dirigir un arma termonuclear eran «demasiado pequeños».[31] Si la de Hiroshima tenía un rendimiento explosivo de quince mil toneladas de TNT, una termonuclear (si se demostraba factible) podría explotar con la fuerza de cien millones de toneladas de TNT. Era demasiado grande incluso para destruir una ciudad; podría devastar tranquilamente entre cuatrocientos y dos mil quinientos kilómetros cuadrados o más. Como concluía el informe del GAC, «una bomba H sería un arma genocida». Aunque nunca llegara a emplearla, el mero hecho de que Estados Unidos la tuviera en su arsenal socavaría en última instancia la seguridad del país. «La existencia de un arma tal en nuestras reservas —declaraba el informe del GAC— tendría consecuencias de largo alcance en la opinión mundial». Era fácil que personas con dos dedos de frente llegaran a la conclusión de que Estados Unidos tenía la intención de provocar un armagedón. «Por ello creemos que el efecto psicológico que ocasionará el hecho de que tengamos esta arma en nuestras manos será adverso a nuestros intereses».

Igual que Conant, Rabi y los demás, Oppenheimer esperaba que la bomba H «nunca llegara a fabricarse» y que el hecho de negarse a construirla facilitara que se reanudaran las negociaciones del control de armas con los rusos. «Creemos que una bomba H no debería construirse nunca —escribió Oppenheimer en nombre de la mayoría—. La humanidad está mucho mejor sin que se demuestre la viabilidad de un arma semejante».

Como observó McGeorge Bundy más adelante, los autores del informe del GAC presentaron los argumentos que se negociarían en los tratados de control de armas en la década de 1970. Pero ¿qué pasaría si la propuesta no se aceptaba? ¿O si los soviéticos construían la bomba H primero? En ese caso, tendrían que probarla (este tipo de armas no pueden desarrollarse sin probarlas), y era seguro que Estados Unidos detectaría la prueba. «Al argumento de que los rusos consigan desarrollar la bomba, respondemos que el hecho de que nosotros fabriquemos la nuestra no los disuadirá de construir la suya. Si utilizan el arma en contra de nosotros, las represalias que tomemos con el gran arsenal de bombas atómicas que poseemos serán análogas al empleo de una bomba H».[32]

De hecho, si la bomba H no era un arma militar viable (porque no había objetivos tan grandes), Oppenheimer y el informe del GAC exponían que sería más barato y efectivo militarmente acelerar la producción de materiales fisionables para fabricar armas nucleares más pequeñas y tácticas.[33] Junto con el crecimiento de las fuerzas militares convencionales de Europa occidental, armas nucleares como esas para el «campo de batalla» generarían en Occidente un efecto disuasorio mucho más efectivo y creíble hacia cualquier fuerza invasora soviética imaginable. Fue la primera propuesta seria para la «suficiencia» nuclear, un concepto estratégico que planteaba la existencia de un arsenal nuclear pensado más para cometidos específicos y menos para la acumulación de armas fruto de una carrera irracional.

Oppenheimer estaba satisfecho con el resultado de las deliberaciones del GAC. Katherine Russell, su secretaria personal, no lo estaba tanto. Cuando terminó de escribir a máquina el informe final, predijo: «Esto le va a acarrear muchos problemas».[34] Oppie se puso de nuevo contento al enterarse, el 9 de noviembre de 1949, de que los comisionados de la CEA aprobaban por votación, en tres contra dos, las recomendaciones del GAC. Lilienthal, Pike y Smyth votaron en contra del programa de choque de la bomba H; Strauss y Dean, a favor.

Oppenheimer, ingenuo, pensó que la batalla contra la bomba H ya estaba ganada. Sin embargo, pronto se hizo patente que Teller, Strauss y otros partidarios de construirla estaban organizando una contraofensiva. El senador Brien McMahon dijo a Teller que el informe del GAC «me pone enfermo»; se había convencido de que la guerra contra los soviéticos era «inevitable». Comentó a un horrorizado Lilienthal que «Estados Unidos debería borrarlos de la faz de la tierra, rapidito, antes de que nos hagan lo mismo a nosotros».[35] El almirante Sidney Souers advirtió: «O la fabricamos [la bomba H] o esperamos a que los rusos nos tiren una sin avisar». Muchos otros oficiales de Washington mostraron reacciones igual de apocalípticas. El debate de la bomba H cristalizó la histeria subyacente ocasionada por la Guerra Fría y dividió a los ideólogos y a los políticos en dos facciones permanentemente opuestas: los que querían competir en la carrera armamentística y los que querían controlarla.

En respuesta a la altísima presión, Truman pidió a Lilienthal (presidente de la CEA), a Louis Johnson (secretario de Defensa) y a Dean Acheson (secretario de Estado) que volvieran a estudiar el asunto y ofrecieran una recomendación final. Lilienthal, por supuesto, se opuso firmemente al desarrollo de la bomba. Johnson estaba a favor. Acheson no lo tenía claro, pero era un hombre de instinto político agudo y sabía qué quería la Casa Blanca. Después de que Oppenheimer le presentara el informe de GAC sobre la bomba H con muchísimo detalle, el secretario de Estado lo redujo a términos simplistas. «Mira, yo lo escuché con toda la atención de la que soy capaz —dijo este a un colega—, pero no entiendo qué quería decir "Oppie". ¿Cómo vas a convencer a un adversario paranoico de que se desarme "siguiendo tu ejemplo"?».[36]

El evidente escepticismo de Acheson llevó a Oppenheimer a darse cuenta de los pocos aliados que tenía en la Administración. En cualquier caso, George Kennan era uno sólido, y aquel otoño estaba preparándose para renunciar a su puesto de director del equipo de Planificaciones Políticas del Departamento de Estado. Tiempo atrás, Acheson había mostrado un gran respeto por los consejos de Kennan, pero después muy pocas veces convenían en asuntos de políticas básicas. El arquitecto de la contención estadounidense no estaba satisfecho con cuánto se había militarizado esa política. Su desilusión llegó al punto más bajo cuando la Administración de Truman rompió el acuerdo con los soviéticos, en respuesta a la intransigencia de estos, y estableció un gobierno independiente en Alemania Occidental.[37] De modo que, a finales de septiembre de 1949, frustrado y solo, Kennan anunció que tenía la intención de abandonar todo servicio al Gobierno.

Kennan conoció a Oppenheimer en 1946, en una charla en la Escuela de Guerra.[38] «Iba vestido con un traje marrón normal y corriente, y pantalones que le estaban largos —dijo—. Parecía un estudiante de posgrado de Física más que un hombre distinguido. Caminó hasta el borde de la tarima y habló sin ayudarse de notas durante cuarenta o cuarenta y cinco minutos, que yo me acuerde, con una meticulosidad y una lucidez tan deslumbrantes que nadie se atrevió a preguntar nada».[39]

A lo largo de 1949 y 1950, Kennan y Oppenheimer forjaron una amistad basada en el respeto mutuo y en la educación. Oppie lo invitó a Princeton para que diera un seminario confidencial sobre armas nucleares. Mantuvieron también largas conversaciones acerca del acceso británico y canadiense al uranio. «Su nivel siempre era muy alto —recordaría Kennan de esos encuentros—. Su mente se movía deprisa, con precisión y mucha perspicacia. [En esas reuniones] nadie quería enredarse en trivialidades ni hacer nada más que dar lo mejor de su intelecto».[40]

Mientras el debate sobre la bomba H estaba en curso, Kennan se desplazó hasta Princeton de nuevo el 16 de noviembre de 1949. Oppenheimer y él hablaron largo y tendido sobre el «estado presente del problema nuclear».[41] A Oppie la visita le pareció «esperanzadora»; las ideas del diplomático, pensó, eran «comprensivas» y «no doctrinarias». En aquel momento, Kennan sugirió que, en respuesta a la bomba soviética, el presidente podría proponer una suspensión en la construcción de la bomba H. «A mí —le escribió Oppenheimer al día siguiente— las sugerencias que hiciste me parecen razonables». Pero le advirtió que en «la atmósfera actual» de Washington muchos no lo verían igual, pues las ideas de salvaguardia «han adquirido un carácter rígido y absoluto». Como indicativo de cuánto se había aclimatado Oppenheimer a la política, avisó a Kennan: «Debemos estar preparados para enfrentarnos a los argumentos que dirán que tus propuestas son muy peligrosas y rebatirlos».

Tras esa advertencia, Kennan se sentó y redactó una posible declaración presidencial para anunciar la decisión de no construir la bomba H «en este momento». En un lenguaje elocuente que reflejaba sustancialmente el análisis que hizo el GAC del asunto, Kennan perfiló tres motivos sucintos por los que no sacar adelante una bomba de «poder destructivo casi ilimitado». En primer lugar, «es imposible imaginar que el arma tenga un uso puramente militar». En segundo lugar, «no existe la noción de seguridad absoluta», y el arsenal nuclear de que ya disponía el país en aquel momento era más que suficiente para disuadir toda clase de ataque. Y, por último, «sin duda, tomar tal camino no disuadirá a otros de hacer lo mismo».[42] Al contrario, construir la bomba H sin duda animaría a otros a hacer lo mismo.

El discurso nunca llegó a darse, pero durante seis meses Kennan elaboró esas ideas en un informe oficial de ochenta páginas en el que reexaminaba el problema de las armas nucleares en su conjunto. Mostró un borrador inicial a Oppenheimer, al que le pareció «exhaustivo y admirable».[43] Ese visionario artículo, pese a ser menos conocido que su famoso ensayo publicado en *Foreign Affairs* en 1947, en el que proponía una política de contención, es un documento muy influyente de la temprana Guerra Fría. El propio Kennan lo calificó de «un documento muy importante, si no el que más, de todos los que he escrito para el Gobierno». Consciente de lo controvertido que podría ser, se lo envió primero a Acheson el 20 de enero de 1950 como «artículo personal».

El documento, titulado «Memorándum. El control internacional de la energía nuclear», cuestionaba asunciones fundamentales que subyacían a la perspectiva que tenía la Administración de Truman tanto de la bomba como de la Unión Soviética. Kennan adoptó el punto de vista de Oppenheimer para argumentar que el arma atómica era peligrosa precisamente porque se cometía el error de verla como una panacea barata contra la amenaza soviética. Haciéndose eco del físico, escribió que «los militares» se habían agarrado a la bomba H como si fuera la respuesta al logro soviético: «Temo que la bomba atómica, con su promesa vaga y muy peligrosa de resultados "decisivos", [...] de soluciones fáciles para problemas humanos profundos, impedirá comprender las cosas que son importantes para una política limpia y clara, y nos conducirán al mal uso y la disipación de nuestra fuerza nacional».[44]

Kennan suplicó a Acheson que no apoyara la construcción de un arma de destrucción masiva aún más terrorífica —la bomba H— sin intentar antes negociar con los soviéticos un régimen inclusivo de control de armas, tal como había sugerido Oppenheimer con anterioridad. Si no se conseguía eso, arguyó que Estados Unidos no debería hacer del arma nuclear el pilar fundamental de la defensa nacional. Al contrario: los oficiales estadounidenses debían dejar claro a los soviéticos que contemplaban las armas atómicas «como algo superfluo a nuestra política militar básica, esto es, algo que nos vemos obligados a tener por la posibilidad

Ernest Lawrence, Glenn Seaborg
y Oppenheimer. «Los Prometeos
modernos han vuelto a saquear
el monte Olimpo —decía el
Scientific Monthly— y han dado
al hombre los mismísimos rayos
de Zeus».

Physics Today sacó el sombrero
porkpie de Oppie en portada.

La Universidad de Harvard
eligió a Oppenheimer para
que formara parte de
la junta de supervisión
(con James B. Conant
y Vannevar Bush).

A Frank Oppenheimer (*arriba*), un
físico experimental muy competente,
lo echaron en 1949 de la Universidad
de Minnesota cuando se descubrió
que había sido miembro del Partido
Comunista. Se fue a un rancho
en Colorado a cuidar ganado.

Anne Wilson Marks fue secretaria de Oppie en 1945;
después se casó con Herbert Marks (*tumbado en la cubierta
del barco*), amigo y abogado de él.

Richard Tolman, del Caltech, y su mujer, Ruth Tolman,
una destacada psicóloga clínica que fue uno de los amores
más profundos de Robert.

La revista *Time* sacó a Oppenheimer en portada en el número de noviembre de 1948.

Oppenheimer fue presidente del Comité Consultor General de la Comisión de Energía Atómica. En esta fotografía (*centro*) está de viaje con James B. Conant, el general James McCormack, Harley Rowe, John Manley, I. I. Rabi y Roger S. Warner.

Abajo, Oppenheimer (*el último de la izquierda*) en 1947, cuando recibió el título honorífico de Harvard, con el general George C. Marshall, el general Omar N. Bradley y otros galardonados.

Olden Manor, en Princeton (New Jersey), donde los Oppenheimer vivieron después de que nombraran a Robert director del Instituto de Estudios Avanzados, en 1947.

Robert y sus hijos en el jardín de Olden Manor.

Robert regaló a Kitty un invernadero para que cultivara orquídeas. Con frecuencia invitaban a gente a su casa. «Preparaba unos martinis deliciosos y helados», dijo Pat Sherr.

Oppenheimer con el matemático John von Neumann frente al ordenador creado por este.

Oppenheimer explica física a unos estudiantes del Instituto de Estudios Avanzados de Princeton. «El instituto era su pequeño imperio», dijo Freeman Dyson.

Oppenheimer con (*de izquierda a derecha*) Hans Bethe, el senador Brien McMahon, Eleanor Roosevelt y David Lilienthal.

Oppenheimer se opuso al programa de choque para construir una bomba de hidrógeno. Explicó a la audiencia televisiva que la bomba H conllevaba cuestiones que «tocan los fundamentos de la moral. Es muy peligroso para nosotros que decisiones como esa se tomen basándose en hechos que se mantienen en secreto».

Oppenheimer en un congreso con el físico Greg Breit. «Lo que no sabemos nos lo explicamos unos a otros».

"Who's Being Walled Off From What?"

—from *Herblock's Here and Now* (Simon & Schuster, 1955)

En diciembre de 1953,
el presidente Dwight Eisenhower
ordenó que se levantara un «muro
ciego» entre Oppenheimer
y los secretos en materia nuclear
del Gobierno. La subsiguiente
audiencia de seguridad estuvo
orquestada por el presidente de
la Comisión de Energía Atómica,
Lewis Strauss (*arriba a la derecha*),
cuyo objetivo era purgar a
Oppenheimer del ámbito público.
Este contrató al abogado Lloyd
Garrison (*a la derecha*) para que
lo defendiera.

El 12 de abril de 1954 comenzó la audiencia de seguridad de Oppenheimer, presidida por Gordon Gray (*arriba a la derecha*). Solo un comisionado de la CEA, Henry DeWolf Smyth (*centro a la derecha*), votó en contra de la decisión tomada por la junta de Gray de retirar las credenciales de seguridad al físico. El comisionado de la CEA Eugene Zuckert (*abajo a la derecha*) votó lo mismo que la mayoría, contra Oppenheimer. Roger Robb (*abajo a la izquierda*) fue el fiscal de la junta de Gray. Solo un miembro de esta, Ward Evans (*arriba a la izquierda*), votó a favor de mantener las credenciales de seguridad a Oppenheimer. Evans calificó la decisión como «una muesca en el escudo de nuestro país».

Toni Oppenheimer a caballo. «Desde que tenía seis o siete años —observó Verna Hobson—, la familia se apoyaba en ella y esperaba que fuera sensata y firme y que los animara a todos».

Oppenheimer perdió las credenciales de seguridad, pero conservó el cargo de director del Instituto de Estudios Avanzados. En esta fotografía está paseando con Kitty por Princeton.

Robert sentía por Peter «amor a raudales».

Después de la audiencia de seguridad de 1954, Oppenheimer parecía «un animal herido», tal como recordó Francis Fergusson. «Se retiró y volvió a una manera de vivir más sencilla». Se llevó a su familia a St. John (*abajo*), perteneciente a las islas Vírgenes. Después construyó una espartana cabaña en la playa, y pasaban varios meses al año en aquella preciosa isla. Kitty y él eran marineros expertos.

Sentado con su amigo Niels Bohr en 1955.

En 1960, Oppenheimer visitó Tokio (*abajo*), donde dijo a los periodistas que «no me arrepiento de haber contribuido al éxito técnico de la bomba atómica. No es que no me sienta mal; es que no me siento peor esta noche que la noche pasada».

Oppenheimer en su despacho
del instituto.

En abril de 1962, el presidente John
F. Kennedy invitó a Oppenheimer a la
Casa Blanca. En esta fotografía aparece
estrechándole la mano a Jackie Kennedy.

Frank en el Exploratorium, en 1969,
un museo de ciencia que se halla en
San Francisco y que fundó junto con
su esposa, Jackie. Se ofrece a los
visitantes una experiencia práctica en
física, química y otros campos.

En 1963, el presidente Lyndon B. Johnson (*abajo*) otorgó a Oppenheimer (*a la izquierda, con Kitty y Peter*) el Premio Fermi, valorado en cincuenta mil dólares. David Lilienthal vio el acto como «una ceremonia de expiación de los pecados de odio y ofensa a los que sometieron a Oppenheimer».

Edward Teller (*derecha*), que testificó contra Oppenheimer en 1954, se le acerca para felicitarlo. Este sonríe y le estrecha la mano mientras Kitty, al lado de su marido, lo observa muy seria.

En verano de 1966, Oppenheimer saluda a dos personas ociosas que pasan por delante de su cabaña, en St. John. El cáncer de garganta ya estaba terminando con él.

Toni, pensativa, en la cabaña. «Todo el mundo la quería —dijo June Barlas—, pero ella no lo sabía».

En días más felices, Toni, Inga Hiilivirta, Kitty y Doris Jadan beben cócteles en St. John.

de que nuestros enemigos las empleen».[45] Una cantidad pequeña de dichas armas, escribió, bastaría para disuadir a la Unión Soviética de emplear la bomba contra Occidente.

Hasta ahí, el escrito de Kennan seguía la lógica de las recomendaciones que hizo el GAC el 30 de octubre de 1949. Sin embargo, en él recogió también una idea que Oppenheimer había considerado recientemente. En lugar de apoyarse en un arsenal masivo de bombas atómicas, Washington debería incrementar de un modo sustancial el armamento convencional, en particular en Europa del Este. Los soviéticos, explicó, deben entender que Occidente está dispuesto a desplegar tropas suficientes y el acostumbrado armamento en Europa occidental para disuadir posibles invasiones. Con esa convencional estrategia, Washington podría comprometerse a una política de «no ser los primeros» en emplear bombas nucleares. Estados Unidos, dijo, «debería eliminar lo más rápido posible [las armas atómicas] de los armamentos nacionales sin exigir cambios profundos en el sistema soviético».[46]

Kennan consideraba el régimen de Stalin como una tiranía reprobable, pero no tenía al dictador por temerario. Sin duda, este estaba determinado a defender su imperio interno, pero eso no quería decir que tuviera la intención de librar una guerra de conquista contra los aliados occidentales, guerra que amenazaría inevitablemente la estabilidad del régimen soviético. Stalin sabía que un conflicto contra Occidente podría suponer la ruina de la Unión Soviética. «Estaba del todo convencido —dijo Kennan más adelante— de que estaban hartos de guerras. Stalin nunca quiso otra gran guerra».[47]

En suma, Kennan creía que fueron consideraciones estratégicas de peso, más que el monopolio atómico estadounidense, las que disuadieron a los soviéticos de invadir Europa occidental entre 1945 y 1949. Como ya tenían su bomba nuclear, Kennan opinaba que no tenía sentido que Estados Unidos se metiera en la espiral de una carrera de armas nucleares. Al igual que Oppenheimer, creía que la bomba era en última instancia un arma suicida y, por tanto, inútil y peligrosa militarmente. Además, Kennan estaba seguro de que la Unión Soviética era de los dos el más débil en sentido político y económico, y que a largo plazo Estados Unidos podría mermarla por vía de la diplomacia y de «la explotación sensata de nuestras fuerzas como elementos disuasorios de un conflicto mundial».[48]

Aquel «artículo personal» de ochenta páginas bien podría haberse escrito a cuatro manos entre Kennan y Oppenheimer, puesto que refleja muchas opiniones del físico. En efecto, tanto uno como el otro interpretaron la recepción del texto como un barómetro que indicaría la proximidad de tormentas políticas violentas. El artículo circuló por el Departamento de Estado, y todos los que lo leyeron, todos, lo rechazaron con discreción y con firmeza. Acheson llamó un día a Kennan a su despacho y le dijo: «George, si vas a seguir teniendo la misma visión de este asunto, deberías dejar Asuntos Exteriores, vestirte con un hábito de monje, ponerte en una esquina con una lata en la mano y decir: "El fin del mundo se acerca"».[49]

Acheson ni siquiera se molestó en enseñarle el documento a Truman. Para entonces, Oppenheimer sabía perfectamente en qué dirección soplaban los vientos: Edward Teller ganaba. Aun así, todavía confiaba en que los obstáculos técnicos del diseño de un artefacto termonuclear se mostraran irresolubles. «Que Teller y [John] Wheeler sigan adelante —se le oyó decir, según dicen—. Que se les desmonte en la cara».[50] El 29 de enero de 1950 se encontró con Teller en un congreso de la Sociedad Estadounidense de Física, que se celebraba en Nueva York, y reconoció que pensaba que Truman iba a rechazar la recomendación contra la construcción de la bomba H. Si así sucedía, ¿no querría volver a Los Álamos y trabajar en ella? «Claro que no», respondió Oppie.[51]

Al día siguiente, Oppenheimer estaba en Washington para asistir a una asamblea del GAC y decidió pasarse por una reunión especial del Comité Conjunto de Energía Atómica, convocada por el senador Brien McMahon para hablar de la bomba H. Oppenheimer sabía que este presionaba mucho al presidente para que aprobara un programa de choque para el arma termonuclear y también sabía que sus opiniones no serían bienvenidas. De todos modos, fue y comentó a McMahon y al resto de los ideólogos: «He pensado que sería cobarde por mi parte no presentarme aquí y dejar que ustedes discutieran y formularan preguntas sobre un asunto cuya esencia no han entendido bien».[52] La actitud que mostró era de resignación cortés. Cuando le preguntaron qué ocurriría si los rusos conseguían fabricar la bomba H y Estados Unidos no, respondió: «Si los rusos tienen el arma y nosotros no, las cosas irán muy mal. Si los rusos tienen el arma y nosotros también, las cosas irán muy mal igualmente». La cuestión, explicó, es que «al ir por ese camino, estamos haciendo lo único que acelerará y asegurará que ellos desarrollen la suya [su bomba H]». Un congresista le preguntó si una guerra librada con bombas de hidrógeno dejaría la tierra inhabitable, y Oppie dijo: «¿Contaminada, quiere decir?». En realidad, respondió, estaba más preocupado por la «supervivencia moral» de la humanidad. Expuso su postura con una racionalidad impecable y, aunque nadie cuestionó su lógica, se marchó sabiendo que no había conseguido hacer cambiar a nadie de parecer.

Al día siguiente, 31 de enero de 1950, Lilienthal, Acheson y Louis Johnson, el secretario de Defensa, fueron del viejo edificio del Departamento de Estado a la Casa Blanca, que estaba cruzando la calle, para asistir a una reunión con el presidente con motivo de la bomba H. Lilienthal seguía muy en contra de un programa de choque. Acheson estaba, en el fondo, de acuerdo con muchas de las objeciones de este, pero creía que los factores políticos internos empujarían a Truman a aprobarlo. «El pueblo estadounidense no tolerará una política de postergación de la investigación nuclear en un asunto tan vital».[53] Johnson convino con él y dijo a Lilienthal: «Debemos proteger al presidente».[54] Hasta ese punto se había llegado. Los problemas reales relacionados con la seguridad nacional habían pasado a ser irrelevantes ante las simplificaciones impuestas por las políticas nacionales.

Acordaron igualmente dejar que Lilienthal expusiera sus motivos. Pero, ya en el despacho oval, este apenas había empezado a hablar cuando Truman lo cortó y preguntó: «¿Los rusos pueden construirla?». Todos asintieron, y el presidente dijo: «En ese caso, no tenemos elección. Adelante con ella». Lilienthal apuntó en su diario que Truman tenía «claro lo que iba a hacer antes de que pusiésemos un pie ahí dentro».[55] Unos meses antes, él mismo había prevenido al presidente de que había demagogos en el Congreso que tratarían de forzarlo a que aprobase la bomba H. «No me dejo bombardear tan fácilmente», había dicho Truman. Cuando salió de la Casa Blanca, Lilienthal se miró el reloj de pulsera. El presidente que no se dejaba bombardear le había concedido exactamente siete minutos; era, observó, como decir «"no" a una apisonadora».[56]

Aquella noche, Truman se dirigió a la población con un discurso emitido por radio que claramente llevaba un tiempo ya preparado y anunció la puesta en marcha de un programa para determinar la «viabilidad técnica de un arma termonuclear». De forma paralela, ordenó una reexaminación general de los planes estratégicos del país. El resultado fue un informe de alto secreto, el NSC-68, escrito casi en su totalidad por Paul Nitze, el sucesor de Kennan en el puesto de director de planificación de políticas del Departamento de Estado. Nitze, partidario de tener un arsenal nuclear enorme, dibujó la Unión Soviética como un país con deseos de conquistar el mundo e instó a «incrementar rápida y sostenidamente la fuerza política, económica y militar del mundo libre». El informe NSC-68, que se distribuyó en abril de 1950, rechazaba de forma explícita la propuesta que había presentado Kennan de anunciar una política de «no ser los primeros» en usar armas atómicas. Al contrario, un gigantesco arsenal de estas sería la base de la estrategia de defensa de Estados Unidos. Con ese fin, Truman autorizó un programa industrial para agrandar la capacidad del país de construir ojivas nucleares de todas clases.

A finales de la década, el depósito de armas nucleares de Estados Unidos pasó de unas trescientas ojivas a casi dieciocho mil.[57] A lo largo de cincuenta años, el país produciría más de setenta mil armas nucleares y gastaría la abrumadora cifra de 5,5 billones de dólares en programas de armas nucleares. En retrospectiva (y también en aquel momento), está claro que la decisión de construir la bomba H fue un punto de inflexión en la escalada armamentística de la Guerra Fría. Igual que Oppenheimer, Kennan estaba totalmente «indignado». I. I. Rabi, enfurecido. «Nunca he perdonado a Truman», afirmó.[58]

Después de la breve entrevista con Truman, David Lilienthal dijo a Oppenheimer que el presidente había pedido también que los científicos relacionados con el asunto se abstuvieran de hacer comentarios públicos sobre él. «Parecía un funeral, sobre todo cuando dije que estábamos todos amordazados».[59] Profundamente abatido, Oppenheimer se planteó dimitir del GAC. Acheson, temeroso de que este y Conant apelaran a la opinión pública, pidió a este último: «Por el amor de Dios, no lo eches todo a rodar».[60]

Conant transmitió a Oppenheimer la advertencia de Acheson, que un debate público sería «contrario al interés de la nación». Así que, de nuevo, Oppie desempeñó el papel de partidario fiel. Como testificó más adelante, no le pareció responsable dimitir entonces ni «promover un debate sobre un asunto que ya estaba zanjado».[61] Conant escribió a un amigo que Oppenheimer y él no habían dimitido «(o al menos yo) porque no quería hacer nada que pareciera indicar que no éramos buenos soldados».[62] Con los años se arrepentiría de ello; pensaba que deberían haber dimitido los dos de inmediato.

La vida de Oppenheimer habría sido muy distinta, y mejor, si hubiera dado ese paso. Pero no lo hizo y, como Conant, volvió a comulgar con el poder. De todas formas, no era capaz de disimular el desprecio que sentía por quienes habían urgido que se tomara aquella decisión. La misma noche que Truman realizó el anuncio, Oppenheimer se sintió obligado a asistir a la fiesta de Strauss, que celebraba su quincuagésimo cuarto cumpleaños en el hotel Shoreham. Un periodista vio a Oppenheimer solo en un rincón, se le acercó y le comentó: «No lo veo muy contento». El físico murmuró: «Esto es la peste de Tebas».[63] En otro momento, Strauss quiso presentarle a su hijo y su nuera, y él les tendió la mano de medio lado, brusco, y se marchó sin decir palabra. Como es natural, Strauss se ofendió.

La decisión de construir la bomba de hidrógeno se había tomado a puerta cerrada, sin debate público y, según creía Oppenheimer, sin una evaluación cabal de sus consecuencias. El secretismo había pasado a ser el sirviente de la ignorancia política; por ello, Oppie decidió hablar en contra de aquel. La mañana del domingo 12 de febrero de 1950, Strauss se enfureció al ver a Oppenheimer aparecer en la primera parte del programa de debate de Eleanor Roosevelt y objetar abiertamente el modo en que se había tomado la decisión de fabricar la bomba de hidrógeno. «Se trata de cuestiones técnicas complejas —dijo a la audiencia televisiva—, pero tocan los fundamentos de la moral. Es muy peligroso para nosotros que decisiones como esa se tomen basándose en hechos que se mantienen en secreto».[64] Para Strauss, esos comentarios eran un desafío abierto al presidente, y se aseguró de que en la Casa Blanca recibieran una transcripción de aquellas palabras.

En verano, Oppenheimer repitió para el *Bulletin of the Atomic Scientists* que «esas decisiones se han tomado basándose en hechos que se mantienen secretos», cosa que no era, pensaba, ni necesaria ni inteligente: «Los hechos relevantes no serían de gran ayuda al enemigo, pero son imprescindibles para comprender las cuestiones políticas».[65] En la Administración, nadie estaba de acuerdo con él; la tendencia era hacia el secretismo.

Durante casi cinco años, Oppenheimer trató de utilizar su prestigio y su condición de científico célebre para influir desde dentro en las políticas de seguridad nacional, cada vez más intensas. Amigos suyos de izquierdas, como Phil Morrison, Bob Serber y su propio hermano, le habían advertido de que era un juego inútil. Había fracasado en 1946, cuando Bernard Baruch, nombrado por parte de Truman, saboteó el plan Acheson-Lilienthal para el control internacional de bombas atómicas. Después, otra vez, no consiguió convencer al presidente ni a los miembros de la Administración para que dieran la espalda a lo que Conant describió a Acheson como «todo ese asunto asqueroso».[66] La Administración terminó apoyando un programa para construir una bomba mil veces más letal que la de Hiroshima. Aun así, Oppenheimer no «lo echaría todo a rodar». Permanecería dentro de los círculos de poder, pero cada vez con menos pelos en la lengua y, a ojos de los demás, cada vez más sospechoso.

31

«Palabras negras para Oppie»

No puede ser más nauseabundo, pero es como una ráfaga de viento que azota el Gibraltar del gran lugar que
ocupas en la vida estadounidense.

DAVID LILIENTHAL a Robert Oppenheimer,
10 de mayo de 1950

Después de lo que más tarde llamaría «la gran y mal gestionada pugna
contra la bomba H», Oppenheimer, amargado y desilusionado, se retiró
a Princeton.[1] Aquella primavera, George Kennan le escribió: «Seguramente no sabes hasta qué punto eres mi conciencia intelectual».[2] El debate en
torno a la bomba H había forjado una alianza entre esas dos formidables
mentes cuyos impulsos y sensibilidades convergían para oponerse a una
estrategia de defensa basada en la amenaza de una guerra nuclear.

«Lo que más recuerdo de aquellos días —diría Kennan— era su insistencia en las bondades de la transparencia».[3] Oppenheimer defendía
que ocultar información sobre la bomba aumentaba el riesgo de que
hubiera malentendidos. Tal como Kennan recordaba el razonamiento de
Oppie, «había que mantener conversaciones con ellos [con los soviéticos],
lo más francas posible, sobre los problemas del futuro del arma y su empleo». Convenía con él en que las armas nucleares eran inherentemente
malvadas y genocidas: «Debería haber quedado claro para la gente de
entonces que era un arma con la que nadie saldría ganando. [...] La mera
idea de que se podía conseguir algo de naturaleza positiva con su desarrollo me pareció un disparate desde el principio».

En la faceta personal, Kennan siempre estaría agradecido a Oppenheimer por haberlo llevado al instituto de Princeton para que comenza-
ra una carrera nueva como académico e historiador distinguido. «Yo, que
debo a tu aliento y a tu confianza en mí la oportunidad de hacer de mi

persona un académico en la medida que pude, empezando a mediana edad, tengo una deuda personal contigo».[4] No obstante, la incorporación de Kennan al instituto fue muy controvertida; hubo quien cuestionó las credenciales de ese funcionario que había hecho carrera en Asuntos Exteriores y que no había publicado nada que pudiese considerarse ni remotamente académico. John von Neumann votó en contra de la asignación y escribió a Oppenheimer que «de momento no es historiador», pues para eso aún tenía que producir trabajos doctos de «carácter excepcional».[5] La mayoría de los matemáticos residentes, encabezados como siempre por Oswald Veblen, objetaron que Kennan no era más que un amigo político de Oppie y no un erudito. «No les gustaba Kennan —dijo Freeman Dyson— y aprovecharon la situación para atacar a Oppenheimer».[6] Pero este, que tenía en muy alta consideración las capacidades de su amigo, consiguió que la junta directiva aprobara el nombramiento y se comprometió a pagarle quince mil dólares de salario de los fondos del director.

Kennan pasó dieciocho meses en Princeton y se marchó, a regañadientes, en la primavera del 1952, cuando Truman y Acheson le insistieron para que aceptara el cargo de embajador estadounidense en Moscú. Sin embargo, menos de medio año después escribió a Robert que creía que su estancia en la capital rusa iba a ser breve; en efecto, en diez días lo suspendieron del cargo porque dijo a un periodista que la vida de la Rusia soviética le recordaba los tiempos que había pasado en la Alemania nazi.[7] Como es natural, los soviéticos lo declararon *persona non grata*. Después, cuando Dwight Eisenhower ganó las elecciones a presidente, se hizo manifiesto que los republicanos defensores de una «reversión» que asumían puestos de gobierno no necesitaban los servicios del autor de la «contención». En marzo de 1953, Kennan escribió a Oppenheimer para decirle que acababa de ver al secretario de Estado, John Foster Dulles, quien le había dicho que «no se le ocurría en qué área gubernamental podría yo encajar en este momento […] imbuido como estoy en la "contención"».[8] Así pues, Kennan se retiró prematuramente de la vida política y no tardó en regresar a Princeton, a la «cámara hiperbárica de eruditos» de Oppie, donde pasaría el resto de su vida, salvo un periodo en que sirvió como embajador en Yugoslavia a principios de los años sesenta. Fue vecino de Oppenheimer y amigo fiel; a sus ojos, este había creado un «lugar donde el trabajo intelectual podía desarrollarse en su forma más elevada, con elegancia, generosidad, y con la meticulosidad y la severidad más exquisitas».

En el panorama de la Guerra Fría y el incremento de armas, la bomba H no fue lo único a lo que se opuso Oppenheimer. Para 1949 ya no creía poder lograr ningún progreso en un futuro predecible del desarme nuclear. Seguía creyendo en la visión bohriana de que la transparencia global era la única esperanza de la humanidad en la era nuclear. Sin embargo, los acontecimientos que tenían lugar en los albores de la Guerra Fría dejaban claro que las negociaciones de las Naciones Unidas para controlar este tipo de armamento estaban en un *impasse*. En tal situación, Oppenheimer trató de usar su influencia para enfriar las crecientes expectativas que el Gobierno y la población ponían en todo lo nuclear. Aquel verano, la prensa publicó unas declaraciones en las que decía que «aplicar energía nuclear en aviones y barcos de guerra es una enorme sandez».[9] En el Comité Consultor General, tanto él como el resto de los científicos criticaron el Proyecto Lexington de las Fuerzas Aéreas, un programa para desarrollar bombarderos alimentados con energía atómica. También habló de los peligros potenciales inherentes a las plantas nucleares civiles. Ese tipo de comentarios no le granjearon precisamente las simpatías de los mandamases en cuestiones de defensa ni de quienes apoyaban el desarrollo de tecnologías basadas en la energía atómica.

En realidad, los miembros del GAC estaban cada vez más intranquilos ante los planes que albergaba el ejército relacionados con las armas nucleares. «Sé que se discutía mucho sobre designar blancos soviéticos —recordó Lee DuBridge— y sobre cuántas [bombas] se necesitarían para acabar con los centros industriales más importantes. [...] Entonces pensábamos que con cincuenta [bombas] se podía borrar del mapa lo esencial de la Unión Soviética».[10] DuBridge siempre opinó que aquella era una estimación bastante acertada, pero, con el tiempo, los representantes del Pentágono fueron hallando pretextos para aumentar esa cifra. «A veces nos hacía gracia el hecho de que siempre parecían encontrar objetivos para la cantidad [de bombas] que pensaban construir en uno o dos años —dijo—. La cantidad de objetivos se acomodaba a la cantidad de la producción».

Las exposiciones que ofrecía Oppenheimer en las reuniones del GAC solían ser de una objetividad impecable; en escasas ocasiones mostró sus emociones. Una excepción tuvo lugar cuando el vicealmirante Hyman Rickover trasladó al comité la prisa que tenía la Marina por desarrollar submarinos propulsados con energía nuclear y se quejó de que la CEA no estaba aplicándose lo suficiente en fabricar reactores. Entonces se encaró a Oppenheimer y le preguntó si había esperado a «tener todos los hechos» antes de construir la bomba atómica.[11] Este le clavó sus gélidos ojos azules y contestó que sí. Se contuvo hasta que el autoritario vicealmirante abandonó la sala; luego se acercó a la mesa donde este había dejado una maqueta de madera de un submarino, la envolvió con la mano, la aplastó y se marchó sin decir nada.[12]

Oppenheimer iba ampliando su círculo de enemistades políticas. Tal como su amigo Harold Cherniss había observado años atrás, los comentarios de Oppie podían ser «muy crueles».[13] Solía ser amable y considerado con los subordinados, pero con los colegas solía mostrarse a veces bastante cortante.

Lewis Strauss seguía siendo el enemigo político más peligroso de Oppie. No había olvidado cómo había ridiculizado sus recomendaciones en la audiencia del Congreso del verano anterior. «No están siendo días felices», escribió a un amigo en julio de 1949.[14] Tras haber disentido en numerosas ocasiones respecto a políticas varias en la CEA, Strauss se puso a la defensiva. Refiriéndose a Oppenheimer y a sus amigos, se quejó en privado de que «a sus ojos he sido culpable de lesa majestad por tener la desvergüenza de discrepar de mis colegas». Creía que Herbert Marks y Anne Wilson, amigos de Oppenheimer, propagaban historias «en las que me ponen de "aislacionista"».[15] Cuando un amigo observó que cierta gente consideraba «una desvergüenza disentir con el doctor Oppenheimer en temas científicos», Strauss escribió una nota para sus archivos sobre el «tema de la omnisciencia», en la que apuntó que el físico había propuesto una vez «desnaturalizar» uranio, un proceso que hasta el momento se había probado imposible.[16]

Strauss se convenció también de que Oppenheimer trataba a propósito de ralentizar el trabajo que se realizaba en torno a la bomba termonuclear; lo veía como «un general que no quiere batallar. Difícilmente puede esperarse la victoria».[17] A principios de 1951, pese a haber dejado de pertenecer a la CEA, acudió al presidente de esta, Gordon Dean, y le leyó un escrito detallado en el que acusaba a Oppenheimer de «sabotear el proyecto». Dijo que había que tomar «medidas drásticas» al respecto, con lo cual quería decir que deberían despedirlo. Y, como para subrayar los riesgos políticos que implicaba tener contratado al físico, concluyó la reunión arrojando teatralmente la nota al fuego de la chimenea. Consciente o no, fue un gesto metafórico: la seguridad del país exigía que la influencia de Oppenheimer se redujera a cenizas.

En el otoño de 1949, cuando se caldeaba el debate interno en torno a la bomba H, Strauss se enteró de cierta información confidencial que alimentó aún más las sospechas que albergaba hacia el físico. A mediados de octubre, el FBI le informó de que habían descodificado unos telegramas procedentes de la URSS y habían descubierto que un espía soviético había estado operando desde Los Álamos. Los cables parecían señalar a un físico británico, Klaus Fuchs, que llegó allí en 1944 como integrante del equipo científico de Inglaterra. A lo largo de las semanas siguientes se evidenció que Fuchs había tenido amplio acceso a información secreta relativa tanto a la bomba atómica como a la bomba H.

Mientras el FBI y los británicos investigaban a Fuchs, Strauss empezó a indagar por su cuenta sobre Oppenheimer. Telefoneó al general Groves y, a partir de lo que figuraba en el expediente que tenía el FBI sobre él, le preguntó por el caso Chevalier. En respuesta, Groves le escribió dos largas cartas en las que exponía qué había ocurrido en 1943 y por qué había aceptado la explicación que le había dado el físico acerca de las actividades de Chevalier. En la primera dejó claro que creía que Oppenheimer era un estadounidense leal. En la segunda trató de transmitir la complejidad del caso Chevalier.

Groves manifestó, asimismo, que no consideraba incriminatorio el comportamiento de Robert en ese incidente. «Es importante tener en cuenta que —escribió a Strauss—, si hubiéramos descartado a todos los hombres que en otra época tuvieron relación con amigos de tendencias comunistas o que simpatizaron con los rusos en un momento u otro, habríamos perdido a muchos de nuestros mejores científicos».[18]

A Strauss no le satisfizo esa defensa de Oppenheimer y siguió buscando información que lo comprometiera. A principios de diciembre se puso en contacto con el antiguo subordinado de Groves, el coronel Kenneth Nichols, que detestaba a Oppenheimer. A partir de aquel momento y durante varios años, el susodicho sería ayudante y confidente de Strauss. Los unía el odio común que sentían hacia el físico. Nichols le entregó de buena gana la copia de una carta que Arthur Compton escribió en septiembre de 1945 a Henry Wallace, en la que el remitente, supuestamente hablando también en nombre de Oppenheimer, Lawrence y Fermi, declaraba que habrían «preferido perder la guerra» a ganarla gracias a un arma genocida como la bomba H.[19] Aquello indignó a Strauss, que vio la carta como una prueba más de la peligrosa influencia de Oppenheimer. El hecho de que fuera Compton quien la escribió y que Lawrence y Fermi respaldaran el argumento no pareció tener importancia alguna para Strauss.

La tarde del 1 de febrero de 1950, el día después de que Truman diera vía libre a la bomba H, Strauss recibió una llamada de J. Edgar Hoover, el director del FBI, que le comunicó que Fuchs acababa de confesar espionaje.[20] Aunque Oppenheimer no había tenido nada que ver con que se hubiera enviado al británico a Los Álamos, Strauss le retrajo que el espionaje había ocurrido mientras él estaba al cargo. Al día siguiente, le escribió a Truman que el caso Fuchs «no hace más que corroborar la inteligencia de su decisión [respecto a la bomba H]».[21] Para la mentalidad de Strauss, este caso justificaba la obsesión que tenía con el secretismo y la oposición a compartir tecnología nuclear e isótopos de investigación con los británicos ni con nadie. Y, tanto para Strauss como para Hoover, la confesión de Fuchs planteaba la necesidad de reexaminar el pasado izquierdista de Oppenheimer.

Este supo de la confesión de Fuchs mientras estaba comiendo con Anne Wilson Marks, su antigua secretaria de Los Álamos, en el Oyster Bar, el conocido restaurante de la estación de Grand Central. «¿Has oído lo de Fuchs?», le preguntó.[22] A ambos, Fuchs les había parecido siempre un personaje callado, triste, incluso algo lastimoso. «Robert se quedó de piedra con la noticia», recordó Wilson. Por otra parte, sospechaba que lo que el espía sabía de la bomba H se limitaba probablemente al voluminoso y nada práctico modelo que habría que transportar con una «carreta de bueyes». La misma semana dijo a Abraham Pais, colega del instituto, que esperaba que Fuchs hubiera dicho a los rusos todo lo que sabía sobre la bomba H porque así «los haría retroceder unos cuantos años».[23]

Unos días antes de que la confesión de Fuchs se hiciera pública, Oppenheimer testificó en una sesión ejecutiva ante el Comité Conjunto de Energía Atómica. Fue la primera vez que se le preguntó específicamente cuáles habían sido sus relaciones políticas en los años treinta, y explicó con calma que en aquel entonces pensaba, con ingenuidad, que los comunistas tenían respuestas para los problemas a los que se enfrentaba el país, en plena depresión. A muchos alumnos suyos les resultó difícil encontrar trabajo, y en el ámbito internacional dominaba la amenaza hitleriana. Aunque nunca se afilió al partido, dijo haber mantenido relaciones de amistad con algunos comunistas durante los años de la guerra. Poco a poco, sin embargo, fue percatándose de una «falta de honradez e integridad en el […] Partido Comunista».[24] Para cuando finalizó la guerra, explicó, ya era un «anticomunista convencido cuyas simpatías pasadas por causas comunistas me proporcionaron inmunidad ante posibles infecciones futuras». Criticó con dureza dicha ideología por su «abominable falta de honestidad» y sus «elementos secretistas y dogmáticos».

Después, William Liscum Borden, un joven gerente del comité conjunto, escribió a Oppenheimer una carta en la que, muy educadamente, le daba las gracias por la comparecencia: «Creo que ha estado bien que se presentara usted ante el comité y creo que fue de gran provecho».[25] Borden, producto de la escuela St. Albans y de la Escuela de Derecho de Yale, era brillante y enérgico, y estaba obsesionado con la amenaza soviética. Durante la guerra pilotó un bombardero B-24 y en una misión nocturna, mientras volaba hacia Londres, un cohete alemán V-2 se cruzó por delante de él. «Fue como un meteorito —escribiría más adelante—. Soltaba un chorro de chispas rojas y pasó frente a nosotros, silbando, como si el avión estuviera quieto. Entendí que era solo cuestión de tiempo que Estados Unidos quedara expuesto a ataques directos y transoceánicos con cohetes».[26] En 1946 escribió un libro alarmista sobre el riesgo futuro de un «Pearl Harbor nuclear», *Ya no habrá tiempo: la revolución en la estrategia*. En él, Borden predecía que, en los próximos años, los enemigos de Estados Unidos tendrían cantidades ingentes de cohetes intercontinentales rematados con bombas atómicas. En Yale, él y otros compañeros de clase también conservadores pusieron un anuncio en un periódico en el que pedían al presidente Truman que emitiera un ultimátum a la Unión Soviética en materia nuclear: «Que decida Stalin: guerra atómica o paz atómica». Después de ver el incendiario anuncio, el senador Brien McMahon contrató al joven Borden, de veintiocho años, como ayudante en el Comité Conjunto de Energía Atómica; «era como un perro nuevo en el vecindario, que ladraba más fuerte y mordía más que los perros viejos —escribió el físico de Princeton John Wheeler, que lo conoció en 1952—. Allá adonde mirara, veía conspiraciones que pretendían frenar o malograr el desarrollo del armamento en Estados Unidos».[27]

Borden conoció a Oppenheimer en abril de 1949 en una reunión del GAC, en la que lo escuchó en silencio criticar abiertamente el Proyecto Lexington, la propuesta de las Fuerzas Aéreas de construir un bombardero alimentado con energía nuclear. Como si eso no hubiera sido bastante controvertido, también criticó el plan que albergaba la CEA para sacar adelante un programa de plantas nucleares civiles: «Es una tarea de ingeniería peligrosa».[28] Sus palabras no convencieron a Borden, quien se marchó pensando que Oppenheimer era un «líder nato y un manipulador».

A raíz de la confesión de Fuchs, no obstante, Borden se preguntó si Oppenheimer no sería algo más peligroso que un mero «manipulador». Lewis Strauss, cómo no, alimentó las sospechas que el joven abrigaba en esa dirección. En 1949 ya se tuteaban, e incluso después de dejar la CEA

Strauss mantuvo el contacto con el que sería el gerente del comité del Senado responsable de supervisar las actividades de la comisión.[29] Enseguida se dieron cuenta de que compartían muchas preocupaciones respecto a la influencia de Oppenheimer.

El 6 de febrero de 1950, el director del FBI testificó ante el comité conjunto. Borden estaba presente. En principio, Hoover debía informar sobre Fuchs, pero se extendió largamente a hablar de Oppenheimer. Aquel día, en el comité estaban también el senador McMahon y el congresista Henry «Scoop» Jackson (del distrito de Washington).

En el distrito washingtoniano que representaba Scoop Jackson, se encontraban las instalaciones nucleares de Hanford. Este era un anticomunista de línea dura y un fuerte defensor de las armas atómicas. Había conocido a Oppenheimer el otoño anterior, durante el debate sobre la bomba H, y lo había invitado a cenar al hotel Carlton de Washington D. C. Allí, incrédulo, había escuchado al físico argumentar que construir una bomba H solamente avivaría la carrera armamentística y dejaría a Estados Unidos en una posición más vulnerable. «Creo que se sentía culpable por el papel que desempeñó en el Proyecto Manhattan», comentaría Jackson años más tarde.[30]

En aquella audiencia, Jackson y McMahon escucharon de boca de Hoover por primera vez el episodio en el que Haakon Chevalier se había dirigido a Oppenheimer y le había sugerido compartir cierta información científica con los soviéticos, aliados de Estados Unidos durante la guerra. Hoover afirmó que Oppenheimer había rechazado la propuesta, pero, en la suspicaz mente de Borden, el incidente seguía sonando sospechoso. Empezó a considerar si la oposición a la bomba H que mostraba el físico no estaría motivada por una vil lealtad a la causa comunista.[31]

Al cabo de un mes, Edward Teller dijo a Borden que Oppenheimer había querido desmantelar Los Álamos después de la guerra; aseguró que había dicho: «Vamos a devolvérsela a los indios». Como ha demostrado la historiadora Priscilla J. McMillan, Teller se esforzó con diligencia en poner a Borden en contra de Oppenheimer. Según afirma, Teller intentaba ver a Borden «siempre que iba a Washington»;[32] además, lo halagaba en su asidua correspondencia y «nutría sus dudas diciéndole repetidamente que el programa termonuclear iba con mucho retraso y que la culpa era de Oppenheimer».[33] También le dijo que un oficial de seguridad de Los Álamos creía que antaño el físico había sido un «comunista erudito». Por último, se enteró de que Kitty había estado casada con un comunista que había luchado y muerto en España.

Borden, McMahon y Jackson se quedaron horrorizados al saber que Oppenheimer había empezado hacía poco a usar su influencia para defender el uso de armas nucleares tácticas en el campo de batalla. Para las Fuerzas Aéreas y sus aliados del Congreso, la iniciativa de Oppenheimer era un intento evidente de socavar el papel dominante del Comando Aéreo Estratégico. Jackson y sus colegas consideraban que la capacidad que tenía este de arrojar un ataque atómico devastador era la mejor carta con que contaba Estados Unidos. «Hasta ahora —dijo Jackson en un discurso—, nuestra superioridad nuclear ha mantenido a raya al Kremlin. [...] Quedar atrás en la competición por el armamento atómico significaría el suicidio del país. La última explosión nuclear rusa muestra que Stalin ha puesto toda la carne en el asador. Ya es hora de que nosotros hagamos lo propio».[34] En la era atómica, Jackson creía que Estados Unidos debía poseer la superioridad militar absoluta sobre cualquier enemigo imaginable; así pues, si existía la posibilidad de construir una bomba de hidrógeno, el país debía ser el primero en conseguirlo. Robert Kaufman, su biógrafo, escribió que «nunca olvidó la experiencia de escuchar los argumentos de científicos bienintencionados pero ingenuos en contra de la fabricación de la bomba H».[*35]

Mientras que políticos como el congresista Jackson veían a Oppenheimer como ingenuo y culpable de no juzgar con rectitud, Borden, como se ha señalado, empezaba a sospechar que era algo mucho peor. El 10 de mayo de 1950 leyó en la primera plana de *The Washington Post* que dos antiguos miembros del Partido Comunista, Paul y Sylvia Crouch, testificaron ante el Comité de Actividades Antiestadounidenses del Senado estatal de California que, en una ocasión, Oppenheimer había alojado una reunión del partido en su casa de Berkeley. Declararon que Kenneth May los había llevado allí en coche, a Kenilworth Court, 10, en julio de 1941. Hitler acababa de invadir la Unión Soviética, y, como presidente del Partido Comunista del condado de Alameda, Paul Crouch debía aclarar la

* A su vez, Jackson influyó en los neoconservadores que, en 2003, dieron forma a la doctrina de Bush sobre guerra preventiva. Richard Perle, que fue el consejero principal de Políticas Exteriores de Jackson entre 1969 y 1979, dijo a Kaufman: «Su entusiasmo [el de Jackson] por construir misiles de defensa, su escepticismo ante la distensión y los acuerdos de las Conversaciones sobre la Limitación de Armas Estratégicas, todo nacía de su experiencia previa y de las lecciones que extrajo de ella; si hubiéramos escuchado a los científicos que se opusieron a la bomba de hidrógeno, Stalin habría conseguido el monopolio y nos encontraríamos en un problema muy grave».

nueva postura de este ante la guerra. Asistieron entre veinte y veinticinco personas. Sylvia Crouch describió la supuesta reunión en el domicilio de Oppenheimer como la «sesión de un grupo comunista de mucho peso, una sección especial; un grupo tan importante que la identidad de sus integrantes se ocultaba al resto de los comunistas».[36] A su marido y a ella no les presentaron a ninguno de los asistentes, dijo Sylvia; fue solo más adelante que identificó al anfitrión como Oppenheimer, cuando en 1949 lo vio en un noticiario emitido en un cine. Los Crouch afirmaron también que, cuando el FBI les enseñó fotos, reconocieron a David Bohm, George Eltenton y Joseph Weinberg como asistentes a la reunión. Sylvia aludió a este último como el «científico X», etiquetado por el Comité de Actividades Antiestadounidenses como el individuo que pasó secretos de la bomba atómica a un espía comunista durante la guerra. Los periódicos de California calificaron estas alegaciones de «bombazo». A Paul Crouch lo describieron como un «Whittaker Chambers de la Costa Oeste», en referencia al redactor de la revista *Time*, antiguo comunista, cuyo testimonio había desembocado en la condena por perjurio de Alger Hiss.[37]

De inmediato, Oppenheimer publicó un escrito en el que negaba la alegación: «Nunca he sido miembro del Partido Comunista. Nunca he convocado a ningún grupo como ese con un fin como ese, ni en mi casa ni en ningún otro sitio». También dijo no reconocer el apellido Crouch, y prosiguió: «No he mantenido en secreto el hecho de que hace tiempo conocí a mucha gente de círculos de izquierdas y formé parte de varias organizaciones izquierdistas. El Gobierno conoce en detalle esas circunstancias desde que empecé a trabajar en el proyecto de la bomba atómica».[38] La prensa divulgó ampliamente esas palabras y el asunto pareció aplacarse. Sus amigos lo confirmaron. Tras leer sobre ese «desagradable asunto» en los periódicos de California, David Lilienthal le escribió acerca del testimonio de los Crouch: «No puede ser más nauseabundo, pero es como una ráfaga de viento que azota el Gibraltar del gran lugar que ocupas en la vida estadounidense».[39]

Lilienthal, de todos modos, subestimaba el efecto que aquel testimonio produjo en mentes menos comprensivas. William Borden escribió una nota en la que decía que las alegaciones de los Crouch le parecían «intrínsecamente creíbles».[40] El FBI había interrogado al matrimonio de modo exhaustivo durante las semanas previas a la declaración que realizaron en mayo de 1950 en California. En aquel entonces eran informantes a sueldo; estaban en nómina del Departamento de Justicia, por lo que testificaban con regularidad contra supuestos comunistas en juicios de seguridad de todo el país.

Hijo de un predicador baptista de Carolina del Norte, Paul Crouch se afilió al Partido Comunista en 1925. Aquel año estuvo enrolado en el ejército estadounidense y escribió una carta a sus camaradas presumiendo de haber «formado una asociación de esperanto como tapadera de actividades revolucionarias». El ejército interceptó la carta y concluyó que había organizado una célula comunista en Schofield Barracks, en Hawái. Le hicieron un consejo de guerra con la acusación de «fomentar la revolución» y le impusieron una condena extraordinaria: cuarenta años de cárcel. En el juicio testificó: «Tengo la costumbre de escribir cartas a mis amigos y a personas imaginarias, a veces a reyes y otros extranjeros, en las que me coloco en una posición imaginaria».[41]

Curiosamente, después de pasar solo tres de los cuarenta años de condena en Alcatraz, el presidente Calvin Coolidge lo perdonó.[42] No está claro si fue el resultado de convertirse en agente doble, tal como sugiere su comportamiento posterior, o fue solo una suerte increíble. En cualquier caso, después de salir de prisión, el Partido Comunista lo aclamó como un «héroe proletario». Durante un periodo corto trabajó con Whittaker Chambers como ayudante de redacción en el *Daily Worker*. Y después, en 1928, el partido lo envió a Moscú, donde, según diría más adelante, dio clase en la Escuela Lenin y le concedieron el rango honorífico de coronel en el Ejército Rojo. También afirmó haber conocido al mariscal M. N. Tujachevski, quien habría compartido con él planes que «habían trazado para penetrar en las Fuerzas Armadas estadounidenses».[43] En realidad, sus anfitriones rusos consideraron su conducta tan desquiciada que pronto lo mandaron de vuelta a Estados Unidos. Allí, sin embargo, el Partido Comunista lo envió a viajar por el sur, su tierra natal, donde cantó las virtudes del Estado socialista y del camarada Stalin. Se estableció en Florida y encontró trabajo como periodista y coordinador del Partido Comunista.

Inexplicablemente, un día cruzó la línea de piquetes y se puso a trabajar como esquirol en un periódico de Miami. Cuando sus camaradas lo descubrieron, huyó a California, donde en 1941 era el secretario del Partido Comunista del condado de Alameda. Por lo visto, fue un camarada poco querido y un líder incompetente. «Pasaba mucho tiempo bebiendo solo en los bares», escribió Steve Nelson.[44] En diciembre de 1941 —o, como mucho, en enero de 1942—, a raíz de ciertas actividades que propuso hacer en concentraciones callejeras y que muchos consideraron que invitarían a la violencia, los miembros locales del partido pidieron que lo echaran. ¿Pasó de ser agente doble a agitador? Tal vez, pero, en cualquier caso, su carrera en el partido llegó a su término en aquel momento. A finales de la década de 1940, su mujer y él hicieron una transición sorprendentemente suave para convertirse en testigos profesionales que declaraban contra sus antiguos camaradas. En 1950, Crouch era el «consultor» en nómina mejor pagado del Departamento de Justicia y ganaría 9.672 dólares en los dos años siguientes.

Pese a su estrafalaria carrera, Crouch, en principio, pareció un testigo creíble en contra de Oppenheimer. Fue capaz de describir la disposición interior de la casa de Kenilworth Court. Relató al FBI que el hombre que más tarde identificaría como Oppenheimer le había formulado varias preguntas y habían hablado en privado unos diez minutos después de que terminase la reunión formal. Cuando Kenneth May y él volvían a casa en coche, el primero le dijo, según Crouch, que «había estado hablando con uno de los científicos más importantes del país».[45] Esta historia contenía bastantes detalles que sonaban plausibles, y también muy dañinos.

Por su parte, Oppenheimer tenía una coartada que demostraba que no podía haber convocado la reunión del Partido Comunista que describía Crouch. Agentes del FBI lo entrevistaron el 29 de abril y el 2 de mayo de 1950, y les explicó que Kitty y él estaban entonces en su rancho de Perro Caliente, en Nuevo México, es decir, a casi dos mil kilómetros de Berkeley. Aquel verano fue cuando dejaron a Peter, su hijo recién nacido, con los Chevalier. Oppenheimer adujo después que un caballo lo había coceado el 24 de julio de 1941, y al día siguiente le habían hecho una radiografía en un hospital de Santa Fe.[46] Hans Bethe había ido de visita al rancho y recordaba el incidente con claridad. Dos días después, Robert escribió una carta con fecha del 26 de julio y lugar «Cowles [Nuevo México]». Por último, existía también un parte de accidente entre el coche de Oppenheimer, con Kitty al volante, y un camión del Departamento de Caza y Pesca de Nuevo México en la carretera a Pecos el 28 de julio. Todo ello dejaba claro que Oppenheimer no había salido de Nuevo México al menos desde el 12 de julio hasta el 11 o el 13 de agosto. Crouch estaba equivocado, tenía imaginaciones o mentía respecto a haber visto a Robert en una reunión del Partido Comunista a finales de julio en Kenilworth Court.[47]

Con el tiempo, Crouch demostró ser un informante muy poco fiable.[48] En 1953, Armand Scala, trabajador de una línea aérea y líder sindical, ganó un juicio de cinco mil dólares por libelo contra los periódicos de Hearst, que habían publicado una de las alegaciones más extravagantes de Crouch. Este fue también la fuente de algunas de las acusaciones más indignantes que formuló el senador Joseph McCarthy, como que los comunistas que trabajaban para el Departamento de Estado habían robado pasaportes estadounidenses en blanco y los habían pasado a agentes de la policía secreta soviética. Más adelante, el testimonio de Crouch emponzoñó de tal manera un caso mayor del Departamento de Justicia contra líderes del Partido Comunista que la Corte Suprema se vio obligada en 1956 a desestimar el caso.[49]

Al final, Crouch cayó víctima de sus propias mentiras.[50] Cuando los columnistas independientes Joseph y Stewart Alsop lo acusaron de cometer perjurio en el juicio de unos comunistas de Filadelfia, el fiscal general del presidente Eisenhower, Herbert Brownell, anunció de mala gana que «investigaría» a Crouch. En respuesta, este demandó a los hermanos Alsop por un millón de dólares y advirtió a Brownell que «si pudiera destruirse mi reputación, treinta y un líderes comunistas podrían someterse a nuevos juicios».[51] No tardó en recurrir a J. Edgar Hoover para que investigara la lealtad de los ayudantes de Brownell, lo cual ocasionó que *The New York Times* comentara que fuentes de Washington «no entendían cómo el Departamento de Justicia seguía valiéndose de los servicios del señor Crouch». A finales de 1954, este se marchó a Hawái, donde trató de escribir sus memorias, tituladas *Red Smear Victim*, que nunca llegaron a publicarse. Crouch murió antes de que la demanda por libelo contra los Alsop llegara a juicio.

Con todo, a William Liscum Borden seguía pareciéndole una fuente creíble. Si decía la verdad, entonces Oppenheimer el enigmático pasaba a ser Oppenheimer el simpatizante comunista. En junio de 1951, Borden envió a un subordinado, J. Kenneth Mansfield, a hablar con él. A Mansfield, el físico le pareció «demasiado ambivalente» respecto al asunto del rápido crecimiento del arsenal nuclear estadounidense.[52] Oppie le explicó que creía que las armas nucleares estratégicas —las destructoras de ciudades— tenían un único objetivo: disuadir a la Unión Soviética de que atacase Estados Unidos. Si se doblaba su número, como proponía la Administración de Truman, la disuasión no iba a ser mayor.

Las ojivas nucleares tácticas eran otra historia a ojos de Oppenheimer. En 1946 las había desestimado en una carta a Truman. Sin embargo, después de que los soviéticos detonaran su bomba atómica en 1949, él y sus colegas del GAC habían instado a la Administración de Truman a que construyera más armas «de campaña» como alternativa a la bomba H. Como dijo Oppenheimer a Mansfield, la utilidad militar del arsenal nuclear dependía más de «la pericia de nuestro plan bélico y nuestra habilidad en disponer de él que del número real de bombas».[53] En aquel entonces, las tropas estadounidenses estaban luchando en una guerra real en la península de Corea. Oppenheimer no defendía el uso de armas atómicas en ese conflicto, pero sí sostenía que había una «necesidad obvia» de armas nucleares pequeñas y tácticas que pudieran emplearse en el campo de batalla. «Solo cuando se reconozca que la bomba atómica es útil en tanto que parte integral de las operaciones militares —escribió en el *Bulletin of the Atomic Scientists* en febrero de 1951— será realmente de ayuda en la guerra».

«Me llevé la impresión —dijo Mansfield a Borden— de que Oppenheimer ve la guerra [contra la Unión Soviética] como impensable, como algo que apenas vale el esfuerzo que comporta».

> Creo que, en consecuencia, no llega a pensar en serio sobre las consecuencias de su política de temperancia y moderación. También sospecho que en esencia su aprensión encuentra la noción general de bombardeo estratégico torpe y chapucera. Usa la maza en lugar del escalpelo; no muestra mucha imaginación ni complejidad. Si unimos a esto su sensibilidad moral, del tipo especialmente común entre los científicos; si le añadimos su profunda convicción de que el pueblo ruso es esencialmente víctima de un gobierno […] tiránico; y si lo combinamos con su aversión a matar civiles, quizá la importancia, subrayada con frecuencia, de desarrollar usos tácticos se hace más comprensible.[54]

La nota de Mansfield, escrita en junio de 1951, captó con acierto el espíritu y la lógica de la mentalidad de Oppenheimer, pero Borden parecía estar empeñado en rechazar la posibilidad de que las recomendaciones políticas del físico pudieran explicarse por la lógica. Creía que había en juego influencias oscuras y advirtió que otras personas compartían su opinión. Aquel verano, Borden y Strauss se vieron para hablar de las sospechas comunes que tenían respecto a Oppie. Strauss «dedicó gran parte de la conversación a expresar el miedo y la preocupación que le suscitaba Oppenheimer», atestigua un resumen de la reunión.[55] Hablaron extensamente sobre la declaración de Crouch, según la cual el físico habría alojado una reunión secreta del Partido Comunista.

Pese a todas las pruebas en contra, ambos creían la historia de Crouch; no tenían dudas sobre la perfidia de Oppenheimer. Sin embargo, llegaron a la conclusión, a su pesar, de que la historia no podría confirmarse, ni siquiera mediante escuchas. Strauss dijo a Borden: «[Oppenheimer y sus compinches] tendrán ahora muchísimo cuidado al hablar por teléfono porque el "barbero" [el apodo que Strauss le puso a Joe Volpe] está en una posición en la que se enteraría si hay control telefónico y se lo diría a los demás». Pensaban que los amigos que tenía Oppenheimer en la comunidad científica lo protegerían siempre, y él parecía saber que estaba vigilado. Borden apuntó en una nota para sí mismo: «Le señalé [a Strauss]» que otros funcionarios [quizá del FBI] compartían la misma «sensación de frustración total ante la imposibilidad de llegar a ninguna conclusión definitiva».

Con su mentalidad conspirativa, todo lo que veían Borden y Strauss era que la defensa que hacía Oppenheimer de las armas nucleares tácticas era una estratagema para frenar la bomba H. De hecho, el joven gerente estaba convencido de que, entre 1950 y 1952, el físico había empleado toda su influencia para impedir que esta se desarrollase, incluso después de que quedase claro, en junio de 1952, que Stanisław Ulam y Teller habían solucionado los problemas de diseño que presentaba la bomba. No parecieron dar importancia al hecho de que Oppie hubiera calificado el diseño de «técnicamente bonito» y hubiera aprobado formalmente que se llevara a cabo su desarrollo.[56] Sus colegas del GAC y él habían rechazado muchas veces la propuesta de Teller de construir un segundo laboratorio de armas que se dedicara exclusivamente a la bomba H, y para Borden y Strauss eso demostraba con creces que Oppenheimer se oponía constantemente a ella. Pero este y los miembros del comité tenían sus motivos: creían que dividir el talento científico estadounidense en dos laboratorios de armas impediría el progreso científico en lugar de hacerlo avanzar.

Aquel mismo año, Teller había acudido al FBI con una lista larguísima de acusaciones contra Oppenheimer. Todas tenían en común que el científico había «retrasado o intentado retrasar o entorpecer el desarrollo de la bomba H».[57] El FBI fue a interrogar a Teller a Los Álamos, y este hizo lo posible por difamar al físico con indirectas como «mucha gente cree que Oppenheimer se opuso al desarrollo de la bomba H porque había recibido "órdenes directas de Moscú"». Para cubrirse las espaldas, dijo después que no creía que Oppie fuera «desleal», sino que atribuía su comportamiento a un defecto de su personalidad: «Oppenheimer es una persona muy compleja, y también excepcional. Cuando era joven tuvo problemas, sufrió algún tipo de ataques físicos o mentales que quizá le hayan dejado secuelas permanentes. Es muy ambicioso como científico, pero es consciente de que no es tan bueno como le gustaría». En resumen, Teller afirmó que «haría todo lo posible» para que Oppenheimer dejara de prestar sus servicios al Gobierno.[58]

Teller no era el único defensor de la bomba H que estaba desesperado por eliminar la influencia de Oppenheimer. En septiembre de 1951, David Tressel Griggs, profesor de Geofísica de la UCLA, fue nombrado científico jefe de las Fuerzas Aéreas estadounidenses. En 1946, la época en que había servido como asesor en el Proyecto RAND, había oído rumores sobre los problemas de seguridad de Oppenheimer. Su jefe inmediato de las Fuerzas Aéreas, el secretario Thomas K. Finletter, le dijo que «tenía serias reservas en cuanto a la lealtad del doctor Oppenheimer».[59] Ninguno de ellos disponía de ningún indicio nuevo, pero creían ver confirmadas sus sospechas por «una serie de actividades, y todas involucran al doctor Oppenheimer».

Por su parte, este cuestionaba la cordura de los cabecillas de las Fuerzas Aéreas y se horrorizaba ante sus planes homicidas. En 1951 le revelaron su plan estratégico de guerra, el cual requería aniquilar tal cantidad de ciudades soviéticas que se quedó consternado. Se trataba de un plan bélico criminal y genocida, «la cabronada más grande que he visto nunca», dijo más adelante a Freeman Dyson.[60]

Pocas semanas antes de empezar a trabajar para Finletter, en 1951, Griggs encabezó una delegación de las Fuerzas Aéreas que fue a Pasadena para reunirse con un grupo de científicos del Caltech, liderado por el presidente de esta institución, Lee DuBridge. Se había solicitado al grupo que escribiera un informe altamente secreto, llamado Proyecto Vista, acerca del papel que las armas nucleares podrían desempeñar en caso de que la Unión Soviética invadiera por tierra Europa occidental. Griggs y otros oficiales de las Fuerzas Aéreas se alarmaron al enterarse de los rumores de que el informe del Proyecto Vista desestimaba los bombardeos estratégicos. Supuestamente, los autores del documento prometían «devolver la guerra al campo de batalla» dando prioridad a las ojivas nucleares, pequeñas y tácticas, sobre las bombas termonucleares, destinadas a arrasar ciudades enteras.

En el capítulo quinto del informe incluso se aducía que las bombas termonucleares no podían usarse con fines tácticos en el campo de batalla real y se apuntaba que los intereses de Estados Unidos se verían beneficiados si Washington adoptaba públicamente una política de «no ser los primeros» en utilizar armas nucleares.[61] Asimismo, se recomendaba que el Comando Aéreo Estratégico recibiera solo un tercio de las valiosas provisiones de material fisionable; el resto se destinaría al ejército para que fabricara armas tácticas de campaña. Griggs se enfureció al ver tales recomendaciones, pero no se sorprendió cuando supo que el autor principal del capítulo quinto era Robert Oppenheimer.

Este ni siquiera formaba parte del panel del Proyecto Vista, pero Du-Bridge lo había incluido en las deliberaciones para que los ayudara a clarificar las conclusiones. Propio de él, Robert pasó dos días leyendo el material recabado y escribió rápidamente lo que sería el controvertido pero muy lógico capítulo quinto. Temerosos del poder de persuasión del físico, Griggs y sus compañeros de las Fuerzas Aéreas hicieron todo lo posible por suprimir el informe. Pero no tuvieron mucho éxito; justo antes de la Navidad de 1951, DuBridge, Oppenheimer y Charles C. Lauritsen (científico del Caltech) llegaron a París para poner al corriente de las conclusiones del Proyecto Vista al general Dwight D. Eisenhower, comandante supremo de la OTAN, y le recalcaron la importancia, en cuanto militar, de lo que eran capaces de hacer unas pocas cabezas nucleares tácticas contra una división soviética blindada. Oppie consideró que la reunión fue un «éxito».[62]

Al enterarse del viaje, Finletter «se puso como un energúmeno».[63] Las Fuerzas Aéreas no querían que Eisenhower se expusiera a la influencia del pensamiento de Oppenheimer, en particular porque sus ideas apoyarían al ejército en sus demandas de obtener un mayor presupuesto atómico. Lewis Strauss también se encolerizó, y más adelante escribiría al senador Bourke Hickenlooper, de Iowa, miembro conservador del Comité Conjunto de Energía Atómica, que «desde que Oppenheimer y DuBridge fueron a ver al general Eisenhower a París, el año pasado, he estado preocupado por la probabilidad de que la visita tuviera como objetivo principal adoctrinarlo con sus ideas, plausibles pero engañosas, acerca de la situación de la energía atómica».[64] El jefe de Estado Mayor de las Fuerzas Aéreas, el general Hoyt S. Vandenberg, se inquietó tanto ante la influencia de Oppenheimer que, sin decir nada, eliminó el nombre del científico de la lista de individuos que tenían el permiso de las Fuerzas Aéreas para acceder a información de alto secreto.[65]

Las ideas de Oppenheimer, a saber, la preferencia de usar armas nucleares tácticas y el hecho de considerarlas un antídoto contra el genocidio, tenían también consecuencias no contempladas. Al «devolver la guerra al campo de batalla», sería más probable que se usaran efectivamente armas nucleares.[66] En 1946, Oppenheimer había advertido que este tipo de armamento «no son armas políticas, sino [...] que son en sí mismas una expresión suprema del concepto de guerra total».[67] En cambio, en 1951 escribió en el informe Vista: «Está claro que [las armas atómicas tácticas] pueden emplearse solo como auxiliares en campañas militares que tengan otros componentes y cuyo objetivo principal sea la victoria militar. No son armas totales o de terror en primer lugar, sino que sirven para proporcionar a las fuerzas de combate una ayuda de la que, de otro modo, carecerían». Que pudieran también desencadenar un intercambio de ataques nucleares aún más potentes era un escenario que Oppenheimer ignoraba, desesperado como estaba por impedir a las Fuerzas Aéreas que planificaran un armagedón bajo el disfraz de estrategia bélica racional.

A Griggs y Finletter también les preocupaba la influencia que pudiera tener Oppenheimer en otro análisis de estrategia nuclear, el realizado por el Grupo de Estudio Estival Lincoln en 1952, un informe secreto del MIT sobre cómo mejorar la defensa aérea nacional ante un ataque nuclear. Las Fuerzas Aéreas, dominadas por el Comando Aéreo Estratégico, temían que las inversiones en defensa aérea desviaran recursos de las fuerzas de represión del comando. Y eso era exactamente lo que el Grupo de Estudio de Lincoln proponía: convertir «el grueso de la flota de B-47 del Comando Aéreo Estratégico» en «interceptores de largo alcance armados con misiles guiados de relativamente largo alcance».[68] Para Oppenheimer, la defensa aérea era una prioridad moderada, pero los miembros del comando —todos pilotos de bombarderos— juzgaron la idea como puro derrotismo.

A finales de 1952, Finletter y unos cuantos oficiales de las Fuerzas Aéreas se quedaron horrorizados al enterarse de que alguien había filtrado el informe sumario del Grupo de Estudio Lincoln a los hermanos Alsop. Convencido de que el culpable era Oppie, «Finletter rabió ante el complot entre Oppenheimer y los hermanos Alsop».[69]

La primavera anterior, Griggs había comentado a Rabi que Oppenheimer y el GAC estaban frenando el desarrollo de la bomba H. Este, enfadado, defendió a su amigo e invitó a Griggs a leer las actas de las deliberaciones del comité, y entonces se daría cuenta de que Oppenheimer presidía las reuniones con justicia. Se ofreció a organizar un encuentro en Princeton entre los dos antagonistas. Griggs aceptó.

El día 23 de mayo de 1952, a las tres y media de la tarde, en Princeton, Griggs entró en el despacho de Oppenheimer y tomó asiento para lo que debía ser un intento de comprensión mutua. Sin embargo, Oppenheimer sacó enseguida una copia del informe del GAC de octubre de 1949, que incluía la controvertida recomendación contra el desarrollo de la bomba H, lo cual equivalía a ondear un trapo rojo frente a Griggs. Podría haber utilizado su encanto personal para apaciguar a un oponente burocrático, pero no pudo dominarse. Veía a Griggs como otro idiota aspirante a poderoso, un científico mediocre que se había alineado con unos cuantos generales y con un físico ambicioso, Edward Teller; no iba a arrodillarse para defenderse ante un tipo como aquel. La conversación enseguida se puso tensa. Cuando Griggs le preguntó si había hecho circular la historia en que el secretario Finletter alardeaba de que, con unas pocas bombas H, Estados Unidos podría dominar el mundo, Oppenheimer perdió la poca paciencia que le quedaba. Miró fijamente a Griggs y le contestó que había oído la historia y, además, que se la creía. Este objetó que había estado presente en la ocasión que se relataba y que Finletter no había dicho nada por el estilo, pero Oppie respondió que se la había contado una persona intachable que también había estado allí.

Ya que se había puesto la calumnia sobre la mesa, Oppenheimer le preguntó qué opinión tenía de él: si «era prorruso o solo estaba confundido».[70] Griggs repuso que ojalá supiera la respuesta. «Bueno —le dijo Oppenheimer—, ¿no ha cuestionado nunca mi lealtad?». A lo que Griggs contestó que había oído poner en duda su lealtad y había hablado de él en términos de amenaza para la seguridad nacional tanto con el secretario Finletter como con el jefe de Estado Mayor Hoyt Vandenberg. Ante esto, Oppenheimer lo tachó de «paranoico».

Griggs se marchó irritado y más convencido que nunca de que Oppenheimer era peligroso. Relató a Finletter, en confidencia, un resumen del encuentro. Por su parte, Oppie fue ingenuo al considerar que Griggs no podría hacerle daño. Para agravar la situación, unas semanas después repitió la actuación con el propio Finletter en una comida. Los ayudantes del secretario de las Fuerzas Aéreas pensaron que era hora de que ambos hombres se vieran cara a cara y resolvieran sus diferencias. Pero Oppenheimer había ido a testificar al Congreso y llegó tarde; estuvo toda la comida sentado, impávido, mientras Finletter, un refinado abogado de Wall Street, trataba una y otra vez de hacerle hablar. Sin hacer ningún esfuerzo por disimular su desprecio, Oppenheimer fue «increíblemente grosero».[71] Había acabado por aborrecer a aquellos hombres de las Fuerzas Aéreas y su afán de construir más y más bombas para matar a más y más millones de personas. Los consideraba tan peligrosos y tan obtusos moralmente que casi estaba contento de que fueran sus enemigos políticos. Unas semanas después, Finletter y los suyos dijeron al Comité Conjunto de Energía Atómica que la cuestión de «si [Oppenheimer] era subversivo» seguía abierta.[72]

Las acusaciones que Finletter dirigió a Oppie eran un reflejo de los extremos a los que llegaban quienes estaban involucrados en el debate nuclear. El propio Oppenheimer no fue inmune a esa enfermedad. En junio de 1951 dio una charla extraoficial en el Comité del Peligro Presente (del cual era miembro), un grupo privado que se dedicaba a presionar al Gobierno para que reforzara la defensa convencional. Sin ayudarse de apuntes, argumentó a favor del establecimiento de una defensa real en Europa occidental, una que «dejara libre al continente, no destruido [por bombas atómicas]». «Tratar con los rusos —concluyó— es tratar con un pueblo bárbaro y retrógrado que apenas es leal a sus gobernantes. Nuestra política suprema debería ser "librarse de lo nuclear en cuanto arma"».[73]

Como medida de cuánto había evolucionado su manera de pensar, en 1952 se le escuchó conjeturar sobre la posibilidad de llevar a cabo una guerra preventiva, una idea que había detestado solo tres años atrás. Nunca la defendió, por supuesto, pero en varias ocasiones tanteó la posibilidad de ejecutarla. En enero de 1952 mantuvo una conversación con los hermanos Alsop; uno de ellos, Joe, observó que «la línea que seguía Oppie, para decirlo sin rodeos, rozaba muy de cerca la puñetera guerra preventiva: no podemos quedarnos de brazos cruzados mientras un enemigo en potencia construye los instrumentos que claramente nos van a destruir».[74]

En febrero de 1953, Oppenheimer dio una charla en el Consejo de Relaciones Exteriores, y le preguntaron si la idea de guerra preventiva tenía sentido en las condiciones del momento. Su respuesta fue: «Creo que sí. Mi impresión general es que Estados Unidos sobreviviría físicamente, con daños, pero saldría vivo físicamente de una guerra no solo que empezara ahora, sino que no durase mucho. [...] Esto no quiere decir que la idea me parezca bien. Creo que hasta que no miras al tigre a los ojos, corres el peor peligro porque puede saltarte por la espalda».[75]

En 1952, Oppenheimer ya estaba harto de Washington en general. El presidente Truman había desoído sus consejos tantas veces que tomó medidas para apartarse del tinglado político. A principios de mayo quedó para comer con James Conant y Lee DuBridge en el Washington's Cosmos Club. Los tres se lamentaron y charlaron de la posición que ocupaban en asuntos estatales. Conant apuntó después en su diario: «Algunos "chicos" quieren que nos echen a los tres del GAC de la CEA. Dicen que hemos puesto palos en las ruedas a la bomba H. ¡Palabras negras para Oppie!».[76] En junio, frustrados por haber lidiado durante más de diez años con «un asunto feo que amenaza con ponerse feo de verdad» y conscientes de que se estaban tomando medidas para expulsarlos del GAC, los tres presentaron la dimisión a ese comité. Oppenheimer escribió a su hermano que tenía la intención de dedicarse solo a la física: «La física es complicada y asombrosa, muy difícil para mí a menos que sea un mero espectador; un día de estos tendrá que volver a ser fácil, pero quizá no sea pronto».[77]

No obstante, no era tan sencillo apartarse de Washington. Mientras dimitía del GAC, Gordon Dean, de la CEA, lo convenció para que siguiera disponible como consultor subcontratado, lo cual le amplió automáticamente la credencial Q, secreta, durante un año más. Y eso no fue todo. En abril había aceptado la petición del secretario de Estado, Dean Acheson, de que formara parte del Departamento de Estado como miembro del Panel Especial de Consultores para el Desarme. En él estaban también Vannevar Bush; John Sloan Dickey, rector de la Universidad de Dartmouth; Allen Dulles, el subdirector de la CIA, y Joseph Johnson, presidente de la Fundación Carnegie para la Paz Internacional. Como de costumbre, el panel lo eligió presidente.

Acheson incluyó también a McGeorge Bundy, entonces profesor de Asuntos gubernamentales en Harvard, de treinta y tres años, como secretario de actas del panel. Mac Bundy era hijo de la mano derecha de Henry Stimson, Harvey Bundy, y tenía muchas ganas de conocer a Oppenheimer. Además, era listo, elocuente e ingenioso. Como becario de investigación en Harvard, fue coautor de las memorias de Stimson, publicadas en 1948 con el título *On Active Service in Peace and War*. Y, como escritor fantasma del famoso ensayo de Stimson publicado en el número de febrero de 1947 de la revista *Harper's*, en el que se defendían los bombardeos de Hiroshima y Nagasaki («The decision to use the atomic bomb»), Bundy ya estaba familiarizado con ciertos imponderables relacionados con las armas nucleares. A Oppenheimer le gustó de inmediato aquel joven y precoz brahmán de Boston. Después, Bundy escribió una nota humilde, cosa atípica en él, a su nuevo amigo: «Me cuesta agradecerle lo suficiente la paciencia con la que empezó a educarme la semana pasada; solo espero que pueda ser útil, de alguna manera, para que valga la pena el esfuerzo que me ha dedicado».[78] En muy poco tiempo comenzaron a intercambiar notas manuscritas en las que se dirigían el uno al otro como «Querido Robert» y «Querido Mac»; en ellas hablaban de todo, desde las virtudes del departamento de Física de Harvard hasta la salud de sus respectivas esposas. Bundy pensaba de Robert que era «maravilloso, fascinante y complejo».

Pronto se daría cuenta de que la controversia hostigaba a su nuevo amigo. En una de las primeras reuniones, Oppenheimer y sus compañeros de panel convinieron en que la cuestión primordial era el «problema de la supervivencia», en el que Estados Unidos y Rusia se enfrentaban a «la encrucijada del escorpión, que podía implicar una guerra activa con aguijones o sin ellos».[79] Oppenheimer sabía que Teller y sus colegas esperaban poder probar un diseño temprano de la bomba de hidrógeno aquel otoño; por ello se quedó intrigado cuando Vannevar Bush comentó que, antes de cruzar aquel umbral, quizá Washington y Moscú deberían llegar a un acuerdo para prohibir la realización de pruebas de artefactos termonucleares. Un tratado de ese tipo no requeriría inspecciones, ya que se detectaría de inmediato cualquier violación del precepto. Y, sin pruebas, la bomba H no podría desarrollarse y llegar a ser un arma militar fiable. Era posible frenar la carrera de armas termonucleares antes de que empezara.

El panel continuó las deliberaciones en junio, en una reunión celebrada en casa de Bundy, en Cambridge, una gran mansión del siglo XIX, a un paseo en bicicleta de la plaza Harvard. James Conant asistió también, pero en calidad de participante no oficial. Estaba decepcionado con las armas nucleares; según las notas de Bundy, se quejaba de que «el estadounidense medio» pensaba que la bomba era un arma que amenazaba a los soviéticos, «mientras que el hecho más significativo era que, en el presente y en el futuro, otros podían atacar con ellas a Estados Unidos».[80] Incluso sin la bomba H, argüía Conant, se podía borrar del mapa sin dificultades todas las ciudades estadounidenses, excepto las mayores, con una sola arma atómica. Ninguno de los presentes en la sala disintió.

La ignorancia popular era mala de por sí, pero lo peor, opinaba Conant, era «la actitud de los líderes militares de nuestro país». Los generales confiaban casi en exclusiva en esas armas en cuanto «esperanza principal para conseguir la victoria en caso de que estalle una guerra sin cuartel». Sin embargo, si el país consolidaba las fuerzas convencionales, «sería posible que prescindiera de la dependencia actual de las armas atómicas». Pero, para que esto ocurriera, dijo Conant, «hay que convencer a los generales de que las armas nucleares, a la larga, son en su conjunto un peligro para Estados Unidos».

Sin que Oppenheimer lo incitara, Conant propuso lo que acabaría conociéndose, veinte años después, como la «política de no ser el primero». Estados Unidos, explicó, debería «anunciar oficialmente que no seremos los primeros en usar armas nucleares en ninguna guerra futura». Asimismo, se mostró de acuerdo con la propuesta de Bush de anunciar la suspensión de la prueba de la bomba termonuclear. Oppenheimer apoyó las dos ideas. El argumento del panel en favor de la suspensión fue particularmente persuasivo. Esto fue lo que dijeron a Acheson:

[...] nos parece casi inevitable que, si llevamos a cabo una prueba termonuclear exitosa, brindaremos a los soviéticos un potente estímulo adicional para esmerarse en este campo. Seguramente, la intensidad con la que trabajan en él sea ya muy alta, pero, si se enteran de que la creación de un artefacto termonuclear es posible de verdad y que sabemos cómo crearlo, es muy probable que sus esfuerzos aumenten considerablemente. También es probable que los científicos soviéticos sean capaces de extraer valores útiles de la prueba [analizando la lluvia] respecto a las dimensiones del artefacto.[81]

Oppenheimer y sus colegas sabían que la primera prueba de un artefacto termonuclear —cuyo nombre en clave era Mike— estaba prevista para el otoño siguiente y que las Fuerzas Aéreas se opondrían con vehemencia a todo intento de impedirla. Pese a estar convencidos de la sensatez de sus ideas, no tenían manera de divulgarlas. Un velo de secretismo cubría los asuntos atómicos, y no podían hablar de sus preocupaciones sin violar las credenciales de seguridad. De modo que intentaron convencer a los responsables de política exterior de Washington de que los preceptos actuales en materia nuclear se encontraban en un callejón sin salida. Al fin, el 9 de octubre de 1952, el Consejo de Seguridad Nacional de Truman rechazó de plano la propuesta de suspender la prueba de la bomba H. El secretario de Defensa, Robert Lovett, se enfureció y afirmó que «ideas de ese estilo deberían descartarse de inmediato y los documentos que existan sobre ello deberían destruirse».[82] Lovett, un individuo poderoso en política exterior, temía que, si se filtraba la noticia de la suspensión, el senador Joseph McCarthy no dejaría escapar la oportunidad de investigar el Departamento de Estado y su panel de consejeros.

Al cabo de tres semanas, Estados Unidos hizo explotar en el Pacífico una bomba termonuclear de 10,4 megatones que disolvió la isla de Elugelab. Conant, claramente abatido, dijo a un periodista de *Newsweek*: «Ya no tengo nada que ver con la bomba atómica. No siento la satisfacción del éxito».[83]

Una semana después, un sombrío Oppenheimer se reunió con otros nueve miembros de otro panel, el Comité Consultor de Ciencia para la Oficina de Movilización de Defensa, para discutir si debían dimitir como protesta.[84] Muchos científicos creían que la prueba de Mike demostraba que el Gobierno no tenía la menor intención de prestar oídos a los consejos de los expertos. Lee DuBridge, amigo de Oppenheimer, puso en circulación un modelo de carta de dimisión. Al final, sin embargo, la vaga esperanza de que la siguiente Administración cambiara de rumbo animó a los participantes a prescindir de ella. Sabían que lo tenían todo en contra. En cierto momento, James R. Killian, el presidente del MIT, se inclinó hacia DuBridge y le susurró: «Habrá miembros de las Fuerzas Aéreas que vayan a por Oppenheimer; tenemos que enterarnos cuando eso suceda y prepararnos para ello».[85] DuBridge se quedó asombrado. Pensaba, ingenuo, que todo el mundo seguía viendo a Oppie como un héroe.

Mientras tanto, Oppenheimer trabajaba con Mac Bundy en la redacción de un informe final para el panel del Desarme del Departamento de Estado. El documento estaba dirigido a Acheson, el secretario de Estado, en un momento en que este estaba a punto de dejar el puesto y Dwight D. Eisenhower entraba en la Casa Blanca.[86] En aquel entonces, como es obvio, el documento era de alto secreto y circulaba solo entre unos pocos funcionarios de la Administración de Eisenhower. Si se hubiera hecho público en 1953, seguramente habría provocado una tormenta de controversias. Si bien Bundy fue el autor del escrito, muchas ideas eran de Oppenheimer, como que las armas nucleares pronto amenazarían a la civilización en su conjunto. Tan solo en unos pocos años, la Unión Soviética podría llegar a tener mil bombas atómicas y «cinco mil en unos cuantos años más», lo cual constituía «el poder de terminar con una civilización y con un número ingente de personas que formen parte de ella».

Bundy y Oppenheimer reconocían que «hacer tablas nucleares» entre los soviéticos y Estados Unidos podría evolucionar en una «estabilidad extraña» en la que ambos bandos se contuvieran de usar esas armas suicidas. Pero, si se daba el caso, «un mundo tan peligroso no será tranquilo, y para mantener la paz será necesario que los hombres de Estado decidan no llevar a cabo acciones temerarias no solo una vez, sino constantemente». Su conclusión era que «a menos que la competición en armamento atómico se modere de alguna forma, la sociedad se encontrará en el peor de los peligros».

Ante semejante situación, los integrantes del panel promovieron la idea de «franqueza». La política de secretismo excesivo había mantenido a los estadounidenses ufanos e ignorantes del riesgo nuclear. Para enmendar el asunto, la nueva Administración «debería contar la historia del peligro atómico».[87] Los panelistas, asombrosamente, incluso recomendaban que debería hacerse público «el ritmo y el impacto de la producción atómica» y que «debería prestarse atención al hecho de que, más allá de cierto punto, no podemos mantener a raya la amenaza soviética tan solo "yendo por delante de ellos"».

La noción de «franqueza» se inspiró directamente en Niels Bohr, quien siempre sostuvo que la seguridad estaba ligada a la «transparencia» de forma inextricable. En esto, Oppie seguía siendo el profeta de Bohr. Ya no creía en las conversaciones de las Naciones Unidas por el desarme, estancadas hacía tiempo, pero esperaba que una nueva Administración viera que la franqueza podía alertar al pueblo estadounidense de los peligros reales de depender de las armas nucleares e indicar a los soviéticos de que Estados Unidos no tenía la intención de emplearlas en un primer ataque preventivo. Además, el Panel del Desarme instaba a establecer una comunicación directa y continuada con los soviéticos; estos deberían estar más o menos al tanto del volumen y la naturaleza del arsenal nuclear estadounidense, así como que Washington favorecía con firmeza las conversaciones bilaterales para reducirlo.

Si la Administración de Eisenhower hubiera acogido las recomendaciones del panel de Oppenheimer en 1953, la Guerra Fría tal vez habría seguido un camino distinto, menos militarizado. Más adelante, en 1982, Bundy plantearía esa seductora conjetura en su ensayo «The missed chance to stop the H-bomb», contenido en el *New York Review of Books*.[88] Y, desde la caída del Imperio soviético, los documentos encontrados en los archivos han inducido a muchos historiadores a repensar premisas básicas relacionadas con los albores de la Guerra Fría. Los «archivos del enemigo», como los ha llamado el historiador Melvyn Leffler, demuestran que los soviéticos «no tenían planes preconcebidos para hacer comunista a la Europa oriental, ni para apoyar a los comunistas chinos, ni para desatar una guerra en Corea».[89] Stalin no contaba con ningún «plan maestro» para Alemania y deseaba evitar el conflicto militar con Estados Unidos. Cuando terminó la Segunda Guerra Mundial, el dictador redujo el volumen del ejército, que pasó de tener 11.356.000 militares en mayo de 1945 a 2.874.000 en junio de 1947, lo cual indica que, incluso bajo su mando, la Unión Soviética no tuvo ni la capacidad ni la intención de iniciar ninguna ofensiva. George F. Kennan escribiría más adelante que «nunca creyó que [a los soviéticos] les interesara invadir militarmente Europa occidental ni que, en general, hubieran iniciado ningún ataque contra ella, incluso si no hubiera existido la llamada "disuasión nuclear"».[90] Stalin gobernaba un cruel Estado policial, y en los aspectos económicos y políticos era un Estado totalitario en declive. Cuando murió, en marzo de 1953, sus sucesores, Gueorgui Malenkov y Nikita Jruschov, empezaron un proceso de desestalinización. Ambos tenían, además, una opinión sensata con respecto a los peligros inherentes a una carrera armamentística nuclear. Malenkov, un tecnócrata con interés por la física cuántica, dejó boquiabierto al Politburó en 1954 al dar un discurso en el que decía que emplear la bomba H en una guerra «significaría la destrucción de la civilización mundial».[91] Jruschov, un líder inconsistente y voluble, de vez en cuando asustaba a las audiencias occidentales con su tempestuosa retórica. No obstante, en la práctica iba en pos de aquella política internacional que más adelante se asociaría con la distensión y hasta insinuó los primeros visos de la *glásnost*.[92] Retomó las conversaciones con Occidente sobre el control de armas en 1955, y hacia finales de aquella misma década había recortado sustancialmente el presupuesto de Defensa de su país. Jruschov recordaba que, tras recibir el primer informe sobre armas nucleares, en septiembre de 1953, «no pude dormir en varios días. Después me convencí de que seguramente nunca podríamos usar esas armas».[93]

Habría sido en extremo complicado convencer a Jruschov de que abrazara el régimen radical de control de armas que planteaba el panel de Oppenheimer. No obstante, la Administración de Eisenhower ni siquiera intentó adentrarse en ese camino. Y nada menos que un sovietólogo de la talla de Charles «Chip» Bohlen, el embajador de Estados Unidos en Moscú, escribiría en sus memorias que el hecho de que Washington no hubiera intentado involucrar a Malenkov en negociaciones relevantes sobre armas nucleares y otros asuntos fue una oportunidad perdida.[94]

Llegado 1953, la Guerra Fría había congelado las posibilidades políticas en Washington con la misma fuerza que las había congelado en Moscú. Los esfuerzos constantes que hacía Oppenheimer para mantener al genio dentro de la botella, o al menos cerca de ella, iban en contra de los poderes nacionales del momento. Con la presidencia ganada por un republicano, esos poderes políticos estaban resueltos a meter a Oppenheimer dentro de la botella y lanzarlo al mar.

32

«El científico X»

[Oppie] estaba harto de mí y yo también estaba harto de él.

JOE WEINBERG

En la primavera de 1950, a Oppenheimer le sobraban motivos para pensar que el FBI, el Comité de Actividades Antiestadounidenses y el Departamento de Justicia lo acechaban. Hoover decía a sus agentes que posiblemente imputarían al físico por perjurio y que debían continuar investigándolo con ahínco; aquella primavera fueron a verle a su despacho de Princeton dos veces y observaron que, por un lado, se mostró «totalmente cooperativo» y, por otro, «expresó mucha preocupación por la posibilidad de que se hiciera un juicio público a partir de las alegaciones concernientes a su antigua afiliación al Partido Comunista».[1] Le inquietaba profundamente que vincularan su nombre con el de Joe Weinberg, a quien los Crouch y el Comité de Actividades Antiestadounidenses habían identificado como el «científico X», un espía soviético. La última vez que Oppenheimer había visto a su antiguo alumno fue en un congreso de la Sociedad Física celebrado en 1949, poco después de que hubieran empezado los problemas de Weinberg con el comité. En aquella ocasión, este sintió que la relación entre ambos se había enfriado. «Llegados a aquel punto, había una nube encima de nosotros —recordaría Weinberg—. La nube era que Oppie no sabía qué iba a hacer yo. Se vería obligado a preocuparse por si la presión a la que yo estaba sometido terminaba por volverse contra él. [...] Estaba claro que pensaba que podían obligarme a decir ciertas cosas que le fueran perjudiciales, tanto si yo sabía cuáles eran como si no, si me mostraba débil de alguna manera».[2]

Weinberg reconoció que se sintió «aterrorizado» y atónito ante lo que estaba sucediéndole. Por supuesto, admitía que era culpable de haber hablado con Steve Nelson sobre el proyecto de la bomba en 1943, pero no sabía que habían grabado la conversación. Tampoco creía que hubiera cometido espionaje. Hacía poco que el *Milwaukee Journal* había publicado una historia estrafalaria según la cual Weinberg era un mensajero de los soviéticos que hasta les había pasado una muestra de uranio-235. «Dios mío —pensó—, ¿qué conexiones podían haber hecho para inventar una teoría semejante?». Por un tiempo sintió que se desmoronaba. «Estaba desesperado, me sentía totalmente solo, hundido y sitiado por todos lados. Temblaba, literalmente. Dios sabrá qué podrían haberme obligado a decir si [el FBI] hubiera continuado acosándome».[3]

Por suerte, las autoridades avanzaban despacio.[4] En primavera, un jurado de acusación federal de San Francisco sopesaba la posibilidad de imputarlo por perjurio, pero el Departamento de Justicia tenía muy pocas pruebas válidas. Weinberg había testificado bajo juramento que nunca había sido miembro del Partido Comunista y que no conocía a Steve Nelson; la escucha del FBI era ilegal y, por tanto, inadmisible en un tribunal, y no había más pruebas de si había pertenecido al partido o no. En abril de 1950, el FBI había entrevistado a dieciocho afiliados, antiguos y actuales, en el área de San Francisco, y ninguno fue capaz de asociar a Weinberg con el partido.[5] A falta de la prueba de la escucha, el jurado falló en 1950 revocar la acusación contra él.

Lejos de desanimarse por ese revés, el Departamento de Justicia convocó un segundo jurado de acusación la primavera de 1952. La otra única prueba que tenían contra Weinberg era el testimonio de Paul Crouch, que dijo haberlo visto hablar con Nelson en una reunión del partido. Los fiscales eran conscientes de que el testimonio de Crouch podía no ser fiable, pero tal vez pensaron que un juicio haría saltar más pruebas contra Weinberg y tal vez incluso contra Oppenheimer. Para entonces, Weinberg había reunido el valor para aguantar hasta el final. «Fueron tontos —diría más tarde de sus antagonistas—. Esperaron a que estuviese un poco menos desesperado y un poco más curtido».[6] Cuando lo interrogó el jurado, se negó a contar nada, y desde luego menos sobre Oppenheimer. «No iba a meterlo de ninguna forma —explicó—. Eso solo ocurriría por encima de mi cadáver».

Para aquel entonces, a Oppenheimer habían vuelto a preguntarle sobre la declaración de los Crouch según la cual había oficiado una reunión del partido en su casa de Berkeley, en Kenilworth Court, en julio de 1941. En esa ocasión, dos investigadores del Comité Judicial del Senado lo interrogaron en presencia de su abogado, Herbert Marks. Oppenheimer negó de nuevo conocer a los Crouch; negó conocer a Grigori Jeifets, un oficial de Inteligencia soviética destinado en San Francisco, y negó que Steve Nelson le hubiera solicitado jamás información sobre el proyecto de la bomba.

La entrevista se llevó a cabo en un ambiente muy lejos de ser amistoso. Al ver que los funcionarios del Senado tomaban notas de todo, Marks interrumpió la conversación para decir que quería copias de lo que se registrara. Estos desdeñaron la solicitud, y Marks insistió en que, si pretendían seguir preguntando sobre los asuntos de Oppenheimer, «querríamos una transcripción».[7] Los del Senado observaron con frialdad que, la primavera anterior, el físico había estado bajo citación y que el abogado de entonces, Joe Volpe, había sugerido que entrevistasen a Oppenheimer como si fuera «una charla informal». Pensaban, dijeron los funcionarios, que estaban «siendo amables». Tras esto, el interrogatorio, que duró veinte minutos, terminó enseguida. Oppenheimer y Marks salieron de allí convencidos de que las alegaciones de los Crouch no se habían desestimado.

El 20 de mayo de 1952, justo tres días antes de que se presentaran los cargos contra Weinberg, Oppenheimer llegó a Washington para asistir a otro interrogatorio. Los fiscales que estaban a punto de procesar a su antiguo alumno consideraron que podría ser de ayuda disponer un careo entre Oppenheimer y su acusador. Cuatro años antes, Richard Nixon y los investigadores del Comité de Actividades Antiestadounidenses habían preparado una trampa a un incauto Alger Hiss en una habitación del hotel Commodore de Nueva York y lo habían confrontado con su acusador, Whittaker Chambers. Ahora Hiss se encontraba cumpliendo pena de prisión por perjurio. Los investigadores del Departamento de Justicia pensaron que quizá valía la pena emplear la táctica de Nixon con Oppenheimer.

Acompañado por sus abogados, este entró en el Departamento de Justicia para que lo interrogaran fiscales de la División Criminal. Le preguntaron por la reunión supuestamente celebrada en julio de 1941 en su casa de Kenilworth Court, y de nuevo negó la veracidad del relato de los Crouch y aseguró haber estado en Nuevo México en aquel momento. Afirmó no conocer ni a Paul ni a Sylvia Crouch y que «personas como aquellas» no habían estado en su casa por entonces para hablar de comunismo o de la invasión de Rusia.[8] También dijo haber leído el testimonio que Crouch prestó ante el Comite de Actividades Antiestadounidenses del Senado estatal de California (el Comité Tenney) y que no tenía ningún recuerdo de la reunión descrita por el susodicho. Añadió por voluntad propia que habló con su mujer y con Kenneth May, y «ellos confirmaron el recuerdo de que no tuvo lugar ninguna reunión parecida».

En aquel momento, los fiscales del Departamento de Justicia se dirigieron a los abogados de Oppenheimer, Herb Marks y Joe Volpe, y les comunicaron que Crouch estaba en la sala contigua. ¿Aceptarían, preguntaron, que Crouch entrara «para ver si reconoce al doctor Oppenheimer y si el doctor lo reconoce a él»?[9] Con el consentimiento del físico, Marks y Volpe aceptaron. La puerta se abrió y Crouch se acercó a Oppenheimer, le estrechó la mano y le preguntó: «¿Qué tal, doctor Oppenheimer?». Entonces se volvió teatralmente a los fiscales y dijo que el hombre al que acababa de dar la mano era la misma persona que había celebrado una reunión en julio de 1941 en su casa de Kenilworth Court, 10. Repitió que en ella había dado una charla sobre la «línea de propaganda del Partido Comunista que debía seguirse después de que Hitler invadiera Rusia».

Si esa actuación tomó por sorpresa a Oppenheimer, los registros del FBI no lo recogieron; solamente manifiestan que enseguida respondió que no conocía a Crouch. Cuando invitaron a este a describir la reunión de julio de 1941 con más detalle, relató que recordaba que Oppenheimer le hizo varias preguntas tras finalizar su charla, de una hora de duración. Entonces, este lo interrumpió para interpelarle sobre exactamente qué preguntas se suponía que le había hecho. Crouch respondió que estaban relacionadas con un análisis filosófico de la participación rusa en la guerra «basado en la doctrina marxista», y añadió: «El doctor Oppenheimer dijo que entendía por qué debíamos prestar ayuda a Rusia, pero preguntó por qué deberíamos ayudar a Gran Bretaña, pues podía traicionarnos».[10] Asimismo, afirmó que Oppenheimer se había preguntado si la invasión de Rusia no habría provocado dos guerras: una «guerra imperialista entre Gran Bretaña y Alemania» y una «guerra popular entre rusos y alemanes». Ante esto, Oppenheimer respondió que era «imposible» que se hubiera planteado semejantes cuestiones «porque nunca había pensado ni insinuado que existieran dos guerras».

Marks y Volpe intentaron pescar a Crouch preguntándole sobre la apariencia física de Oppenheimer. ¿Tenía el mismo aspecto entonces que en 1941? Crouch repuso que sí. «¿Y el pelo?», preguntó uno de los dos abogados. El interpelado respondió que quizá lo llevaba más corto que en 1941, pero tampoco se había fijado mucho en ello. En realidad, en 1941 llevaba el pelo largo y enmarañado, y en 1952 lo llevaba muy corto, casi rapado. En cualquier caso, no era más que una discrepancia menor.

En conjunto, Crouch demostró que podía ser un testigo creíble en un juicio contra Oppenheimer. Había descrito el interior de la vivienda, y pareció verosímil cuando dijo haberlo visto en otoño de 1941 en la fiesta de inauguración de la casa de Ken May. Oppenheimer recordó haber bailado con una chica japonesa en una fiesta que bien podía ser aquella, lo cual podía considerarse una asunción importante, ya que Crouch afirmó que lo había visto en esa fiesta enfrascado en una conversación con Ken May, Joseph Weinberg, Steve Nelson y Clarence Hiskey, otro estudiante de Física de Berkeley.[11]

Una vez que Crouch abandonó por fin la sala, Oppenheimer se volvió a los fiscales del Departamento de Justicia y repitió que no recordaba conocerlo. Tras eso lo dejaron marchar. Salió con Marks y Volpe, y después los tres estuvieron cavilando sobre cuál sería el siguiente paso que daría el Departamento de Justicia.

Al cabo de tres días, el 23 de mayo de 1952, se enteraron de la imputación de Weinberg y que en ella no se mencionaba a Crouch, a Oppenheimer ni la reunión de Kenilworth. En realidad, los abogados de Robert habían presionado al Departamento de Justicia a través del presidente de la CEA, Gordon Dean, para que no incluyeran el incidente de la reunión en la imputación. Dieron una tregua a Oppenheimer, pero solo sería momentánea.[12]

El juicio por perjurio a Joe Weinberg comenzó en otoño de 1952, y casi de inmediato comunicaron a Oppenheimer, por medio del Gobierno, que podían llamarlo como testigo. El diligente Herb Marks volvió a presionar al Departamento de Justicia para que retiraran el nombre de Oppenheimer de la lista de testigos. Entre otras cosas, convenció a Gordon Dean, el presidente de la CEA, de que escribiera a Truman para pedirle que requiriera al Departamento de Justicia que excluyera los cargos de Crouch del procedimiento judicial. «Será la palabra de Oppenheimer contra la de Crouch —escribió Dean al presidente—. Sea cual sea la conclusión del caso Weinberg, el buen nombre del doctor Oppenheimer quedará muy perjudicado y se echará por tierra lo valioso que ha sido para el país». Truman le respondió al día siguiente: «Estoy muy interesado en la conexión entre Weinberg y Oppenheimer. Creo, igual que tú, que Oppenheimer es honrado. En estos días de reputaciones aniquiladas y tácticas de denigración injustificada, parece que los buenos están destinados a sufrir sin necesidad».[13] De todos modos, Truman no dio ninguna pista sobre qué haría.

A principios de aquel otoño, cuando archivaron la lista detallada de los cargos contra Weinberg, no se mencionó a Oppenheimer. Sin embargo, después de que se escogiera a Eisenhower presidente, a principios de noviembre, se impuso una actitud más severa en los casos de seguridad.

Un funcionario del Departamento de Justicia llamó a Joe Volpe el 18 de noviembre de 1952 y le dijo: «Habrá que meter en esto a Oppie».[14] El *San Francisco Chronicle*, entre otros periódicos, recabó información de agencias de noticias: «[...] los fiscales del Gobierno han dicho hoy que el doctor Joseph Weinberg asistió a una reunión del Partido Comunista en Berkeley (California), en una "casa donde al parecer vivía [...] J. Robert Oppenheimer"».[15] Al día siguiente, a este le llegó una citación de parte del abogado de Weinberg para declarar en el juicio como testigo de la defensa. Oppie le contó a Ruth Tolman lo nervioso que estaba y ella le contestó: «Qué asunto más miserable. Robert, sé lo angustiante que debe ser la perspectiva futura».[16]

Marks y Volpe sabían que, en un juicio donde fuera la palabra de un individuo contra la de otro, podía ocurrir cualquier cosa. Si a Weinberg lo declaraban culpable de perjurio, se allanaría el camino para que imputaran a Oppenheimer. Así que, de nuevo, los dos abogados se las apañaron para que Oppie no figurara en el caso. En una reunión con los fiscales, argumentaron que «les parecía horrible someter a Oppenheimer a la vergüenza y la pena, [...] y expresaron la esperanza de que se encontrara una manera de evitar hacer pasar por eso a un hombre que ha sido tan importante para el país. [...] [N]o habría mejor manera de que Joe Stalin se saliera con la suya que levantar sospechas en torno a personas como Oppenheimer».[17]

A finales de enero, poco después de que Eisenhower tomara posesión del cargo, Volpe y Marks volvieron a recurrir a Dean, el presidente de la CEA, y le preguntaron si «no habría un modo natural e interno de llevar este asunto a consideración de instancias más elevadas».[18] Pero cuando al fin el juicio comenzó, a finales de febrero, el abogado de Weinberg anunció que Oppenheimer comparecería como testigo de la defensa y declararía que la reunión de Kenilworth Court nunca se celebró. En el discurso de apertura del juicio, el abogado defensor de Weinberg anunció teatralmente que «este caso puede reducirse a si creen las palabras de un criminal [Crouch] o las de un científico distinguido y estadounidense excepcional».[19]

Oppenheimer tuvo que ir a Washington a prepararse para el juicio con muy poca antelación, pero el 27 de febrero le dijeron que seguramente no tendría que testificar: el Departamento de Justicia había convenido de repente en descartar la parte de la acusación relacionada con la reunión de Kenilworth.[20] Con la finalidad de proteger la reputación de la CEA, Gordon Dean había presionado evidentemente al Departamento de Justicia. Oppie tomó el tren de vuelta a Princeton la noche del 27 de febrero y llegó tarde a una fiesta en su casa, Olden Manor, organizada por Ruth Tolman, que se encontraba allí de visita. Esta advirtió que «estaba consumido, preocupado y exhausto», pero al menos había escapado a «todas las miserias de las citaciones y esas cosas».[21]

Como no se pudo presentar la escucha ilegal que había hecho el FBI de la conversación entre Weinberg y Steve Nelson, el caso se reveló claramente débil.[22] El juicio terminó el 5 de marzo de 1953 con la absolución del acusado. En una divergencia extraordinaria de la ley, el juez del tribunal del distrito estatal Alexander Holtzoff dijo al jurado que «el tribunal no aprueba el veredicto» y señaló que los testigos del juicio habían desenterrado «una situación asombrosa y escandalosa que existió en los años cruciales de 1939, 1940 y 1941 en el campus de una universidad importante, en la que una organización comunista clandestina, grande y activa estaba en funcionamiento».*[23]

En cualquier caso, Oppenheimer sintió un enorme alivio. Esperaba que todo aquel asunto se diera por cerrado al fin. Cuando David Lilienthal se enteró de que el físico no iría a testificar, le escribió: «Con la cantidad de cosas mezquinas e injustas que están pasando, tenemos derecho a un poco de decencia incluso en estos días».[24] Ironías del destino: una vez que Oppenheimer estaba en el Congreso, entró en un ascensor en el que se encontraba el senador McCarthy. «Nos miramos —relató Oppie más adelante a un amigo—, y yo le guiñé el ojo».[25]

Joe Weinberg, de treinta y seis años, volvía a tener una vida, pero no un trabajo. La Universidad de Minnesota lo había expulsado dos años antes, cuando el Comité de Actividades Antiestadounidenses lo etiquetó como «el científico X». Pese a la absolución, el rector de la universidad anunció que no lo readmitirían porque se había negado a cooperar con el FBI.[26] Recurrió por última vez a su mentor y le escribió pidiéndole una carta de recomendación para un trabajo eventual en una empresa de óptica; le aseguró que sería «la última vez que te moleste».[27] Aunque estaba convencido de que el FBI se enteraría, como en efecto sucedió, Oppenheimer escribió una carta de apoyo a Weinberg, que consiguió el trabajo. Este se quedó agradecido, pero años después, cuando le solicitaron que reflexionara sobre la relación que tuvo con Oppenheimer, respondió: «Él estaba harto de mí y yo de él».

---

* El fiscal del caso, William Hitz, estaba igualmente indignado, y dijo a algunos miembros del jurado que absolvió a Weinberg: «Tenemos pruebas suficientes para colgar a ese hijo de puta, pero son ilegales y no podemos presentarlas». En realidad, la prueba del espionaje era ambigua.

El caso Weinberg fue un calvario emocionalmente agotador, y además salió muy caro. El 30 de diciembre de 1952, antes incluso de que el caso se llevara a los tribunales, Oppenheimer se había dejado caer por las oficinas de Lewis Strauss y le había dicho que quería hablar con él de un asunto personal. Le informó de que sus abogados acababan de pasarle una minuta de nueve mil dólares por representarlo como testigo potencial en el caso Weinberg. La suma excedía con mucho sus expectativas, y «no sabía cómo hacerle frente». Pidió a Strauss si él, en condición de presidente de la junta del instituto, no podría recomendar que el instituto pagara los gastos legales. Este respondió con firmeza que eso sería un «error». Cuando Oppenheimer le señaló que la empresa Corning Glass pagó las facturas legales de su amigo el doctor Ed Condon, Strauss repuso que las circunstancias no eran paralelas; los jefes del susodicho, observó, conocían los problemas que este tenía con la Comisión de Actividades Antiestadounidenses antes de contratarlo. En cambio, los miembros de la junta del instituto, adujo Strauss con frialdad, no tenían «la menor idea» de que Oppenheimer tuviera semejantes problemas. Por supuesto, eso no era cierto: en 1947, este había informado a Strauss de su pasado izquierdista, tan bien documentado. De cualquier modo, este comentó que las facturas eran tan altas porque sus abogados pensaban que era «bastante rico y le han cobrado la tarifa máxima».

Irritado, Oppenheimer replicó que Strauss tenía que saber que ese no era el caso, ya que las declaraciones de ingresos las preparaba un gerente bajo su supervisión. Pero este dijo que «no tenía ni idea de cuál era su situación económica». Oppenheimer respondió que «no era rico; tenía unos ingresos modestos aparte del sueldo del instituto». Había gente que pensaba que lo era porque había heredado «unas cuantas obras de arte excepcionales». Visiblemente indiferente, Strauss dio por concluida la conversación diciendo que no sacaría el tema a los miembros de la junta «en estos momentos». Oppenheimer se marchó enfadado y humillado; a partir de entonces supo que podía contar con la hostilidad de Strauss. Así, decidió simplemente pasar por encima de él: envió el recibo a la junta con la esperanza de que la pagaran. Strauss afirmó más tarde al FBI que había convencido a los «profesores melenudos» de la junta de que rechazaran la factura.[28] En la primavera de 1953, la enemistad entre ambos era palpable para cualquiera que los conociera.

33

«La bestia en la jungla»

> Se nos podría comparar con dos escorpiones encerrados en una botella, cada uno capaz de matar al otro, pero solo a riesgo de perder la propia vida.
>
> J. ROBERT OPPENHEIMER, 1953

Oppenheimer llevaba tiempo albergando la vaga premonición de que algo oscuro y crucial le esperaba en el futuro. A finales de la década de 1940 leyó el relato «La bestia en la jungla», de Henry James, un cuento sobre la obsesión, el egocentrismo atormentado y el presentimiento existencialista. «Totalmente subyugado» por la historia, Oppenheimer llamó de inmediato a Herb Marks. «Le insistió mucho para que lo leyera», recordaría la viuda de Marks, Anne Wilson.[1] El protagonista del relato, John Marcher, se encuentra con una mujer a la que conoció muchos años atrás, la cual rememora que él le había contado que lo perseguía una premonición: «Dijiste que tenías, desde que recuerdas, en lo más íntimo de tu ser, la sensación de estar reservado para algo raro y extraño, posiblemente prodigioso y terrible, que te ocurriría más tarde o más temprano, de lo que sentías en los huesos la premonición y la convicción, y que tal vez te arrollaría».

Marcher afirma que, sea lo que sea, no ha ocurrido aún: «Todavía no ha llegado. ¿Sabes? No es algo que yo deba hacer en el mundo, no es un logro por el que seré distinguido o admirado. No soy tan idiota». La mujer le pregunta: «¿Es algo por lo que simplemente sufrirás?», a lo que él contesta: «Bueno, más bien debo esperarlo; me saldrá al encuentro, lo encararé, aparecerá en mi vida de repente; seguramente destruya toda consciencia más allá de ello, seguramente me aniquilará; o quizá solo lo altere todo, ataque la raíz de todo mi mundo y me deje a merced de las consecuencias».[2]

Desde la bomba de Hiroshima, Oppenheimer había vivido con una sensación semejante: algún día, su «bestia en la jungla» emergería para perturbar su existencia. Hacía varios años que se sabía acechado. Y, si había una bestia en la jungla que lo esperaba, era Lewis Strauss.

El 17 de febrero de 1953, unas seis semanas antes de que absolvieran definitivamente a Joe Weinberg y, por tanto, en un momento en que Oppenheimer aún se sentía vulnerable, este dio un discurso en Nueva York que fue en esencia una versión desclasificada del informe del desarme que Bundy y él habían enviado hacía poco a la nueva Administración de Eisenhower para incitar la aplicación de la política de la franqueza respecto a las armas nucleares. Según el historiador Patrick J. McGrath, Oppenheimer dio el discurso con el consentimiento de Eisenhower, aunque seguro que sabía que levantaría la ira de sus enemigos políticos de Washington.[3] Como audiencia escogió a los miembros del Consejo de Relaciones Exteriores, reunidos a puerta cerrada.[4] Precisamente porque este era tan elitista, estaba seguro de que sus palabras resonarían con fuerza entre los círculos militares y políticos de Washington. Entre los asistentes se encontraban personajes de la política exterior con tanto renombre como el joven banquero David Rockefeller, el redactor de *The Washington Post* Eugene Meyer, el corresponsal militar de *The New York Times* Hanson Baldwin, y Benjamin Buttenwieser, el banquero inversionista de Kuhn, Loeb & Co. Y también estaba allí Lewis L. Strauss.

Presentado por su buen amigo David Lilienthal, Oppenheimer empezó por señalar que había titulado la charla «Armas atómicas y política estadounidense». Reconoció que era un «título presuntuoso», ante lo cual el público rio con educación, y pidió indulgencia, aclarando que «un vehículo más pequeño daría una impresión de claridad distinta a la que quiero comunicar».

Acto seguido, observó que, puesto que casi todo lo asociado con armas nucleares era información clasificada, «debo revelar su naturaleza sin revelar nada». Señaló que, desde el fin de la guerra, Estados Unidos se había visto obligado a aceptar las «pruebas ingentes de la hostilidad soviética y una certeza cada vez mayor del poder soviético». El papel del átomo en la Guerra Fría era simple: los políticos estadounidenses habían llegado a la conclusión de que había que «ir por delante. Debemos estar seguros de que vamos por delante del enemigo».

En referencia a la situación de esta carrera, comentó que los soviéticos habían provocado tres explosiones atómicas y estaban produciendo cantidades sustanciales de material fisionable. «Me gustaría presentar pruebas de esto, pero no puedo», dijo. En cambio, lo que sí podía revelar era su estimación informal del lugar en el que se situaban los soviéticos con respecto a Estados Unidos: «Creo que la URSS va como cuatro años por detrás de nosotros». Esto podía resultar tranquilizador, pero, después de comprobar los efectos de la bomba arrojada en Hiroshima, Oppenheimer indicó que ambos bandos comprendían que las nuevas armas podían llegar a ser aún más letales. En alusión vaga a la tecnología de los misiles, indicó que el desarrollo técnico no tardaría en concebir vehículos para transportarlas «más modernos, más flexibles, más difíciles de interceptar». «Todo esto ya está en marcha —aseguró—. En mi opinión, deberíamos saber en qué punto nos encontramos, no de modo exacto, sino cuantitativo y sobre todo fidedigno».

Los hechos eran fundamentales para la comprensión, pero estaban clasificados. «No puedo escribir sobre ellos —repuso, subrayando de nuevo la rémora del secretismo—. Lo que puedo decir es que nunca he hablado con franqueza del futuro con ningún grupo de responsabilidad, sean científicos o estadistas, ciudadanos o funcionarios del Gobierno, con ningún grupo de personas que fuera capaz de mirar de frente los hechos, que no se apartara con gran inquietud y una sensación sombría ante lo que veían». Proyectándose diez años adelante, dijo: «Probablemente sea un pequeño consuelo que la Unión Soviética esté cuatro años por detrás de nosotros. [...] Lo menos que podemos concluir es que nuestra bomba número veinte mil [...] no compensará su bomba número dos mil en ningún sentido estratégico profundo».

Sin dar a conocer cifras concretas, Oppenheimer explicó que el arsenal nuclear estadounidense crecía con rapidez. «Desde el principio hemos defendido que debíamos ser libres de usar estas armas, y en general se sabe que pensamos usarlas. También es de todos conocido que un ingrediente de este plan es el compromiso rígido de usarlas en un ataque estratégico inicial, de gran envergadura e implacable con el enemigo». Esto, desde luego, era una definición sucinta del plan bélico del Comando Aéreo Estratégico: eliminar montones de ciudades rusas en un ataque aéreo genocida.[5]

Las bombas atómicas, prosiguió, son «casi la única medida militar que se le ocurre a todo el mundo para evitar, por ejemplo, que una gran guerra se convierta en una Corea prolongada, dolorosa y a gran escala». Sin embargo, los europeos «ignoran qué son estas armas, cuántas habrá, cómo se usarán y qué harán».

El secretismo en el campo nuclear, dijo, llevaba a la propagación de rumores, la especulación y la ignorancia pura y dura. «No funcionamos bien cuando [los factores importantes], envueltos en secreto y en miedo, solo los conocen unos pocos». El anterior presidente, Harry Truman, había despreciado hacía poco la idea de que los soviéticos estaban construyendo un arsenal nuclear capaz de perjudicar a Estados Unidos. Oppenheimer comentó con dureza al respecto: «Debe ser inquietante que un expresidente de Estados Unidos, al que se informó sobre todo lo que sabemos de la capacidad nuclear soviética, ponga públicamente en duda las conclusiones que se deducen de las pruebas». También ridiculizó a un «oficial de rango alto del Comando Aéreo Estratégico» por decir, solo unos meses atrás, que «nuestra política era tratar de proteger nuestras fuerzas de ataque, pero no tanto tratar de proteger al país, puesto que esta es una tarea tan grande que interferiría con nuestra capacidad de represalia». Oppenheimer concluyó que semejantes «sinsentidos solo se dan cuando ni siquiera quienes conocen los hechos tienen a nadie para hablar de ellos, cuando los hechos son tan secretos que no se pueden discutir y, por tanto, no se pueden considerar».

El único remedio a todo ello, terminó Oppenheimer, era la franqueza. Los funcionarios de Washington D. C., debían empezar a ponerse a la misma altura que los ciudadanos y decirles qué sabía ya el enemigo sobre la carrera de armas nucleares.

Fue un discurso extraordinariamente perspicaz y atrevido. Repitió una y otra vez que no le estaba permitido hablar de los hechos esenciales, y después, como un sacerdote brahmán investido de conocimiento iniciado, reveló el secreto más fundamental de todos: que ningún país podía esperar ganar una guerra nuclear en ningún sentido significativo. En el futuro próximo, dijo, «podemos anticipar una situación en la que las dos grandes potencias estarán cada una en posición de terminar con la civilización y la vida de la otra, pero arriesgando las suyas propias». Entonces, en un giro escalofriante que sobresaltó a todos los oyentes, añadió en voz baja: «Se nos podría comparar con dos escorpiones encerrados en una botella, cada uno capaz de matar al otro, pero solo a riesgo de perder la propia vida».[6] Es difícil imaginar un discurso más provocador. Al fin y al cabo, el secretario de Estado de la nueva Administración, John Foster Dulles, abogaba sin pelos en la lengua por una doctrina de defensa basada en las represalias masivas. Y ahí estaba el padre de la era atómica declarando que los supuestos fundamentales de la política de defensa nacional estaban impregnados de ignorancia y absurdos. El científico nuclear más famoso del país hacía un llamamiento al Gobierno para que divulgara secretos en materia atómica preservados con celo hasta el momento y que hablara con sinceridad sobre las consecuencias de una guerra nuclear. Ahí estaba un ciudadano célebre, armado con las credenciales de seguridad más elevadas, denigrando el secretismo que rodeaba los planes bélicos de la nación. Cuando corrió la voz de lo que había dicho entre el funcionariado de seguridad nacional, muchos se quedaron atónitos. Lewis Strauss estaba que hervía.

Por otra parte, numerosos abogados y banqueros inversionistas que escucharon el discurso salieron de allí impresionados.[7] Incluso al nuevo presidente de Estados Unidos, Dwight D. Eisenhower, cuando lo leyó más tarde, le sedujo la idea de la franqueza; como antiguo militar, Ike entendió la vívida representación de que las dos grandes potencias eran como «dos escorpiones encerrados en una botella».[8] Conocía el informe del Panel del Desarme y lo consideraba reflexivo y sabio. Además, mostraba un gran escepticismo frente a las armas nucleares, y una vez dijo a uno de sus ayudantes principales de la Casa Blanca, C. D. Jackson (que había sido la mano derecha de Henry Luce en las revistas *Time* y *Life*), que «las armas nucleares favorecen mucho al bando que ataca con agresividad y *por sorpresa*. Esto es algo que Estados Unidos no hará jamás, y te digo que nunca habíamos sufrido este miedo histérico ante *ningún país* hasta que las armas atómicas aparecieron en escena».[9] Más adelante en su mandato, se sentiría obligado a regañar a un panel de consejeros extremistas con un cáustico comentario: «Este tipo de guerra que quieren es imposible. No hay suficientes palas mecánicas para sacar los cadáveres de las calles».[10]

Hubo un periodo en que pareció que las ideas de Oppenheimer iban a influir en el nuevo presidente. Pero Lewis Strauss, que había contribuido generosamente a la campaña de Eisenhower, fue nombrado consejero presidencial de Energía Atómica en enero de 1953, y en julio lo elevaron al puesto que había comprado: presidente de la Comisión de Energía Atómica.[11]

Por supuesto, Strauss estaba totalmente en contra de la idea de que la población debiera estar informada de la naturaleza del arsenal nuclear nacional y de que los asuntos de estrategia nuclear se debatieran de manera pública. La transparencia, pensaba, no conllevaría nada más que a «allanar el camino a los soviéticos en sus actividades de espionaje», de modo que aprovechó todas las oportunidades que se le presentaron para sembrar en la mente de Eisenhower dudas respecto a Oppenheimer.[12] El nuevo presidente recordaba que alguien —pensaba que Strauss— le dijo aquella primavera que «el doctor Oppenheimer no era de fiar».[13]

El 25 de mayo de 1953, Strauss pasó por el cuartel general del FBI para hablar con D. M. Ladd, un subordinado de Hoover. Strauss debía

ver a Eisenhower a las tres y media de la tarde. Dijo a Ladd que Oppenheimer tenía una cita con el presidente y el Consejo de Seguridad Nacional al cabo de pocos días y que estaba «muy preocupado por sus actividades». Acababa de enterarse de que Oppenheimer fue quien
contrató en 1943 a David Hawkins, del que se sospechaba que era comunista, para trabajar en Los Álamos. Además, comentó, Oppenheimer
había anunciado que patrocinaba profesionalmente a Felix Browder, un
joven y brillante matemático que resultaba ser hijo de Earl Browder, antiguo líder del Partido Comunista de Estados Unidos. Strauss afirmó
haber revisado las referencias de Browder en la Universidad de Boston
y encontrado que su expediente no era muy favorable, y dijo a Oppenheimer que habría que someter el nombramiento a una votación de la
junta. El resultado fue de cinco votos a favor de Browder y seis en contra, pero Oppenheimer ya le había ofrecido el puesto. Cuando Strauss le
pidió explicaciones, este aseguró haber llamado a la secretaria del presidente de la CEA y haberle dicho que le ofrecería el puesto a Browder a
menos que la junta se pronunciara en contra. Strauss se enfureció ante
su despotismo, ejercitado, pensó, con el único fin de ofrecer una posición
favorable al hijo del comunista más famoso de Estados Unidos.*

Al fin, Strauss explicó a Ladd que tenía sus sospechas sobre el «contacto» de Oppenheimer con los rusos en 1942 (se refería al caso Chevalier)[14]
y sobre los rumores de que «retrasó el trabajo con la bomba de hidrógeno».[15]
A la luz de estos hechos, Strauss preguntó a Ladd si el FBI tendría alguna
«objeción» a que aquella misma tarde informara a Eisenhower del pasado
de Oppenheimer, y el agente se apresuró a asegurarle que no tenían ninguna; a fin de cuentas, el FBI ya había pasado toda esa información al fiscal
general, a la CEA y a «otras agencias gubernamentales interesadas».

El principio de la campaña de Strauss para destruir la reputación de
Oppenheimer puede, pues, fecharse con exactitud: empezó la tarde del
25 de mayo de 1953 en la cita con el presidente. Ike recordaría después
que Strauss «le sacaba el tema de Oppenheimer una y otra vez».[16] En aquella ocasión, dijo a Eisenhower que «no podía desempeñar el trabajo en la
CEA si Oppenheimer estaba asociado de alguna manera al programa».[17]

Una semana antes de que Strauss se reuniera con Eisenhower, Oppie
había telefoneado a la Casa Blanca y explicado que «necesitaba ver al
presidente con mucha urgencia un momento, no se extendería mucho».[18]

---

* Al final, el juicio de Oppenheimer quedó plenamente justificado: Browder hizo
una carrera distinguida, y en 1999 el presidente Bill Clinton le otorgó la Medalla Nacional
de la Ciencia, el galardón más alto en ciencia e ingeniería.

Dos días después lo condujeron al despacho oval. Tras un breve encuentro, Eisenhower lo invitó a regresar el 27 de mayo para que informara de su punto de vista al Consejo de Seguridad Nacional. Acompañado de Lee DuBridge, Oppenheimer pasó cinco horas dando explicaciones y respondiendo preguntas. Defendió las virtudes de la franqueza y, quizá con el comité Lilienthal de 1946 en mente, apremió al presidente para que creara un panel de cinco miembros para el desarme. Según C. D. Jackson, «tuvo a todos hechizados, excepto al presidente». Este le agradeció cordialmente la información recibida y lo despidió sin dejarle ver qué pensaba en realidad. Quizá estaba sopesando lo que Strauss le había dicho solo dos días antes: que no podía presidir la CEA si Oppenheimer continuaba trabajando como asesor. Según el relato de Jackson, Eisenhower se sintió incómodo mientras observaba cómo aquel ejercía «su poder casi hipnótico sobre los grupos pequeños».[19] Un tiempo después le dijo a Jackson que «no confiaba del todo» en el físico. El primer golpe de Strauss dio en el blanco.

Perfectamente informado de las reuniones de Oppenheimer en la Casa Blanca, Strauss empezó a orquestar una campaña pública contra él. A lo largo de los meses siguientes, las revistas *Time*, *Life* y *Fortune* —las tres controladas por Henry Luce— publicaron editoriales que atacaban a Oppenheimer y la influencia de los científicos en las políticas de defensa. El número de mayo de 1953 de *Fortune* incluía un artículo anónimo titulado «The hidden struggle for the H-bomb: the story of Dr. Oppenheimer's persistent campaign to reverse U.S. military strategy». El autor decía que, bajo la influencia de Oppenheimer, el Proyecto Vista (el estudio de defensa aérea encargado al Caltech) se había transformado en un ejercicio que cuestionaba «la moralidad de una estrategia de represalia nuclear». Citando al secretario de las Fuerzas Aéreas, Finletter, el autor afirmaba que «había que cuestionarse en serio si era pertinente que los científicos intentaran solucionar ellos solos asuntos nacionales tan graves, en cuanto que carecen de toda responsabilidad del éxito de la ejecución de los planes de guerra».[20] Después de leerlo, David Lilienthal se refirió a él en su diario como «otro artículo feo y obviamente visionario en el que se ataca a Robert Oppenheimer».[21]

Como lo resumió Lilienthal con tanta precisión, en teoría el artículo exponía cómo Oppenheimer, Lilienthal y Conant trataron de interrumpir el desarrollo de la bomba H, pero «Strauss lo evitó, etc. Desde entonces, J. R. O. [Oppenheimer] es el instigador de una especie de conspiración que quiere acabar con la idea de que la unidad de bombardeo estratégico de las Fuerzas Aéreas tiene la respuesta para nuestra defensa». Lilienthal no lo sabía, pero el texto lo había escrito un redactor de la revista, Charles J. V. Murphy, que era oficial de la reserva de las Fuerzas Aéreas, y contaba con un colaborador no reconocido: Lewis Strauss.

Poco después del ataque de *Fortune*, Oppenheimer, Rabi y DuBridge se reunieron con C. D. Jackson en el Cosmos Club de Washington para hablar del escrito. Este dijo más tarde a Luce que estaban «muy enfadados» por el artículo, el cual describieron como «un ataque injustificado contra Oppenheimer». Le comentó también que había intentado defender la integridad de la revista, pero «en mi fuero interno sentía que Murphy y [James] Shepley [el jefe de la delegación de la revista *Time* en Washington] se habían embarcado en una cruzada injustificada contra Oppenheimer».[22]

El discurso sobre la franqueza que dio Oppenheimer se publicó el 19 de junio de 1953 en *Foreign Affairs* después de que la Casa Blanca diera el visto bueno. Tanto *The New York Times* como *The Washington Post* escribieron sobre él y citaron al físico diciendo que, sin franqueza, el pueblo estadounidense corría el peligro de que lo disuadieran de «asumir medidas de defensa razonables». Solo el presidente, dijo, «tiene la autoridad de ir más allá del ruido y el jaleo, los cuales consisten sobre todo en mentiras construidas alrededor del lugar estratégico que ocupa el átomo».[23] ¡«Mentiras»!

Un encendido Strauss fue a toda prisa a ver al presidente Eisenhower. Consideraba el texto de Oppenheimer «peligroso y de propuestas fatales».[24] Se quedó sorprendido al enterarse de que la Casa Blanca había dado el visto bueno a su publicación. El presidente había leído el artículo y en general estaba de acuerdo con él. En una rueda de prensa celebrada el 8 de julio, Eisenhower comentó que convenía con la idea de Oppenheimer de que se necesitaba más franqueza en lo relativo a las armas nucleares. Strauss se quejó al presidente de que había periodistas que interpretaban esa afirmación como «una aprobación exhaustiva de la doctrina reciente de la franqueza expuesta por el doctor J. Robert Oppenheimer y un apoyo a la divulgación de información sobre nuestro arsenal y nuestra tasa de producción de armas, así como de la estimación que hacemos de las capacidades del enemigo».

«Eso no tiene ningún sentido —contestó Eisenhower—. No deberías leer lo que escriben esos tipos. Por mi parte, estoy igual o más preocupado por la seguridad que tú. —Y añadió—: Alguien tendría que escribir algo para enmendar el artículo de Oppenheimer».[25] Apaciguado momentáneamente, Strauss se ofreció a redactar un texto él mismo.

El escrito de Oppenheimer publicado en *Foreign Affairs* provocó un debate encendido en el seno de la Administración de Eisenhower sobre qué debería comunicarse a la población acerca de las armas nucleares. Esa había sido la intención de Oppenheimer. Había tenido la esperanza de que una descripción cruda de los peligros a los que se enfrentaba el país, ocasionados por una carrera armamentística desbocada, propiciarían que se reconsiderara la dependencia tan acusada que se tenía de las armas nucleares. La franqueza era necesaria precisamente porque la población debía asustarse ante la perspectiva de una carrera de armas sin fin. Mientras Eisenhower y sus ayudantes lidiaban con el asunto, este se encontró yendo tras objetivos contrarios entre sí. «No queremos meter miedo al país», comentó a Jackson después de leer un borrador de un discurso sobre la franqueza. Asimismo, dijo a Strauss que quería que ambos fueran sinceros respecto a los riesgos de la guerra nuclear y a la vez ofrecer a la gente una «alternativa esperanzadora».[26]

Strauss no estaba de acuerdo, pero fue listo y se mordió la lengua. Por lo visto, a Ike le atraían algunas ideas de Oppenheimer, y Strauss, cada vez más frustrado, estaba resuelto a desengañarlo del valor de estas. A principios de agosto de 1953, él y Jackson se tomaron unas copas, y después este anotó en su diario: «Muy aliviado porque Strauss ha negado categóricamente que haya enemistad entre Oppenheimer y él, ni que tenga ninguna reticencia en poner en práctica la franqueza, excepto en las cifras del arsenal».[27] Strauss, como astuto burócrata trepador que era, había mentido a Jackson. Aquel mes había colaborado en secreto con Charles Murphy en un segundo artículo para *Fortune* donde criticaban con acritud el llamamiento de Oppenheimer a la franqueza en relación con los secretos en materia atómica.

Los acontecimientos, además, fueron muy favorables a Strauss.[28] Avanzado agosto, los titulares de la prensa de todo el país retumbaron con la noticia de «Los rojos prueban la bomba H». Solo nueve meses después de que Estados Unidos realizara la primera prueba de la bomba de hidrógeno, los soviéticos, por lo visto, habían alcanzado la misma proeza. Al menos eso fue lo que se le dijo a la gente. En realidad, la prueba soviética no fue lo que parecía en cuanto logro técnico: ni era una bomba de hidrógeno de verdad, ni era un arma que pudiese trasladarse en avión. No obstante, la impresión de que los soviéticos quizá estuvieran ya preparados para superar el arsenal nuclear estadounidense dio a Strauss munición política adicional para boicotear la llamada a la franqueza de Oppenheimer.

Con el tiempo, Eisenhower encontró su «alternativa esperanzadora» y la presentó en un discurso en el que proponía un programa de «Átomos para la paz». Planteó que Estados Unidos y la Unión Soviética aportaran material fisionable a un proyecto internacional para desarrollar plantas de energía nuclear con fines pacíficos. Este discurso, pronunciado el 8 de diciembre de 1953 en las Naciones Unidas, fue en principio un éxito de popularidad, pero los soviéticos no respondieron. Por su parte, el presidente no fue franco acerca de las armas nucleares estadounidenses. El discurso carecía de información sobre el volumen y la naturaleza del arsenal nuclear, así como de datos que alimentaran un debate sano. En lugar de franqueza, Eisenhower dio a Estados Unidos una victoria propagandística pasajera.

Lejos de replantearse la estrategia nuclear, la Administración de Eisenhower empezó a recortar presupuesto de Defensa destinado a armas convencionales y a acumular arsenal nuclear en los meses que siguieron. El presidente lo llamó postura de defensa New Look.[29] La Administración había aceptado la estrategia de las Fuerzas Aéreas y dependería de ellas casi en exclusiva para proteger el país. La política de «represalias masivas» resultó ser un parche barato y letal; era corto de miras, genocida y, en caso de haberse puesto en marcha, suicida. Dean Acheson lo llamó «un fraude de palabras y de hechos».[30] Adlai Stevenson preguntó, incisivo: «¿Nos estamos reservando para nosotros la lúgubre elección entre inacción y holocausto nuclear?». El New Look era, en realidad, política vieja, justamente lo contrario de lo que Oppenheimer había esperado de la nueva Administración.

Lewis Strauss se había impuesto. El régimen de secretismo nuclear seguiría adelante y se construirían armas atómicas en cantidades vertiginosas. En su momento, Oppenheimer había visto a Strauss como un mero incordio, alguien que no sería capaz de «obstaculizar» el curso de los acontecimientos.[31] Sin embargo, con Washington tomado por una Administración republicana, Strauss iba en el asiento del conductor y pisaba el acelerador político hasta el fondo.

Para Oppenheimer y muchos amigos suyos, ya no cabía duda de que Strauss lo tenía en el punto de mira. En julio, poco después de que lo nombraran presidente de la CEA, Herb Marks, amigo y abogado de Oppenheimer, recibió una llamada telefónica de un empleado de la comisión que le dijo: «Mejor que le digas a tu amigo Oppy que cierre las escotillas y se prepare para la tormenta».[32]

«Sé que tenía problemas —recordaba I. I. Rabi—. Ya llevaba un par de años así, [...] vivía bajo esa sombra, [...] sé que iban a por él». De modo que un día le recomendó: «Robert, escribe un artículo para el *Saturday Evening Post*, cuenta tu historia, tus relaciones con radicales y todo eso, que te paguen bien, y ahí se acabará el asunto». Rabi pensaba que, si la historia procedía de Robert y aparecía en una publicación respetable, la gente lo entendería. En un sentido propagandístico, una confesión sincera podría haberlo protegido de futuros ataques políticos, pero, como dijo Rabi, «no logré convencerlo para que lo escribiera».[33]

Oppenheimer tenía otros planes. A principios del verano de 1953 embarcó con Kitty y sus hijos en el S. S. Uruguay, que zarpaba desde Nueva York con destino a Río de Janeiro. El Gobierno brasileño lo había invitado y tenía programadas una serie de charlas; después, a mediados de agosto, volvería a Princeton. Durante el viaje, el FBI hizo que la embajada estadounidense en Brasil vigilara sus contactos.[34]

Mientras Oppenheimer disfrutaba de un viaje de placer a Brasil, Strauss pasó el verano preparando febrilmente el fin de la influencia de su enemigo. El 22 de junio fue al cuartel general del FBI para mantener otra reunión privada con Hoover. Consciente del gran poder que este ejercía en Washington, el «almirante» Strauss quería asegurarse de mantener una «relación cercana y cordial» con el director del FBI.[35] Casi de inmediato encarriló la conversación hacia Oppenheimer. «Strauss dijo —escribió Hoover en una nota— que sabía que el senador McCarthy contemplaba investigar al doctor Oppenheimer, y él, el almirante, creía que indagar en las actividades del físico valdría la pena, pero esperaba que no se hiciera prematuramente».

De hecho, el senador de Wisconsin y su ayudante Roy Cohn habían ido a ver a Hoover el 12 de mayo para saber cómo reaccionaría si su comité del Senado empezaba a investigar a Robert Oppenheimer. Hoover expuso a Strauss que había intentado despistar a McCarthy; Oppenheimer era «una figura bastante controvertida» y querida por los científicos del país. Había avisado al senador de que sería necesario «escarbar mucho antes» de investigar públicamente a un personaje tan formidable. McCarthy había captado el mensaje y le dijo que se retiraría del caso Oppenheimer al menos por el momento. Hoover y Strauss estuvieron de acuerdo en que «era un asunto en el que no convenía precipitarse solo por conseguir unos titulares».

Strauss comentó a Hoover «en la mayor de las confianzas» que el columnista independiente Joseph Alsop hacía poco que había presentado a la Casa Blanca una carta de siete páginas en la que solicitaba a la Administración de Eisenhower que bloqueara la investigación que McCarthy pensaba realizar sobre Oppenheimer.[36] Strauss sabía, cómo no, que Alsop era amigo de Oppenheimer, y quería asegurarse de que Hoover entendiese que el físico tenía aliados muy influyentes. Fue una reunión productiva entre dos hombres de mentalidad afín, y Strauss se marchó de allí convencido de que había forjado una alianza con el poderoso líder del FBI. La tarea de librarse de Oppenheimer era demasiado importante para dejarla en manos del senador de Wisconsin, algo payaso y sensacionalista. Requería una planificación meticulosa y buenas habilidades de maniobra.

Tras dejar a Hoover, Strauss volvió a su despacho y escribió al senador Robert Taft para que impidiera a McCarthy iniciar una investigación sobre Oppenheimer, en caso de que lo intentara. Sería «un error —escribió—. En primer lugar, hay pruebas que no se sostendrían. En segundo lugar, el comité de McCarthy no es el indicado para realizar esa investigación y ahora no es el momento».[37] Strauss orquestaría su propia investigación.

El 3 de julio de 1953, Strauss asumió formalmente la presidencia de la CEA, aceptando el cargo, según informó *New Republic*, «como si fuera el contraalmirante en el puente de un buque de guerra».[38] Cuando descubrió que Gordon Dean, su predecesor, había concedido a Oppenheimer la petición de renovarlo un año más como asesor de la CEA (para seguir abogando por la franqueza), ordenó el zafarrancho de combate. Lo primero que hizo fue pedirle a Hoover que le enviara por mensajero especial una copia del último resumen que tenía el FBI sobre Oppenheimer.[39] Por entonces, el expediente tenía ya varios miles de páginas. Solo el resumen de junio de 1953 tenía sesenta y nueve páginas a espaciado simple. Strauss se puso a estudiarlo sin dilación con el celo de un fiscal.

Durante la transición de Eisenhower, el presidente de la CEA mantuvo el contacto con William L. Borden, el joven gerente del Comité Conjunto de Energía Atómica que compartía con él la desconfianza hacia Oppenheimer.[40] Este era demócrata y había perdido el trabajo cuando los republicanos ganaron el gobierno. La obsesión que sentía por Oppenheimer lo había llevado a trabajar en un documento de sesenta y cinco páginas en el que rastreaba la influencia de este en Washington. No había nadie en Estados Unidos, escribió, que tuviese datos más detallados y precisos sobre las políticas militares e internacionales que él. Tras revisar el currículum de las actividades en las que el físico había participado después de la guerra, Borden intentó transmitir el alcance de su influencia cotidiana en los políticos de Washington.

A lo largo de un periodo reciente de siete días, [...] el doctor Oppenheimer habló con el doctor Charles Thomas, presidente de la Monsanto Chemical Corporation, sobre cómo emplear la energía atómica con fines industriales; el doctor Oppenheimer comió con el secretario de Estado en la granja de Maryland de este último y debatieron sobre política exterior en relación con las pruebas llevadas a cabo en el otoño de 1952 en Eniwetok; el doctor Oppenheimer se reunió con el secretario de las Fuerzas Aéreas para analizar, entre otros temas, las virtudes relativas del bombardeo estratégico frente al táctico; el doctor Oppenheimer estuvo con una delegación francesa de oficiales y conversó con ellos sobre el control internacional; el doctor Oppenheimer se entrevistó con el presidente y fue a ver a los dos candidatos presidenciales de 1952, el general Eisenhower y el gobernador Stevenson; y el doctor Oppenheimer sería el único ciudadano de este país que podría haberse enterado, por parte del doctor W. C. Penney, director del laboratorio de armas del Reino Unido, el equivalente a nuestro Los Álamos, de los detalles del desarrollo de la bomba británica. [...] Como todo el mundo sabe, el doctor Oppenheimer tiene una personalidad dinámica y magnética, así como una elocuencia soberbia, y gracias a esas cualidades, además de estar reforzado por el prestigio que le otorgan otros científicos, tiende a dominar las reuniones en las que participa.[41]

En 1952, Borden no había llegado a ninguna conclusión definida, pero no podía quitarse de la cabeza el hecho de que el expediente de seguridad de un hombre tan influyente contuviera tanta información que consideraba desfavorable. Strauss, por descontado, albergaba las mismas sospechas que él y lo había animado a tirar del hilo. En diciembre de 1952, justo un mes antes de que Borden escribiera el fruto de su investigación, Strauss le envió una carta de cuatro páginas en la que definía su opinión, según la cual la bomba H se había retrasado tres años. No era solo que el GAC de Oppenheimer hubiera dado largas, sino que estaba claro que los rusos se habían beneficiado del espionaje en materia atómica. «En suma —dijo Strauss a Borden—, creo que sería una gran insensatez asumir que, en el campo de las armas termonucleares, gozamos de ventaja en la competición contra Rusia».[42] Y ninguno de los dos tenía duda alguna de que Oppenheimer era el gran responsable de esa peligrosa situación.

A finales de abril de 1953, Borden fue a ver a Strauss a su oficina para hablar de las preocupaciones comunes que les despertaba Oppenheimer. Según Priscilla McMillan, el primero entregó al segundo un misterioso documento, «probablemente una compilación de las sospechas que albergaba Borden hacia Oppenheimer».[43] Este documento nunca ha salido a la luz, pero las actividades subsecuentes de ambos indican que en aquella reunión concibieron un plan —una conspiración, en realidad— para terminar con la influencia del físico. Borden haría el trabajo sucio y Strauss le proporcionaría el acceso a la información que necesitara.

Menos de dos semanas después del encuentro, Borden obtuvo permiso para sacar el expediente de seguridad de Oppenheimer de la cámara acorazada de la CEA. Pese a que dejó el trabajo en el Gobierno el 31 de mayo de 1953, conservó en su poder la carpeta hasta el 18 de agosto. El 16 de julio, Strauss llamó por teléfono a Borden, que estaba estudiando el expediente en la soledad de su retiro vacacional en el norte del estado de Nueva York. Pocas horas después de que volviera, Strauss ya lo tenía en su mesa, y allí estuvo durante tres meses; lo restituyó a la cámara acorazada de la CEA el 4 de noviembre. Horas después de la reposición, Bryan F. LaPlante, auxiliar de seguridad de la CEA y confidente de Strauss, lo volvió a sacar y no lo retornó hasta el 1 de diciembre.

Es seguro que esta serie de préstamos y devoluciones del expediente de Oppenheimer estaba coordinada entre los tres; no pudo ser una coincidencia.[44] Evidentemente, Borden estaba escribiendo una acusación contra el físico con el conocimiento y el aliento de Strauss. Cuando terminó y devolvió el expediente, el presidente de la CEA lo cogió, quizá para estudiar las pruebas. Y cuando hubo acabado, ordenó a LaPlante que revisara el escrito para analizarlo con más detalle.

Así pues, durante los siete meses que separan abril y diciembre de 1953, Lewis Strauss, con la ayuda sustancial de William Borden, realizó la tarea previa de «escarbar mucho» que J. Edgar Hoover y él consideraban necesaria antes de emprender un ataque victorioso contra Oppenheimer. Habían apartado al senador McCarthy del plan, pues sabían que no se podía confiar en que preparara el caso con escrupulosidad. En julio de 1953, según el abogado de la CEA Harold Green, «Strauss había prometido a Hoover que purgaría a Oppenheimer».[45] En este caso, el presidente de la CEA se reveló hombre de palabra.

Un día de agosto de 1953, Oppenheimer, ya de regreso de Brasil, telefoneó a Strauss para decirle que iría a Washington el martes 1 de septiembre y le preguntó si podría verlo por la mañana. Este le respondió que solo podría atenderlo por la tarde, y Oppenheimer le dijo que por la tarde no podía porque tenía una reunión importante en la Casa Blanca. Strauss se alarmó tanto ante esto que llamó de inmediato al FBI y solicitó que pusieran vigilancia total al físico durante la visita. «El almirante está muy nervioso a la luz del pasado de Oppenheimer —informó un agente del FBI— y quiere descubrir dónde estará cuando vaya a Washington el martes por la tarde y a quién verá».[46] Hoover autorizó la vigilancia, y Strauss se enteró más tarde de que Oppenheimer no había ido a la Casa Blanca, sino que había pasado toda la tarde en un bar del hotel Statler con el columnista independiente Marquis Childs. Aliviado al saber que su enemigo acérrimo no estaba con el presidente, sino ganándose a un columnista, Strauss escribió a Hoover que «seguía extremadamente preocupado por la influencia que ejercía Oppenheimer en el programa de energía nuclear; estaba observando el asunto de cerca y *esperaba, en un futuro próximo, poder finalizar toda relación entre la CEA y Oppenheimer* [cursiva añadida]».

Mientras Strauss y Borden preparaban el caso contra Oppenheimer, este pasó el principio del otoño escribiendo cuatro largos textos sobre ciencia. Ese mismo año, la British Broadcasting Corporation [la BBC] lo había invitado a dar las prestigiosas Reith Lectures, una serie de cuatro conferencias por radio que escucharían millones de personas de todo el mundo. Kitty y él tenían pensado estar tres semanas de noviembre en Londres y después, a principios de diciembre, ir a París. La invitación constituía un honor notable; otros conferenciantes anteriores fueron Bertrand Russell, que habló de «La autoridad y el individuo», y, el año anterior, Arnold Toynbee, cuyas charlas giraron en torno al gran tema de «El mundo y Occidente».

Robert elaboró el tema que había escogido, esto es, «esclarecer lo que en física atómica sea nuevo, relevante, útil y alentador para el conocimiento humano».[47] Muchos oyentes de la BBC seguramente se quedaron abrumados por la estudiada ambigüedad de Oppenheimer. «Su refulgente retórica —escribió un crítico— mantuvo a los oyentes absortos en un estado no tanto de atención como cercano al trance». La actuación fue totalmente mística. «A pesar de mis esfuerzos —reconocería más tarde—, me dijeron que estuve críptico a más no poder».[48]

La Guerra Fría no era su tema, pero en un aparte dio unos apuntes sobre la naturaleza del comunismo: «Es un juego de palabras cruel y sin ninguna gracia que tal forma, presente y poderosa, de tiranía moderna se defina a sí misma con el nombre de la creencia en la comunidad, con la palabra "comunismo", la cual en otros tiempos evocaba recuerdos de pueblos y tabernas, de artesanos que conjugaban sus habilidades y de hombres que aprendían [a estar] satisfechos con el anonimato. Pero quizá solo un fin malvado se siga de la creencia sistemática de que todas las comunidades son una sola, de que toda verdad es una sola, de que toda experiencia es compatible con las demás, de que el conocimiento total es posible, de que todo lo que existe en potencia puede existir en acto. Este no es el destino del hombre, no es su camino; obligarlo a caminar por él lo asemeja no a aquella imagen divina del omnisciente y todopoderoso, sino al prisionero encadenado e indefenso de un mundo agonizante».[49]

Oppenheimer había tonteado con la promesa comunista en la década de 1930, pero en 1953 ya no se engañaba respecto a su realidad. Igual que a Frank, en aquellos años le atrajeron la visión y la retórica de la justicia social que promovía el Partido Comunista de Estados Unidos. Luchar por la integración en las piscinas de Pasadena, pelear por conseguir una mejora en las condiciones laborales de los trabajadores agrícolas, organizar un sindicato de profesores; todas eran experiencias liberadoras en lo intelectual y lo emocional. Pero las cosas habían cambiado. Al abogar por un «mundo feliz» distinto, Oppenheimer recolocaba racionalmente los instintos más profundos y los valores más elevados con los que se había comprometido cuando era joven. El llamamiento a una sociedad transparente estaba sin duda conectado con su preocupación por los efectos peligrosos y paralizantes del secretismo en la sociedad estadounidense. Sin embargo, también conectaba con la causa de la justicia social del país, un objetivo por el cual había trabajado antes de Hiroshima, antes de Los Álamos, antes de Pearl Harbor. El papel del comunismo en Estados Unidos había cambiado, y el papel de Oppenheimer en cuanto ciudadano estadounidense responsable había cambiado también, pero sus valores más profundos no. «La transparencia de la sociedad, el acceso al conocimiento sin restricciones, la asociación espontánea y desinhibida de los hombres para progresar —dijo en una de las charlas Reith— es lo que podría hacer que un mundo vasto, complejo, en crecimiento y cambio constantes, más especializado y experto en tecnología sea, pese a todo eso, una comunidad humana».[50]

Durante su estancia en Londres, Kitty y Robert cenaron un día con Lincoln Gordon, un compañero de clase de Frank de la Escuela por la

Cultura Ética; Robert lo había conocido en 1946, cuando aquel era asesor de Bernard Baruch. Gordon recordaría siempre la conversación de aquella cena, en la que Robert estuvo sombrío y reflexivo. En cierto momento, Gordon mencionó con cautela la bomba atómica, y Robert habló largamente sobre la decisión de arrojarla. Reconoció haber apoyado la decisión del comité provisional, pero confesó que «hoy en día sigo sin comprender por qué fue necesario lo de Nagasaki», palabras que dijo con tristeza, no con ira ni amargura.[51]

Después de grabar las charlas Reith en Londres, los Oppenheimer cruzaron el canal de la Mancha y fueron a París. Una vez allí, Kitty telefoneó a Haakon Chevalier, que vivía en un piso en Montmartre, pero le dijeron que estaba en un congreso en Roma y que regresaría en unos días. El matrimonio tomó entonces un tren a Copenhague, donde estuvo con Bohr tres días. Cuando regresaron a París, Chevalier ya estaba allí y los invitó a cenar a su casa el último día antes de que partieran a Estados Unidos. Aquella invitación resultaría tener consecuencias nefastas. A petición de Strauss, los agentes de seguridad de la embajada estadounidense en París siguieron los movimientos de Oppenheimer por la ciudad y consiguieron una lista de todas las llamadas telefónicas que realizó desde el hotel. Informaron que «Chevalier, persona a la que tenemos como hostil y de la que sospechamos sea espía soviético, se halla bajo vigilancia por la policía francesa y los servicios de Inteligencia».[52]

La cena se celebró el 7 de diciembre de 1953.[53] Chevalier y Oppenheimer llevaban más de tres años sin verse. La última vez fue en Olden Manor, en otoño de 1950, cuando Hoke fue a verlos unos días en busca de consuelo después de su doloroso divorcio de Barbara. Los dos amigos habían mantenido una correspondencia cálida en la que hubo sitio incluso para una especie de carta de recomendación dirigida a Berkeley; a petición de Hoke, Robert escribió un resumen de lo que había contado al Comité de Actividades Antiestadounidenses sobre el incidente de Eltenton. La carta no le hizo recuperar el trabajo, pero le estaba igualmente agradecido. En noviembre de 1950, Hoke se trasladó a París; viajó con pasaporte francés, ya que el Departamento de Estado se negó a expedirle el estadounidense. En la capital francesa fue poco a poco encontrando su sitio: trabajó para las Naciones Unidas como traductor y escribió ficción. Cuando se casó con Carol Lansburgh, una oriunda de California de treinta y dos años, los Oppenheimer les enviaron una ensaladera de caoba de las islas Vírgenes como regalo de boda.

Los dos amigos tenían ganas de verse y pasarlo bien. Robert y Kitty llegaron a la rue du Mont-Cenis, 19, al pie de la basílica del Sagrado Corazón, y se metieron en un antiguo ascensor de jaula que los llevó a la cuarta planta. Hoke y Carol les dieron una bienvenida calurosa, y sin tardanza los cuatro estuvieron brindando en el pequeño salón, repleto de estanterías. Chevalier preparó unos platos excelentes, entre los que había una suntuosa ensalada servida en su regalo de boda. En el postre abrió una botella de champán, y, tras muchos brindis, Robert y Kitty firmaron el tapón de corcho.

Oppenheimer parecía relajado y contó historias sobre sus reuniones con personalidades de Washington de la talla de Dean Acheson. Hablaron brevemente de la ejecución de Julius y Ethel Rosenberg, que había tenido lugar aquel año, acusados de conspirar para cometer espionaje en materia atómica. Chevalier, por su parte, le contó los problemas que tenía con su trabajo como traductor para la UNESCO. Como no había renunciado a la ciudadanía estadounidense, al parecer podían obligarlo a someterse a una autorización de seguridad del Gobierno. Oppenheimer le sugirió que pidiera consejo a Jeffries Wyman, su amigo de Harvard, que ese año estaba en París como agregado científico en la embajada de Estados Unidos.[54]

A la hora de marcharse, después de medianoche, Oppie, de súbito lacónico, dijo a Hoke: «La verdad es que temo los meses que me esperan».[55] Tal vez tuvo algún indicio de los problemas futuros; si fue así, no hizo ningún esfuerzo por explicarse. Antes de salir de casa, Hoke consideró que su amigo no iba bastante abrigado y rápidamente le regaló una bufanda de seda italiana. Ninguno de los dos sospechaba que su amistad estaba a punto de ser juzgada.

Mientras Oppenheimer estuvo ausente, Borden empezó a escribir un informe de acusación contra él. Se basaba en información comprendida en el expediente de seguridad guardado en la cámara acorazada de la CEA, el que Strauss le había facilitado. Estaba entusiasmado con la tarea y muy pendiente de mantener el contacto con el presidente de la comisión. Después de haber perdido el trabajo en el Comité Conjunto de Energía Atómica, a finales de mayo de 1953, consiguió un puesto en el programa del submarino nuclear de Westinghouse (Pittsburgh). Previamente se había deshecho en agradecimientos a Strauss por su «consideración».[56] Por las noches estudiaba el secretísimo expediente de la CEA sobre Oppenheimer, y a mediados de octubre de 1953 ya tenía escrito un borrador de la acusación; se lo envió a J. Edgar Hoover el 7 de noviembre. Los informes sumarios que el FBI tenía de aquella misma información eran largos y enrevesados. En cambio, Borden cristalizó los cargos contra Oppenheimer en solo tres páginas y media a espaciado simple y definió con claridad el meollo de la cuestión. El corolario era horrible. Después de reunir las pruebas de las relaciones comunistas del físico y revisar el historial de sus recomendaciones en materia de armas nucleares, Borden concluía que «hay más probabilidades de que J. Robert Oppenheimer sea un agente de la Unión Soviética que de que no lo sea».[57]

Se desconoce con exactitud cuándo supo Strauss que Borden había terminado la carta. No lo informaron oficialmente hasta que Hoover se la reenvió, el 27 de noviembre, a él, al presidente y a Wilson, el secretario de Defensa. No obstante, en una fecha tan temprana como el 9 de noviembre, Strauss redactó una nota para sus archivos que podría indicar que había leído el informe de Borden. «Recuerdo que —escribió— un informe del FBI que trataba en general de las actividades de espionaje soviético con fecha del 27 de noviembre de 1945 registra que "tan temprano como en diciembre de 1940, la vigilancia reveló que un grupo de personas celebraba reuniones secretas, entre las que estaban Steve Nelson, Haakon Chevalier, William Schneiderman (el líder de la organización comunista californiana) y JRO". Esta información se obtuvo, al parecer, gracias a la vigilancia».[58]

El 30 de noviembre, justo después de recibir formalmente la carta, Strauss apuntó en otra nota para sus archivos que el cargo clave contra Oppenheimer estaba relacionado con el caso Chevalier: «Lo fundamental aquí es cuánto tiempo pasó desde que ocurrió el incidente hasta que "O" [Oppenheimer] informó a "G" [Groves] y si había algún motivo para sospechar que "O" sabía que "G" se había enterado de ello antes de que él se lo contara».[59] Era, desde luego, una cuestión interesante, pero, como no existen pruebas de que el general supiera nada de la conversación entre Oppie y Chevalier antes de que el propio Oppie se lo contase (y los archivos del FBI sí recogen a Groves dando testimonio de ello), la pregunta más interesante está relacionada con la nota de Strauss. ¿Estaba ya preparando lo que sería el núcleo del caso contra Oppenheimer?

En otoño de 1953, Washington era una ciudad tomada por la caza de brujas. La carrera de cientos de civiles había llegado a un abrupto final por culpa de cargos muy débiles. Nadie, y menos el presidente, parecía querer enfrentarse a Joseph McCarthy. El 24 de noviembre de aquel mismo año, el senador de Wisconsin dio un discurso feroz, retransmitido por radio y por televisión, en el que acusaba a la Administración de Eisenhower de «apaciguamiento quejica y llorón».[60] Al día siguiente, C. D. Jackson dijo a James Reston, de *The New York Times*, que pensaba que «McCarthy había declarado la guerra al presidente». El periodista lo citó en su columna de la mañana siguiente atribuyéndosela a un funcionario anónimo de la Casa Blanca, y un subalterno de Eisenhower criticó categóricamente a Jackson diciendo que semejantes opiniones no hacían más que poner «más difícil que McCarthy y sus aliados votaran a favor del programa presidencial». Jackson se quedó de piedra ante lo que llamó «apaciguamiento desastroso» frente a los ataques de McCarthy. «Todas las sensaciones vagas —anotó en su diario— de infelicidad que he tenido respecto a la "falta de liderazgo" a lo largo de muchos meses previos, y que siempre he despreciado, han aflorado esta semana, y estoy muy asustado».[61] Indicó a Sherman Adams, el jefe de gabinete del presidente, que esperaba que «la indignante actuación [de McCarthy] sirviera al menos para abrir los ojos a ciertos consejeros del presidente que parecen pensar que, en el fondo, el senador es un tipo con buen corazón».[62]

En esa venenosa atmósfera, el secretario de Defensa, Wilson, telefoneó a Eisenhower el 2 de diciembre de 1953 y le preguntó si había visto el último informe de J. Edgar Hoover sobre el doctor Oppenheimer. Ike respondió que no. Wilson repuso que era «el peor hasta la fecha» y que Strauss lo había llamado la noche anterior para advertirle que «McCarthy lo sabe y nos puede amenazar con ello».[63] Eisenhower repuso que no pensaba preocuparse por el senador, pero sí que había que presentar el caso Oppenheimer ante el fiscal general, Herbert Brownell; le dijo también que «no vamos a cargarnos al personaje público [que es Oppenheimer] a menos que tengamos pruebas sustanciales». Wilson añadió (erróneamente) que tanto el «hermano como la mujer [de Oppenheimer] son comunistas; este hecho, junto con las relaciones que mantuvo en el pasado, hacen de él un riesgo inasumible si tenemos problemas con los comunistas».

Después de hablar con Wilson —y antes de leer el documento—, Eisenhower anotó en su diario que el informe nuevo del FBI «saca a colación cargos muy graves, algunos de naturaleza nueva». El fiscal general tendría que juzgar si había que ordenar una imputación, pero Ike observó: «Dudo mucho que tengan las pruebas necesarias». Mientras tanto, de todos modos, cortaría todas las relaciones de Oppie con el Gobierno. «Lo triste es que, si la acusación es cierta, tenemos a un hombre que ha estado en el meollo del desarrollo atómico desde el principio. [...] El doctor

Oppenheimer ha sido, sin duda, una de las personas que más ha defendido que se diera más información en materia atómica al mundo», idea que él había aprobado, aunque eso no lo escribió en el diario.

La mañana siguiente, temprano, Eisenhower se reunió con su asesor de seguridad nacional, Robert Cutler, quien le aconsejó que tomara medidas inmediatas contra Oppenheimer.[64] A las diez de la mañana, el presidente llamó a Strauss al despacho oval y le preguntó si había leído el último informe del FBI sobre el físico. Por supuesto que lo había leído, así como la carta de Borden que lo había propiciado. Tras una conversación precipitada, Eisenhower ordenó que «se negara de inmediato el acceso de este individuo [Oppenheimer] a ninguna información de carácter sensible o clasificada».

Aquel mismo día, el presidente apuntó en su diario que «en el poco rato» que había tenido para leer con atención «los denominados cargos "nuevos"», se había dado cuenta de que «no eran nada más que la reelaboración de la información por parte de un hombre llamado Borden». Prosiguió con una valoración correcta del contenido: «La carta presenta muy pocas pruebas nuevas». Le habían dicho, escribió, que el «grueso» de la información se había «revisado y reexaminado constantemente a lo largo de unos cuantos años y que la conclusión general siempre había sido que no existían pruebas que implicaran deslealtad por parte del doctor Oppenheimer. No obstante, eso no significa que no pueda ser un riesgo para la seguridad».[65]

Eisenhower entendió que Oppenheimer podía ser perfectamente víctima de acusaciones difamatorias, pero ya había ordenado que se iniciara una investigación y no iba a detener el proceso. Si daba un paso semejante, quedaría expuesto a que McCarthy acusara a la Casa Blanca de estar protegiendo a un riesgo potencial para la seguridad, de modo que envió una nota formal al fiscal general con la orden de «levantar un muro ciego» entre Oppenheimer y la información secreta.

Washington era una ciudad pequeña, con lo cual no fue extraño que al día siguiente, el 4 de diciembre de 1953, el almirante William «Deke» Parsons, amigo y colega de Oppenheimer de los tiempos de Los Álamos, se enterara de la orden del «muro ciego».[66] Parsons conocía bien las relaciones que Oppie había establecido con la izquierda y las consideraba insignificantes. Aquel otoño, Parsons había escrito una carta al «Querido Oppy» en la que señalaba: «Puede que el antiintelectualismo de los últimos meses ya haya pasado su punto culminante».[67] Sin embargo, vio que las cosas no eran así. La tarde del 4 de diciembre se encontró en una fiesta con su esposa, Martha, la cual observó que estaba «muy alterado». Su marido le contó la noticia y le dijo: «Tengo que frenar esto. Ike tiene que saber qué es lo que está pasando en realidad». Por la noche, ya en casa, mencionó: «¡Es el error más grave que podría cometer Estados Unidos!». Cuando le comunicó que había decidido pedir cita con el secretario de la Marina al día siguiente, Martha le preguntó: «Deke, eres almirante, ¿por qué no acudes al presidente?».

«No —le respondió—, el secretario de la Marina es mi jefe. No puedo saltármelo».

Durante la noche, el almirante Parsons sintió dolores en el pecho. Por la mañana estaba tan pálido que Martha lo llevó al hospital naval Bethesda. Murió aquel día de un ataque al corazón. Su mujer siempre creyó que lo ocasionó la noticia sobre Oppie.

También el 4 de diciembre, el presidente Eisenhower se marchó a las Bermudas cinco días, acompañado por Strauss. Cuando regresaron, este comenzó a coreografiar los pasos siguientes del caso del Gobierno contra Oppenheimer. Preparó varios esbozos de lo que le diría al físico, que debía regresar de Europa y estar en Princeton el 13 de diciembre. La tarde siguiente, Oppenheimer lo llamó por teléfono e intercambiaron cumplidos formales. Strauss dijo como de pasada que «estaría bien» que fuera a verlo al cabo de un par de días. Oppenheimer aceptó, pero contestó que no tenía mucho que contar: «No te esperes nada importante».[68]

Al final resultó que el FBI no había terminado el análisis de la carta de Borden. En un principio, Hoover no se la había tomado en serio. Las acusaciones de su autor, tal como observó un agente poco después de que llegara la carta, «están distorsionadas y expresadas de nuevo con sus palabras para que parezcan más contundentes que lo que indican los hechos reales».[69] La agencia tenía que ponerse al día y pidió a Strauss que pospusiera la presentación de los cargos. El presidente de la CEA envió un telegrama a Oppenheimer y cambió la cita con él para el lunes 21 de diciembre.

El 18 de aquel mismo mes, Strauss fue al despacho oval para hablar de cómo pensaba plantear el caso Oppenheimer. Allí estaban el vicepresidente, Richard Nixon; William Rogers; los ayudantes de la Casa Blanca C. D. Jackson y Robert Cutler, y el jefe de la CIA, Allen Dulles. Eisenhower no se encontraba en la sala, pues se había reunido con los líderes del Congreso. Rogers sugirió brevemente que podrían hacer lo que hizo Truman a Harry Dexter White: convocar a Oppenheimer frente a un comité del Congreso abierto e interrogarlo acerca de la información desfavorable que figuraba en su expediente de seguridad. El suso-dicho, sin embargo, había muerto de un ataque al corazón después del calvario, y Jackson y los demás se echaron las manos a la cabeza, de modo que «Rogers, con una sonrisa, retiró la propuesta».[70] En su lugar, gravi-taron en torno a la idea de Strauss de convocar un panel que condujera una revisión administrativa de las credenciales de seguridad de Oppen-heimer. No sería un juicio en sentido estricto. Ofrecerían al físico dos opciones: bien se marchaba sin hacer ruido, bien podía recurrir la sus-pensión de sus credenciales ante un panel designado por Strauss.

A las once y media de la mañana del 21 de diciembre de 1953, el presidente de la CEA estaba en su despacho preparando lo que diría a Oppenheimer por la tarde, cuando le anunciaron que Herbert Marks se encontraba fuera, esperando para hablar con él. Strauss se sobresaltó y no creyó que fuera una coincidencia. ¿Por qué iba a querer verlo el amigo y abogado de Oppenheimer justamente aquel día? Marks entró en el despacho y le dijo que necesitaba hablar con urgencia con él sobre su cliente. Strauss lo interrumpió y repuso que debía verlo aquella tarde; como Marks era su abogado, debía esperar hasta entonces. Este hizo caso omiso de sus palabras y le dijo que acababa de enterarse de que el nefas-to Subcomité de Seguridad Interna del Senado, de Jenner, proponía in-vestigar a Oppenheimer. Sacó un recorte viejo de *The New York Times*, del 11 de mayo de 1950, y leyó el titular —«Nixon defiende al doctor Oppenheimer»—; luego contó que el vicepresidente Nixon tal vez se avergonzara mucho si el comité de Jenner ponía a su cliente bajo los fo-cos. Perplejo, Strauss le preguntó con calma si eso era todo lo que tenía en mente. Marks asintió, y entonces aquel quiso saber si Oppenheimer estaba al tanto de esas preocupaciones. El abogado respondió que no, que no había hablado con él desde que se marchó a Europa. Cuando este se fue, Strauss se quedó con la sensación aplastante de que le había inten-tado «chantajear con educación».[71]

Oppenheimer llegó a las tres de la tarde. Lo esperaban Strauss y Kenneth D. Nichols, el antiguo subalterno del general Leslie Groves de los tiempos de la guerra y entonces gestor general de la CEA. Tras co-mentar brevemente la muerte repentina del almirante Parsons, Strauss informó a Oppenheimer de la visita matutina de Herb Marks. El físico se mostró sorprendido y explicó que no tenía ni idea de los planes del comité de Jenner.

Después, Strauss se metió en materia. Dijo a Oppenheimer que «nos enfrentamos con un problema muy difícil relacionado con la renovación de tus credenciales». Eisenhower había emitido una orden ejecutiva en la que requería volver a evaluar a los individuos en cuyo expediente hubiera «información desfavorable», y Strauss mencionó que en el de Oppenheimer había «un montón de información desfavorable». Este reconoció que sabía que, a su debido tiempo, habría que revisar su caso. El presidente de la CEA le informó de que un antiguo funcionario del Gobierno —Borden— había escrito una carta donde cuestionaba sus credenciales de seguridad, y en consecuencia el presidente había ordenado empezar de inmediato una investigación. Hasta aquel momento, Oppenheimer no parecía particularmente sorprendido, pero entonces Strauss le soltó que el «primer paso» de la revisión era suspenderle en el acto las credenciales. La CEA, prosiguió, había preparado una carta en la que definía la naturaleza de los cargos presentados contra él, y esa carta, subrayó Strauss, estaba escrita pero aún no había sido firmada.

Strauss le permitió leer la carta. Mientras la examinaba, Oppenheimer comentó que «había muchas cosas que podían negarse; otras eran incorrectas, pero muchas eran correctas». Parecía una reformulación familiar de la eterna mezcla de verdades, medias verdades y meras mentiras.

Según los apuntes que tomó Nichols de la reunión, fue Oppenheimer quien planteó en primer lugar la posibilidad de dimitir antes de que se realizara ninguna revisión; sin embargo, la sugerencia pareció ir implícita en el comentario de que la carta de acusaciones todavía no se había firmado y, por tanto, no se había hecho una acusación oficial.[72] Pensando en voz alta, Oppenheimer al principio pareció receptivo a esa opción, pero enseguida observó que, si el comité de Jenner iba a abrir una investigación sobre él de todas formas, presentar en aquel momento la dimisión «no sería muy beneficioso desde el punto de vista de la popularidad».

Cuando Robert preguntó cuánto tiempo tenía para tomar la decisión, Strauss contestó que estaría en casa a partir de las ocho de la tarde y esperaría su respuesta, pero que en ningún caso podía posponerla un día más. Oppie pidió una copia de la carta de acusaciones, pero Strauss se negó a dársela porque, afirmó, solo podría tenerla después de decidir qué haría al respecto. Luego, Oppie quiso saber si «el Congreso lo sabía», y Strauss respondió que no que él supiera, pero que dudaba de que «una cosa así pudiera escondérsele al Congreso indefinidamente».

Por fin, Strauss tenía a Oppenheimer justo donde quería. De todas formas, este pareció reaccionar con calma ante la noticia y formuló con educación las preguntas correctas, tanteando sus posibilidades. Treinta y cinco minutos después de haber entrado en el despacho de Strauss, Oppenheimer se levantó para marcharse y le dijo que lo consultaría con Herb Marks. El presidente de la CEA le ofreció su Cadillac con su chófer, y Oppenheimer —turbado, aunque aparentara lo contrario— cometió el error de aceptar.

En lugar de ir al despacho de Marks, dijo al conductor que se dirigiera a las oficinas de Joe Volpe, el antiguo consejero de la CEA que, junto con aquel, le había proporcionado asesoría legal en el juicio de Weinberg. Al rato, Marks se reunió con ellos y los tres pasaron una hora evaluando las posibilidades que tenía Robert. Un micrófono oculto grabó la conversación.[73] Previendo que Oppie consultaría con Volpe, y sin importarle violar el secreto profesional entre abogado y cliente, Strauss había hecho que pincharan la oficina de Volpe con antelación.*

Gracias a los micrófonos ocultos en el despacho del abogado y a las transcripciones que le pasaban, Strauss pudo seguir la conversación acerca de si Oppenheimer debía finalizar el contrato de asesor o enfrentarse a los cargos en una audiencia formal. Era evidente que no podía decidirse y estaba angustiado. Más tarde, Anne Wilson Marks pasó a buscar a Robert y a su marido con el coche y los llevó a su casa, en Georgetown. De camino, Robert dijo: «No puedo creerme lo que me está pasando».[74] Después tomó el tren para volver a Princeton y consultarlo con Kitty.

Strauss esperaba la respuesta aquella noche, pero, cuando por la mañana seguía sin tener noticias de él, ordenó a Nichols que lo telefoneara al mediodía.[75] Oppenheimer respondió que necesitaba más tiempo para decidirse, pero este le contestó con brusquedad que «no podían darle más tiempo». Le concedió un ultimátum de tres horas. Oppenheimer estuvo de acuerdo, pero al cabo de una hora lo llamó y le transmitió que quería ir a Washington a dar la respuesta en persona. Tomaría un tren por la tarde e iría a ver a Strauss la mañana siguiente a las nueve en punto.

Robert y Kitty dejaron a Peter y Toni con su secretaria, Verna Hobson; subieron a un tren en Trenton y llegaron a Washington a última hora de la tarde. De allí fueron a Georgetown, a casa de Marks, donde pasaron la noche con este y Volpe, continuando la conversación de si Robert debía enfrentarse a los cargos.

---

* Aquella misma tarde, Strauss llamó al FBI y repitió la petición que realizó a Hoover el 1 de diciembre de colocar micrófonos en el teléfono de la casa y el despacho de Oppenheimer en Princeton. El primero se instaló en Olden Manor a las diez y veinte de la mañana del día de Año Nuevo de 1954. [Ladd a Hoover, nota, 21-12-1953, expediente del FBI sobre JRO, sección 16, documento 514. Esta nota indica que Strauss pidió las escuchas y la vigilancia el 17 de diciembre de 1953. Curiosamente, en un comunicado interno, el FBI advertía a sus agentes que «según la CEA, Oppenheimer tiene un revólver del calibre 22 en un sillón cerca de la puerta principal». Véase Belmont a Ladd, nota, 22-12-1953, expediente del FBI sobre JRO, documento 513].

«Seguía en el mismo estado de desesperación», recordó Anne. Tras horas de pensar estrategias, los abogados al fin redactaron una carta de una página dirigida al «Querido Lewis».[76] Oppenheimer insinuó a las claras que Strauss lo había animado a dimitir. «Me sugieres como alternativa posible y deseable que solicite la terminación de mi contrato como asesor de la comisión, y así evitar que se consideren explícitamente los cargos». Dijo que había reflexionado en serio sobre esa posibilidad. «En las circunstancias presentes —explicaba a Strauss—, llevar adelante esa acción significaría que acepto que no soy adecuado para servir a este Gobierno, al cual he servido durante doce años, y que convengo en ello. No puedo hacer eso. Si no valiera para la tarea, difícilmente podría haber servido a nuestro país como lo he intentado hacer, ni haber sido el director de nuestro instituto de Princeton, ni haber hablado, como he hecho en más de una ocasión, en nombre de nuestra ciencia y nuestro país».

Al final de la velada, Robert estaba exhausto y abatido. Después de varias copas, se levantó y dijo que se retiraba arriba, al dormitorio de invitados. Al cabo de unos minutos, Anne, Herb y Kitty oyeron un «golpe fortísimo».[77] Anne fue la primera en llegar arriba. No vio a Robert. Después de tocar la puerta del baño y llamarlo a gritos, sin obtener respuesta, intentó abrirla. «No podía abrir la puerta —contó—, y Robert no contestaba».

Se había caído al suelo de tal manera que bloqueaba la puerta. Entre los tres la empujaron hasta que poco a poco fueron abriéndola, desplazando el cuerpo inconsciente. Lo llevaron a un sofá y lo despertaron. «Solo balbuceaba», recordaba Anne. Robert les explicó que había tomado una pastilla para dormir, un medicamento que le había dado Kitty. Anne llamó al médico, que le dijo: «No dejen que se duerma», así que durante una hora lo hicieron caminar y beber café hasta que este llegó. La «bestia en la jungla» de Oppie acababa de atacar; había empezado su calvario.

QUINTA PARTE

34

«Tiene muy mala pinta, ¿no?»

Alguien debió haber calumniado a Josef K., ya que, sin
hacer nada malo, lo arrestaron una mañana.

FRANZ KAFKA, *El proceso*

En cuanto Oppenheimer comunicó a Strauss que no iba a dimitir, el gerente de la CEA, Kenneth Nichols, puso en marcha una extraordinaria
caza de brujas anticomunista. El día en que Harold Green, el joven abogado de la comisión, estaba redactando la lista de cargos contra Oppenheimer, Nichols le dijo que el físico era «un hijoputa muy escurridizo, pero
esta vez lo vamos a pillar».[1] Con el paso del tiempo, Green pensó que el
comentario reflejaba con fidelidad cómo se comportó la CEA a lo largo
de la audiencia.

El día de Nochebuena, dos agentes del FBI se presentaron en Olden
Manor y se apoderaron de la documentación clasificada que le quedaba a Oppenheimer. El mismo día recibió la carta de la CEA, con fecha
del 23 de diciembre de 1953, en la que se especificaban los cargos formales por los que se le acusaba. Nichols le comunicó que la CEA cuestionaba «si la continuación de su empleo en la Comisión de Energía
Atómica pondrá en peligro la defensa y la seguridad nacionales y si dicha
continuación es claramente afín a los intereses de la seguridad del país.
La presente carta tiene como objetivo sugerirle qué pasos podría realizar
para contribuir a la resolución de este asunto».[2] Los cargos incluían los
hechos «desfavorables» de siempre: sus relaciones con comunistas conocidos y anónimos, sus contribuciones al Partido Comunista de California,
el caso Chevalier, así como que fuese «usted fundamental para convencer
a otros destacados científicos de que no trabajaran en el proyecto de la
bomba de hidrógeno, y también lo ha sido para retardar el desarrollo de
esta, al ser usted el elemento más experimentado, más poderoso y más

útil del grupo de oposición a ella». Con la excepción de este último cargo (retrasar el progreso de la bomba H), el general Groves y la CEA conocían el contenido de la carta y lo habían desestimado. Consciente de todos esos factores, Groves había ordenado al ejército que proporcionara a Oppenheimer las credenciales de seguridad en 1943, y la CEA se las había ido renovando a partir de 1947.

Incluir en los cargos la oposición a la bomba H reflejaba la profundidad de la histeria macartista que invadía Washington. Equiparando el disentimiento a la deslealtad, se redefinía el papel de los asesores del Gobierno y el propósito mismo de su función. Los cargos que presentó la CEA no eran las típicas acusaciones dirigidas que llevan a una condena en un juicio. Más bien se trataba de una acusación política, y quien lo juzgaría sería un panel de la comisión que evaluaría los riesgos de seguridad y estaría convocado por el presidente de esta, Lewis L. Strauss.

Cuenta la secretaria de Oppenheimer, Verna Hobson, que un día o dos antes de Navidad estaba sentada a su mesa cuando llegaron Robert y Kitty y se encerraron en el despacho de él; era extraño, pues Robert casi siempre dejaba la puerta abierta. «Estuvieron dentro mucho rato —recordó Hobson—. Estaba claro que pasaba algo malo». Cuando salieron, se sirvieron una copa y le ofrecieron una también a Hobson. Más tarde, al llegar esta a su casa, le dijo a su marido, Wilder: «Los Oppenheimer tienen problemas. No sé qué pasa, pero me gustaría llevarles un regalo». Wilder acababa de comprar un disco de una soprano brasileña, y Verna lo llevó a la oficina al día siguiente y se lo dio a Robert. «Esto no es un regalo de Navidad —le aseguró—; no he ido a comprárselo expresamente. Lo hemos escuchado en casa. Es un regalo que quiero hacerle». Robert lo cogió y se sentó con la cabeza gacha, muy quieto, y luego la levantó y dijo: «Qué gesto tan bonito».[3]

Aquella tarde llamó a Hobson al despacho y, tras cerrar la puerta, le informó que quería contarle qué ocurría. Durante una hora y media le habló no solo de los cargos; le relató la historia de su infancia, de su familia y de su vida adulta. Hobson no sabía nada de todo aquello. Tiempo después se le ocurrió que tal vez estuviera ensayando lo que pensaba decir en respuesta a la carta de cargos de Nichols. Creía que «la información calificada de desfavorable […] no puede entenderse con justicia sin tener en cuenta el contexto de mi vida y mi trabajo».[4]

A lo largo de las siguientes semanas, Robert preparó febrilmente su defensa. La CEA le había dado un plazo de treinta días para responder a los cargos. En primer lugar, debía conseguir un equipo legal. A principios de enero de 1954 habló con Herb Marks y Joe Volpe. El primero estaba firmemente convencido de que Robert necesitaba que lo representara un abogado distinguido y con buenas relaciones políticas. El segundo discrepaba: su opinión era que Robert debía buscarse un abogado con mucha experiencia judicial. Al principio pareció que podrían contratar a John Lord O'Brian, un abogado de Nueva York con muy buena fama pero un tanto mayor; tuvo que rechazar la oferta por cuestiones de salud. Otro abogado prominente, John W. Davis, de ochenta años, aceptó llevar el caso siempre y cuando la CEA celebrara la audiencia en la ciudad de Nueva York. Strauss se aseguró de que no fuera así. Por fin, Oppenheimer y Marks fueron a ver a Lloyd K. Garrison, socio del bufete neoyorquino de Paul, Weiss, Rifkind, Wharton y Garrison. Oppie lo había conocido la primavera anterior, cuando el abogado se incorporó al Instituto de Estudios Avanzados como miembro directivo, y le gustó la elegancia de sus modales. El linaje de Garrison era tan exquisito como su reputación: su bisabuelo fue el abolicionista William Lloyd Garrison y su abuelo fue redactor literario de *The Nation*. El propio Garrison era un liberal convencido y miembro de la junta de la Unión Estadounidense de Libertades Civiles. Pasado Año Nuevo, Marks y Oppenheimer fueron a verlo a su casa de Nueva York y le mostraron la carta de cargos escrita por el general Nichols. Después de que Garrison la hubo leído, Robert le preguntó: «Tiene muy mala pinta, ¿no?», y el abogado respondió simplemente: «Sí».[5]

Garrison se mostró comprensivo. Lo primero que había que hacer, dijo, era solicitar a la CEA que ampliara el plazo de treinta días en el que Oppenheimer debía responder a los cargos. El 18 de enero, Garrison fue a Washington y obtuvo la ampliación. También intentó, sin éxito, conseguir a un abogado veterano con experiencia en tribunales como asesor. Mientras tanto, empezó a trabajar con Oppenheimer en una respuesta escrita a los cargos. A medida que pasaban las semanas, Garrison se convirtió, en ausencia de nadie más, en el asesor principal del físico. Todo el mundo se daba cuenta, él el primero, de que no era el profesional idóneo a causa de su falta de experiencia en los tribunales. Cuando Oppenheimer dijo a Lilienthal, a mediados de enero, que se quedaría con Garrison, Lilienthal escribió en su diario: «Tenía la esperanza de que escogiera a un abogado con experiencia en los tribunales, pero el caso contra él en realidad es tan endeble que no es tan importante quién sea el asesor».[6]

La noticia de la inminente audiencia de Oppenheimer no tardó en propagarse por todo Washington. El 2 de enero de 1954, el FBI registró una llamada de Kitty intentando, sin éxito, hablar con Dean Acheson para ver si sabía «cómo estaban las cosas».[7] Unos días después, Strauss comunicó al FBI que estaba «recibiendo presión por parte de los científicos [...] para que convocase una junta para la audiencia que "encubra" a Oppenheimer con motivo del caso». Añadió que «no tenía la menor intención de dejarse presionar para hacer cosa semejante». Dijo, además, que entendía que «era muy importante» elegir bien la junta que lo juzgaría. Vannevar Bush se presentó en la oficina de Strauss y le contó que «toda la ciudad» sabía de su acción contra Oppenheimer. Le espetó que era una «injusticia muy grande» y que, si seguía adelante con el caso, «sin duda acabará generando ataques contra el propio Strauss». Este le respondió, enfadado, que «le importaba un comino» y que no iba a dejarse «chantajear» por insinuaciones como esa.[8]

Más adelante, Strauss ofreció la imagen de hombre asediado, pero en realidad sabía que jugaba con ventaja. El FBI le suministraba resúmenes diarios de los movimientos de Oppenheimer y de las conversaciones que este tenía con sus abogados, con lo cual podía anticipar todas las maniobras legales que realizara el físico. Sabía que el expediente del FBI sobre Robert contenía información que los abogados de este no verían nunca, porque él se aseguraría de que no obtuvieran las credenciales de seguridad necesarias para ello. Es más, pensaba seleccionar a los miembros de la junta de la audiencia. El 16 de enero, Garrison solicitó unas credenciales de seguridad para Herb Marks y para sí, pero Strauss se las negó a Marks, antiguo miembro del equipo legal de la CEA.[9] Si Garrison obtuvo las suyas con tiempo suficiente para preparar el caso es una pregunta sin respuesta, pero tomó la decisión de que o bien todos los integrantes de la defensa recibían credenciales o ninguno las recibía, lo cual lamentaría pronto y trataría de revertir sin conseguirlo.

A finales de marzo, no obstante, Garrison se enteró de que los miembros de la junta de la audiencia iban a pasar una semana entera estudiando los archivos originales de investigación sobre Oppenheimer. Aún peor: para su consternación, supo también que el abogado «de la acusación» de la CEA estaría presente para guiar a la junta por el mar de datos desfavorables que contenía el expediente del FBI y responder a sus preguntas. A Garrison se le «encogió el corazón» al pensar que, después de pasar una semana inmersos en aquellos documentos, los miembros de la junta desarrollarían prejuicios contra su cliente. Y, cuando pidió disfrutar del mismo privilegio —estar presente en aquella sesión de una semana—, obtuvo una negativa rotunda y despreciativa. Al tiempo, quiso conseguirse unas credenciales de seguridad de emergencia para poder leer al menos parte de aquel material, pero Strauss dijo al Departamento de Justicia que «bajo ninguna circunstancia proporcionaremos credenciales de emergencia».[10] Según su punto de vista, ni Oppenheimer ni su abogado tenían ninguno de los «derechos» de los que gozan los acusados en los tribunales; aquello era una audiencia del consejo de seguridad de la CEA, no un juicio civil, y él sería el árbitro que dictase las normas.

Strauss se mostraba impertérrito ante la naturaleza extraconstitucional de las acciones que realizaba para socavar la defensa de Oppenheimer. Sabía, y no le importaba, que las escuchas del FBI eran ilegales; dijo a un agente que «la cobertura técnica que la agencia ha hecho con Oppenheimer en Princeton ha sido de gran ayuda a la CEA, en el sentido de que ha sabido con antelación los movimientos que el físico se planteaba hacer».[11] La táctica indignó a Harold Green hasta tal punto que comunicó a Strauss «que el caso no estaba siendo tanto una investigación como una imputación y que no quería saber nada de él».[12] Pidió que lo retiraran de él.

Un día, estando de visita en casa de los Bacher, en Washington, Robert dejó claro a los anfitriones que creía que lo vigilaban. «Entraba en el salón —recordó Jean Bacher— y lo primero que hacía era levantar los cuadros y mirar detrás de ellos buscando dispositivos de grabación». Una noche quitó un cuadro de la pared y exclamó: «¡Aquí está!». Bacher dijo que la vigilancia «lo aterrorizaba».[13]

Cuando un agente del FBI de Newark propuso interrumpir la vigilancia electrónica en casa de Oppenheimer «ante el hecho de que viola el secreto profesional entre abogado y cliente», Hoover se negó a ello.[14] Además, la vigilancia del FBI no se limitaba tan solo a Robert. Cuando los ancianos padres de Kitty, Franz y Kate Puening, regresaron en barco de un viaje a Europa, la agencia hizo que los funcionarios de aduanas les registraran el equipaje a conciencia, y asimismo fotografiaron todo el material escrito que estaba en su poder. El padre de Kitty, que iba en silla de ruedas, y la señora Puening se pusieron tan nerviosos por el trato recibido que tuvieron que ser hospitalizados.

Strauss elevó su tejemaneje para terminar con la influencia de Oppenheimer en los asuntos de la CEA a la categoría de cruzada por el futuro de Estados Unidos. Dijo al abogado general de la comisión, William Mitchell, que, «si perdemos este caso, el programa de energía atómica [...] caerá en manos de los "izquierdistas". Y, si pasa eso, tendremos un nuevo Pearl Harbor. [...] Si Oppenheimer obtiene las credenciales, entonces "cualquiera" puede obtenerlas sin importar la información que tengamos en su contra».[15] Con el futuro de la nación en juego, razonaba Strauss, podían obviarse las restricciones legales y éticas habituales. No bastaba simplemente con cortar el lazo formal de Oppenheimer con la CEA como consultor contratado; Strauss temía que, si la reputación del físico no quedaba manchada, este emplease su prestigio para criticar las políticas de armas nucleares de la Administración de Eisenhower. Con el objetivo de evitarlo, se dispuso a orquestar una audiencia a puerta cerrada regida por normas que le asegurarían que la influencia de Oppenheimer quedase eliminada.[16]

A finales de enero, Strauss escogió a Roger Robb, un oriundo de Washington de cuarenta y seis años, para que llevara el caso de Oppenheimer. Con siete años de experiencia como ayudante del fiscal general, Robb se había ganado una merecida reputación como abogado litigante y agresivo con un don para los interrogatorios cruzados feroces. Había participado en veintitrés juicios por asesinato y había conseguido condenas para la mayoría de ellos. En 1951, como fiscal designado por el tribunal, defendió con éxito a Earl Browder contra los cargos de desacato al Congreso. (Este lo llamaba «reaccionario», pero alababa sus dotes profesionales).[17] Robb era conservador en todos los aspectos políticos; entre sus clientes estaba Fulton Lewis hijo, un mordaz columnista y locutor de radio de izquierdas. Con los años tuvo también «una relación cordial» con el FBI y, según informaron a Hoover, siempre había sido «plenamente cooperativo» con la agencia.[18] En una ocasión aprovechó la oportunidad de congraciarse con él: le escribió para felicitarlo por la respuesta que dio al eminente libertario civil Thomas Emerson, quien había criticado al FBI en un artículo para el *Yale Law Review*. No es de extrañar, pues, que Strauss pudiera conseguirle credenciales de seguridad en solo ocho días.

Entre febrero y marzo, mientras Robb se preparaba para la audiencia, Strauss le iba mandando información de sus propias notas, extraídas del expediente de Oppenheimer, que el abogado podía usar para impugnar el testimonio de testigos potenciales de la defensa. «Cuando declare el doctor Bradbury…», «Cuando declare el doctor Rabi…», «Cuando declare el general Groves…»; en cada caso, Strauss le proporcionaba documentos de los que estaba seguro que minarían lo que el testigo tuviera que decir en defensa de Oppenheimer.[19] Por si fuera poco, y también mediante la petición de Strauss, el FBI prestó a Robb los extensos informes de investigación sobre el físico, entre los cuales había documentos seleccionados de la basura de su casa de Los Álamos.[20]

Tras haber escogido al abogado, Strauss pasó a seleccionar a los jueces. Necesitaba tres hombres para la junta de la CEA que evaluase los riesgos de seguridad, y buscaba a candidatos que previsiblemente sospecharan de la integridad de Oppenheimer cuando se revelara su pasado izquierdista. A finales de febrero ya había decidido que Gordon Gray la presidiría. Este, entonces rector de la Universidad de Carolina del Norte, había sido secretario del ejército con la Administración de Truman. Strauss era amigo suyo desde hacía tiempo; sabía que era un demócrata conservador que había votado a Eisenhower en las elecciones de 1952, y un aristócrata sureño cuyo patrimonio familiar procedía de la R. J. Reynolds Tobacco Company. Gray no tenía ni idea de dónde estaba metiéndose. Por lo visto, pensaba que la tarea duraría un par de semanas y Oppenheimer recibiría las credenciales. Desconocedor de lo mucho que estaba en juego, y no digamos ya de la hostilidad personal de Strauss contra el físico, un ingenuo Gray propuso a David Lilienthal como posible miembro de la junta de seguridad. Solo hay que imaginar la cara de Strauss al oír semejante sugerencia.

En lugar de Lilienthal, el presidente de la CEA eligió a otro demócrata conservador fiable, Thomas Morgan, presidente de la Sperry Corporation. Como tercer miembro, Strauss seleccionó al doctor Ward Evans, un republicano conservador cuyos dos mayores méritos eran su carrera científica (era profesor emérito de Química en la Universidad de Loyola y en Northwestern) y su récord intachable de votar en contra de proporcionar credenciales en anteriores juntas de audiencias de la CEA. Gray, Morgan y Evans tenían en común que ignoraban la historia de Oppenheimer como simpatizante de izquierdas, y era seguro que se llevarían las manos a la cabeza cuando leyeran su expediente. Para Strauss eran los receptáculos vacíos perfectos.

Un día de enero, James Reston, el director de la oficina de *The New York Times* en Washington, coincidió por casualidad con Oppenheimer en el avión que iba de Washington a Nueva York. Se sentaron juntos y charlaron, pero después Reston apuntó en su cuaderno que Oppie parecía «inexplicablemente nervioso en mi presencia y sometido a una presión evidente».[21] Reston empezó a hacer llamadas telefónicas por todo Washington preguntando: «¿Qué está pasando con Oppenheimer últimamente?». Los micrófonos del FBI enseguida empezaron a registrar a Reston intentando hablar una vez tras otra por teléfono con el físico.

Oppenheimer estaba «muy irritado» porque la suspensión de sus credenciales de seguridad podría resultar en breve de conocimiento público.[22] Cuando al fin le cogió el teléfono a Reston, este le comentó los rumores que había oído: que le habían suspendido las credenciales de seguridad y que la CEA lo estaba investigando.[23] Además, alguien del Gobierno había pasado aquella información al senador McCarthy. Oppenheimer le dijo que no creía que pudiese comentar el asunto, pero Reston le confesó que le faltaba un tris para publicar la noticia. El físico prefirió mantenerse cauto y lo invitó a hablar con su abogado. Reston vio a Garrison a finales de enero, y llegaron a un acuerdo. Consciente de que la historia saldría a la luz más tarde o más temprano, Garrison accedió a dar al periodista una copia de la carta de cargos de la CEA y la respuesta preparada de Oppenheimer. A cambio, Reston se comprometió a no publicar nada hasta que la noticia estuviera a punto de saltar.[24]

La preparación de la defensa resultó ser un suplicio agotador para Oppenheimer. Casi todos los días se reunía en su despacho de Full Hald con Garrison, Marks y otros abogados para redactar su respuesta y discutir los detalles del caso. Se marchaba todas las tardes a las cinco y cruzaba el prado a pie hasta Olden Manor; muchas veces los abogados lo acompañaban y trabajaban en su casa hasta tarde. «Fueron días muy intensos —recordó Verna Hobson. Robert, no obstante, parecía casi sereno—. Aparentaba estar aguantando muy bien. Mostraba esa increíble fortaleza que suelen tener los que se han recobrado de tuberculosis. Estaba muy flaco, pero era muy duro».[25] Febrero ya estaba avanzado y Hobson, una secretaria leal y muy prudente, todavía no le había contado a su marido qué estaba ocurriendo. Se sentía incómoda por ello y un día le preguntó a Robert: «¿Puedo contarle a Wilder lo que pasa?». Oppenheimer la miró totalmente asombrado y le contestó: «Creía que ya se lo habría dicho hace tiempo».[26]

Robert trabajó «durísimo» en la carta de respuesta a los cargos. Hobson recordaba que «la redactaba una vez, y otra, y otra, y otra, en un angustioso esfuerzo de ser lo más claro y sincero posible. No sé cuántas horas le dedicaría». Pensaba unos minutos en silencio, sentado en la silla giratoria de cuero, apuntaba unas pocas notas, y luego se levantaba y empezaba a dictar mientras paseaba por el despacho. «Era capaz de dictar frases completas y párrafos enteros durante una hora sin parar —contó Hobson—. Y, justo cuando yo sentía las muñecas a punto de ceder, decía: "Vamos a hacer un descanso de diez minutos"». Y después seguía dictando durante una hora más. La otra secretaria de Oppenheimer, Kay Russell, pasaba el texto taqui-gráfico a máquina a triple espacio. Él lo revisaba, ella volvía a escribirlo y Kitty lo corregía. Por último, Robert repasaba los cambios otra vez.

Oppenheimer trabajó duro para defenderse, si bien casi con resig-nación. A finales de enero fue a Rochester (Nueva York) para asistir a un importante congreso de física. Allí eran todo caras conocidas, entre ellas Teller, Fermi y Bethe. En público, Robert no dejó entrever ningún in-dicio del calvario que estaba a punto de experimentar, pero sí se lo con-fió a Bethe, quien se dio perfecta cuenta de que «estaba sufriendo». Oppie le confesó que estaba convencido de que iba a perder.[27] Teller ya había oído algo de la suspensión de credenciales, y en una pausa del congreso se acercó a él y le comentó: «Siento que tengas problemas». Robert le preguntó si pensaba que había algo «siniestro» en lo que había hecho a lo largo de todos aquellos años. Su colega le respondió que no, y él, do-minándose, le dijo que le estaría agradecido si hablaba con sus abogados.[28]

Cuando volvió a ir a Nueva York, Teller quedó con Garrison y le explicó que, si bien pensaba que Oppenheimer se había equivocado en muchas cosas, en particular en lo relacionado con la bomba H, no duda-ba de su patriotismo. Garrison percibió, sin embargo, que no albergaba sentimientos amables hacia su cliente: «Mostró falta de confianza en el entendimiento y el juicio de Robert, por lo cual creía que el Gobierno estaría mejor sin él. Su opinión sobre el asunto y su aversión hacia Ro-bert eran tan intensas que al final decidí no llamarlo como testigo».[29]

Oppenheimer llevaba un tiempo sin estar en contacto con su her-mano. Frank tuvo la intención de ir a la Costa Este aquel invierno, pero el trabajo del rancho lo obligó a posponerlo. A principios de febrero de 1954, los hermanos hablaron por teléfono y Robert le reveló que es-taba en «un apuro bastante serio». Esperaba que se vieran pronto, dijo, porque desde que regresó de Europa había intentado escribirle una car-ta que «expusiera el problema de forma adecuada», sin conseguirlo.[30]

A ojos de sus amigos, Robert parecía distraído y extrañamente pa-sivo. Un día, mientras escuchaba a los abogados hablar de estrategias le-gales, Verna Hobson perdió la paciencia y empezó a pinchar a Robert. «Creía que no estaba peleando lo bastante —recordó—. Pensaba que Lloyd Garrison se pasaba de caballeroso. Estaba enfadada. Creía que te-níamos que salir y pelear».

Hobson solía estar al tanto de las discusiones de los abogados, y, se-gún su criterio, no estaban ayudando a su cliente. «Me parecía que toda aquella historia era obviamente absurda», dijo. Quienes criticaban a Ro-bert desde Washington «no estaban abiertos a razones, así que todo aquello no era más que un instrumento en manos de quien lo estuviera tramando, y lo que había que hacer era obligarlos a retroceder a empujones, a patadas, atacando». Hobson tenía «mucho miedo» de decir lo que pensaba delante del grupo de abogados, «pero no dejaba de darle la lata a él». Un día, al fin, Oppenheimer se la llevó aparte, a los escalones traseros de Olden Manor, y le dijo con delicadeza: «Verna, de verdad que estoy peleando tan duro como sé y de la mejor forma que considero».[31]

Hobson no era la única que pensaba que Garrison no era lo bastante agresivo. Kitty tampoco estaba contenta con el rumbo que había tomado el equipo legal de su marido. Kitty era una luchadora. Habían pasado veinte años desde que aquella joven repartiera panfletos comunistas a las puertas de las fábricas de Youngstown (Ohio). Tal vez por primera vez desde entonces, aquella adversidad requería de toda su energía, tenacidad e inteligencia. Su pasado, a fin de cuentas, era parte de la imputación contra su marido. Seguramente Kitty también tendría que testificar. Sería una experiencia durísima para ella igual que para él.

Un sábado a mediodía, después de pasar toda la mañana trabajando en la respuesta a los cargos, Oppenheimer salió del despacho acompañado por Hobson. «Iba a llevarlo en coche a su casa», recordó la secretaria. Cuando iban hacia el aparcamiento, Einstein apareció de improviso y Robert se detuvo a hablar con él. Hobson esperó en el coche mientras ellos conversaban, y cuando su jefe se reunió con ella le dijo: «Einstein cree que el ataque que estoy sufriendo es tan indignante que debería dimitir y se acabó». Quizá al recordar su experiencia en la Alemania nazi, Einstein opinaba que Oppenheimer «no tenía ninguna obligación de someterse a la caza de brujas, que había servido bien a su país y que, si esa era la recompensa que [Estados Unidos] le ofrecía, debería darle la espalda». Hobson recordaba vívidamente su reacción: «Einstein no lo entiende». Había huido de su tierra natal cuando la infección nazi estaba a punto de engullirlo, y se negó a volver a poner un pie en ella. Pero Oppenheimer no podía dar la espalda a su país. «Amaba Estados Unidos —insistió Hobson—. Era un amor tan profundo como el que sentía por la ciencia».[32]

Einstein se dirigió a su despacho de Fuld Hall y, señalando con la cabeza a Oppenheimer, dijo a su ayudante: «Ahí va un *narr* [idiota]».[33] Evidentemente, no pensaba que Estados Unidos fuera la Alemania nazi ni que su colega debiera huir, pero sí lo alarmaba el macartismo. A principios de 1951 escribió a su amiga la reina Isabel de Bélgica que en Estados Unidos se repetía «la desgracia alemana de hace unos años: la gente se somete sin oponerse y se alinean con las fuerzas del mal».[34] Temía que, al cooperar con el consejo de seguridad del Gobierno, Oppenheimer no solo se humillaría, sino que otorgaría legitimidad al venenoso proceso en general.

Las impresiones de Einstein eran correctas, y el tiempo demostraría que las de Robert eran erróneas. «Oppenheimer no es gitano, como yo —dijo Einstein a su amiga Johanna Fantova—. Nací con la piel dura, no hay nadie que pueda hacerme daño».[35] Pensaba que Oppenheimer era claramente alguien a quien se podía lastimar con facilidad, y también intimidar.

A finales de febrero, cuando Oppenheimer daba los últimos retoques a la carta en respuesta a la CEA, su amigo Isidor Rabi trató de concertar un acuerdo por el que Robert evitara la audiencia.[36] Poco antes, Strauss se enteró de que el físico quería ver al presidente Eisenhower con motivo del caso y consiguió impedirlo. Entonces, Rabi propuso directamente al presidente de la comisión que, si Nichols y él retiraban la carta formal de acusaciones y devolvían a Oppenheimer las credenciales suspendidas, este dimitiría sin tardanza de su cargo como asesor de la CEA.[37] Tampoco era que la comisión le robara mucho tiempo: en los dos últimos años había sumado la increíble cantidad de seis días de trabajo para ella.

Poco después de esa reunión, el 2 de marzo de 1954, Garrison y Marks se presentaron en el despacho de Strauss y le confirmaron que Oppenheimer estaba dispuesto a comprometerse con la oferta anterior. Sin embargo, Strauss, que estaba seguro de su victoria, consideró que aquella solución quedaba «rotundamente descartada» e insistió en que las regulaciones de la CEA requerían que el caso se sometiera a una audiencia.[38] Si Oppenheimer, adujo, transmitiera su deseo de dimitir por escrito, «la CEA estaría abierta a considerarlo». Era una proposición muy endeble, y Garrison y Marks volvieron al despacho de Strauss para decirle que habían hablado con su cliente por teléfono y habían decidido «luchar por el caso frente a la junta de la audiencia».

Así pues, el 5 de marzo de 1954 se entregó a la CEA la respuesta de Oppenheimer a los cargos, redactada como una autobiografía. Tenía cuarenta y dos páginas escritas a máquina.[39]

Poco a poco, el círculo de amistades que tenía Oppenheimer en la comunidad científica fue enterándose de lo que ocurría, y muchos llamaron para expresarle su preocupación. El 12 de marzo de 1954, Lee DuBridge le telefoneó desde Washington para preguntarle si había algo que pudiera hacer. Oppenheimer observó con amargura: «Creo que hay cosas que la Casa Blanca podría hacer si quisiera, pero supongo que no están preparados. [...] No hace falta que te diga que toda esta mierda es absurda».

«Es más preocupante —respondió DuBridge—. Si solo fuera absurdo, podríamos luchar contra ello, pero es más profundo». Robert se mostró de acuerdo y dijo que se había resignado a pasar por aquella «pantomima».[40] Otro amigo, Jerrold Zacharias, lo consoló diciéndole que «no tienes nada personal que temer, en realidad nada, y tu posición es muy importante para la nación. Supongo que lo que quiero decir es que les den a todos».[41]

El 3 de abril, Robert telefoneó a su viejo amor, Ruth Tolman, y le contó lo que estaba a punto de suceder. Hacía meses que no habían hablado. «Ha sido muy bonito oír tu voz esta mañana —le escribió Tolman en una carta—. Supongo que has estado muy atosigado y confundido para escribir. [...] Te he tenido siempre en mis pensamientos, cariño, y he estado, cómo no, muy preocupada. [...] Oh, Robert, Robert, cuántas veces nos ha pasado lo mismo: que nos hemos sentido impotentes para ayudar cuando tanto lo deseábamos».[42]

Unos días después, los Oppenheimer metieron a Peter y Toni en un tren con destino a Rochester (Nueva York) y los mandaron con los Hempelmann, sus amigos de Los Álamos, con quienes pasarían el tiempo que duraran las audiencias.[43] Justo antes de que Robert se marchara a Washington con Kitty, recibió una carta de su amigo Victor Weisskopf, que se había enterado del atolladero en el que se encontraba y le escribía para ofrecerle apoyo y ánimos: «Me gustaría que supieras que yo y todos los que piensan como yo somos plenamente conscientes de que la lucha que estás librando es también nuestra. El destino te ha escogido a ti para acarrear la carga más pesada en esta pelea. [...] Nadie más que tú en este país puede representar mejor el espíritu y la filosofía de todo aquello por lo que vivimos. Piensa en nosotros cuando estés decaído, por favor. [...] Te ruego que sigas siendo lo que siempre has sido, y las cosas terminarán bien».[44]

Fue un pensamiento muy bonito.

35

«Me temo que todo esto es una insensatez»

> El proceso estaba manipulado desde el principio.
>
> ALLAN ECKER, miembro de la defensa de Oppenheimer

Lewis Strauss tenía muchas ganas de que empezara el proceso del consejo de seguridad. Entre otras cosas, porque temía que su presa huyera al extranjero. Con la esperanza de que pudieran confiscarle el pasaporte, Strauss avisó al Departamento de Justicia que, «si decidía desertar mientras siguiera teniendo pendientes los cargos de la CEA, sería de lo más desafortunado».[1] También temía que McCarthy interfiriese en sus planes. El 6 de abril, el senador, en respuesta a un ataque que le hizo el comentarista de la CBS Edward R. Murrow, afirmó que el proyecto estadounidense de la bomba de hidrógeno se había saboteado a propósito. Existía el peligro, claramente real, de que el impredecible senador decidiera hacer público lo que sabía del caso Oppenheimer.

De modo que fue un alivio para Strauss cuando la junta de la audiencia por fin se reunió el lunes 12 de abril de 1954 en el edificio T-3, una construcción provisional y destartalada de dos plantas levantada durante la guerra en la Explanada Nacional, cerca del Monumento a Washington, situado en el cruce de la calle Dieciséis con los jardines de la Constitución. Alojaba el despacho del director de investigación de la CEA, la sala 2022, que en aquella ocasión usaron como la sala básica de un juzgado, larga, oscura y rectangular. En un extremo, los tres miembros de la junta —el presidente, Gordon Gray, y sus dos colegas, Ward Evans y Thomas A. Morgan— estaban sentados tras una enorme mesa de caoba cubierta de pilas de archivadores negros que contenían documentos clasificados del FBI. Un ayudante de Garrison, Allan Ecker, recordaba cuánto se sorprendieron los abogados de Oppenheimer al ver que los miembros de la junta de seguridad tenían aquellas carpetas encuadernadas delante de ellos. «Fue la sorpresa del día —recordó Ecker—, y la sorpresa del caso, porque la concepción clásica del sistema legal es la *tabula rasa*: no hay nada en frente del juez excepto lo que se le coloca delante de forma abierta, y el acusado tiene la oportunidad de hablar al respecto. [...] Los habían leído [los libros] de antemano; conocían qué contenían. Nosotros no lo sabíamos. No teníamos copias de ellos; no tuvimos la oportunidad de recusar los documentos que no se mostraran. [...] Por eso pensé que el proceso estaba manipulado desde el principio».[2]

Los dos equipos rivales de abogados se sentaron uno en frente del otro en dos mesas largas que formaban una T. En un lado estaban los abogados de la CEA, Roger Robb y Carl Arthur Rolander hijo, el subdirector de seguridad de la CEA. Delante de ellos se colocó el equipo de defensa de Oppenheimer: Lloyd Garrison, Herbert Marks, Samuel J. Silverman y Allan B. Ecker. Al final de la T había una solitaria silla de madera en la que el acusado o los testigos debían sentarse de cara a los jueces. Cuando Oppenheimer no estaba testificando, se quedaba en un sofá de cuero, junto a la pared, detrás de la silla del testigo. A lo largo de ese mes pasaría unas veintisiete horas en aquella silla y muchas más languideciendo en el sofá, empalmando un cigarrillo detrás de otro o llenando la sala del olor del tabaco de la pipa de nogal.[3]

La primera mañana, Oppenheimer y sus abogados llegaron casi una hora tarde. Unos días antes, Kitty había sufrido otro de sus accidentes; en esa ocasión se había caído por las escaleras y llevaba la pierna enyesada. Renqueando, con muletas, se dirigió al sofá de cuero muy despacio, se sentó con su marido y esperó a que empezara la sesión. Robert parecía sometido y casi resignado a su destino. «Componíamos un cuadro zarrapastroso —recordó Garrison—. La presencia de ella no ayudaba a que fluyeran las cosas».[4] La junta pareció «bastante irritada» por el retraso. Garrison pidió disculpas. Refiriéndose con vaguedad al hecho de que la prensa podría estar al tanto de la historia, dijo que se habían retrasado porque habían estado «evitando que la cosa se fuera de madre».[5]

Gray pasó la mañana leyendo en voz alta la carta de «imputación» de la CEA y la respuesta de Oppenheimer. Durante tres semanas y media, no dejó de repetir que el proceso era una «investigación» y no un juicio, pero resultaba imposible escuchar las palabras de la carta de cargos sin pensar que estaban juzgando a Robert Oppenheimer.[6] Entre sus supuestos delitos se contaban la participación en muchas organizaciones tapadera comunistas; tener una «relación íntima» con una comunista reconocida, la doctora Jean Tatlock; vincularse con otros comunistas «reconocidos» como el doctor Thomas Addis, Kenneth May, Steve Nelson y Isaac Folkoff; ser responsable de contratar profesionalmente para el proyecto de la bomba atómica a comunistas reconocidos como Joseph W. Weinberg, David Bohm, Rossi Lomanitz —todos ellos antiguos alumnos de Oppenheimer— y David Hawkins; contribuir con ciento cincuenta dólares al mes al Partido Comunista de San Francisco; y, tal vez lo más fatídico, no comunicar a su debido tiempo la conversación que mantuvo con Haakon Chevalier a principios de 1943 acerca de la propuesta de George Eltenton sobre cómo pasar información del Laboratorio de Radiación al consulado soviético de San Francisco.

La carta de respuesta de Oppenheimer confirmaba la veracidad de sus amistades con Tatlock, Addis y otros izquierdistas, pero negaba que hubiera habido nada perverso en ellas. «Me gustaba el sentido nuevo de compañerismo», dijo de esas relaciones.[7] Reconoció libremente haber sido simpatizante de izquierdas en la década de 1930, así como haber hecho contribuciones monetarias para una serie de causas a través del Partido Comunista. No recordaba haber dicho, como sostenía la acusación de la CEA, que «seguramente había formado parte de todas las tapaderas comunistas de la Costa Oeste». La afirmación, dijo, no era cierta, pero, si en alguna ocasión hubiera dicho algo semejante, «sería una exageración medio jocosa». (En realidad, las palabras eran del coronel John Lansdale, y las pronunció a modo de pregunta —«Seguramente ha pertenecido usted a todas las organizaciones tapadera de la costa, ¿no?»—, a la que Oppenheimer se había limitado a responder: «Casi casi».) Negó haber sido responsable de que Ernest Lawrence contratara a sus exalumnos en el Laboratorio de Radiación. Por lo que se refería al caso Chevalier, corroboró que este le había hablado de la sugerencia de Eltenton: «Hice algún comentario dejando ver a las claras que la idea me parecía muy mal. La conversación terminó ahí. En los largos años de nuestra amistad, no hubo nada que me empujara a creer que Chevalier quisiera información, y estoy seguro de que no tenía ni idea de en qué consistía el trabajo que yo desempeñaba». Respecto al retraso en transmitir esa conversación, Oppenheimer reconoció que debería haberla mencionado enseguida, pero señaló que, al cabo de un tiempo, se la había contado a un oficial de seguridad por iniciativa propia, y dudaba de que la historia se hubiera acabado conociendo «sin que yo la explicara».[8]

En general, las respuestas de Oppenheimer parecían creíbles. Si se lo juzgaba por su vida entera, los cargos de los que se lo acusaba eran propios de un comportamiento bastante normal en un liberal partidario del New Deal de los años treinta que apoyaba y trabajaba por la igualdad racial, la protección de los consumidores, los derechos sindicales y la libertad de expresión. Sin embargo, en la imputación de la CEA había además otra alegación que demostraría ser tan difícil de manejar como el caso Chevalier: que, «durante el periodo de 1942 a 1945, varios miembros del Partido Comunista, entre los cuales figuraban la doctora Hannah Peters, coordinadora de la sección profesional del Partido Comunista del condado de Alameda (California); Bernadette Doyle, secretaria de este partido; Steve Nelson; David Adelson; Paul Pinsky; Jack Manley, y Katrina Sandow, declararon que usted pertenecía entonces al Partido Comunista; que podía no estar activo en él en aquella época; que su nombre debía eliminarse de la lista de correo del partido y no debía mencionarse en ningún caso; que habló de la cuestión de la bomba atómica con miembros del partido durante ese periodo, y que años antes de 1945 había contado a Steve Nelson que el ejército trabajaba en una bomba atómica».[9]

¿De dónde salían esas alegaciones tan específicas? Los individuos mencionados no habían hablado con las autoridades. Y, cuando los había llamado el Comité de Actividades Antiestadounidenses, Nelson y los demás siempre se habían negado a dar nombres. Era obvio que aquellos cargos se basaban en las escuchas ilegales del FBI, que estaban transcritas en las carpetas negras apiladas en la mesa, frente a los jueces de la audiencia. Esas transcripciones sin evaluar no se habrían admitido en un tribunal, pero la «investigación» del consejo de Gray se serviría de ellas con impunidad. Los tres miembros de la junta habían leído los resúmenes que había hecho el FBI de aquellas conversaciones, que tenían diez años de antigüedad, pero a los abogados de Oppenheimer se les prohibió consultarlos y, por tanto, no pudieron cuestionar el contenido.

Garrison y Marks deberían haberse dado cuenta de que, tal como se presentó, era imposible construir una defensa ante el cargo de pertenencia secreta al Partido Comunista. Oppenheimer negó las alegaciones. «Su carta —escribió— presenta declaraciones hechas de 1942 a 1945 por personas presuntamente pertenecientes al Partido Comunista, en las que se dice que yo era un miembro secreto de él. No tengo ni idea de lo que esas personas pueden haber dicho. Lo que sí sé es que nunca he sido miembro del Partido Comunista, ni secreto ni público. Hay incluso nombres de personas que no conozco, como Jack Manley o Katrina Sandow. Y creo que no llegué a conocer a Bernadette Doyle, aunque me suena su nombre. A Pinsky y a Adelson los vi como mucho en alguna ocasión».[10] En un tribunal de justicia, esas pruebas no habrían sido aceptables y se habrían descartado por ser testimonios de oídas: terceras personas que cuentan lo que han oído de boca de otros sobre el acusado. Pero, en esa «investigación», los jueces de Oppenheimer creyeron todo el tiempo que el FBI tenía grabaciones de comunistas bien informados y que sus afirmaciones de que Oppenheimer era de los suyos eran válidas.

En aquellas carpetas había información que además estaba manipulada para que dañara más a Oppenheimer. La fuente de una alegación clave eran dos informantes del FBI, Dickson y Sylvia Hill, que se habían infiltrado en la rama de Montclair del Partido Comunista de California. En noviembre de 1945, el equipo formado por este matrimonio entró en la oficina del FBI en San Francisco e informó de una reunión del partido a la que habían asistido poco después del bombardeo de Hiroshima. Sylvia Hill dijo haber oído a un miembro, Jack Manley, referirse a Oppenheimer como «uno de los nuestros».[11] La señora Hill, no obstante, añadió que «la afirmación de Manley referida al sujeto [Oppenheimer] no implicaba por fuerza que este tuviera carnet del partido. Su impresión en aquel entonces era que probablemente el sujeto no fuera un miembro *de facto*, sino que compartía ideas comunistas». En este contexto, la información de Sylvia Hill no reforzaba la acusación de que habían oído a comunistas reconocidos decir que Oppenheimer pertenecía al partido. Sin embargo, estos matices se perdieron cuando el FBI subrayó la información de Hill en los resúmenes del expediente del físico. Lo que no eran más que testimonios de oídas se elevaron a la categoría de información «desfavorable».

Tras leer la acusación y la respuesta de Oppenheimer, el presidente de la junta preguntó a este si quería «testificar bajo juramento en el presente proceso». Dijo que sí, y Gray pronunció el juramento característico de decir la verdad y nada más que la verdad necesario en cualquier tribunal de justicia. Había dado comienzo la investigación. Oppenheimer se sentó en la silla del testigo y pasó la tarde respondiendo a las amables preguntas de su consejo de defensa.

La mañana siguiente, martes 13 de abril de 1954, *The New York Times* reveló la noticia en una exclusiva en primera página escrita por James Reston. El titular decía:

EL DOCTOR OPPENHEIMER, SUSPENDIDO EN LA REVISIÓN DE SEGURIDAD POR LA CEA. EL CIENTÍFICO SE DEFIENDE. EMPIEZAN LAS AUDIENCIAS. NIEGAN EL ACCESO A INFORMACIÓN SECRETA AL EXPERTO NUCLEAR: SE ALEGAN VÍNCULOS ROJOS

El periódico publicó el texto completo de la carta de cargos escrita por el general Nichols y la respuesta de Oppenheimer. La prensa de todo el país y del extranjero recogió la noticia de Reston. Millones de lectores tuvieron acceso por primera vez a detalles íntimos de la vida política y privada del físico.

La noticia provocó un efecto inmediato de polarización: los liberales estaban escandalizados de que se atacara a un hombre tan eminente de aquella manera. Drew Pearson, columnista independiente liberal, anotó en su diario: «Strauss y la gente de Eisenhower se están volviendo mezquinos. No concibo movimiento más calculado para apoyar a McCarthy y alentar la caza de brujas que este retroceso a los años de la preguerra y este intento de hurgar en el pasado de Oppenheimer para ver con quién hablaba o con quién se veía en 1939 o 1940».[12] Por otro lado, la historia alegró el día a comentaristas conservadores como Walter Winchell, quien solo dos días antes había anunciado en su programa dominical que el senador McCarthy revelaría pronto que «una figura clave en materia atómica ha instado a que no se construya la bomba H». Ese científico famoso, afirmó Winchell, fue «un miembro activo del Partido Comunista» y «líder de una célula roja que contaba con otros científicos atómicos notables».[13]

El presidente del consejo, Gray, se enfureció ante el artículo de Reston. Reprochó a Garrison: «Dijo ayer que llegaron tarde porque andaban "evitando que la cosa se fuera de madre"».[14] El abogado le aclaró que Reston sabía lo de la suspensión de las credenciales desde mediados de enero, pero Gray no hizo caso de aquel dato y lo cosió a preguntas acerca de cuándo había dado al periodista copias de la carta de la CEA. Oppenheimer lo interrumpió para decir: «Esos documentos los entregó mi abogado a Reston el viernes por la noche, creo». Eso aumentó la ira de Gray: «Así que ayer por la mañana, cuando dijeron que estaban "evitando que la cosa se fuera de madre", ¿ya sabían que *The New York Times* […] estaba en posesión de esos documentos?».

«Sí, lo sabíamos», respondió Oppenheimer.

Claramente irritado tanto con él como con sus abogados, Gray los culpó de las filtraciones. Nunca supo que debió haber dirigido la ira a Lewis Strauss; el presidente de la CEA había estado al corriente de las llamadas de teléfono de Reston a Oppenheimer, y fue él, no Garrison, quien dio luz verde a *The New York Times* para que publicara la noticia. Temeroso de que McCarthy fuera el primero en anunciarla, Strauss calculó el momento oportuno para que la historia viera la luz, y de paso dejar que la culpa de la filtración recayera en los abogados de Oppenheimer. James C. Hagerty, el secretario de Prensa de Eisenhower, estuvo de acuerdo con el presidente de la CEA, de modo que el 9 de abril Strauss llamó al redactor de *The New York Times*, Arthur Hays Sulzberger, y lo liberó del acuerdo al que habían llegado previamente de mantener la historia en la trastienda.[15]

Strauss también temía el peligro de que el caso se «juzgara en la prensa» y que una audiencia larga iría en favor de Oppenheimer.[16] Cuanto más se prolongara, razonaba, más tiempo tendrían los aliados del físico de «hacer propaganda» de la comunidad científica. Era crucial tomar una decisión rápida, de manera que aquella misma semana envió una nota a Robb apremiándole a que acelerase la audiencia.

Pocos días antes, en Princeton, Abraham Pais se enteró de que *The New York Times* estaba a punto de publicar la primicia de la historia. Previendo que los periodistas atosigarían a Einstein para que la comentase, se acercó en coche a su casa, en la calle Mercer, y le expuso sus intenciones. El alemán soltó una carcajada y dijo: «El problema de Oppenheimer es que quiere a una mujer que no lo quiere a él: el Gobierno de Estados Unidos. [...] La cuestión es simple: todo lo que tiene que hacer es ir a Washington, decir a los mandatarios que son unos imbéciles y volverse a su casa».[17] Pais, en privado, quizá estaba de acuerdo, pero pensó que eso no valdría como declaración a la prensa, así que convenció a Einstein para que esbozara una frase simple en apoyo de Oppenheimer —«lo admiro no solo como científico, sino también como ser humano»— e hizo que se la leyera a un periodista de la United Press por teléfono.

El miércoles 14 de abril, el tercer día de la audiencia, Oppenheimer empezó la mañana en la silla del testigo para responder a las preguntas que le formulaba Garrison sobre su hermano. Robert estaba muy preocupado porque la carta de acusaciones incluía frases como «Haakon Chevalier, a continuación, lo abordó a usted directamente o por vía de su hermano, Frank Friedman Oppenheimer, en relación con este asunto». Por ello, cuando Garrison le preguntó si Frank estaba involucrado en el incidente de Chevalier, Robert respondió: «Voy a ser muy claro en esto. Mis recuerdos son vívidos y creo que en absoluto falibles. Frank no tuvo nada que ver con el asunto. No habría tenido sentido, según creo, porque Chevalier era amigo mío. No es que no se conocieran, pero habría sido un rodeo extraño y artificial».[18] Este mensaje fue perfectamente lógico, pero Strauss, Robb y Nichols pensaron que era mentira y, sin ninguna prueba, insistieron en que Oppenheimer había mentido a la junta de la audiencia.

Así pues, el interrogatorio directo que Garrison hizo a Oppenheimer concluyó como había comenzado: como refuerzo de las respuestas a la carta de la CEA. Fue bien, o eso pensaron el físico y sus abogados. Sin embargo, cuando Robb empezó el interrogatorio cruzado, se reveló que había ideado una estrategia muy elaborada para invalidar aquella buena impresión. Estaba bien preparado, puesto que había pasado casi dos meses inmerso en los archivos del FBI. «Me habían dicho que no se llegaba a ninguna parte al contrainterrogar a Oppenheimer —diría más adelante Robb—. Es muy rápido y muy escurridizo. Así que dije: "Puede ser, pero aún no ha pasado por uno de mis interrogatorios cruzados". En fin, me senté a la mesa y preparé el contrainterrogatorio con todo detalle, las secuencias, las referencias a los informes del FBI, etc., y mi teoría era que, si podía hacerlo tambalear al principio, se mostraría más comunicativo después».[19]

El miércoles 14 de abril fue tal vez el día más humillante de la vida de Robert. El interrogatorio de Robb fue implacable y riguroso; Oppenheimer nunca se había sometido a uno igual y no estaba preparado en absoluto para ello. Robb empezó por llevarlo a reconocer que tener una relación cercana con el Partido Comunista era «incompatible con trabajar en un proyecto bélico secreto». Después le preguntó por antiguos miembros del partido. ¿Sería adecuado, inquirió, que un miembro del partido trabajara en un proyecto bélico secreto?

Oppenheimer: «¿Se refiere a ahora o a antes?».

Robb: «Refirámonos primero a ahora y luego volveremos atrás».

Oppenheimer: «Creo que depende del carácter, y de si se ha desvinculado totalmente, y de qué tipo de persona sea, si es honrado».

Robb: «¿Pensaba lo mismo en 1941, 1942 y 1943?».

Oppenheimer: «Básicamente sí».

Robb: «¿Qué criterio aplica hoy y cuál aplicó en 1941, 1942 y 1943 para convencerse de que un antiguo miembro del partido ya no es peligroso?».

Oppenheimer: «Como he dicho, no sabía gran cosa de quién era antiguo miembro del partido. En el caso de mi mujer, estaba perfectamente claro que ya no era peligrosa. Y, en el caso de mi hermano, confiaba en su decencia, en su franqueza y en la lealtad que me profesa».

Robb: «Vamos a tomar como ejemplo a su hermano. Exponga el criterio que aplicó para conseguir la confianza que ha mencionado».

Oppenheimer: «En el caso de un hermano no se aplica ningún criterio; al menos, yo no lo hice».[20]

La intención de Robb era doble: por un lado, pillar a Oppenheimer en contradicciones con los documentos escritos a los que a él y a sus abogados les habían denegado el acceso y, por otro, situar todo lo que reconociera el físico en un contexto en el que se revelara que había dirigido Los Álamos de forma irresponsable en el mejor de los casos o, en el peor, que había contratado a comunistas conscientemente y a sabiendas. El objetivo de Robb con cada giro era humillar al testigo, a menudo solo haciéndole repetir lo que acababa de reconocer. «Doctor, observo que en la quinta página de su respuesta utiliza la expresión "simpatizantes". ¿Cómo define a un simpatizante, señor?».

Oppenheimer: «Es una palabra repugnante que me apliqué a mí mismo una vez en una entrevista con el FBI. La entendía como alguien que aceptaba parte del programa público del Partido Comunista, que quería trabajar y relacionarse con comunistas, pero que no era miembro del partido».

Robb: «¿Cree que un simpatizante debería trabajar en un proyecto bélico secreto?».

Oppenheimer: «¿Hoy en día?».

Robb: «Sí, señor».

Oppenheimer: «No».

Robb: «¿Pensaba lo mismo en 1942 y en 1943?».

Oppenheimer: «Lo que pensaba entonces y lo que pienso ahora acerca de muchas de estas cosas es que, cuando se opina sobre algo, se opina sobre el hombre con el que uno trata en su totalidad. En la actualidad, creo que vincularse con el Partido Comunista o simpatizar con él significa manifiestamente tener simpatía al enemigo. En el periodo de la guerra, yo habría pensado que era cuestión de cómo era la persona, lo que haría y lo que no. Como es evidente, simpatizar y afiliarse al partido planteaban un problema, un problema muy serio».

Robb: «¿Fue usted simpatizante?».

Oppenheimer: «Fui simpatizante».

Robb: «¿Cuándo?».

Oppenheimer: «Desde finales de 1936 o principios de 1937, y luego cada vez menos. Diría que simpatizaba en mucho menor grado a partir de 1939 y todavía menos después de 1942».[21]

Mientras se preparaba para la audiencia, Robb había visto muchas referencias en los archivos del FBI a la entrevista de 1943 entre Oppenheimer y el teniente coronel Boris Pash.[22] Y los archivos indicaban que esta se grabó. «¿Dónde están esas grabaciones?», preguntó Robb. El FBI no tardó en rescatar los discos Presto de hacía diez años, y el abogado escuchó la primera narración del incidente Chevalier, la cual distaba considerablemente de la versión que el físico había contado al FBI en 1946. Era obvio que Oppenheimer había mentido en una u otra entrevista, de modo que Robb llegó preparado para hacer leña de las contradicciones de los relatos. Oppenheimer, por descontado, no tenía ni idea de que la conversación con Pash se había grabado; por eso, cuando Robb abordó el incidente Chevalier, conocía los detalles mucho mejor que lo que Oppenheimer era capaz de recordar.

Robb empezó por sacar a colación la breve entrevista con el teniente Johnson en Berkeley el 25 de agosto de 1943.

Oppenheimer: «Es correcto. Creo que dije poco más que habría que estar pendientes de Eltenton».

Robb: «Sí».

Oppenheimer: «Después me preguntaron por qué dije tal cosa. Y me inventé un cuento chino».

Sin inmutarse ante aquella alarmante declaración, Robb se centró en lo que Oppenheimer había dicho al teniente coronel Boris Pash el día siguiente, el 26 de agosto: «¿Le contó la verdad a Pash sobre aquello?».

Oppenheimer: «No».

Robb: «¿Le mintió?».

Oppenheimer: «Sí».

Robb: «¿Qué fue lo que le dijo qué no era cierto?».

Oppenheimer: «Que Eltenton había intentado abordar a algunos miembros del proyecto, a tres en concreto, mediante intermediarios».

Unos momentos después, Robb preguntó: «¿Le dijo a Pash que X [Chevalier] había abordado a tres personas del proyecto?».

Oppenheimer: «No estoy seguro de si dije que había tres X o que X abordó a tres personas».

Robb: «¿No dijo usted que X había abordado a tres personas?».

Oppenheimer: «Es probable».

Robb: «¿Por qué lo dijo, doctor?».

Oppenheimer: «Porque fui un imbécil».[23]

¿«Un imbécil»? ¿Por qué diría tal cosa? Según Robb, Oppenheimer estaba nervioso, acorralado, por así decirlo, por el inteligente fiscal. Después de la audiencia, este describió el momento a un periodista asegurando que, cuando Oppenheimer pronunció aquellas palabras, estaba «encorvado, retorciéndose las manos, pálido como una pared. Me sentí mal. Aquella noche, cuando llegué a casa, le dije a mi mujer: "Acabo de ver a un hombre destruirse a sí mismo"».[24]

Esta descripción era absurda, publicidad provechosa pensada para promocionar la imagen de Robb como fiscal, así como su humanidad («Me sentí mal»). Sirve de medida para constatar lo inteligentes que fueron él y Strauss manipulando la situación cuando finalizó la audiencia, hasta el punto de que tanto periodistas como historiadores hasta ahora han tomado por buena la interpretación que ofreció Robb de aquel momento. Sin embargo, al contrario de lo que describió este, el «fui un imbécil» de Oppenheimer tenía como simple objetivo eliminar las ambigüedades que velaban el incidente Chevalier. Quiso dejar claro que no existía explicación racional que respondiera a la pregunta de por qué había dicho que el científico X (Chevalier) había abordado a tres personas. Robert estaba seguro de que la gente sabía que no era un imbécil; utilizó una frase coloquial en un intento de autocrítica para desarmar a su interrogador. Enseguida, sin embargo, le quedó claro que no había conseguido desarmar a nadie. Estaba frente a un adversario decidido a destruirlo.

Aquello solo era el principio. Oppenheimer reconoció haber mentido, y Robb iba a presentarle la prueba de ello y a escenificar la mentira con todo detalle. Sacó la transcripción de la reunión entre el coronel Pash y el físico el 26 de agosto de 1943, y dijo: «Doctor, [...] voy a leerle ciertos extractos de la transcripción de aquella entrevista».[25] Leyó un fragmento, de once años de antigüedad, en el que Oppenheimer manifestó que había alguien en el consulado soviético que estaba dispuesto a transmitir información «sin que hubiera peligro de filtraciones ni escándalos».

Cuando Robb le preguntó si recordaba haber dicho tal cosa, él respondió que no. «¿Negaría haberlo dicho?», le preguntó el fiscal. Consciente, cómo no, de que este tenía una transcripción en las manos, respondió: «No».

Robb anunció teatralmente: «Doctor, para que lo sepa, puedo decir que tenemos una grabación de su voz».

«Claro», respondió Oppenheimer, pero prosiguió diciendo que estaba bastante seguro de que Chevalier no había mencionado a nadie del consulado soviético cuando le planteó la idea de Eltenton. Sin embargo, había dado aquel detalle al coronel Pash y también le había dicho que tantearon «varias» veces, no una, a otros científicos.

Robb: «Entonces ¿le dijo específica y circunstancialmente que hubo varias personas a las que se tanteó?».

Oppenheimer: «Correcto».

Robb: «¿Y ahora testifica que era mentira?».

Oppenheimer: «Correcto».

Robb siguió leyendo la transcripción de 1943. «Evidentemente —había dicho Oppenheimer a Pash—, el hecho es que, como es un mensaje que no debería tener lugar, es traición». Y Robb le preguntó: «¿Dijo eso?».

Oppenheimer: «Seguramente. Es decir, no recuerdo la conversación, pero la acepto».

Robb: «Pero de todos modos pensaba que era traición, ¿no?».

Oppenheimer: «Seguro».

Robb volvió a citar la transcripción: «Pero no se presentó de esa manera. La manera era llevar a cabo una política que fuese más o menos una política del Gobierno. La forma en la que salió fue si no se podía concertar una cita con el tal Eltenton, que tenía un buen contacto con un hombre de la embajada, asociado al consulado, que era muy de fiar y que tenía mucha experiencia en trabajar con microfilms o algo así».

«¿Le dijo al coronel Pash —preguntó Robb— que le habían mencionado lo de los microfilms?».

Oppenheimer: «Evidentemente».

Robb: «¿Y era verdad?».

Oppenheimer: «No».

Robb: «Luego Pash le dijo: "Bueno, entonces, vuelvo a un panorama sistemático. De estas personas que menciona, dos están con usted ahora [en Los Álamos]. ¿Eltenton en persona contactó con ellas?". Y usted respondió que no. Entonces Pash le preguntó: "¿A través de un tercero?". Y usted respondió: "Sí". En otras palabras —recapituló Robb—, usted le dijo a Pash que X [Chevalier] había contactado con esas personas, ¿verdad?».

Oppenheimer: «Eso parece».

Robb: «¿Y no era verdad?».

Oppenheimer: «Eso es. Todo fue una invención, excepto el nombre de Eltenton».

Garrison, al ver a su cliente verdaderamente apurado, por fin interrumpió el penoso interrogatorio para preguntar a Gray: «Señor presidente, ¿me permitiría formular una breve petición en este momento?».

Gray: «Sí».

Garrison, con mucha educación, planteó «si no entraría dentro de las características de este tipo de procedimiento, cuando el abogado lee una transcripción, el hecho de que a nosotros se nos proporcione una copia de esta mientras la está leyendo. Esto, por supuesto, es lo ortodoxo en los tribunales de justicia…».

Tras un breve intercambio, Gray y Robb accedieron a que quizá al final del día un funcionario podría resolver si prestar el documento, aunque, por supuesto, Robb ya estaba leyéndolo en voz alta de forma selectiva.

La intervención de Garrison llegaba demasiado tarde y era demasiado cortés, así que no sirvió para ayudar a su cliente a liberarse de la trampa que le había tendido Robb.

Poco después, este volvía a citar la transcripción de la conversación entre Pash y Oppenheimer con evidente placer. «Doctor Oppenheimer, [...] ¿no cree que contó una historia inventada muy detallada?».

Oppenheimer: «En efecto».

Robb: «¿Por qué elaboró tantísimos detalles circunstanciales si estaba contando un cuento chino?».

Oppenheimer: «Me temo que todo esto es una insensatez. Creo que no puedo explicar por qué había un cónsul, por qué un microfilm, por qué eran tres las personas que participaban en el proyecto, ni por qué dos fueron a Los Álamos. Todo me parece completamente falso».

Robb: «Estará usted de acuerdo, señor, en que si la historia que relató al coronel Pash era cierta, la situación cogía muy mal cariz para el señor Chevalier».

Oppenheimer: «Para todos los implicados, sí, señor».

Robb: «¿Usted incluido?».

Oppenheimer: «Cierto».

Robb: «¿No sería una afirmación justa en la actualidad, doctor Oppenheimer, según ha testificado ahora, decir que contó al coronel Pash no solo una mentira, sino todo un entramado inventado de mentiras?».

Oppenheimer, sintiéndose acorralado y quizá muy asustado, respondió sin pensar: «Cierto».[26]

El implacable interrogatorio de Robb había arrinconado a Robert, que no recordaba la conversación mantenida con Pash en el grado que se requería para contestar adecuadamente a las preguntas del fiscal. Así, aceptó la presentación selectiva de la transcripción que le hizo su torturador. Si Garrison hubiera sido un abogado con experiencia en tribunales, habría intervenido antes para decir que su cliente no respondiera más preguntas sobre la conversación con Pash hasta que pudiera ver la transcripción, y habría rebatido el uso estratégico que hizo Robb de ella para tenderle una emboscada a su cliente. Pero Garrison dejó la puerta de la entrevista bien abierta, y Oppenheimer la cruzó con estoicismo.

En cualquier caso, Robert no tenía necesidad de capitular con tanta facilidad. Existía una explicación para la enrevesada historia que había contado a Pash, y era mucho menos dañina que la interpretación manipulada que Robb hizo que aceptara. Recordemos que Eltenton dijo al FBI en 1942 que el funcionario del consulado ruso, Peter Ivanov, le había sugerido inicialmente que se pusiera en contacto con tres científicos asociados con el Laboratorio de Radiación de Berkeley: Oppenheimer, Ernest Lawrence y Luis Álvarez. Eltenton solo conocía al primero, y no tanto como para pedirle que compartiera información con los rusos. No obstante, es perfectamente razonable suponer que le hubiera mencionado los tres nombres a Chevalier y que este, a su vez, los mentara a Oppenheimer o, al menos, que le indicara que Eltenton había nombrado a dos personas más (sin especificar quiénes eran).

Así pues, al referir a Pash lo que sabía de las actividades de Eltenton, Oppenheimer mencionó a tres científicos. De todas las interpretaciones del «cuento chino», esta idea parece tener el mayor sentido, respaldada como está con pruebas de los propios archivos del FBI. Resulta relevante que los historiadores oficiales de la CEA, Richard G. Hewlett y Jack M. Holl, llegaran a una conclusión similar: «La historia de Oppenheimer, aunque engañosa, era precisa hasta cierto punto; por desgracia, después se volvió confusa y retorcida».[27]

¿Por qué?

La explicación más clara y más convincente de por qué Oppenheimer ofreció a Pash una representación tan elaborada y confusa de la conversación que mantuvo con Chevalier en la cocina la brindó él mismo el día antes de que finalizase la audiencia de seguridad. La explicación no solo es coherente con la mayoría de los hechos conocidos y más verosímiles, sino que también se adecúa a su carácter, en especial a la tendencia que presenta, como había confesado a David Bohm cinco años antes, «cuando las cosas le sobrepasan» a decir «cosas irracionales». En respuesta a la pregunta que le formuló el presidente Gray sobre si podría haber dicho la verdad del incidente Chevalier en 1943 a Pash y a Lansdale y que estuviera inventando la historia que les contaba en el momento presente, Oppenheimer respondió:

> La historia que conté a Pash no es verdadera. No había tres o más personas involucradas en el proyecto. Había una persona involucrada. Era yo. Yo estaba en Los Álamos. No hubo nadie más en Los Álamos que estuviera involucrado. No hubo nadie en Berkeley que estuviera involucrado. […] Testifiqué que Chevalier no mencionó el consulado soviético. Es cuanto puedo recordar. Puede ser que conociera la relación de Eltenton con el consulado, pero creo que no puedo hacer más que contar la historia con todos sus detalles circunstanciales, y el relato que me sonsacaron con tanto detalle en aquel momento era un relato falso. No es fácil admitirlo. Ahora,

cuando me piden ustedes que les dé un argumento más persuasivo que el de que fui un idiota para justificar por qué hice lo que hice, me va a costar mucho hacerme entender. Creo que me vi empujado por dos o tres preocupaciones en aquel entonces. Una era la sensación de que tenía que transmitir el hecho de que si había problemas en el Laboratorio de Radiación, como decía Lansdale, Eltenton era el tipo que podía estar involucrado en ellos, y la cosa era seria. No sé si exageré la historia para recalcar que era seria o si la exageré para hacerla más pasable, en lugar de contar los hechos escuetos, es decir, que Chevalier me había hablado de aquello. No había nadie más implicado. La conversación con Chevalier fue breve; no fue, como es natural, del todo fortuita, pero creo que he comunicado correctamente el tono de esta y la voluntad de él de no querer mezclarse en el asunto.[28]

Oppie prosiguió:

Debí haberla contado [la historia] de inmediato y debí haberla contado con total fidelidad, pero eso me suponía un conflicto, y me encontré, creo, dando unas migajas a la gente de Inteligencia sin darme cuenta de que, cuando les das unas migajas, luego tienes que contarles la historia entera. Cuando me pidieron que me explicase, desde el principio caí en la falsedad. [...] La idea de que [Chevalier] acudiera a unas cuantas personas del proyecto para hablar con ellas en lugar de acudir a mí y hablar de ello, como hicimos, tampoco habría tenido ningún sentido. Era un intermediario inverosímil y absurdo para semejante tarea. [...] No había ninguna conspiración. [...] Cuando di el nombre de Chevalier (se lo di al general Groves), le dije, cómo no, que no había tres personas, que la charla había tenido lugar en mi casa, que la cosa iba conmigo. Cuando inventé esta historia tan perjudicial, fue claramente con la intención de no revelar quién era el intermediario.[29]

Lo siguiente que abordó Robb humillaría sin ninguna duda a Robert: su aventura amorosa con Jean Tatlock.

«Entre 1939 y 1944, si entiendo bien —dijo Robb—, usted tenía una relación informal con la señorita Tatlock, ¿es correcto?».

Oppenheimer: «Nos veíamos raramente. No creo que sea correcto decir que tuviéramos una relación informal. Tuvimos un vínculo muy intenso y todavía afloraban sentimientos profundos cuando nos encontrábamos».

Robb: «¿Cuántas veces diría que la vio entre 1939 y 1944?».

Oppenheimer: «Eso son cinco años. ¿Diez veces sería una cifra ajustada?».

Robb: «¿Con qué motivos la veía?».

Oppenheimer: «Bueno, alguna vez nos vimos con más gente. Recuerdo que fui a verla hacia Año Nuevo de 1941».

Robb: «¿Dónde?».

Oppenheimer: «Fui a su casa o al hospital, no sé a cuál de los dos sitios. Salimos a tomar algo al Top of the Mark. Me acuerdo de que vino más de una vez a nuestra casa, en Berkeley».

Robb: «De la señora Oppenheimer y suya».

Oppenheimer: «Eso es. Su padre vivía muy cerca de nosotros. Fui a verla allí una vez. Quedamos, como creo haber dicho, en junio o julio de 1943».

Robb: «En relación con esto, creo que ha dicho que debía verla».

Oppenheimer: «Sí».

Robb: «¿Por qué debía verla?».

Oppenheimer: «Ella había expresado un gran deseo de verme antes de que nos marcháramos. En aquel momento no pude quedar con ella. Entre otras cosas, porque se suponía que no debía decir adónde nos íbamos ni nada. Sentí que necesitaba verme. Se encontraba en tratamiento psiquiátrico. Estaba muy mal».

Robb: «¿Supo por qué quería verlo?».

Oppenheimer: «Porque aún seguía enamorada de mí».

Robb: «¿Dónde se vieron?».

Oppenheimer: «En su casa».

Robb: «¿Dónde estaba?».

Oppenheimer: «En Telegraph Hill».

Robb: «Después de aquella vez, ¿cuándo se vieron de nuevo?».

Oppenheimer: «Me llevó al aeropuerto y no volví a verla jamás».

Robb: «¿Eso fue en 1943?».

Oppenheimer: «Sí».

Robb: «¿Era la señorita Tatlock comunista entonces?».

Oppenheimer: «Ni siquiera hablamos de ello. Lo dudo».

Robb: «¿Ha dicho en su respuesta que sabía que fue comunista?».

Oppenheimer: «Sí. Me enteré en otoño de 1937».

Robb: «¿Había algún motivo para que usted creyera que ya no era comunista en 1943?».

Oppenheimer: «No».

Robb: «¿Disculpe?».

Oppenheimer: «No lo había, excepto lo que he dicho en general sobre lo que pensaba y pienso de su relación con el Partido Comunista. No sé qué hacía en 1943».

Robb: «No tiene ningún motivo para creer que no era comunista, ¿cierto?».

Oppenheimer: «Sí».

Robb: «Pasó la noche con ella, ¿verdad?».

Oppenheimer: «Sí».

Robb: «¿Vio ese hecho como congruente con la noción de seguridad?».

Oppenheimer: «Lo era, de hecho. Ni una palabra. No era una buena costumbre».

Robb: «¿No pensó que se pondría usted en una situación bastante difícil si ella hubiera sido una comunista como la que ha descrito aquí o de la que ha hablado esta mañana?».

Oppenheimer: «Oh, pero ella no era así».

Robb: «¿Cómo lo sabía?».

Oppenheimer: «La conocía».[30]

Tras sufrir la vejación de testificar sobre la aventura que tuvo con Tatlock durante tres años mientras estaba casado con Kitty, Oppenheimer tuvo que identificar para Robb a los amigos de su amante y declarar quiénes eran comunistas y quiénes meros simpatizantes. La pregunta no tenía razón de ser en el propósito de la audiencia, pero no era gratuita: estamos en 1954, en el apogeo de la era McCarthy, y obligar a antiguos comunistas, simpatizantes y activistas de izquierdas convocados ante comités congresionales para que dieran nombres era precisamente el juego político de los macartistas. Era una experiencia humillante en una cultura que despreciaba a los «soplones», a los judas, así que ese era el objetivo: destrozar el sentido de integridad personal del testigo.[31]

Oppenheimer dio nombres a Robb: del doctor Thomas Addis pensaba que era cercano al partido, pero no sabía si había sido miembro de él; Chevalier era simpatizante; Kenneth May, John Pitman, Aubrey Grossman y Edith Arnstein eran comunistas. Muy consciente de la naturaleza degradante del ejercicio al que estaba siendo sometido, Oppenheimer preguntó con sarcasmo a Robb: «¿Es ya lo bastante larga la lista?».[32] Como solía ser el caso, los nombres eran reconocibles. El implacable martilleo de Robb estaba pasando factura a Oppenheimer, que ya empezaba a responder sin reflexionar, «como un soldado en combate, supongo —dijo más tarde a un periodista—. Hay tantas cosas que están ocurriendo o que están a punto de ocurrir que no tienes tiempo de darte cuenta de nada salvo del siguiente movimiento. Como si fuera una lucha, y eso fue una lucha. Tenía muy poca conciencia de mí mismo».[33]

Años después, Garrison recordaría el talante de Oppenheimer durante aquellos días tortuosos: «Desde el principio, mostró una especie de desesperación hacia sí mismo. [...] Creo que todos nos sentíamos oprimidos por la atmósfera de la época, pero Oppenheimer en particular más».[34]

Robb pasaba a Strauss informes diarios sobre lo que sucedía en el interior de la confidencial sala de audiencias, y este estaba satisfecho con cómo estaban yendo las cosas. Escribió al presidente Eisenhower: «El miércoles, Oppenheimer cedió y reconoció bajo juramento que había mentido».[35] Regocijándose en la anticipación de la victoria, comunicó a Ike que el físico «ya ha generado una impresión extremadamente mala en los miembros de la junta». El presidente le respondió con un telegrama desde su retiro en Augusta (Georgia), agradeciéndole su «informe provisional». Asimismo, le dijo que había quemado ese informe, al parecer para no dejar ninguna prueba de que Strauss y él estaban observando la audiencia de seguridad de forma inapropiada.

La mañana del jueves 15 de abril, el cuarto día de la audiencia, el general Leslie Groves tomó juramento como testigo. Interrogado por Garrison, alabó la actuación de Oppenheimer en Los Álamos durante la guerra, y, cuando le preguntaron si lo veía capaz de cometer un acto desleal deliberado, respondió con énfasis: «Me sorprendería mucho si así fuera».[36] Ante la pregunta específica sobre el caso Chevalier, adujo: «He escuchado muchas versiones del asunto, no creo haber estado confundido antes al respecto, pero sí que empiezo a estar confundido hoy. [...] Mi conclusión fue que hubo un acercamiento y que el doctor Oppenheimer lo sabía».

Groves explicó que, cuando se enteró de la historia, pensó que la reticencia de Robert se justificaba por «la típica actitud estadounidense de colegial, según la cual chivarse de un amigo está mal. Nunca acababa de estar seguro de lo que me contaba. Lo único que sabía era que estaba haciendo lo que creía esencial, esto es, alertarme del peligro de aquel intento particular de infiltrarse en el proyecto, que estaba inquieto por lo que pasaba cerca de Berkeley (creo que eran los Laboratorios Shell donde Eltenton era supuestamente un miembro clave); aquello era una fuente de peligros para el proyecto y esa era su preocupación. Siempre tuve la impresión de que el doctor Oppenheimer quería proteger a sus amigos de toda la vida, y posiblemente a su hermano. Siempre me dio la sensación de que quería proteger a su hermano, y que este podría haber estado implicado en aquella cadena».

Aquel «posiblemente» ampliaba la lista de personajes relacionados con el caso Chevalier. Frank «podría haber estado implicado», especuló Groves, seguro que sin malicia y es probable que sin darse cuenta del todo de las consecuencias potenciales de aquella hipótesis. Porque, si Frank había estado realmente implicado, entonces Robert no solo había mentido a Pash en 1943, sino que también había mentido al FBI en 1946 y estaba mintiendo en ese momento, en la audiencia de 1954. Al margen de las circunstancias atenuantes —el deseo de Robert de proteger a su hermano menor, de quien sabía que nunca había hecho nada malo—, la conjetura de Groves socavó aún más la veracidad de Robert y al final, pese a la falta de pruebas que apuntaran a la participación de Frank en el caso Chevalier, ahondó el misterio que rodeaba al mismo y, por tanto, el interés que tenía por él la junta de la audiencia.

Todo intento de explicar la fuente y el carácter hipotético del testimonio de Groves, que conectaba a Frank con Chevalier, remite a lo que se incluyó en el dosier del FBI sobre Oppenheimer durante la guerra. De ahí, llevaremos nuestra atención a diez años más adelante, a una serie de entrevistas realizadas por el FBI en diciembre de 1953 como preparación de la comparecencia de Oppenheimer ante la audiencia de seguridad de la CEA. Los entrevistados fueron John Lansdale y William Consodine, subalternos del general Groves durante la guerra; así como el propio Groves y Corbin Allardice, que sucedió a William Borden como gerente del Comité Conjunto de Energía Atómica.

Esas entrevistas desempeñaron un papel crucial en dar forma al testimonio de Groves, ya que tanto Consodine como Lansdale le informaron de lo que dijeron a los agentes del FBI. Los recuerdos de sus dos subordinados desconcertaron al general, quien en ciertos aspectos importantes recordaba de otro modo lo que le había dicho Oppie. Además, la comunicación con el FBI lo colocó en una posición comprometida que lo llevó a reconocer ante la junta de la audiencia que en 1954 no podía respaldar que se le renovaran las credenciales de seguridad a Robert.

Como ya se ha mencionado, la primera referencia documentada de la relación entre Frank y Chevalier que apareció en los archivos del FBI fue una nota del 5 de marzo de 1944 del agente William Harvey. Este no poseía información propia sobre el caso, pero, al redactar un resumen de él, identificó a Frank como la persona a quien se dirigió Chevalier. No obstante, Harvey no aducía ninguna prueba que justificara dicha conclusión, un descuido que asombraría diez años después a otros agentes veteranos, que notificaron a Hoover que, «tras revisar el archivo, no se encuentra información de que nadie se dirigiera a Frank Oppenheimer para obtener datos sobre el proyecto del MED [Distrito de Ingeniería Manhattan] ni de que J. Robert Oppenheimer diera noticia de esa información al MED o a la agencia».[37]

El 3 de diciembre de 1953, varias semanas después de que se enviara la carta de Borden, otro informante volvió a atraer la atención del FBI hacia el nombre de Frank. Por lo visto, alguien hostil a Oppenheimer incitó a Corbin Allardice, que había sido empleado de la CEA antes de sustituir a Borden en el comité conjunto, a reavivar la sospecha de que Frank era el contacto de Chevalier. Allardice alegó haber recibido «información por parte de una fuente que consideraba altamente fiable de que J. Robert Oppenheimer había dicho que el contacto en el sistema de espionaje de Eltenton y Chevalier había sido su propio hermano, Frank Oppenheimer». Añadió, además, que creía que esos datos no constaban en la documentación del FBI sobre el caso, cosa que indica que el informante estaba mínimamente familiarizado con el dosier que tenía la agencia sobre Oppenheimer. Sugirió que, si el FBI deseaba comprobar ese dato, entrevistaran a John Lansdale, que en aquel periodo estaba ejerciendo de abogado en Cleveland.

A Lansdale lo entrevistaron el 16 de diciembre, pero, el día anterior, otro subalterno de Groves de la época de la guerra, William Consodine (amigo de Allardice y, por tanto, seguramente el informante «fiable» que este mencionó), habló con un agente del FBI.[38]

El resumen del FBI, escrito el 18 de diciembre, documenta que Consodine relató la siguiente historia. El día siguiente de que el general Groves regresara de Los Álamos, «donde había inducido [a Oppenheimer] a que identificara al intermediario [de Eltenton]», convocó una reunión en su despacho con Lansdale y Consodine. Tras anunciarles que «Oppenheimer había identificado al intermediario, el general Groves pasó un cuaderno amarillo a Consodine y a Lansdale, y les pidió que escribieran tres nombres, los que creyeran que podían ser el intermediario. Lansdale escribió tres nombres que Consodine no recordaba. Él escribió un solo nombre, el de Frank Oppenheimer. El general Groves se quedó sorprendido y dijo que era el correcto. Luego le preguntó a Consodine por qué había escogido a esa persona, y él le explicó que pensaba que era él porque probablemente J. Robert Oppenheimer tendría mucha reticencia en implicar a su hermano».

«Según Consodine, el general Groves [les] informó entonces de que había conseguido que J. Robert Oppenheimer reconociera ese hecho después de que este le arrancara la promesa a Groves de que no diría al

FBI que Frank Oppenheimer era el intermediario. Antes de terminar, Consodine afirmó [...] que no había hablado con Lansdale sobre este asunto, pero sí lo había comentado con el general Groves por teléfono los últimos días».

El 16 de diciembre, Lansdale contó otra versión de la historia de Consodine a su entrevistador del FBI. No recordaba en absoluto lo del «cuaderno amarillo» (tampoco Groves la recordaba), pero de lo que sí se acordaba era de la impresión que se había llevado cuando el general le contó que había pedido a Oppenheimer que enumerara a todos los contactos de Eltenton: «Oppenheimer dijo a Groves que Haakon Chevalier había abordado a Frank Oppenheimer». En suma, «Lansdale afirmó que el general Groves opinaba que habían abordado directamente a J. Robert Oppenheimer, pero a Lansdale le pareció que en realidad habían abordado a Frank Oppenheimer. Lansdale notificó que, que él supiera, solo el general Groves y él conocían el incidente». Cuando Garrison preguntó, sin rodeos, a Lansdale si era posible que Groves «le dijera a usted que *pensaba* que habían hablado con Frank, y no que *habían hablado efectivamente* con Frank», Lansdale contestó: «Sí, es posible».[39]

El 21 de diciembre de 1953, el día en que anunciaron a Oppenheimer que le suspendían las credenciales, otro agente del FBI entrevistó a Groves en su casa de Darien, en Connecticut.

Hasta aquel momento, Groves se había negado a hablar con el FBI sobre Oppenheimer y el caso Chevalier. Ni siquiera se había molestado en responder a las primeras preguntas que, en 1944, la agencia le había formulado sobre ello. Después, en junio de 1946, cuando estaba a punto de interrogar a Chevalier y a Eltenton, el FBI inquirió a Groves qué sabía sobre aquello. Este se desentendió diciéndoles que en verdad no podía hablar de ello porque Oppenheimer se lo había contado en «estricta confianza»; «no podía quebrantar la lealtad de "Oppie" e identificar al hombre al que se dirigió el empleado de la Shell Development». Los agentes del FBI le respondieron que sabían que dicha persona era Eltenton y que estaban a punto de interrogarlo. En lo que fue una extraordinaria muestra de la lealtad que sentía hacia Oppenheimer, Groves dijo que «no quería que le preguntásemos a Eltenton por este asunto porque le llegaría a él, y sabría que Groves había traicionado su confianza». El general, brusco, espetó a los agentes que «dudaba si aportar más información».

Hoover debió de quedarse atónito al enterarse de que un general del ejército estadounidense rechazaba cooperar con una investigación del FBI. El 13 de junio de 1946, el director escribió personalmente a Groves y le pidió que revelara lo que le había dicho Oppenheimer sobre George

Eltenton. En su respuesta, del 21 de junio, el general se negó con educación a transmitir esa información, «ya que pondría en peligro» su relación con el físico.[40] No había muchos hombres en Washington que contravinieran una petición directa del director del FBI, pero en 1946 Groves gozaba de mucho prestigio y confianza en sí mismo.

En cambio, en 1953, después de que Consodine y Lansdale le hubieran avisado de que habían informado al FBI que Frank fue el contacto del incidente Eltenton-Chevalier, Groves se sintió obligado a incorporar los recuerdos de sus dos ayudantes a su relato. El problema era que no lograba acordarse exactamente de qué le había contado Oppenheimer en 1943 y 1944. Aun así, empujado por Consodine y Lansdale, dijo a su entrevistador que a finales de 1943 había ordenado al fin al físico a que «revelara totalmente» quién le había pedido información sobre el proyecto. Para invitarlo a hablar, Groves le aseguró que no realizaría un informe formal sobre el incidente o, «para decirlo sin rodeos, que no llegaría al FBI». El general contó que, con aquella promesa, Robert le había revelado que «Chevalier se dirigió a Frank Oppenheimer» y que este le había preguntado a su hermano qué debía hacer. Según el general, Robert le habría dicho que «no tuviera nada que ver» con Eltenton y que había hablado directamente con Chevalier para «cantarle las cuarenta». Groves añadió que «fue Eltenton quien quería la información y que los intermediarios [Chevalier y Frank] eran inocentes del intento de cometer espionaje».*

El general prosiguió diciendo que pensaba que «para Frank Oppenheimer era natural y correcto hacer lo que hizo, a pesar del hecho de que debería haber avisado a los funcionarios de seguridad locales». Los hermanos tenían una relación muy estrecha, y era lógico que el menor de los dos, «muy alterado por la visita» de Chevalier, se pusiera en contacto de inmediato con el mayor y le explicara lo ocurrido. «[Groves] dijo que fue una violación técnica de la seguridad la manera en que [Frank] llevó el asunto, pero que había hecho todo lo que podía esperarse racionalmente de él. [...] El general aseguró que era obvio que el sujeto [Oppenheimer] quería proteger a su hermano, a Chevalier y al sujeto [a él mismo]».

---

* Cuando el FBI preguntó a Frank Oppenheimer por el asunto, este negó categóricamente que Chevalier le hubiera preguntado nunca nada ni que hubiera hablado con su hermano sobre la tentativa de Eltenton. [El FBI entrevistó a Frank Oppenheimer el 29 de diciembre de 1953 en su rancho de Colorado. Se negó a firmar una declaración jurada. Strauss recibió una copia de la entrevista el 7 de enero de 1954 (Herken, *Brotherhood of the Bomb*, pp. 272, 400)].

Pero entonces Groves empezó a «especular» sobre si Robert se había «inventado que Frank estaba involucrado con el fin de justificar su retraso en comunicar el acercamiento inicial o sobre si Frank estaba realmente metido en el asunto».[41] En otras palabras, mientras que está claro que Groves dijo algo en 1943 sobre Frank que llevó a Lansdale y a Consodine a creer que Chevalier se había puesto en contacto con él, el propio general tenía serias dudas sobre ello. La confusión que tenía Groves sobre el papel de Frank nunca se disipó. En una fecha tan avanzada como 1968, confesó a un historiador: «Desde luego, no estaba seguro de quién era el hombre que [Oppenheimer] estaba protegiendo. En la actualidad, yo supondría que probablemente era su hermano. No quería que su hermano se viera envuelto en eso».[42]

Al parecer, Groves estaba convencido de dos cosas: una, que Chevalier había solicitado información a Robert en nombre de Eltenton; y dos, que Robert había dicho algo en 1943 con la intención de que a Groves le quedara claro que Frank había comunicado sin tardanza a su hermano que Chevalier había realizado una especie de indagación inapropiada. El tiempo ha hecho que se pierda cualquier detalle más específico. Al fin y al cabo, el propio Groves dijo: «Nunca estuve seguro de lo que me decía [Robert]». Y según reza una carta anterior: «Era muy difícil saber hasta qué punto estaba implicado Frank y hasta qué punto lo estaba Robert».[43] La explicación más verosímil de por qué Lansdale y Consodine creyeron que el menor de los Oppenheimer era el contacto de Chevalier sería que Groves les hubiera contado la conversación que tuvo con Robert sin dejar claras las dudas que albergaba sobre la implicación de Frank.

No parece haber otra explicación posible cuando todas las entrevistas y los documentos se consideran en conjunto. Frank no pudo ser el contacto ni de Eltenton ni de Chevalier en este caso. Según todos los testimonios —las entrevistas simultáneas del FBI a Chevalier y a Eltenton en 1946, las memorias inéditas de Barbara Chevalier, la narración de Kitty a Verna Hobson, la explicación al respecto de Frank al FBI a principios de enero de 1954 y las declaraciones de Robert en 1946 y en su testimonio final—, fue Haakon quien abordó a Robert.

Fuera como fuese, por haber confiado en la historia de Oppenheimer y por haberle prometido no trasladarla al FBI, Groves se encontró en un compromiso personal. El historiador Gregg Herken plantea la posibilidad verosímil de que tanto Lewis Strauss como J. Edgar Hoover pensaran que podían usar el hecho de que Groves se había involucrado en un caso de «encubrimiento» para presionarlo a que testificase contra Oppenheimer en la audiencia de seguridad que estaba a punto de celebrarse.[44] Un subordinado clave de Hoover, Alan Belmont, lo sugirió implícitamente al escribir a su superior que «parece claro que Groves ha intentado retener y ocultar al FBI información importante relativa a una conspiración de espionaje. Ahora Groves se comporta con cierto grado de timidez en su trato y declaraciones a la agencia».

Pese a sentirse avergonzado ante el descubrimiento del FBI, Groves no tuvo remordimientos respecto a haberle prometido a Oppenheimer que no les revelaría el nombre de Frank. Es más, siguió manteniendo su palabra: «El general dijo que no sentía que estuviera violando el espíritu de la promesa que hizo a Oppenheimer al mantener la entrevista presente con la agencia porque las autoridades ya conocían el caso. Pidió que se anotara esta declaración porque quizá algún día un amigo de Oppenheimer leyera este expediente y considerara que "al final he roto mi promesa"».[45] Si Groves hubiera tenido la menor duda de que Oppenheimer protegía a un espía, lo habría dicho al FBI. Era obvio que confiaba en la lealtad de Robert.

Por supuesto, Strauss no veía así las cosas. Lo que podría haberse interpretado como pruebas exculpatorias se pasó por alto. En lugar de ello, el presidente de la CEA fue detrás de Groves y le pidió en febrero que fuera a Washington para otra entrevista más. El general ya suponía entonces que le pedirían que testificase en contra de Oppenheimer y que, si se negaba a ello, podrían acusarlo de participar en un encubrimiento.[46]

Asombrosamente, Robb hizo caso omiso de las especulaciones de Groves sobre Frank, sin duda porque de lo contrario Robert habría aparecido asumiendo las culpas de su hermano. Tampoco dijo al consejo de Gray ni a los abogados de Oppenheimer que Groves había prometido no revelar el nombre de Frank al FBI, cosa que también habría desviado el foco de atención de Robert. Esa parte de la historia permanecería clasificada en los documentos del FBI durante veinticinco años.[47] En el interrogatorio cruzado de Robb, Groves expresó que, aunque seguía pensando que la decisión de 1943 de extender a Oppenheimer las credenciales de seguridad había sido correcta, quizá en la actualidad las cosas fueran de otra manera. Cuando Robb le preguntó a bocajarro si se las concedería en el presente, Groves se fue por las ramas: «Creo que antes de responder a eso me gustaría dar mi interpretación de lo que exige la Ley de la Energía Atómica».[48] Tomada al pie de la letra, dijo, la ley especificaba que la CEA debe determinar que las personas con acceso a información restringida «no pondrán en peligro la defensa ni la seguridad nacionales». Según el punto de vista del general, no había margen de maniobra. «No se trata de demostrar que alguien sea un peligro —dijo—. Se trata de pensar: "Vaya, esta persona podría ser un peligro"». Partiendo de ahí y considerando las relaciones anteriores de Oppenheimer, «no le concedería las credenciales hoy en día si fuera un miembro de la comisión, basándome en esa interpretación». Eso era todo cuanto Robb quería o necesitaba que dijera el general. ¿Y por qué Groves se volvió en contra del hombre al que hasta entonces había defendido con tanto aplomo? Strauss lo sabía. Había dejado claro al general, y sin sutilezas, que él mismo se encargaría de que sufriera graves consecuencias si no cooperaba.

Al día siguiente, viernes 16 de abril, Robb retomó el interrogatorio cruzado a Oppenheimer. Le preguntó sobre su relación con los Serber, con David Bohm y Joe Weinberg, y hacia el final del día aún le dio tiempo a pedirle que explicara su oposición al desarrollo de la bomba de hidrógeno. Después de cinco jornadas de intenso interrogatorio, Oppenheimer debía de estar exhausto física y mentalmente. Pero aquel día, el último que se sentaría en la silla del testigo, todavía enarboló su afilado ingenio. La experiencia le había enseñado que debía ser cauteloso ante posibles emboscadas y claro como el agua sobre el tema que se tratara, así que logró desviar las preguntas del fiscal.

Robb: «Basándose en principios morales, ¿expresó alguna vez oposición a la producción de la bomba de hidrógeno después de la decisión que tomó el presidente en enero de 1950?».

Oppenheimer: «Supongo que podría haber dicho perfectamente que es un arma espantosa o algo parecido. No me acuerdo de ninguna ocasión en concreto y preferiría que me preguntara por el contexto de la conversación que tiene en mente o me la recordara».

Robb: «¿Por qué piensa que podría haber dicho eso perfectamente?».

Oppenheimer: «Porque siempre he pensado que es un arma espantosa. Aunque desde el punto de vista técnico fuera un trabajo bonito, agradable y placentero, seguiría pensando que es un arma espantosa».

Robb: «¿Y así lo ha dicho?».

Oppenheimer: «Supongo que lo he dicho, sí».

Robb: «¿Diría que siente repulsión moral hacia la producción de un arma tan espantosa?».

Oppenheimer: «Eso es demasiado fuerte».

Robb: «¿Disculpe?».

Oppenheimer: «Es demasiado fuerte».

Robb: «¿Qué es demasiado fuerte, el arma o mi expresión?».

Oppenheimer: «Su expresión. Era algo que me preocupaba y me angustiaba seriamente».

Robb: «¿Sería adecuado decir que tenía usted reparos morales?».

Oppenheimer: «Dejemos fuera la palabra "moral"».

Robb: «Tenía reparos hacia ella».

Oppenheimer: «¿Cómo puede alguien no tener reparos hacia ella? No conozco a nadie que no los tenga».[49]

Al cabo de un rato, Robb sacó una carta escrita por Oppenheimer a James Conant con fecha del 21 de octubre de 1949. Procedía de los propios archivos del físico, documentación confiscada por el FBI el diciembre anterior. Dirigida al «Querido tío Jim», en la carta se lamentaba de que «dos experimentados partidarios de la bomba se han puesto manos a la obra, Ernest Lawrence y Edward Teller», haciendo presión a favor de la bomba de hidrógeno. En un diálogo algo quisquilloso, Robb preguntó a Oppenheimer: «¿Estaría de acuerdo, doctor, en que se refirió al doctor Lawrence y al doctor Teller [...] en un modo un poco despreciativo?».

Oppenheimer: «El doctor Lawrence vino a Washington. No habló con la comisión. Fue a hablar con el comité conjunto del Congreso y con miembros de la institución militar. Creo que eso merece algo de desprecio».

Robb: «Entonces ¿convendría en que se refirió a esos hombres en esa carta de forma despreciativa?».

Oppenheimer: «No. Me merecen todo el respeto como partidarios de la bomba. Creo que no les hice justicia».

Robb: «Empleó la palabra "partidarios" en un sentido ofensivo, ¿verdad?».

Oppenheimer: «No tengo ni idea».

Robb: «Cuando ahora usa la palabra para referirse a Lawrence y Teller, ¿no pretende que sea ofensiva?».

Oppenheimer: «No».

Robb: «Piensa que su labor como defensores fue admirable, ¿es así?».

Oppenheimer: «Pienso que hicieron una labor admirable en defensa de la bomba».[50]

Llegado el viernes, todo el mundo tenía claro que Robb y Oppenheimer se despreciaban mutuamente. «Me daba la impresión —recordó el fiscal— de que no era más que un cerebro, frío como un témpano, y tenía los ojos de un azul tan glacial como no he visto nunca».[51] Oppenheimer solo sentía aversión en presencia de Robb. Un día, durante una breve pausa, dio la casualidad de que estaban cerca uno del otro, y a Robert le entró de repente uno de sus ataques de tos. El fiscal expresó su preocupación, pero Oppenheimer lo cortó irritado y le dijo algo que provocó que se diera la vuelta y se marchara.

Todos los días, al final de la jornada, Robb se encerraba con Strauss y evaluaban los acontecimientos de la sesión. No tenían muchas dudas respecto al resultado. Strauss dijo a un agente del FBI que estaba «convencido de que, visto el testimonio hasta la fecha, el consejo no podía hacer otra cosa que recomendar la revocación de las credenciales de Oppenheimer».[52]

Los abogados de este pensaban más o menos lo mismo. Para escapar de la mirada de la prensa, los Oppenheimer pasaban las noches en Georgetown, en casa de Randolph Paul, un socio de Garrison. Los periodistas tardaron una semana en descubrir dónde estaban, pero los agentes del FBI ya tenían vigilada la casa e informaron de que Oppenheimer se acostaba tarde mientras daba vueltas por la habitación.[53]

Garrison y Marks pasaban varias horas por las noches en casa de Paul, planificando la estrategia del día siguiente. «Solo teníamos energía para prepararnos —dijo Garrison—. Estábamos demasiado cansados para analizar lo ocurrido. Naturalmente, Robert se encontraba en el estado más alterado imaginable. Kitty también, pero Robert más».[54]

Paul escuchaba con inquietud creciente a los Oppenheimer, que le relataban lo sucedido en el día. Sonaba mucho más como un juicio que como una audiencia administrativa. La noche del domingo de Pascua, el 18 de abril, Paul invitó a Garrison y a Marks a casa para que se reunieran con Joe Volpe. Después de que se sirvieran las bebidas, Oppenheimer dijo al antiguo asesor jurídico de la CEA: «Joe, me gustaría que estos chicos te describieran lo que está pasando en la audiencia». Volpe escuchó durante una hora, con rabia creciente, cómo Marks y Garrison recapitulaban las tácticas de Robb y el tono general del suplicio diario de Oppie. Al final le dijo al físico: «Robert, diles que se vayan a la mierda, déjalo, no sigas con esto porque no creo que vayas a ganar».[55]

No era la primera vez que Oppenheimer oía ese consejo; Einstein, entre otros, le había dicho lo mismo. Sin embargo, esa vez procedía de un abogado con experiencia que había colaborado en escribir las normas para las audiencias de la CEA y que opinaba que el espíritu y la letra de esas reglas estaba violándose de modo indignante. A pesar de ello, Oppenheimer resolvió que ya no podía hacer otra cosa más que ver cómo concluía el proceso. Fue una reacción estoica y bastante pasiva, similar a aquella aceptación muda que había mostrado años atrás, siendo muy joven, cuando lo encerraron en la nevera del campamento de verano.

36

«Una manifestación de histeria»

> Estoy muy angustiado, como supongo que también está usted, por lo de Oppenheimer. Me siento como si estuviéramos investigando a un Newton o un Galileo por riesgo para la seguridad.
>
> JOHN J. McCLOY
> al presidente Dwight D. Eisenhower

El viernes, después de que Oppenheimer quedara dispensado de la silla del testigo, a Garrison se le permitió llamar a una serie de más de dos docenas de testigos de la defensa que dieran fe del carácter y la lealtad del físico. Entre otras figuras eminentes del mundo de la ciencia, la política y los negocios, estaban Hans Bethe, George Kennan, John J. McCloy, Gordon Dean, Vannevar Bush y James Conant.[1] Uno de los más interesantes, con mucho, era John Lansdale, el antiguo jefe de seguridad del Proyecto Manhattan y, en aquellos momentos, socio en un bufete de abogados de Cleveland. El hecho de que el oficial clave de seguridad del ejército durante los años de Los Álamos testificara en favor de la defensa debería haber tenido mucho peso para el consejo de la audiencia. Además, a diferencia de Robert, de inmediato supo cómo esquivar las agresivas tácticas de Robb. En el contrainterrogatorio dijo que tenía la «fuerte» sensación de que Oppenheimer era un ciudadano leal. Y añadió: «Estoy muy inquieto por la histeria que domina nuestro tiempo y de la que esto parece una manifestación».

Robb no podía dejar pasar esa observación y le preguntó: «¿Cree que esta investigación es una manifestación de histeria?».

Lansdale: «Creo que…».

Robb: «¿Sí o no?».

Lansdale: «No voy a contestar a esa pregunta con un sí o un no. Si lo que quiere es ir por ahí... Si me deja continuar, responderé de buena gana a su pregunta».

Robb: «De acuerdo».

Lansdale: «Creo que la histeria que reina en nuestros tiempos hacia el comunismo es extremadamente peligrosa». Explicó entonces que en 1943, al tiempo que se ocupaba de las credenciales de seguridad de Oppenheimer, se las había visto con la delicada cuestión de si contratar como oficiales del ejército a comunistas reconocidos que habían ido de voluntarios a la guerra española a luchar contra los fascistas. Por haberse «atrevido a impedir la contratación» de unos quince o veinte de aquellos comunistas, sus superiores lo habían «vilipendiado». La Casa Blanca desautorizó la decisión, y Lansdale dijo que la culpa era de la señora Roosevelt «y quienes la rodeaban en la Casa Blanca» por crear una atmósfera en la que se les daba trabajo en el ejército.

Tras acreditarse así como anticomunista, Lansdale prosiguió diciendo que «actualmente estamos yendo hacia el otro extremo del péndulo, que en mi opinión es tan peligroso como el anterior. [...] ¿Que si creo que esta investigación es una manifestación de histeria? No. Creo que el hecho de que tanta duda y tanto... Voy a decirlo de esta manera: creo que el hecho de que las relaciones que se establecían en 1940 se miren con la misma severidad con que se mirarían hoy en día es una manifestación de histeria».

John J. McCloy, entonces presidente del Banco Nacional Chase, estaba de acuerdo con Lansdale. McCloy era miembro del gabinete informal y privado de Eisenhower, presidente del Consejo de Relaciones Exteriores y parte de las juntas directivas de la Ford Foundation y de media docena de las empresas más ricas del país. La mañana del 13 de abril de 1954 leyó el artículo de Reston sobre el caso Oppenheimer y encontró la noticia muy «preocupante». «Me importaba un bledo si se acostaba con una comunista», recordaría más adelante.[2]

McCloy había coincidido con Oppenheimer regularmente en el Consejo de Relaciones Exteriores y no tenía ninguna duda sobre su lealtad, cosa que no dudó en compartir de inmediato con Eisenhower: «Estoy muy angustiado, como supongo que también está usted, por lo de Oppenheimer —escribió al presidente—. Me siento como si estuviéramos investigando a un Newton o un Galileo por riesgo para la seguridad. Son personas que de por sí siempre son "alto secreto"».[3] Eisenhower, tibio, le respondió que esperaba que la «distinguida» junta de Gray lo exonerara.

A McCloy le afectó tanto el asunto que a Garrison no le costó nada convencerlo, a finales de abril, para que asistiera a la audiencia como testigo de último momento. Los dos se conocían de sus años en la Escuela de Derecho de Harvard. El testimonio de McCloy provocó algunos intercambios memorables, puesto que quiso sacar temas que tocaban directamente a la legitimidad de la audiencia. Empezó la defensa de Oppenheimer cuestionando la definición de seguridad que daba la junta de Gray:

«No sé exactamente a qué se refieren con "riesgo para la seguridad". Yo sé que soy un riesgo para la seguridad y creo que todos los individuos son un riesgo para la seguridad. [...] Creo que existe un riesgo para la seguridad a la inversa. [...] Solo tendremos seguridad si disponemos de los mejores cerebros y el mayor alcance de miras. Si la impresión prevalente es que los científicos en general tienen que trabajar en Estados Unidos bajo restricciones tan severas y quizá bajo sospechas profundas, podemos quedarnos atrás en el campo [nuclear], cosa que considero muy peligrosa para nosotros».

Cuando Garrison le preguntó por el incidente Chevalier, McCloy respondió que la junta de Gray debería sopesar, por un lado, la voluntad de Oppenheimer de mentir para proteger a un amigo y, por otro, su valor para la nación como físico teórico. Esta línea argumentativa, por supuesto, incomodó en buena medida al consejo, ya que planteaba que no podía haber absolutos en cuestiones de seguridad, sino que había que establecer los juicios de valor según los méritos de cada individuo, cosa que, de hecho, recomendaban las regulaciones de seguridad de la CEA. En el interrogatorio cruzado, Robb contraatacó con una analogía inteligente: «¿El presidente del Banco Nacional Chase daba trabajo a alguien que hubiera estado relacionado durante un tiempo con ladrones de bancos?». «No —respondió McCloy—. No conozco a nadie que lo hiciera». Y, si el director de una sucursal tuviera un amigo que dijera conocer a gente que planeaba robar el banco, ¿no esperaría McCloy del director de la sucursal que lo informara de la conversación? Este, cómo no, tuvo que responder que sí.

McCloy vio que ese intercambio había perjudicado al caso de Oppie, y aún más cuando Gray volvió a la misma analogía al cabo de un rato: «¿Dejaría al cargo de la caja fuerte a alguien de quien tuviera dudas?».

No, contestó McCloy, pero enseguida explicó que, si un empleado de pasado dudoso «supiera más que nadie en el mundo sobre [...] los intríngulis de las cerraduras de las cajas fuertes, igual me lo pensaría dos veces antes de dejarlo marchar, porque pondría en la balanza los riesgos».

En referencia al doctor Oppenheimer, dijo, «aceptaría una cantidad considerable de inmadurez política a cambio de ese pensamiento teórico tan esotérico, tan indefinido, del que creo que vamos a depender a partir de la siguiente generación».[4]

Diálogos tan teatrales no eran infrecuentes. La mortecina sala de audiencias de la esquina entre la calle Dieciséis y los jardines de la Constitución se había convertido en poco tiempo en un escenario donde un reparto extraordinario de actores trataba temas shakespearianos. ¿Cómo se debía juzgar a un hombre, por sus relaciones o por sus actos? ¿Puede equipararse la crítica a las políticas de un Gobierno con la deslealtad al país? ¿Puede sobrevivir la democracia en una atmósfera que exige el sacrificio de las relaciones personales por la política estatal? ¿Se salvaguarda la seguridad nacional pidiendo exámenes rigurosos de conformidad política a los funcionarios del gobierno?

Los testigos del personaje de Oppenheimer ofrecieron testimonios elocuentes y a veces conmovedores. George Kennan fue muy claro: con Oppenheimer, afirmó, teníamos «una de las mentes más grandes de esta generación de estadounidenses». Un hombre tal, consideró, no podía «hablar sin honestidad sobre una materia que había exigido a su intelecto mucha atención y responsabilidad. [...] Supongo que pedir a Leonardo da Vinci que deformara un dibujo anatómico sería algo parecido a pedir a Robert Oppenheimer que hablara [...] sin honestidad».[5]

Eso provocó que Robb preguntara a Kennan, en el interrogatorio cruzado, si quería decir que había que aplicar otros criterios cuando se juzgaba a «individuos con un don».

Kennan: «Creo que la Iglesia sabe de eso; si hubiera aplicado a san Francisco los criterios relativos solo a su juventud, a él le habría sido imposible llegar a ser lo que fue más tarde. [...] Son solamente los grandes pecadores quienes se convierten en grandes santos, y en el Gobierno puede aplicarse la misma analogía».

Un miembro de la junta, el doctor Ward Evans, interpretó lo dicho como «todos los individuos con talento son más o menos unos pirados».

Kennan objetó muy educadamente: «No, señor. No diría que son unos pirados, pero sí diría que, cuando individuos con talento llegan a tal madurez de juicio que pueden ser valiosos para servir a la comunidad, suele pasar que uno se da cuenta de que el camino por el que han llegado adonde están no ha sido tan llano como el camino por el que llegan otras personas; puede tener zigzagueos de muchos tipos».

Al parecer de acuerdo con él, el doctor Evans respondió: «Creo que la literatura lo confirmará. Me parece que fue Addison, y corríjanme si me equivoco, quien dijo: "La inteligencia está cerca de la locura, aliada con ella, y una delgada línea las divide"». Ante eso, el doctor Evans tomó nota de que «el doctor Oppenheimer sonríe. Él sabe si tengo razón o no. Eso es todo».[6]

El mismo día, el martes 20 de abril, David Lilienthal siguió en la silla del testigo a Kennan. Este había salido indemne, pero Robb había preparado una trampa para el nuevo testigo. El día anterior, Lilienthal había recibido permiso para revisar sus propios papeles de la CEA con el fin de refrescarse la memoria, pero, nada más empezar Robb el contrainterrogatorio, se hizo evidente que este poseía documentos que habían ocultado a Lilienthal. Tras hacerle exponer los recuerdos que tenía de la revisión de seguridad de Oppenheimer realizada en 1947, Robb se sacó de la manga unas notas en las que con toda claridad Lilienthal recomendaba «constituir una junta de evaluación de juristas distinguidos para que revisaran a fondo» el caso de Oppenheimer.

Robb: «En otras palabras, ¿usted recomendó en 1947 que se diera justamente el mismo paso que ahora se está dando?».[7]

Aturullado y rabioso, Lilienthal reconoció como un tonto que había sido así, cuando en realidad lo que él había propuesto era algo muy distinto al procedimiento a puerta cerrada que se estaba llevando a cabo en aquellos momentos. Robb lo presionaba con tanta implacabilidad que llegó un punto en que Lilienthal protestó: «[…] una manera más fácil de conseguir la verdad y la precisión habría sido que me hubieran dado estos archivos ayer, cuando los pedí, y así, una vez sentado aquí, habría podido ser el mejor testigo posible y hablar con la máxima exactitud posible sobre lo que ocurrió en aquel entonces».

Garrison interrumpió en ese punto para protestar de nuevo porque «sacar documentos por sorpresa no es la manera más rápida de llegar a la verdad. Esto se parece más a un juicio criminal que a una investigación, y lamento que eso esté pasando aquí».[8] Y, de nuevo, el presidente Gray desestimó la protesta de Garrison. Y, de nuevo, el abogado calló.

Al final de aquel día tan largo, Lilienthal se fue a casa y apuntó en su diario que tenía problemas para dormir, «de tanto que me cabrearon las tácticas de "tender trampas", […] y la tristeza y las náuseas ante el espectáculo».[9]

Mientras que Lilienthal salió de la experiencia doblegado y furioso, el inimitable e impertérrito Isidor Rabi se marchó de la sala de audiencias desafiante y bien librado. En una de las declaraciones más memorables de toda la audiencia, dijo: «Nunca he ocultado al señor Strauss mi opinión de que este procedimiento es muy desafortunado. [...] Que la suspensión de las credenciales del doctor Oppenheimer era muy desafortunada y no debería haber ocurrido. En otras palabras; ahí está, es un consultor, y, si no quieren consultarle, pues no le consultan y punto. ¿Por qué tienen que proceder a suspenderle las credenciales y pasar por todo este trámite? Él se presenta solo cuando lo llaman, sin más. Por eso no me pareció un caso que requiriera abrir un procedimiento contra un hombre que ha conseguido todo lo que ha conseguido el doctor Oppenheimer. Tenemos constancia real e infalible de ello, como le dije a un amigo. Tenemos una bomba atómica y un montón de bombas [...] [material clasificado suprimido], y ¿qué más quieren?, ¿sirenas? Es un logro increíble. Si el final de ese camino era llegar a una audiencia como esta, que es humillante de por sí, me pareció un espectáculo bastante malo. Y sigo pensando lo mismo».[10]

En el contrainterrogatorio, Robb intentó quebrar la confianza de Rabi con el planteamiento de otra situación hipotética sobre el caso Chevalier. Si él se hubiera encontrado en aquellas circunstancias, le preguntó el fiscal, habría contado «toda la verdad sobre ello, ¿no es así?».

Rabi: «Soy sincero por naturaleza».

Robb: «¿No habría mentido?».

Rabi: «Le digo lo que pienso ahora. Solo Dios sabe qué habría hecho en aquel entonces. Lo que he dicho es lo que pienso ahora».

Unos momentos después, Robb le preguntó: «Supongo, doctor, que no sabe cuál pudo ser el testimonio que el doctor Oppenheimer dio a esta junta sobre el caso Chevalier, ¿no?».

Rabi: «No».

Robb: «Así pues, a la hora de juzgar aquel incidente, ¿no estará la junta en una posición mejor que usted?».

Rabi, que tenía respuesta para todo, desvió el golpe: «Es posible. Por otra parte, yo poseo una larga experiencia con este hombre, desde 1929, veinticinco años, y tengo una especie de intuición a la que doy mucha importancia. En otras palabras, podría hasta arriesgarme a diferir del juicio de la junta sin impugnar un ápice de su integridad».

«Hay que ver la historia al completo —prosiguió Rabi—. Las novelas son así. Muestran un conflicto en un momento determinado y muestran la historia del hombre, lo que lo movió a actuar, qué hizo y cómo es como persona. Eso es lo que están haciendo ustedes aquí. Están escribiendo la historia de un hombre».[11]

Mientras Rabi hablaba, Oppenheimer se disculpó y salió de la sala. Cuando regresó, un poco después, el presidente remarcó su presencia: «Ha vuelto, doctor Oppenheimer».[12]

Este respondió, lacónico: «Es una de las pocas cosas de las que de verdad estoy seguro».

A Rabi le chocó, por un lado, la atmósfera hostil que reinaba en la sala de audiencias y, por otro, la metamorfosis que había sufrido Oppenheimer. Había entrado en la sala 2022 como científico y estadista eminente, orgulloso y rebosante de confianza en sí mismo, pero pasó a desempeñar el papel de mártir político. «Era un tipo muy versátil —observaría más adelante Rabi—. Cuando estaba en la cresta de la ola, podía ser muy arrogante. Cuando las cosas se torcían, podía hacerse la víctima. Era un tipo excepcional».[13]

Si bien el proceso parecía surrealista, en realidad era teatro de calidad salpicado de una profunda emotividad. El viernes 23 de abril llamaron al doctor Vannevar Bush a testificar y le preguntaron sobre la oposición que había mostrado Oppenheimer en el verano y el otoño de 1952 a probar la bomba de hidrógeno. Bush explicó: «Yo estaba del todo convencido de que la prueba anularía la posibilidad de llegar al que yo creía el único tipo de acuerdo con Rusia en aquel tiempo, esto es, el de no realizar más pruebas. Porque esa clase de acuerdo habría sido autorregulador en el sentido de que, si se violaba, se sabría de inmediato. Sigo pensando que cometimos un error garrafal al llevar a cabo la prueba en aquel momento». Su conclusión era rotunda: «Creo que la historia nos mostrará que fue un punto de inflexión, que entramos en el mundo lúgubre en el que entramos ahora, que quienes presionaron para que aquello se realizara sin hacer el intento [de establecer un acuerdo] tienen mucho de qué responder».[14]

Respecto a la controversia suscitada por la oposición de Robert al programa de choque de la bomba de hidrógeno, Bush dijo sin ambages que a la mayoría de los científicos del país les parecía que «habían puesto a Oppenheimer en la picota y estaban haciéndole pasar un calvario solo porque tuvo la osadía de expresar sus opiniones más sinceras». Sobre la carta de cargos contra el físico, Bush respondió a las claras que era «una carta muy mal escrita» y que la junta de Gray debería haberla rechazado desde el principio.

Este interrumpió en ese momento para decir que, al margen de las alegaciones sobre la bomba de hidrógeno, había «cuestiones de información presuntamente desfavorable», cuestiones que no tenían que ver con la mera expresión de opiniones.

«Eso es cierto —repuso Bush—, y el caso debería haberse juzgado por ellas».

Gray: «Esto no es un juicio».

Bush: «Si fuera un juicio, yo no estaría diciendo estas cosas al juez, tal como puede imaginar».

Doctor Evans: «Doctor Bush, me gustaría que aclarase exactamente qué error cree que ha cometido la junta. Yo no quería aceptar este trabajo cuando me lo pidieron. Creía que estaba haciendo un servicio a mi país».

Bush: «Creo que, en el momento en que leyeron esa carta, deberían haberla devuelto y pedido que la redactaran de nuevo con la finalidad de que se hiciera frente a una cuestión definida. [...] Pienso que ni esta junta ni ninguna de este país debería deliberar sobre si un hombre, por el hecho de expresar opiniones tajantes, puede servir a su país o no. Si quieren juzgar ese caso, júzguenme a mí, porque he expresado opiniones tajantes muchas veces y pienso seguir haciéndolo. Algunas veces no han sido muy bien recibidas. Cuando se pone en la picota a alguien por ese motivo, el país se encuentra en un estado grave de... Discúlpenme, caballeros, que me inflame, pero es como estoy».

El lunes 26 de abril, Kitty Oppenheimer se sentó en la silla del testigo y habló de su pasado comunista. Se condujo bien, respondiendo con frialdad y precisión todas las preguntas. Aunque luego confesó a su amiga Pat Sherr que estuvo nerviosa, frente a la junta de Gray tuvo una actitud directa y serena. De pequeña, sus padres, nacidos en Alemania, le habían enseñado a quedarse sentada, muy quieta, sin moverse, así que echó mano de aquella práctica para actuar con un autocontrol increíble.[15] Cuando Gray le preguntó si podía establecerse una distinción entre el comunismo soviético y el Partido Comunista de Estados Unidos, Kitty respondió: «Hay dos respuestas a esa pregunta, según lo entiendo yo. Cuando fui miembro del Partido Comunista, pensaba que eran dos cosas totalmente distintas. La Unión Soviética tenía su partido y nuestro país tenía el suyo. Creía que el Partido Comunista de Estados Unidos se preocupaba por los problemas internos. Mi opinión ha cambiado. Creo que está todo relacionado y extendido por el mundo entero».[16]

El doctor Evans le preguntó si había dos clases de comunistas, «los intelectuales y los vulgares y corrientes», y Kitty tuvo el sentido común de decir: «No puedo contestar a eso».

«Yo tampoco», repuso Evans.

La mayoría de los testigos de la defensa eran amigos y aliados profesionales de Oppenheimer. John von Neumann era un caso distinto. Aunque siempre habían mantenido una relación personal amistosa, discordaban profundamente en cuestiones de política. Por ello, Von Neumann era, en potencia, un testigo de la defensa particularmente persuasivo. Como ferviente partidario del programa de la bomba de hidrógeno, explicó que, si bien Oppenheimer había intentado atraerlo a su punto de vista (y Von Neumann había hecho lo mismo con él), no podía decir que este hubiera interferido nunca en su trabajo con la bomba H. Cuando le preguntaron por el incidente Chevalier, respondió alegremente: «Me afectaría lo mismo que si de repente me enterara de que alguien hizo alguna locura de adolescente». Y, cuando Robb lo apretó con la clásica situación hipotética de si habría mentido a los agentes de seguridad en 1943, Von Neumann contestó: «Señor, no sé cómo responder a esa pregunta. Por descontado, espero que no [hubiese mentido], pero... Lo que me está pidiendo es que imagine que alguien ha actuado mal y me pregunta si yo habría actuado de la misma manera. ¿No es una pregunta capciosa?».

Entonces los miembros de la junta intervinieron y trataron de que Von Neumann diera una respuesta al caso hipotético.

Doctor Evans: «Si alguien se hubiera dirigido a usted y le hubiera dicho que conocía una manera de transmitir información secreta a Rusia, ¿se habría sorprendido de que esa persona lo escogiese a usted?».

Doctor Von Neumann: «Depende de quién fuera».

Doctor Evans: «Suponga que es un amigo suyo. [...] ¿Lo habría comunicado de inmediato?».

Doctor Von Neumann: «Depende de cuándo fuera. Es decir, antes de que me hubieran aleccionado en seguridad, seguramente no. Después de que me aleccionaran, desde luego que sí. [...] Lo que quiero decir es que antes de 1941 ni siquiera sabía qué quería decir la palabra "clasificado", así que solo Dios sabe con cuánta inteligencia me habría comportado en situaciones relacionadas con la seguridad. Estoy bastante seguro de que aprendí más o menos deprisa. Pero hubo un periodo de aprendizaje durante el cual quizá cometí errores o podría haberlos cometido».

Tal vez al observar que Von Neumann estaba ganando puntos, Robb recurrió a una de las tretas más antiguas que todo fiscal lleva en la manga: preguntar una sola pregunta en el interrogatorio cruzado. «Doctor, usted no tiene formación en psiquiatría, ¿verdad?».[17] Von Neumann era uno de los matemáticos más brillantes de su época, y conocía a Oppenheimer tanto profesionalmente como en sociedad. Pero no, no era psiquiatra y, por lo tanto, según el poco sutil punto de vista de Robb, no estaba cualificado para juzgar el comportamiento de su colega en el caso Chevalier.

Hacia la mitad de la audiencia, Robb anunció que, «a menos que la junta me ordene lo contrario, no revelaremos al señor Garrison por anticipado los nombres de los testigos a los que contemplamos llamar».[18] El abogado defensor había dado a conocer su lista de testigos al principio de la audiencia, de modo que Robb pudo preparar preguntas detalladas, a menudo basadas en documentos clasificados. Sin embargo, el fiscal explicó que no podía mostrar la misma cortesía a su adversario porque «seré franco en esto: en caso de que se llamen a testigos del mundo científico, estarían sujetos a mucha presión». Quizá sí, pero fue una racionalización obvia a la que Garrison debió haberse opuesto con firmeza. En primer lugar, era evidente para todos que llamarían a Edward Teller, así que, si sus colegas querían ejercer presión sobre él, la ejercerían de todas formas. Ernest Lawrence y Luis Álvarez eran también candidatos probables, y la lista seguía. La ironía de esa pretendida preocupación por parte del fiscal radica en el hecho de que el autor de la farsa judicial, Lewis Strauss, era incansable en la búsqueda de testigos hostiles.

Una semana después de testificar, Rabi se encontró con Ernest Lawrence en Oak Ridge y le preguntó qué iba a decir sobre Oppenheimer. Lawrence había accedido a testificar contra su viejo amigo. Estaba hasta el gorro de él; Oppie se había opuesto a él en el asunto de la bomba de hidrógeno y también a la construcción de un segundo laboratorio armamentístico en Livermore. Además, hacía poco que había asistido a un cóctel y había vuelto a casa furioso porque se había enterado de que unos años atrás Robert había tenido una relación con Ruth Tolman, la mujer de su buen amigo Richard. Estaba tan rabioso que dijo que sí cuando Strauss le pidió que testificara contra Oppenheimer en Washington. Pero la noche anterior a la comparecencia, Lawrence se puso enfermo con un episodio de colitis. Por la mañana llamó a Strauss para decirle que no podía ir. Convencido de que le estaba colando una excusa, se peleó con él y lo llamó cobarde.[19]

Lawrence no se presentó a testificar contra Oppenheimer, pero Robb lo había entrevistado antes y se aseguró de que la junta de Gray —pero no Garrison— leyera la transcripción de la entrevista. La conclusión de Lawrence, por lo tanto, de que Oppenheimer pecaba de haber aplicado tan mal criterio tantas veces que «no debería volver a estar implicado en la configuración de políticas» pasó sin ser vista ni cuestionada por los abogados de Oppenheimer.[20] Seguramente se trató de una violación de las reglas que habría servido de base para interrumpir el proceso.

A diferencia de Lawrence, Edward Teller no tuvo duda alguna en testificar. El 22 de abril, seis días antes de su testimonio, mantuvo una conversación de una hora con un portavoz de la CEA, Charter Heslep, en la que expresó su profunda animosidad hacia Oppenheimer y la «maquinaria Oppie». Había que encontrar una manera, creía Teller, de acabar con la influencia del físico. En el informe que presentó Heslep a Strauss constaba el siguiente párrafo: «Como se trata de un caso de seguridad, Teller pregunta si no habrá alguna manera de "agravar los cargos" para incluir documentación sobre los "constantes malos consejos" que ha ofrecido Oppenheimer si nos remontamos al final de la guerra, en 1945». Heslep añadía que «Teller está muy convencido de que esta "excomunión" debe hacerse, ya que, de lo contrario, y al margen del resultado de esta audiencia, los científicos podrían perder el entusiasmo por el programa [de armas atómicas]».

La nota de Heslep a Strauss expone las plenas motivaciones políticas que se ocultan tras el caso Oppenheimer:

Teller lamenta que el caso sea sobre seguridad porque cree que es indefendible. Tiene dificultades para expresar su valoración de la filosofía de Oppie, salvo la convicción de que no es desleal, sino más bien (y Teller lo expresa de forma vaga) un «pacifista».

Teller dice que se necesita, […] y la tarea es muy difícil, mostrar a sus colegas científicos que Oppie no es una amenaza para el programa, sino que simplemente no le es útil.

Teller dice que «solo el 1 por ciento o menos» de los científicos conocen la situación real, y Oppie es tan poderoso «políticamente» en los círculos científicos que será complicado «expulsarlo de su propia iglesia». (Esta última frase es mía, pero él conviene con ella).

Teller habló largo y tendido sobre la «maquinaria Oppie», mencionó muchos nombres, algunos de los cuales etiquetó como «hombres de Oppie» y otros que no estaban «en su equipo» pero sí bajo su influencia.[21]

El 27 de abril, Teller se reunió con Roger Robb, que quería estar seguro de si el voluble físico seguía dispuesto a testificar contra su antiguo amigo. Más tarde afirmaría que el encuentro tuvo lugar al día siguiente, unos minutos antes de que prestara juramento, pero su recuerdo se contradice con una nota manuscrita que envió después a Strauss; en ella decía que Robb y él se habían visto la noche anterior a su testimonio. Según el relato de Teller, el fiscal le preguntó a bocajarro: «¿Habría que darle las credenciales a Oppenheimer?». «Sí, habría que dárselas», contestó. Entonces, Robb sacó una transcripción e hizo leer a Teller la parte del testimonio de Oppenheimer en la que reconoció que se habría inventado un «cuento chino». Teller dijo quedarse de piedra al ver que Oppenheimer había confesado con tanto descaro que había mentido, y dejó a Robb con la duda de si testificaría que su antiguo amigo merecía las credenciales o no.

El relato que hace Teller de este incidente no es sincero. Llevaba más de diez años molesto con la influencia y la popularidad de las que gozaba Oppenheimer entre sus colegas científicos. En 1954 quería «excomulgarlo» a toda costa.[22] Lo que le mostró Robb de la transcripción, aún secreta, de la audiencia simplemente le facilitó las cosas para testificar contra él.*

Teller se sentó en la silla del testigo la tarde siguiente. Oppenheimer estaba en el sofá, a unos pasos de él. Robb dejó que Teller testificara largamente sobre la actitud que tenía Robert hacia el desarrollo de la bomba H y otros asuntos. Al final, dándose cuenta de que el testigo deseaba mostrarse ambivalente, Robb lo condujo con suavidad para que dijera solo lo necesario.

Robb: «Para simplificar lo que aquí se trata, voy a hacerle una pregunta: ¿tiene la intención, en lo que vaya a testificar, de transmitir que el doctor Oppenheimer es desleal a Estados Unidos?».

---

* Teller no fue el único testigo de la acusación al que Robb preparó para la comparecencia. Una noche, el ayudante de Garrison, Allan Ecker, se había quedado trabajando hasta tarde en la sala de audiencias cuando lo distrajo una conversación en voz alta que llegaba del otro lado del pasillo. «Oí que estaban pasando una cinta», dijo Ecker. Y entonces vio salir de la sala a Robb y a unas cuantas personas que llamaría después a testificar. «El señor Robb convocó a gente que luego serían testigos, y escucharon la cinta de un interrogatorio [el que realizó el coronel Pash a Oppenheimer en agosto de 1943]. [Ecker, entrevista con Sherwin, 16-07-1991, p. 13].

Teller: «No quiero transmitir nada parecido. Conozco a Oppenheimer y sé que es un intelectual muy despierto y una persona muy complicada, y creo que sería presuntuoso y desacertado por mi parte si yo analizara sus motivaciones en cualquier modo. Pero he dado siempre por sentado, y lo doy ahora, que es leal a Estados Unidos. Creo que es así y lo creeré hasta que vea pruebas concluyentes de lo contrario».

Robb: «Bien, una pregunta que es corolario de esto. ¿Cree o no cree que el doctor Oppenheimer es un riesgo para la seguridad?».

Teller: «He visto actuar al doctor Oppenheimer en muchísimas ocasiones, y pienso que ha actuado de manera que para mí ha sido sumamente difícil de comprender. He discrepado en profundidad con él en numerosos asuntos, y sus actos, para ser francos, se me han aparecido confusos y enrevesados. En este sentido, opino que me gustaría ver los intereses vitales del país en manos que considero mejores y, por tanto, en las que confío más».

En el contrainterrogatorio realizado por Gray, Teller amplió esa declaración: «Si es una cuestión de sabiduría y juicio, tal como muestran las acciones que ha llevado a cabo desde 1945, diría entonces que sería más sabio no concederle las credenciales. Debo decir que estoy algo confuso respecto a este asunto, en particular porque se refiere a una persona del prestigio y la influencia de Oppenheimer. ¿Puedo limitarme a estos comentarios?».[23]

Robb no necesitaba que dijera nada más. Liberado de la silla del testigo, Teller se volvió y, al pasar junto a Oppenheimer, que estaba en el sofá de cuero, le ofreció la mano y dijo: «Lo siento».

Oppie se la estrechó y repuso, lacónico: «Después de lo que has dicho, no sé a qué viene esto».[24]

Teller pagaría caro su testimonio. Aquel verano fue de visita a Los Álamos. En el comedor vio a un amigo, Bob Christy, y se acercó a él para saludarlo con la mano tendida. Se quedó estupefacto cuando este se negó a estrechársela y le dio la espalda con brusquedad. Al lado estaba Rabi, furioso, que le dijo: «Yo tampoco te voy a dar la mano, Edward».[25] Atónito, Teller volvió al hotel e hizo las maletas.

Después del testimonio de Teller, la audiencia se alargó una decepcionante semana más. El 4 de mayo, unas tres semanas después de que empezara, llamaron de nuevo a Kitty para testificar. Gray y el doctor Evans volvieron a preguntarle por su ruptura con el Partido Comunista. Kitty dijo otra vez que después de 1936 «dejé de tener relación alguna con el Partido Comunista». La conversación se volvió algo exasperante.

Gray: «¿Sería justo decir que las contribuciones del doctor Oppenheimer en años tan tardíos como posiblemente 1942 significaban que no
había dejado de estar vinculado con el Partido Comunista? No voy a pedirle que conteste sí o no. Puede responder en la manera que quiera».

Kitty Oppenheimer: «Ya lo sé. Gracias. No me parece que la pregunta esté formulada correctamente».

Gray: «¿Entiende adónde quiero llegar?».

Kitty: «Sí».

Gray: «¿Por qué no contesta a ella?».

Kitty: «El motivo por el que no me gusta la frase "dejó de estar vinculado con el Partido Comunista" [...] es porque no creo que Robert
estuviera nunca vinculado al Partido Comunista como tal. Sé que daba
dinero para los refugiados españoles y sé que lo daba por vía del Partido
Comunista».

Gray: «Cuando daba dinero a Isaac Folkoff, por ejemplo, no era necesariamente para los refugiados españoles, ¿no?».

Kitty Oppenheimer: «Eso creo».

Gray: «¿En una fecha tan tardía como 1942?».

Kitty Oppenheimer: «No creo que fuera hasta tan tarde».

Gray le recordó que su marido había dado esa fecha, pero ella respondió: «Señor Gray, Robert y yo no estamos de acuerdo en todo. A veces recuerda cosas distintas a como las recuerdo yo».

Un abogado de Oppenheimer trató de intervenir en la conversación
en ese momento, pero Gray insistió en seguir esa línea de preguntas.
Adonde quería llegar, dijo, era a cuándo cesaron las relaciones de su marido con los comunistas.

Kitty Oppenheimer: «No lo sé, señor Gray. Sé que aún tenemos un
amigo del que se ha dicho que es comunista». (Se refería, por supuesto, a
Chevalier). Sorprendido por aquella admisión casual, Robb intervino: «¿Perdón?». Pero Gray siguió a lo suyo y volvió a preguntar por la «mecánica»
según la cual uno «se desliga claramente» del Partido Comunista. Kitty respondió con bastante sentido común: «Creo que cada cual lo hace a su manera, señor Gray. En algunos es de golpe, así como así, y hasta escriben un
artículo sobre ello. Otros son más lentos. Yo dejé el Partido Comunista, pero
no dejé mi pasado, las amistades, así como así. Seguí teniendo relación con
algunos. Veía a comunistas después de abandonar el Partido Comunista».

Continuaron las preguntas. El doctor Evans le pidió que definiera la
diferencia entre un comunista y un simpatizante. Kitty contestó con sencillez: «Para mí, un comunista es un miembro del Partido Comunista que
hace más o menos lo que le dicen».[26]

Cuando Robb le preguntó por la suscripción al *People's World*, Kitty aclaró de modo bastante persuasivo que dudaba de que se hubieran suscrito nunca al periódico. «Yo no me suscribí —dijo—. Robert dice que él sí. Yo lo dudo. El motivo de mis dudas es que sé que nosotros [en Ohio] solíamos enviar el *Daily Worker* a la gente que queríamos que se interesara por el partido y que no estaba suscrita al diario».[27]

Kitty no cedió ni un milímetro. Ni siquiera Robb consiguió tocarla. Calmada pero atenta a cualquier matiz, fue sin duda mejor testigo que el marido al que defendía.

El 5 de mayo, el día postrero de la audiencia, antes de que lo eximieran de la silla del testigo por última vez, Oppenheimer solicitó hacer un comentario final. Después de soportar casi cuatro semanas de dolorosas humillaciones, interpretó el último acto de la estrategia de conciliación concebida por Garrison y dio las gracias a sus torturadores: «Estoy agradecido, y espero mostrarlo debidamente, por la paciencia y la consideración que la junta ha manifestado hacia mi persona durante esta parte del proceso».[28] Era un signo de deferencia destinado a mostrar a la junta que Robert Oppenheimer era una persona razonable y cooperativa, un miembro de la clase política con el que se podía trabajar y en el que se podía confiar. Gray ni se inmutó. «Muchas gracias, doctor Oppenheimer», repuso.

La mañana siguiente, Garrison pasó tres horas recapitulando el caso. Volvió a protestar, esta vez de modo menos amable, por cómo la «audiencia» se había convertido en un «juicio». Recordó que, antes de que empezara, la junta había pasado una semana entera leyendo el material que tenía el FBI sobre Oppenheimer. «Me acuerdo de que en aquel punto se me encogió el corazón —dijo Garrison— ante la idea de que habían pasado una semana inmersos en papeles del FBI que nunca tendríamos el privilegio de ver».[29] Pero, considerando que no debía quejarse demasiado alto, reculó de inmediato. Mientras que era cierto, afirmó, que se habían encontrado «de improviso en un proceso que nos pareció de naturaleza muy adversa, [...] quiero expresar con toda sinceridad que reconozco y agradezco sobremanera la ecuanimidad que han mostrado los miembros de la junta».

Si bien Garrison fue sumiso hasta el bochorno, fue también elocuente en la recapitulación. Previno al consejo de la «sensación ilusoria de que las líneas del tiempo se escorzan en una situación como esta, la cual me resulta siniestra y muy muy engañosa». Lo que sucedió en el caso Chevalier, en 1943, debe juzgarse según la atmósfera de aquella época: «Se suponía que Rusia era nuestro valiente aliado. La actitud que se tenía hacia ese país, hacia las personas que simpatizaban con él..., todo era distinto de lo que rige en la actualidad». Con respecto a la personalidad y la integridad de Oppenheimer, Garrison recordó a la junta que «han tenido ustedes tres semanas y media a este caballero en el sofá. Se han enterado de muchas cosas suyas. Hay otras tantas de las que no se han enterado, que no saben. No han vivido una vida con él».[30]

Garrison prosiguió: «En esta sala no se está juzgando solo al doctor Oppenheimer. [...] También se juzga aquí al Gobierno de Estados Unidos». En referencia velada al macartismo, el abogado habló del «nerviosismo que reina en el país». La histeria anticomunista había envenenado de tal modo las administraciones de Truman y de Eisenhower que el aparato de seguridad estaba comportándose «como una especie de máquina monolítica que terminará por destruir a hombres de gran talento. [...] Estados Unidos no debe devorar a sus propios hijos». Con este apunte, y tras suplicar de nuevo que la junta de Gray «juzgara al hombre en su conjunto», Garrison finalizó su recapitulación.[31]

El juicio había terminado, y la noche del 6 de mayo de 1954, el acusado regresó a Princeton para aguardar el fallo del consejo.

Como Garrison había tratado de indicar, con bastante retraso, lo injusto y lo extrajudicial de la audiencia había sido patente e indignante. La responsabilidad primera del proceso descansaba en Lewis Strauss. No obstante, como presidente de la junta, Gordon Gray podría haber garantizado que la audiencia transcurriera de forma adecuada y justa. Pero no hizo su trabajo. En lugar de tomar el control para asegurar la justicia, lo cual habría requerido de él que refrenara las ilícitas tácticas de Robb, permitió que este dominara el proceso. Antes de comenzar la audiencia, Gray dejó que el fiscal se reuniera a solas con la junta para revisar los archivos del FBI, en violación directa de los «Procedimientos para las Credenciales de Seguridad» de la CEA, redactados en 1950.[32] Siguiendo la recomendación de Robb, Gray aceptó que a Garrison se le denegara mantener una reunión similar; consintió la negativa del fiscal a revelar su lista de testigos al abogado defensor; no compartió el testimonio escrito de Lawrence, tan dañino, con ellos, y no hizo nada por facilitar a Garrison el acceso a documentos clasificados. La junta de

Gray fue, en suma, un jurado amañado cuyo juez principal aceptó la preponderancia del fiscal. Como diría varias veces el comisionado de la CEA Henry D. Smyth, cualquier revisión legal objetiva del modo en que se llevó a cabo la audiencia sin duda resultaría en la anulación de esta.

37

«Una muesca en el escudo de nuestro país»

> No hay palabras para expresar lo triste que es esto.
> Están tan equivocados, tan terriblemente equivocados,
> no solo en cuanto a Robert, sino en el concepto de lo
> que debe requerirse de un servidor público...
>
> DAVID LILIENTHAL

Oppenheimer volvió a Olden Manor cansado e irritable. Sabía que las cosas habían ido mal y no podía hacer mucho más que esperar el fallo de la junta de Gray. Pensó que tardarían semanas en emitirlo. Un micrófono del FBI lo registró diciéndole a un amigo que, incluso en aquel momento, «piensa que la situación no se va a terminar nunca. No cree que el caso vaya a llegar a un final tranquilo, puesto que todo el mal de los tiempos está contenido en esta situación». Unos días después, el FBI informó de que Oppenheimer estaba «bastante decaído en el presente y ha mostrado muy mal humor con su mujer».[1]

Mientras esperaban el fallo del consejo, Kitty y él pasaban las horas frente al televisor en blanco y negro, viendo las audiencias del Senado entre el ejército y McCarthy. Ese culebrón extraordinario había empezado el 21 de abril de 1954, al tiempo que el calvario particular de Oppenheimer. Se estimó que unos veinte millones de estadounidenses siguieron a diario por televisión las audiencias, que se alargaron durante todo el mes de mayo, para ver intercambiar pullas al senador McCarthy y al abogado del ejército, el bostoniano Joseph Nye Welch. Como muchos compatriotas, Oppenheimer estaba fascinado por aquel drama televisivo en directo, pero debió de ser para él un recordatorio doloroso de la naturaleza arbitraria de las audiencias que acababa de soportar. ¿Pensaría, sin poder evitarlo, que las cosas podrían haberle ido mejor si lo hubiera representado Welch o alguien como él?

Gordon Gray pensó que las cosas habían ido de perlas. El día después de que finalizaran las audiencias, dictó una nota privada para sus archivos en la que resumía sus reacciones iniciales: «En el presente y hasta el momento, mi convicción es que el proceso ha sido tan justo como las circunstancias lo han permitido. El motivo de mi reserva es que, como es evidente, el doctor Oppenheimer y su abogado no gozan del privilegio para ver ciertos documentos, como informes del FBI y otro material clasificado». Gray confesó también que se sintió «ligeramente incómodo con los interrogatorios cruzados del señor Robb, con sus referencias incompletas y sorpresivas a documentos y con las citas que extraía de ellos». Pero a fin de cuentas, razonó para sí, «no se ha producido ningún perjuicio a los intereses del doctor Oppenheimer, considerando los procesos como un todo».[2]

A juzgar por las conversaciones informales de Gray con sus compañeros de panel, parecía haber escasas dudas respecto al resultado. Según su punto de vista, Oppenheimer era desde luego culpable de poner «la lealtad a un individuo por encima de la lealtad u obligación al Gobierno». O también, como Gray había dicho a Morgan y a Evans una mañana de aquella misma semana, el doctor Oppenheimer tenía «la tendencia persistente de anteponer su dictamen sobre una situación al dictamen meditado y oficial de, en muchos casos, personas cuya responsabilidad y deber era ofrecer esos dictámenes». Gray puso como ejemplos el caso Chevalier, la defensa que hizo Oppenheimer de Bernard Peters, el debate de la bomba de hidrógeno y otras posiciones que había adoptado el físico hacia políticas en materia atómica. Morgan y Evans se mostraron de acuerdo con él, y este último comentó específicamente que «Oppenheimer es, en efecto, culpable de tener muy mal juicio».

Al regresar de sus diez días de descanso, Gray se quedó atónito al enterarse de que el doctor Evans había redactado un escrito discrepante y en favor de Robert. Gray pensaba que Evans estaba predispuesto «desde el principio» a dictar que no se restablecieran las credenciales a Oppenheimer.[3] Evans le había dicho en privado que, según su experiencia, «casi sin excepción, los que resultan tener pasados e intereses subversivos son judíos». Dicho a las claras, Gray pensaba que el antisemitismo influenciaría su opinión. Este también apuntó que, a lo largo del mes que duró la audiencia, «tuve la impresión de que mis dos compañeros estaban muy comprometidos con cierto punto de vista». Sin embargo, después de regresar de Chicago, «el punto de vista del doctor Evans ha sufrido una inversión clara y completa». Este aseguró que tan solo había revisado los documentos y no había visto nada nuevo en los cargos. El FBI pensó que «alguien lo había comprado».

Strauss se puso como loco cuando se enteró de esto. Robb y él habían espiado con micrófonos a los abogados de Oppenheimer, habían impedido a Garrison obtener credenciales de seguridad, habían tendido emboscadas a testigos con documentos clasificados, habían predispuesto al panel de Gray con testimonios de oídas procedentes de los archivos del FBI, y, a pesar de todos sus esfuerzos para asegurarse que el veredicto para Oppenheimer fuera el de culpable, de repente era posible que se lo exculpara.

Strauss temió que Evans influyera en alguno de los otros dos miembros de la junta y llamó a Robb. Acordaron que algo debía hacerse y el fiscal contactó con el FBI con la aprobación de Strauss para pedir la intercesión de Hoover, y le dijo al agente C. E. Hennrich que consideraba «extremadamente importante que el director hablara de este asunto con el consejo. [...] Robb comentó que sería una tragedia si la decisión de la junta iba por el camino equivocado, y estimaba que el asunto era de extrema urgencia».[4] Casi en el mismo momento, Strauss estaba al teléfono con A. H. Belmont, un ayudante personal de Hoover, suplicándole que hiciera que este interviniese. Explicó que la situación era «muy delicada» y que «una ligera inclinación en la balanza causaría que la junta cometiera un error muy grave».

El agente Hennrich observó: «Todo esto se reduce, me parece a mí, a que Strauss y Robb, que quieren que la junta determine que Oppenheimer es un riesgo para la seguridad, dudan de que llegue a esa conclusión. [...] Creo que el director no debería ver a la junta».

Si Hoover hubiera intervenido y esto se hubiera hecho público, le habría resultado muy perjudicial, y lo sabía. Dijo a sus ayudantes: «Supongo que hablar del caso Oppenheimer iría muy en mi contra». No se reuniría con la junta de Gray.

Años después presentaron a Robb una nota del FBI que atestiguaba su intento de conseguir la intercesión de Hoover, pero negó haber tratado de que este influyera en el juicio de la junta. Contó al cineasta e historiador Peter Goodchild: «Niego específica y categóricamente haber incitado jamás a que la junta y el director se reunieran con el propósito de que este último influyera en la primera. [...] Niego asimismo haber dicho nunca a Hennrich que yo considerara el asunto "de extrema urgencia" porque la junta, a menos que Hoover hablara con ella, pudiera fallar en favor de Oppenheimer». Pero el registro documental es claro: mintió.

Irónicamente, a Gray le pareció que el texto de Evans estaba tan mal escrito que le pidió a Robb que lo redactase de nuevo. «No quería que la opinión del doctor Evans apareciera tan expuesta a las críticas —explicó el fiscal—. Si quedaba de esa manera, habría parecido que había un topo en la junta, ¿me entiende?, habría parecido como si hubiéramos puesto a un bobo en la junta».[5]

El 23 de mayo, la junta de Gray emitió su veredicto formal. Con dos votos contra uno, consideró que Oppenheimer era un ciudadano leal, pero también un riesgo para la seguridad nacional. En consecuencia, el presidente y Morgan, un miembro de la junta, recomendaron que no se le restablecieran las credenciales de seguridad. Escribieron:

> Las siguientes consideraciones han sido determinantes para conducirnos a nuestra conclusión:
>
> 1. Creemos que la conducta y las relaciones continuadas del doctor Oppenheimer reflejan una grave negligencia respecto a las exigencias del sistema de seguridad.
>
> 2. Hemos detectado susceptibilidad a ciertas influencias que podrían provocar graves consecuencias en los intereses de la seguridad nacional.
>
> 3. Consideramos que su conducta respecto al programa de la bomba de hidrógeno es bastante alarmante y suscita dudas de si su participación futura, en caso de que se caracterice por las mismas actitudes en un programa gubernamental relacionado con la defensa nacional, sería claramente coherente con los intereses de la seguridad.
>
> 4. Lamentablemente, hemos llegado a la conclusión de que el doctor Oppenheimer ha estado lejos de ser franco en varios momentos del testimonio ofrecido ante esta junta.[6]

El razonamiento era retorcido. No acusaban a Oppenheimer de violar ninguna ley, ni siquiera las regulaciones de seguridad. Pero sus relaciones con otros evidenciaban que su criterio era, sin concretar, erróneo. Su estudiada falta de deferencia hacia el aparato de seguridad era, a ojos de Gray y Morgan, particularmente condenable. «La lealtad a los amigos es una de las virtudes más nobles —escribieron en el informe—. Que la lealtad a los amigos pase por delante de las obligaciones razonables con el país y con el sistema de seguridad, no obstante, no es congruente con los intereses del país».[7] Entre otros extravíos, Oppenheimer era culpable de un exceso de amistad.

En cambio, la disensión de Evans era una crítica clara y nada ambigua del veredicto de sus compañeros de panel. «La mayoría de la información desfavorable —observó este en el escrito— estaba en posesión del comité cuando renovaron las credenciales al doctor Oppenheimer, en 1947».

Por lo que parece, estaban al corriente de las relaciones que tenía y de su ideología de izquierdas, y, aun así, le concedieron las credenciales. Se arriesgaron a ello porque tuvieron en cuenta su talento, y él siguió haciendo un buen trabajo. Ahora que el trabajo ha terminado, nos piden que lo investiguemos por casi exactamente la misma información desfavorable. El doctor Oppenheimer cumplió con su deber de forma concienzuda y meticulosa. En la información ofrecida a esta junta no ha habido el menor indicio de que no sea un ciudadano leal a su país. Odia a Rusia. Tuvo amigos comunistas, es cierto. Y aún conserva algunos. Sin embargo, las pruebas indican que estos son menos que en 1947. No es tan ingenuo como entonces. Tiene mejor criterio. Nadie de la junta duda de su lealtad, incluso los testigos que han hablado en su contra la reconocen, y definitivamente supone un riesgo para la seguridad mucho menor que en 1947, cuando obtuvo las credenciales. Negárselas ahora por los mismos motivos por los que se las concedieron en 1947, cuando debemos tener en cuenta que, ahora menos que antes, su persona supone un riesgo menor para la seguridad, no parece un proceso que un país libre debiera adoptar. [...]
Personalmente creo que no restablecer las credenciales al doctor Oppenheimer será una muesca en el escudo de nuestro país. Los testigos de la defensa son un segmento considerable de la espina dorsal de nuestra nación, y lo apoyan.[8]

Tanto si Evans escribió enteramente su disensión como si Robb la corrigió, se trata de un documento notable. En los dos breves párrafos citados, echa por tierra los puntos 1, 2 y 4 de las «consideraciones» que Gray y Morgan presentaron como la base de su veredicto. Sin embargo, no se opone al punto 3, el asunto que precipitó «el descarrilamiento del tren», como Oppenheimer se referiría más adelante a aquella horrible experiencia. «Consideramos que su conducta respecto al programa de la bomba de hidrógeno es bastante alarmante...», escribieron Gray y Morgan.
¿Por qué fue alarmante su conducta respecto a la bomba de hidrógeno? Oppenheimer se opuso al programa de choque para desarrollarla, pero también lo hicieron otros siete miembros del GAC, y todos expusieron con claridad sus motivos. Lo que en verdad estaban diciendo Gray

y Morgan era que se oponían a los criterios de Oppenheimer y que no querían que su punto de vista estuviera representado en los comités gubernamentales. Él quería tomar el control de la carrera armamentística nuclear y quizá incluso invertirla; deseaba impulsar un debate abierto y democrático acerca de si Estados Unidos debía adoptar el genocidio como principal estrategia defensiva. Por lo visto, Gray y Morgan veían inaceptables esas actitudes en 1954. Es más, en realidad estaban afirmando que no era legítimo ni permisible que los científicos expresaran desacuerdo en asuntos de política militar.

Strauss respiró aliviado al ver que, por los pelos, el panel había fallado el equivalente al veredicto de culpabilidad, pero temía la posibilidad de que la disensión de Evans persuadiera a los comisionados de la CEA para que lo revirtiesen. El veredicto, al fin y al cabo, no era más que una recomendación que los miembros de la junta podían ratificar o rechazar. Los abogados de Oppenheimer supusieron que se seguirían los procesos habituales y que el gerente general de la CEA, Kenneth Nichols, se limitaría a pasar a los comisionados el informe de la junta. Pero Nichols, que veía a Oppenheimer como un «hijoputa escurridizo», les envió una carta que era en realidad una declaración en toda regla. Esta, escrita por Nichols bajo la dirección de Strauss, Charles Murphy (el redactor de la revista *Fortune*) y Robb, proporcionó un sesgo completamente nuevo al informe del panel.

La carta de Nichols presentó un motivo nuevo para no restablecer las credenciales a Oppenheimer. Sus especulaciones fueron mucho más allá de los veredictos del consejo de Gray. Echando mano del estudio que había hecho Strauss del expediente del FBI sobre el físico mientras lo había tenido durante tres meses en su despacho arguyó, en primer lugar, que Oppenheimer no era un mero simpatizante y «comunista de salón». «Las relaciones que mantenía con aquellos comunistas curtidos eran de tal naturaleza que lo consideraban de los suyos». Sacó a colación las contribuciones en metálico que este había hecho a través del Partido Comunista y concluyó: «La documentación indica que el doctor Oppenheimer era comunista en todos los sentidos excepto por el hecho de que no tenía carnet del partido».[9]

Si bien el veredicto de la junta ponía énfasis en la oposición que mostró Oppenheimer hacia el programa de choque de la bomba H, Nichols restó importancia a aquella incómoda parte de la acusación y añadió astutamente que no era intención de la CEA cuestionar el derecho que tenía un científico como aquel de expresar sus «opiniones sinceras».

Lo que hizo Nichols fue trasladar el énfasis al caso Chevalier, pero optó por una interpretación de ese embrollado asunto bastante distinta a la que presentó la junta de Gray. Este había aceptado la confesión de Oppenheimer de que había mentido al coronel Pash en 1943, en la primera ocasión en que había hablado del incidente Eltenton-Chevalier. Nichols rechazó esa conclusión y, en una maniobra asombrosa y tal vez incluso extralegal, reinterpretó por entero el incidente. En efecto, volvió a juzgar a Oppenheimer, desechó la opinión mayoritaria del panel y presentó a los comisionados de la CEA un motivo totalmente nuevo para retirarle las credenciales de seguridad al físico.

Tras revisar las dieciséis páginas de la transcripción de aquel encuentro fatídico entre Robert y el coronel Pash el 26 de agosto de 1943, Nichols razonó: «Es difícil concluir que el relato, detallado y circunstancial, que el doctor Oppenheimer ofreció al coronel Pash fuera falso y que la historia que ahora cuenta sea verdadera». ¿Por qué, preguntó Nichols, contaría aquel físico «una historia falsa tan enrevesada»? Nichols rechazó la explicación de Oppenheimer, bastante plausible, de que había intentado desviar la atención puesta sobre Chevalier y sobre sí mismo, y observó que «no dio la versión actual de la historia hasta 1946, poco después de que Chevalier le contara lo que este había dicho al FBI sobre el incidente». Ocultando a los comisionados el hecho crucial de que la entrevista que el FBI realizó a Eltenton, al mismo tiempo que a Chevalier, había confirmado irrefutablemente la versión de 1946 del caso revelada por Chevalier y Oppenheimer, Nichols concluía que este último había mentido en 1946 al FBI y de nuevo en la audiencia de 1954.

Nichols no desenterró hechos adicionales; al revés, había suprimido algunos. Afirmó solo que Oppenheimer mintió para proteger a su hermano, teoría que, como hemos visto, tiene pocas pruebas que la respalden. Resulta curioso que la junta de Gray no hiciera ningún esfuerzo por obtener el testimonio de Frank Oppenheimer, ni, para el caso, de los dos personajes principales, Haakon Chevalier y George Eltenton. (El primero estaba viviendo en París y el segundo había regresado a Inglaterra hacía mucho, pero podrían haberlos entrevistado en esos lugares).

La carta de Nichols contenía solo una suposición, una interpretación personal, y además no la había planteado la junta de Gray. ¿Por qué a esas alturas introdujo otra teoría? La respuesta es obvia: mostrar que Oppenheimer mentía en 1954 a la junta de la audiencia era mucho más dañino que decir que había mentido hacía once años a un coronel.

Puesto que es imposible imaginar que Nichols presentara esa interpretación radical sin la aprobación de Strauss, está claro que este temía que las ambigüedades existentes en la decisión mayoritaria, junto con la claridad de la disensión de Evans, pudieran desembocar en que los comisionados de la CEA revocaran el consejo de Gray.

Los abogados de Oppenheimer no sabían nada de la carta de Nichols. Quizá Garrison se hubiera enterado de su existencia si le hubieran dado la oportunidad de presentar un alegato oral ante los comisionados de la CEA. El único de ellos que amparó su petición, el doctor Henry D. Smyth, advirtió: «Si no damos a los abogados de Oppenheimer la oportunidad de comentar la carta de Nichols, estaremos expuestos a graves críticas cuando se publique la carta».[10] Sin embargo, de nuevo prevaleció Strauss, y la petición de Garrison se rechazó de plano sin explicación alguna.

Los abogados de Oppenheimer tuvieron la leve esperanza de que los cinco comisionados de la CEA rechazaran la recomendación de la junta de Gray. A fin de cuentas, en la comisión eran tres demócratas (Henry De Wolf Smyth, Thomas Murray y Eugene Zuckert) y solo dos republicanos (Lewis Strauss y Joseph Campbell). Al principio, el propio Strauss temió que los votos fueran de tres contra dos en favor de Oppenheimer, pero, como presidente, estaba en posición de influir a sus compañeros. Sabía cómo funcionaba el poder en Washington y no tuvo reparos en ofrecer a sus colegas recompensas tangibles por ver las cosas a la manera de él. Los invitó a comidas fastuosas y habló a Smyth de lucrativas oportunidades de empleo en el sector privado. En cierto momento, este dudó si Strauss no estaría intentando comprar su voto.[11] Harold P. Green, el abogado de la CEA al que habían pedido que escribiera la carta original de cargos contra Oppenheimer, pensó que el presidente de la comisión estaba jugando fuerte; sabía que Zuckert en principio había considerado más bien inocente al físico. De hecho, el 19 de mayo, dijeron a Strauss que «Gene Zuckert abrazaría de buen grado no tener que pronunciarse con su voto en la disposición final del caso de seguridad».[12] Pero en algún momento hubo un cambio. Zuckert dejaría su puesto como comisionado de la CEA el 30 de junio, el día después de firmar con los demás la decisión mayoritaria contra Oppenheimer, y empezaría a ejercer como abogado particular en Washington. Green estaba seguro de que estaba ocurriendo algo turbio, sobre todo tras enterarse de que justo después Strauss transfirió buena parte de su negocio legal a Zuckert. Lo que no sabía era que Zuckert firmó también un contrato para ser el «consejero y consultor personal» de Strauss.[13]

A finales de junio, el presidente de la CEA tenía todos los votos de los comisionados salvo uno. El único científico entre ellos, el profesor

Smyth, había dejado claro que pensaba que había que devolver a Oppenheimer la autorización de seguridad. Era autor del «Informe Smyth», una historia científica del Proyecto Manhattan escrita en 1945, con lo cual estaba familiarizado tanto con Robert como con los aspectos de seguridad que estaban en juego. Personalmente, no le gustaba mucho Oppenheimer; en Princeton eran vecinos desde hacía diez años y siempre le había parecido vanidoso y pretencioso. La cuestión era que a Smyth no le convencían las pruebas. A principios de mayo, Strauss y él comieron juntos y hablaron sobre el veredicto. Al final de la comida, Smyth dijo: «Lewis, la diferencia entre tú y yo es que tú lo ves todo blanco o negro, y a mí me parece todo gris».

«Harry —replicó Strauss—, te voy a recomendar un buen oculista».[14]

Unas semanas después, Smyth contó a Strauss que había decidido escribir un informe en desacuerdo. Todos los días hasta medianoche se sumergía en el informe Gray y la transcripción de la audiencia, una pila de papeles de cuatro palmos de altura. Para la tarea solicitó la ayuda de dos empleados de la CEA. Nichols advirtió a uno de ellos, Philip Farley, que el trabajo perjudicaría su carrera, pero este no se acobardó y se puso al servicio de Smyth de todas formas. Para el 27 de junio, este había redactado su disensión, pero descubrió que la opinión mayoritaria final se había reescrito de tal manera que tuvo que volver a componer la suya.

A las siete de la tarde del lunes 28 de junio, Smyth y sus ayudantes empezaron a escribir una disensión totalmente nueva. Tenía solo doce horas hasta que se cumpliera el plazo que la CEA se había impuesto para la entrega de las opiniones finales. Mientras trabajaban aquella noche, Smyth veía por la ventana un coche aparcado frente a su casa con dos hombres dentro, vigilando. Pensó que los habían enviado de la CEA o del FBI para intimidarlo. «Es curioso que pase por este follón por Oppenheimer —dijo a uno de sus ayudantes ya entrada la noche—. Ni siquiera me cae bien».[15]

A las diez de la mañana, Farley llevó el veredicto de Smyth a la oficina de la CEA, que estaba en el centro de la ciudad, y se quedó allí para asegurarse de que se copiaba de principio a fin. Por la tarde, el disentimiento de Smyth y las opiniones de la mayoría se facilitaron a la prensa. Los comisionados votaron cuatro contra uno que Oppenheimer era leal y cuatro contra uno que era un riesgo para la seguridad. De la opinión mayoritaria había desaparecido la cuestión de la bomba de hidrógeno, y eso que había sido un asunto central para la recomendación de la junta de Gray. Redactada por Strauss, la decisión de la mayoría se centraba en los «defectos fundamentales» del carácter de Oppenheimer. El primer plano lo ocuparon en concreto el caso Chevalier y las relaciones que había mantenido en los años treinta con estudiantes que habían sido comunistas. «Los registros muestran que el doctor Oppenheimer se ha colocado siempre al margen de las normas que gobiernan a los demás. Ha mentido en asuntos en los que estaba al cargo de responsabilidades serias de interés nacional. Con sus relaciones con terceras personas ha mostrado repetidamente una falta deliberada de consideración hacia las obligaciones normales y adecuadas de seguridad».[16]

De este modo se rescindieron las credenciales de seguridad de Oppenheimer solo un día antes de que expiraran. Después de leer los veredictos de los comisionados de la CEA, David Lilienthal anotó en su diario: «No hay palabras para expresar lo triste que es esto. Están tan equivocados, tan terriblemente equivocados..., y no solo en cuanto a Robert, sino en el concepto de lo que debe requerirse de un servidor público inteligente».[17] Einstein, indignado, se burló de la CEA diciendo que a partir de entonces debería llamarse «Conspiración para la Exterminación Atómica».[18]

Previamente, en junio, con la excusa de que habían robado en un tren una copia de la transcripción (se localizó enseguida en la oficina de objetos perdidos de la estación de Pennsylvania, en Nueva York), Strauss convenció a sus compañeros de comisión de que la Oficina de Publicaciones del Gobierno difundiera las tres mil páginas mecanografiadas de la transcripción de la audiencia. Eso violaba la promesa que hizo la junta de Gray a todos los testigos de que se mantendría la confidencialidad de los testimonios, pero Strauss veía que no estaba ganando la batalla por la popularidad y apartó ese problema de un plumazo.

Con unas 750.000 palabras condensadas en 993 apretadas páginas, *In the matter of J. Robert Oppenheimer* no tardó en ser un documento trascendental de la temprana Guerra Fría. Para asegurarse de que los primeros artículos de prensa avergonzaran al físico, Strauss ordenó a los empleados de la CEA que subrayaran para los periodistas los testimonios más dañinos. Walter Winchell, el agresivo columnista independiente de derechas, escribió servilmente: «El testimonio de Oppenheimer (que mucha gente pasa por alto) incluye el nombre de su amante (la difunta Jean Tatlock), una fanática roja con la que reconoció haber tenido relaciones "de la más íntima clase" después de su matrimonio. [...] Eso fue cuando estaba trabajando en la Gran Bomba, y sabía que su querida era un miembro activo del aparato comunista».[19]

Publicaciones radicalmente conservadoras como el *American Mercury* dieron la bienvenida a la caída de ese «glamuroso científico que lleva demasiado tiempo en la palestra nuclear» y criticaron a sus partidarios como hombres que «consentían a traidores en potencia».[20] Cuando el fallo de la comisión se anunció en el hemiciclo de la Cámara de Representantes, algunos congresistas se levantaron y aplaudieron.[21]

A la larga, sin embargo, a Strauss le salió el tiro por la culata. La transcripción reveló el carácter inquisitorial de la audiencia y la corrupción de la justicia en la era McCarthy, con lo cual destruiría la reputación y la carrera política de Lewis Strauss en cuatro años.

Paradójicamente, la publicidad que rodeó al juicio y al veredicto acrecentó la fama de Oppenheimer tanto en Estados Unidos como en el extranjero.[22] Mientras que hasta entonces se lo había conocido como «el padre de la bomba atómica», después pasó a ser algo aún más atractivo: un científico mártir, como Galileo. Escandalizados y atónitos ante la decisión, doscientos ochenta y dos colegas de Los Álamos escribieron una carta dirigida a Strauss donde defendían a Oppenheimer. Más de mil cien científicos y académicos de todo el país firmaron otra petición en protesta por la decisión de la CEA. En respuesta, Strauss dijo que el veredicto era «duro, pero correcto».[23] El locutor Eric Sevareid observó que «[Oppenheimer] dejará de tener acceso a los secretos de los archivos del Gobierno, y es probable que el Gobierno deje de tener acceso a los secretos que podrían nacer en el cerebro de Oppenheimer».[24]

Joe Alsop, el columnista independiente amigo de Robert, se enfureció ante la decisión de la junta. «Con una única acción estúpida e innoble —escribió a Gordon Gray— ha anulado toda la deuda que este país le debe».[25] Joe y su hermano, Stewart, publicaron al poco tiempo un ensayo de quince mil palabras en *Harper's* en el que vapuleaban a Lewis Strauss por haber cometido un «increíble error judicial». Los hermanos Alsop titularon el ensayo «We accuse!», tomando prestado el de Émile Zola sobre el caso Dreyfus, *Yo acuso*.[26] Con un lenguaje florido aducían que la CEA había deshonrado no a Robert Oppenheimer, sino el «alto nombre de la libertad estadounidense». Existían semejanzas obvias entre los casos: tanto Oppenheimer como el capitán Alfred Dreyfus procedían de familias ricas judías y a ambos se los sometió a juicio acusándolos de deslealtad. Los Alsop predijeron que las repercusiones que desencadenaría el caso Oppenheimer a largo plazo evocarían las del caso Dreyfus: «Igual que las fuerzas más terribles de Francia urdieron el caso Dreyfus con orgullo henchido y confianza altiva para luego estamparse contra su propia obra, llevándose su poder por delante, así las análogas fuerzas estadounidenses, que han creado el clima en el que se ha juzgado a Oppenheimer, quizá se estampen también contra el caso Oppenheimer».

Tras la publicación del veredicto en la prensa, John McCloy escribió a Felix Frankfurter, juez del Tribunal Supremo: «Qué tragedia que quien contribuyó tanto (más que la mitad de los generales condecorados que conozco) a la seguridad del país se vea ahora definido como un riesgo para ella. Ya sé que el almirante [Lewis Strauss] está molesto con mi testimonio, pero, madre de Dios, ¿qué esperaba? Yo estaba allí cuando Oppie hizo su enorme contribución y sé que hay mucho más que decir, pero ¿para qué?».

Frankfurter trató de consolar a su amigo y le escribió que «has hecho que muchas cabezas se den cuenta de la profunda importancia de tu "concepto de seguridad afirmativa"».[27] Tanto Frankfurter como McCloy coincidían en que el último culpable de todo el triste asunto era Strauss.

En el momento cumbre de la histeria macartista, Oppenheimer fue su víctima más prominente. «El caso fue, en última instancia, el triunfo del macartismo sin que McCarthy hubiera participado en él», escribió el historiador Barton J. Bernstein.[28] El presidente Eisenhower se mostró satisfecho con el resultado, pero desconocía las estrategias usadas por Strauss para conseguirlo. A mediados de junio, al parecer ajeno a la naturaleza y la trascendencia de la audiencia, Ike le escribió una breve nota en la que proponía que pusieran a trabajar a Oppenheimer en el problema de la desalinización del agua del mar. «No se me ocurre mayor éxito científico en todos los tiempos que iguale a este en beneficio a la humanidad».[29] El presidente de la CEA pasó discretamente por alto la sugerencia.

Lewis Strauss, con la ayuda de amigos de su misma mentalidad, había conseguido «excomulgar» a Oppenheimer. Las implicaciones que este hecho tuvo en la sociedad estadounidense fueron enormes. Se había excomulgado a un científico. Con ello, se dejó claro a los demás científicos que desafiar las políticas estatales podía conllevar consecuencias muy graves. Poco antes de la audiencia, el doctor Vannevar Bush, colega de Oppenheimer del MIT, había escrito a un amigo que «el problema de hasta qué punto puede dar públicamente su opinión un técnico que trabaje con el ejército es una cuestión de peso. […] Yo me contuve con diligencia, puede que demasiado».[30] Por experiencia propia, Bush creía que todo lo que conseguiría si hablaba con libertad sobre las deliberaciones internas del

Gobierno sería dejar de ser útil a la nación. Por otra parte, «cuando un ciudadano particular ve que su país va por un camino que piensa conducirá al desastre, tiene cierta obligación de hablar». Bush compartía con Oppenheimer muchas críticas sobre la dependencia creciente de las armas nucleares que mostraba Washington. En cambio, a diferencia de él, Bush nunca había alzado la voz. Robert sí, y sus colegas vieron cómo se le castigaba por su valentía y patriotismo.

La comunidad científica se quedó traumatizada durante años. Muchos de los antiguos amigos de Teller lo trataron como un paria. Tres años después del caso, Rabi seguía siendo incapaz de contener la rabia frente a quienes habían juzgado a su amigo. Un día se encontró con Gene Zuckert en el Place Vendôme de Nueva York, un restaurante francés de postín, y le soltó una diatriba de insultos en voz cada vez más alta y encendida. Lo acusó en público de la decisión que se había tomado respecto al caso cuando era comisionado de la CEA. Avergonzado, Zuckert salió pitando y se quejó más tarde a Strauss sobre el comportamiento de Rabi.[31]

Lee DuBridge escribió a Ed Condon que «seguramente es casi imposible que pueda hacerse nada con el caso de Oppenheimer en sí. El término "riesgo para la seguridad" es tan amplio que puedes empezar acusando a alguien por traición y terminar condenándolo por mentir, y que el castigo sea el mismo para todo. Supongo que no hay duda de que Robert mintió un poco, y, en la opinión pública actual, si alguien ha mentido y ha sido también "comunista", es un personaje claramente imperdonable».[32]

Durante unos años, después de la Segunda Guerra Mundial, se había considerado a los científicos como una nueva clase de intelectuales, miembros del clero de la política estatal que podían ofrecer legítimamente un saber no solo como científicos, sino también como filósofos de la vida pública. Con la excomunión de Oppenheimer, los científicos comprendieron que en el futuro podrían servir al Estado solo como expertos en temas concretos de esta índole. Como observó el sociólogo Daniel Bell, la experiencia que sufrió Oppenheimer significó que «el papel mesiánico de los científicos» en la posguerra llegaba a su fin.[33] Los científicos que trabajaban dentro del sistema no podían disentir de las políticas gubernamentales, como había hecho Oppenheimer en 1953 con su ensayo *Foreign Affairs*, y aspirar a seguir sirviendo al Gobierno en juntas consultoras. El juicio representó un punto de inflexión en las relaciones de los científicos estadounidenses con el Estado. Había triunfado la visión más estrecha de cómo debían servir estos a su país.

Durante varias décadas, los científicos estadounidenses habían salido a raudales del mundo académico para trabajar en laboratorios privados de investigación industrial. En 1890 solo había cuatro de esos laboratorios en todo Estados Unidos; en 1930 había más de un millar. Y la Segunda Guerra Mundial no hizo más que acelerar la tendencia. En Los Álamos, naturalmente, Oppenheimer fue un puntal en el proceso, pero después tomó otra dirección. En Princeton no formaba parte de ningún laboratorio armamentístico. Cada vez más alarmado ante el desarrollo de lo que el presidente Eisenhower llamaría más adelante el «complejo industrial-militar», Oppenheimer trató de usar su popularidad para cuestionar la dependencia creciente de la comunidad científica de lo militar. En 1954 perdió. Como diría más tarde el historiador de la ciencia Patrick McGrath, «científicos y gestores como Edward Teller, Lewis Strauss o Ernest Lawrence, que gritaban a pleno pulmón su militarismo y su anticomunismo, empujaron a los científicos y a las instituciones estadounidenses hacia una consagración servil y casi completa a los intereses militares de Estados Unidos».[34]

La derrota de Oppenheimer fue también una derrota del liberalismo estadounidense. En el caso Rosenberg no se sometió a los liberales a juicio; imputaron a Alger Hiss por perjurio, pero la acusación subyacente era de espionaje en materia atómica. El caso Oppenheimer fue distinto. Por muchas sospechas que tuviera Strauss, no surgió ninguna prueba que apuntara a que el físico había transmitido secretos. Es más, la junta de Gray lo exoneró de esas acusaciones. Pero, como muchos partidarios de Roosevelt y del New Deal, había sido un hombre de izquierdas en general, activista en causas del Frente Popular, y cercano a muchos comunistas y al propio partido. Tras evolucionar en un liberal desengañado con la Unión Soviética, empleó su posición para alistarse en las filas del liberalismo en política exterior y se rodeó de amigos como el general George C. Marshall, Dean Acheson o McGeorge Bundy. A su vez, los liberales lo acogieron como uno de los suyos. De esa forma, su humillación fue también la del liberalismo, cuyos políticos entendieron que las reglas del juego habían cambiado. Aunque no se tratara de espionaje, aunque no se cuestionara la lealtad de nadie, poner en duda la lógica de la dependencia estadounidense de los arsenales nucleares era peligroso. La audiencia de Oppenheimer representó un paso significativo en el estrechamiento del debate público de la temprana Guerra Fría.

38

«Todavía siento la sangre caliente en las manos»

Consiguió justo lo que sus oponentes querían que consiguiera: que lo destruyera.

I. I. RABI

Los Oppenheimer recibieron una avalancha de cartas: de apoyo, de parte de admiradores; insultantes, de parte de resentidos; y de preocupación, de parte de amigos cercanos. Jane Wilson, la mujer del físico de Cornell Robert Wilson, escribió a Kitty: «Desde el principio, Robert y yo no dábamos crédito, y cada nuevo giro nos da asco e indignación. Seguramente se han representado comedietas más feas a lo largo de la historia, pero no las recuerdo».[1] Robert, intentando quitar hierro al asunto, dijo a su prima Babette Oppenheimer Langsdorf: «¿No estás cansada de leer sobre mí? ¡Yo sí!».[2] Pero la amargura le rebosaba en comentarios irónicos como «Han pagado más dinero por pincharme el teléfono que lo que me pagaron por dirigir el proyecto de Los Álamos».

En una conversación telefónica con su hermano, Robert dijo que había sabido «todo el tiempo cómo iba a terminar el asunto».[3] Aun ciertamente desanimado, ya intentaba ver aquel suplicio como historia. A principios de julio dijo a Frank que se había gastado dos mil dólares en reproducir las transcripciones de la audiencia «para que las estudien los historiadores y los académicos».

Algunos amigos pensaron que había envejecido en los últimos seis meses. «Un día aparecía macilento y ojeroso —dijo Harold Cherniss—, y otro estaba fuerte y lozano como siempre».[4] Francis Fergusson, su amigo de la infancia, se quedó sorprendido ante su aspecto. El pelo rapado y salpicado de gris se había vuelto blanco. Acababa de cumplir los cincuenta, pero por primera vez en su vida aparentaba más edad que la que tenía. Confesó a Fergusson que había sido «un imbécil» y que seguramente se merecía lo que le había ocurrido.[5] No porque fuera culpable de nada, sino porque había cometido errores grandiosos, «como fingir saber cosas que no sabía». Fergusson pensaba que a esas alturas su amigo era consciente de que «muchos de sus errores más lamentables se debían a su vanidad». «Era como un animal herido —recordó—. Se retiró y volvió a una manera de vivir más sencilla».[6]

Con el mismo estoicismo que había exhibido a los catorce años, Oppenheimer se negó a apelar contra el veredicto. «Veo todo esto como un accidente extraordinario —comentó a un periodista—, como el descarrilamiento de un tren o el derrumbe de un edificio. No tiene relación ni conexión con mi vida. Yo solo pasaba por ahí». Sin embargo, seis meses después del juicio, cuando el escritor John Mason Brown comparó la experiencia con una «crucifixión en seco», Oppenheimer respondió con una ligera sonrisa y dijo: «No fue tan en seco, no. Todavía siento la sangre caliente en las manos».[7] En realidad, cuanto más trataba de trivializar aquel tormento —un «accidente extraordinario [...] sin conexión con mi vida»—, más le pesaba en el alma.

Robert no se sumió en una depresión profunda ni sufrió golpes anímicos visibles, pero algunos amigos notaron un cambio en su carácter. «Buena parte de su energía y vigor anteriores lo habían abandonado», observó Hans Bethe.[8] Rabi diría tras la audiencia de seguridad: «Creo que hasta cierto punto casi lo mató, anímicamente, sí. Consiguió lo que sus oponentes querían conseguir: que lo destruyera». Robert Serber siempre pensó que después de las audiencias Oppie se volvió «un hombre triste y con el alma rota».[9] Sin embargo, más tarde, en aquel mismo año, David Lilienthal se encontró a los Oppenheimer en una fiesta en Nueva York organizada por Marietta Tree, una *socialite*, y apuntó en su diario que Kitty estaba «radiante» y Robert «parecía feliz de veras, cosa que no recuerdo haber pensado nunca de él».[10] Su amigo cercano Harold Cherniss opinó «que tanto Robert como Kitty habían salido de las audiencias sorprendentemente bien». De hecho, si Oppenheimer había cambiado en algo, Cherniss creyó que fue para bien. Después de la dura experiencia, dijo este, Robert escuchaba más y «comprendía mejor a los demás».[11]

Oppenheimer estaba destrozado, pero al tiempo fue capaz de mostrar una compostura notable. Podía hacer pasar lo que había sucedido por un accidente absurdo, pero el apocamiento lo dejó sin la energía y la rabia a la que otro hombre podría haber recurrido para contraatacar. Quizá el apocamiento fuera una estrategia de supervivencia muy arraigada en él, pero se cobró un precio muy alto.

Durante un periodo de tiempo ni siquiera supo si la junta directiva del Instituto de Princeton le mantendría el puesto. Sí sabía que Strauss quería que lo despidieran. En julio, este dijo al FBI que creía que ocho de los trece miembros de la junta estarían dispuestos a echarlo, pero decidió posponer la votación sobre aquel asunto hasta otoño, para que no pareciera que Strauss, como presidente, estaba obrando por rencor personal.[12] Sin embargo, fue un error de cálculo, porque la demora dio tiempo a los integrantes de la facultad para escribir una carta abierta de apoyo a Oppenheimer.[13] Todos los miembros permanentes de la facultad la firmaron, lo cual constituía una muestra impresionante de solidaridad con un director que había herido unos cuantos egos a lo largo de los años. Strauss se vio obligado a recular, y en otoño se votó a favor de que Oppenheimer siguiera siendo el director del instituto. Furioso y frustrado, Strauss continuó enfrentándose al físico en las reuniones de la junta. Nunca dejó de estar obcecado con él, y llenaba sus archivos con notas obsesivas que detallaban las supuestas infracciones que cometía. «Es incapaz de decir la verdad», escribió en enero de 1955 en referencia a una discusión menor acerca del pago de un periodo sabático.[14] Con los años fue acumulando notas vengativas sobre los amigos y los defensores de Oppie: llamó al juez Frankfurter «un mentiroso sin escrúpulos» y se regodeó en rumorear que Joe Alsop era «vulnerable al chantaje soviético» a causa de sus preferencias sexuales.*[15]

Si a Oppenheimer se le notaba la presión de los meses recientes, también se le notaba a su familia. Kitty había ofrecido una interpretación estelar ante el panel de seguridad, pero sus amigos veían claramente que estaba sufriendo. Una noche a las dos de la madrugada llamó por teléfono a Pat Sherr. «Estábamos durmiendo —recordó esta—, y ella estaba evidentemente borracha; arrastraba las palabras y decía cosas inconexas».[16] A principios de julio, justo después de que la CEA decidiera llevar a efecto la decisión, un micrófono ilegal del FBI registró la información de que Kitty acababa de sufrir un episodio grave de una enfermedad no identificada y tuvo que ser atendida por un médico en Olden Manor.[17]

Toni, de nueve años, pareció tomarse las cosas con calma, pero, según Harold Cherniss, Peter, de trece años, «lo pasó muy mal en el colegio durante la audiencia».[18] Un día llegó a casa y le dijo a Kitty que un compañero de clase le había dicho: «Tu padre es un comunista». Siempre había

---

* En 1957, la policía secreta soviética presentó a Alsop pruebas fotográficas de un encuentro homosexual. Strauss se aseguró de que las cartas que documentaban el incidente se guardaran en la caja fuerte del director de la CIA, Allen Dulles.

sido un niño muy sensible, y se volvió aún más reservado. Un día de principios de verano, después de ver en televisión las audiencias de McCarthy y el ejército, Peter subió a su habitación y escribió en la pizarra que tenía: «El Gobierno de Estados Unidos es injusto por acusar a Ciertas Personas que yo conozco de ser injustas con él. Si esto es verdad, creo que Ciertas Personas, y diría que solo Ciertas Personas del Gobierno de Estados Unidos, deberían irse a la MIERDA. Cordialmente, Ciertas Personas».[19]

Lógicamente, Robert pensó que unas vacaciones largas serían buenas para todos. Kitty y él decidieron volver a las islas Vírgenes, pero, mientras planificaban el viaje, Oppenheimer pidió a su mujer que no enviara un telegrama a St. Croix porque pensaba que aún le espiaban; como temía que las autoridades se metieran por medio, le dijo: «Si ese rincón nuestro aún sigue intacto, se echará a perder si envías ese cable».[20] Kitty no le hizo caso y envió el telegrama, en el que reservaba un queche de 22 metros, el Comanche, propiedad de su amigo Edward «Ted» Dale.

El FBI había retirado la vigilancia monitoreada a principios de junio.[21] Pero al cabo de un mes, después de que los comisionados de la CEA emitieran el veredicto final contra Oppenheimer, Strauss ya había vuelto a presionar al FBI para que siguiera vigilándolo. A principios de julio volvieron a instalar micrófonos ilegales, sin orden judicial, y asignaron seis agentes a seguirlo físicamente desde las siete de la mañana hasta medianoche todos los días. Tanto Strauss como Hoover temían que huyera. El presidente de la CEA tenía visiones de un submarino soviético que salía a la superficie de las templadas aguas del Caribe y hacía desaparecer a Robert tras el Telón de Acero.

El propio Oppenheimer leyó divertido un artículo en *Newsweek* que decía que «se ha alertado a los principales oficiales de seguridad del intento comunista de convencer al doctor J. Robert Oppenheimer para que visite Europa y luego persuadirlo para que haga un Ponti Corvo [*sic*]», en referencia a Bruno Pontecorvo, un médico italiano que desertó a la Unión Soviética en 1950.[22] Los micrófonos del FBI grabaron a Herb Marks sugiriendo a Oppenheimer que, dadas las circunstancias, quizá sería conveniente que escribiera una carta a J. Edgar Hoover para informarle de sus planes vacacionales. «La carta —comentaba el resumen del FBI sobre la conversación— se basará en los ridículos rumores que circulan acerca de que el doctor Oppenheimer podría dejar el país, podrían secuestrarlo, podría reunirse con un submarino ruso, planea unas vacaciones en Europa, etc.».[23] Oppenheimer, obediente, envió una carta a Hoover en la que lo informaba de sus planes de pasar tres o cuatro semanas navegando en las islas Vírgenes.

Robert y su familia embarcaron en un avión con destino a St. Croix el 19 de julio de 1954, desde donde fueron a St. John, una isla caribeña virgen de cincuenta y cuatro kilómetros cuadrados, casi el tamaño de Manhattan, con menos de ochocientos habitantes, el 10 por ciento de los cuales eran «continentales». En 1954 habría un par de balandros anclados en la bahía. El único pueblo y puerto comercial de la isla, Cruz Bay, tenía varios cientos de habitantes, casi todos descendientes de la población esclava de St. John. El único bar, Mooie's, no vería la luz hasta al cabo de dos años. El edificio más grande, Meade's Inn, era una cabaña de una planta del estilo victoriano típico de las Antillas. Pavos reales y burros vagaban por las calles sin pavimentar.[24]

Tras bajar del ferry, los Oppenheimer tomaron un taxi jeep que los llevó por caminos polvorientos a lo largo de la costa norte de la isla. Pasaron por el Caneel Plantation, el único complejo turístico de lujo de St. John, impulsado por Laurance S. Rockefeller, y, persiguiendo el anonimato, continuaron hasta el Trunk Bay's Guest House, una pensión elemental gobernada por Irva Boulon Thorpe, que llevaba mucho tiempo viviendo allí. No había teléfono, ni electricidad, ni habitaciones para más de una docena de personas. Buscaban un refugio solitario y llegaron al lugar indicado. «Estaban conmocionados —recordó Irva Claire Denham, la hija de la propietaria—. El lugar estaba tan aislado que nadie podría dar con ellos. Tenían mucho cuidado hasta de con quién hablaban. […] Kitty era muy protectora. Se ponía como una tigresa cuando alguien se acercaba a él, porque este tenía ganas de hablar».[25] Cuando Kitty estaba de un humor de perros, arrojaba cosas, y a la mañana siguiente Robert iba a ver a los Boulon y les pagaba generosamente por los daños.[26] Tomando Cruz Bay como puerto base, pasaron cinco semanas navegando en el Comanche por las aguas de St. John y de las vecinas islas Vírgenes británicas.

Todavía a fecha del 25 de agosto de 1954, el FBI seguía preocupado por si se llevaba a cabo una conspiración comunista, a la que llamaban «operación Oppenheimer», para llevarse a la familia del físico al otro lado del Telón de Acero. «Según el plan —reza un informe del FBI—, Oppenheimer viajará primero a Inglaterra y desde allí irá a Francia, donde desaparecerá en manos soviéticas».[27]

Al FBI le resultó imposible mantener a Oppenheimer bajo vigilancia mientras estuvo en St. John. Cuando regresaron a Nueva York, el 29 de agosto de 1954, unos agentes se le acercaron y le pidieron que los acompañara a una sala privada de la terminal del aeropuerto. Oppenheimer aceptó, pero quiso que su esposa estuviera presente. Cuando entraron en la sala, los agentes le preguntaron con brusquedad si en las islas

Vírgenes algún agente soviético se había puesto en contacto con él y le había pedido que desertase. Los rusos, dijo, «son idiotas», pero no creía que fueran «tan idiotas para dirigirse a él con semejante propuesta». Se ofreció a que, si aquello sucedía alguna vez, lo comunicaría de inmediato al FBI.[28] Tras ese breve interrogatorio, los Oppenheimer salieron del aeropuerto. Los agentes los siguieron hasta Princeton y al día siguiente colocaron de nuevo un micrófono en el teléfono de su casa.

Por increíble que parezca, el FBI envió a un equipo a St. John en marzo de 1955, seis meses después de que se hubiera marchado Oppenheimer de allí. Los agentes fueron por ahí preguntando a la gente con quién había hablado el físico mientras estuvo en la isla.[29]

En el extranjero, la reacción de la opinión pública ante el juicio fue de incredulidad. Los intelectuales europeos lo vieron como una prueba más de que Estados Unidos era presa de miedos irracionales. «¿Cómo van a sobrevivir las mentes investigadoras independientes en semejante atmósfera?», preguntaba R. H. S. Crossman en *The New Statesman and Nation*, el semanario liberal británico más influyente.[30] En París, cuando Chevalier recibió un ejemplar de la transcripción de la audiencia (se la había enviado el propio Oppenheimer), leyó fragmentos del documento a André Malraux. Ambos se quedaron sorprendidos por la extraña pasividad que mostró el físico ante sus interrogadores. A Malraux le molestó en particular que Oppenheimer hubiera respondido con libertad a las preguntas sobre las opiniones políticas de sus amigos y conocidos. La audiencia lo había convertido en un informante. «El problema fue —dijo Malraux a Chevalier— que aceptó los términos de sus acusadores desde el principio. [...] Debió haberles dicho, antes que nada: "*Je suis la bombe atomique!*". Debió haberse mantenido firme como el constructor de la bomba atómica que era, es decir, como un científico y no un informante».[31]

En principio pareció que Oppenheimer estaba destinado a ser un paria, al menos en los círculos dominantes del sistema. Durante casi diez años había sido algo más que un mero científico famoso. De ser una figura ubicua e influyente pasó a desvanecerse de repente; seguía vivo, pero estaba desaparecido. Robert Coughlan escribiría más tarde en la revista *Life*: «Después de las audiencias de seguridad de 1954, el personaje público dejó de existir. [...] Fue uno de los hombres más famosos del mundo, uno de los más admirados, citados, fotografiados, consultados, glorificados, casi deificados como el arquetipo increíble y fascinante de una nueva clase de héroe, el héroe de la ciencia y el intelecto, origen y símbolo viviente de la nueva era atómica. Y entonces, de repente, toda la gloria desapareció, y él también».[32] En los medios de comunicación, Teller sustituyó a Oppenheimer en cuanto rostro del estadista científico arquetípico. «La glorificación de Teller en la década de 1950 vino acompañada, quizá de forma inevitable —escribió Jeremy Gundel—, por la difamación del hombre que había sido su principal rival, J. Robert Oppenheimer».[33]

Aun excomulgado de los círculos gubernamentales, Oppenheimer se convirtió rápidamente para los liberales en un símbolo de todo lo negativo del Partido Republicano. Aquel verano, *The Washington Post* sacó una serie de artículos escritos por el subeditor jefe, Alfred Friendly, que el FBI consideró «sesgados a favor de Oppenheimer».[34] En uno, cuyo titular decía «Drama en la asombrosa transcripción de Oppenheimer», Friendly calificó la audiencia de «drama aristotélico», «shakespeariano en riqueza y variedad», con «alusiones al espionaje a lo Eric Ambler», «una trama más intrincada que *Lo que el viento se llevó*» y «con la mitad más de personajes que *Guerra y paz*».

Muchos estadounidenses empezaron a contemplar a Oppenheimer como un científico mártir, una víctima de la era de los excesos macartistas. A finales de 1954, la Universidad de Columbia lo invitó para que dictara una conferencia en ocasión de su bicentenario, que se emitió para todo el país. El mensaje que dio fue lúgubre y pesimista. Anteriormente, en las charlas Reith, había ensalzado las virtudes de la ciencia en empresas realizadas en común, pero en aquella ocasión reflexionó sobre la condición solitaria de los intelectuales, sitiados por los fieros vientos de las emociones populares. «Este es un mundo —dijo— en el que cada uno de nosotros, conociendo nuestras limitaciones, conociendo los males de la superficialidad, tendremos que agarrarnos a lo que tengamos cerca, a lo que conocemos, a lo que podemos hacer, a los amigos, a la tradición y al amor, porque de lo contrario nos disolveremos en una confusión universal y no sabremos nada ni amaremos nada. [...] Si alguien nos dice que ve las cosas de forma distinta a nosotros o que le parece bello algo que a nosotros nos parece feo, quizá tengamos que abandonar la sala por fatiga o dificultades».[35]

Pocos días después, millones de estadounidenses vieron cómo Edward R. Murrow entrevistaba a Oppenheimer en su programa nacional de televisión, *See It Now*. Robert no quería ir, y en el último momento intentó echarse atrás; además, la cadena de Murrow tenía sus recelos. Pero el famoso presentador lo convenció para que se dejara grabar en el despacho del instituto.

Murrow editó la conversación con Oppenheimer y la redujo de las dos horas y media que duró a veinticinco minutos. El 4 de enero de 1955 se emitió. Robert aprovechó la ocasión para hablar sobre los efectos debilitantes del secretismo: «El problema —dijo— es que impide al Gobierno acceder a la sabiduría y a los recursos de la comunidad».[36] En ningún momento Murrow sacó directamente el tema de la audiencia de seguridad, sin duda porque Robert se lo había pedido. En cambio, le preguntó con delicadeza si los científicos se habían distanciado del Gobierno. «Les gusta que los llamen y les pidan consejo —respondió Oppenheimer de soslayo—. A todo el mundo le gusta que lo traten como si supiera algo. Supongo que cuando el Gobierno se conduce mal en el campo en el que uno está trabajando y cuando las decisiones tomadas parecen cobardes o vengativas, o cortas de miras, o crueles, [...] entonces uno se desanima y quizá, solo quizá, recite el poema de George Herbert «The Collar». Pero eso es más bien humano, no científico». A la pregunta de si la humanidad tenía la capacidad de destruirse a sí misma, respondió: «No del todo. No del todo. De cierto se puede destruir una parte tan grande de la humanidad que solamente el acto de fe más grandioso podría convencernos de que lo que queda será humano».

Unas semanas después de su aparición en *See It Now*, el nombre de Oppenheimer volvió a emerger en la prensa nacional, en esa ocasión con motivo de una controversia sobre la libertad académica. En 1953, la Universidad de Washington le había ofrecido un puesto de profesor visitante de corta duración, pero lo había rechazado a causa de la audiencia de seguridad. A finales de 1954, el departamento de Física de la universidad renovó la invitación, pero Henry Schmitz, el rector, la anuló. Cuando el *Seattle Times* se enteró de la decisión de este, en la prensa nacional brotó un debate sobre la libertad académica. Algunos científicos anunciaron que iban a boicotear a la Universidad de Washington. El *Seattle Post-Intelligencer* escribió un editorial en favor del rector Schmitz: «La idea de que la "libertad académica" tiene algo que ver en esto [...] es una tontería emocional y pueril». Quienes apoyaban la presencia de Oppenheimer en el campus, sostenía el periódico, eran «apologetas del totalitarismo».

Robert intentó mantenerse al margen de la contienda. Un periodista le preguntó si la anulación de la visita era una injerencia de la libertad académica, y Oppenheimer respondió: «No es mi problema». Pero cuando el periodista le planteó si el boicot de los científicos abochornaría en cierta medida a la universidad, Robert contestó, cortante: «A mí me parece que la universidad ya se ha abochornado a sí misma».[37]

Esos incidentes reforzaban su nueva imagen. Su transformación pública, de personaje perteneciente a los círculos del Gobierno a intelectual exiliado, se había consumado. Aun así, eso no quería decir que Oppenheimer se viera, a nivel personal, como un disidente. Y tampoco tenía la tendencia a desempeñar el papel de activista público intelectual; atrás quedaron los años en que organizaba una colecta para una buena causa o firmar una petición. De hecho, algunos amigos detectaban en él una pasividad extraña, incluso deferente, frente a la autoridad. David Lilienthal, amigo y admirador suyo, se quedó perplejo ante una conversación que tuvo con él en marzo de 1955, menos de un año después de la audiencia de seguridad. La ocasión se dio en una reunión de la junta del Twentieth Century Fund, una fundación liberal entre cuyos directivos estaban Lilienthal, Oppenheimer y Adolph Berle, además de Jim Rowe, Ben Cohen (ambos exayudantes de Franklin Roosevelt) y Francis Biddle, antiguo abogado del presidente. Tras haber despachado los asuntos de la fundación, Berle llevó la conversación a la crisis entre la China comunista y el Taiwán de Chiang Kai-shek por el estrecho de Formosa. Berle pensaba que la guerra era inminente y que podía empezar con «bombas atómicas pequeñas, y, de ahí, ¿adónde irán las cosas?». Añadió que sabía que algunos generales creían que «debíamos destruir a los chinos con bombas atómicas ahora, antes de que se hagan más fuertes». Aquello desencadenó una discusión encendida sobre lo que debía hacerse al respecto, y al rato se llegó al consenso de que todos ellos debían firmar un escrito público en el que previnieran al país de realizar acciones militares precipitadas.

Entonces, para sorpresa de Lilienthal, Oppenheimer dijo «que no creía que él debiera firmar el escrito aunque estuviera de acuerdo con él por el escándalo que causaría».[38] Echó un jarro de agua fría sobre la idea general de manifestarse en contra del giro que había tomado la Administración de Eisenhower respecto a la guerra. A fin de cuentas, dijo, una guerra por Formosa (Taiwán) no era necesariamente peor que una paz bajo cualesquiera circunstancias, y, si llegaba a estallar la guerra, el uso limitado de armas atómicas tácticas no tenía por qué llevar de forma inevitable a un bombardeo indiscriminado de ciudades. Incluso afirmó que ninguna declaración —con la que estaría de acuerdo, pero no firmaría— debería implicar que «en Washington no se estaba ya dando una atención concienzuda, atenta e inteligente a los asuntos relevantes». Robert siempre había sabido convencer a su público, y al final de la reunión todos convinieron en que tal vez una declaración pública no era lo adecuado. Lilienthal salió de allí dudando «si aquellos de nosotros, como yo, que hemos estado bajo ataques terribles no estaremos haciendo demasiado esfuerzo para ser conservadores al discutir la postura de nuestro país y nuestro Gobierno, y no parecer así algo menos que proestadounidenses».

Es obvio que Robert estaba decidido a demostrar que era un patriota íntegro, que sus críticos se habían equivocado al cuestionar su devoción por el país. Evitaba toda confrontación pública sobre políticas, en especial sobre aquellas que estaban relacionadas con armas nucleares. Veía con malos ojos a quienes se autoproclamaban expertos, como el joven Henry Kissinger, que se había transformado en estratega nuclear. «Son todo tonterías —dijo en privado a Lilienthal, moviendo en el aire la pipa sin encender—. ¡Pensar que son problemas que pueden resolverse con la teoría de juegos o investigación conductual!».[39] Pero no condenaría públicamente a Kissinger ni a ningún estratega nuclear.

En primavera, Oppenheimer rechazó una invitación de Bertrand Russell para asistir a la sesión inaugural del Congreso de Pugwash, un encuentro internacional de científicos organizado por el empresario industrial Cyrus Eaton, Russell, Leó Szilárd y Joseph Rotblat, el físico nacido en Polonia que había dejado Los Álamos en otoño de 1944. Oppenheimer se excusó diciendo que estaba «un poco preocupado cuando miro el programa propuesto. [...] Sobre todo, creo que el asunto "los riesgos que surgen del desarrollo continuo de las armas nucleares" está prejuzgando dónde se encuentran los mayores peligros». Atónito, Russell le respondió: «No puedo creer que niegue que hay peligros asociados con el desarrollo continuo de las armas nucleares».[40]

El sociólogo de la ciencia Charles Robert Thorpe cita este y otros intercambios para argumentar que, aunque pudieran haber «excomulgado» a Oppenheimer del círculo interno de la oligarquía nuclear, «en alma siguió siendo un defensor de la dirección fundamental de las políticas que aplicaban».[41] Según Thorpe, el físico regresaba calladamente a su «anterior papel como estratega científico militar de la guerra nuclear, cuya victoria era posible, y apologeta de los poderes fácticos». Así les parecía a algunos. Oppenheimer, desde luego, no quería meterse en el mismo saco que activistas políticos como lord Russell, Rotblat, Szilárd, Einstein y otros que firmaban con frecuencia protestas contra la carrera armamentística que lideraba Estados Unidos. De hecho, su nombre brillaba por su ausencia en una carta abierta de fecha 9 de julio de 1955 firmada no solo por Russell, Rotblat y Einstein, sino también por antiguos profesores y amigos como Max Born, Linus Pauling y Percy Bridgman.[42]

No obstante, Oppenheimer seguía siendo capaz de ser crítico; lo único que quería era estar solo y en una posición mucho más ambigua que sus compañeros científicos. Estaba obsesionado con los profundos dilemas éticos y filosóficos que planteaban las armas nucleares, pero a veces parecía que, como lo expresó Thorpe, «se ofrecía a llorar por el mundo, pero no a ayudar a cambiarlo».[43]

La verdad era que Oppenheimer tenía muchos deseos de cambiar el mundo, pero sabía que estaba vetado para accionar los mecanismos del poder en Washington y tampoco tenía ya el ánimo para el activismo que lo había empujado en los años treinta. La excomunión no lo había liberado de participar en los grandes debates de su tiempo, sino que lo había inclinado más bien a la autocensura. Frank Oppenheimer pensaba que su hermano se sentía muy frustrado por no poder encontrar un camino que lo reintrodujera en los círculos oficiales. «Quería volver a aquello, creo —dijo—. No sé por qué, pero creo que es una de esas cosas que tienen... que cuando la has probado no la puedes dejar».[44]

En alguna ocasión, no obstante, habló en público sobre Hiroshima, y lo hizo con una sensación vaga de arrepentimiento. En junio de 1956 dijo en la graduación de la George School, la escuela a la que asistía su hijo, Peter, que el bombardeo de Hiroshima quizá fue un «trágico error».[45] Los líderes de Estados Unidos, afirmó, «perdieron cierto sentido de la moderación» cuando lanzaron la bomba atómica en la ciudad japonesa. Unos años después ofreció una pista de lo que sentía a Max Born, su exprofesor de Gotinga, que había dejado claro que no aprobaba la decisión de Oppenheimer de trabajar en la bomba atómica. «Es satisfactorio haber tenido alumnos tan inteligentes y eficientes —relató Born en sus memorias—, pero ojalá hubieran mostrado menos inteligencia y más sabiduría».[46] Oppenheimer le escribió: «A lo largo del tiempo he sentido que no aprobabas del todo muchas cosas de las que he hecho. Y siempre me ha parecido natural, porque es un sentimiento que comparto».

Aunque Oppenheimer no estaba dispuesto a entrar en los debates turbios de mediados de los años cincuenta sobre las políticas nucleares de la Administración de Eisenhower, hablaba sin dudarlo sobre cultura y ciencia. Solo un año después de las audiencias de seguridad, publicó una colección de ensayos bajo el título *The Open Mind*, la cual incluía ocho charlas que había dado desde 1946 y que trataban de la relación entre las armas atómicas, la ciencia y la cultura de la posguerra.[47] Publicado por Simon & Schuster y ampliamente reseñado, el libro sirvió para presentarlo como un vidente moderno, un filósofo reflexivo y enigmático del papel de la ciencia en el mundo contemporáneo. Reclamaba una «mente abierta» como componente necesario de una sociedad abierta; defendía la «minimización del secretismo», y observaba: «Al parecer sabemos, y al parecer volvemos una y otra vez a ese saber, que los propósitos de este país en el ámbito de la política exterior no pueden conseguirse en modo real ni duradero por medio de la coerción».[48] En un reproche implícito a quienes pensaban que un Estados Unidos poderoso y armado nuclearmente podía actuar de forma unilateral, recitaba: «La dificultad de hacer justicia a lo tácito, lo imponderable y lo desconocido no es único en política, por supuesto. Nos acompaña siempre en la ciencia, así como en los asuntos personales más triviales, y es uno de los grandes problemas de la escritura y de todas las formas artísticas. A veces, la manera en que se resuelve se llama estilo. Es estilo lo que complementa la afirmación con la limitación y con la humildad; es estilo lo que posibilita actuar de forma eficaz pero no absoluta; es estilo lo que, en el campo de la política exterior, nos permite armonizar la búsqueda de fines esenciales para nosotros con el respeto por las perspectivas, las sensibilidades y las aspiraciones de aquellos para quienes el problema puede aparecer bajo otra luz; es estilo la deferencia que la acción muestra hacia la incertidumbre; y, sobre todo, es estilo aquello mediante lo cual el poder cede a la razón».

En la primavera de 1957, los departamentos de Filosofía y Psicología de la Universidad de Harvard lo invitaron a que diera las prestigiosas charlas William James. Su amigo McGeorge Bundy, entonces el decano, fue quien le extendió la invitación, que previsiblemente provocó una controversia considerable. Un grupo de alumnos de la universidad, encabezados por Archibald B. Roosevelt, amenazó con retirar las donaciones si se permitía hablar a Oppenheimer. «No creemos que la gente que dice mentiras —decía— deba dar conferencias en un sitio cuyo lema es *Veritas*».[49] Bundy escuchó las protestas y luego asistió a la charla, que se dio el 8 de abril.

Oppenheimer tituló la serie de seis conferencias «La esperanza del orden». En la sesión inaugural, mil doscientas personas llenaron la sala de actos más grande de Harvard, la Sanders Theater; y otras ochocientas lo escucharon en una sala cercana a través de altavoces. Previendo que habría protestas, en las puertas se apostaron policías armados. En la pared de detrás del atril colgaba una bandera estadounidense enorme que daba a la escena una extraña aura cinematográfica. Dio la casualidad de que el senador Joe McCarthy había muerto cuatro días antes, y sus restos descansaban en la capilla ardiente del Capitolio aquella misma tarde. Oppenheimer se levantó para hablar, dudó, se acercó a una pizarra y escribió

«R. I. P.».[50] Parte del público murmuró, comprendiendo el gesto, ante la audacia de aquel reproche silencioso al senador fallecido, y Robert volvió al atril con rostro pétreo y empezó la charla. Edmund Wilson asistió a una y después anotó sus impresiones en su diario. Mientras el rector de Harvard, Nathan Pusey, lo presentaba, Oppenheimer estaba sentado solo en la tarima, «moviendo nervioso los brazos y los pies con torpeza, de una manera muy judía, pero cuando empezó a hablar cautivó a toda la audiencia; apenas se oyó algún ruido en toda la charla. Hablaba en voz muy baja, pero mordaz. Qué concisión y qué precisión tan extraordinarias, y no llevaba más que unas notas, como en la descripción de William James, en la que aludió apenas a su relación con Henry. El principio fue bastante emocionante. No hizo nada especialmente teatral, pero planteó cuestiones muy importantes que inquietaban la mente de todos los presentes, y uno sentía, como dijo Elena, su sentimiento de intensa responsabilidad. Nos conmovió y nos estimuló a los dos».

Sin embargo, después empezó a dudar de si Oppenheimer era «un hombre brillante a quien la época había maltratado; que, igual que los demás, no sabía qué hacer con ella y que, igual que los demás, era incapaz de dirigirla; su humildad me parecía ahora vergüenza».[51] Como muchos que lo oían hablar, Wilson salió de allí con una sensación de desasosiego ante las frágiles ambigüedades del hombre.

Desde su atalaya del instituto de Princeton y en muchas otras charlas que dio por el país, Oppenheimer se iba labrando un nuevo papel. Si antes había sido un científico que operaba dentro del sistema, después fue convirtiéndose en un intelectual carismático externo a este. David Lilienthal, que lo veía a menudo, pensaba que se había ablandado. Cierto, había envejecido; en 1958, a los cincuenta y cuatro años, era una figura larguirucha que iba encorvada como un anciano. Lilienthal veía que las arrugas de preocupación de la cara «habían dado paso a una especie de calma tras el "éxito". Ha capeado una de las tormentas más violentas y amargas por las que ha pasado jamás un ser humano».[52]

Oppenheimer siguió dirigiendo el Instituto de Estudios Avanzados con pericia y sensibilidad. Podía enorgullecerse de su creación. Como Berkeley en los años treinta, el instituto se convirtió en uno de los principales centros mundiales de física teórica, y en mucho más. Fue un refugio para académicos brillantes, tanto jóvenes como veteranos, de numerosas disciplinas. John Nash fue uno de aquellos académicos jóvenes, un matemático excepcional que obtuvo una beca en el instituto en 1957.* Tras leer el artículo de Werner Heisenberg de 1925 sobre el principio de incertidumbre, empezó a preguntar a físicos más avezados por algunas contradicciones sin resolver de la teoría cuántica; como Einstein, recelaba de la pulcritud de la teoría. En el verano de 1957 presentó semejantes herejías a Oppenheimer, y este lo despachó con impaciencia. Pero Nash no se dio por vencido, y al poco Robert se vio metido en una discusión seria. Después, Nash le escribió disculpándose, pero insistió en que muchos físicos tenían «una actitud demasiado dogmática».[53]

Nash se marchó del instituto aquel verano, y durante muchos años lidió con una enfermedad mental que lo debilitaba y que incluso requirió que lo internaran una temporada. Oppenheimer empatizaba con los problemas psiquiátricos del joven y volvió a invitarlo al instituto cuando se recobrara de uno de sus accesos más graves, que comportaban síntomas esquizoides. Era de natural compasivo con la fragilidad de la psique humana, y se daba cuenta de lo fina que era la línea entre la locura y la lucidez. Por eso, cuando el médico de Nash lo llamó en verano de 1961 para preguntar si su paciente seguía cuerdo, le contestó: «Eso es algo que nadie en la faz de la Tierra puede decir, doctor».[54]

La poca claridad de Oppenheimer respecto a su difícil vida privada a veces podía provocar incomodidad en el interlocutor. Jeremy Bernstein, de veintisiete años, entró en el instituto en 1957, y, nada más llegar, le dijeron que el director quería verlo de inmediato. Al entrar en el despacho, Oppenheimer le dio la bienvenida alegremente y le dijo: «¿Qué hay de nuevo y sólido en física?».[55] Antes de que Bernstein pudiese componer una respuesta, sonó el teléfono y Robert le indicó que no se marchara mientras atendía la llamada. Al terminar, colgó y le dijo como si tal cosa al recién llegado, a quien ni siquiera conocía: «Es Kitty. Ha estado bebiendo otra vez». Y después invitó al joven a ir a Olden Manor para ver unos «cuadros».

Bernstein pasó dos años en el instituto. Oppenheimer le parecía «infinitamente fascinante»; podía tanto intimidar con su aspereza como desarmar con su encanto. Una vez en que lo llamó a su despacho para «confesarlo», cosa que se hacía con regularidad, el joven mencionó de pasada que estaba leyendo a Proust. «Me miró con bondad —escribió más tarde— y me dijo que cuando tenía mi edad había ido de viaje a Córcega y había leído a Proust por las noches a la luz de una linterna. No estaba fanfarroneando. Estaba compartiendo».[56]

---

* *Una mente maravillosa*, de Sylvia Nasar, retrató a Nash, y posteriormente también una película del mismo nombre.

En 1959, Oppenheimer asistió a unas conferencias en Rheinfelden (Alemania Occidental), auspiciadas por el Congreso por la Libertad de la Cultura. Veinte intelectuales de renombre mundial se reunieron en el lujoso hotel Saliner, ubicado en la ribera del Rin cerca de Basilea, para debatir sobre el destino del industrializado mundo occidental. Sintiéndose seguro en aquel entorno aislado, Oppenheimer rompió el silencio que mantenía acerca de las armas nucleares y, con una claridad poco habitual en él, habló sobre cómo las veía y las valoraba la sociedad estadounidense. «¿Qué se supone que debemos pensar de una civilización que siempre ha considerado la ética como parte esencial de la vida humana —preguntó—, [pero] que no ha sido capaz de hablar sobre la posibilidad de matar a casi todo el mundo más que en términos cautelosos y de teoría de juegos?».[57]

Oppenheimer se identificaba mucho con el mensaje anticomunista y liberal del congreso. En cuanto persona que en el pasado se había rodeado de comunistas, allí se encontró junto a intelectuales dedicados a disipar las ilusiones de «simpatizantes frívolos». Disfrutaba de la compañía de los hombres a quienes conocía en aquellas sesiones anuales, entre los cuales figuraban escritores como Stephen Spender, Raymond Aron y el historiador Arthur Schlesinger hijo. Se hizo muy amigo de Nicolas Nabokov, el director ejecutivo del congreso, primo del novelista y prestigioso compositor que dividía su tiempo entre París y Princeton. Este sabía con certeza que el congreso recibía fondos de la Agencia Central de Inteligencia (la CIA), y Oppenheimer también. «Y ¿quién no lo sabía? Me gustaría saberlo. Era un secreto a voces», recordó Lawrence de Neufville, un agente de la CIA destinado en Alemania.[58] Cuando *The New York Times* publicó la noticia, en la primavera de 1966, Oppenheimer, Kennan, John Kenneth Galbraith y Arthur Schlesinger hijo escribieron una carta conjunta al editor en la que defendían la independencia del congreso y la «integridad de sus organizadores». Ni siquiera se molestaron en negar la contribución de la CIA. Aquel mismo año, Oppenheimer escribiría después a Nabokov una carta en la que le aseguraba que consideraba el congreso como una de las «influencias más grandes y benignas» de la posguerra.

Con el tiempo, Robert fue convirtiéndose en una figura cada vez más visible en el panorama internacional, y empezó a viajar más a menudo. En 1958 visitó París, Bruselas, Atenas y Tel Aviv. En Bruselas, a los Oppenheimer los recibió la familia real belga, parientes lejanos de Kitty.

Su anfitrión en Israel fue el primer ministro David Ben-Gurión. En 1960 fue a Tokio, donde los periodistas lo recibieron en el aeropuerto con un aluvión de preguntas. «No me arrepiento —dijo con calma— de haber contribuido al éxito técnico de la bomba atómica. No es que no me sienta mal; es que no me siento peor esta noche que la noche pasada».[59] No debió de ser fácil traducir al japonés aquel sentimiento cargado de ambigüedades. Al año siguiente viajó por Latinoamérica patrocinado por la Organización de los Estados Americanos y cosechó titulares en la prensa local como «El padre de la bomba atómica».

Lilienthal, que tanto admiraba la inteligencia de Robert, se entristeció por lo que vio de su vida familiar. Más adelante diría que había «una contradicción entre la lúcida mente de Oppenheimer y su difícil perso-nalidad. […] No sabía tratar con la gente, sobre todo con sus hijos».[60] Lilienthal concluyó con dureza que Oppenheimer «arruinó» la vida de sus dos pequeños. «Los tenía atados muy corto».[61] Peter se convirtió en un joven tímido, muy sensible e inteligente, pero desvinculado de su ma-dre. Francis Fergusson sabía que Robert quería a su hijo, pero vio que era incapaz de protegerlo de la cólera de Kitty.[62] En 1955, con catorce años, lo enviaron a la George School, un internado elitista cuáquero de Newtown (Pennsylvania), esperando que algo de distancia suavizara las tensiones entre madre e hijo.

En 1958 estalló una crisis. A Robert le ofrecieron un puesto de pro-fesor invitado en París durante un semestre. Kitty y él sacaron a Toni, de doce años, de su escuela privada de Princeton y se la llevaron consigo, pero decidieron que Peter, de diecisiete, se quedara en la George School. Robert escribió a su hermano que su hijo tenía ganas de ir a verlo a Nuevo México y buscar un trabajo de verano en algún rancho turístico de la zona. «Todavía está muy inestable —escribió Robert—, y me temo que no puedo predecir con certidumbre qué pasará en junio».[63]

La secretaria personal de Robert, Verna Hobson, no aprobó la de-cisión: «Menudo bofetón dejarlo aquí. [Peter] era extremadamente sen-sible. Me sentí muy mal por él». Ella dio a Robert su opinión, pero era evidente que Kitty lo tenía claro. Y Hobson lo vio como un punto de inflexión en la relación entre padre e hijo. «Llegó el momento en que Ro-bert tuvo que escoger entre Peter, a quien quería mucho, y Kitty —ex-plicó Hobson—. Ella lo planteó de tal manera que tenía que ser el uno o la otra, y, por el pacto que había hecho con Dios o consigo mismo, escogió a Kitty».[64]

39

«Era como el País de Nunca Jamás»

Robert era muy humilde. Lo adoraba.

INGA HIILIVIRTA

Desde 1954, los Oppenheimer pasaban varios meses al año en la diminuta isla de St. John, perteneciente a las islas Vírgenes. Rodeado de la deslumbrante y primordial belleza del lugar, Robert disfrutaba de aquel exilio autoimpuesto y vivía como si fuera un marginado social. En palabras del poema que había escrito de joven en Harvard, se labró en St. John «su prisión separada», y la experiencia pareció rejuvenecerlo, igual que lo habían revitalizado los veranos que había pasado en Nuevo México, décadas atrás. Las primeras veces, los Oppenheimer volvieron a la costa norte de la isla para quedarse en la pequeña casa de huéspedes de la bahía de Trunk, propiedad de Irva Boulon. Después, en 1957, Robert compró ocho mil metros cuadrados de tierra en la bahía de Hawksnest, una cala preciosa situada en el extremo noroeste de la isla. El lugar estaba justo bajo un saliente rocoso imponente, con forma jorobada, conocido irónicamente, al menos eso pensaba Robert, como el monte de la Paz. La blanca playa, que hacía una ligera bajada, estaba salpicada de palmeras, y en las aguas turquesas nadaban peces loro, peces cirujano, meros y algún banco ocasional de barracudas.

En 1958, Oppenheimer contrató al eminente arquitecto Wallace Harrison, que había ayudado a diseñar edificios tan importantes como el Rockefeller Center, la sede de las Naciones Unidas y el Lincoln Center, para que proyectara una casa espartana, una especie de versión caribeña de Perro Caliente.[1] El constructor que Robert había contratado para el proyecto, sin embargo, no colocó los cimientos en el lugar correspondiente, sino demasiado cerca del agua (dijo que un burro se había comido los planos del arquitecto). Una vez terminada, la vivienda constaba de una sala rectangular enorme, de unos veinte metros de largo, situada encima de un bloque de hormigón. Estaba dividida solo por una pared de un metro veinte de altura que separaba los dormitorios del resto. El suelo era de baldosas de terracota, muy bonitas. Al fondo había una cocina bien equipada y un baño pequeño. Unas ventanas con postigos dejaban entrar el sol por tres lados, pero el frente, que daba a la cala, estaba totalmente abierto a esta y a los vientos alisios del oeste. Así pues, la casa tenía solo tres paredes y un techo de hojalata que se desenrollaba para cubrir la parte delantera en época de huracanes.[2] La llamaron la Roca de Pascua por la roca gigante con forma de huevo que había en lo alto del monte de la Paz.[3]

A unos cien metros, siguiendo la playa, vivían sus únicos vecinos, Robert y Nancy Gibney, que de mala gana les habían vendido el terreno después de que Robert los engatusara.[4] El matrimonio llevaba viviendo en la isla desde 1946, cuando compró veintiocho hectáreas de terreno alrededor de la bahía de Hawksnest por una cantidad irrisoria de dinero.[5] Bob Gibney había sido redactor de *The New Republic* y tenía ambiciones literarias, pero, cuanto más tiempo llevaba viviendo en la isla, menos escribía.[6]

Su mujer, Nancy, procedía de una familia rica de Boston. Era elegante y había trabajado como redactora en *Vogue*. Con tres hijos y pocos ingresos regulares, los Gibney tenían mucha tierra y poco dinero. Nancy Gibney había conocido a los Oppenheimer en 1956, en una comida celebrada en la pensión de la bahía Trunk. «Iban vestidos como turistas —escribiría más adelante—, con camisa de algodón, pantalones cortos y sandalias, pero no tenían aspecto humano, eran muy flacos, frágiles y pálidos para la vida terrenal. [...] Kitty era la más humanoide de los dos, aunque parecía no tener rasgos, salvo los ojos oscuros. Resultaba extraño que una voz tan profunda y ronca emanara de un torso tan pequeño».

Después de las presentaciones, Kitty dijo a Nancy: «¿No tienes calor con todo ese pelo?». Esta consideró que el comentario fue «grosero» y se quedó «pasmada». En cambio, Robert le cayó bien al principio. Se parecía «increíblemente a Pinocho, hasta se movía a sacudidas, como una marioneta colgada de los hilos. Pero su carácter no tenía nada de rígido: exudaba calidez, afabilidad y cortesía junto con las vaharadas de su famosa pipa». Le preguntó a qué se dedicaba su marido y ella le explicó que de vez en cuando trabajaba en el hotel de Laurance Rockefeller, el de la bahía Caneel.

«¿Ha trabajado para Rockefeller? —dijo, dando una calada a la pipa. Entonces bajó la voz y bromeó—: Yo también he cobrado por hacer el mal».

Nancy estaba atónita. Nunca había conocido a personas tan peculiares. Al año siguiente, Oppenheimer convenció a los Gibney de que le vendieran un terreno para una casita. En la primavera de 1959, mientras un grupo de albañiles todavía estaba levantando la casa, Kitty escribió a Nancy para decirle que querían ir a St. John en junio, pero no tenían sitio donde quedarse. Pese a sus recelos, esta les ofreció una habitación de la enorme casa rústica que tenían en la playa.

Los Oppenheimer se presentaron allí unas semanas después, con Toni, de catorce años, y una compañera del colegio de esta, Isabelle. Kitty dispuso que las dos niñas durmieran en una tienda que habían llevado. Y entonces dijo que seguramente no podrían alojarse todo el verano, pero igual un mes sí. Nancy se quedó boquiabierta; pensaba que estarían solo unos días. Ahí comenzó lo que Nancy llamaría después «siete semanas horribles y delirantes», caracterizadas por desacuerdos, malentendidos y cosas peores.

Por decirlo de alguna manera, los Oppenheimer no eran invitados de trato fácil. Kitty pasaba levantada la mitad de la noche, a menudo quejándose de dolor por lo que llamaba «ataques de páncreas», los cuales no hacían más que empeorar con la bebida. Tanto ella como Robert «eran creyentes devotos en beber y fumar en la cama». Todas las noches, los Gibney oían a Kitty trastear en la cocina en busca del preciado hielo para la bebida. Nancy se despertaba muchas veces a causa de las «frecuentes pesadillas» de Robert. Víctimas del insomnio, los Oppenheimer no solían levantarse antes de mediodía.

Una noche de agosto, Nancy se despertó por tercera vez a causa del ruido que hacía Kitty en la cocina al buscar hielo con una linterna. Se levantó a mirar y explotó de ira: «Kitty, quien bebe toda la noche no necesita hielo. Métete en la habitación, cierra la puerta y no salgas de allí ni aunque te maten».

Kitty se la quedó mirando unos momentos y luego, con todas sus fuerzas, le soltó un golpe a Nancy con la linterna. Apenas le rozó la mejilla. «La agarré fuerte por el hombro —escribió más adelante Gibney— y la metí a patadas en "su habitación", pegué un portazo y atranqué todas las puertas». A la mañana siguiente, Nancy se marchó a Boston a ver a su madre y dijo a sus hijos que volvería solo «cuando se larguen esos lunáticos». Los Oppenheimer se marcharon al fin a mediados de agosto.[7]

El año siguiente regresaron, esa vez a su propia casa, ya terminada. Comprensiblemente, la relación con los Gibney no se arregló. Nancy no volvió a dirigirles la palabra, y solía provocar a Kitty colgando carteles de «Propiedad privada» en su lado de la playa. Los hijos de los Gibney recuerdan a Kitty yendo de un lado a otro de la playa, arrancándolos.[8]

Nancy se peleó con Kitty, pero para quien reservaba su mayor antipatía era para Robert. «Pese a todo, llegué a sentir cariño y respeto por

Kitty, aunque me cuidé mucho de mostrarlo. Incluso en sus peores momentos carecía totalmente de malicia; era valiente como un leoncito, fiera y leal a los suyos». Robert, opinaba Nancy pese a la primera impresión que le había despertado, era el retorcido. Sentía hacia él una hostilidad extraordinaria. En el escrito sobre aquella estancia veraniega, relata que el 6 de agosto, el decimocuarto aniversario del bombardeo de Hiroshima, «fue un día de nostalgia y buenos recuerdos para nuestros invitados, de sonrisas y evocaciones emocionantes. Nadie que hubiera observado a Robert Oppenheimer *en famille* aquel día habría dudado de cuál fue su momento de gloria. [...] Su amor por la bomba era diáfano, así como por el ilustre papel que había desempeñado en su creación».[9]

Robert nunca levantaba la voz. De hecho, nadie lo vio nunca enfadarse. Solo hubo una excepción memorable. Cuando ya llevaban unos años viviendo allí, organizaron una alborotada fiesta de fin de año. En un momento dado, un invitado, Ivan Jadan, se arrancó a cantar una tempestuosa canción de ópera. Aquello ya fue demasiado para Bob Gibney, y bajó hecho una furia a la playa de los Oppenheimer. Llevaba una pistola y, para llamar la atención de todo el mundo, disparó al aire varias veces. Robert, encolerizado, se volvió hacia él y le gritó: «¡Gibney, no vuelvas a pisar mi casa nunca más!». A partir de entonces, los dos matrimonios cortaron toda relación, contrataron abogados y se pelearon por los derechos de la playa. La enemistad pasó a ser una leyenda en la isla.[10]

Otros vecinos de St. John no compartían la visión que los Gibney tenían de los Oppenheimer. Ivan y Doris Jadan, una pareja extravagante que vivía allí desde 1955, adoraban a Robert. «Nunca te sentías incómoda con él —recordó Doris—, lo cual hacía honor al porte que tenía». Ivan Jadan, nacido en Rusia en 1900, fue el tenor lírico principal del Bolshói a finales de los años veinte y en los treinta. Pese a su posición, rechazó unirse al Partido Comunista, y en 1941, cuando los alemanes invadieron el país, fue hacia las líneas alemanas junto con una docena de amigos del Bolshói y se entregaron. Al poco los metieron en vagones para ganado y los mandaron a Alemania. En 1949 se las arregló para emigrar de Alemania Occidental a Estados Unidos. Se casó con Doris en 1951, y al ir de viaje a St. John, en junio de 1955, Ivan anunció: «Yo me quedo aquí».[11]

Cuando conocieron a los Oppenheimer, se pusieron muy contentos al saber que los nuevos vecinos hablaban alemán. El inglés de Ivan era rudimentario, y Doris y él hablaban ruso. Ivan era bullicioso y franco, y rompía a cantar con el menor pretexto. Se enfadaba con facilidad; si no estaba de acuerdo con alguien, se levantaba de la mesa y se marchaba. Era antisoviético como el que más. Conocía bien la audiencia de seguridad de Robert y no detectó nada que no fuera profundamente correcto en su sentido moral. Aunque hablaba muy pocas veces de política, con Robert se veía arrastrado a ella. Formaban una pareja curiosa, pero era evidente que ambos disfrutaban de la compañía del otro.

«Kitty, desde luego, era otra historia —recordó Doris Jadan—. Estaba trastornada. Pero los dos se protegían mutuamente, incluso cuando no era ella misma. [...] A veces era muy pícara. El diablo la había marcado en parte, y lo sabía». Con todo, a Doris le caía bien. Un día, Kitty le dijo: «¿Sabes? Tú y yo tenemos una cosa en común. Las dos estamos casadas con personas totalmente únicas, y para nosotras es una responsabilidad distinta a la del resto».[12]

En la isla todo el mundo bebía. Y Kitty bebía mucho, pero también podía permanecer serena durante días y días. «No recuerdo a Kitty, o solo unas pocas veces, estar lo que se dice borracha», dijo Sabra Ericson, una vecina.[13] «Ella era el gran problema de su vida [de la vida de Oppenheimer] —contó Doris—, y lo sabía. Pero también sabía que él no habría hecho todo lo que hizo si no hubiera sido por ella, creo. [...] Quería a Robert. No hay duda de eso. Pero era una persona muy embrollada. [...] Creo que, siendo justos, seguramente fue la mejor esposa que él pudo tener».[14] Respecto a Robert, «la trataba con devoción absoluta», dijo otra vecina de St. John, Sis Frank. «A sus ojos, ella no hacía nada mal».[15]

Kitty se entretenía horas y horas en el jardín; St. John era un paraíso para las orquídeas. «Si había un rincón muerto en el jardín —observó Sis Frank—, en una semana ya estaba dando unas plantas preciosas. Tenía muy buena mano con las orquídeas». No obstante, le horrorizaba el mero pensamiento de pasar por la casa si Kitty estaba allí sola, pues esta hacía, sin excepción, algún comentario cáustico, «maligno», sobre algo desagradable. «Aprendí a pasar por alto aquellas cosas porque durante mucho tiempo no era ella misma. [...] Yo conocía sus movimientos. Sabía qué prever. Qué espanto de vida ser tan infeliz».[16]

«Robert era muy humilde —recordó Inga Hiilivirta, una bellísima joven finlandesa que iba a la isla desde 1958—. Lo adoraba. Lo veía como una especie de santo. Sus ojos azules eran simplemente maravillosos. Parecía leerte los pensamientos». Su marido, Immu, y ella conocieron a los Oppenheimer en una fiesta de Navidad, el 22 de diciembre de 1961. Cuando Inga, de veinticinco años, entró en la casa de la bahía de Hawksnest, se quedó impresionada de que un hombre tan famoso viviera en condiciones tan rústicas. Enseguida, sin embargo, se dio cuenta de que tenían todas las cosas buenas de la vida. Robert le preguntó: «¿Te apetece un poco de vino?», y sacó una botella de champán caro. Los Oppenheimer compraban el champán por cajas.

Unos días después, Robert y Kitty montaron una fiesta de fin de año. Contrataron a Limejuice Richards, un nativo negro de edad avanzada, para que llevara a los invitados por la sinuosa carretera de tierra desde Cruz Bay en el Land Rover de color verde claro de los Oppenheimer. Aquella noche sirvieron ensalada de langosta y champán. Limejuice y su «banda de chirridos» tocaron música calipso, que Robert bailó con Inga, y luego todos se fueron a bañar. «Era como el País de Nunca Jamás —dijo Inga—, como un sueño». Después caminaron por la playa y Robert les señaló algunas constelaciones.[17]

Limejuice se convirtió en el encargado y el jardinero de la casa de los Oppenheimer. Cuando ellos no estaban en la isla, tenía el permiso de usar el Land Rover, que usaba como taxi para llevar a turistas por el lugar. A Robert le gustaba el anciano y quería ayudarlo, incluso hasta el punto de hacer la vista gorda ante el empleo del Land Rover para pasar ron Tortola de contrabando.[18]

Una noche de principios de 1961, Ivan Jadan cogió una tortuga carey pequeña mientras se bañaba en la bahía Maho. Después, durante la cena, la mostró a los demás y anunció su intención de cocinar al animal, que intentaba liberarse. Robert hizo una mueca y suplicó por la vida de la tortuga, diciendo a todos que «le traía de vuelta los horribles recuerdos de lo que les pasó a todas las criaturitas después de la prueba [Trinity] de Nuevo México». Entonces, Ivan grabó sus iniciales en el caparazón y la soltó. Inga se conmovió: «Me hizo cogerle aún más cariño a Robert».[19]

En otra ocasión, los Oppenheimer estaban de visita en casa de los Jadan, situada en lo alto de Cruz Bay, contemplando un brillante atardecer. Robert se volvió hacia Sis Frank, se levantó y dijo: «Sis, ven conmigo hasta el precipicio. Hoy vas a ver un rayo verde». Y, en efecto, cuando el sol se hundió bajo la línea del horizonte, Sis vio un destello de luz verde. Robert le explicó con calma la física de lo que acababan de ver: desde St. John, las capas atmosféricas de la tierra hacían de prisma y emitían durante uno o dos segundos un rayo verde. A Sis le maravilló el fenómeno y quedó encantada con la paciente explicación de Robert.[20]

«Era un hombre modesto», recordó Sabra Ericson. Cada año, en septiembre, los Oppenheimer enviaban por correo tres docenas de invitaciones a sus amigos de la isla para la fiesta de Nochevieja. Iba todo tipo de gente: negros y blancos, con estudios y sin ellos. Robert no hacía distinciones. «Eran seres humanos de verdad», dijo Ericson.[21]

Dejando a los Gibney al margen, la parte más amable de la naturaleza de Robert se desplegaba a diario en St. John. Ya no hacía comentarios ásperos sobre otras personas. «Era el hombre más amable y bueno que he conocido en toda mi vida —dijo John Green—. Nunca he conocido a nadie que sintiera ni expresara menos malevolencia hacia nadie». Muy raramente mencionaba su amarga experiencia, ni siquiera de soslayo. Un día, sin embargo, en que salió en la conversación la promesa del presidente Kennedy de enviar a un hombre a la luna, le preguntaron: «¿A ti te gustaría ir a la luna?». Robert respondió: «Bueno, lo que sí me gustaría sería enviar a la luna a unos cuantos que conozco».[22]

Los Oppenheimer cada vez pasaban más tiempo en la isla. Iban casi siempre por Pascua, Navidades y buena parte del verano. Una Semana Santa invitaron a Francis Fergusson, el amigo de Robert de la infancia. La mala suerte quiso que Robert cogiera un resfriado y pasara casi toda la semana en cama. Kitty, en consecuencia, hizo el papel de anfitriona perfecta y se llevó a Fergusson a dar largos paseos por la playa; como botánica, le mostró la espectacular flora de la isla. Kitty siempre hacía el esfuerzo de tratar bien a los amigos de la infancia de Robert, pero el comportamiento mostrado en aquella ocasión le pareció a Fergusson un tanto estrambótico. «Quería coquetear conmigo», recordó.[23]

Kitty fingía ser buena cocinera, lo cual en realidad quería decir que sus platos tenían estilo pero poca sustancia. Robert había puesto una nasa en la bahía y comían muchas veces ensalada de marisco, pulpo y langostinos a la parrilla. Como los nativos, comían buccinos crudos, una caracola de las Indias Occidentales que cogían en la playa. En una cena de Navidad sirvieron a sus invitados champán y algas japonesas. Robert no probó apenas nada. «Madre mía —recordaba Doris Jadan—, si el hombre comía mil calorías al día era un milagro».[24]

Peter iba muy pocas veces a St. John; el joven prefería las montañas abruptas de Nuevo México.[25] En cambio, Toni hizo de la isla su refugio espiritual. «Era muy dulce», dijo una residente.[26] Adoptó costumbres isleñas y, con el tiempo, adquirió un dominio casi perfecto del calipso, el criollo inglés de las Indias Occidentales. Le encantaba la música de percusión metálica de la isla. En la primera adolescencia era una «niña muy seria, de rasgos hermosos y finos, ojos oscuros y tristes, pelo oscuro largo y lustroso, y la educación altiva de una princesa».[27] Extremadamente tímida, detestaba que le sacaran fotografías. Contó a amigos de St. John que siempre había odiado los flashes de las cámaras enfocadas hacia ella siempre que viajaba en compañía de su padre.[28] La isla era un lugar perfecto para alguien que valoraba tanto su intimidad.

«Toni era muy dócil y modosa —recordó Inga Hiilivirta, de quien fue amiga—. Hacía todo lo que le decían. Se rebeló más tarde».[29] Kitty se apoyaba muchísimo en ella y a menudo la trataba como una criada, pidiéndole que le fuera a buscar los cigarrillos. Toni siempre iba detrás de su madre recogiéndolo todo, y fue inevitable que empezara a pelearse con ella de adolescente. «Toni y su madre estaban a la greña todo el tiempo», evocó Sis Frank.

Una vecina de St. John recordaba que «Robert no prestaba mucha atención a Toni. Era amable con ella, pero no le hacía caso. Podría haber sido la hija de cualquiera».[30] Por otra parte, otro vecino, Steve Edwards, creía que Robert «la valoraba mucho. […] Saltaba a la vista que estaba orgulloso de ella».[31] A sus diecisiete años, Toni llamaba la atención de muchas personas por ser muy inteligente, pero también reservada, sensible y amable; la chica de una familia chapada a la antigua. Hubo un tiempo en que Alexander Jadan, el hijo del ruso Ivan, fue detrás de ella. «Alex estaba loco por Toni», recordó Sis Frank.[32] Pero cuando ella mostró interés serio hacia él, Robert intervino y resolvió que Alex era demasiado mayor para ella.[33]

Como consecuencia de la amistad con los Jadan, Toni decidió estudiar ruso. Era una lingüista excelente, como su padre. Y aunque se especializó en francés, cuando terminó los estudios en la Universidad de Oberlin, hablaba italiano, francés, castellano, alemán y ruso. Usaba este último para escribir su diario.

Robert, Kitty y Toni eran marineros expertos los tres —o *rag people*, como llamaban los isleños a quienes preferían los barcos de vela a los de motor—. A veces salían durante tres o cuatro días a navegar.[34] Un día, Robert estaba navegando solo en el pequeño atracadero de Cruz Bay al atardecer. Llevaba el sombrero de paja tan calado que el ala le tapaba la frente, y no vio el ancho de la proa de otro barco que estaba anclado en el puerto y chocó con él; destrozó el mástil de su propio barco. Por suerte, nadie salió herido, pero «lleva el ala del sombrero levantada cuando navegues en puerto» pasó a ser un chiste familiar.[35]

Oppenheimer disfrutaba de una vida relajada; navegaba de día e invitaba a casa a amigos variopintos de la isla por la noche. La vida en la bahía de Hawksnest era primitiva y podía llegar a ser peligrosa. Un día, Robert estaba solo cuando le picó una avispa en la mano mientras estaba echando queroseno en una lámpara. Del susto, soltó el recipiente, que se rompió contra las baldosas del suelo, y un trozo de cerámica se le clavó en el pie derecho como un puñal. Sacó la esquirla, pero cuando llegó al mar, cojeando, para limpiarse la herida, se dio cuenta de que no podía mover el dedo gordo del pie. Su pequeño barco de vela estaba aparejado y anclado en la playa, así que decidió ir por mar hasta el consultorio de Cruz Bay. El doctor lo examinó y vio que el fragmento de cerámica le había cortado limpiamente el tendón del pie; como no estaba unido a su lugar, se había retraído hacia arriba por la pierna. Robert aguantó sin quejarse mientras el médico cogió el tendón, lo tensó y se lo cosió de nuevo en su sitio. «Está mal de la cabeza —lo regañó este—. Venir navegando hasta aquí. [...] Ha tenido suerte de no perder el pie entero».[36]

Después de pasar la mañana navegando o caminando por la playa, Robert invitaba a cualquiera con quien se encontrara a tomar algo a su casa. Seguía preparando sus martinis, que no parecían afectarle. «Nunca vi a Robert borracho», recordó Doris Jadan.[37] Las copas se convertían en cena, y a menudo el físico se ponía a recitar poesía. Con voz susurrada, recitaba a Keats, Shelley, Byron y a veces Shakespeare. Le encantaba la *Odisea* y había memorizado pasajes largos traducidos.[38] Se había vuelto un rey filósofo de vida simple, adorado por un grupo heterogéneo de seguidores: expatriados, retirados, *beatniks* y nativos. Pese a su cultivada aura de misticismo, encajó y se acomodó en el mundo de estos isleños. En St. John, el padre de la bomba atómica había encontrado el lugar perfecto para refugiarse de sus demonios internos.

40

«Tendría que haberse hecho al día siguiente de la Trinity»

> Creo que es posible, señor presidente, que haya necesitado un poco de caridad y de valor para dar hoy este galardón.
>
> ROBERT OPPENHEIMER al presidente Lyndon Johnson,
> 2 de diciembre de 1963

A principios de la década de 1960, con el regreso de los demócratas a la Casa Blanca, Oppenheimer dejó de ser un paria político. La Administración de Kennedy no iba a llevarlo de vuelta al Gobierno, pero los demócratas liberales lo tenían como hombre ilustre martirizado por los republicanos extremistas. En abril de 1962, McGeorge Bundy, el antiguo decano de Harvard y entonces asesor de seguridad nacional del presidente Kennedy, hizo que invitaran a Oppenheimer a una cena de gala en la Casa Blanca en honor de cuarenta y nueve premios Nobel. En ella, Oppie se codeó con eminencias como el poeta Robert Frost, el astronauta John Glenn y el escritor Norman Cousins. Todos rieron ante la broma de Kennedy: «Creo que es la colección más extraordinaria de talento, de conocimiento humano, que se ha juntado en la Casa Blanca, con la única posible excepción de cuando Thomas Jefferson cenó solo». Después, Glenn Seaborg, antiguo amigo de Oppenheimer de los tiempos de la GAC y entonces presidente de la CEA, le preguntó si le gustaría pasar por otra audiencia para que le restituyeran las credenciales de seguridad. «Ni loco», espetó Robert.[1]

Oppenheimer siguió dando charlas, casi siempre en marcos universitarios, y solía reflexionar sobre temas amplios relacionados con cultura y ciencia. Desde que lo relegaron de posiciones vinculadas con el Gobierno, el poder de su imagen era por completo el de intelectual público. Se presentaba como un humanista reticente que ponderaba la supervivencia del hombre en una era de armas de destrucción masiva. Cuando los redactores de *Christian Century* le pidieron que nombrara unos cuantos libros que hubieran conformado su visión filosófica, les dio diez. El primero de la lista era *Las flores del mal*, de Baudelaire, y el siguiente, el *Bhagavad Guitá*. El último era *Hamlet*.[2]

En la primavera de 1963, Oppenheimer se enteró de que el presidente Kennedy había anunciado la intención de otorgarle el prestigioso galardón Enrico Fermi, un premio de cincuenta mil dólares en metálico libres de impuestos y una medalla por los servicios prestados a la comunidad. Todo el mundo entendió que era un acto simbólico de rehabilitación política. «¡Qué asco!», gritó un senador republicano cuando oyó la noticia.[3] Por el Comité de Actividades Antiestadounidenses circuló un resumen de quince páginas de los cargos por los que se había acusado a Oppenheimer en 1954. Por otra parte, el curtido presentador de la CBS Eric Severeid describió al físico como «el científico que escribe como un poeta y habla como un profeta» e insinuó con aprobación que el premio significaba la restauración política del físico como figura nacional.[4] Cuando la prensa le insistió para que expresara su reacción, Robert objetó: «Miren, hoy no es día para que yo vaya presumiendo por ahí. No quiero molestar a los chicos que han trabajado en esto».[5] Sabía que los amigos que tenía en la Administración, McGeorge Bundy y Arthur Schlesinger hijo, eran sin duda responsables de aquello.

Edward Teller, que había recibido el mismo premio el año anterior, felicitó a Oppenheimer sin tardanza: «Muchas veces he estado tentado de decirte algo. Esta es la única ocasión en que puedo hacerlo con plena convicción y sabiendo que estoy haciendo lo correcto».[6] En realidad, muchos físicos estuvieron haciendo campaña para que la Administración de Kennedy restableciera las credenciales a Oppenheimer.[7] Reivindicaban un acto palpable, no una mera rehabilitación simbólica. Sin embargo, Bundy pensó que el precio político era demasiado alto. De hecho, incluso después de que la Administración anunciara que se entregaría el Premio Fermi a Oppenheimer, el asesor de seguridad nacional esperó a evaluar la respuesta de los republicanos antes de decidir que el presidente entregara el premio en persona en una ceremonia en la Casa Blanca.

El 22 de noviembre de 1963, Oppenheimer estaba en su despacho trabajando en el discurso de agradecimiento para la ceremonia, que se celebraría el día 2 de diciembre en la Casa Blanca, cuando llamaron a la puerta. Era Peter. Le contó que acababa de oír en la radio del coche que habían matado al presidente Kennedy en Dallas. Robert apartó la mirada. En aquel momento, Verna Hobson entró corriendo y exclamó: «Dios mío, ¿lo ha oído?». Oppenheimer la miró y dijo: «Peter acaba de decírmelo».[8] Cuando empezó a llegar gente, Robert le preguntó a su hijo, de veintidós años, si quería tomar algo. Peter asintió, y Robert se acercó al enorme vestidor de Hobson, donde sabía que se guardaba algo de alcohol. Peter vio que su padre se quedaba ahí de pie, «con el brazo colgando y frotándose el dedo anular con el pulgar, mirando hacia abajo, a la pequeña colección de botellas». Al final le dijo: «Da igual». Salieron del vestidor, pasaron al lado de la mesa de Verna Hobson, y Peter oyó a Robert que decía: «Ahora las cosas se van a desmoronar muy deprisa». Más tarde confió a su hijo que «no se había sentido igual desde la muerte de Roosevelt». A lo largo de la semana, Oppenheimer, igual que buena parte del país, se sentó frente al televisor y vio desplegarse la tragedia posterior.

El 2 de diciembre, el presidente Lyndon Johnson siguió adelante con la ceremonia del Premio Fermi, tal como estaba programado. En la sala del Gabinete de la Casa Blanca, junto a la enorme complexión de Johnson, Oppenheimer parecía casi diminuto. Era como «una figura de piedra, gris, rígido, casi inerte, intensamente trágico». En contraste, Kitty estaba exultante, «un estudio en alegría». David Lilienthal vio toda aquella pompa como «una ceremonia de expiación de los pecados de odio y ofensa a los que sometieron a Oppenheimer».[9] Delante de Peter y Toni, Johnson dio unas breves palabras y entregó a Robert una medalla, una placa y un cheque de cincuenta mil dólares.

En el discurso de agradecimiento, Oppenheimer mencionó que un presidente anterior, Thomas Jefferson, «escribía a menudo sobre "el espíritu de hermandad de la ciencia". [...] Sé que no siempre hemos dado prueba de ese espíritu, pero no es porque carezcamos de intereses científicos vitales comunes o confluentes. Es en parte porque, junto con incontables hombres y mujeres, participamos en esta gran empresa de nuestros tiempos en la que probamos si el hombre puede preservar y ampliar la vida, la libertad y la búsqueda de la felicidad, y vivir sin que la guerra sea el gran árbitro de la historia». Entonces se dirigió a Johnson y dijo: «Creo que es posible, señor presidente, que haya necesitado un poco de caridad y de valor para otorgar hoy este galardón, lo cual me parecería un buen augurio para todos nuestros futuros».[10]

Johnson le respondió con una referencia cortés a Kitty llamándola «la dama que hoy comparte honores con usted, la señora Oppenheimer».

Y luego, para diversión de todos, bromeó: «¡Se habrán fijado en cómo ha tomado posesión del cheque!».

Teller se hallaba entre el público y todo el mundo observó con tensión creciente cómo los dos se encontraban cara a cara. Kitty, con cara muy seria, estaba al lado de su marido, quien sonrió y estrechó la mano a Teller. Un fotógrafo de la revista *Time* captó el momento con su cámara.[11]

Después, la viuda doliente de John F. Kennedy avisó de que quería ver a Robert en sus aposentos. Robert y Kitty subieron las escaleras, donde Jackie los recibió. Dijo que solo quería que supiera cuánto había deseado su difunto marido entregarle este premio. El físico, cuando después describió el momento, confesó que se había emocionado profundamente.[12]

De todas formas, Oppenheimer seguía siendo una figura controvertida en Washington. Al menos un político republicano, el senador Bourke B. Hickenlooper, había anunciado que boicotearía la ceremonia de la Casa Blanca. En respuesta a las críticas de los republicanos, la Administración de Johnson convino en reducir el Premio Fermi a veinticinco mil dólares el año siguiente. Lewis Strauss, por descontado, se sintió humillado por la semirrehabilitación de Robert y escribió una iracunda carta a la revista *Life*, en la que opinaba que conceder aquel premio a Oppenheimer había «asestado un durísimo golpe al sistema de seguridad que protege nuestro país».[13]

La inquina de Strauss hacia Oppenheimer no hizo más que aumentar desde el juicio de 1954. Después, en 1959, las antiguas heridas se reabrieron cuando el presidente Eisenhower lo nombró secretario de Comercio. En el amargo debate por la ratificación del cargo, en que la audiencia de Oppenheimer fue un factor central, Strauss perdió por muy poco, con una votación de 49 a 46. Echó la culpa de ello —y con razón— al senador Clinton Anderson y luego al senador John F. Kennedy, que había recibido presión de defensores de Oppenheimer como McGeorge Bundy y Arthur Schlesinger hijo. Kennedy objetó que «tendría que haber un caso extremo para votar contra el presidente», y Bundy contestó: «Bueno, este es un caso extremo». El asesor de seguridad nacional expuso a Kennedy la conducta censurable de Strauss en el caso Oppenheimer. Y aquel, convencido, cambió su voto, por lo que Strauss perdió la ratificación.[14] «Me encanta este espectáculo. Nunca creí que viviría para ver mi venganza —telegrafió Bernice Brode a Oppie—. Disfruta con espíritu nada cristiano de cada espasmo y cada desgarro de la víctima. Lo estamos pasando muy bien, ¡ojalá estuvieras aquí!».[15] Todavía siete años después, Strauss creía ver la influencia de Robert en el trabajo y se quejaba de que «los partidarios de Oppenheimer continúan con las represalias contra individuos que cumplieron con su deber».[16] El caso perseguiría tanto a Strauss como a Oppenheimer hasta la tumba.

Incluso después del Premio Fermi, Kitty, inamovible, seguía resentida con Teller y otros. Una tarde de la primavera de 1964, los Oppenheimer estaban tomándose algo con David Lilienthal. Robert acababa de salir de un episodio de neumonía muy grave y por fin había dejado los cigarrillos, aunque seguía fumando en pipa. Kitty y él habían envejecido. Robert seguía llevando su sombrero chato *porkpie* y conducía por Princeton un Cadillac descapotable que había conocido tiempos mejores. Cuando Lilienthal señaló que la última vez que los había visto fue en la ceremonia del Premio Fermi, en la Casa Blanca, a Kitty se le encendieron los ojos. «Aquello fue horrible —espetó—, hubo cosas horribles allí». Robert, sentado con la cabeza gacha, murmuró con calma: «Se dijeron cosas muy bonitas». Pero perdió la «postura amable, casi rabínica», cuando se mencionó el nombre de Teller y en los ojos le relampagueó una furia tremenda. Lilienthal anotó en su diario que «las heridas seguían abiertas», y terminó la entrada con la observación de que «los sentimientos [de Kitty] ardían con una intensidad que se ve muy raramente, la mayoría de las veces con un rencor profundo hacia quienes participaron de un modo u otro en el tormento al que tuvo que someterse Robert».[17]

Para alguien que estuvo tan involucrado en política en los años treinta y cuarenta, resultaba curioso que Oppenheimer se desvinculara del alboroto de la década de 1960. Al principio de aquellos años, mientras muchos estadounidenses se dedicaban a cavar búnkeres nucleares en el patio trasero, nunca dio su opinión sobre aquella histeria. Cuando Lilienthal le insistió, Robert explicó: «No puedo hacer nada respecto a lo que está pasando. En cualquier caso, sería la persona menos indicada para hablar de eso».[18] De la misma manera, mientras se endurecía la guerra de Vietnam, en 1965 y 1966, no dijo nada en público; en cambio, en privado, cuando lo hablaba con Peter, era claramente escéptico ante el fervor creciente de la Administración.[19]

En 1964, Oppenheimer recibió un ejemplar de muestra de un libro que ofrecía una interpretación nueva y sorprendente de la decisión de arrojar la bomba en Hiroshima. Gar Alperovitz recurría a fuentes de archivo recién desclasificadas como los diarios de Henry L. Stimson, antiguo secretario de Guerra, y a material del Departamento de Estado relacionado con James F. Byrnes, antiguo secretario de Estado, para mostrar que la diplomacia en materia atómica para con la Unión Soviética fue un factor de peso en la decisión que tomó el presidente Truman de bombardear a un enemigo japonés que en apariencia estaba derrotado militarmente. *Atomic Diplomacy. Hiroshima and Potsdam. The Use of the Atomic Bomb and the American Confrontation with Soviet Power* desató una tormenta de controversias. Alperovitz le preguntó a Oppenheimer si quería comentarle algo al respecto, y este le respondió que mucho de lo que había escrito le resultaba «en gran medida desconocido». Añadió, no obstante, con intención: «Pero reconozco a su Byrnes y reconozco a su Stimson».[20] No entraría en el revuelo que se formó en torno al libro, pero estaba claro, como sucedió con el libro de P. M. S. Blackett *Fear, War and the Bomb*, de 1948, que todavía pensaba que la Administración de Truman atacó con armas atómicas a un enemigo que estaba esencialmente derrotado.

Aquel mismo año, un dramaturgo y psiquiatra alemán, Heinar Kipphardt, escribió una obra teatral, *El caso Oppenheimer*. En ella había mucha información extraída de las transcripciones de la audiencia de seguridad de 1954. Se estrenó en la televisión alemana y después se representó en cinco teatros: en Berlín occidental, Múnich, París, Milán y Basilea. El público europeo quedó hechizado por el retrato que hacía Kipphardt de Oppenheimer, frágil y delgado frente a sus acusadores, como un Galileo contemporáneo, un héroe científico martirizado por las autoridades en un Estados Unidos en plena caza de brujas contra el comunismo. Los críticos aclamaron la obra, que ganó cinco premios importantes.

En cambio, Oppenheimer leyó el texto y le disgustó tanto que escribió a Kipphardt una carta furibunda en la que lo amenazaba con tomar medidas legales. (Strauss y Robb, que siguieron con atención las reseñas de la obra, también consideraron brevemente denunciar a la compañía londinense Royal Shakespeare por difamación, pero sus abogados los convencieron de que no tenían nada que ganar). Lo que menos le gustó a Oppenheimer fue el monólogo final, en el que el dramaturgo ponía en su boca un sentimiento de culpa por haber construido la bomba: «Empiezo a dudar si no fuimos tal vez traidores para el espíritu de la ciencia. [...] Hemos estado haciendo el trabajo del diablo».[21] Aquel fragmento melodramático envilecía en cierto modo el carácter de la tortura sufrida. En pocas palabras, lo consideraba que era pobre precisamente porque carecía de ambigüedad.

El público no estaba de acuerdo. En octubre de 1966 se estrenó una obra británica en Londres en la que el actor Robert Harris interpretaba a Oppenheimer, y cosechó una popularidad increíble. Una reseña británica decía que la obra «hace pensar con violencia».[22] Harris escribió a Robert para comunicarle que «el público está atento y entusiasmado, sobre todo los más jóvenes, lo cual nos ha sorprendido y agradado».

Posteriormente, Oppenheimer reconoció de mala gana que la obra era culpable de nada más que de licencia poética. Le gustó más una representación de esta que se hizo en Francia porque se centraba casi en exclusiva en las transcripciones de la audiencia, pero, aun así, se lamentó de que ambas producciones «convertían aquella maldita farsa en una tragedia».[23] Al margen de sus virtudes, la obra de Kipphardt acercó la figura de Oppenheimer a una generación nueva de público europeo y estadounidense. Al cabo del tiempo, la obra se estrenó en Nueva York e inspiró un docudrama televisivo de la BBC y otras adaptaciones de la vida de Oppenheimer.

Hubo otros proyectos mediáticos que quisieron ahondar en la vida del físico. En 1965, en el vigésimo aniversario del bombardeo de Hiroshima, la cadena de televisión NBC emitió un documental, *The Decision to Use the Atomic Bomb*, narrado por Chet Huntley, que recogía los recuerdos de Robert en torno a la prueba Trinity, realizada el 16 de julio, y los versos que recitó del Bhagavad Guitá: «Ahora he devenido muerte, el destructor de mundos». En otra ocasión, un entrevistador le preguntó frente a cámara qué opinaba de la idea propuesta por el senador Robert Kennedy de que el presidente Johnson abriera el diálogo con la Unión Soviética con el fin de detener la proliferación de armas nucleares. Oppenheimer dio una calada profunda a la pipa y dijo: «Llega veinte años tarde. [...] Tendría que haberse hecho al día siguiente de la Trinity».[24]

Más o menos en la misma época, Robert se enteró de que un periodista bien relacionado y empático, Philip M. Stern, estaba trabajando en un libro que trataba de la audiencia de seguridad de 1954. Pero, por muchos amigos mutuos que respondiesen por Stern, Oppenheimer decidió que no quería que le entrevistase. «Respecto al tema del libro —explicó—, no consigo adquirir un desapego total, y además tengo lagunas enormes y esenciales. No se me ocurre una mezcla más venenosa».[25] El libro de Stern saldría mucho mejor, dijo, «sin mi colaboración, sugerencias o aprobación implícita». Titulado *The Oppenheimer Case: Security on Trial*, se publicó en 1969 y consiguió el aplauso de la crítica.*

---

* El libro de Stern sigue siendo el relato más completo de la audiencia de seguridad de Oppenheimer. Entre otros tratamientos acertados, se encuentran John Major, *The Oppenheimer Hearing* (Nueva York, Stein & Day, 1971); Barton J. Berstein, «The Oppenhei-

La primavera de 1965, a Oppenheimer le gratificó ver la consecución de una biblioteca nueva para el instituto de Princeton. Se construyó junto a un estanque artificial y estaba rodeada de hectáreas de césped. Robert la consideró su legado. El proyecto lo realizó Wallace Harrison, el mismo arquitecto que le hizo la casa de la playa de St. John. La biblioteca contaba con un tejado innovador que empleaba lamas de cristal giradas en cierto ángulo; de día, permitían la entrada de abundante luz, y de noche, la iluminación eléctrica del edificio brotaba hacia arriba. Desde lejos, el cielo entero parecía estar encendido por una gran hoguera. Cuando David Lilienthal alabó la belleza del marco de la nueva biblioteca y el espectáculo que ofrecía por las noches, Robert «sonrió como un niño» y dijo: «La biblioteca es bonita, así como los alrededores. También sirve para ilustrar cómo no prevemos las consecuencias más obvias. Eso fue lo que nos pasó sobre todo con la bomba de Los Álamos. Lo del techo de la biblioteca fue porque queríamos la mejor luz, que entrara la luz a la perfección. [...] De día resultó ser una maravilla. Pero nadie, ninguno de nosotros, previó que no solo entraría la luz, sino que saldría, hacia el cielo».[26]

El placer que le causó la biblioteca nueva solo compensó en parte los enfrentamientos regulares que mantenía con varios miembros de la facultad de Matemáticas. La política ruin del instituto a veces le provocaba estallidos de ira. «El problema es que a Robert le encanta la polémica —observó un directivo de la junta a Lewis Strauss— y básicamente odia a la gente. Habría que pedirle que se marchara».[27] Strauss se deleitaba con esos comentarios, pero aún le faltaban votos para echar a Oppenheimer.

Entonces, la primavera de 1965, Robert anunció a los directivos del instituto que había decidido que había llegado la hora de dejar el puesto y sugirió efectuar la salida en junio de 1966, al final del año académico. Strauss estaba allí para escuchar la noticia. El físico dio tres motivos para haber tomado la decisión. En primer lugar, solo le quedaban dos años para la jubilación reglamentaria, a los sesenta y cinco, y no tenía sentido «estar simplemente esperando a que doblaran las campanas». En segundo, explicó que Kitty «sufría una enfermedad que los médicos habían declarado incurable». (En su nota para los archivos, Strauss definió con malicia

---

mer Loyalty-Security Case Reconsidered», *Stanford Law Review*, n.º 42 (julio de 1990), pp. 1383-1484; y Charles P. Curtis, *The Oppenheimer Case: Trial of a Security System* (Nueva York, Chilton, 1964).

la dolencia de Kitty como «dipsomanía», la adicción incontrolable al alcohol). Robert dijo que en el presente le resultaba imposible recibir visitantes y miembros de la facultad. En tercero, declaró que las relaciones con algunos integrantes de la facultad, en especial la de Matemáticas, eran «intolerables, y empeoraban».[28]

Habría preferido anunciar públicamente la decisión un poco más adelante, quizá en otoño, pero aquella noche había invitado a varios miembros de la facultad a cenar a su casa, y a Kitty se le escapó la noticia. Como era fácil que esta se filtrase, los directivos redactaron rápidamente un informe para la prensa, que apareció en los periódicos de todo el país la mañana del domingo 25 de abril de 1965.

Oppenheimer tenía poco que lamentar por el hecho de marcharse, pero le daba pena mudarse de Olden Manor, el que fue su hogar y el de Kitty durante casi veinte años. A Robert le consoló que los directivos habían votado a favor de construir una casa nueva para él en los terrenos del instituto, y, si no, facilitarles un alojamiento. Los Oppenheimer contrataron un arquitecto, Henry A. Jandel, y diseñaron un modelo de la casa, un moderno edificio de cristal y metal, de una planta, que se construiría en una parcela a casi doscientos metros de Olden Manor. Sin embargo, en lo que solo puede describirse como una acción característica de venganza personal, Strauss empleó su todavía considerable influencia como directivo para impedir el proyecto. El 8 de diciembre de 1965, dijo a sus compañeros que veía el plan «con malos ojos», juzgando como un error que Oppenheimer viviera en el campus, y aún más puerta con puerta de Olden Manor. Otro directivo, Harold K. Hochschild, lo interrumpió para decir que «incluso Princeton estaba demasiado cerca».[29] En un periquete, Strauss convenció a los directivos de que revocaran la promesa. Al día siguiente se lo comunicaron a Oppenheimer, quien «se enfureció». Si esa era la decisión firme de la junta, dijo, se marcharía de Princeton. Si Robert estaba comprensiblemente enfadado, una furiosa Kitty dio rienda suelta a su ira un día ante un directivo y su mujer, que dijeron después a Strauss que «había tenido lugar una conversación muy desagradable». Este mantuvo invisible su mano en todo aquel asunto y dejó a los Oppenheimer solos con sus sospechas. Así estaban las cosas en diciembre. Sin embargo, en febrero de 1966, Robert se las arregló para persuadir a los directivos de que volvieran a la decisión inicial. Para la indignación de Strauss, permitieron a Oppenheimer construir su casa en el sitio que quería. La obra empezó en septiembre de 1966 y estuvo terminada la primavera siguiente, pero nunca llegaría a vivir en ella.[30]

En otoño de 1965, Oppie tuvo visita con su médico para un chequeo general. No era algo que hiciera con mucha frecuencia, pero llegó a casa aquel día y anunció que le habían dicho que estaba sano como una manzana. «Os voy a sobrevivir a todos», bromeó. Sin embargo, dos meses después, la tos de fumador empeoró perceptiblemente. Aquellas Navidades, en St. John, se quejó a Sis Frank de que «le dolía mucho la garganta» y murmuró: «Quizá estoy fumando demasiado». Kitty pensó que no tenía más que un resfriado fuerte. Pero al final, en febrero de 1966, lo llevó a un médico de Nueva York. El diagnóstico era claro y desolador. Kitty llamó por teléfono a Verna Hobson y le dio la noticia: «Robert tiene cáncer», susurró.[31]

Cuarenta años de fumar sin parar le pasaron factura en la garganta. Cuando Arthur Schlesinger hijo se enteró de la «espantosa noticia», de inmediato le escribió: «No puedo imaginar más que muy vagamente lo duros que serán los próximos meses para ti. Te has enfrentado a cosas más terribles que la mayoría de los hombres de esta espantosa época y nos has dado a todos un ejemplo de valentía, objetivos y disciplina moral».[32]

Aunque ya no empalmaba un cigarrillo detrás de otro, seguía fumando en pipa. En marzo se sometió a una dolorosa operación de laringe no conclusiva, y después le pusieron un tratamiento de radioterapia con cobalto en el instituto Sloan-Kettering de Nueva York. Hablaba con bastante franqueza del cáncer con sus amigos. Dijo a Francis Fergusson que tenía «la leve esperanza de que no siguiera avanzando». A finales de mayo, sin embargo, todo el mundo veía que «se estaba consumiendo».[33]

Un hermoso día de primavera de 1966, Lilienthal pasó por Olden Manor y encontró allí de visita a Anne Marks, la secretaria de Robert de Los Álamos. Le impresionó mucho el aspecto de Robert. «Por primera vez se siente "inseguro respecto del futuro", como dice él, tan pálido y... asustado». Salió con Kitty a pasear por el jardín y le preguntó cómo iba el proceso. Ella se detuvo en seco, mordiéndose el labio; se quedó sin palabras, algo poco habitual en ella. Lilienthal se inclinó y le dio un beso suave en la mejilla, y ella soltó un gemido gutural y rompió a llorar. Al cabo de un momento, se enderezó, se enjugó las lágrimas y le dijo que sería mejor que volvieran adentro con Anne y Robert. «Nunca he admirado tanto la fortaleza de una mujer —anotó Lilienthal en su diario aquella noche—. Robert no solo es su marido; es su pasado, el pasado feliz y el atormentado, es su héroe y, ahora, su gran "problema"».[34]

En junio de 1966, Oppenheimer recibió un título honorífico en la ceremonia de graduación de Princeton, donde lo aclamaron como «físico y marinero, filósofo y jinete, lingüista y cocinero, amante del buen vino y todavía mejor poesía».[35] Pero su estampa era de agotamiento y consunción; tenía un nervio pinzado y no podía caminar sin bastón y una férula en la pierna.

A pesar de mostrarse frágil y claramente maltratado por la enfermedad, Robert pareció crecer en estatura en cierto modo. Freeman Dyson observó que «el espíritu se le fortalecía a medida que declinaba la energía física. [...] Aceptó su destino con dignidad, siguió con su trabajo, nunca se quejó; de repente se volvió simple, sin tratar de impresionar a nadie». Había sido un hombre con el don de dramatizar su propia situación, pero en aquellos momentos, observó Dyson, «era simple, directo, indómito y valiente».[36] A veces, señaló Lilienthal, parecía «vigoroso y casi alegre».[37]

A mediados de julio, el médico no le encontró rastros de malignidad en la garganta.[38] La radioterapia lo había agotado, pero parecía haber cumplido su cometido. Así, el 20 de julio, Kitty y él volvieron a St. John. Los amigos de allí que no lo habían visto en un año pensaron que parecía «un fantasma, un auténtico fantasma».[39] Se lamentó con discreción de que tenía ganas de bañarse, pero las siempre cálidas aguas de St. John le parecían frías, así que solo daba algunos paseos por la playa y era amable y paciente con quien se cruzara, incluso con desconocidos. Se enteró de que el marido de Sis Frank, Carl, estaba recuperándose de una operación de corazón muy peligrosa, y fue a verlo. «Robert fue muy amable con él —recordó Sis— e intentó ayudarlo a aceptar ese horrible trauma».

Oppenheimer no ingería más que líquidos y suplementos proteínicos en polvo en aquel momento. Dijo a Sis Frank: «No sabes lo que daría por comerme ese bocadillo de ensalada de pollo». Lo invitaron a cenar a la casa nueva de Immu e Inga Hiilivirta, pero no pudo comer las costillas de cordero que sirvieron y solo consiguió tragar un vaso de leche. «Me dio mucha pena», dijo Inga.[40]

Casi cinco semanas más tarde, a finales de agosto, Kitty y él regresaron a Princeton. Robert se encontraba mejor. Los médicos volvieron a examinarle la garganta y siguieron sin observar rastros del cáncer. «En realidad, estaban convencidos de que me había curado», escribió Robert a un amigo.[41] Tras solo cinco días de estar en Princeton, voló a Berkeley y pasó una semana viendo a amigos. Al regresar, dijo a los médicos que sentía un dolor continuo, «pero no fueron muy rigurosos y lo atribuyeron a los efectos de la radioterapia».

A principios de otoño, los Oppenheimer tuvieron que dejar su querido Olden Manor para cedérselo al nuevo director del instituto, Carl Kaysen. Decidieron mudarse de forma temporal a la calle Mercier, 284, a una casa que anteriormente había ocupado el médico C. N. Yang. Después de haber estado deshabitada durante varios años, era un lugar algo deprimente. Tenían como vecinos a Freeman e Imme Dyson. Su hijo pequeño, George, recordaba haber crecido en el recinto del instituto mientras lo dirigía Oppenheimer: «[este] era una presencia de mucho peso, un gobernante benévolo pero misterioso del mundo en el que vivíamos». En cambio, cuando fue a vivir junto a su casa, «a los niños nos parecía un fantasma que había perdido el reino; caminaba por el patio vecino, muy pálido y delgado».[42]

Robert no volvió a tener consulta médica hasta el 3 de octubre. «Entonces —escribió a Nico Nabokov, su amigo del Congreso para la Libertad de la Cultura—, el cáncer ya era muy evidente y se había extendido por el paladar, la parte anterior de la lengua y la trompa de Eustaquio izquierda». No se podía operar, y los médicos prescribieron radioterapia tres días por semana, esa vez con betatrón. «Todo el mundo sabe que volver a irradiar una garganta aún ulcerosa no es ninguna alegría. Todavía no está mal del todo, pero no estoy seguro de qué pasará en un futuro».[43]

Afrontó la idea de una muerte cercana con resignación. A mediados de octubre, Lilienthal se pasó por casa de su amigo y se enteró de la noticia. Antaño brillantes, los ojos azules de Robert parecían empañados por el dolor. «El tramo final de Robert Oppenheimer —escribió Lilienthal en su diario después—, y quizá sea muy corto. [...] Kitty hizo lo que pudo para no llorar».[44] En noviembre, Robert escribió a un amigo: «Mi capacidad de hablar y comer está peor».[45] Le habría gustado ir a París en diciembre, pero los médicos quisieron continuar con radioterapia regular hasta Navidades, de modo que se quedó en casa viéndose con viejos amigos como Francis Fergusson y Lilienthal. A principios de diciembre recibió la visita de Frank, que fue desde Colorado.

También a principios de aquel mes Robert tuvo noticias de David Bohm, exalumno suyo, que había pasado casi toda su carrera en Brasil y más tarde en Inglaterra.[46] Bohm le escribió para decirle que había visto la obra de Kipphardt y un programa de televisión sobre Los Álamos en el que entrevistaban a Oppenheimer. «Se me quedó un poco de mal cuerpo —escribió Bohm—, sobre todo por una frase que dijiste en la que indicabas que tenías sentimiento de culpa. Creo que seguir atrapado en esa culpabilidad es desperdiciar la vida que te queda». Recordó a Robert una obra de teatro de Jean-Paul Sartre «en la que el protagonista se libera al fin de la culpa al reconocer la responsabilidad. Tal como yo lo veo, uno se siente culpable por acciones pasadas porque nacen de lo que uno ha sido y todavía es». Creía que los meros sentimientos de culpa no tenían sentido. «Puedo entender que tu dilema era especialmente difícil. Solo tú puedes valorar la manera en que fuiste responsable de lo que ocurrió».[47]

Oppenheimer le respondió enseguida. «La obra y todo eso ya llevan bastante tiempo rondando por ahí. Lo que nunca he hecho es expresar arrepentimiento por lo que hice y pude hacer en Los Álamos. De hecho, en varias y recurrentes ocasiones, he reafirmado mi sensación de que, con todos los pros y los contras, fue algo de lo que no me arrepentí». Después dijo: «Lo que más sigo detestando del texto de Kipphardt es el discurso final, largo y totalmente improvisado, que se supone que hice, el cual sí afirma ese arrepentimiento. Mis sentimientos de responsabilidad y culpa siempre han estado relacionados con el presente, y en mi vida, hasta ahora, ha sido más que suficiente para mantenerme ocupado».

Robert pudo haber tenido en mente este diálogo con Bohm cuando Thomas B. Morgan, periodista de la revista *Look*, fue al instituto para entrevistarlo en su despacho a principios de diciembre. Este lo encontró contemplando por la ventana el bosque otoñal y el estanque. En la pared colgaba una fotografía antigua de Kitty, montada a caballo, saltando con elegancia una cerca. Morgan se dio cuenta de que el físico estaba muriendo. «Estaba muy delicado; ya no era el hombre flaco y larguirucho que causaba la impresión de ser un genio *cowboy*. Arrugas profundas le surcaban la cara. El pelo era poco más que una bruma blanca. Con todo, seguía imponiéndose su elegancia». La conversación fue derivando a lo filosófico y en ella Oppenheimer recalcó la palabra «responsabilidad». Morgan comentó que estaba empleándola en un sentido casi religioso, y el físico convino en que era «un recurso secular para usar una noción religiosa sin ligarla a un ser trascendente. Me gusta emplear aquí la palabra "ético". Ahora soy más explícito en las cuestiones éticas que antes, si bien estas tenían mucha fuerza cuando trabajaba en la bomba. Ahora no sé cómo describir mi vida sin emplear una palabra como "responsabilidad" para caracterizarla, una palabra que tiene que ver con la elección, la acción, la presión bajo la que se toman las decisiones. No estoy hablando de conocimiento, sino sobre estar limitado por lo que uno puede hacer. [...] No hay responsabilidad significativa sin poder. El poder puede no ser más que el que uno ejerce en lo que hace para sí, pero el incremento del conocimiento, el incremento de la riqueza, el ocio..., todo incrementa el dominio en el que la responsabilidad es concebible».

Tras este monólogo, Morgan escribió: «Oppenheimer entonces volvió las palmas hacia arriba, de manera que los dedos, largos y finos, incluyeron a su interlocutor en la conclusión. "Ni usted ni yo", dijo, "somos ricos. Pero por lo que concierne a la responsabilidad, ambos estamos actualmente en una posición que nos permite aliviar el sufrimiento más horrible de las personas susceptibles de morir de hambre"».[48]

Era una manera distinta de decir lo que había aprendido al leer a Proust, cuarenta años antes, en Córcega: que «la indiferencia ante el sufrimiento que uno causa [...] es una forma de crueldad terrible y permanente».[49] Lejos de ser indiferente, Oppenheimer era muy consciente del sufrimiento que había causado a otros en su vida, y aun así no se permitiría sucumbir a la culpa. Aceptaría la responsabilidad; nunca había intentado negarla. Sin embargo, desde la audiencia de seguridad, parecía haber perdido la capacidad o la motivación para luchar contra la «crueldad» de la indiferencia. En ese sentido, Rabi tenía razón: «Consiguieron su objetivo. Lo mataron».[50]

El 6 de enero de 1967, el médico de Robert le dijo que la radioterapia no se estaba mostrando eficaz contra el cáncer. Al día siguiente, Kitty y él invitaron a comer a unos cuantos amigos, entre ellos Lilienthal. Sirvieron un carísimo *foie gras* de ganso, y Kitty interpretó el papel de anfitriona perfecta. Pero, cuando Lilienthal se disponía a marcharse, Robert fue a ayudarlo a ponerse el abrigo y le confesó: «No estoy muy animado; el doctor nos dio malas noticias ayer».[51] Después, Kitty lo acompañó afuera de la casa y de súbito estalló en sollozos. «La muerte inminente no es nada nuevo —anotó Lilienthal aquella noche—, pero esta parece demasiado devastadora y cruel. Aun así, Robert, al menos en mi presencia, la mira con los ojos de los condenados, que parecen mirar hacia dentro, rígidos, atrapados en la realidad final».

El 10 de enero, Robert escribió a sir James Chadwick, un amigo del tiempo de Los Álamos, y le reconoció que estaba «luchando contra una garganta cancerosa [...] con éxito moderado». Añadía: «Me recuerda cuando Ehrenfest me regañaba despiadadamente por los males del tabaco. Vivíamos en un tiempo afortunado, ¿verdad?, en el que hasta nuestros críticos estaban llenos de amor y luz».[52]

Un día de finales de enero, Robert llamó a Verna Hobson, la que fue su secretaria durante catorce años, y la animó amablemente a marcharse de Princeton. La mujer había querido jubilarse cuando él dejó el puesto de director, pero lo había pospuesto, pues sabía que él estaba enfermo y que Kitty seguía dependiendo mucho de ella. «Sé que lo que me estaba diciendo era que se moriría pronto —dijo Hobson—, y que, si no me iba en ese momento, me sería muy difícil dejar a Kitty y no me marcharía nunca».[53]

A mediados de febrero, Robert sabía ya que el final estaba cerca. «Tengo algo de dolor, [...] oigo y hablo muy mal», escribió a un amigo.[54] Los médicos dijeron que no podía recibir más radiación y le prescribieron un tratamiento muy severo de quimioterapia. Sin embargo, se quedó en casa e hizo saber a unos cuantos amigos que estaría contento de recibir visitas. Nico Nabokov fue a verlo varias veces y animó a otros amigos a que hicieran lo mismo.

El miércoles 15 de febrero, Robert realizó un esfuerzo supremo para asistir a la reunión del comité del instituto para escoger a los candidatos a los que invitarían el año siguiente. Fue la última vez que Freeman Dyson lo vio. Como los demás, Oppenheimer había hecho los deberes y había leído un sinfín de solicitudes. «Hablaba con mucha dificultad», escribió Dyson, pero «se acordaba con exactitud de los puntos débiles y fuertes de los candidatos. Las últimas palabras que le oí decir fueron: "Deberíamos decirle que sí a Weinstein. Es bueno"».[55]

Al día siguiente, Louis Fischer pasó a verlo.[56] En los últimos años, él y Oppenheimer habían trabado una amistad informal y respetuosa. Fischer, periodista reconocido y trotamundos, era autor de más de dos docenas de libros, entre los que se cuentan títulos tan populares como *Gandhi* (1950) y *The Life and Death of Stalin* (1953). A Robert le gustaba particularmente su biografía de Lenin. Kitty había sugerido a Fischer que le llevara algunos capítulos del libro que estaba escribiendo para distraer a su marido.

El periodista llamó al timbre, esperó en silencio unos minutos y se dio por vencido. Cuando ya se estaba marchando, oyó unos golpes en una ventana del primer piso. Miró y vio a Robert que le hacía señales para que volviera. Enseguida le abrió la puerta. Había perdido mucho oído y no se había enterado del timbre. Torpe, intentó ayudar a Fischer a quitarse el abrigo, y ambos se sentaron frente a frente a una mesa desnuda. El periodista le informó que hacía poco había hablado con Toni, que estaba empleando su conocimiento del idioma ruso para hacer una investigación para George Kennan. Robert intentó hablar, pero «balbuceaba tanto que creo que entendí una palabra de cada cinco». Al final consiguió hacerse entender: Kitty estaba durmiendo la siesta (había dormido mal aquella noche) y no había nadie más en casa.

Fischer le dio dos capítulos de su manuscrito. Robert leyó unas cuantas páginas y le preguntó por las fuentes del material. «¿De Berlín?», dijo. El periodista le señaló una nota al pie de página. «Me sonrió con mucha dulzura —escribió después—. Estaba muy delgado, tenía el pelo ralo y blanco, los labios secos y cortados. Mientras leía, y otras veces también, movía los labios como para hablar, pero no hablaba. Seguramente se dio cuenta de que daba muy mala impresión y se colocó la huesuda mano delante de la boca. Tenía las uñas azules».

Tras unos veinte minutos, Fischer pensó que era hora de irse. Al salir, vio un paquete de tabaco en el segundo escalón de las escaleras que conducían arriba. Se habían salido tres cigarrillos y estaban al lado, en la alfombra, así que se agachó para volver a introducirlos en el paquete. Cuando se incorporó, Robert estaba a su lado; se metió la mano en el bolsillo, sacó un mechero y lo encendió. Sabía que Fischer no fumaba y ya estaba yéndose, pero el gesto fue instintivo. Siempre había sido el primero en encender el cigarrillo a los invitados. «Me da toda la sensación —escribió el periodista unos días después— de que sabía que la mente le estaba fallando y de que seguramente quería morir». Después de empeñarse en ayudarlo a ponerse el abrigo, Robert abrió la puerta y balbució: «Vuelve otro día».[57]

Francis Fergusson fue de visita el viernes 17 de febrero y vio a Robert muy desmejorado. Aún podía caminar, pero pesaba menos de cuarenta y cinco kilos. Se sentaron en el comedor. Al cabo de poco, Fergusson lo encontró tan débil que pensó que debía marcharse. «Lo acompañé a su dormitorio y allí lo dejé. Al día siguiente me enteré de que había muerto».[58]

Robert murió mientras dormía, a las once menos veinte de la noche del sábado 18 de febrero. Solo tenía sesenta y dos años. Kitty confió a una amiga: «Dio mucha lástima al morir. Primero se convirtió en un niño, después en un bebé. Hacía ruiditos. Yo no podía entrar en la habitación; tenía que entrar, pero no era capaz. No lo soportaba».[59] Dos días después se incineraron sus restos.

Lewis Strauss envió un telegrama a Kitty en el que expresaba que estaba «afligido ante la noticia del fallecimiento de Robert».[60] Periódicos nacionales y extranjeros publicaron obituarios largos y ensalzadores. El *Times* de Londres lo describía como el «hombre del Renacimiento» por antonomasia.[61] David Lilienthal declaró a *The New York Times*: «El mundo ha perdido un espíritu noble, un genio que aunó la poesía y la ciencia».[62] Edward Teller hizo comentarios menos obsequiosos: «Me gusta recordar que realizó un trabajo magnífico y muy necesario [...] en organizar [el laboratorio de Los Álamos]». En Moscú, la agencia de noticias soviética Tass informó de la muerte de un «extraordinario físico estadounidense». *The New Yorker* lo recordó como «un hombre de elegancia y gracia física excepcional, un aristócrata con un eterno toque de intelectual bohemio».[63] El senador Fulbright dio un discurso en su memoria en el hemiciclo del Senado y dijo del difunto físico: «Recordemos no solo lo que su talento genial hizo por nosotros; recordemos también lo que nosotros hicimos por él».[64]

Después del funeral, celebrado el 25 de febrero de 1967 en Princeton, la Sociedad Estadounidense de Física lo conmemoró de nuevo en primavera en una sesión especial en Washington, en la que Isidor Rabi, Bob Serber, Victor Weisskopf y otros dieron discursos. Rabi escribió después una introducción para todos ellos, que se recopilaron y publicaron en forma de libro. «En Oppenheimer —manifestó—, el elemento terrenal era débil. Era esencialmente esa cualidad espiritual, ese refinamiento en tanto expresado en su discurso y sus maneras, el fundamento de su carisma. Nunca llegaba a expresarse por completo. Siempre dejaba la sensación de que había profundidades de la sensibilidad y la intuición que quedaban sin revelar».[65]

Kitty llevó las cenizas de su marido en una urna a la bahía de Hawksnest, y, una tarde de lluvia y tormenta, Toni, dos amigos de St. John —John Green y su suegra, Irva Clair Denham— y ella salieron en una lancha motora hacia Carval Rock, una isla diminuta que se veía desde la casa de la playa. Cuando llegaron a un punto entre esta, el cayo Congo y el cayo Lovango, John Green apagó el motor. El agua tenía una profundidad de veintiún metros. Nadie dijo nada. En lugar de esparcir las cenizas por el mar, Kitty simplemente arrojó la urna por la borda, que no se hundió de inmediato. Hicieron que el barco trazara círculos alrededor de la urna oscilante hasta que por fin desapareció bajo la agitada superficie marina. Kitty dijo que Robert y ella lo habían hablado y que «ahí es donde quería estar».[66]

Epílogo

«Solo hay un Robert»

Al cabo de un año o dos de la muerte de su marido, Kitty se mudó a vivir con Bob Serber, amigo cercano de Robert y exalumno del físico.[1] Un día, un amigo llamó «Robert» por error a Serber, y Kitty le espetó con dureza: «No lo llames Robert. Solo hay un Robert». En 1972, Kitty compró un espléndido queche de teca de 16 metros llamado Moonraker.[2] El nombre alude a la vela superior de una embarcación muy grande, pero también a alguien que roza la locura. En mayo de 1972, Kitty convenció a Serber para que dieran la vuelta al mundo por mar. Sin embargo, no llegaron muy lejos. Tras zarpar de la costa de Colombia, ella se puso muy enferma y Serber dio la vuelta en dirección al puerto de Panamá. Kitty murió de una embolia el 27 de octubre de 1972 en el hospital Gorgas de Ciudad de Panamá.[3] Esparcieron sus cenizas cerca de Carval Rock, en el mismo lugar, frente a la costa de St. John, donde enviaron la urna de Robert al fondo marino en 1967.

En 1959, diez años después de que lo expulsaran, Frank Oppenheimer al fin regresó al mundo académico cuando la Universidad de Colorado le ofreció un puesto en el departamento de Física. En 1965 ganó la prestigiosa beca Guggenheim para llevar a cabo una investigación sobre la cámara de burbujas en el University College de Londres. Durante aquel año que pasaron en Europa, Jackie y él fueron a ver bastantes museos de ciencia; en particular les impresionó el Palais de la Découverte, que empleaba modelos a escala para explicar conceptos científicos básicos. De regreso a Estados Unidos, empezaron a hacer planes para fundar un museo que proporcionara a niños y adultos una experiencia «práctica» de la física, la química y otros campos científicos. La idea arraigó, y en agosto de 1969, gracias a subvenciones facilitadas por varias fundaciones, el Exploratorium de Frank y Jackie Oppenheimer abrió las puertas en el edificio reformado del Palacio de Bellas Artes de San Francisco, una monu-

EPÍLOGO

mental sala de exposiciones construida en 1915. Este enseguida se
convirtió en un escaparate del «movimiento de museos participativos»,
y Frank, en su carismático director. Jackie y su hijo, Michael, trabajaron
con él codo con codo, y entre todos levantaron aquel proyecto familiar
que seguramente fue el museo pedagógico de ciencia más interesante del
mundo.

Robert se habría enorgullecido de Frank. Todo lo que ambos habían
aprendido en sus respectivas vidas, consagradas a la ciencia, el arte y la
política, se aunó en el Exploratorium, cuya finalidad última, dijo Frank,
«es demostrar a las personas que tienen la capacidad de entender el mundo que los rodea. Creo que mucha gente ha dejado de intentar entender
las cosas, y, cuando se rinden frente al mundo físico, también se rinden
ante el mundo social y político.[4] Si dejamos de intentar entender las cosas, creo que nos hundiremos». Aunque Frank rigió su Exploratorium
como un «déspota benevolente» hasta que murió, en 1985, siempre lo
hizo basándose en la idea igualitaria de que «el conocimiento humano
dejará de ser un instrumento de poder [...] para el beneficio de unos
pocos, y será una fuente de empoderamiento y placer para todos».

Peter Oppenheimer se fue a vivir a Nuevo México, a la cabaña de
Perro Caliente, con vistas a la cordillera Sangre de Cristo. Con el tiempo
tuvo tres hijos. Se divorció dos veces y al final se instaló en Santa Fe,
donde se ganó la vida como albañil y carpintero. Nunca daba a conocer
la relación que tenía con el padre de la bomba atómica, ni siquiera en las
ocasiones en que hacía de activista medioambiental e iba puerta por
puerta difundiendo los peligros de los desechos radiactivos en la región.

Tras la muerte de Robert, su hija lo pasó muy mal. «Toni siempre se
sintió inferior a Kitty —recordó Serber—. Esta le organizaba la vida de
tal manera que nunca fue independiente».[5] Su intransigente madre la había apretado para que estudiase el doctorado, pero al cabo de un tiempo
Toni lo dejó. Se fue a vivir sola a un piso en Nueva York durante un tiempo. Tenía muy pocos amigos. Después se mudó al gigantesco piso de Serber, en Riverside Drive, donde se instaló en una habitación en la parte
de atrás. Gracias a su destreza con los idiomas, consiguió un trabajo temporal en 1969 como traductora trilingüe en las Naciones Unidas. «Podía
cambiar de un idioma a otro sin ningún problema —recordó Sabra Ericson—. Pero, fuera como fuese, siempre acababa recibiendo un jarro de
agua fría».[6] El puesto necesitaba credenciales de seguridad. El FBI abrió
una escrupulosa investigación, y salieron a la luz todos los cargos con los
que habían imputado a su padre.[7] En lo que debió ser un golpe doloroso
e irónico a un ego tímido, nunca se le concedieron las credenciales.

Al cabo del tiempo, Toni volvió a las islas Vírgenes, resignada a hacer de la isla su hogar. «Cometió el error de quedarse en St. John —dijo Serber—. Es un sitio muy limitado. No había nadie allí con quien pudiera hablar, [...] nadie de su edad».[8] Se casó dos veces y se divorció las dos, y solo disfrutó de momentos pasajeros de felicidad. Después de que el FBI le impidiera seguir con su carrera, no pareció volver a hacer pie.

Tras su segundo divorcio, se hizo amiga de una recién llegada a la isla, June Katherine Barlas, que tenía ocho años más que ella. Con esta y otras personas, Toni casi nunca hablaba de sus padres. «Pero cuando mencionaba a su padre —recordó Barlas— siempre era con cariño».[9] Llevaba muchas veces una goma del pelo que Robert le había regalado, y se alteraba mucho cuando no la encontraba. Evitaba hablar de la audiencia de 1954, y lo único que decía de vez en cuando era «que esos hombres habían destruido a su padre».

En cualquier caso, era obvio que tenía problemas en relación con sus progenitores. Estuvo yendo una temporada a un psiquiatra de St. Thomas y dijo a su amiga Inga Hiilivirta que la experiencia la había ayudado a entender «el resentimiento que sentía hacia sus padres por la manera en que la habían tratado de pequeña».[10] Aun así, sufría depresiones. Un día, resuelta a ahogarse, empezó a nadar desde la bahía de Hawksnest hacia Carval Rock, donde descansaba, en el fondo del mar, la urna con las cenizas de su padre. Nadó y nadó en línea recta, y entonces, como contó más tarde a una amiga, de repente se sintió mejor y volvió a la orilla.[11]

Un domingo por la tarde, en enero de 1977, se ahorcó en la casa de la playa que Robert había construido en la bahía de Hawksnest.[12] El suicidio fue claramente premeditado. En la cama había dejado un bono de diez mil dólares y una voluntad en la que cedía la casa a «la gente de St. John». La adoraban en todas partes de la isla. «Todo el mundo la quería —dijo Barlas—, pero ella no lo sabía». Al funeral asistieron centenares de personas, tantas que muchas tuvieron que quedarse fuera de la pequeña iglesia de Cruz Bay.

La casa de la bahía de Hawksnest ha desaparecido; se la llevó un huracán. Pero en el lugar hay una casa comunitaria en lo que actualmente se llama playa Oppenheimer.

Nota del autor y agradecimientos

«Mi largo paseo a caballo con Oppie»

Martin J. Sherwin

Robert Oppenheimer fue un jinete experimentado, y por ello no es del todo extraño que en el verano de 1979 yo intentara dar un nuevo significado al concepto académico de *Sitzfleisch* («carne sentada») empezando la investigación de su biografía dando un paseo a caballo. Mi aventura comenzó en el rancho de Los Pinos, situado a dieciséis kilómetros de Cowles (Nuevo México), desde donde Oppie exploró por primera vez, en el verano de 1922, la hermosa cordillera Sangre de Cristo. Hacía décadas que no montaba y, por decirlo con suavidad, la perspectiva de un paseo largo a caballo, tanto real como metafóricamente, me resultaba desalentadora. Mi destino se encontraba a varias horas a caballo de Los Pinos, en la cumbre del monte Grass, a tres mil metros de altitud: el rancho de Oppenheimer, Perro Caliente, la sobria cabaña emplazada en un terreno de sesenta y dos hectáreas de una espectacular ladera que el físico había alquilado en la década de 1930 y comprado en 1947.

Bill McSweeney, el propietario de Los Pinos, fue nuestro guía de montaña e historiador local. Entre otras cosas, nos contó (iba con mi mujer y mis hijos) la trágica muerte de Katherine Chaves Page, la anterior propietaria del rancho y amiga de Oppie, cuando, en 1961, entraron en su casa de Santa Fe para robar. Robert había conocido a Katherine en su primera visita a Nuevo México, y su enamoramiento fue un potente incentivo que lo hacía regresar una y otra vez a aquel maravilloso paisaje. Después de comprarse su propio rancho, Oppie le alquilaba caballos todos los veranos: para él, para su hermano, para Kitty a partir de 1940 y para su sarta de invitados, la mayoría de ellos físicos que nunca habían montado en nada más autónomo que una bicicleta.

Mi viaje tenía dos objetivos. El primero era experimentar, en menor grado, lo que Oppie había compartido con sus amigos tantas veces: la alegría liberadora de cabalgar por aquella increíble naturaleza. El segundo era hablar con su hijo, Peter, que vivía en la cabaña. Mientras le ayudaba a construir un corral, hablamos más de una hora sobre su familia y su vida. Fue un comienzo memorable.

Unos meses después firmé un contrato con la editorial Alfred A. Knopf para escribir una biografía de Robert Oppenheimer, físico, fundador en los años treinta de la escuela de física teórica más importante de Estados Unidos, antiguo activista político, «padre de la bomba atómica», destacado consejero del Gobierno, director del Instituto de Estudios Avanzados, intelectual público y la víctima más prominente de la era McCarthy. En cuatro o cinco años terminaría el manuscrito, aseguré a mi editor de entonces, Angus Cameron, que es una de las personas a las que dedicamos este libro.

Durante seis años viajé por todo el país y al extranjero; me presentaron a muchísima gente y realicé más entrevistas a conocidos de Oppenheimer que las que había imaginado posibles. Rebusqué en un sinfín de archivos y bibliotecas; reuní decenas de miles de cartas, notas y documentos del Gobierno (unas diez mil páginas solo del FBI), y al fin entendí que un estudio de Robert Oppenheimer debía abarcar por fuerza muchos más elementos que solo su vida. Su historia personal, con todos los aspectos públicos y ramificaciones, era más complicada y arrojaba muchísima más luz en los Estados Unidos de la época que la que esperábamos Angus y yo. La complejidad, profundidad y aún más amplia repercusión de la emblemática posición de la que goza Oppenheimer es indicativo de que, desde que murió, su historia ha tomado vida nueva con los libros, las películas, las obras teatrales, los artículos y recientemente una ópera (*Doctor Atomic*) que han dejado impresa su sombra con aún más fuerza en las páginas de la historia de Estados Unidos y del mundo.

Veinticinco años después de que empezara a cabalgar hacia Perro Caliente, escribir sobre la vida de Oppenheimer me ha proporcionado una nueva comprensión de las complejidades de las biografías. Ha sido a veces un viaje arduo, pero siempre estimulante. Hace cinco años, poco después de que mi buen amigo Kai Bird terminara *The Color of Truth*, una biografía conjunta de McGeorge y William Bundy, lo invité a unirse a mí. Oppenheimer era bastante grande para que cupiéramos los dos, y yo sabía que mi paso sería más rápido si lo llevaba como compañero. Juntos hemos terminado lo que ha resultado ser un paseo muy largo.

Los dos conocemos a mucha gente que ha compartido el viaje y ha alimentado el sueño de escribir este libro. Otra persona que merece que le dediquemos *Prometeo americano* es el difunto Jean Mayer, rector de la

Universidad de Tufts, a quien admiraba muchísimo. En 1986, me nombró director de la fundación del Centro de Historia y Humanidades de la Era Nuclear, una organización dedicada a estudiar los peligros relacionados con la carrera armamentística nuclear, a los que se había enfrentado Oppenheimer. La biografía de este también inspiró el proyecto Global Classroom, un programa desarrollado por Estados Unidos y la Unión Soviética que, entre 1988 y 1992, puso en contacto a estudiantes de Tufts y Moscú para tratar la carrera de armas nucleares y otros problemas candentes. Varias veces al año, nuestras conversaciones se emitían por televisión vía satélite para toda la Unión Soviética y canales seleccionados de la PBS en Estados Unidos. Las ideas de Oppenheimer conformaron muchos momentos destacados de la evolución de la glásnost.

También nos gustaría dar las gracias a dos mujeres prodigiosas y versadas: nuestras esposas, Susan Sherwin y Susan Goldmark, que han compartido este largo viaje y no nos han dejado caer de la silla. Las queremos, las respetamos y les agradecemos la combinación especial de paciencia y exasperación que han mostrado por la obsesión por este libro.

A Ann Close, avezada editora de Knopf cuya paciencia sureña y atención por los menores detalles ha enriquecido este libro, también le damos las gracias. Se hizo cargo del largo manuscrito con maestría hasta su publicación en un calendario muy ajustado. El corrector, el legendario Mel Rosenthal, nos agudizó la atención, mejoró la prosa y nos enseñó cómo cohesionar los adjetivos. Damos las gracias asimismo a Millicent Bennett por haberse asegurado de que nada se perdía. Stephanie Kloss realizó un diseño elegante para la sobrecubierta. Agradecemos al artista washingtoniano Steve Frietch su propuesta inicial de poner la fotografía de Oppenheimer tomada por Alfred Eisenstadt en la cubierta.

Estamos profundamente agradecidos a otra editora maravillosa, Bobbie Bristol, que alimentó y protegió este libro durante décadas antes de retirarse y legárselo a Ann. No obstante, ni siquiera bajo la cuidadosa custodia de Bobbie podría haber resistido durante un cuarto de siglo si no hubiera sido por la seria cultura intelectual y el respeto por los autores que caracteriza la editorial Alfred A. Knopf.

Gail Ross es abogada y agente literaria, y le agradecemos la renegociación de los términos de un contrato de veinte años de antigüedad con Knopf. ¡Por muchas comidas futuras en La Tomate!

El «pícaro» Victor Navasky ha sido un amigo y un mentor para nosotros, y se merece el reconocimiento de habernos presentado a Kai y a mí hace más de veinte años. Le estamos agradecidos por su sabiduría y amistad, y también a su espléndida mujer, Annie.

Estamos en deuda con varios académicos destacados que se tomaron el tiempo de leer con atención versiones provisionales del manuscrito. Jeremy Bernstein, también biógrafo de Oppenheimer, es un físico consumado y escritor que, con paciencia, corrigió lo mejor que supo nuestros obstinados errores sobre física cuántica.

Richard Polenberg, profesor Goldwin Smith de Historia de Estados Unidos en la Universidad de Cornell, se fastidió el verano para ayudarnos: leyó con todo detalle el manuscrito y compartió con nosotros sus conocimientos sobre el caso Oppenheimer y su sensibilidad e ingenio como escritor de historia.

James Hershberg, William Lanouette, Howard Morland, Zygmunt Nagorski, Robert S. Norris, Marcus Raskin, Alex Sherwin y Andrea Sherwin Ripp también leyeron el manuscrito en su totalidad o partes de él, y les agradecemos sus ideas y comentarios.

A lo largo de los años, nos hemos beneficiado de la buena disposición de académicos tan eminentes como Gregg Herken, S. S. Schweber, Priscilla McMillan, Robert Crease y el difunto Philip Stern, que nos han estimulado con sus ideas y erudición sobre cuestiones controvertidas que rodeaban la vida de Oppenheimer. Estos magníficos historiadores nos han hecho el favor de compartir con nosotros documentos y entrevistas. La biógrafa de Max Born, Nancy Greenspan, fue muy generosa al ofrecernos los frutos de su investigación. Estamos en deuda con Jim Hijiya por la erudita interpretación de la fascinación de Oppenheimer hacia el *Bhagavad Guitá*. Más recientemente, nos hemos topado con el trabajo del británico Charles Thorpe, historiador de la ciencia, y le damos las gracias por habernos dado permiso para citar su tesis doctoral, una versión de la cual saldrá publicada en breve.

Deseamos agradecer a los doctores Curtis Bristol y Floyd Galler, así como a la psicoanalista Sharon Alperovitz, por sus reflexiones psicológicas alrededor de la infancia y la juventud de Oppenheimer. El doctor Jeffrey Kelman tuvo la amabilidad de ayudarnos a interpretar el informe de la autopsia y otra documentación médica relacionada con la muerte de la doctora Jean Tatlock. El doctor Daniel Benveniste compartió con nosotros sus ideas sobre el estudio del psicoanálisis de Oppenheimer con el doctor Siegfried Bernfeld. Estamos en deuda con la difunta Alice Kimball Smith y Charles Weiner, cuya compilación de la correspondencia de Oppenheimer, soberbiamente anotada, inspiró muchas de nuestras interpretaciones. De modo semejante, debemos a Richard G. Hewlett y a Jack Holl la ayuda prestada durante las primeras etapas de la elaboración del libro y las excelentes historias oficiales de la Comisión de Energía Atómica.

Muchos archivistas entregados a su trabajo se tomaron grandes molestias para guiarnos por miles y miles de páginas de documentos oficiales y papeles personales. Queremos dar las gracias en particular a Linda Sandoval y Roger A. Meade, de los Archivos del Laboratorio Nacional de Los Álamos; a Ben Primer, de la Universidad de Princeton; al doctor Peter Goddard, a Georgia Whidden y Christine Ferrara, y a Rosanna Jaffin, del Instituto de Estudios Avanzados; a John Stewart y Sheldon Stern, de la Biblioteca Presidencial John F. Kennedy; a Spencer Weart, del Instituto Estadounidense de Física; a John Earl Haynes, de la Biblioteca del Congreso; y a muchos otros que nos echaron una mano en las bibliotecas y archivos que aparecen en las páginas 701 y 702.

Estos y muchos otros archivistas, de la Biblioteca del Congreso, los Archivos Nacionales y los archivos de Harvard, Princeton y la Biblioteca Bancroft de la Universidad de California trabajan duro para preservar nuestra historia.

Como ciudadanos estadounidenses e historiadores, aplaudimos a todos los que han apoyado y mantenido la ley de la libertad de información y derecho a la intimidad. No solo ha permitido acceder a historiadores y periodistas a archivos restringidos de investigación gubernamental del FBI, la CIA y otros, sino que, hecho aún más importante, ha contribuido a sustentar nuestra democracia.

Es imposible investigar para un libro de este alcance sin la ayuda de estudiantes de Historia jóvenes y enérgicos. Un grupo seleccionado de ellos, vinculados con el Centro de Historia y Humanidades de la Era Nuclear, de la Universidad de Tufts, prepararon cronologías, analizaron y ordenaron documentación, buscaron artículos y transcribieron centenares de horas de entrevistas. Susanne LaFeber Kahl y Meredith Mosier Pasciuto, ambas graduadas en Tufts, ambas administrativas brillantes y eficientes, organizaron el trabajo y aportaron su propia investigación.

Un grupo destacado de ayudantes de investigación y estudiantes de posgrado del Centro de Historia y Humanidades de la Era Nuclear han contribuido en muchos sentidos a este libro. Miri Navasky, ahora una talentosa directora de documentales, pasó muchas y largas horas buscando archivos y elaborando una cronología de la vida de Kitty Oppenheimer. Jim Hershberg no dejó de indagar sobre James Conant, y compartió con entusiasmo documentación que había reunido para su magistral biografía del químico. La eficiente Debbie Herron Hand transcribió entrevistas. Tanya Gassel, Hans Fenstermacher, Gerry Gendlin, Yaacov Tygiel, Dan Lieberfeld, Philip Nash y Dan Hornig aportaron apoyo intelectual y moral.

Peter Schwartz realizó parte del trabajo preliminar en los archivos del área de la Bahía de San Francisco. Erin Dwyer y Cara Thomas incorporaron las correcciones en los capítulos finales. Patrick J. Tweed, Pascal van der Pijl y Euijin Jung también nos ayudaron en la investigación.

Muchos otros amigos y compañeros nos han respaldado durante todos los años que hemos necesitado para escribir esta biografía.

Kai desea agradecer en especial a sus padres, Eugene y Jerine Bird, por alimentar su pasión por la historia, y a su hijo, Joshua Kodai Bird, por tener la paciencia de escucharlo cuando le leía en voz alta extensos fragmentos del manuscrito en la cama, antes de dormir. También da las gracias a Joseph Albright y Marcia Kunstel; Gar Alperovitz; Eric Alterman; Scott Armstrong; Wayne Biddle; Shelly Bird; Nancy Bird y Karl Becker; Norman Birnbaum; Jim Boyce y Betsy Hartmann; Frank Browning; Avner Cohen y Karen Gold; David Corn; Michael Day; Dan Ellsberg; Phil y Jan Fenty; Thomas Ferguson; Helma Bliss Goldmark; Richard Gonzalez y Tara Siler; Neil Gordon; Mimi Harrison; Paul Hewson; el congresista Rush Holt; Brennon Jones; Michael Kazin y Beth Horowitz; Jim y Elsie Klumpner; Lawrence Lifschultz y Rabia Ali; Richard Lingeman; Ed Long; Priscilla Johnson McMillan; Alice McSweeney; Christina y Rodrigo Macaya; Paul Magnuson y Cathy Trost; Emily Medine y Michael Schwartz (y su santuario en la montaña); Andrew Meier; Branco Milanovic y Michelle de Nevers; Uday Mohan; Dan Moldea; John y Rosemary Monagan (y todos nuestros amigos de su grupo de escritores); Jacques y Val Morgan, de Idle Time Books; Anna Nelson; Paula Newberg; Nancy Nickerson; Tim Noah y la difunta Marjorie Williams; Jeffery Paine; Jeff Parker; David Polazzo; Lance Potter (que sugirió el epígrafe sobre Prometeo); William Prochnau y Laura Parker; Tim Rieser; Caleb Rossister y Maya Latynski; Arthur Samuelson; Nina Shapiro; Alix Shulman; Steve Solomon; John Tirman; Nilgun Tolek; Abigail Wiebenson; Don Wilson; Adam Zagorin, y Eleanor Zelliot.

Kai tiene una deuda especial con Lee Hamilton, Rosemary Lyon, Lindsay Collins, Dagne Gizaw, Janet Spikes y el resto de los amigos del Centro Woodrow Wilson por escuchar sus rollos interminables sobre Oppie.

Martin añade en sus agradecimientos a muchos de los amigos comunes mencionados y desea mencionar en particular a sus hijos, Alex Sherwin y Andrea Sherwin Ripp, por su amor y su buena aunque perpleja disposición a compartir tantos años de su vida y tanto espacio vital con la ingente colección de cajas, archivadores y estanterías dedicadas a la «crisálida de Oppie». Su hermana Marjorie Sherwin y su pareja, Rose Walton, no tuvieron que convivir con la crisálida, pero la visitaban con frecuencia y nunca perdieron la esperanza de que saldría de ella una mariposa. Si al final fue así es en gran medida por los ánimos y el apoyo de tres maravillosos mentores que le enseñaron y lo soportaron durante todo el posgrado cursado en la Universidad de California en Los Ángeles e incluso después: Keith Berwick, Richard Rosecrance y Robert Dallek.

Asimismo, también agradece y reconoce el sostén y el aliento intelectual —y, en muchos casos, la hospitalidad recibida en viajes para investigar— de muchos amigos y colegas: el alcalde de Hiroshima, Tadatoshi Akiba; Sam Ballen; Joel y Sandy Barkan; Ira y Martha Berlin (y a *The Wisconsin Magazine of History*); Richard Challener; Lawrence Cunningham; Tom y Joan Dine; Carolyn Eisenberg; Howard Ende; Hal Feiveson; Owen e Irene Fiss; Lawrence Friedman; Gary Goldstein; Ron y Mary Jean Green; Sol y Robyn Gittleman; Frank von Hippel; David y Joan Hollinger; Michele Hochman; Al y Phyllis Janklow; Mikio Kato; Nikki Keddie; Mary Kelley; Robert Kelley; Dan y Bettyann Kevles; David Kleinman; Martin y Margaret Kleinman; Barbara Kreiger; Normand y Marjorie Kurtz; Rodney Lake; Mel Leffler; Alan Lelchuk; Tom y Carol Leonard; Sandy y Cynthia Levinson; Dan Lieberfeld; Leon y Rhoda Litwack; Marlaine Lockheed; Janet Lowenthal y Jim Pines; David Lundberg; Gene Lyons; Lary y Elaine May; David Mizner; Bob y Betty Murphy; Arnie y Sue Nachmanoff; Bruce y Donna Nelson; Arnold y Ellen Offner; Gary y Judy Ostrower; Donald Pease; Dale Pescaia; Constantine Pleshakov; Phil Pochoda; Ethan Pollock; el difunto Leonard Rieser; Del y Joanna Ritchhardt; John Rosenberg; Michael y Leslie Rosenthal; Richard y Joan Rudders; Lars Ryden; Pavel Sarkisov; Ellen Schrecker; Sharan Schwartzberg; Edward Segel; Ken y Judy Seslowe; Saul y Sue Singer; Rob Sokolow; Christopher Stone; Cushing y Jean Strout; Natasha Tarasova; Stephen y Francine Trachtenberg; Evgeny Velikhov; Charlie y Joanne Weiner; Dorothy White; Peter Winn y Sue Gronwald; Herbert York; Vladislav Zubok.

A lo largo de los muchos años en que se ha estado preparando este libro, muchos amigos académicos nos han enviado espontáneamente documentación sobre Oppenheimer que encontraban mientras realizaban sus propias investigaciones. Por esos actos de generosidad y camaradería queremos dar las gracias a Herbert Bix, Peter Kuznick, Lawrence Wittner y al eminente historiador y embajador de Polonia en Estados Unidos, Przemyslaw Grudzinski. También deseamos señalar los muchos actos de amabilidad que recibimos por parte de Peter, Charles y Ella Oppenheimer, así como de Brett y Dorothy Vanderford durante la investigación. Agradecemos a Barbara Sonnenberg el permiso concedido para imprimir algunas fotografías de la familia Oppenheimer. Los dueños actuales de Eagle Hill, 1, en Berkeley, el doctor David y Kristin Myles, tuvieron la bondad de hacernos una visita guiada por la que fue la casa de Oppenheimer, preciosa y con vistas a la bahía de San Francisco.

Hay también una larga lista de entrevistados desde la página 826 hasta la 829 con quienes tenemos una gran deuda. Gracias por vuestro tiempo, vuestras historias y la paciencia que habéis tenido con nosotros. Este libro no podría haberse escrito sin vuestra ayuda.

Y, como los académicos no viven solo de documentación, este libro no podría haberse escrito sin la contribución económica de muchas fundaciones. Martin da las gracias a la ayuda que le prestaron Arthur Singer y la Fundación Alfred P. Sloan, la Fundación John Simon Guggenheim, Ruth Adams y la Fundación John D. y Catherine T. MacArthur, la National Endowment for the Humanities, la Universidad de Tufts y el fondo presidencial James Madison de la Universidad George Washington. Kai desea agradecer al Centro Internacional para Académicos Woodrow Wilson; a Cindy Kelly, de la Fundación del Patrimonio Atómico, y a Ellen Bradbury-Reid, directora ejecutiva de Recursos en Santa Fe (Nuevo México).

Finalmente, los dos queremos reconocer la agudeza de Susan Goldmark y Ronald Steel, quienes, cada uno por su lado y al mismo tiempo, nos sugirieron el excelente título para el libro.

Notas

Nuestros documentos de investigación —incluidos los indicados en las notas como las colecciones Bird y Sherwin— se distribuirán a los archivos y las bibliotecas oportunos. Los detalles de la distribución se colgarán en nuestras páginas web, <www.historyhappens.net> y <www.americanpro metheus.org>.

ABREVIATURAS

AN	Archivos Nacionales
ANB	Archivo Niels Bohr (Copenhague)
Audiencia	
JRO	Comisión de Energía Atómica de Estados Unidos, sobre el caso de J. Robert Oppenheimer: transcripción de la audiencia realizada ante la Junta para la Seguridad del Personal y textos de los documentos y cartas principales. Prefacio de Philip M. Stern. Cambridge (Massachusetts), MIT Press, 1971
BC	Biblioteca del Congreso (sala de lectura de manuscritos)
BDDE	Biblioteca Presidencial Dwight D. Eisenhower
BENH	Biblioteca de la Escuela de Negocios de Harvard
BFDR	Biblioteca Presidencial Franklin D. Roosevelt
BHH	Biblioteca Presidencial Herbert Hoover
BHST	Biblioteca Presidencial Harry S. Truman
BJFK	Biblioteca Presidencial John F. Kennedy
BLBJ	Biblioteca Presidencial Lyndon B. Johnson
BNB	Biblioteca Niels Bohr (Instituto Estadounidense de Física)
BUC	Biblioteca de la Universidad de Cornell

BUCSD	Biblioteca de la Universidad de California-San Diego
BUD	Biblioteca de la Universidad de Dartmouth
BUP	Biblioteca de la Universidad de Princeton (colección de manuscritos Mudd)
BUY	Universidad de Yale, Biblioteca Sterling
CAA	Comité de Actividades Antiestadounidenses
Caltech	Instituto de Tecnología de California
CEA	Comisión de Energía Atómica
DMI	Distrito de Ingeniería Manhattan
Documentación de JRO	Documentación de J. Robert Oppenheimer, Biblioteca del Congreso
Expediente JRO del FBI	Expediente número 100-17828 del FBI sobre J. Robert Oppenheimer
FBI	Oficinas de la Agencia Federal de Investigación
IEA	Instituto de Estudios Avanzados (Princeton)
IEF	Instituto Estadounidense de Física (Biblioteca Niels Bohr)
MIT	Archivos del Instituto de Tecnología de Massachusetts
JRO	J. Robert Oppenheimer
LNLA	Archivos del Laboratorio Nacional de Los Álamos
NYT	*The New York Times*
RIEU	Relaciones Internacionales, Departamento de Estado de Estados Unidos
SCE	Archivos de la Sociedad por la Cultura Ética
SFE	Sociedad Filosófica Estadounidense
UC	Archivos de la Universidad Clemson
UCB	Universidad de California de Berkeley (Biblioteca Bancroft)
UCh	Archivos de la Universidad de Chicago
UH	Archivos de la Universidad de Harvard
UM	Biblioteca de la Universidad de Míchigan
US	Bibliotecas de la Universidad de Stanford
UW	Archivos de la Universidad de Washington
WP	*The Washington Post*

Prefacio

1. E. L. Doctorow, «The State of Mind of the Union», *The Nation*, 22 de marzo de 1986, p. 330.

PRÓLOGO

1. Murray Schumach, «600 at a Service for Oppenheimer», *NYT*, 26-02-1967.

2. *Ibid.*

3. *Bulletin of the Atomic Scientists*, octubre de 1967.

4. Schumach, *NYT*, 26-02-1967; Abraham Pais, *A Tale of Two Continents*, p. 400.

5. Jeremy Bernstein, *Oppenheimer: Portrait of an Enigma*, pp. vii-xi.

6. *NYT*, 20-02-1967.

7. I. I. Rabi, entrevista con Sherwin, 12-03-1982, p. 11.

8. Freeman Dyson, entrevista con Jon Else, 10-12-1979, pp. 5, 9-10.

1. «ACOGÍA LAS IDEAS NUEVAS COMO SI FUERAN PERFECTAMENTE HERMOSAS»

1. Árbol familiar de los Oppenheimer, carpetas 4-24, caja 4, documentación de Frank Oppenheimer, UCB; entrevista de JRO con Kuhn, 18-11-1963, SFE, p. 3. El tercer hermano también emigró a Nueva York, pero después de una breve estancia volvió a Alemania. Una de las tres hermanas fue a Estados Unidos en algún momento, pero regresó a Alemania, donde murió. Hedwig Oppenheimer Stern, la menor de las tres hermanas, emigró a Estados Unidos en 1937 y se estableció en California. (Entrevista de Babette Oppenheimer Langsdorf con Alice Smith, 01-12-1976, colección Sherwin). Babette, la hija de Emil Oppenheimer, era dos años menor que Robert. El censo estadounidense de 1900 registra, tal vez incorrectamente, que Julius Oppenheimer nació en agosto de 1870 y emigró de Alemania en 1888; este inscribió que su profesión era vendedor ambulante. (Censo de 1900, Nueva York, Nueva York, rollo 1102, vol. 149, enumeración 455, hoja 8, línea 27, AN).

2. Ella Friedman a Julius Oppenheimer, sin fecha, *circa* marzo de 1903, carpetas 4-10, caja 4, documentación de Frank Oppenheimer, UCB.

3. Dorothy McKibbin, entrevista con Jon Else, 10-12-1979, p. 21; en ella, está citando a Katherine Chaves Page. Véase también señorita Frieda Altschul a JRO, 09-12-1963, donde describe los ojos de Ella.

4. Alice Kimball Smith y Charles Weiner, *Robert Oppenheimer: Letters and Recollections*, p. 2; Frank Oppenheimer, entrevista con Alice Smith, 17-03-1975, p. 58.

5. Lincoln Barnett, «J. Robert Oppenheimer», *Life*, 10-10-1949.

6. Frank Oppenheimer, entrevista grabada, 09-03-1973, IEF, p. 2.

7. Ella Friedman a Julius Oppenheimer, 10-03-1903, carpetas 4-10, caja 4, documentación de Frank Oppenheimer, UCB.

8. Expediente del FBI 100-9066, 10-10-1941, y expediente 100-17828-3, donde se cita la partida de nacimiento de Oppenheimer, n.º 19763.

9. Frank Oppenheimer, entrevista con Alice Smith, 17-03-1975, p. 34; censo de Estados Unidos de 1920.

10. Frank Oppenheimer, entrevista con Alice Smith, 17-03-1975, p. 54; Else Uhlenbeck, entrevista con Alice Smith, 20-04-1976, p. 2. Babette Oppenheimer Langsdorf, la prima de Robert, describió más tarde a Ella como una «pintora con talento» y una entendida (señora Walter Langsdorf a Philip M. Stern, 10-07-1967, documentación de Stern, BJFK; George Boas a Alice Smith, 28-11-1976, correspondencia de Smith, colección Sherwin; Smith y Weiner, *Letters*, p. 138). Julius compró *Primeros pasos (a modo de Millet)* en 1926, y Frank Oppenheimer lo heredó en 1935. Para conocer la procedencia de la colección de Van Gogh de la familia Oppenheimer, véase «Vincent Van Gogh: The Complete Works», una base de datos en CD-ROM, *copyright* de David Brooks (Sharon, Massachusetts, Barewalls Publications, 2002). Julius compró *Madre e hijo* de Picasso en 1928, y Frank Oppenheimer lo vendió en 1980 por un millón cincuenta mil dólares (véase doctor Joseph Baird hijo, a Frank Oppenheimer, 12-04-1980, carpetas 4-46, caja 4; Jack Tanzer a Frank Oppenheimer, 13-05-1980, carpetas 4-46, caja 4, documentación de Frank Oppenheimer, UCB).

11. JRO, entrevista con T. S. Kuhn, 18-11-1963, p. 10. El censo de 1920 registró tres sirvientas en la casa de los Oppenheimer: Nellie Connolly, de ochenta y siete años, irlandesa; Henrietta Rosemund, de veintiún años, alemana, y Signe McSorley, de veintinueve años, sueca (censo de 1920, vol. 244, enumeración 702, hoja 13, línea 37, rollo 1202, AN).

12. Smith y Weiner, *Letters*, p. 34; Frank Oppenheimer, entrevista con Alice Smith, 17-03-1975, p. 26.

13. Harold F. Cherniss, entrevista con Sherwin, 23-05-1979, p. 3.

14. Francis Fergusson, entrevista con Sherwin, 08-06-1979, p. 7.

15. Julius Oppenheimer a Frank Oppenheimer, 11-03-1930, carpetas 4-11, caja 4, documentación de Frank Oppenheimer, UCB; Boas a Alice Smith, 28-11-1976, correspondencia de Smith, colección Sherwin.

16. Fergusson, entrevista con Alice Smith, 23-04-1975, p. 10.

17. Peter Goodchild, *J. Robert Oppenheimer*, p. 11.

18. Jeremy Bernstein, *Oppenheimer*, p. 6; Frank Oppenheimer, entrevista grabada, 09-02-1973, p. 4, IEF.

19. Frank Oppenheimer a Denise Royal, 25-02-1967, documentación de Frank Oppenheimer, caja 4, UCB.

20. Ruth Meyer Cherniss, entrevista con Alice Smith, 10-11-1976; Herbert Smith, entrevista con Charles Weiner, 01-08-1974, pp. 12, 16-17.

21. Oppenheimer podría haber tenido un breve acceso de polio. Véase Alice Smith a Frank Oppenheimer, 06-08-1979, caja 4, documentación de Frank Oppenheimer, UCB; Peter Michelmore, *The Swift Years*, p. 4.

22. JRO, entrevista con Kuhn, 18-11-1963, SFE, pp. 1-4; *Time*, 08-11-1948, p. 70.

23. JRO, entrevista con Kuhn, 18-11-1963, p. 1.

24. Denise Royal, *The Story of Robert Oppenheimer*, p. 13.

25. Las citas de este párrafo están extraídas de Smith y Weiner, *Letters*, p. 5; JRO, entrevista con Kuhn, p. 3; Babette Oppenheimer Langsdorf a Phillip M. Stern, 10-07-1967, documentación de Stern, BJFK.

26. Frank Oppenheimer, entrevista grabada, 09-02-1973, IEF, p. 1.

27. Frank Oppenheimer, entrevista grabada, 09-02-1973, IEF, p. 4.

28. Denise Royal, *The Story of Robert Oppenheimer*, p. 16.

29. Junta directiva, 1912, archivos de la Cultura Ética, Sociedad por la Cultura Ética de Nueva York.

30. *Time*, 08-11-1948, p. 70.

31. Richard Rhodes, «I Am Become Death...», *American Heritage*, vol. 28, n.º 6 (1987).

32. Horace L. Friess, *Felix Adler and Ethical Culture*, p. 194.

33. Stephen Birmingham, *The Rest of Us*, pp. 29-30.

34. Friess, *Felix Adler and Ethical Culture*, p. 198.

35. Benny Kraut, *From Reform Judaism to Ethical Culture*, pp. 190, 194, 205. Quizá esto explique por qué Oppenheimer nunca mostró un interés particular por el sionismo.

36. Friess, *Felix Adler and Ethical Culture*, pp. 136, 122.

37. Friess, *Felix Adler and Ethical Culture*, pp. 35, 100, 153, 141.

38. Felix Adler, «Ethics Teaching y the Philosophy of Life», *School and Home*, publicación del AMPA de la Escuela por la Cultura Ética, noviembre de 1921, p. 3.

39. Smith y Weiner, *Letters*, p. 3; Frank Oppenheimer, entrevista grabada, 14-04-1976, IEF, p. 56.

40. Friess, *Felix Adler and Ethical Culture*, pp. 131, 201-202.

41. Robin Kadison Berson, *Marching to a Different Drummer*, pp. 101-105.

42. John Lovejoy Elliott a Julius Oppenheimer, 23-10-1931, archivos de la Sociedad por la Cultura Ética de Nueva York.

43. Friess, *Felix Adler and Ethical Culture*, p. 126; Yvonne Blumenthal Pappenheim, entrevista con Alice Smith, 16-02-1976.

44. *The Course of Study in Moral Education*, Nueva York, Escuela por la Cultura Ética, 1912, 1916 (folleto), p. 22; Kevin Borg, «Debunking a Myth: J. Robert Oppenheimer's Political Philosophy», artículo inédito, Riverside, Universidad de California, 1992.

45. *Time*, 08-11-1948; Denise Royal, *The Story of J. Robert Oppenheimer*, pp. 15-16.

46. Herbert Smith, entrevista con Alice Smith, 09-07-1975, p. 1; Denise Royal, *The Story of J. Robert Oppenheimer*, p. 23; Smith y Weiner, *Letters*, p. 6; Rhodes, «I Am Become Death...», *American Heritage*, p. 73.

47. Smith y Weiner, *Letters*, p. 4; «Remembering J. Robert Oppenheimer», *The Reporter*, Sociedad por la Cultura Ética, 28-04-1967, p. 2.

48. Stern, *The Oppenheimer Case*, pp. 11-12; Ruth Meyer Cherniss, entrevista con Alice Smith, 10-11-1976; Cassidy, *J. Robert Oppenheimer and the American Century*, pp. 33-46.

49. Stern, *The Oppenheimer Case*, pp. 11-12.

50. Harold F. Cherniss, entrevista con Sherwin, 23-05-1979, p. 3.

51. Barnett, «J. Robert Oppenheimer», *Life*, 10-10-1949.

52. Jeanette Mirsky, entrevista con Alice Smith, 10-11-1976.

53. Herbert Smith, entrevista con Weiner, 01-08-1974, p. 3; JRO, entrevista con Kuhn, 18-11-1963, p. 3.

54. Smith y Weiner, *Letters*, p. 5.

55. Esta y las citas anteriores: JRO, entrevista con Kuhn, 18-11-1963, p. 2.

56. Jane Kayser, entrevista con Weiner, 04-06-1975, p. 34; Smith y Weiner, *Letters*, pp. 6-7.

57. Francis Fergusson, entrevista con Sherwin, 08-06-1979, p. 4.

58. Peter Michelmore, *The Swift Years*, p. 9; Gregg Herken, *Brotherhood of the Bomb*, p. 338, nota 55.

59. Michelmore, *The Swift Years*, pp. 8-9.

60. Francis Fergusson, entrevista con Sherwin, 08-06-1979, p. 6.

61. De niño, Oppenheimer sufrió su ración de enfermedades. A los seis años pasó una amigdalectomía y una adenoidectomía, en 1916 tuvo apendicitis y en 1918 la escarlatina. J. Robert Oppenheimer, examen médico, Presidio de San Francisco, 16-01-1943; caja 100, serie 8, DMI, AN.

62. Smith y Weiner, *Letters*, p. 9.

63. Jeanette Mirsky, entrevista con Alice Smith, 10-11-1976; Smith y Weiner, *Letters*, p. 61.

64. Smith y Weiner, *Letters*, p. 40.

65. Smith y Weiner, *Letters*, p. 9.

66. Frank Oppenheimer, entrevista con Alice Smith, 14-04-1976, p. 12. En 1961, aparentemente en un robo perpetrado por un vecino joven mexicano-estadounidense, mataron a puñaladas a Katherine Chaves Page (Cavanaugh) mientras estaba en la cama (Dorothy McKibbin, entrevista con Alice Smith, 01-01-1976).

67. Herbert Smith, entrevista con Weiner, 01-08-1974, p. 6.

68. Francis Fergusson, entrevista con Sherwin, 08-06-1979, p. 3, y 18-06-1979, p. 8.

69. Herbert Smith, entrevista con Weiner, 01-08-1974, pp. 15-16.

70. Herbert Smith, entrevista con Weiner, 01-08-1974, pp. 6-10.

71. Herbert Smith, entrevista con Weiner, 01-08-1974, p. 1.

72. Smith y Weiner, *Letters*, p. 9.

73. Smith y Weiner, *Letters*, p. 10.

74. Emilio Segrè, *Enrico Fermi: Physicist*, p. 135.

75. *Los Álamos: Beginning of an Era 1943-45*, Laboratorio Nacional de Los Álamos, 1986, p. 9.

76. Smith y Weiner, *Letters*, p. 22 (JRO a Herbert Smith, 18-02-1923).

2. «Su prisión propia»

1. JRO, entrevista con Kuhn, 18-11-1963, p. 14; William Boyd, entrevista con Alice Smith, 21-12-1975, p. 5.

2. Robert Oppenheimer, examen médico del ejército de Estados Unidos, 16-01-1943, caja 100, serie 8, DMI, AN.

3. Smith y Weiner, *Letters*, p. 61.

4. Smith y Weiner, *Letters*, p. 9.

5. Michelmore, *The Swift Years*, p. 15, y Jeffries Wyman, entrevista con Charles Weiner, 28-05-1975, p. 14; JRO, entrevista con Kuhn, 18-11-1963, p. 6.

6. Frederick Bernheim, entrevista con Weiner, 27-10-1975, pp. 7, 16.

7. Smith y Weiner, *Letters*, p. 33.

8. Smith y Weiner, *Letters*, p. 45; William Boyd, entrevista con Alice Smith, 21-12-1975, p. 4.

9. Smith y Weiner, *Letters*, p. 34.

10. Barnett, «J. Robert Oppenheimer», *Life*, 10-10-1949.

11. Smith y Weiner, *Letters*, p. 59.

12. Robert Oppenheimer, «Le jour sort de la nuit ainsi qu'une victoire», poemas de Oppenheimer recibidos de Francis Fergusson, colección Alice Smith (ahora en la colección Sherwin).

13. Richard Norton Smith, *The Harvard Century*, p. 87; *Harvard Crimson*, 13-12-1924 y 17-01-1923.

14. «Liberals Take Stand Against Restriction», *Harvard Crimson*, 14-03-1923.

15. John Trumpbour, ed., *How Harvard Rules*, p. 384; *The Gadfly*, diciembre de 1922, publicado por el Club Estudiantil Liberal, Universidad de Harvard; JRO, entrevista con Kuhn, 18-11-1963, p. 9; Smith y Weiner, *Letters*, p. 15; Michelmore, *The Swift Years*, p. 15. John Edsall, entrevista con Weiner, 16-07-1975, p. 6.

16. JRO, entrevista con Kuhn, 18-11-1963, pp. 7, 9.

17. JRO, entrevista con Kuhn, 18-11-1963, p. 8; Smith y Weiner, pp. 28-29.

18. *Time*, 08-11-1948, p. 71.

19. Gerald Holton, «Young Man Oppenheimer», *Partisan Review*, 1981, vol. XLVIII, p. 383; *Time*, 08-11-1948, p. 71. El templo de Segesta se construyó probablemente entre los años 430 y 420 a.C.

20. William Boyd, entrevista con Alice Smith, 21-12-1975, p. 7.

21. Pais, *Niels Bohr's Times*, pp. 541, 253; *Time*, 08-11-1948, p. 71.

22. JRO, entrevista con Kuhn, 18-11-1963, pp. 5, 9.

23. JRO, entrevista con Kuhn, 18-11-1963, pp. 5, 9.

24. Smith y Weiner, *Letters*, p. 48.

25. Paul Horgan, *A Certain Climate*, p. 5.

26. Smith y Weiner, *Letters*, p. 54.

27. William Boyd, entrevista con Alice Smith, 21-12-1975, p. 9.

28. Smith y Weiner, *Letters*, pp. 60-61, 19; *Time*, 08-11-1948, p. 71.

29. Smith y Weiner, *Letters*, p. 60.

30. JRO, «Neophyte in London», poemas de Oppenheimer recibidos de Francis Fergusson, colección Alice Smith.

31. JRO, «Viscount Haldome in Robbins», poemas de Oppenheimer recibidos de Francis Fergusson, colección Alice Smith. En los márgenes de este poema, escrito a máquina, Robert garabateó: «Mi primer poema de amor».

32. Smith y Weiner, *Letters*, p. 62.

33. Smith y Weiner, *Letters*, pp. 32-33.

34. *Harvard Crimson*, 18-11-1924 y 09-03-1925.

35. Smith y Weiner, *Letters*, p. 60.

36. Transcripción de Harvard de Robert Oppenheimer, 1922-1925, colección Alice Smith; Smith y Weiner, *Letters*, p. 68; JRO, entrevista con Kuhn, 18-11-1963, p. 10.

37. Smith y Weiner, *Letters*, p. 74; Michelmore, *The Swift Years*, p. 15.

38. JRO, entrevista con Kuhn, 18-11-1963, p. 14.

39. Smith y Weiner, *Letters*, p. 77.

40. Smith y Weiner, *Letters*, pp. 80-81.

41. Michelmore, *The Swift Years*, p. 14.

42. JRO, entrevista con Kuhn, 18-11-1963, p. 14.

3. «ESTOY PASÁNDOLO BASTANTE MAL»

1. Smith y Weiner, *Letters*, p. 86.

2. Francis Fergusson, «Relato de las aventuras de Robert Oppenheimer en Europa», nota, febrero 26 [*sic*] (no aparece el año completo, pero lo más probable es que se tratara de 1926), adjunto a Fergusson, entrevista con Alice Smith, 21-04-1976, colección Sherwin.

3. Fergusson, entrevista con Sherwin, 18-06-1979, p. 1.

4. Fergusson, «Relato de las aventuras de Robert Oppenheimer en Europa».

5. John Gribbin, *Q Is for Quantum*, pp. 284, 321-322.

6. JRO, entrevista con Kuhn, 18-11-1963, p. 11.

7. Smith y Weiner, *Letters*, p. 89; JRO, entrevista con Kuhn, 18-11-1963, p. 16.

8. Smith y Weiner, *Letters*, pp. 87-88.

9. Goodchild, *J. Robert Oppenheimer*, p. 17.

10. Michelmore, *The Swift Years*, p. 17; Wyman, entrevista con Weiner, 28-05-1975, p. 22.

11. Pais, *Inward Bound*, p. 367. Rutherford contó este episodio a Paul Dirac, que se lo refirió a Pais.

12. Fergusson, entrevista con Alice Smith, 21-04-1976, p. 36

13. Smith y Weiner, *Letters*, p. 88.

14. Frederick Bernheim, entrevista con Weiner, 27-10-1975, p. 20.

15. Smith y Weiner, *Letters*, p. 19; Herbert Smith, entrevista con Weiner, 01-08-1974, p. 19.

16. Fergusson, «Relato de las aventuras de Robert Oppenheimer en Europa».

17. *Ibid.*

18. Fergusson, entrevista con Sherwin, 18-06-1979.

19. Alice Smith, notas sobre Fergusson, 23-04-1975, p. 4.

20. Fergusson, entrevista con Sherwin, 18-06-1979, p. 1; Fergusson, «Relato de las aventuras de Robert Oppenheimer en Europa», p. 3.

21. Smith y Weiner, *Letters*, p. 90.

22. Edsall, entrevista con Weiner, 16-07-1975, p. 27.

23. Wyman, entrevista con Weiner, 28-05-1975, p. 23.

24. Fergusson, entrevista con Sherwin, 18-06-1979, pp. 4-6.

25. Herbert Smith, entrevista con Weiner, 01-08-1974, p. 16.

26. Edsall, entrevista con Weiner, 16-07-1975, p. 19. Este dijo más tarde que en junio de 1926 Oppenheimer le reveló el diagnóstico del analista, pero recuerda que el psiquiatra en cuestión estaba en Cambridge. A Edsall le sorprendió que un médico dijera algo tan cruel a un paciente. Renombrados discípulos de Freud, como el doctor Ernest Jones, dominaban la profesión psiquiátrica en el Londres de los años veinte; de hecho, es del todo plausible que este fuera el psiquiatra que trató a nuestro protagonista. Julius Oppenheimer siempre buscaba lo mejor para su hijo. El doctor Jones no solo era el freudiano más famoso de Inglaterra, sino que también era uno de los únicos cuatro analistas que tenían un despacho en la calle Harley. Además, pese a ser sin duda un devoto discípulo de Freud (y más tarde se convertiría en su biógrafo), Jones era conocido en la profesión por diagnosticar erróneamente. Es fácil que se equivocara con Oppenheimer al atribuirle demencia precoz. (Véase *International Journal of Psychoanalysis*, vol. 8, parte 1, cortesía del doctor Daniel Benveniste, e-mail del 19-04-2001 a Bird con este asunto: Harley Street analysts. El doctor Curtis Bristol es nuestra fuente acerca de la tendencia a diagnosticar mal del doctor Jones).

27. Fergusson, entrevista con Sherwin, 18-06-1979, p. 2; Smith y Weiner, *Letters*, p. 94.

28. *Time*, 08-11-1948, p. 71.

29. Fergusson, entrevista con Sherwin, 18-06-1979, p. 5.

30. Fergusson afirmaba que el psiquiatra de París envió a Robert a una prostituta de lujo, una mujer con experiencia en tratar las necesidades sexuales de los jóvenes. Según este, a Robert no le entusiasmó la idea, pero fue a verla. «No llegó ni a los preliminares —dijo Fergusson—. Era una mujer más mayor, inteligente y con experiencia. Pero no surgió ninguna chispa». Fergusson, entrevista con Alice Smith, 21-04-1976, p. 39; véase también Fergusson, entrevista con Sherwin, 18-06-1979, pp. 1-4, 7.

31. Fergusson, entrevista con Sherwin, 18-06-1979, pp. 7-9; Fergusson, «Relato de las aventuras de Robert Oppenheimer en Europa». Fergusson y Keeley rompieron el compromiso al cabo del tiempo.

32. Fergusson, «Relato de las aventuras de Robert Oppenheimer en Europa».

33. Smith y Weiner, *Letters*, p. 86.

34. Smith y Weiner, *Letters*, pp. 91-98.

35. Smith y Weiner, *Letters*, pp. 91-98.

36. Fergusson, entrevista con Sherwin, 18-06-1979, pp. 7-9.

37. Edsall, entrevista con Weiner, 16-07-1975, pp. 18-20.

38. Herbert Smith, entrevista con Weiner, 01-08-1974, p. 16.

39. «Talk of the Town», *The New Yorker*, 04-03-1967.

40. Bernheim a Alice Smith, 03-08-1976, correspondencia de Alice Smith A-Z, colección Sherwin.

41. Edsall, entrevista con Weiner, 16-07-1975, pp. 26, 31.

42. Smith y Weiner, *Letters*, p. 95.

43. Wyman, entrevista con Weiner, 28-05-1975, pp. 21-23.

44. Edsall, entrevista con Weiner, 16-07-1975, pp. 20, 27.

45. Alice Kimball Smith y Charles Weiner especularon: «Quizá la manzana simbolizaba un artículo científico que contenía algún error del que se dio cuenta súbitamente». Smith y Weiner, *Letters*, p. 93; Denise Royal, *The Story of J. Robert Oppenheimer*, p. 36; Fergusson, entrevista con Sherwin, 18-06-1979, pp. 4-6; Fergusson, entrevista con Alice Smith, 23-04-1975, pp. 36-37.

46. Prosiguió explicándole a Davis por qué deseaba que el hecho permaneciera ignorado: «¿Que por qué se lo digo? Por aquellas audiencias sobre lealtad a las que el Gobierno me sometió en 1954. Las grabaciones fueron impresas en centenares de páginas, en letra pequeña, en 1954. Mi gran año, he oído que dice la gente, y la historia de mi vida, toda entera, en esas grabaciones. Pero no es así. Casi nada de lo que era importante para mí salió en ellas, casi nada de lo que es significativo para mí está en esas grabaciones. Se da cuenta, ¿verdad?, de que lo que le digo es cierto. Al mostrarle algo importante para mí que no está en esas grabaciones» (Nuel Pharr Davis, *Lawrence and Oppenheimer*, pp. 21-22).

47. Algunos historiadores, entre los que se cuentan S. S. Schweber y Abraham Pais, han especulado que Oppenheimer pudo haber luchado contra una homosexualidad latente. Nuestra opinión es que esa conjetura carece de base. Pais,

que lo conocía como amigo y como colega, escribió en sus memorias, en 1997, que a principios de la década de 1950 «estaba convencido de que un factor importante de la constitución emocional de Robert era una homosexualidad fuerte y latente». Sin embargo, el amigo que mejor lo conocía en aquellos años, Francis Fergusson, estaba seguro de «no haber detectado nunca ninguna tendencia homosexual. No creo que el tema le preocupara en absoluto. Lo que pasaba era que estaba frustrado por su incapacidad de relacionarse con mujeres y por el trabajo». De manera similar, Frederick Bernheim, con quien compartía casa en Harvard, explicó: «Se sentía un inepto con las chicas, y le sentaba muy mal si yo salía con alguna. [...] No tenía nada de homosexual. [...] Yo no sentí por él ninguna atracción sexual ni él por mí, que yo sepa, pero tenía, no sé por qué, una especie de sentimiento de que los dos debíamos formar una unidad».Véase Pais, *A Tale of Two Continents*, p. 241.Véase también Schweber, *In the Shadow of the Bomb*, pp. 56, 203. En referencia a los rumores de su homosexualidad latente, véanse los expedientes de seguridad del FBI sobre JRO, V. P. Keay al señor Ladd, 10-11-1947, donde se comenta el rumor de que tuvo «una aventura con Harvey Hall, [...] un estudiante de Matemáticas de la universidad con tendencias homosexuales y que en aquel tiempo vivía con Robert Oppenheimer» (expediente de seguridad del FBI, microfilm, carrete 1; véase también Schweber, p. 203). Los datos del FBI no eran correctos: Harvey Hall nunca vivió con Robert ni era homosexual (se casó en septiembre de 1934 y siguió casado hasta que murió, en octubre de 2003). En 1935, Hall daba clases en Nueva York, no en Berkeley. Y, por último, era físico, no matemático, según habían declarado los poco fiables informantes del FBI. Fergusson, entrevista con Sherwin, 18-06-1979, pp. 3-4, 7; Bernheim, entrevista con Weiner, 27-10-1975, p. 16.

48. Haakon Chevalier, entrevista con Sherwin, 29-06-1982, p. 6.

49. Royal, *The Story of J. Robert Oppenheimer*, p. 36.

50. JRO, entrevista con Kuhn, 18-11-1963, p. 16.

51. Smith y Weiner, *Letters*, p. 96; JRO, entrevista con Kuhn, 18-11-1963, p. 17.

52. Smith y Weiner, *Letters*, p. 96; Wyman, entrevista con Weiner, 28-05-1975, p. 18.

53. Pais, *et al.*, *Paul Dirac*, p. 29.

54. Rhodes, *The Making of the Atomic Bomb*, pp. 53-54; Wyman, entrevista con Weiner, 28-05-1975, p. 30.

55. JRO, entrevista con Kuhn, 18-11-1963, p. 17.

56. JRO, entrevista con Kuhn, 18-11-1963, p. 21.

57. Pais, *Niels Bohr's Times*, p. 495.

58. Esta y las citas anteriores: JRO, entrevista con Kuhn, 20-11-1963, pp. 1-2.

59. Smith y Weiner, *Letters*, p. 97.

60. Royal, *The Story of J. Robert Oppenheimer*, p. 36.

61. JRO, entrevista con Kuhn, 18-11-1963, p. 21.

4. «EL TRABAJO ME RESULTA DURO, GRACIAS A DIOS, Y CASI PLACENTERO»

1. «Talk of the Town», *The New Yorker*, 04-03-1967.
2. Pais, *The Genius of Science*, pp. 32-33.
3. Gribbin, *Q Is for Quantum*, pp. 55-57; «Obituary: Prof. Max Born», *The Times of London*, 07-01-1970.
4. Smith y Weiner, *Letters*, p. 97.
5. Smith y Weiner, p. 100.
6. JRO, entrevista con Kuhn, 20-11-1963, p. 5.
7. Pais, *The Genius of Science*, pp. 307-308.
8. JRO, entrevista con Kuhn, 20-11-1963, p. 4.
9. Smith y Weiner, *Letters*, p. 100.
10. Smith y Weiner, *Letters*, pp. 100-101.
11. Pais, *Inward Bound*, p. 367. Pais cita una conversación privada con Dirac.
12. JRO, entrevista con Kuhn, 20-11-1963, p. 6.
13. Helen C. Allison, entrevista con Alice Smith, 07-12-1976. Los Hogness siguieron a Oppenheimer a Berkeley en 1929.
14. Max Debruck, «In Memory of Max Born», documentación de Debruck, 37.8, archivos del Caltech, cortesía de Nancy Greenspan.
15. Max Born, *My Life*, p. 229; Goodchild, *Oppenheimer*, p. 20.
16. Born, *My Life*, p. 234; Royal, *The Story of J. Robert Oppenheimer*, p. 38.
17. Smith y Weiner, *Letters*, p. 102.
18. Smith y Weiner, *Letters*, pp. 104-105.
19. Michelmore, *The Swift Years*, p. 20.
20. Michelmore, *The Swift Years*, p. 21.
21. Smith y Weiner, *Letters*, p. 104; Margaret Compton, entrevista con Alice Smith, 03-04-1976.
22. JRO, entrevista con Kuhn, 20-11-1963, p. 6.
23. Michelmore, *The Swift Years*, p. 21; Pais, *The Genius of Science*, p. 54
24. Pais, *The Genius of Science*, p. 67; Luis Álvarez, *Adventures of a Physicist*, p. 87; Leo Nedelsky, entrevista con Alice Smith, 07-12-1976.
25. Smith y Weiner, *Letters*, p. 101; Davis, *Lawrence and Oppenheimer*, p. 22.
26. Thomas Powers, *Heisenberg's War*, pp. 84-85; James W. Kunetka, *Oppenheimer*, p. 12.
27. La ideología política de Houtermans era de izquierdas. Pasaría dos años y medio en las cárceles de Stalin antes de que lo repatriaran a Alemania, en abril de 1940. En referencia a la fascinante historia de este físico, véase Powers, *Heisenberg's War*, pp. 84, 93, 103, 106-107, y David Cassidy, *The Uncertainty Principle*.
28. Helge Kragh, *Quantum Generations*, p. 168.
29. Gribbin, *Q Is for Quantum*, pp. 174, 417-418.
30. Daniel J. Kevles, *The Physicists*, p. 167; Albrecht Fölsing, *Albert Einstein*,

pp. 730-731. En 1929, Einstein matizó su crítica explicando que creía «en la verdad profunda que contiene esta teoría, pero pienso que limitarla a leyes estadísticas será algo temporal». Sin embargo, poco después endureció su punto de vista e insistió en que «no era posible llegar al fondo de las cosas con esos medios semiempíricos» (Fölsing, *Albert Einstein*, pp. 566, 590).

31. Smith y Weiner, *Letters*, p. 190 (JRO a Frank Oppenheimer, 11-01-1935). Robert conoció a Einstein en el Caltech en 1930 (JRO a Carl Seelig, 07-09-1955, documentación de JRO).

32. JRO, entrevista con Kuhn, 20-11-1963, p. 7.

33. Smith y Weiner, *Letters*, p. 103.

34. Kevles, *The Physicists*, p. 217.

35. Schweber, *In the Shadow of the Bomb*, p. 64.

36. Royal, *The Story of J. Robert Oppenheimer*, p. 42

37. Hans Bethe, reseña de *Brighter Than a Thousand Suns*, de Robert Jungk, en *Bulletin of the Atomic Scientists*, vol. 12, pp. 426-429; Schweber, *In the Shadow of the Bomb*, p. 100.

38. Hans Bethe, *ibid*.

5. «Soy Oppenheimer»

1. Michelmore, *The Swift Years*, p. 23.

2. Smith y Weiner, *Letters*, p. 108.

3. Frank Oppenheimer, entrevista grabada, 09-02-1973, IEF, p. 5.

4. Goodchild, *Oppenheimer*, p. 22.

5. Michelmore, *The Swift Years*, p. 24.

6. Else Uhlenbeck, entrevista con Alice Smith, 20-04-1976, p. 2; Michelmore, *The Swift Years*, pp. 24-25.

7. Smith y Weiner, *Letters*, p. 110; *Hound and Horn: A Harvard Miscellany*, vol. 1, n.º 4 (junio de 1928), p. 335.

8. JRO, «Le jour sort de la nuit ainsi qu'une victoire», poemas de Oppenheimer recibidos de Francis Fergusson, colección Alice Smith.

9. Smith y Weiner, *Letters*, p. 113.

10. Smith y Weiner, *Letters*, p. 113.

11. *Time*, 08-11-1948, p. 72.

12. Frank Oppenheimer a Denise Royal, 25-02-1967, carpetas 4-23, caja 4, documentación de Frank Oppenheimer, UCB.

13. Robert Serber, *Peace and War*, p. 38.

14. Royal, *The Story of J. Robert Oppenheimer*, p. 44; Michelmore, *The Swift Years*, pp. 26-27; Smith y Weiner, *Letters*, pp. 118, 126, 163-165.

15. Frank Oppenheimer, entrevista grabada, 09-02-1973, IEF, p. 18.

16. Examen médico de JRO, Presidio de San Francisco, 16-01-1943, caja 100, serie 8, DMI, AN.

17. Frank Oppenheimer a Denise Royal, 25-02-1967, carpetas 4-23, caja 4, documentación de Frank Oppenheimer, UCB.

18. Smith y Weiner, *Letters*, p. 119 (citando una entrevista a Frank Oppenheimer hecha por Smith, 14-04-1976); Royal, *The Story of J. Robert Oppenheimer*, p. 50; Davis, *Lawrence and Oppenheimer*, p. 24.

19. JRO, entrevista con Kuhn, 20-11-1963, p. 18.

20. En 1933, Ehrenfest mató de un disparo a su hijo, que sufría retraso mental, y luego se suicidó. John Archibald Wheeler con Kenneth Ford, *Geons, Black Holes, y Quantum Foam*, p. 260.

21. Max Born a Paul Ehrenfest, 26-07-1927, y Ehrenfest, cartas 8-7 o 17-27, Archivos de la Historia de la Física Cuántica, BNB, IEF, cortesía de Nancy Greenspan, biógrafa de Born.

22. Barnett, «J. Robert Oppenheimer», *Life*, 10-10-1949.

23. Serber, *Peace and War*, p. 25; Rabi, *et al.*, *Oppenheimer*, p. 17. Según Peter Michelmore, fue Paul Ehrenfest quien le puso el apodo de «Opje» (Michelmore, *The Swift Years*, p. 37).

24. Victor Weisskopf, *The Joy of Insight*, p. 85.

25. JRO, entrevista con Kuhn, 20-11-1963, pp. 20-21. *Herausprügeln* significa «autocastigarse o disciplinar» (cortesía de Helma Bliss Goldmark). Una vez, Ehrenfest bromeó con Oppenheimer acerca de sus inclinaciones filosóficas diciéndole alegremente: «Robert, sabes tanto de ética porque no tienes carácter» (Herken, *Brotherhood of the Bomb*, p. 15).

26. Carta de JRO a James Chadwick, 10-01-1967, documentación de JRO, caja 26, BC.

27. Smith y Weiner, *Letters*, p. 127.

28. JRO, entrevista con Kuhn, 20-11-1963, pp. 22-23.

29. Royal, *The Story of J. Robert Oppenheimer*, p. 45.

30. Ed Regis, *Who Got Einstein's Office?*, p. 195.

31. Michelmore, *The Swift Years*, p. 28.

32. Regis, *Who Got Einstein's Office?*, p. 133.

33. Wolfgang Pauli, *Scientific Correspondence*, vol. I, p. 486.

34. Jeremy Bernstein, «Profiles: Physicist», *The New Yorker*, 13-10-1975 y 20-10-1975.

35. Rigden, *Rabi*, p. 19; Bernstein, *Oppenheimer*, p. 5.

36. Rigden, *Rabi*, pp. 228-229.

37. Pais, *The Genius of Science*, p. 276.

38. Rabi, entrevista con Sherwin, 12-03-1982, pp. 7, 12-13.

39. Rigden, *Rabi*, p. 214.

40. Rigden, *Rabi*, p. 215.

41. Rigden, *Rabi*, pp. 218-219.

42. Esta y las citas anteriores: Royal, *The Story of J. Robert Oppenheimer*, pp. 45-46; Rabi, *et al.*, *Oppenheimer*, p. 5 (Introducción).

43. JRO, entrevista con Kuhn, 20-11-1963, p. 22.

44. Rabi, *et al.*, *Oppenheimer*, pp. 12, 72.

45. Brian Greene, *The Elegant Universe*, p. 111.

6. «OPPIE»

1. Smith y Weiner, *Letters*, pp. 126-127.

2. Veinticinco años después, Robert testificaría que el doctor Roger Lewis era uno de esos amigos a los que sintió distantes desde el estallido de la guerra, porque «había una sensación de hostilidad que yo identificaba con el hecho de que se mantuvieran próximos al Partido [Comunista]». Smith y Weiner, *Letters*, p. 132; audiencia de JRO, p. 190.

3. Frank Oppenheimer a Alice Smith, 16 de julio (no consta el año), carpetas 4-24, caja 4, documentación de Frank Oppenheimer, UCB.

4. Royal, *The Story of J. Robert Oppenheimer*, p. 49.

5. Frank Oppenheimer, entrevista con Weiner, 09-02-1973, p. 51.

6. *The Day After Trinity*, Jon Else, dir., transcripción, pp. 5-6; Uhlenbeck, entrevista con Alice Smith, 20-04-1976, p. 9; Frank Oppenheimer, entrevista con Weiner, 09-02-1973, p. 52.

7. Frank Oppenheimer, entrevista con Weiner, 09-02-1973, p. 51.

8. Frank Oppenheimer a Alice Smith, 16 de julio (no consta el año), carpetas 4-24, caja 4, documentación de Frank Oppenheimer, UCB.

9. JRO a Frank Oppenheimer, 12-03-1930, carpetas 4-12, caja 1, documentación de Frank Oppenheimer, UCB.

10. Smith y Weiner, *Letters*, p. 132.

11. Smith y Weiner, *Letters*, p. 133.

12. JRO, entrevista con Kuhn, 20-11-1963, p. 29.

13. Royal, *The Story of J. Robert Oppenheimer*, p. 54.

14. JRO, entrevista con Kuhn, 20-11-1963, p. 30.

15. Goodchild, *Oppenheimer*, p. 25; Royal, *The Story of J. Robert Oppenheimer*, p. 55.

16. Smith y Weiner, *Letters*, p. 149; Leo Nedelsky, entrevista con Alice Smith, 07-12-1976.

17. Rabi, *et al.*, *Oppenheimer*, p. 18; Royal, *The Story of J. Robert Oppenheimer*, p. 56.

18. Harold Cherniss, entrevista con Sherwin, 23-05-1979, pp. 2-3.

19. Smith y Weiner, *Letters*, p. 149.

20. Smith y Weiner, *Letters*, p. 149; Nedelsky, entrevista con Alice Smith, 07-12-1976.

21. Barnett, «J. Robert Oppenheimer», *Life*, 10-10-1949, p. 126.

22. Lillian Hoddeson, *et al.*, eds., *The Rise of the Standard Model*, p. 311; Rabi, *et al.*, *Oppenheimer*, p. 18.

23. JRO, entrevista con Kuhn, 20-11-1963.

24. Serber, *Peace and War*, p. 28.

25. Herbert Childs, *An American Genius*, p. 143.

26. Herken, *Brotherhood of the Bomb*, p. 51. Lawrence también tenía en mente a otro buen amigo suyo, Robert Cooksey.

27. Rhodes, *The Making of the Atomic Bomb*, p. 148; Davis, *Lawrence and Oppenheimer*, pp. 17, 30-31.

28. Patrick J. McGrath, *Scientists, Business, and the State*, pp. 36, 64.

29. Gray Brechin, *Imperial San Francisco*, pp. 312, 354.

30. Nedelsky, entrevista con Alice Smith, 07-12-1976.

31. JRO, entrevista con Kuhn, 20-11-1963, p. 25.

32. Schweber, *In the Shadow of the Bomb*, p. 66; Gribbin, *Q Is for Quantum*, pp. 266, 107.

33. Serber, entrevista con Sherwin, 09-01-1982, p. 14.

34. Nedelsky, entrevista con Alice Smith, 07-12-1976; Schweber, *In the Shadow of the Bomb*, p. 68.

35. Regis, *Who Got Einstein's Office?*, p. 147.

36. Serber, entrevista con Sherwin, 09-01-1982, p. 15. Willis Lamb se sacó el doctorado en Física en 1938 bajo la supervisión de Oppenheimer. Véase Gribbin, *Q Is for Quantum*, pp. 203-204.

37. Melba Phillips, entrevista con Sherwin, 15-06-1979, p. 5.

38. Rabi, *et al.*, *Oppenheimer*, p. 16.

39. *Physics Review*, 01-10-1938.

40. *Physics Review*, 01-09-1939; Bernstein, *Oppenheimer*, p. 48.

41. Marcia Bartusiak, *Einstein's Unfinished Symphony*, pp. 60-61; Bernstein, *Oppenheimer*, pp. 48-50.

42. Gribbin, *Q Is for Quantum*, pp. 45, 266.

43. Serber, entrevista con Sherwin, 09-01-1982, p. 15.

44. Rabi, *et al.*, *Oppenheimer*, pp. 13-17.

45. Nedelsky, entrevista con Alice Smith, 07-12-1976.

46. Edwin Uehling, entrevista con Sherwin, 11-01-1979, pp. 5-6.

47. Smith y Weiner, *Letters*, p. 159 (JRO a Frank Oppenheimer, otoño de 1932).

48. Rigden, *Rabi: Scientist y Citizen*, p. 7.

49. Décadas más tarde, el propio Oppenheimer creía que habían desaparecido todas las copias de aquellos apuntes del curso y de las clases. JRO, entrevista con Kuhn,

20-11-1963, p. 28; Royal, *The Story of J. Robert Oppenheimer*, pp. 64-65. En realidad, Sherwin consiguió una copia de Herve Voge. Será donada a un archivo adecuado.

50. Smith y Weiner, *Letters*, p. 135 (carta del 14-10-1929).

51. Smith y Weiner, *Letters*, p. 138.

52. Smith y Weiner, *Letters*, pp. 172, 191; Helen Campbell Allison, correspondencia con Alice Smith, sin fecha (*circa* 1976), notas de las entrevistas con Alice Smith. Natalie Raymond murió en 1975.

53. Helen C. Allison, entrevista con Alice Smith, 07-12-1976.

54. JRO a Frank Oppenheimer, 14-10-1929; Smith y Weiner, *Letters*, p. 135.

55. JRO a Frank Oppenheimer, 14-10-1929; Smith y Weiner, *Letters*, p. 135.

56. Cherniss, entrevista con Sherwin, 23-05-1979, pp. 1-2.

7. «LOS CHICOS NIM-NIM»

1. Cassidy, *J. Robert Oppenheimer and the American Century*, p. 123.

2. Julius Oppenheimer a Frank Oppenheimer, 11-03-1930, carpetas 4-11, caja 4, documentación de Frank Oppenheimer, UCB; Michelmore, *The Swift Years*, p. 33.

3. Smith y Weiner, *Letters*, p. 139 (12-03-1930).

4. Uehling, entrevista con Sherwin, 11-01-1979, pp. 2, 9.

5. Esta y las citas anteriores: *San Francisco Chronicle*, 14-02-1934, p. 1; Serber, *Peace and War*, p. 27; Serber, entrevista con Jon Else, 15-12-1979, p. 26.

6. Royal, *The Story of J. Robert Oppenheimer*, p. 63; Serber, *Peace and War*, p. 25; Smith y Weiner, *Letters*, pp. 149, 186; Herken, *Brotherhood of the Bomb*, p. 13; Robert Serber, entrevista con Jon Else, 15-12-1979, p. 23.

7. Smith y Weiner, *Letters*, p. 143 (JRO a Frank Oppenheimer, 10-08-1931). Para la descripción de la casa de la calle Shasta, véase Edith A. Jenkins, *Against a Field Sinister*, p. 28, y Robert Serber, entrevista con Jon Else, 15-12-1979, p. 23.

8. Chevalier, *Oppenheimer*, pp. 20-21.

9. Rabi, *et al.*, *Oppenheimer*, p. 20; Rigden, *Rabi*, p. 213.

10. Jeremy Bernstein, *Oppenheimer*, p. 62.

11. Uehling, entrevista con Sherwin, 11-01-1979, p. 15.

12. Harold Cherniss, entrevista con Sherwin, 23-05-1979, p. 10

13. Herbert Smith, entrevista con Weiner, 01-08-1974, p. 14.

14. Harold Cherniss, entrevista con Sherwin, 23-05-1979, p. 8.

15. Serber, *Peace and War*, pp. 29-31.

16. Royal, *The Story of J. Robert Oppenheimer*, p. 63, cita a Serber.

17. Uehling, entrevista con Sherwin, 11-01-1979, p. 15.

18. Phillips, entrevista con Sherwin, pp. 9-11. Con el tiempo, Carlson enseñó física en Princeton y en varias universidades más; en 1955 se suicidó.

19. Rabi, *et al.*, *Oppenheimer*, p. 19.

20. Smith y Weiner, *Letters*, p. 141.

21. Frank Oppenheimer a Royal, 25-02-1967, carpetas 4-23, caja 4, documentación de Frank Oppenheimer, Biblioteca Bancroft.

22. Smith y Weiner, *Letters*, pp. 144-145 (JRO a Ernest Lawrence, 12-10-1931 y 16-10-1931).

23. Herbert Smith, entrevista con Weiner, 01-08-1974, p. 12; Michelmore, *The Swift Years*, p. 33; Royal, *The Story of J. Robert Oppenheimer*, pp. 61-62.

24. Smith y Weiner, *Letters*, pp. 152-153 (Julius Oppenheimer a Frank Oppenheimer, 18-01-1932).

25. Uehling, entrevista con Sherwin, 11-01-1979, p. 31.

26. Cherniss, entrevista con Sherwin, 23-05-1979, p. 5; Smith y Weiner, *Letters*, pp. 143, 165; *Time*, 08-11-1948, p. 75.

27. Cherniss, entrevista con Sherwin, 23-05-1979, p. 11.

28. Smith y Weiner, *Letters*, pp. 143, 165; Royal, *The Story of J. Robert Oppenheimer*, p. 64.

29. Smith y Weiner, *Letters*, p. 164; Michelmore, *The Swift Years*, p. 39.

30. Para un estudio sobre la influencia del Bhagavad Guitá en intelectuales occidentales, véase Jeffery Paine, *Father India*.

31. Smith y Weiner, *Letters*, pp. 155-156 (JRO a Frank Oppenheimer, 12-03-1932).

32. James A. Hijiya, «The Gita of J. Robert Oppenheimer»; Smith y Weiner, *Letters*, p. 180.

33. Hijiya, «The Gita of J. Robert Oppenheimer», p. 146; Barbara Stoler Miller, trad. al inglés, *Bhartrihari: Poems*, p. 39.

34. Friess, *Felix Adler and Ethical Culture*, p. 124; Rabi, *et al.*, *Oppenheimer*, p. 4.

35. Estamos en deuda con James Hijiya por sugerirnos esta interpretación acerca de la fascinación que sentía Oppenheimer hacia el Guitá (Hijiya, «The Gita of J. Robert Oppenheimer», *Proceedings of the American Philosophical Society*, vol. 144, n.° 2 (2000), pp. 161-164; JRO, *Flying Trapeze*, p. 54).

36. Serber, *Peace and War*, pp. 25-29.

37. Expediente del FBI sobre JRO, doc. 241, p. 12, 31-01-1951, desclasificado en 2001.

38. *Ibid.*; Barton J. Bernstein, «Interpreting the Elusive Robert Serber», p. 12.

39. Bernstein, «Interpreting the Elusive Robert Serber», p. 11; Bernstein cita a JRO dirigiéndose a Ernest Lawrence, 20-07-1938, caja 16, documentación de Lawrence, UCB.

40. Serber, *Peace and War*, pp. 38-39.

41. Else Uhlenbeck, entrevista con Alice Smith, 20-04-1976, pp. 11-12.

42. Audiencia a JRO, p. 8.

43. Robert Serber, discurso de agradecimiento por el Premio en Memoria

de J. Robert Oppenheimer en 1972, archivo biográfico, Premio en Memoria de Oppenheimer, Archivos IEF.

44. Expediente del FBI sobre JRO, doc. 241, p. 13, 31-01-1951, desclasificado en 2001.

45. Chevalier, *Oppenheimer*, p. 29.

46. Jenkins, *Against a Field Sinister*, pp. 23, 27. Serber, *Peace and War*, p. 43.

47. Phillips, entrevista con Sherwin, 15-06-1979, p. 1. En 1947, el FBI de J. Edgar Hoover afirmó que Phillips había «repartido supuestamente octavillas comunistas» en el Brooklyn College (Hoover al secretario de comercio Averell Harriman, 06-09-2947, carpeta «Arms Control», 1947, documentación de Harriman, colección Kai Bird). A principios de la década de 1950, el comité McCarran citó a Phillips para interrogarla. Ella se negó a cooperar y fue despedida del Brooklyn College y del Laboratorio de Radiación de Columbia. En 1987, el Brooklyn College se disculpó públicamente.

48. Nedelsky, entrevista con Alice Smith, 07-12-1976; Smith y Weiner, *Letters*, p. 195.

49. Smith y Weiner, *Letters*, p. 173.

50. «Obituary: Prof. Max Born», *The Times*, Londres, 07-01-1970.

51. Stephen Schwartz, *From West to East*, pp. 226-246.

52. Serber, *Peace and War*, p. 31.

53. Frank Oppenheimer, entrevista grabada, entrevista con Weiner, 09-02-1973.

54. Smith y Weiner, *Letters*, pp. 194-195.

55. JRO, entrevista con Kuhn, 18-11-1963, p. 19.

56. Serber, *Peace and War*, pp. 42, 50.

57. JRO, entrevista con Kuhn, 20-11-1963, p. 31; Smith y Weiner, *Letters*, pp. 181, 190. El matemático Hermann Weyl ofreció a Oppenheimer la oportunidad de incorporarse al Instituto de Estudios Avanzados.

8. «EN 1936 EMPEZARON A CAMBIAR MIS INTERESES»

1. Jenkins, *Against a Field Sinister*, p. 23; audiencia de JRO, p. 8.

2. Priscilla Robertson, carta sin fecha titulada «Promesa», *circa* enero de 1944, dirigida a la difunta Jean Tatlock, colección Sherwin. Edith Jenkins dice que esta tenía los ojos azules (p. 28), pero el certificado de defunción realizado por el forense los describe como marrones. Michelmore declara que eran «de un verde luminoso» (*The Swift Years*, p. 47).

3. Oficina del forense de la ciudad y el condado de San Francisco, informe del forense sobre Jean Tatlock, 06-01-1944; documento secreto del FBI, «Asunto: Jean Tatlock», 29-06-1943, archivo A, serie 326, entrada 62, caja 1, AN.

4. Jenkins, *Against a Field Sinister*, p. 28.

5. Jenkins, *Against a Field Sinister*, p. 21; Michelmore, *The Swift Years*, p. 52.

6. Chevalier, *Oppenheimer*, p. 13; Nuel Pharr Davis, una fuente no siempre fiable, afirmaba que al profesor Tatlock «no le gustaban los judíos». También cita a la señora Tatlock: «Tengo que ir a buscar al fascista de mi marido y a la radical de mi hija» (Davis, *Lawrence and Oppenheimer*, p. 82). Por otra parte, el profesor Tatlock se unió en 1938 a Oppenheimer, Chevalier y otros docentes de Berkeley con el fin de recaudar mil quinientos dólares para la división del Este de la Bahía del Departamento Médico de Ayuda a la Democracia Española, una acción muy poco probable para un fascista o un conservador (*People's Daily World*, 29-01-1938, p. 3).

7. Jenkins, *Against a Field Sinister*, p. 24.

8. *Ibid.*, p. 26.

9. Priscilla Robertson, «Promise», carta de siete páginas, *circa* enero de 1944.

10. *Ibid.*

11. *Ibid.*

12. Las malas notas que sacó aquel año tal vez sugieran que dedicó mucho tiempo al Partido Comunista. En psicología obtuvo un excelente, pero en casi todas las asignaturas del curso preparatorio de Medicina sacó bienes (Universidad de California, Berkeley, expediente académico de la Escuela de Posgrado, 1935-1936; Jean Tatlock a Priscilla Robertson, sin fecha, *circa* 15-07-1935).

13. La división de Berkeley del Partido Comunista tenía la costumbre de hostigar a los miembros que se sometían a psicoanálisis. Frances Behrend Burch, una amiga de los Chevalier, se afilió en 1942 y al mismo tiempo empezó a ir a ver a Donald Macfarlane, un psicoanalista freudiano y buen amigo de los Oppenheimer. Cuando los dirigentes del partido se enteraron, trataron de convencerla de que dejara las sesiones con el psicoanalista. (Kent Mastores y Constance Rowell Mastores, correo electrónico a Kai Bird, 06-05-2004. Constance es la hija de Burch).

14. Tatlock a Robertson, *circa* 15-07-1935.

15. Royal, *The Story of J. Robert Oppenheimer*, p. 69.

16. Jenkins, *Against a Field Sinister*, p. 22.

17. *Ibid.*

18. Serber, entrevista con Sherwin, 09-01-1982, pp. 9-10. Véase también Serber, *Peace and War*, p. 46.

19. Haakon Chevalier, entrevista con Sherwin, 09-05-1980.

20. Audiencia de JRO, p. 8.

21. Avram Yedidia a Sherwin, 14-02-1980.

22. Esta y las citas anteriores: Harvey Klehr, *The Heyday of American Communism*, pp. 270, 413; Ellen Schrecker, *Many Are the Crimes*, p. 15; Edward L. Barrett hijo, *The Tenney Committee*, p. 1; *The Nation*, 12-09-1934, citado por Dorothy Healey, *Dorothy Healey Remembers*, pp. 40, 59; Steve Nelson *et al.*, *American Radical*, p. 262.

23. Audiencia de JRO, p. 8.

24. La frase «abrió la puerta» procede del primer borrador de la declaración autobiográfica que dirigió a la audiencia de 1954. En la versión final la eliminó. Véase Goodchild, *Oppenheimer*, p. 233.

25. «Dr. Peters Replies Oppenheimer», *Rochester Times Union*, 15-06-1949; audiencias ante el CAA, 08-07-1949, p. 9, documentación de Bernard Peters, ANB. Peters declaró: «Me trasladaron a una cárcel de Múnich y luego me soltaron». También aseguró que ni su mujer ni él pertenecieron nunca al Partido Comunista.

26. Bernard Peters, «Report of a Prisoner at the Concentration Camp at Dachau, Near Munich», escrito por él mismo en 1934 en Nueva York; Peters, «War Crimes», 11-05-1945, documentación de Peters, ANB.

27. Schweber, *In the Shadow of the Bomb*, p. 120.

28. *Ibíd.*, pp. 120, 220.

29. La doctora Hannah Peters a la señora Ruth B. Shipley, jefa, división de Pasaportes, Departamento de Estado, 28-08-1951, documentación de Peters, ANB. Cuando apeló porque Shipley se opuso a expedirle el pasaporte, Peters negó rotundamente haber sido miembro del Partido Comunista. Dijo que fue miembro del Comité Antifascista de Refugiados.

30. JRO a los redactores del *Rochester Democrat and Chronicle*, 30-06-1949, documentación de Peters, ANB. En septiembre de 1943, Oppenheimer dijo al coronel Lansdale y al general Groves que creía que Hannah Peters era miembro del Partido Comunista; Herken, *Brotherhood of the Bomb*, p. 111; expediente del FBI sobre JRO, nota del 28-04-1954, documento 1320; véase también el informe de la CEA sobre JRO (*Rochester Times Union*, 07-07-1954, carpeta 11, documentación de Bernard Peters, ANB).

31. Stern, *The Oppenheimer Case*, p. 19.

32. Cherniss, entrevista con Sherwin, 23-05-1979, p. 5.

33. La entrada del diario de Chevalier lleva por fecha el 20-07-1937, pero su amigo «E.» declaró que Oppenheimer había leído *El capital* el verano anterior. Véase Chevalier, *Oppenheimer*, p. 16; a Steve Nelson le contaron la misma historia: Steve Nelson *et al.*, *American Radical*, p. 269.

34. Expediente del FBI sobre Haakon Chevalier (100-18564), parte 1 de 2, informe de antecedentes, pp. 2, 16.

35. Larken Bradley, «Stinson Grand Dame Barbara Chevalier Dies», *Point Reyes Light*, 24-07-2003.

36. Haakon Chevalier, *Oppenheimer*, p. 30; «diario» de Barbara Chevalier, 08-08-1981, cortesía de Gregg Herken, <www.brotherhoodofthebomb.com>.

37. Jenkins, *Against a Field Sinister*, p. 25.

38. Chevalier, *Oppenheimer*, pp. 8-9.

39. Chevalier, *Oppenheimer*, p. 8; Axel Madsen, *Malraux*, p. 195.

NOTAS DE LAS PÁGINAS 150 A 154

40. Robert A. Rosenstone, *Crusade of the Left*, p. vii; Schrecker, *Many Are the Crimes*, p. 15.

41. Chevalier, *Oppenheimer*, p. 16.

42. Audiencia de JRO, p. 156; nota al director del FBI, 17-01-1958, acerca de un trabajo de fin de semestre escrito por la señora Fred Airy, antes Helen A. Lichens, titulado «Informe trimestral: el sindicato de profesores de Berkeley y Oakland, primavera de 1936». La señora Airy explicó al FBI que escribió aquel informe en 1936, mientras estudiaba en Berkeley. En el curso de la investigación que realizó, asistió a muchas reuniones del sindicato y entrevistó a los dirigentes.

43. Esta y las citas anteriores: Chevalier, *Oppenheimer*, pp. 16-19, 21-22.

44. Michelmore, *The Swift Years*, p. 49.

45. Audiencia de JRO, pp. 155, 191. Cuando, en 1950, el FBI interrogó a Oppenheimer sobre el doctor Addis, se negó a declarar, argumentando que «estaba muerto y no podía defenderse» de «haber estado relacionado con el Partido Comunista». En aquel entonces, la viuda de Addis dijo a Linus Pauling que no quería que las opiniones políticas de su difunto marido se debatieran en un ensayo en su memoria para la Academia Nacional de las Ciencias, porque sus dos hijos y ella «temían por su seguridad». Kevin V. Lemley y Linus Pauling, «Thomas Addis», *Biographical Memoirs*, p. 3.

46. Richard M. Lippman, doctor en Medicina, a Linus Pauling, 01-02-1955, Comité en Memoria de Addis, caja 60, documentación de Linus Pauling, Universidad del Estado de Oregón.

47. Lemley y Pauling, «Thomas Addis», p. 6.

48. *Ibid.*, p. 5; véase también el correo electrónico del doctor Frank Boulton a Kai Bird, 27-04-2004, y Herken, página web <www.brotherhoodofthebomb. com> (notas para el capítulo 2, nota 33).

49. Frank Boulton, «Thomas Addis (1881-1949)», *Journal of the Royal College of Physicians of Edinburgh*, vol. 33, pp. 135-142; Lemley y Pauling, «Thomas Addis», p. 28.

50. Herbert Romerstein y Eric Breindel, *The Venona Secrets*, pp. 265-266. Ambos autores citan «Archivos de la Comintern, Moscú, fondo 515, inventario 1, expediente 3875». También citan un informe del FBI de 1944 que describía a Addis como «activo en veintisiete organizaciones tapadera comunistas en el área de la Bahía de San Francisco durante los diez últimos años». Addis: informe de campo de San Francisco, 17-05-1944, sección 4, archivo de la FAECT, n.º 61-723, FBI.

51. Lippman a Pauling, 01-02-1955, con el borrador adjunto de un ensayo memorístico sobre Addis, Comité en Memoria de Addis, caja 60, documentación de Pauling, Universidad del Estado de Oregón. Lemley y Pauling, «Thomas Addis», p. 29.

52. Pauling a Donald Tresidder (rector, Universidad de Stanford), caja 77, documentación de Pauling; doctor Horace Gray a Pauling, 05-04-1957, Comité

en Memoria de Addis, caja 60, documentación de Linus Pauling, Universidad del Estado de Oregón.

53. Audiencia de JRO, p. 1004.

54. Doctor Frank Weymouth (presidente del departamento de Psicología, Universidad de Stanford) al Comité en Memoria de Addis, caja 60, documentación de Linus Pauling, Universidad del Estado de Oregón.

55. Thomas Addis, carta dirigida a «Querido amigo», septiembre de 1940, correspondencia de Addis con Pauling, 1040-1042, caja 59, documentación de Linus Pauling, Universidad del Estado de Oregón. Entre otros contribuyentes, figuraban Helen Keller, Dorothy Parker, George Seldes y Donald Ogden Stewart.

56. *Ibid.*; Boulton, «Thomas Addis (1881-1949)», p. 24.

57. Audiencia de JRO, pp. 183, 185, 9.

58. Según el Departamento Regulador del Índice de Precios al Consumidor de la Oficina de Estadística Laboral, un dólar en 1938 tenía el poder adquisitivo de 12,42 dólares en 2001.

59. Audiencia de JRO, pp. 5, 9, 157; Stern, *The Oppenheimer Case*, p. 22.

60. Nelson, entrevista con Sherwin, 17-06-1981, p. 14; Nelson *et al.*, *American Radical*, p. 258; expediente del FBI sobre Haakon Chevalier (100-18564), parte 1 de 2, serie 61-439, p. 37.

61. Audiencia de JRO, p. 9.

62. *Ibid.*, p. 157; Stern, *The Oppenheimer Case*, p. 22.

63. La donación de Oppenheimer se entregó a la Agencia Médica Estadounidense para la Ayuda de la Democracia Española (véase *Daily People's World*, 29-01-1938, p. 3, citado en el informe de antecedentes de Oppenheimer, 17-02-1947). El comité de recaudación de la Universidad de Berkeley estaba formado por Chevalier, Rudolph Schevill, Robert Brady, G. C. Cook, Frank Oppenheimer, John S. P. Tatlock, A. G. Brodeur, R. D. Calkins, H. G. Eddy, E. Gudde, W. M. Hart, S. C. Morley, G. R. Hoyes, A. Perstein, M. I. Rose, F. M. Russell, L. B. Simpson, P. S. Taylor, A. Torres-Rioseco, R. Tryon y T. K. Whipple y el propio Robert Oppenheimer.

64. *Daily People's World*, 26-04-1938; *ACLU News*, vol. IV, n.° 1, San Francisco, enero de 1939, p. 4; audiencia de JRO, p. 3.

65. Chevalier, entrevista con Sherwin, 29-06-1982, p. 3.

66. Chevalier, *Oppenheimer*, pp. 32-33; Chevalier, entrevista con Sherwin, 29-06-1982, p. 4. En la primavera de 1939, Oppenheimer fue miembro del Comité por el Derecho Educativo del Sector 349. Arthur Brodeur era el presidente y, entre otros miembros del comité, estaban Chevalier y Philip Morrison (Joseph E. Fontrose, secretario del Sector 349, a Irvin R. Kuenzli, 27-04-1939, reproducido de las colecciones de archivos del Departamento de Asuntos Laborales y Urbanos, Universidad del Estado de Wayne, cortesía de John Cortesi).

67. Jenkins, *Against a Field Sinister*, p. 22.

68. Smith y Weiner, *Letters*, p. 202.

69. Petteri Pietikainen, «Dynamic Psychology, Utopia, and Escape from History: The Case of C. G. Jung», *Utopian Studies*, vol. 12, n.º 1 (01-01-2001), p. 41.

70. Documentación de Siegfried Bernfeld, «Psychoanalytic Committee-San Francisco», caja 9, BC, contiene listas de invitados y varios temas que se discutían en el comité.

71. Gerald Holton, «Young Man Oppenheimer», *Partisan Review*, 1981, vol. XLVIII, p. 385.

72. Documentación de Siegfried Bernfeld, «Psychoanalytic Committee-San Francisco», caja 9, BC; doctor Robert S. Wallerstein, entrevista telefónica, 19-03-2001; véase también Daniel Benveniste, «Siegfried Bernfeld in San Francisco», ensayo inédito, 20-05-1993, y la entrevista de Benveniste con el doctor Nathan Adler, cortesía del primero. Bernfeld psicoanalizaba a Wolff y posiblemente a otros miembros del grupo, lo que suscita la cuestión de si también estaba tratando a Oppenheimer. Aunque el nombre de nuestro protagonista no aparece en las listas parciales de los pacientes del doctor Bernfeld, este dijo más tarde a Adler que uno de sus pacientes era un físico de Berkeley que había desempeñado un papel crucial en el diseño del ciclotrón.

73. Rabi *et al.*, *Oppenheimer*, p. 5.

74. Documentación de Siegfried Bernfeld, «Psychoanalytic Committee-San Francisco», caja 9, BC; entrevista telefónica con el doctor Wallerstein, 19-03-2001. Este dijo que sabía que Oppenheimer estaba «intensamente interesado» en el psicoanálisis y que por ello asistió con regularidad a los seminarios del doctor Bernfeld; doctor Stanley Goodman, alumno del doctor Bernfeld, correo electrónico del 20-03-2001; Ernest Jones, *The Life and Work of Sigmund Freud*, vol. 3, p. 344; Reuben Fine, *A History of Psychoanalysis*, p. 108.

75. Herbert Childs, *An American Genius*, pp. 266-267.

9. «LO RECORTÉ Y LO ENVIÉ»

1. J. Edgar Hoover al presidente, nota del FBI, 28-02-1947, expediente del FBI sobre JRO.

2. Audiencia de JRO, p. 8.

3. Frank Oppenheimer, entrevista con Alice Smith, 17-03-1975, p. 37.

4. Leona Marshall Libby, *The Uranium People*, p. 106.

5. Herken, *Brotherhood of the Bomb*, p. 54; la fuente de Herken es una carta de Clifford Durr a Frank Oppenheimer, 10-12-1969, carpeta de Durr, caja 1, documentación de Frank Oppenheimer, UCB.

6. Smith y Weiner, *Cartas*, p. 95.

7. William L. Marbury a Allen Weinstein, 11-03-1975, documentación de James Conant, UH, cortesía de James Hershberg.

8. Smith y Weiner, *Cartas*, p. 147. Roger Lewis, amigo de Frank, lo convenció para ir a Johns Hopkins en lugar de a Harvard. Véase Frank Oppenheimer, entrevista con Alice Smith, 17-03-1975, p. 10.

9. Smith y Weiner, *Cartas*, p. 155.

10. Smith y Weiner, *Cartas*, p. 163.

11. Smith y Weiner, *Cartas*, pp. 169-170.

12. Frank Oppenheimer, entrevista con Alice Smith, 17-03-1975, p. 15.

13. Paul Preuss, «On the Blacklist», *Science*, junio de 1983, p. 35.

14. Frank Oppenheimer, historia oral, relatado a Judith R. Goodstein, 16-11-1984, p. 12, archivos del Caltech.

15. Frank Oppenheimer, historia oral, 09-02-1973, IEF, pp. 38, 40.

16. Expediente del historial del FBI sobre Frank Friedman Oppenheimer, 23-07-1947, de D. M. Ladd al director.

17. Robert Serber, entrevista con Sherwin, 11-03-1982, p. 11.

18. Frank Oppenheimer a Alice Smith, 16 de julio (no consta el año), carpetas 4-24, caja 4, documentación de Frank Oppenheimer, UCB.

19. Michelmore, *The Swift Years*, p. 47; Goodchild, *J. Robert Oppenheimer*, p. 34.

20. Frank Oppenheimer a Alice Smith, 16 de julio (no consta el año), carpeta 4-24, caja 4, documentación de Frank Oppenheimer, UCB.

21. Hans «Lefty» Stern, entrevista con Kai Bird, 04-03-2004.

22. Frank Oppenheimer, historia oral, relatada a Goodstein, 16-11-1984, p. 32, archivos del Caltech.

23. Frank Oppenheimer, historia oral, relatada a Goodstein, 16-11-1984, pp. 9-11, archivos del Caltech; William L. Marbury, *In the Catbird Seat*, p. 107.

24. Frank Oppenheimer, historia oral, relatado a Weiner, 09-02-1973, p. 46, IEF.

25. Frank Oppenheimer, testimonio, 14-06-1949, «Audiencias relacionadas con la infiltración comunista en el Laboratorio de Radiación y el Proyecto de la Bomba Atómica en la Universidad de California, Berkeley, California», CAA, p. 365; informe del FBI, 20-08-1947, en el que se cita un artículo del *Minneapolis Star* del 12-07-1947. En 1938 su número de afiliado era 60439 y en 1939 era 1001.

26. Frank Oppenheimer a Denise Royal, 25-02-1967, carpetas 4-23, caja 4, documentación de Frank Oppenheimer, UCB.

27. Frank Oppenheimer, entrevista con Sherwin, 03-12-1978; Frank Oppenheimer, historia oral, entrevista con Goodstein, 16-11-1984, archivos del Caltech, pp. 14-15. Jackie Oppenheimer, testimonio, 14-06-1949, «Audiencias relacionadas con la infiltración comunista en el Laboratorio de Radiación y el Proyecto de la Bomba Atómica en la Universidad de California, Berkeley, California», CAA, p. 377.

28. Jackie Oppenheimer, testimonio, 14-06-1949; Frank Oppenheimer, historia oral, entrevista con Goodstein, 16-11-1984, p. 15.

29. Frank Oppenheimer, historia oral, entrevista con Weiner, 09-02-1973, IEF, p. 46.

30. Frank Oppenheimer, entrevista con Sherwin, 03-12-1978.

31. Michelmore, *The Swift Years*, p. 115.

32. Resumen de la nota del FBI sobre Frank Oppenheimer, 23-07-1947, p. 2; audiencia de JRO, pp. 101-102.

33. Frank Oppenheimer, entrevista con Sherwin, 03-12-1978.

34. Resumen de la nota del FBI sobre Frank Oppenheimer, 23-07-1947, p. 3.

35. Audiencia de JRO, p. 102.

36. Audiencia de JRO, pp. 186-187.

37. Resumen de la nota del FBI sobre Frank Oppenheimer, 23-07-1947, pp. 3-4.

38. JRO, entrevista con John Lansdale, 12-09-1943; audiencia de JRO, pp. 871-886.

39. Jessica Mitford, *A Fine Old Conflict*, p. 67.

40. Klehr, *The Heyday of American Communism*, p. 413.

41. Haakon Chevalier, entrevista con Sherwin, 29-06-1982, pp. 3, 4, 6, 7; véase también Chevalier, *Oppenheimer*, p. 19. Muchos años después de divorciarse, Barbara Chevalier anotó en sus memorias inéditas que Opje y Haakon «se unieron a una unidad secreta del Partido Comunista. Debía de tener solo seis u ocho miembros (un doctor, un hombre de negocios rico, quizá)». También escribió que quiso olvidar deliberadamente los nombres de los implicados (Barbara Chevalier, manuscrito, 08-08-1981, cortesía de Gregg Herken).

42. Nacido en Rusia en 1905, Schneiderman llegó a Estados Unidos cuando tenía tres años. En 1939, fiscales del Gobierno intentaron anular su ciudadanía y deportarlo. El caso seguía recurrido en el momento de aquel encuentro con Oppenheimer; en 1943, la Corte Suprema ratificó la ciudadanía de Schneiderman (Klehr, *The Heyday of American Communism*, p. 484).

43. Informe del FBI, 19-05-1941, documento 2, y teletipo del FBI, 16-10-1953, agencia de San Francisco al director del FBI, Haakon Chevalier, expediente del FBI, parte 1 de 2. El cable informa de que, cuando llegaron Schneiderman y Folkoff «a la entrada de la casa de Chevalier se observaron coches aparcados registrados a nombre de [hueco en blanco] y J. Robert Oppenheimer».

44. N. J. L. Piper al director del FBI, 28-03-1941, expediente del FBI sobre JRO, sección 1, documento 1.

45. Informe del FBI, 18-06-1954, de Joe R. Craig, con un adjunto, «Extractos de 97-1 (C-14)». El adjunto no lleva fecha, pero, a juzgar por el contexto de los extractos, debió de escribirse después de agosto de 1941, cuando Oppenheimer se mudó a la casa de Eagle Hill, en Berkeley. Este conocía a Helen Pell de las

actividades colectivas en beneficio del Comité para la Ayuda a la España Democrática. (Pell era también amiga de Steve Nelson; véase Nelson, entrevista con Sherwin, p. 13). El doctor Addis, por supuesto, era amigo de Jean Tatlock y quien primero canalizó las donaciones de Oppenheimer al Partido Comunista en beneficio de la República española. Alexander Kaun era un profesor de Berkeley que alquiló su casa a Oppie durante un tiempo. En 1943, este dijo al teniente coronel Lansdale que sabía que Kaun era miembro del Consejo Soviético Estadounidense, pero que no sabía si era del partido (audiencia de JRO, p. 877). George Andersen fue identificado como el «abogado oficial del Partido Comunista» de San Francisco. Aubrey Grossman y Richard Gladstein fueron abogados del líder sindical Harry Bridges.

46. Véase el testimonio de Philip Morrison, 07-05-1953 y 08-05-1953, «Influencia subversiva en el proceso educativo», 83.° congreso de Estados Unidos, comité judicial del Senado, parte 9, pp. 899-919.

47. Morrison, entrevista con Sherwin, 21-06-2002.

48. Esta y las citas anteriores: Haakon Chevalier, entrevistas con Sherwin, 29-06-1982, pp. 6-7, y 15-07-1982, p. 5.

49. Nelson, entrevista con Sherwin, 17-06-1981, p. 14.

50. Nelson, entrevista con Sherwin, 17-06-1981, p. 22.

51. Griffiths, «Venturing Outside the Ivory Tower: The Political Autobiography of a College Professor», manuscrito inédito, BC. Griffiths escribió dos versiones de este mecanoscrito; la más corta, sin título, menciona a Oppenheimer como integrante de la unidad cerrada. El nombre de nuestro protagonista no aparece en la versión más larga; por lo visto, cuando Griffiths empezó a hacer circular el documento para su posible publicación, un amigo lo convenció de que no revelara el nombre de Oppenheimer. Lo aquí citado pertenece al manuscrito más corto, p. 26.

52. Gordon Griffiths, «Venturing Outside the Ivory Tower», manuscrito inédito, versión corta, BC, p. 26; informe del FBI sobre la entrevista con Kenneth O. May, 05-03-1954, expediente del FBI sobre JRO.

53. Kenneth May, carta confidencial al doctor Lawrence M. Gould, presidente de la Universidad de Carleton, 25-09-1950, archivos de la Universidad de Carleton, cortesía del archivista de la universidad Eric Hilleman. May escribió un artículo en *New Masses* titulado «Why My Father Disinherited Me». David Hawkins, entrevista con Sherwin, 05-06-1982, p. 15.

54. Informe del FBI sobre la entrevista con Kenneth May, 05-03-1954. May dejó el partido en algún momento durante la Segunda Guerra Mundial. En 1946 por fin obtuvo el doctorado en Matemáticas, y aquel mismo año se incorporó al departamento de Matemáticas de la Universidad de Carleton (Northfield, Minnesota). Entrevistas con John Dyer-Bennett, compañero de habitación de May en Berkeley, y Miriam May, la tercera mujer de May, con Bird, 15-05-2001.

10. «CADA VEZ CON MÁS Y MÁS CERTEZA»

1. Smith y Weiner, *Cartas*, p. 211.

2. Maurice Isserman, *Which Side Were You On?*, pp. 32-54.

3. *The Nation* reimprimió esa carta abierta (Schwartz, *From West to East*, p. 290).

4. Chevalier, *Oppenheimer*, pp. 31-32. En su novela de 1959, *El hombre que quiso ser Dios*, Chevalier hace que el personaje de Oppenheimer defienda el pacto entre Stalin y Hitler con estas palabras: «Incluso en la peor situación —dijo en voz baja— hay un paso acertado y muchos equivocados. Desde que los poderes occidentales quebraron el compromiso que tenían con Checoslovaquia en Múnich, la situación de Rusia se ha visto expuesta peligrosamente. Lo más seguro es que este sea el paso acertado. Porque es el único paso que desbarata el plan de que una alianza entre Alemania y naciones occidentales (Francia e Inglaterra, con apoyo de Estados Unidos) ataque a la Unión Soviética [...] El pacto no es una alianza con Alemania. Es como si Alemania se pusiera en cuarentena para evitar que se formen alianzas con Occidente. [...] Esto será muy desagradable de explicar» (Chevalier, *The Man Who Would Be God*, pp. 21-22).

5. Muchos historiadores han dado crédito a este argumento (véase Alexander Werth, *Russia at War*, pp. 3-39, y Peter Calvocoressi y Guy Wint, *Total War*, p. 82).

6. Esta y las citas anteriores: Chevalier, *Oppenheimer*, p. 33.

7. Maurice Isserman, *Which Side Were You On?*, pp. 38, 42. En 1941, el recién creado Comité de Investigación de Actividades Antiestadounidenses, presidido por el senador del estado de California Jack B. Tenney, realizó audiencias para investigar las alegaciones de que la Liga de Escritores Estadounidenses era en realidad una tapadera comunista (véase Edward L. Barrett hijo, *The Tenney Committee*, p. 125).

8. Herken, *Brotherhood of the Bomb*, p 31; Chevalier, entrevista con Sherwin, 29-06-1982, pp. 6-7; Chevalier, *Oppenheimer*, pp. 35-36.

9. Gordon Griffiths, «Venturing Outside the Ivory Tower», manuscrito inédito, versión corta, BC, pp. 27-28.

10. Las octavillas llegaron hasta el rector de la universidad, Robert G. Sproul, que las guardó junto con sus documentos de trabajo en una carpeta que llevaba el nombre de «Comunistas, 1940». En el transcurso de una entrevista, Chevalier sacó unas cuantas octavillas, y Sherwin leyó algunos pasajes para recogerlos en una grabadora (Chevalier, entrevista con Sherwin, 15-07-1982).

11. Chevalier, entrevista con Sherwin, 15-07-1982.

12. *Informe a nuestros colegas, II*, 06-04-1940, «Communism», oficina del rector (Robert Sproul), 1940, UCB.

13. *Ibid.*

14. JRO a Edwin y Ruth Uehling, 17-5-1941; Smith y Weiner, *Cartas*, p. 217.

15. Smith y Weiner, *Cartas*, p. 216. No hemos encontrado nada que mencio-

ne que ningún comité de investigación interrogara a Robert Oppenheimer en esa época, así que quizá no lo convocaron.

16. Martin D. Kamen, entrevista con Sherwin, 18-01-1979, p. 27.

17. Chevalier, entrevista con Sherwin, 15-07-1982. *Daily Worker*, 28-04-1938. Junto a Chevalier firmaron casi ciento cincuenta intelectuales de peso, como Nelson Algren, Dashiell Hammett, Lillian Hellman, Dorothy Parker y Malcolm Cowley.

18. En la Segunda Guerra Mundial, al cabo del tiempo enviaron a Weissberg a un campo de exterminio polaco. Saltó del camión y logró escapar por el bosque, y se enroló en el Estado Secreto Polaco (Victor Weisskopf, entrevista con Sherwin, 23-03-1979, p. 5).

19. Michelmore, *The Swift Years*, pp. 57-58.

20. Audiencia de JRO, p. 10.

21. Weisskopf, *The Joy of Insight*, p. 115.

22. Weisskopf, entrevista con Sherwin, 23-03-1979, pp. 3-7.

23. Weisskopf, entrevista con Sherwin, 23-03-1979, p. 10.

24. Edith Arnstein Jenkins, *Against a Field Sinister*, p. 27. Edith escogió como alias para el partido el nombre de la madre de Mary Shelley, Mary Wollstonecraft. Dijo que nadie llevaba su propio nombre en el carnet comunista: «Era demasiado peligroso». Desde 1936 a 1938, en Berkeley, Arnstein fue la secretaria oficial y la recaudadora de cuotas de una unidad cerrada del partido en la ciudad, pero dejó el puesto en 1938, cuando abandonó los estudios de Derecho. El sector profesional del Partido Comunista de Berkeley, afirmó, se componía de varias unidades de unos ocho miembros cada una. Más tarde diría que Oppenheimer no fue miembro de su unidad cerrada, pero no podía asegurar nada desde el año 1938 en adelante. Arnstein recordaba también que una vez este le había dado una pequeña suma de dinero en concepto de contribución a la Liga de Jóvenes Comunistas (Edith Arnstein Jenkins, entrevista con Herken, 9-05-2002; Jenkins, entrevista con Bird, 25-07-2002).

25. Schweber, *In the Shadow of the Bomb*, p. 108; Bloch a Rabi, 02-11-1938, caja 1 (correspondencia general), documentación de Bloch, US.

26. Childs, *An American Genius*, p. 307.

27. Schweber, *In the Shadow of the Bomb*, p. 108.

28. Bernstein, *Hans Bethe*, p. 65.

29. Chevalier, entrevista con Sherwin, 29-6-82, p. 10; Chevalier, *Oppenheimer*, p. 46.

30. Chevalier, *Oppenheimer*, p. 187.

31. Chevalier, *The Man Who Would Be God*, pp. 14-15.

32. *Ibid.*, pp. 88-89.

33. *Time*, 02-11-1959, p. 94.

34. Chevalier a JRO, 23-07-1964, y JRO a Chevalier, 07-08-1964, carpeta «Chevalier, Haakon-Reference to Case», caja 200, documentación de JRO, BC.

35. Chevalier, *Oppenheimer*, pp. 19, 46.

36. John Earl Haynes y Harvey Klehr, *In Denial*, p. 39. John Haynes escribió más tarde: «Ciertamente, cualquier miembro con dos dedos de frente de cualquier partido habría considerado a Oppenheimer un aliado muy valioso. Además, no dependía del partido para sindicalización ni ayudas de ningún tipo. Era muy valioso para el partido, pero el partido no era valioso para él salvo en la medida en que creía en sus fines y objetivos, y salvo por los lazos personales o fraternales que había establecido con otros integrantes del movimiento. Ningún líder inteligente habría impuesto una "disciplina" a alguien como Oppenheimer; en lugar de darle órdenes, lo intentaría persuadir, convencer, embaucar, pedirle las cosas con educación e incluso suplicar si fuera necesario» (John Haynes, correo electrónico a Gregg Herken, 26-04-2004, cortesía de Herken).

37. Como dijo un informante del FBI, «aunque el Partido Comunista no llegara a incluir a Oppenheimer como miembro, sí que consideraba satisfactorios los esfuerzos que había hecho por que este aceptara la filosofía del partido y por asegurarse su apoyo en los propósitos comunistas». Ese informante del FBI era Louis Gibarti, un comunista nacido en Hungría que fue agente de la Comintern desde 1923 hasta 1938, cuyo verdadero nombre era Laszlo Dobos. Dejó el partido en 1938 y se puso a trabajar como periodista. No existen pruebas que confirmen que conociera nunca a Oppenheimer o, lo que viene a ser lo mismo, no existen pruebas que respalden la afirmación citada arriba. En 1950 se convirtió en informante del FBI (J. Edgar Hoover a Lewis Strauss, 25-06-1954, expediente del FBI sobre JRO, sección 44, documento 1800).

11. «VOY A CASARME CON UNA AMIGA TUYA, STEVE»

1. JRO al mayor general K. D. Nichols, 04-03-1954.

2. Michelmore, *The Swift Years*, p. 49.

3. Goodchild, *J. Robert Oppenheimer*, p. 35.

4. Chevalier, entrevista con Sherwin, 29-06-1982, p. 9; Chevalier, *Oppenheimer*, p. 30; Herken, *Brotherhood of the Bomb*, p. 345.

5. Serber, entrevista con Sherwin, 09-01-1982, p. 10. Resulta interesante el hecho de que Sandra Dyer-Bennett fuese unos diez años mayor o más que Robert. Era la madre del músico de folk Richard Dyet-Bennett, nacido en 1913.

6. Esta y las citas anteriores: Serber, entrevista con Sherwin, 09-01-1982; Goodchild, *J. Robert Oppenheimer*, p. 39; Chevalier, entrevista con Sherwin, 29-06-1982, p. 9; Chevalier, *Oppenheimer*, p. 31; Michelmore, *The Swift Years*, p. 63; JRO a Niels Bohr, 02-11-1949, caja 21, documentación de JRO.

7. Robert Serber, entrevista con Sherwin, 11-03-1982.

8. Expediente del FBI sobre Katherine Oppenheimer (100-309633-2), nota del FBI, 07-08-1951.

9. Serber, entrevista con Jon Else, 15-12-1979, p. 9.

10. <www.swisscastles.ch/Vaud/chateau/blonay.html>.

11. Wilhelm Keitel, *Mein Leben*, pp. 19-20. Las memorias de Keitel, escritas en alemán, describen la ascendencia noble de sus abuelos Bodewin Vissering y Johanna Blonay. (En inglés se publicaron algunos fragmentos del texto, traducidos por David Irving, *The Memoirs of Field-Marshal Keitel*, Nueva York, Stein and Day, 1966. Sin embargo, esta versión no incluye el material sobre el origen de su familia). Para saber más sobre el compromiso temporal con Kaethe Vissering, véase audiencia de JRO, p. 277.

12. Serber, entrevista con Sherwin, 11-03-1982, p. 13.

13. Pat Sherr, entrevista con Sherwin, 20-02-1979, p. 10; Serber, entrevista con Sherwin, 11-03-1982, p. 14.

14. Goodchild, *J. Robert Oppenheimer*, p. 37.

15. Sherr, entrevista con Sherwin, 20-02-1979, p. 10.

16. Audiencia de JRO, p. 571; Goodchild, *J. Robert Oppenheimer*, p. 38.

17. Steve Nelson, entrevista con Sherwin, 17-06-1981, p. 39.

18. Robert A. Karl, «Green Anti-Fascists: Dartmouth Men and the Spanish Civil War», artículo de investigación inédito de la Universidad de Dartmouth, 21-09-2000, p. 42, BUD.

19. Karl, «Green Anti-Fascists», pp. 43-44; Hugh Thomas, *The Spanish Civil War*, p. 473; Marion Merriman y Warren Lerude, *American Commander in Spain*, p. 124. Para saber sobre el origen judío de Dallet, véase Margaret Nelson, entrevista con Sherwin, 17-06-1981, p. 34; y *Dartmouth Alumni*, diciembre de 1937, expediente de estudiante de Dallet, BUD.

20. Peer de Silva, manuscrito inédito, p. 2, cortesía de Gregg Herken; *Daily Worker*, 27-10-1937; *Fifth Report of the Senate Fact-Finding Committee on Un-American Activities in California*, 1949, p. 553.

21. Michelmore, *The Swift Years*, p. 61; Goodchild, *J. Robert Oppenheimer*, p. 38.

22. Steve Nelson, entrevista con Sherwin, 17-06-1981, p. 4.

23. Sherr, entrevista con Sherwin, 20-02-1979, p. 25; audiencia de JRO, p. 572; Goodchild, *J. Robert Oppenheimer*, p. 38.

24. Steve Nelson, entrevista con Sherwin, 17-06-1981, pp. 3, 6.

25. Joe Dallet, *Letters from Spain*, pp. 56-57; Dallet a Kitty Dallet, 09-04-1937, 22-04-1937 y 25-07-1937, reimpreso en Cary Nelson y Jefferson Hendricks, eds., *Madrid 1937: Letters of the Abraham Lincoln Brigade from the Spanish Civil War*, pp. 71-74, 77-78.

26. Margaret Nelson, entrevista con Sherwin, 17-06-1981, p. 28. Nelson leyó esta carta para la grabadora de Sherwin.

27. Dallet, *Letters from Spain*, p. 45.

28. Sandor Voros, *American Commissar*, pp. 338-340.

29. Merriman y Lerude, *American Commander in Spain*, pp. 124-125. Documento 263 del FBI; documento 49 del FBI, 09-10-1937, en Harvey Klehr, John Earl Haynes y Fridrikh Igorevich Firsov, *The Secret World of American Communism*, pp. 184-186; Schwartz, *From West to East*, p. 360; Peter Carroll, *The Odyssey of the Abraham Lincoln Brigade*, pp. 164-165.

30. Voros, *American Commissar*, p. 342. Vincent Brome, *The International Brigades*, 1966, p. 225. «Hemos perdido a algunos de los buenos en el ataque —escribió Bob Merriam a su mujer el 16-10-1937—, Joe Dallet entre ellos»; Merriman y Lerude, *American Commander in Spain*, p. 175; documento 158 del FBI, p. 3; Rosenstone, *Crusade of the Left: The Lincoln Battalion in the Spanish Civil War*, pp. 234-236.

31. Steve Nelson, entrevista con Sherwin, 17-06-1981, pp. 8-9; Nelson *et al.*, *American Radical*, pp. 232-233; audiencia de JRO, p. 574. Documento 284 del FBI, p. 5.

32. Allen Guttmann, *The Wound in the Heart*, p. 142; *Daily Worker*, 27-10-1937.

33. Nota del FBI del 6-05-1952, expediente del FBI sobre Katherine Oppenheimer (100-309633). Kitty vio a Browder solo una vez, cuando este fue a Youngstown (Ohio) a visitar a Joe Dallet; cenaron juntos (nota del FBI sobre Katherine Oppenheimer, 23-04-1952, expediente de JRO, sección 12).

34. Margaret Nelson, entrevista con Sherwin, 17-06-1981, p. 32; Sherr, entrevista con Sherwin, 20-02-1979, p. 10.

35. Jean Bacher, entrevista con Sherwin, 29-03-1983, p. 4; Goodchild, *J. Robert Oppenheimer*, p. 39; expediente del FBI sobre JRO, doc. 108, p. 4.

36. Audiencia de JRO, p. 574. Kitty estuvo en la UCLA desde septiembre de 1939 hasta junio de 1940, y vivió en la calle Coronado, 553 1/2, de Los Ángeles.

37. Doctor Louis Hempelmann, entrevista con Sherwin, 10-08-1979, p. 26.

38. Serber, *Peace and War*, pp. 59-60. Frank y Jackie Oppenheimer también pasaron unos días de aquel verano en el rancho, y se llevaron consigo a Hans «Lefty» Stern, de once años, el hijo de sus primos, el doctor Alfred Stern y su mujer, Lotte Stern.

39. Expediente del FBI sobre JRO, documento 154, p. 7.

40. Serber, *Peace and War*, p. 60.

41. Steve Nelson, entrevista con Sherwin, 17-06-1981, p. 12; Nelson *et al.*, *American Radical*, p. 268.

42. Herken, *Brotherhood of the Bomb*, p. 52.

43. D. M. Ladd al director del FBI, 11-08-1947, expediente del FBI sobre JRO, documento 159, p. 7. Ladd cita a Nelson, al parecer, a partir de la grabación de una escucha telefónica del 07-08-1945.

44. Kitty Oppenheimer a Margaret Nelson, sin fecha, *circa* 29-11-1940, en Margaret Nelson, entrevista con Sherwin, 17-06-1981, p. 30.

45. Herken, *Brotherhood of the Bomb*, p. 56.

46. Margaret Nelson, entrevista con Sherwin, 17-06-1981, p. 31; Steve Nelson *et al.*, *American Radical*, p. 268.

47. Sabra Ericson, entrevista con Sherwin, 13-01-1982.

48. Esta y las citas anteriores: Frank y Jackie Oppenheimer, entrevista con Sherwin, 03-12-1978; Goodchild, *J. Robert Oppenheimer*, pp. 39-40; Serber, entrevista con Sherwin, 11-03-1982, p. 15; Chevalier, entrevista con Sherwin, 29-06-1982, p. 2.

49. Michelmore, *The Swift Years*, p. 65.

50. *Time*, 08-11-1948, p. 76.

51. Margaret Nelson, entrevista con Sherwin, 17-06-1981, p. 33.

52. Smith y Weiner, *Letters*, p. 215; Edsall, entrevista con Weiner, 16-07-1975, p. 40.

53. Sherr, entrevista con Sherwin, 20-02-1979, p. 11.

54. Chevalier, *Oppenheimer*, p. 42.

55. Ruth Meyer Cherniss, entrevista con Alice Smith, 10-11-1976; Harold Cherniss, entrevista con Smith, 21-04-1976, p. 20.

56. Stern, *The Oppenheimer Case*, pp. 33-34. Dorothy McKibbin encontró una petición del hospital para realizar los rayos X con fecha del 25 de julio (nota del FBI, 18-11-1952, p. 46, expediente del FBI sobre JRO, serie 14; documento 327 del FBI, pp. 17-18); Michelmore, *The Swift Years*, p. 65; Goodchild, *J. Robert Oppenheimer*, p. 40; audiencia de JRO, p. 336.

57. Véase la correspondencia de julio de 1941 en la caja 232, carpeta «Real Estate», documentación de JRO.

58. Bird y Sherwin visitaron la casa el 23-04-2004; Chevalier, *Oppenheimer*, p. 43.

12. «EMPUJÁBAMOS EL NEW DEAL HACIA LA IZQUIERDA»

1. Esta y las citas anteriores: Luis W. Álvarez, *Álvarez*, pp. 75-76.

2. Smith y Weiner, *Letters*, pp. 207-208. Richard Rhodes sugiere verosímilmente que esta carta se escribió el 04-02-1939 y no el 28-01-1939, como conjeturan Smith y Weiner (Rhodes, *The Making of the Atomic Bomb*, p. 812, nota 274).

3. Smith y Weiner, *Letters*, p. 209. Oppenheimer envió otra carta a Serber hablándole del descubrimiento de la fisión nuclear: «Acababa de llegar la noticia a Berkeley, y él me escribió. Di un seminario sobre ella el mismo día. [...] Y creo que ya en la primera carta mencionó la posibilidad de construir una bomba» (*The Day After Trinity*, Jon Else, dir., transcripción, p. 12). Más adelante, Serber destruyó todas las cartas de Oppenheimer (Serber, entrevista con Sherwin, 11-03-1982, p. 21).

4. Joseph Weinberg, entrevista con Sherwin, 23-08-1979, pp. 4-5.

5. Rhodes, *The Making of the Atomic Bomb*, p. 275.

6. Weinberg, entrevista con Sherwin, 23-08-1979, p. 10.

7. *Ibid.*, pp. 6, 15-16.

8. *Ibid.*, p. 13.

9. *Ibid.*, p. 8.

10. Ed Geurjoy, «Oppenheimer as a Teacher of Physics and Ph.D. Advisor», discurso realizado en el congreso de la Fundación del Legado Atómico, Los Álamos, 26-06-2004.

11. Esta y las citas anteriores: Joseph Weinberg, entrevista con Sherwin, 23-08-1979, p. 15.

12. Schrecker, *No Ivory Tower*, p. 133.

13. Hawkins, entrevista con Sherwin, 05-06-1982, p. 14. Hawkins dice que Weinberg estaba en el grupo del partido de Berkeley: «Creo que en algún momento sí».

14. Schrecker, *No Ivory Tower*, pp. 149, 41; Hawkins, entrevista con Sherwin, 05-06-1982, p. 16.

15. Bohm, entrevista con Sherwin, 15-06-1979, p. 5.

16. Weinberg, citado en F. David Peat, *Infinite Potential*, p. 60.

17. Bohm, entrevista con Sherwin, 15-06-1979, p. 17.

18. Schrecker, *No Ivory Tower*, pp. 38, 47, 49, 56.

19. Hawkins, entrevista con Sherwin, 05-06-1982, p. 6.

20. *Ibid.*, p. 14.

21. *Ibid.*, p. 12.

22. *Ibid.*, p. 15.

23. Kamen y Ruben descubrieron el carbono-14 en 1940. Sin embargo, otro químico, Willard Libby, ganó el Premio Nobel de Química de 1960 por desarrollar la técnica de la datación del carbono (Kamen, *Radiant Science, Dark Politics*, pp. 131-132).

24. Kamen, entrevista con Sherwin, 18-01-1979, p. 20.

25. *Ibid.*, pp. 2, 6.

26. *Ibid.*, pp. 6-7.

27. Herve Voge, entrevista con Sherwin, 23-03-1983, p. 19.

28. Audiencia de JRO, pp. 131, 135.

29. Childs, *An American Genius*, p. 319. Oppenheimer testificó más tarde que en aquella reunión hablaron de si sería buena idea crear una rama de la Asociación de Trabajadores Científicos. «La conclusión resultó negativa, y sé que mis opiniones eran negativas (audiencia de JRO, pp. 131, 135).

30. Kamen, entrevista con Sherwin, 18-01-1979, pp. 24-28; Kamen, *Radiant Science, Dark Politics*, pp. 184-186. Al cabo del tiempo, Kamen perdió el trabajo en el Laboratorio de Radiación, en gran parte por culpa de una serie de malentendidos que llevaron a las autoridades a pensar que había actuado como espía para los soviéticos. Las acusaciones falsas lo persiguieron durante años; en 1951, el senador

Bourke B. Hickenlooper acusó a Kamen de ser un «espía atómico». Abatido y acosado, este intentó suicidarse, se recuperó y decidió demandar al *Chicago Tribune* por difamación; al final, Kamen ganó el pleito y recibió siete mil quinientos dólares en compensación de daños (Kamen, *Radiant Science, Dark Politics*, pp. 248, 288).

31. Rossi Lomanitz, entrevista con Sherwin, 11-07-1979, parte 2, p. 2.

32. Max Friedman, entrevista con Sherwin, 14-01-1982. Friedman se cambió posteriormente el nombre por el de Ken Max Manfred.

33. Peat, *Infinite Potential*, pp. 62-63. Un informe de 1947 del Comité de Investigación Conjunta de Actividades Antiestadounidenses en California contenía un largo informe escrito por R. E. Combs en el que acusaba a «la Federación Internacional de Arquitectos, Ingenieros, Químicos y Técnicos de haber sido una tapadera para el espionaje comunista en la investigación atómica del Laboratorio de Radiación de la Universidad de California» (Barrett, *The Tenney Committee*, pp. 54-55).

34. Smith y Weiner, *Letters*, pp. 222-223.

35. Audiencia de JRO, p. 11.

36. JRO a Ernest Lawrence, 12-11-1941, Smith y Weiner, *Letters*, p. 220.

37. Smith y Weiner, *Letters*, pp. 217-218; Schrecker, *No Ivory Tower*, pp. 76-83.

38. Smith y Weiner, *Letters*, pp. 218-219.

39. Kamen, entrevista con Sherwin, 18-01-1979, p. 21.

40. Audiencia de JRO, p. 9.

13. «EL COORDINADOR DE RUPTURA RÁPIDA»

1. Martin J. Sherwin, *A World Destroyed*, p. 27.

2. *Ibid.*, pp. 36-37.

3. Herken, *Brotherhood of the Bomb*, p. 51.

4. Smith y Weiner, *Letters*, pp. 226-227.

5. Serber, entrevista con Sherwin, 09-01-1982, p. 20.

6. Weinberg, entrevista con Sherwin, 23-08-1979, parte 3, p. 17.

7. Bernstein, *Hans Bethe*, pp. 65, 78.

8. Rhodes, *The Making of the Atomic Bomb*, p. 420.

9. Richard G. Hewlett y Oscar E. Anderson hijo, *The New World*, vol. 1, p. 104.

10. JRO a John Manley, 14-07-1942, caja 50, documentación de JRO.

11. Rhodes, *The Making of the Atomic Bomb*, p. 418.

12. Arthur H. Compton, *Atomic Quest*, p. 127.

13. Edward Teller recordaba ese incidente de otra manera: «La cuestión de incendiar la atmósfera, si es que llegó a mencionarse, no se discutió en detalle en ningún momento del congreso estival. No suponía un problema» (Teller, con Judith Shoolery, *Memoirs*, p. 160).

14. Rhodes, *The Making of the Atomic Bomb*, pp. 418-421.

15. Teller, *Memoirs*, p. 161.

16. Compton, *Atomic Quest*, p. 126.

17. Herken, *Brotherhood of the Bomb*, p. 349, nota 26 (memorándum de la conversación, 18-08-1942, caja 1, JRO, CEA, serie 326, AN).

18. Vincent C. Jones, *Manhattan: The Army and the Atomic Bomb*, pp. 70-71.

19. James Hershberg, *James B. Conant*, pp. 165-166; Goodchild, *J. Robert Oppenheimer*, p. 49.

20. Leslie M. Groves, *Now It Can Be Told*, p. 4.

21. Herbert Smith, entrevista con Weiner, 01-08-1974, p. 7.

22. Nichols, *The Road to Trinity*, p. 108; Goodchild, *J. Robert Oppenheimer*, pp. 56-57.

23. Robert S. Norris, *Racing for the Bomb*, pp. 179-183; Serber, *The Los Alamos Primer*, p. xxxii.

24. Esta y las citas anteriores: Norris, *Racing for the Bomb*, pp. 240-242; Rhodes, *The Making of the Atomic Bomb*, p. 449.

25. Audiencia de JRO, p. 12; Lillian Hoddeson *et al.*, *Critical Assembly*, p. 56.

26. Norris, *Racing for the Bomb*, p. 241.

27. Groves, *Now It Can Be Told*, p. 63.

28. Hans Bethe afirmaría más tarde que Ernest Lawrence quería que nombraran director de Los Álamos a Edwin McMillan, su colega del Laboratorio de Radiación. «Con mucho sentido común, Groves decidió que el director debía ser Oppenheimer», dijo Bethe a Jeremy Bernstein (Bernstein, *Hans Bethe*, p. 79).

29. Groves a Victor Weisskopf, marzo de 1967, carpeta de Weisskopf, caja 6, serie 200, AN, documentación de Leslie Groves, cortesía de Robert S. Norris.

30. Herken, *Brotherhood of the Bomb*, p. 71.

31. Charles Thorpe y Steven Shapin, «Who Was J. Robert Oppenheimer?», *Social Studies of Science*, agosto de 2000, p. 564; Bernstein, *Experiencing Science*, p. 97.

32. Jon Else, *The Day After Trinity*, transcripción, p. 11.

33. JRO a Hans Bethe, 19-10-1942, carpeta de Bethe, caja 20, documentación de JRO.

34. John McTernan, entrevista telefónica con Bird, 19-06-2002.

35. Bohm, entrevista con Sherwin, 15-06-1979, p. 15.

36. Betty Friedan, *Life So Far*, pp. 57-60.

37. *Ibid.*, p. 60; Friedan, entrevista con Bird, 24-01-2001.

38. Lomanitz, entrevista con Sherwin, 11-07-1979, parte 1, p. 17.

39. Lomanitz, entrevista con Sherwin, 11-07-1979, parte 2, p. 5. Para saber por qué no se abrió un «segundo frente» en 1943, véase John Grigg, *1943: The Victory That Never Was*.

40. Lomanitz, entrevista con Sherwin, 11-07-1979.

41. Steve Nelson, *American Radical*, pp. 268-269.

42. Transcripción de Steve Nelson y Joseph Weinberg, 29-03-1943, entrada 8, caja 100, serie 77, DMI, AN, College Park (Maryland).

43. Reseña anónima de *The Alsos Mission*, de Boris T. Pash (1969), en *Intelligence in Recent Public Literature*, invierno de 1971. El autor de esa reseña dice ser amigo íntimo de Pash.

44. Herken, *Brotherhood of the Bomb*, pp. 96-98. Poco tiempo después de la conversación intervenida entre Nelson y «Joe», el FBI vio al primero reunirse con Peter Ivánov, el viceconsejero soviético de San Francisco. Los vieron hablar en el recinto del hospital St. Francis y, unos días después, un diplomático soviético residente en Washington visitó a Nelson en su casa y le pagó diez recibos de no se sabe qué. En consecuencia, J. Edgar Hoover en persona escribió una carta a Harry Hopkins, de la Casa Blanca, en la que le informaba de que Nelson intentaba infiltrar miembros del Partido Comunista en «industrias destinadas a la producción bélica secreta» (*Report on Atomic Espionage*, casos Nelson-Weinberg y Hiskey-Adams, 29-09-1949, CAA, pp. 4-5; J. Edgar Hoover a Harry Hopkins, 07-05-1943, reimpreso en Benson y Warner, *Venona*, p. 49. Hoover afirmó que aquella transacción ocurrió el 10-04-1943. Haynes y Klehr, *Venona*, pp. 325-326).

45. Audiencia de JRO, pp. 811-812.

46. Herken, *Brotherhood of the Bomb*, p. 106.

47. Documento del FBI 100-17828-51, 18-03-1946, expediente de JRO. Según el FBI, en mayo de 1943, John V. Murra, veterano de la brigada Abraham Lincoln, llegó a San Francisco y se puso en contacto con Bernadette Doyle. Supuestamente, le dijo que quería hablar con la señora Oppenheimer. Es posible que Murra hubiera conocido a Joe Dallet en España. Como respuesta, Doyle lo envió al Comité Conjunto Antifascista de la Universidad de California (Berkeley). Según el documento del FBI, Doyle declaró que Robert Oppenheimer fue miembro del Partido Comunista, pero que había que quitar su nombre de todos los envíos postales que tuviera Murra en su posesión y que no debía mencionarse bajo ningún concepto. No hay indicios de que este llegase a ver a Kitty, quien entonces estaba en Los Álamos. Vemos en esta anécdota una prueba de que algunos miembros del Partido Comunista pensaran que Oppenheimer era un camarada, aunque de hecho no lo fuera.

48. Peat, *Infinite Potential*, p. 64.

49. Friedman, entrevista con Sherwin, 14-01-1982.

50. En 1949 convocaron a Irving David Fox, entonces profesor adjunto de física en Berkeley, para que testificara ante el CAA. Se negó a dar nombres y, en consecuencia, tuvo que presentarse ante la rectoría de la universidad para explicarles cuál era su ideología política. Fox contó con franqueza que había asistido a algunas reuniones auspiciadas por el Partido Comunista, pero que no se unió nunca a él. En cualquier caso, también lo despidieron, hecho que desató una furiosa controversia en torno a los votos de lealtad para con Berkeley que duró unos

cuantos años. (Griffiths, «Venturing Outside the Ivory Tower», manuscrito inédito, versión corta, BC, pp. 18-19).

51. Joseph Albright y Marcia Kunstel, *Bombshell*, p. 106.

52. Steve Nelson, entrevista con Sherwin, 17-06-1981, p. 17; Steve Nelson *et al.*, *American Radical*, p. 269.

14. «EL CASO CHEVALIER»

1. Chevalier, *Oppenheimer*, p. 55; Chevalier dijo que Kitty no entró en la cocina en ningún momento mientras Oppenheimer y él hablaban de la propuesta de Eltenton (Chevalier, entrevista con Sherwin, 29-06-1982, p. 2).

2. Audiencia de JRO, p. 130.

3. Verna Hobson, entrevista con Sherwin, 31-07-1979, p. 22. Hobson, la secretaria de Oppenheimer en el Instituto de Estudios Avanzados y amiga de Kitty, observó que el comentario de la «traición» «suena más propio de Kitty que de Robert».

4. «Diario» de Barbara Chevalier, 08-08-1981, 19-02-1983 y 14-07-1984, cortesía de Gregg Herken, <www.brotherhoodofthebomb.com>.

5. Audiencia de JRO, p. 135.

6. Oppenheimer dijo al coronel Pash el 27-08-1943 que Eltenton estaba «desde luego muy a la izquierda, sean cuales sean sus afiliaciones» (audiencia de JRO, p. 846). No existen pruebas sólidas de que Eltenton fuera miembro del Partido Comunista, aunque Priscilla McMillan afirma en *The Ruin of J. Robert Oppenheimer* que sí lo era; véase cap. 18. Herve Voge pensaba que la mujer de Eltenton, Dolly, «probablemente era más radical que él» (Voge, entrevista con Sherwin, 23-03-1983, p. 9). En 1998, esta se autopublicó unas memorias, *Laughter in Leningrad*, sobre los cinco años que pasaron en Leningrado. Mientras estuvo trabajando en el Instituto de Física Química de la ciudad, Eltenton entabló amistad con muchos científicos rusos, entre los que se cuenta Yuli Borísovich Jaritón, un físico nuclear que ayudaría a desarrollar la primera bomba atómica de la Unión Soviética y las bombas de hidrógeno.

7. Expediente del FBI sobre Haakon Chevalier, parte 1 de 2, serie 61-439, p. 33; Haynes y Klehr, *Venona*, p. 233.

8. Esta y las citas anteriores: sinopsis de los hechos, FBI (Newark), 12-02-1954, pp. 19-22 (declaraciones firmadas de Eltenton y Chevalier, 26-06-1946), contenidas en el expediente del FBI sobre JRO, documento 786.

9. Resulta interesante el hecho de que mantuviera la amistad con Chevalier, e incluso asistió a la fiesta de su octogésimo cumpleaños, en Berkeley, igual que Frank Oppenheimer (Herken, *Brotherhood of the Bomb*, p. 333). Sherwin se puso en contacto con Eltenton en Londres a principios de los años ochenta, pero no quiso que lo entrevistara.

10. Voge, entrevista con Sherwin, 23-03-1983, p. 3.

11. Voge, entrevista con Sherwin, 23-03-1983, p. 18. Voge leyó fragmentos del documento del FBI para la grabadora de Sherwin.

12. Voge, entrevista con Sherwin, 23-03-1983, pp. 4, 8. Los historiadores John Earl Haynes y Harvey Klehr afirman simplemente que Eltenton era un «comunista camuflado», pero no aducen ninguna prueba de ello aparte de un informe del FBI que registra que en varias ocasiones se vio con Peter Ivánov, miembro del GRU (Haynes y Klehr, *Venona*, p. 329). Voge dijo que dudaba de que Eltenton fuera comunista, pero que era «concebible» que lo fuera (Voge, entrevista con Sherwin, 23-03-1983, p. 10). El hijo de Eltenton, Mike, escribió tiempo después: «Por lo que yo sé, ni mi madre ni mi padre fueron nunca miembros del Partido Comunista, si bien sus puntos de vista sobre ciertos asuntos se acercaban a la línea del mismo» (Dorothea Eltenton, *Laughter in Leningrad*, p. xii).

15. «SE VOLVIÓ MUY PATRIÓTICO»

1. Smith y Weiner, *Letters*, p. 236.

2. General John H. Dudley, «Ranch School to Secret City», charla abierta, 13-03-1975, en Lawrence Badash *et al.*, eds., *Reminiscences of Los Alamos, 1943-45*; Norris, *Racing for the Bomb*, pp. 243-244; Lawren, *The General and the Bomb*, p. 99; Marjorie Bell Chambers y Linda K. Aldrich, *Los Alamos, New Mexico*, p. 27; John D. Wirth y Linda Harvey Aldrich, *Los Alamos*, p. 155.

3. Fundado en 1917, el rancho escuela de Los Álamos no tenía más de cuarenta y cuatro chicos inscritos, procedentes de familias ricas del Este, a los que sometían a una rutina extenuante. Entre ellos había un Colgate (de los productos Colgate), un Burroughs (de las máquinas de sumar Burroughs), un Hilton (de los hoteles Hilton) y un Douglas (de los aviones Douglas). Cada chico tenía su caballo y era responsable de cuidarlo. Gore Vidal, que asistió a la escuela el curso de 1939-1940, escribiría más adelante que «en Los Álamos se desalentaba la lectura en favor de la extenuación» (Gore Vidal, *Palimpsest*, pp. 80-81).

4. John H. Manley, «A New Laboratory Is Born», manuscrito inédito, p. 13, colección Sherwin; Edwin McMillan, *Early Days of Los Alamos*, manuscrito inédito, p. 7, colección Sherwin; Dudley, «Ranch School to Secret City», en Badash *et al.*, eds., *Reminiscences of Los Alamos*. Véase también Leslie Groves a Victor Weisskopf, marzo de 1967, carpeta de Weisskopf, caja 6, serie 200, documentación de Leslie Groves, cortesía de Robert S. Norris.

5. Es probable que el rancho escuela de Los Álamos hubiera cerrado aunque Oppenheimer no lo hubiera elegido como emplazamiento del nuevo laboratorio. Véase la descripción de Fred Kaplan de la escuela en su biografía: *Gore Vidal*, pp. 99-112.

6. Sterling Colgate, entrevista con Jon Else, 12-11-1979, pp. 2-3; Peggy Pond Church, *The House at Otowi Bridge*, p. 84.

7. Edwin McMillan, *Early Days of Los Alamos*, p. 8.

8. Wirth y Aldrich, *Los Alamos*, p. viii. JRO dijo eso al abuelo de Wirth en 1955.

9. Manley, «A New Laboratory Is Born», manuscrito inédito, p. 18.

10. Smith y Weiner, *Letters*, pp. 244-245; JRO a Hans y Rose Bethe, 28-12-1942.

11. Raymond T. Birge, «History of the Physics Department», vol. 4, manuscrito inédito, UCB, p. xiv; Robert R. Wilson, entrevista con Owen Gingrich, 23-04-1982, p. 3.

12. Hershberg, *James B. Conant*, p. 167.

13. Manley, entrevista con Sherwin, 09-01-1985, p. 23; Manley, «A New Laboratory Is Born», manuscrito inédito, p. 21.

14. Robert R. Wilson, «A Recruit for Los Alamos», *Bulletin of the Atomic Scientists*, marzo de 1975, p. 45; Goodchild, *Oppenheimer*, p. 72.

15. Mary Palevsky, *Atomic Fragments*, pp. 128-129.

16. Robert R. Wilson, entrevista con Gingrich, 23-04-1982, p. 4.

17. Palevsky, *Atomic Fragments*, pp. 134-135; Wilson, entrevista con Gingrich, 23-04-1982, p. 4, colección Sherwin.

18. Dudley, «Ranch School to Secret City», en Badash *et al.*, eds., *Reminiscences of Los Alamos*, colección Sherwin.

19. Por motivos de seguridad, la población total de Los Álamos se consideraba información altamente clasificada; no se hizo un censo hasta abril de 1946. Las cifras varían según las fuentes: véanse Thorpe y Shapin, «Who Was J. Robert Oppenheimer?», *Social Studies of Science*, agosto de 2000, p. 585; Kunetka, *City of Fire*, pp. 89, 130; Kunetka cifra la «población científica» de Los Álamos en 4.000 personas (p. 65). Según Edith C. Truslow, *Manhattan District History* (1991), a finales de 1944, la población de Los Álamos era de 5.675; y registra un aumento brusco en 1945 hasta llegar a un total de 8.200 habitantes. Norris, *Racing for the Bomb*, p. 246, emplea cifras similares.

20. Examen físico médico de JRO, Presidio de San Francisco, 16-01-1943, caja 100, serie 8, DMI, AN; Herken, *Brotherhood of the Bomb*, p. 75. Este informe médico dice que Oppenheimer medía un metro setenta y siete de altura, pesaba cincuenta y ocho kilos y unos setenta y un centímetros de cintura. Su presión sanguínea era de 78-128. Su agudeza visual era excelente y oía perfectamente normal, pero le faltaban cinco dientes originales. Oppenheimer dijo a los médicos militares que no tenía antecedentes de enfermedades mentales.

21. Jane Wilson, ed., *All in Our Time*, 1974, p. 147; Libby, *The Uranium People*, p. 197; Wilson, «A Recruit for Los Alamos», *Bulletin of the Atomic Scientists*, marzo de 1975, pp. 42-43.

22. Rabi, entrevista con Sherwin, 12-03-1982, p. 11.

23. Smith y Weiner, *Letters*, pp. 247-249.

24. Hans Bethe a JRO, 03-03-1943, carpeta de Bethe, caja 20, documentación de JRO, BC.

25. Rigden, *Rabi*, p. 149.

26. *Ibid.*, p. 152.

27. Rhodes, *The Making of the Atomic Bomb*, p. 452.

28. Smith y Weiner, *Letters*, p. 250.

29. Rigden, *Rabi*, p. 146.

30. JRO a Rabi, 26-02-1943; Rabi a JRO, 08-03-1943; y Rabi a JRO, «Suggestions for Interim Organization and Procedure», 10-02-1943, carpeta de Rabi, caja 59, documentación de JRO.

31. James Gleick, *Genius*, p. 159.

32. JRO a John H. Manley, 12-10-1942, caja 50, carpeta de Manley, documentación de JRO.

33. JRO a Robert Bacher, nota, 28-04-1943, caja 18, carpeta de Bacher, documentación de JRO.

34. McKibbin también era amiga de Luvie Pearson, la mujer del influyente columnista independiente Drew Pearson (Nancy C. Steeper, *Gatekeeper to Los Alamos*, p. 73 del borrador del manuscrito).

35. Dorothy McKibbin, entrevista con Jon Else, 10-12-1979, p. 2, colección Sherwin; Peggy Corbett, «Oppie's Vitality Swayed Santa Fe», carpeta de McKibbin, documentación de JRO; Steeper, *Gatekeeper to Los Alamos*, p. 3.

36. McKibbin, entrevista con Jon Else, 10-12-1979, pp. 21-23.

37. Bernice Brode, *Tales of Los Alamos*, p. 8.

38. Bethe, entrevista con Jon Else, 13-07-1979, p. 7.

39. Brode, *Tales of Los Alamos*, p. 15.

40. Davis, *Lawrence and Oppenheimer*, p. 163.

41. Brode, *Tales of Los Alamos*, p. 37.

42. Elsie McMillan, «Outside the Inner Fence», en Badash *et al.*, eds., *Reminiscences of Los Alamos*, p. 41.

43. Leslie Groves a JRO, 29-07-1943, carpeta de Groves, caja 36, documentación de JRO.

44. Brode, *Tales of Los Alamos*, p. 33.

45. Eleanor Stone Roensch, *Life Within Limits*, p. 32. (El número de teléfono de Oppie era el 146).

46. Ed Doty a sus padres, 07-08-1945 (Museo Histórico de Los Álamos), citado por Thorpe y Shapin, «Who Was J. Robert Oppenheimer?», p. 575.

47. Roensch, *Life Within Limits*, p. 32.

48. Kunetka, *City of Fire*, p. 59; Brode, *Tales of Los Alamos*, p. 37.

49. McKibbin, entrevista con Jon Else, 10-12-1979, p. 19.

50. Bethe, entrevista con Jon Else, 13-07-1970, p. 7.

51. Thorpe y Shapin, «Who Was J. Robert Oppenheimer?», p. 546; véase también Charles Thorpe, «J. Robert Oppenheimer and the Transformation of the Scientific Vocation», disertación, pp. 302-303.

52. Bernstein, *Hans Bethe*, p. 60.

53. Badash *et al.*, eds., *Reminiscences of Los Alamos*, p. 109; James Gleick, *Genius*, p. 165.

54. Bethe, entrevista con Jon Else, 13-07-1979, p. 9.

55. Eugene Wigner, *The Recollections of Eugene P. Wigner*, p. 245.

56. Bethe, «Oppenheimer: Where He Was There Was Always Life and Excitement», *Science*, vol. 155, p. 1082.

57. Wilson, «A Recruit for Los Alamos», *Bulletin of the Atomic Scientists*, marzo de 1975, p. 45.

58. John Mason Brown, *Through These Men*, p. 286.

59. Lee DuBridge, entrevista con Sherwin, 30-03-1983, p. 11.

60. Thorpe y Shapin, «Who Was J. Robert Oppenheimer?», p. 574.

61. McKibbin, entrevista con Jon Else, 10-12-1979, pp. 21-23.

62. Manley, entrevista con Sherwin, 09-01-1985, p. 24; Smith y Weiner, *Letters*, p. 263; Manley, entrevista con Alice Smith, 30-12-1975, pp. 10-11.

63. JRO a Enrico Fermi, 11-03-1943, caja 33, Fermi, documentación de JRO.

64. Serber, *Peace and War*, p. 80.

65. Serber, *The Los Alamos Primer*, p. 1.

66. Rhodes, *The Making of the Atomic Bomb*, p. 460.

67. Bethe, entrevista con Jon Else, 13-07-1979, p. 1.

68. Serber, *The Los Alamos Primer*, pp. xxxii, 59; Rhodes, *The Making of the Atomic Bomb*, p. 466.

69. Davis, *Lawrence and Oppenheimer*, p. 182.

70. Barton J. Bernstein, «Oppenheimer and the Radioactive-Poison Plan», *Technology Review*, mayo–junio de 1985, pp. 14-17; Rhodes, *The Making of the Atomic Bomb*, p. 511; JRO a Fermi, 25-05-1943, caja 33, documentación de JRO.

71. JRO a Weisskopf, 29-10-1942, caja 77, carpeta de Weisskopf, documentación de JRO; Sherwin, *A World Destroyed*, p. 50.

72. Norris, *Racing for the Bomb*, p. 292. Véase también Nicholas Dawidoff, *The Catcher Was a Spy*, pp. 192-194.

16. «DEMASIADO SECRETISMO»

1. Edward Condon a Raymond Birge, 9-01-1967, caja 27, carpeta de Condon, documentación de JRO; Jessica Wang, «Edward Condon and the Cold War Politics of Loyalty», *Physics Today*, diciembre de 2001.

2. Wheeler, *Geons, Black Holes, and Quantum Foam*, p. 113.

3. En solo unos pocos años, el Comité de Actividades Antiestadounidenses calificaría a Condon como «uno de los eslabones más débiles» en seguridad en materia atómica (*New York Sun*, 05-03-1948, «Law to Dig Out Condon's Files May Be Asked», caja 27, carpeta de Condon, documentación de JRO).

4. Thorpe y Shapin, «Who Was J. Robert Oppenheimer?», *Social Studies of Science*, agosto de 2000, p. 562.

5. Edward Condon a JRO, abril de 1943, reimpreso en Groves, *Now It Can Be Told*, pp. 429-432.

6. Thorpe, «J. Robert Oppenheimer and the Transformation of the Scientific Vocation», p. 251.

7. Serber, *Peace and War*, p. 73; Norris, *Racing for the Bomb*, p. 243. Norris escribe que Groves «trataba a Oppenheimer con delicadeza, como un buen instrumento que debía tocarse muy bien. [...] Hay hombres que, si se los presiona mucho, se rompen».

8. Hempelmann, entrevista con Sherwin, 10-08-1979, pp. 26, 27.

9. Teller a JRO, 06-03-1943, caja 71, carpeta de Teller, documentación de JRO.

10. Audiencia de JRO, p. 166.

11. Audiencia de JRO, p. 166

12. Thorpe, «J. Robert Oppenheimer and the Transformation of the Scientific Vocation», disertación, p. 229.

13. *Ibid.*, pp. 233-234.

14. Expediente del FBI sobre JRO, doc. 159, D. M. Ladd al director del FBI, 11-08-1947. Ladd cita unas palabras que Oppenheimer dirigió al coronel Boris Pash el 26-08-1943. Véase audiencia de JRO, p. 849.

15. Morrison a JRO, 29-07-1943, con una carta adjunta para Roosevelt, 29-07-1943, caja 51, documentación de JRO; Sherwin, *A World Destroyed*, p. 52 y cap. 2.

16. Bethe y Teller a JRO, nota, 21-08-1943, caja 20, carpeta de Bethe, documentación de JRO.

17. Norris, *Racing for the Bomb*, pp. 245-246.

18. Brode, *Tales of Los Alamos*, p. 16.

19. Serber, *Peace and War*, p. 80.

20. Serber, entrevista con Sherwin, 09-01-1982, p. 19.

21. Peer de Silva, entrevista con el FBI, 24-02-1954, serie 326, entrada 62, caja 2, expediente C (informe del FBI), AN.

22. Jane S. Wilson y Charlotte Serber, eds., *Standing By and Making Do*, pp. 65, 70.

23. JRO a Groves, 30-04-1943, carpeta de Groves, caja 36, documentación de JRO; Jane S. Wilson y Charlotte Serber, eds., *Standing By and Making Do*, p. 62; Robert Serber, *Peace and War*, p. 79; *The Day After Trinity*, Jon Else, dir.

24. Richard P. Feynman, «Los Alamos from Below», Badash *et al.*, eds., *Reminiscences of Los Alamos*, pp. 105-132, 79; Gleick, *Genius*, pp. 187-189.

25. Kunetka, *City of Fire*, p. 71; Thorpe «J. Robert Oppenheimer and the Transformation of the Scientific Vocation», disertación, pp. 201, 249.

26. Hawkins, entrevista con Sherwin, 05-06-1982, p. 19.

27. Hawkins, entrevista con Sherwin, 05-06-1982, p. 18.

28. Robert R. Wilson, «A Recruit for Los Alamos», *Bulletin of the Atomic Scientists*, marzo de 1975, p. 43.

29. G. C. Burton a Ladd, nota del FBI, 18-03-1943; J. Edgar Hoover al agente especial al cargo de San Francisco, 22-03-1943, con el asunto: report from Gen. Strong that the Army now has fulltime technical and physical surveillance on Oppenheimer; véase también Goodchild, *Oppenheimer*, p. 87, para el informe de Andrew Walker.

30. Powers, *Heisenberg's War*, p. 216; Smith y Weiner, *Letters*, p. 261.

31. Audiencia de JRO, pp. 153-154; Bob Serber volvía una noche a casa en coche cuando vio a Oppie y a Jean caminando por el barrio, inmersos en una conversación. «Me sorprendió que todavía se viese con ella —dijo Serber—. Y después, al cabo del tiempo, Kitty me contó que lo sabía todo, que Robert le había dicho que Jean tenía problemas y que vería a ver qué podía hacer». Más tarde, Serber se enteró de que la joven psiquiatra había telefoneado a Oppie «no con frecuencia, pero al menos varias veces, [...] desesperada» (Robert Serber, entrevista con Sherwin, 09-01-1982, p. 11).

32. Los Jenkins, activistas fervorosos del Partido Comunista, llamaron a su recién nacida Margaret Ludmilla Jenkins por Liudmila Pavlichenko, la francotiradora de quien se dice que mató a ciento ochenta nazis en el asedio de Stalingrado (véase Jenkins, *Against a Field Sinister*, pp. 30-31).

33. *Directory of Physicians and Surgeons, Naturopaths, Drugless Practitioners, Chiropodists, Midwives*, 03-03-1942 y 03-03-1943, publicado por la Junta de Examinadores Médicos del Estado de California. En el directorio aparece la doctora Jean Tatlock como graduada en 1941 por la Escuela de Medicina de la Universidad de Stanford.

34. Michelmore, *The Swift Years*, p. 89. Michelmore no ofrece citas, y esas cartas no se han encontrado.

35. Audiencia de JRO, p. 154.

36. Nota confidencial del FBI, «Sujeto: Jean Tatlock», 29-06-1943, expediente A, serie 326, entrada 62, caja 1, y encontrado también en el registro de la Junta de Estrategias Psicológicas de la CEA de la audiencia de JRO, caja 1, AN. Véase también Rhodes, *The Making of the Atomic Bomb*, p. 571; audiencia de JRO, p. 154. Los agentes de Inteligencia militar observaron el edificio a oscuras al menos hasta la una de la madrugada. Pero, según otro informe, escucharon por medios electrónicos a la pareja. En la supuesta transcripción se oiría a Oppenheimer y a

NOTAS DE LAS PÁGINAS 280 A 282

Tatlock hablando largo rato en el salón antes de irse al dormitorio. Véase Good-child, *J. Robert Oppenheimer*, p. 90. Goodchild cita dos fuentes anónimas que dicen haber visto una transcripción en la que se demuestra que el FBI logró instalar micrófonos en el piso de Tatlock. Esa transcripción no se ha desclasificado.

37. Audiencia de JRO, p. 154.

38. Nota del FBI para el señor E. A. Tamm (ayudante de Hoover), 27-08-1943, 101-6005-8, expediente del FBI sobre Jean Tatlock, 100-190625-308.

39. Un documento del FBI obtenido bajo la Ley de Libertad de Informa-ción (FOIA) revela que se colocó un micrófono en el teléfono del piso de Tat-lock el 10-09-1943 (radiograma del FBI n.º 070305, 10-09-1943). Pero el expe-diente del FBI sobre la psiquiatra contiene tarjetas de su fichero telefónico de agosto de 1943, con lo que quizá la Contrainteligencia del ejército ya había empezado la vigilancia telefónica (expediente del FBI sobre Jean Tatlock, FOIA n.º 0960747-000/190-HQ-1279913, San Francisco [SF] 100-18382). Existen tarjetas del fichero telefónico al menos de algunas llamadas (docenas de páginas siguen clasificadas). No nos proporcionan mucha información. Por ejemplo, el 25-08-1943, una mujer sin identificar que aparentemente es de los marines llama a Jean desde la ciudad de Nueva York. Esta le dice que va a volar a Washington D. C., el 11 de septiembre, por vacaciones (expediente del FBI sobre Jean Tatlock, FOIA n.º 0960747-000/190-HQ-1279913, SF 100-18382; Hoover, «Memoran-dum for the Attorney General», 01-09-1943, doc. del FBI 100-203581574, en-contrado en el expediente del FBI sobre Jean Tatlock; Hawkins, entrevista con Sherwin, 05-06-1982).

40. Expediente del FBI sobre JRO, doc. 51, 18-03-1946, historial de JRO; expediente del FBI sobre JRO, doc. 1320, 28-04-1954.

41. Coronel Boris Pash al teniente coronel Lansdale, nota sobre JRO, 29-06-1943, reimpresa en la audiencia de JRO, pp. 821-822.

42. Nota confidencial del FBI SF 101-126, p. 4. El FBI sabía, por ejemplo, que tan tarde como el 29-10-1942, Tatlock seguía suscrita al *People's World*. La agencia consideró también sospechoso que otras dos personas que vivían en el pequeño edificio de la joven tuvieran relación estrecha con el Partido Comunista. Emil Geist estaba suscrito al *People's World*. Otro vecino, David Thompson, fue identificado como el director literario de la sección de North Beach del Partido Comunista (nota confidencial del FBI, «Sujeto: Jean Tatlock», 29-06-1943, expe-diente A, serie 326, entrada 62, caja 1, AN.)

43. Nota de Pash a Lansdale sobre JRO, 29-06-1943, reimpresa en la audien-cia de JRO, pp. 821-822.

44. Lansdale al general Groves, 06-07-1943, serie 77, entrada 8, caja 100, AN.

45. Pash a Lansdale, nota sobre JRO, 29-06-1943, reimpresa en la audiencia de JRO, pp. 821-822.

17. «OPPENHEIMER DICE LA VERDAD»

1. Stern, *The Oppenheimer Case*, p. 49.

2. Nichols, *The Road to Trinity*, p. 154; Richard G. Hewlett y Jack M. Holl, *Atoms for Peace and War*, p. 102.

3. Audiencia de JRO, p. 276.

4. Audiencia de JRO, p. 276 (Lansdale a Groves, nota, 12-08-1943).

5. Agente especial del FBI al cargo de Newark al director del FBI, 22-11-1953, doc. 565, p. 2, expediente del FBI sobre JRO.

6. Esta y las citas anteriores de Pash y Oppenheimer: audiencia de JRO, pp. 845-848 (entrevista entre Pash y Oppenheimer, 25-08-1943).

7. Hewlett y Holl, *Atoms for Peace and War*, p. 97.

8. Audiencia de JRO, pp. 845-848.

9. *Ibid.*, p. 847.

10. *Ibid.*

11. *Ibid.*, p. 852.

12. *Ibid.*, p. 853.

13. *Ibid.*, pp. 871-886.

14. *Ibid.*

15. *Ibid.*, p. 167; A. H. Belmont a D. M. Ladd, nota de la sinopsis del FBI, p. 5, 29-12-1953, expediente del FBI sobre JRO.

16. Nota al expediente, 10-09-1943, conversación entre James Murray, oficial de investigación en el proyecto DSM (Berkeley), y el general Groves, expediente de Groves, documentación de Lewis L. Strauss, BHH. Murray pasó esta nota a Teeple en septiembre de 1954, y este se la pasó a Strauss.

17. Belmont a Ladd, nota de sinopsis del FBI, p. 5, 29-12-1953, expediente del FBI sobre JRO; expediente del FBI sobre Haakon Chevalier, parte 1 de 2, doc. 110, nota al director, 02-03-1954, p. 3.

18. Belmont a Ladd, nota de sinopsis del FBI, p. 7, 29-12-1953, expediente del FBI sobre JRO.

18. «SUICIDIO, MOTIVO DESCONOCIDO»

1. Ciudad y condado de San Francisco, oficina del Forense, departamento de Autopsias, CO-44-63, 06-01-1944, 9.30 h.

2. *San Francisco Chronicle*, 07-01-1944, p. 9; *San Francisco Examiner*, 06-01-1944, primera página; *San Francisco Examiner*, 07-01-1944, p. 3. Michelmore, *The Swift Years*, p. 50. La nota de suicidio no se conserva en el registro del examen médico por la muerte de Tatlock. No se realizó ningún análisis caligráfico de ella.

3. Peter Goodchild afirma que John Tatlock era muy conocido en Berkeley

por su ideología derechista (Goodchild, *J. Robert Oppenheimer*, p. 31). Según Phil Morrison, no es correcto. Véanse también los documentos del FBI, con el asunto: Richard Combs: «Extract from Memorandum on Communist Activities, Los Angeles, Calif., 15 Oct. 38».

4. Informe del departamento de Autopsias, 06-01-1944, oficina del Forense, ciudad y condado de San Francisco, CO-44-63; informe del departamento de Patología, CO-44-63; informe del departamento de Toxicología, caso n.° 63; 13-01-1944, certificado de defunción, 08-01-1944; registro del Forense, registro de la muerte de Jean Tatlock.

5. *San Francisco Chronicle*, 07-01-1944, p. 9. El doctor Siegfried Bernfeld figura como testigo del forense en el «registro de la muerte» de Jean Tatlock. Junto a su nombre están garabateadas las palabras «quince avisos en noviembre», que indica tal vez que la había visto en quince sesiones de psicoanálisis en noviembre.

6. Priscilla Robertson, carta sin fecha, *circa* 1944, «Promesa», p. 28, colección Sherwin.

7. Goodchild, *J. Robert Oppenheimer*, p. 35.

8. Edith Jenkins, entrevista con Herken, 09-05-2002. Que Tatlock era bisexual lo atestiguan Mildred Stewart y Dorothy Baker, dos figuras literarias de California que escribieron sobre la comunidad lésbica (Mildred Stewart, historia oral, p. 34, Colecciones Especiales, US).

9. Jenkins, *Against a Field Sinister*, p. 28. Hilda Stern Hein, la nieta de Hedwig Stern, tía de Oppenheimer, dijo al cabo del tiempo que sabía que Washburn y Tatlock eran «algo más que amigas» (Hans «Lefty» Stern, entrevista telefónica con Bird, 04-03-2004).

10. Edith Jenkins, entrevista con Herken, 09-05-2002; Barbara Chevalier, entrevista con Herken, 29-05-2002. Chevalier dijo que Washburn se lo había contado.

11. El capitán Peer de Silva, el oficial de seguridad de Los Álamos cuyo trabajo consistía en saberlo todo de la vida íntima de Oppenheimer, afirmó más tarde haber sido el primero que le dio la noticia. Robert lloró abiertamente, escribió De Silva. (Peer de Silva, manuscrito inédito, p. 5). El manuscrito de De Silva contiene muchos datos incorrectos, como que Tatlock fue amante de Steve Nelson o que sirvió en el cuerpo de ambulancias en la guerra civil española. Asimismo, dice erróneamente que esta se cortó el cuello en la bañera. De Silva describió la reacción de Oppenheimer ante la muerte de Tatlock en una entrevista que le hizo el FBI en febrero de 1954. En su manuscrito inédito escribió: «[Robert] habló largamente sobre el dolor profundo por Jean y dijo que en realidad no había nadie más con quien pudiera hablar». En lo que De Silva percibió como «una manifestación sincera de sus emociones», Oppenheimer confesó que había estado «muy entregado» a Tatlock y que «había retomado una relación muy íntima con ella después de su matrimonio y hasta el momento de su muerte». De Silva

no es un observador fiable, y no resulta verosímil que Oppenheimer confiara en él. (Entrevista del FBI a Peer de Silva, 24-02-1954, serie 326, entrada 62, caja 2, archivo C [informe del FBI], AN).

12. Robert Serber, entrevista con Sherwin, 09-01-1982, p. 11. Michelmore, *The Swift Years*, p. 50; Serber, *Peace and War*, p. 86.

13. Teletipo confidencial del FBI de San Francisco al director, fecha censurada, 100203581-1421, expedientes del FBI sobre Jean Tatlock 100-18382-1 y 100-190625-20.

14. Schwartz, *From West to East*, p. 380; véase también el informe del detective privado Keith Patterson, de Josiah Thompson Investigations, a Stephen Rivele, 12-07-1991, en relación con una investigación sobre la muerte de Tatlock.

15. Doctor Jerome Motto, entrevista con Bird, 14-03-2001. Doctor Jeffrey Kelman, entrevista con Bird, 03-02-2001. Este último sugiere que podría saberse si asesinaron a Tatlock si el forense hubiera anotado los niveles exactos de hidrato de cloral en sangre. Si eran muy bajos, es decir, si le habían suministrado lo justo para dejarla inconsciente, entonces tuvo que haber alguien que le metiera la cabeza en el agua. El certificado de defunción meramente constata «un ligero rastro de hidrato de cloral». Es defendible que «un ligero rastro» vaya en contra de la teoría del suicidio. Pero entonces, si es así, ¿la nota de suicidio es falsa? Por desgracia, no parecen haberse conservado documentos de la breve investigación oficial de la muerte de Tatlock.

16. El doctor Hugh Tatlock presentó una solicitud a la Ley de Libertad de Información al FBI para obtener información sobre su hermana (doctor Hugh Tatlock, entrevista con Sherwin, febrero de 2001). El FBI liberó unas ochenta páginas de material altamente censurado, pero varios documentos indican que se inició la «vigilancia técnica» del teléfono de Tatlock el 9 de octubre de 1943.

17. Herken, *Brotherhood of the Bomb*, p. 106.

18. Informe final del Comité Church, libro IV, pp. 128-129; William R. Corson, *The Armies of Ignorance*, pp. 362-364; Warren Hinckle y William W. Turner, *The Fish Is Red*, p. 29.

19. Después de la guerra, condecoraron al coronel Pash por el liderazgo de la misión Alsos, de alto secreto, en la que equipos de asalto capturaron a docenas de relevantes científicos alemanes y setenta mil toneladas de mena de uranio del Eje en 1944 y 1945 (Christopher Simpson, *Blowback*, pp. 152-153).

19. «¿TE GUSTARÍA ADOPTARLA?»

1. Brode, *Tales of Los Alamos*, p. 13.

2. Thorpe, «J. Robert Oppenheimer and the Transformation of the Scientific Vocation», disertación, p. 188.

3. Church, *The House at Otowi Bridge*, p. 126.

4. *Ibid.*, p. 98.

5. Wilson, «A Recruit for Los Alamos», *Bulletin of the Atomic Scientists*, marzo de 1975, p. 41.

6. Thorpe y Shapin, «Who Was J. Robert Oppenheimer?», *Social Studies of Science*, agosto de 2000, p. 547.

7. Thorpe, «J. Robert Oppenheimer and the Transformation of the Scientific Vocation», disertación, p. 182; Wilson y Serber, eds., *Standing By and Making Do*, p. 5.

8. Brode, *Tales of Los Alamos*, p. 39.

9. Smith y Weiner, p. 265; Brode, *Tales of Los Alamos*, pp. 72, 23.

10. Doctor Louis Hempelmann, entrevista con Sherwin, 10-08-1979, p. 29.

11. Anne Wilson Marks, entrevista con Bird, 05-03-2002.

12. Hempelmann, entrevista con Sherwin, 10-08-1979, pp. 8, 24.

13. Brode, *Tales of Los Alamos*, pp. 72, 23; Hempelmann, entrevista con Sherwin, 10-08-1979, p. 30; Dorothy McKibbin, entrevista con Jon Else, 10-12-1979, p. 22.

14. Hempelmann, entrevista con Sherwin, 10-08-1979, p. 10; Brode, *Tales of Los Alamos*, pp. 56, 88-93; McKibbin, entrevista con Jon Else, 10-12-1979, p. 20; Wirth y Aldrich, *Los Alamos*, p. 261.

15. Hempelmann, entrevista con Sherwin, 10-08-1979, p. 22.

16. Marks, entrevista con Bird, 05-03-2002.

17. Peer de Silva, manuscrito inédito, p. 1, cortesía de Gregg Herken.

18. Brode, *Tales of Los Alamos*, pp. 28, 33, 51-52.

19. Wilson, «A Recruit for Los Alamos», *Bulletin of the Atomic Scientists*, marzo de 1975, p. 47.

20. Nancy Cook Steeper, *Gatekeeper to Los Alamos*, p. 83.

21. Steeper, *Gatekeeper to Los Alamos*, pp. 60, 83. Steeper cita la entrevista que hizo en 1999 a David Hawkins. En su obra, escribió sobre «las numerosas y tranquilas noches que Robert pasó en casa de Dorothy, un oasis en el feo asentamiento de Los Álamos y un respiro de la urgencia y la incesante presión de construir la bomba. Qué alivio debió de ser Dorothy para él y cuánto disfrutó ella de su amistad» (Steeper, *Gatekeeper to Los Alamos*, p. 125).

22. Pat Sherr, entrevista con Sherwin, 20-02-1979.

23. Joseph Rotblat, entrevista con Sherwin, 16-10-1989, p. 8.

24. Goodchild, *J. Robert Oppenheimer*, p. 127.

25. Sherr, entrevista con Sherwin, 20-02-1979.

26. Goodchild, *J. Robert Oppenheimer*, p. 127.

27. Hempelmann, entrevista con Sherwin, 10-08-1979, p. 18.

28. Marks, entrevista con Bird, 05-03-2002.

29. Wilson y Serber, eds., *Standing By and Making Do*, p. 50.

30. Marks, entrevista con Bird, 14-03-2002.

31. Marks, entrevista con Bird, 05-03-2002.

32. Hempelmann, entrevista con Sherwin, 10-08-1979, p. 25.

33. Audiencia de JRO, p. 266; Goodchild, *J. Robert Oppenheimer*, p. 88.

34. Davis, *Lawrence and Oppenheimer*, p. 156.

35. Goodchild, *J. Robert Oppenheimer*, p. 90.

36. En junio de 1944, una quinta parte de las mujeres casadas de Los Álamos estaban embarazadas. Thorpe, «J. Robert Oppenheimer and the Transformation of the Scientific Vocation», disertación, p. 276; Wilson y Serber, eds., *Standing By and Making Do*, p. 92; Robert Serber, *Peace and War*, p. 83.

37. Brode, *Tales of Los Alamos*, p. 22.

38. Sherr, entrevista con Sherwin, 20-02-1979.

39. Frank y Jackie Oppenheimer, entrevista con Sherwin 03-12-1978; Goodchild, *J. Robert Oppenheimer*, p. 128.

40. Pat Sherr, entrevista con Sherwin, 20-02-1979. El marido de Pat, Rubby Sherr, confirmó que su mujer cuidó de Toni Oppenheimer (Rubby Sherr, e-mail a Bird, 11-07-2004).

41. Jackie Oppenheimer, entrevista con Sherwin 03-12-1978; Goodchild, *J. Robert Oppenheimer*, p. 128.

42. Pat Sherr, entrevista con Sherwin, 20-02-1979, p. 4.

43. Hempelmann, entrevista con Sherwin, 10-08-1979, pp. 11, 20.

44. Steeper, *Gatekeeper to Los Alamos*, p. 34.

45. JRO a la señorita Fermor S. Church, 21-11-1958, caja 76, documentación de JRO.

46. Church, *The House at Otowi Bridge*, p. 86.

47. Pettitt, *Los Alamos Before the Dawn*; Church, *The House at Otowi Bridge*, pp. 12, 86; Church, *Bones Incandescent*, p. 30.

48. Dorothy McKibbin a Alice Smith, 17-10-1975, correspondencia de Smith, colección Sherwin; Smith y Weiner, *Letters*, p. 280; entrevista de McKibbin, 01-01-1976.

49. Church, *The House at Otowi Bridge*, pp. 123-124.

50. Peter Miller a JRO, 27-04-1951, caja 76, documentación de JRO.

51. JRO a Groves, 02-11-1943, carpeta de Groves, caja 36, documentación de JRO.

52. Church, *The House at Otowi Bridge*, pp. 95-98; Peter Miller a JRO, 27-04-1951, caja 76, documentación de JRO. Miller citaba las palabras de Warner sobre Bohr y Oppenheimer en su lecho de muerte.

53. Church, *The House at Otowi Bridge*, p. 130; Brode, *Tales of Los Alamos*, pp. 120-127.

54. Church, *The House at Otowi Bridge*, pp. 98-99, 130. En la carta de Navidad de 1945, la señorita Warner escribió: «No sabía qué hacían allá arriba, pero al principio sospeché que era investigación atómica».

20. «BOHR ERA DIOS Y OPPIE SU PROFETA»

1. Rhodes, *The Making of the Atomic Bomb*, pp. 523-524; Sherwin, *A World Destroyed*, p. 106.

2. JRO, «Niels Bohr and Atomic Weapons», *New York Review of Books*, 17-12-1964; Powers, *Heisenberg's War*, pp. 237-238.

3. Powers, *Heisenberg's War*, pp. 239-240.

4. Sherwin, *A World Destroyed*, pp. 90-114.

5. Powers, *Heisenberg's War*, p. 247.

6. Norris, *Racing for the Bomb*, p. 252.

7. Audiencia de JRO, p. 166.

8. JRO, «Niels Bohr and Atomic Weapons», *New York Review of Books*, 17-12-1964.

9. Sherwin, *A World Destroyed*, p. 91.

10. Robert Jungk, *Brighter Than a Thousand Suns*, p. 103; Powers, *Heisenberg's War*, p. 253.

11. Véanse las cartas de Bohr publicadas en febrero de 2002 por el Instituto Niels Bohr, doc. 10. Véase la página web del Archivo Niels Bohr: <www.nba.nbi.dk>; véase también la obra teatral *Copenhagen*, de Michael Frayn, y Powers, «What Bohr Remembered», *New York Review of Books*, 28-03-2002.

12. JRO, «Niels Bohr and Atomic Weapons», *New York Review of Books*, 17-12-1964. Véase también Powers, *Heisenberg's War*, pp. 120-128; Cassidy, *Uncertainty*; Jungk, *Brighter Than a Thousand Suns*, pp. 102-104.

13. Robert Serber, *Peace and War*, p. 86. Probablemente, el esbozo era de Bohr y representaba lo que le había mostrado Heisenberg. No se ha vuelto a ver desde entonces.

14. Powers, *Heisenberg's War*, p. 253.

15. Powers, *Heisenberg's War*, p. 254; JRO a Groves, 01-01-1944, DMI, serie 77E 5, caja 64, 337.

16. JRO, «Niels Bohr and Atomic Weapons», *New York Review of Books*, 17-12-1964.

17. Esta y las citas anteriores: JRO a Groves, 17-01-1944, carpeta Groves, caja 36, documentación de JRO; JRO, «Three Lectures on Niels Bohr and His Times: Part III, The Atomic Nucleus», Pegram Lecture, agosto de 1963, caja 247, documentación de JRO; JRO, «Niels Bohr and Atomic Weapons», *New York Review of Books*, 17-12-1964.

18. Victor Weisskopf, entrevista con Sherwin, 21-04-1982.

19. Bohr, «Confidential comments on the project of exploiting the latest discoveries in atomic physics for industry and warfare», 02-04-1944, caja 34, carpeta Frankfurter-Bohr, documentación de JRO.

20. Sherwin, *A World Destroyed*, pp. 93-96; Goodchild, *J. Robert Oppenheimer*, p. 92. Véase también Margaret Gowing, *Britain and Atomic Energy, 1939-1945*.

21. Weisskopf, entrevista con Sherwin, 21-04-1982.

22. Powers, *Heisenberg's War*, p. 255.

23. Palevsky, *Atomic Fragments*, p. 117. Años después, Oppenheimer dijo a sus amigos que algún día le gustaría escribir una obra de teatro que explorara la situación de qué habría ocurrido si Roosevelt hubiera seguido vivo en la posguerra.

24. Gribbin, *Q Is for Quantum*, pp. 85, 88

25. Bernstein, *Cranks, Quarks, and the Cosmos*, p. 44.

26. Peter Kapitsa a Bohr, 28-10-1943, caja 34, carpeta Frankfurter-Bohr, documentación de JRO.

27. David Lilienthal, *The Journals of David E. Lilienthal*, vol. 2, p. 456 (entrada del 03-02-1949).

28. Sherwin, *A World Destroyed*, p. 106.

29. Palevsky, *Atomic Fragments*, p. 134; Robert Wilson, entrevista con Owen Gingrich, 23-04-1982, p. 5, colección Sherwin; Wilson, «Niels Bohr and the Young Scientists», *Bulletin of the Atomic Scientists*, agosto de 1985, p. 25.

30. Audiencia de JRO, p. 173.

31. Sherwin, *A World Destroyed*, pp. 107-110. Bohr vio a Churchill a mediados de mayo de 1944 y a Roosevelt el 26 de agosto de ese mismo año. La reunión con Churchill fue breve y decepcionante: «Ni siquiera hablábamos el mismo idioma», dijo más tarde Bohr. En cambio, el danés salió de la entrevista con Roosevelt con la impresión de que el presidente lo había comprendido muy bien.

32. Groves a JRO, 07-12-1964, carpeta Groves, caja 36, documentación de JRO.

33. Bohr, «Confidential comments on the project of exploiting the latest discoveries in atomic physics for industry and warfare», 02-04-1944, caja 34, carpeta Frankfurter-Bohr, documentación de JRO.

34. Powers, *Heisenberg's War*, p. 257.

21. «EL IMPACTO DEL ARTEFACTO EN LA CIVILIZACIÓN»

1. Thorpe y Shapin, «Who Was J. Robert Oppenheimer?», *Social Studies of Science*, agosto de 2000, p. 573.

2. Bethe, «Oppenheimer: Where He Was There Was Always Life and Excitement», *Science*, 03-03-1967, p. 1082.

3. McAllister Hull, entrevista con Charles Thorpe, 16-01-1998, en Thorpe, «J. Robert Oppenheimer and the Transformation of the Scientific Vocation», disertación, p. 250.

4. Jones, *Manhattan: The Army and the Atomic Bomb*, pp. 176, 182; Richard G. Hewlett y Oscar E. Anderson hijo, *The New World, 1939-1946*, p. 168.

5. Jones, *Manhattan: The Army and the Atomic Bomb*, p. 509.

6. Hoddeson *et al.*, *Critical Assembly*, p. 242.

7. *Ibid.*, pp. 241-243.

8. Davis, *Lawrence and Oppenheimer*, p. 219.

9. Goodchild, *J. Robert Oppenheimer*, p. 116.

10. Thorpe, «J. Robert Oppenheimer and the Transformation of the Scientific Vocation», disertación, p. 326; Goodchild, *J. Robert Oppenheimer*, p. 118.

11. Thorpe, «J. Robert Oppenheimer and the Transformation of the Scientific Vocation», disertación, pp. 263-264.

12. Rigden, *Rabi*, pp. 154-155.

13. Studs Terkel, *The Good War*, p. 510.

14. George B. Kistiakowsky, «Reminiscences of Wartime Los Alamos», Badash *et al.*, eds., *Reminiscences of Los Alamos*, p. 54; Jones, *Manhattan: The Army and the Atomic Bomb*, p. 510.

15. Smith y Weiner, *Letters*, p. 264.

16. Sherwin, *A World Destroyed*, p. 34.

17. Sir Rudolf Peierls, entrevistas con Sherwin, 06-06-1979, p. 12, y 05-03-1979.

18. Peierls, entrevista con Sherwin, 06-06-1979, pp. 6, 10.

19. Teller, *Memoirs*, pp. 85, 176-177.

20. Serber, *The Los Alamos Primer*, p. xxxi.

21. Teller, *Memoirs*, p. 222.

22. JRO a Groves, 01-05-1944, DMI, serie 77, caja 201, carpeta de Rudolf Peierls; véase también Herken, *Brotherhood of the Bomb*, p. 86, y Goodchild, *J. Robert Oppenheimer*, p. 105. En sus memorias, Teller da una versión algo distinta de por qué salió de aquella reunión: afirma que Oppenheimer le había ordenado de malos modos que hablara de un problema relacionado con la bomba H que Teller no se sentía preparado para tratar (véase Teller, *Memoirs*, p. 193). Véase también Thorpe, «J. Robert Oppenheimer and the Transformation of the Scientific Vocation», disertación, p. 255.

23. Serber, *The Los Alamos Primer*, p. xxx. Peierls, entrevista con Sherwin, 06-06-1979, p. 14.

24. Peierls, entrevista con Sherwin, 05-03-1979, p. 1.

25. JRO a Rabi, 19-12-1944, caja 59, Rabi, documentación de JRO; Rigden, *Rabi*, p. 168.

26. Smith y Weiner, *Letters*, pp. 273-274.

27. Palevsky, *Atomic Fragments*, p. 173; Dyson, *From Eros to Gaia*, p. 256.

28 Rotblat, entrevista con Sherwin, 16-10-1989. Asombrado, Rotblat le contó la conversación de la cena a un compañero físico, Martin Deutsch.

29. Rotblat, entrevista con Sherwin, 16-10-1989, p. 16; Albright y Kunstel, *Bombshell*, p. 101.

30. Ted Morgan, *Reds*, p. 278.

31. Robert Chadwell Williams, *Klaus Fuchs*, p. 32.

32. *Ibid.*, p. 76.

33. Albright y Kunstel, *Bombshell*, pp. 62, 119.

34. *Ibid.*, p. 90.

35. Ted Hall, entrevista con Sherwin; Joan Hall, «A Memoir of Ted Hall», publicada en <www.historyhappens.net>.

36. Albright y Kunstel, *Bombshell*, pp. 86-87. Más adelante, Rotblat se volvió contra Oppenheimer. «Poco a poco empecé a enterarme de cosas —dijo—. Pensé: un héroe para mí no se comportaría de esa manera. Se fue convirtiendo en un anti-héroe. Por ejemplo, el hecho de que estuviera de acuerdo en que la bomba se arrojara en ciudades. Podría haber dicho que no. Y en aquella época tenía mucho poder, por lo que su voz podría haberse impuesto». Palevsky, *Atomic Fragments*, p. 171.

37. Palevsky, *Atomic Fragments*, pp. 135-136; Wilson contó la misma historia a Owen Gingrich (Robert Wilson, entrevista con Gingrich, 23-04-1982, p. 6, colección Sherwin).

38. Robert Wilson, entrevista con Gingrich, 23-04-1982, p. 6; véase también Robert Wilson, «Niels Bohr and the Young Scientists», *Bulletin of the Atomic Scientists*, agosto de 1985, p. 25, y Robert Wilson, «The Conscience of a Physicist», en Richard Lewis y Jane Wilson, eds., *Alamogordo Plus Twenty-five Years*, pp. 67-76.

39. Robert Wilson, entrevista con Gingrich, 23-04-1982, p. 6. Wilson relató a Jon Else que creía que unas treinta o cuarenta personas asistieron a la reunión (*The Day After Trinity*, Jon Else, transcripción, p. 37).

40. Louis Rosen, entrevista con Sherwin, 09-01-1985, p. 1.

41. Badash *et al.*, eds., *Reminiscences of Los Alamos*, p. 70.

42. Weisskopf, entrevista con Sherwin, 21-04-1982, p. 5.

43. Weisskopf, *The Joy of Insight*, pp. 145-147. Robert Wilson describe también la reunión en términos similares en una reseña de 1958 del libro de Robert Jungk *Brighter Than a Thousand Suns*. Pero la primera vez que contó esta historia, Wilson escribió al respecto que la reunión se celebró en 1944 y no en 1945. (Robert Wilson, «Robert Jungk's Lively but Debatable History of the Scientists Who Made the Atomic Bomb», *Scientific American*, diciembre de 1958, p. 146.) Véase también Alice Smith, *A Peril and a Hope*, p. 61. Otro físico que estudió en Harvard, Roy Glauber, recordaba la reunión que organizó Wilson para hablar del impacto del artefacto (véase Albright y Kunstel, *Bombshell*, p. 87).

44. Palevsky, *Atomic Fragments*, pp. 135-136.

45. Robert Wilson, entrevista con Gingrich, 23-04-1982, p. 7.

46. *The Day After Trinity*, Jon Else, transcripción, p. 37.

47. Palevsky, *Atomic Fragments*, pp. 136-137.

48. *Ibid.*, p. 138.

22. «Ahora somos todos unos hijos de puta»

1. Smith y Weiner, *Letters*, p. 287.

2. *Ibid.*, p. 288.

3. Palevsky, *Atomic Fragments*, p. 116.

4. Mark Selden, «The Logic of Mass Destruction», en Kai Bird y Lawrence Lifschultz, eds., *Hiroshima's Shadow*, pp. 55-57.

5. Len Giovannitti y Fred Freed, *The Decision to Drop the Bomb*, p. 36. Los autores entrevistaron a Oppenheimer. Algunos estadounidenses criticaron el bombardeo. Véase *Commonweal*, 22-06-1945 y 24-08-1945.

6. Emilio Segrè, *A Mind Always in Motion*, p. 200.

7. Esta y las citas anteriores: William Lanouette, *Genius in the Shadows*, pp. 261–262; Leó Szilárd a JRO, 16-05-1945, carpeta de Szilárd, caja 70, documentación de JRO.

8. Esta y las citas anteriores: Lanouette, *Genius in the Shadows*, pp. 266-267.

9. Actas del Comité Provisional, reunión del 31-05-1945, en Sherwin, *A World Destroyed*, pp. 299-301 (apéndices); también pp. 202-210.

10. *Ibid.*

11. Sherwin, *A World Destroyed*, pp. 295-304 (apéndice L, notas de la reunión del Comité Provisional, 31-05-1945); Giovannitti y Freed, *The Decision to Drop the Bomb*, pp. 102-105.

12. Alice K. Smith, *A Peril and a Hope*, p. 25; Sherwin, *A World Destroyed*, p. 211. «The Political Implications of Atomic Weapons» (informe de Frank), pp. 323-332 (apéndice S).

13. Giovannitti y Freed, *The Decision to Drop the Bomb*, p. 115.

14. Palevsky, *Atomic Fragments*, p. 142; *The Day After Trinity*, Jon Else, transcripción, p. 20.

15. Sherwin, *A World Destroyed*, pp. 229-230; Thorpe, «J. Robert Oppenheimer and the Transformation of the Scientific Vocation», disertación, p. 344. Thorpe cita al mayor J. A. Derry y al doctor N. F. Ramsey, nota para el general L. R. Groves, «Summary of Target Committee Meetings on 10 and 11 May 1945», también citado en Jones, *Manhattan: The Army and the Atomic Bomb*, pp. 529-530.

16. Esta y las citas anteriores: Palevsky, *Atomic Fragments*, pp. 84, 252; Norris, *Racing for the Bomb*, pp. 382-383.

17. Alice Smith, *A Peril and a Hope*, p. 50; Goodchild, *J. Robert Oppenheimer*, p. 143.

18. Gar Alperovitz, *The Decision to Use the Atomic Bomb*, p. 189.

19. Audiencia de JRO, p. 34.

20. Después de reunirse con el presidente Truman, Grew apuntó en su diario el 28-05-1945: «El mayor obstáculo para la rendición incondicional de los japoneses es la creencia de que esto comportaría la destrucción o desaparición

definitiva del emperador».Joseph C. Grew, *Turbulent Era*, vol. 2, 1952, pp. 1428-1434; Sherwin, *A World Destroyed*, p. 225; Alperovitz, *The Decision to Use the Atomic Bomb*, pp. 48, 66, 479, 537, 712, 753.

21. Allen Dulles, prefacio al folleto de Jacobsson «The Per Jacobsson Mediation», Balse Centre for Economic and Financial Research, serie C, n.° 4, *circa* 1967, en el archivo de la documentación de Allen Dulles, caja 22, carpeta de 1945 de John J. McCloy, Universidad de Princeton.

22. Diario de William D. Leahy, 18-06-1945, documentación de William D. Leahy, BC, reimpreso en Bird y Lifschultz, eds., *Hiroshima's Shadow*, p. 515.

23. Walter Mills, ed., *The Forrestal Diaries*, p. 70; «Extracts from Minutes of Meeting Held at the White House 18 June 1945», en Sherwin, *A World Destroyed*, pp. 355–363 (apéndice W).

24. Diario de James V. Forrestal, 08-03-1947, archivos del secretario del presidente, BHST, reimpreso en Bird y Lifschultz, eds., *Hiroshima's Shadow*, p. 537.

25. Diario de John J. McCloy, 16–17-07-1945, caja DY 1, carpeta 18, documentación de John J. McCloy, Universidad de Amherst.

26. «Ike on Ike», *Newsweek*, 11-11-1963, p. 107. Algunos historiadores cuestionan el relato de Eisenhower. Véase Robert S. Norris, *Racing for the Bomb*, pp. 531-532; Barton J. Bernstein, «Understanding the Atomic Bomb and the Japanese Surrender: Missed Opportunities, Little-Known Near Disasters, and Modern Memory», *Diplomatic History*, vol. 19, n.° 2, 1995.

27. Harry S. Truman, *Off the Record*, Robert H. Ferrell, ed., p. 53; Sherwin, *A World Destroyed*, p. 235.

28. James F. Byrnes, entrevista con Fred Freed para la cadena de televisión NBC, *circa* 1964, transcripción encontrada en la documentación de Herbert Feis, caja 79, BC. En Potsdam, el 29-07-1945, el embajador Joseph E. Davies anotó en su diario: «Byrnes estaba molesto por la terquedad de Mólotov y dijo que "la şituación de Nuevo México" (la bomba atómica) nos había dado mucho poder y que, por consiguiente, dominaría el panorama» (Joseph E. Davies, diario, 29-07-1945, archivo de Chron, caja 19, documentación de Davies, BC).

29. Truman, *Off the Record*, Ferrell, ed., pp. 53-54.

30. Diario de Walter Brown, 03-08-1945, colecciones especiales, Biblioteca de Robert Muldrow Cooper, UC, reimpreso en Bird y Lifschultz, eds., *Hiroshima's Shadow*, p. 546.

31. Para saber más sobre el debate que tuvo lugar en Washington sobre la bomba en verano de 1945, véanse los documentos reimpresos en Bird y Lifschultz, eds., *Hiroshima's Shadow*, pp. 501-550. Para tener una perspectiva distinta sobre la cuestión de si los japoneses querían rendirse, véase Richard Frank, *Downfall: The End of the Imperial Japanese Empire* (Random House, 1999); Herbert Bix, *Hirohito and the Making of Modern Japan* (Harper Collins, 2000), y Barton J. Bernstein, «The Alarming Japanese Buildup on Southern Kyushu», *Pacific Historical Review*, noviembre de 1999.

32. Bird y Lifschultz, eds., *Hiroshima's Shadow*, pp. 553-554, 558.

33. Teller a Szilárd, 02-07-1945, carpeta de Teller, caja 71, documentación de JRO; Teller, *Memoirs*, pp. 205-207.

34. Alice Smith, *A Peril and a Hope*, pp. 53, 63.

35. Esta y las citas anteriores: Szilárd a JRO, 16-05-1945 y 10-07-1945; Edward Creutz a Szilárd, 13-07-1945, carpeta de Szilárd, caja 70, documentación de JRO.

36. Documentación de Szilárd 21/235; NND-730039, AN 201 E Creutz; diario de Groves, 17-07-1945, AN, cortesía de William Lanouette. Tanto Szilárd como Lapp confirmaron en entrevistas que Oppenheimer decidió que la petición «no podía circular» (Alice Smith, *A Peril and a Hope*, p. 55).

37. Church, *The House at Otowi Bridge*, p. 129.

38. Norris, *Racing for the Bomb*, p. 395.

39. Jones, *Manhattan: The Army and the Atomic Bomb*, p. 511.

40. Peer de Silva, manuscrito inédito, p. 12; Rhodes, *The Making of the Atomic Bomb*, p. 652.

41. JRO a Groves, 20-10-1962, caja 36, documentación de JRO; Hijiya, «The Gita of J. Robert Oppenheimer», *Proceedings of the American Philosophical Society*, vol. 144, n.° 2, junio de 2000, pp. 161-164; Szasz, *The Day the Sun Rose Twice*, p. 41; Norris, *Racing for the Bomb*, p. 397.

42. Audiencia de JRO, p. 31.

43. Norris, *Racing for the Bomb*, pp. 399-400; Morrison, «Blackett's Analysis of the Issues», *Bulletin of the Atomic Scientists*, febrero de 1949, p. 40.

44. *The Day After Trinity*, Jon Else, transcripción, p. 7.

45. En junio de 1944, mientras Frank estaba en la planta de depuración de uranio de Oak Ridge (Tennessee), Jackie le había escrito poco después de que los aliados desembarcaran en Francia: «Vaya, vaya, ha llegado el Día D. Me parece maravilloso. […] Pero, como predecías, y como yo más o menos [ilegible], la batalla contra Rusia (propaganda) ya ha empezado, […] qué traición». Para Jackie, eso era «fascismo estadounidense puro y duro» (Jackie Oppenheimer a Frank Oppenheimer, sin fecha, *circa* junio de 1944, carpetas 4-13, caja 4, documentación de Frank Oppenheimer, UCB).

46. Frank Oppenheimer, entrevista con Weiner, 09-02-1973, p. 56.

47. Goodchild, *J. Robert Oppenheimer*, p. 151.

48. George Kistiakowsky, «Trinity: A Reminiscence», *Bulletin of the Atomic Scientists*, junio de 1980, p. 21.

49. Vannevar Bush, *Pieces of the Action*, p. 148.

50. Lansing Lamont, *Day of Trinity*, p. 184.

51. *Ibid.*, p. 193.

52. *The Day After Trinity*, Jon Else, transcripción, p. 12.

53. Frank Oppenheimer, entrevista con Weiner, 09-02-1973, p. 57.

NOTAS DE LAS PÁGINAS 366 A 369

54. Lamont, *Day of Trinity*, p. 210; *The Day After Trinity*, Jon Else, transcripción, p. 12.

55. Szasz, *The Day the Sun Rose Twice*, p. 73.

56. Norris, *Racing for the Bomb*, pp. 403-404; Lamont, *Day of Trinity*, p. 210.

57. Lamont, *Day of Trinity*, pp. 212, 220

58. Feynman, *Surely You're Joking, Mr. Feynman!*, p. 134.

59. Hershberg, *James B. Conant*, p. 232.

60. Serber, *Peace and War*, pp. 91-93.

61. Badash *et al.*, *Reminiscences of Los Alamos*, pp. 76-77.

62. *The Day After Trinity*, Jon Else, transcripción, p. 47.

63. Frank Oppenheimer, entrevista con Weiner, 09-02-1973, IEF, p. 56; *The Day After Trinity*, Jon Else, transcripción, p. 14.

64. Lamont, *Day of Trinity*, p. 226.

65. General Thomas Farrell, «Memorandum for the Secretary of War», 18-07-1945, reimpreso en Groves, *Now It Can Be Told*, pp. 436-437; NYT, 07-08-1945, p. 5; Hijiya, «The Gita of J. Robert Oppenheimer», *Proceedings of the American Philosophical Society*, vol. 144, n.º 2, junio de 2000, p. 165.

66. *The Day After Trinity*, Jon Else, transcripción, pp. 15-16.

67. Davis, *Lawrence and Oppenheimer*, p. 242; *The Day After Trinity*, Jon Else, transcripción, p. 50; Frank Oppenheimer, entrevista con Jon Else, 1980; Szasz, *The Day the Sun Rose Twice*, p. 89.

68. William L. Laurence, NYT, 27-09-1945, p. 7.

69. *The Day After Trinity*, Jon Else, transcripción, pp. 79-80. Algunos eruditos sobre sánscrito opinan que una traducción mejor de ese verso sería «He devenido Tiempo, destructor de mundos».

70. Pais, *The Genius of Science*, p. 273.

71. Alice Smith, *A Peril and a Hope*, p. 76; NYT, 26-09-1945, pp. 1, 16.

72. Lamont, *Day of Trinity*, p. 237; Kistiakowsky, «Trinity: A Reminiscence», *Bulletin of the Atomic Scientists*, junio de 1980, p. 21.

73. Años después, Oppenheimer recordaría el comentario de Bainbridge y le diría a David Lilienthal que estaba de acuerdo con él: «Creo que tiene toda la razón» (Lilienthal, *The Journals of David E. Lilienthal*, vol. 6, p. 89, entrada del diario del 13-02-1965).

74. Lamont, *Day of Trinity*, pp. 242-243; Anne Wilson, su secretaria, dijo que no recordaba ese hecho (Anne Wilson Marks, entrevista telefónica con Bird, 22-05-2002). Mientras que Richard Feynman sacaba los bongos y los tocaba entusiasmado, diría más adelante de aquel momento: «Dejas de pensar, ¿sabes? Paras y ya está». Robert Wilson, que no estaba entusiasmado, le dijo: «Lo que hemos hecho es terrible». Feynman, *Surely You're Joking, Mr. Feynman!*, pp. 135-136.

23. «ESA POBRE GENTECILLA»

1. Anne Wilson Marks, entrevista con Bird, 05-03-2002.

2. Teniente coronel John F. Moynahan, *Atomic Diary*, p. 15. Los bombarderos siguieron las instrucciones de Oppenheimer y soltaron la bomba en el centro visual de Hiroshima. En cambio, en Nagasaki bombardearon «en buena medida por radar», porque estaba nublado y porque el avión llevaba poco combustible. (Véase Norman Ramsey a JRO, con fecha «después del 20 de agosto de 1945», caja 60, documentación de JRO).

3. Alice Smith, *A Peril and a Hope*, p. 53; véase también Hershberg, *James B. Conant*, p. 230.

4. Manley, «A New Laboratory Is Born», Badash *et al.*, eds., *Reminiscences of Los Alamos*, p. 37.

5. Groves y JRO, transcripción de una conversación telefónica, 6-8-1945, serie 77, entrada 5, archivos del DMI, Groves 201, caja 86, correspondencia general 1942-1945, archivo de conversación telefónica.

6. *The Day After Trinity*, Jon Else, transcripción, p. 58.

7. Ed Doty a sus padres, 07-08-1945, Museo Histórico de Los Álamos.

8. Sam Cohen, *The Truth About the Neutron Bomb*, p. 22; Hijiya, «The Gita of J. Robert Oppenheimer», *Proceedings of the American Philosophical Society*, vol. 144, n.º 2 (junio de 2000), p. 155. Hijiya cita a Cohen cuando dice que Oppenheimer se agarró las manos como un campeón de boxeo, pero el detalle no figura en el libro de Cohen. Sí se encuentra en Lawren, *The General and the Bomb*, p. 250.

9. Phil Morrison, charla emitida por la radio, serie ALAS para la emisora KOB (Albuquerque), n.º 3, grabaciones de la Federación de Científicos estadounidenses, XXII, p. 2. «The Atom Bomb Scientists Report Number Three: Death of Hiroshima», p. 1, colecciones especiales, UCh.

10. Esta y las citas anteriores: Ed Doty a sus padres, 07-08-1945, Museo Histórico de Los Álamos; Smith, *A Peril and a Hope*, p. 77. Smith escribió solo que Oppenheimer vio a un «líder de grupo joven en los arbustos que se encontraba mal». Thomas Powers identifica ese líder como Robert Wilson (Powers, *Heisenberg's War*, p. 462). Véase también *The Day After Trinity*, Jon Else.

11. Robert Wilson, «Robert Jungk's Lively but Debatable History», *Scientific American*, diciembre de 1958, p. 146; Palevsky, *Atomic Fragments*, pp. 140-141.

12. *The Day After Trinity*, Jon Else, transcripción, pp. 59-60; Palevsky, *Atomic Fragments*, p. 141.

13. Smith, *A Peril and a Hope* (edición de 1971), p. 77; Robert Serber, *Peace and War*, p. 142.

14. Herken, *Brotherhood of the Bomb*, p. 139; nota del FBI, 18-04-1952, sección 12, expediente del FBI sobre JRO.

15. Hershberg, *James B. Conant*, pp. 279-304; Alperovitz, *The Decision to Use*

the Atomic Bomb, pp. 417-420; véase también Barton J. Bernstein, «Seizing the Contested Terrain of Early Nuclear History»; Uday Mohan y Sanho Tree, «The Construction of Conventional Wisdom», y los ensayos de Norman Cousins, Reinhold Niebuhr, Felix Morley, David Lawrence, Lewis Mumford, Mary Mc-Carthy y otros críticos tempranos de los bombardeos, reimpreso en Bird y Lifschultz, *Hiroshima's Shadow*, pp. 141-197, 237-316.

16. Childs, *An American Genius*, p. 366; Herken, *Brotherhood of the Bomb*, p. 140.

17. Smith y Weiner, *Letters*, pp. 293-294 (JRO a Stimson, 17-08-1945).

18. *Ibid.*, pp. 300-301; JRO a Ernest Lawrence, 30-08-1945.

19. *Ibid.*, pp. 297-298; JRO a Herbert Smith, 26-08-1945; JRO a Frederick Bernheim, 27-08-1945.

20. Chevalier, *Oppenheimer*, p. xi.

21. *The Day After Trinity*, Jon Else, transcripción, p. 65, JRO a Haakon Chevalier, 27-08-1945, *The Day After Trinity*, archivos suplementarios; Herken, *Brotherhood of the Bomb*, p. 142.

22. JRO a Conant, 29-09-1945, documentación de JRO.

23. Smith y Weiner, *Letters*, p. 300.

24. *Ibid.*, pp. 301-302.

25. Jean Bacher, entrevista con Sherwin, 05-11-1987, pp. 3-4. La cita de Didisheim se encuentra en una carta de Herbert Smith a Frank Oppenheimer, 19-09-1973, carpetas 4-23, caja 4, documentación de Frank Oppenheimer, UCB.

26. Bacher, entrevista con Sherwin, 05-11-1987, p. 2.

27. La transcripción de la charla de Phil Morrison para la radio puede encontrarse en las series ALAS para la emisora KOB (Albuquerque), n.º 3, Federación de Científicos Estadounidenses (FAS), XXII, p. 2. «The Atom Bomb Scientists Report Number Three: Death of Hiroshima», p. 5, colecciones especiales, UC.

28. Serber, *Peace and War*, p. 129.

29. Smith, *A Peril and a Hope*, p. 115; la transcripción de la charla de Phil Morrison para la radio puede encontrarse en las series ALAS para la emisora KOB (Albuquerque), n.º 3, FAS, XXII, p. 2.

30. Church, *The House at Otowi Bridge*, pp. 130-131; Church, *Bones Incandescent*, p. 38.

31. Michael A. Day, «Oppenheimer on the Nature of Science», *Centaurus*, vol. 43 (2001), p. 79; *Time*, 08-11-1948.

32. Weisskopf, nota sobre física en los años de la posguerra, diciembre de 1962, caja 21, «JRO and Niels Bohr», documentación de JRO.

33. JRO, «Three Lectures on Niels Bohr and His Times», Pegram Lectures, Brookhaven National Laboratory, agosto de 1963, p. 16, archivado en la documentación de Louis Fischer, caja 9, carpeta 3, BUP. Diario de Henry Stimson, 21-09-1945, p. 3, BUY.

34. *Ibid.*

NOTAS DE LAS PÁGINAS 385 A 394

24. «SIENTO QUE TENGO LAS MANOS MANCHADAS DE SANGRE»

1. Esta y las citas anteriores: Paul Boyer, *By Bomb's Early Light*, pp. 266-267; Pais, *The Genius of Science*, p. 274.

2. JRO, «Atomic Weapons», *Proceedings of the American Philosophical Society*, enero de 1946. Dio esta charla el 16-11-1945 en Filadelfia con el título de «Atomic Weapons and the Crisis in Science», archivado en la carpeta 168.1, documentación de Lee DuBridge, cortesía de James Hershberg.

3. Cherniss, entrevista con Sherwin, 23-05-1979, p. 11.

4. Smith y Weiner, *Letters*, p. 304; JRO a Harrison, 09-09-1945.

5. Smith, *A Peril and a Hope*, pp. 116-117.

6. *Ibid.*, p. 120.

7. Herken, *Brotherhood of the Bomb*, p. 150.

8. Barnett, «J. Robert Oppenheimer», *Life*, 10-10-1949.

9. Teller y Brown, *The Legacy of Hiroshima*, p. 23.

10. Diario de Henry Wallace, 19-10-1945, reimpreso en John Morton Blum, *The Price of Vision*, p. 497.

11. Truman, *Memoirs*, vol. 1, p. 532.

12. Lanouette, *Genius in the Shadows*, p. 286.

13. Smith, *A Peril and a Hope*, p. 167; Hewlett y Anderson, *The New World*, vol. 1, p. 432.

14. Smith, *A Peril and a Hope*, p. 153; Thorpe, «J. Robert Oppenheimer and the Transformation of the Scientific Vocation», disertación, pp. 401-402.

15. Lanouette, *Genius in the Shadows*, p. 293.

16. Smith, *A Peril and a Hope*, p. 154.

17. *The Day After Trinity*, Jon Else, transcripción, p. 68; Goodchild, *J. Robert Oppenheimer*, p. 178.

18. Thorpe, «J. Robert Oppenheimer and the Transformation of the Scientific Vocation», disertación, pp. 395-396; Wilson, «Hiroshima: The Scientists' Social and Political Reaction», *Proceedings of the American Philosophical Society*, septiembre de 1996, p. 351.

19. Thorpe, «J. Robert Oppenheimer and the Transformation of the Scientific Vocation», disertación, p. 409.

20. Smith, *A Peril and a Hope*, pp. 197-200.

21. Steeper, *Gatekeeper to Los Alamos*, p. 111.

22. Smith y Weiner, *Letters*, pp. 310-311.

23. Eleanor Jette, *Inside Box 1663*, p. 123.

24. Smith y Weiner, *Letters*, p. 306.

25. Herken, *Brotherhood of the Bomb*, p. 149.

26. Diario de Henry Wallace, 19-10-1945, reimpreso en Blum, ed., *The Price of Vision*, pp. 493-497. Para saber más sobre la diplomacia atómica de Byrnes, véase Alperovitz, *The Decision to Use the Atomic Bomb*, p. 429.

27. Murray Kempton, «The Ambivalence of J. Robert Oppenheimer», *Esquire*, diciembre de 1983, reimpreso en Kempton, *Rebellions, Perversities, and Main Events*, p. 121. Kempton sitúa erróneamente esta conversación en 1946. Otra versión de la historia aparece en Davis, *Lawrence and Oppenheimer*, p. 260. Davis no proporciona fecha ni cita, pero, según la agenda del presidente Truman, este se reunió con Oppenheimer solo en cuatro ocasiones: 25-10-1945, 29-04-1948, 06-04-1949 y 27-06-1952.

28. Davis, *Lawrence and Oppenheimer*, p. 261.

29. Esta y las citas anteriores: Truman a Dean Acheson, nota, 07-05-1946, caja 201 PSF, BHST. Véase también Merle Miller, *Plain Speaking*, p. 228, y Boyer, *By Bomb's Early Light*, p. 193. Boyer coloca a Dean Acheson en la sala, pero la agenda presidencial de Truman indica la presencia solo de Robert Patterson, Oppenheimer y Truman (archivos de Matthew J. Connelly, agenda presidencial, 25-10-1945, BHST). Herken, *Brotherhood of the Bomb*, p. 150. Herken cita a Davis, *Lawrence and Oppenheimer*, p. 258; Michelmore, *The Swift Years*, pp. 121-122, y Lilienthal, *The Journals of David E. Lilienthal*, vol. 2, p. 118.

30. Rabi, entrevista con Sherwin, 12-03-1982, p. 9.

31. Diario de John J. McCloy, 20-07-1945, DY caja 1, carpeta 18, documentación de McCloy, Universidad de Amherst.

32. Smith y Weiner, *Letters*, pp. 315-325.

33. *Ibid.*, p. 315.

34. *Ibid.*, pp. 315-325.

35. Truman, *Memoirs*, vol. 1, p. 537.

36. Smith y Weiner, *Letters*, pp. 325-326.

25. «NUEVA YORK SE PUEDE DESTRUIR»

1. Expediente del FBI sobre JRO, sección 1, documento 20, Hoover a Byrnes, nota, 15-11-1945, y Hoover al brigadier general Harry H. Vaughan, ayudante militar del presidente, nota, 15-11-1945.

2. Expediente del FBI sobre JRO, sección 4, documento 108, p. 9.

3. Herken, *Brotherhood of the Bomb*, p. 160; véase la página web de Herken, <www.brotherhoodofthebomb.com> para la extensa nota n.° 7 del final del capítulo 9: Menke, nota del FBI al archivo, 14-03-1947, caja 2, JRO/CEA.

4. Expediente del FBI sobre JRO, documento 51 (18-03-1946, p. 6) y documento 159 (Ladd al director del FBI, 11-08-1947, p. 7).

5. Expediente del FBI sobre JRO, documento 134, «Julius Robert Oppenheimer: Background», 28-01-1947, p. 7.

6. Nota al director del FBI, 23-05-1947, expediente del FBI sobre JRO, serie 6. Hoover también autorizó la «vigilancia con micrófonos».

7. Tras recibir esta noticia, Hoover ordenó que se interrumpiera el contacto con Wilson (expediente del FBI sobre JRO, sección 1, documento 25, 26-03-1946); Anne Wilson Marks, entrevista telefónica con Bird, 21-10-2002.

8. Joseph Weinberg, entrevista con Sherwin, 23-08-1979, p. 17.

9. Hoover a George E. Allen, 29-05-1946, PSF caja 167, carpeta «FBI Atomic Bomb», BHST; Bird, *The Chairman*, p. 281.

10. Rabi, entrevista con Sherwin, 12-03-1982, pp. 2-5; Rigden, *Rabi*, pp. 196-197.

11. Hewlett y Anderson, *The New World*, vol. 1, p. 532.

12. Lilienthal, *The Journals of David E. Lilienthal*, vol. 2, p. 13; Lilienthal a Herb Marks, 14-01-1948, cartas de Lilienthal a JRO, caja 46, documentación de JRO.

13. Goodchild, *J. Robert Oppenheimer*, p. 178.

14. Bird, *The Chairman*, p. 277.

15. Dean Acheson, *Present at the Creation*, p. 153.

16. *Ibid.*, véase también audiencia de JRO, pp. 37-40.

17. Joseph I. Lieberman, *The Scorpion and the Tarantula*, p. 255.

18. JRO, «Atomic Explosives». Carpeta «United Nations, AEC», caja 52, documentación de Bernard Baruch, BUP.

19. Rabi, entrevista con Sherwin, 12-03-1982, p. 6; Herken, *Brotherhood of the Bomb*, p. 164.

20. Lieberman, *The Scorpion and the Tarantula*, p. 246.

21. «A Report on the International Control of Atomic Energy-Prepared for the Secretary of State's Committee on Atomic Energy by a Board of Consultants: Chester I. Barnard, Dr. J. R. Oppenheimer, Dr. Charles A. Thomas, Harry A. Winne, David E. Lilienthal, Chairman», Washington D. C., 16-03-1946

22. James F. Byrnes, *Speaking Frankly*, p. 269. Para los negocios entre Byrnes y Baruch, véase Burch, *Elites in American History*, vol. 3, pp. 60, 62; véase también David Robertson, *Sly and Able*, p. 118, para una descripción de la estrecha amistad entre Byrnes y Baruch.

23. Lilienthal, *The Journals of David E. Lilienthal*, vol. 2, p. 30; Bird, *The Chairman*, p. 279.

24. Herken, *Brotherhood of the Bomb*, p. 165. Oppenheimer diría más adelante del nombramiento de Baruch: «Ese fue el día en que perdí la esperanza, pero no era el día en que debía decirlo públicamente» (Davis, *Lawrence and Oppenheimer*, p. 260).

25. Herken, *The Winning Weapon*, p. 366. Herken cita también una carta de Fred Searls a Byrnes, 17-01-1948 (carpeta de Searls, manuscritos de Byrnes), para mostrar que Searls quería que Byrnes ayudara a proteger las condiciones de Newmont Corporation respecto a los impuestos. El «coronel» William Boyce Thompson, amigo y socio financiero de Baruch, fundó la Newmont Mining Corpora-

tion en 1921. (Baruch, *My Own Story*, p. 238). Véase también Allen, *Atomic Imperialism*, p. 108. Que Fred Searls era el jefe de Newmont Mining Corporation se cita en Baruch, *The Public Years*, p. 363. Searls había sido también ayudante de Byrnes durante la guerra.

26. Lieberman, *The Scorpion and the Tarantula*, p. 273.

27. Rabi, entrevista con Sherwin, 12-03-1982, p. 6.

28. Lilienthal, *The Journals of David E. Lilienthal*, vol. 2, p. 70 (entrada del diario del 24-07-1946).

29. Hershberg, *James B. Conant*, p. 270.

30. Hoover al agente especial al cargo de Los Ángeles, expediente del FBI sobre JRO, sección 1, documento 23, 13-03-1946.

31. Agente especial al cargo de San Francisco a Hoover, nota del FBI, 14-05-1946, sobre la escucha de la conversación telefónica de Oppenheimer con Kitty el 10 de mayo de 1946 (expediente del FBI sobre JRO, documentos 45, 46). Casi un año después, el FBI todavía tenía el teléfono pinchado, y Kitty lo sabía. El 25 de marzo de 1947 le dijo a una amiga: «Ten cuidado con lo que dices por teléfono». Cuando esta le preguntó por qué, respondió: «El FBI, ya sabes» (expediente del FBI sobre JRO, documento 148, 25-03-1947).

32. Teletipo del FBI al director, 08-05-1946, expediente del FBI sobre JRO, documento 33.

33. Hewlett y Anderson, *The New World*, vol. 1, pp. 562-566.

34. Bird, *The Chairman*, p. 281.

35. *Ibid.*, p. 282.

36. JRO a Lilienthal, 24-05-1946, documentación de Lilienthal, citado en Lieberman, *The Scorpion and the Tarantula*, pp. 284-285.

37. Lilienthal, *The Journals of David E. Lilienthal*, vol. 2, p. 70 (entrada del diario del 24-07-1946).

38. *Ibid.*, pp. 69-70 (entrada del diario de Lilienthal del 24-07-1946).

39. Extracto de la escucha del FBI del 11-06-1946, documentación de Lewis Strauss, BHH.

40. JRO, «The Atom Bomb as a Great Force for Peace», *The New York Times Magazine*, 09-06-1946.

41. Weinberg, entrevista con Sherwin, 23-08-1979, p. 25.

42. Hewlett y Anderson, *The New World*, p. 590.

43. Escucha del FBI de una conversación telefónica entre Kitty y Robert Oppenheimer, 20-06-1946, expediente del FBI sobre JRO, documento 68.

44. Dean Acheson, entrevista grabada, sin fecha, PPF, BHST; Bird, *The Chairman*, p. 282; Goodchild, *J. Robert Oppenheimer*, p. 181.

45. JRO, «Three Lectures on Niels Bohr and His Times», Pegram Lectures, Brookhaven National Laboratory, agosto de 1963, p. 15, documentación de Louis Fischer, caja 9, carpeta 3, BUP.

46. Lilienthal, *The Journals of David E. Lilienthal*, vol. 2, p. 69 (entrada del diario del 24-07-1946).

47. JRO, «The International Control of Atomic Energy», *Bulletin of the Atomic Scientists*, 01-06-1946.

48. Bird y Sherwin, «The First Line Against Terrorism», *The Washington Post*, 12-12-2001; véase también John von Neumann a Lewis Strauss, 18-10-1947, documentación de Strauss, BHH; Herken, *Counsels of War*, p. 179. Véase también Herken, *Brotherhood of the Bomb*, capítulo 18, nota al pie 92 (solo versión en línea), donde Herken dice que el nombre en clave para el proyecto de investigación de los peligros del terrorismo nuclear era «Cyclops». Cita a Matteson a Stassen, 08-09-1955, caja 16, USSD; Panofsky, entrevista con Herken (1993). Unos años después, Oppenheimer convenció a la Comisión de Energía Atómica para que dos físicos, Robert Hofstadter y Wolfgang Panofsky, escribieran un informe sobre el problema. El documento resultante, de alto secreto, recomendaba la instalación de detectores de radiación en todos los aeropuertos y puertos, cosa que se llevó a cabo en varios aeropuertos importantes durante un tiempo. El informe Hofstadter-Panofsky —conocido en el Servicio de Inteligencia como el «informe Destornillador»— permanece aún clasificado.

49. Discurso de JRO, «Atomic Energy as a Contemporary Problem», 17-09-1947, reimpreso en JRO, *The Open Mind*, p. 25.

50. El general Groves emitió instrucciones para que invitaran a Oppenheimer a presenciar las pruebas de Bikini, pero que no se le permitiera evaluar los resultados (Herken, *The Winning Weapon*, p. 224). Véase también *Radio Bikini* (película documental).

51. Truman, nota a Acheson, 07-05-1946, carpeta «Atomic Tests», PSF caja 201, BHST (cortesía del archivista Dennis E. Bilger).

26. «OPPIE SUFRIÓ UN SARPULLIDO Y AHORA ES INMUNE»

1. Audiencia de JRO, p. 35; JRO, entrevista con Kuhn, 18-11-1963, p. 32.

2. Expediente del FBI sobre JRO, documento 102, transcripción telefónica, 23-10-1946.

3. Hershberg, *James B. Conant*, p. 308; conversación telefónica entre Kitty y Robert Oppenheimer, nota del FBI, 14-12-1946, documento 120, expediente del FBI sobre JRO; Hewlett y Duncan, *Atomic Shield*, vol. 2, pp. 15-16.

4. Audiencia de JRO, p. 327.

5. *Ibid.*, p. 41. Lo que dijo Acheson a JRO deja claro que la Doctrina Truman era el movimiento de apertura del Gobierno estadounidense en la incipiente Guerra Fría.

6. Hewlett y Duncan, *Atomic Shield*, vol. 2, p. 268. Véase también James G.

Hershberg, «The Jig Was Up: J. Robert Oppenheimer and the International Control of Atomic Energy, 1947-49», artículo presentado en el Congreso del Centenario de Oppenheimer, Berkeley, 22-24 de abril de 2004.

7. Audiencia de JRO, p. 40.

8. Keith G. Teeter, nota del FBI a archivo, 03-03-1954, serie 100-3132.

9. Expediente del FBI sobre JRO, documento 159, Ladd al director, 11-08-1947, p. 13.

10. JRO, *The Open Mind*, pp. 26-27. Véase también Thorpe, «J. Robert Oppenheimer and the Transformation of the Scientific Vocation», disertación, pp. 446-447.

11. Audiencia de JRO, p. 69.

12. Joseph Alsop a JRO, 29-07-1948, carpeta de Alsop, caja 15, documentación de JRO.

13. Scott Donaldson, *Archibald MacLeish: An American Life*, p. 400.

14. JRO a MacLeish, 27-09-1949; MacLeish a JRO, 10-06-1949; JRO a MacLeish, 14-02-1949. Todo está en la carpeta de MacLeish, caja 49, documentación de JRO.

15. En febrero de 1947, dos funcionarios del Partido Comunista fueron a casa de Frank y pasaron dos horas insistiéndole para que volviera a contribuir a la formación como antes de la guerra. Se marcharon sin haberlo conseguido, y el FBI se enteró más adelante por un informante de que un funcionario del partido se quejó: «Creo que hemos perdido como diez mil dólares». Expediente del FBI sobre JRO, documento 149, 23-04-1947.

16. Frank Oppenheimer, entrevista con Sherwin, 03-12-1978.

17. Chevalier, *Oppenheimer*, pp. 69, 74; diario de Barbara Chevalier, 14-07-1984, notas tomadas por Gregg Herken. Véase la página web de Herken, <www.brotherhoodofthebomb.com>. Una escucha del FBI constata que Chevalier telefoneó a Kitty Oppenheimer el 3 de junio de 1946 para confirmar que los irían a ver al día siguiente (expediente del FBI sobre JRO, sección 2, documento 56, 03-06-1946). Esto parece indicar que Chevalier se vio con Oppenheimer no dos veces, sino tres, en la primavera y el verano de 1946: en mayo de 1946 en Stinson Beach, el 4 de junio de 1946 en Eagle Hill, y en algún momento entre el 26 de junio de 1946 (el día en que el FBI realizó el interrogatorio a Chevalier) y el 5 de septiembre de ese mismo año, el día en que el FBI interrogó a Oppenheimer. Además, Kitty aceptó pasar el fin de semana del 22 al 23 de junio en casa de Chevalier, pero al final pospuso la visita al fin de semana siguiente (nota del 21-06-1946).

18. Esta y las citas anteriores: Chevalier afirma que un día después ideó el argumento de su novela de 1959, *The Man Who Would Be God* (Chevalier, *Oppenheimer*, pp. 79-80).

19. Chevalier, *Oppenheimer*, p. 58.

20. Informe del FBI sobre los antecedentes de JRO, 17-02-1947, p. 10; Goodchild, *J. Robert Oppenheimer*, p. 70.

21. Resumen de los hechos del FBI (Newark), 19-22. Eltenton y Chevalier firmaron los documentos el 26 de junio de 1946, documento 786, expediente del FBI sobre JRO.

22. Chevalier, declaración jurada para el FBI, 26-06-1946, expediente del FBI sobre Chevalier, parte 1; Sherwin también la leyó y la grabó en una entrevista con Chevalier, 15-07-1982, pp. 10-11.

23. Chevalier, *Oppenheimer*, p. 68.

24. *Ibid.*, pp. 69-70; audiencia de JRO, p. 209.

25. Chevalier, *Oppenheimer*, pp. 69-70.

26. Expediente del FBI sobre JRO, sección 12, documento 287, 18-04-1952, «Allegation of Espionage Activity on the Part of George Charles Eltenton», p. 20 (desclasificado en 1996).

27. Strauss, *Men and Decisions*, p. 271.

28. Expediente del FBI sobre JRO, sección 1, 29-01-1947 y 02-02-1947, resúmenes de conversaciones vigiladas entre Kitty y Robert Oppenheimer.

29. Strauss, *Men and Decisions*, p. 271.

30. Smith y Weiner, *Letters*, p. 190.

31. Barnett, «J. Robert Oppenheimer», *Life*, 10-10-1949.

32. Expediente del FBI sobre JRO, sección 1, 29-01-1947 y 02-02-1947, resúmenes de conversaciones vigiladas entre Kitty y Robert Oppenheimer.

33. Michelmore, *The Swift Years*, p. 142.

34. *New York Herald Tribune*, 19-04-1947.

35. Beatrice M. Stern, «A History of the Institute for Advanced Study, 1930-1950», p. 613, manuscrito inédito, archivos del IEA.

36. Richard Pfau, *No Sacrifice Too Great*, p. 93; Strauss, *Men and Decisions*, pp. 7, 84.

37. Expediente del FBI sobre JRO sección 3, documento 103, FBI, escucha de conversaciones telefónicas de JRO con David Lilienthal y Robert Bacher, 23 y 24-10-1946.

38. Joseph y Stewart Alsop, *We Accuse*, p. 19; Duncan Norton-Taylor, «The Controversial Mr. Strauss», *Fortune*, enero de 1955; Brown, *Through These Men*, p. 275.

39. Herken, *Brotherhood of the Bomb*, p. 174; expediente del FBI sobre JRO, 09-05-1947.

40. Expediente del FBI sobre JRO, sección 6, 07-05-1947, contenido en el resumen de la escucha del 27 de mayo de 1947.

41. Expediente del FBI sobre JRO, sección 6, recorte de periódico, 28-04-1947.

42. Rabi a JRO, sin fecha, domingo por la tarde, *circa* abril de 1947, correspondencia de Rabi, caja 59, documentación de JRO.

43. Expediente del FBI sobre JRO, sección 6, transcripción telefónica, 27-02-1947.

44. JRO, entrevista con Kuhn, 20-11-1963, p. 19.

45. Audiencia de JRO, p. 957.

46. Frank Oppenheimer, entrevista con Sherwin, 03-12-1978.

47. Jerome Seymour Bruner, *In Search of Mind*, pp. 236-238; John R. Kirkwood, Oliver R. Wolff y P. S. Epstein, «Richard Chase Tolman, 1881-1948», Academia Nacional de las Ciencias de Estados Unidos, memorias biográficas, vol. 27, Washington D. C., Academia Nacional de las Ciencias, 1952, pp. 143-144.

48. *Who Was Who in America*, vol. 3, 1951-1960, Chicago, A. N. Marquis Co., 1966, p. 857.

49. Ruth Tolman a JRO, 16-04-1949, carpeta de Ruth Tolman, caja 72, documentación de JRO.

50. Ruth Tolman a JRO, 24-08-1947, carpeta de Ruth Tolman, caja 72, documentación de JRO.

51. Ruth Tolman a JRO, 1 de agosto (¿de 1947?), carpeta de Ruth Tolman, caja 72, documentación de JRO.

52. Ruth Tolman a JRO, sin fecha (¿noviembre de 1948?), jueves por la noche, Pasadena, carpeta de Ruth Tolman, caja 72, documentación de JRO.

53. JRO a Ruth Tolman, 18-11-1948, carpeta de Ruth Tolman, caja 72, documentación de JRO.

54. Jean Bacher, entrevista con Sherwin, 29-03-1983. Cuando Sherwin le preguntó sobre los rumores de la aventura entre Tolman y Oppenheimer, Bacher se puso nerviosa y mantuvo que «nunca hubo ningún interés sexual en la relación; fue siempre de apoyo». Después dejó claro que, si seguía preguntando sobre ello, la entrevista concluiría.

55. «Memorandum for the Files of Lewis L. Strauss», 09-12-1957, caja 67, documentación de Strauss, BHH. La secretaria de Strauss, Virginia Walker, dijo al historiador Barton J. Bernstein que su jefe se enfadó mucho cuando se enteró de la relación entre Oppenheimer y Tolman (Walker, entrevista con Barton Bernstein, 07-11-2002). Bernstein también informa de una entrevista realizada a James Douglas, un ejecutivo de una compañía aérea, quien afirmó haber ido a casa de Tolman una mañana, durante la guerra, y haber visto a Oppenheimer y a ella solos y vestidos nada más que con bata. Véase también Herken, *Brotherhood of the Bomb*, pp. 290, 404; Herken cita una entrevista de 1997 con la mujer de Lawrence, Molly, quien se acordaba de que su marido llegó a casa muy furioso después de haber asistido a un cóctel celebrado por Gloria Gartz, una vecina y psicóloga que conocía a Ruth Tolman. Por lo visto, en esa fiesta, que tuvo lugar en algún momento antes de las audiencias de Oppenheimer de 1954, Gartz le contó a Lawrence que aquellos dos tenían una relación. Herken preguntó a Molly si Richard Tolman aún vivía cuando tuvo lugar la aventura, y esta contestó: «Sé que sí».

56. Ruth Tolman a JRO, sin fecha, martes (¿primavera de 1949?), carpeta de Ruth Tolman, caja 72, documentación de JRO. Toda la documentación de Ruth Tolman fue destruida tras su muerte (Alice Smith a Beatrice Stern, 14-12-1976, correspondencia de Smith, colección Sherwin). Una amiga de la susodicha diría más adelante que la propia Ruth destruyó las cartas de Robert. Doctora Milton Pleoset, entrevista con Sherwin, 28-03-1983, p. 11. Pleoset recordaba que «[Ruth] tenía una relación muy íntima con Oppenheimer».

57. Audiencia de JRO, p. 27.

58. Esta y las citas anteriores: Barton J. Bernstein, «The Oppenheimer Loyalty-Security Case Reconsidered», *Stanford Law Review*, julio de 1990, p. 1399.

59. Stern, *The Oppenheimer Case*, p. 104.

60. Stern, *The Oppenheimer Case*, pp. 104-105; Bernstein, «The Oppenheimer Loyalty-Security Case Reconsidered», *Stanford Law Review*, julio de 1990, p. 1399; Herken, *Brotherhood of the Bomb*, p. 179.

61. Stern, *The Oppenheimer Case*, p. 104.

62. FBI a Lilienthal, expediente del FBI sobre JRO, documento 149, 23-04-1947; véase también Herken, *Brotherhood of the Bomb*, p. 179.

63. Expediente del FBI sobre JRO, documento 165, 30-10-1947, agente especial al cargo de San Francisco al director del FBI, desclasificado el 28-06-1996. La historia «extremamente peyorativa» sobre Hall y Oppenheimer resurgió en otra nota del FBI al señor Ladd el 10 de noviembre de 1947. S. S. Schweber cita este documento del FBI en su libro *In the Shadow of the Bomb*, p. 203.

64. Herken, *Brotherhood of the Bomb*, pp. 179, 377.

27. «UN HOTEL INTELECTUAL»

1. Regis, *Who Got Einstein's Office?*, p. 138; Michelmore, *The Swift Years*, p. 141.

2. Anne Wilson Marks a Kai Bird, 11-05-2002.

3. *Time*, 08-11-1948, p. 76.

4. Lilienthal, *The Journals of David E. Lilienthal*, vol. 6, p. 130.

5. Morgan, «A Visit with J. Robert Oppenheimer», *Look*, 01-04-1958, p. 35.

6. Oppenheimer vendió dicha obra en 1965 por trescientos cincuenta mil dólares; veinte años después, esta se vendió a un coleccionista privado de Sotheby's por nueve millones.

7. Brown, *Through These Men*, p. 286.

8. Hempelmann, entrevista con Sherwin, 10-08-1979, pp. 16-17.

9. Pais, *A Tale of Two Continents*, p. 198.

10. Regis, *Who Got Einstein's Office?*, p. 139.

11. Freeman Dyson, entrevista con Sherwin, 16-02-1984, p. 8; Pais, *A Tale of*

Two Continents, p. 240. En 1953 habían trasladado los documentos clasificados a una cámara del sótano, pero la CEA siguió gastando 18.755 dólares anuales en cinco guardias que la vigilaran las veinticuatro horas (F. J. McCarthy hijo a Strauss, nota, 07-07-1953, documentación de Strauss, BHH).

12. Pais, *A Tale of Two Continents*, p. 241.

13. Correo electrónico de Jeremy Bernstein a Sherwin, abril de 2004.

14. Bernstein, *The Merely Personal*, p. 164; Bernstein, *The Life It Brings*, p. 100; Pais, *A Tale of Two Continents*, p. 255.

15. Lilienthal, *The Journals of David E. Lilienthal*, vol. 3, p. 173 (entrada del diario del 06-06 1951).

16. Freeman Dyson, entrevista con Jon Else, 10-12-1979, p. 9.

17. Pais, *A Tale of Two Continents*, p. 322.

18. *Ibid.*, p. 196.

19. Esta y las citas anteriores: Regis, *Who Got Einstein's Office?*, pp. 26-27; Abraham Flexner, *Harper's*, octubre de 1939; Pais, *A Tale of Two Continents*, pp. 194-196, 223.

20. JRO, «Physics in the Contemporary World», segunda conferencia anual como pequeño homenaje a Arthur Dehon en el MIT, 25-11-1947, p. 7.

21. Esta y las citas anteriores: Pais, *A Tale of Two Continents*, pp. 224, 230, 221. Pais cita la entrada del diario de K. K. Darrow del 03-06-1947, archivada en el BNB.

22. Pais, *A Tale of Two Continents*, pp. 232, 234.

23. Weisskopf, *The Joy of Insight*, p. 171.

24. *Ibid.*, p. 167.

25. Regis, *Who Got Einstein's Office?*, p. 140.

26. *Ibid.*, p. 147.

27. Stern, «A History of the Institute for Advanced Study, 1930-1950», p. 642. En 1964, Oppenheimer encargó a Stern el manuscrito, pero nunca llegó a publicarse (archivos del IEA).

28. Pais, *A Tale of Two Continents*, pp. 248-249.

29. Regis, *Who Got Einstein's Office?*, p. 113.

30. La máquina de Von Neumann se exhibe en el museo Smithsonian.

31. Bruner, *In Search of Mind*, pp. 44, 111, 238; JRO, «Report of the Director, 1948-1953», IEA, 1953, p. 25. Mucho después, Oppenheimer usó los fondos del director para invitar al lingüista Noam Chomsky al instituto entre 1958 y 1959.

32. JRO, «Report of the Director, 1948-1953», IEA, 1953; Pais, *A Tale of Two Continents*, pp. 235-238.

33. Dyson, *Disturbing the Universe*, p. 72; Stern, «A History of the Institute for Advanced Study, 1930-1950», p. 662, manuscrito inédito, archivos del IEA.

34. Harold Cherniss, entrevista con Sherwin, 23-05-1979, p. 20.

35. Regis, *Who Got Einstein's Office?*, p. 280.

36. *Ibid.*, pp. 62-63.

37. *Ibid.*, p. 193.

38. Bernstein, *The Merely Personal*, p. 155.

39. Pais, *A Tale of Two Continents*, p. 207.

40. Fred Kaplan, *The Wizards of Armageddon*, p. 63.

41. Esta y las citas anteriores: Lansing V. Hammond, «A Meeting with Robert Oppenheimer», escrito en octubre de 1979, cortesía de Freeman Dyson.

42. JRO, «On Albert Einstein», *New York Review of Books*, 17-03-1966.

43. *Time*, 08-11-1948, p. 70.

44. Regis, *Who Got Einstein's Office?*, p. 135.

45. Smith y Weiner, *Letters*, p. 190.

46. Regis, *Who Got Einstein's Office?*, p. 136.

47. Fölsing, *Albert Einstein*, p. 734.

48. Smith y Weiner, *Letters*, p. 190.

49. Fölsing, *Albert Einstein*, p. 730.

50. *Ibid.*, p. 735.

51. Esta y las citas anteriores: JRO, «On Albert Einstein», *New York Review of Books*, 17-03 1966.

52. Lilienthal, *The Journals of David E. Lilienthal*, vol. 2, p. 298.

53. Georgia Whidden, entrevista con Bird, 25-04-2003.

54. Denis Brian, *Einstein: A Life*, p. 376.

55. JRO a Einstein, sin fecha (respuesta a la carta de Einstein del 15-04-1947, documentación de JRO.

56. Ronald W. Clark, *Einstein: The Life and Times*, p. 719.

57. JRO, «On Albert Einstein», *New York Review of Books*, 17-03-1966.

58. Pais, *A Tale of Two Continents*, p. 240.

59. Stern, «A History of the Institute for Advanced Study, 1930-1950», pp. 613-614, manuscrito inédito, archivos del IEA.

60. Pais, *A Tale of Two Continents*, p. 327.

61. Stern, «A History of the Institute for Advanced Study, 1930-1950», pp. 672-673, 688, manuscrito inédito, archivos del IEA.

62. *Ibid.*, pp. 679-680, 691.

63. Harry M. Davis, «The Man Who Built the A-Bomb», *The New York Times Magazine*, 18-04-1948, p. 20.

64. «The Eternal Apprentice», *Time*, 08-11-1948, p. 70.

65. Stern, «A History of the Institute for Advanced Study, 1930-1950», p. 651, manuscrito inédito, archivos del IEA.

66. Verna Hobson, entrevista con Sherwin, 31-07-1979, p. 14.

67. John von Neumann a Lewis Strauss, 04-05-1946, documentación de Strauss, BHH. El fundador del instituto, el doctor Abraham Flexner, también se opuso rotundamente a que Oppenheimer fuera el director, como escogió Strauss (Strauss, *Men and Decisions*, p. 271).

68. Freeman Dyson, entrevista con Sherwin, 16-02-1984, p. 18.

69. Stern, «A History of the Institute for Advanced Study, 1930-1950», p. 654, manuscrito inédito, archivos del IEA.

70. Regis, *Who Got Einstein's Office?*, p. 151.

71. *Ibid.*, p. 152.

72. Stern, «A History of the Institute for Advanced Study, 1930-1950», pp. 667-669, manuscrito inédito, archivos del IEA.

73. Dyson, entrevista con Sherwin, 16-02-1984, p. 17.

74. Pais, *A Tale of Two Continents*, p. 240.

75. Bernstein, *Oppenheimer*, pp. 184-185.

76. Pais, *A Tale of Two Continents*, p. 241.

77. Wheeler, *Geons, Black Holes, and Quantum Foam*, p. 25.

78. *Time*, 08-11-1948, p. 81.

79. Barnett, «J. Robert Oppenheimer», *Life*, 10-10-1949.

80. Dyson, *Disturbing the Universe*, p. 73; John Manley, entrevista con Sherwin, 09-01-1985, p. 27.

81. Murray Gell-Mann, *The Quark and the Jaguar*, p. 287.

82. Dyson, *Disturbing the Universe*, pp. 55, 73-74.

83. Dyson, entrevista con Sherwin, 16-02-1984, p. 3.

84. Dyson, *Disturbing the Universe*, p. 80.

85. Dyson, entrevista con Sherwin, 16-02-1984, p. 5.

86. *Time*, 23-02-1948, p. 94.

87. Rabi, entrevista con Sherwin, 12-03-1982, p. 11.

88. Barnett, «J. Robert Oppenheimer», *Life*, 10-10-1949.

89. Esta y las citas anteriores de Blackett: P. M. S. Blackett, *Fear, War, and the Bomb*, pp. 135, 139-140. Es la edición estadounidense de la original británica.

90. Thorpe, «J. Robert Oppenheimer and the Transformation of the Scientific Vocation», disertación, pp. 433-435. Philip Morrison escribió una reseña muy favorable del libro de Blackett en el número de febrero de 1949 del *Bulletin of the Atomic Scientists*. JRO a Blackett, cable, 06-11-1948; JRO a Blackett, 14-12-1956, documentación de JRO.

91. *Physics Today*, vol. 1, n.º 1 (mayo de 1948).

92. Dyson, *Disturbing the Universe*, p. 87.

28. «NO PODÍA ENTENDER POR QUÉ LO HIZO»

1. JRO a Frank Oppenheimer, 28-09-1948, colección de Alice Smith, colección Sherwin.

2. Preuss, «On the Blacklist», *Science*, junio de 1983, p. 33.

3. *Time*, 08-11-1948, p. 70; la fotografía de portada mostraba a Oppenheimer

delante de una pizarra llena de fórmulas matemáticas; Dyson, *Disturbing the Universe*, p. 74.

4. *Time*, 08-11-1948, p. 76.

5. Herbert Marks a JRO, 12-11-1948; JRO a Marks, 18-11-1948, caja 49, documentación de JRO.

6. Peat, *Infinite Potential*, p. 92.

7. JRO a Lomanitz, 30-10-1945, colección Sherwin.

8. Lomanitz, entrevista con Sherwin, 11-07-1979. Lomanitz escribió a Peter Michelmore que Oppenheimer parecía «extremadamente preocupado» (Lomanitz a Michelmore, 21-05-1968, colección Sherwin).

9. Walter Goodman, *The Committee*, pp. 239, 273. El investigador jefe del Comité de Actividades Antiestadounidenses, Louis Russell, era también exagente del FBI.

10. Audiencia de JRO, p. 151.

11. Audiencias ante el Comité de Actividades Antiestadounidenses, 07-06-1949, grabaciones de la Cámara de Representantes de Estados Unidos, transcripciones de la sesión ejecutiva del comité, serie 233, caja 9, carpeta JRO, pp. 8-9, 21.

12. Stern, *The Oppenheimer Case*, pp. 124-125.

13. Audiencias ante el Comité de Actividades Antiestadounidenses, 07-06-1949, grabaciones de la Cámara de Representantes de Estados Unidos, transcripciones de la sesión ejecutiva del comité, serie 233, caja 9, carpeta JRO, Robert Oppenheimer, p. 42.

14. Stern, *The Oppenheimer Case*, p. 120.

15. Audiencias ante el Comité de Actividades Antiestadounidenses, 08-06-1949, pp. 1-9, documentación de Bernard Peters, ANB.

16. Archivo del FBI 100-205953, informe realizado en Buffalo, Nueva York, 05-03-1954, por Charles F. Ahern, colección Sherwin. El FBI sacó esta cita de una carta interceptada del 23-06-1949 entre Ed Condon y su mujer, Emilie (*New York Herald Tribune*, 20-04-1954). Según un testigo, Peters respondió: «¿Qué quieres decir? Si Dios no hubiera guiado sus preguntas, ¿habrías dicho algo desfavorable de mí?» (notas y preguntas de Stern para Harold Green, documentación de Philip Stern, BJFK).

17. Stern, *The Oppenheimer Case*, p. 125; *Rochester Times Union*, 15-06-1949.

18. Sol Linowitz, abogado y más tarde funcionario de alto rango de la Administración de Carter, representaba a Peters. Véase Linowitz a Peters, 29-11-1948, y la documentación legal adjunta, documentación de Peters, ANB.

19. *Rochester Times Union*, 15-06-1949; al parecer, arrestaron a Peters con una orden de la Policía Secreta Estatal de Múnich emitida el 13 de junio de 1933 por sospecha de actividades comunistas ilegales. Otra orden policial, de fecha 14 de octubre de 1933, lo acusaba de actividad comunista y le impidieron continuar

con los estudios académicos. (*Rochester Times Union*, 08-07-1954, contenido en carpeta 11, documentación de Peters, ANB). Peters era judío y los nazis estaban en el poder, por lo que esos cargos deberían tomarse con bastante reserva.

20. Bernard Peters a JRO, 15-06-1949, documentación de Peters, ANB.

21. Bernard Peters a Hannah Peters, 26-06-1949, documentación de Bernard Peters, ANB.

22. Expediente del FBI sobre JRO, sección 7, documento 175, 05-07-1949, p. 18. El FBI cita una conversación telefónica con Oppenheimer fechada el 20 de junio de 1949. Véase también Hannah Peters a Bernard Peters, 20-06-1949, documentación de Bernard Peters, ANB.

23. Audiencia de JRO, p. 212; Schweber, *In the Shadow of the Bomb*, pp. 123-127.

24. Hans Bethe a JRO, 26-06-1949, documentación de Peters, ANB.

25. El FBI interceptó la carta de Condon a su mujer y, en 1954, se filtró a la prensa. Véase *New York Herald Tribune*, 20-04-1954.

26. Paul Martin, «Oppenheimer Testimony on Dr. Peters Draws Charges of 'Immunity Buying'», *Rochester Times Union*, 09-07-1954, carpeta 11, documentación de Peters, ANB.

27. Stern, *The Oppenheimer Case*, p. 126. «Lo que más me horrorizó —afirmó Condon más adelante— fue que [Oppenheimer], judío, muy poco después de que gasearan a los seis millones, dijo de su protegido personal, otro judío, a aquel comité mezquino: "No estoy seguro de hasta qué punto confiaría en Peters, ya que recurrió a la astucia para escapar de Dachau"» (véase Thorpe, «J. Robert Oppenheimer and the Transformation of the Scientific Vocation», disertación, p. 486).

28. Esta y las citas anteriores: Schweber, *In the Shadow of the Bomb*, p. 127; Schweber cita a Peters, carta a Victor Weisskopf, 21-07-1949, carpeta 42, caja 3, documentación de Weisskopf, MIT.

29. Audiencia de JRO, p. 214.

30. Schweber, *In the Shadow of the Bomb*, p. 127.

31. La Universidad de Rochester se mantuvo firme en su apoyo al doctor Peters; también financió el viaje que este realizó a India en 1950 y al año siguiente le dio un puesto de profesor asociado (decano Donald W. Gilbert a Bernard Peters, 29-05-1951, carpeta 13, documentación de Peters, ANB).

32. Lomanitz, entrevista con Sherwin, 11-07-1979.

33. Lomanitz a Peter Michelmore, 21-05-1968, colección Sherwin.

34. Peat, *Infinite Potential*, pp. 104, 337; Peat cita un artículo de periódico, «After 40 Years, Professor Bohm Re-emerges», de H. K. Fleming, *Baltimore Sun*, abril de 1990.

35. Bohm, entrevista con Sherwin, 15-06-1979.

36. *Ibid.*

37. Schweber, *In the Shadow of the Bomb*, p. 127. Schweber cita la carta de Peters a Victor Weisskopf del 21-07-1949, carpeta 42, caja 3, documentación de Weisskopf, MIT.

38. En 1969, Philip Stern escribiría un espléndido libro sobre el juicio de seguridad de 1954 al que sometieron a Oppenheimer (véase Stern, *The Oppenheimer Case*, p. 131).

39. Esta y las citas anteriores: Stern, *The Oppenheimer Case*, pp. 129-131; Herken, *Brotherhood of the Bomb*, pp. 196-197.

40. Doctor John F. Fulton a Herbert H. Maas, 01-08-1949, citado en Beatrice M. Stern, «A History of the Institute for Advanced Study, 1930-1950», p. 676, manuscrito inédito, archivos del IEA.

41. Strauss, nota al expediente, 30-09-1949, documentación de LLS [Lewis L. Strauss], BHH. En septiembre de 1953, Strauss se enteró de que la petición de los isótopos en cuestión la hicieron los militares noruegos en nombre del doctor Ivan Th. Rosenquist, a quien estos mismos despidieron después por comunista. Strauss se sintió exonerado y dejó constancia de ese hecho en una nota al expediente, sin fecha, documentación de Strauss, BHH.

42. Frank Oppenheimer, entrevista con Weiner, 09-02-1973, p. 72.

43. Testimonio de Frank Oppenheimer, 14-06-1949, «Hearings Regarding Communist Infiltration of Radiation Laboratory and Atomic Bomb Project at the University of California, Berkeley», CAA, pp. 355-373.

44. Frank Oppenheimer, nota sin fecha, carpetas 3 a 37, caja 4, documentación de Frank Oppenheimer, UCB.

45. Frank Oppenheimer, entrevista con Weiner, 21-05-1973, p. 2.

46. Frank Oppenheimer a Ernest Lawrence, sin fecha, *circa* 1949, carpetas 4 a 34, caja 4, documentación de Frank Oppenheimer, UCB. Puede ser que Frank Oppenheimer no hubiera enviado esta carta.

47. Frank Oppenheimer a Bernard Peters, sin fecha, otoño de 1949, documentación de Peters, ANB. Oppenheimer recibió una oferta de trabajo en el Instituto Tata de Bombay (India), pero el Departamento de Estado se negó a emitirle el pasaporte (Ed Condon a Bernard Peters, 27-12-1949, carpeta 12, documentación de Peters, ANB).

48. Preuss, «On the Blacklist», *Science*, junio de 1983, p. 37

49. Frank Oppenheimer, entrevista con Weiner, 09-02-1973, p. 73.

50. Frank Oppenheimer, «The Tail That Wags the Dog», manuscrito inédito, carpetas 4 a 39, caja 4, documentación de Frank Oppenheimer, UCB; Preuss, «On the Blacklist», *Science*, junio de 1983, p. 34.

51. Frank Oppenheimer, entrevista con Weiner, 21-05-1973, pp. 11-12.

52. JRO al doctor Harold C. Urey, caja 74, documentación de JRO.

53. Dalzell Hatfield a Frank Oppenheimer, 02-02-1954, carpetas 4 a 45, caja 4, documentación de Frank Oppenheimer, UCB.

54. JRO a Grenville Clark, 17-05-1949, documentación de Grenville Clark, sección 13, caja 17, BUD.

55. Stern, *The Oppenheimer Case*, p. 113.

56. Hempelmann, entrevista con Sherwin, 10-08-1979, p. 20.

57. Expediente del FBI sobre JRO 100-17828, documento 162, 24-10-1947; agente especial al cargo del FBI a Hoover, 13-04-1949, expediente del FBI sobre JRO, 100-17828, documento 173.

58. Expediente del FBI sobre JRO 100-17828, sección 6, documento 156, 27-06-1947, y documento 176, 13-04-1949.

29. «ESTOY SEGURA DE QUE POR ESO ELLA LE TIRABA COSAS»

1. Verna Hobson, entrevista con Sherwin, 31-07-1979, p. 15.

2. Michelmore, *The Swift Years*, p. 143.

3. Barnett, «J. Robert Oppenheimer», *Life*, 10-10-1949.

4. Rhodes, *Dark Sun*, p. 309; *Life*, vol. 29, n.º xii (1947), p. 58.

5. Priscilla Duffield, entrevista con Alice Smith, 02-01-1976, p. 11 (laboratorio de testimonios orales del MIT).

6. Verna Hobson, entrevista con Sherwin, 31-07-1979, pp. 3-4, 8, 18.

7. Mildred Goldberger, entrevista con Sherwin, 03-03-1983, pp. 5, 13.

8. Verna Hobson, entrevista con Sherwin, 31-07-1979, p. 3.

9. Pat Sherr, entrevista con Sherwin, 20-02-1979, p. 15.

10. *Ibid.*, p. 25.

11. Goodchild, *J. Robert Oppenheimer*, p. 272.

12. Pais, *A Tale of Two Continents*, pp. 242-243.

13. Verna Hobson, entrevista con Sherwin, 31-07-1979, p. 19.

14. Dyson, entrevista con Sherwin, 16-02-1984, p. 16.

15. Robert Strunsky, entrevista con Sherwin, 26-04-1979, p. 11.

16. Sherr, entrevista con Sherwin, 20-02-1979, p. 18; Pais, *A Tale of Two Continents*, p. 242.

17. Hempelmann, entrevista con Sherwin, 10-08-1979, pp. 12-13.

18. Verna Hobson, entrevista con Sherwin, 31-07-1979, p. 20.

19. Robert Serber, entrevista con Sherwin, 11-03-1982, p. 16. La explicación de Serber es algo confusa; el alcoholismo suele ser la causa principal de la pancreatitis. Según el doctor Hempelmann, Kitty empezó a padecer de ello a finales de la década de 1950. Los médicos le prescribieron analgésicos muy fuertes que no debían mezclarse con alcohol.

20. Sherr, entrevista con Sherwin, 20-02-1979, p. 14.

21. Pais, *A Tale of Two Continents*, p. 322.

22. Mildred Goldberger, entrevista con Sherwin, 03-03-1983, pp. 9-10.

23. *Ibid.*, pp. 5, 16; Marvin Goldberger, entrevista con Sherwin, 28-03-1983, p. 3.

24. Goodchild, *J. Robert Oppenheimer*, p. 272.

25. Pais, *A Tale of Two Continents*, p. 242.

26. Sherr, entrevista con Sherwin, 20-02-1979, pp. 25-26.

27. Verna Hobson, entrevista con Sherwin, 31-07-1979, p. 19. Hobson nunca vio a Kitty arrojar nada a Robert, pero lo vio a él llegar al despacho con abrasiones, que incrementaron con los años.

28. Sherr, entrevista con Sherwin, 20-02-1979, p. 25.

29. Jean Bacher, entrevista con Sherwin, 29-03-1983, p. 1.

30. Verna Hobson, entrevista con Sherwin, 31-07-1979, p. 6.

31. Sherr, entrevista con Sherwin, 20-02-1979, p. 12.

32. Strunsky, entrevista con Sherwin, 26-04-1979, p. 11.

33. Sherr, entrevista con Sherwin, 20-02-1979, p. 17.

34. *Ibid.*, pp. 16-17.

35. Lilienthal, *The Journals of David E. Lilienthal*, vol. 2, p. 456 (entrada del diario del 03-02-1949).

36. Dyson, *Disturbing the Universe*, p. 79.

37. Pais, *A Tale of Two Continents*, p. 243.

38. Verna Hobson, entrevista con Sherwin, 31-07-1979, p. 18.

39. Sherr, entrevista con Sherwin, 20-02-1979.

40. Hempelmann, entrevista con Sherwin, 10-08-1979, p. 19.

41. *Ibid.*, p. 14.

42. Robert Serber, entrevista con Sherwin, 11-03-1982, p. 20.

43. Verna Hobson, entrevista con Sherwin, 31-07-1979, p. 18.

44. Ruth Tolman a JRO, 15-01-1952, caja 72, documentación de JRO.

45. Freeman Dyson a Alice Smith, 01-06-1982, correspondencia de Alice Smith, colección Sherwin; Dyson, entrevista con Sherwin, 16-02-1984, p. 15.

46. Elinor Hempelmann a Kitty Oppenheimer, sin fecha, *circa* 1949-1950, documentación de JRO.

47. Al Christman, *Target Hiroshima*, p. 242.

48. Lilienthal, *The Journals of David E. Lilienthal*, vol. 3, pp. 381-382 (entrada del diario del 28-03-1953).

49. Dyson, *From Eros to Gaia*, p. 256. Dyson cita a la señora Ursula Niebuhr en la reseña de un libro que envió a Sherwin. George Herbert escribió con una sensibilidad casi enfermiza sobre sus estados de ánimo, cosa que podría explicar por qué le gustaba a Oppenheimer.

30. «EN NINGÚN MOMENTO DEJÓ VER QUÉ OPINABA»

1. Audiencia de JRO, p. 910.

2. Lilienthal a JRO, 23-09-1949, caja 46, documentación de JRO; Lilienthal, *The Journals of David E. Lilienthal*, vol. 2, pp. 571-572. Hewlett y Duncan, *Atomic Shield*, vol. 2, p. 367.

3. Teller, *Memoirs*, p. 279.

4. Lincoln Barnett, «J. Robert Oppenheimer», *Life*, 10-10-1949, p. 121.

5. *Time*, 08-11-1948, p. 80.

6. En esa época, Einstein escribió al astrónomo de Harvard Harlow Shapley: «Ahora estoy seguro de que la gente que está en el poder, los de Washington, están remando en dirección a la guerra preventiva» (William L. Shirer, *Twentieth Century Journey*, p. 131).

7. Lilienthal a JRO, 23-09-1949, caja 46, documentación de JRO (Lilienthal cita a Oppenheimer en esta carta). Véase también Lilienthal, *The Journals of David E. Lilienthal*, vol. 2, pp. 570, 572.

8. Hewlett y Duncan, *Atomic Shield*, p. 368.

9. Melvyn P. Leffler, *A Preponderance of Power*, p. 324.

10. Strauss a los comisionados de la CEA Lilienthal, Pike, Smyth y Dean, nota del 05-10-1949, acta, 1949-1950, caja 39, documentación de Strauss, BHH; McGeorge Bundy, *Danger and Survival*, p. 204; Hewlett y Duncan, *Atomic Shield*, p. 373; Herbert York, *The Advisors*, pp. 41-56.

11. McGeorge Bundy, *Danger and Survival*, p. 201; Herken, *Brotherhood of the Bomb*, p. 204.

12. JRO a James Conant, 21-10-1949, reimpreso en audiencia de JRO, p. 242.

13. Hewlett y Duncan, *Atomic Shield*, vol. 2, p. 383.

14. Bernstein, «Four Physicists and the Bomb», *Historical Studies in the Physical Sciences*, vol. 18, n.º 2 (1988), pp. 243-244. Véase también Bernstein y Galison, «In Any Light: Scientists and the Decision to Build the Superbomb, 1952-1954», *HSPS*, vol. 19, n.º 2 (1989), pp. 267-347.

15. Hershberg, *James B. Conant*, pp. 470-471.

16. Audiencia de JRO, pp. 242-243; Herken, *Brotherhood of the Bomb*, p. 204.

17. Audiencia de JRO, p. 242 (JRO a James Conant, 21-10-1949).

18. Audiencia de JRO, p. 328.

19. Rhodes, *Dark Sun*, p. 393.

20. Audiencia de JRO, p. 76.

21. Hershberg, *James B. Conant*, p. 473.

22. Lilienthal, *The Journals of David E. Lilienthal*, vol. 2, p. 582 (entrada del diario del 30-10-1949); véase también Hewlett y Duncan, *Atomic Shield*, vol. 2, pp. 381-385.

23. Rhodes, *Dark Sun*, p. 395. Rabi cree que Seaborg habría cambiado de opinión si hubiera estado presente. «De haber estado allí —dijo Rabi— y haberse opuesto públicamente, yo me habría quedado muy sorprendido». (Rabi, entrevista con Sherwin, 12-03-1982, p. 8). Véase también Herken, *Brotherhood of the Bomb*, p. 384.

24. Lee DuBridge, entrevista con Sherwin, 30-03-1983, p. 21; véase también el testimonio de DuBridge en la audiencia de JRO, p. 518.

25. Lilienthal, *The Journals of David E. Lilienthal*, vol. 2, p. 581.

26. Hershberg, *James B. Conant*, p. 478.

27. Lilienthal, *The Journals of David E. Lilienthal*, vol. 2, pp. 580-583; Schweber, *In the Shadow of the Bomb*, p. 158; Hershberg, *James B. Conant*, p. 474.

28. Schweber, *In the Shadow of the Bomb*, p. 158.

29. Lilienthal, *The Journals of David E. Lilienthal*, vol. 2, p. 582.

30. «The GAC Report of October 30, 1949», reimpreso en York, *The Advisors*, pp. 155-162; Bernstein, «Four Physicists and the Bomb: The Early Years, 1945-1950», p. 258.

31. Audiencia de JRO, p. 236; Hershberg, *James B. Conant*, pp. 467-468.

32. «The GAC Report of October 30, 1949», reimpreso en York, *The Advisors*, pp. 155-162.

33. York, *The Advisors*, p. 160; Bundy, *Danger and Survival*, pp. 214-219.

34. Michelmore, *The Swift Years*, p. 173.

35. Lilienthal, *The Journals of David E. Lilienthal*, vol. 2, pp. 584-585; York, *The Advisors*, p. 60.

36. Gordon R. Arneson, «The Decision to Drop the Bomb», transcripción de entrevista filmada por la NBC News, 01-03-1986, cortesía de Nancy Arneson, parte 1, p. 13; Rhodes, *Dark Sun*, p. 405; Hershberg, *James B. Conant*, p. 481.

37. Véase Carolyn Eisenberg, *Drawing the Line*; Bird, «Stalin Didn't Do It», *The Nation*, 16-12-1996.

38. David Mayers, *George Kennan and the Dilemmas of US Foreign Policy*, p. 241.

39. George Kennan, entrevista con Sherwin, 03-05-1979.

40. *Ibid.*, p. 3.

41. JRO a Kennan, 17-11-1949, caja 43, documentación de JRO.

42. Borrador de discurso, sin título, firmado «GFKennan», 18-11-1949, caja 43, documentación de JRO.

43. JRO a Kennan, 03-01-1950, caja 43, documentación de JRO.

44. Mayers, *George Kennan and the Dilemmas of US Foreign Policy*, pp. 307-308; RIEU, 1950, vol. 1, pp. 22-44, George Kennan, *Memoirs, 1925-1950*, p. 355; George Kennan, «Memorandum. International Control of Atomic Energy», 20-01-1950.

45. Walter L. Hixson, *George F. Kennan*, p. 92.

46. *Ibid.*

47. Kennan, entrevista con Sherwin, 03-05-1979, p. 13.

48. Mayers, *George Kennan and the Dilemmas of US Foreign Policy*, p. 308. Kennan argumentó en retrospectiva: «Nuestra actitud hacia los rusos debería haber sido: "Miren, mientras no haya un acuerdo relativo al control internacional, vamos a guardar unas cuantas armas de estas, no muchas, para que nadie sienta la tentación de emplearlas contra nosotros, aunque condenamos su existencia; queremos llegar a acuerdos para normativizarlas por completo y no vamos a basar la defensa del país en ellas ni nuestra diplomacia"» (Kennan, entrevista con Sherwin, 03-05-1979, p. 10).

49. Gordon R. Arneson, «The Decision to Drop the Bomb», transcripción de entrevista filmada por la NBC News, 01-03-1986, cortesía de Nancy Arneson, parte 2, p. 2.

50. Wheeler, *Geons, Black Holes, and Quantum Foam*, p. 200.

51. Teller, *Memoirs*, p. 289.

52. Transcripción de la reunión ejecutiva, Comité Conjunto de Energía Atómica, 30-01-1950, documento 1447, serie 128, cortesía de Gregg Herken. Véase también Herken, *Brotherhood of the Bomb*, p. 216.

53. Acheson, *Present at the Creation*, p. 349.

54. Patrick J. McGrath, *Scientists, Business, and the State, 1890-1960*, p. 124.

55. Lilienthal, *The Journals of David E. Lilienthal*, vol. 2, pp. 594, 601 (entrada del diario del 07-11-1949).

56. *Ibid.*, pp. 630-633 (entrada del diario del 31-01-1950).

57. David Alan Rosenberg, «The Origins of Overkill: Nuclear Weapons and American Strategy, 1945-1960», *International Security*, n.º 7 (primavera de 1983), p. 23; Stephen Schwartz, ed., «Introduction», *Atomic Audit*, pp. 3, 33.

58. Rhodes, *Dark Sun*, p. 408. El «secreto» de la bomba H no pudo permanecer secreto. Como escribió Hans Bethe más adelante: «Está claro que a la larga cualquier nación que ponga empeño en descubrir el secreto lo descubrirá» (Bethe a Philip M. Stern, 03-07-1969, documentación de Stern, BJFK).

59. Lilienthal, *The Journals of David E. Lilienthal*, vol. 2, p. 633.

60. Hershberg, *James B. Conant*, p. 481.

61. Audiencia de JRO, p. 898.

62. Hershberg, *James B. Conant*, p. 482 (Conant a William L. Marbury, 30-06-1954).

63. Goodchild, *J. Robert Oppenheimer*, p. 204; Pfau, *No Sacrifice Too Great*, p. 123. Pfau cita una entrevista mantenida con Strauss sobre este incidente.

64. Lewis Strauss al contraalmirante Sidney Souers en la Casa Blanca, 16-02-1950, carpeta «Bomba H», serie de la CEA, caja 39, documentación de Strauss, BHH.

65. *Bulletin of the Atomic Scientists*, julio de 1950, p. 75.

66. Acheson, *Present at the Creation*, p. 346.

31. «Palabras negras para Oppie»

1. Davis, *Lawrence and Oppenheimer*, p. 316.
2. Kennan a JRO, 05-06-1950, caja 43, documentación de JRO.
3. Kennan, entrevista con Sherwin, 03-05-1979, pp. 4, 6.
4. Kennan a JRO, 26-06-1966, caja 43, documentación de JRO.
5. John von Neumann a JRO, 01-11-1955, documentación de Strauss, BHH.
6. Freeman Dyson, entrevista con Sherwin, 16-02-1984, p. 19; Harold Cherniss, entrevista con Sherwin, 23-05-1979, p. 14. Stern, «A History of the Institute for Advanced Study, 1930-1950», p. 683, manuscrito inédito, archivos del IEA.
7. Kennan a Barklie Henry, 09-09-1952, caja 43, documentación de JRO (Kennan pidió a Henry que enviase una copia de esa carta a Oppenheimer); Kennan a JRO, 14-10-1952, caja 43, documentación de JRO.
8. Hixson, *George F. Kennan*, p. 117.
9. Stern, *The Oppenheimer Case*, p. 133.
10. DuBridge, entrevista con Sherwin, 30-03-1983, p. 16.
11. Norman Polmar y Thomas B. Allen, *Rickover*, p. 138.
12. John Manley, entrevista con Alice Smith, 30-12-1975, p. 12; Herken, *Brotherhood of the Bomb*, p. 195.
13. Cherniss, entrevista con Sherwin, 23-05-1979, p. 3.
14. Strauss a William T. Golden (el ayudante de Strauss en la CEA), 21-07-1949, documentación de Strauss, BHH.
15. Strauss a Golden, 15-09-1949, documentación de Strauss, BHH.
16. Strauss, notas aclaratorias, 1949-1950, caja 39, documentación de Strauss, BHH.
17. Pfau, *No Sacrifice Too Great*, p. 132; Bernstein, «The Oppenheimer Loyalty-Security Case Reconsidered», *Stanford Law Review*, p. 1414; McGrath, *Scientists, Business, and the State*, 1890-1960, p. 146.
18. Leslie Groves a Strauss, 20-10-1949 y 04-11-1949, documentación de Strauss, BHH.
19. Strauss a Kenneth Nichols, 03-12-1949, documentación de Strauss, BHH.
20. Strauss, nota al expediente, 01-02-1950, caja 39, documentación de Strauss, BHH.
21. Robert Chadwell Williams, *Klaus Fuchs*, pp. 116, 137.
22. Anne Wilson Marks, entrevista con Bird, 05-03-2002.
23. Pais, *A Tale of Two Continents*, p. 258.
24. Bernstein, «The Oppenheimer Loyalty-Security Case Reconsidered», *Stanford Law Review*, julio de 1990, p. 1408.
25. *Ibid.*
26. Herken, *Counsels of War*, pp. 10-14; Herken, *Brotherhood of the Bomb*, p. 194.
27. Wheeler, *Geons, Black Holes, and Quantum Foam*, p. 284.

28. Herken, *Brotherhood of the Bomb*, p. 195.

29. Véase la correspondencia de Lewis Strauss con William L. Borden, 04-02-1949, 24-02-1949, 10-12-1952, 11-10-1954 y 03-02-1958, y otras cartas, William L. Borden, caja 10, serie de la CEA.

30. William W. Prochnau y Richard W. Larsen, *A Certain Democrat*, p. 114.

31. Esta y las citas anteriores: Bernstein, «The Oppenheimer Loyalty-Security Case Reconsidered», *Stanford Law Review*, julio de 1990, pp. 1409-1410.

32. Priscilla McMillan, *The Ruin of J. Robert Oppenheimer*, p. 175.

33. *Ibid.*, pp. 154-155.

34. Robert G. Kaufman, *Henry M. Jackson*, p. 55.

35. *Ibid.*, p. 56.

36. Stern, *The Oppenheimer Case*, p. 164; nota del FBI, 18-08-1950, pp. 18-20, sección 10, expediente del FBI sobre JRO.

37. Recortes de los periódicos *San Francisco News*, *San Francisco Call-Bulletin* y *Oakland Tribune*, 09-05-1950, contenidos en el expediente del FBI sobre JRO, sección 8. Para saber más del caso Hiss, véase Sam Tanenhaus, *Whittaker Chambers*; Allen Weinstein, *Perjury*; Alger Hiss, *Recollections of a Life*; Victor Navasky, «The Case Not Proved Against Alger Hiss», *The Nation*, 08-04-1978; John Lowenthal, «Venona and Alger Hiss», *Intelligence and National Security* 15, n.° 3 (2000), y Tony Hiss, *The View from Alger's Window: A Son's Memoir*.

38. Declaración de JRO, 21.45 horas, 09-05-1950, expediente del FBI sobre JRO, sección 8.

39. Lilienthal a JRO, 10-05-1950, caja 46, documentación de JRO.

40. Borden, nota al expediente, 13-08-1951, registros del Comité Conjunto de Energía Atómica, documento 3464, citado en Barton J. Bernstein, «The Oppenheimer Loyalty-Security Case Reconsidered», *Stanford Law Review*, julio de 1990, pp. 1409-1411.

41. Victor Navasky, *Naming Names*, p. 14.

42. Nota, con el asunto «Herbert Marks», 01-12-1950, sección 44, documento 1817, expediente del FBI sobre JRO.

43. *Oakland Tribune*, 09-05-1950; Navasky, *Naming Names*, p. 14. El mariscal Tujachevski fue ejecutado el 12 de junio de 1937 en una de las purgas tempranas de Stalin.

44. Cedric Belfrage, *The American Inquisition*, pp. 16, 168; Nelson *et al.*, *American Radical*, p. 332. Fred J. Cook, *The FBI Nobody Knows*, p. 388; Joseph y Stewart Alsop, *The Washington Post*, 04-07-1954. Crouch testificó contra Harry Bridges, el famoso líder sindical al que acusaron de perjurio. En el juicio que tuvo lugar entre 1949 y 1950, el abogado de Bridges presentó pruebas de que era Crouch quien había cometido perjurio (Charles P. Larrowe, *Harry Bridges*, pp. 311, 322).

45. Nota del FBI, 18-04-1950 (entrevista a Paul Crouch), expediente del FBI sobre JRO, sección 8; véase también Paul Crouch, memorias inéditas, capítu-

lo 29, documentación de Crouch, Hoover War Institute Archives, Stanford (California), cortesía de Andrew Meier.

46. Dorothy McKibbin encontró un documento hospitalario de la radiografía con fecha del 25 de julio (nota del FBI, 18-11-1952, p. 46, expediente del FBI sobre JRO, sección 14).

47. Herken, *Brotherhood of the Bomb*, p. 231. Herken conjetura que Oppenheimer tal vez tuvo algún motivo para hacer el viaje de tres mil quinientos kilómetros que hay entre su rancho y Berkeley en tres días, desde el viernes 25 de julio hasta el lunes 28 de julio por la tarde, cuando Kitty tuvo el accidente. Aun en la actualidad, el trayecto llevaría más de dieciocho horas de conducción ininterrumpida en un sentido y en el otro. En 1941, ese viaje habría durado mucho más. Dorothy McKibbin encontró facturas de un colmado de Santa Fe a cuenta del matrimonio Oppenheimer con fechas del 12, 14, 25, 28 y 29 de julio de 1941, las cuales indican que no dejaron Nuevo México a finales de mes (nota del FBI, 18-11-1952, expediente del FBI sobre JRO, sección 14, p. 45). Además, en aquellos días, Oppenheimer estaba negociando la compra de la casa de la calle Eagle Hill, en Berkeley. El 26 de julio de 1941, Oppenheimer firmó una carta enviada desde Cowles (Nuevo México), dirigida a su agente inmobiliario, Robinson, en la que decía: «Respecto al mobiliario, creo que nos conformaríamos con que lo retiraran todo de la casa». Esto indica que no quedaron con el dueño de la casa para deshacerse de los muebles el 26 o el 27 de julio, tal como les había pedido este en un telegrama. Oppie comenta también: «Es posible que estemos en Berkeley antes de lo previsto, quizá en una semana. [...] Si no le damos noticias antes del miércoles, querrá decir que regresaremos el 13 de agosto». Por fin, el 11 de agosto de 1941, la oficina de seguros recibió un cheque por valor de 22.163,87 dólares como pago por la casa. Quien «entrega el cheque» es Kitty (sección 44, documento 1805, 25-06-1954, expediente del FBI sobre JRO).

48. Fred J. Cook, *The Nightmare Decade*, p. 388; Cedric Belfrage, *The American Inquisition*, pp. 208, 221-222.

49. Robert Justin Goldstein, *Political Repression in Modern America*, p. 348; Navasky, *Naming Names*, p. 14.

50. Cuando Crouch mencionó como comunistas al famoso abogado y miembro de la Comisión Federal de Comunicaciones Clifford Durr y su mujer, Virginia (la cuñada del juez Hugo Black), afirmó que Crouch era un «perro falso y mentiroso». Años después, lo describió como «un pañuelo de papel sucio a punto de desintegrarse; un tipo tan lamentable que daba pena hasta cuando te destrozaba». Clifford Durr, normalmente muy amable, se enfureció tanto por lo que había dicho de su esposa que una vez intentó darle un puñetazo en la cara. Navasky, *Naming Names*, p. 14.

51. Belfrage, *American Inquisition, 1945-1960*, pp. 227-228; Edwin M. Yoder hijo, *Joe Alsop's Cold War*, p. 129.

52. Bernstein, «The Oppenheimer Loyalty-Security Case Reconsidered», *Stanford Law Review*, julio de 1990, p. 1415.

53. *Ibid.*

54. *Ibid.*

55. Extracto de la nota del personal del Comité Conjunto de Energía Atómica, escrita por Borden y relacionada con la conversación con el comisionado Strauss, 13-08-1951, documentación de Philip M. Stern, BJFK. Véase también Bernstein, «The Oppenheimer Loyalty-Security Case Reconsidered», *Stanford Law Review*, julio de 1990, pp. 1413-1414.

56. Wheeler, *Geons, Black Holes, and Quantum Foam*, p. 222.

57. Nota del FBI, Albuquerque, 15-05-1952, desclasificada el 09-09-1985 y el 23-10-1996, expediente del FBI sobre JRO.

58. Edward Teller, entrevista con el FBI, informe realizado en Albuquerque, 15-05-1952, nueve páginas, desclasificado el 23-10-1996, expediente del FBI sobre JRO.

59. Audiencia de JRO, p. 749.

60. Dyson, *Weapons and Hope*, p. 137.

61. Stern, *The Oppenheimer Case*, pp. 182-185.

62. Ruth Tolman a JRO, 15-01-1952, caja 72, documentación de JRO. En un esbozo temprano del capítulo 5, Oppenheimer introdujo el argumento ético de que las armas tácticas deberían sustituir las estratégicas, pero al final este pasaje se eliminó (Herken, *Counsels of War*, p. 67).

63. Stern, *The Oppenheimer Case*, p. 185.

64. Lewis Strauss al senador Bourke Hickenlooper, 19-09-1952, «Bomba H», serie de la CEA, caja 39, documentación de Strauss, BHH.

65. William L. Borden, nota al presidente del Comité Conjunto de Energía Atómica, 03-11-1952, p. 2, caja 41, n.º DCXXXV, serie 128, AN.

66. Oppenheimer estaba en lo cierto al considerar las bombas de hidrógeno, de diez y veinte megatones, que llevaba un avión del Comando Aéreo Estratégico como armas genocidas y militarmente inútiles. Sin embargo, no se dio cuenta de que, en pocos años, el desarrollo tecnológico haría posible diseñar armas de hidrógeno de bajo rendimiento tan pequeñas que se montarían en misiles balísticos intercontinentales, incluso en proyectiles de artillería (Herbert York, correo electrónico a Howard Morland, 05-03-2003).

67. Thorpe, «J. Robert Oppenheimer and the Transformation of the Scientific Vocation», disertación, pp. 450-451.

68. Steven Leonard Newman, «The Oppenheimer Case: A Reconsideration of the Role of the Defense Department and National Security», disertación, Universidad de Nueva York, febrero de 1977, p. 48.

69. *Ibid.*, p. 53. La fuente de Newman es una carta que recibió del coronel Charles J. V. Murphy, 17-09-1974. Este fue el autor del ataque a JRO por parte de la revista *Fortune*.

70. Stern, *The Oppenheimer Case*, pp. 190-191.

71. *Ibid.*, pp. 191-192.

72. Herken, *Brotherhood of the Bomb*, p. 253.

73. Documentación de William L. Clayton, 07-06-1951, p. x, BHST; véase también «A Statement on the Mutual Security Program», abril de 1952, Comité del Peligro Presente, documentación de Averell Harriman, colección de Kai Bird.

74. Stewart Alsop a Martin Sommers, 01-02-1952, carpeta «Sat. Evening Post Jan.-Nov. 1952», caja 27, documentación de Alsop, BC. Yoder, *Joe Alsop's Cold War*, p. 121; audiencia de JRO, p. 470.

75. «Meeting for Dr. J. Robert Oppenheimer», 17-02-1953, p. 28, archivos del Consejo de Relaciones Exteriores.

76. Hershberg, *James B. Conant*, p. 600.

77. Herken, *Brotherhood of the Bomb*, p. 251; JRO a Frank Oppenheimer, 12-07-1952, carpeta «Weinberg Perjury Trial, 1953», caja 237, documentación de JRO.

78. Bird, *The Color of Truth*, p. 113; correspondencia de Bundy, caja 122, documentación de JRO.

79. Actas, reunión del 16 y 18-05-1952, Panel de Asesores en Armas y Políticas, Princeton, caja 191, documentación de JRO; Bird, *The Color of Truth*, p. 113.

80. Hershberg, *James B. Conant*, pp. 602-604, 902; Bird, *The Color of Truth*, p. 114.

81. David Holloway, *Stalin and the Bomb*, p. 311.

82. Hershberg, *James B. Conant*, p. 605; actas de la reunión, Consejo Nacional de Seguridad, 09-10-1952, RIEU, 1952-1954, vol. 2, pp. 1034-1035.

83. Hershberg, *James B. Conant*, p. 605.

84. Herken, *Brotherhood of the Bomb*, p. 257.

85. Lee DuBridge, entrevista con Sherwin, 30-03-1983, p. 23.

86. Mac Bundy publicó la versión desclasificada de este informe en la revista *International Security* (otoño de 1982) con el título «Early Thoughts on Controlling the Nuclear Arms Race». Véase también el ensayo de Bundy «The Missed Chance to Stop the H-Bomb», *New York Review of Books*, 13-05-1982, p. 16.

87. Bird, *The Color of Truth*, p. 115.

88. McGeorge Bundy, «The Missed Chance to Stop the H-Bomb», *New York Review of Books*, 13-05-1982, p. 16.

89. Leffler, «Inside Enemy Archives: The Cold War Re-Opened», *Foreign Affairs*, verano de 1996.

90. Bird, «Stalin Didn't Do It», *The Nation*, 16-12-1996, p. 26; Alperovitz y Bird, «The Centrality of the Bomb», *Foreign Policy*, primavera de 1994, p. 17. Véase también Arnold A. Offner, *Another Such Victory*; y Carolyn Eisenberg, *Drawing the Line*.

91. Vladislav Zubok y Constantine Pleshakov, *Inside the Kremlin's Cold War*, pp. 166-168.

92. David S. Painter, *The Cold War*, p. 41.

93. Holloway, *Stalin and the Bomb*, pp. 340-345, 370; William Taubman, *Khrushchev*, p. xix.

94. Charles E. Bohlen, *Witness to History*, pp. 371-372.

32. «EL CIENTÍFICO X»

1. JRO, entrevista con el FBI, 03-05-1950, sección 8, expediente del FBI sobre JRO.

2. Joseph Weinberg, entrevista con Sherwin, 23-08-1979, pp. 20-21.

3. *Ibid.*, p. 22.

4. J. Edgar Hoover, nota del FBI, 08-05-1950, expediente del FBI sobre JRO, sección 8.

5. A. H. Belmont a D. M. Ladd, nota del FBI, 14-04-1950, caso Crouch, expediente del FBI sobre JRO.

6. Weinberg, entrevista con Sherwin, 23-08-1979, pp. 22, 30.

7. Transcripción de la charla entre Oppenheimer, Marks, Arens y Connors, 13-12-1951, caja 237, documentación de JRO.

8. Keith G. Teeter, nota del FBI, 18-11-1952, asunto «20-05-1952», entrevista de JRO y Crouch, expediente del FBI sobre JRO, sección 14, p. 3. Oppenheimer dijo por iniciativa propia que alguien, quizá Ken May, le había pedido permiso para hacer una «reunión de jóvenes» en su casa, pero no recordaba si le había dicho que sí, ni siquiera dónde vivía en aquel momento.

9. *Ibid.* La nota del FBI dice que a Crouch no le habían avisado de la presencia de Oppenheimer. Según el primero, no había visto al físico desde julio de 1941. De todos modos, si uno leía los periódicos, habría visto fotografías de Oppenheimer.

10. *Ibid.*

11. El FBI se enteró más tarde de que Hiskey trabajó hasta el 28 de agosto de 1941 en el TVA de Knoxville (Tennessee); los registros del TVA muestran que Hiskey no dejó Knoxville hasta finales de agosto (A. H. Belmont a D. M. Ladd, nota del FBI, 10-07-1952, desclasificada el 22-07-1996, expediente del FBI sobre JRO).

12. Extractos del diario de Gordon Dean, desde el 16-05-1952 hasta el 25-02-1953, división histórica, Departamento de Energía.

13. Dean a Truman, 25-08-1952, y Truman a Dean, 26-08-1952, carpeta D, archivo general PSF, caja 117, BHST.

14. Diario de Gordon Dean, 18-11-1952, división histórica, Departamento de Energía.

15. Bernstein, «The Oppenheimer Loyalty-Security Case Reconsidered», *Stanford Law Review*, julio de 1990, p. 1426; *San Francisco Chronicle*, 02-12-1952.

16. Ruth Tolman a JRO, 02-01-1953, caja 72, documentación de JRO.

17. Bernstein, «The Oppenheimer Loyalty-Security Case Reconsidered», *Stanford Law Review*, julio de 1990, p. 1426.

18. *Ibid.*, pp. 1426-1427.

19. Diario de Gordon Dean, 25-02-1953.

20. Lista de casos criminales pendientes, Tribunal del Distrito de Estados Unidos para el Distrito de Columbia, caso n.º 829-52, actas del caso Estados Unidos contra Joseph W. Weinberg.

21. Ruth Tolman a JRO, domingo, 01-03-1953, caja 72, documentación de JRO.

22. Declaración jurada de Joseph A. Fanelli, Estados Unidos contra Joseph W. Weinberg, caso n.º 829-52, Tribunal del Distrito de Estados Unidos para el Distrito de Columbia, archivado el 04-11-1952.

23. *The New York Times*, 06-03-1953, p. 14.

24. Lilienthal a JRO, 01-03-1953, caja 46, documentación de JRO, BC, citado en Barton J. Bernstein, «The Oppenheimer Loyalty-Security Case Reconsidered», *Stanford Law Review*, julio de 1990, p. 1427.

25. Sis Frank, entrevista con Sherwin, 18-01-1982, p. 5.

26. *The New York Times*, 06-03-1953.

27. JRO a Bernard Spero, 27-04-1953, caja 237, documentación de JRO; Weinberg, entrevista con Sherwin, 23-08-1979, p. 25. Weinberg dijo que su futuro jefe le había dicho que necesitaría alguna excusa para contratarlo y que aceptaría una carta de Robert Oppenheimer.

28. Esta y las citas anteriores: Lewis Strauss, nota al expediente, 06-01-1953, caja 66, documentación de Strauss, BHH. En lo referente al caso Weinberg, Oppenheimer pagó a los abogados una factura final de 14.780 dólares (Katherine Russell a Strauss, 28-04-1953, BHH). La directiva al fin rechazó hacerse cargo, dato que se encuentra en A. H. Belmont a D. M. Ladd, nota del FBI, 19-06-1953, sección 14, expediente del FBI sobre JRO.

33. «LA BESTIA EN LA JUNGLA»

1. Anne Wilson Marks a Bird, 11-05-2002.

2. Henry James, *The Beast in the Jungle and Other Stories*, pp. 39, 70.

3. Hewlett y Holl, *Atoms for Peace and War*, p. 44; McGrath, *Scientists, Business, and the State, 1890-1960*, p. 155.

4. «Meeting for Dr. J. Robert Oppenheimer», 17-02-1953, archivos del Consejo de Relaciones Exteriores.

5. Esta y las citas anteriores: «Armaments and American Policy: A Report of a Panel of Consultants on Disarmament of the Department of State», enero de 1953,

alto secreto, desclasificado el 10-03-1982, Oficina de la Casa Blanca para Asuntos Nacionales de Seguridad Especiales, serie del Consejo Nacional de Seguridad, subserie de la documentación de políticas, carpeta «Desarme», caja 2, BDDE.

6. Esta y las citas anteriores: JRO, «Atomic Weapons and American Policy», discurso para el Consejo de Relaciones Exteriores, 17-02-1953, reimpreso en JRO, *The Open Mind*, pp. 61-77. Oppenheimer pudo haber tomado la frase «dos escorpiones en una botella» de un discurso que dio Vannevar Bush en Princeton. Véase McGrath, *Scientists, Business, and the State, 1890-1960*, p. 151.

7. Aquella misma noche, Oppenheimer cenó solo con Lilienthal, quien pensó que el discurso era bastante elocuente (Lilienthal, *The Journals of David E. Lilienthal*, vol. 3, p. 370).

8. Se envió la copia del borrador del discurso de Oppenheimer, con fecha de marzo de 1953, a C. D. Jackson, y se publicó en *Foreign Affairs* en julio de 1953 (JRO, «A Note on Atomic Weapons and American Policy», carpeta «Energía Atómica», caja 1, documentación de C. D. Jackson, BDDE).

9. Eisenhower a C. D. Jackson, 31-12-1953, diario de D. D. Eisenhower, expediente de Ann Whitman, diciembre de 1953, carpeta 1, caja 4, BDDE.

10. Herken, *Counsels of War*, p. 116.

11. Stephen E. Ambrose, *Eisenhower*, p. 132. Véase también «Chronology: Candor-Wheaties», 30-09-1954, series administrativas de Ann Whitman, carpeta «Átomos para la Paz», caja 5, BDDE.

12. Strauss, *Men and Decisions*, p. 356. Eisenhower nombró a Strauss el 9 de marzo de 1953 como «asesor especial» para los asuntos de energía atómica. En julio de 1953, este pasó a ser el presidente de la CEA.

13. Diario de Eisenhower, 02-12-1953, expediente de Ann Whitman, caja 4, carpetas octubre-diciembre de 1953, BDDE. Eisenhower apuntó: «Cuando entré por primera vez en esta oficina, alguien (no recuerdo quién) dijo que, en su opinión, el doctor Oppenheimer no era de fiar. Fuera quien fuese, y creo que sería seguramente el almirante Strauss, me comunicó más adelante que tenía motivos para revisar su opinión».

14. JRO a Strauss, 18-05-1953, asunto «Felix Browder»; Strauss a JRO, 12-05-1953, correspondencia de JRO, archivos del IEA. Browder dio clases en Princeton, Yale, la Universidad de Chicago y la Universidad Rutgers. Al cabo del tiempo obtuvo las prestigiosas becas Guggenheim y Sloan, y fue elegido presidente de la Sociedad Matemática de Estados Unidos.

15. D. M. Ladd a Hoover, 25-05-1953, sección 14, expediente del FBI sobre JRO.

16. Newman, «The Oppenheimer Case», disertación, capítulo 4, nota al pie n.º 127. Newman alude a una cita de Eisenhower que se encontraba en una carta de Philip Stern al general Robert L. Schulz, 21-07-1967, caja 1, documentación de Stern, BJFK.

17. Ladd a Hoover, 25-05-1953, sección 14, expediente del FBI sobre JRO 100-17828.

18. Newman, «The Oppenheimer Case», capítulo 2, notas al pie n.° 18, n.° 21 y n.° 24.

19. *Ibid.*, capítulo 4, nota al pie n.° 165. Newman cita a Jackson, nota a Henry Luce, 12-10-1954, caja 66, documentación de Jackson, BDDE.

20. Herken, *Counsels of War*, p. 69.

21. Lilienthal, *The Journals of David E. Lilienthal*, vol. 3, pp. 390-391; Stern, *The Oppenheimer Case*, p. 203; Herken, *Brotherhood of the Bomb*, p. 263.

22. Newman, «The Oppenheimer Case», capítulo 4, nota al pie n.° 69.

23. *Ibid.*, capítulo 2, nota al pie n.° 30 (Newman cita a Gertrude Samuels, «A Plea for Candor About the Atom», *The New York Times Magazine*, 21-06-1953, pp. 8, 21); Hewlett y Holl, *Atoms for Peace and War*, p. 53.

24. Pfau, *No Sacrifice Too Great*, p. 145.

25. Lewis Strauss, «Memorandum of Conversation with the President», 22-07-1953, documentación de Strauss, notas de la CEA a sus comisionados, caja 66, BHH.

26. Ambrose, *Eisenhower*, p. 133.

27. Diario de Jackson, 04-08-1953, caja 56, registro de 1953 (2), documentación de Jackson, BDDE; Hewlett y Holl, *Atoms for Peace and War*, p. 57.

28. Hewlett y Holl, *Atoms for Peace and War*, pp. 58-59.

29. Ambrose, *Eisenhower*, p. 171; Strauss, *Men and Decisions*, pp. 356-362.

30. Newman, «The Oppenheimer Case», capítulo 2, nota al pie n.° 102.

31. Expediente del FBI sobre JRO, sección 3, documento 103, escuchas del FBI de conversaciones telefónicas de JRO con David Lilienthal y Robert Bacher, 23 y 24-10-1946.

32. Stern, *The Oppenheimer Case*, p. 208.

33. Rabi, entrevista con Sherwin, 12-03-1982, p. 13.

34. Hoover al agregado legal, Río de Janeiro, 18-06-1953, sección 14, documento 348, expediente del FBI sobre JRO.

35. Hoover a Tolson y Ladd, nota, 24-06-1953, secc. 14, expediente del FBI sobre JRO.

36. *Ibid.*; Hoover a Tolson, Ladd, Belmont y Nichols, nota, 19-05-1953, sección 14, expediente del FBI sobre JRO.

37. Strauss tachó la palabra «mucho» y la sustituyó por «algo». Lewis Strauss al senador Robert Taft, borrador de carta, 22-06-1953, carpeta de Taft, documentación de Strauss, BHH.

38. Roland Sawyer, «The Power of Admiral Strauss», *New Republic*, 31-05-1954, p. 14.

39. Belmont a Ladd, nota, 05-06-1953, sección 14, expediente del FBI sobre JRO 100-17828; resumen del FBI del expediente de Oppenheimer, 25-06-1953,

sección 14, expediente del FBI sobre JRO. Strauss, nota para el general Robert Cutler y C. D. Jackson, 17-12-1953, documentación de Strauss, BHH.

40. Hewlett y Holl, *Atoms for War and Peace*, p. 45.

41. William L. Borden, nota al Comité Conjunto de Energía Atómica, 03-11-1952, pp. 8-9, caja 41, Comité Conjunto de Energía Atómica, n.º DCXXXV, serie 128, AN.

42. Strauss a Borden, 10-12-1952, William Borden, caja 10, serie de la CEA, AN. Para conocer otras influencias que afectaron a la persecución de Oppenheimer por parte de Borden, véase Priscilla McMillan, *The Ruin of J. Robert Oppenheimer*, cap. 15.

43. Priscilla McMillan, *The Ruin of J. Robert Oppenheimer*, p. 172.

44. Existe una cubierta para el expediente de Oppenheimer en la que figuran los nombres y las fechas de los lectores que lo consultaron previamente. Véase la nota de John A. Waters al expediente, 14-05-1953, y la carta de Gordon Dean al fiscal general, 20-05-1953, archivos de la CEA. Como escribió Jack Holl, «Borden siempre mantuvo que actuó solo y sin consultar. […] Más tarde, dijo a un miembro de la comisión, en privado, que había hablado del caso con "una persona que conoce muy bien el programa atómico", cuyo nombre prefería no dar y que no se llegó a revelar». Es seguro que esa persona era Lewis Strauss. Jack A. Holl, «In the Matter of J. Robert Oppenheimer: Origins of the Government's Security Case», un artículo de diciembre de 1975 presentado a la Asociación Histórica de Estados Unidos, pp. 7-8. Véase también Hewlett y Holl, *Atoms for Peace and War*, pp. 45-47, 63. Para saber más sobre la reunión de Strauss con Borden, véase también McMillan, *The Ruin of J. Robert Oppenheimer*, cap. 15.

45. Harold P. Green, «The Oppenheimer Case: A Study in the Abuse of Law», *Bulletin of the Atomic Scientists*, septiembre de 1977, p. 57.

46. Belmont a Ladd, nota, 10-09-1953, expediente del FBI sobre JRO, sección 14.

47. Goodchild, *J. Robert Oppenheimer*, pp. 219-220.

48. Michelmore, *The Swift Years*, pp. 199-200.

49. Charlas Reith, 1953, cajas 276 a 278, documentación de JRO, BC.

50. Michelmore, *The Swift Years*, pp. 202-203.

51. Lincoln Gordon, entrevista telefónica con Bird, 18-05-2004. En aquel entonces, Gordon trabajaba en la embajada de Estados Unidos en Londres. Después estuvo de embajador en Brasil.

52. Telegrama secreto del consulado de Estados Unidos en París al director del FBI, 15-02-1954, expediente del FBI sobre JRO, documento 797, desclasificado el 11-07-2001.

53. Según Chevalier, había visto a Oppenheimer dos o tres veces en otoño de 1946, cinco o seis en 1947, cuatro o cinco en 1949, dos en septiembre y octu-

bre de 1950, y una en diciembre de 1953 (Chevalier a Philip Stern, 15-06-1968, documentación de Stern, BJFK).

54. Stern, *The Oppenheimer Case*, pp. 213-214. Chevalier se reunió más adelante con Wyman, quien intentó aconsejarlo de manera informal sobre qué debía hacer respecto a la nacionalidad estadounidense, pero aquel no volvió a solicitar el pasaporte. A principios de 1954 se le «negó todo puesto laboral en la UNESCO por haber rechazado acatar la orden ejecutiva de Estados Unidos 10422». Emitida el 9 de enero de 1953, esa orden requería que los empleados estadounidenses de las Naciones Unidas se sometieran a una inspección de seguridad (expediente del FBI sobre Chevalier, 100-18564, parte 2, documento de fecha 17-03-1954).

55. Chevalier, *Oppenheimer*, pp. 86-87. La mañana siguiente, Chevalier se llevó a Oppie y a Kitty a visitar al novelista francés André Malraux.

56. Borden a Strauss, 19-11-1952, carpeta de Lewis Strauss, caja 52, CEA, documentación del Comité Conjunto de Energía Atómica, AN.

57. Audiencia de JRO, pp. 837-838.

58. Strauss, «Memorandum for Oppenheimer File», 09-11-1953, documentación de Strauss, BHH.

59. Nota de Lewis L. Strauss, 30-11-1953; Barton J. Bernstein, «The Oppenheimer Loyalty-Security Case Reconsidered», *Stanford Law Review*, julio de 1990, p. 1442.

60. Thomas C. Reeves, *The Life and Times of Joe McCarthy*, p. 530.

61. Diario de C. D. Jackson, 27-11-1953, registro 1953 (2), caja 56, BDDE. Jackson dijo más adelante, en una reunión de personal de la Casa Blanca, que «ese teatro circense no funcionaba ni iba a funcionar, y que apaciguar a McCarthy para salvar sus siete votos para el programa legislativo de este año era de una táctica y una estrategia muy pobres, y [...] a menos que el presidente diera un paso adelante para discutir eso pronto, los republicanos no tendrían programa, ni en 1954 ni en 1956».

62. C. D. Jackson a Sherman Adams, 25-11-1953, carpeta de Sherman Adams, caja 23, documentación de C. D. Jackson, BDDE.

63. Eisenhower, llamadas telefónicas, 02-12-1953, carpeta de llamadas telefónicas, julio-diciembre de 1953 (1), caja 5, serie del diario de D. D. Eisenhower, expediente de Ann Whitman, BDDE.

64. Pfau, *No Sacrifice Too Great*, p. 151; Strauss, *Men and Decisions*, p. 267.

65. Diario de Eisenhower, 02-12-1953 y 03-12-1953, «Oct.-dic. de 1953», caja de la carpeta 4, expediente de Ann Whitman, BDDE.

66. Eisenhower, «Memorandum for the Attorney General», 03-12-1953, documentación de Strauss, BHH.

67. Christman, *Target Hiroshima*, pp. 249-250; Royal, *The Story of J. Robert Oppenheimer*, p. 155.

68. Grabación de una conversación telefónica (llamada de JRO a Strauss), 15.05 horas, 14-12-1953, documentación de Strauss, BHH.

69. Belmont a Ladd, nota del FBI, 19-11-1953, documento 549, expediente del FBI sobre JRO, citado en Bernstein, «The Oppenheimer Loyalty-Security Case Reconsidered», *Stanford Law Review*, julio de 1990, p. 1440.

70. Diario de C. D. Jackson, 18-12-1953, registro de 1953 (2), caja 56, BDDE.

71. Strauss, nota al expediente, 21-12-1953, 22-12-1953, caja 66, documentación de Strauss, BHH.

72. Kenneth D. Nichols, nota confidencial, 21-12-1953, documentación de Strauss, BHH; nota del FBI a Belmont, 21-12-1953, expediente del FBI sobre JRO, sección 16, documento 512.

73. Stern, *The Oppenheimer Case*, p. 234; Stuart H. Loory, «Oppenheimer Wiretapping Is Disclosed», *The Washington Post*, 28-12-1975.

74. Stern, *The Oppenheimer Case*, p. 235.

75. Expediente del FBI sobre JRO, sección 16, documentos 574-575, Belmont, nota a Ladd, 22-12-1953.

76. JRO a Strauss, 22-12-1953, documentación de Strauss, BHH.

77. Anne Marks, entrevista con Bird, 14-03-2002.

34. «TIENE MUY MALA PINTA, ¿NO?»

1. Bernstein, «The Oppenheimer Loyalty-Security Case Reconsidered», *Stanford Law Review*, julio de 1990, p. 1449.

2. Audiencia de JRO, pp. 3, 6.

3. Verna Hobson, entrevista con Sherwin, 31-07-1979, p. 4.

4. Audiencia de JRO, p. 7.

5. Stern, *The Oppenheimer Case*, p. 520.

6. Lilienthal, *The Journals of David E. Lilienthal*, vol. 3, p. 462.

7. Belmont a Ladd, nota del FBI, 07-01-1954, sección 17, documento 605, expediente del FBI sobre JRO.

8. Belmont a Ladd, nota del FBI, 15-01-1954, sección 18, expediente del FBI sobre JRO.

9. Strauss a Hoover, 18-01-1954, documentación de Strauss, BHH.

10. Stern, *The Oppenheimer Case*, p. 257; Strauss, nota al expediente, 29-01-1954, documentación de Strauss, BHH.

11. Goodchild, *J. Robert Oppenheimer*, p. 227.

12. Strauss, nota al expediente, 15-02-1962, carpeta de Harold Green, 1957-1976, caja 36, documentación de Strauss, BHH. El director de la CEA se enteró de esto por Green, quien dijo que Herbert Marks le había informado de la existencia de escuchas en su momento.

13. Bacher, entrevista con Sherwin, 29-03-1983.

14. Telegrama del FBI, 17-03-1954, sección 24, documento 1024, expediente del FBI sobre JRO.

15. Belmont a Ladd, nota del FBI, 26-01-1954, sección 19, documento 704, expediente del FBI sobre JRO. No todos los historiadores están de acuerdo en que Strauss fuera intransigente en la persecución de Oppenheimer. Para conocer un punto de vista algo distinto, véase Bernstein, «The Oppenheimer Loyalty-Security Case Reconsidered», *Stanford Law Review*, julio de 1990, p. 1385.

16. Thorpe, «J. Robert Oppenheimer and the Transformation of the Scientific Vocation», disertación, p. 562.

17. Stern, *The Oppenheimer Case*, p. 242; Goodchild, *J. Robert Oppenheimer*, p. 230.

18. Belmont a Ladd, nota del FBI, 29-01-1954, expediente del FBI sobre JRO, sección 19, documento 716.

19. Strauss a Robb, 23-02-1954, documentación de Strauss, BHH; Belmont a Ladd, nota del FBI, 25-02-1954, sección 21, documento 824, expediente del FBI sobre JRO.

20. Hewlett y Holl, *Atoms for Peace and War*, p. 86.

21. James Reston, *Deadline: A Memoir*, p. 221-226; Richard Polenberg, *In the Matter of J. Robert Oppenheimer*, p. xxvii.

22. El FBI a Lewis Strauss, 02-02-1954, sección 19, documento 741, expediente del FBI sobre JRO (desclasificado en 1997).

23. Resumen del FBI para el 29-01-1954, sección 19, documento 720, expediente del FBI sobre JRO.

24. Stern, *The Oppenheimer Case*, p. 531.

25. Verna Hobson, entrevista con Sherwin, 31-07-1979, p. 8.

26. *Ibid.*, p. 5.

27. Jeremy Bernstein, *Oppenheimer*, p. 96; Bernstein cita una entrevista telefónica con Bethe.

28. Robert Coughlan, «The Tangled Drama and Private Hells of Two Famous Scientists», *Life*, 13-12-1963; Teller, *Memoirs*, p. 373.

29. Stern, *The Oppenheimer Case*, p. 516.

30. Resumen del FBI para el 06-02-1954 (escucha), sección 19, documento 760, expediente del FBI sobre JRO.

31. Verna Hobson, entrevista con Sherwin, 31-07-1979, p. 5.

32. *Ibid.*, p. 10; Hobson, reseña de *In the Matter of J. Robert Oppenheimer*, obra teatral de Heinar Kipphardt, *Princeton History*, n.º 1, 1971, pp. 95-97.

33. Seymour Melman contó esta historia a Marcus Raskin; se la había oído contar a la ayudante de Einstein, Bruria Kaufmann.

34. Alice Calaprice, ed., *The Expanded Quotable Einstein*, p. 55.

35. *The New York Times*, 24-04-2004; Holton, *Einstein, History, and Other Passions*, pp. 218-220.

36. Belmont a Ladd, nota del FBI, 15-01-1954, sección 18, expediente del FBI sobre JRO.

37. Thorpe, «J. Robert Oppenheimer and the Transformation of the Scientific Vocation» disertación, p. 496.

38. Belmont a Boardman, nota del FBI, 04-03-1954, sección 21, documento 844, expediente del FBI sobre JRO. Herken, *Brotherhood of the Bomb*, p. 281.

39. Stern, *The Oppenheimer Case*, p. 253.

40. Escucha del FBI, 12-03 -1954, sección 24, documento 1037, expediente del FBI sobre JRO.

41. Jerrold Zacharias a JRO, 06-04-1954, documentación de Philip M. Stern, BJFK.

42. Ruth Tolman a JRO, 03-04-1954, carpeta de Ruth Tolman, caja 72, documentación de JRO.

43. Louis Hempelmann, entrevista con Sherwin, 10-08-1979, p. 11.

44. Stern, *The Oppenheimer Case*, p. 258.

35. «ME TEMO QUE TODO ESTO ES UNA INSENSATEZ»

1. Belmont a Boardman, nota del FBI, 02-03-1954 y 01-03-1954, conversación telefónica entre Strauss y Rogers, sección 21, documento 834, expediente del FBI sobre JRO.

2. Ecker, entrevista con Sherwin, 16-07-1991, p. 7.

3. Rhodes, *Dark Sun*, p. 543; Herken, *Brotherhood of the Bomb*, p. 286; Goodchild, *J. Robert Oppenheimer*, p. 236; Stern, *The Oppenheimer Case*, pp. 260, 268; Polenberg, ed., *In the Matter of J. Robert Oppenheimer*, p. xxix.

4. Goodchild, *J. Robert Oppenheimer*, p. 237.

5. Audiencia de JRO, p. 53.

6. Polenberg, ed., *In the Matter of J. Robert Oppenheimer*, p. 29. Su versión editada y abreviada de la audiencia de Oppenheimer es soberbia, pero hemos citado casi siempre la transcripción completa publicada por MIT Press.

7. Audiencia de JRO, pp. 8 y 876.

8. *Ibid.*, p. 14.

9. *Ibid.*, p. 5.

10. *Ibid.*, pp. 10-11.

11. Keith Teeter, nota del FBI, 24-03-1954, sección 24, documento 980, expediente del FBI sobre JRO.

12. Drew Pearson, *Diaries 1949-1959*, p. 303.

13. Extracto de la retransmisión de Walter Winchell, 11-04-1954, documentación de Strauss, BHH.

14. Audiencia de JRO, pp. 53-55.

15. Nota al expediente, 09-04-1954, documentación de Strauss, BHH; Hewlett y Holl, *Atoms for Peace and War*, pp. 89, 91.

16. Bernstein, «The Oppenheimer Loyalty-Security Case Reconsidered», *Stanford Law Review*, julio de 1990, p. 1463; Strauss a Roger Robb, nota del 16-04-1954, documentación de Strauss, BHH.

17. Pais, *A Tale of Two Continents*, p. 326; Robert Serber, *Peace and War*, pp. 183-184.

18. Audiencia de JRO, p. 103.

19. Goodchild, *J. Robert Oppenheimer*, p. 231.

20. Audiencia de JRO, p. 111.

21. Esta y las citas anteriores: *Ibid.*, pp. 113-114.

22. Goodchild, *J. Robert Oppenheimer*, p. 231; Herken, *Brotherhood of the Bomb*, p. 287.

23. Audiencia de JRO, p. 137.

24. Stern, *The Oppenheimer Case*, p. 283; Robert Coughlan, «The Tangled Drama and Private Hells of Two Famous Scientists», *Life*, 13-12-1963, p. 102.

25. Audiencia de JRO, p. 144.

26. *Ibid.*, pp. 146-149.

27. Hewlett y Holl, *Atoms for Peace and War, 1953-1961*, p. 96.

28. Audiencia de JRO p. 888.

29. Audiencia de JRO, pp. 888-889.

30. Audiencia de JRO, pp. 153-154.

31. Navasky, *Naming Names*, p. 322.

32. Audiencia de JRO, p. 155.

33. Coughlan, «The Tangled Drama and Private Hells of Two Famous Scientists», *Life*, 13-12-1963.

34. Goodchild, *J. Robert Oppenheimer*, p. 228.

35. Strauss al presidente Eisenhower, 16-04-1954; Eisenhower a Strauss, telegrama, 19-04-1954, documentación de Strauss, carpetas de Eisenhower, caja 26D, serie de la CEA, BHH.

36. Audiencia de JRO, p. 167; Polenberg, ed., *In the Matter of J. Robert Oppenheimer*, pp. 77-78.

37. Nota del FBI a Hoover, 23-12-1953, sección 16, documento 563, expediente del FBI sobre JRO (para la nota de Harvey, véase p. 298).

38. Herken, *Brotherhood of the Bomb*, p. 400, nota 47.

39. Audiencia de JRO, p. 265.

40. Hoover a Groves, 13-06-1946, y Groves a Hoover, 21-06-1946, serie 77 (archivos DMI) entrada 8, caja 100, AN.

41. Nota del FBI a Hoover, 22-12-1953, sección 16, documentos 557, 565, expediente del FBI sobre JRO.

42. Entrevista grabada de Leslie Groves por Raymond Henle, 09-08-1968, p. 17, BHH.

43. Groves a Strauss, 20-10-1949 y 04-11-1949, caja 75, documentación de Strauss, BHH.

44. Herken, *Brotherhood of the Bomb*, p. 280. El historiador Barton J. Bernstein no está de acuerdo con la visión de Herken. Véase Barton J. Bernstein, «Reconsidering the Atomic General: Leslie R. Groves», *The Journal of Military History*, julio de 2003, p. 899.

45. Nota del FBI a Hoover, 22-12-1953, sección 16, documento 565, expediente del FBI sobre JRO.

46. Herken, *Brotherhood of the Bomb*, p. 281.

47. Hewlett y Holl, *Atoms for Peace and War*, p. 98.

48. Polenberg, ed., *In the Matter of J. Robert Oppenheimer*, pp. 80-81.

49. Audiencia de JRO, p. 229.

50. Polenberg, ed., *In the Matter of J. Robert Oppenheimer*, pp. 107-108.

51. Goodchild, *J. Robert Oppenheimer*, pp. 248-249.

52. Polenberg, ed., *In the Matter of J. Robert Oppenheimer*, p. xxv. Belmont a Boardman, 17-04-1954, expediente del FBI sobre JRO.

53. Stern, *The Oppenheimer Case*, p. 303; Herken, *Brotherhood of the Bomb*, p. 288.

54. Goodchild, *J. Robert Oppenheimer*, p. 249.

55. Stern, *The Oppenheimer Case*, pp. 303-304; Goodchild, *J. Robert Oppenheimer*, p. 244.

36. «UNA MANIFESTACIÓN DE HISTERIA»

1. En aquella época, Conant trabajaba para la Administración de Eisenhower como embajador en Alemania Occidental, y el secretario de Estado John Foster Dulles intentó convencerlo de que no testificara. Él no le hizo caso y apuntó en su diario: «Le he asegurado que no tenía más elección que testificar en las audiencias de Oppenheimer. Me ha dicho que debería ser consciente de que eso podría terminar con mi servicio en el Gobierno» (diario de James Conant, 19-04-1954, citado en Bernstein, «The Oppenheimer Loyalty-Security Case Reconsidered», *Stanford Law Review*, julio de 1990, p. 1459).

2. John J. McCloy, entrevista con Bird, 10-07-1986.

3. Bird, *The Chairman*, p. 423; McCloy a Eisenhower, 16-04-1954 y 23-04-1954, BDDE.

4. Esta y las citas anteriores: Bird, *The Chairman*, pp. 424-425.

5. Audiencia de JRO, p. 357; Polenberg, ed., *In the Matter of J. Robert Oppenheimer*, pp. 140-141.

6. Audiencia de JRO, p. 372; Polenberg, ed., *In the Matter of J. Robert Oppenheimer*, pp. 147-148.

7. Polenberg, ed., *In the Matter of J. Robert Oppenheimer*, pp. 162-163.

8. Audiencia de JRO, pp. 419-420; Polenberg, ed., *In the Matter of J. Robert Oppenheimer*, p. 165.

9. Polenberg, ed., *In the Matter of J. Robert Oppenheimer*, p. 156.

10. Audiencia de JRO, p. 468.

11. Esta y las citas anteriores: *Ibid.*, pp. 469-470; Polenberg, ed., *In the Matter of J. Robert Oppenheimer*, pp. 178-179.

12. Polenberg, ed., *In the Matter of J. Robert Oppenheimer*, p. 173.

13. Bernstein, *Oppenheimer*, p. 62.

14. Esta y las citas anteriores: audiencia de JRO, pp. 560-567.

15. Verna Hobson, entrevista con Sherwin, 31-07-1979, p. 18.

16. Audiencia de JRO, p. 576.

17. Esta y las citas anteriores: audiencia de JRO, pp. 643-656; Polenberg, ed., *In the Matter of J. Robert Oppenheimer*, pp. 231-237.

18. Polenberg, ed., *In the Matter of J. Robert Oppenheimer*, p. 196.

19. Herken, *Brotherhood of the Bomb*, p. 291 (Herken cita aquí la entrevista de Childs con Luis Álvarez, caja 1, documentación de Childs).

20. Hewlett y Holl, *Atoms for Peace and War*, p. 87.

21. Charter Heslep a Lewis Strauss, nota del 03-05-1954, carpeta de Teller, serie de la CEA, caja 111, documentación de Strauss, BHH.

22. Teller, *Memoirs*, pp. 374-381; Hewlett y Holl, *Atoms for Peace and War*, p. 93; Herken, *Brotherhood of the Bomb*, pp. 292-293.

23. Esta y las citas anteriores: audiencia de JRO, pp. 710, 726.

24. Goodchild, *J. Robert Oppenheimer*, pp. 254-255.

25. *Ibid.*, p. 286; Herken, *Brotherhood of the Bomb*, p. 298.

26. Esta y las citas anteriores: audiencia de JRO, pp. 915-918.

27. *Ibid.*, p. 919.

28. *Ibid.*, p. 961.

29. *Ibid.*, pp. 971-972; Polenberg, ed., *In the Matter of J. Robert Oppenheimer*, p. 347.

30. Audiencia de JRO, pp. 971-992; Polenberg, ed., *In the Matter of J. Robert Oppenheimer*, p. 351.

31. Polenberg, ed., *In the Matter of J. Robert Oppenheimer*, pp. 351-352.

32. CEA de Estados Unidos, Procedimentos para las Acreditaciones de Seguridad, Código de Regulaciones Federales, título 10, cap. 1, sección 4, aprobado el 12-09-1950, *Federal Register*, 19-09-1950, p. 6243, citado en Newman, «The Oppenheimer Case», disertación, cap. 5, nota 60; McMillan, *The Ruin of J. Robert Oppenheimer*, cap. 21.

37. «Una muesca en el escudo de nuestro país»

1. Polenberg, ed., *In the Matter of J. Robert Oppenheimer*, p. xv; resumen del FBI de las escuchas del 07-05-1954 y del 12-05-1954, documento 1548, expediente del FBI sobre JRO.

2. Esta y las citas anteriores: «Memorandum for Mr. Gordon Gray's files re: Oppenheimer Case», 07-05-1954, carpeta del dictado de la correspondencia de Oppenheimer, caja 4, documentación de Gordon Gray, BDDE.

3. *Ibid.*

4. C. E. Hennrich a Belmont, nota del FBI, 20-05-1954, documento 1690, expediente del FBI sobre JRO; Goodchild, *J. Robert Oppenheimer*, pp. 259-261.

5. Goodchild, *J. Robert Oppenheimer*, p. 261.

6. Audiencia de JRO, p. 1019.

7. Polenberg, ed., *In the Matter of J. Robert Oppenheimer*, p. 361.

8. *Ibid.*, p. 1020; Polenberg, ed., *In the Matter of J. Robert Oppenheimer*, p. 365.

9. Polenberg, ed., *In the Matter of J. Robert Oppenheimer*, p. 372.

10. Hewlett y Holl, *Atoms for Peace and War*, p. 103.

11. Goodchild, *J. Robert Oppenheimer*, p. 265.

12. Nota manuscrita de McKay Dunkin, 19-05-1954, carpeta de Zuckert, documentación de Strauss, BHH; Harold P. Green, entrevista con Barton J. Bernstein, 1984 (Bernstein, entrevista telefónica con Bird, 13-02-2004). Véase también Bernstein, «The Oppenheimer Loyalty-Security Case Reconsidered», *Stanford Law Review*, p. 1477. Zuckert diría más adelante: «Lo pasé mal con Lewis Strauss», y calificó la audiencia de Oppenheimer de «pelea de perros. […] No fue un año agradable. Sigo considerándome amigo de Lewis, pero no me lo pasé nada bien» (Eugene Zuckert, entrevista grabada, 27-9-1971, BHST). Véase también Burch, *Elites in American History*, vol. 2, p. 178.

13. En mayo de 1959, Strauss confirmó a Smyth que «el señor Zuckert firmó un contrato conmigo como consejero y consultor personal después de que finalizara la duración de su cargo» (carpeta de confirmación de LLS, serie 3, caja 2, documentación de Smyth, Sociedad Filosófica Estadounidense (Philadelphia), citado en Herken, notas al cap. 18, nota n.º 16, publicada en <www.brotherhoodofthebomb.com>). Véase también McMillan, *The Ruin of J. Robert Oppenheimer*, epílogo.

14. Strauss, nota al expediente, 04-05-1954, «Memos for the Record, 1954», caja 66, documentación de Strauss, BHH.

15. Goodchild, *J. Robert Oppenheimer*, pp. 264-265.

16. Audiencia de JRO, p. 1050.

17. Lilienthal, *The Journals of David E. Lilienthal*, vol. 3, p. 528.

18. *The New York Times*, 24-04-2004.

19. Walter Winchell, 07-06-1954, *New York Mirror*; nota del FBI, 08-06-1954, sección 40, documento 1691, expediente del FBI sobre JRO.

20. Thorpe, «J. Robert Oppenheimer and the Transformation of the Scientific Vocation», disertación, p. 587.

21. Eric Sevareid, *Small Sounds in the Night*, p. 224.

22. Por ejemplo, véase «Le Risque de Securité», *Le Monde*, 08-06-1954, p. 1.

23. «Nosotros, los abajo firmantes...», 07-06-1954, petición a la CEA, documento 1804, sección 44, expediente del FBI sobre JRO; *New York Post*, 10-07-1954. Hewlett y Holl, *Atoms for Peace and War*, p. 111. La decisión generó tal controversia que el fiscal general Herbert Brownell le pidió con discreción a Warren Burger, el fiscal general adjunto, que revisara la grabación. El futuro presidente de la Corte Suprema así lo hizo e informó que había llegado «a la conclusión personal de que, si estuviéramos en guerra, deberían haber ahorcado a Oppenheimer» (Strauss, nota al expediente, 27-03-1969; Warren Burger a Strauss, 14-05-1969, documentación de Strauss, BHH).

24. Sevareid, *Small Sounds in the Night*, p. 223.

25. Joe Alsop a Gordon Gray, 02-06-1954, carpeta de correspondencia diversa entre 1951-1957, caja 1, documentación de Gordon Gray, BDDE.

26. Joseph y Stewart Alsop, *We Accuse*, p. 59; Robert W. Merry, *Taking on the World*, pp. 262-263.

27. Bird, *The Chairman*, p. 425.

28. Bernstein, «The Oppenheimer Loyalty-Security Case Reconsidered», *Stanford Law Review*, julio de 1990, p. 1388.

29. Eisenhower a Strauss, 16-06-1954, diarios de Ann Whitman sobre DDE, carpeta de junio de 1954 (1), caja 7, BDDE.

30. McGrath, *Scientists, Business, and the State, 1890-1960*, p. 167.

31. Strauss, nota al expediente, 05-12-1957, caja 67, documentación de Strauss, BHH.

32. Thorpe, «J. Robert Oppenheimer and the Transformation of the Scientific Vocation», disertación, p. 588.

33. Daniel Bell, *The Coming of Post-Industrial Society*, p. 400; Thorpe, «J. Robert Oppenheimer and the Transformation of the Scientific Vocation», disertación, p. 551.

34. Ambrose, *Eisenhower*, p. 612; McGrath, *Scientists, Business, and the State, 1890-1960*, p. 4.

38. «Todavía siento la sangre caliente en las manos»

1. Jane Wilson a Kitty Oppenheimer, 20-06-1954, carpeta de Robert Wilson, caja 78, documentación de JRO.

2. Babette Oppenheimer Langsdorf a Philip Stern, 10-07-1967, documentación de Stern, BJFK.

3. «Resumen para el 8 de julio de 1954» del FBI, sección 45, documento 1858, expediente del FBI sobre JRO.

4. Harold Cherniss, entrevista con Alice Smith, 21-04-1976, p. 24.

5. Francis Fergusson, entrevista con Sherwin, 23-06-1979, pp. 6-8.

6. *Ibid.*

7. Brown, *Through These Men*, p. 288.

8. Jon Else, *The Day After Trinity*, transcripción, p. 76, colección de Sherwin.

9. Serber, *Peace and War*, p. 183.

10. Lilienthal, *The Journals of David E. Lilienthal*, vol. 3, p. 594 (entrada del diario del 24-12-1954).

11. Harold Cherniss, entrevista con Alice Smith, 21-04-1976, p. 23.

12. Roach a Belmont, nota del FBI, 14-07-1954, sección 46, documento 1866, expediente del FBI sobre JRO.

13. Harold Cherniss, amigo de Oppenheimer, impulsó la petición. Después de hablar con un par de directivos, se dio cuenta de que el trabajo de Oppie peligraba (Cherniss, entrevista con Sherwin, 23-05-1979, p. 16).

14. Strauss, nota al expediente, 05-01-1955, documentación de Strauss, BHH.

15. Strauss, notas al expediente, 07-05-1968 y 12-05-1967, documentación de Strauss, BHH; Merry, *Taking on the World*, pp. 360-363; Yoder, *Joe Alsop's Cold War*, pp. 153-155.

16. Sherr, entrevista con Sherwin, p. 24.

17. Hoover, carta del 15-07-1954, sección 46, documento 1869, expediente del FBI sobre JRO.

18. Harold Cherniss, entrevista con Alice Smith, 21-04-1976, p. 19; Stern, *The Oppenheimer Case*, p. 393.

19. Peter escribió esas palabras (están corregidas) el 09-06-1954; Brown, *Through These Men*, p. 228.

20. Nota del FBI, 14-07-1954, sección 46, documento 1888, expediente del FBI sobre JRO.

21. Oficina del FBI de Newark, nota a Hoover, 13-07-1954, sección 46, documento 1880, expediente del FBI sobre JRO.

22. Resumen de vigilancia del FBI, 15-07-1954, sección 46, documento 1893, expediente del FBI sobre JRO.

23. JRO a Hoover, 15-07-1954, documento 1891; resumen de vigilancia del FBI, 17-07-1954, 1899, sección 46, expediente del FBI sobre JRO.

24. Susan Barry, «Sis Frank», *St. John People*, pp. 89-90.

25. Irva Clair Denham, entrevista con Sherwin, 20-02-1982, p. 4.

26. Inga Hiilivirta, entrevista con Sherwin, 16-01-1982, p. 19.

27. FBI, JRO files, sección 49, 23-8-1954 y 25-8-1954.

28. FBI, archivos de JRO, 30-08-1954, sección 49, documentos 1981, 2002.

29. Lilienthal, *The Journals of David E. Lilienthal*, vol. 3, p. 615. Lilienthal había ido a St. John en primavera y se había enterado de la visita del FBI por Ralph Boulon, copropietario del hotel Trunk Bay.

30. Ferenc M. Szasz, «Great Britain and the Saga of J. Robert Oppenheimer», *War in History*, vol. 2, n.° 3 (1995), p. 327; *News Statesman and Nation*, 23-10-1954, p. 525. La prensa francesa tuvo una reacción igual de crítica. El 8 de junio de 1954, el editorial de *Le Monde* decía: «La obsesión por la seguridad está conduciendo a Estados Unidos a una crisis mental y moral de primer orden. Los está empujando a forjar las cadenas del mismo totalitarismo que desean combatir. Nadie quiere arriesgarse a que lo acusen de ser blando con el comunismo. Y las opiniones del senador McCarthy han terminado, de forma inconsciente, imponiéndose sobre la mayoría».

31. Chevalier, *Oppenheimer*, p. 116.

32. Coughlan, «The Equivocal Hero of Science: Robert Oppenheimer», *Life*, febrero de 1967, p. 34A; véase también Thorpe, «J. Robert Oppenheimer and the Transformation of the Scientific Vocation», disertación, p. 572.

33. Jeremy Gundel, «Heroes and Villains: Cold War Images of Oppenheimer and Teller in Mainstream American Magazines», julio de 1992, publicación especial 92-1, centro de Historia de la Era Nuclear y Humanidades, Universidad de Tufts, p. 56.

34. W. A. Branigan a Belmont, nota del FBI, 27-07-1954, sección 47, documento 1912, expediente del FBI sobre JRO; *The Washington Post*, 25-07-1954.

35. Thorpe, «J. Robert Oppenheimer and the Transformation of the Scientific Vocation», disertación, p. 608; JRO, *The Open Mind*, pp. 144-145.

36. *See It Now*, transcripción, 04-01-1955, Biblioteca Documental de la CBS News, Nueva York.

37. Esta y las citas anteriores: Thorpe, «J. Robert Oppenheimer and the Transformation of the Scientific Vocation», disertación, pp. 581-584; Jane A. Sanders, «The University of Washington and the Controversy Over J. Robert Oppenheimer», *Pacific Northwest Quarterly*, enero de 1979, pp. 8-19.

38. Lilienthal, *The Journals of David E. Lilienthal*, vol. 3, pp. 618-619.

39. *Ibid.*, vol. 5, p. 156.

40. Bertrand Russell a JRO, 08-02-1957; JRO a Russell, 18-02-1957; Russell a JRO, 11-03-1957, caja 62, documentación de JRO; Lanouette, *Genius in the Shadows*, p. 369.

41. Thorpe, «J. Robert Oppenheimer and the Transformation of the Scientific Vocation», disertación, pp. 619-620.

42. Max Born *et al.*, «The Peril of Universal Death», 09-07-1955, reimpreso en Bird y Lifschultz, eds., *Hiroshima's Shadow*, pp. 485-487.

43. Thorpe, «J. Robert Oppenheimer and the Transformation of the Scientific Vocation», disertación, pp. 617-618.

44. *The Day After Trinity*, Jon Else, transcripción, p. 76.

45. «A-Bomb Use Questioned», 09-06-1956, United Press International.

46. Max Born, *My Life and My Views*, p. 110; JRO a Born, 16-04-1964, cortesía de Nancy Greenspan.

47. JRO, *The Open Mind*, pp. 50-51.

48. *Ibid.*, p. 54.

49. *New York Herald Tribune*, 26-03-1956; Bird, *The Color of Truth*, p. 147. El profesor Morton White, del departamento de Filosofía, impulsó la invitación. Entrevista de M. White con Sherwin, 27-10-2004.

50. «Requiescat», *Harvard Magazine*, mayo-junio de 2004.

51. Edmund Wilson, *The Fifties*, pp. 411-412. Bernstein, *Oppenheimer*, p. 174.

52. Lilienthal, *The Journals of David E. Lilienthal*, vol. 4, p. 259.

53. Nasar, *A Beautiful Mind*, pp. 220-221.

54. *Ibid.*, pp. 221, 294. Oppenheimer invitó de nuevo a Nash al instituto en 1961-1962 y en 1963-1964.

55. Bernstein, *Oppenheimer*, pp. 187-188.

56. *Ibid.*, p. 189; Jeremy Bernstein a Sherwin, nota, abril de 2004.

57. Peter Coleman, *The Liberal Conspiracy*, pp. 120-121.

58. Frances Stonor Saunders, *The Cultural Cold War*, pp. 378-379, 394-395; *The New York Times*, 09-05-1966; Coleman, *The Liberal Conspiracy*, pp. 177, 297.

59. Michelmore, *The Swift Years*, pp. 241-242. Agradecemos a Mikio Kato, de la International House de Tokio (Japón), por facilitarnos artículos de la prensa japonesa relacionados con la visita de Oppenheimer.

60. Lilienthal, entrevista con Sherwin, 17-10-1978.

61. *Ibid.*

62. Francis Fergusson, entrevista con Sherwin, 07-07-1979, p. 10.

63. JRO a Frank Oppenheimer, 02-04-1958, colección de Alice Smith.

64. Verna Hobson, entrevista con Sherwin, 31-07-1979; Francis Fergusson, entrevista con Sherwin, 07-07-1979, p. 8.

39. «Era como el País de Nunca Jamás»

1. Nancy Gibney, «Finding Out Different», en *St. John People*, p. 151.

2. Sabra Ericson, entrevista con Sherwin, 13-01-1982, p. 6; Francis Fergusson, entrevista con Sherwin, 07-07-1979, p. 1.

3. Sis Frank, entrevista con Sherwin, 18-01-1982, p. 1.

4. Primero, Nancy Gibney vendió un terreno de cuatro mil metros cuadrados a una pareja de St. Louis, y estos se lo vendieron a Oppenheimer. Al cabo de un año, este convenció al matrimonio Gibney para que le vendieran otro terreno igual (Eleanor Gibney, entrevista con Bird, 27-03-2001).

5. Ericson, entrevista con Sherwin, 13-01-1982, p. 6.

6. *Ibid.*, p. 7; Irva Claire Denham, entrevista con Sherwin, 20-02-1982, p. 20.

7. Esta y las citas anteriores: Gibney, «Finding Out Different», en *St. John People*, pp. 153-155.

8. Ed Gibney, entrevista con Bird, 26-03-2001.

9. Gibney, «Finding Out Different», en *St. John People*, pp. 150-167.

10. Doris e Ivan Jadan, entrevista con Sherwin, 18-01-1982, p. 14; Inga Hiilivirta, entrevista con Sherwin, 16-01-1982, p. 8; Ericson, entrevista con Sherwin, 13-01-1982, p. 8. La disputa solo terminó después de que Robert y Kitty hubieran muerto. Toni consideró que el asunto era absurdo, así que un día le pidió a Sabra Ericson que la llevara a ver a Nancy Gibney y arregló las cosas.

11. Doris Jadan, entrevista con Sherwin, 18-01-1982, pp. 1-4. Ivan Jadan nunca se marchó de la isla; murió en 1995.

12. Doris Jadan, entrevista con Sherwin, 18-01-1982, p. 3.

13. Ericson, entrevista con Sherwin, 13-01-1982, pp. 14, 19.

14. Doris Jadan, entrevista con Sherwin, 18-01-1982, p. 6.

15. Sis Frank, entrevista con Sherwin, 18-01-1982, p. 7.

16. Sis Frank, entrevista con Sherwin, 18-01-1982, pp. 2, 8.

17. Esta y las citas anteriores: Hiilivirta, entrevista con Sherwin, 16-01-1982, pp. 3-5; Hiilivirta, entrevista con Bird, 26-03-2001.

18. Hiilivirta, entrevista con Sherwin, 16-01-1982, p. 4.

19. *Ibid.*, p. 5.

20. Sis Frank, entrevista con Sherwin, 18-01-1982, p. 2.

21. Ericson, entrevista con Sherwin, 13-01-1982, pp. 14-15.

22. John Green, entrevista con Sherwin, 20-02-1982, p. 15.

23. Francis Fergusson, entrevista con Sherwin, 07-07-1979, p. 2.

24. Fiona and William St. Clair, entrevista con Sherwin, 17-02-1982, p. 9; Hiilivirta, entrevista con Sherwin, 16-01-1982, p. 4; Doris Jadan, entrevista con Sherwin, 18-01-1982, p. 4.

25. John Green, entrevista con Sherwin, 20-02-1982, p. 21.

26. Hiilivirta, entrevista con Bird, 26-03-2001.

27. Gibney, «Finding Out Different», en *St. John People*, p. 157.

28. Hiilivirta, entrevista con Sherwin, 16-01-1982, p. 17.

29. *Ibid.*, p. 2. Sis Frank, entrevista con Sherwin, 18-01-1982, p. 5; Ericson, entrevista con Sherwin, 13-01-1982, p. 9.

30. Ericson, entrevista con Sherwin, 13-01-1982, p. 11.

31. Steve Edwards, entrevista con Sherwin, 18-01-1982, p. 4.

32. Sis Frank, entrevista con Sherwin, 18-01-1982, p. 7.

33. Hiilivirta, entrevista con Sherwin, 16-01-1982, pp. 1-2.

34. John Green, entrevista con Sherwin, 20-02-1982, p. 12.

35. Betty Dale, entrevista con Sherwin, 21-01-1982, pp. 2-3.

36. Michelmore, *The Swift Years*, p. 240.

37. Doris Jadan, entrevista con Sherwin, 18-01-1982, p. 8.

38. Ericson, entrevista con Sherwin, 13-01-1982, p. 14.

40. «TENDRÍA QUE HABERSE HECHO AL DÍA SIGUIENTE DE LA TRINITY»

1. Glenn T. Seaborg, *A Chemist in the White House*, p. 106; Goodchild, *J. Robert Oppenheimer*, p. 275.

2. Thorpe, «J. Robert Oppenheimer and the Transformation of the Scientific Vocation», disertación, p. 593.

3. «Dr. J. Robert Oppenheimer», 26-06-1963, carpeta 2 del archivo de Oppenheimer, CAA, serie 233, AN.

4. Szasz, «Great Britain and the Saga of J. Robert Oppenheimer», *War in History*, vol. 2, n.º 3 (1995), p. 329.

5. Michelmore, *The Swift Years*, p. 247-248.

6. *Ibid.*, p. 248; Teller afirma en sus memorias que propuso el nombre de Oppenheimer para el Premio Fermi de 1963 (Teller, *Memoirs*, p. 465).

7. *The New York Times*, 22-11-1963; Herken, *Cardinal Choices*, pp. 307-308.

8. Peter Oppenheimer, correo electrónico a Bird, 07-09-2004; Michelmore, *The Swift Years*, p. 249.

9. Lilienthal, *The Journals of David E. Lilienthal*, vol. 5, p. 529.

10. Comunicado de prensa de la Casa Blanca, «Comentarios del presidente Johnson, Seaborg y Oppenheimer», 02-12-1963, documentación de Philip M. Stern, BJFK; Seaborg, *A Chemist in the White House*, p. 186; Lilienthal, *The Journals of David E. Lilienthal*, vol. 5, p. 530.

11. Goodchild, *J. Robert Oppenheimer*, pp. 276-277.

12. David Pines, entrevista con Bird, 26-06-2004.

13. Herken, *Brotherhood of the Bomb*, p. 331.

14. Bird, *The Color of Truth*, p. 151.

15. Herken, *Brotherhood of the Bomb*, p. 330.

16. Strauss, nota al expediente, 21-01-1966, documentación de Strauss, BHH.

17. Lilienthal, *The Journals of David E. Lilienthal*, vol. 6, p. 22.

18. *Ibid.*, vol. 5, p. 275.

19. Peter Oppenheimer, correo electrónico a Bird, 10-09-2004.

20. JRO a Gar Alperovitz, 04-11-1964, cortesía de Alperovitz; Alperovitz, *The Decision to Use the Atomic Bomb*, p. 574.

21. Heinar Kipphardt, *In the Matter of J. Robert Oppenheimer*, pp. 126-127.

22. Szasz, «Great Britain and the Saga of J. Robert Oppenheimer», *War in History*, vol. 2, n.º 3 (1995), p. 330.

23. *Ibid.*, p. 329.

24. Jon Else, *The Day After Trinity*, transcripción, p. 77, colección de Sherwin.

25. JRO al doctor Jerome Wiesner, 06-06-1966, documentación de Stern, BJFK.

26. Lilienthal, *The Journals of David E. Lilienthal*, vol. 6, p. 173.

27. Strauss, nota al expediente, 22-04-1963, documentación de Strauss, BHH.

28. *Ibid.*, 29-04-1965, documentación de Strauss, BHH.

29. *Ibid.*, 14-12-1965, documentación de Strauss, BHH.

30. Georgia Whidden (IEA), correo electrónico a Bird, 24-02-2004.

31. Esta y las citas anteriores: Sis Frank, entrevista con Sherwin, 18-01-1982, p. 3; Verna Hobson, entrevista con Sherwin, 31-07-1979, p. 26.

32. Arthur Schlesinger hijo a JRO, 21-02-1966, caja 65, documentación de JRO.

33. Francis Fergusson, entrevista con Sherwin, 23-06-1979, p. 10.

34. Lilienthal, *The Journals of David E. Lilienthal*, vol. 6, p. 255.

35. Pais, *A Tale of Two Continents*, p. 399; Goodchild, *J. Robert Oppenheimer*, p. 279; Michelmore, *The Swift Years*, p. 253.

36. Dyson, entrevista con Jon Else, 10-12-1979, p. 4; Dyson, *Disturbing the Universe*, p. 81.

37. Lilienthal, *The Journals of David E. Lilienthal*, vol. 6, p. 234.

38. JRO a Nicolas Nabokov, telegrama, 11-07-1966, carpeta de Nabokov, caja 52, documentación de JRO.

39. Sabra Ericson, entrevista con Sherwin, 13-01-1982, pp. 16, 21; Sis Frank, entrevista con Sherwin, 18-01-1982, p. 4.

40. Hiilivirta, entrevista con Sherwin, 16-01-1982, pp. 9, 12.

41. JRO a Nicolas Nabokov, 28-10-1966, carpeta de Nabokov, caja 52, documentación de JRO.

42. George Dyson, correo electrónico a Bird, 23-05-2003.

43. JRO a Nicolas Nabokov, 28-10-1966, carpeta de Nabokov, caja 52, documentación de JRO.

44. Lilienthal, *The Journals of David E. Lilienthal*, vol. 6, pp. 299-300.

45. Michelmore, *The Swift Years*, p. 254.

46. Libro de referencia de 1966, caja 13, documentación de JRO.

47. Esta y las citas anteriores: David Bohm a JRO, 29-11-1966; JRO a Bohm, borrador de carta, 02-12-1966, y JRO a Bohm, 05-12-1966, archivo de Bohm, caja 20, documentación de JRO.

48. Thorpe, «J. Robert Oppenheimer and the Transformation of the Scientific Vocation», disertación, pp. 629-630; Thomas B. Morgan, «With Oppenheimer, on an Autumn Day», *Look*, 27-12-1966, pp. 61-63.

49. Chevalier, *Oppenheimer*, pp. 34-35.

50. Jon Else, *The Day After Trinity*.

51. Lilienthal, *The Journals of David E. Lilienthal*, vol. 6, p. 348.

52. Carta de JRO a James Chadwick, 10-01-1967, caja 26, documentación de JRO.

53. Verna Hobson, entrevista con Sherwin, 31-07-1979, p. 10.

54. Michelmore, *The Swift Years*, p. 254.

55. Dyson, *Disturbing the Universe*, p. 81. Marvin Weinstein fue un físico que había estudiado en la Universidad de Columbia y que estuvo investigando de 1967 a 1969 en el instituto.

56. Louis Fischer a Michael Josselson, 25-02-1967, carpeta 3a, caja 5, documentación de Fischer, BUP, cortesía de George Dyson.

57. Esta y las citas anteriores: *Ibid.*

58. Francis Fergusson, entrevista con Sherwin, 07-07-1979, p. 19, y 23-06-1979, p. 10.

59. Certificado de defunción de JRO, n.° 08006, Departamento de Salud de Nueva Jersey; Dyson, *Disturbing the Universe*, p. 81; Sabra Ericson, entrevista con Sherwin, 13-01-1982, p. 20. Según el doctor Stanley Bauer, director de Patología del hospital de Princeton, el informe de la autopsia indicaba que el hígado mostraba signos de necrosis debida a alguna sustancia tóxica externa, posiblemente por la quimioterapia. También parece que la radioterapia erradicó por completo el cáncer de garganta, en cuyo caso murió a causa de la quimioterapia.

60. Strauss a Kitty Oppenheimer, telegrama, 20-02-1967, documentación de Strauss, BHH.

61. Szasz, «Great Britain and the Saga of J. Robert Oppenheimer», *War in History*, vol. 2, n.° 3 (1995), p. 320.

62. *The New York Times*, 20-02-1967.

63. «Talk of the Town», *The New Yorker*, 04-03-1967.

64. *Congressional Record*, 19-02-1967.

65. Rabi *et al.*, *Oppenheimer*, p. 8.

66. John e Irva Green, e Irva Claire Denham, entrevista con Sherwin, 20-02-1982, pp. 1-2.

EPÍLOGO. «SOLO HAY UN ROBERT»

1. Charlotte Serber se suicidó en 1967.

2. Serber, *Peace and War*, pp. 218-219.

3. Serber, *Peace and War*, p. 221; Pais, *The Genius of Science*, p. 285.

4. Hilde Hein, *The Exploratorium*, pp. ix-x, xiv-xv, 14-21.

5. Robert Serber, entrevista con Sherwin, 11-03-1982, p. 20.

6. Sabra Ericson, entrevista con Sherwin, 13-01-1982, p. 9.

7. «Carta a Newark», 22-12-1969, sección 59, expediente del FBI sobre JRO (desclasificado el 23-06-1999).

8. Serber, entrevista con Sherwin, 11-03-1982, p. 18; June Barlas, entrevista con Sherwin, 19-01-1982, pp. 1-7.

9. June Barlas, entrevista con Sherwin, 19-01-1982, p. 1; Ellen Chances, entrevista con Sherwin, 10-05-1979.

10. Inga Hiilivirta, entrevista con Sherwin, 16-01-1982, p. 20.

11. Ed Gibney, entrevista con Bird, 26-03-2001.

12. June Barlas, entrevista con Sherwin, 19-01-1982, p. 5; Fiona St. Clair, entrevista con Sherwin, 17-02-1982, p. 4; Sabra Ericson, entrevista con Sherwin, 13-01-1982, p. 12.

Bibliografía

Acheson, Dean, *Present at the Creation: My Years in the State Department*, Nueva York, Norton, 1969.

Albright, Joseph, y Marcia Kunstel, *Bombshell: The Secret Story of America's Unknown Atomic Spy Conspiracy*, Nueva York, Times Books, 1997.

Allen, James S., *Atomic Imperialism*, Nueva York, International Publishers, 1952.

Alperovitz, Gar, *Atomic Diplomacy: Hiroshima and Potsdam: The Use of the Atomic Bomb and the American Confrontation with Soviet Power*, Nueva York, Simon & Schuster, 1965.

—, *The Decision to Use the Atomic Bomb*, Nueva York, Alfred A. Knopf, 1995.

Alsop, Joseph, y Stewart, *We Accuse: The Story of the Miscarriage of American Justice in the Case of J. Robert Oppenheimer*, Nueva York, Simon & Schuster, 1954.

Álvarez, Luis W., *Alvarez: Adventures of a Physicist*, Nueva York, Basic Books, 1987.

Ambrose, Stephen E., *Eisenhower: The President, 1952-1969*, Londres, George Allen & Unwin, 1984.

Badash, Lawrence, Joseph O. Hirschfelder y Herbert P. Broida, eds., *Reminiscences of Los Alamos, 1943-1945*, Dordrecht (Holanda), D. Reidel Publishing Company, 1980.

Barrett, Edward L., hijo, *The Tenney Committee: Legislative Investigation of Subversive Activities in California*, Ithaca (Nueva York), Cornell University Press, 1951.

Bartusiak, Marcia, *Einstein's Unfinished Symphony: Listening to the Sounds of Space-Time*, Nueva York, Berkeley Books, 2000. [Hay trad. cast.: *La sinfonía inacabada de Einstein*, Barcelona, Océano Ámbar, 2002].

Baruch, Bernard, *Baruch: My Own Story*, Nueva York, Henry Holt & Co., 1957.

—, *The Public Years*, Nueva York, Holt, Rinehart & Winston, 1960.

Belfrage, Cedric, *The American Inquisition, 1945-1960*, Indianápolis y Nueva York, Bobbs-Merrill Co., 1973. [Hay trad. cast.: *La inquisición democrática en Estados Unidos*, Ciudad de México, Siglo XXI, 1972].

Bell, Daniel, *The Coming of Post-Industrial Society: A Venture in Social Forecasting*, Nueva York, Basic Books, 1973.

Benson, Robert Louis, y Michael Warner, *Venona: Soviet Espionage and the American Response, 1939-1957*, Washington D. C., Agencia de Seguridad Nacional y Agencia Central de Inteligencia, 1996.

Bernstein, Barton J., ed., *The Atomic Bomb: The Critical Issues*, Boston, Little, Brown & Co., 1976.

Bernstein, Jeremy, *Experiencing Science*, Nueva York, Basic Books, 1978.

—, *Hans Bethe: Prophet of Energy*, Nueva York, Basic Books, 1980.

—, *Quantum Profiles*, Princeton (Nueva Jersey), Princeton University Press, 1991. [Hay trad. cast.: *Perfiles cuánticos*, Madrid, McGraw-Hill Interamericana de España, 1991].

—, *The Merely Personal: Observations on Science and Scientists*, Chicago, Ivan R. Dee, 2001.

—, *The Life It Brings: One Physicist's Beginnings*, Nueva York, Penguin Books, 1987.

—, *Oppenheimer: Portrait of an Enigma*, Chicago, Ivan R. Dee, 2004.

Berson, Robin Kadison, *Marching to a Different Drummer: Unrecognized Heroes of American History*, Westport (Connecticut), Greenwood Press, 1994.

Bird, Kai, *The Chairman: John J. McCloy and the Making of the American Establishment*, Nueva York, Simon & Schuster, 1992.

—, *The Color of Truth: McGeorge Bundy and William Bundy, Brothers in Arms*, Nueva York, Simon & Schuster, 1992.

—, y Lawrence Lifschultz, eds., *Hiroshima's Shadow: Writings on the Denial of History and the Smithsonian Controversy*, Stony Creek (Connecticut), Pamphleteer's Press, 1998.

Birmingham, Stephen, *Our Crowd*, Nueva York, Future Books, 1967.

—, *The Rest of Us: The Rise of America's Eastern European Jews*, Boston, Little, Brown & Co., 1984.

Blackett, P. M. S., *Fear, War, and the Bomb: Military and Political Consequences of Atomic Energy*, Nueva York, McGraw-Hill, 1948, 1949. [Hay trad. cast.: *Miedo, guerra y la bomba atómica*, Barcelona, Espasa, 1950].

Blum, John Morton, ed., *The Price of Vision: The Diary of Henry A. Wallace, 1942-1946*, Boston, Houghton Mifflin, 1973.

Bohlen, Charles E., *Witness to History: 1929-1969*, Nueva York, Norton, 1973.

Born, Max, *My Life: Recollections of a Nobel Laureate*, Nueva York, Charles Scribner's Sons, 1975.

Boyer, Paul, *By Bomb's Early Light: American Thought and Culture at the Dawn of the Atomic Age*, Chapel Hill (Carolina del Norte), University of North Carolina Press, 1994 (Pantheon, 1985).

Brechin, Gray, *Imperial San Francisco: Urban Power, Earthly Ruin*, Berkeley, University of California Press, 1999.

Brian, Denis, *Einstein: A Life*, Nueva York, John Wiley & Sons, 1996. [Hay trad. cast.: *Einstein*, Madrid, Acento, 2004].

Brode, Bernice, *Tales of Los Alamos: Life on the Mesa, 1943-1945*, Los Álamos (Nuevo México), Los Alamos Historical Society, 1997.

Brome, Vincent, *The International Brigades: Spain, 1936-1939*, Nueva York, William Morrow & Co., 1966.

Brown, John Mason, *Through These Men: Some Aspects of Our Passing History*, Nueva York, Harper & Brothers, 1956.

Bruner, Jerome Seymour, *In Search of Mind*, Nueva York, Harper & Row, 1983. [Hay trad. cast.: *En busca de la mente*, Ciudad de México, Fondo de Cultura Económica, 1985].

Bundy, McGeorge, *Danger and Survival: Choices About the Bomb in the First Fifty Years*, Nueva York, Random House, 1988.

Burch, Philip H., hijo, *Elites in American History. The New Deal to the Carter Administration*, vol. 3, Nueva York, Holmes & Meier, 1980.

Bush, Vannevar, *Pieces of the Action*, Nueva York, William Morrow & Co., 1970.

Byrnes, James F., *Speaking Frankly*, Nueva York, Harper & Brothers, 1947.

Calaprice, Alice, ed., *The Expanded Quotable Einstein*, Princeton (Nueva Jersey), Princeton University Press, 2000.

Calvovoressi, Peter, y Wint, Guy, *Total War: The Story of World War II*, Nueva York, Pantheon, 1972.

Carroll, Peter N., *The Odyssey of the Abraham Lincoln Brigade: Americans in the Spanish Civil War*, Stanford (California), Stanford University Press, 1994. [Hay trad. cast.: *La odisea de la Brigada Abraham Lincoln*, Sevilla, Espuela de Plata, 2018].

Cassidy, David, *J. Robert Oppenheimer and the American Century*, Indianápolis (Indiana), Pi Press, 2004.

—, *Uncertainty: The Life and Science of Werner Heisenber*, Nueva York, W. H. Freeman, 1992.

Chambers, Marjorie Bell, y Linda K. Aldrich, *Los Alamos, New Mexico: A Survey to 1949*, Los Álamos (Nuevo México), Sociedad Histórica de Los Álamos, monografía n.º 1, 1999.

Chevalier, Haakon, *The Man Who Would Be God*, Nueva York, G. P. Putnam's Sons, 1959. [Hay trad. cast.: *El hombre que quiso ser dios*, Barcelona, Seix Barral, 1962].

—, *Oppenheimer: The Story of a Friendship*, Nueva York, George Braziller, 1965.

Childs, Herbert, *An American Genius: The Life of Ernest Orlando Lawrence*, Nueva York, E. P. Dutton & Co., 1968.

Christman, Al, *Target Hiroshima: Deke Parson and the Creation of the Atomic Bomb*, Annapolis (Maryland), Naval Institute Press, 1998.

Church, Peggy Pond, *Bones Incandescent: The Pajarito Journals of Peggy Pond Church*, Lubbock (Texas), Texas Tech University Press, 2001.

—, *The House at Otowi Bridge: The Story of Edith Warner and Los Álamos*, Albuquerque (Nuevo México), University of New Mexico Press, 1959.

Clark, Ronald W., *Einstein: The Life and Times*, Nueva York, HarperCollins, Avon Books, 1971, 1984.

Cohen, Sam, *The Truth About the Neutron Bomb*, Nueva York, William Morrow, 1983.

Coleman, Peter, *The Liberal Conspiracy: The Congress for Cultural Freedom and the Struggle for the Mind of Postwar Europe*, Nueva York, The Free Press, 1989.

Comisión de Energía Atómica de Estados Unidos, *In the Matter of J. Robert Oppenheimer: Transcript of Hearing Before Personnel Security Board and Texts of Principal Documents and Letters*, prefacio de Philip M. Stern, Cambridge (Massachusetts), MIT Press, 1971 (citado en las notas como «audiencia de JRO»).

Compton, Arthur H., *Atomic Quest*, Nueva York, Oxford University Press, 1956.

Cook, Fred J., *The FBI Nobody Knows*, Nueva York, Macmillan Co., 1964. [Hay trad. cast.: *El FBI desconocido*, Barcelona, Bruguera, 1965].

—, *The Nightmare Decade: The Life and Times of Senator Joe McCarthy*, Nueva York, Random House, 1971.

Corson, William R., *The Armies of Ignorance: The Rise of the American Intelligence Empire*, Nueva York, Dial, 1977.

Crease, Robert P., y Charles C. Mann, *The Second Creation: Makers of the Revolution in 20th Century Physics*, Nueva York, Macmillan Co., 1986.

Curtis, Charles P., *The Oppenheimer Case: The Trial of a Security System*, Nueva York, Simon & Schuster, 1955.

Dallet, Joe, *Letters from Spain*, Nueva York, Workers Library Publishers, 1938.

Davis, Nuel Pharr, *Lawrence and Oppenheimer*, Nueva York, Simon & Schuster, 1968.

Dawidoff, Nicholas, *The Catcher Was a Spy: The Mysterious Life of Moe Berg*, Nueva York, Pantheon, 1994.

Dean, Gordon E., *Forging the Atomic Shield: Excerpts from the Office Diary of Gordon E. Dean*, Roger M. Anders, ed., Chapel Hill (Carolina del Norte), University of North Carolina Press, 1987.

Donaldson, Scott, *Archibald MacLeish: An American Life*, Boston, Houghton Mifflin, 1992.

Dyson, Freeman, *Disturbing the Universe*, Nueva York, HarperCollins, 1979.

—, *From Eros to Gaia*, Nueva York, Pantheon, 1992. [Hay trad. cast.: *De Eros a Gaia*, Barcelona, Tusquets, 1994].

—, *Weapons and Hope*, Nueva York, Harper & Row, 1984.

Eisenberg, Carolyn, *Drawing the Line: The American Decision to Divide Germany, 1944-1949*, Nueva York, Cambridge University Press, 1996.

Else, Jon, *The Day After Trinity: J. Robert Oppenheimer and the Atomic Bomb* (película documental), 1980. Transcripción y archivos suplementarios, cortesía de Jon Else.

Eltenton, Dorothea. *Laughter in Leningrad: An English Family in Russia, 1933-1938*, Londres, Biddle Ltd., 1998.

Feynman, Richard, *Surely You're Joking, Mr. Feynman!*, Nueva York, Norton, 1985. [Hay. trad. cast.: *¿Está usted de broma, Sr. Feynman?*, Madrid, Alianza, 1987].

Fine, Reuben, *A History of Psychoanalysis*, Nueva York, Columbia University Press, 1979.

Fölsing, Albrecht, *Albert Einstein*, Nueva York, Viking Penguin, 1997.

Foreign Relations of the United States, vol. 1, 1950.

Friedan, Betty, *Life So Far: A Memoir*, Nueva York, Simon & Schuster, 2000. [Hay trad. cast.: *Mi vida hasta ahora*, Madrid, Cátedra, 2003].

Friess, Horace L., *Felix Adler and Ethical Culture: Memories and Studies*, Nueva York, Columbia University Press, 1981.

Gell-Mann, Murray, *The Quark and the Jaguar: Adventures in the Simple and the Complex*, Nueva York, W. H. Freeman & Co., 1994. [Hay trad. cast.: *El quark y el jaguar*, Barcelona, Tusquets, 1995].

Gilpin, Robert, *American Scientists and Nuclear Weapons Policy*, Princeton (Nueva Jersey), Princeton University Press, 1962.

Giovannitti, Len, y Fred Freed, *The Decision to Drop the Bomb*, Londres, Methuen & Co., 1965, 1967.

Gleick, James, *Genius: The Life and Science of Richard Feynman*, Nueva York, Vintage, 1992.

Goldstein, Robert Justin, *Political Repression in Modern America*, Cambridge (Massachusetts), Schenkman Publishing Co., 1978.

Goodchild, Peter., *J. Robert Oppenheimer: Shatterer of Worlds*, Boston, Houghton Mifflin, 1981.

Goodman, Walter, *The Committee*, Nueva York, Farrar, Straus & Giroux, 1968.

Gowing, Margaret, *Britain and Atomic Energy, 1939-1945*, Nueva York, St. Martin's Press, 1964.

Greene, Brian, *The Elegant Universe: Superstrings, Hidden Dimensions y the Quest for the Ultimate Theory*, Nueva York, Random House, 1999; Vintage, 2003. [Hay trad. cast.: *El universo elegante: supercuerdas, dimensiones ocultas y la búsqueda de una teoría final*, Barcelona, Critica, 2001].

Grew, Joseph C., *Turbulent Era: A Diplomatic Record of Forty Years*, vol. 2. Boston, Houghton Mifflin, 1952.

Gribbin, John, *Q Is for Quantum: An Encyclopedia of Particle Physics*, Nueva York, Simon & Schuster, 1998.

Grigg, John, *1943: The Victory That Never Was*, Londres, Eyre Methuen, 1980.

Groves, Leslie M., *Now It Can Be Told: The Story of the Manhattan Project*, Nueva York, Harper, 1962; Da Capo Press, 1983.

Guttmann, Allen, *The Wound in the Heart: America and the Spanish Civil War*, Nueva York, Free Press of Glencoe, 1962.

Haynes, John Earl, y Klehr, Harvey, *In Denial: Historians, Communism and Espionage*, San Francisco, Encounter Books, 2003.

—, *Venona: Decoding Soviet Espionage in America*, New Haven (Connecticut), Yale University Press, 1999.

Healey, Dorothy, *Dorothy Healey Remembers*, Nueva York, Oxford University Press, 1990.

Hein, Hilde, *The Exploratorium: The Museum As Laboratory*, Washington D. C., Smithsonian Books, 1991.

Herken, Gregg, *Brotherhood of the Bomb: The Tangled Lives and Loyalties of Robert Oppenheimer, Ernest Lawrence, and Edward Teller*, Nueva York, Henry Holt & Co., 2002.

—, *Cardinal Choices: Presidential Science Advising from the Atomic Bomb to SDI*, Nueva York, Oxford University Press, 1992.

—, *Counsels of War*, Nueva York, Alfred A. Knopf, 1985.

—, *The Winning Weapon: The Atomic Bomb in the Cold War, 1945-1950*, Nueva York, Alfred A. Knopf, 1980.

Hershberg, James, *James B. Conant: Harvard to Hiroshima and the Making of the Nuclear Age*, Nueva York, Alfred A. Knopf, 1993.

Hewlett, Richard G., y Oscar E. Anderson hijo, *The New World, 1939-1946. A History of the United States Atomic Energy Commission*, vol. 1, University Park (Pennsylvania), Pennsylvania State University Press, 1962.

Hewlett, Richard G., y Francis Duncan, *Atomic Shield, 1947-1952. A History of the United States Atomic Energy Commission*, vol. 2, University Park (Pennsylvania), Pennsylvania State University Press, 1969.

Hewlett, Richard G., y Jack M. Holl, *Atoms for Peace and War, 1953-1961: Eisenhower and the Atomic Energy Commission*, Berkeley (California), University of California Press, 1989.

Hinckle, Warren, y William W. Turner, *The Fish Is Red: The Story of the Secret War Against Castro*, Nueva York, HarperCollins, 1981.

Hixson, Walter L., *George F. Kennan: Cold War Iconoclast*, Nueva York, Columbia University Press, 1989.

Hoddeson, Lillian, Laurie M. Brown, Michael Riordan, y Max Dresden, eds., *The Rise of the Standard Model: A History of Particle Physics from 1964 to 1979*, Nueva York, Cambridge University Press, 1983.

Hoddeson, Lillian, Paul W. Henriksen, Roger A. Meade, y Catherine Westfall, *Critical Assembly*, Nueva York, Cambridge University Press, 1993.

Hollinger, David A., *Science, Jews y Secular Culture*, Princeton (Nueva Jersey), Princeton University Press, 1996.

Holloway, David, *Stalin and the Bomb: The Soviet Union and Atomic Energy, 1939-1956*, New Haven (Connecticut), Yale University Press, 1994.

Holton, Gerald, *Einstein, History, and Other Passions*, Woodbury (Nueva York),

American Institute of Physics Press, 1995. [Hay trad. cast.: *Einstein, historias y otras pasiones*, Madrid, Taurus, 1998].

Horgan, Paul, *A Certain Climate: Essays in History, Arts, and Letters*, Middletown (Connecticut), Wesleyan University Press, 1988.

Isserman, Maurice, *Which Side Were You On? The American Communist Party During the Second World War*, Middletown (Connecticut), Wesleyan University Press, 1982.

James, Henry, *The Beast in the Jungle and Other Stories*, Nueva York, Dover Publications, 1992. [Hay trad. cast.: *La bestia en la jungla y otros cuentos escogidos*, Madrid, Valdemar, 2017].

Jenkins, Edith A., *Against a Field Sinister: Memoirs and Stories*, San Francisco, City Lights, 1991.

Jette, Eleanor, *Inside Box 1663*, Los Álamos (Nuevo México), Sociedad Histórica de Los Álamos, 1977.

Jones, Ernest, *The Life and Work of Sigmund Freud*, Nueva York, Basic Books, 1957. [Hay trad. cast.: *Vida y obra de Sigmund Freud*, Barcelona, Anagrama, 1981].

Jones, Vincent C., *Manhattan: The Army and the Atomic Bomb*, Washington D. C., Centro de Historia Militar del Ejército de Estados Unidos, 1985.

Jungk, Robert., *Brighter Than a Thousand Suns: A Personal History of the Atomic Scientist*, Nueva York, Harcourt, Brace & Co., 1958. [Hay trad. cast.: *Más brillante que mil soles*, Barcelona, Argos Vergara, 1976].

Kamen, Martin D., *Radiant Science, Dark Politics: A Memoir of the Nuclear Age*, Berkeley, University of California Press, 1985.

Kaplan, Fred, *Gore Vidal*, Nueva York, Doubleday, 1999.

Kaplan, Fred M., *The Wizards of Armageddon*, Nueva York, Simon & Schuster, 1983.

Kaufman, Robert G., *Henry M. Jackson: A Life in Politics*, Seattle, University of Washington Press, 2000.

Keitel, Wilhelm, *Mein Leben. Pflichterfüllung bis zum Untergang. Hitlers Generalfeldmarschall und Chef des Oberkommandos der Wehrmacht in Selbstzeugnissen*, Berlín, Quintessenz Verlags, 1998.

Kempton, Murray, *Rebellions, Perversities, and Main Events*, Nueva York, Times Books, 1994.

Kevles, Daniel J., *The Physicists: A History of a Scientific Community in Modern America*, Nueva York, Vintage Books, 1971.

Kipphardt, Heinar, *In the Matter of J. Robert Oppenheimer*, trad. al inglés de Ruth Speirs, Nueva York, Hill and Wang, 1968.

Klehr, Harvey, *The Heyday of American Communism: The Depression Decade*, Nueva York, Basic Books, 1984.

—, John Earl Haynes, y Fridrikh Igorevich Firsov, *The Secret World of American Communism*, New Haven (Connecticut), Yale University Press, 1995.

Kragh, Helge, *Quantum Generations: A History of Physics in the Twentieth Century*, Princeton (Nueva Jersey), Princeton University Press, 1999. [Hay trad. cast.: *Generaciones cuánticas: una historia de la física en el siglo xx*, Madrid, Akal, 2007].

Kraut, Benny, *From Reform Judaism to Ethical Culture: The Religious Evolution of Felix Adler*, Cincinnati (Ohio), Hebrew Union College Press, 1979.

Kunetka, James W., *City of Fire: Los Alamos and the Birth of the Atomic Age, 1943-1945*, Englewood Cliffs (Nueva Jersey), Prentice-Hall, 1978.

—, *Oppenheimer: The Years of Risk*, Englewood Cliffs (Nueva Jersey), Prentice-Hall, 1982.

Kuznick, Peter, *Beyond the Laboratory: Scientists as Political Activists in 1930s America*, Chicago, University of Chicago Press, 1987.

Lamont, Lansing, *Day of Trinity*, Nueva York, Atheneum, 1985.

Lanouette, William, y Bela Silard, *Genius in the Shadows: A Biography of Leo Szilard, the Man Behind the Bomb*, Nueva York, Charles Scribner's Sons, 1992.

Larrowe, Charles P., *Harry Bridges: The Rise and Fall of Radical Labor in the U.S.*, Nueva York, Independent Publications Group, 1977.

Lawren, William, *The General and the Bomb: A Biography of General Leslie R. Groves, Director of the Manhattan Project*, Nueva York, Dodd, Mead & Co., 1988.

Leffler, Melvyn P., *A Preponderance of Power: National Security, the Truman Administration, and the Cold War*, Stanford (California), Stanford University Press, 1992.

Lewis, Richard, y Jane Wilson, eds., *Alamogordo Plus Twenty-five Years*, Nueva York, Viking Press, 1971.

Libby, Leona Marshall, *The Uranium People*, Nueva York, Crane, Russak & Co., 1979.

Lieberman, Joseph I., *The Scorpion and the Tarantula: The Struggle to Control Atomic Weapons, 1945-1949*, Nueva York, Houghton Mifflin, 1970.

Lilienthal, David E., *The Journals of David E. Lilienthal. The Atomic Energy Years, 1945-1950*, vol. 2, Nueva York, Harper & Row, 1964.

—, *The Journals of David E. Lilienthal. Venturesome Years, 1950-1955*, vol. 3, Nueva York, Harper & Row, 1966.

—, *The Journals of David E. Lilienthal. The Road to Change, 1955-1959*, vol. 4, Nueva York, Harper & Row, 1969.

—, *The Journals of David E. Lilienthal. The Harvest Years, 1959-1963*, vol. 5, Nueva York, Harper & Row, 1971.

—, *The Journals of David E. Lilienthal. Creativity and Conflict, 1964-1967*, vol. 6, Nueva York, Harper & Row, 1976.

Madsen, Axel, *Malraux: A Biography*, Nueva York, William Morrow & Co., 1976.

Marbury, William L., *In the Catbird Seat*, Baltimore, Maryland Historical Society, 1988.

Mayers, David, *George Kennan and the Dilemmas of US Foreign Policy*, Nueva York, Oxford University Press, 1988.

McGrath, Patrick J., *Scientists, Business, and the State, 1890-1960*, Chapel Hill (Carolina del Norte), University of North Carolina Press, 2002.

McMillan, Priscilla J., *The Ruin of J. Robert Oppenheimer and the Birth of the Modern Arms Race*, Nueva York, Viking, 2005.

Merriman, Marion, y Warren Lerude, *American Commander in Spain: Robert Hale Merriam and the Abraham Lincoln Brigade*, Reno (Nevada), University of Nevada Press, 1986.

Merry, Robert W., *Taking on the World: Joseph and Stewart Alsop-Guardians of the American Century*, Nueva York, Viking Press, 1996.

Michelmore, Peter, *The Swift Years: The Robert Oppenheimer Story*, Nueva York, Dodd, Mead & Co., 1969.

Miller, Barbara Stoler, trad., *Bhartrihari: Poems*, Nueva York, Columbia University Press, 1967.

Miller, Merle, *Plain Speaking: An Oral Biography of Harry S. Truman*, Nueva York, G. P. Putnam's Sons, 1973.

Mills, Walter, ed., *The Forrestal Diaries*, Nueva York, Viking Press, 1951.

Mitford, Jessica, *A Fine Old Conflict*, Nueva York, Alfred A. Knopf, 1977.

Morgan, Ted, *Reds: McCarthyism in Twentieth-Century America*, Nueva York, Random House, 2003.

Moynahan, teniente coronel John F., *Atomic Diary*, Newark (Nueva Jersey), Barton, 1946.

Nasar, Sylvia, *A Beautiful Mind*, Nueva York, Simon & Schuster, 1998. [Hay trad. cast.: *Una mente prodigiosa*, Barcelona, Debolsillo, 2004].

Navasky, Victor, *Naming Names*, Nueva York, Viking Press, 1980.

Nelson, Cary, y Jefferson Hendricks, eds., *Madrid 1937: Letters of the Abraham Lincoln Brigade from the Spanish Civil War*, Nueva York, Routledge, 1996.

Nelson, Steve, James R. Barrett, y Rob Ruck, *Steve Nelson: American Radical*, Pittsburgh (Pennsylvania), University of Pittsburgh Press, 1981.

Nichols, Kenneth D., *The Road to Trinity*, Nueva York, William Morrow & Co., 1987.

Norris, Robert S., *Racing for the Bomb: General Leslie R. Groves, the Manhattan Project's Indispensable Man*, South Royalton (Vermont), Steerforth Press, 2002.

Offner, Arnold A., *Another Such Victory: President Truman and the Cold War, 1945-1953*, Stanford (California), Stanford University Press, 2002.

Oppenheimer, J. Robert, *The Flying Trapeze: Three Crises for Physicists*, Londres, Oxford University Press, 1964.

—, *The Open Mind*, Nueva York, Simon & Schuster, 1955.

Paine, Jeffery, *Father India: How Encounters with an Ancient Culture Transformed the Modern West*, Nueva York, HarperCollins, 1998.

Painter, David S., *The Cold War: An International History*, Londres y Nueva York, Routledge, 1999.

Pais, Abraham, *The Genius of Science: A Portrait Gallery of Twentieth-Century Physicists*, Oxford, Oxford University Press, 2000.

—, *Inward Bound: Of Matter and Forces in the Physical World*, Nueva York, Oxford University Press, 1986.

—, *Niels Bohr's Times in Physics, Philosophy, and Polity*, Oxford, Clarendon Press, 1991.

—, *A Tale of Two Continents: A Physicist's Life in a Turbulent World*, Princeton (Nueva Jersey), Princeton University Press, 1997.

—, Robert P. Crease, Ida Nicolaisen, y Joshua Pais, *Shatterer of Worlds: A Life of J. Robert Oppenheimer*, Nueva York, Oxford University Press, 2005.

Pais, Abraham; Maurice Jacob, David I. Olive, y Michael F. Atiyah, *Paul Dirac: The Man and His Work*, Cambridge, Cambridge University Press, 1998.

Palevsky, Mary, *Atomic Fragments: A Daughter's Questions*, Berkeley (California), University of California Press, 2000.

Pash, Boris T., *The Alsos Mission*, Nueva York, Award House, 1969.

Pearson, Drew, *Diaries 1949-1959*, Tyler Abell, ed., Nueva York, Holt, Rinehart & Winston, 1974.

Peat, F. David, *Infinite Potential: The Life and Times of David Bohm*, Reading (Massachusetts), Helix Books, Addison-Wesley, 1997.

Pettitt, Ronald A., *Los Alamos Before the Dawn*, Los Álamos (Nuevo México), Pajarito, 1972.

Pfau, Richard, *No Sacrifice Too Great: The Life of Lewis L. Strauss*, Charlottesville (Virginia), University Press of Virginia, 1985.

Polenberg, Richard, ed., *In the Matter of J. Robert Oppenheimer: The Security Clearance Hearing*, Ithaca (Nueva York), Cornell University Press, 2002.

Polmar, Norman, y Thomas B. Allen, *Rickover: Controversy and Genius*, Nueva York, Simon & Schuster, 1982.

Powers, Thomas, *Heisenberg's War: The Secret History of the German Bomb*, Nueva York, Alfred A. Knopf, 1993.

Prochnau, William W., y Richard W. Larsen, *A Certain Democrat: Senator Henry M. Jackson, A Political Biography*, Englewood Cliffs (Nueva Jersey), Prentice-Hall, 1972.

Rabi, I. I., Robert Serber, Victor F. Weisskopf, Abraham Pais, y Glenn T. Seaborg, *Oppenheimer*, Nueva York, Charles Scribner's Sons, 1969.

Reeves, Thomas C., *The Life and Times of Joe McCarthy: A Biography*, Nueva York, Stein & Day, 1982.

Regis, Ed, *Who Got Einstein's Office?*, Reading (Massachusetts), Addison-Wesley, 1987. [Hay trad. cast.: *¿Quién ocupó el despacho de Einstein?*, Barcelona, Anagrama, 1992].

Reston, James, *Deadline: A Memoir*, Nueva York, Random House, 1991.

Rhodes, Richard, *Dark Sun: The Making of the Hydrogen Bomb*, Nueva York, Simon & Schuster, 1995.

—, *The Making of the Atomic Bomb*, Nueva York, Simon & Schuster, 1986.

Rigden, John S., *Rabi: Scientist and Citizen*, Cambridge (Massachusetts), Harvard University Press, 1987.

Robertson, David, *Sly and Able: A Political Biography of James F. Byrnes*, Nueva York, Norton, 1994.

Roensch, Eleanor Stone, *Life Within Limits*, Los Álamos (Nuevo México), Sociedad Histórica de Los Álamos, 1993.

Romerstein, Herbert, y Eric Breindel, *The Venona Secrets: Exposing Soviet Espionage and America's Traitors*, Washington D. C., Regnery, 2000.

Rosenstone, Robert A., *Crusade of the Left: The Lincoln Battalion in the Spanish Civil War*, Nueva York, Pegasus, 1969.

Royal, Denise, *The Story of J. Robert Oppenheimer*, Nueva York, St. Martin's Press, 1969.

Saunders, Frances Stonor, *The Cultural Cold War: The CIA and the World of Arts and Letters*, Nueva York, The New Press, 2000.

Schrecker, Ellen, *Many Are the Crimes: McCarthyism in America*, Boston, Little, Brown & Co., 1998.

—, *No Ivory Tower: McCarthyism and the Universities*, Nueva York, Oxford University Press, 1986.

Schwartz, Stephen I., ed., *Atomic Audit: The Cost and Consequences of U.S. Nuclear Weapons Since 1940*, Washington D. C., Brookings Institution Press, 1998.

Schwartz, Stephen, *From West to East: California and the Making of the American Mind*, Nueva York, The Free Press, 1998.

Schweber, S. S., *In the Shadow of the Bomb: Bethe, Oppenheimer and the Moral Responsibility of the Scientist*, Princeton (Nueva Jersey), Princeton University Press, 2000.

Seaborg, Glenn T., *A Chemist in the White House*, Washington D. C., Sociedad de Química Estadounidense, 1998.

Segrè, Emilio, *Enrico Fermi: Physicist*, Chicago, University of Chicago Press, 1970.

—, *A Mind Always in Motion: The Autobiography of Emilio Segrè*, Berkeley, University of California Press, 1993.

Serber, Robert, *The Los Alamos Primer*, Berkeley, University of California Press, 1992.

—, y Robert P. Crease, *Peace and War: Reminiscences of a Life on the Frontiers of Science*, Nueva York, Columbia University Press, 1998.

Sevareid, Eric, *Small Sounds in the Night: A Collection of Capsule Commentaries on the American Scene*, Nueva York, Alfred A. Knopf, 1956.

Sherwin, Martin, *A World Destroyed: Hiroshima and Its Legacies*, 3.ª ed., Stanford (California), Stanford University Press, 2003. Publicado originalmente como *A World Destroyed: The Atomic Bomb and the Grand Alliance*, Nueva York, Alfred A. Knopf, 1975.

Shirer, William L., *Twentieth-Century Journey: A Native's Return, 1945-1988*, Boston, Little, Brown & Co., 1990.

Simpson, Christopher, *Blowback: America's Recruitment of Nazis and Its Effect on the Cold War*, Nueva York, Weidenfeld & Nicolson, 1988.

Singer, Gerald, ed., *Tales of St. John and the Caribbean*, St. John (islas Vírgenes), Sombrero Publishing, 2001.

Smith, Alice Kimball, *A Peril and a Hope: The Scientists' Movement in America: 1945-1947*, Cambridge (Massachusetts), MIT Press, 1965.

—, y Charles Weiner, eds., *Robert Oppenheimer: Letters and Recollections*, Stanford (California), Stanford University Press, 1995. Publicado originalmente en 1980 por Harvard University Press.

Smith, Richard Norton, *The Harvard Century: The Making of a University to a Nation*, Nueva York, Simon & Schuster, 1986.

St. John People: Stories About St. John Residents by St. John Residents, St. John (islas Vírgenes), American Paradise Publishing, 1993.

Steeper, Nancy Cook, *Gatekeeper to Los Alamos: The Story of Dorothy Scarritt McKibbin*, Los Álamos (Nuevo México), Sociedad Histórica de Los Álamos, 2003.

Stern, Philip M., y Harold P. Green, *The Oppenheimer Case: Security on Trial*, Nueva York, Harper & Row, 1969.

Strauss, Lewis L., *Men and Decisions*, Garden City (Nueva York), Doubleday, 1962.

Szasz, Ferenc Morton, *The Day the Sun Rose Twice: The Story of the Trinity Site Nuclear Explosion, July 16, 1945*, Albuquerque (Nuevo México), University of New Mexico Press, 1984.

Tanenhaus, Sam, *Whittaker Chambers: A Biography*, Nueva York, Random House, 1997.

Taubman, William, *Khrushchev: The Man and His Era*, Nueva York, Norton, 2000. [Hay trad. cast.: *Kruschev. El hombre y su tiempo*, Madrid, La Esfera de los Libros, 2005].

Teller, Edward, y Allen Brown, *The Legacy of Hiroshima*, Nueva York, Doubleday, 1962.

Teller, Edward, y Judith Shoolery, *Memoirs: A Twentieth-Century Journey in Science and Politics*, Cambridge (Massachusetts), Perseus Publishing, 2001.

Terkel, Studs, *The Good War: An Oral History of World War Two*, Londres, Hamish Hamilton, 1985.

Thomas, Hugh, *The Spanish Civil War*, Nueva York, Harper & Brothers, 1961. [Hay trad. cast.: *La guerra civil española*, Madrid, Urbión, 1983].

Truman, Harry S., *Memoirs by Harry S. Truman. Year of Decisions*, vol. 1, Garden City (Nueva York), Doubleday, 1955. [Hay trad. cast.: *Memorias*, Barcelona, Argos Vergara, 1957].

—, *Off the Record: The Private Papers of Harry S. Truman*, Robert H. Ferrell, ed., Nueva York, Penguin, 1982.

Trumpbour, John, ed., *How Harvard Rules: Reason in the Service of Empire*, Boston, South End Press, 1989.

Vidal, Gore, *Palimpsest: A Memoir*, Nueva York, Random House, 1995. [Hay trad. cast.: *Una memoria*, Barcelona, Mondadori, 1999].

Voros, Sandor, *American Commissar*, Filadelfia, Chilton Company, 1961.

Wang, Jessica, *American Science in an Age of Anxiety: Scientists, Anticommunism, and the Cold War*, Chapel Hill (Carolina del Norte), University of North Carolina Press, 1999.

Weisskopf, Victor, *The Joy of Insight: Passions of a Physicist*, Nueva York, Basic Books, 1991.

Werth, Alexander, *Russia at War, 1941-1945*, Nueva York, Carroll & Graf, 1964. [Hay trad. cast.: *Rusia en la guerra (1941-1945)*, Barcelona, Grijalbo, 1967].

Weinstein, Allen, *Perjury: The Hiss-Chambers Case*, Nueva York, Alfred A. Knopf, 1978.

—, y Alexander Vassiliev, *The Haunted Wood: Soviet Espionage in America-The Stalin Era*, Nueva York, Random House, 1999.

Wheeler, John Archibald, y Kenneth Ford, *Geons, Black Holes, and Quantum Foam: A Life in Physics*, Nueva York, W. W. Norton, 1998.

Wigner, Eugene, *The Recollections of Eugene P. Wigner as Told to Andrew Szanton*, Nueva York, Plenum Press, 1992.

Williams, Robert Chadwell, *Klaus Fuchs: Atomic Spy*, Cambridge (Massachusetts), Harvard University Press, 1987. [Hay trad. cast.: *Klaus Fuchs, el espía atómico*, Barcelona, Labor, 1990].

Wilson, Edmund, *The Fifties: From the Notebooks and Diaries of the Period*, Leon Edel, ed., Nueva York, Farrar, Straus & Giroux, 1986.

Wilson, Jane S., *All in Our Time*, Chicago, Bulletin of the Atomic Scientists, 1974.

—, y Charlotte Serber, eds., *Standing By and Making Do: Women of Wartime Los Alamos*, Los Álamos (Nuevo México), Sociedad Histórica de Los Álamos, 1988.

Wirth, John D., y Linda Harvey Aldrich, *Los Alamos: The Ranch School Years, 1917-1943*, Albuquerque (Nuevo México), University of New Mexico Press, 2003.

Ybarra, Michael J., *Washington Gone Crazy: Senator Pat McCarran and the Great American Communist Hunt*, Hanover (New Hampshire), Steerforth Press, 2004.

Yoder, Edwin M., hijo, *Joe Alsop's Cold War: A Study of Journalistic Influence and Intrigue*, Chapel Hill (Carolina del Norte), University of North Carolina Press, 1995.

York, Herbert, *The Advisors: Oppenheimer, Teller y the Superbomb*, Stanford (California), Stanford University Press, 1976, 1989.

Zubok, Vladislav, y Constantine Pleshakov, *Inside the Kremlin's Cold War: From Stalin to Khrushchev*, Cambridge (Massachusetts), Harvard University Press, 1996.

Artículos y disertaciones principales

Alperovitz, Gar, y Kai Bird, «The Centrality of the Bomb», *Foreign Policy*, primavera de 1994.

Barnett, Lincoln, «J. Robert Oppenheimer», *Life*, 10-10-1949.

Bernstein, Barton J., «Eclipsed by Hiroshima and Nagasaki: Early Thinking about Tactical Nuclear Weapons», *International Security*, vol. 15, primavera de 1991.

—, «Four Physicists and the Bomb: The Early Years, 1945-1950», *Historical Studies in Physical Sciences*, vol. 18, n.º 2, 1988.

—, «Interpreting the Elusive Robert Serber: What Serber Says and What Serber Does Not Explicitly Say», *Studies in History and Philosophy of Modern Physics*, vol. 32, n.º 3, 2001, pp. 443-486.

—, «In the Matter of J. Robert Oppenheimer», *Historical Studies in the Physical Sciences*, vol. 12, parte 2, 1982.

—, «The Oppenheimer Loyalty-Security Case Reconsidered», *Stanford Law Review*, julio de 1990.

—, «Oppenheimer and the Radioactive-Poison Plan», *Technology Review*, mayo-junio de 1985.

—, «Reconsidering the Atomic General: Leslie R. Groves», *The Journal of Military History*, julio de 2003.

—, «Seizing the Contested Terrain of Early Nuclear History: Stimson, Conant, and Their Allies Explain the Decision to Use the Atomic Bomb», *Diplomatic History*, n.º 17, invierno de 1993.

Bernstein, Jeremy, «Profiles: Physicist», *The New Yorker*, 13-10-1975 y 20-10-1975.

Birge, Raymond T., *History of the Physics Department. The Decade 1932-1942*, vol. 4, manuscrito inédito, Berkeley, Universidad de California.

Boulton, Frank, «Thomas Addis (1881-1949): Scottish Pioneer in Haemophilia Research», *Journal of the Royal College of Physicians of Edinburgh*, n.º 33, 2003, pp. 135-142.

Bundy, McGeorge, «Early Thoughts on Controlling the Nuclear Arms Race», *International Security*, otoño de 1982.

—, «The Missed Chance to Stop the H-Bomb», *New York Review of Books*, 13-05-1982.

Coughlan, Robert, «The Tangled Drama and Private Hells of Two Famous Scientists», *Life*, 13-12-1963.

—, «The Equivocal Hero of Science: Robert Oppenheimer», *Life*, febrero de 1967.

Davis, Harry M., «The Man Who Built the A-Bomb», *The New York Times Magazine*, 18-04-1948.

Day, Michael A., «Oppenheimer on the Nature of Science», *Centaurus*, vol. 43, 2001.

Galison, Peter, y Barton J. Bernstein, «In Any Light: Scientists and the Decision to Build the Superbomb, 1952-1954», *Historical Studies in Physical Sciences*, vol. 19.

Gibney, Nancy, «Finding Out Different», en *St. John People: Stories about St. John Residents by St. John Residents*, St. John (islas Vírgenes), American Paradise Publishing, 1993.

Green, Harold P., «The Oppenheimer Case: A Study in the Abuse of Law», *Bulletin of the Atomic Scientists*, septiembre de 1977.

Gundel, Jeremy, «Heroes and Villains: Cold War Images of Oppenheimer and Teller in Mainstream American Magazines», artículo especial, n.° 92-1, Centro de Historia y Humanidades de la Era Nuclear, Universidad de Tufts, julio de 1992.

Hershberg, James G., «The Jig Was Up: J. Robert Oppenheimer and the International Control of Atomic Energy, 1947-1949», artículo presentado en el congreso por el centenario de Oppenheimer, Berkeley (California), del 22-04-2004 al 24-04-2004.

Hijiya, James A., «The Gita of J. Robert Oppenheimer», *Proceedings of the American Philosophical Society*, vol. 144, n.° 2, junio de 2000.

Holton, Gerald, «Young Man Oppenheimer», *Partisan Review*, vol. XLVIII, 1981.

Kempton, Murray, «The Ambivalence of J. Robert Oppenheimer», *Esquire*, diciembre de 1983.

Leffler, Melvyn, «Inside Enemy Archives: The Cold War Re-Opened», *Foreign Affairs*, verano de 1996.

Lemley, Kevin V., y Linus Pauling, «Thomas Addis», *Biographical Memoirs*, vol. 63, Washington D. C., Academia Nacional de las Ciencias, 1994.

Morgan, Thomas B., «A Visit with J. Robert Oppenheimer», *Look*, 01-04-1958.

—, «With Oppenheimer, on an Autumn Day: A Thoughtful Man Talks Searchingly About Science, Ethics, and Nuclear War on a Quiet Afternoon During a Bad Time», *Look*, 27-12-1966.

Newman, Steven Leonard, «The Oppenheimer Case: A Reconsideration of the Role of the Defense Department and National Security», disertación, Universidad de Nueva York, febrero de 1977.

Oppenheimer, Robert, «Niels Bohr and Atomic Weapons», *New York Review of Books*, 17-12-1964.

—, «On Albert Einstein», *New York Review of Books*, 17-03-1966.

Preuss, Paul, «On the Blacklist», *Science*, junio de 1983, p. 35.

Rhodes, Richard, «I Am Become Death», *American Heritage*, vol. 28, n.° 6, 1987, pp. 70-83.

Rosenberg, David Alan, «The Origins of Overkill: Nuclear Weapons and American Strategy, 1945-1960», *International Security*, n.° 7, primavera de 1983.

Sanders, Jane A., «The University of Washington and the Controversy Over J. Robert Oppenheimer», *Pacific Northwest Quarterly*, enero de 1979.

Stern, Beatrice M., *A History of the Institute for Advanced Study, 1930-1950*, manuscrito inédito, archivos del Instituto de Estudios Avanzados, p. 613.

Szasz, Ferenc M., «Great Britain and the Saga of J. Robert Oppenheimer», *War in History*, vol. 2, n.º 3, 1995.

«The Eternal Apprentice», *Time*, 08-11-1948.

Thorpe, Charles Robert, «J. Robert Oppenheimer and the Transformation of the Scientific Vocation», disertación, UC-San Diego, 2001.

—, y Steven Shapin, «Who Was J. Robert Oppenheimer?», *Social Studies of Science*, agosto de 2000.

Trilling, Diana, «The Oppenheimer Case: A Reading of the Testimony», *Partisan Review*, noviembre-diciembre de 1954.

Wilson, Robert, «Hiroshima: The Scientists' Social and Political Reaction», *Proceedings of the American Philosophical Society*, septiembre de 1996.

COLECCIONES DE MANUSCRITOS

Acheson, Dean (BUY)

Barnard, Chester (Harvard Business School Library)

Baruch, Bernard (BUP)

Bethe, Hans (BUC)

Bohr, Niels (IEF)

Bush, Vannevar (BC y MIT)

Byrnes, James F. (UC)

Clark, Grenville (Universidad de Dartmouth)

Clayton, William (BHST)

Clifford, Clark (BHST)

Committee to Frame a World Constitution (Universidad de Chicago)

Compton, Arthur (Universidad de Washington)

Compton, Karl (MIT)

Conant, James B. (UH)

DuBridge, Lee (Caltech)

Dulles, John Foster (BUP y BDDE)

Eisenhower, Dwight D., colecciones de documentación presidencial (BDDE)

Federación de Científicos Nucleares y numerosas colecciones de manuscritos relacionadas con ella, como Científicos Nucleares de Chicago, documentación de Fermi y documentación de Hutchins (Universidad de Chicago)

Forrestal, James (BUP)

Frankfurter, Felix (BC y Escuela de Derecho de Harvard)

Groves, Leslie, serie 200, Archivos Nacionales (AN)

Harriman, Averell (BC y archivo personal de Kai Bird)

Lamont, Lansing (BHST)
Lawrence, E. O. (UCB)
Lilienthal, David (BUP)
Lippmann, Walter (BUY)
McCloy, John J. (archivos de la Universidad Amherst)
Niebuhr, Reinhold (BC)
Oppenheimer, J. Robert (BC e IEA)
Osborn, Frederick (BHST)
Patterson, Robert (BC)
Peters, Bernard (Archivo Niels Bohr, Copenhague)
Roosevelt, Franklin D., colección de documentación presidencial (Biblioteca
    de Roosevelt)
Stimson, Henry L. (BUY)
Strauss, Lewis L. (BHH)
Szilárd, Leó (BUCSD)
Tolman, Richard (Caltech)
Truman, Harry S., colección de documentación presidencial (BHST)
Universidad de Míchigan, documentación de las escuelas de verano de física
    teórica organizadas en la década de 1930.
Urey, Harold (BUCSD)
Wilson, Carroll (MIT)

COLECCIONES DE DOCUMENTACIÓN GUBERNAMENTAL

Archivos del Laboratorio Nacional de Los Álamos, muchos expedientes
Comisión de Energía Atómica, Archivos Nacionales
Comité Conjunto de Energía Atómica, serie 128, AN
Comité Especial de Energía Atómica, serie 46, AN
Consejo de Investigación de Defensa Nacional y Oficina de Investigación y
    Desarrollo Científico, serie 227, AN
Departamento de Estado, archivos de la CEA y registros del asesor especial del
    secretario de Estado en asuntos de energía atómica, serie 50, AN
Distrito de Ingeniería Manhattan, archivos Harrison-Bundy, serie 77, AN
Documentación de la Agencia Federal de Investigación sobre J. Robert Oppen-
    heimer, sede del FBI, Washington D. C. (nombres de los expedientes:
    «J. Robert Oppenheimer», «Katherine Oppenheimer», «Frank Oppenhei-
    mer», «Haakon Chevalier» y «Klaus Fuchs»)
Documentación del secretario de Defensa, serie 330, AN
Documentación del secretario de Guerra, serie 107, AN

Entrevistas

Las entrevistas aquí citadas las realizaron Martin Sherwin (MS), Kai Bird (KB), Jon Else (JE), Alice Kimball Smith (AS) y Charles Weiner (CW). Las transcripciones de las entrevistas de Sherwin y Bird se encuentran en posesión de los autores. Jon Else utilizó las suyas para su película documental *The Day After Trinity* (1980), y le damos las gracias por habernos dado permiso para citarlas. Smith y Weiner llevaron las suyas a cabo para su compilación comentada de las cartas de Oppenheimer, *Robert Oppenheimer: Letters and Recollections*. Además, tuvieron la amabilidad de prestarnos las copias de sus entrevistas para que las usáramos en esta biografía, pero casi todas las transcripciones de estas pueden encontrarse en el Programa de Historia Oral de Cambridge (Massachusetts), perteneciente al MIT.

Anderson, Carl, 31-03-1983 (MS)
Bacher, Jean, 29-03-1983 (MS)
Bacher, Robert, 29-03-1983 (MS)
Barlas, June, 19-01-1982 (MS); 28-03-2001 (KB)
Bernheim, Frederic, 27-10-1975 (CW)
Bethe, Hans, 13-07-1979 (JE); 05-05-1982 (MS)
Bohm, David, 15-06-1979 (MS)
Boyd, William, 21-12-1975 (AS)
Bradbury, Norris, 10-01-1985 (MS)
Bundy, McGeorge, 2-12-1992 y 3-12-1992 (KB)
Chance, Ellen, 10-05-1979 (MS)
Cherniss, Harold F., 21-04-1976 (AS); 23-05-1979 (MS); 10-11-1976 (AS)
Chevalier, Haakon, 29-06-1982; 15-07-1982 (MS)
Chevalier, Haakon, hijo, 09-03-2002 (MS)
Christy, Robert, 30-03-1983 (MS)
Colgate, Sterling, 12-11-1979 (JE)
Compton, Margaret, 03-04-1976 (AS)
Crane, Horace Richard, 08-04-1983 (MS)
Dale, Betty, 21-01-1982 (MS)
Denham, Irva Claire, 20-01-1982 (MS)
Denham, John, 20-01-1982 (MS)
DeWire, John, 05-05-1982 (MS)
DuBridge, Lee, 30-03-1983 (MS)
Duffield, Priscilla Greene, 02-01-1976 (AS)
Dyer-Bennett, John, 15-05-2001 (entrevista telefónica de KB)

Dyson, Freeman, 10-12-1979 (JE); 16-02-1984 (MS)

Ecker, Allan, 16-07-1991 (MS)

Edsall, John, 16-07-1975 (CW)

Edwards, Steve, 18-01-1982 (MS)

Ericson, Sabra, 13-01-1982 (MS)

Fergusson, Francis, 23-04-1975 y 21-04-1976 (AS); 08-06-1979, 18-06-1979, 23-06-1979 y 07-07-1979 (MS)

Fontenrose, Joseph, 25-03-1983 (MS)

Fowler, William A., 29-03-1983 (MS)

Frank, Sis, 18-01-1982 (MS)

Freier, Phyllis, 05-03-1983 (MS)

Friedan, Betty, 24-01-2001 (KB)

Friedlander, Gerhart, 30-04-2002 (MS)

Garrison, Lloyd, 31-01-1984 (KB)

Geurjoy, Edward, 26-06-2004 (KB)

Gibney, Ed, 26-03-2001 (KB)

Gibney, Eleanor, 27-03-2001 (KB)

Green, John e Irva, 20-02-1982 (MS)

Goldberger, Marvin, 28-03-1983 (MS)

Goldberger, Mildred, 03-03-1983 (MS)

Gordon, Lincoln, 18-05-2004 (entrevista telefónica de KB)

Hammel, Edward, 9-01-1985 (MS)

Hawkins, David, 05-06-1982 (MS)

Hempelmann, doctor Louis, 10-08-1979 (MS)

Hein, Hilde Stern, 11-03-2004 (KB)

Hiilivirta, Inga, 16-01-1982 (MS); 26-03-2001 (KB)

Hobson, Verna, 31-07-1979 (MS)

Horgan, Paul, 03-03-1976 (AS)

Jadan, Doris e Ivan, 18-01-1982 y 26-03-2001 (MS); 28-03-2001 (KB)

Jenkins, Edith Arnstein, 09-05-2002 (entrevista de Gregg Herken); 25-07-2002 (entrevista telefónica de KB)

Kamen, Martin D., 18-01-1979 (MS)

Kayser, Jane Didisheim, 04-06-1975 (CW)

Kelman, doctor Jeffrey, 03-02-2001 (KB)

Kennan, George F., 03-05-1979 (MS)

Langsdorf, Babette Oppenheimer, 01-12-1976 (AS)

Lilienthal, David E., 14-10-1978 (MS)

Lomanitz, Rossi, 11-07-1979 (MS)

Manfred, Ken Max (Friedman), 14-01-1982 (MS)

Manley, John, 09-01-1985 (MS)

Mark, J. Carson, 19-12-1979 (JE)

Marks, Anne Wilson, 05-03-2002, 14-03-2002 y 09-05-2002 (KB)
Marquit, Irwin, 06-03-1983 (MS)
McCloy, John J., 10-07-1986 (KB)
McKibbin, Dorothy, 01-01-1976 (AS); 20-07-1979 y 10-12-1979 (JE)
Motto, doctor Jerome, 14-03-2001 (entrevista telefónica de KB)
Mirsky, Jeanette, 10-11-1976 (AS)
Morrison, Philip, 21-06-2002 (MS); 17-10-2002 (entrevista telefónica de KB)
Nedelsky, Leo, 07-12-1976 (AS)
Nelson, Steve y Margaret, 17-06-1981 (MS)
Nier, Alfred, 05-03-1983 (MS)
Oppenheimer, J. Robert, 18-11-1963 (entrevista de T. S. Kuhn), IEF, SFE
Oppenheimer, Frank, 09-02-1973 (CW); 17-03-1975 y 14-04-1976 (AS); 03-12-1978 (MS)
Oppenheimer, Peter, julio de 1979 (MS); 23-09-2004 y 24-09-2004 (KB)
Peierls, sir Rudolph, 5-06-1979 y 6-06-1979 (MS)
Phillips, Melba, 15-06-1979 (MS)
Pines, David, 26-06-2004 (KB)
Plesset, Milton, 28-03-1983 (MS)
Pollak, Inez, 20-04-1976 (AS)
Purcell, Edward, 05-03-1979 (MS)
Rabi, I. I., 12-03-1982 (MS)
Rosen, Louis, 09-01-1985 (MS)
Rotblat, Joseph, 16-10-1989 (MS)
Serber, Robert, 11-03-1982 (MS); 15-12-1979 (JE)
Sherr, Patricia, 20-02-1979 (MS)
Silverman, Albert, 09-08-1979 (MS)
Silverman, juez Samuel, 16-07-1991 (MS)
Smith, Alice Kimball, 26-04-1982 (MS)
Smith, Herbert, 01-08-1974 (CW); 09-07-1975 (AS)
St. Clair, Fiona y William, 17-02-1982 (MS)
Stern, Hans, 04-03-2004 (entrevista telefónica de KB)
Stratchel, John, 19-03-1980 (MS)
Strunsky, Robert, 26-04-1979 (MS)
Smyth, Henry DeWolf, 05-03-1979 (MS)
Tatlock, Hugh, febrero de 2001 (MS)
Teller, Edward, 18-01-1976 (MS)
Uehling, Edwin y Ruth, 11-01-1979 (MS)
Uhlenbeck, Else, 20-04-1976 (AS)
Ulam, Stanislaw L., 19-07-1979 (MS)
Ulam, Stanislaw y Françoise, 15-01-1980 (JE)
Voge, Hervey, 23-03-1983 (MS)

Wallerstein, doctor Robert S., 19-03-2001 (entrevista telefónica de KB)

Weinberg, Joseph, 11-08-1979 y 23-08-1979 (MS)

Weisskopf, Victor, 23-03-1979 y 21-04-1982 (MS)

Whidden, Georgia, 25-04-2003 (KB)

Wilson, Robert, 23-04-1982 (entrevista de Owen Gingrich)

Wyman, Jeffries, 28-05-1975 (CW)

Yedidia, Avram, 14-02-1980 (MS)

Zorn, Jans, 8-04-1983 (MS)

Créditos de las ilustraciones

Expresamos nuestro agradecimiento por el permiso para reproducir las ilustraciones que aparecen en este libro a:

Instituto Estadounidense de Física, Archivos Visuales de Emilio Segrè (IEF)

AP/Wide World Photos (AP)

Biblioteca Bancroft, Universidad de California, Berkeley (Bancroft)

Colección Bird-Sherwin (BS)

Joe Bukowski (Bukowski)

Bulletin of the Atomic Scientists, cortesía de los Archivos Visuales de Emilio Segrè del IEF (IEF-BAS)

Cortesía de los archivos del Instituto de Tecnología de California (Caltech)

Alfred Eisenstadt/Time & Life Pictures/Getty Images (Eisenstadt)

Laboratorio Nacional Ernest Orlando Lawrence de Berkeley, cortesía de los Archivos Visuales de Emilio Segrè del IEF, colección de *Physics Today* (IEF-PTC)

Nancy Rodger © Exploratorium, www.exploratorium.edu

Agencia Federal de Investigación (FBI)

Cortesía de los archivos de la Universidad de Harvard (Harvard)

Herblock © 1950, The Washington Post Co., de *Herblock's Here and Now* (Simon & Schuster, 1955) (Herblock)

Inga Hiilivirta (Hiilivirta)

Fotografías del Comité en Memoria de J. Robert Oppenheimer (JROMC)

Yousuf Karsh/Retna Ltd. (Karsh)

Laboratorio Nacional Lawrence de Berkeley (Berkeley)

Archivos del Laboratorio Nacional de Los Álamos (LANL)

Anne Wilson Marks (Marks)

Academia Nacional de las Ciencias (NAS)

Archivos Nacionales (AN)

CRÉDITOS DE LAS ILUSTRACIONES

Archivo Niels Bohr, cortesía de los Archivos Visuales de Emilio Segrè del IEF (Bohr)
Cortesía de los Archivos de la Universidad Northwestern (Northwestern)
Alan W. Richards, Princeton (New Jersey), cortesía de los Archivos Visuales de Emilio Segrè del IEF (Richards)
Barbara Sonnenberg (Sonnenberg)
Ulli Steltzer (Steltzer)
Doctor Hugh Tatlock (Tatlock)
Time & Life Pictures/Getty Images (Getty)
United Press International, cortesía de los Archivos Visuales de Emilio Segrè Archives del IEF, colección *Physics Today* (UPI)
Cortesía de los Archivos de la Universidad de Carolina del Norte (UNC)
Herve Voge (Voge)
R.V. C. Whitehead/Comité en Memoria de J. Robert Oppenheimer (Whitehead)
Yosuke Yamahata, Nagasaki, 10 de agosto de 1945, Archivos Nacionales. © Shogo Yamahata/cortesía de IDG Films. Restauración de la fotografía por TX Unlimited (Yamahata)

Primer cuadernillo: página 1: Julius con JRO de bebé, JROMC; retrato de Ella, Sonnenberg; retrato de Julius, Sonnenberg. Página 2: JRO jugando, JROMC; Ella y JRO, LANL; JRO con la barbilla apoyada en la mano, JROMC. Página 3: JRO a caballo, JROMC; JRO de joven, IEF; JRO de joven y Frank, IEF. Página 4: Paul Dirac, AN; Max Born, AN; JRO con Kramers, IEF; JRO y otros en barco, IEF. Página 5: Fowler, JRO y Álvarez, IEF; JRO en el patio del Caltech, Caltech; Serber en la pizarra, Berkeley. Página 6: Lawrence con JRO apoyados en un coche, IEF; JRO con un caballo, LANL; los autores en Perro Caliente, BS. Página 7: JRO con Fermi y Lawrence, Berkeley; Joe Weinberg, Lomanitz, Bohm y Friedman, AN; Niels Bohr, AP. Página 8: Jean Tatlock mirando a cámara, Tatlock; doctor Thomas Addis, ANS; documento del FBI, FBI. Página 9: Hoke Chevalier, colección de retratos de Johan Hagemeyer, Bancroft; George Eltenton, Voge; coronel Boris Pash, AN; Martin Sherwin con Chevalier, BS. Página 10: Kitty con pantalones de montar, BS; fotografía del pasaporte de Kitty, BS; Kitty en el laboratorio, BS. Página 11: pase de laboratorio de JRO, BS; Kitty fumando en el sofá, JROMC; Kitty sonriendo, JROMC. Página 12: Kitty y Peter, JROMC; JRO dando de comer a Peter, JROMC. Página 13: JRO en una fiesta en Los Álamos, LNLA; Dorothy McGibbin, JRO y Victor Weisskopf, LNLA. Página 14: JRO, entre otros, en una charla, LNLA; retrato de Hans Bethe, AN; Frank Oppenheimer inspeccionando un instrumento, Berkeley; Groves con Stimson, AN. Página 15: JRO sirviendo café, IEF; silueta de JRO, LNLA; explosión de la prueba Trinity, LNLA. Página 16: panorama de Hiroshima, AN; madre e hijo, supervivientes de Nagasaki.

Segundo cuadernillo: página 1: Yamahata. JRO, entre otros, con una máquina, IEF-PTC; portada de *Physics Today*, UPI; JRO, Conant y Vannevar Bush en esmoquin, Harvard. Página 2: Frank Oppenheimer en el laboratorio, AN; Frank con una vaca, AP; Anne Wilson Marks en un barco, Marks; Richard y Ruth Tolman, BS. Página 3: portada de *TIME*, Getty; JRO, entre otros, frente a un avión, LNLA; JRO, entre otros, en Harvard, Harvard. Página 4: Olden Manor, BS; Kitty, Toni y Peter en el exterior de Olden Manor, Whitehead. Página 5: JRO, Toni y Peter en el césped, Sonnenberg; Kitty en el invernadero, Eisenstadt. Página 6: JRO y Von Neumann en Princeton, Richards; JRO dando clase, Eisenstadt. Página 7: JRO con Eleanor Roosevelt y otros, Getty; retrato de JRO, AN; JRO con Greg Breit, AN. Página 8: viñeta en Herblock, Herblock; retrato de Lewis Strauss, AN; JRO caminando con un cigarrillo, Getty. Página 9: Ward Evans, Northwestern; Gordon Gray, UNC; Henry DeWolf Smyth, AN; Eugene Zuchert, AN; Roger Robb, Getty. Página 10: Toni a caballo, BS; Kitty y JRO, BS; Peter con traje y corbata, JROMC. Página 11: Kitty navegando, BS; JRO navegando, BS; la familia Oppenheimer en la playa, JROMC. Página 12: Neils Bohr y JRO en un sofá, Bohr; Kitty y JRO en Japón, JROMC. Página 13: Oppie fumando en pipa, Steltzer; JRO y Jackie Kennedy, Getty; Frank Oppenheimer en el Exploratorium, Exploratorium. Página 14: JRO con Kitty en la recepción del Premio Fermi, JROMC; JRO con el presidente Johnson, Berkeley; JRO estrechando la mano de Teller, Getty. Página 15: JRO en la casa de la playa, Bukowski; Toni en el suelo, BS; Toni, Inga, Kitty y Doris en un balancín, Hiilivirta. Página 16: retrato de JRO, Steltzer.

Portadilla de la primera parte: JRO de joven, IEF-BAS. Portadilla de la segunda parte: JRO en la pizarra, JROMC. Portadilla de la tercera parte: JRO y Groves en el lugar de la Trinity, AP. Portadilla de la cuarta parte: Einstein y JRO, Eisenstadt. Portadilla de la quinta parte: perfil de JRO, Karsh.

Índice alfabético

contrainterrogatorio a Groves, 602-
603, 608
contrainterrogatorio a JRO, 592-601,
608-611
orígenes, 578
y el FBI, 578
y Hoover, 578
y Strauss, 578, 602, 633, 676
Roberson, Mason, 302
Robertson, Priscilla, 143, 301
Rochester Times-Union, 469
Rockefeller, David, 546
Rockefeller, Laurence S., 649, 662
Rogers, William, 566
Roisman, Jean, 132
Rolander, Carl Arthur, 586
Roosevelt, Administración de, 182, 218,
222, 394
Roosevelt, Archibald B., 656
Roosevelt, Eleanor, 509, 614
Roosevelt, Franklin D., 166, 170, 182,
185, 218, 221-222, 269-270, 274, 324,
331, 346, 347-348, 378, 393, 653
Roosevelt, Theodore, 27
Rosen, Louis, 345
Rosen, Nathan, 443
Rosenberg, Julius e Ethel, 562, 644
Rosenquist, Ivan Th., 775n41
Rotblat, Joseph, 312, 341-344, 654
Rothfield, Sigmund y Solomon, 28
Rowe, Hartley, 420, 498
Rowe, Jim, 653
Ruben, Sam, 215
Russell, Bertrand, 55, 68, 654
Russell, Katharine, 441, 501, 581
Rutherford, Ernest, 59-60, 61, 65, 77
Ryder, Arthur W., 128, 130

Sacco, Nicola, 195
Saipan, buque de Estados Unidos, 464
Salter, William, 38
San Francisco Chronicle, 125, 192, 207, 542
Sandow, Katrina, 402, 588
sánscrito, 129, 364
Sartre, Jean-Paul, 682
Saturday Evening Post, 555

Scala, Armand, 522
Schlesinger, Arthur, hijo, 22, 659, 672, 674
Schmitz, Henry, 652
Schneiderman, William, 172, 282, 563
Schrödinger, Erwin, 76, 78, 80
Schweber, S. S., 775n37
Schwinger, Julian, 21, 444
Scientific Monthly, 385
Seaborg, Glenn, 420, 498, 671
Searls, Fred, hijo, 409
Seattle Post-Intelligencer, 652
Seattle Times, 652
See It Now, 651
Segrè, Emilio, 275, 348
Segunda Guerra Mundial, 213, 643, *véase
también* Hiroshima
conclusión, 535
la Unión Soviética, 185-186, 213
inicio, 117, 179
Seligman, Joseph, 35-36
Senado de Estados Unidos, 383, 389, 415
audiencias del ejército y McCarthy, 631
comité de Church, 304
Comité Judicial, 538-539
Subcomité de Seguridad Interna del
Senado de Jenner, 567
Serber, Charlotte Leof, 132, 134, 135, 137,
200, 223, 275, 295, 302, 378
Serber, Frances Leof, 132, 134-138, 144
Serber, Robert, 21, 104, 111, 117, 118,
126, 132-133, 164, 191, 200, 201, 295,
302, 326, 335, 340, 444, 484, 488, 509,
646, 687, 690
en el Proyecto Manhattan, 223, 228,
265-267, 275, 335
en la prueba Trinity, 366-367
visita a Hiroshima, 381
Sevareid, Eric, 641, 672
Shell Development Company, 216, 287,
289
Shepley, James, 552
Sherr, Pat, 193, 313, 317, 318, 483, 484-
487, 620
Sherwin, Martin, 73, 171, 173, 189, 245
Shipley, Ruth B., 721n29
Silverman, Samuel J., 586
Sinclair, Upton, 136, 145

Queremos compartir más momentos contigo.

Únete a la comunidad de Penguin Libros
y encuentra tu siguiente lectura.

¡Únete hoy!

Penguin
Random House
Grupo Editorial